V&R Academic

REGESTA
PONTIFICUM ROMANORUM

AB CONDITA ECCLESIA
AD ANNUM POST CHRISTUM NATUM
MCXCVIII

EDIDIT
PHILIPPUS JAFFÉ

EDITIONIS TERTIAE EMENDATAE ET AUCTAE
IUBENTE ACADEMIA GOTTINGENSI

SUB AUSPICIIS
NICOLAI HERBERS

TOMUM TERTIUM
(AB A. DCCCXLIV USQUE AD A. MXXIV)

CURAVIT
IUDITH WERNER

COOPERANTE
WALDEMARO KÖNIGHAUS

GOTTINGAE
IN AEDIBUS VANDENHOECK ET RUPRECHT
MMXVII

Dieser Band wurde durch die Gemeinsame Wissenschaftskonferenz (GWK) im Rahmen des Akademienprogramms mit Mitteln des Bundes und des Landes Niedersachsen gefördert.

Bibliografische Information der Deutschen Nationalbibliothek

Die Deutsche Nationalbibliothek verzeichnet diese Publikation in der Deutschen Nationalbibliografie; detaillierte bibliografische Daten sind im Internet über http://dnb.d-nb.de abrufbar.

ISBN 978-3-525-31036-6

Weitere Ausgaben und Online-Angebote sind erhältlich unter: www.v-r.de

Druck und Bindung: ⊕ Hubert & Co. GmbH & Co. KG, Robert-Bosch-Breite 6, D-37079 Göttingen

Gedruckt auf alterungsbeständigem Papier.

RERUM INDEX

PROOEMIUM

Ecce eodem paene tempore, quo apparuit Volumen secundum illius operis a Philippo Jaffé conditi, iam tertium volumen in lucem prodit. De ratione novae editionis generaliter in antecedentibus voluminibus actum est. Continentur autem in hoc volumine Regesta annorum centum octoginta, incipiendo ab anno 844 usque ad annum 1024, quae maximam partem elaborata sunt a Iudith Werner, cuius Dissertatio ex eadem re atque aetate originem traxit: Judith Werner, Papsturkunden vom 9. bis ins 11. Jahrhundert. Untersuchungen zum Empfängereinfluss auf die äußere Urkundengestalt (edetur anno 2017 in: Abhandlungen der Akademie der Wissenschaften zu Göttingen, Neue Folge 43).

Iudith Werner feliciter usa est illis plurimis Regestis Pontificum, quae inveniuntur in voluminibus novis Instituti cui titulus *Regesta Imperii* (cf. Böhmer/Herbers, Böhmer/Unger, Böhmer/Zimmermann, Böhmer/Frech). Adhuc tamen adhibenda videntur ipsa *Regesta Imperii*, quorum documenta traditionis, commentarii, additiones bibliographicae quo ampliores eo utiliores sunt. Quoad volumen tertium, quod offerimus: hoc certe firmabit, complebit, perficiet systema illud chronologicum Jaffeanum.

Una cum Victoria Trenkle Thorstanus Schlauwitz redactionem electronicam praeparavit. Non aliter ac in voluminibus praecedentibus curandis etiam huic ultimae parti absolvendae studiosi studiosaeque collaborantes opem dederunt, quos omnes in praefatione sua laudat Iudith Werner.

Iterum Institutum illud generale *Akademieprogramm der Union der deutschen Akademien* editionem hanc per Institutum Academiae Gottingensis, cui titulus *Papsturkunden des frühen und hohen Mittelalters*, anno 2007 conditum, re vera creavit et ad finem deduxit, fovente ipsa Academia Gottingensi Domoque Editoria *Vandenhoeck & Ruprecht* optime cooperante.

Summae autem gratiae debentur collegae nostro Ernesto-Theoderico Hehl Moguntino, qui totum volumen manu scriptum legit atque percensuit. Hoc volumine demum in lucem prodito primi millennii historia Papatus nova ratione novisque documentis per temporum seriem digestam oculis omnium patere videtur. Mox, ut speramus, huic libro, quem hodie digne celebramus, alia forma investigationi aptior accedet, scil. electronica.

Erlangae — Nicolaus Herbers

PRAEFATIO

De intentione, ratione, methodo *Regestorum Pontificum Romanorum*

Regesta nostra qua intentione colligantur, qua ratione eligantur, quo denique ordine quaque forma praebeantur, in Praefatione voluminis primi legere poteris.

Quae autem ab illis duobus prioribus voluminibus differant, hic describenda videntur

In regestorum constitutione nihil mutavimus. In magna parte huius voluminis usui vel exemplo nobis fuerunt regesta illa ex *Regestis Imperii* sumpta, quae ad ipsos Pontifices pertinent. Nam in illis *Regestorum Imperii* voluminibus, quae Nicolaus Herbers, Veronica Unger, Haraldus Zimmermann, Carolus Augustinus Frech edenda curaverunt, accurate demonstratum est, quibus rebus vel negotiis singuli Pontifices interfuerint. Hac de causa in volumine praesenti, quod conspectum omnium Pontificum praebet, saepius ad illa volumina referimus, cum de auctoris vel temporis adscriptione dubitatur vel aliis de rebus subtilius investigandis agitur.

Sicut in duobus voluminibus prioribus etiam hic textuum excerptorum editiones criticas novissimas vel antiquiores, dum sint alicuius momenti, notavimus. Quod ad *deperdita* vel alias traditiones attinet, in quibus Pontificum gesta occurrunt, illos tantum fontes adhibuimus, qui non amplius quam ducentis annis post descripti sunt, recentioribus tamen illis, qui unici tradebantur, exceptis.

In apparatu praeter *Regesta Pontificum Romanorum*, *Regesta Imperii* et *Pontificia* etiam bibliographia omnium operum invenitur, quae post annum 1950 in lucem prodierunt. Praeterea in hoc libro conscribendo magno usui fuerunt ea, quae huius seriei *Regestorum Imperii* praeparandae causa ad annos 882–911 pertinentia collecta sunt.

Exemplum priorum voluminum secuti documentorum adscriptionem temporis sumpsimus (nisi aliter indicatum) ex ipsis editionibus recentissimis. Adscriptio Regestorum illorum, quae ex *Libro Pontificali* sumpta sunt, eiusdem libri ordinem *Indictionum* sequitur. Quo factum est, ut haec Regesta saepius spatio temporis a mense Septembri usque ad mensem Augusti anni sequentis adscripta sint.

Gratiarum actio — Progressus spes

Regesta Pontificum Romanorum a Philippo Jaffé primum edita uno tantum volumine continebantur.

Editionem secundam a Ferdinando Kaltenbrunner, Paulo Ewald, Samuele Löwenfeld in duo volumina tunc distributam nunc sequitur editio nova in plures partes redacta.

Itaque iam tempus esse videtur, ut tam *Regestorum Pontificum* fundatoribus prioribus memori mente gratiam persolvamus quam ipsis viris feminisque posterioribus, qui his voluminibus duobus denuo edendis operam curamque impenderunt, necnon editionis novae auctori, Nicolao Herbers, gratias quam maximas agamus. Horum enim omnium studio ad eandem rem feliciter collato et strenua concordique actione effectum est, ut tria volumina novae editionis tam crebro absolverentur. In primis autem Marcus Schütz, sed etiam Cornelia Scherer, Thorstanus Schlauwitz, Catharina Gowers operis fundamenta iecerunt, quibus sequentes viri feminaeque structuram imposuerunt. Waldemarus Könighaus, qui textum manu scriptum saepius perlegit, non solum nonnulla supplementa addidit sed etiam regesta nova inserenda in Latinum transtulit. Fidelis Rädle Gottingensis, qui Prooemia et Praefationes Latine reddidit.

Praeterea Latinitati emendandae incubuerunt Genoveva Horn, Iasmina Sailer, Matthias Haas. Omnibus autem illis, qui vel quae huic operi perficiendo opem tulerunt, etiam neglectis eorum nominibus gratiae magnae debentur. Inter quos Thorstanus Schlauwitz et Haroldus Böhm voluminibus ipsis excudendis qua sunt dexteritate operam feliciter impenderunt. Magno emolumento nobis fuit facultas cum Veronica Unger et Nicolao Herbers, qui *Regesta Imperii* edenda curant, de Hadriani II regestis disputandi.

Optime autem meritus est de libris his conficiendis Ernestus-Theodericus Hehl, qui textum ipsum percensuit consilioque suo plurimum auxit. Summae denique agendae sunt gratiae Victoriae Trenkle, collegae meae, quae rem nostram studio et cura per omnia feliciter prosecuta est. Eius labori confisi speramus etiam cetera huius instituti volumina mox in lucem editum iri.

Erlangae Iudith Werner

INDEX ABBREVIATIONUM

a.	annus
a. inc.	anno incarnatione
A.S.	apostolica sedes
abb.	abbates
abbrev.	abbreviatio
act.	actum
adn.	adnotatio
aeccl.	aecclesia, aecclesiastica
aest.	aestate
al.	aliter
ap.	apud
apocris.	apocrisiarius
apost.	apostolus, apostolicus
app.	appendix
apr.	aprilis
arch.	archivum
archicanc.	archicancellarius
archiep.	archiepiscopus
archiepp.	archiepiscopi
archinot.	archinotarius
archiscrin.	archiscriniarius
aug.	augustus
aut.	autumno
b.	beatus
bb.	beati
bibl.	bibliotheca, bibliothecarius
c.	capitulum
canc.	cancellarius
card.	cardinalis
cat.	catalogus
cet.	ceteri
cf.	confer
Chr.	Christus
chron.	chronica, chronicon
conc.	concilium
cons.	consul
cont.	continuatio, continuator
cor.	coronatus
cr.	circiter
d.	dies, dominus
D.N.I.C.	Domini nostri Iesu Christi
dat.	datum
dec.	december
def.	defensor
diac.	diaconus
dioec.	dioecesis
eccl.	ecclesia, ecclesiasticus
ed.	editio, editum, edidit
edd.	editiones, ediderunt
ep.	episcopus
epist.	epistola, epistolae
epp.	episcopi
etc.	et cetera
ex.	exeunte
fasc.	fasciculum
febr.	februarius
fragm.	fragmentum
hist.	historia
i. a.	inter alia
i. e.	id est
ian.	ianuarius
id.	idus
imp.	imperator
in.	ineunte
inc.	incarnatio
ind.	indictio
iun.	iunius
iul.	iulius
kal.	kalendae, kalendas
lat.	latinus
laud.	laudatur
leg.	lege
Lib. pont.	Liber pontificalis
m.	mensis
mai.	maius
mart.	martius
med.	medio
mon.	monasterium
n.	numerus, noster
nomenc.	nomenclator, nomencolator,

	nomenculator
non.	nonae, nonas
not.	notarius, nota
nov.	november
oct.	october
p.	pagina
p. m.	per manum
pal.	palatium
patr.	patriarcha
perp.	perpetuus
pp.	papa
prim.	primicerius
prop.	propitio
protonot.	protonotarius
protoscrin.	protoscriniarius
q.	quaestio
q. d.	qui/quae/quod dicitur
R.E.	Romana ecclesia
reg.	regionarius, regnante
reimpr.	reimprimatum
s.	sanctus
S.A.S.	summa apostolica sedes
S.R.E.	sancta Romana ecclesia
s. v.	sub voce
S.R.S.A.	sancta Romana sedes apostolica
S.S.A.	summa sedes apostolica
saec.	saeculum
scil.	scilicet
scr.	scriptum
scrin.	scriniarius
secund.	secundicerius
sept.	september
sq.	sequens
sqq.	sequentes
ss.	sacratissimus, sancti
subscr.	subscriptus, subscripsi
suprascr.	suprascriptum
temp.	tempus
tit.	titulus
univ.	universalis
v.	vide
vat.	vaticanus
vol.	volumen
ypocanc.	ypocancellarius

Abbreviationes serierum

AASS	Acta Sanctorum
CCCM	Corpus Christianorum Continuatio Mediaevalis
FSI	Fonti per la Storia d'Italia
MGH	Monumenta Germaniae Historica
- Briefe d. dt. Kaiserzeit	Die Briefe der deutschen Kaiserzeit
- Capit.	Capitularia regum Francorum
- Conc.	Concilia
- Const.	Constitutiones
- DD	Diplomata
- Dt. Chron.	Deutsche Chroniken
- Epp.	Epistolae in Quart
- Fontes iuris	Fontes iuris Germanici antiqui in usum scholarum separatim editi
- Formulae	Formulae Merowingici et Karolini aevi
- Ldl	Libelli de lite imperatorum et pontificum
- Necr.	Necrologia Germaniae
- Poetae	Poetae Latini medii aevi
- SS	Scriptores in Folio
- SS rer. Germ.	Scriptores rerum Germanicarum in usum scholarum separatim editi
- SS rer. Germ. N. S.	Scriptores rerum Germanicarum, Nova series
- SS rer. Lang.	Scriptores rerum Langobardicarum
MIÖG	Mitteilungen des Instituts für Österreichische Geschichtsforschung

MMFH	Magnae Moraviae Fontes Historici
MPH	Monumenta Poloniae historica
RIS	Rerum Italicarum Scriptores
SS rer. Brit.	Rerum Britannicarum Medii Aevi Scriptores

INDEX PONTIFICUM ROMANORUM

„Antipapae“ in litteris italicis imprimatae sunt.

Agapitus II	946–955
Anastasius	*855*
Anastasius III	911–913
Benedictus III	855–858
Benedictus IV	900–903
Benedictus V	*964–965*
Benedictus VI	973–974
Benedictus VII	974–983
Benedictus VIII	1012–1024
Bonifatius VI	896
Bonifatius VII	*974; 984–985*
Christophorus	903–904
Formosus	891–896
Gregorius V	996–999
Gregorius (VI)	*1012*
Hadrianus II	867–872
Hadrianus III	884–885
Iohannes (VIII)	*844*
Iohannes VIII	872–882
Iohannes IX	898–900
Iohannes X	914–928
Iohannes XI	931–936
Iohannes XII	955–963; *963–964*
Iohannes XIII	965–972
Iohannes XIV	983–984
Iohannes XV	985–996
Iohannes XVI	*997–998*
Iohannes XVII	1003
Iohannes XVIII	1003–1009
Lando	913–914
Leo IV	847–855
Leo V	903
Leo VI	928–929
Leo VII	936–939
Leo VIII	963–965
Marinus I	882–884
Marinus II	942–946
Nicolaus I	858–867
Romanus	897
Sergius II	844–847
Sergius III	*897–98*; 904–911
Sergius IV	1009–1012
Silvester II	999–1003
Stephanus V	885–891
Stephanus VI	896–897
Stephanus VII	929–931
Stephanus VIII	939–942
Theodorus II	897

REGESTA PONTIFICUM
ROMANORUM

Sergius II (844–847)

cui accedit: Iohannes (VIII) (844)

*5272 **(844 ian. 21–27)** **Roma, Laterano**

JE I 327 Iohannes diaconus (antipapa) „persuaso ... satis inperito et agresti populo“ patriarchium Lateranense occupat.

Laud. in: *Lib. pont. (Duchesne II 87).* – Reg.: *Böhmer/Herbers n. 1.*

Olim ad a. 844 ian. De tempore cf. Böhmer/Herbers n. 1.

*5273 **(844 ian. 21–27)** **Roma, SS. Silvestro e Martino ai Monti**

JE I 327 „Sergius (II), natione Romanus, ex patre Sergio“ natus regionis IV, eligitur a proceribus et Romanae urbis optimatibus universoque ecclesiae populo et ex basilica b. Martini educitur.

Laud. in: *Lib. pont. (Duchesne II 86; Přerovský II 520); Ann. Bertiniani ad a. 844 (Grat 45); Ann. Fuldenses ad a. 843 (MGH SS rer. Germ. 7, 34); Petri Bibliothecarii Hist. Francorum abbrev. (MGH SS 1, 417); Ann. Xantenses ad a. 844 (MGH SS rer. Germ. 12, 13); Ann. s. Germani minores ad a. 844 (MGH SS 4, 3).* – Reg.: *Böhmer/Herbers n. 2.*

Olim ad a. 844 ian. De tempore cf. Böhmer/Herbers n. 2.

*5274 **(844 ian. 21–27)** **Roma, Laterano**

JE I 327 Sergius (II) in patriarchium Lateranense perducitur; Iohannes diaconus (antipapa) expellitur et comprehenditur.

Laud. in: *Lib. pont. (Duchesne II 87).* – Reg.: *Böhmer/Herbers n. 3.*

Olim ad a. 844 ian. De tempore cf. Böhmer/Herbers n. 3.

*5275 **(844 ian. 21–27)** **Roma**

JE I 327 De Iohanne antipapa concilium agitur, „quem etiam concilio antistitum principes damnare suoque maluerunt privari honore; necnon alii ensibus membratim eum dilaniare ac interimere voluerunt. Sed hoc fieri ... Sergius praesul“ prohibet.

Laud. in: *Lib. pont. (Duchesne II 87).* – Reg.: *Böhmer/Herbers n. 4.*

Olim ad a. 844 ian. De tempore cf. Böhmer/Herbers n. 4.

*5276 **(844 ian. 27)** **Roma, S. Pietro**

JE I 327 Sergius (II) consecratur.

Laud. in: *Lib. pont. (Duchesne II 87); Adonis Viennensis Chron. (MGH SS 2, 322); Pseudo-Liudprandi Lib. (Migne PL 129, 1244).* – Reg.: *Böhmer/Herbers n. 5.*

Olim ad a. 844 ian. De tempore cf. Böhmer/Herbers n. 5; cf. J³ *5280.

*5277 **844 (in.)**

Sergio (II) Hrabanus Maurus librum, quem de laude s. crucis Christi composuit, per Ascrichum et Hruodbertum monachos monasterii Fuldensis s. Petro offerendum transmittit.

L a u d . i n : *Hrabani Mauri Versus dedicationis (MGH Poetae 2, 159; Perrin 5); Ann. Fuldenses ad a. 844 (MGH SS rer. Germ. 7, 35); Petri Bibliothecarii Hist. Francorum abbrev. (MGH SS 1, 417).* – R e g . : *Böhmer/Herbers n. 24.*

De re et monachis Fuldensibus ad Sergium directis cf. Böhmer/Herbers n. 24.

*5278 **(844 mai. in.)** **Roma**

Cum licentia et epistolis Lotharii (I) imperatoris ad Gregorium (IV) pontificem directis Marcwardus abbas Prumiae monasterii Romam proficiscitur, ut alicuius praeclarissimi martyris corpus accipiat. Arrepto iam itinere certior factus est Gregorium papam obiisse et Sergium (II) pro eo constitutum esse. Missa ad imperatorem relatione et receptis ad nuper creatum pontificem mandatis Romam venit.

L a u d . i n : *Translatio ss. Chrysanti et Dariae (MGH SS 15/1, 374).* – R e g . : *Böhmer/Mühlbacher² n. 1113a; Germ. Pont. X 281 n. *3; Böhmer/Herbers n. 27.*

De re cf. Böhmer/Herbers n. 27 et Herbers Reliquienreisen.

*5279 **(844 mai. 12)** **Roma, Laterano**

Marcwardo abbati Prumiensi per Marinum episcopum mittit librum ss. passiones continentem iubetque passionem ss. Chrysanti et Dariae litteris conscribit; tradit ei constituta die in Lateranensi ecclesia summo cum honore corpora praefatorum martyrum cum reliquiis XLVI ss. martyrum praecipiens, ut ad venerationem ss. Chrysanthi et Dariae intendat et aliorum reliquias in eorum tumulo recondat.

L a u d . i n : *Translatio ss. Chrysanti et Dariae (MGH SS 15/1, 375).* – R e g . : *Germ. Pont. X 281 n. *4; Böhmer/Herbers n. 28.*

De re cf. Böhmer/Herbers n. 28, Herbers Reliquienreisen et Röckelein Hagio-Geo-Graphien 177.

*5280 **844 iun. 8** **Roma, in gradibus ecclesiae s. Petri**

JE I 327 Recipit Ludovicum (II) a patre Lothario (I) imperatore cum Drogone episcopo Metensi missum, ut ageret, „ne deinceps decedente apostolico quisquam ... praeter sui (imperatoris) iussionem missorumque suorum praesentiam ordinetur antistes“ (d. dominico post pentecostem).

L a u d . i n : *Lib. pont. (Duchesne II 87; Přerovský II 522–525); Ann. Bertiniani ad a. 844 (Grat 46); Pseudo-Liudprandi Lib. (Migne PL 129, 1244).* – R e g . : *Böhmer/Mühlbacher² n. 1115a; Böhmer/Zielinski n. 24; Böhmer/Herbers n. 30.*

*5281 **(844 iun. 9–15)**

Portas Romae claudit, quia audierat exercitum Ludovici (II) regis „in hanc famosissimam urbem hospitalitatis causam introire“ voluisse.

L a u d . i n : *Lib. pont. (Duchesne II 89; Přerovský II 525).* – R e g . : *Böhmer/Zielinski n. 25; Böhmer/Herbers n. 31.*

De re cf. Böhmer/Herbers n. 31.

*5282 **844 (iun. 10–15?)** **(Roma, S. Pietro)**

JE I 327 Synodus (Romae) concelebratur, in qua primum de Sergii (II) papae designatione decernitur ac Lothario (I) iusiurandum una cum Romanis dat, nolens iusiurandum Ludovico (II) regi dare; iterum Sergius (II) papa aspernatur Ebonem Remensem et Bartholomaeum Narbonnensem archiepiscopos depositos restituere; tertium Drogonem archiepiscopum Metensem vicarium Galliae Germaniaeque facit.

L a u d . i n : *Lib. pont. (Duchesne II 89; MGH Conc. 3, 25; Přerovský II 525–528); Ann. Bertiniani ad a. 844 (Grat 45); J³ 5285; Acta synodi Suessionensis 853 apr. (MGH Conc. 3, 271 et 293); J³ ?5435; Hincmari Remensis commentarius 866 aug. 18 (MGH Epp. 8, 178 n. 184); Hincmari epist. ad Egilonem a. 866 sept. directa (MGH Epp. 8, 191 n. 186); Hincmari Remensis De praedestinatione (Migne PL 125, 391); J³ 6040; Flodoardi Remensis Hist. II c. 20 et III c. 11 (MGH SS 36, 189 et*

212); Pseudo-Liudprandi Lib. (Migne PL 129, 1244). – Reg.: *Böhmer/Mühlbacher² n. 1115a; Reg. chartarum Pistoriensium I 32–34 n. 36; Böhmer/Zielinski n. 26; Böhmer/Herbers n. 32.*

Olim ad a. 844 iun post J³ *5283. De re et tempore cf. Böhmer/Herbers n. 32.

*5283 **844 (iun. 15)** **Roma, S. Pietro**

JE I 327 Ludovicum (II) Lotharii (I) imperatoris filium „oleo sancto perunguens, regali ac pretiosissima" coronat „corona, regemque Langobardorum perficit. Cui regalem tribuens gladium illique subcingere" iubet (dominico d. sequente).

Laud. in: *Lib. pont. (Duchesne II 89; Přerovský II 525–527); Ann. Bertiniani ad a. 844 (Grat 46); Flodoardi Remensis De Christi triumphis (Migne PL 135, 814); Pseudo-Liudprandi Lib. (Migne PL 129, 1244).* – Reg.: *Böhmer/Zielinski n. 27; Böhmer/Herbers n. 33.*

*5284 **(844 post iun. 15)** **Roma**

JE I 328 Siconulfum ducem Beneventanum suscipit Ludovico (II) rege Romae morante.

Laud. in: *Lib. pont. (Duchesne II 90; Přerovský II 528).* – Reg.: *Böhmer/Mühlbacher² n. 1115a; Ital. Pont. IX 13 n. *24; Böhmer/Zielinski n. 28; Böhmer/Herbers n. 34.*

De re cf. Böhmer/Herbers n. 34.

5285 **(844 post iun. 16)**

JE 2586 Episcopis transalpinis significat se Drogonem archiepiscopum Metensem vicarium suum praefecisse cunctis provinciis trans Alpes constitutis; ad concordiam hortatur. – *Optaveram equidem fratres.*

Ed.: *MGH Epp. 5, 583 n. 1.* – Reg.: *Parisse Bull. Lorraine 13 n. 3; Böhmer/Zielinski n. 26; Böhmer/Herbers n. 35.*

De re cf. Böhmer/Herbers n. 35. Cf. et J³ *5282.

*5286 **(844 iun.)**

Eremberto illustri viro corpora s. Primi et s. Feliciani concedit.

Laud. in: *Inscriptio (De Vit Lago Maggiore 2/1, 119 not. 2 et Storia di Milano 2, 396 not. 6).* – Reg.: *Ital. Pont. VI/1, 168 n. *1; Böhmer/Herbers n. 29.*

De re cf. Böhmer/Herbers n. 29.

*5287 **(844 iun. ex.)**

Sergium (II) senatus populusque Romanus „velut salutis auctorem ac restitutorem pacis" venerantur rege Ludovico (II) Papiam reverso.

Laud. in: *Lib. pont. (Duchesne II 91; Přerovský II 529).* – Reg.: *Böhmer/Herbers n. 36.*

De re cf. Böhmer/Herbers n. 36.

*5288 **(844)**

Basilicam Salvatoris (Romanam), quae Constantiniana nuncupatur, renovari atque decorari iubet.

Laud. in: *Lib. pont. (Duchesne II 91).* – Reg.: *Böhmer/Herbers n. 21.*

De re cf. Böhmer/Herbers n. 21.

*5289 **(844)**

„Cameram Praesepii ..., quod basilicae b. Dei genetricis dominae nostrae (Romanae) conectitur, que Maior ab omnibus nuncupatur, argenteis tabulis ac deauratis" perornat.

Laud. in: *Lib. pont. (Duchesne II 91).* – Reg.: *Böhmer/Herbers n. 22.*

De re cf. Böhmer/Herbers n. 22.

*5290 **(844)**

„Formam quae Iovia vocatur" restaurat.

Laud. in: *Lib. pont. (Duchesne II 91).* – Reg.: *Böhmer/Herbers n. 23.*

De re cf. Böhmer/Herbers n. 23.

*5291 **(844)** **(Roma)**

Reliquias s. Calixti in Calepodii cimiterio elevat et Notingo episcopo Brisciae tradit.

Laud. in: *Translatio s. Calixti Cisonium (MGH SS 15/1, 418).* – Reg.: *Böhmer/Herbers n. 19.*

De re cf. Böhmer/Herbers n. 19.

†5292 **(844)** **(Roma)**

JE †2587 Abbati et monasterio (Romano) ss. Stephani et Silvestri atque Dionysii portam s. Valentini, monasterium s. Valentini et pontem lapideum, „qui appellatur Molvium ... fluvium Tyberis", concedit (Scr. p. m. Gaudiosi, protoscrin. S.R.E. Ind. suprascr. I ... et reg. et bibl. S.R.E. A. Deo prop. pont. d. Sergii II pp. a. I, reg. Lothario a Deo cor. imp., ind. suprascr. I). – *(Petentium desideriis ita); (Iustis petentium votis).*

Ed.: *Montenovesi La raccolta delle pergamene 33.* – Reg.: *Ital. Pont. I 82 n. 4; Böhmer/Herbers n. †20.*

De tempore cf. Böhmer/Herbers n. †20.

*5293 **(845 mart. 29)**

Hadriano cardinali presbytero s. Marci (Romani) et conpresbyteris denarios XL donat.

Laud. in: *Lib. pont. (Duchesne II 173; Přerovský II 623).* – Reg.: *Böhmer/Herbers n. 49.*

De re et tempore cf. Böhmer/Herbers n. 49.

*5294 **(844 sept.–845 aug.)**

„Basilicam sancti Archangeli (Tiburtinam), quae in cacumine Faiani montis est constituta, largiorem ... a fundamentis" perficit; „picturis" pingi iubet; „sarta tecta eius noviter" restaurat; et „vestes de ymizino ... IIII; similiter et vela IIII" donat.

Laud. in: *Lib. pont. (Duchesne II 92).* – Reg.: *Böhmer/Herbers n. 37.*

De re et tempore cf. Böhmer/Herbers n. 37. Laud. in Lib. pont. in loco ad indictionem VIII pertinente.

*5295 **(844 sept.–845 aug.)**

„Scolam Cantorum (Romanam) quae pridem Orphanotropheum vocabatur" restaurat et „oratorio beati Stephani protomartyris quod positum est in ipsa schola", „velum de fundato I cum periclisin de tyreo; similiter ... patenam et calicem de argento" donat.

Laud. in: *Lib. pont. (Duchesne II 92).* – Reg.: *Böhmer/Herbers n. 38.*

De re cf. Böhmer/Herbers n. 38 et J[3] *5294.

*5296 **(844 sept.–845 aug.)**

„Basilicam b. Romani martiris, quae non longe ab urbe foris porta Salaria sita est ... a fundamentis" construit; „titulo sanctorum Silvestri et Martini parrochiam esse" decernit; et „vestem de fundato I cum periclisi de blattin" donat.

Laud. in: *Lib. pont. (Duchesne II 92).* – Reg.: *Ital. Pont. I 46 n. *3; Böhmer/Herbers n. 39.*

De re cf. Böhmer/Herbers n. 39 et J[3] *5294.

*5297 **(846 in.)**

A Sergio (II) Lotharius (I) imperator, rogatu Ebonis Remensis, legatos petit, ut controversiam inter (archiepiscopos) Hincmarum et Ebonem Remenses cum episcopis provinciae (Remensis) dirimant.

Laud. in: *J³ 5356; Hincmari Remensis epist. (MGH Epp. 8, 210 n. 198); epist. synodica 867 oct.–nov. (MGH Conc. 4, 236); Flodoardi Remensis Hist. III c. 2 (MGH SS 36, 192; MGH Epp. 8, 204).* – Reg.: *Böhmer/Mühlbacher² n. 1124a; Böhmer/Herbers n. 51.*

De re cf. Böhmer/Herbers n. 51.

*5298 **(846 in.)**

Sergii (II) frater Benedictus „curam ecclesiasticam et publicam" usurpat.

Laud. in: *Lib. pont. (Duchesne II 97); Pseudo-Liudprandi Lib. (Migne PL 129, 1244).* – Reg.: *Böhmer/Herbers n. 52.*

De re et tempore cf. Böhmer/Herbers n. 52.

†5299 **(844–846) mart. 4** **Roma**

Monasterio ss. Salvatoris et Salmiani Sextensi donat ecclesias s. Victorii in Fregaia, s. Benedicti Montis Calvoli et s. Fridiani ad Tredecim in territorio Vici Pisani una cum abbatia s. Michaelis de Cintoria (Dat. Romae a. 841, pont. a. III, mart. IV).

Reg.: *Ital. Pont. III 459 n. *†7; Böhmer/Herbers n. †26.*

Editio deest, de manuscriptis cf. Böhmer/Herbers n. †26.

*5300 **(846 ante apr. 18)**

JE *2589 Carolo (Calvo) regi praecipit, „ut Guntboldum Rotomagensem archiepiscopum cum ceteris episcopis regni sui, quos praedictus Guntboldus ad hoc sibi eligeret, obviam missis (suis) Treveris ad hanc causam (i. e. discordiam inter Hincmarum et Ebonem Remenses) discutiendam" dirigat „et (Hincmarum) ad ipsam synodum venire" faciat.

Laud. in: *Hincmari Remensis epist. (MGH Epp. 8, 210 n. 198); epist. synodica 867 oct.–nov. (MGH Conc. 4, 236); Flodoardi Remensis Hist. III c. 2 (MGH SS 36, 192; MGH Epp. 8, 204).* – Reg.: *Böhmer/Herbers n. 54; Böhmer/Fees n. 523.*

Olim ad a. 846. De tempore cf. Böhmer/Herbers n. 54.

*5301 **(846 ante apr. 18)**

JE *2590 Guntboldo archiepiscopo Rotomagensi significat se „post diem sanctae resurrectionis (apr. XVIII) missos suos ... in servitium imperatoris" (Lotharii I) legaturum esse. Mandat, ut discordiae inter Hincmarum et Ebonem Remenses componendae causa Treveris cum episcopis conveniat.

Laud. in: *Hincmari Remensis epist. (MGH Epp. 8, 210 n. 198); epist. synodica 867 oct.–nov. (MGH Conc. 4, 236); Narratio clericorum Remensium (MGH Conc. 2/2, 812); Flodoardi Remensis Hist. III c. 2 (MGH SS 36, 192; MGH Epp. 8, 204).* – Reg.: *Böhmer/Herbers n. 55.*

Olim ad a. 846. De tempore cf. Böhmer/Herbers n. 54.

*5302 **(846 ante apr. 18)**

Guntboldus archiepiscopus Rotomagensis Ebonem per litteras et legatos ex auctoritate papae ad synodam Treverensem advocat.

Laud. in: *Hincmari Remensis epist. (MGH Epp. 8, 211 n. 198); Flodoardi Remensis Hist. III c. 2 (MGH SS 36, 192; MGH Epp. 8, 204).* – Reg.: *Böhmer/Herbers n. 56.*

De re cf. Böhmer/Herbers n. 54 et n. 56.

*5303 **(846 ante apr. 18)**

JE *2591 Hincmarum archiepiscopum Remensem adesse in synodo Treverensi iubet.

L a u d . i n : *Hincmari Remensis epist. (MGH Epp. 8, 210 n. 198); epist. synodica 867 oct.–nov. (MGH Conc. 4, 236); Flodoardi Remensis Hist. III c. 2 (MGH SS 36, 192; MGH Epp. 8, 204).* – R e g . : *Böhmer/Herbers n. 57.*

Olim ad a. 846. De re et tempore cf. Böhmer/Herbers n. 54.

†5304 **846 apr.** **Roma**

JE †2588 Anschario archiepiscopo Hamburgensi concedit, „sicut a ... Gregorio (IV) concessum est (J³ †5150), scilicet ut gentes Wimodiorum, Norblingorum, Danorum, Norvenorum, Suenorum, vel quascunque septentrionalium nationum jugo fidei praedicatione ... subdideri(t), ad sedem Hamaburgensem spirituali dominatione possidea(t)". Eundem et eius successores pallii et mitrae ac crucis praeferendae iure ornat et possessiones ecclesiae confirmat (Dat. p. m. Leonis, canc. S.R.E. in m. apr., ind. IX). – *Quoniam apostolicae dignitatis.*

E d . : *Curschmann PUU Hamburg 17 n. 2.* – R e g . : *Dipl. Danicum I/1, 17 n. 39; Seegrün Ebt. Hamburg 7; Germ. Pont. VI 28 n. †15; Böhmer/Herbers n. †53.*

Laud. et in Innocentii II (JL 7622; JL 7623; JL 7624; JL 7626) et in Victoris IV (JL II 420) privilegiis.

*5305 **846 mai. 19**

Rainaldo abbati aliisque clericis Maioris Monasterii (Turonensis) Romae degentibus reliquias s. Gorgonii largitur (a. ... 846 ... XIV kal. iun.).

L a u d . i n : *Translatio s. Gorgonii (AASS mart. 2, 56).* – R e g . : *Böhmer/Herbers n. 58.*

De re cf. Böhmer/Herbers n. 58.

*5306 **(846) aug. 10**

(Sergio II) Adelvertus comes marcensis et tutor Corsicanae insulae mittit epistolam, qua nuntiat multitudinem gentis Saracenorum XI milia ad Romam properantem venire cum navibus LXXIII et equis D (missa est X d. m. aug.).

L a u d . i n : *Lib. pont. (Duchesne II 99).* – R e g . : *Ital. Pont. X 467 n. *13; Böhmer/Herbers n. 59.*

De re cf. Böhmer/Herbers n. 59.

*5307 **(845–846 aug.)**

Oratorio b. Caesarii martyris „in patriarchio Lateranens(i)" „vela sirica ... V" donat.

L a u d . i n : *Lib. pont. (Duchesne II 93).* – R e g . : *Böhmer/Herbers n. 43.*

De re et tempore cf. Böhmer/Herbers n. 43.

*5308 **(845–846 aug.)**

Basilicam s. Theodori martyris „in Coranis ... finibus" picturis decorat eique „vestem de fundato" donat.

L a u d . i n : *Lib. pont. (Duchesne II 93 et 94).* – R e g . : *Böhmer/Herbers n. 44.*

De re et tempore cf. Böhmer/Herbers n. 44.

*5309 **(845–846 aug.)**

Basilicae b. Petri (Romanae) vestem donat.

L a u d . i n : *Lib. pont. (Duchesne II 93).* – R e g . : *Böhmer/Herbers n. 45.*

De re et tempore cf. Böhmer/Herbers n. 45.

*5310 **(845–846 aug.)**

Ecclesiae s. Dei genetricis Mariae, „quae ponitur in Arrano, patenam et calicem" donat.

L a u d . i n : *Lib. pont. (Duchesne II 93).* – R e g . : *Böhmer/Herbers n. 46.*
De re et tempore cf. Böhmer/Herbers n. 46.

*5311 **(845–846 aug.)**
Iubet ecclesiam ss. Silvestri et Martini (Romanam) renovari atque decorari et facit multas donationes.
L a u d . i n : *Lib. pont. (Duchesne II 93–97; Přerovský II 529–531); Inscriptio in apside ecclesiae ss. Silvestri et Martini (MGH Poetae 2, 663).* – R e g . : *Ital. Pont. I 46 n. 4; Böhmer/Herbers n. 47.*
De re cf. Böhmer/Herbers n. 47.

*5312 **(845–846 aug.)**
Iuxta latus basilicae ss. Silvestri et Martini (Romanae) monasterium in honore b. Petri apostoli ac Pauli, Sergii et Bachii, sanctique Silvestri et Martini a fundamentis construit.
L a u d . i n : *Lib. pont. (Duchesne II 97; Přerovský II 532).* – R e g . : *Ital. Pont. I 46 n. *5; Böhmer/Herbers n. 48.*
De re et tempore cf. Böhmer/Herbers n. 48.

*5313 **(846 aug. ex.)**
Legatos ad Widonem (I) marchionem (Spoletinum) mittit auxiliumque (contra Saracenos) petit, „ut veniret et succurreret civitatis Romane Ecclesie sancte ... et dona amplissima reciperet".
L a u d . i n : *Benedicti s. Andreae Chron. (FSI 55, 150).* – R e g . : *Böhmer/Herbers n. 60.*
De re cf. Böhmer/Herbers n. 60.

*5314 **(844–846 oct.)**
JE *2593 Venerium patriarcham (Gradensem) die natalis b. Martini Romam ad controversiam cum Andrea patriarcha Aquileiensi componendam pervenire mandat.
L a u d . i n : *J³ 5317.* – R e g . : *Ital. Pont. VII/2, 42 n. *34; Böhmer/Herbers n. 15.*
Olim ad a. 844–847. De tempore cf. Böhmer/Herbers n. 15.

*5315 **(844–846 ante nov. 11)**
Lothario (I) imperatori litteras scribit propter generalem synodum ad controversiam inter patriarchas Aquileiensem et Gradensem componendam.
L a u d . i n : *J³ 5317.* – R e g . : *Böhmer/Herbers n. 16.*
De re cf. Böhmer/Herbers n. 16. De tempore cf. Böhmer/Herbers n. 18.

*5316 **(844–846 ante nov. 11)**
JE *2593 Venerio patriarchae (Gradensi) scribit se responsum Lotharii (I) imperatoris exspectare debere ad controversiam inter patriarchas Gradensem et Aquileiensem componendam.
L a u d . i n : *J³ 5317.* – R e g . : *Ital. Pont. VII/2, 42 n. *34; Böhmer/Herbers n. 17.*
Olim ad a. 844–847. De re et tempore cf. Böhmer/Herbers n. 17.

5317 **(844–846 ante nov. 11)**
JE 2592 Andreae patriarchae Foroiuliensi (Aquileiensi), quem cum Venerio patriarcha (Gradensi) litem eorum compositurus ad diem b. Martini (nov. 11) Romam evocaverat, scribit „... hoc animo (suo) veni(sse) consilium, ut sine auctoritate sive consensu karissimi filii ... domni imperatoris hoc non debuisse(t) peragere"; petivisseque se ab imperatore, ut sibi, cum „pene omnes ecclesię scandala pat(erentur)", generalis synodi convocandae licentiam concederet. Promittit responso accepto se ad eorum utrumque litteras missurum. – *Pro universis Dei.*

E d . : *MGH Epp. 5, 584 n. 2.* – R e g . : *Ital. Pont. VII/1, 26 n. 36; Ital. Pont. VII/2, 42 n. 35; Böhmer/Herbers n. 18.*

Laud. et in Iohannis XIX (JL 4063, Böhmer/Frech n. 57) et in Benedicti IX (JL 4114, Böhmer/Frech n. 255) privilegiis. Olim ad a. 844–847. De tempore cf. Böhmer/Herbers n. 18. De traditione cf. Ital. Pont. VII/2 10 et 42 n. 35. Cf. et J³ *5314 et J³ *5315 et J³ *5316.

***5318** **(844–846)**

Presbyteros VIII, diaconos III et episcopos XXIII ordinat. Leonem (IV successorem eius) etiam „presbiterum" ordinat „eique titulum sanctorum IIII Coronatorum" largitur.

L a u d . i n : *Lib. pont. (Duchesne II 101 et 106; Přerovský II 533 et 535); Pseudo-Liudprandi Lib. (Migne PL 129, 1245).* – R e g . : *Böhmer/Herbers n. 25.*

De re et tempore cf. Böhmer/Herbers n. 25.

***5319** **(844–846)**

Nicolaum (I secundum successorem) subdiaconum ordinat.

L a u d . i n : *Lib. pont. (Duchesne II 151; Přerovský II 594).* – R e g . : *Böhmer/Herbers n. 14.*

De re et tempore cf. Böhmer/Herbers n. 14.

***5320** **(844–846)**

Sergium II Ludovicus (Germanicus) rex petit, ut pro coenobio (Brunshusensi) ab avo et genitore Liutulfi comitis constructo aliquid de sanctorum Christi corporibus (ss. Anastasii et Innocentii) mandet.

L a u d . i n : *J³ 5323; Liudolfi ducis charta spuria (Germ. Pont. V/2 122 n. †5); Hrothsvithae Gandersheimensis Primordia (Berschin 311).* – R e g . : *cf. Böhmer/Herbers n. 40 adn..*

***5321** **(845–846)**

(Sergio II) Methodius patriarcha (Constantinopolitanus) per Zachariam litteras mittit.

L a u d . i n : *(Pseudo-)Symeonis Magistri Ann. c. 32 (Bekker 671).* – R e g . : *Grumel/Darrouzès Reg. I/2, n. 427; Böhmer/Herbers n. 42.*

De re et tempore cf. Böhmer/Herbers n. 42.

***5322** **(844–847)** **Roma**

JE I 329 Liudolfo duci et Oda coniuge eius Romam cum donis adventis et b. Petro se commendantibus ss. Anastasii et Innocentii corpora praebet. Monasterium (Brunshusense) ab eis traditum tuitionem apostolicam promittit.

L a u d . i n : *Liudolfi epist. fundatoria pro monasterio Gandersheimense (Goetting Gründungsurkunden 369); Agii Corbeiensis Vita Hathumodae (MGH SS 4, 168); Hrothsvithae Gandersheimensis Primordia (Berschin 312); Thangmari Hildesheimensis Vita Bernwardi c. 12 (MGH SS 4, 762).* – R e g . : *Böhmer/Herbers n. 40; Germ. Pont. V/2, 119 n. *2 et 486 n. *†6.*

De re et tempore cf. Böhmer/Herbers n. 40 et Germ. Pont. V/2 120 n. *2 adn. atque nuperrimae Popp Schatz 24–28.

5323 **(844–847)**

JE †2594 Omnibus archiepiscopis, episcopis, abbatibus, (clericis) comitibus atque cunctis fidelibus significat se „mandante sibi domino atque invictissimo rege suo Ludovico (Germanico) pro coenobio (Brunshusensi), quod avus et postea eius genitor (Liutulfi comitis) in honorem omnipotentis Dei dedicaverint ad eundem s. locum", per Liutulfum comitem misisse „Innocentii et Anastasii papae nec non reliquias Domini ac Salvatoris nostri sanctaeque eius genitricis Mariae atque XII apostolorum". – *Omnis itaque Christianorum.*

E d . : *Insertum in Liudolfi comitis charta spuria fundationis monasterii Gandersheimensis saec. XI med. composita (Goetting Gründungsurkunden 369).* – R e g . : *Böhmer/Herbers n. †41; Germ. Pont. V/2, 120 n. 3.*

De fide, re et tempore cf. Goetting Gründungsurkunden 367; Boshof Traditio Romana 82–85; Herbers Rom im Frankenreich 140sq. et 147sqq. Cf. et J³ *5320.

*** 5324** **(844–847)**

Canonicis s. Petri ecclesias (Romanas) ss. Iohannis et Pauli, s. Martini, s. Stephani maioris et s. Stephani minoris ad eorum usum destinatas concedit.

L a u d . i n : *Leonis IX (JL 4294; Böhmer/Frech n. †1052), Hadriani IV (JL 10387), Urbani III (JL 15632; Böhmer/Schmidt n. 186) privilegia.* – R e g . : *Ital. Pont. I 138 n. *14; Böhmer/Herbers n. 7.*

De re cf. Böhmer/Herbers n. 7.

*** 5325** **(844–847)**

Astnidensium sanctimonialium congregationi liberam abbatissae electionem concedit.

L a u d . i n : *Altfridi ep. Hildesheimensis privilegium (Wisplinghoff Rhein. UB II n. 159).* – R e g . : *Germ. Pont. VII 227 n. *1; Wisplinghoff Rhein. UB II n. 153; Böhmer/Herbers n. 10.*

De re cf. Böhmer/Herbers n. 10.

*** 5326** **(844–847)**

Monasterium Lamspringense, Riddago comite eiusque uxore Imhilda petentibus, confirmat eisque reliquias s. Adriani papae tradit.

L a u d . i n : *Ludovici Germanici diploma (MGH DD LD n. 150).* – R e g . : *Böhmer/Herbers n. 11; Germ. Pont. V/2, 110 n. *1.*

De re cf. Böhmer/Herbers n. 11 et Germ. Pont. V/2 110 n. *1 adn.

† 5327 **(844–847)**

JE †2595 Monasterium s. Tiberii Agathense tuendum suscipit eiusque possessiones invadi vetat Pipino et Atilio abbate petentibus. – *Notum sit vobis.*

E d . : *Löwenfeld Elf Papstbullen 371.* – R e g . : *Böhmer/Herbers n. †9.*

Laud. et in Paschalis II (JL 6515), Calixti II (JL 7088) atque Innocentii III (Potthast 5106) privilegiis. De re cf. Böhmer/Herbers n. †9.

***† 5328** **(844–847)**

JE *2137α Monasterio s. Columbani Bobiensi privilegium concedit.

L a u d . i n : *Miracula s. Columbani abbatis Bobiensis (AASS ord. s. Ben. 2, 50).* – R e g . : *Ital. Pont. VI/2, 251 n. *9; Böhmer/Herbers n. †8.*

Olim Sergio I (a. 687–701) adscripta. De re, tempore et fide cf. Böhmer/Herbers n. †8.

***† 5329** **(844–847)**

JE *2593α Monasterii Ambroniacensis a s. Barnardo fundati libertatem corroborat.

L a u d . i n : *Leonis IX privilegium (JL 4215; Böhmer/Frech n. 765).* – R e g . : *Böhmer/Herbers n. †12.*

De re et fide cf. Böhmer/Herbers n. †12.

***† 5330** **(844–847)**

„Scalam vulgo Pilati dictam" ante fores ecclesiae Lateranensis constituit et ornat.

L a u d . i n : *Paschalis II privilegium (Ital. Pont. I 32 n. †2).* – R e g . : *Böhmer/Herbers n. †6.*

De re cf. Böhmer/Herbers n. †6.

*? 5331 **(844–847)**

Dirimit controversiam inter filios Ludovici (Pii) imperatoris.

Laud. in: *Adami Bremensis Gesta I c. 22 (MGH SS rer. Germ. 2, 28).* – Reg.: *Böhmer/Herbers n. †(?)13.*

De re cf. Böhmer/Herbers n. †(?)13.

* 5332 **(846–847)**

Deusdedit archiepiscopo monasterium s. Hilarii in Gallicata concedit.

Laud. in: *Transsumptum ab saec. XI, Mediolanum Arch. ECA (Kehr PUU Mailand 81 n. 1); Clementis (III) (Wiberti) privilegium (JL 5322).* – Reg.: *Ital. Pont. V 39 n. *97; Böhmer/Herbers n. 50.*

De re et traditione cf. Böhmer/Herbers n. 50.

* 5333 **(847 in.)**

(Sergio II vel Leoni IV) Hincmarus (archiepiscopus Remensis) tenorem fidei suae Romam mittit confirmationemque ordinationis suae petit.

Laud. in: *Flodoardi Remensis Hist. III c. 2 (MGH SS 36, 193).* – Reg.: *Böhmer/Herbers n. 61.*

De re et tempore cf. Böhmer/Herbers n. 61.

* 5334 **(847 in.)**

(A Sergio II vel Leone IV) Carolus (Calvus) rex confirmationem ordinationis Hincmari (archiepiscopi Remensis) petit.

Laud. in: *Acta synodi Suessionensis 853 apr. (MGH Conc. 3, 272); Hincmari Remensis epist. (MGH Epp. 8, 180 n. 184); Flodoardi Remensis Hist. III c. 2 et c. 11 (MGH SS 36, 192 et 213).* – Reg.: *Lot/Tessier Recueil II 517 n. 90bis; Böhmer/Herbers n. 62; Böhmer/Fees n. 550.*

De re cf. Böhmer/Herbers n. 62.

* 5335 **(847 in.)**

(Ad Sergium II vel Leonem IV) totius paene Galliae et provinciae Remensis Belgicae episcopi per litteras Hincmari (archiepiscopi Remensis) ordinationis confirmationem rogant.

Laud. in: *Acta synodi Suessionensis 853 apr. (MGH Conc. 3, 272); Hincmari Remensis epist. (MGH Epp. 8, 180 n. 184); Flodoardi Remensis Hist. II c. 20 et III c. 2 et c. 11 (MGH SS 36, 185 et 192 et 213).* – Reg.: *Böhmer/Herbers n. 63.*

De re et tempore cf. Böhmer/Herbers n. 63.

* 5336 **847 ian. 27** **Roma**

JE I 329 Moritur, cum sedisset a. III, et in basilica b. Petri (Romana) sepelitur (VI kal. febr.).

Laud. in: *Lib. pont. (Duchesne II 86 et 101; Přerovský II 533); Ann. Bertiniani ad a. 847 (Grat 54); Ann. Xantenses ad a. 846 (MGH SS rer. Germ. 12, 16).* – Reg.: *Böhmer/Herbers n. 64.*

De re cf. Böhmer/Herbers n. 64.

Leo IV (847–855)

*5337 **847 (ian. ex.)** **Roma, SS. Quattro Coronati**

JE I 329 Eligitur et ex ecclesia (ss. IIII Coronatorum) educitur Sergio nondum „ad sepulturam debitam ... deportat(o)".

L a u d . i n : *Lib. pont. (Duchesne II 107; Přerovský II 536); Ann. Bertiniani ad a. 847 (Grat 54).* – R e g . : *Böhmer/Mühlbacher² n. 1130a; Böhmer/Zielinski n. 42; Böhmer/Herbers n. 65.*

De re cf. Böhmer/Herbers n. 65.

*5338 **(847 ian. ex.)** **(Roma), Laterano**

JE I 329 In pontificatum electus „ad Lateranense patriarchium" perducitur.

L a u d . i n : *Lib. pont. (Duchesne II 107; Přerovský II 537).* – R e g . : *Böhmer/Herbers n. 66.*

(847 in.)

Cf. J³ *5333 s. v. Sergius II.

(847 in.)

Cf. J³ *5334 s. v. Sergius II.

(847 in.)

Cf. J³ *5335 s. v. Sergius II.

†5339 **847 apr. 3**

Pisanae reipublicae gratias agit, quod eum contra Saracenos in Campaniam usque Ostiam irruentes adiuverint (Dat. Lat. dominica in qua traditur symbolum a. 847, pont. autem n. a. I). – *Quo sublimiori collocabamur.*

E d . : *Herbers Leo 465.* – R e g . : *Ital. Pont. III 356 n. †3; Böhmer/Herbers n. †67.*

De falsificatione et tempore cf. Böhmer/Herbers n. †67.

*5340 **847 (apr. 10)** **(Roma, S. Pietro)**

JE I 329 Consecratur a Romanis periculum urbis metuentibus „sine permissu principis praesulem".

L a u d . i n : *Lib. pont. (Duchesne II 107; Přerovský II 538).* – R e g . : *Böhmer/Mühlbacher² n. 1130a; Böhmer/Herbers n. 68.*

De re cf. Böhmer/Herbers n. 68.

*5341 **(847 iun. 30)** **(Roma), S. Paolo fuori le mura**

In basilica b. Pauli apostoli „vespertinas publice a cuncto clero et scola ... die natalis eius psallere laudes" constituit.

L a u d . i n : *Lib. pont. (Duchesne II 108; Přerovský II 539).* – R e g . : *Ital. Pont. I 167 n. *8; Böhmer/Herbers n. 133.*

De tempore cf. Böhmer/Herbers n. 133.

*5342 **(847 post iul. 3)**

Leoni IV papae (Theodora imperatrix) electionem Ignatii patriarchae Constantinopolitani nuntiat; virtutes eius laudat.

Laud. in: *J³ 5768.* – Reg.: *Böhmer/Herbers n. 139; Dölger/Müller Reg. des oström. Reiches I/1, 231 n. 449.*

De tempore cf. Böhmer/Herbers n. 139.

*5343 **(847) aug. 15 Roma, Laterano – S. Adriano in tribus fatis – S. Lucia in Selci – S. Maria Maggiore**

JE I 329 Assumptionem b. Mariae virginis celebrat. „A patriarchio cum hymnis et canticis spiritalibus, sancta praecedentes icona, ad basilicam sancti Adriani martyris, sicut mos est, propriis pedibus cum clero" peragit. „Ad beatae genetricis Dei ... quae Praesepe dicitur" properat. „Iuxta basilicam beatae Luciae martyris" „basiliscu(m)" oratione depellet (d. in quo b. Dei genetricis semperque virginis Mariae Adsumptio caelebratur).

Laud. in: *Lib. pont. (Duchesne II 110; Přerovský II 543–545); Flodoardi Remensis De Christi triumphis (Migne PL 135, 816).* – Reg.: *Böhmer/Herbers n. 140.*

De re cf. Böhmer/Herbers n. 140.

*5344 **(847 mai. 27–aug. 27)**

A Leone (IV) Lotharius (I) imperator epistolis legatisque petit, ut murum circa ecclesiam b. Petri (Romanam) „a paganis vastata(m)" construat.

Laud. in: *Capitulare Lotharii I (MGH Conc. 3, 136).* – Reg.: *Böhmer/Zielinski n. 46; Böhmer/Herbers n. 131.*

De re et tempore cf. Böhmer/Herbers n. 131.

*5345 **(847 mai. 27–aug. 27)**

Leoni (IV) et Petro Venetiarum duci Lotharius (I) imperator scribit, ut adiutorium ex Pentapoli et Venetia navali expeditione faciant ad opprimendos in Benevento Saracenos.

Laud. in: *Capitulare Lotharii I (MGH Conc. 3, 137).* – Reg.: *Böhmer/Mühlbacher² n. 1128; Böhmer/Zielinski n. 46; Böhmer/Herbers n. 132.*

De re et tempore cf. Böhmer/Herbers n. 132.

*5346 **(847 apr. 10–aug.)**

„Secundum antiquam consuetudinem (cf. J³ †34), canonica auctoritate" decernit atque constituit, „ut dum sacra missarum sollemnia in ecclesia celebrantur, nullus ex laicis in presbiterio stare vel sedere aut ingredere praesumatur, nisi tantum sacra plebs quae in amministratione sacri officii constituta videtur".

Laud. in: *Lib. pont. (Duchesne II 108; Přerovský II 540).* – Reg.: *Ital. Pont. I 13 n. *19; Böhmer/Herbers n. 125.*

De tempore cf. Böhmer/Herbers n. 125.

*5347 **(847 apr. 10–aug.)**

Basilicae b. Petri (Romanae) coronam ex argento I, „gabatas interrasiles II", vela VII, „cortina(s) alexandrina(s)" II, „habentem istoriam pavonum portantium desuper homines, et ... istoriam aquilarum rotarumque et avium cum arboribus" donat. Item dat butronem de argento „cum gabbatis argenteis pendentibus in catenulis VII", „rete aeneum cum canistris argenteis XVII" et alia dona. Item coronas ex argento II et oratorio s. Andreae ad s. Petrum „vela maiora de fundato II et alia minora V" donat.

Laud. in: *Lib. pont. (Duchesne II 107 et 108 et 109; Přerovský II 540).* – Reg.: *Böhmer/Herbers n. 121.*

De re et tempore cf. Böhmer/Herbers n. 121. Laud. in Lib. pont. in locis III.

*5348 **(847 apr. 10–aug.)**

Ecclesiae ss. IIII Coronatorum (Romanae) „canistra de argento ... III (...), aquamanile ... de argento ... I ...; cantram cum timiamaterio I ...; vela de fundato ... XII; item vela sirica alba XXXIIII ..., vestem olosiricam ..., aliam vestem albam cum rosis, habentem rotas VII et ... gemmas prasinas V; ... vestem albam de crisoclabo cum rotis VI ..., vela habentia cruces et gammadias de crisoclabo IIII; ... vela sirica cum rotis XVII ...; velum acupictile, habentem hominis effigiem sedentis super pavonem I; ... vela habentia istoriam sanctae Dei genetricis III; ... vela alia fundata XIIII; et alia vela de blata II" donat. Item „vestem de crisoclabo, habentem istoriam Resurrectionis ... Iesu Christi atque effigies ... martirum et ipsius ... praesulis (Leonis IV)" donat.

L a u d . i n : *Lib. pont. (Duchesne II 108 et 109).* – R e g . : *Böhmer/Herbers n. 122.*

De re et tempore cf. Böhmer/Herbers n. 121 et 122. Laud. in Lib. pont. in locis II.

*5349 **(847 apr. 10–aug.)**

Ecclesiae s. Mariae „in vic(o) ... Sardorum (apud Romam), vestem de fundato, habentem istoriam sanctae Dei genetricis de chrisoclabo cum prophetis", donat.

L a u d . i n : *Lib. pont. (Duchesne II 108).* – R e g . : *Böhmer/Herbers n. 123.*

De re et tempore cf. Böhmer/Herbers n. 121 et 123.

*5350 **(847 apr. 10–aug.)**

„Sedilia in ingressu de marmoribus patriarchii" (Lateranensis) construit „et solarium quod ... Leo tertius papa construxerat" (cf. Lib. Pont. II 108) restaurat.

L a u d . i n : *Lib. pont. (Duchesne II 108; Přerovský II 539).* – R e g . : *Böhmer/Herbers n. 124.*

De re et tempore cf. Böhmer/Herbers n. 121 et 124.

*5351 **(847 apr. 10–aug.)**

Usum atque ordines antiquos et obliviosos in palatio (Lateranensi) auget et „accubitum" reparat.

L a u d . i n : *Lib. pont. (Duchesne II 109; Přerovský II 541).* – R e g . : *Böhmer/Herbers n. 127.*

De re et tempore cf. Böhmer/Herbers n. 121 et 127.

*5352 **(847 apr. 10–aug.)**

Crucem auream a Carolo (Magno) basilicae Lateranensi oblatam restaurat et ornat.

L a u d . i n : *Lib. pont. (Duchesne II 110; Přerovský II 542).* – R e g . : *Böhmer/Herbers n. 130.*

De re et tempore cf. Böhmer/Herbers n. 121 et 130.

*5353 **(847 apr. 10–aug.)**

Monasterio s. Anastasii (Romano) „vestem siricam de fundato I, habentem istoriam aquilarum" et „vela de fundato II, compta in circuitu de blata" donat.

L a u d . i n : *Lib. pont. (Duchesne II 109).* – R e g . : *Böhmer/Herbers n. 126.*

De re et tempore cf. Böhmer/Herbers n. 121 et 126.

*5354 **(847 apr. 10–aug.)**

Monasterio s. Praxedis „vestem de fundato I" donat.

L a u d . i n : *Lib. pont. (Duchesne II 109).* – R e g . : *Böhmer/Herbers n. 129.*

De tempore cf. Böhmer/Herbers n. 121.

*†5355 **(847 apr. 10–aug.)**

Librum „s. Petri de Urbe, qui Malo ibi communiter appellatur" componit.

L a u d . i n : *Petri Bohier glosa ad Lib. pont. (Přerovský 3, 412).* – R e g . : *Böhmer/Herbers n. †128.*

De re et tempore cf. Böhmer/Herbers n. †128.

5356 **(847 med.)**

A Leone (IV) Lotharius (I) imperator petit, ut Hincmaro archiepiscopo Remensi pallii usum concedat.

Ed.: *MGH Epp. 5, 609 n. 46.* – Reg.: *Böhmer/Mühlbacher² n. 1149; Böhmer/Herbers n. 137.*

Laud. et in J³ ?5436, in Hincmari Remensis Libello de synodo Suessionensi a. 866 (MGH Epp. 8, 181), in synodico a. 867 oct.–nov. edito (MGH Conc. 4, 236), in Flodoardi Remensis Hist. III c. 11 (MGH SS 36, 217). Cf. J³ *5297.

* 5357 **(847 med.)**

JE *2596 Hincmaro archiepiscopo Remensi usum pallii et privilegium sedis apostolicae concedit.

Laud. in: *J³ ?5436; Hincmari Remensis Libellus de synodo Suessionensi a. 866 (MGH Epp. 8, 181); Narratio clericorum Remensium (MGH Conc. 2/2, 813); J³ 6041; Hincmari Remensis epist. (MGH Epp. 8, 216); Flodoardi Remensis Hist. III c. 2 (MGH SS 36, 193).* – Reg.: *Böhmer/Herbers n. 138.*

Olim ad a. 847. De re et tempore cf. Böhmer/Herbers n. 138 et n. †(?)240.

* 5358 **(847 med.?)**

Leoni (IV) exemplar libelli depositionis Ebonis Remensis mittitur.

Laud. in: *Synodicon a. 867 oct.–nov. (MGH Conc. 4, 234); Flodoardi Remensis Hist. II c. 20 (MGH SS 36, 187).* – Reg.: *Böhmer/Herbers n. 136.*

De re et tempore cf. Böhmer/Herbers n. 136.

* 5359 **(847 dec. 17–848 mart. 10)** **(Roma)**

Anastasium cardinalem presbyterum s. Marcelli ordinat.

Laud. in: *J³ 5416; J³ 5481; J³ 5503.* – Reg.: *Böhmer/Herbers n. 158.*

De tempore cf. Böhmer/Herbers n. 158.

* 5360 **(848) mart. (med.)** **Roma (S. Pietro)**

JE I 331 Ad altare s. Gregorii Athanasium (I) episcopum Neapolitanum consecrat (id. mart.).

Laud. in: *Gesta epp. Neapolitanorum (MGH SS rer. Lang. 434); Vita et translatio s. Athanasii c. 3 (Vuolo 122).* – Reg.: *Ital. Pont. VIII 444 n. *58; Böhmer/Herbers n. 163.*

Olim ad a. 850 mart. 15. De re et tempore cf. Böhmer/Herbers n. 163.

* 5361 **(847 aug. 16–848 apr.)** **Roma**

Ignem, qui „Saxorum vico“ (Romae) invasit, „... ita ut propius beati Petri principis apostolorum basilicae perveniret, Saxorum Langobardorumque domos ac porticum concremans atque diripiens“, oratione et signaculo crucis extinguit.

Laud. in: *Lib. pont. (Duchesne II 111; Přerovský II 545–547); Flodoardi Remensis De Christi triumphis (Migne PL 135, 816).* – Reg.: *Böhmer/Herbers n. 141.*

De re et tempore cf. Böhmer/Herbers n. 141.

* 5362 **(848 in.–apr.)**

Anastasium cardinalem presbyterum, qui ecclesiam suam deseruit, ad concilium vocat.

Laud. in: *J³ 5416; J³ 5481; J³ 5503; Ann. Bertiniani ad a. 868 (Grat 147).* – Reg.: *Böhmer/Herbers n. 161.*

De re et tempore cf. Böhmer/Herbers n. 161.

* 5363 **(848 in.–apr.)**

JE *2598 Lothario (I) imperatori significat id in optatis sibi esse, „quatenus per illius ... adiutorium adque consilium civitatem illam, quam praedecessor eius Leo papa tercius erga ecclesiam (b. Petri) apostoli aedificare ceperat, et multis iam in locis fundamenta posuerat ... ad effectum" possit „perducere".

L a u d . i n : *Lib. pont. (Duchesne II 123).* – R e g . : *Ital. Pont. I 183 n. *1; Böhmer/Herbers n. 162.*

Olim ad a. 848. De re et tempore cf. Böhmer/Herbers n. 162.

*5364 **(848 aug. 15–22) Roma, S. Lorenzo fuori le mura**

Octavam assumptionis b. Dei genetricis diem, quae minime Romae antea colebatur, vigiliis sacris matutinisque cum omni clero pernoctans, laudibus in basilica eiusdem b. Mariae, „quae foris muros, iuxta basilicam sancti Laurentii martyris sita est, celebrare praecipit". Basilicae vestem de fundato I et vela XLV, oratoriis b. Barbarae, b. Nicolai et s. Eugeniae singulos vestes de fundato I donat.

L a u d . i n : *Lib. pont. (Duchesne II 112; Přerovský II 547–549); Flodoardi Remensis De Christi triumphis (Migne PL 135, 817).* – R e g . : *Ital. Pont. I 161 n. *5; Böhmer/Herbers n. 173.*

De tempore cf. Böhmer/Herbers n. 173.

*5365 **(848 aug. 15–22)**

Ecclesiae „beati protomartyris Stephani ... foris muro ... vestem de fundato I" et aliam „vestem de fundato I" pro „oratorio beati Leonis martiris" infra huius ecclesiam donat.

L a u d . i n : *Lib. pont. (Duchesne II 112).* – R e g . : *Böhmer/Herbers n. 174.*

De re et tempore cf. Böhmer/Herbers n. 174.

*5366 **(847 sept.–848 aug.)**

Basilicae b. Petri apostoli (Romanae) liberalissime ornamenta decoraque donat.

L a u d . i n : *Lib. pont. (Duchesne II 111–114).* – R e g . : *Böhmer/Herbers n. 142.*

De re et tempore cf. Böhmer/Herbers n. 121 et 142. Laud. in Lib. pont. in locis pluribus ad indictionem XI pertinentibus.

*5367 **(847 sept.–848 aug.)**

Monasterio s. Martini (Romano), „quod basilicae beati Petri apostoli coheret ... vestem" et „vela IIII" donat.

L a u d . i n : *Lib. pont. (Duchesne II 111).* – R e g . : *Böhmer/Herbers n. 143.*

De re et tempore cf. Böhmer/Herbers n. 121, 142, 143 et J^3 *5366.

*5368 **(847 sept.–848 aug.)**

Ecclesiae ss. IIII Coronatorum (Romanae) „vestem de fundato I, habentem istoriam ipsorum sanctorum martyrum et effigiem ipsius ... praesulis, habentem gemmas XII; similiter et vela de fundato IIII" donat.

L a u d . i n : *Lib. pont. (Duchesne II 111).* – R e g . : *Böhmer/Herbers n. 144.*

De re et tempore cf. Böhmer/Herbers n. 121, 142, 144 et J^3 *5366.

*5369 **(847 sept.–848 aug.)**

Ecclesiae b. Silvestri „in monte Serapti, vestem de fundato I, habentem angulos IIII, duos quidem tyreos et duos fundatos" donat.

L a u d . i n : *Lib. pont. (Duchesne II 111).* – R e g . : *Böhmer/Herbers n. 145.*

De tempore cf. Böhmer/Herbers n. 121 et 142 et J^3 *5366.

*5370 **(847 sept.–848 aug.)**

Monasterium (s. Mariae) Corsarum (Romanum), „quod iuxta basilica beati Xisti ... situm est, quod quorundam malorum hominum fuerat operibus desolatum et ad secularem habitationem perductum", restaurat. „In quo etiam ancillarum Dei congregationem munivit ad persolvendum Deo omnipotenti cotidie laudes, muneribus auxit, diviciis perornavit et omnia sacris praeceptis quae exinde fuerant ablata restaurans, suisque sanctis digitis plenius confirmavit."

Laud. in: *Lib. pont. (Duchesne II 112).* – Reg.: *Ital. Pont. I 121 n. *2; Böhmer/Herbers n. 146.*

De re et tempore cf. Böhmer/Herbers n. 121, 142, 146 et J³ *5366.

*5371 **(847 sept.–848 aug.)**

„Monasterium ancillarum Dei (Romanum), in honorem sanctorum Simetri et Cesarii ..." „in ede propria, quam ipse a fundamentis fieri disposuit ...", constituit.

Laud. in: *Lib. pont. (Duchesne II 120).* – Reg.: *Böhmer/Herbers n. 147.*

De re et tempore cf. Böhmer/Herbers n. 147 et J³ *5366.

*5372 **(847 sept.–848 aug.)**

„Crucem auream ..., ut mos antiquitus, a subdiaconibus manibus ferebatur ante equum praecessorum pontificum ..., in auro et in argento in gemmis melius" renovat.

Laud. in: *Lib. pont. (Duchesne II 112; Přerovský II 549–551).* – Reg.: *Böhmer/Herbers n. 148.*

De re et tempore cf. Böhmer/Herbers n. 121, 142, 148 et J³ *5366.

*5373 **(847 sept.–848 aug.)**

Ecclesiae b. Nimphae martyris in civitate Portuensi „vestem de fundato I" donat.

Laud. in: *Lib. pont. (Duchesne II 113).* – Reg.: *Böhmer/Herbers n. 149.*

De tempore cf. Böhmer/Herbers n. 121 et 142 et J³ *5366.

*5374 **(847 sept.–848 aug.)**

Ecclesiae bb. martyrum Cosme et Damiani in Silva Candida „vestem de fundato I" et „vela de fundato III" donat.

Laud. in: *Lib. pont. (Duchesne II 113).* – Reg.: *Böhmer/Herbers n. 150.*

De tempore cf. Böhmer/Herbers n. 121, 142, 150 et J³ *5366.

*5375 **(847 sept.–848 aug.)** **(Roma), S. Lorenzo (fuori le mura)**

Monasterium (Romanum) „quod nunc sancti vocatur Stephani et Cassiani restaurans, muneribus ac divitiis locupletissime" perornat. „In quo etiam sanctae conversationis plures greco constituit monachos genere ...".

Laud. in: *Lib. pont. (Duchesne II 113).* – Reg.: *Ital. Pont. I 161 n. *3; Böhmer/Herbers n. 151.*

De re et tempore cf. Böhmer/Herbers n. 121, 142, 151 et J³ *5366.

*5376 **(847 sept.–848 aug.)**

Monasterio s. Caesarii in Palatio (Romano) „vestem de fundato I et vela VIII" donat.

Laud. in: *Lib. pont. (Duchesne II 114).* – Reg.: *Böhmer/Herbers n. 152.*

De re et tempore cf. Böhmer/Herbers n. 121, 142, 152 et J³ *5366.

*5377 **(847 sept.–848 aug.)**

Cimiterio b. Agathae martyris „foris porta beati Pancratii martyris (apud Romam), vestem de fundato I et vela VIII" donat.

Laud. in: *Lib. pont. (Duchesne II 114).* – Reg.: *Böhmer/Herbers n. 153.*

De re et tempore cf. Böhmer/Herbers n. 121, 142, 153 et J³ *5366.

*5378 **(847 sept.–848 aug.)**

Basilicae s. Sebastiani martyris in Frascata „vestem ... cum cruce ... de crisoclabo et gammadias I" donat.

Laud. in: *Lib. pont. (Duchesne II 114).* – Reg.: *Böhmer/Herbers n. 154.*

De re et tempore cf. Böhmer/Herbers n. 121, 142, 154 et J[3] *5366.

*5379 **(848 aug.)**

Muros urbis Romae propter protectionem contra hostes renovat et iubet portas ac turres renovari. Turres „II iuxta Portuensem portam" „ab ... ora Tiberis" propter protectionem contra Saracenos aedificari iubet. Opera ex equo et pedester ipse observat (XII et quidem instante ind.).

Laud. in: *Lib. pont. (Duchesne II 115; Přerovský II 551–553); Flodoardi Remensis De Christi triumphis (Migne PL 135, 817).* – Reg.: *Böhmer/Herbers n. 167.*

De re et tempore cf. Böhmer/Herbers n. 121 et 167.

*5380 **(848 aug.)**

Multa corpora sanctorum, „quae diu inculta iacuerant ... infra ... urbis (Romae) menia", congregat.

Laud. in: *Lib. pont. (Duchesne II 115); Flodoardi Remensis De Christi triumphis (Migne PL 135, 817).* – Reg.: *Böhmer/Herbers n. 168.*

De re et tempore cf. Böhmer/Herbers n. 168.

*5381 **(848 aug.)**

Basilicam ss. IIII Coronatorum (Romanam) restaurari ac corpora IIII Coronatorum una cum multorum sanctorum martyrumque reliquiis „sub sacro altare" recondit. Item huic basilicae magnum pretiosissimorum ornamentorum decorumque numerum concedit.

Laud. in: *Lib. pont. (Duchesne II 115–117; Přerovský II 553); Flodoardi Remensis De Christi triumphis (Migne PL 135, 817); Inscriptio in ecclesia ss. IIII Coronatorum (Forcella Iscrizioni 8, 717).* – Reg.: *Ital. Pont. I 41 n. *2; Böhmer/Herbers n. 169.*

De tempore cf. Böhmer/Herbers n. 169. Laud. in Lib. pont. in locis II.

*5382 **(848 aug.)**

Basilicae b. Stephani pontificis via Latina (apud Romam) „vestem de fundato I, cum cruce in medio et vela VI ..., patenam et calicem sancto modico, de argento" donat.

Laud. in: *Lib. pont. (Duchesne II 116).* – Reg.: *Böhmer/Herbers n. 170.*

De tempore cf. Böhmer/Herbers n. 170.

*5383 **(848 aug.)**

Ecclesiae b. Petri (Romanae) „turibulum de argento exaurato apostolatum" et „post depraedatione(m) Saracenorum" „crucifixum ... cum gemmis iacinctinis de argento ... exaurato ... et alia gemma alba maiore I" donat. In oratoriis „beati Gregorii (I)", „beati Pastoris martyris", „beatae Dei genetricis", „sanctae ... Crucis" vestem I facit, et in „oratorio qui ponitur ad fontem ... similiter vestem I et vela de quadrapulo X" conficit.

Laud. in: *Lib. pont. (Duchesne II 116 et 117; Přerovský II 556).* – Reg.: *Böhmer/Herbers n. 171.*

De re et tempore cf. Böhmer/Herbers n. 171. Laud. in Lib. pont. in locis II.

*5384 **(848 aug.)**

Monasterio s. Silvestri sanctique Benedicti et s. Scolasticae, „quod nuncupatur Sub lacum, vestes de fundato III et vela similiter de fundato VII" donat.

L a u d . i n : *Lib. pont. (Duchesne II 117).* – R e g . : *Böhmer/Herbers n. 172.*
De re et tempore cf. Böhmer/Herbers n. 172.

* 5385 **(847–848)**
Porticum „partis laevae beati ... Petri basilicae" (Romanae) renovat.
L a u d . i n : *Lib. pont. (Duchesne II 127).* – R e g . : *Böhmer/Herbers n. 120.*
De tempore cf. Böhmer/Herbers n. 120.

* 5386 **(848 iul.–dec.)** **Roma**
Susannum Venetensem et Felicem Corisopitensem episcopos a concilio Britannico atque Conoveum Redonensem abbatem a Nominoe principe Britanniae ad papam missos excipit. Conoveus Leoni IV coronam auream et litteras Nominois, quibus restitutionem regni Britanniae petiverit, tradit; qui et reliquias martyrum Romanorum rogat.
L a u d . i n : *J³ 5388; episcoporum epist. ad Nominoem directa (MGH Conc. 3, 203); J³ 6043; Gesta Conwoionis II c. 10 (Brett 179); Vita Conwoionis c. 9 (Brett 239).* – R e g . : *Böhmer/Herbers n. 166.*
De re et tempore cf. Böhmer/Herbers n. 166.

* 5387 **(848 ex.)** **Roma**
Concilium a Leone (IV) convocatum de simonia (Susanni Venetensis et Felicis Corisopitensis) episcoporum statuit. Leo (IV) Conoveo (Redoni) abbati reliquias Marcellini papae pro Nominoe principe Britanniae dat missosque cum litteris ad episcopos Britanniae et ad Nominoem dimittit.
L a u d . i n : *J³ 5388; Gesta Conwoionis II c. 10 (Brett 179); Vita Conwoionis c. 9 (Brett 241).* – R e g . : *Böhmer/Herbers n. 202.*
De re et tempore cf. Böhmer/Herbers n. 202.

5388 **(848 ex.)**
JE 2599 Episcopis Britannicae gentis percontantibus rescribit 1) legatos eorum se accepisse; 2) simoniacis „nulla penitentia ... subvenire" potest; 3) de simoniae noxii damnatione episcoporum „per XII episcopos, aut certe probata sententia per LXXII idoneos testes"; et si „fuerit episcopus, qui suam causam in presentia Romanę sedis episcopi petierit audiri, nullus super illum finitivam presumat dare sentenciam". Dein docet: 4) ecclesiasticum ordinem „episcopis et clericis ordinatis pertinere"; 5) regendam esse unamquamque parochiam „sub provisione ac tuitione episcopi per sacerdotes vel ceteros clericos"; 6) „eulogi(a)s ad sacra concilia" deferre, arbitrio uniuscuiusque presbyteri permissum esse; 7) sortes nihil aliud esse quam divinationes et maleficia; 8) de matrimoniis illicitis; 9) de matrimoniis solvendis; 10) de praediis ecclesiasticis non alienandis; 11) de ecclesia titulata: „Ecclesias, qui ... plures retinet, una quidem titulata ..., alie ... vero sub commendacione tenende sunt"; 12) de decimis; 13) de esu carnium et de ieiunio quartae, quintae sextaeque feriae tenendo; 14) de libellis et commentariis aliorum conciliorum canonibus, vel decretalium regulis, „id est, qui habentur aput nos simul cum illis in canone ..., per quos iudicant episcopi, et per quos episcopi et clerici simul iudicantur". – *Quanto studio quantaque; (Requiritis de his); (Nullam dampnationem episcoporum); (Primo quidem capitulo); (Regenda est vero); (De eulogiis ad); (De expetentia autem); (Ut definitum est); (Scriptum est quod); (Eas possessiones vel); (Ecclesia qui plures); (De decimis iusto); (De esu carnium); (De libellis et).*
E d . : *Insertum in J³ 6043 (fragm.); MGH Epp. 5, 593 n. 16; MGH Conc. 3, 187; Herbers Leo 458.* – C a n . : *Anselmi Coll. can. III c. 124 et V c. 35 et VIII c. 10; Coll. Brit. 383 n. 16 et 384 n. 18; Ivonis (?) Coll. tripartita 1, 60, 2–10; Ivonis Decr. V c. 115 et 116; IX c. 11; III c. 151; IV*

c. 72; XI c. 8; Ivonis (?) Panorm. II c. 118 et VIII c. 70; Lib. Can. div. ss. patr. 54,8; Deusdedit Coll. can. III c. 63; Polycarpus 3, 11, 10 et 3, 20, 5; Gratiani Decr. D. XVIII c. 8; D. XX c. 1; C. I q. 7 c. 5; C. II q. 4 c. 3; C. X q. 1 c. 4; C. XXI q. 1 c. 3; C. XVI q. 1 c. 45; C. XXVI q. 5 c. 7; D. III de cons. c. 11. – Reg.: *Böhmer/Herbers n. 203.*

Laud. et in Prudentii De praedestinatione contra Joannem Scotum cognomento Eringenam (Migne PL 115, 1043), synodica concilii apud Saponarias ad epp. Britanniae a. 859 iun. 14 directa (MGH Conc. 3, 480). Olim ad a. 849. De re, tempore, traditione et ceteris collectionibus cf. Böhmer/Herbers n. 203. Cf. et J³ *5386 et J³ *5387.

*5389 **(848 ex.)** **(Roma)**

Nominoi (duci Britanniae) de restitutione regni Britanniae respondet, congruente documentorum in tabulario Romano, numquam reges Britanniae fuere, immo vero Britannia regibus Francorum subiecta esse. Confirmat, ut ad Amalricum metropolitam Turonensem appellaretur. Nominoe „ut dux super populum Britanniae" fiat et „circulum aureum, sicut alii duces, in festis diebus" deferat concedit.

Laud. in: *J³ 6043.* – Reg.: *Böhmer/Herbers n. 204.*

De re et tempore cf. Böhmer/Herbers n. 204.

†5390 **(849 febr. 4)**

Monasterio ss. Salvatoris et Salmiani Sextensi donationem ecclesiae de Orentano factam ab hominibus de Orentano confirmat (849, IV d. febr., a. pont. sui II).

Reg.: *Ital. Pont. III 459 n. †*8; Böhmer/Herbers n. †206.*

De manuscriptis cf. Böhmer/Herbers n. †206.

*5391 **(848 ex.–849 in.)** **(Roma)**

Neapolitanos, Amalphitanos Caietanosque excitat, ut „una cum Romanis contra" Saracenos insurrexerint.

Laud. in: *Lib. pont. (Duchesne II 117; Přerovský II 556).* – Reg.: *Ital. Pont. VIII 421 n. *15; Ital. Pont. VIII 82 n. *3; Böhmer/Herbers n. 197.*

De tempore cf. Böhmer/Herbers n. 197.

*5392 **(848 ex.–849 in.)** **(Roma)**

Adventis Neapolitanis, Amalfitanis Caietanisque aliquantos ex eis „ad se Romam venire" praecipit, ut exquirere possit „si eorum pacificus esset adventus, vel non".

Laud. in: *Lib. pont. (Duchesne II 118; Přerovský II 558).* – Reg.: *Böhmer/Herbers n. 198.*

De tempore cf. Böhmer/Herbers n. 198.

*5393 **(848 ex.–849 in.)** **Roma, Laterano**

JE I 330 Colloquium cum Caesario, „Sergi magistri militum" filio, „super exercitum" a Neapolitanis, Amalphitanis et Caietanis contra Saracenos missum ordinato „XII ind. vigente" habet.

Laud. in: *Lib. pont. (Duchesne II 118; Přerovský II 558); Flodoardi Remensis De Christi triumphis (Migne PL 135, 817).* – Reg.: *Böhmer/Herbers n. 199.*

Olim ad a. 849. De re et tempore cf. Böhmer/Herbers n. 199.

*5394 **(848 ex.–849 in.)** **Ostia**

JE I 330 Civitatem Ostiam properat. Neapolitanorum aliorumque exercitum in ecclesia b. Aureae confirmat Deoque commendat.

Laud. in: *Lib. pont. (Duchesne II 118; Přerovský II 558); Flodoardi Remensis De Christi triumphis (Migne PL 135, 817).* – Reg.: *Ital. Pont. VIII 421 n. *16; Böhmer/Herbers n. 200.*

Olim ad a. 849. De re et tempore cf. Böhmer/Herbers n. 200.

***5395** **(848 ex.–849 in.)** **(Roma)**

JE I 330 Romam revertitur.

L a u d . i n : *Lib. pont. (Duchesne II 118; Přerovský II 559).* – R e g . : *Böhmer/Herbers n. 201.*

Olim ad a. 849. De tempore cf. Böhmer/Herbers n. 201.

†5396 **849 mart.**

JE †2597 Anscario archiepiscopo Hamburgensi privilegia Sergii (II) (J³ †5304) repetit (Dat. p. m. Stephani, canc. S.R.E. m. mart., ind. XII). – *Quoniam apostolice dignitatis.*

E d . : *Curschmann PUU Hamburg 18 n. 3.* – R e g . : *Dipl. Danicum I/1, 18 n. 42; Seegrün Ebt. Hamburg 7; Germ. Pont. VI 29 n. †16; Böhmer/Herbers n. †207.*

Laud. et in Innocentii II privilegiis (JL 7622; JL 7623; JL 7624; JL 7626). Olim ad a. 848 mart. De traditione et tempore cf. Böhmer/Herbers n. †207.

***5397** **(848 apr.–849 apr. 10)**

Cunctos „sanctae Dei fideles ecclesiae" murorum (circa basilicam b. Petri Romanam) aedificandi causa convocat, qui decernunt, „ut de singulis civitatibus massisque universis publicis ac monasteriis" (patrimonii Petri) „per vices suas generaliter" adiuvent; quod opus „secundo praesulatus illius anno" Leonis IV incipit.

L a u d . i n : *Lib. pont. (Duchesne II 123; Přerovský II 565–568); inscriptiones super portas civitatis Leoninae (Duchesne II 138 not. 49; Prandi Iscrizione frammentaria 151; Prandi Restauri delle mura leoniane 172); Ann. Bertiniani ad a. 851 (Grat 64); Ann. Xantenses ad a. 851 (MGH SS rer. Germ. 12, 17); Flodoardi Remensis De Christi triumphis (Migne PL 135, 817).* – R e g . : *Böhmer/Herbers n. 164.*

De re et tempore cf. Böhmer/Herbers n. 164.

***5398** **849 iun. 29** **Roma**

Leoni (IV) Audradus (Modicus) chorepiscopus Senonensis „in die natali (principum) apostolorum" praesentibus episcopis et aliis clericis libros suos tradit. Leo eos confirmat et iubet eos in scrinio reservari (a. ab inc. ... 844 ... in d. natali eorundem apost.).

L a u d . i n : *Audradi Liber revelationum (Traube O Roma nobilis 375 et 382).* – R e g . : *Böhmer/Herbers n. 209.*

De re et tempore cf. Böhmer/Herbers n. 209.

***5399** **(847–849)**

Ludovicum (II) regem Italiae rogat, ne Adrianum et Petrum ad se mittat.

L a u d . i n : *J³ 5403.* – R e g . : *Böhmer/Herbers n. 119.*

De re cf. Böhmer/Herbers n. 219. De tempore cf. Böhmer/Herbers n. 119.

***5400** **(849)** **Roma**

(Servatum) Lupum abbatem Ferrariensem Romam profectum excipit.

L a u d . i n : *J³ 5661.* – R e g . : *Böhmer/Herbers n. 205.*

De re et tempore cf. Böhmer/Herbers n. 205.

***5401** **(849 ex.–850 in.)**

Ad Leonem (IV) diaconus quidam Spoletinus monachorum monasterii eius nutu pervenit, qui propter fratricidium „in lege parricidarum" paenitentia in vinculis dat atque ei vetat, ne „sancta loca circuiret".

L a u d . i n : *Gesta Conwoionis III c. 1 (Brett 189).* – R e g . : *Böhmer/Herbers n. 211.*

De re et tempore cf. Böhmer/Herbers n. 211.

*5402 **(850 in.)**

Diacono quodam Spoletino petente ad reliquias Marcellini papae in (Redonensi) monasterio Britanniae depositas peregrinare permittit, ut ibi remissionem adeptus sit.

L a u d . i n : *Gesta Conwoionis III c. 1 (Brett 189–191).* – R e g . : *Böhmer/Herbers n. 218.*

De re et tempore cf. Böhmer/Herbers n. 218.

5403 **(850 ante apr. 7)**

JE 2602 Ludovicum (II) regem (Italiae) iam iterum (cf. J[3] *5399) rogat, ne Petrum et Adrianum ad se mittat; quos si miserit, sese in vitae periculum adductum iri. – *(Adrianum et Petrum).*

E d . : *MGH Epp. 5, 607 n. 42.* – C a n . : *Coll. Brit. 390 n. 35; Ivonis Decr. X c. 73.* – R e g . : *Böhmer/Zielinski n. 63; Böhmer/Herbers n. 219.*

Fragmentum. Olim ad ante a. 850. De re et tempore cf. Böhmer/Herbers n. 219. Cf. et J[3] *5399.

*5404 **850 apr. 7** **Roma (S. Pietro)**

JE I 331 Ludovicum (II) Lotharii (I) imperatoris filium „honorifice suscipit et in imperatorem ungit".

L a u d . i n : *Ann. Bertiniani ad a. 850 (Grat 59); Chron. Salernitanum c. 103 (Westerbergh 104); J[3] 5949; J[3] 6227; Ludovici II epist. (MGH Epp. 7, 386; Westerbergh 107).* – R e g . : *Böhmer/Mühlbacher[2] n. 1142a et n. 1179a; Böhmer/Zielinski n. 67; Böhmer/Herbers n. 220.*

Olim ad a. 850 apr. 6?. De re et tempore cf. Böhmer/Herbers n. 220.

*5405 **(850 apr. med.)**

Cum Lothario I et Ludovico II imperatoribus pactum et iuramentum sponte facit.

L a u d . i n : *J[3] 5482; J[3] 7790.* – R e g . : *Böhmer/Herbers n. 226.*

De re et tempore cf. Böhmer/Herbers n. 226.

†5406 **(850 apr. med.)** **Roma, S. Pietro**

JE I 331 Concilium praesente Ludovico II imperatore celebratur. Petro episcopo Aretino cum Cantio episcopo Senensi „de ecclesiis seu baptisteriis et monasteriis, quae infra comitatum Senensem sunt" litiganti, spatium dierum XII ad afferendas tabulas conceditur.

E d . : *FSI 92, 176 n. 53.* – R e g . : *Böhmer/Mühlbacher[2] n. 1179a; Ital. Pont. III 148 n. *9 et 200 n. *9; Reg. chartarum Pistoriensium I 34sq. n. 38; Zagni Atti arcivescovili milanesi 42 n. 21; Böhmer/Zielinski n. †68; Böhmer/Herbers n. †227.*

Laud. et in Honorii II privilegio (JL 7210). De traditione et fide cf. Böhmer/Herbers n. †227. Cf. et MGH Conc. 3, 495.

*5407 **(849 ex.–850 ante apr. 28)**

JE *2603α Irmengardae imperatrici licentiam dat erigendi monasterium in villa, quae vocatur Heristein, mittitque Felicis et Adaucti (Urbani?), Secundiani, Marcelliani, Veriani, (b. Sixti papae et martyris?), s. Caeciliae virginis pignora ibidem recondenda.

L a u d . i n : *J[3] 5408; Hrabani Mauri Epitaphium Irmengardis (MGH Poetae 2, 240).* – R e g . : *Germ. Pont. III 31 n. *1; Böhmer/Herbers n. 210.*

Olim ad ante a. 850. De re et tempore cf. Böhmer/Herbers n. 210.

5408 **850 apr. 28**

JE *2603α Se Irmengardae imperatrici monasterium construere concedisse refert atque imperatrici et monasterio „in provincia Elisacensi super fluvium qui Illa dicitur et in villa que Herestein nuncupatur" sito legatis Lotharii (I) imperatoris petentibus ea confirmat, quae Irmengarda pro monasterio statuerit, in primis ea, quae ad abbatissae electionem pertineant (Scr. p. m. Teodori not., reg. et scrin. S.R.E. in m. apr., ind. XIII. IV kal. mai. p. m. Tyberii prim. S.S.A. imp. d. n. ... Lothario a Deo cor. magno imp.). – *Credite speculacionis impellimur.*

Ed.: *Scheffer-Boichorst Reichsabtei Erstein 291 (reimpr. 362).* – Reg.: *Germ. Pont. III 31 n. 2; Böhmer/Herbers n. 228.*

Olim ad ante a. 850. De re cf. Böhmer/Herbers n. 228. Cf. et J^3 *5407.

*5409 **(849 apr.–850 apr.)**

Anastasium cardinalem presbyterum s. Marcelli ad concilium vocat.

Laud. in: *J^3 5416; J^3 5481; J^3 5503; Ann. Bertiniani ad a. 868 (Grat 147).* – Reg.: *Böhmer/Herbers n. 208.*

De re et tempore cf. Böhmer/Herbers n. 161 et 208.

*†5410 **(850 apr. ex.)** **Roma, S. Pietro**

JE I 331 Spatio dierum XII peracto in eodem concilio (J^3 †5406) litem inter Cancium Senensem Petrumque Aretinum diffinit.

Laud. in: *Placitum (FSI 92, 176 n. 53).* – Reg.: *Böhmer/Mühlbacher^2 n. 1179a; Ital. Pont. III 148 n. *10 et 200 n. *10; Reg. chartarum Pistoriensium I 34 n. 38; Zagni Atti arcivescovili milanesi 42 n. 21; Böhmer/Herbers n. †229.*

Laud. et in Honorii II privilegio (JL 7210). De traditione et fide cf. Böhmer/Herbers n. †229.

*5411 **(847–850 aug.)**

Monasterio s. Erasmi (Romano, in Coelio monte) praecepto pontificali terram quandam sementariciam, „quot sunt cesina plus minus V“, confirmat.

Laud. in: *Charta permutationis a. 850 (Allodi/Levi Reg. Sublacense 70).* – Reg.: *Ital. Pont. I 43 n. *2; Böhmer/Herbers n. 118.*

De re et tempore cf. Böhmer/Herbers n. 118.

*5412 **(850 ante iul.–aug.)**

Nominoem ducem Britanniae admonet.

Laud. in: *Epist. synodica ad Nominoem directa (MGH Conc. 3, 203); J^3 6009; J^3 6043.* – Reg.: *Böhmer/Herbers n. 231.*

De re, tempore et causa admonitionis cf. Böhmer/Herbers n. 231.

5413 **850 aug. 31**

JE 2606 (Ecclesiae Ravennati) privilegia confirmat (Scr. p. m. Stephani, scrin. sedis n. Dat. II kal. sept. p. m. Tiberii prim. S.S.A. imp. d. n. Hlothario a Deo cor. magno imp. a. XXXIII et post cons. eius a. XXXIII, sed et Hludouuico nobo imp. eius filio a. ...). – *(Donatione nostra nostrorumque).*

Ed.: *Tassin/Toustain Nouveau traité de diplomatique V 183; Foerster Abriß 178 (fragm.).* – Reg.: *Ital. Pont. V 39 n. 99; Böhmer/Herbers n. 232.*

Fragmentum papyraceum. De depictionibus cf. Böhmer/Herbers n. 232. Laud. et in Clementis (III) (Wiberti) privilegio (JL 5322). Olim ad a. 850 sept. De tempore cf. Böhmer/Herbers n. 232.

*5414 **(850 apr. med.–850 dec. 16)**

Anastasium presbyterum cardinalem, quem in titulo b. Marcelli ordinavit, secedentem ad alienas parochias absque pontificali scientia, ut ad parochiam suam redeat, per missos et litteras hortatur.

Laud. in: *J^3 5416.* – Reg.: *Ital. Pont. I 74 n. *2; Böhmer/Herbers n. 224.*

De tempore cf. Böhmer/Herbers n. 224.

*5415 **(850 apr. med.–850 dec. 16)**

Lotharium I et Ludovicum II imperatores rogat, ut Anastasium cardinalem presbyterum tit. s. Marcelli ad suam parochiam redire iubeant.

Laud. in: *J³ 5416.* – Reg.: *Böhmer/Herbers n. 225.*

De re et tempore cf. Böhmer/Herbers n. 225.

5416 **850 dec. 16** **(Roma)**

JE I 332 Concilium episcoporum LXXV celebratur, in quo Anastasius presbyter cardinalis tit. b. Marcelli, qui in alienis parochiis iam biennium degens per missos litterasque ad duo concilia frustra vocatus erat (J³ *5362 et J³ *5409), communione, donec redeat, privatur (Imp. d. n. imp. Hlotario et Hludowico aug., m. dec. d. XVI, ind. XIV).

Ed.: *Insertum in Ann. Bertinianis ad a. 868 (Grat 144; MGH Conc. 3, 230).* – Reg.: *Ital. Pont. I 74 n. 3; Böhmer/Herbers n. 237.*

Fragmentum. Laud. et in J³ 5481 et in J³ 5503. De re cf. Böhmer/Herbers n. 237. Cf. et J³ *5359, J³ *5362, J³ *5409, J³ *5414, J³ *5415.

5417 **(847–850)**

JE 2603 Lothario (I) augusto 1) se excusat, quod Alteo episcopo (Augustodunensi) pallium contra patrum statuta tribuere religioni duxerit. 2) Scribit: „Quod iusta et sedula nos immutare consuetudo non precipit, ita ab hoc veluti a magno nos precipicio custodire oportet.“ – *(Mandastis ut privilegium); (Quod iusta et).*

Ed.: *Insertum in Ivonis epist. ad Hugonem archiep. Lugdunensem directa (MGH Ldl 2, 643) (fragm.); MGH Epp. 5, 604 n. 35.* – Can.: *Coll. Brit. 390 n. 36; Ivonis Decr. IV c. 210.* – Reg.: *Böhmer/Herbers n. 116.*

Fragmenta. Olim ad ante a. 850. De re et tempore cf. Böhmer/Herbers n. 116.

*5418 **(847–850)**

Deusdedit archiepiscopo (Ravennati) monasterium s. Hilarii (in Gallicata) concedit.

Laud. in: *Transsumptum ab saec. XI, Mediolanum Arch. ECA (Kehr PUU Mailand 81 n. 1); Clementis (III) (Wiberti) privilegium (JL 5322).* – Reg.: *Ital. Pont. V 39 n. *98; Böhmer/Herbers n. 115.*

De re et tempore cf. Böhmer/Herbers n. 115. De traditione cf. et Böhmer/Herbers n. 50.

*5419 **(847–850)**

Leonem (IV) Hincmarus archiepiscopus (Remensis) docet de condicione eius ecclesiae; de potestatibus chorepiscoporum rogat.

Laud. in: *Flodoardi Remensis Hist. III c. 10 (MGH SS 36, 117; MGH Epp. 8, 11 n. *33).* – Reg.: *Böhmer/Herbers n. 117.*

De re et tempore cf. Böhmer/Herbers n. 117.

*† 5420 **(848–850)**

Andreae patriarchae (Aquileiensi) de Grado apud papam et Lotharium (I) imperatorem proclamanti in synodo generali plebem de Grado adiudicat.

Laud. in: *Antonii Belloni Vitae patriarcharum Aquilejensium (RIS 16, 10 et 33).* – Reg.: *Ital. Pont. VII/1, 26 n. †*37; Ital. Pont. VII/2, 43 n. †*36; Böhmer/Herbers n. †160.*

De tempore cf. Böhmer/Herbers n. †160.

*5421 **(850 ex.)**

A Leone (IV) Actardus episcopus (Namnetensis) auxilium petit (propter suam expulsionem de cathedra episcopali).

Laud. in: *Chron. Namnetense 17 (Merlet Coll. de textes 57).* – Reg.: *Böhmer/Herbers n. 234.*

De re et tempore cf. Böhmer/Herbers n. 234.

***5422** **(850 dec.)** **(Roma)**

Leoni IV Iohannes (VII) archiepiscopus (Ravennatus) post suam electionem iuramentum facit.

Laud. in: *J³ 5472.* – Reg.: *Böhmer/Herbers n. 236.*

De re et tempore cf. Böhmer/Herbers n. 236.

5423 **(850 dec.–851 in.)**

JE 2600 Nominoi duci Britanniae hortatur, ne diutius Gislardum ecclesiae Namneticae invasorem defendat. – *(Non furem et).*

Ed.: *MGH Epp. 5, 597 n. 20.* – Can.: *Coll. Brit. 385 n. 21; Ivonis (?) Coll. tripartita 1, 60, 21; Gratiani Decr. C. VII q. 1 c. 10.* – Reg.: *Böhmer/Herbers n. 235.*

Fragmenta. Laud. et in J³ 6043. Olim ad a. 849. De traditione et tempore cf. Böhmer/Herbers n. 235.

5424 **(851 in.)**

JE 2609 Coloroth archiepiscopo (Cantuariensi) et Bertulfo regi (Merciorum) scribit servandum esse, „quod patres in sanctis canonibus sive in mundanis legibus fixerunt". – *(Ideo permittente Domino).*

Ed.: *MGH Epp. 5, 592 n. 14.* – Can.: *Coll. Brit. 382 n. 14; Ivonis (?) Coll. tripartita 1, 60, 1; Ivonis Decr. IV c. 186; Gratiani Decr. C. XXV q. 1 c. 16.* – Reg.: *Böhmer/Herbers n. 241.*

Fragmentum. Coloroth archiepiscopum sive Ceolred episcopum Legoracensem sive potius Ceolnoth archiepiscopum Cantuariensem esse censent JE 2609 et MGH Epp. 5. De re cf. Böhmer/Herbers n. 241.

***† 5425** **(847–851 mart. 20)**

Apud Leonem (IV) summum pontificem Ebo quondam Remensis archiepiscopus impetrat, ut sibi Drogo (Metensis) episcopus, Otgarius (Maguntinus), Hecti (Treverensis) et Guntboldus (Rotomagensis) archiepiscopi „iudices suae vicissitudinis" dentur.

Laud. in: *J³ †5587; Narratio clericorum Remensium (MGH Conc. 2/2, 812).* – Reg.: *Germ. Pont. X 28 n. †*19; Böhmer/Herbers n. †114.*

De tempore cf. Böhmer/Herbers n. †114.

5426 **(850 apr. med.–851 mart.)**

JE 2613 Lotharium (I) et Ludovicum (II) imperatores 1) rogat, ut Coloni diacono ecclesiam Reatinam concedant, ut „vestra licentia accepta ibidem eum ... consecrare valeamus episcopu(m)"; 2) „sin autem in predicta aecclesia nolueritis ut preficiatur episcopus, Asculanam ecclesiam illi ... vestra serenitas dignetur concedere ...". – *(Reatina ecclesia que); (Sin autem in).*

Ed.: *MGH Epp. 5, 597 n. 19.* – Can.: *Coll. Brit. 385 n. 20; De investitura regali (MGH Ldl 3, 612); Ivonis (?) Coll. tripartita 1, 60, 20; Gratiani Decr. D. LXIII c. 16.* – Reg.: *Ital. Pont. IV 22 n. 1 et 148 n. 1; Böhmer/Zielinski n. 74; Böhmer/Herbers n. 223.*

Fragmenta. Olim ad a. 851 in. De fide et tempore cf. Böhmer/Herbers n. 223.

***5427** **(851 mai. in.)**

Liuphrammum archiepiscopum Salisburgensem permisso Ludovici (Germanici) regis Romam peregrinatum honorifice excipiat. Petitionem Liuphrammi, ut ei reliquiae donentur, papa primum negat.

Laud. in: *Translatio s. Hermetis (MGH SS 15/1, 410).* – Reg.: *Böhmer/Herbers n. 243.*

De re et tempore cf. Böhmer/Herbers n. 243.

***5428** **851 mai. 23** **Roma**

JE I 333 Liuprammo archiepiscopo dat ex auctoritate b. Petri corpusculum s. Hermetis cum ceteris reliquiis sanctorum coram confessione s. Petri praecipui (X kal. iun.).

Laud. in: *Translatio s. Hermetis (MGH SS 15/1, 410).* – Reg.: *Germ. Pont. I 10 n. *16; Böhmer/Herbers n. 244.*

De translatione s. Hermetis cf. Böhmer/Herbers n. 244.

5429 **(850–851)**

Leoni (IV) Lotharius I imperator Waltbertum nuntium suum commendat, per quem reliquias pro regiones Saxonum et Fresnonum „in confinibus Nordmannorum et Obodritorum" sitas petit pro confirmatione fidei Christianae.

Ed.: *MGH DD Lo I n. 110.* – Reg.: *Böhmer/Herbers n. 214; Germ. Pont. IX 136 n. 1.*

De traditione et tempore cf. Böhmer/Herbers n. 214.

*5430 **(850–851)**

Leonem (IV) Lotharius (I) imperator petit, ut Hincmarum archiepiscopum Remensem vicarium (in provinciis transalpinis) faciat cotidianumque ei pallii usum concedat.

Laud. in: *J³ ?5435; Flodoardi Remensis Hist. III c. 10 (MGH SS 36, 206).* – Reg.: *Böhmer/Herbers n. 213.*

De re cf. Böhmer/Herbers n. 213.

*5431 **(850–851)** **Roma**

Waltbertum missum et litteras Lotharii (I) imperatoris (J³ 5429) excipit, populum congregat et reliquias b. Mariae et aliorum sanctorum corpusque s. Alexandri, filii Felicitatis, tradit.

Laud. in: *Translatio s. Alexandri (Krusch 429).* – Reg.: *Böhmer/Herbers n. 215; Germ. Pont. IX 137 n. *2.*

De re cf. Böhmer/Herbers n. 215. De tempore cf. Böhmer/Herbers n. 214.

*5432 **(850–851)** **Roma**

Lothario (I) regi (et imperatori) missoque eius (Waltberto) (Romae) praesente mandat, ut reliquias traditas in missis et in officiis horarum candelis et aliter commode venerentur.

Laud. in: *Translatio s. Alexandri (Krusch 429).* – Reg.: *Böhmer/Herbers n. 216.*

De re cf. Böhmer/Herbers n. 216. De tempore cf. Böhmer/Herbers n. 214.

*5433 **(850–851)** **Roma, fons s. Martini**

Leoni (IV) Romani de miraculo in egresso ex Roma legationis Saxonum cum reliquiis s. Alexandri et aliorum referunt.

Laud. in: *Translatio s. Alexandri (Krusch 430).* – Reg.: *Böhmer/Herbers n. 217.*

De re et tempore cf. Böhmer/Herbers n. 214 et n. 217. De translatione cf. Herbers Leo 367.

?5434 **(850 iun.–851)**

JE 2615 Itae comitissae significat mandato ab (Lothario I) imperatore et (Irmengarde) imperatrice per litteras accepto se Reatinae ecclesiae Colonem episcopum praefecisse. – *(Nobis domnus imperator).*

Ed.: *MGH Epp. 5, 598 n. 21.* – Can.: *Coll. Brit.; Ivonis (?) Coll. tripartita 1, 60, 11; Gratiani Decr. D. LXIII c. 17.* – Reg.: *Ital. Pont. IV 2 n. 3 et 22 n. 2; Böhmer/Herbers n. †?230.*

Fragmentum. Olim ad a. 851?. De fide et tempore cf. Böhmer/Herbers n. †?230. Epistola non laud. ap. Ewald Brit. Sammlung, sed invenitur ap. Hampe Reise nach England 639.

?5435 **(851)**

JE 2607 Lothario (I) augusto postulanti, ut Hincmaro Remensi archiepiscopo „pallii usum cotidianum praeb(eret)" (J^3 *5430), respondet se Hincmaro pallii usum secundum exemplar, quod Lothario direxerit, libenter concedere; vices autem suas illi non tribuere, quia Sergius (II) papa „Drogoni archiepiscopo Mettensi ..." vicariatum concesserit (J^3 5285). – *Direxistis nobis litteras.*

Ed.: *MGH Epp. 5, 590 n. 12.* – Can.: *Coll. Brit. 381 n. 12.* – Reg.: *Böhmer/Herbers n. †(?)239.*

Olim ad a. 851 in. De fide et tempore cf. Böhmer/Herbers n. †(?) 239. Cf. et J^3 *5282 et J^3 *5430 et J^3 ?5436.

? 5436 **(851)**

JE 2608 Hincmaro Remensi archiepiscopo, 1) cui pallium certis festivitatibus, ut praefatur iam dederat (cf. J^3 *5357), 2) concedit pallium cotidianis usibus i. e. „in diebus festis sive in consecratione episcoporum ..., aut alio quocumque tempore", 3) beneficium, „ab ipso pontificatus (sui) exordio usquequaque nulli archiepiscoporum ut (ei) simile concess(erit) ... , nec concedere deinceps quoquo modo suspice(tur)" et 4) inquit „Pallio, quod cotidianis usibus vobis permisimus cum Dei omnipotentis honore et reverentia utimini." – *(Pallium frater karissime); (In diebus festis); (Ab ipso pontificatus); (Pallio quod cotidianis).*

Ed.: *MGH Epp. 5, 591 n. 13.* – Can.: *Coll. Brit. 382 n. 13.* – Reg.: *Böhmer/Herbers n. †(?)240.*

Fragmenta. Laud. et in J^3 ?5435, Flodoardi Remensis Hist. III c. 10 (MGH SS 36, 206). Olim ad a. 851 in. De tempore cf. Böhmer/Herbers n. †(?)240. Cf. et J^3 *5357.

5437 **852 apr. 1** **(Roma)**

JE 2616 Victori patriarchae Gradensi pallium tribuit (Scr. p. m. Theodori not. et scrin. S.R.E. in m. mart., ind. XV. Dat. kal. apr. p. m. Tiberii prim. S.S.A. imp. d. ... Hlothario a Deo cor. magno imp. a. XXXV et postcons. eius a. XXXV, sed et Hludouico novo imp. eius filio a. II, ind. XV). – *Si pastores ovium.*

Ed.: *Hacke Palliumverleihungen 148 n. 1.* – Reg.: *Ital. Pont. VII/2, 43 n. 37; Böhmer/Herbers n. 253.*

Laud. et in Iohannis XIX (JL 4063, Böhmer/Frech n. 57) et in Benedicti IX (JL 4114, Böhmer/Frech n. 255) privilegiis. De re cf. Böhmer/Herbers n. 253.

*** 5438** **(848 apr. ex.–852 iun. 27)**

Leonem IV Lotharius (I) imperator adiuvat (aedificare civitatem Leoninam) et cum fratribus (Ludovico Germanico et Carolo Calvo) „non modicas argenti libras" mittit.

Laud. in: *Lib. pont. (Duchesne II 123).* – Reg.: *Böhmer/Herbers n. 165.*

De re et tempore cf. Böhmer/Herbers n. 165.

*** 5439** **(848 sept.–852 iun. 27)**

Basilicae b. Petri (Romanae) arcora de argento XIII, vestem I auro textam, „habentem istoriam qualiter beatus Petrus praedicavit sanctam Romanam ecclesiam, cum gemmis albis ... VI, ... gemmis prasinis XI ... (et) gemmis iacinctis XXVII" offert. Item „turibulum ex auro purissimo ex diversis gemmis ornatum" donat. Item „crucem ex auro purissimo ex diversis gemmis, iaquintinis, albis, exmaragdis" ornatam donat, in qua etiam virga renovat et deargentat. Item butronem ex argento donat, „qui pendet in presbiterio ante altare maiore". Item super altare b. Petri ciborium facit „et columnas ac lilia exaurata ex argento" offert. In ipsium ciborium „coronas IIII cum calicibus XVI, ex auro ... et de argento" offert; insuper facit „calices et coronas ... XLVI", et super columnas ciborii „ex argento purissimo ... cofinos ... IIII"; etiam „ante altaris circuitum, vela alba olosirica sigillata ... XII, listas habentia de fundato", et „alia vela linea ... XIIII, listas habentia per circuitum de sirico albo sigillato" facit; et arcora II ex argento donat. Item coronam ex argento et angelos VI ex argento donat. Item arcora ex argento IIII et arcora cum columnis et giliis de argento III donat. Item largitur „arcos de argento“ cum columnis et giliis III. Item donat rugas de argento, tabulas de argento exauratas IIII, agnos II, coronas „ex auro purissimo cum delfinos XII“ ornatas, „arcos de argento purissimo ... X“ et vela lineae „ornata in circuitu de fundato ... XLVIII“.

Laud. in: *Lib. pont. (Duchesne II 119–123; Přerovský II 561).* – Reg.: *Böhmer/Herbers n. 175.*

De re et tempore cf. Böhmer/Herbers n. 175. Laud. in Lib. pont. in locis diversis ad indictiones XII–XV pertinentibus.

*5440 **(848 sept.–852 iun. 27)**

In ecclesia b. Andreae apostoli (in oratorio b. Andreae in ecclesia b. Petri Romana?) ciborium ex marmore facit et calicem de argento cum coronis XII donat; etiam campanile facit et campanam „cum malo ereo et cruce exaurato“ ponit.

Laud. in: *Lib. pont. (Duchesne II 119; Přerovský II 561).* – Reg.: *Böhmer/Herbers n. 176.*

De re et tempore cf. Böhmer/Herbers n. 176 et n. 175 et J³ *5439.

*5441 **(848 sept.–852 iun. 27)**

Ecclesiae b. Dei genetricis Mariae (Romanae) ad s. Laurentium foris murum vestem I donat, „habentem istoriam Resurrectionis ... Iesu Christi et imaginem“ fundatoris. Item vestem de fundato I, „habentem in medio tabulam exauratam“ cum effigie Nativitatis Iesu Christi et papae, donat. Item cortinam lineam I, habentem „in gyro listam de fundato et in medio cruces similiter de fundato“, donat.

Laud. in: *Lib. pont. (Duchesne II 119, 120, 121).* – Reg.: *Böhmer/Herbers n. 177.*

De re et tempore cf. Böhmer/Herbers n. 175 et n. 177 et J³ *5439. Laud. in Lib. pont. in locis diversis.

*5442 **(848 sept.–852 iun. 27)**

Ecclesiae ss. IIII Coronatorum (Romanae) „canistra de argento XI“ donat. Item imagines de argento exauratas III, unam „quidem habentem vultus Salvatoris et alias II habentes vultus“ ss. Claudii et Nicostrati, coronam de argento I, et canistras de argento VII donat. In „pergula eiusdem ecclesiae, quae est ante altare maiore, ... gilium de argento, habentem mela de cristallo et rannunculum“ suspendit.

Laud. in: *Lib. pont. (Duchesne II 119 et 120).* – Reg.: *Böhmer/Herbers n. 178.*

De re et tempore cf. Böhmer/Herbers n. 175 et n. 178 et J³ *5439. Laud. in Lib. pont. in locis diversis.

*5443 **(848 sept.–852 iun. 27)**

Ecclesiae b. Stephani protomartyris (Romana, in monte Celio) „vestem ex auro texto cum gemmis iacinctinis IIII“ donat.

Laud. in: *Lib. pont. (Duchesne II 119).* – Reg.: *Böhmer/Herbers n. 179.*

De re et tempore cf. Böhmer/Herbers n. 179 et J³ *5439.

*5444 **(848 sept.–852 iun. 27)**

Ecclesiae b. Laurentii martyris (Romanae) foris murum „vestem de sirico mundo cum aquilis“, habentem „tabulas auro textas III, ex utraque parte, habentem martyrium“ b. Laurentii et imaginem ipsius Leonis IV donat. Item „turibulum argenteum cum coperclo suo exauratum, habentes catenulas et bullas per gyrum“ concedit.

Laud. in: *Lib. pont. (Duchesne II 120).* – Reg.: *Böhmer/Herbers n. 180.*

De re et tempore cf. Böhmer/Herbers n. 175 et n. 180 et J³ *5439. Laud. in Lib. pont. in locis diversis.

*5445 **(848 sept.–852 iun. 27)**

Monasterio ancillarum Dei, „in honorem sanctorum Simetri(i) et Cesarii" (s. Mariae Corsarum Romano) „patenam et calicem sanctum de argento exauratum"; „timiamaterium cum cantra I"; „canistra de argento mundissimo III, et gabata saxisca I"; „vestes de fundato III, habentes unam quidem tabulam acupictilem interclusam" et „regnum ex auro mundissimo cum gemmis prasinis et iacintinis" donat.

Laud. in: *Lib. pont. (Duchesne II 120).* – Reg.: *Böhmer/Herbers n. 181.*

De re et tempore cf. Böhmer/Herbers n. 175 et n. 181 et J³ *5439.

*5446 **(848 sept.–852 iun. 27)**

Absidam in ecclesia b. Mariae trans Tiberim (Romanae), „quae pre nimia vetustate ruitura manebat", restaurat.

Laud. in: *Lib. pont. (Duchesne II 120).* – Reg.: *Böhmer/Herbers n. 182.*

De re et tempore cf. Böhmer/Herbers n. 175 et n. 182 et J³ *5439.

*5447 **(848 sept.–852 iun. 27)**

Ecclesiae b. Sebastiani martyris in Frascata donat „canistrum exafoti de argento mundissimo ..., legente de nomen almifici praesulis (i. e. Leonis IV papae) et beati Sebastiani".

Laud. in: *Lib. pont. (Duchesne II 120).* – Reg.: *Böhmer/Herbers n. 183.*

De re et tempore cf. Böhmer/Herbers n. 175 et n. 183 et J³ *5439.

*5448 **(848 sept.–852 iun. 27)**

Oratorio s. Silvestri „infra palatium Lateranense vestem de fundato I, habentem in medio tabulam de chrisoclabo modicam et vela de fundato IIII" donat.

Laud. in: *Lib. pont. (Duchesne II 121).* – Reg.: *Böhmer/Herbers n. 184.*

De tempore cf. Böhmer/Herbers n. 175 et n. 184 et J³ *5439.

*5449 **(848 sept.–852 iun. 27)**

Ecclesiae (s. Crucis in) Ierusalem (al. „in Suxorio", Romanae) vestem de fundato I et vela similiter de fundato IIII donat. Item donat „ciburium olee qui pendent in circuitu altaris, habentes tabulas IIII, exauratas; necnon et gammadias IIII" et arcora IIII ex argento.

Laud. in: *Lib. pont. (Duchesne II 121 et 122).* – Reg.: *Böhmer/Herbers n. 185.*

De re et tempore cf. Böhmer/Herbers n. 175 et n. 185 et J³ *5439. Laud. in Lib. pont. in locis II.

*5450 **(848 sept.–852 iun. 27)**

Diaconiae s. Mariae (Romanae), „quae vocatur Cyro regnum ex argento, intrinsecus bullis aureis circumdatum" donat.

Laud. in: *Lib. pont. (Duchesne II 121).* – Reg.: *Böhmer/Herbers n. 186.*

De re et tempore cf. Böhmer/Herbers n. 175 et n. 186 et J³ *5439.

*5451 **(848 sept.–852 iun. 27)**

Ecclesiae b. Mariae virg. in Frascata „vestem de fundato I, habentem in medio tabulam modica(m) exaurata(m) interclusa(m) et vela de fundato IIII" donat.

Laud. in: *Lib. pont. (Duchesne II 121).* – Reg.: *Böhmer/Herbers n. 187.*

De re et tempore cf. Böhmer/Herbers n. 175 et n. 187 et J³ *5439.

*5452 **(848 sept.–852 iun. 27)**

Ecclesiae b. Mariae virginis, „quae ponitur in Moreni, qui vocatur Narrano", vestem „de fundato I et vela similiter de fundato IIII" donat.

L a u d . i n : *Lib. pont. (Duchesne II 121).* – R e g . : *Böhmer/Herbers n. 188.*

De re et tempore cf. Böhmer/Herbers n. 175 et n. 188 et J³ *5439.

*5453 **(848 sept.–852 iun. 27)**

Ecclesiae b. Petri, „quae ponitur in Maruli (apud Romam), ... vestem de fundato I, habentem in medio tabulam exauratam modicam interclusam, et vela de fundato IIII" donat.

L a u d . i n : *Lib. pont. (Duchesne II 121).* – R e g . : *Böhmer/Herbers n. 189.*

De re et tempore cf. Böhmer/Herbers n. 175 et n. 189 et J³ *5439.

*5454 **(848 sept.–852 iun. 27)**

Ecclesiae ss. Cosmae et Damiani, „quae in Silva Candida esse videtur, ... vestem rubeam I", habentem „in giro listam de argento et cruces in medio et vela cum aquilis IIII" donat.

L a u d . i n : *Lib. pont. (Duchesne II 121).* – R e g . : *Böhmer/Herbers n. 190.*

De re et tempore cf. Böhmer/Herbers n. 175 et n. 190 et J³ *5439.

*5455 **(848 sept.–852 iun. 27)**

Ecclesiae ss. Cosmae et Damiani, „quae ponitur in loco qui vocatur Sub lacu ..., vestem de fundato I et vela similiter de fundato III" donat.

L a u d . i n : *Lib. pont. (Duchesne II 122).* – R e g . : *Böhmer/Herbers n. 191.*

De re et tempore cf. Böhmer/Herbers n. 175 et n. 191 et J³ *5439.

*5456 **(848 sept.–852 iun. 27)**

Ecclesiae ss. Gervasii et Protasii, „quae ponitur infra civitatem quae vocatur Fundana, vestem de fundato, habentem in medio crucem auro textam I et velum de fundato I" donat.

L a u d . i n : *Lib. pont. (Duchesne II 122).* – R e g . : *Ital. Pont. VIII 96 n. *1; Böhmer/Herbers n. 192.*

De tempore cf. Böhmer/Herbers n. 175, 192 et J³ *5439.

*5457 **(848 sept.–852 iun. 27)**

Ecclesiae b. Caesarii, „quae ponitur infra civitatem quae vocatur Terracina", vestem „de fundato I, habentem in medio crucem cum gammadiis et periclisin de blata, legentem de nomine domni Leonis quarti papae, et vela similiter de fundato ... V" donat. Item aliam vestem „de quadrapulo ornata(m) in circuitu de blatta, habente(m) in medio crucem de chrisoclabo, legente(m) de nomine domni Leoni quarti pape" largitur.

L a u d . i n : *Lib. pont. (Duchesne II 122).* – R e g . : *Böhmer/Herbers n. 193.*

De re et tempore cf. Böhmer/Herbers n. 175 et n. 193 et J³ *5439.

*5458 **(848 sept.–852 iun. 27)**

Basilicae b. Rufinae martyris in Silva Candida „vestem de fundato, habentem in medio crucem de periclisin et in circuitu de blatim, legentem de nomine domni Leonis papae quarti" donat.

L a u d . i n : *Lib. pont. (Duchesne II 122).* – R e g . : *Böhmer/Herbers n. 194.*

De re et tempore cf. Böhmer/Herbers n. 175 et n. 194 et J³ *5439.

*5459 **(848 sept.–852 iun. 27)**

Ecclesia(e) b. Clementis martyris atque pontificis (Romanae) „gabatas de argento ... VI, tres quidem filopares signochriste et duas etiam similitudinem palmarum et unam interrasilem, quae est saxisca", donat.

L a u d . i n : *Lib. pont. (Duchesne II 122).* – R e g . : *Böhmer/Herbers n. 195.*

De re et tempore cf. Böhmer/Herbers n. 175 et n. 195 et J[3] *5439.

*5460 **(848 sept.–852 iun. 27)**

Ecclesiae b. virginis Mariae, quae „ponitur in civitate Portuense, veste(m) de spanisco I, ornata(m) in circuitu de fundato, et in medio cruce de argento; similiter et vela de spanisco, ornata in circuitu de fundato ... III" donat.

L a u d . i n : *Lib. pont. (Duchesne II 122).* – R e g . : *Böhmer/Herbers n. 196.*

De re et tempore cf. Böhmer/Herbers n. 175 et n. 196 et J[3] *5439.

*5461 **852 iun. 27** **(Roma), civitas Leonina**

JE I 333 Civitatem Leoninam dedicat: muros circuit cum omnes clerici Romanae ecclesiae „cum hymnis et canticis spiritalibus", tres orationes dat super 1) „portam que respicit ad sanctum Peregrinum", 2) „castellum ... que vocitatur sancti Angeli" et 3) „scolam Saxonum", et rogam distribuit (d. XXVII m. iun., pridie ante bb. apost. Petri et Pauli vigilias, in VI consecrationis suae a.).

L a u d . i n : *Lib. pont. (Duchesne II 123–125; Přerovský II 565–568).* – R e g . : *Ital. Pont. I 183 n. *2; Böhmer/Herbers n. 254.*

De re cf. Böhmer/Herbers n. 254.

*5462 **852 iun. 27** **(Roma), S. Pietro**

Post missam celebratam nobiles Romanos aureo, argento pallis siricisque ditat.

L a u d . i n : *Lib. pont. (Duchesne II 125).* – R e g . : *Böhmer/Herbers n. 255.*

De tempore cf. Böhmer/Herbers n. 255.

*5463 **(847 dec. 17–852 dec. 17)**

Nicolaum (I) diaconum et Benedictum (III) presbyterum (futuros pontifices Romanos) ordinat; cui titulum Calixti (ecclesiam s. Mariae in Trastevere) concedit.

L a u d . i n : *Lib. pont. (Duchesne II 140 et 151; Přerovský II 581 et 594).* – R e g . : *Böhmer/Herbers n. 157.*

De tempore cf. Böhmer/Herbers n. 157.

5464 **(847–852)**

JE 2642 Exercitum Francorum 1) ad viriliter pugnandum „contra inimicos sanctę fidei et adversarios omnium regionum" adhortatur. 2) Parentum eorum virtutem victoriasque recolit. 3) Mortuis in hoc bello regna coelorum promittit. – *(Omni timore ac); (Ubi usque nunc); (Omnium vestrum nosse).*

E d . : *MGH Epp. 5, 601 n. 28; insertum in Petri Comestoris Responsione ad patriarcham Ierosolimitanum directa (Leclercq Studia Gratiana II 592).* – C a n . : *Coll. Brit. 388 n. 28; Ivonis (?) Coll. tripartita 1, 60, 15–17; Ivonis Decr. X c. 87; Ivonis (?) Panorm. VIII c. 30; Gratiani Decr. C. XXIII q. 8 c. 9 et q. 5 c. 46.* – R e g . : *Böhmer/Herbers n. 111.*

Fragmenta. Olim ad a. 853. De tempore et aliis collectionibus ineditis cf. Böhmer/Herbers n. 111.

*5465 **(852)** **Roma**

Bernardus (I) episcopus Salernitanus offensus, quia Sico princeps Petrusque rector Agarenorum legatum in domo episcopii susceperint, quasi pro causa principis Romam properat, ubi a papa (Leone IV) et a Romanis nimio diligitur affectu.

L a u d . i n : *Chron. Salernitanum c. 99 (Westerbergh 100).* – R e g . : *Ital. Pont. VIII 344 n. *5; Böhmer/Herbers n. 249.*

De re et tempore cf. Böhmer/Herbers n. 249.

*** 5466** **(cr. 852)**

Apostolica auctoritate (i. e. litteris Leonis IV?) et episcopi sui (Altfridi Hildesheimensis) benedictione Hathumoda in congregatione (adhuc Brunshusae degente) mater spiritalis et electa et constituta est.

L a u d . i n : *Liudolfi comitis charta spuria fundationis (nondum edita); Agii Corbeiensis Vita Hathumodae c. 4 (MGH SS 4, 168).* – R e g . : *Germ. Pont. V/2, 121 n. *?4.*

***† 5467** **(852)**

Hattoni (I) (monasterii) Fuldensis abbati, qui precando papam adiit, quaedam praedia ad recreandos hospites concessa propriisque vocabulis expressa confirmat.

L a u d . i n : *Traditio Hattonis (Dronke Traditiones Fuldenses 66 c. 36).* – R e g . : *Germ. Pont. IV 360 n. *†13; Böhmer/Herbers n. †250.*

De fide cf. Böhmer/Herbers n. †250.

5468 **(852–853?) febr. 22** **(Roma)**

JE 2655 Virobono episcopo Tuscanensi successoribusque eius episcopatum Tuscanensem una cum pertinentiis confirmat (Scr. p. m. Nicolai not. atque reg. et scrin. S.R.E., m. febr., ind. V). – *Convenit apostolico moderamini.*

E d . : *Insertum in Innocentii III privilegio a. 1207 oct. 29 (Potthast 3206; Reg. Innocenz' III. 10, 237; separatim ed. Herbers Leo 460).* – R e g . : *Ital. Pont. II 197 n. 1; Böhmer/Herbers n. 251.*

Olim ad a. 847–855 febr. 22. De re et tempore cf. Böhmer/Herbers n. 251.

5469 **(853 in.)**

JE 2610 Cum Lothario (I) augusto 1) de nece legati Ragiberti conqueritur; 2) additque id usque ad hoc tempore haud evenisse. – *(Legatum quem ad); (Non solum predecessores).*

E d . : *MGH Epp. 5, 592 n. 15.* – C a n . : *Coll. Brit. 383 n. 15.* – R e g . : *Böhmer/Herbers n. 277.*

Fragmentum. Olim ad a. 851 in. De re et tempore cf. Böhmer/Herbers n. 277.

5470 **(852 mart. ex.–853 mart.)**

JE 2626 Lothario (I) et Ludovico (II) (imperatoribus) secundum consuetudinem „festivitatis (pascalis, i. e. 853. apr. 2) insigne decusque“ victoriae ramos destinat. – *(Christiana amoris consuetudo).*

E d . : *MGH Epp. 5, 588 n. 6.* – C a n . : *Coll. Brit. 378 n. 6.* – R e g . : *Böhmer/Zielinski n. 102; Böhmer/Herbers n. 252.*

Fragmentum. Olim ad a. 853 febr.–mart. De re et tempore cf. Böhmer/Herbers n. 252.

5471 **(853 mart. ex.)**

JE 2627 Georgio duci (Ravennato) scribit se suos opprimi numquam passurum esse, „sed, si necessitas illis incurrerit, presentialiter vindicamus, quia nostri gregis in omnibus ultores esse debemus, et precipue adiutores“. – *(Scire vos volumus).*

E d . : *MGH Epp. 5, 588 n. 7.* – C a n . : *Coll. Brit. 379 n. 7; Ivonis Decr. X c. 84; Ivonis (?) Panorm. VIII c. 28; Gratiani Decr. C. XIII q. 8 c. 8.* – R e g . : *Ital. Pont. V 90 n. 21; Böhmer/Herbers n. 278.*

Fragmentum. Olim ad a. 853 mart.–apr. De Georgio duce et tempore cf. Böhmer/Herbers n. 278.

5472 **(853 mart. ex.)**

JE 2628 Iohannem (VII) archiepiscopum (Ravennatem) 1) reprehendit, quia multum contra iuramentum suum praesumpserit; 2) se numquam permissurum esse, suos ab eo opprimi homines atque subiectos; 3) si huius monitionis dicta neglexerit, se praesentialiter suos vindicaturum esse; inanem sancit promissionem Hilarii. – *(Videte quia multum); (Pro certo scitote); (Promissionem vero quam).*

Ed.: *MGH Epp. 5, 588 n. 8.* – Can.: *Coll. Brit. 379 n. 8; Ivonis Decr. X c. 85 (fragm.).* – Reg.: *Ital. Pont. V 39 n. 100; Böhmer/Herbers n. 279.*

Fragmenta. Olim ad a. 853. De re et tempore cf. Böhmer/Herbers n. 279. Cf. et J³ *5422.

5473 **(852–853 apr. in.)**

JE 2638 Lotharium (I) augustum hortatur de castigandis iis, qui „antique legis docmata minime observa(nt)". – *(Habetis ex hoc).*

Ed.: *MGH Epp. 5, 600 n. 25.* – Can.: *Coll. Brit. 387 n. 25 et 392 n. 43; Ivonis Decr. IV c. 181.* – Reg.: *Böhmer/Herbers n. 248.*

Olim sub uno numero (JE 2638) cum epist. sequente (J³ 5474) ad a. 853. De fragmentis et tempore cf. Böhmer/Herbers n. 248 et n. 280.

5474 **(853 apr. in.)**

JE 2638 Lothario (I) augusto scribit 1) „de illis tribus iam publice condempnatis et reprobis viris, Georgio, Adriano et Petro, ut vestra nobis mandavit sublimitas, quod adhuc ad aliud consistere iudicium debebant, omnino mirati sumus, quibus iam missis vestris presentibus iuxta legem Romanam sententia prefixa ac promulgata est. Et nisi pascalis tunc adesset festivitas, qua mortis, prohibente lege, sententiam dare licitum non est, vivere eos illorum malicia atque iniqua presumptio non sineret. Pro hac itaque racione solummodo usque ad hoc tempus suspensa est sententia utrorumque". 2) Flagitat denique, „ut sicut usque hactenus Romana lex" viguerit, „ita nunc suum robur propriumque vigorem obtineat". – *(De illis tribus); (Vestram flagitamus clementiam).*

Ed.: *MGH Epp. 5, 608 n. 43.* – Can.: *Coll. Brit. 387 n. 25 et 392 n. 43; Ivonis Decr. X c. 88 (1) et IV c. 181 (2); Ivonis (?) Panorm. II c. 152 (2); Gratiani Decr. D. X c. 13 (2).* – Reg.: *Böhmer/Herbers n. 280.*

Olim sub uno numero (JE 2638) cum epist. praecedente (J³ 5473) ad a. 853. De fragmentis et tempore cf. Böhmer/Herbers n. 248 et n. 280.

5475 **(853 apr. med.) Roma**

JE 2633 Episcopis, presbyteris et universo clero sacrosanctis ecclesiis militantibus praecipit, „ut in (sua) absentia nec ecclesiasticus, nec palatinus ordo deficiat. Sed constitutis diebus, tamquam si (ipse) hic fu(erit), omnes nobiles ad Lateranense palatium recurrant et quęrentibus ac petentibus legem ac iustitiam faciant". – *(Precipimus ut in).*

Ed.: *MGH Epp. 5, 599 n. 23.* – Can.: *Coll. Brit. 387 n. 23.* – Reg.: *Ital. Pont. I 6 n. 6 et 12 n. 18; Böhmer/Herbers n. 281.*

Fragmentum. Olim ad a. 853 cr. mai. De re et tempore cf. Böhmer/Herbers n. 281.

*5476 **(853 post apr.)**

Leonem (IV) clerici in synodo (Suessionensi) depositi per epistolam appellant.

Laud. in: *J³ 5487; J³ 6040; J³ 6041; Hincmari epist. (MGH Epp. 8, 213).* – Reg.: *Böhmer/Herbers n. 282.*

De re et tempore cf. Böhmer/Herbers n. 282.

*5477 **(853 post apr.)**

A Leone (IV) Hincmarus archiepiscopus Remensis petit, ut synodum (Suessionensem) confirmet.

Laud. in: *J³ 6040; J³ 6041; Flodoardi Remensis Hist. III c. 21 (MGH SS 36, 277; MGH Epp. 8, 38 n. *72).* – Reg.: *Böhmer/Herbers n. 283.*

De tempore cf. Böhmer/Herbers n. 283.

*5478 **(853 mai. med.)** **Ravenna**

JE I 335 Ludovico (II) imperatori petit, ut Anastasio cardinali presbytero s. Marcelli Romam redire iubeat.

Laud. in: *J³ 5503.* – Reg.: *Böhmer/Mühlbacher² n. 1191b; Böhmer/Zielinski n. 106; Böhmer/Herbers n. 287.*

*5479 **853 mai. 29** **Ravenna, S. Vitale**

JE I 335 Anastasium presbyterum cardinalem tit. b. Marcelli nondum reversum anathematizat (m. mai. d. XXIX, ind. I).

Laud. in: *J³ 5481; J³ 5503.* – Reg.: *Ital. Pont. I 74 n. *4; Böhmer/Herbers n. 288.*

De re cf. Böhmer/Herbers n. 288.

*5480 **853 iun. 19** **Roma, S. Pietro**

JE I 336 Concilium celebratur, in quo Anastasius presbyter cardinalis tit. b. Marcelli iterum (cf. J³ *5479) anathematizatur et omnibus, qui „ei in electione aut pontificatus honore adiutorium praestare vel solatium quodcumque voluerint", anathema proponitur (m. iun. d. XIX, ind. superius annotata [I]).

Laud. in: *J³ 5481.* – Reg.: *Böhmer/Herbers n. 291.*

De re et concilio cf. MGH Conc. 3, 298 et Böhmer/Herbers n. 291.

5481 **853 iun. 19** **Roma**

JE 2635 Omnibus episcopis, presbyteris, diaconibus, subdiaconibus et universis clericis cunctoque populo Christiano significat Anastasium presbyterum cardinalem tit. b. Marcelli primum (850 dec. 16) excommunicatum, deinde et Ravennae a. 853 mai. 29 et Romae iun. 19 anathematizatum esse. – *Quod bene ac.*

Ed.: *Insertum in Ann. Bertinianis ad a. 868 (Grat 145; separatim ed. in MGH Conc. 3, 298).* – Reg.: *Ital. Pont. I 74 n. 5; Böhmer/Herbers n. 292.*

De re cf. Böhmer/Herbers n. 292. Cf. et J³ *5359, J³ *5362, J³ *5409, J³ 5416, J³ *5479, J³ *5480.

5482 **(853 post iun. 19)**

JE 2652 Lothario (I) et Ludovico (II) augustis scribit haec: „Inter nos et vos pacti serie statutum et confirmatum est, quod electio et consecratio futuri Romani pontificis non nisi iuste et canonice fieri debeat". – *(Inter nos et).*

Ed.: *MGH Epp. 5, 604 n. 34.* – Can.: *Coll. Brit. 389 n. 34; Ivonis (?) Coll. tripartita 1, 60, 18; Ivonis Decr. V c. 14; Gratiani Decr. D. LXIII c. 31.* – Reg.: *Böhmer/Zielinski n. 69; Böhmer/Herbers n. 293.*

Fragmentum. Olim ad a. 850–854. De re et tempore cf. Böhmer/Herbers n. 293. Cf. et J³ *5405.

5483 **(853 mai.–iun.)**

JE 2631 Hincmaro (archiepiscopo) Remensi scribit de confirmanda synodo (Suessionensi) ideo se haesitare, quod necdum acta sibi reddita sint neque legati sedis apostolicae synodo interfuerint neque „imperialis epistola" allata sit, „quae hoc, quod expetendum" Hincmarus miserit „specialiter indicare potuisset", quod denique ii, quibus synodus dignitates abrogasset, sedem apostolicam appellaverint. – *(Causas pro quibus).*

Ed.: *Insertum in J³ 6040 et J³ 6041 et J³ 6064.* – Reg.: *Böhmer/Herbers n. 284.*

Laud. et in J³ 6040, J³ 6041 et J³ 6064. Fragmentum. Olim ad a. 853 post apr. 23. De fragmentis et tempore cf. Böhmer/Herbers n. 284.

*5484 **(853 mai.–iun.)**

Leoni (IV) Hincmarus archiepiscopus Remensis iterum (cf. J³ *5477) scribit de confirmanda synodo (Suessionensi).

L a u d . i n : *J³ 6040; J³ 6041.* – R e g . : *Böhmer/Herbers n. 285.*

De re et tempore cf. Böhmer/Herbers n. 285.

* 5485 **(853 mai.–iun.)**

Ad Leonem (IV) clerici (in synodo Suessionensi) depositi iterum (cf. J³ *5476) appellant.

L a u d . i n : *J³ 6040; J³ 6041.* – R e g . : *Böhmer/Herbers n. 286.*

De re et tempore cf. Böhmer/Herbers n. 286.

* 5486 **(853 iun.)**

Leoni (IV) Lotharius (I imperator) per Petrum Aretinum episcopum querit, petente (Ebone Gratianopolitano) episcopo, ne synodos (Suessionenses) de clericis (a concilio depositis) confirmet.

L a u d . i n : *Hincmari epist. (MGH Epp. 8, 213).* – R e g . : *Böhmer/Herbers n. 289.*

De re et tempore cf. Böhmer/Herbers n. 289.

5487 **(853 iun.–iul.)**

JE 2632 Hincmaro archiepiscopo Remensi praecipit, 1) ut congregata synodo sacerdotum, qui absque iusto ventilationis examine (in synodo Suessionensi 853 apr. 23) depositi sedem apostolicam expetierint, iterum sententia tractetur, et si, quod minime se sperare ait, „noluissent obedire vel obtemperare iudicio (eius), eis ad sedem apostolicam veniendi nullius possit hominis impedimentum nocere"; 2) Petrum praeterea Spoletinum episcopum ad renovandum concilium vice sua dirigit. – *(Inhonestum atque incongruum); (Hunc venerabilem et).*

E d . : *MGH Epp. 5, 589 n. 11.* – C a n . : *Coll. Brit. 380 n. 11.* – R e g . : *Böhmer/Herbers n. 290.*

Fragmenta. Laud. et in J³ 6040 et in J³ 6041. Olim ad a. 853 post apr. 23. De fragmentis et tempore cf. Böhmer/Herbers n. 290. De synodo Suessionensi cf. MGH Conc. 3, 253 et 266. Cf. et J³ *5476.

* 5488 **(852 sept.–853 aug.)**

Ecclesiae s. Sinzigii in civitate Blerana vestem de fundato I, habentem in medium tabulas de chrisoclabo cum effigie Salvatoris, habentem in capite gemmas prasinas III, et s. Sinzigii et Leonis (IV), et vela de fundato IV donat.

L a u d . i n : *Lib. pont. (Duchesne II 125).* – R e g . : *Böhmer/Herbers n. 256.*

De re et tempore cf. Böhmer/Herbers n. 256. Laud. in Lib. pont. in loco ad indictionem I pertinente.

* 5489 **(852 sept.–853 aug.)**

Ecclesiae ss. IIII Coronatorum (Romanae) cereostata ex argento parium I et gabatas de argento IIII donat. Item regnum ex auro I, pendentem super altare maiore, cum catenulis similiter aureis, sculptile, habentem in medio crucem auream, habentem gemmas XIV, ex quibus V in eadem crucem fixas, et alias quas in ibidem pendunt IX, VI quidem albas et hyacinthinas III, donat. Item thymiamateria II ex argento donat. Item sericum cum tabula de chrysoclavo, habentem historiam seu miraculum, „quod dominus Christus de quinque panuum et piscium alimentis duorum quinque milia hominum abundanter satians est operatus", donat.

L a u d . i n : *Lib. pont. (Duchesne II 125, 127, 128, 129).* – R e g . : *Böhmer/Herbers n. 257.*

De re et tempore cf. Böhmer/Herbers n. 121, n. 256, n. 257 et J³ *5488. Laud. in Lib. pont. in locis IV.

* 5490 **(852 sept.–853 aug.)**

Ecclesiae s. Mariae (Romanae) ad b. Laurentium foris muros vela de fundato XXVII donat. Item porticum ante basilicam renovat.

L a u d . i n : *Lib. pont. (Duchesne II 125 et 128).* – R e g . : *Böhmer/Herbers n. 258.*

De re et tempore cf. Böhmer/Herbers n. 121, n. 256, n. 258 et J³ *5488. Laud. in Lib. pont. in locis II.

*5491 **(852 sept.–853 aug.)**

Ecclesiae b. Clementis martyris atque pontificis (Romanae) „regnum qui pendet super altare maiore, ex auro ... sine gemmis, habentem in medio crucem de auro cum gemmis fixis in eadem crucem, vitreas, V, et quae pendent, item vitrea ... III" donat.

L a u d . i n : *Lib. pont. (Duchesne II 125).* – R e g . : *Böhmer/Herbers n. 259.*

De re et tempore cf. Böhmer/Herbers n. 121, n. 256, n. 259 et J³ *5488.

*5492 **(852 sept.–853 aug.)**

Ecclesiae b. Ipoliti martyris in insula Portuensis, quae nuncupatur Arsis, vestem de fundato, habentem gammadias ex argento textas, I, et vela de fundato IIII donat.

L a u d . i n : *Lib. pont. (Duchesne II 125).* – R e g . : *Böhmer/Herbers n. 260.*

De re et tempore cf. Böhmer/Herbers n. 121, n. 256, n. 260 et J³ *5488.

*5493 **(852 sept.–853 aug.)**

Ecclesiae b. Mariae infra civitatem, quae vocatur Anagnias, vestem de fundato cum IIII gammadiis auro textis I, et vela de fundato IIII donat.

L a u d . i n : *Lib. pont. (Duchesne II 125).* – R e g . : *Böhmer/Herbers n. 261.*

De re et tempore cf. Böhmer/Herbers n. 121, n. 256, n. 261 et J³ *5488.

*5494 **(852 sept.–853 aug.)**

Leoni (IV) Corsi propter „timore(m) Saracenorum" ex insula digressi obsequium atque servicium promittunt, quibus papa una cum optimatibus (Romanis) Portum civitatem ad habitandam concedit.

L a u d . i n : *Lib. pont. (Duchesne II 126; Přerovský II 569); Flodoardi Remensis De Christi triumphis (Migne PL 135, 818).* – R e g . : *Böhmer/Herbers n. 262.*

De re et tempore cf. Böhmer/Herbers n. 121, n. 256, n. 262 et J³ *5488.

*5495 **(852 sept.–853 aug.)**

JE *2617 Corsis propter „timore(m) Saracenorum" ex insula digressis Portum civitatem ad habitandam concedit et „pontificale eis ... ob serenissimorum Lotharii (I) et Ludovici maiorum (II) imperatorum suamque simul mercedem perpetuamque memoriam praeceptum" emittit, „hoc scilicet tenore et placito anteposito, ut tamdiu firmum" maneat „ac stabile quousque sanctae sedis praesulibus populoque Romano in cunctis obedientes ac fideles" existant; „et si ... omnem praecepti seriem irrefragabiliter" non custodiant, sancit „in eodem ut vacuum et inane consistat. Loca vero, quae eis data sunt et a missis pontificalibus consignata, tam ex proprio iure ecclesiastico quamque venerabilium monasteriorum, imo et singulorum hominum qui finitimi existebant, in ... pontificali privilegio specialiter adscripta leguntur".

L a u d . i n : *Lib. pont. (Duchesne II 126; Přerovský II 569); Flodoardi Remensis De Christi triumphis (Migne PL 135, 818).* – R e g . : *Ital. Pont. II 21 n. *1; Ital. Pont. X 468 n. *14; Böhmer/Zielinski n. 119A; Böhmer/Herbers n. 263.*

Olim ad a. (852?). De re et tempore cf. Böhmer/Herbers n. 263 et J³ *5488.

*5496 **(852 sept.–853 aug.)**

„Hortanae et Amarinae valde antiquarum civitatum" muros portaeque restaurat.

L a u d . i n : *Lib. pont. (Duchesne II 127).* – R e g . : *Böhmer/Herbers n. 264.*

De re et tempore cf. Böhmer/Herbers n. 121, n. 256, n. 264 et J³ *5488.

*5497 **(852 sept.–853 aug.)**

Basilicae s. Mariae in vico Sardonum (apud Romam) calicem et patenam de argento exaurato, parium I, legente de nomine Leonis IV papae, donat. Item IIII catholicos libros, unum Evangeliorum, alium Regnorum, Psalterium atque Sermonum, donat.

L a u d . i n : *Lib. pont. (Duchesne II 127 et 128).* – R e g . : *Böhmer/Herbers n. 265.*

De re et tempore cf. Böhmer/Herbers n. 121, n. 256, n. 265 et J³ *5488. Laud. in Lib. pont. in locis II.

*5498 **(852 sept.–853 aug.)**

Basilica (b. Petri Romana) renovat et decorat, portas a Saracenis destructas reparat, aulam Dei ornat, porticus et tecta renovat, „porticum quae s. Andreae cohaeret ecclesiae (oratorio)" restaurat et „camera, quae ante portas argenteas iamdictae aulae esse conspicitur" renovans decorat. Item donat „cereos deargentatos ... XXVII", „trabes in ingressu et in medio presbyterii ... ex argento purissimo", „coronam ex argento purissimo I", „vela sirica de prasino IIII, habentia tabulas de chrysoclavo, cum effigie Salvatoris et apostolorum Petri ac Pauli, seu ipsius almifici praesulis, et in medio cruces et gammadias de chrysoclavo cum orbiculis, in quibus sunt imagines apostolorum", „pari modo ... alia vela alba holoserica rosata", „aliam coronam minorem", „coronas ex auro mundissimo, inclytis Christi videlicet et sanctorum vultibus refulgentes ... duas", „crucifixum argenteum" et oratorio b. Andreae „vestem sericam I, habentem ... in medio tabulam cum chrysoclavo, in qua depictae Christi et discipulorum eius ... imagines fulgent, et ipsius almifici praesulis".

L a u d . i n : *Lib. pont. (Duchesne II 127–129; Přerovský II 571).* – R e g . : *Böhmer/Herbers n. 266.*

De re et tempore cf. Böhmer/Herbers n. 121, n. 256, n. 266 et J³ *5488. Laud. in Lib. pont. in locis II.

*5499 **(852 sept.–853 aug.)**

Ecclesiae b. Martini confessoris atque pontificis (Romanae) foris porta b. Petri apostoli canistrum de argento I cum catenulis donat.

L a u d . i n : *Lib. pont. (Duchesne II 128).* – R e g . : *Böhmer/Herbers n. 267.*

De re et tempore cf. Böhmer/Herbers n. 121, n. 256, n. 267 et J³ *5488.

*5500 **(852 sept.–853 aug.)**

Oratorio b. Petronillae (in basilicam b. Petri Romanam) vestem de fundato III et vela XII, IIII quidem de fundato et III de spanisca, et linea V donat.

L a u d . i n : *Lib. pont. (Duchesne II 128).* – R e g . : *Böhmer/Herbers n. 268.*

De re et tempore cf. Böhmer/Herbers n. 121, n. 256, n. 268 et J³ *5488.

*5501 **(852 sept.–853 aug.)**

Ecclesiam s. Mariae (in Saxia) supra scholam Saxonum (Romanam) noviter construit eique vestem de fundato III et vela similiter de fundato IIII donat.

L a u d . i n : *Lib. pont. (Duchesne II 128).* – R e g . : *Böhmer/Herbers n. 269.*

De re et tempore cf. Böhmer/Herbers n. 121, n. 256, n. 269 et J³ *5488.

5502 **(853 iun. 20–aug.)**

JE 2636 Anastasium presbyterum (cardinalem) tit. b. Marcelli ad concilium nov. 15 ind. „futurae II" i. e. a. 853 conventurum sub excommunicationis interpositione evocat per Nicolaum (Anagninum) et Petronacium (Albanensem) Iohannemque (III Veliternensem) episcopos. – *Cum spiritualibus te.*

Ed.: *Insertum in J³ 5503.* – Reg.: *Ital. Pont. I 74 n. 6; Böhmer/Herbers n. 294.*

Laud. et in Lib. pont. (Duchesne II 129). Olim ad a. 853 iun.–aug. De re et tempore cf. Böhmer/Herbers n. 294.

5503 **853 dec. 8** **Roma, S. Pietro**

JE I 336 Concilium episcoporum LXVII celebratur, in quo XXXVIII decreta concilii ab Eugenio II a. 826 nov. 15 (J³ 5107) habiti confirmantur atque IV aliis augentur. Anastasius presbyter tit. b. Marcelli iam tertia (J³ *5409) et quarta (J³ 5502) vice per litteras apostolicas vocatus, cum ad duo episcoporum concilia non venerit, communi decreto „a sacerdotali ministerio modis omnibus removetur, ita ut locum restitutionis nequaquam inveniat" (A. scilicet pont. IV pp. Leonis VII, atque d. n. Hlotharii hac Hludoici imp. a. quoque imp. eorum V et XXXVII, m. dec. d. VIII, ind. II).

Ed.: *MGH Conc. 3, 316.* – Reg.: *Ital. Pont. I 75 n. 7; Böhmer/Zielinski n. 114; Böhmer/Herbers n. 307.*

Laud. et in Lib. pont. (Duchesne II 129 et 141 et 143 et 175; Přerovský II 572 et 581 et 588) et in Ann. Bertinianis ad a. 868 (Grat 146) et in decretis concilii Romani 861 febr. (MGH Conc. 4, 51). De traditione et subscriptionibus cf. Böhmer/Herbers n. 307. Cf. et J³ *5359, J³ *5362, J³ *5409, J³ 5416, J³ *5478, J³ *5479, J³ 5502.

***5504** **(853 post dec. 8)**

Imaginem synodi (Romani) supra sanctuarii b. Petri (Romani) ianuas pingi iubet.

Laud. in: *Lib. pont. (Duchesne II 142).* – Reg.: *Böhmer/Herbers n. 308.*

De re et tempore cf. Böhmer/Herbers n. 308.

5505 **(847–853)**

JE 2647 Ignatio patriarchae Constantinopolitano ad legationem eius haec respondet: „Vidimus animi puritate, et sola benivolentia pallium superhumerale a vestra dilectione directum, quod a nobis suscipi non potuit, quia non est mos istius ęcclesie, cum magistra et caput omnium videatur aecclesiarum existere, aliunde pallium erogatum accipere, sed per totam Europam, ad quos delegatum est tradere. Hoc ne dure accipiatis precamur, quia hac ratione illum suscipere nequivimus, sed vobis remandare previdimus". – *(Vidimus animi puritate).*

Ed.: *MGH Epp. 5, 607 n. 41; Tăutu Acta Rom. pont. I 599 n. 315.* – Can.: *Coll. Brit. 392 n. 42.* – Reg.: *Böhmer/Herbers n. 113.*

Fragmentum. Olim ad a. cr. 853. De re et tempore cf. Böhmer/Herbers n. 113. De legatione Ignatii cf. Grumel/Darrouzès Reg. I/2 n. 446.

***5506** **(847–853)**

Leoni (IV) Hincmarus archiepiscopus (Remensis) scribit de clericis ab Ebone (archiepiscopo Remensi) post eius depositionem ordinatis.

Laud. in: *Flodoardi Remensis Hist. III c. 10 (MGH SS 36, 206; MGH Epp. 8, 32 n. *55).* – Reg.: *Böhmer/Herbers n. 112.*

De tempore cf. Böhmer/Herbers n. 112.

5507 **(850 dec. ex.–853)**

JE 2644 Lothario (I) augusto nuntiat: „Cum pro cęteris ecclesiasticis negotiis ac necessitatibus concilium universale celebrare studeremus, et post plures hec fuisset ratio introducta, et sanctorum patrum statuta de talibus fuissent relecta, universum concilium unanimi voce dixit: 'Nulla nos auctoritas ecclesiastica docet, ut in talibus parcere licitum sit, quod sacerdos extra suam specialem ecclesiam alibi sicut ovis errans lupine voracitati relinquatur'." – *(Cum pro ceteris).*

Ed.: *MGH Epp. 5, 602 n. 30.* – Can.: *Coll. Brit. 388 n. 30.* – Reg.: *Böhmer/Herbers n. 238.*

Fragmentum. Olim ad a. 853 post dec. 8. De tempore cf. Böhmer/Herbers n. 238.

5508 **(852–853)**

JE 2620 Ludovico (II) augusto queritur: 1) „Plures homines Gratianu(m) tam ferro quam aqua fustibusque" necavisse „et, quod his omnibus peius (sit), plures ad suam fidelitatem per iusiurandum constrinxi(sse)". 2) Addit haec: „Cum sepe adversa a Saracenorum partibus perveniant nuncia, quidam in Romanorum portum Saracenos clam furtiveque venturos esse dicebant. Pro quo nostrum precepimus congregari populum, maritimumque ad litus descendere decrevimus et egressi sumus Roma". – *(Plures homines Gratianus); (Igitur cum sepe).*

Ed.: *MGH Epp. 5, 585 n. 1.* – Can.: *Coll. Brit. 376 n. 1; Ivonis Decr. X c. 83; Ivonis (?) Panorm. VIII c. 27; Gratiani Decr. C. XXIII q. 8 c. 7.* – Reg.: *Böhmer/Zielinski n. 91; Böhmer/Herbers n. 245.*

Fragmenta. Olim ad a. 852 sept. De traditione et tempore cf. Böhmer/Herbers n. 245.

5509 **(852–853)**

JE 2614 Hincmaro (archiepiscopo) Remensi 1) opprobrat, quod Falcarium (imperialem) vasallum excommunicaverit. Qui cum litteris Lotharii (I) imperatoris et Ludovici (Germanici) regis, fratris eius veniens professus sit se concubina in coenobium dimissa aliam duxisse uxorem et hac ex causa sineque omni canonico sive mundano iudicio excommunicatum esse; 2) angustias eius contemplans se dolere de excommunicatione scribit papa; 3) indulgentiam venialem erga cunctos commendat; 4) ut vasallo parcat et ecclesiae iterum societ, iubet. Minis utitur, si de cetero excedat. – *(Vasallus quidam Falcaricus); (Ut erga cunctos); (Parcere iam dicto); (Si contra patrum).*

Ed.: *MGH Epp. 5, 598 n. 22.* – Can.: *Coll. Brit. 385 n. 22.* – Reg.: *Böhmer/Mühlbacher[2] n. 1149; Böhmer/Herbers n. 246.*

Fragmenta. Laud. et in Flodoardi Remensis Hist. III c. 26 (MGH SS 36, 332; MGH Epp. 8, 35 n. *63). Olim ad a. 851 in. De re et tempore cf. Böhmer/Herbers n. 246.

*** 5510** **(852–853)**

Leoni (IV) Hincmarus archiepiscopus (Remensis) iterum de Falcario Lotharii (I) imperatoris vasallo, qui uxorem suam relinquerat et quamvis excommunicatus iterum nupserat, scribit; privilegia pro sede Remensi petit.

Laud. in: *Flodoardi Remensis Hist. III c. 10 (MGH SS 36, 206; MGH Epp. 8, 34 n. *62).* – Reg.: *Böhmer/Herbers n. 247.*

De re et tempore cf. Böhmer/Herbers n. 247.

5511 **(853)**

JE 2639 Widoni (I) comiti (Spoletino) haec scribit: „Valde indignum est futuris gentibus etiam contrarium, tam gloriosam legem, quam multi retro custodierunt imperatores, nunc suam vim perdere ac iniuste dampnari". – *(Valde indignum est).*

Ed.: *MGH Epp. 5, 608 n. 44.* – Can.: *Coll. Brit. 392 n. 44; Ivonis Decr. IV c. 182.* – Reg.: *Ital. Pont. IV 2 n. 4; Böhmer/Herbers n. 276.*

Fragmentum. De re cf. Böhmer/Herbers n. 276.

*** 5512** **(853)** **Subiaco**

JE *2656 „Dedicat in Specu altare unum in honorem s. Benedicti et s. Scholasticae et alterum in honorem s. Silvestri papae et offert gabatam (al. gabaram) unam de argento et duas cortinas de fundato, quas fresatas dicunt, et ibidem omnia ampliata privilegio confirmat."

L a u d . i n : *Chron. Sublacense (RIS ser. II 24/6, 5); Tabula abb. Caputis pont. (Allodi/Levi Reg. Sublacense 9).* – R e g . : *Ital. Pont. II 86 n. *3; Böhmer/Herbers n. 275.*

Olim ad a. 847–855. De re et tempore cf. Böhmer/Herbers n. 275.

*? 5513 **(853)** **Roma**

Aelfredum filium Edelvulfi regis Anglorum Romam missum in regem (Anglorum) ungit patre petente.

L a u d . i n : *Chron. Anglo-Saxonicum (Plummer I 64; Bately 45); J³ †5514; Asserii De rebus gestis Aelfredi a. 853 (Stevenson/Whitelock 7).* – R e g . : *Böhmer/Herbers n. †(?)272.*

De re et tempore cf. Böhmer/Herbers n. †(?)272.

† 5514 **(853)**

JE 2645 Edelvulfo regi Anglorum nuntiat „filium (eius) Erfred (i. e. Aelfredum), quem hoc in tempore (Romam) destinare" curaverit, benigne se suscepisse „et quasi spiritalem filium consulatus cinguli honore vestimentisque, ut mos est Romanis consulibus", decorasse, „eo quod in (suis) se" tradiderit „manibus". – *(Filium vestrum Erfred).*

E d . : *MGH Epp. 5, 602 n. 31.* – C a n . : *Coll. Brit. 388 n. 31.* – R e g . : *Böhmer/Herbers n. †273.*

Fragmentum. Olim ad a. 853 dec. ex. De re, fide et tempore cf. Böhmer/Herbers n. †273. Cf. et J³ *?5513.

*† 5515 **853** **Roma**

Iohanni Garino, qui propter peccatos suos Romam venerat, ut septem annos poenitet, mandat.

L a u d . i n : *Hieronymi Monetarii Itinerarium (Pfandl 16).* – R e g . : *Böhmer/Herbers n. †274.*

De re, tempore et ceteris fontibus saec. XVI et XVII cf. Böhmer/Herbers n. †274.

5516 **854 aug. 10** **Roma**

JE 2653 Monasterii s. Martini (Romani) possessiones ea lege confirmat, ut „singulis quibusque indictionibus pensionis nomine ... tres auri ... difficultate in perpetuum persolvantur" (Scr. p. m. Theodori not. reg. et scrin. S.R.E. in m. (et ind.) suprascr. II. † Dat. IV id. aug. p. m. Theophi(l)acti secundicerii S.S.A. imp. d. n. ... Lothario imp. a. XXXVII, et post. cons. a. XXXVII, ind. II). – *Convenit apostolico moderamini.*

E d . : *Koch Oorkondenboek van Holland en Zeeland Abt. 1, 1, 1 n. 16 (fragm.); Buijetenen Grondslag 206.* – R e g . : *Ital. Pont. I 145 n. 1; Ferrari Roman Monasteries 232 n. 12; Möhlmann Ostfries. UB 3, 1 n. 1; Böhmer/Herbers n. 312.*

Laud. et in Leonis IX privilegio (JL 4292, Böhmer/Frech n. 1050). De re et traditione cf. Böhmer/Herbers n. 312.

* 5517 **(853 ex.–854 ante aug. 15)** **Roma**

Petro magistro militi „multos ... in argento mancosos praeb(et)", ut urbem (Leopolim) construat.

L a u d . i n : *Lib. pont. (Duchesne II 131).* – R e g . : *Ital. Pont. II 202 n. *2; Böhmer/Herbers n. 306.*

De tempore cf. Böhmer/Herbers n. 306.

* 5518 **854 aug. (15)–16** **Leopolis**

Civitatem construendam (cf. J³ *5517) Leopolim nomen imponit eamque tribus orationibus in modum Trinitatis consecrat missarum officium rite persolvens et aquam benedictam per muros iactare praecipiens (VIII scilicet m. ... d. superaddito XV ... a. praesulatus eius VIII, ind. II).

L a u d . i n : *Lib. pont. (Duchesne II 132).* – R e g . : *Ital. Pont. II 202 n. *2; Böhmer/Herbers n. 313.*

De re et tempore cf. Böhmer/Herbers n. 313.

*5519 **(854 post aug. 15)** **Leopolis**

Ecclesiae b. Petri in civitate Leopolim „gabathas ex argento fusiles ... VII", „cantharam exauratam I, baucas exauratas III, fibulatoria ... V, crucem ex argento deauratam I, cum gemma I, ... aliam crucem de auro I, habentem in medio monocossim, et aliam crucem ex argento, ... habentem gemmas XL, thuribulum aureum exauratum I, dextra saxisca I, coronae aureae XII, gabatham I et sturzicamelorum ova II", „vestes sericas II, ex quibus unam habentem in medio tabula de chrysoclavo et aliam habens in medio crucem et orbiculas IIII cum gammadiis, et vela de fundato XVIII, crucifixum ex argento" donat.

Laud. in: *Lib. pont. (Duchesne II 132).* – Reg.: *Böhmer/Herbers n. 314.*

De re et tempore cf. Böhmer/Herbers n. 314.

*5520 **(854 aug. 16)** **(Roma)**

Leopoli ad sedem suam revertitur.

Laud. in: *Lib. pont. (Duchesne II 132).* – Reg.: *Böhmer/Herbers n. 316.*

De tempore cf. Böhmer/Herbers n. 316.

*5521 **(847–854 aug. 17)**

Roderico Capellano Ludovici (II) imperatoris monasterium s. Mariae Mucelli in finibus Florentiae Faesulaeque una cum pertinentibus suis confirmat.

Laud. in: *Ludovici II privilegium (MGH DD L II n. 15; Böhmer-Zielinski 125).* – Reg.: *Böhmer/Herbers n. 110.*

De re et tempore cf. Böhmer/Herbers n. 110.

*5522 **(853 sept.–854 aug.)**

Ecclesiae b. Petri (Romanae) lucernam ex argento donat. Item rugulas de argento fusiles cum cancello in ingressu presbyterii et ante confessionem b. Petri facit. Item vestem de chrysoclavo pro altare habentem „historiam in medio Salvatoris inter angelos vultus fulgentis, Petroque apostolo claves regni caelorum tradentis et in dextra laevaque gloriosa Petri et Pauli passione fulgentem; inter quos ipse praesul civitate quam fieri iusserat, Petro interveniente, offert depictam, et cruce auro gemmisque nitentem; et in circuitu altaris et desuper habentem pannos desuper sericos, pretiosa aquilarum historia textos, quarum duo aurati cernuntur", vela IIII cum chrysoclavo, in quibus Leo (IV) papa depictus, „imaginis Salvatoris inter angelicos vultus fulgentis, civitatem quam funditus patraverat offert", et oleas masoricas III serico textas coloreque depictas donat.

Laud. in: *Lib. pont. (Duchesne II 130).* – Reg.: *Böhmer/Herbers n. 295.*

De re et tempore cf. Böhmer/Herbers n. 295. Laud. in Lib. pont. in locis III ad indictionem II pertinentibus.

*5523 **(853 sept.–854 aug.)**

Monasterio s. Martini (Romano), quod ecclesiae b. Petri cohaeret, „lucernam ex argento fusilem ac vimixam" donat.

Laud. in: *Lib. pont. (Duchesne II 130).* – Reg.: *Böhmer/Herbers n. 296.*

De re et tempore cf. Böhmer/Herbers n. 121, n. 295, n. 296 et J^3 *5522.

*5524 **(853 sept.–854 aug.)**

Monasterio ss. Iohannis et Pauli (Romano) lucernam argenteam donat.

Laud. in: *Lib. pont. (Duchesne II 130).* – Reg.: *Böhmer/Herbers n. 297.*

De re et tempore cf. Böhmer/Herbers n. 121, n. 295, n. 297 et J^3 *5522.

*5525 **(853 sept.–854 aug.)**

Ecclesiae s. Vincentii in Frascata vestem de fundato I donat.

L a u d . i n : *Lib. pont. (Duchesne II 130).* – R e g . : *Böhmer/Herbers n. 298.*

De re et tempore cf. Böhmer/Herbers n. 121, n. 295, n. 298 et J³ *5522.

*5526 **(853 sept.–854 aug.)**

Ecclesiam b. Pauli (foris muros Romanam) restaurat et cyborium argentum cum columnis argenteis constituit.

L a u d . i n : *Lib. pont. (Duchesne II 130).* – R e g . : *Böhmer/Herbers n. 299.*

De re et tempore cf. Böhmer/Herbers n. 121, n. 295, n. 299 et J³ *5522.

*5527 **(853 sept.–854 aug.)**

Ecclesiae s. Marciani in domucella Balnearola (apud Romam) vestem de fundato I et vela spanisca II donat.

L a u d . i n : *Lib. pont. (Duchesne II 130).* – R e g . : *Böhmer/Herbers n. 300.*

De re et tempore cf. Böhmer/Herbers n. 121, n. 295, n. 300 et J³ *5522.

*5528 **(853 sept.–854 aug.)**

Ecclesiae b. Laurentii martyris (foris muros Romanae) vela de fundato XXIV donat.

L a u d . i n : *Lib. pont. (Duchesne II 130).* – R e g . : *Böhmer/Herbers n. 301.*

De re et tempore cf. Böhmer/Herbers n. 121, n. 295, n. 301 et J³ *5522.

*5529 **(853 sept.–854 aug.)**

Ecclesiae b. Clementis martyris (Romanae) aquamanilem de argento I „habentem in se sclaptum similitudo caput hominis cum vite, et alia historia" donat.

L a u d . i n : *Lib. pont. (Duchesne II 131).* – R e g . : *Böhmer/Herbers n. 302.*

De re et tempore cf. Böhmer/Herbers n. 121, n. 295, n. 302 et J³ *5522.

*5530 **(853 sept.–854 aug.)**

Ecclesiae s. Mariae in Aurilia (Materanensi), „quae via Aurelia nuncupatur", vestem de fundato I donat.

L a u d . i n : *Lib. pont. (Duchesne II 131).* – R e g . : *Böhmer/Herbers n. 303.*

De re et tempore cf. Böhmer/Herbers n. 121, n. 295, n. 303 et J³ *5522.

*5531 **(853 sept.–854 aug.)**

Ecclesiae s. Stephani (Materanensi) vestem de fundato I donat.

L a u d . i n : *Lib. pont. (Duchesne II 131).* – R e g . : *Böhmer/Herbers n. 304.*

De re et tempore cf. Böhmer/Herbers n. 121, n. 295, n. 304 et J³ *5522.

*5532 **(853 sept.–854 aug.)**

Ecclesiam bb. Silvestri et Martini (Romanam), quam Sergius (II) de novo aedificaverat (J³ *5296), decorat et coloribus depingit eique altare argentum donat.

L a u d . i n : *Inscriptio in apside ecclesiae ss. Silvestri et Martini (MGH Poetae 2, 663); Lib. pont. (Duchesne II 131).* – R e g . : *Böhmer/Herbers n. 305.*

De re et tempore cf. Böhmer/Herbers n. 121, n. 295, n. 305 et J³ *5522.

*5533 **(854 aug. 15–31)** **(Leopolis)**

Ecclesiae s. Leoni (in civitate Leopolim) „patenam exauratam I, calicem de argento I, vestes II, unam quidem de fundato, ornata in circuitu de olovero, habentem in medio rotam de chrysoclavo et gammadias, et alia de spaniscu", „codices catholicorum ... VII, Historiarum, Salomonem, Antiphonarium et Psalterium, Sacramentorum, Gestarum et Sermonum, seu et Evangelium cum tabulis argenteis" donat.

L a u d . i n : *Lib. pont. (Duchesne II 132).* – R e g . : *Böhmer/Herbers n. 315.*

De re cf. Böhmer/Herbers n. 315. De tempore cf. Böhmer/Herbers n. 314.

*5534 **(847) dec. (17)–(854) dec. (22)**

Ordinationes II, prima in m. dec., et altera per m. mart., facit, presbiteros XIX, diaconos VIII, episcopos per diversa loca LXIII.

L a u d . i n : *Lib. pont. (Duchesne II 134; Přerovský II 580).* – R e g . : *Böhmer/Herbers n. 156.*

De tempore cf. Böhmer/Herbers n. 156.

*5535 **(853–854)**

Leonem (IV) Gregorius archiepiscopus Syracusanus ab Ignatio patriarcha Constantinopolitano depositus apostolicam sedem agnoscens per Zachariam episcopum (Tauromenitanum) appellat.

L a u d . i n : *J³ 6022; J³ 6024; J³ 7171.* – R e g . : *Ital. Pont. X 316 n. *64 et 354 n. *17; Böhmer/Herbers n. 271.*

De re et tempore cf. Böhmer/Herbers n. 271.

5536 **(854)**

JE 2640 Galerio episcopo Tripolitano 1) scribit de poenitentia: „Audivimus a quibusdam, quod in vestris dioecesibus et finibus christianorum cetus levi se subtrahant poenitentię iugo, dicentes, quia, si penitentiam agimus, coniugii debemus relinquere copulam. In quo errant et de veritatis calle discedunt, quia pro omnibus illicitis penitentiam unusquisque Christi nominis cultor sustinere atque peragere summopere debet .... Coniugium vero legitimum nulli orthodoxorum penitentiam sustinenti solvere licet". 2) Item: „Sacris eos expedit eloquiis vos edocere, ut erroris eripiantur caligine, et licitis copulationibus iuncti de omnibus illicitis poenitentiam agere procurent". – *(Audivimus a quibusdam); (Sacris eos expedit).*

E d . : *MGH Epp. 5, 600 n. 26.* – C a n . : *Coll. Brit. 387 n. 26; Ivonis (?) Coll. tripartita 1, 60, 12–13; Gratiani Decr. C. XXXIII q. 2 c. 13.* – R e g . : *Böhmer/Herbers n. 311.*

Fragmenta. Olim ad a. 853. De tempore cf. Böhmer/Herbers n. 311.

5537 **(854)**

JE 2629 Ignatium Constantinopolitanum patriarcham reprehendit propter depositionem (Gregorii Asbestae Syracusani archiepiscopi et Petri Sylensis aut Sardis et Eulampii Apameae episcoporum) contra ius factam. Auctoritatem Romanae ecclesiae confirmat. – *(Ex quo Unigenitus).*

E d . : *MGH Epp. 5, 589 n. 9; Tăutu Acta Rom. pont. I 598 n. 314.* – C a n . : *Coll. Brit. 379 n. 9.* – R e g . : *Böhmer/Herbers n. 309.*

Fragmentum. Olim ad a. 853. De tempore cf. Böhmer/Herbers n. 309.

*5538 **(854)**

JE *2654 et JE *2661 Ignatio patriarchae Constantinopolitano mandat, ut per legatum sibi significet, qua de causa Gregorium Asbestam et Eulampium et Petrum eorumque socios anathematizaverit. Cui petenti, ut Gregorii archiepiscopi (Syracusani) depositionem confirmet, non obsequitur, sed utramque partem Romam vocat.

L a u d . i n : *J³ 6022; J³ 7171.* – R e g . : *Böhmer/Herbers n. 310.*

Ap. Jaffé-Ewald bis continetur (JE *2654 ad a. 854 et JE *2661 ad a. 855). Cf. Böhmer/Herbers n. 310.

5539 **(855 in.)**

Leoni (IV) Hrabanus (archiepiscopus Maguntinus) scribit se testari se cum suis fratribus et conservis pro eius incolumitate quotidie Deum precari; papae commendat monachos (Fuldenses) et Gundramum fratris sui filium ac rogat, ut eos ad pedes suos et benedictionis gratiam admittat.

Ed.: *MGH Epp. 5, 528 n. 27 (fragm.).* – Reg.: *Germ. Pont. IV 62 n. *26; Germ. Pont. IV 360 n. *14; Böhmer/Herbers n. 324.*

Fragmenta. De tempore cf. Böhmer/Herbers n. 324.

5540 **(855 in.)**

Leoni (IV) Hatto (I) abbas Fuldensis scribit Hrabanum ex Fuldensi coenobio ad Maguntinam ecclesiam venisse et magno cum favore principum gentis Francorum et consentanea cleri ac populi electione Maguntinae ecclesiae archiepiscopum post Otgarium esse ordinatum (847 iun. 26); refert se custodem librorum fuisse et vitam Bonifatii et epistolas pontificum ad monasterii sui fundationem spectantes in Fuldensi bibliotheca sedulo custodisse; petit, ut suos monachos pia benedictione consoletur, propterea quod ad sacrum Bonifatii corpus famulentur et, ut prae ceteris singularem eis exhibeat benevolentiam; iuxta voluntatem Zachariae papae Fuldense coenobium soli apostolicae sedi subiectum esse asserit.

Ed.: *MGH Epp. 5, 530 n. 31.* – Reg.: *Germ. Pont. IV 360 n. *15; Böhmer/Herbers n. 325.*

De tempore cf. Böhmer/Herbers n. 325. Fragmenta.

*5541 **(855 in.)**

(Leoni IV) Hatto (I) abbas Fuldensis alteram epistolam (simili tenore ut J³ 5540) per Thacholfum Thuringorum ducem mittit.

Laud. in: *J³ 5540.* – Reg.: *Germ. Pont. IV 361 n. *16; Böhmer/Herbers n. 326.*

De tempore cf. Böhmer/Herbers n. 326.

5542 **(855) mai. 22** **(Roma)**

JE 2605 Monasterii Salvatoris Fuldensis privilegia ac possessiones confirmat petente Hattone abbate (Scr. p. m. Benedicti, not. atque scrin. S.R.E., m. mai., X kal. iun., ind. IV). – *Quoniam concedenda sunt.*

Ed.: *Meyer zu Ermgassen Codex Eberhardi I 9 et 65.* – Reg.: *Germ. Pont. IV 361 n. 17; Böhmer/Herbers n. 328.*

Laud. et in repertorio privilegiorum Fuldensium V 1* (Meyer zu Ermgassen Codex Eberhardi I 3).

†5543 **855 mai.** **(Roma)**

Dietmaro s. Salisburgensis ecclesiae archiepiscopo et eius successoribus eiusque ecclesiae tribuit curtes, quae vocantur Wineheringa, Antesina et Wolinbach cum omnibus ad eas pertinentibus, ita ut ab eis singulis quibusque annis pensio persolvatur argenti libri tres (Scr. p. m. Nycolai not. reg. S.R.E., a. inc. D. 842 in m. mai., ind. III). – *Convenit apostolico moderamini.*

Ed.: *Hauthaler/Martin Salzburger UB II 30 n. *15.* – Reg.: *Germ. Pont. I 10 n. †15; Böhmer/Herbers n. †327.*

De tempore cf. Böhmer/Herbers n. †327.

*5544 **(855 mai ex.–iun.)** **Roma, S. Pietro**

JE I 339 Super gradus (maiores b. Petri, Romae) Ludovicum (II) imperatorem honorifice suscipit.

Laud. in: *Lib. pont. (Duchesne II 134; Přerovský II 578).* – Reg.: *Böhmer/Mühlbacher² n. 1202a; Böhmer/Zielinski n. 131; Böhmer/Herbers n. 329.*

Olim ad a. 855 iun.–iul. De tempore cf. Böhmer/Herbers n. 329.

*** 5545** **(855 iun.)** **Roma, domus Leoniana**

JE I 339 In domo (quam Leo III papa iuxta ecclesiam b. Petri Romanam fecerat) cum Ludovico II imperatore placitum habet, in quo Gratianus magister militum et Romani palatii superista ac consiliarius de consilio „Romanam terram ... Grecis trade(ndi)" accusatus a culpa liberatur.

L a u d . i n : *Lib. pont. (Duchesne II 134; Přerovský II 579).* – R e g . : *Böhmer/Mühlbacher*[2] *n. 1202b; Böhmer/Zielinski n. 132; Böhmer/Herbers n. 330.*

Olim ad a. 855 iun.–iul. De tempore cf. Böhmer/Herbers n. 330.

*** 5546** **(847–855)**

Vernaldum episcopum quendam consecrat.

L a u d . i n : *J*[3] *5547.* – R e g . : *Böhmer/Herbers n. 85.*

De re cf. Böhmer/Herbers n. 85.

5547 **(847–855)**

JE 2637 Petro (II episcopo Spoletino) 1) scribit: „Perlectis litteris experientie tuę satis in eis turpia et inhonesta reperimus crimina adnotata, que, ut asseritis, a Vernaldo peracta sunt episcopo, postquam apostolicis manibus consecratus est"; 2) additque se timere, si ipse regulam auctoritatis canonicae frangat et violet, ne ceteri doctores ecclesiae suo non congruo eruditi exemplo peiora committere non formident. – *(Perlectis litteris experentie); (Si nos qui).*

E d . : *MGH Epp. 5, 600 n. 24.* – C a n . : *Coll. Brit. 387 n. 24.* – R e g . : *Ital. Pont. IV 8 n. 12; Böhmer/Herbers n. 87.*

Fragmenta. Olim ad a. 853. De tempore cf. Böhmer/Herbers n. 87. Cf. et J[3] *5546.

*** 5548** **(847–855)**

Ieremiam episcopum (Teramensem) ordinat, qui super confessionem b. Petri sacramentum facit.

L a u d . i n : *J*[3] *5550.* – R e g . : *Böhmer/Herbers n. 88.*

De re cf. Böhmer/Herbers n. 88.

*** 5549** **(847–855)**

JE *2601 Ieremiae episcopo (Teramensi) mittit epistolam reddendam presbytero Raginberto, quem secum habeat nomine Teuderardi episcopi, cuius manibus Raginbertus consecratus erat. Missa est epistola per Teuderardi nuntios.

L a u d . i n : *J*[3] *5550.* – R e g . : *Böhmer/Herbers n. 89.*

Olim ad ante a. 850. De tempore cf. Böhmer/Herbers n. 89.

5550 **(847–855)**

JE 2604 Ieremiae episcopo (Teramensi) mittit excommunicatoriam epistolam iubetque, ut cum Raginberto presbytero, quem apud se habeat, et Teuderardo episcopo, qui Raginbertum consecraverat, Romam veniat. Obiciens ei, quod sacramentum consecrationis tempore supra corpus b. Petri promissum negligens epistolam, quam ei „pro reddendo presbitero Raginberto, nomine Teuderardi episcopi ... direx(erit), ... pro nihilo" reputaverit, „et missos, qui cum ipsa epistola ad (eum) pervener(int), sine recepto presbitero ad proprium episcopum cum magna remis(erit) iniuria". – *(Cum debuerat tua).*

E d . : *MGH Epp. 5, 586 n. 3.* – C a n . : *Coll. Brit. 376 n. 3.* – R e g . : *Böhmer/Herbers n. 90.*

Fragmentum. Olim ad a. cr. 850. De tempore cf. Böhmer/Herbers n. 90. Cf. et J[3] *5548 et J[3] *5549.

*** 5551** **(847–855)**

Leonem (IV) iudex Sardiniae per missos suos rogat de presbyteris et ceteris clericis inordinate promotis atque de peccantibus confugientibus ad ecclesiam; addit petitiones aliquas.

L a u d . i n : *J³ 5552; J³ 5553; J³ 5554.* – R e g . : *Ital. Pont. X 378 n. *21; Böhmer/Herbers n. 94.*

De tempore cf. Böhmer/Herbers n. 95, n. 96 et n. 97.

5552 **(847–855)**

JE 2611 Sardiniae iudicem 1) obsecrat, ut mittat „Sardos sive pueros, sive adultos ac iuvenes cum armis", qui sibi quotidiana iussa possint explere. 2) Petit praeterea, ut, si „in quibuscumque locis (eius) lana marina, quod nos usu nostro pinnino dicimus, fuerit inventa, illam emere non" dedignetur „quantumcumque fuerit precii et ad nos dirigere, quia nobis pontificalibus vestimentis valde nobis necessaria esse videtur, eo quod frequenter in festivitatibus sollempnibus eiusmodi coloris aut lane nos optimatesque nostri induimur vestimentis." 3) Denique per missos consulenti respondet, presbyteros aliosque clericos, etiamsi inordinate promoti fuerint, sacerdotalibus officiis fungi posse, confirmans Anastasii (II) verba (J³ 1403): Mali bona ministrando, sibi tantum non aliis nocent. – *(Celsitudinem vestram duximus); (Si apud sublimitatem); (Missi vestri consuluerunt).*

E d . : *MGH Epp. 5, 596 n. 17.* – C a n . : *Coll. Brit. 383 n. 17; Ivonis Decr. X c. 86 (fragm.).* – R e g . : *Ital. Pont. X 378 n. 22; Böhmer/Herbers n. 95.*

Fragmenta. Olim ad a. 851 in. De tempore cf. Böhmer/Herbers n. 95. Cf. et J³ *5551.

5553 **(847–855)**

JE 2612 Sardiniae iudici scribit: 1) „De peccantibus confugientibus ad aecclesiam vestra ambigit prudentia et quid fieri conveniat a nostra humilitate exquirere voluit", additque: „Ista intentius imperatores christianissimi contemplantes exceptis paucis culpis eorum, qui in ipsa etiam religione peccarent, confugientibus ad ecclesiam indulgere consueverunt." 2) „Unde nos non dedignetur obaudire prudentia vestra in hoc, ut vitam illis et integritatem membrorum suorum perdonetis, qui ad ecclesiam fugerunt. Quia si apud homines fugam arripuissent, salvarentur utique, et fiat eis remissio culpe istius ob amorem Dei, ut ipse Deus ob istam pietatem vobis omnia delicta parcat". – *(De peccantibus confugientibus); (Ista intentius imperatores).*

E d . : *MGH Epp. 5, 596 n. 18; Bellieni L'attività diplomatica 64.* – C a n . : *Coll. Brit. 385 n. 19.* – R e g . : *Ital. Pont. X 378 n. 23; Böhmer/Herbers n. 96.*

Fragmenta. Olim ad a. 851 in. De tempore cf. Böhmer/Herbers n. 96. Cf. et J³ *5551.

5554 **(847–855)**

JE 2648 Sardiniae iudici respondet, ea quae contra „sinodic(as) pagin(as)" petiverit, facere se non audere. – *(Nec mos nec).*

E d . : *Insertum in Ivonis epist. ad Hugonem archiep. Lugdunensem directa (MGH Ldl 2, 643) (fragm.); MGH Epp. 5, 609 n. 45; Bellieni L'attività diplomatica 60.* – C a n . : *Coll. Brit. 392 n. 45; Ivonis Decr. IV c. 196.* – R e g . : *Ital. Pont. X 378 n. 24; Böhmer/Herbers n. 97.*

Fragmentum. Olim ad a. cr. 853. De tempore cf. Böhmer/Herbers n. 97. Cf. et J³ *5551.

5555 **(847–855)**

JE 2649 Iohanni Caralitano episcopo mandat, ut ecclesiae s. Arcangeli in praedio Lustrensi a quodam Arsenio archiepiscopo haeretico consecratae altare funditus destruat, „novumque ibidem a solo propriis manibus" constitutum secundum morem ecclesiasticae regulae consecret. – *(Vobis respondere curavimus).*

E d . : *MGH Epp. 5, 602 n. 32; Bellieni L'attività diplomatica 66.* – C a n . : *Coll. Brit. 389 n. 32.* – R e g . : *Ital. Pont. X 405 n. 38; Böhmer/Herbers n. 98.*

Fragmentum. Olim ad a. 850–854. De tempore cf. Böhmer/Herbers n. 98.

5556 **(847–855)**

JE 2650 et JE †2122α

Iohanni episcopo Sardiniae (Caralitano) dubitanti, cur Romani plurimi pontifices segregatam scripserint ecclesiasticorum accusationem (cf. Ital. Pont. X 405 n. *39), cum apostolus interdixerit adversus presbyterum accusationem recipere, nisi sub duobus vel tribus testibus, rescribit secundum temporum vices regulas ecclesiasticas esse mutandas. – *(Vestris mihi significantibus).*

Ed.: *MGH Epp. 5, 611 n. 48; Bellieni L'attività diplomatica 69.* – Can.: *Coll. Taurinensis.* – Reg.: *Ital. Pont. X 406 n. 40; Böhmer/Herbers n. 99.*

Fragmentum. Olim duo regesta Leoni II (a. 681–683) adscripta et ad a. 850–854 posita. De tempore et Coll. Taurinensi cf. Böhmer/Herbers n. 99.

5557 **(847–855)**

JE 2625

Carolo (Calvo) regi haec scribit: „Si fortassis, quod non credimus, apud vos inutiles iudicamur, ęcclesia tamen, cui ... presumus, non inutilis, sed caput principiumque omnium merito simul ab omnibus vocatur". – *(Si fortassis quod).*

Ed.: *MGH Epp. 5, 606 n. 39.* – Can.: *Coll. Brit. 391 n. 40; Ivonis (?) Coll. tripartita 1, 60, 22; Ivonis Decr. V c. 21; Gratiani Decr. C. XVI q. 6 c. 5.* – Reg.: *Böhmer/Herbers n. 102.*

Fragmentum. Olim ad a. 852–853. De tempore cf. Böhmer/Herbers n. 102.

5558 **(847–855)**

JE 2641

Carolo (Calvo) regi ita scribit: „Contra sanctorum patrum censuras videtur existere, si secularis homo vel laicus presbiteros ab aecclesiis, in quibus tempore ordinationis eorum denominati vel introducti fuer(i)nt, videtur expellere". – *(Contra sanctorum patrum).*

Ed.: *MGH Epp. 5, 601 n. 27.* – Can.: *Coll. Brit. 287 n. 27; Deusdedit Libellus contra invasores symoniacos (MGH Ldl 2, 356); Ivonis (?) Coll. tripartita 1, 60, 14; Ivonis Decr. III c. 102; Gratiani Decr. C. XVI q. 7 c. 29.* – Reg.: *Böhmer/Herbers n. 107.*

Fragmentum. Olim ad a. 853. De tempore cf. Böhmer/Herbers n. 107.

5559 **(847–855)**

JE 2622

Lothario (I) augusto 1) exponit, Romanos pontifices „pro his hominibus, qu(i) apud suos principes aliquid deliquisse(nt)", semper intercessisse, quibus principes Romanae sedi oboedientes honores, locum et gratiam redidissent; 2) ideo se quoque pro lapsis et in vinculis constitutis Deum et humanas potestates deprecari. – *(Predecessores nostri pontifices); (Ideo quamvis immeriti).*

Ed.: *MGH Epp. 5, 586 n. 4.* – Can.: *Coll. Brit. 377 n. 4.* – Reg.: *Böhmer/Herbers n. 76.*

Fragmenta. Olim ad a. 852?. De tempore cf. Böhmer/Herbers n. 76.

5560 **(847–855)**

JE 2624

Ebruino (Silvanectensi) et Ermenfrido (al. Adelfrido Bellovacensi) episcopis mandat, absolvant presbyterum ideo excommunicatum, quod eius parentes invito ipso alium presbyterum oculis privassent. – *(Quia praesulatus nostri).*

Ed.: *MGH Epp. 5, 606 n. 38.* – Can.: *Coll. Brit. 391 n. 39; Ivonis (?) Coll. tripartita 1, 60, 19; Gratiani Decr. C. I q. 4 c. 5.* – Reg.: *Böhmer/Herbers n. 106.*

Fragmentum. Olim ad a. 852–853. De tempore et episcopis cf. Böhmer/Herbers n. 106.

5561 **(847–855)**

JE 2535

Exsecratur eos, qui dona vel oblationes s. altaris gloriosi Pauli apostoli (extra muros) totiusque templi tollere praesumpserint, aut qui rectorem per pecuniam vel aliquod malum ingenium in hoc loco ordinaverint. – *Quicunque dona vel.*

Ed.: *Herbers Leo 458.* – Reg.: *Ital. Pont. I 167 n. 7; Böhmer/Herbers n. 84.*

Olim Leoni III (a. 795 – 816) adscripta. Cf. Böhmer/Herbers n. 84.

*5562 **(847–855)**

Basilicae b. Petri (Romanae) condit magnum privilegium charticinium, donans canonicis in perpetuum ecclesiam Salvatoris, quae est posita in Turrione (quam siquidem ecclesiam ipse pontifex ad sepulturam omnium peregrinorum ultramontanorum fecerat) et ecclesiam s. Iustini positam in monte Saccorum (quam fecerat ad sepulturam omnium peregrinorum Latinorum) nec non et ecclesiam s. Peregrini extra civitatem Leoninam positam cum tenimentis suis, et ecclesiam b. Mariae in Palazolo positam, ecclesiam s. Georgii mart. post s. Petrum positam nec non castrum Buceniam.

Laud. in: *Leonis IX (JL 4294; Böhmer/Frech n. †1052), Hadriani IV (JL 10387) et Urbani III (JL 15632) privilegia.* – Reg.: *Ital. Pont. I 138 n. *15; Böhmer/Herbers n. 81.*

De re cf. Böhmer/Herbers n. 81.

*5563 **(847–855)**

Monasterio s. Stephani maioris Romano privilegium confirmationis condit, quo inter alia templum et hospitale s. Peregrini cum multis bonis concedit.

Laud. in: *Leonis IX privilegium (JL 4293; Böhmer/Frech n. 1051).* – Reg.: *Ital. Pont. I 147 n. *3; Böhmer/Herbers n. 82.*

De re cf. Böhmer/Herbers n. 82.

*5564 **(847–855)**

Ecclesiae s. Salvatoris (Romanae), „que vocatur Scola Francorum", possessiones a Carolo Magno imperatore concessas confirmat et census, qui de ultramontanis partibus annuatim mittuntur, ad sepulturam omnium hominum de qualibet parte mundi Romam venientium.

Laud. in: *Leonis IX privilegium (JL 4292; Böhmer/Frech n. 1050); Caroli magni diploma spurium (Schiaparelli Carte antiche 426 n. 1; MGH DD Karl 1 n. †254).* – Reg.: *Ital. Pont. I 152 n. *1; Böhmer/Herbers n. 83.*

De re cf. Böhmer/Herbers n. 83.

*5565 **(847–855)**

Monasterio s. Michaelis sito in loco qui dicitur Supripa iuxta Cerveterem privilegium protectionis concedit.

Laud. in: *Clementis (III) (Wiberti) privilegium (Ital. Pont. II 23 n. 3).* – Reg.: *Ital. Pont. II 23 n. *1; Böhmer/Herbers n. 86.*

De re cf. Böhmer/Herbers n. 86.

*5566 **(847–855)**

Coenobium sacrum a Sergio (II) aedificare inceptum (J^3 *5312) apud ecclesiam ss. Silvestri et Martini (Romanam) conficit monachosque constituit, qui Domino assiduas valeant persolvere laudes.

Laud. in: *Inscriptio in ecclesia ss. Silvestri et Martini (MGH Poetae 2, 663).* – Reg.: *Ital. Pont. I 46 n. *6; Böhmer/Herbers n. 79.*

De re cf. Böhmer/Herbers n. 79.

*5567 **(847–855)**

De monasterio s. Valeriani „in comitatu Olmello in episcopatu (Papiensi) in burgo quod dicitur de Rodubio" statuit, ut debeat papam „suscipere cum XXX militibus, nuntium ... cum X et totidem caballis. Prestat annuatim in Pascha duos auri solidos".

Laud. in: *Albini Lib. censuum X c. 30 et Cencii Lib. censuum LXXI c. 21 (Fabre/Duchesne I 349).* – Can.: *Deusdedit Coll. can. III c. 202.* – Reg.: *Ital. Pont. VI/2, 37 n. *1; Böhmer/Herbers n. 92; Böhmer/Frech n. 459.*

De re et papa (an Leo IV aut IX) cf. Böhmer/Herbers n. 92 et Böhmer/Frech n. 459.

*5568 (847–855)

Fredulfo archiepiscopo (Narbonensi) de Gauta presbytero Eluensi scribit.

Laud. in: *J³ 5589.* – Reg.: *Böhmer/Herbers n. 109.*

De re et tempore cf. Böhmer/Herbers n. 109.

*5569 (847–855)

JE *2659α Leo (IV aut VII) monasterio Sarlatensi privilegium dat prohibens, ne quisquam eius „dominatum invadere aut res ullatenus diripere, minuere vel alienare audeat".

Laud. in: *Hugonis Floriacensis Vita Sacerdotis IV c. 25 (Migne PL 163, 994).* – Reg.: *Böhmer/Zimmermann n. 141a; Böhmer/Herbers n. 105.*

De re et tempore cf. Böhmer/Herbers n. 105 et Böhmer/Zimmermann n. 141a.

*5570 (847–855)

Leoni (IV) Hincmarus archiepiscopus Remensis multas epistolas scribit.

Laud. in: *Flodoardi Remensis Hist. III c. 10 (MGH SS 36, 206).* – Reg.: *Böhmer/Herbers n. 103.*

De re cf. Böhmer/Herbers n. 103.

*5571 (847–855)

Marinum (I papam futurum) subdiaconum consecrat.

Laud. in: *Decreta concilii Constantinopolitani habiti a. 869 (Mansi Conc. 16, 58).* – Reg.: *Böhmer/Herbers n. 74.*

De re cf. Böhmer/Herbers n. 74.

*5572 (847–855)

Iohannem et Hadrianum presbyteros propter illorum crimina damnat et ex omni sacerdotali officio deponit.

Laud. in: *Lib. pont. (Duchesne II 142).* – Reg.: *Böhmer/Herbers n. 75.*

De re et tempore cf. Böhmer/Herbers n. 75.

*5573 (847–855)

Basilicam b. Mariae (Romanam), quae „primitus Antiqua, nunc autem Nova vocatur" iuxta viam sacram positam a fundamentis construit.

Laud. in: *Lib. pont. (Duchesne II 145 et 158; Přerovský II 609).* – Reg.: *Böhmer/Herbers n. 80.*

De re et tempore cf. Böhmer/Herbers n. 80.

*5574 (847–855)

Canticum „Te Deum laudamus" pro processionem in die festo assumptionis b. Mariae destinat.

Laud. in: *De consuetudinibus et observantiis ecclesie romane in precipuis sollempnitatibus (Schimmelpfennig Zeremonienbücher 376).* – Reg.: *Böhmer/Herbers n. 73.*

De re cf. Böhmer/Herbers n. 73.

*5575 (847–855) **Roma**

Leonem (IV) Hartgarius episcopus (Leodiensis) iubente Lotharii (I) imperatoris et principum regni adit.

Laud. in: *Sedulii Scotti Carmina 5–7 (MGH Poetae 3, 169–176; Meyers 10–20).* – Reg.: *Böhmer/Herbers n. 101.*

De re cf. Böhmer/Herbers n. 101.

†5576 **(847–855)**

JE †2660 Monasterii s. Mauritii Agaunensis possessiones et privilegia confirmat petente „Arnulfo rege Francorum, qui vicem abbatis ibi gerere videtur". Subscribit Leo papa cum septem episcopis. – *Quia Dominus noster.*

Ed.: *Aubert Trésor de St-Maurice 212 n. 6; insertum in Chron. mon. Agaunensis (Gremaud Origines 35 et 355).* – Reg.: *Germ. Pont. II/2, 141 n. †4; Böhmer/Herbers n. †100.*

De traditione, subscriptionibus et falsificatione cf. Böhmer/Herbers n. †100.

†5577 **(847–855)**

JE 2657 Prudentio episcopo Trecensi mandat, ut monasterium ab Adremaro monacho conditum ita consecret, „ut semper et perpetualiter sub iure ac potestate sanctae ... Romanae ecclesiae ... consistat atque permaneat". – *Cognoscat prudentia sanctitatis.*

Ed.: *MGH Epp. 5, 611 n. 47; Herbers Leo 456.* – Reg.: *Böhmer/Herbers n. †104.*

De traditione et fide cf. Böhmer/Herbers n. †104.

†5578 **(847–855)**

Promittit, ut subiectis licet superiores eorum vituperare et accusare. – *(Pro temporum diversitate).*

Ed.: *Herbers Leo 457.* – Can.: *Polycarpus (recensio secunda) 5, 1, 31.* – Reg.: *Böhmer/Herbers n. †69.*

Cf. Böhmer/Herbers n. †69.

†5579 **(847–855)**

JE 2659 Homiliam (in synodo proferendam?) scribit de vita sacerdotum. – *Fratres sacerdotes Domini; Fratres presbyteri et; Fratres presbyteri sacerdotes.*

Ed.: *Amiet Admonitio Synodalis.* – Reg.: *Böhmer/Herbers n. †70.*

De fide et traditione cf. Böhmer/Herbers n. †70.

***†5580** **(847–855)**

Concedit scalam sanctam scandentibus indulgentiam trium annorum pro quolibet gradu.

Laud. in: *Paschalis II privilegium (Ital. Pont. I 32 n. †2).* – Reg.: *Ital. Pont. I 32 n. †*1; Böhmer/Herbers n. †78.*

De falsificatione (saec. XVI/XVII?) cf. Böhmer/Herbers n. †78.

***†5581** **(847–855)**

Monasterio s. Mariae foris civitatem Capuanam privilegium libertatis concedit.

Laud. in: *Alexandri III privilegium (JL 11896).* – Reg.: *Ital. Pont. VIII 232 n. †*2; Böhmer/Herbers n. †93.*

De re cf. Böhmer/Herbers n. †93.

***†5582** **(847–855)**

Contra motus hereticos designat anathema denuntians, ut symbolum in lingua Graeca recitatur anathemam denuntiante et tabulas duo cum textu Graeco disponit.

Laud. in: *Photios Mystagogia c. 87–88 (Migne PG 102, 376–380).* – Reg.: *Böhmer/Herbers n. †108.*

De re cf. Böhmer/Herbers n. †108.

***†5583** **(847–855)**

Omnibus Christi fidelibus, qui in certis diebus festis ecclesias, domos, oratoria et hospitale b. Iohannis Hierosolymitani visitaverint et eisdem eleemosynas largiti fuerint septem annos et totidem quadragesimas indulgentiae ordini s. Iohannis Hierosolymitani elargitur.

Laud. in: *Registrum indulgentiarum 1304 iun. 8 conscriptum (Hiestand PUU für Templer und Johanniter 2, 331 n. 125).* – Reg.: *Böhmer/Herbers n. †71.*

De re et tempore cf. Böhmer/Herbers n. †71. Cf. et J^{3} *†6326, J^{3} *†7250, J^{3} *†7446, J^{3} *†7553, J^{3} *†7849, J^{3} *†8369.

***† 5584** **(847–855)**

Eis, qui ecclesiam s. Mariae sub monte Carmelo in certis diebus festis visitant et eleemosynas donant aut domos destructos collegii reparant, indulgentiam septem annorum et totidem quadragesimarum concedit.

Laud. in: *Sixti IV privilegium (Acta pont. Danica IV 156).* – Reg.: *Böhmer/Herbers n. †72.*

De re cf. Böhmer/Herbers n. †72. Cf. et J^{3} *†6325, J^{3} *†7249, J^{3} *†7447, J^{3} *†7554, J^{3} *†7586, J^{3} *†8370, J^{3} *†8590.

***† 5585** **(847–855)**

Constituit, ut bis in hebdomada ius dicetur in patriarchio (Lateranensi).

Laud. in: *J^{3} †7048.* – Reg.: *Böhmer/Herbers n. †77.*

De re et de fide cf. Böhmer/Herbers n. †77. Cf. et Ital. Pont. I 6 n. 6.

5586 **(847 med.–855)**

JE 2619 Lothario (I) augusto 1) eadem opprobria in Hincmarum, ut J^{3} †5587 scribit. 2) Addit se mandare, ne Hincmarus contra imperatorem „clam vel publice audeat aliquam quocumque tempore anathematis vel aliam iniurię inferre iacturam". – *(Non solum Hincmarum); (Unum pro culpe).*

Ed.: *MGH Epp. 5, 605 n. 37.* – Can.: *Coll. Brit. 391 n. 38.* – Reg.: *Böhmer/Mühlbacher^{2} n. 1149; Böhmer/Herbers n. 135.*

Fragmenta. Olim ad a. 852?. De tempore cf. Böhmer/Herbers n. 135.

† 5587 **(847 med.–855)**

JE 2618 Omnibus episcopis Galliarum scribit opprobria contra Hincmarum, qui votum capessendi regulam s. Benedicti solvisset, vivente Ebone (archiepiscopo) cathedram Remensem usurpasset et nunc superbiae tumore inflatus imperatorem (Lotharium I) a Paschali (I) papa consecratum more solito una cum fratre Carolo (Calvo) rege et uxore ac filiis anathemate iniuriasset. – *Relatum nostro est.*

Ed.: *MGH Epp. 5, 604 n. 36.* – Can.: *Coll. Brit. 390 n. 37.* – Reg.: *Böhmer/Mühlbacher^{2} n. 1149; Böhmer/Herbers n. †134.*

Olim ad a. 852?. De tempore et fide cf. Böhmer/Herbers n. †134. Cf. et J^{3} *†5425.

*** 5588** **(847 ex.–855)**

Leoni (IV) Lotharius (I) imperator scribit, ut Hincmarum benigne accipiat et totum ei concedat, quod desiderat.

Laud. in: *Flodoardi Remensis Hist. III c. 10 (MGH SS 36, 207).* – Reg.: *Böhmer/Herbers n. 155.*

De re et tempore cf. Böhmer/Herbers n. 155.

5589 **(848–855)**

JE 2623 1) Fredulfum (Fredulum archiepiscopum Narbonensem) contra canones egisse et presbyterum Gautam latorem epistolae iam per trienne tempus pro crimine non comprobato excommunicasse miratur. 2) Excommunicat eum et Audesindum episcopum (Elenensem), donec Gautam pristino restituant honori, in primis aegre ferens, quod Fredulus, cum epistolam apostolicam presbyter ille in concilio episcoporum publice tradidisset, eum in fronte percusserit et ita rursum excommunicaverit, ut ad sese nullo modo perveniret. – *(Cum venerabiles ac); (Nostram epistolam quam).*

Ed.: *MGH Epp. 5, 587 n. 5.* – Can.: *Coll. Brit. 377 n. 5.* – Reg.: *Böhmer/Herbers n. 159.*

Fragmenta. Olim ad a. 852?. De tempore cf. Böhmer/Herbers n. 159. Cf. et J³ *5568.

5590 **(850–855)**

JE 2651 Honorato abbati (monasterii s. Salvatoris sub monte Letenano) 1) scribit de cantu Gregoriano dolens eum Gregorii traditionem canendi legendique perosam habere et ab omnibus, qui Latinis vocibus in laude Dei utuntur, dissentire. Exponit Gregorium sonum, quem ubique canant, musicis artibus opera plurima instituisse, ut etiam rudes et duros animos ad ecclesias convocaret. 2) Denique sub excommunicationis interpositione praecipit, ut ritum Gregorianum in cantilenis sequantur. – *(Res una valde); (Deposco ne ab).*

Ed.: *MGH Epp. 5, 603 n. 33.* – Can.: *Coll. Brit. 389 n. 33.* – Reg.: *Böhmer/Herbers n. 212.*

Fragmenta. Olim ad a. 850–854. De tempore cf. Böhmer/Herbers n. 212.

5591 **(850 apr. med.–855)**

JE 2630 Ludovico (II imperatori) exponit, ideo pontificatus culmen se suscepisse, ut discordes ad concordiam revocet et malum emendet. – *(Ut nostis ideo).*

Ed.: *MGH Epp. 5, 589 n. 10.* – Can.: *Coll. Brit. 380 n. 10.* – Reg.: *Böhmer/Zielinski n. 118; Böhmer/Herbers n. 222.*

Fragmentum. Olim ad a. 853. De tempore cf. Böhmer/Herbers n. 222.

? 5592 **(850 apr. med.–855)**

JE 2646 Ludovicum (II imperatorem) rogat, ut legatos quaestionum omnium perquirendi gratia mittat, ut post imperatoris missorumque eius iudicium omnia emendare possit, si inrecte egerit in subditos. – *(Nos si aliquid).*

Ed.: *MGH Epp. 5, 607 n. 40.* – Can.: *Coll. Brit. 391 n. 41; De investitura regali (MGH Ldl 3, 613); Ivonis (?) Coll. tripartita 1, 60, 20 et 23; Ivonis Decr. V c. 22; Gratiani Decr. C. II q. 7 c. 41.* – Reg.: *Böhmer/Zielinski n. 119; Böhmer/Herbers n. †?221.*

Fragmentum. Olim ad a. cr. 853. De tempore cf. Böhmer/Herbers n. †?221.

*** 5593** **(850 ex.–855)**

Episcopos Britanniae iubet, eos Herardo metropolitae Turonensi subordinaturos esse; eos, qui adverse agent, excommunicat.

Laud. in: *concilii apud Saponarias epist. ad epp. Britanniae directa (MGH Conc. 3, 480); ecclesiae Turonensis epist. ad Innocentium III directa (Morice Mémoires Bretagne I 754).* – Reg.: *Böhmer/Herbers n. 233.*

De re et tempore cf. Böhmer/Herbers n. 233.

5594 **(851 post apr. 25–855)**

JE 2621 Lotharium (I) augustum precatur, ut Rollandum Arelatensem episcopum Romam venire permittat. – *(Vestram humiliter maiestatem).*

Ed.: *MGH Epp. 5, 585 n. 2.* – Can.: *Coll. Brit. 376 n. 2.* – Reg.: *Böhmer/Herbers n. 242.*

Fragmentum. Olim ad a. 852?. De tempore cf. Böhmer/Herbers n. 242.

5595 **(853–855)**

JE 2643 Lothario (I) augusto 1) scribit „de capitulis vel preceptis imperialibus (eius suorum)que etiam pontificum predecessorum inrefragabiliter ... et nunc et in evum" custodiendis. „Et si fortasse quilibet (ei) aliter dixerit ... scia(t) eum pro certo mendacem". 2) Addit praeterea haec: „Christophori iniqua professio et operatio satis iniusta iam non indiguerat testibus, cum pene hoc tot sapiant, quot eorum specialiter nullus nomina colligere facere potest". – *(De capitulis vel); (Christophori iniqua professio).*

E d . : *MGH Epp. 5, 601 n. 29.* – C a n . : *Coll. Brit. 388 n. 29; Ivonis Decr. IV c. 176; Ivonis (?) Panorm. II c. 149 (sub Leonis III. nomine); Gratiani Decr. D. X c. 9.* – R e g . : *Böhmer/Herbers n. 270.*

Fragmenta. Olim ad a. 853. De tempore cf. Böhmer/Herbers n. 270.

*** 5596** **(854 sept.–855)**

Ecclesiae b. Petri (Romanae) dona varia offert.

L a u d . i n : *Lib. pont. (Duchesne II 133).* – R e g . : *Böhmer/Herbers n. 317.*

De re et tempore cf. Böhmer/Herbers n. 121 et n. 317. Laud. in Lib. pont. in locis III ad indictionem III pertinentibus.

*** 5597** **(854 sept.–855)**

Monasterium b. Martini (Romanum) restaurat et decorat eique vestem albam rosatam „cum rose et Salvatore cum apostoli et Virgine, legente nomen domni Leoni quarti", et vela V „alve rosate et unum quidem habentem gemmuline XIII, amigdala de argento exaurata III" donat.

L a u d . i n : *Lib. pont. (Duchesne II 133).* – R e g . : *Böhmer/Herbers n. 318.*

De re et tempore cf. Böhmer/Herbers n. 121, n. 317, n. 318 et J³ *5596.

*** 5598** **(854 sept.–855)**

Ecclesiae ss. IIII Coronatorum (Romanae) vestem de fundato I donat.

L a u d . i n : *Lib. pont. (Duchesne II 133).* – R e g . : *Böhmer/Herbers n. 319.*

De re et tempore cf. Böhmer/Herbers n. 121, n. 317, n. 319 et J³ *5596.

*** 5599** **(854 sept.–855)**

Ecclesiae s. Mariae in vico Sardorum (apud Romam) „gabatha cum canistrum de argento exaurata" donat.

L a u d . i n : *Lib. pont. (Duchesne II 133).* – R e g . : *Böhmer/Herbers n. 320.*

De re et tempore cf. Böhmer/Herbers n. 121, n. 317, n. 320 et J³ *5596.

*** 5600** **(854 sept.–855)**

Monasterio Hierusalem iuxta ecclesiam b. Petri (Romanam) „vestem de fundato cum orbicolis, et in circuitu ornata cum lista de chrisoclavo et vela mizine II et de fundato III" donat.

L a u d . i n : *Lib. pont. (Duchesne II 134).* – R e g . : *Böhmer/Herbers n. 321.*

De re et tempore cf. Böhmer/Herbers n. 121, n. 317, n. 321 et J³ *5596.

*** 5601** **(855)**

Triclinium (apud patriarchium Lateranense) restaurat.

L a u d . i n : *Inscriptio a. 1625 in latere dextro triclinii (Forcella Iscrizioni 8, 113).* – R e g . : *Böhmer/Herbers n. 323.*

De re et tempore cf. Böhmer/Herbers n. 323.

***† 5602** **(855)**

Litteras a patriarcha Ignatio (Constantinopolitano) missas et per Lazarum monachum traditas accipit; Gregorium Asbestam (archiepiscopum Syracusanum) et

Petrum Sylensem (vel Sardis) et Eulampium (de Apamea episcopos), similiter ut antea Ignatium, condemnat.

L a u d . i n : *J*[3] *7171.* – R e g . : *Böhmer/Herbers n. †322.*

De re et tempore cf. Böhmer/Herbers n. †322.

5603 **(855 med.)**

Leonem (IV) Lotharius (I) imperator praeter alia privilegia etiam petit, ut decreta synodi (Suessionensis), praecipue ea de clericis ab Ebone archiepiscopo Remensi (iam) deposito ordinatis confirmet. De Hincmari Romam adeundi, quem Carolus rex Franciae deterruerat, defert; conventus Stephani II papae cum Pippino (J[3] *4071sqq.) et Leonis III papae cum Carolo Magno in civitate Remorum (J[3]* 4818sqq.), ac coronationem Ludovici Pii per Stephanum IV papam ibidem factam (J[3] *4998) commemorat; Petrum Spoletinum et Petrum Arretinum episcopos missos dimittit.

E d . : *Insertum in J*[3] *6064 (fragm.).* – R e g . : *Böhmer/Mühlbacher*[2] *n. 1172a et Verlorene Urk. n. 487; Böhmer/Herbers n. 332.*

Laud. et in Flodoardi Remensis Hist. II c. 19 et III c. 10 (MGH SS 36, 179 et 208). De re et tempore cf. Böhmer/Herbers n. 332.

* 5604 **(855 med.)**

Leoni (IV) Hincmarus (archi)episcopus Remensis per missos suos cum legatione imperatoris euntes litteras mittit et (tertium, cf. J[3] *5477 et J[3] *5484) confirmationem actorum synodi Suessionensi et alia privilegia petit.

L a u d . i n : *J*[3] *5631; Hincmari archiep. Remensis epist. ad Nicolaum I directa (MGH Epp. 8, 213).* – R e g . : *Böhmer/Herbers n. 333.*

De re et tempore cf. Böhmer/Herbers n. 333.

* 5605 **(855 med.) Roma**

B. Petro (Leoni IV) Edelvulfus rex Anglorum denarium b. Petri solvit.

L a u d . i n : *Guillelmi Malmesburiensis Gesta regum II c. 109 (Mynors/Thomson/Winterbottom 158).* – R e g . : *Böhmer/Herbers n. 331.*

De re et tempore cf. Böhmer/Herbers n. 331.

* 5606 **855 iul. 17 (Roma)**

JE I 339 Moritur, cum sedisset a. VIII m. III d. VI, et in ecclesia b. Petri (Romana) sepelitur (kal. aug. XVI).

L a u d . i n : *Lib. pont. (Duchesne II 106 et 134; Přerovský II 580); Ann. Bertiniani ad a. 855 (Grat 71); Ann. Alamannici ad a. 856 (Henking 249); Ann. Weingartenses ad a. 856 (MGH SS 1, 66); Ann. Einsidlenses ad a. 856 (MGH SS 3, 140).* – R e g . : *Böhmer/Mühlbacher*[2] *n. 1172a; Böhmer/Herbers n. 334.*

De re cf. Böhmer/Herbers n. 334.

*† 5607 **(855)**

Iohanna sub nomine Iohanne in pontificatu eligisse dicunt aliqui historiographi.

L a u d . i n : *Martini Oppaviensis Chron. (MGH SS 22, 428); Lib. pont. (Přerovský II 580 not. q et r); Tholomei Lucensis Hist. eccl. XVI c. 8 (MGH SS 39, 356).* – R e g . : *Böhmer/Herbers n. †335.*

De re cf. Böhmer/Herbers n. †335. De fontibus et traditione cf. et Kerner/Herbers Päpstin Johanna, praesertim 13sqq.

Benedictus III (855–858)

cui accedit: Anastasius (855)

*5608 **855 iul. (ex.)** **Roma, ecclesia s. Calixti (S. Maria in Trastevere)**

JE I 339 A clero Romanae sedis, universis proceribus cunctoque senatu et populo „uno consensu" eligitur et ex titulo (s. Calixti) educitur.

L a u d . i n : *Lib. pont. (Duchesne II 140; Přerovský II 582); Ann. Bertiniani ad a. 855 (Grat 71); Flodoardi Remensis De Christi triumphis (Migne PL 135, 818).* – R e g . : *Böhmer/Mühlbacher² n. 1472a et n. 1203a; Böhmer/Herbers n. 336.*

De electione cf. Böhmer/Herbers n. 336. Lothario I et Ludovico II imperatoribus per legatos electio Benedicti nuntiatum est, cf. Böhmer/Zielinski n. 135.

*5609 **855 iul. (ex.)** **Roma, Laterano**

JE I 339 In patriarchium Lateranense perducitur et in pontificali solio ponitur.

L a u d . i n : *Lib. pont. (Duchesne II 140; Přerovský II 582); Flodoardi Remensis De Christi triumphis (Migne PL 135, 818).* – R e g . : *Böhmer/Herbers n. 337.*

De re cf. Böhmer/Herbers n. 337.

*5610 **(855 aug. ex.)** **Roma**

JE I 339 A Nicolao episcopo Anagnino et Mercurio magistro militum, cleri procerumque Romanorum legatis ab imperatore reversis, de adventu missorum imperialium certior fit litterasque Ludovici (II) imperatoris accipit.

L a u d . i n : *Lib. pont. (Duchesne II 141).* – R e g . : *Böhmer/Mühlbacher² n. 1203a; Böhmer/Zielinski n. 136; Böhmer/Herbers n. 338.*

Olim ad a. 855 aug.–sept. De tempore cf. Böhmer/Herbers n. 338.

*5611 **(855 aug. ex.–sept. in.)** **Orte**

JE I 341 Anastasius in pontificum electus esse videtur.

L a u d . i n : *Lib. pont. (Duchesne II 141; Přerovský II 588); Flodoardi Remensis De Christi triumphis (Migne PL 135, 818).* – R e g . : *Böhmer/Mühlbacher² n. 1203a; Böhmer/Herbers n. 339.*

De re cf. Böhmer/Herbers n. 339.

*5612 **(855 sept. in.)** **(Roma)**

JE *2662 Cognita Anastasii antipapae electione Gregorium (Polymartiensem) et Maionem (Privernensem) episcopos „cum aliquibus litteris" ad Ludovici (II) imperatoris legatos mittit.

L a u d . i n : *Lib. pont. (Duchesne II 141).* – R e g . : *Böhmer/Herbers n. 342.*

Olim ad a. 855 aug.–sept. De tempore cf. Böhmer/Herbers n. 342.

*5613 **(855 sept. in.–med.)** **(Roma), Torre di Quinto**

JE I 341 Radualdus Portuensis et Agatho Tudertinus episcopi Anastasio anathematizato se iungunt iuxta basilicam b. Leucii martyris; Gregorius (Polymartiensis) et Maius (Privernensis) legati Benedicti (III) custodibus traduntur.

L a u d . i n : *Lib. pont. (Duchesne II 141).* – R e g . : *Böhmer/Herbers n. 343.*

Olim ad a. 855 sept. De re et tempore cf. Böhmer/Herbers n. 343.

***5614** **(855 sept. med.)** **(Roma)**

JE I 339 Ludovici (II) imperatoris missis Hadrianum secundicerium et Gregorium ducem obviam mittit.

L a u d . i n : *Lib. pont. (Duchesne II 142).* – R e g . : *Böhmer/Herbers n. 344.*

De re cf. Böhmer/Herbers n. 344.

***5615** **(855 sept. med.–ex.)** **Roma**

JE I 341 Anastasius per Neronis campum equitat Romamque ingreditur; Gratianus superista patriarchii et Theodorus scriniarius custodibus traduntur.

L a u d . i n : *Lib. pont. (Duchesne II 142).* – R e g . : *Böhmer/Herbers n. 345.*

De re cf. Böhmer/Herbers n. 345.

***5616** **(855 sept. med.–ex.)** **Roma, S. Pietro**

JE I 341 Anastasius Leonianam urbem cum imperatoris missis ingreditur. In basilica (b. Petri) imagines confringit ignique concremat et synodum, quam supra sanctuarii ianuas Leo (IV) pingi iusserat et quae eum deposuerat (J^3 *5504), destruit.

L a u d . i n : *Lib. pont. (Duchesne II 142); Ann. Bertiniani ad a. 868 (Grat 148).* – R e g . : *Böhmer/Herbers n. 346.*

De re cf. Böhmer/Herbers n. 346.

***5617** **(855 sept. 28)** **Roma, Laterano**

JE I 339 et JE I 341 Iussu Anastasii antipapae Benedictus (III) solio deicitur, vestibusque pontificalibus privatus et iniuriis verberibusque affectus custodiae mandatur, „septimae tum feriae cursus peragebatur".

L a u d . i n : *Lib. pont. (Duchesne II 142); Flodoardi Remensis De Christi triumphis (Migne PL 135, 818).* – R e g . : *Böhmer/Herbers n. 347.*

Ap. Jaffé-Ewald bis continetur (a. 855 sept. 21). De re et tempore cf. Böhmer/Herbers n. 347.

***5618** **(855 sept. 28)** **Roma, Laterano**

JE I 339 et JE I 341 Benedicto (III papa) deiecto Anastasius in Lateranensi palatio potitus „solio ... resedit".

L a u d . i n : *Lib. pont. (Duchesne II 142); Flodoardi Remensis De Christi triumphis (Migne PL 135, 818).* – R e g . : *Böhmer/Herbers n. 347.*

Ap. Jaffé-Ewald bis continetur (a. 855 sept. 21). De re et tempore cf. Böhmer/Herbers n. 347.

***5619** **(855 sept. 29)** **(Roma), SS. Quattro Coronati**

Missi imperatoris (Adalbertus marchio Tusciae et Bernardus comes Veronensis) frustra temptant episcopos cum universo clero ac populo in ecclesia ss. IIII Coronatorum (Romana) congregatos ad electionem Anastasii compellere; (Megistus) episcopus Ostiensis et (Petronacius) episcopus Albanensis ordinationem Anastasii denegant.

L a u d . i n : *Lib. pont. (Duchesne II 142); Flodoardi Remensis De Christi triumphis (Migne PL 135, 819).* – R e g . : *Böhmer/Herbers n. 348.*

***†5620** **(855 sept.)** **Venezia**

Agneti Maurocenae, monasterii s. Zachariae apud Venetias abbatissae, et monialibus promittit, cum rediret Romam, sibi reliquias designaturum esse.

L a u d . i n : *Andreae Danduli Chron. IX c. 9 (RIS ser. II 12/1, 153).* – R e g . : *Böhmer/Herbers n. †340.*

*† 5621 **(855 sept.)**

Monasterio s. Zachariae Veneto indulgentiam anni et diei uni concedit et nuntiis ab Agnete abbatissa missis reliquias ss. Pancratii et Sabinae martyrum dat.

Laud. in: *Registrum indulgentiarum saec. XIV (Venetiae, Arch. di Stato, sine editione).* – Reg.: *Ital. Pont. VII/2, 177 n. †*8; Böhmer/Herbers n. †341.*

*5622 **(855 oct. 1)** **(Roma), Laterano**

JE I 339 et JE I 341 Anastasio consentientibus missis imperatoris (Ludovici II) de patriarchio eiecto „tertia ... feria" ex basilica s. Laurentii, ubi erat in carcere, educitur, in basilicam Lateranensem educitur et cum equo Leonis (IV) ad basilicam s. Mariae ad praesepe equitat.

Laud. in: *Lib. pont. (Duchesne II 143; Přerovský II 586); Flodoardi Remensis De Christi triumphis (Migne PL 135, 819).* – Reg.: *Böhmer/Herbers n. 349.*

Olim numeri duo ad a. 855 sept. 24. De re et tempore cf. Böhmer/Herbers n. 349.

*5623 **(855 oct. 1–4)** **(Roma), S. Maria Maggiore**

JE I 339 In basilica s. Mariae ad praesepe (Romana) „ieiuniis et orationibus tribus diebus noctibusque vaca(t)".

Laud. in: *Lib. pont. (Duchesne II 144; Přerovský II 586).* – Reg.: *Böhmer/Herbers n. 350.*

Olim ad a. 855 sept. 24. De re et tempore cf. Böhmer/Herbers n. 350.

*5624 **(855 oct. 4)** **(Roma), S. Maria Maggiore**

In ecclesia s. Mariae Maioris (Romana) et ab adiutoribus (Anastasii) et missis imperatoris approbatur; adiutoribus pristinis (Anastasii) condonat.

Laud. in: *Lib. pont. (Duchesne II 144; Přerovský II 587).* – Reg.: *Böhmer/Herbers n. 351.*

*5625 **(855 oct. 4)** **(Roma), Laterano**

JE I 339 In patriarchium Lateranense perducitur et iterum in solio ponitur.

Laud. in: *Lib. pont. (Duchesne II 144; Přerovský II 588).* – Reg.: *Böhmer/Herbers n. 352.*

Olim ad a. 855 sept. 27–28. De tempore cf. Böhmer/Herbers n. 352.

*5626 **(855 oct. 6)** **(Roma), S. Pietro**

JE I 339 Consecratur praesentibus missis imperatoris (Adalberto Tuscanico et Bernardo Veronensi) „dominico ... die", cum sedes vacasset m. II d. XV (imo XIII).

Laud. in: *Lib. pont. (Duchesne II 144; Přerovský II 588).* – Reg.: *Böhmer/Mühlbacher² n. 1203a; Böhmer/Zielinski n. 140; Böhmer/Herbers n. 353.*

Olim ad a. 855 sept. 29. De re et tempore cf. Böhmer/Herbers n. 353.

*5627 **(855 oct. 6)** **(Roma), Laterano**

JE I 340 In patriarchium Lateranense revertitur.

Laud. in: *Lib. pont. (Duchesne II 144; Přerovsky 2, 589).* – Reg.: *Böhmer/Herbers n. 354.*

Olim ad a. 855 sept. 29. De re et tempore cf. Böhmer/Herbers n. 353 et 354.

*5628 **(855 oct. 6)**

JE I 340 et JE I 341 Synodus celebratur in qua Anastasium a Leone (IV) excommunicatum et anathematizatum „sacerdotalibus exspolians vestimentis inter laicos in communione recipit".

Laud. in: *J³ 6190; Ann. Bertiniani ad a. 868 (Grat 148); Lib. pont. (Duchesne II 175).* – Reg.: *Ital. Pont. I 75 n. *8; MGH Conc. 3, 372 n. 35; Böhmer/Herbers n. 355.*

De re cf. Böhmer/Herbers n. 355.

*5629 **(855 oct. 7)**

Nuntios Corbeienses Anselmo abbate duce accipit, qui eum (Benedictum III) litteras Bertefridi episcopi (Ambianensi) et synodi (Parisiensis) proponent et confirmationem expetant.

Laud. in: *J³ 5630.* – Reg.: *Böhmer/Herbers n. 373.*

5630 **855 oct. 7** **Roma**

JE 2663 Universis episcopis Galliarum confirmat se monasterio ss. Petri et Pauli ac Stephani Corbeiensi a Bathilde regina constructo et sub Odone abbate constituto possessiones roborare, iniurias a Berthefriedo episcopo Ambianensi commissas vetare, perturbationes interdicere; insuper liberam abbatis electionem secundum regulam s. Benedicti affirmat. Lotharium (II regem) et Ludovicum (II imperatorem) admonet, ut iura bonaque monasterii conservent (Scr. p. m. Theodori not. et scrin. S.R.E., in m. oct., ind. IV. Dat. non. oct. p. m. Theopulacti [sec]undiceri[i] S.S.A. imp. d. n. ... Hlothario imp. a. XXXIX et postcons. eius a. XXXIX et Hludowico novo imp. eius filio a. VII, ind. IV). – *Cum Romanae sedis.*

Ed.: *Brunel Bulle sur papyrus 7.* – Reg.: *Böhmer/Herbers n. 374.*

Laud. et in Caroli Calvi privilegio n. 423 (Lot/Giry/Prou/Tessier Recueil 445), J³ 5821, Caroli III privilegio n. 41 (Lauer Recueil 87–90, 89), J³ 7402, Leonis IX (JL 4212, Böhmer/Frech n. 753), Innocentii II (JL 7671; JL 8254), Eugenii III (JL 9108), Hadriani IV (JL 10242), Alexandris III (Ramackers PUU Frankreich NF IV 209; JL 11858; JL 11903), Clementis III (JL 16223, Böhmer/Schmidt n. 233), Coelestini III (JL 17141), Innocentii III (Potthast 484, Reg. Innocenz' III. 1, 710), Honorii III (Potthast 5458a) privilegiis, in annotatione privilegii a Ludovico Pio saec. XIII (MGH DD L I n. 243). De traditione cf. Böhmer/Herbers n. 374. Cf. et J³ *5629.

5631 **(855 oct. med.)**

JE 2664 Petente Hincmaro archiepiscopo Remensi acta synodi Suessionensis (II) (853 apr. 28) approbat hac addita conditione: „Si ita est, nostroque ut scriptis praesulatui intimasti et gestorum serie demonstrasti". Hincmari primatum confirmat sancitque, „ne quilibet (suae) dioeceseos" Remensis eo „contempto inpune audeat seu valeat aliena expetere ... iudicia ..., salvo in omnibus iure apostolicae ... sedis". – *Probabilium sacrorum diffinitiones.*

Ed.: *MGH Epp. 6, 367 n. 59a.* – Reg.: *Böhmer/Herbers n. 376.*

Laud. et in J³ 5823, decretis concilii Suessionensis a. 866 habiti (MGH Conc. 4, 203), Ann. Bertinianis ad a. 866 (Grat 128), J³ 6040, J³ 6041, J³ 6074, Hincmari Epist. de iure metropolitanorum (Migne PL 126, 203), Flodoardi Remensis Hist. III c. 11 (MGH SS 36, 214 et 215). De traditione cf. Böhmer/Herbers n. 376. Cf. et J³ *5604.

*5632 **855 (oct. med.)** **Roma**

(Benedicto III) Edelvulfus rex cum filio Aelfredo Romam peregrinans multa dona tribuit; et papa postulante in ecclesia b. Petri (Romana) episcopis, presbyteris, diaconis, clericis, nobilitati et populo alia dona offert.

Laud. in: *Lib. pont. (Duchesne II 148); Asserii De rebus gestis Aelfredi a. 855 (Stevenson/Whitelock 9).* – Reg.: *Böhmer/Herbers n. 377.*

*5633 **(855 oct. med.)**

Benedictum (III) Lazarus monachus et pictor accedit litterasque ac dona Michaelis (III) Constantinopolitani imperatoris nec non litteras Ignatii patriarchae (Constantinopolitani), quibus depositionem Gregorii Asbestae (archiepiscopi) Syracusani et Petri (de Sardis) Eulampiique (de Apamea) episcoporum denuntiat, tradit.

Laud. in: *Lib. pont. (Duchesne II 147); Decreta concilii Constantinopolitani a. 861 habiti (Deusdedit 4, 430 ap. Wolf von Glanvell 608); J³ 5980; J³ 6022; J³ 6023; J³ 7171.* – Reg.: *Grumel/Darrouzès Reg. I/2, n. 448; Böhmer/Herbers n. 378; Dölger/Müller Reg. des oström. Reiches I/1, 231 n. 450.*

De epistolis traditis cf. Böhmer/Herbers n. 378.

*5634 **(855 oct. ex.)** **(Roma), S. Pietro**

Imaginem (de synodo a. 853 in ecclesia b. Petri Romana, J³ 5503) ab Anastasio destructam (cf. J³ *5616) restaurat et coloribus decorat.

Laud. in: *Ann. Bertiniani ad a. 868 (Grat 148).* – Reg.: *Böhmer/Herbers n. 379.*

*5635 **(855) dec. (21)**

Presbyteros VI, diaconum I et episcopos LXVI per m. dec. ordinat.

Laud. in: *Lib. pont. (Duchesne II 148; Přerovský II 593).* – Reg.: *Böhmer/Herbers n. 380.*

*†5636 **(855 ex.)**

Exemplum Ignatii patriachae (Constantinopolitani) sequens Gregorium Asbestam (archiepiscopum Syracusanum) et Petrum (de Sardis) et Eulampium (de Apamea) (episcopos) condemnat.

Laud. in: *J³ 7171.* – Reg.: *Böhmer/Herbers n. †382.*

*5637 **(855 oct. 7–856 ian.)**

Basilicae Salvatoris (Romanae), „quae Constantiniana dicitur", iconam ex argento auroque perfusam cum imagine Christi „leonem draconemque pedibus" concultantis donat.

Laud. in: *Lib. pont. (Duchesne II 144).* – Reg.: *Böhmer/Herbers n. 366.*

*5638 **(855 oct. 7–856 ian.)**

Basilicae s. Mariae (Romanae), „quae Praesepe nuncupatur", auream coronam I donat et baptisterium distectum restaurat.

Laud. in: *Lib. pont. (Duchesne II 144).* – Reg.: *Böhmer/Herbers n. 367.*

*5639 **(855 oct. 7–856 ian.)**

Basilicae b. Petri (Romanae) „ex argento mundissimo auroque perfusam cantra interrasilem in qua thus mittitur", et candelabrum cum VII cornibus ex argento donat.

Laud. in: *Lib. pont. (Duchesne II 144).* – Reg.: *Böhmer/Herbers n. 368.*

*5640 **(855 oct. 7–856 ian.)**

Sepulchrum (b. Pauli) a Saracenis destructum in basilica b. Pauli (Romana) argenteis tabulis perornat.

Laud. in: *Lib. pont. (Duchesne II 145).* – Reg.: *Böhmer/Herbers n. 369.*

*5641 **(855 oct. 7–856 ian.)**

Ecclesiae b. Mariae trans Tiberim (Romanae) „vestem I in circuitu ornata de olovero, habentem in medio crucem de chrisoclavo" donat.

Laud. in: *Lib. pont. (Duchesne II 145).* – Reg.: *Böhmer/Herbers n. 370.*

*5642 **(855 oct. 7–856 ian.)**

Basilicae „beatae Dei genitricis (Romanae) qui vocatur Antiqua, quam a fundamentis Leo (IV) papa viam iuxta Sacram construxerat" (J³ *5573), vela de fundato cum periclisin de blatti XIII donat.

Laud. in: *Lib. pont. (Duchesne II 145).* – Reg.: *Böhmer/Herbers n. 371.*

*5643 **(855 oct. 7–856 ian.)**

Basilicae b. Laurentii martyris foris muros (Romanae) aureas claves donat.

Laud. in: *Lib. pont. (Duchesne II 145).* – Reg.: *Böhmer/Herbers n. 372.*

†5644 **856 mai.**

JE †2665 Interamnensibus ipsam civitatem cum territorio asserit (Iohannes nepos d. pont., Gualterius similiter neopos eius testes. Saxo comes, Raynerius de Ioseph, Adam de Alberto testes. Ego Petrus scrin. sacrae R.E. hunc preceptu (sic) per iussionem Benedicti III pp. s. manu mea scripsi. A. ab inc. salutifera D.N.I.C. 856 m. mai. ind. VI). – *Honestum nimis et.*

Ed.: *Angeloni Hist. Terni² 543 n. 1.* – Reg.: *Ital. Pont. IV 20 n. †1; Archivi Umbria 84; Böhmer/Herbers n. †404.*

De traditione et falsificatione cf. Böhmer/Herbers n. †404.

***5645** **(856 iul.–aug.)**

Carolum (Calvum) regem (et principes ipsius regni) admonet.

Laud. in: *Capitulare a. 856 aug. (MGH Capit. 2, 424 n. 295).* – Reg.: *Böhmer/Herbers n. 405.*

***5646** **(856 aest. ex.)**

Pacem inter Ludovicum (II) imperatorem et fratres suos (Lotharium II et Carolum) (de regno patris eorum dividendo) munit.

Laud. in: *J³ 5653.* – Reg.: *Böhmer/Zielinski n. 154; Böhmer/Herbers n. 406; Böhmer/Zielinski n. 2497.*

Cf. et Böhmer-Mühlbacher² n. 1208a et Böhmer-Zielinski n. 154.

5647 **(857) mai. 11** **(Roma)**

JE 2666 Monasterii s. Dionysii possessiones „apud Anglos Saxones in terra Britanniae" confirmat (Scr. p. m. Theodori not. reg. S.R.E. in m. mai., ind. VII. Dat. p. m. Megisti ep. et bibl. S.A.S. V id. mai., imp. d. ... Ludouico imp., cons. eius a. VIII, ind. VII). – *Questi estis filii.*

Ed.: *Große PUU Frankreich NF IX 90 n. 10.* – Reg.: *Atsma/Vezin Saint-Denis 217 n. 4; Böhmer/Herbers n. 410.*

Laud. et in Edelvulfi regis privilegio (Barker Sussex Anglo-Saxon Charters 132 n. 23; Sawyer Anglo-Saxon Charters n. 318; cf. Atsma/Vezin Saint-Denis 218 n. 5). De traditione spurioque a viris doctis declarato cf. Böhmer/Herbers n. 410.

***5648** **(857 mai. 11)**

Hunigerium thesaurarium s. Dionysii nuntiosque Ludovici (II) imperatoris cum litteris (J³ 5647) ad Edelvulfum regem mittit.

Laud. in: *Edelvulfi regis privilegium (Barker Sussex Anglo-Saxon Charters 132 n. 23; Sawyer Anglo-Saxon Charters n. 318).* – Reg.: *Böhmer/Herbers n. 411.*

5649 **(857 ante oct.)**

Benedictum (III) Thioto abbas Fuldensis petit, ut suis monachis orandi gratia Romam venientibus liceat ad s. vestigia papae appropinquare et benedictione eius frui iuxta privilegia a Zacharia (J³ 3998) Bonifatio concessa, ne cui Fuldense coenobium sit subiectum praeter Romanum pontificem; scribit se Romam orationis causa venturum Deo volente et principe ac rege permittente.

Ed.: *MGH Epp. 5, 531 n. 31 et n. 32 (fragm.).* – Reg.: *Germ. Pont. IV 362 n. *18; Böhmer/Herbers n. 412.*

Fragmenta.

5650 **857 oct. 23** **(Roma)**

JE 2668 Monasterio s. Salvatoris Fuldensis privilegia Leonis IV (J³ 5542) repetit Thiotone abbate postulante (Scr. p. m. Zacharias not. et scrin. S.R.E. in m. oct., ind. VI. Act.

X kal. nov. p. m. Theofolocti secundicerii S.S.A. imp. d. ... Ludovico a Deo cor. ... imp. a. IX, ind. VI). – *Quoniam semper sunt.*

E d . : *Meyer zu Ermgassen Codex Eberhardi I 11.* – R e g . : *Germ. Pont. IV 362 n. 19; Böhmer/Herbers n. 413.*

Laud. et in registro chartarum Fuldensi 5, 1* (Meyer zu Ermgassen Codex Eberhardi I 3; cf. Germ. Pont. IV 355 et 385 n. 81). Cf. Böhmer/Herbers n. 413.

***5651** **(856–857)**

Zachariae (episcopo Tauromenitano) et Gregorio (Asbestae archi)episcopo Syracusano (ac Petro Syliensi vel de Sardis et Eulampio de Apamea episcopis) ab Ignatio patriarcha (Constantinopolitano) depositis iubet, eos officia sua interim non exercere.

L a u d . i n : *Decreta concilii Constantinopolitani a. 869–870 habiti (Mansi Conc. 16, 74); J³ 6023; J³ 6030.* – R e g . : *Böhmer/Herbers n. 402.*

***5652** **(856–857)**

Ignatio patriarchae Constantinopolitano (de depositione Gregorii Asbestae archiepiscopi Syracusani ac Petri Syliensis vel de Sardis et Eulampii de Apamea episcopos) scribit.

L a u d . i n : *J³ 6196.* – R e g . : *Böhmer/Herbers n. 403.*

5653 **(857)**

JE 2669 Litteris ad archiepiscopos cunctosque episcopos in Caroli regis (Provinciae) regno morantes Romam eos intra dies XXX venire sub excommunicationis poena iubet. Hubertum clericum „quondam Bosonis (ducis) filium“ (et fratrem Theutbergae reginae), qui praeter varia, quae commiserit, crimina s. Mauritii (Agaunensis) quoque et Luxoviense b. Petri monasteria invaserit, „pacemque“, inquit, „quam inter Hludowicum munivimus Cesarem semperque Augustum, suosque gloriosos germanos sua miserrima cupiditate ad multorum christianorum necem atque periculum findere, ut audivimus, non dubitavit“. – *Bonorum semper innovamur.*

E d . : *MGH Epp. 5, 612.* – R e g . : *Germ. Pont. II/2, 141 n. 5; Gall. Pont. I 181 n. 4; Böhmer/Herbers n. 408; Gall. Pont. III/1, 359 n. 10; Böhmer/Zielinski n. 2502; cf. propediem Gall. Pont. III/2, Suffraganei et Grenoble et Valence et Gall. Pont. III/3, Die et Viviers.*

De traditione et re cf. Böhmer/Herbers n. 408. Cf. et J³ *5646.

***5654** **(857)** **Roma**

(Benedictum III) Zacharias episcopus (Tauromenitanus) iterum accedit.

L a u d . i n : *Concilium Constantinopolitanum habitum a. 861 (Deusdedit 4, 430 ap. Wolf von Glanvell 607).* – R e g . : *Böhmer/Herbers n. 409.*

***5655** **(856 ex.–858 in.)**

JE *2673 Imperatorem et regem ac principes itemque episcopos et cunctos fideles hortatur de revocanda „Ingeltrud(e) uxor(e) Bosonis comitis“, quae „ad Gallias relicto proprio viro cum adultero adultera transmigra(verit)“.

L a u d . i n : *J³ 5922; J³ 6081.* – R e g . : *Böhmer/Herbers n. 407.*

Olim ad a. 858. De re et tempore cf. Böhmer/Herbers n. 407.

***5656** **(857 ex.–858 in.)**

Benedicto (III) Actardus episcopus (Namnetensis) sua de expulsione queritur.

L a u d . i n : *Chron. Namnetense 17 (Merlet Coll. de textes 57).* – R e g . : *Böhmer/Herbers n. 414.*

*5657 **(857 ex.–858 in.)**

Gislardum partes dioecesis Namnetensis iniuste obtinentem excommunicat.

Laud. in: *Chron. Namnetense 13 (Merlet Coll. de textes 43).* – Reg.: *Böhmer/Herbers n. 415.*

5658 **858 mart. 30** **(Roma)**

JE 2672 Vitali patriarchae Gradensi pallii usum concedit (Scr. p. m. Soffronii not. reg. et scrin. S.R.E. in m. mart., ind. VI. Dat. III kal. apr. p. m. Theophilacti secundicerii S.S.A. imp. d. Hludovico a Deo cor. imp. a. IX et post cons. eius a. IX, ind. VI). – *Si pastores ovium.*

Ed.: *Cessi Documenti relativi alla Storia di Venezia 4 n. 3.* – Reg.: *Ital. Pont. VII/2, 43 n. 38; Böhmer/Herbers n. 419.*

Laud. et in Iohannis XIX (JL 4063, Böhmer/Frech n. 57) et in Benedicti IX (JL 4114, Böhmer/Frech n. 255) privilegiis. De re et traditione cf. Böhmer/Herbers n. 419.

5659 **(855–858)**

JE 2671β Salomoni episcopo Constantiensi scribit de poenitentia iniungenda viro, qui fratrem suum occiderit: „uno anno inter audientes sine corpore et sanguine domini in ecclesiis" oret, „nisi forte ultimus vitae illius venerit dies, quo ei communio neganda non sit", cet. Permittit, ut „uxorem vero suam recipiat armisque asumptis incedat, propriaque possideat bona". – *Caritatis tuae fraternitatem.*

Ed.: *Pflugk-Harttung Acta Pont. III 4 n. 4.* – Can.: *Rotgeri Treverensis Coll. can. = Coll. 233 cap..* – Reg.: *Germ. Pont. II/1, 123 n. 1; Böhmer/Herbers n. 359.*

De re et Rotgeri Treverensis Coll. can. cf. Böhmer/Herbers n. 359.

5660 **(855–858)**

JE 2671α Litteris ad Rataldum episcopum (Argentoratensem) statuit, ut homo eius dioecesis, qui patricidium perpetraverit, per XII annos poeniteat: omnibus diebus usque ad vesperum ieiunet exceptis diebus festis atque dominicis et pascha usque ad pentecostem; per quinquennium ecclesiam non intret, nec per novennium communicet. Si vero ante tempus constitutum finis vitae illius advenerit, viaticum ei non abnegetur. – *Dum de universo.*

Ed.: *Pflugk-Harttung Acta Pont. III 3 n. 3.* – Can.: *Rotgeri Treverensis Coll. can. = Coll. 233 cap..* – Reg.: *Germ. Pont. III 8 n. 6; Böhmer/Herbers n. 360.*

De re et Rotgeri Treverensis Coll. can. cf. Böhmer/Herbers n. 360.

5661 **(855–858)**

Benedicto (III) (Servatus) Lupus abbas Ferrariensis Ald(ulfum) et Ac(aricum) presbyteros Romam profectos commendat; Hieronymi commentarios in Ieremiam, Ciceronis de Oratore, Quintiliani Institutiones, Donati Commentum in Terentium ab eo commodandos requirit.

Ed.: *MGH Epp. 6, 90 n. 103; Marshall Epistulae 100 n. 103.* – Reg.: *Böhmer/Herbers n. 363.*

Cf. J³ *5400.

*5662 **(855–858)**

Pipino vestarario concedit per praecepti paginam possessiones quasdam (in territorio Sublacensi).

Laud. in: *Privilegium a. 883 aug. 21 (Allodi/Levi Reg. Sublacense 11).* – Reg.: *Ital. Pont. I 19 n. *3; Böhmer/Herbers n. 358.*

*5663 **(855–858)**

Canonicis ecclesiae s. Mauritii Turonensis privilegium concedit.

Laud. in: *Caroli III privilegium (MGH DD Karl n. 146).* – Reg.: *Böhmer/Herbers n. 364.*

*5664 **(855–858)**

Hincmaro (archiepiscopo Remensi) propter presbyterum a Theoderico episcopo Cameracensi excommunicatum scribit.

Laud. in: *Flodoardi Remensis Hist. III c. 21 (MGH SS 36, 285).* – Reg.: *Böhmer/Herbers n. 362.*

*5665 **(855–858)**

Constituit, ut clerici digne et honeste incedant.

Laud. in: *Martini Oppaviensis Chron. (MGH SS 22, 429).* – Reg.: *Böhmer/Herbers n. 356.*

*5666 **(855–858)**

Porticum a porta civitatis usque ad ecclesiam s. Pauli (extra muros) et aliam porticum a porta civitatis usque ad ecclesiam s. Laurentii restaurat.

Laud. in: *Martini Oppaviensis Chron. (MGH SS 22, 429).* – Reg.: *Böhmer/Herbers n. 357.*

†5667 **(855–858)**

JE 2670 Monasterio Solemniascensi possessiones iniuste detentas restitui iubet rogatu Bernardi abbatis. – *Convenit apostolico moderamine.*

Ed.: *Wiederhold PUU Frankreich VI 23.* – Reg.: *Böhmer/Herbers n. †365.*

De traditione et fide cf. Böhmer/Herbers n. †365.

*†5668 **(855–858)**

(Anscario) Hamburgensis ecclesiae archiepiscopo privilegium tribuit.

Laud. in: *Innocentii II privilegium (JL 7622); Victoris IV privilegium (JL 14433).* – Reg.: *Germ. Pont. VI 29 n. *†17; Böhmer/Herbers n. †361.*

Privilegium fortasse incipit verbis „Quoniam apostolicae", cf. Böhmer/Herbers n. †361.

*5669 **(855 post oct. 8–858)**

Privilegia monasterii Corbeiensis Carolo (Calvo) rege et Odone abbate Corbeiense petentibus confirmat.

Laud. in: *J[3] 5821.* – Reg.: *Böhmer/Herbers n. 375.*

*5670 **(856–858)**

Ecclesiae b. Mariae trans Tiberim (Romanae) donat vestem in altare maiore de chrisoclavo I habentem historiam Assumptionis Mariae. Item („titulo Calixti") amam I ex argento, gabathas IV, canistra IX, evangelium argento auroque perfusum I, coronam I, canistrum I et arcum cum duobus gammadiis ex argento donat. Item absidam maiorem ad meliorem erexit, fenestras vitreis coloribus ornat et pictura decorat, et porticum atque baptisterium cum secretario restaurat.

Laud. in: *Lib. pont. (Duchesne II 145 et 147).* – Reg.: *Böhmer/Herbers n. 383.*

Laud. in Lib. pont. in locis III.

*5671 **(856–858)**

Monasterio s. Anastasii (Romano), quod vocatur Aqua Salvia, gabatham saxiscam ex argento I donat.

Laud. in: *Lib. pont. (Duchesne II 145).* – Reg.: *Böhmer/Herbers n. 384.*

*5672 **(856–858)**

Basilicae „beatae Dei genitricis (Romanae) quae olim Antiqua vocabatur, nunc autem sita est iuxta via(m) Sacra(m)", vestem cum chrisoclavo habentem historiam nativitatis Iesu Christi donat.

Laud. in: *Lib. pont. (Duchesne II 145).* – Reg.: *Böhmer/Herbers n. 385.*

*5673 **(856–858)**

Monasterio b. Viti (et b. Modesti) martyris (Romano) „canistra exafoti II ex argento" donat.

Laud. in: *Lib. pont. (Duchesne II 145).* – Reg.: *Böhmer/Herbers n. 386.*

*5674 **(856–858)**

Ecclesiae b. Cyriaci (et b. Timothei) martyris, „qui ponitur via Hostiense" (apud Romam), vestem de fundato I donat.

Laud. in: *Lib. pont. (Duchesne II 145).* – Reg.: *Böhmer/Herbers n. 387.*

*5675 **(856–858)**

Ecclesiae b. martyris Felicis (Romanae), „qui ponitur in Pincis", vestem de fundato I cum griffonibus donat.

Laud. in: *Lib. pont. (Duchesne II 145).* – Reg.: *Böhmer/Herbers n. 388.*

*5676 **(856–858)**

Ecclesiae b. Grisogoni martyris (Romanae) calices ex argento V donat.

Laud. in: *Lib. pont. (Duchesne II 145).* – Reg.: *Böhmer/Herbers n. 389.*

*5677 **(856–858)**

Ecclesiae b. Balbinae (Romanae) evangelium ex argento donat.

Laud. in: *Lib. pont. (Duchesne II 146).* – Reg.: *Böhmer/Herbers n. 390.*

*5678 **(856–858)**

Ecclesiae b. Petri (Romanae) cooperculum ex auro „ad cooperiendum billicum confessionis" donat. Item tecta renovat.

Laud. in: *Lib. pont. (Duchesne II 146 et 148).* – Reg.: *Böhmer/Herbers n. 391.*

Laud. in Lib. pont. in locis II.

*5679 **(856–858)**

Monasterio ss. Sergii et Bacchi martyrum (Romano), „qui apellatur Callinici", calices de argento II, patenam I, culatorium I, cantra I et thymiamateri I donat.

Laud. in: *Lib. pont. (Duchesne II 146).* – Reg.: *Böhmer/Herbers n. 392.*

*5680 **(856–858)**

Basilicae b. Pauli (extra muros, Romanae) vestem de chrisoclavo decoratam I donat.

Laud. in: *Lib. pont. (Duchesne II 146).* – Reg.: *Böhmer/Herbers n. 393.*

*5681 **(856–858)**

Cruces argenteas VII, „quae per olitana tempora per omnes catholicas ecclesias more solito procedebant, prae nimia vetustate confracte fuerant" restaurat et in pristino statu erigit.

Laud. in: *Lib. pont. (Duchesne II 146).* – Reg.: *Böhmer/Herbers n. 394.*

*5682 **(856–858)**

Basilicae b. Sebastiani in Frascata vestem de fundato I habentem in medio crucem cum gammadias de quadrapulo donat.

Laud. in: *Lib. pont. (Duchesne II 146).* – Reg.: *Böhmer/Herbers n. 395.*

*5683 **(856–858)**

Ecclesiae b. Cyriaci martyris (Romanae) vestem de fundato I donat. Item evangelium I ex argento donat.

L a u d . i n : *Lib. pont. (Duchesne II 146).* – R e g . : *Böhmer/Herbers n. 396.*

Laud. in Lib. pont. in locis II.

*5684 **(856–858)**

Ecclesiae b. Laurentii „foris muros" (Romanae) vestem de fundato I cum chrisoclavo decoratam donat.

L a u d . i n : *Lib. pont. (Duchesne II 146).* – R e g . : *Böhmer/Herbers n. 397.*

*5685 **(856–858)**

Cymiterium b. Marci „foris porta Appia" restaurat.

L a u d . i n : *Lib. pont. (Duchesne II 147).* – R e g . : *Böhmer/Herbers n. 398.*

*5686 **(856–858)**

Ecclesiae bb. Petri et Marcellini martyrum (Romanae) tectum atque portica de novo restaurat.

L a u d . i n : *Lib. pont. (Duchesne II 147).* – R e g . : *Böhmer/Herbers n. 399.*

*5687 **(856–858)**

Sanctae ecclesiae (Romanae) argentum tectum voluminis inter alia lectiones ex epistolis b. Pauli continentis donat. Praecipit, ut volumini Graecae et Latinae lectiones ad sabbatum s. Paschae et sabbato Pentecostem pertinentes adduntur.

L a u d . i n : *Lib. pont. (Duchesne II 147).* – R e g . : *Böhmer/Herbers n. 400.*

*5688 **(856–858)**

Constituit, „ut cum episcopus vel presbyter aut diaconus moreretur, pontifex una cum omnibus episcopis et presbyteris atque diaconibus necnon et reliquis clericis ad eius sepeliendum corpus et commendandam animam conveniret; similiter etiam ipsi facerent cum pontifex ab hac luce migrasset".

L a u d . i n : *Lib. pont. (Duchesne II 148; Přerovský II 589).* – R e g . : *Böhmer/Herbers n. 401.*

*5689 **(857 ex.–858)**

JE *2671 Episcopos (Britanniae) „non ab episcopis, sed a laicis" deiectos esse luget. „Nulla(m) ratio(nem)" sinere ait „episcopos a sedibus suis pelli, quos duodenarius numerus non" eiecit.

L a u d . i n : *Epist. concilii apud Saponarias ad IV epp. Britanniae directa (MGH Conc. 3, 480); J³ 6043.* – R e g . : *Böhmer/Herbers n. 416.*

Olim ad a. 855–858. De tempore cf. Böhmer/Herbers n. 416.

*5690 **(858 vere)**

JE *2667 Ignatio (patriarchae Constantinopolitano) petenti, ut (Gregorii Syracusani archiepiscopi) depositionem confirmet, non obsequitur. Ut causam iudicet, utramque partem Romam vocat. Aut ipse veniat cum Zacharia (episcopo Tauromenitano) (legato Gregorii), aut per apocrisiarios, quos imperator mittat, negotium suum agat.

L a u d . i n : *Acta synodi Constantinopolitanae a. 861 (Deusdedit 4, 428 ap. Wolf von Glanvell 604); J³ 6022.* – R e g . : *Ital. Pont. X 316 n. *65; Böhmer/Herbers n. 418.*

Olim ad a. 857 cr. iun. De re et tempore cf. Böhmer/Herbers n. 418.

*5691 **(855 ex.–859)**

JE 2671γ Benedictus (III aut Nicolaus I) Frotmundo nobili viro eiusque fratribus e Lotharingia ortis paenitentiae causa in Terram sanctam peregrinantibus epistolam dat.

L a u d . i n : *Gesta Conwoionis III c. 8 (Brett 207).* – R e g . : *Böhmer/Herbers n. 381 et n. 417.*

Olim ad a. (855–858). De tempore et re cf. Böhmer/Herbers n. 381 et n. 417.

*5692 **858 (apr. 17)**

JE I 341 Moritur et „ante fores basilicae beati Petri" (Romani) sepelitur.

Laud. in: *Lib. pont. (Duchesne II 148; Přerovský II 593); Ann. Bertiniani ad a. 858 (Grat 78).* – Reg.: *Böhmer/Herbers n. 420.*

Olim ad a. 858 apr. 7. De re et tempore cf. Böhmer/Herbers n. 420.

Nicolaus I (858–867)

*5693 **(858 apr. 21–23)** **(Roma), in basilica b. Dionysii**

JE I 342 In basilica b. Dionysii eligitur „praesentia magis ac favore Hludowici (II) regis (imperatoris) et procerum eius, quam cleri electione" (Ann. Bertiniani).

L a u d . i n : *Lib. pont. (Duchesne II 152; Přerovský II 595); Ann. Bertiniani ad a. 858 (Grat 78); Ann. s. Benigni Divionensis ad a. 857 (MGH SS 5, 39); Gregorii Catinensis Chron. Farfense (FSI 34, 243); Flodoardi Remensis De Christi triumphis (Migne PL 135, 819); Pseudo-Liudprandi Lib. (Migne PL 129, 1251); Ann. Elnonenses ad a. 858 (Grierson 146); Ann. Elmarenses ad a. 856 (Grierson 82); Radulphi Niger Chron. (Krause 217).* – R e g . : *Böhmer/Mühlbacher[2] n. 1216b; Böhmer/Zielinski n. 172; Hack Empfangszeremoniell 609; Böhmer/Herbers n. 421.*

De electione cf. Böhmer/Herbers n. 421.

*5694 **(858 apr. 21–23)** **(Roma), S. Pietro**

JE I 342 Ex ecclesiae b. Petri (Romanae) aula, in quam confugerat, putens „indignum se esse tanti regiminis gubernacula suscepturum" educitur.

L a u d . i n : *Lib. pont. (Duchesne II 152; Přerovský II 596).* – R e g . : *Böhmer/Herbers n. 422.*

*5695 **(858 apr. 21–23)** **(Roma), Laterano**

JE I 342 Sacris acclamationibus in patriarchio Lateranensi introducitur et apostolico solio ponitur.

L a u d . i n : *Lib. pont. (Duchesne II 152; Přerovský II 596).* – R e g . : *Böhmer/Herbers n. 423.*

*5696 **(858 apr. 24)** **(Roma), S. Pietro**

JE I 342 Consecratur „in basilic(a) b. Petri" (Romana) „praesente Caesare" (Ludovico II).

L a u d . i n : *Lib. pont. (Duchesne II 152; Přerovský II 596); Eugenii Vulgarii De causa Formosiana c. 1 (Dümmler Auxilius 119); Gregorii Catinensis Chron. Farfense (FSI 34, 243); Flodoardi Remensis De Christi triumphis (Migne PL 135, 820); Pseudo-Liudprandi Lib. (Migne PL 129, 1251); Sigeberti Gemblacensis Chron. ad a. 857 (MGH SS 6, 340).* – R e g . : *Böhmer/Mühlbacher[2] n. 1216c; Böhmer/Zielinski n. 172; Hack Empfangszeremoniell 609; Böhmer/Herbers n. 424.*

*5697 **(858 apr. 24)** **(Roma), Laterano**

JE I 342 Post consecrationem in patriarchium Lateranense reducitur.

L a u d . i n : *Lib. pont. (Duchesne II 152; Přerovský II 597).* – R e g . : *Böhmer/Herbers n. 425.*

*5698 **(858 apr. 26)** **(Roma)**

JE I 342 Cum Ludovico (II) imperatore „tertio ... consecrationis eius die" coenat.

L a u d . i n : *Lib. pont. (Duchesne II 152; Přerovský II 597).* – R e g . : *Böhmer/Mühlbacher[2] n. 1216d; Böhmer/Zielinski n. 173; Hack Empfangszeremoniell 609; Böhmer/Herbers n. 426.*

*5699 **(858 apr. 27–mai. in.)** **Torre di Quinto**

JE I 342 In loco, qui Quintus dicitur, cum (Ludovico II) imperatore convenit.

L a u d . i n : *Lib. pont. (Duchesne II 152; Přerovský II 597); Flodoardi Remensis De Christi triumphis (Migne PL 135, 820).* – R e g . : *Böhmer/Mühlbacher[2] n. 1216f; Böhmer/Zielinski n. 174; Hack Empfangszeremoniell 609 et 630; Böhmer/Herbers n. 427.*

5700 **(858 mai.–sept.)**

A (Nicolao I) L(upus) abbas (Ferrariensis) dimissionem H(erimanni) episcopi Nivernensis petit.

E d . : *MGH Epp. 6, 114 n. 5; Marshall Epistulae 128 n. 132.* – R e g . : *Böhmer/Herbers n. 489.*

Fortasse laud. et in J[3] 5701; cf. MGH Conc. 3, 428.

5701 **(858 iul.–sept.)**

JE 2674 Weniloni archiepiscopo Senonensi et coepiscopis eius de Herimanno insano episcopo (Nivernensi), qui „ad provinciales synodos evocatus venire distulerit" (cf. J[3] 5700), sic respondet: „Quem, si ita gravatur, magis convenerat sanctimonium vestrum sublevare quam pondus eius ponderi superaddere caritatemque in eo confirmare potius quam ei pietatis viscera obserare". Vetat ne de excessibus puniatur, cum infirmitas eius ipsa interim ad poenam peccati pertineat. – *Epistolam sanctitatis vestrae.*

E d . : *MGH Epp. 6, 611 n. 103; MGH Conc. 3, 430 (fragm.).* – C a n . : *Ivonis (?) Coll. tripartita 1, 62, 49 (fragm.); Gratiani Decr. C. III q. 9 c. 14 (fragm.).* – R e g . : *Böhmer/Herbers n. 491.*

Olim ad a. 858–859. De tempore et aliis collectionibus ineditis cf. Böhmer/Herbers n. 491. Cf. et J[3] 5700.

5702 **(858)**

(Nicolao I) Carolus (Calvus) rex queritur Ludovicum (Iuniorem) regem pactionibus postpositis suum imperium invasisse.

E d . : *Insertum in J[3] 6247.* – R e g . : *Böhmer/Mühlbacher[2] n. 1407b; Lot/Tessier Recueil II 522 n. 199bis; Böhmer/Herbers n. 481.*

†5703 **859 apr. 18** **(Roma)**

Bassacio abbati et cunctae congregationi monasterii s. Benedicti Casinensis concedit privilegium exemptionis monasteriis b. Benedicti atque b. Scolasticae seu et Salvatoris sub monte constructo seu et quattuor monasteriis puellarum, s. Mariae in Plumbariola, s. Mariae in Cingla, s. Sophiae infra civitatem Beneventanam, s. Mariae in civitate Cosentia, concedit facultatem libere eligendi episcopum ad sacra ministranda, statuit possessiones liberas a gastaldis et episcopis sub annuo censu licinum, cereorum et thimiamatum Romanae ecclesiae sicut cetera eius monasteria persolvendo (Scr. p. m. [Anastasii] not. reg. et scrin. S.R.E., in m. apr., ind. VII. Dat. XIV kal. mai. p. m. Uualperti ep. s. Portuensis eccl. a. Deo prop. pont. d. n. Nicolai summi pont. et univ. pp. in ss. sede b. Petri apost. VI, imp. d. piissimo ... a Deo cor. magno imp. [Karolo aug. a. II]). – *Quoniam semper sunt.*

E d . : *Kehr Bolle pontificie di Montecassino 149.* – R e g . : *Ital. Pont. VIII 125 n. 33; Bloch Monte Cassino I 169 n. 1 et 253 n. 1; Böhmer/Herbers n. †497.*

Laud. et in Chron. mon. Casinensis I c. 27 (MGH SS 34, 78). De fide cf. Böhmer/Herbers n. †497.

*5704 **859 (mai.–iun. 11)** **(Roma)**

Ad Ludovicum (II) imperatorem Italiae et ad Nicolaum (I) Ludovicus (Germanicus) rex Thiotonem abbatem Fuldensem apologetica ea intentione mittit, ut de gestis praeteriti anni (i. e. de regno Caroli Calvi fratris invaso) regem per omnia rationabiliter excuset infamiae; abbas Romae honorifice suscipitur ibique privilegium postulat.

L a u d . i n : *J[3] 5705; Ann. Fuldenses ad a. 859 (MGH SS rer. Germ. 7, 53); fragmentum epist. Theotonis (MGH Epp 5, 531 n. 33).* – R e g . : *Böhmer/Mühlbacher[2] n. 1439d et n. 1441b; Germ. Pont. IV 362 n. *20 et 363 n. *22; Böhmer/Zielinski n. 178; Böhmer/Herbers n. 498.*

5705 **859 iun. 12** **Roma**

JE 2676 Thiotone abbate monasterii Fuldensis postulante (cf. J[3] *5704) privilegium Benedicti

III (J[3] 5650) repetit, decernens, ut congruis temporibus Romano pontifici intimetur, qualiter religio monastica dirigatur (Scr. p. m. Petri not., scrin. S.R.E., in m. iun., ind. VII. Dat. II id. iun. p. m. Tiberii prim. S.S.A. imp. d. piissimo principe aug. Lhudouuico a Deo cor. magno pacifico imp. a. X et patricius ind. VII). – *Quoniam semper sunt.*

Ed.: *Meyer zu Ermgassen Codex Eberhardi I 13 et 66.* – Reg.: *Germ. Pont. IV 362 n. 21; Böhmer/Herbers n. 500.*

Laud. et in registro chartarum Fuldensi V 1* n. VI (Meyer zu Ermgassen Codex Eberhardi I 3). Cf. J[3] *5704.

*5706 **(858 mai.–859 aug.)**

Ludovico (II) imperatori scribit de Archadio imperatore ab Innocentio (I) papa excommunicato.

Laud. in: *Gregorii VII epist. (JL 5201).* – Reg.: *Böhmer/Herbers n. 482.*

*5707 **(858 mai.–859 aug.)**

Diaconiae s. Mariae „quae vocatur Cosmidi“ vestem olosiricam „I de stauraci, habentem storiam leones maiores II“, „velum album rosatum I, ornatum in circuitu de tyreo“ et „gabatham saxiscam de argento“ deauratam donat.

Laud. in: *Lib. pont. (Duchesne II 152).* – Reg.: *Böhmer/Herbers n. 483.*

*5708 **(858 mai.–859 aug.)**

Basilicae Salvatoris (Romanae) „quae Caesareo nomen sumpsit a nomine cruces de argento purissimo, quae pendent ante figuram substantiae carnis“ Iesu Christi, donat.

Laud. in: *Lib. pont. (Duchesne II 153).* – Reg.: *Böhmer/Herbers n. 484.*

*5709 **(858 mai.–859 aug.)**

Basilicae b. Mariae (Romanae), „quae vocatur ad Praesepe“, cantharum sessilem de argento I donat.

Laud. in: *Lib. pont. (Duchesne II 153).* – Reg.: *Böhmer/Herbers n. 485.*

*5710 **(858 mai.–859 aug.)**

Basilicae b. Petri apostoli (Romanae) gabatham auream de auro preciosissimis gemmis ornatam, iugulum aureum et cruces argenteas XI donat.

Laud. in: *Lib. pont. (Duchesne II 153).* – Reg.: *Böhmer/Herbers n. 486.*

*5711 **(858 mai.–859 aug.)**

Basilicae b. Pauli (extra muros Romanae) apostoli cruces argenteas II donat.

Laud. in: *Lib. pont. (Duchesne II 153).* – Reg.: *Böhmer/Herbers n. 487.*

*5712 **(858 mai.–859 aug.)**

Basilicae s. Laurentii martyris foris muros (Romanae) cruces II de argento donat et „primo quidem pontificatus sui anno“ supra altare basilicae coronam gemmis preciosissimis comptam aureis catenulis suspendit.

Laud. in: *Lib. pont. (Duchesne II 153).* – Reg.: *Böhmer/Herbers n. 488.*

*5713 **859 (iun. 12–sept.)**

JE *2679 Ludovico (Germanico) regi respondet (cf. J[3] *5704) litteris Thiotoni abbati Fuldensis datis.

Laud. in: *Ann. Fuldenses ad a. 859 (MGH SS rer. Germ. 7, 53).* – Reg.: *Böhmer/Mühlbacher[2] n. 1441b; Germ. Pont. IV 363 n. *23; Böhmer/Herbers n. 499.*

Olim ad a. 859. De tempore cf. Böhmer/Herbers n. 499.

5714 **(858–859)**

JE 2842 Iohanni (VII) archiepiscopo Ravennati scribit, rationem minime patere, quomodo in die paschae creditam sibi episcopus ecclesiam deserat, ut alii ecclesiae ministret. – *(Certe nos episcopos).*

Ed.: *MGH Epp. 6, 656 n. 136.* – Can.: *Deusdedit Coll. can. I c. 259; Coll. Brit. 587 n. 54.* – Reg.: *Ital. Pont. V 42 n. 111; Böhmer/Herbers n. 480.*

Fragmentum. Olim ad a. 858–867. De tempore cf. Böhmer/Herbers n. 480.

*5715 **(858–859)**

Hincmaro (Remensi) archiepiscopo mandat, ut (Ingiltrudem) uxorem Bosonis comitis ad maritum remittat.

Laud. in: *J³ 5731; J³ 6081.* – Reg.: *Böhmer/Herbers n. 478.*

*5716 **(858–859)**

Gerardus comes Vienennsis monasteria ab eo condita tutelae (Nicolai I) papae committit.

Laud. in: *charta fundationis (Huygens Mon. Vizeliacensia 244 n. 1); J³ 6891; J³ 6892; J³ 6894.* – Reg.: *Böhmer/Herbers n. 479.*

*5717 **(859)**

Ad Nicolaum (I) Theutberga (regina) appellat confessionemque revocat.

Laud. in: *J³ 5788; J³ 5804; J³ 5837; J³ 6081.* – Reg.: *Böhmer/Herbers n. 496.*

*5718 **859 (nov.–dec.)**

JE *2680 (Prudentio, episcopo Trecensi) doctrinas „de gratia Dei et libero arbitrio, de veritate geminae praedestinationis et sanguine Christi, ut pro credentibus omnibus fusus sit, fideliter confirmat et catholice decernit".

Laud. in: *Ann. Bertiniani ad a. 859 (Grat 82); Hincmari Remensis epist. (MGH Epp. 8, 196 n. 187).* – Reg.: *Böhmer/Herbers n. 504.*

*5719 **(858–860 ian.)**

Gunthario Coloniensi et Thietgaudo Treverensi archiepiscopis pallium concedit.

Laud. in: *Ann. Xantenses ad a. 865 (MGH SS rer. Germ. 12, 22).* – Reg.: *Germ. Pont. VII 20 n. *20; Wisplinghoff Rhein. UB II n. 217; Böhmer/Herbers n. 477.*

5720 **(860 mart.–apr.)**

Nicolao (I) Photius patriarcha Constantinopolitanus de (Ignatio) antecessore deiecto atque eo ipso substituto scribit; se communionem Romanae ecclesiae petere nuntiat.

Ed.: *Laourdas/Westerink Photii Epistulae III 114.* – Reg.: *Grumel/Darrouzès Reg. I/2, n. 467; Böhmer/Herbers n. 511.*

Laud. et in J³ 5730, in J³ 5771, in Metrophanis de Smyrna epist. (Mansi Conc. 16, 416), in J³ 6298, in J³ 7171, in Vita Ignatii (Mansi Conc. 16, 236).

*5721 **(860 mart.–apr.)**

(Nicolao I) Michael (III) „Constantinopolitanae urbis imperator" Zachariam episcopum (Tauromenitanum) ab Ignatio patriarcha (Constantinopolitano) depositum aliosque legatos dona et epistolas imperatoris et Photii patriarchae de haeresi imaginum et de expulsione Ignatii deferentes mittit.

Laud. in: *J³ 5771; J³ 6022; J³ 6023; J³ 6030; Lib. pont. (Duchesne II 154; Přerovský II 601); concilium Constantinopolitanum habitum a. 869, actio prima et quarta (Mansi Conc. 16, 34 et 58); Flodoardi Remensis De Christi triumphis (Migne PL 135, 821).* – Reg.: *Ital. Pont. X 354 n. *18; Schreiner Geschenke 271 n. 7; Böhmer/Herbers n. 509.*

*** 5722** **(860 mart.–apr.)**

Nicolaum (I) Michael (III) imperator (Constantinopolitanus) rogat, ut legatos Constantinopolim mittat. Ignatium patriarcham (Constantinopolitanum) a concilio a. 859 congregato incusat Photiumque nuper patriarcham factum defendit.

Laud. in: *J³ 5729; J³ 5768; J³ 5771; J³ 5980; J³ 6022; J³ 6023; Lib. pont. (Duchesne II 154).* – Reg.: *MMFH 3, 141 n. 14; Schreiner Geschenke 271 n. 7; Dölger/Müller Reg. des oström. Reiches I/1, 234 n. 457; Böhmer/Herbers n. 510.*

5723 **860 mai.** **(Roma)**

JE 2681 Adalvino archiepiscopo Iuvavensi (Salisburgensi) pallium concedit (Scr. p. m. Sophronii not. reg. et scrin. S.R.E. in m. mai., ind. VIII). – *Si pastores ovium.*

Ed.: *Hauthaler/Martin Salzburger UB II 35 n. 19.* – Reg.: *Germ. Pont. I 11 n. 17; Böhmer/Herbers n. 512.*

Laud. et in Conversione Bagoariorum et Carantanorum (Lošek Conversio 118), Ann. s. Rudberti Salisburgensibus ad a. 859 (MGH SS 9, 770), Gestis archiepp. Salisburgensium c. 9 (MGH SS 11, 11), Ann. ex annalibus Iuvavensibus ad a. 859 (MGH SS 30/2, 741), Cat. archiepp. Salisburgensium ad a. 859 (MGH SS 13, 355).

*** 5724** **(860 mai.)**

Chrysanthi atque Dariae sanctorum corpora Adalwino archiepiscopo (Salisburgensi) tradit.

Laud. in: *Ann. s. Rudberti Salisburgensis ad a. 859 (MGH SS 9, 770); Gesta archiepp. Salisburgensium c. 9 (MGH SS 11, 11).* – Reg.: *Böhmer/Herbers n. 513.*

De re cf. Herbers Reliquienreisen.

*** 5725** **(860 mart.–iul.)**

Nicolaum (I) Theutberga (regina) propter testimonium ab ea coactum (in secundo synodo Aquisgranensi) appellat.

Laud. in: *J³ 5788; J³ 5804; J³ 5837; J³ 6081.* – Reg.: *Böhmer/Mühlbacher² n. 1291a; Böhmer/Herbers n. 508.*

*** 5726** **(859 sept.–860 aug.)**

Ecclesiae b. Petri apostoli (Romanae) gabathas ex argento IX donat.

Laud. in: *Lib. pont. (Duchesne II 153).* – Reg.: *Böhmer/Herbers n. 501.*

*** 5727** **(859 sept.–860 aug.)**

Monasterium ss. Stephani et Silvestri „sanctae recordationis domno Paulo quondam papae“ de novo fundat et „in aecclesia maiore qui vocatur sancti Dionisii, ad honorem et gloriam sacri altari, vela IIII de stauraci“ donat.

Laud. in: *Lib. pont. (Duchesne II 153).* – Reg.: *Böhmer/Herbers n. 502.*

*** 5728** **(860 iul.–sept. 24)** **Roma, S. Maria Maggiore**

Una cum Marino subdiacono missos Constantinopolitanos in ecclesia s. Mariae Maiore excipit.

Laud. in: *J³ 6022; Concilium Constantinopolitanum habitum a. 869, actio quarta (Mansi Conc. 16, 58).* – Reg.: *Böhmer/Herbers n. 516.*

5729 **860 sept. 25** **(Roma)**

JE 2682 Michaelem (III), Graecorum imperatorem, concordiae ecclesiarum faventem laudat; sed quod concilium Constantinopoli iniussu sedis Romanae celebrari, Photiumque laicum Ignatio, patriarchae (Constantinopolitano) iniuste deiecto, suffici contra canones siverit, reprehendit. Ad quorum causam cognoscendam Radoaldum Portuensem et Zachariam Anagninum episcopos mittit. Imaginum cultum defendit. Archiepiscopum Thessalonicensem iubet more vetere haberi sedis Romanae vicarium „per Eperum veterem Eperumque novam atque Illiricum, Macedoniam, Thessaliam, Achaiam, Daciam riperensem, Daciam mediterraneam, Misiam, Dardaniam et Praevalim". Repetit Calabritanum et Siculum ecclesiae Romanae patrimonium, iusque consecrandi archiepiscopi Syracusani (Dat. m. sept. d. XXV, ind. IX). – *Principatum divinae potestatis.*

Ed.: *MGH Epp. 6, 433 n. 82; Tăutu Acta Rom. pont. I 599 n. 316 (fragm.); insertum in J³ 6030.* – Reg.: *MMFH 3, 141 n. 15 141 n. 15; Russo Reg. vaticano per la Calabria 44 n. 91; Ital. Pont. X 316 n. 66; Ital. Pont. X 214 n. 80; Ital. Pont. X 13 n. 19; Böhmer/Herbers n. 525.*

Laud. et in J³ 5768, J³ 5769, J³ 5771, J³ 5980, J³ 6020, J³ 6022, J³ 6023, J³ 6024, J³ 6025. Cf. J³ *5722 et J³ *5733.

5730 **860 sept. 25** **(Roma)**

JE 2683 Photium (patriarcham) Constantinopolitanum catholicam fidem per litteras (J³ 5720) professum laudat; sed eum ex laico patriarcham Constantinopolitanum factum esse dolet. Differt confirmationem eius, donec a legatis suis de eius causa renunciatum sit (Dat. m. ut supra d. XXV, ind. IX). – *Omnis utilitas et.*

Ed.: *MGH Epp. 6, 439 n. 83; Tăutu Acta Rom. pont. I 605 n. 317; insertum in J³ 6030.* – Reg.: *Böhmer/Herbers n. 526.*

Laud. et in J³ 5771, J³ 6020, J³ 6022, J³ 6023, J³ 6024. Cf. J³ 5720 et J³ *5733.

5731 **(860 aug.–sept.)**

JE 2684 Hincmaro archiepiscopo (Remensi) et omnibus archiepiscopis et episcopis in regno Caroli (Calvi) regis constitutis, praecipit, ut, quae maritum Bosonem comitem deseruerit, Ingiltrudem, nisi revertatur, excommunicent. – *Canonica auctoritas hoc.*

Ed.: *MGH Epp. 6, 267 n. 1.* – Reg.: *Böhmer/Herbers n. 517.*

Laud. et in J³ 5732, J³ 5922, J³ 6081 et in Capitulis conventus apud Saponarias a. 862 nov. 3 (MGH Capit. 2, 160). Olim ad a. 860. De tempore cf. Böhmer/Herbers n. 517. Cf. et J³ *5715.

5732 **(860 aug.–sept.)**

JE 2685 Carolo (Calvo) regi mandat, ut nitatur, ne Lotharius (II) rex Ingiltrudem, Bosonis comitis uxorem, diutius manere in suo regno patiatur. De superioribus ad episcopos litteris significat. – *Vestram regiam dignitatem.*

Ed.: *MGH Epp. 6, 268 n. 2.* – Reg.: *Böhmer/Herbers n. 518.*

Laud. et in J³ 5922 et J³ 6081 et in Capitulis conventus apud Saponarias a. 862 nov. 3 (MGH Capit. 2, 160; MGH Conc. 4, 13). Olim ad a. 860. De tempore cf. Böhmer/Herbers n. 518. Cf. et J³ 5731.

***5733** **(860 sept. ex.)**

JE I 343 Relectis epistolis de Ignatio patriarcha (Constantinopolitano) deiecto Photioque laico substituto, episcopos Radoaldum Portuensem et Zachariam Anagninum legatos suos a latere cum epistolis (J³ 5729 et J³ 5730) Constantinopolim transmittit. Mandat eis, ut causam Ignatii diligentius perquirant.

Laud. in: *J³ 5729; J³ 5730; J³ 5768; J³ 5771; J³ 6022; J³ 6023; J³ 6030; J³ 6073; Lib. pont. (Duchesne II 155); Theophanes Continuatus IV c. 32 (Bekker 195).* – Reg.: *Böhmer/Herbers n. 527.*

Olim ad a. 860 sept. De re et tempore cf. Böhmer/Herbers n. 527.

***† 5734** **(860) nov. 8**

Auctoritate sedis apostolicae (Nicolai I) Ansgarius archiepiscopus (Hamburgensis et Bremensis) predecessoris sui corpus traducit.

L a u d . i n : *Hist. archiepp. Bremensium (Lappenberg Geschichtsquellen Bremen 8).* – R e g . : *Germ. Pont. VI 30 n. *†18; Böhmer/Herbers n. †531.*

5735 **(858–860)**

JE 2867 Tadoni archiepiscopo Mediolanensi scribit „indignum procul dubio" esse, „nondum divinitus per gloriosos agones corporibus revelatis sanctorum imagines nominaque aptari". – *(Quod ais apud).*

E d . : *MGH Epp. 6, 666 n. 151.* – C a n . : *Ivonis (?) Coll. tripartita 1, 62, 27.* – R e g . : *Ital. Pont. VI/1, 39 n. 56; Germ. Pont. II/1, 30 n. 3; Böhmer/Herbers n. 476.*

Fragmentum. Olim ad a. 861–867. De tempore cf. Böhmer/Herbers n. 471. De aliis collectionibus ineditis cf. Böhmer/Herbers n. 476.

*** 5736** **(860)**

JE *2687 Iohannem (VII) archiepiscopum Ravennatem legatis suis et litteris saepius commonet, petentibus multis Ravennatibus, qui ab eodem in rebus et iuris sui proprietatibus incommoda sustinebant, quatenus talibus cedat actibus. – *Sollicitudinem omnium ecclesiarum.*

L a u d . i n : *Lib. pont. (Duchesne II 155).* – R e g . : *Ital. Pont. V 39 n. *101 et 90 n. *22; Böhmer/Herbers n. 507.*

Olim ad a. 861. De tempore cf. Böhmer/Herbers n. 507.

*** 5737** **(860 dec.)**

Ingiltrudam Bosonis (comitis) uxorem anathematizat.

L a u d . i n : *J³ 5867; J³ 5870; J³ 6059; J³ 6081.* – R e g . : *Böhmer/Herbers n. 537.*

De tempore cf. Böhmer/Herbers n. 537.

*** 5738** **(860 dec.)**

(Lothario II regi et) Theutgaudo (Treverensi) et Gunthario (Coloniensi) archiepiscopis praecipit, ut Ingiltrudem adulteram a sese anathematizatam, sed in dioecesibus eorum libere commorantem, ad Bosonem comitem coniugem ipsius reverti cogant.

L a u d . i n : *J³ 5922; J³ 6081; Capitula conventus apud Saponarias a. 862 nov. 3 (MGH Capit. 2, 160).* – R e g . : *Germ. Pont. VII 21 n. *21; Germ. Pont. X 28 n. *20; Böhmer/Herbers n. 538.*

De tempore cf. Böhmer/Herbers n. 537.

*** 5739** **(860 dec.–861 ian.)**

JE *2689 Iohannem (VII) archiepiscopum Ravennatem litteris ter ad synodum vocat.

L a u d . i n : *Lib. pont. (Duchesne II 155; Přerovský II 602); De imp. potestate libellus (FSI 55, 200); Pseudo-Liudprandi Lib. (Migne PL 129, 1251).* – R e g . : *Ital. Pont. V 40 n. *102; Böhmer/Herbers n. 535.*

Olim ad a. 861–862. De tempore cf. Böhmer/Herbers n. 535.

*** 5740** **(860 dec.–861 ian.)**

JE *2695 Athanasium (I) (archi)episcopum Neopolitanum ad synodum contra Iohannem Ravennae (archi)episcopum congregatam vocat.

L a u d . i n : *Vita et translatio s. Athanasii c. 4 (Vuolo 129).* – R e g . : *Ital. Pont. VIII 445 n. *59; Böhmer/Herbers n. 536.*

Olim ad a. 862. De tempore cf. Böhmer/Herbers n. 536.

5741 **861 febr. 24** **Roma, S. Pietro**

JE I 344 In synodo Iohannem (VII) archiepiscopum Ravennatem communione privat, quia pro quibusdam necessitatibus ad synodum convocatus (J³ *5739), et quia a Nandegiso Polensi episcopo, contra eum libello porrecto, pessimo haereseos errore irretitus, venire contempsit (... imp. d. piissimo Hludoico imp. semper aug., a. reg. eius XII, ind. IX, m. febr., d. VI kal. mart., residens beatissimus Nicolaus summus pont. et univ. pp. in basilica b. Petri apost. ante vestibulum s. altaris cum reverentissimis sanctissimisque epp., Iohanne Bilitrinensi, Petro Gavo, Megisto Hostiense, Nandegiso ep. vicem agente Teutmari archiep. Aquiligensis, qui manus corroboratione in eadem synodo secundus existit a pp., aliis etiam reverentissimis epp. numero LI). – *In nomine domini.*

Ed.: *MGH Conc. 4, 50; insertum in J³ 6030.* – Reg.: *Ital. Pont. V 40 n. 103; Böhmer/Zielinski n. 201; Böhmer/Herbers n. 540.*

Laud. et in J³ †5764, in Lib. pont. (Duchesne II 155; Přerovský II 603), in Vita Athanasii c. 4 (Vuolo 130), in De imp. potestate libello (FSI 55, 201), in Flodoardi Remensis De Christi triumphis (Migne PL 135, 821), in Pseudo-Liudprandi Lib. (Migne PL 129, 1251). Olim ad a. 862. De tempore cf. Böhmer/Herbers n. 540.

5742 **(860 dec.–861 febr.)**

Nicolao (I) Lotharius (II) rex inter alia scribit se Liutfridum (ducem) avunculum et Waltharium (ducem Metensem) fidelem suum nec non et Theutgaudum archiepiscopum (Treverensem) atque Attonem episcopum (Virdunensem) destinaturum esse, ut per illos studium et oboedientiam suam erga sedem apostolicam affirmet.

Ed.: *MGH Epp. 6, 209 n. 1.* – Reg.: *Böhmer/Mühlbacher² n. 1293; Germ. Pont. X 29 n. 21; Böhmer/Herbers n. 533.*

5743 **(860 dec.–861 febr.)**

Nicolao (I) archiepiscopi et episcopi in regno Lotharii (II) constituti significant, se Theutgaudum Treverensis ecclesiae archiepiscopum et Attonem coepiscopum (Virdunensem) ad summum pontificem (de causa Theutbergae reginae) consulendum dirigere.

Ed.: *MGH Epp. 6, 210 n. 2.* – Reg.: *Böhmer/Mühlbacher² n. 1292a; Germ. Pont. VII 21 n. 22; Germ. Pont. X 29 n. 22; Böhmer/Herbers n. 534.*

†5744 **861 apr. 18**

JE †2686 Privilegium (subditivum), quem monasterio Lebracensi dedisse Carolus (Magnus) fertur, confirmat (Dat. XIV kal. mai. p. m. Huberti canc. S.A.S. in Lat. basilica, pont. n. a. III). – *Quoniam iuxta scripta.*

Ed.: *Große PUU Frankreich NF IX 92 n. 11.* – Reg.: *Böhmer/Herbers n. †544.*

*5745 **(861 mart.–apr. med.)** **(Roma)**

JE I 345 Ludovici (II) imperatoris legatos, qui cum Iohanne archiepiscopo Ravennate Romam venerant, „quia ... excommunicato communicaverunt, benigne ... redarguit".

Laud. in: *Lib. pont. (Duchesne II 155; Přerovský II 603); Flodoardi Remensis De Christi triumphis (Migne PL 135, 821).* – Reg.: *Böhmer/Zielinski n. 201; Böhmer/Herbers n. 542.*

Olim ad a. 862. De tempore cf. Böhmer/Herbers n. 542.

*5746 **(861 apr. med.)** **(Roma)**

JE *2694 Iohanni (VII) archiepiscopo Ravennati mittit, ut in kal. nov. (nov. 1) ad synodum, a qua fuerat excommunicatus (J³ 5741), occurrat plenamque satisfactionem ostendat nec non et tantis praevaricationibus finem imponat.

Laud. in: *Lib. pont. (Duchesne II 155).* – Reg.: *Ital. Pont. V 40 n. *104; Böhmer/Herbers n. 543.*

Olim ad a. 862. De tempore cf. Böhmer/Herbers n. 543.

*5747 **(860 sept.–861 aug.)**

Monasterio s. Valentini, „qui est positum in territorium Narniensis, qui ponitur iuxta

Teramne" vestem de fundato I, habentem storiam leonum et in circuitu mizinum, donat.

L a u d . i n : *Lib. pont. (Duchesne II 154).* – R e g . : *Böhmer/Herbers n. 519.*

*5748 **(860 sept.–861 aug.)**

Formam „quae vocatur Iocia, at vero iam per evoluta annorum spacia nimis confracta existens, per quam decurrebat aqua per centenarium in Romana urbe, a fundamentis ad fabricandum atque restaurandum" praeparat.

L a u d . i n : *Lib. pont. (Duchesne II 154).* – R e g . : *Hainzmann Stadtrömische Wasserleitungen 101; Ward-Perkins From Classical Antiquity 252 et 254; Herbers Wasser 68; Böhmer/Herbers n. 520.*

*5749 **(860 sept.–861 aug.)**

In ecclesia s. Mariae (Romana) „qui vocatur Cosmidi ... hospitium largum ac spaciosum satisque precipuum, ad opus atque utilitatem pontificum, ubi quotiens oportunum fuerit, cum omnibus qui eis famulantur, amplissime hospitentur" facit.

L a u d . i n : *Lib. pont. (Duchesne II 154); Flodoardi Remensis De Christi triumphis (Migne PL 135, 821).* – R e g . : *Böhmer/Herbers n. 521.*

*5750 **(860 sept.–861 aug.)**

Ecclesiae b. Petri (Romanae) vela in arcora presbyterii cum chrisoclavo XL, catenam ex argento mundissimo, et oratorio s. Crucis infra basilicam gabatham de argento donat.

L a u d . i n : *Lib. pont. (Duchesne II 154).* – R e g . : *Böhmer/Herbers n. 522.*

*5751 **(860 sept.–861 aug.)**

Basilicae b. Pauli apostoli (extra muros Romanae) candelabrum argenteum donat.

L a u d . i n : *Lib. pont. (Duchesne II 154).* – R e g . : *Böhmer/Herbers n. 523.*

*5752 **(860 sept.–861 aug.)**

In titulo b. Eusebii (Romano) super ciborium crucem cum melo de argento facit.

L a u d . i n : *Lib. pont. (Duchesne II 154).* – R e g . : *Böhmer/Herbers n. 524.*

*5753 **(861 aug.–sept.)** **Roma**

Nicolaum (I) Aemilienses ac senatores urbis Ravennae rogant, „ut ad imitationem domini nostri Iesu Christi pro recuperatione eorum non dedignaretur proficisci Ravennam, quatinus inspectis omnibus ad summam eos perduceret libertatem".

L a u d . i n : *Lib. pont. (Duchesne II 156).* – R e g . : *Böhmer/Herbers n. 547.*

5754 **(861 aug.–sept.)**

Apud Nicolaum (I) Photius patriarcha Constantinopolitanus electionem suam defendit atque legatos papae (Radoaldum Portuensem ac Zachariam Anagninum) laudat. Addit de peregrinis (Graecis) Romam petentibus.

E d . : *Laourdas/Westerink Photii Epistulae III 123; insertum in Iohannis Beccos De pace (Laurent/Darrouzès Dossier 450).* – R e g . : *Grumel/Darrouzès Reg. I/2, n. 472; Böhmer/Herbers n. 545.*

Laud. et in J³ 5769 et J³ 6026 et J³ 6030, actis concilii Constantinopolitani a. 869, actio prima (Mansi Conc. 16, 34), Iohannis Beccos De pace (Laurent/Darrouzès Dossier 436 et 450).

*5755 **(861 aug.–sept.)**

Nicolao (I) Michael (III) imperator (Constantinopolitanus) decreta concilii Constantinopolitani (nuper celebrati) una cum decretis concilii Nicaeni confirmat atque Ignatii patriarchae (Constantinopolitani) depositionem inibi constitutam nuntiat; electionem Photii defendit.

L a u d . i n : *J³ 5768; J³ 5771; J³ 6023; J³ 6026; Lib. pont. (Duchesne II 158).* – R e g . : *MMFH 3, 142 n. 17; Dölger/Müller Reg. des oström. Reiches I/1, 238 n. 460; Böhmer/Herbers n. 546.*

*** 5756** **(861 oct. in.–med.)** **Ravenna**

JE *2696 Omnibus Ravennensibus, Aemiliensibus et Pentapolitanis res quas Iohanne archiepiscopo (VII Ravennate) et Gregorio (duce Ravennate) fratre eius rapientibus amiserant restituit et praeceptionis suae decreto confirmat. – *Sollicitudinem omnium ecclesiarum.*

L a u d . i n : *Lib. pont. (Duchesne II 156); Flodoardi Remensis De Christi triumphis (Migne PL 135, 821); MGH Epp. 6, 613 n. 105; Mansi Conc. 15, 599; Migne PL 106, 787.* – R e g . : *Ital. Pont. IV 117 n. *7; Ital. Pont. V 8 n. *34; Ital. Pont. V 90 n. 23; Ital. Pont. V 40 n *105; Böhmer/Herbers n. 554.*

Olim ad a. 862. De tempore cf. Böhmer/Herbers n. 554.

*** 5757** **(861 nov. ante 16)** **(Roma)**

Missos Ludovici (II) imperatoris excipit eorumque commendationem Iohannis archiepiscopi Ravenennsis excommunicati repudiat.

L a u d . i n : *Lib. pont. (Duchesne II 156); Flodoardi Remensis De Christi triumphis (Migne PL 135, 821).* – R e g . : *Böhmer/Zielinski n. 201; Böhmer/Herbers n. 555.*

*** 5758** **(861 nov. med.)**

Iohanni (VII) archiepiscopo (Ravennati) dirigit, ut coram veniens de se plenissimam satisfactionem ostendat et quae praevaricatus fuerat, satius emendet.

L a u d . i n : *Lib. pont. (Duchesne II 155).* – R e g . : *Ital. Pont. V 40 n. *106; Böhmer/Herbers n. 556.*

*** 5759** **(861 nov. 16)** **(Roma, Laterano), domus Leoniana**

Synodus Romana LXX episcoporum, in qua Nicolao (I) Iohannes (VII) archiepiscopus Ravennas iurat, „se omnibus diebus vitae suae observando integriter tenere atque perficere, sicut in ipsis (suae) sponsionis continebatur atque legebatur scripturis (iuxta consuetudinem antedecessorum suorum compositis); quas etiam ... summoque presuli“ tradit.

L a u d . i n : *Lib. pont. (Duchesne II 156; Přerovský II 603); Flodoardi Remensis De Christi triumphis (Migne PL 135, 821).* – R e g . : *Ital. Pont. V 40 n. *107; Böhmer/Herbers n. 557.*

*** 5760** **(861 nov. 17)** **(Roma), Laterano**

JE I 345 Synodi (cf. J³ *5759) „die altero“ Iohannes (VII) archiepiscopus Ravennas „de crimine hereseos“ se expurgat. „Quem communioni ipse papa restituit et ut sacrarum missarum solempnia“ celebret, „licentiam ei“ indulget.

L a u d . i n : *J³ 5767; Lib. pont. (Duchesne II 157; Přerovský II 606); Flodoardi Remensis De Christi triumphis (Migne PL 135, 821); Pseudo-Liudprandi Lib. (Migne PL 129, 1251).* – R e g . : *Ital. Pont. V 40 n. *107; Böhmer/Herbers n. 558.*

Olim ad a. 862 nov. De tempore cf. Böhmer/Herbers n. 558.

5761 **861 nov. 18** **(Roma, Laterano), domus Leoniana**

JE I 343 et Synodus (cf. J³ *5759) episcoporum LXX „sequenti die“ in domo Leoniana statuit,
JE I 345 ut Iohannes (VII) archiepiscopus Ravennas 1) „ad sedem apostolicam semel in duobus annis occurrere“ studeat; 2) „episcopos per Emiliam non consecre(t), nisi post electionem cleri et populi per epistolam apostolicae sedis“ licentiam percipiat; 3) „episcopos, quocienscumque ad apostolicam sedem venire voluerint, nequaquam“ prohibeat; 4) „nullam dationem contra canoncicam auctoritatem“ ab eis aliquando exigat, ac in primis eam praetermittat, „que ... tricesimalis dicitur“; 5) iura atque possessiones non oppugnet vel petat et controversias apud papam vel legatum eius

vel vestiarium ponat; 6) ne homines liberos liberosque colonos Ravennae, Pentapolis Aemiliaeque a publica districtione excusare aut vindicare praesumat; 7) s. Petri iura bonaque ecclesiae Ravennati s. Apollinaris (in Classe) irrita concessa rescindat ac postero tempore omittat (Pont. d. Nicholai summi pont. et univ. pp. a. IV, imp. piissimi aug. Hludoici a. XI, d. XVIII m. nov., ind. X).

Ed.: *MGH Epp. 6, 614 not. 1; MGH Conc. 4, 62.* – Reg.: *Böhmer/Mühlbacher² n. 1222a; Ital. Pont. V 41 n. 108; Ital. Pont. V 8 n. 35; Reg. chartarum Pistoriensium I 37 n. 43; Böhmer/Zielinski n. 201; Böhmer/Herbers n. 559.*

Laud. et in J³ 5762, J³ 6123, in Lib. pont. (Duchesne II 157; Přerovský II 607), in De imp. potestate libello (FSI 55, 201), in Pseudo-Liudprandi Lib. (Migne PL 129, 1251). Olim duo regesta ad 861 nov. 18 et ad 862 nov. Cf. Böhmer/Herbers n. 559.

5762 **861 nov. (19–30)** **(Roma)**

JE I 343 et JE I 345

Episcopis Aemiliae regionis, in concilio Iohanne (VII) archiepiscopo Ravennati praesente, de iniuriis ab eo illatis lamentantibus praecipit, „ut nullus amodo et deinceps archiepiscopus Ravennas ad (eorum) episcopia sine voluntate (eorum) accedere temptet vel aliquam pecuniam ab (eis) exigere vel res ecclesiae (eorum) aut monasteria ... sive plebes aut titulos sive praedia ... diripere audeat neque vocare Ravennam praeter tempora a patribus diffinita"; „ut illud, quod trigesimale dicunt, Ravennae nullo modo (eos) facere cogere" audeat, „itaque nec angariam nec agriculturam nec dationem aliquam archiepiscopis Ravennatibus sit licentia ab (eo eiusque) successoribus episcopis amodo et deinceps ... exquirendi nec fas sit illi prohibere clericos (eorum), quominus per Ravennam et qua voluerint equitando incedant"; tribuit licentiam, „ut, quotiens ... Romam occurrere (velint), nullum impedimentum (eis) archiepiscopus Ravennas nec palam nec occulte facere praesumat"; decernit, „ut, cum statutis temporibus archiepiscopus Ravennas (eos) ad concilia convocaverit, nullo modo (eos) diutius retinendi licenciam habeat, ita ut ultra XV dies pro gravi necessitate Ravennae nullatenus" remorentur; decernit, ut nihil exhibeant archiepiscopo Ravennati, „nisi quod canones sancti praecipiunt quodque ceteri episcopi per Liguriam et Venetiam atque Histriam suis metropolitis exhibere probantur" (Scr. p. m. Leonis scrin. S.R.E. in m. nov. ind. X). – *Sollicitudinem omnium ecclesiarum.*

Ed.: *MGH Epp. 6, 613 n. 105.* – Reg.: *Ital. Pont. V 9 n. 36 et 163 n. 2 et 301 n. 2; Böhmer/Herbers n. 560.*

Cf. J³ 5761.

5763 **(860–861)**

JE 2688

Hunifredo episcopo Morinensi per Guandalgarium presbyterum respondet 1) cum sciscititet, „utrum, cum a Normannis de episcopio" depellatur, debeat „de cetero in monasterio conversari"; „si perniciosum est proretam in tranquillitate navim deserere, quanto magis in fluctibus"; 2) Clericum, „qui paganum occiderit, non oportet ad maiorem gradum provehi. Qui carere debet etiam adquisito; homicida enim est"; „ridiculum est et inconveniens clericum arma sustollere et ad bella procedere". – *(Sciscitaris itaque per); (Clericum autem qui).*

Ed.: *MGH Epp. 6, 612 n. 104.* – Can.: *Ivonis (?) Coll. tripartita 1, 62, 30 et 47; Ivonis Decr. VI c. 120 (2); Gratiani Decr. D. L c. 5 et C. VII q. 1 c. 47.* – Reg.: *Dipl. Danicum I/1, 37 n. 7; Böhmer/Herbers n. 506.*

Fragmenta. Olim ad a. 861? De tempore et aliis collectionibus ineditis cf. Böhmer/Herbers n. 506.

†5764 **(861 mart.–dec.)**

JE 2693

Adoni archiepiscopo Viennensi pallium petenti (Gall. Pont. III/1 99 n. †*84a) annuit ea conditione, ut de quinta et sexta synodis quid sentiat, quemadmodum de synodis quatuor fecerit, sibi significet. Decreta concilii m. mart. Romae celebrati mittit. – *Sanctioni et institutioni.*

E d . : *MGH Epp. 3, 99 n. 21; MGH Epp. 6, 669 n. 154.* – R e g . : *Gall. Pont. III/1, 99 n. †84b; Böhmer/Herbers n. †541.*

Laud. et in Seriebus epp. Viennensium (MGH SS 24, 814). Olim ad a. 862. De tempore et fide cf. Böhmer/Herbers n. †541. Cf. et J³ 5741.

***5765** **(861 dec.)**

Radoaldus (Portuensis) et Zacharias (Anagninus) legati de rebus in synodo Constantinopolitana gestis referunt.

L a u d . i n : *J³ 5768; J³ 5769; J³ 6023; J³ 6030; Vita Ignatii (Mansi Conc. 16, 245).* – R e g . : *Böhmer/Herbers n. 563.*

***5766** **(861 dec.)**

Ad (Nicolaum I) missi Byzantini Leone a secretis duce Michaelis (III) imperatoris Photiique patriarchae (Constantinopolitanorum) epistolae atque acta concilii Constantinopolitani afferentes adveniunt.

L a u d . i n : *J³ 5768; J³ 5771; J³ 6022; J³ 6023; J³ 6030; J³ 6073.* – R e g . : *Böhmer/Herbers n. 564.*

5767 **(861 nov. ex.–862 febr.)**

JE 2697 Adoni archiepiscopo (Viennensi) respondet (cf. Gall. Pont. III/1 100 n. *86): 1) nemini licere, „dimissa uxore ..., absque decreto generalis synodi ... aut aliam accipere ... aut illa superstite pro uxore concubinam habere"; 2) „si desponsata nesciente sponso corrumpatur et postmodum dote facta ... cum eadem idem sponsus iacuerit", non licere ei ipsam dimittere; 3) de excommunicandis rerum ecclesiasticarum invasoribus. 4) Nunciat haec: „Iohannem (VII) archiepiscopum Ravennatem sciatis paterne ab apostolica sede receptum et de errore, quo accusabatur, sacramento purgatum ac, ut Romanae sedi dignam reverentiam exhibeat, tam ipse quam successores eius ... nobis iuratum fore"; 5) mandat, „ut mala, quae in regno Galliae fiunt, zelo pietatis corrigantur". – *Quia sanctitatis vestrae; (Requiritis enim si); (De eo si); (Si hi qui); (Iohannem archiepiscopum Ravennatem); (Ut mala quae).*

E d . : *MGH Epp. 6, 618 n. 106; insertum in decreto (falso) synodi apud Saponarias (MGH Conc. 3, 489) (3).* – C a n . : *Ivonis (?) Coll. tripartita 1, 62, 13 (3); Ivonis Decr. III c. 152 (3); Gratiani Decr. C. XII q. 2 c. 22 (3).* – R e g . : *Gall. Pont. III/1, 100 n. 87; Böhmer/Herbers n. 562; Böhmer/Zielinski n. 2538.*

Fragmentum. Laud. et in Seriebus epp. Viennensium (MGH SS 24, 814). Olim ad a. 862 nov. De tempore et aliis collectionibus ineditis cf. Böhmer/Herbers n. 562. Cf. et J³ *5760.

5768 **862 mart. 18**

JE 2692 Michaeli (III) imperatori (Constantinopolitano) scribit, paucis diebus post reditum legatorum suorum (Radoaldi Portuensis et Zachariae Anagnini episcoporum) acta synodi Constantinopolitanae per Leonem a secretis reddita sibi esse, quibus iniquam deiectionis sententiam in Ignatium prolatam cognoverit. Se vero, cum explorari causam, non diiudicari, iussisset, neque Ignatium remotum putare, nec Photium patriarcham (Constantinopolitanum) constitutum, „quousque veritas omni falsitatis fuco nudata in praesentia (sua) eluceat". De imaginibus quae constituta sint, ea probat. Superiores ad eum litteras vitiatas esse, queritur. Ad venerandam ecclesiam Romanam hortatur (Dat. m. mart. d. XVIII, ind. X). – *Si serenissimi imperii.*

E d . : *MGH Epp. 6, 442 n. 85; Tăutu Acta Rom. pont. I 609 n. 319 (fragm.); insertum in J³ 6030.* – R e g . : *Böhmer/Herbers n. 569.*

Laud. et in J³ 5771, J³ 6020, J³ 6022, J³ 6023, J³ 6026, J³ 6030, J³ 6073, et in Lib. pont. (Duchesne II 159). Olim ad a. 862 mart. 19. De tempore cf. Böhmer/Herbers n. 569. Cf. et J³ *5342, J³ *5722, J³ 5729, J³ *5733, J³ *5755, J³ *5765, J³ *5766.

5769 **862 mart. 18**

JE 2691 Photio viro prudentissimo de ecclesiae Romanae primatu exponit. Negat eum, qui in Ignatii patriarchae (Constantinopolitani) legitimi locum substitutus sit, comparari cum Nectario, Tarasio, Ambrosio posse. Concilii Sardicensis ignorantiam excusanti fidem abrogat. Quod pontificum Romanorum decretalibus se carere dicat, eum, si verum sit, negligentiae noxium esse, si mendacium, temeritatis. Addit de corrupta epistola sua (J³ 5729), legatisque suis Constantinopoli indigne habitis (Dat. m. mart. d. XVIII, ind. X). – *Postquam beato Petro.*

Ed.: *MGH Epp. 6, 447 n. 86; Tăutu Acta Rom. pont. I 614 n. 320 (fragm.); insertum in J³ 6030 et in Hincmari Laudunensis Pittaciolo (MGH Conc. 4, Suppl. 2, 91).* – Can.: *Ivonis (?) Coll. tripartita 1, 62, 14–17 (fragm.); Ivonis Decr. IV c. 135 et c. 211 (fragm.); Ivonis (?) Panorm. II c. 100 (fragm.); Gratiani Decr. D. XI c. 2; D XII c. 3; D. XVI c. 14; D. XX c. 2 (fragm.).* – Reg.: *Böhmer/Herbers n. 570.*

Laud. et in J³ 6020, J³ 6022, J³ 6023, J³ 6026, J³ 6030, in Lib. pont. (Duchesne II 159). De ceteris collectionibus cf. Böhmer/Herbers n. 570. Cf. et J³ 5729 et J³ 5754 et J³ *5765.

*5770 **(862 mart. 18)**

Ecclesiae Constantinopolitanae de Ignatio patriarcha (Constantinopolitano) et de Photio scribit.

Laud. in: *J³ 5771.* – Reg.: *Böhmer/Herbers n. 571.*

5771 **862 mart. 18**

JE 2690 Omnibus fidelibus scribit, Ignatium, venerabilem patriarcham Constantinopolitanum, iniussu suo praesentibus legatis suis (Radoaldo Portuensi et Zacharia Anagnino episcopis), remotum esse Photiumque substitutum, hominem scelestissimum. Hunc invasorem, illum patriarcham haberi iubet. Suarum ad (Michaelem III) imperatorem et ecclesiam Constantinopolitanam litterarum exempla mittit (Dat. m. mart. d. XVIII, ind. X). – *Quod igitur generali.*

Ed.: *Insertum in J³ 6030 (separatim ed. in MGH Epp. 6, 440 n. 84; Tăutu Acta Rom. pont. I 606 n. 318).* – Reg.: *MMFH 3, 143 n. 18; Böhmer/Herbers n. 572.*

Laud. et in J³ 6030. Cf. J³ 5720, J³ *5721, J³ *5722, J³ 5729, J³ 5730, J³ *5733, J³ *5755, J³ *5766, J³ 5768, J³ *5770.

*5772 **(862 mart. 19–apr.)**

JE I 344 Leoni Michaelis (III) a secretis epistolas (J³ 5768 et J³ 5769) imperatori Constantinopolitano designatas tradit.

Laud. in: *J³ 6022; J³ 6023; J³ 6030; J³ 6073; Lib. pont. (Duchesne II 159).* – Reg.: *Böhmer/Herbers n. 573.*

*5773 **(862 apr. 29–mai.)**

Nicolao (I) Lotharius (II) rex refert episcopos sibi a Theutberga regina separare Waldradamque in matrimonium ducere permisisse.

Laud. in: *J³ 5837; J³ 6081; Adventii Metensis narratio (MGH Epp. 6, 215 n. 5); Capitula conventus apud Saponarias a. 862 nov. 3 (MGH Capit. 2, 161); Lib. pont. (Duchesne II 159).* – Reg.: *Böhmer/Mühlbacher² n. 1296a; Böhmer/Herbers n. 574.*

*5774 **(862 apr. 29–mai.)**

Nicolaum (I) Theutberga regina tertium de rebus coniugialibus appellat.

Laud. in: *J³ 5788; J³ 5804; J³ 5837; J³ 6081.* – Reg.: *Böhmer/Herbers n. 575.*

*5775 **(861 sept.–862 aug.)**

Ecclesiae b. Mariae (Romanae) „quae vocatur Cosmidi" „calpi de argento" donat.

Laud. in: *Lib. pont. (Duchesne II 158).* – Reg.: *Böhmer/Herbers n. 548.*

*5776 **(861 sept.–862 aug.)**
Titulo „Vestine expressae figure beato Vitali martyris" iconam donat.
L a u d . i n : *Lib. pont. (Duchesne II 158).* – R e g . : *Böhmer/Herbers n. 549.*

*5777 **(861 sept.–862 aug.)**
Basilicae b. Anastasii (ad Aquas Salvias Romanae), „in circuitu sacri altaris, cum periclisin de blatthin vela IIII" donat.
L a u d . i n : *Lib. pont. (Duchesne II 158).* – R e g . : *Böhmer/Herbers n. 550.*

*5778 **(861 sept.–862 aug.)**
Oratorio s. Gregorii papae in basilica b. Petri (Romana) „vestes fundatas per circuitum ornatas de olovero ... III" offert.
L a u d . i n : *Lib. pont. (Duchesne II 158).* – R e g . : *Böhmer/Herbers n. 551.*

*5779 **(861 sept.–862 aug.)**
Ecclesiae b. Pauli apostoli (extra muros Romanae) „vestem aurotextam, in circuitu gemmas habentem iacinthinas, albas, prasinas, simulque et carbunculos lapides" et „duo vela pari modo auro texta ... cum gemmis" donat.
L a u d . i n : *Lib. pont. (Duchesne II 158).* – R e g . : *Böhmer/Herbers n. 552.*

*5780 **(861 sept.–862 aug.)**
Ecclesiam s. Mariae (Romanam) „que primitus Antiqua, nunc autem Nova vocatur, quam domnus Leo IIII papa a fundamentis construxerat (J³ *5573), sed picturis eam minime decorarat ... pulchris ac variis" facit „depingi coloribus, augens decorem, et plurimis corde puro ... speciebus" ornat.
L a u d . i n : *Lib. pont. (Duchesne II 158; Přerovský II 609).* – R e g . : *Böhmer/Herbers n. 553.*

5781 **(862 iun.–aug.)**
Nicolaum (I) Ludovicus (Germanicus) et Lotharius (II) reges certiorem faciunt se paganos depulisse controversiasque composuisse. Rogant, ut papa in Germaniam veniat.
E d . : *MGH Epp. 6, 212 n. 3.* – R e g . : *Böhmer/Mühlbacher² n. 1297; Böhmer/Herbers n. 578.*

*5782 **(862 iul.–oct.)**
Lothario (II) regi promittit se legatos missuros; admonet eum, ne quid interea faciat rebus coniugialibus.
L a u d . i n : *J³ 5788; J³ 5837; J³ 6081.* – R e g . : *Böhmer/Herbers n. 579.*

*5783 **(862 oct.)**
JE *2700 Ludovico (Germanico) regi praescribit, ut episcopos duos ad synodum Theutbergae (reginae) Waldradaeque causa Metis celebrandam mittat.
L a u d . i n : *J³ 5789; J³ 6081.* – R e g . : *Böhmer/Herbers n. 586.*
Olim ad a. 862 (nov. 23). De tempore cf. Böhmer/Herbers n. 586.

*5784 **(862 oct.)**
Lothario (II) regi scribit binos episcopos Ludovici (Germanici) et Caroli (Provinciae) regnorum ad synodum Metis celebrandam (cf. J³ *5847) convenire debere.
L a u d . i n : *J³ 5790; J³ 6081.* – R e g . : *Böhmer/Herbers n. 587.*

*5785 **(862 oct.)**
Carolum (Provinciae) regem petit, ut duos episcopos ad synodum Metis celebrandam (cf. J³ *5847) mittat.
L a u d . i n : *J³ 5790; J³ 6081.* – R e g . : *Böhmer/Herbers n. 588.*

*** 5786** **(862 oct.–nov. 23)**

Nicolaum (I) Balduinus (comes Flandriae) rogat, ut eum in causa matrimonii sui adiuvet.

Laud. in: *J³ 5791; J³ 5792; J³ 5824; J³ 5825; J³ 5887; Lamberti s. Audomari Genealogia comitum Flandriae (MGH SS 9, 309); Flandria generosa (MGH SS 9, 317).* – Reg.: *Böhmer/Herbers n. 585.*

5787 **(862 nov. 23)**

JE 2701 Ludovicum (II) imperatorem certiorem facit, Radoaldum Portuensem Iohannemque Cerviensem episcopos legatos perficienda synodo fieri decrevisse (Dat. ut supra). – *Augustae serenitatis magnitudini.*

Ed.: *MGH Epp. 6, 270 n. 4.* – Reg.: *Böhmer/Zielinski n. 206; Böhmer/Herbers n. 594.*

Laud. et in J³ 5838. Cf. J³ 5789 et J³ *5796.

5788 **862 nov. 23**

JE 2702 Archiepiscopos et episcopos in concilio Metensi congregatos hortatur, ut una cum legatis suis in Theutbergae (reginae) et Waldradae causa, omisso personarum discrimine, canonice iudicent. Acta mitti iubet, ut a sese aut probentur aut reiciantur (Dat. IX kal. dec., ind. XI). – *Reverentiae sacerdotali tunc.*

Ed.: *MGH Epp. 6, 268 n. 3.* – Reg.: *Parisse Bull. Lorraine 13 n. 4; Böhmer/Herbers n. 595.*

Laud. et in J³ 5837, J³ 5838. Cf. J³ *5717, J³ *5725, J³ *5774, J³ *5782, J³ *5796.

5789 **(862 nov. 23)**

JE 2699 Carolo (Calvo) regi (simili modo, ut in J³ *5783) praescribit, duos regni eius episcopos ad synodum (Metensem) mittat; idemque praeceptum fratri eius Ludovico (Germanico) regi, datum nunciat (Dat. ut supra). – *Sedes haec sancta.*

Ed.: *MGH Epp. 6, 271 n. 5.* – Reg.: *Böhmer/Herbers n. 596.*

Laud. et in J³ 5787, J³ 5790, J³ 5838. Cf. J³ *5783 et J³ *5796.

5790 **(862 nov. 23)**

JE 2698 Lothario regi (II Lotharingiae) Radoaldum Portuensem et Iohannem Cerviensem episcopos commendat missos, ut cogendae synodo (Metensi) intersint. Ex Ludovici (Germanici) et Caroli regis (Provinciae) et Caroli (Calvi) regnis binos episcopos in eandem synodum adhiberi praescribit (Dat. ut supra). – *Regalis excellentia vestra.*

Ed.: *MGH Epp. 6, 271 n. 6.* – Reg.: *Böhmer/Herbers n. 597.*

Laud. et in J³ 5837, J³ 5838, J³ 6081. Cf. J³ *5784, J³ *5785, J³ 5789, J³ *5796.

5791 **(862 nov. 23)**

JE 2703 Carolum (Calvum) regem rogat, ut Balduinum vasallum (comitem Flandriae), qui invito eo regiam (Iudith) duxerit, in gratiam recipiat, ne cum Normannis, ecclesiae inimicis, societatem statuat (Dat. ut supra). – *Beato ac pretioso.*

Ed.: *MGH Epp. 6, 272 n. 7.* – Reg.: *Dipl. Danicum I/1, 44 n. 104; Böhmer/Herbers n. 598.*

Laud. et in J³ 5825, J³ 5838. Cf. J³ *5786 et J³ *5796.

5792 **(862 nov. 24)**

JE 2704 Hermentrudem reginam (Caroli Calvi uxorem) pro Balduino, filiae eius raptore, deprecatur. – *Fidelium universitas gentium.*

Ed.: *MGH Epp. 6, 274 n. 8.* – Reg.: *Böhmer/Herbers n. 599.*

Laud. et in J³ 5825, J³ 5838. Cf. J³ *5786 et J³ *5796.

5793 **(862 aug.–nov.)**

(Nicolao I clerici Lotharingiae) capitula (de causa matrimonii Lotharii II) mittunt eumque rogant, ut legatis mittendis liceat synodum universalem celebrare.

Ed.: *Hampe Reise nach Frankreich 604.* – Reg.: *Böhmer/Herbers n. 580.*

*** 5794** **862 (nov.)**

Nicolaum (I) Carolus (rex Aquitaniae) de matrimonio invito patre contracto et de controversia cum patre hac de causa orta certiorem facit.

Laud. in: *J³ 5795; J³ 5828; Ann. Bertiniani ad a. 862 (Grat 90).* – Reg.: *Böhmer/Herbers n. 591.*

5795 **(862 nov.)**

JE 2705 Carolo (Calvo) regi, 1) quod filius Carolus (rex Aquitanorum) iniussu suo viduam (Humberti Arvernorum comitis) in matrimonium duxisset, ira accenso 2) scribit haec: „Quodsi nulla invenitur ex latere alia causa, quod grave pariat peccatum, non reperitur auctoritas, ut eorum scindi debeat coniugium". – *(Dilectus filius et); (De uxore filio).*

Ed.: *MGH Epp. 6, 275 n. 9.* – Can.: *Coll. Caeseraugustana (versio 2).* – Reg.: *Böhmer/Herbers n. 592.*

Fragmenta. De Coll. Caesaraugustana, ubi haec epist. est inserta, cf. Böhmer/Herbers n. 592. Cf. et J³ *5794.

*** 5796** **(862 nov. ex.)**

Radoaldum episcopum Portuensem et Iohannem episcopum Ficoclensem legatos mittit, ut synodum Metis celebrent (cf. J³ *5847).

Laud. in: *J³ 5787; J³ 5788; J³ 5789; J³ 5790; J³ 5791; J³ 5792; J³ 6081; Adventii Metensis narratio (MGH Epp. 6, 216 n. 5); Lib. pont. (Duchesne II 160); Ann. Fuldenses ad a. 863 (MGH SS rer. Germ. 7, 57); Reginonis Prumiensis Chron. ad a. 865 (MGH SS rer. Germ. 50, 82); Ann. Saxo ad a. 865 (MGH SS 37, 81).* – Reg.: *Böhmer/Herbers n. 600.*

5797 **(858–862)**

Nicolao (I) Anastasius (Bibliothecarius) vitae Iohannis Eleimona translationem Latinam mittit adhortaturque eam aut firmare aut emendare.

Ed.: *MGH Epp. 7, 395 n. 1.* – Reg.: *Böhmer/Herbers n. 472.*

Laud. et in Flodoardi Remensis De Christi triumphis (Migne PL 135, 822).

*** 5798** **(858–862)**

Hucberto abbati (s. Mauritii Agaunensi) litteras mittit, in quibus eum arguit et corrigit.

Laud. in: *J³ 5841.* – Reg.: *Germ. Pont. II/2, 141 n. *6; Böhmer/Herbers n. 475.*

Olim ad (ante 863 mai.). De tempore cf. Böhmer/Herbers n. 475.

*** 5799** **(858–862)**

Salomoni (III) regi Brittonum scribit.

Laud. in: *J³ 6043.* – Reg.: *Böhmer/Herbers n. 474.*

***† 5800** **(858–862)**

(Ordonio) rege (Asturicensi) petente canonicatus in ecclesia Iriensi confirmat.

Laud. in: *Didaci archiep. Compostellani diploma spurium de 1134 febr. 8 (Fita/López Ferreiro Monumentos antiguos 8).* – Reg.: *Iglesias Ortega/Sandoval Verea/Seijas Montero Guía 96; Böhmer/Herbers n. †473.*

*** 5801** **862** **Roma**

JE I 346 Monachis s. Germani Autessiodurensis corpora ss. Urbani et Tiburtii donat (a. itaque inc. Dei 862).

L a u d . i n : *Herici Autissiodorensis Miracula s. Germani (Duru II 171).* – R e g . : *Böhmer/Herbers n. 567.*

*** 5802 (862 nov.–dec.)**

Nicolao (I) Ignatius (patriarcha Constantinopolitanus depositus) et alii archiepiscopi et episcopi de sorte sua queruntur eumque petunt, ut eis adiuvet.

L a u d . i n : *Libellus Ignatii (Mansi Conc. 16, 296).* – R e g . : *Böhmer/Herbers n. 590.*

***? 5803 (ante 863)**

Apud sanctam sedem (Nicolaum I) Rastislaus (et Sventopulcus et Kocel?) rogant, ut magistrum in eorum regiones mittat.

L a u d . i n : *J³ ?6232.* – R e g . : *MMFH 3, 143 n. 19; Marsina Vel'komaravské deperditá 20 n. 1; Ratkoš Kompletnost' 108 n. 3; Boh. Pont. 10 n. *†?2.*

5804 (862 nov.–863 ian.)

Legatos suos Radoaldum Portuensem et Iohannem Cerviensem in Gallias missos iubet, ut res Lotharii (II) regis conubiales decernant. – *Hlotharius rex profitetur.*

E d . : *MGH Epp. 6, 277 n. 11.* – C a n . : *Ivonis (?) Coll. tripartita 1, 62, 26; Ivonis Decr. VIII c. 334; Gratiani Decr. C. XXXI q. 2 c. 4.* – R e g . : *Böhmer/Herbers n. 589.*

Laud. et in J³ 5825, J³ 5838, J³ 5950, J³ 5952 et in ecclesiae Dolensis litteris ad Innocentium III a. 1199 directis (Morice Mémoires Bretagne I 752). De aliis collectionibus ineditis cf. Böhmer/Herbers n. 589. Cf. et J³ *5717 et J³ *5725 et J³ *5774.

*** 5805 (862 iun.–863 in.)**

Appellationem Rothadi episcopi Suessionensis contra eius a Hincmaro archiepiscopo Remensi dimissionem factam accipit.

L a u d . i n : *J³ 5806; J³ 5807; J³ 5824; J³ 5825; J³ 5826; J³ 5901; J³ 5928; J³ 5940; J³ 5942; J³ 5958; J³ 5959; J³ 5960; Lib. pont. (Duchesne II 162); Pseudo-Liudprandi Lib. (Migne PL 129, 1254).* – R e g . : *Böhmer/Herbers n. 577.*

5806 (863 ian.–febr.)

JE 2712 Hincmaro archiepiscopo Remensi praecipit, a sacris abstineat, nisi intra dies XXX Rothadum episcopum Suessionensem ab exilio revocatum in pristinumque restitutum cum calumniatoribus eius Romam miserit. – *Sanctitatem vestram quam.*

E d . : *MGH Epp. 6, 353 n. 55.* – R e g . : *Böhmer/Herbers n. 607.*

Laud. et in J³ 5807, J³ 5825, J³ 5827, J³ 5877, J³ 5887, J³ 5901, J³ 5958, J³ 5959 et in Lib. pont. (Duchesne II 162). Cf. J³ *5805.

5807 (863 ian.–febr.)

JE 2713 Carolo (Calvo) regi scribit, curet, ut Rothadus (episcopus Suessionensis) in integrum restitutus Romam accedat. De suis ad Hincmarum archiepiscopum Remensem litteris (J³ 5806) addit. – *Nunc laudanda est.*

E d . : *MGH Epp. 6, 354 n. 56.* – R e g . : *Böhmer/Herbers n. 608.*

Laud. et in J³ 5827, J³ 5958, et in Ann. Bertinianis ad a. 863 (Grat 103). Cf. J³ *5805 et J³ 5806.

*** 5808 (863 ian.–febr.)**

Nicolao (I) Theognostus monachus litteras reddit et de rebus Ignatii patriarchae Constantinopolitani refert.

L a u d . i n : *Lib. pont. (Duchesne II 180); Styliani epist. ad Stephanum V directa (Mansi Conc. 16, 430; MGH Epp. 7, 377).* – R e g . : *Böhmer/Herbers n. 606.*

5809 (863) mart. 14 (Roma)

JE 2848 Leoni episcopo Adriensi ad preces „Lodouuici (II) imperatoris augusti concedit

... auctoritatem, atque largitur ei successoribusque omnes honores ac ius legale seu potestatem ..." (Scr. p. m. Iohannis protonot. S.S.A. et cum bulla munivit. A. d. inc. 883, d. XIV m. mart., dat. per ind. XII). – *Propter amorem ac.*

E d . : *Zennari Agro adriese 57.* – R e g . : *Ital. Pont. V 189 n. 1; Böhmer/Herbers n. 617.*

Fragmenta. Olim ad a. 858–867. De tempore cf. Böhmer/Herbers n. 617.

†5810 **863 mart. 29** **(Roma)**

JE †2714 Monasterii Blandiniensis (Gandavensis) possessiones ac privilegia „iuxta scripta petitoria filii sui praecellentissimi regis Karoli (Calvi) cum praesentia Fulrhadi abbatis Blandiniensis talia suggerentis" confirmat, sicut fecerat olim Martinus (I) papa ad petitionem Amandi episcopi Tungrensis praefati monasterii constructoris (cf. J³ †3373) (Scr. p. m. Sophronii not. reg., scrin. S.R.E. Corroboratum atque subnixum auctoritate apost. Nichelai, suggerente Folrado abbate inclyto, uti fuerat olim petente d. Amando, temp. Martini pp. Dat. a. I, IV kal. apr., reg. Karolo invictissimo imp. Presentatum per Tiberium S.R.E. archicanc., ind. XI). – *Quando ad ea.*

E d . : *Pirenne Bulle fausse 161.* – R e g . : *Böhmer/Herbers n. †618.*

Laud. et in J³ 8218 et in Ann. Blandiniensibus (Grierson 10).

***5811** **(862 sept. 19–863 mart.)**

Nicolaum (I) Carolus (Calvus) rex per litteras rogat, ut privilegia monasterii s. Dionysii confirmet.

L a u d . i n : *J³ 5822; J³ †5832.* – R e g . : *Lot/Tessier Recueil II n. 253; Böhmer/Herbers n. 584.*

?5812 **(862 dec.–863 mart.)**

JE *2707 Galliae episcopis scribit de Theutberga regina, quae perdidit „suum maritalem Lotharii (II) thorum". – *(Quoniam scimus Thiebirgam).*

E d . : *MGH Epp. 6, 278 not. 1.* – C a n . : *Coll. Taurinensis.* – R e g . : *Böhmer/Herbers n. †(?)603.*

Fragmentum. Olim ad a. 862. De tempore et Coll. Taurinensi, ubi haec epist. est inserta, cf. Böhmer/Herbers n. †(?)603.

5813 **(863 febr.–mart.)**

Nicolao (I) Hincmarus (archi)episcopus Remensis chartae Benedicti (III) papae (J³ 5631) exemplar mittit et rogat, ut privilegia confirmet atque amplificet.

E d . : *Insertum in J³ 6064 et in J³ 6074 (separatim ed. in MGH Epp. 8, 121 n. 159).* – R e g . : *Böhmer/Herbers n. 609.*

Laud. et in J³ 5823, J³ 5826, J³ 5995, J³ 5996, J³ 5997, J³ 6040, J³ 6041.

***5814** **(863 febr.–mart.)**

Apud Nicolaum (I) Hincmarus archiepiscopus (Remensis) fidem suam contra doctrinas Gotescalci (Orbacensis) adulterinas defendit.

L a u d . i n : *J³ 5887; Flodoardi Remensis Hist. III c. 15 (MGH Epp. 8, 121 n. *158; MGH SS 36, 241).* – R e g . : *Böhmer/Herbers n. 610.*

***5815** **(863 febr.–mart.)**

A Nicolao (I) Hucbertus abbas (s. Mauritii Agaunensis) vituperatus per litteras ab Odone episcopo Bellovacensi delatas se defendit.

L a u d . i n : *J³ 5841.* – R e g . : *Böhmer/Herbers n. 611.*

5816 **(863 febr.–mart.)**

Nicolaum (I), clerum et populum Romanum Gerardus comes (Viennensis) et Berta eius uxor certiores faciunt de monasteriis (Pulteriensi Vizeliacensique) conditis, quae et ei commendant.

Ed.: *Huygens Mon. Vizeliacensia 249 n. 2.* – Reg.: *Böhmer/Herbers n. 614.*

Laud. et in J³ 5843.

*5817 **(863 febr.–mart.)**

Nicolao (I) hi, qui synodo Suessionensi intersunt, scribunt.

Laud. in: *J³ 5825; J³ 5826; J³ 5827; J³ 5877.* – Reg.: *Böhmer/Herbers n. 612.*

*5818 **(863 febr.–mart.)**

Nicolaum (I) monachi s. Karilefi in pago Cenomannensi rogant, ut privilegia confirmet.

Laud. in: *J³ 5860; J³ ?5932.* – Reg.: *Böhmer/Herbers n. 613.*

*5819 **(863 apr. ante 28)** **(Roma)**

Nicolao (I) Odo (I) episcopus Bellovacensis varias epistolas reddit, Carolum (Calvum) regem laudibus extolit et de concilio Suessionensi celebrato refert. Rogat, ut privilegia bonaque monasteriorum (Oratoriensi et Flaviacensi) confirmet.

Laud. in: *J³ 5820; J³ 5821; J³ 5824; J³ 5825; J³ 5826; J³ 5828; J³ 5841; J³ 5877; J³ ?5932.* – Reg.: *Böhmer/Herbers n. 620.*

5820 **863 apr. 28** **(Roma)**

JE 2716 Ecclesiae Bellovacensi concessa a Carolo (Calvo) rege monasteria Oratorium et Flaviacum, petente Odone episcopo Bellovacensi, confirmat (Scr. p. m. Petri not., reg. et scrin. S.R.E. in m. apr., ind. XI ... IV kal. mai. p. m. Tiberii prim. S.S.A. imp. d. n. piissimo aug. Ludovico a Deo cor. magno pacifico imp. a. XIV). – *Quicunque in hujus.*

Ed.: *Insertum in Hincmari Remensis De officiis epp. (Migne PL 125, 1091); Migne PL 119, 813.* – Reg.: *Dipl. Danicum I/1, 46 n. 107; Lohrmann PUU in Frankreich NF VII 22 n. 2 et 50 n. 1; Böhmer/Herbers n. 622.*

Laud. et in Caroli Simplicis privilegio (Lauer Recueil I n. 41). Cf. J³ *5819.

5821 **863 apr. 28** **(Roma)**

JE 2717 Monasterii ss. Petri et Pauli Corbeiensis (in dioecesi Ambianensi), nunc sub Trasulfo abbate constituto, privilegia, petente Odone episcopo Bellovacensi, qui paulo ante abbas praedicti monasterii fuerat, corroborat (Scr. p. m. Leonis not. reg. et scrin. S.R.E. in m. apr., ind. XI. [Dat. IV] kal. mai. p. m. Tiberii prim. S.S.A. imp. d. n. piissimo perp. aug. [L]udowico a Deo cor. magno pacifico imp. a. XIV et post cons. eius a. X, ind. XI). – *Convenit apostolico moderamini.*

Ed.: *Levillain Examen critique 282.* – Reg.: *Lohrmann PUU in Frankreich NF VII 22 n. 3; Böhmer/Herbers n. 623.*

Laud. et in privilegiis epistolisque Caroli Calvi (Lot/Giry/Prou/Tessier Recueil II n. 423), Caroli Simplicis (Lauer Recueil I n. 41), J³ 7402, Leonis IX (JL 4212, Böhmer/Frech n. 753), Innocentii II (JL 7671 et JL 8254), Eugenii III (JL 9108), Hadriani IV (JL 10242), Alexandri III (Ramackers PUU Frankreich NF IV 209 et JL 11858 et JL 11903), Clementis III (JL 16223, Böhmer/Schmidt n. 233), Celestini III (JL 17141), Innocentii III (Potthast 484, Reg. Innocenz' III. 1, 710), Honorii III (Potthast 5458a), in notitiis saec. XIII in dorso privilegii Ludovici Pii a. 825 dati inscriptis (MGH DD L I n. 243). Cf. J³ 5630 et J³ *5669 et J³ *5819.

5822 **863 apr. 28** **(Roma)**

JE 2718 Monasterii s. Dionysii privilegia „iuxta scripta petitoria filii sui praecellentissimi regis Karoli (Calvi)“ confirmat (Scr. p. m. Sophronii not. reg. et scrin. S.R.E. in

m. apr., ind. XI. Dat. IV kal. mai. p. m. Tiberii prim. S.S.A. imp. d. piissimo aug. Hludouuico a Deo cor. magno pacifico imp. a. XIV et post consulatum eius a. XIV, ind. XI). – *Quando ad ea.*

Ed.: *Große PUU Frankreich NF IX 95 n. 12; insertum in Alexandri IV transsumpto (Potthast 12850).* – Reg.: *Atsma/Vezin Saint-Denis 689 n. 18; Große PUU Frankreich NF IX 33 n. 23; Böhmer/Herbers n. 624.*

Laud. et in Leonis IX privilegio spurio (JL 4182, Böhmer/Frech n. †631) et in Alexandri II privilegio (JL 4565). Cf. J[3] *5811.

5823 **863 apr. 28** **(Roma)**

JE 2720 Rogante Hincmaro archiepiscopo Remensi synodum Suessionensem II, a. 853 apr. 28 celebratam, sicut Benedictus III papa (cf. J[3] 5631), confirmat. Hincmari primatum iusque pallii et cetera privilegia, „salvo in omnibus iure apostolicae sedis", ea conditione „omnibus vitae (eius) diebus" corroborat: „Si tam in praesenti quam semper ..., in nullo ab apostolicae sedis praeceptionibus quoquomodo discrepaveri(t)" (Scr. p. m. Zachariae not. reg. et scrin. S.R.E. in m. apr. ind. XI. ... Dat. IV kal. mai. p. m. Tiberii prim. S.S.A. imp. d. piissimo imp. aug. Hludowico a Deo cor. magno pacifico imp. a. XIV, ind. XI). – *Pastoralis sollicitudinis cura.*

Ed.: *MGH Epp. 6, 365 n. 59.* – Can.: *Coll. Sinemuriensis.* – Reg.: *Böhmer/Herbers n. 626.*

De Coll. Sinemuriensi, ubi epist. inserta est, cf. Böhmer/Herbers n. 626. Laud. et in J[3] 5887, J[3] 6039, J[3] 6040, J[3] 6041, J[3] 6064, J[3] 6074, in Hincmari archiep. Remensis epist. ad Egilonem Senensem directa (MGH Epp. 8, 190 n. 186), in Ann. Bertinianis ad a. 866 (Grat 128). Cf. J[3] 5631 et J[3] 5813.

5824 **(863 apr. 28)**

JE 2722 Carolo (Calvo) regi pro Balduino (Flandriae comite), qui filiam regis (Iudith) sibi furto contra fas in uxorem sociavit et ab episcopis regni Caroli anathematizatus Romam venit, supplicat et precatur, ut legaliter ei filiam in uxorem dimittat. De Rothado episcopo Suessionensi, quid Hincmaro archiepiscopo Remensi et ceteris episcopis (J[3] 5806 et J[3] 5825) mandaverit, significat. De immeritis increpationibus apostolicis querenti ita respondet: „Scimus tamen nos, ex qua radice contra dilectionem vestram haec virga processerit ... Percuteris ergo, immo pulsaris, fili, ... ut cautior et sollicitior atque tutior ... valeas inveniri". Dilectionem suam erga eum relatione Odonis episcopi (Bellovacensis) et Primi legatorum auctam esse nuntiat. De „Northmannorum subacta rabie" gratulatur. – *O quam vera.*

Ed.: *MGH Epp. 6, 369 n. 60.* – Reg.: *Dipl. Danicum I/1, 47 n. 109; Böhmer/Herbers n. 627.*

Cf. J[3] *5786, J[3] *5805, J[3] *5819, J[3] 5825, J[3] 5826.

5825 **(863 apr. 28)**

JE 2723 Metropolitas et episcopos, qui synodo Suessionensi interfuerunt, de paganorum impetibus consolatur. Acta synodi inducit, eosque, nisi Rothadum episcopum Suessionensem, intra dies XXX ad se miserint, a sacris temperare iubet. Ut Carolum (Calvum) regem pro Balduino comite Flandriae rogent, monet. De Lotharii (II) regis scelere „radicitus amputa(ndo)" scribit. De concilio, cuius convocationem petierint se post Radoaldi (Portuensis) et Iohannis (Cerviensis) episcoporum, legatorum suorum, reditum, quid sibi placeat, significaturum. – *Scriptis dilectae fraternitatis.*

Ed.: *MGH Epp. 6, 355 n. 57.* – Can.: *Deusdedit Coll. can. I c. 152 et IV c. 158 (fragm.); Coll. Brit. 586 n. 32 (fragm.); Ivonis (?) Coll. tripartita 1, 62, 3–4 et 73 (fragm.); Ivonis Decr. IV c. 86 et c. 187 (fragm.); Ivonis (?) Panorm. II c. 138 et c. 140 (fragm.); Gratiani Decr. D. X c. 1 (fragm.).* – Reg.: *Dipl. Danicum I/1, 46 n. 108; Böhmer/Herbers n. 628.*

Laud. et in J[3] 5824, J[3] 5826, J[3] 5827, J[3] 5887, J[3] 5958, J[3] 5959. De aliis collectionibus ineditis cf. Böhmer/Herbers n. 628. Cf. et J[3] *5786, J[3] 5791, J[3] 5792, J[3] 5804, J[3] *5805, J[3] 5806, J[3] *5817, J[3] *5819, J[3] *5842.

5826 **(863 apr. 28)**

JE 2721 Hincmarum archiepiscopum (Remensem) vituperat, quod Rothadum episcopum (Suessionensem) „apostolicam appellantem sedem ... gradu episcopatus" deiecerit aliumque in eius locum substituerit. Suum iudicium, „etiamsi numquam appellasset idem Rothadus, modis omnibus" praestolandum fuisse. Romam eundem mitti, iam iterum, minis usus, iubet. Addit de aliis litteris Odoni episcopo Bellovacensi datis (J³ *5819), ac de Carolo (Calvo) rege ad colendam sedem apostolicam admonendo. – *Beatitudinis tuae lectis.*

Ed.: *MGH Epp. 6, 362 n. 58.* – Can.: *Coll. Sinemuriensis.* – Reg.: *Böhmer/Herbers n. 629.*

De Coll. Sinemuriensi, ubi epist. inserta est, cf. Böhmer/Herbers n. 629. Laud. et in J³ 5824, J³ 5887, J³ 5901, J³ 5958, J³ 5959. Cf. J³ *5805, J³ 5813, J³ *5817, J³ *5819, J³ 5825, J³ *5842.

5827 **(863) apr. 28**

JE 2727 Rothadum episcopum Suessionensem bene sperare iubet. De suis ad Hincmarum episcoposque et regem epistolis eum certiorem facit. Hortatur, ne apostolicam sedem appellare cesset; „nullatenus te" inquit „in finem oblivioni tradi ... patiemur" (Dat. IV kal. mai.). – *Cognoscat experientia tua.*

Ed.: *MGH Epp. 6, 372 n. 61.* – Reg.: *Lohrmann PUU in Frankreich NF VII 147 n. 1; Böhmer/Herbers n. 630.*

Laud. et in J³ 5887. Cf. J³ 5806, J³ 5807, J³ *5817, J³ 5825.

5828 **(863 apr. 28)**

JE 2728 Ludovicum (Neustriae) et Carolum (Aquitaniae), Caroli (Calvi) regis filios, cum patre in gratiam rediisse, sicut ab Odone episcopo (Bellovacensi) reverso audierit, gaudet. A quo ne denuo divellantur monet, utque poenitentiam subituri synodo a legatis suis habendae intersint. – *Pervenit ad apostolatus.*

Ed.: *MGH Epp. 6, 278 n. 12.* – Reg.: *Böhmer/Herbers n. 631.*

Cf. J³ *5794 et J³ *5819.

5829 **(863 apr. 28)**

JE 2732 Hilduino clerico sub anathematis poena praecipit, ut ex ecclesia Cameracensi cedat, quaeque abstulerit, reddat. – *Cum nostri voti.*

Ed.: *MGH Epp. 6, 280 n. 14.* – Reg.: *Böhmer/Herbers n. 632.*

Laud. et in J³ 5830, J³ 5831, J³ 5887, et in Gestis epp. Cameracensium I c. 50 (MGH SS 7, 418).

5830 **(863 apr. 28)**

JE 2730 Archiepiscopis et episcopis in regno Lotharii (II) regis constitutis imperat, regi persuadeant, ut, cui Cameracensem ecclesiam, iam per X menses episcopo orbatam, contulerit, Hilduinum clericum Remensis dioecesis removeat, canonicique episcopi eligendi facultatem clero plebique concedat. – *Quotiens de vestrae.*

Ed.: *MGH Epp. 6, 279 n. 13.* – Reg.: *Böhmer/Herbers n. 633.*

Laud. et in J³ 5887 et in Gestis epp. Cameracensium I c. 50 (MGH SS 7, 418). Cf. J³ 5829.

5831 **(863 apr. 28)**

JE 2731 Lotharium (II) regem incusat, quod neglecto Hincmari metropolitae Remensis iure ecclesiae Cameracensi Hilduinum praefecerit. Quem eici, Hincmarique privilegia observari, minitabundus iubet. – *Inter innumera quae.*

Ed.: *MGH Epp. 6, 281 n. 15.* – Reg.: *Böhmer/Herbers n. 634.*

Laud. et in J³ 5887 et in Gestis epp. Cameracensium I c. 50 (MGH SS 7, 418). Cf. J³ 5829.

†5832 863 apr. 28 (Roma)

JE 2719 Carolo (Calvo) regi respondet (cf. J³ *5811) se eius de privilegiis s. Dionysii confirmandis voluntati libenti animo satisfecisse, ex episcopi Parisiensis potestate monasterium eximens (Scr. p. m. Sophronii not. ac scrin. S.R.E. in m. apr., ind. XI. Dat. IV kal. mai. p. m. Tiberii prim. S.S.A. imp. d. piissimo principe [aug.] Hludouico a Deo cor. [magno pacifico] imp. a. XIV regni eius). – *Supernae miserationis respectu.*

Ed.: *Große PUU Frankreich NF IX 100 n. 13; insertum in Alexandri IV privilegio transsumpto (Potthast 12892).* – Reg.: *Atsma/Vezin Saint-Denis 689 n. 12b; Große PUU Frankreich NF IX 33 n. 13; Böhmer/Herbers n. †625.*

Cf. J³ *5811.

***5833 (858–863 apr.)**

Carolo archiepiscopo Maguntino mandat, ut causam Abbonis cuiusdam, qui contra sacrorum canonum sanctiones uxorem accipere praesumpserat et in quarta generatione sibi copulaverat, examinet.

Laud. in: *J³ 5850.* – Reg.: *Germ. Pont. IV 62 n. *28a; Böhmer/Herbers n. 471.*

De tempore cf. Böhmer/Herbers n. 471.

***5834 (862 dec.–863 apr.)**

Certior fit de epistolis (J³ *5794 et J³ 5795) a legatis Radoaldo Portuensi Iohanneque Cerviensi perditis.

Laud. in: *J³ 5838; J³ 6081.* – Reg.: *Böhmer/Herbers n. 602.*

De tempore cf. Böhmer/Herbers n. 602.

***5835 (862 nov. 23–863 mai.)**

De rebus, qui ad Ingiltrudem fugacem pertineant, synodo Metis congregando (cf. J³ *5847) scribit.

Laud. in: *J³ 6081.* – Reg.: *Böhmer/Herbers n. 593.*

De tempore cf. Böhmer/Herbers n. 593.

5836 (862 dec.–863 mai.)

JE 2706 Stephanum comitem (Arverniae), proposita excommunicatione, cohortatur, ut, quem deiecerit, Sigonem episcopum Arvernensem restituat, Adonemque clericum, quem in illius locum suffecerit, removeat, atque in synodo a legatis suis habenda de criminibus obiectis rationem reddat. – *Quae et quanta.*

Ed.: *MGH Epp. 6, 623 n. 108.* – Reg.: *Böhmer/Herbers n. 601.*

Olim ad a. 862. De tempore cf. Böhmer/Herbers n. 601.

5837 (863 ian.–mai.)

JE 2725 Omnibus Galliae Germaniaeque archiepiscopis mandat, ut synodo Metensi intersint, canonicumque de Lothario (II) rege iudicium faciant; quem, si non stiterit nec poenitentiam susceperit, excommunicatum iri ostendit. – *Incognitum vobis esse.*

Ed.: *MGH Epp. 6, 275 n. 10.* – Reg.: *Parisse Bull. Lorraine 13 n. 5; Böhmer/Herbers n. 604.*

Laud. et in J³ 5838, J³ 5964. Olim ad a. 863. De tempore cf. Böhmer/Herbers n. 604. Cf. et J³ *5717, J³ *5725, J³ *5773, J³ *5774, J³ *5782, J³ 5788, J³ 5790.

5838 (863 ian.–mai.)

JE 2726 Radoaldo Portuensi et Iohanni Cerviensi episcopis, legatis suis, inculcat, ut, peracta synodo Metensi, si Lotharius (II) rex non stiterit, mandata sua ad eum deferant; deinde Carolum (Calvum) regem Balduini (Flandriae) comitis causa accedant, eique „epistolas synodicas et has, quas nunc vobis dirigimus (J³ 5824) pariter cum commonitorio, praesentibus cunctis“ ostendant. – *Quemadmodum sanctae Romanae.*

Ed.: *MGH Epp. 6, 276 n. 11.* – Reg.: *Böhmer/Herbers n. 605.*

Laud. et in J³ 5950, J³ 5952. Olim ad a. 863 (apr.). De tempore cf. Böhmer/Herbers n. 605. Cf. et J³ 5787, J³ 5788, J³ 5789, J³ 5790, J³ 5791, J³ 5792, J³ 5804, J³ *5834, J³ 5837.

5839 **(863 mart.–mai.)** **(Roma), S. Pietro – Laterano**

JE I 350 Concilium, in quo Zacharias episcopus Anagninus crimen corruptionis confessus et deiectus excommunicatur, decernit: 1) Photius, ecclesiae Constantinopolitanae invasor, anathematizatur; 2) Gregorio Syracusano, iam ante episcopali dignitate privato (J³ *†5636), si eam sibi arrogare pergat, anathema proponitur; 3) Photii socii honoribus ab eo acceptis orbantur; 4) et 5) Ignatius patriarcha (Constantinopolitanus) eiusque socii restituuntur; 6) imaginum cultus confirmatur, Iohannes quondam patriarcha Constantinopolitanus et eius socii anathematizatur.

Ed.: *Insertum in J³ 6023 et J³ 6030 (separatim ed. in MGH Conc. 4, 142).* – Reg.: *Ital. Pont. X 317 n. *67; Böhmer/Herbers n. 616.*

Laud. et in J³ 5980, J³ 6022, J³ 6023, J³ 6024, J³ 6026, J³ 6027, J³ 6031, J³ 6073, J³ 6422, Lib. pont. (Duchesne II 159; Přerovský II 618), Erchemperti Hist. Lang. c. 52 (MGH SS rer. Lang. 256), Chron. Salernitano c. 131 (Westerbergh 143), Invectiva in Romam (Dümmler Gesta 151), Flodoardi Remensis De Christi triumphis (Migne PL 135, 822), Pseudo-Liudprandi Lib. (Migne PL 129, 1254).

*** 5840** **(863 mart.–mai.)**

(Nicolao I) Saro abbas (Pultariensis) epistolam Gerardi comitis Viennensis et Bertae uxori eius tradit; qui (papa) respondens (cf. J³ 5843 et J³ *5844) reliquia ss. Eusebi, Pontiani, atque ss. Peregrini et Vincentii mittit.

Laud. in: *Translatio ss. Eusebii et Pontiani in Galliam (Anal. Boll. 2, 369); Adonis Viennensis Martyrologium (Dubois-Renaud Martyrologe d'Adon 284); Sigeberti Gemblacensis Chron. ad a. 865 (MGH SS 6, 341); Ann. Vizeliacenses ad a. 838 (Huygens Mon. Vizeliacensia 210).* – Reg.: *Böhmer/Herbers n. 615.*

5841 **(863 apr. med.–mai.)**

JE 2729 Ad Hucberti abbatis (s. Mauritii Agaunensis) litteras (J³ *5815), per Odonem episcopum Bellovacensem allatas (cf. J³ *5819), respondet. Obiurgationibus suis gravatum ad patientiam hortatur. De eius ac sororis (Theutbergae reginae) causa in synodo agenda se suis legatis mandasse, nuntiat. – *Apices defensionis tuae.*

Ed.: *MGH Epp. 6, 282 n. 16.* – Reg.: *Germ. Pont. II/2, 142 n. 7; Böhmer/Herbers n. 621.*

Olim ad a. 863 (apr.). De tempore cf. Böhmer/Herbers n. 621. Cf. et J³ *5798 et J³ *5815 et J³ *5819.

*** 5842** **(863 apr. 29–mai.)**

Odoni episcopo Bellovacensi multas epistolas mittit una cum exemplaribus earum, quae Radoaldo (Portuensi) Iohannique (Cerviensi) episcopis et legatis datae sunt.

Laud. in: *J³ 5825; J³ 5826; J³ 5958; J³ 5959; J³ 5877; J³ 5887.* – Reg.: *Böhmer/Herbers n. 635.*

5843 **(863) mai.** **(Roma)**

JE 2831 Parthenonis Vizeliacensis a conditoribus Gerardo comite (Viennensi) et Berta uxore eius cum annuo unius argenti librae vectigali b. Petro oblati possessiones confirmat, privilegiaque statuit (Scr. p. m. Sofronii reg. et scrin. R.E. in m. mai. Dat. vero p. m. Tiberii prim. S.A. imp. Ludovico Karoli Magni filio). – *Quando ea quae.*

Ed.: *Huygens Mon. Vizeliacensia 255 n. 3.* – Reg.: *Böhmer/Herbers n. 639; Böhmer/Zielinski n. 2560.*

Laud. et in J³ 6706, J³ 7343, J³ 7580, J³ 7644, J³ 8021, J³ 8049, J³ 8156, J³ 8482, in Ann. Vizeliacensibus ad a. 838 (Huygens Mon. Vizeliacensia 210), in Hugonis Pictaviensis Chron. Vizeliacensi I et II (Huygens Mon. Vizeliacensia 396 et 416). Olim ad a. 858–867 mai. De tempore cf. Böhmer/Herbers n. 639. Cf. et J³ 5816.

***5844** **(863 mai.)**

JE *2830 Parthenonis Pultariensis, a conditoribus Gerardo comite (Viennensi) et Berta uxore eius b. Petro oblati, possessiones confirmat privilegiaque statuit.

Laud. in: *Ann. Vizeliacenses ad a. 838 (Huygens Mon. Vizeliacensia 210).* – Reg.: *Böhmer/Herbers n. 638.*

Olim ad a. 858–867 (mai.). De tempore cf. Böhmer/Herbers n. 638.

***5845** **863 (mai.–iun. med.)**

JE *2734 Ecclesiae Metensi privilegium concedit, mandans, ut facultates rerum eius reintegrentur.

Laud. in: *Adventii ep. Metensis charta pro monasterium Gorziense a. 863 (d'Herbomez Cartulaire 106 n. 60).* – Reg.: *Parisse Bull. Lorraine 14 n. 6; Böhmer/Herbers n. 637.*

***5846** **863 (mai.–iun. med.)**

Nicolai (I) legati Radoaldus Portuensis et Iohannes Cerviensis episcopi Suessionis in monasterio s. Medardi Balduino (comiti Flandriae), qui Romam fugerat, veniam impetrant.

Laud. in: *J³ 5887; Ann. Bertiniani ad a. 863 (Grat 98); Lamberti s. Audomari Genealogia comitum Flandriae (MGH SS 9, 309); Flandria generosa (MGH SS 9, 317).* – Reg.: *Böhmer/Herbers n. 636.*

***5847** **863 (iun. med.)** **Metz**

Nicolai I mandato Radoaldus Portuensis et Iohannes Cerviensis episcopi, apostolicae sedis legati, synodo praesident pro Lotharii II regis divortio congregatae.

Laud. in: *J³ 5867; J³ 5868; J³ 5869; J³ 5870; J³ 5871; J³ 5884; J³ 5904; J³ 5906; J³ 5920; J³ 6030; J³ 6081; Adventii Metensis narratio (MGH Epp. 6, 215 n. 5; MGH Conc. 4, 135); Adventii Metensis charta monasterio Gorziensi concessa (d'Herbomez Cartulaire 107); Ann. Bertiniani ad a. 863 (Grat 98); Ann. Fuldenses ad a. 863 (MGH SS rer. Germ. 7, 57); Lib. pont. (Duchesne II 160).* – Reg.: *Böhmer/Mühlbacher² n. 1302a; Oediger Reg. Köln I 60 n. 186; Germ. Pont. VII 21 n. *23; Germ. Pont. X 29 n. *23; Böhmer/Herbers n. 642.*

5848 **(858–863 iun.)**

JE †2710 Carolo archiepiscopo Maguntino respondet (cf. J³ *5833) quibus poenitentiis varia crimina luenda sint. – *Qui sacrorum dogmatum.*

Ed.: *MGH Epp. 6, 670 n. †155.* – Reg.: *Germ. Pont. IV 63 n. 29; Böhmer/Herbers n. 469.*

Laud. et in Alberici Trium Fontium Chron. (MGH SS 23, 738). Olim ad a. 858–863. De tempore et fide cf. Böhmer/Herbers n. 469.

5849 **(858–863 iun.)**

JE †2711 Carolo archiepiscopo Maguntino mandat, ne ob infirmitatem vel damna corporis coniugium solvatur. – *(Si qui matrimonium).*

Ed.: *MGH Epp. 6, 677 n. 157.* – Can.: *Reginonis De syn. causis II c. 129; Burchardi Decr. IX c. 28; Anselmi Coll. can. X c. 25; Bonizonis Lib. de vita christiana VIII c. 37; Ivonis Decr. VIII c. 166; Ivonis (?) Panorm. VI c. 93; Gratiani Decr. C. XXXII q. 7. c. 25.* – Reg.: *Germ. Pont. IV 62 n. †28; Böhmer/Herbers n. 470.*

Fragmentum. Laud. et in Alberici Trium Fontium Chron. (MGH SS 23, 738). Olim ad a. 858–863. De tempore, fide et aliis collectionibus ineditis cf. Böhmer/Herbers n. 470.

5850 **(860 iun. med.–863 iun.)**

JE †2709 Carolo archiepiscopo (Maguntino) eiusque suffraganeis Altfrido (Hildesheimensi), Salomoni (Constantiensi), Hiltigrimo (Halberstadensi), Theoderico (Mindensi), Gunzoni (Wormatiensi), Gebehardo (Spirensi), Arnoni (Wirzeburgensi), Witgario (Augustano) et Egiberto (Osnabrugensi?) episcopis, ac Grimaldo (s. Galli), Egilberto (Laureshamensi), Thiotoni (Fuldensi), Amali (Campidonensi) et Adalgario (Corbeiensi) abbatibus respondet se in Salomonem episcopum (Constantiensem), „nec criminis neque facinoris sententiam ... protulisse"; litterasque, quas Grimaldus abbas, tanquam a sese datas, iis attulerit, falsas esse. Abbonis nuptias, qui quarto gradu propinquam duxerit, dirimi iubet. Haec constituit: „Nulli liceat Christiano de propria consanguinitate sive cognatione uxorem accipere, usque dum generatio recordatur, cognoscitur, aut memoria retinetur". Varia addit de fornicatione, adulterio, homicidio. – *Divinorum fulgentes dogmatum.*

Ed.: *MGH Epp. 6, 671 n. 156; MGH Conc. 4, 129; insertum in Fulberti Carnotensis Epist. (Bouquet Recueil X 479 n. LXXIV).* – Can.: *Deusdedit Coll. can. IV c. 258; Ivonis (?) Coll. tripartita 1, 62, 22–24; Ivonis Decr. IX c. 13; VII c. 133; X c. 180; IX c. 31 et c. 36; I c. 138; VIII c. 124 et c. 333; X c. 28; VII c. 145; Ivonis (?) Panorm. III c. 136; VII c. 64 et c. 14; III c. 199; Gratiani Decr. D. L c. 33; C. XXXIII q. 2 c. 6, c. 16 et c. 17; C. XXVII q. 1 c. 34 (frugm.).* – Reg.: *Germ. Pont. II/1, 124 n. †2; Germ. Pont. III 92 n. †4 et 147 n. †3; Volkert/Zoepfl Reg. Augsburg I 39 n. †39; Ortmanns Minden 132 n. †1; Germ. Pont. IV 63 n. 30; Germ. Pont. V/1, 81 n. 6; Germ. Pont. IX 113 n. 7 et 151 n. 3; Germ. Pont. V/2, 20 n. 4 et 207 n. 3; Böhmer/Herbers n. 515.*

Laud. et in Pseudo-Liutprandi Lib. (Migne PL 129, 1252). Olim ad a. 858–863. De tempore, fide et aliis collectionibus ineditis cf. Böhmer/Herbers n. 515. Cf. et J[3] *5833.

*5851 **(863 iun.–iul.)**

Hincmaro archiepiscopo Remensi epistolam in causa Rothadi (episcopi Suessionensis) mittit.

Laud. in: *J[3] 5877; J[3] 5901.* – Reg.: *Böhmer/Herbers n. 641.*

*5852 **(863 iun.–iul.)**

Nicolao (I) Rotbertus episcopus Cenomannensis de controversia cum monasterio s. Karilefi (Anisolensi) scribit.

Laud. in: *J[3] 5858; J[3] 5860.* – Reg.: *Böhmer/Herbers n. 640.*

*5853 **(862 sept.–863 aug.)**

Peponem diaconum sedem apostolicam appellantem a Landulfo archiepiscopo (Capuano) iniudiciose depositum officio restitui iubet et „quia sine certo numero episcoporum, immo sine criminis approbatione et ipse sine oris professione fuerat diaconus iudicatus, omnem illam iudicii sententiam" cassat „et ad rectitudinis tramitem apostolica causam pietate" reducit.

Laud. in: *Lib. pont. (Duchesne II 159); Pseudo-Liudprandi Lib. (Migne PL 129, 1251).* – Reg.: *Ital. Pont. VIII 217 n. *12; Martin/Cuozzo Regesti dell'Italia meridionale 411 n. 832; Böhmer/Herbers n. 582.*

*5854 **(862 sept.–863 aug.)**

(Nicolao I) Ludovicus (II imperator) dona confert.

Laud. in: *Lib. pont. (Duchesne II 159).* – Reg.: *Böhmer/Zielinski n. 281A; Böhmer/Herbers n. 583.*

5855 **(863 aug.–sept.)**

Nicolao (I) Hincmarus archiepiscopus Remensis scribit se eius epistolam (J[3] 5806) non vidisse; Rothadum nunc iussu Caroli (Calvi) in tutela episcopi cuiusdam esse.

E d . : *MGH Epp. 8, 143 n. *165.* – R e g . : *Böhmer/Herbers n. 643.*

Laud. et in J³ 5877 et in J³ 5887.

*5856 **(863 aug.–sept.)**

Nicolao (I) Carolus (Calvus) rex (imprimis) de Rothado episcopo Suessionensi scribit.

L a u d . i n : *J³ 5877; J³ 5878.* – R e g . : *Böhmer/Herbers n. 644.*

5857 **(863 sept.)**

JE 2747 Vitalem patriarcham Gradensem ad concilium oct. 30 Romae celebrandum invitat. – *Notum fieri religioni.*

E d . : *MGH Epp. 6, 283 n. 17; MGH Conc. 4, 151.* – R e g . : *Ital. Pont. VII/2, 43 n. 39; MMFH 3, 145 n. 21; Böhmer/Herbers n. 660.*

Laud. et in Andreae Danduli Chron. VIII c. 4 (RIS ser. II 12/1, 154).

5858 **(863 sept.)**

JE 2742 Carolum (Calvum) regem hortatur, ut monasterium s. Karilefi (Anisolense) Rotberti episcopi Cenomannensis potestati iniuste subtractum eidem restituat. Quodsi monachi ius suum exsequi velint, controversiam synodo episcoporum componi iubet, ea lege, ut episcopo provocare ad sedem apostolicam liceat. – *Excellentiae vestrae innotescimus.*

E d . : *MGH Epp. 6, 624 n. 109.* – R e g . : *Böhmer/Herbers n. 654.*

Laud. et in J³ 5860, in actis synodi Vermeriae 863 oct. 29 habitae = in Caroli Calvi privilegio 863 oct. 29 dato (MGH Conc. 4, 165; Lot/Giry/Prou/Tessier Recueil II n. 258), in Actis pont. Cenomannis XXIV (Busson/Ledru 337). Cf. J³ *5852.

*5859 **(863 sept.)**

Herardum archiepiscopum Turonensem certiorem facit de controversia Rotberti episcopi Cenomannensis et monasterii s. Karilefi (Anisolensi).

L a u d . i n : *J³ 5860; acta synodi Vermeriae 863 oct. 29 habitae = Caroli Calvi privilegium 863 oct. 29 datum (MGH Conc. 4, 165; Lot/Giry/Prou/Tessier Recueil II n. 258).* – R e g . : *Böhmer/Herbers n. 656.*

5860 **(863 sept.)**

JE 2743 Rotbertum episcopum Cenomannensem docet, quid de monasterio s. Karilefi (Anisolensi) in eius ditionem redigendo et Carolo (Calvo) regi, et regni illius episcopis, et Herardo archiepiscopo Turonensi, mandaverit. – *Plane quia sanctitatem.*

E d . : *MGH Epp. 6, 628 n. 113.* – R e g . : *Böhmer/Herbers n. 659.*

Laud. et in actis synodi Vermeriae 863 oct. 29 habitae = in Caroli Calvi privilegio 863 oct. 29 dato (MGH Conc. 4, 165; Lot/Giry/Prou/Tessier Recueil II n. 258), in Ann. Bertinianis ad a. 863 (Grat 103), in Actis pont. Cenomannis XXIV (Busson/Ledru 337). Cf. J³ *5818, J³ *5852, J³ 5858, J³ *5859, J³ 5862.

5861 **(863 sept.)**

JE 2744 Monachis s. Karilefi (Anisolensibus) praecipit, ut aut in Rotberti episcopi Cenomannensis potestatem revertantur, aut episcoporum a Rotberto convocatorum iudicium subeant. – *Fidelium relatione comperimus.*

E d . : *MGH Epp. 6, 627 n. 112.* – R e g . : *Böhmer/Herbers n. 658.*

Laud. et in actis synodi Vermeriae 863 oct. 29 habitae = in Caroli Calvi privilegio 863 oct. 29 dato (MGH Conc. 4, 165; Lot/Giry/Prou/Tessier Recueil II n. 258), in Actis pont. Cenomannis XXVI (Busson/Ledru 337).

5862 **(863 sept.)**

JE 2745 Archiepiscopos et episcopos in regno Caroli (Calvi) regis de monachorum s. Karilefi (Anisolensium) insolentia certiores facit. Quos Rotbertus episcopus Cenomannensis elegerit, iis negotium dat, ut litem dirimant; sed „emergente difficultate" rem suo arbitrio permitti iubet. – *Dignum est ut.*

Ed.: *MGH Epp. 6, 625 n. 110.* – Reg.: *Böhmer/Herbers n. 655.*

Laud. et in J³ 5860, in actis synodi Vermeriae a. 863 oct. 29 habitae = in Caroli Calvi privilegio 863 oct. 29 dato (MGH Conc. 4, 165; Lot/Giry/Prou/Tessier Recueil II n. 258), in Actis pont. Cenomannis XXIV (Busson/Ledru 337).

5863 **(863 sept.)**

JE 2746 Hincmarum archiepiscopum Remensem reprehendit, quod Carolum (Calvum) regem contra Rotbertum episcopum Cenomannensem monasterium s. Karilefi (Anisolense) sibi vindicantem incitaverit. – *Relatu quorundam audivimus.*

Ed.: *MGH Epp. 6, 626 n. 111.* – Reg.: *Böhmer/Herbers n. 657.*

* 5864 **(863 sept.)**

JE *2741 Hincmaro archiepiscopo Remensi sub excommunicationis poena praecipit, ut Iudith, Caroli (Calvi) regis filiam, paternis ac maternis obtutibus praesentandam suscipiat, si tamen intelligat, „quod confestim ... rex ..., quae de illa (sibi) scriptis et verbis per legatos (Radoaldum Portuensem et Iohannem Cerviensem episcopos) ... spopondit, adimplere" velit. „Quodsi eorum animos ad id protelandum esse intentos investigare" possit, nequaquam eam recipiat.

Laud. in: *J³ 5887; Gesta epp. Cameracensium I c. 50 (MGH SS 7, 418).* – Reg.: *Böhmer/Herbers n. 661.*

*? 5865 **(863 oct. 9–29)**

Indicit Guntherum Coloniensem atque Thietgadum Treverensem archiepiscopos „excusabiles apparere et innocentes".

Laud. in: *J³ 5888.* – Reg.: *Böhmer/Herbers n. †(?)667.*

De fide cf. Böhmer/Herbers n. †(?)667.

* 5866 **863 oct. 29**

„Per ammonitionem ... papae Nicolai (I)" Carolus (Calvus) rex se ad synodum Verberia censem confert et pacem cum Iudith filia sua facit.

Laud. in: *Acta synodi Vermeriae 863 oct. 29 habitae = Caroli Calvi privilegium (MGH Conc. 4, 165); Ann. Bertiniani ad a. 863 (Grat 103); Exemplar Notitiae (Bouquet Recueil VII 297).* – Reg.: *Lot/Tessier Recueil II n. 257; Böhmer/Herbers n. 669.*

5867 **(863 oct. 30)** **(Roma), Laterano**

JE I 351 Concilium, in quo 1) acta synodi Metensis, m. iun. celebratae (J³ *5847), rescinduntur; 2) Theutgaudus Treverensis et Guntharius Coloniensis archiepiscopi omni sacerdotii officio et omni episcopali regimine privantur; 3) ceteri episcopi, eorundem noxae socii, nisi per legatos litterasque culpam confiteantur, eadem afficiuntur poena; 4) Ingiltrudem, Maetifredi comitis (Aurelianensis) filiam, (Bosonis comitis uxorem), iterum (cf. J³ *5737) anathematizetur; 5) itemque contemptores decretorum sedis apostolicae anathemate coercentur.

Ed.: *Insertum in J³ 5868, J³ 5869, J³ 5870, J³ 5871 (separatim ed. in MGH Conc. 4, 152).* – Reg.: *Oediger Reg. Köln I 61 n. 193; Germ. Pont. VII 22 n. 24; Germ. Pont. X 30 n. 24; Böhmer/Herbers n. 670.*

Laud. et in J³ 5888, J³ 5896, J³ 5901, J³ 5906, J³ 6081, in Lib. pont. (Duchesne II 160), in clericorum et populi Coloniensium epist. ad suffraganos Colonienses a. 870 directa (MGH

Epp. 6, 242 n. 2), in Ann. Bertinianis ad a. 863 (Grat 99), in Ann. Fuldensibus ad a. 863 (MGH SS rer. Germ. 7, 58), in Ann. Xantensibus ad a. 863 (MGH SS rer. Germ. 12, 22), in Adonis Viennensis Chron. (MGH SS 2, 323), in J³ 6681, in Reginonis Prumiensis Chron. ad a. 865 (MGH SS rer. Germ. 50, 83), in Iohannis Mettensis Translatione s. Glodesindis c. 28 (MGH SS 24, 506 not. 1), in Ann. Elnonensibus ad a. 863 (Grierson 146), in Ann. Lobiensibus (MGH SS 13, 232), in Anselmi Leodiensis Gestis (MGH SS 7, 199), in Gestis epp. Mettensium (MGH SS 10, 541). Cf. J³ *5737 et J³ *5847.

5868 **(863 oct. 30)**

JE 2748 Archiepiscopos et episcopos per Galliam, Italiam et Germaniam constitutos certiores facit, Thietgaudum Treverensem et Guntharium Coloniensem archiepiscopos „decernente synodo in praesentia depositos et ab officio sacerdotali excommunicatos atque a regimine episcopatus alienatos" esse. Quos ne „recipere in sacerdotum catalogo praesumant", hortatur. Addit quaedam ex synodi decretis. – *Scelus quod Hlotharius.*

Ed.: *MGH Epp. 6, 287 n. 21 (fragm.).* – Can.: *Ivonis (?) Coll. tripartita 1, 62, 35 (fragm.); Ivonis Decr. VIII c. 226 (fragm.); Gratiani Decr. C. II q. 1 c. 21 (fragm.).* – Reg.: *Oediger Reg. Köln I 61 n. 193; Germ. Pont. VII 22 n. 25; Germ. Pont. X 30 n. 25; Böhmer/Herbers n. 672.*

Laud. et in J³ 5922. Cf. J³ *5847 et J³ 5867.

5869 **863 (oct. 30)**

JE 2749 Hincmaro Remensi et Weniloni Rotomagensi ceterisque archiepiscopis et episcopis in regno Caroli (Calvi) constitutis earundem litterarum exempla (ut J³ 5868) mittit. – *Scelus quod Hlotharius.*

Ed.: *Insertum in Ann. Bertinianis ad a. 863 (Grat 99; separatim ed. Floß Papstwahl II 24 n. 3 et MGH Epp. 6, 286 n. 19).* – Reg.: *Oediger Reg. Köln I 61 n. 193; Böhmer/Herbers n. 673.*

Laud. et in J³ 5887 et in J³ 5922. Cf. J³ *5847 et J³ 5867.

5870 **(863 oct. 30)**

JE 2750 Adoni Viennensi archiepiscopo separatim earundem litterarum exempla (ut J³ 5868) mittit. – *Scelus quod Hlotharius.*

Ed.: *MGH Epp. 6, 284 n. 18.* – Reg.: *Oediger Reg. Köln I 61 n. 193; Böhmer/Zielinski n. 2563; Gall. Pont. III/1, 101 n. 88; Böhmer/Herbers n. 671.*

Laud. et in J³ 5935. Cf. J³ *5737 et J³ *5847 et J³ 5867.

5871 **863 (oct. 30)**

JE 2751 Ad archiepiscopos et episcopos in regno Ludovici (Germanici) regis constitutos easdem litteras (ut J³ 5868) mittit. – *Scelus quod Hlotharius.*

Ed.: *Insertum in Ann. Fuldensibus ad a. 863 (MGH SS rer. Germ. 7, 58; separatim ed. in MGH Epp. 6, 287 n. 20).* – Reg.: *Oediger Reg. Köln I 61 n. 193; Böhmer/Herbers n. 674.*

Cf. J³ *5847 et J³ 5867.

5872 **(863 oct. 30)**

JE 2658 Exponit omnes canonum sponte violatores in omnibus authenticis conciliis anathematizatos esse. – *(Omnes canonum sponte).*

Ed.: *Migne PL 115, 674; Mansi Suppl. 1, 908.* – Can.: *Deusdedit Coll. can. I c. 124; Coll. Brit. 586 n. 31; Ivonis Decr. V c. 35; Gratiani Decr. C XXV q. 2 c. 18.*

Fragmentum. Laud. et in Gerhohi Reicherspergensis Epist. ad Innocentium papam directa (MGH Ldl 3, 227). Olim Leoni IV adscripta. De tempore cf. Ewald Brit. Sammlung 398 adn. 3.

***5873** **(858–863 oct.)**

Consensu „domni apostolici Nicolai (I)", eius coepiscoporum clerique Coloniensis Guntharius archiepiscopus Coloniensis monasterio Asnidensi certas decimas confert.

L a u d . i n : *Ottonis I diploma (MGH DD O I n. 85); Ottonis II diploma (MGH DD O II n. 49).* – R e g . : *Germ. Pont. VII 227 n. *2; Böhmer/Herbers n. 468.*

*** 5874** **(863 sept.–oct.)**

Nicolao I Liudo diaconus epistolas Hincmari Remensis (J³ 5855) Carolique (Calvi) regis (J³ *5856) reddit et responsa ab eo accipit; de damnatione Gotescalci (Orbacensis) consulit.

L a u d . i n : *J³ 5877; J³ 5879; J³ 5887.* – R e g . : *Böhmer/Herbers n. 653.*

5875 **(863 oct.)**

JE *2740 Hincmaro archiepiscopo Remensi 864 mai. 1 constituit, quo Rothadus episcopus Suessionensis cum iis, qui eundem accusaverant, Romae ad iudicium conveniant. – *(Fortasse cognoscet delictum).*

E d . : *Insertum in J³ 5887 (separatim ed. in MGH Epp. 6, 377 n. 65).* – R e g . : *Böhmer/Herbers n. 662.*

Fragmentum. Laud. et in J³ 5878, J³ 5901. Olim ad a. 863 sept. De tempore cf. Böhmer/Herbers n. 662.

5876 **(863 oct.)**

JE 2838 Hincmaro archiepiscopo Remensi scribit, necesse esse, „et accusatum et accusatorem simul adesse; ... et unam partem, quantacumque et qualicumque praedita sit auctoritate, sic prorsus audiri, ut alteri parti nullum praeiudicium irrogetur". – *(Necesse est secundum).*

E d . : *MGH Epp. 6, 649 n. 128.* – C a n . : *Ivonis (?) Coll. tripartita 1, 62, 33 (fragm.); Gratiani Decr. C. III q. 9 c. 21.* – R e g . : *Böhmer/Herbers n. 666.*

Fragmentum. Olim ad a. 858–867. De tempore et aliis collectionibus ineditis cf. Böhmer/Herbers n. 666.

5877 **(863 oct.)**

JE 2737 Rothado episcopo Suessionensi nuntiat, Hincmarum archiepiscopum Remensem per Liudonem diaconum significasse, eum „de monasteriali custodia eductum et cuidam episcopo ... commendatum esse". Carolo (Calvo) regi et Hincmaro, ut Romam eum honorifice mitterent, denuo praeceptum esse scribit. – *Sciat sanctitas tua.*

E d . : *MGH Epp. 6, 373 n. 62.* – R e g . : *Lohrmann PUU in Frankreich NF VII 147 n. 2; Böhmer/Herbers n. 665.*

Laud. et in J³ 5887. Olim ad a. 863 (cr. sept.). De tempore cf. Böhmer/Herbers n. 665. Cf. et J³ 5806, J³ *5817, J³ *5819, J³ *5842, J³ *5851, J³ 5855, J³ *5856, J³ *5874.

5878 **(863 oct.)**

JE 2738 Carolum (Calvum) regem, quod sibi „oboedientiae colla tanta facilitate" submiserit, laudat. Hortatur, ut Rothado episcopo Suessionensi Romam profecturo, quae ad perficiendum iter opus sint, tribuat. – *Cum vos tantae.*

E d . : *MGH Epp. 6, 374 n. 63.* – R e g . : *Böhmer/Herbers n. 663.*

Laud. et in J³ 5879 et in J³ 5887. Olim ad a. 863 (cr. sept.). De tempore cf. Böhmer/Herbers n. 663. Cf. et J³ *5856 et J³ 5875.

5879 **(863 oct.)**

JE 2739 Hermintrudi reginae respondet se Liudoni diacono ostendisse, quare Rothadi episcopi Suessionensis causa neglegi non possit. – *Litteras dilectionis vestrae.*

E d . : *MGH Epp. 6, 376 n. 64.* – R e g . : *Böhmer/Herbers n. 664.*

Laud. et in J³ 5887. Olim ad a. 863 (cr. sept.). De tempore cf. Böhmer/Herbers n. 664. Cf. et J³ *5874 et J³ 5878.

* 5880 **863 (oct. 29–nov.)**

Nicolao (I) episcopi, qui synodo Vermeriae celebrata affuerunt, de causa Rothadi episcopi Suessionensis scribunt.

Laud. in: *J³ 5939; J³ 5958; Ann. Bertiniani ad a. 863 (Grat 103).* – Reg.: *Böhmer/Herbers n. 668.*

(855–863)

Cf. J³ *5691 s. v. Benedictus III.

5881 **(860–863)**

JE 2833 Carolo (Calvo) regi mandat, ut Dionysii Areopagitae „de divinis nominibus vel caelestibus ordinibus" librum, a Iohanne Scoto, suspectae fidei viro, ex Graeco in Latinum translatum, sibi mittat, „quatenus, dum a (sui) apostolatus iudicio fuerit approbatum, ab omnibus ... acceptius habeatur". – *(Relatum est apostolatui); (Sane plurimum nos).*

Ed.: *MGH Epp. 6, 651 n. 130 (ambo versiones); Somerville Nicholas and Eriugena 84 (prima versio).* – Can.: *Ivonis Decr. IV c. 104.* – Reg.: *Böhmer/Herbers n. 505.*

Fragmentum. Olim ad a. 858–867. De tempore et de aliis collectionibus ineditis cf. Böhmer/Herbers n. 505.

5882 **(863 oct. 31–dec.)**

JE 2752 Lothario (II) regi haec scribit: 1) „Ita corporis tui cedere motibus consensisti et relaxatis voluptatum habenis temetipsum in lacum miseriae et in lutum faecis prohibitum (al. pro libitu) deiecisti, ut, qui positus fueras ad gubernationem populorum, effectus sis ruina multorum. Probat hoc Theutgaudi (Treverensis) et Guntharii (Coloniensis), dudum episcoporum legitimus casus, qui pro eo, quod te minime competenter erudierunt, ... nostra sunt apostolica auctoritate depositi et ab omni episcopatus regimine regulariter sequestrati". 2) Et infra: „An non districta ultione feriendus es, qui in duabus uxoribus adulterium Lamech et flagitium imitatus esse dignosceris?". – *(Ita corporis tui); (An non districta).*

Ed.: *MGH Epp. 6, 287 n. 22.* – Can.: *Ivonis (?) Coll. tripartita 1, 62, 40 et 41; Ivonis Decr. VIII c. 227; Gratiani Decr. C. XI q. 3 c. 96 et C. XXIV q. 3 c. 19.* – Reg.: *Germ. Pont. VII 22 n. 26; Germ. Pont. X 31 n. 26; Böhmer/Herbers n. 677.*

Fragmenta.

5883 **(863 oct. 31–dec.)**

JE 2753 Lothario (II) regi praecipit, „ut in Treverensi urbe et in Agrippina Colonia nullum (episcopum) eligi" patiatur, „antequam relatum super hoc sibi fiat". – *(Porro scias quia).*

Ed.: *MGH Epp. 6, 288 n. 23.* – Can.: *Ivonis (?) Coll. tripartita 1, 62, 62; Ivonis Decr. V c. 357; Gratiani Decr. D. LXIII c. 4.* – Reg.: *Germ. Pont. VII 22 n. 26; Germ. Pont. X 31 n. 26; Böhmer/Herbers n. 678.*

Fragmentum. De aliis collectionibus ineditis cf. Böhmer/Herbers n. 678.

5884 **(863 oct. 31–dec.)**

Nicolao (I) Adventius episcopus Metensis inter alia se Theutgaudum quondam archiepiscopum (Treverensem) depositionis sententiam patienter ferentem in catalogo sacerdotum nequaquam recipere, Guntharium (Coloniensem), quondam sacri palatii archicapellanum, se non in episcoporum numero suscipere neque ei vel fautoribus eius communicare testatur.

Ed.: *MGH Epp. 6, 219 n. 8.* – Reg.: *Germ. Pont. VII 25 n. 35; Germ. Pont. X 33 n. 33; Böhmer/Herbers n. 679.*

Laud. et in J³ 5885 et in J³ 5935. Cf. J³ *5847.

5885 **(863 oct. 31–dec.)**

Apud Nicolaum (I) Carolus (Calvus) rex pro Adventio Metensi episcopo intervenit.

Ed.: *MGH Epp. 6, 222 n. 9.* – Reg.: *Lot/Tessier Recueil II n. 276; Böhmer/Herbers n. 680.*

Cf. J³ 5884.

* 5886 **(858–864 in.)**

Rotlando archiepiscopo Arelatensi scribit de eis, quae gerendae sunt.

Laud. in: *J³ 5898.* – Reg.: *Böhmer/Herbers n. 465.*

5887 **(864 ian.–febr.)**

Nicolaum (I) Hincmarus archiepiscopus Remensis certiorem facit de rebus, quae ad Hilduinum (Cameracensem), Rothadum (Suessionensem) episcopos, Gotescalcum (Orbacensem) atque Balduinum (comitem Flandriae) pertinent.

Ed.: *Insertum in Flodoardi Remensis Hist. III c. 12–14 (MGH SS 36, 219; separatim ed. in MGH Epp. 8, 144 n. 169) et in Gestis epp. Cameracensium I c. 50 (MGH SS 7, 418) (fragm.).* – Reg.: *Böhmer/Herbers n. 692.*

Laud. et in J³ 5958, in Ann. Bertinianis ad a. 864 (Grat 112), in Libello de rebus Treverensibus (MGH SS 14, 100). Cf. J³ *5786, J³ 5806, J³ *5814, J³ 5823, J³ 5825, J³ 5826, J³ 5827, J³ 5829, J³ 5830, J³ 5831, J³ *5842, J³ *5846, J³ *5864, J³ *5874, J³ 5855, J³ 5869, J³ 5875, J³ 5877, J³ 5878, J³ 5879.

5888 **(863 nov.–864 mart. in.)**

Nicolao (I) et coepiscopis Guntharius (Coloniensis) et Theutgaudus (Treverensis) querimonia in septem capitula divisa prolixe exponunt 1) se ad summum pontificem directos auctoritates rationesque suas scriptis ostendisse, 2) sed postquam per tres ebdomadas responsum exspectaverint et quodam die papa in publico dixerit excusabiles ipsos apparere et innocentes iuxta proprii adsertionem libelli, 3) ad ultimum evocatos se sine synodo et canonico examine, absentibus aliis metropolitanis et dioecesaneis coepiscopis, damnatos esse (J³ 5867); 4–6) abiciunt sententiam iniuste et inrationabiliter contra leges canonicas prolatam, summum pontificem in suam communionem recipere nolentes, 7) replicantque propriam propositionem de uxore a concubina discernenda.

Ed.: *Insertum in Ann. Fuldensibus ad a. 863 (MGH SS rer. Germ. 7, 60) et in Ann. Bertinianis ad a. 864 (Grat 108).* – Reg.: *Oediger Reg. Köln I 64 n. 195; Germ. Pont. VII 23 n. 28; Germ. Pont. X 31 n. 28; Böhmer/Herbers n. 684.*

Laud. et in Ann. Xantensibus ad a. 863/864 (MGH SS rer. Germ. 12, 22) et in J³ 6081. Cf. J³ *?5865 et J³ 5867.

* 5889 **864 (mart. in.)** **Roma, S. Pietro**

Guntharii archiepiscopi Coloniensis (et Theutgaudi archiepiscopi Treverensis) scripta (J³ 5888) recipere noluit, qua re ea ab Hilduino clerico Coloniensi, fratre Guntharii, tumultu orto in sepulcrum s. Petri iactantur.

Laud. in: *Ann. Bertiniani ad a. 864 (Grat 111).* – Reg.: *Böhmer/Mühlbacher² n. 1222i; Böhmer/Zielinski n. 215 et n. 218; Böhmer/Herbers n. 695.*

5890 **864 mart. 30**

JE 2755 Adoni archiepiscopo Viennensi scribit, ad quaestiones eius se alio tempore responsurum. Hortatur, ut Lotharium (II) regem in viam revocet. Alvico (al. Alberico) diacono uxoris ducendae licentiam permissam a se esse negat; quaque id concedatur, epistolam ficticiam esse affirmat (Dat. III kal. apr. ind. XII). – *Consultationis vestrae ad.*

Ed.: *MGH Epp. 6, 289 n. 25.* – Can.: *Ivonis (?) Coll. tripartita 1, 62, 45 (fragm.); Ivonis*

Decr. VI c. 119 (fragm.); Gratiani Decr. D. XXXII c. 4 (fragm.). – Reg.: *Gall. Pont. III/1, 102 n. 90 et 104 n. 93; Böhmer/Herbers n. 696; Böhmer/Zielinski n. 2565.*

Laud. et in J[3] 5937. De aliis collectionibus ineditis cf. Böhmer/Herbers n. 696.

***5891** **864 (ian.–mart.)** **(Roma)**

JE I 352 Auditus Ludovicum (II) imperatorem una cum Gunthario Coloniensi et Theutgaudo Treverensi archiepiscopis Romam venturum esse, „cum litaniis generale ieiunium sibi et Romanis indicit".

Laud. in: *J[3] 6081; Ann. Bertiniani ad a. 864 (Grat 106); De imp. potestate libellus (FSI 55, 204); Erchemperti Hist. Lang. c. 37 (MGH SS rer. Lang. 253).* – Reg.: *Böhmer/Mühlbacher[2] n. 1222g; Böhmer/Zielinski n. 215; Böhmer/Herbers n. 688.*

***5892** **864 (ian.–mart.)** **Roma, Laterano – S. Pietro**

Rumore facto Ludovicum (II) imperatorem eum comprehensurum e palatio Lateranensi fugit, Tiberim fluvium transit et biduum in ecclesia s. Petri (Romana) degit.

Laud. in: *Ann. Bertiniani ad a. 864 (Grat 106); De imp. potestate libellus (FSI 55, 204); Excerpta ex Widonis Lib. (MGH Ldl 1, 467).* – Reg.: *Böhmer/Mühlbacher[2] n. 1222h; Böhmer/Zielinski n. 215; Böhmer/Herbers n. 689.*

***5893** **864 (ian.–mart.)** **(Roma, S. Pietro)**

Angilbergam imperatricem accipit.

Laud. in: *Ann. Bertiniani ad a. 864 (Grat 106).* – Reg.: *Böhmer/Zielinski n. 215; Böhmer/Herbers n. 690.*

***5894** **864 (ian.–mart.)** **(Roma)**

Fideiussione (Ludovici II) imperatoris habita ad eum se confert et de reditu suo in palatium Lateranense convenit.

Laud. in: *Ann. Bertiniani ad a. 864 (Grat 106).* – Reg.: *Böhmer/Zielinski n. 215; Hack Empfangszeremoniell 609; Böhmer/Herbers n. 691.*

†5895 **(863 apr.–864 apr.)** **(Roma)**

JE †2858 Bassatio abbati Casinensis monasterii monasterium Glannafoliense cum pertinentiis eius confirmat (Scr. p. m. Leonis not. sacri pal. Dat. per Gualpertum Portuensem ep. A. d. Nycolai VI. Reg. pio imp. Lothario). – *Quoniam semper concedenda.*

Ed.: *Bloch Monte Cassino 2, 1013 n. 4d.* – Reg.: *Ital. Pont. VIII 125 n. †34; Böhmer/Herbers n. †619.*

Laud. et in Urbani II privilegio spurio (JL †5680). Olim ad a. 858–867. De tempore cf. Böhmer/Herbers n. †619.

5896 **(863 oct. 31–864 apr.)**

JE 2766 Omnibus archiepiscopis et episcopis Galliarum, Germaniarum et Belgicae provinciae 1) mittit denuo epistolas „pro confirmatione depositionis Theutgaudi Treuerorum et Gainthari Coloniensis archiepiscoporum". 2) „Episcopis, qui ex regno Lotharii (II) in diuortio Theutbergae (reginae) et superinductione concubinae Vualdradae consenserunt et ad (sese) cum professione sua" epistolas missuri sint, indulgentiam promittit (Ann. Bert.). – *(Si unanimes fueritis); (Praedictis autem depositis).*

Ed.: *MGH Epp. 6, 288 n. 24.* – Can.: *Ivonis (?) Coll. tripartita 1, 62, 39 et 42; Gratiani Decr. C. XI q. 3 c. 10.* – Reg.: *Germ. Pont. VII 24 n. 29; Germ. Pont. X 32 n. 29; Böhmer/Zielinski n. 2564; Böhmer/Herbers n. 676.*

Fragmenta. Laud. et in Ann. Bertinianis ad a. 864 (Grat 115) et in J[3] 5906. Olim ad a. 864 iun.–sept. De tempore et aliis collectionibus ineditis cf. Böhmer/Herbers n. 676. Cf. et J[3] 5867.

5897 **(864 mart.–apr.)**

A Nicolao (I) Ratholdus episcopus Argentariensis ecclesiae indulgentiam petit, quia „expeditionibus regalis imperii occupatus" excusationis suae causas iuxta decreta papalia per legatum antea dirigere non potuerit.

Ed.: *MGH Epp. 6, 217 n. 6 (fragm.).* – Reg.: *Germ. Pont. III 8 n. 7; Böhmer/Herbers n. 694.*

Laud. et in Ann. Bertinianis ad a. 864 (Grat 112).

5898 **864 mai. 2**

JE 2757 Rotlandum archiepiscopum Arelatensem apostolicae sedi devotum perseverantiamque ipsi suadentem collaudat. Scire se scribit, decessores eius suorum decessorum vicarios in illis partibus fuisse; eique, si promissa perfecerit, maiora pollicetur. Legatorum litterarumque ad se mittendarum facultatem ei concedit. Quae aliis litteris mandaverit, uti ea diligenter exsequatur, monet (Dat. m. mai. d. II, ind. XII). – *Susceptis sanctitudinis tuae.*

Ed.: *MGH Epp. 6, 629 n. 114.* – Reg.: *Böhmer/Herbers n. 702; Böhmer/Zielinski n. 2565A.*

Olim ad a. 864 mai. 12. De tempore cf. Böhmer/Herbers n. 702. Cf. et J³ *5886.

*** 5899** **(864 apr.–mai. 30)**

Salomonem episcopum (Constantiensem) a Ludovico (Germanico) rege legatum et Nordfridum presbyterum ab Ansgario archiepiscopo missum excipit, qui (papae) de Hamburgensi Bremensique dioecesibus eximendis referunt.

Laud. in: *J³ 5902; J³ †5903; J³ 5904; J³ 5907; Rimberti Vita Anskarii c. 23 (MGH SS rer. Germ. 55, 48); Adami Bremensis Gesta I c. 27 (MGH SS rer. Germ. 2, 32).* – Reg.: *Germ. Pont. VI 30 n. *19; Boshof Reg. Passau I 35 n. 139; Böhmer/Herbers n. 698.*

*** 5900** **(864 mai.)**

Carolo (Calvo) regi per Hincmarum archiepiscopum Remensem litteras mittit.

Laud. in: *J³ 5901.* – Reg.: *Böhmer/Herbers n. 700.*

5901 **(864 mai.)**

JE 2756 Hincmaro archiepiscopo Remensi mandat, ut litteras (J³ *5900) Carolo (Calvo) regi inscriptas reddendas curet. Rothadum episcopum Suessionensem miratur contra praeceptum suum neque in pristinum restitutum esse, neque kal. mai. „istius XII indictionis apostolatui" (864 mai. 1) suo praesentatum, imo inito itinere impeditum. Quem mitti iubet,Ganthariique archiepiscopi Coloniensis contra interdictum sacra procurare ausi, communionem vitari. – *Ad fraternitatem tuam.*

Ed.: *MGH Epp. 6, 377 n. 66.* – Reg.: *Oediger Reg. Köln I 66 n. 198; Germ. Pont. VII 24 n. 30; Böhmer/Herbers n. 701.*

Cf. J³ *5805, J³ 5806, J³ 5826, J³ *5851, J³ 5867, J³ 5875, J³ *5900.

5902 **864 mai. 31** **(Roma)**

JE 2759 Ansgario archiepiscopo Hamburgensi petente Salomone episcopo Constantiensi, Ludovici (Germanici) regis legato, perspectaque Gregorii IV tabula (J³ †5150) „iuxta morem S. Rom. ecclesiae bullata, ... in omnibus circumquaque gentibus Sueonum, sive Danorum, necnon etiam Slauorum, vel in ceteris, ubicunque illis in partibus constitutis divina pietas ostium aperuerit, publicam evangelizandi tribuit auctoritatem", palliique usum concedit. Bremensem vero episcopatum, remota archiepiscoporum Coloniensium potestate, ita Hamburgensi archiepiscopatui adiunctum esse iubet, ut non sint duae, sed una dioecesis (Scr. p. m. Zachariae not. et scrin. S.R.E. in m. mai., ind. XII. Dat. II kal. iun. p. m. Tiberii prim. S.S.A. imp. d. piissimo aug. Hludouuico a deo cor. magno imp. a. XV, ind. XII). – *Quisquis dominum et.*

Ed.: *Insertum in Rimberti Vita Anskarii c. 23 (MGH SS rer. Germ. 55, 49) (fragm.); Peitz*

Hamburger Fälschungen 242 n. 4 (ambo versiones). – Reg.: *Oediger Reg. Köln I 67 n. 200; Dipl. Danicum I/1, 51 n. 119; Seegrün Ebt. Hamburg 6 n. 4a et 4b; Germ. Pont. VI 31 n. 21 et 32 n. †22; Germ. Pont. VII 24 n. 32; Gunnes Reg. Norvegica I 27 n. 5; Germ. Pont. V/1, 81 n. 7 et 205 n. 3; Böhmer/Herbers n. 706.*

Laud. et in J³ 7281 et J³ 8099, in Adami Bremensis Gestis I c. 27 (MGH SS rer. Germ. 2, 33), apud Ann. Saxonem ad a. 858 (MGH SS 37, 77), in Ann. Bremensibus (MGH SS 17, 855), in Ann. Hamburgensibus (Reuter 409), in Ann. Hamburgensibus brevissimis (Reuter 432), in Chron. brevi Bremensi (MGH SS 7, 390), in Innocentii II (JL 7622; JL 7623; JL 7624; JL 7626) et in Victoris IV privilegiis (JL 14433). De traditione cf. Böhmer/Herbers n. 706. Cf. et J³ *5899.

†5903 **864 iun. 1** **(Roma)**

JE †2760 Monasterium Rameslohense, in dioecesi Verdensi positum, Ansgarii archiepiscopi Hamburgensis ditioni asserit (Scr. p. m. Leonis, not. reg. et scrin. S.R.E. in m. mai., ind. XII. Dat. kal. iun. p. m. Tiberii prim. S.S.A. imp. d. piissimo pp. a. pont. eius XV, ind. XII). – *Quisquis dominum et.*

Ed.: *Brosius UB des Stifts Ramelsloh 18 n. 2.* – Reg.: *Dipl. Danicum I/1, 51 n. 120; Germ. Pont. VI 33 n. †23; Germ. Pont. V/1, 206 n. †4 et 245 n. †1; Böhmer/Herbers n. †707.*

Cf. J³ *5899.

5904 **(864 mai. 31–iun. in.)**

JE 2758 Ad Ludovici (Germanici) regis mandata (cf. J³ *5899), a Salomone episcopo (Constantiensi) relata, per litteras respondet. Regem redarguit, „non quia illicitae copulae" inter Lotharium (II regem) et Waldradam „non consens(erit), sed quia, sicut non consens(erit), sic non prohibu(erit)". „Palam omnibus" fieri vult, eius „non esse in tali copula voluntatem". Postulat, ut archiepiscoporum deiectorum, Guntharii Coloniensis, „interdictum ... ministerium" usurpare ausi, et Theutgaudi Treverensis, communionem et ipse vitet, et vitari a suis iubeat. „Piae memoriae Hludovici (Pii) imperatoris studium" collaudato, Gregorii IV „vestigia sequi" paratum se esse ait, „ut episcopus Bremonensis, licet a Gunthario (Coloniensi) haec non potuerit dari licentia nec ab eo tale quid peti debuerit, ... in praedicto loco Bremon potestatem et honorem archiepiscopatus super Danos et Swevos habeat". Episcopum Ratisbonensem (Erchanfridum), officio deesse valetudine coactum, abdicare iubet, successoremque a clero et plebe metropolitae assensu eligi. Permittit, ut Hartwigus episcopus Pataviensis abhinc annos quatuor paralysi percussus de episcopatu decedat, si abdicandi voluntatem saltem scripto profiteri possit. De episcopo iuveni (al. iuventi) et de Liutberto archiepiscopo (Maguntino) „facimus" inquit „quod ... a nobis rex voluit postulare". Hymnum angelicum: Gloria in excelsis Deo, presbyteris, nisi paschate, dicendum non esse. „Pro rege Danorum, qui vovit votum Deo et sancto Petro, gratias" agit Deo, et de Cornelio centurione quaedam addit. Ludovico regi „dispositum" habenti, „venire Tullinam et deinde pacem cum rege Vulgarorum confirmare et Rastitium aut volendo aut nolendo sibi oboedientem facere", bene precatur. Haec adscribit: „Quia vero dicis, quod ... rex speret, quod ipse rex Vulgarorum ad fidem velit converti et iam multi ex ipsis Christiani facti sint, gratias agimus Deo". – *Fateor veraciter apostolatum.*

Ed.: *MGH Epp. 6, 290 n. 26.* – Reg.: *Böhmer/Mühlbacher² n. 1454a; Germ. Pont. I 141 n. 5 et 162 n. 11 et 269 n. 3; Oediger Reg. Köln I 66 n. 199; Dipl. Danicum I/1, 50 n. 117; Germ. Pont. VI 30 n. 20; Germ. Pont. VII 24 n. 31; Germ. Pont. X 32 n. 30; Boshof Reg. Passau I 35 n. 140; Boh. Pont. 11 n. 3; Böhmer/Herbers n. 705.*

Olim ad a. 863 mai. De tempore cf. Böhmer/Herbers n. 705. Cf. et J³ *5847 et J³ *5899 et J³ *5910.

5905 **(858–864 iun.)**

JE 2855 Bridinco episcopo Matisconesi Gerelandum presbyterum commendat, latorem praesentis epistolae, qui „quorundam vulgarium populorum iniquis ... criminationibus" apud eum impetitus titulum suum amiserit et non canonice ab eo excommunicatus sit. Mandat, ut presbyterum pristino loco restituat et iunctis sibi quinque aliis episcopis causam eius inquirat. De ratione iudicii addit. – *Noverit sanctitas tua.*

Ed.: *MGH Epp. 6, 661 n. 144.* – Can.: *Coll. Brit. 592 n. 131.* – Reg.: *Böhmer/Herbers n. 467.*

Olim ad a. 858–867. De tempore et de aliis collectionibus ineditis cf. Böhmer/Herbers n. 467.

5906 **(864 apr.–iun.)**

Nicolao (I) Lotharius (II) rex inter alia nuntiat se, in ultimis paene regni sui finibus erga infestationem paganorum laboriosas excubias servantem, discurrentium relatione comperisse Theutgaudum Treverensem et Guntharium Coloniensem archiepiscopos a summo pontifice excommunicatos et damnatos esse (J³ 5867). Theutgaudum censuram humiliter ferre, episcopos vero dioeceseos Treverensis metropolis nec complices damnatorum nec apostolicorum decretorum contemptores vel canonicorum dogmatum violatores esse probari. Guntharium sacerdotali adhuc fungentem officio se asserit vitare transmissaque pontificis epistola eum commonuisse, ut sententiis apostolicis oboediat nec non de Engiltrude adultera suum ministerium faciat.

Ed.: *MGH Epp. 6, 217 n. 7.* – Reg.: *Böhmer/Mühlbacher² n. 1304; Oediger Reg. Köln I 68 n. 201; Germ. Pont. VII 25 n. 34; Germ. Pont. X 33 n. 32; Böhmer/Herbers n. 697.*

Laud. et in Ann. Bertinianis ad a. 864 (Grat 112). Cf. J³ *5847 et J³ 5867 et J³ 5896.

5907 **(864 mai.–iun.)**

JE 2761 Horico (II) regi Danorum de muneribus per Salomonem episcopum Constantiensem, Ludovici (Germanici) regis legatum, missis gratias agit. Fide eius laetatur, „quam" inquit „etiam ante baptismi gratiam ... iam habere dinosceris". Hortatur, ut desinat „idola colere et daemonibus iam servire" desistat. – *Multas omnipotenti Deo.*

Ed.: *MGH Epp. 6, 293 n. 27.* – Reg.: *Dipl. Danicum I/1, 51 n. 118; Böhmer/Herbers n. 699.*

Olim ad 864 iun.–sept. De tempore cf. Böhmer/Herbers n. 699. Cf. et J³ *5899.

5908 **(864 mai. ex.–iun.)**

JE 2846 Adalwino archiepiscopo Iuvavensi (Salisburgensi) scribit: 1) Episcopos, qui occupentur „infirmitate vel egritudine", abiciendos non esse, „nec alios in loco eorum consecrari" oportere, „nisi ex hac fuerint luce subtracti". „Quodsi" inquit „de ministerio sibi concesso conqueruntur, quae licita sunt sacerdotes expleant. In his vero, quae eis praesumere non licet, vicinorum usque ad recuperandam sanitatem episcoporum auxilia subrogentur". Addit, episcopos, „qui dominici gregis" susceperint curam, „ab administratione eorum discedere non" oportere; 2) clericos „in adolescentia a demonibus" obsessos, „ad superiorem sacri regiminis gradum accedere non" posse; 3) eos, qui arborem incidunt et cum arbor cadat, occiderint hominem, inculpabiles esse; sed si culpa eorum „morientis hominis periculum cognoscitur advenisse", eos abiciendos esse a „gradu et in sacro ordine nullatenus" suscipiendos. – *(Pontifices qui aliqua); (Clerici qui in); (Hii qui arbores).*

Ed.: *MGH Epp. 6, 630 n. 115.* – Can.: *Ivonis (?) Coll. tripartita 1, 62, 19–21 (1, 2, 3); Ivonis Decr. V c. 352 et XI c. 104 (1, 2); Gratiani Decr. D XXXIII c. 4; D. L c. 49; C. VII q. 1 c. 4.* – Reg.: *Germ. Pont. I 11 n. 18; Böhmer/Herbers n. 703.*

Fragmenta. Laud. et in Pseudo-Liudprandi Lib. (Migne PL 129, 1252). Olim ad a. 858–867. De tempore et aliis collectionibus ineditis cf. Böhmer/Herbers n. 703.

5909 **(864 mai. ex.–iun.)**

JE 2847 Adalwino archiepiscopo Iuvavensi (Salisburgensi) mandat, concilio convocato Lanfredum episcopum iuvenem 1) hortetur, ut „ab omnium bestiarum vel volucrum venatione penitus alienus existat atque" 2) „ab immoderata filiae suae familiaritate semet omnino coherceat". Quem, nisi oboedierit, excommunicari deicique iubet. – *Quorundam relatione fidelium; (O miseram vitam).*

Ed.: *MGH Epp. 6, 631 n. 116; Bitschnau/Obermair Tiroler UB II/1, 72 n. 98.* – Can.: *Ivonis (?) Coll. tripartita 1, 62, 56 et 57; Ivonis Decr. V c. 353; Gratiani Decr. D. XXXIV c. 1.* – Reg.: *Germ. Pont. I 11 n. 19 et 141 n. 6; Böhmer/Herbers n. 704.*

Olim ad a. 858–867. De tempore et aliis collectionibus ineditis cf. Böhmer/Herbers n. 704.

***5910** **(864 iun.)**

Salomoni (I) episcopo Constantiensi epistolas aliaque scriptas dedit, quae secum aufert in regnum Francorum.

Laud. in: *J³ 5904.* – Reg.: *Böhmer/Herbers n. 713.*

***5911** **(864 iun.–iul.)**

Rothadus episcopus Suessionensis Romam (ad Nicolaum I) advenit ibique sex menses sententiam eius expectat.

Laud. in: *J³ 5940; J³ 5942.* – Reg.: *Böhmer/Herbers n. 712.*

5912 **(863 sept.–864 aug.)**

JE 2763 Irmentrudi reginae (Caroli Calvi coniugi) de „munerum ... diversis speciebus oblatis" gratias agit; eamque praefert „reginae Austri ..., quae duo tantum minuta in gazofilacium" miserit. – *Devotionem tuam et.*

Ed.: *MGH Epp. 6, 294 n. 28.* – Reg.: *Böhmer/Herbers n. 646.*

Olim ad a. 864 iun.–sept. De tempore cf. Böhmer/Herbers n. 646.

***5913** **(863 sept.–864 aug.)**

S. apostolo (Nicolao I) Carolus (Calvus) rex „purissimo auro et gemmis constructam vestem, habentem gemmas prasinas, hiacinthinas et albas" offert.

Laud. in: *Lib. pont. (Duchesne II 161).* – Reg.: *Böhmer/Herbers n. 645.*

***5914** **(863 sept.–864 aug.)**

„Omnium nomina claudorum, cecorum atque ex toto debilium in urbe Roma consistentium scripta apud se retinens, cotidianum illis victum ministrare studiose" curat.

Laud. in: *Lib. pont. (Duchesne II 161).* – Reg.: *Böhmer/Herbers n. 647.*

***5915** **(863 sept.–864 aug.)**

In basilica s. Mariae „quae dicitur Cosmidi" secretarium renovat, ibique „pulchri operis" facit „triclinium cum caminatis", iuxta quod porticum renovat ibi et oratorium in honore s. martyris Nicolai construit et dona confert.

Laud. in: *Lib. pont. (Duchesne II 161).* – Reg.: *Böhmer/Herbers n. 648.*

***5916** **(863 sept.–864 aug.)**

Coemeterium b. Felicis martyris ac confessoris, via Portuensi, renovat.

Laud. in: *Lib. pont. (Duchesne II 161).* – Reg.: *Böhmer/Herbers n. 649.*

***5917** **(863 sept.–864 aug.)**

Coemeterium (Pontiani), via Portuensi, „ubi corpora sanctorum Christi martyrum Abdon et Sennes requieverunt, iam in ruinis positum", renovat.

Laud. in: *Lib. pont. (Duchesne II 161).* – Reg.: *Böhmer/Herbers n. 650.*

*** 5918** **(863 sept.–864 aug.)**

Monasterium via Appia in coemeterio s. Christi martyris Sebastiani in Catacumba condit ibique monachos sub abbatis regimine victuique constituit necessaria dari ceteraque stipendia ministrari praecipit.

L a u d . i n : *Lib. pont. (Duchesne II 161).* – R e g . : *Ital. Pont. I 163 n. *3; Böhmer/Herbers n. 651.*

*** 5919** **(863 sept.–864 aug.)**

Ecclesiae b. Petri (Romanae) vela de fundato V, „quae ad decorem ipsius basilicae sursum in trabibus intra tante edis vestibulum appenduntur, ornata in circuitu olovero optimo", donat.

L a u d . i n : *Lib. pont. (Duchesne II 162).* – R e g . : *Böhmer/Herbers n. 652.*

5920 **864 sept. 17**

JE 2767 Franconi episcopo Tungrensi per Richardum diaconum se excusanti „concilio vanitatis" (concilio Metense, cf. J³ *5847) societatem condonat. Laudat eum, quod Guntharii archiepiscopi Coloniensis „ministerium ... vetitum usurpant(is)" et Theutgaudi Treverensis communionem defugiat. Hortatur, ut Lotharii (II) regis „vulnus ... admonendo, blandiendo, suadendo" curet, donec „carnem suam" (Theutbergam uxorem suam), quam a se proiciat, reciso membro meretricis ... etsi non sponte, saltem invitus receperit" (Dat. XV kal. oct., ind. XIII). – *Excusationis tuae litteris.*

E d . : *MGH Epp. 6, 297 n. 30.* – R e g . : *Oediger Reg. Köln I 69 n. 203; Germ. Pont. VII 25 n. 36; Germ. Pont. X 33 n. 34; Böhmer/Herbers n. 718.*

Cf. J³ *5847.

*** 5921** **(858–864 sept.)**

Rudolfo archiepiscopo Bituricensi litteras scribit.

L a u d . i n : *J³ 5923.* – R e g . : *Böhmer/Herbers n. 464.*

5922 **(864 iun.–sept.)**

JE 2764 Rudolfo archiepiscopo Bituricensi et eius suffraganeis iterum exponit, quapropter quoque iure Theutgaudus Treverensis et Guntharius Coloniensis, quondam archiepiscopi, damnati sint. Vetat eos cum illis communicare; legatosque „circa Kalendas Novembris" Romam mitti iubet, „quo temeratorum, semelque damnatorum et totius mali auctorum recidiva radicitus amputata praesumptione sanctae ecclesiae ex se [u]nitas generetur". – *Nuper fratres carissimi.*

E d . : *MGH Epp. 6, 295 n. 29.* – R e g . : *Oediger Reg. Köln I 68 n. 202; Böhmer/Herbers n. 710.*

Laud. et in J³ 5923. Cf. J³ *5655, J³ 5731, J³ 5732, J³ *5738, J³ 5868, J³ 5869.

5923 **(864 iun.–sept.)**

JE 2765 Rodulfo archiepiscopo Bituricensi septem capitulis respondet: 1) ordinationes per chorepiscopos adhuc factas rescindendas non esse; in posterum autem videndum, ne episcoporum auctoritas imminuatur; 2) primates patriarchasque „nihil privilegii habere prae ceteris (episcopis), nisi quantum sacri canones" concedant „et prisca consuetudo illis antiquitus" concesserit; 3) more Romano nec presbyteris, nec diaconis, cum ordinentur „manus crismatis liquore perungui"; 4) de iis, „qui pro criminibus paenitentiam" gerant „et ad cingulum militiae" revertantur; 5) de iis, „qui (pro) filiastros suos", i. e. „qui filios uxoris suae de viro priori" „ad confirmationem coram episcopis" teneant; 6) de interfectoribus „suarum coniugum"; 7) „'Gloria in excelsis Deo' ab episcopis in caena Domini inter missarum sollempnia" dicendum esse et „pallio ... apostolico eadem die uti illis solis ... licitum" esse, „quibus est ab apostolica sede permissum". Significat de binis litteris aliis ad eum missis; quarum alteris quae mandata sint, ea diligenter perfici iubet, alteras ad Hincmarum archiepiscopum Remensem ceterosque archiepiscopos in regno Caroli (Calvi) regis constitutos deferri. – *Susceptis sanctitudinis tuae; Conquestus est apostolatui; (A corepiscopis asseris); (Primates autem nihil); (Primates enim vel); (Praeterea sciscitaris utrum); (De his vero); (De his qui); (De his autem); (Interfectores suarum coniugum); (Interfectores suarum sine); (Porro Gloria in).*

Ed.: *MGH Epp. 6, 633 n. 117.* – Can.: *Ivonis (?) Coll. tripartita 1, 62, 50–54 et 74 et 3, 8, 2 (introductio, 2, 3, 4, 5, 6, 7); Ivonis Decr. V c. 56; I c. 304; VIII c. 125; V c. 20 (introductio, 2, 5, 6, 7); Ivonis (?) Panorm. IV c. 29; VI c. 126; VII c. 15 (introductio, 2, 5, 6); Gratiani Decr. D. XXIII c. 12; C. IX q. 3 c. 8; C. XXVI q. 7 c. 3; C. XXX q. 1 c. 6; C. XXXIII q. 2 c. 5; D. I de cons. c. 56 (2, 3, 4, 5, 6, 7).* – Reg.: *Böhmer/Herbers n. 711.*

De re, traditione et de aliis collectionibus ineditis cf. Böhmer/Herbers n. 711. Cf. et J³ *5921 et J³ 5922.

***5924** **864 (iun.–sept.)**

Archiepiscopis et episcopis Galliarum, Germaniarum et Belgicae provinciae scribit, ut denuo Theutgaudi Treverorum et Guntharii Coloniensis archiepiscoporum depositionem (J³ 5867) confirmet; synodum Romam convocat circa kal. nov. (nov. 1) ad eandem depositionem iterum confirmandam.

Laud. in: *Ann. Bertiniani ad a. 864 (Grat 115).* – Reg.: *Oediger Reg. Köln I 69 n. 204; Germ. Pont. VII 24 n. *33; Germ. Pont. X 32 n. *31; Böhmer/Herbers n. 709.*

***5925** **(863 dec.–864 oct.)**

JE *2754 Radoaldum episcopum Portuensem Romam elapsum destinatis in diversa loca cum epistolis missis revocat.

Laud. in: *J³ 6030.* – Reg.: *Ital. Pont. II 18 n. *2; Böhmer/Herbers n. 685.*

Olim ad a. 863. De tempore cf. Böhmer/Herbers n. 685.

***† 5926** **(864 sept.–oct.)**

Otmarum abbatem s. Galli canonizat.

Laud. in: *Ekkehardi Casus s. Galli c. 16 (MGH SS 2, 85).* – Reg.: *Germ. Pont. II/2, 38 n. *1; Böhmer/Herbers n. †717.*

De fide cf. Böhmer/Herbers n. †717.

5927 **864 dec. 11**

JE 2772 Adoni archiepiscopo Viennensi respondet (cf. Gall. Pont. III/1 104 n. *94), eum „ex decretis et institutis praedecessorum" suorum (cf. J³ 701) docens, de ecclesiae Romanae consuetudinibus in ceteras ecclesias inducendis (Dat. III id. dec., ind. XIII). – *Saepe sanctitatis vestrae.*

Ed.: *MGH Epp. 6, 637 n. 118.* – Reg.: *Gall. Pont. III/1, 104 n. 95; Böhmer/Herbers n. 726; Böhmer/Zielinski n. 2569.*

5928 **(864) dec. 24** **Roma, S. Maria Maggiore**

JE I 355 In sermone „in die vigiliarum nativitatis domini nostri Iesu Christi" facta „in basilica Dei genitricis in Presepe" (Lib. pont.) de rebus, quae ad Rothadum Suessionensem pertinent, dicit. – *Propter eos fratres.*

Ed.: *MGH Epp. 6, 379 n. 66a; MGH Conc. 4, 180.* – Reg.: *Lohrmann PUU in Frankreich NF VII 148 n. 4; Böhmer/Herbers n. 727.*

Laud. et in Lib. pont. (Duchesne II 162). Cf. J³ *5805.

***5929** **(864) dec. 24** **Roma, S. Maria Maggiore**

JE I 355 „In die vigiliarum Nativitatis domini ... in basilica Dei genitricis in Presepe" Rothadus episcopus Suessionensis „vestitus episcopali ... indumento, omni tempore se" pollicetur „suis infestatoribus responsurum".

Laud. in: *Lib. pont. (Duchesne II 162); Auxilii Infensor et defensor c. 21 (Migne PL 129, 1091); Invectiva in Romam (Dümmler Gesta 152); Pseudo-Liudprandi Lib. (Migne PL 129, 1254).* – Reg.: *Böhmer/Herbers n. 728.*

De re cf. Böhmer/Herbers n. 728 et MGH Conc. 4, 175; cf. et J³ *5941.

***5930 (859–864)**

Festiniano episcopo Dolensi pallium concedere negat.

Laud. in: *J³ 5967.* – Reg.: *Böhmer/Herbers n. 495.*

***5931 (859–864)**

Apud (Nicolaum I) Carolus (Calvus) rex pro (Hucberto abbati s. Mauritii Agaunensi), qui est coniugis eius frater, suffragatur.

Laud. in: *J³ 6056.* – Reg.: *Böhmer/Herbers n. 494.*

?5932 (863 nov.–864)

JE 2735 Galliarum episcopis et universis principibus Septimaniae nuntiat se monasterii s. Karilefi (Anisolensis) sub Engilhario abbate constituti privilegia, Carolo (Calvo) rege et per Odonem episcopum Bellovacensem missum suum et per litteras speciales petente, confirmare, in his, ut liberum sit a potestate Rotberti episcopi Cenomannensis. – *Regum corda divinitus.*

Ed.: *MGH Epp. 6, 680 n. 159.* – Can.: *Coll. Sinemuriensis.* – Reg.: *Böhmer/Herbers n. †(?)682.*

Olim ad a. 863 (apr.). De tempore et de Coll. Sinemuriensi, ubi epist. inserta est, cf. Böhmer/Herbers n. †(?)682. Cf. et J³ *5818 et J³ *5819.

†5933 (863 nov.–864)

JE 2733 Carolo (Calvo) regi omnibusque regnis et ecclesiis decretum de libertate monasteriorum intra Gallias sitorum confirmandum mittit. – *Quam sit necessarium; (Decernimus apostolatus nostri).*

Ed.: *MGH Epp. 6, 678 n. 158.* – Reg.: *Böhmer/Herbers n. †683.*

Olim ad 863 (apr.). De tempore, fide et de synodo olim supputato cf. Böhmer/Herbers n. †683.

***5934 (864 sept.–dec.)**

JE *2771 Ad iudices populumque Sardiniae insulae, „in proximis ac sanguinis sui propinquis incestas et illicitas" contrahentes copulas, mittit „mellifluos et prevaricantibus ... terribiles ... apices" et Paulum episcopum Populoniensem et Saxu monasterii ss. Iohannis et Pauli abbatem, qui „eandem gentem Sardorum a tanto" revocent errore.

Laud. in: *Lib. pont. (Duchesne II 162).* – Reg.: *Ital. Pont. X 379 n. *25; Böhmer/Herbers n. 716.*

Olim ad a. 864 sept.–nov. De tempore cf. Böhmer/Herbers n. 716.

5935 (864 nov.–dec.)

JE 2768 Adventii episcopi Metensis satisfactionem accipit; eique, si in eo maneat, quod de vitanda Theutgaudi Treverensis et Gunthari Coloniensis communione promiserit, bene precatur. – *Excusationis tuae litteras.*

Ed.: *MGH Epp. 6, 299 n. 31.* – Reg.: *Parisse Bull. Lorraine 14 n. 7; Germ. Pont. VII 25 n. 37; Germ. Pont. X 33 n. 35; Böhmer/Herbers n. 721.*

Laud. et in J³ 5966 et in J³ 5986. Olim ad a. 864 (sept. 17). De tempore cf. Böhmer/Herbers n. 721. Cf. et J³ 5870 et J³ 5884.

*** 5936** **(864 nov.–dec.)**

JE *2769 et JE *2770 Archiepiscopos et episcopos in regnis et Ludovici (Germanici) et Caroli (Calvi) et Lotharii (II) ad synodum invitat.

L a u d . i n : *J³ 5937; J³ 5964; J³ 5966.* – R e g . : *Böhmer/Herbers n. 723.*

5937 **(864 nov.–dec.)**

Adonem archiepiscopum Viennensem admonet, ut cum Lothario (II rege) loquatur, quamquam illum tamquam excommunicatum exposuit; insuper eum ad synodum quinta decima kal. iun. (865 mai. 18) Romae habituram invitat. – *(Quia vero Hlotharium).*

E d . : *MGH Epp. 6, 300 n. 32.* – R e g . : *Böhmer/Zielinski n. 2568; Gall. Pont. III/1, 103 n. 92; Böhmer/Herbers n. 724.*

Fragmentum. Laud. et in J³ 5964. Cf. J³ 5890 et J³ *5936.

*** 5938** **864 (nov.–dec.)**

Ludovicum (II) imperatorem rogat, ut sibi legatos pro quibusdam causis ecclesiasticis ad Carolum (Calvum regem) mittere liceat.

L a u d . i n : *Ann. Bertiniani ad a. 864 (Grat 115).* – R e g . : *Böhmer/Mühlbacher² n. 1227a; Böhmer/Zielinski n. 227; Böhmer/Herbers n. 722.*

5939 **865 ian. 19** **(Roma)**

JE 2781 Rothado episcopo Suessionensi in pristinam dignitatem restituto ecclesiae eius bona confirmat (Scr. p. m. Petri not. reg. et scrin. S.R.E. in m. ian., ind. XIII. Dat. XIV kal. febr. p. m. Tyberii prim. S.S.A. imp. d. piissimo semper aug. Hludowico a Deo cor. magno pacifico imp. a. XVI, ind. XIII). – *Decessorum exempla meorum.*

E d . : *MGH Epp. 6, 382 n. 68.* – R e g . : *Lohrmann PUU in Frankreich NF VII 148 n. 5; Böhmer/Herbers n. 745.*

Laud. et in Ann. Bertinianis ad a. 865 (Grat 119). Olim ad 865 ian. 20. Confirmatio restitutionis sive iam ante restitutionem (ian. 22, cf. J³ *5943) scripta est sive Rothadum restituendum esse solum denuntiat; cf. Böhmer/Herbers n. 745. Cf. et J³ *5880 et J³ *5943.

5940 **(865 ian. 21)** **Roma**

Nicolao (I) Rothadus episcopus Suessionensis depositionem, quae non canonica fuerit, per Hincmarum archiepiscopum Remenensem peractam describit et rogat, ut papa causam suam secundum ius canonicum iudicet.

E d . : *MGH Conc. 4, 182.* – R e g . : *Böhmer/Herbers n. 746.*

Laud. et in Lib. pont. (Duchesne II 162). Cf. J³ *5805 et J³ *5911.

*** 5941** **(865) ian. 21** **Roma, S. Agnese fuori le mura (in Via Nomentana)**

JE I 356 Synodus, in qua Rothadus episcopus Suessionensis „excusationis et promissionis suae, qua“ pollicetur „se omni tempore accusatoribus suis responsurum, libellum summo pontifici“ tradit. „Qui coram cunctis“ recitatur. „Ubi etiam restitutionis eius forma“ relegitur; „in diem natalicium sacrae virginis Agnetis, qui est XII kal. feb.“ (ian. 21).

L a u d . i n : *Lib. pont. (Duchesne II 163).* – R e g . : *Böhmer/Herbers n. 747.*

De die et tempore cf. Böhmer/Herbers n. 747.

5942 **(865 ian. 21)**

JE 2782 Romanae ecclesiae episcopos, presbyteros et cunctam generalitatem Romanae plebis de Rothadi episcopi Suessionensis restitutione certiores facit. – *Notum sit dilectioni.*

E d . : *MGH Epp. 6, 381 n. 67; MGH Conc. 4, 187.* – R e g . : *Ital. Pont. I 6 n. 7; Lohrmann PUU in Frankreich NF VII 148 n. 6; Böhmer/Herbers n. 748.*

Laud. et in Lib. pont. (Duchesne II 163). Olim ad a. 865 (ian.). De tempore cf. Böhmer/Herbers n. 748. Cf. et J³ *5805 et J³ *5911.

*** 5943** **(865 ian. 22)** **Roma, (Laterano), domus Leoniana**

JE I 356 „Sequenti vero die, congregata in domo quae nuncupatur Leoniana denuo synodo" (cf. J³ *5941), Rothadus episcopus Suessionensis in pristinam dignitatem restituitur.

Laud. in: *J³ 5939; J³ 5958; J³ 5959; J³ 5960; J³ 5961; Lib. pont. (Duchesne II 163).* – Reg.: *Böhmer/Herbers n. 749.*

Cf. J³ 5939.

*** 5944** **(865 ian. ex.–febr. 18)**

Guntharius archiepiscopus Coloniensis (depositus) cum licentia et consilio papae (Nicolai I) a Roma regressus ad synodum in Papiam habitam devenit.

Laud. in: *Guntharii archiep. Coloniensis scripta (MGH Conc. 4, 192).* – Reg.: *Böhmer/Zielinski n. 236; Böhmer/Herbers n. 750.*

5945 **(865 febr. 18)**

Nicolao (I) Tado Mediolanensis, Rotlandus Arelatensis, Arpertus Ebredunensis ceterique episcopi ad synodum convocati adiuncta collectione auctoritatum et exemplorum, Leonis I et Gregorii I praecipue litterarum, humiliter suggerunt, ut Gunthario (Coloniensi) et Theutgaudo (Treverensi, dudum archiepiscopis) indulgentiam non deneget.

Ed.: *MGH Conc. 4, 190.* – Reg.: *Oediger Reg. Köln I 69 n. 206; Zagni Atti arcivescovili milanesi 41; Germ. Pont. VII 26 n. 39; Germ. Pont. X 34 n. 37; Böhmer/Herbers n. 752.*

Laud. et in Guntharii archiep. Coloniensis epist. ad Hincmarum archiep. Remensem a. 865 febr. directa (MGH Conc. 4, 191) et in introductione litterarum Guntharii archiep. Coloniensis (MGH Conc. 4, 192).

*** 5946** **(864 mart.–865 mart.)**

Nicolaum (I) Thioto (abbas Fuldensis) rogat, ut Albinum nepotem suum, qui Caroli regis (Aquitaniae) filium vulneravit, tueatur.

Laud. in: *Fragmenta Thiotonis epist. (MGH Epp. 5, 532 n. 33).* – Reg.: *Germ. Pont. IV 363 n. *24; Böhmer/Herbers n. 693.*

5947 **(865 ian.–mart.)**

JE 2773 et Carolo (Calvo) regi pacem suadet. „Liceat dilectissimo filio nostro" inquit „vestro
JE *2779 autem nepoti (Ludovico II imperatori), a Deo conservandum imperium suum cum regno proprii germani (Lotharii) quieta possidere tranquillitate". Arsenium episcopum (Hortensem), apocrisiarium et missum apostolicae sedis, consiliarium suum, commendat. – *Inicium locutionis meae.*

Ed.: *MGH Epp. 6, 301 n. 33.* – Reg.: *Böhmer/Herbers n. 737.*

Laud. et in J³ 5964, J³ 8752, et in Ann. Bertinianis ad a. 865 (Grat 118). Olim ad a. 864 ex. De tempore cf. Böhmer/Herbers n. 737. Cf. et J³ *5963.

*** 5948** **(865 ian.–mart.)**

Ludovicum (II) imperatorem monet, ut observet iussum, quod „primum a Petri principis apostolorum vicario ... accepit", ne signa Christi fidelibus, sed infidelibus inferat.

Laud. in: *J³ 5949.* – Reg.: *Böhmer/Herbers n. 735.*

5949 **(865 ian.–mart.)**

JE 2774 Archiepiscopis et episcopis in regno Caroli (Calvi) regis constitutis mandat, regem foederis cum fratribus icti commonefaciant, ut Ludovico II imperatori „liceat, ... regna ... per hereditatum ius dirivata et apostolicae sedis auctoritate firmata et summi pontificis manu capiti superposito diademate augustissime decorata ... gubernare". Arsenium episcopum Hortensem, legatum suum, commendat. – *Studio nostro semper.*

Ed.: *MGH Epp. 6, 303 n. 34.* – Reg.: *Böhmer/Herbers n. 740.*

Laud. et in J³ 5964, in Ann. Bertinianis ad a. 865 (Grat 118). Olim ad a. 864 ex. De tempore cf. Böhmer/Herbers n. 740. Cf. et J³ *5404 et J³ *5948 et J³ *5963.

5950 **(865 ian.–mart.)**

JE 2776 Archiepiscoporum in regno Lotharii (II) regis constitutorum desidiam intermissumque litterarum officium reprehendit. Mandat, Lothario regi quam possint diligentissime persuadeant, ut „adulteram feminam" (Waldradam) proiciat; quem, nisi oboediat, excommunicatum iri scribit. Arsenium episcopum Hortensem, legatum suum, commendat. – *Saepe fratres carissimi.*

Ed.: *MGH Epp. 6, 305 n. 35.* – Reg.: *Böhmer/Herbers n. 742.*

Laud. et in J³ 5964 et in Ann. Bertinianis ad a. 865 (Grat 118). Olim ad a. 864 ex. De tempore cf. Böhmer/Herbers n. 742. Cf. et J³ 5804 et J³ 5838 et J³ *5963.

5951 **(865 ian.–mart.)**

JE 2777 Lothario (II) regi Arsenium episcopum Hortensem, legatum suum, commendat. Queritur de corruptione legatorum priorum (Radoaldi Portuensis et Iohannis Cerviensis episcoporum), qui sic iniunctae legationis „non executores, sed impugnatores" inventi sint. – *Missos autem nostros.*

Ed.: *Insertum in J³ 6070 (separatim ed. in MGH Epp. 6, 307 n. 36).* – Reg.: *Böhmer/Herbers n. 738.*

Laud. et in J³ 5964. Olim ad a. 864 ex. De tempore cf. Böhmer/Herbers n. 738.

5952 **(865 ian.–mart.)**

JE 2778 Lotharium (II) regem commonet eumque se excommunicaturum esse nuntiat, nisi resipiscat et oboediat antequam legatus apostolicus Arsenius episcopus Hortensis, quem adhortationis causa ad eum miserit, reversus erit. Se excommunicationem amore fratris eius adhuc distulisse, alias autem facturum esse, quod et in commonitorio Radoaldo dudum (Portuensi) et Iohanni (Cerviensi) episcopis dato ab ipsoque rege apud Metensium urbem viso et in epistola eisdem tunc transmissa legatis reperiri possit. – *Quid dicam vel.*

Ed.: *MGH Epp. 6, 307 n. 37.* – Reg.: *Böhmer/Herbers n. 739.*

Laud. et in J³ 5964 et in Ann. Bertinianis ad a. 865 (Grat 118). Olim ad a. 864 ex. De tempore cf. Böhmer/Herbers n. 739. Cf. et J³ 5804 et J³ 5838 et J³ *5963.

***5953** **865 (ian.–mart.)**

JE *2775 Ludovico (Germanico) regi eodem modo ac supra Carolo (Calvo) episcopisque eius (J³ 5949) scribit.

Laud. in: *Ann. Bertiniani ad a. 865 (Grat 117).* – Reg.: *Böhmer/Herbers n. 736.*

Olim ad a. 864 ex. sub numero JE *2775 una cum J³ *5954. De tempore cf. Böhmer/Herbers n. 736.

***5954** **865 (ian.–mart.)**

JE *2775 Episcopis regni Ludovici (Germanici) regis eodem modo ac supra (J³ 5949) Carolo (Calvo) regi episcopisque eius scribit.

Laud. in: *Ann. Bertiniani ad a. 865 (Grat 118).* – Reg.: *Böhmer/Herbers n. 741.*

Olim ad a. 864 ex. sub numero JE *2775 una cum J³ *5953. De tempore cf. Böhmer/Herbers n. 741.

*** 5955** **865 (ian.–mart.)**

JE *2793 „Super eos, qui ante hos annos ... Arsenio (episcopo Hortensi, legato apostolico) multam thesauri summam praedantes abstulerant, nisi satisfaciendo quae tulerant ei reddere procurarent", „terribiles et a modestia sedis apostolicae antea inauditas maledictiones" profert.

Laud. in: *Ann. Bertiniani ad a. 865 (Grat 121).* – Reg.: *Böhmer/Herbers n. 743.*

Olim ad a. 865 cr. iul. De tempore cf. Böhmer/Herbers n. 743.

*** 5956** **865 (ian.–mart.)**

JE *2794 Excommunicat Ingiltrudem, quae virum suum Bosonem (comitem) relinquens cum adultero quodam in Lotharii (II) regnum aufugerat.

Laud. in: *Ann. Bertiniani ad a. 865 (Grat 122).* – Reg.: *Böhmer/Herbers n. 744.*

Olim ad a. 865 iul.–nov. De tempore cf. Böhmer/Herbers n. 744.

5957 **(865 ian.–apr. 22)**

JE 2791 Ludovico (II) imperatori scribit 1) se legatum Aistulfum „sicut decuit" excepisse et 2) querimonias negat contra mores solum Arsenium (episcopum Hortensem) nec etiam optimates Romanos interfuisse. – *(Nobilissimus vir atque); (Illud vero quod).*

Ed.: *MGH Epp. 6, 639 n. 121.* – Can.: *Ivonis (?) Coll. tripartita 1, 62, 31 et 32; Gratiani Decr. D. LXXXXVII c. 3 (1).* – Reg.: *Böhmer/Zielinski n. 242 et n. 243; Böhmer/Herbers n. 734.*

Fragmenta. Olim ad a. 865 iun.–iul. De tempore cf. Böhmer/Herbers n. 734.

5958 **(865 febr. 24–apr. 22)**

JE 2783 Carolo (Calvo) regi Rothadum episcopum Suessionensem a sese restitutum diligenter commendat, cui ablatas ecclesiae res reddi iubeat. – *Quamquam Rothadum venerabilem.*

Ed.: *MGH Epp. 6, 384 n. 69.* – Reg.: *Böhmer/Herbers n. 753.*

Laud. et in Ann. Bertinianis ad a. 865 (Grat 119). Olim ad. a. 865 (ian.). De tempore cf. Böhmer/Herbers n. 753. Cf. et J³ *5805, J³ 5806, J³ 5807, J³ 5825, J³ 5826, J³ *5842, J³ *5880, J³ 5887, J³ *5943.

5959 **(865 febr. 24–apr. 22)**

JE 2784 Hincmarum archiepiscopum Remensem, cui valde obicit, quod contra Rothadum episcopum Suessionensem tantas iniurias commiserit, tot impedimenta sibi ad causam eius diffiniendam laboranti paraverit, de restitutione illius episcopi (cf. J³ *5943) certiorem facit. Praecipit ei, ut aut omnia, quae ipse disposuerat, adimpleat aut sine dilatione Romam properet ibique cum Rothado conflictum decertet; si neutrum agere voluerit, ei depositionem denuntiat. – *Si coram tuae.*

Ed.: *MGH Epp. 6, 389 n. 70.* – Can.: *Anselmi Coll. can. II c. 66 (fragm.); Deusdedit Coll. can. I c. 154 (fragm.).* – Reg.: *Böhmer/Herbers n. 754.*

Laud. et in Ann. Bertinianis ad a. 865 (Grat 119). Olim ad. a. 865 (ian.). De tempore et aliis collectionibus ineditis cf. Böhmer/Herbers n. 754. Cf. et J³ *5805, J³ 5806, J³ 5825, J³ 5826, J³ *5842, J³ *5943.

5960 **(865 febr. 24–apr. 22)**

JE 2785 Archiepiscopis et episcopis per Gallias constitutis, privilegia Romanae sedis proclamans atque defendens, scribit Rothadum episcopum Suessionensem in pristinam dignitatem restitutum esse (cf. J³ *5943) et mandat, ut eum benigne suscipiant decretoque suo apostolico obtemperent. – *Quamvis singularum ecclesiarum.*

Ed.: *Insertum in Hincmari Laudunensis Rotula prolixa (MGH Conc. 4, Suppl. 2, 387); MGH Epp. 6, 392 n. 71.* – Can.: *Bonizonis Sutrini Lib. de vita christiana IV c. 76 (fragm.); Anselmi Coll. can. (versio A) (fragm.); Deusdedit Coll. can. I c. 153 (fragm.); Coll. Brit. 591 n. 130 (fragm.); Ivonis*

(?) Coll. tripartita 1, 62, 10 et 11 (fragm.); Ivonis Decr. V c. 33 (fragm.). – Reg.: *Böhmer/Herbers n. 755.*

Laud. et in Ann. Bertinianis ad a. 865 (Grat 119). Olim ad. a. 865 (ian.). De tempore et aliis collectionibus ineditis cf. Böhmer/Herbers n. 755. Cf. et J³ *5805 et J³ *5943.

5961 **(865 febr. 24–apr. 22)**

JE 2786 Clero et plebi Suessionensi de restituto Rothado gratulatur. – *Sicut piorum parentum.*

Ed.: *MGH Epp. 6, 400 n. 72.* – Reg.: *Lohrmann PUU in Frankreich NF VII 153 n. 1; Böhmer/Herbers n. 756.*

Laud. et in Ann. Bertinianis ad a. 865 (Grat 119). Olim ad. a. 865 (ian.). De tempore cf. Böhmer/Herbers n. 756. Cf. et J³ *5943.

5962 **(865 mart.–apr. 22)**

JE 2787 Arduico archiepiscopo Bisuntinensi respondet (cf. Gall. Pont. I 40 n. *6) de re coniugali capitibus tribus; dein 4) de episcopo, „si in nullo a sacris canonibus" deviet „et electio eius non a saecularibus quibusque, sed a clero ecclesiae cum consensu primorum civitatis ipsius fuerit composita", non removendo; 5) de presbyteris et diaconis per chorepiscopos non consecrandis; 6) de presbyteris lapsis non restituendis. Arsenium episcopum (Hortensem), apocrisiarium et missum apostolicae sedis, commendat. – *Inter cetera virtutum.*

Ed.: *MGH Epp. 6, 641 n. 123.* – Reg.: *Gall. Pont. I 40 n. 7; Böhmer/Herbers n. 758.*

Olim ad a. 865 (ian.) De tempore et de Coll. can., ubi epist. inserta est, cf. Böhmer/Herbers n. 758. Cf. et J³ *5963.

***5963** **(865 mart.–apr. 22)**

Arsenium episcopum Hortensem, legatum apostolicae sedis, per Alamanniam et Baioariam mittit pro recipiendis patrimoniis ecclesiae s. Petri in eisdem regionibus coniacentibus.

Laud. in: *Lib. pont. (Duchesne II 163); J³ 5947; J³ 5949; J³ 5950; J³ 5952; J³ 5962; J³ 5964; J³ 5969; Ann. Bertiniani ad a. 865 (Grat 118); Ann. Fuldenses ad a. 865 (MGH SS rer. Germ. 7, 63); Ann. Xantenses ad a. 866 (MGH SS rer. Germ. 12, 23); Reginonis Prumiensis Chron. ad a. 866 (MGH SS rer. Germ. 50, 84); Bernoldi Constantiensis Chron. ad a. 865 (MGH SS 5, 420); Herimanni Augiensis Chron. ad a. 865 (MGH SS 5, 106); Ann. Saxo ad a. 866 (MGH SS 37, 82); Anselmi Leodiensis Gesta (MGH SS 7, 199); Ann. Magdeburgenses ad a. 867 (MGH SS 16, 140).* – Reg.: *Germ. Pont. I 391 n. *18; Böhmer/Herbers n. 759; Böhmer/Zielinski n. 2576.*

5964 **(865 apr. 22)**

JE 2788 Ludovicum (Germanicum) et Carolum (Calvum) reges ob initam societatem laudat. Sed acerbe reprehendit eos, quod episcopos ad synodum Romanam non miserint, separatimque Carolum, qui scripserit, episcopos „die noctuque ... contra piratas maritimos invigilare, ob idque" impediri venire. Indignatur, quod, cum Lotharium (II) regem commonitum ab iis fuisse significarent, ipsius commonitorii exemplum non apposuerint. Lotharium, quem Romam aditurum esse nunciaverint, quique ipse „per imperiales legatos" de ea re sibi indicaverit, „tal(em), qualis nunc" sit, venire vetat. Eorum consilium Lotharii „circa missam sancti Iohannis" (iun. 24) iterum commonendi probat; a quo Theutberga (regina) quemadmodum recipienda sit, docet. Priorum litterarum, Arsenio episcopo (Hortensi) ad eos datarum, exempla „per hunc gerulum" mittit, quo facilius, illaene incorruptae sint, intelligant. Ut Coloniensi et Cameracensi ecclesiis antistites praeficiantur, monet. Rothadum episcopum Suessionensem tuetur. – *Credimus ex Dei.*

Ed.: *MGH Epp. 6, 309 n. 38.* – Can.: *Bonizonis Sutrini Lib. de vita christiana III c. 89 (fragm.); Deusdedit Coll. can. IV c. 174 (fragm.); Coll. Brit. 590 n. 116 (fragm.); Ivonis (?) Coll. tripartita 1, 62, 9 (fragm.); Ivonis Decr. V c. 334 (fragm.); Gratiani Decr. C. II q. 5 c. 22; C. XXVII q. 2 c. 26; C. XXXIII q. 2 c. 4 (fragm.).* – Reg.: *Oediger Reg. Köln I 70 n. 210; Germ. Pont. VII 27 n. 41; Böhmer/Herbers n. 763.*

De aliis collectionibus ineditis cf. Böhmer/Herbers n. 763. Cf. et J³ 5837, J³ *5936, J³ 5937, J³ 5947, J³ 5949, J³ 5950, J³ 5951, J³ 5952, J³ *5963.

***5965 (865 ian.–apr.)**

Nicolaum (I) Salomo (III) rex Britannorum et Gyembret uxor eius rogant, ut Festiniano Dolensi archiepiscopo pallium mittat.

Laud. in: *J³ 5967; J³ 5993; De dignitate Dolensis ecclesiae (Duine 47 [reimpr. 33]).* – Reg.: *Böhmer/Herbers n. 733.*

5966 (865 mart.–mai. 19)

Nicolao (I) Adventius episcopus Metensis gratias agit pro venia ei data.

Ed.: *MGH Epp. 6, 223 n. 10.* – Reg.: *Böhmer/Herbers n. 757.*

Laud. et in J³ 5986. Cf. J³ 5935 et J³ *5936.

5967 865 mai. 26

JE 2789 Salomonem (III) Britannorum regem eiusque coniugem Gyembret hortatur, ut in posterum epistolas signo imprimant. Festiniano episcopo Dolensi pallium mittere abnuit, nisi ius illius vestis ab ipsius praedecessoribus datum sibi esse comprobet (Dat. VII kal. iun., ind. XIII). – *Proposuerat quidem apostolatus.*

Ed.: *MGH Epp. 6, 639 n. 122.* – Reg.: *Böhmer/Herbers n. 764.*

Laud. et in J³ 5993, J³ 6002, in Innocentii III litteris (Potthast 811, Reg. Innocenz' III. 2, 153). Cf. J³ *5930 et J³ *5965.

5968 (858–865 mai.)

JE 2780 Weniloni archiepiscopo Senonensi et universo concilio ab eo congregato scribit, „ut, si presbyter, de quo agitur, post excommunicationem suam apostolicam sedem adire voluerit, nullus iter eius impedire praesumat“. – *(Revera iustus mediator).*

Ed.: *MGH Epp. 6, 637 n. 119.* – Can.: *Ivonis (?) Coll. tripartita 1, 62, 46; Gratiani Decr. C. III q. 9 c. 12.* – Reg.: *Böhmer/Herbers n. 466.*

Fragmentum. Olim ad a. 858–865. De tempore et aliis collectionibus ineditis cf. Böhmer/Herbers n. 462 et n. 466.

5969 865 iun. 9

JE 2790 Adoni archiepiscopo Viennensi exponit, quare indicta synodus Romana non sit celebrata. De Arsenio episcopo Hortensi ad tractanda Galliarum Germaniaeque negotia misso, significat. Falsam esse famam scribit, Theutgaudum Treverensem et Guntharum Coloniensem a sese restitutionem impetrasse. Reprehendit eum, quod virum litteras eius ad se deferentem appellaverit „presbyterum Gerardi ... comitis“, neque ex ecclesia significationem traxerit (Dat. V id. iun., ind. XIII). – *Miraris frater cur.*

Ed.: *MGH Epp. 6, 312 n. 39; insertum in Hugonis Flaviniacensis Chron. (MGH SS 8, 354) (fragm.).* – Reg.: *Oediger Reg. Köln I 71 n. 211; Germ. Pont. VII 27 n. 42; Germ. Pont. X 34 n. 38; Gall. Pont. III/1, 105 n. 97; Böhmer/Herbers n. 768; Böhmer/Zielinski n. 2573.*

Cf. J³ *5963.

5970 (864 nov.–865 iun.)

JE 2799 Bernardum illustrem virum, filium Bernardi quondam comitis (Barcinonensis), reprehendit, quod „Christianum populum depraedans in regno ... Karoli (Calvi) regis numerosa mala“ exerceat. – *Curae quam pro.*

Ed.: *MGH Epp. 6, 314 n. 40.* – Reg.: *Böhmer/Herbers n. 720.*

Fragmentum. Olim ad a. 865. De tempore cf. Böhmer/Herbers n. 720.

*** 5971** **(865 febr.–iun.)**

Nicolao (I) et Adoni Viennensi episcopo, Romanae ecclesiae vicario, Remigius archiepiscopus Lugdunensis pro (Theutgaudo et Munthario) episcopis Treverensi et Coloniensi depositis litteras mittit.

L a u d . i n : *Hugonis Flaviniacensis Chron. I (MGH SS 8, 354).* – R e g . : *Oediger Reg. Köln I 75 n. 220; Germ. Pont. VII 27 n. *43; Germ. Pont. X 34 n. *39; Böhmer/Herbers n. 751.*

De tempore cf. Böhmer/Herbers n. 751.

*** 5972** **(865 apr.–iun.)**

Nicolao (I) papae Michael (III) imperator Constantinopolitanus scripta mittit, linguam Latinam maledicit, aliasque res controversas commemorat.

L a u d . i n : *J³ 5980; J³ 6022; J³ 6023; J³ 6030; J³ 6073.* – R e g . : *MMFH 3, 147 n. 25; Dölger/Müller Reg. des oström. Reiches I/1, 240 n. 464; Böhmer/Herbers n. 762.*

De tempore cf. Böhmer/Herbers n. 762.

5973 **(865 ian.–iul.)**

JE 2791 Ludovico (II) imperatori scribit, atque 1) proferens Constantini imperatoris exemplum eum admonet, „ut si de ... sacerdotibus ... aliquid (eum) contigerit audire, quod confusionem piis mentibus ingerat", paternam verecundiam contegat; 2) eum hortatur, ut Suffredum (episcopum Placentinum) iniuste deiectum restituat. – *(In scripturis narratur); (Denique si Seufredus).*

E d . : *MGH Epp. 6, 638 n. 120.* – C a n . : *Ivonis (?) Coll. tripartita 1, 62, 29 et 30; Gratiani Decr. D. LXXXXVI c. 8 et C. VI q. 3 c. 3.* – R e g . : *Ital. Pont. V 443 n. 1; Böhmer/Zielinski n. 243; Böhmer/Herbers n. 732.*

Fragmenta. Laud. et in Tholomei Lucensis Hist. eccl. (MGH SS 39, 358). Olim ad a. 865 iun.–iul. De tempore et aliis collectionibus ineditis cf. Böhmer/Herbers n. 732.

*** 5974** **865 (aug. 4–15)** **Attigny**

JE *2795 Caroli villam, quae Vendopera dicitur, quam piae memoriae Ludovicus (Pius) imperator b. Petro tradiderat et Wido quidam comes per plures annos tenuerat, sub defensione apostolica recipit.

L a u d . i n : *Ann. Bertiniani ad a. 865 (Grat 122).* – R e g . : *Böhmer/Herbers n. 773.*

*** 5975** **(864 sept.–865 aug.)**

Aquam Traianam renovari iubet.

L a u d . i n : *Lib. pont. (Duchesne II 163).* – R e g . : *Böhmer/Herbers n. 714.*

*** 5976** **(864 sept.–865 aug.)**

Ostiensem urbem, „quam divae memoriae beatus papa Gregorius (IV, cf. J³ *5247), ne gens iniqua Sarracenorum populum Domini in circuitu caperet aut interimeret, ad salutem multorum construxerat, in ruinis iacentem, superna tactus fortiori firmiorique fabrica inspiratione reedificari" iubet et restaurat, „portisque etiam et turribus forrtissimis muniens, promptos ad bella in ea homines" collocat, „ita ut nullatenus alienigenae gentis incursio de cetero illi possit dominari aut concivibus eius damna in aliquo, nisi, quod absit, per desidiam, operari".

L a u d . i n : *Lib. pont. (Duchesne II 164).* – R e g . : *Böhmer/Herbers n. 715.*

*** 5977** **865 (apr.–aug.)** **(Roma)**

JE *2856 Hattoni episcopo (Virdunensi) „ecclesiam (monasterium) Theologiam", olim Adelelmo per (Lotharium I) regem ablatam, confirmat et eum de causa divortii Lotharii (II) regis admonet (... dat. Luduici imp. a. VI, ind. XIII p. m. Leonis scrin. R.E. ...). – *(Quoniam omnium ecclesiarum).*

L a u d . i n : *Laurentii Leodiensis Gesta epp. Virdunensium (MGH SS 10, 490).* – R e g . : *Böhmer/Herbers n. 761.*

Olim ad a. 858–867. De traditione, re et tempore cf. Böhmer/Herbers n. 761. Cf. et MGH Epp. 6, 809.

***† 5978** **(865) sept. 9**

(Nicolao I) permittente Rimbertus (Hamburgensis) archiepiscopus Ansgarium elevat et in catalogo sanctorum ascribit; quem papa canonizat.

L a u d . i n : *Heinrici Wolters Chron. Bremensis (Meibom Rer. Germ. 2, 25).* – R e g . : *Germ. Pont. VI 35 n. *†25; Böhmer/Herbers n. †776.*

*** 5979** **(864 nov.–865 sept. 28)**

JE I 355 Concilium, in quo Radoaldus episcopus Portuensis deicitur et excommunicatur, eique, si Photio communicaverit, aut Ignatio patriarchae Constantinopolitano adversatus sit, anathema denunciatur.

L a u d . i n : *J³ 6022; J³ 6023; J³ 6030; J³ 6073; Ann. Bertiniani ad a. 863 (Grat 99).* – R e g . : *Ital. Pont. II 18 n. *3; Böhmer/Herbers n. 719.*

Olim ad a. 864 cr. nov. 1. De re et tempore cf. Böhmer/Herbers n. 719.

5980 **865 sept. 28**

JE 2796 et JE 3368 Michaelis (III) imperatoris (Constantinopolitani) epistolam blasphemiis refertam (J³ *5972) uberrime respondet, iniurias contumeliasque illius reicit et Ignatium patriarcham (Constantinopolitanum) iniuste depositum defendit. Ignatium et Photium vel eorum vicarios Romam ad renovandum examen venire iubet et imperatorem ad oboediendum monitis suis adhortatur (Dat. IV kal. oct., ind. XIV). – *Proposueramus quidem antequam.*

E d . : *MGH Epp. 6, 454 n. 88; Tăutu Acta Rom. pont. I 620 n. 322 (fragm.); insertum in J³ 6030 et in Hincmari Laudunensis Pittaciolo (MGH Conc. 4, Suppl. 2, 91).* – R e g . : *MMFH 3, 148 n. 26; Böhmer/Herbers n. 777.*

Laud. et in J³ 5987, J³ 6022. Olim ad a. 865 cr. nov. De tempore cf. Böhmer/Herbers n. 777. Cf. et J³ *5633, J³ *5722, J³ 5729, J³ 5839, J³ *5972.

*** 5981** **(865 apr.–oct.)**

Seufridum Placentinae sedis episcopum, a sede propria a cuiusdam diaconi Pauli perfidia pulsum, per legatos suos restituit.

L a u d . i n : *Lib. pont. (Duchesne II 163); De transmigratione (Pozzi 324); Auxilii Libellus in defensionem I c. 6 (Dümmler Auxilius 66) et Infensor et defensor c. 21 (Migne PL 129, 1091); Flodoardi Remensis De Christi triumphis (Migne PL 135, 822).* – R e g . : *Ital. Pont. V 443 n. *2; Böhmer/Herbers n. 760.*

*** 5982** **(865 aug.–oct.)**

Paulo diacono (Placentino) praecipit, ut nec tale quid umquam temptet peragere nec eandem sedem Placentinam repetere praesumat vel recipere.

L a u d . i n : *Lib. pont. (Duchesne II 163).* – R e g . : *Ital. Pont. V 443 n. *3; Böhmer/Herbers n. 771.*

5983 **(865 oct.)** **Worms**

Arsenio episcopo (Hortensi, vicario Nicolai I) Ingiltrudis uxor Bosonis comitis iurat se secundum papae praecepta in ecclesiam reverti et in Italiam proficisci.

E d . : *Insertum in J³ 5984; Reginonis Prumiensis Chron. ad a. 866 (MGH SS rer. Germ. 50, 85); apud Ann. Saxonem ad a. 866 (MGH SS 37, 82).* – R e g . : *Böhmer/Mühlbacher² n. 1460c; Böhmer/Herbers n. 780.*

Laud. et in Ann. Francorum Mettensibus (Bouquet Recueil VII 193).

5984 **(865 oct. ex.–nov.)**

Per Nicolai (I) auctoritatem Arsenius episcopus (Hortensis) omnibus in Christi fidelibus et in Germania et in Gallia et in Neustria Ingiltrudem in civitatibus eorum excipere vetat.

Ed.: *MGH Epp. 6, 225 n. 11.* – Reg.: *Böhmer/Herbers n. 781.*

Laud. et in Reginonis Prumiensis Chron. ad a. 866 (MGH SS rer. Germ. 50, 85), apud Ann. Saxonem ad a. 866 (MGH SS 37, 82). Cf. J³ 5983.

*†5985 **(863 nov.–865)**

Rotberto episcopo (Cenomannensi) armarium ex ebore factum cum reliquiis ss. Gervasii et Prothasii et archiepiscopi Ambrosii mittit.

Laud. in: *Actus pont. Cenomannis XXIV (Busson/Ledru 338).* – Reg.: *Böhmer/Herbers n. †681.*

5986 **(865 aug. 3–dec.)**

Nicolao (I) Adventius episcopus Metensis propter veniam ei datam gratias agit, vituperationes papae refutat, res gestas explicat.

Ed.: *MGH Epp. 6, 226 n. 12.* – Reg.: *Böhmer/Herbers n. 772.*

Cf. J³ 5935 et J³ 5966.

5987 **(865 oct.–dec.)**

JE 2797 Michaeli spathario imperatoris Graecorum scribit, quia ad ipsum venire noluerit, misisse se ei epistolam (J³ 5980) per viros reverendos, ut eam imperatori reddat. Nuntiat ei se pro iniuriis imperatoris illi admonitiones reddere, quaeque precatus sit iam fecisse: sententiam se temperasse et pacem et communionem ecclesiae atque illi promisisse. Petit, ut epistolam supradictam imperatori offerat, curetque, ut ille interpretem assumat, qui de epistola nihil minuat, aut addat, aut commutet et interpretatam in linguam Graecam imperator per totum legi praecipiat. Ei excommunicationem minatur, si non receperit epistolam et Constantinopolim veniens imperatori detulerit. – *Scias iam quia.*

Ed.: *MGH Epp. 6, 487 n. 89.* – Reg.: *Böhmer/Herbers n. 779.*

Olim ad a. 865 nov.–dec. De tempore cf. Böhmer/Herbers n. 779. Cf. et J³ 5980.

5988 **(865 nov.–dec.)**

JE 2800 Hincmaro archiepiscopo Remensi significat, Carolum (Calvum) regem a se exquisivisse, in eos quid consulendum esset, qui Ingeltrudis feminae saepe damnatae communicatoribus communicassent. Quod qui necessitate inducti vel ignorantia fecerint, eos absolvi iubet, non absolvi eos, qui id facinus consulto in se admiserint. – *(Excellentissimus rex Karolus).*

Ed.: *MGH Epp. 6, 314 n. 41.* – Can.: *Ivonis (?) Coll. tripartita 1, 62, 34; Ivonis Decr. XIV c. 46; Ivonis (?) Panorm. V c. 106; Gratiani Decr. C. XI q. 3 c. 102.* – Reg.: *Böhmer/Herbers n. 784.*

Fragmentum. Olim ad a. 865. De tempore et aliis collectionibus ineditis cf. Böhmer/Herbers n. 784.

5989 **865 dec.** **(Roma)**

JE 2798 Rimberto archiepiscopo Hamburgensi pallii usum concedit (Scr. p. m. Zachariae scrin. S.R.E. in m. dec., ind. XIV). – *Si pastores ouium.*

Ed.: *Curschmann PUU Hamburg 26 n. 6.* – Reg.: *Germ. Pont. VI 35 n. 26; Böhmer/Herbers n. 785.*

Laud. et in Adami Bremensis Gestis I c. 35 (MGH SS rer. Germ. 2, 38), Chron. brevi Bremensi (MGH SS 7, 390).

*** 5990** **(866) febr. 2**

Episcopis per Italiam, Germaniam, Neustriam, Galliasque constitutis significat, Waldradam (concubinam Lotharii II regis) excommunicavisse (IV non. febr.).

Laud. in: *J³ 6004; Ann. Fuldenses ad a. 867 (MGH SS rer. Germ. 7, 66).* – Reg.: *Böhmer/Herbers n. 788.*

*** 5991** **(865 mai.–866 febr.)**

A Nicolao (I) Salomo (III) rex Britannorum iterum pallium pro Festiniano (archi)episcopo Dolensi petit.

Laud. in: *J³ 5993; De dignitate Dolensis ecclesiae (Duine 47 [reimpr. 33]).* – Reg.: *Böhmer/Herbers n. 769.*

*** 5992** **(862) mart.–(866) mart.**

Presbyteros VII, diaconos IV (vel III) et episcopos LXV ordinat (per m. mart.).

Laud. in: *Lib. pont. (Duchesne II 167; Přerovský II 618).* – Reg.: *Böhmer/Herbers n. 568.*

5993 **(865 aug.–866 mart.)**

JE 2807 (Salomonem III regem Britannorum) ne in litterarum inscriptione regium nomen nomini apostolico praeponat, monet. De pallio ad (archi)episcopum Dolensem mittendo perinde ac superiore epistola (J³ *5991) respondet. – *Lectis gloriae vestrae.*

Ed.: *MGH Epp. 6, 646 n. 126.* – Reg.: *Böhmer/Herbers n. 770.*

Laud. et in ecclesiae Turonensis litteris ad Innocentium III directis (Morice Mémoires Bretagne I 754), Innocentii III privilegio (Potthast 820, Reg. Innocenz' III. 2, 163). Olim ad a. 865 mai.–iun. De tempore cf. Böhmer/Herbers n. 770. Cf. et J³ *5965, J³ 5967, J³ *5991, J³ 6043.

*** 5994** **(866 apr. 3)**

Archiepiscopos et episcopos Galliae et Neustriae hortatur, ut de causa Wulfadi et ceterorum clericorum ab Ebbone quondam archiepiscopo Remensi consecratorum disputent.

Laud. in: *J³ 5995; J³ 5996; J³ 5997.* – Reg.: *Böhmer/Herbers n. 789.*

5995 **866 apr. 3**

JE 2802 Hincmarum archiepiscopum Remensem hortatur, ut, quos deiecerit, Wulfadum et ceteros clericos, ab Ebbone quondam archiepiscopo consecratos, restituat, aut cum Remigio Lugdunensi, Adone Viennensi, Wenilone Rotomagensi, ceterisque archiepiscopis et episcopis Galliarum et Neustriae, aug. 18 Suessiones conveniat, ut illorum causa concilio retractetur. Quodsi clerici apostolicam sedem appellaverint, iudicium sibi reservat (Dat. III non. apr., ind. XIV). – *Multorum a partibus.*

Ed.: *MGH Epp. 6, 404 n. 74.* – Reg.: *Böhmer/Herbers n. 791.*

Laud. et in J³ 5996, J³ 5997, J³ 5999, J³ 6010, J³ 6017, J³ 6018, J³ 6040, J³ 6064, J³ 6074, in Hincmari archiep. Remensis epist. ad Egilonem Senonensem directa (MGH Epp. 8, 190 n. 186). Cf. J³ 5813, J³ *5994, J³ *5998, J³ *6003.

5996 **866 apr. 3**

JE 2803 Herardum archiepiscopum Turonensem et eius suffraganeos de suis ad Hincmarum archiepiscopum Remensem litteris certiores facit, concilioque Suessionensi aug. 18 celebrando interesse iubet (Dat. III non. apr., ind. XIV). – *Quorundam a partibus.*

Ed.: *MGH Epp. 6, 407 n. 75.* – Reg.: *Böhmer/Herbers n. 792.*

Laud. et in J³ 5997, J³ 6040, et in Hincmari archiep. Remensis epist. ad Egilonen Senonensem directa (MGH Epp. 8, 190 n. 186). Cf. J³ 5813, J³ *5994, J³ 5995, J³ *5998, J³ *6003.

5997 **866 apr. 3**

JE 2804 Adoni archiepiscopo Viennensi (eadem, quae Herardo Turonensi, J^3 5996) scribit (Dat. III non. apr., ind. XIV). – *Quorundam a partibus.*

Ed.: *MGH Epp. 6, 409 n. 76.* – Reg.: *Gall. Pont. III/1, 107 n. 101; Böhmer/Herbers n. 793; Böhmer/Zielinski n. 2580.*

Laud. et in J^3 5996, J^3 6040, et in Hincmari archiep. Remensis epist. ad Egilonem Senonensem directa (MGH Epp. 8, 190 n. 186). Cf. J^3 5813, J^3 *5994, J^3 5995, J^3 5996, J^3 *5998.

***5998** **(866 apr. 3)**

JE *2805 Wulfado clerico deiecto (futuro archiepiscopo Bituricensi eadem quae in J^3 5996 et J^3 5997) scribit.

Laud. in: *J^3 5995; J^3 5996; J^3 5997.* – Reg.: *Böhmer/Herbers n. 790.*

5999 **(866 apr. 3)**

JE 2805α Carolo (Calvo) regi mandat, ut si Hincmarum archiepiscopum Remensem ad se trahere, ut apostolicae sedi oboediat, non valeat, sollicite caveat, ne ipsum regem „ad se trahere quibus cumque valeat argumentis"; scribit de Wulfado eiusque sociis ab Hincmaro deiectis; de concilio aug. 18 Suessionensi celebrando addit. – ... *[d]evotioni quam in.*

Ed.: *MGH Epp. 6, 402 n. 73.* – Reg.: *Böhmer/Herbers n. 794.*

Laud. et in J^3 6007, J^3 6010, J^3 6011, J^3 6018, et in Hincmari archiep. Remensis epist. ad Egilonem Senonensem directa (MGH Epp. 8, 190 n. 186). Olim ad a. 866. De tempore cf. Böhmer/Herbers n. 794. Cf. et J^3 5995.

***6000** **(866 ian.–apr.)**

Nicolaum (I) Festinianus archiepiscopus Dolensis rogat, ut ei pallium concedat.

Laud. in: *J^3 6002; Innocentii III privilegium (Potthast 810; Reg. Innocenz' III. 2, 150).* – Reg.: *Böhmer/Herbers n. 787.*

***6001** **(866 mai. 17)**

Herardo archiepiscopo Turonensi (Romam) legatum mittere iubet, ut de „contentione apud Britannos, quis fuerit metropolitanus, oborta" diiudicetur.

Laud. in: *J^3 6002; Innocentii III privilegium (Potthast 810; Reg. Innocenz' III. 2, 150).* – Reg.: *Böhmer/Herbers n. 797.*

6002 **866 mai. 17**

JE 2806 (Festinianum episcopum Dolensem) propter formam epistolae eius (J^3 *6000) reprehendit. In hac permanet sententia, ut aut Turonensi metropolitae pareat, aut ius pallii superioribus episcopis Dolensibus tributum a sede apostolica esse ostendat. Pallium ei renuit, donec ius metropolitanatus illius ecclesiae contra antiquitus firmatum ius Turonensis ecclesiae probatum sedes apostolica cognoverit (Dat. XVI kal. iun., ind. XIV). – *Dilectionis vestrae quamquam.*

Ed.: *MGH Epp. 6, 648 n. 127.* – Reg.: *Böhmer/Herbers n. 798.*

Laud. et in De dignitate Dolensis eccl. (Duine 47 [reimpr. 33]), in ecclesiarum Dolensis et Turonensis epp. ad Innocentium III directis (Morice Mémoires Bretagne I 753 et 754), in Innocentii III epist. (Potthast 810, Reg. Innocenz' III. 2, 150), in Chron. Briocensi (Morice Mémoires Bretagne I 23). Cf. J^3 5967, J^3 *6000, J^3 *6001, J^3 6043.

***6003** **(866 apr. 4–mai.)**

Iussu Nicolai (I) Remigius archiepiscopus Lugdunensis epistolas (J^3 5995 et J^3 5996) Hincmaro archiepiscopo Remensi aliisque archiepiscopis et episcopis ad synodum Suessione habitam convocatis reddit.

Laud. in: *J^3 5995; J^3 5996.* – Reg.: *Böhmer/Herbers n. 795.*

6004 **866 iun. 13**

JE 2808 Archiepiscopis et episcopis per Italiam, Germaniam, Neustriam et Gallias constitutis iterum significat, Waldradam (concubinam Lotharii II regis) IV non. febr. (febr. 2) excommunicatam esse propterea quod, non visitata Roma, „in provinciam, ut principaretur in ea", rediisset, insidiasque parare Theutbergae reginae pergeret. Exempla huius epistolae per vicinas regiones dispergi iubet (Dat. id. iun., ind. XIV). – *Decreveramus quidem circa.*

Ed.: *MGH Epp. 6, 315 n. 42.* – Reg.: *Böhmer/Herbers n. 800.*

Excerpta et in Reginonis Prumiensis Chron. ad a. 866 (MGH SS rer. Germ. 50, 87) et apud Ann. Saxonem ad a. 866 (MGH SS 37, 84). Laud. et in Ann. Fuldensibus ad a. 867 (MGH SS rer. Germ. 7, 66) et in Ann. Francorum Mettensibus (Bouquet Recueil VII 193). Cf. J[3] *5990.

*** 6005** **(866 apr. med.–iun.)**

Nicolao (I) Carolus (Calvus) rex per Ericum hominem Ludovici (II) imperatoris de rebus, quae ad Wulfadum clericum (Remensem) ab Hincmaro deiectum pertinent, refert.

Laud. in: *J[3] 6007.* – Reg.: *Lot/Tessier Recueil II n. 292; Böhmer/Herbers n. 796.*

De tempore cf. Böhmer/Herbers n. 796.

*** 6006** **(864 iun.–866 iul.)**

JE *2762 Liutberto archiepiscopo Maguntino pallium tribuit.

Laud. in: *J[3] 6010.* – Reg.: *Germ. Pont. IV 64 n. 31; Böhmer/Herbers n. 708.*

Olim ad a. 864 iun.–sept. De tempore cf. Böhmer/Herbers n. 708.

6007 **(866 iun. ex.–aug. 17)**

Nicolaum (I) Carolus (Calvus) rex certiorem facit se praecepta eius de Wulfado sociisque observavisse.

Ed.: *MGH Conc. 4, 208.* – Reg.: *Böhmer/Herbers n. 801.*

Laud. et in J[3] 6011 et in J[3] 6018. De tempore cf. Böhmer/Herbers n. 801. Cf. et J[3] 5999 et J[3] *6005.

*** 6008** **866 aug. 18(–25)** **Soissons**

Iussu Nicolai (I) in synodo Suessionis habita de causa Wulfadi disputatur (a. inc. d. n. Iesu Chr. DCCCLXVI, ind. XIV, regni autem d. Karoli regis XXVI ... apud urbem Suessionicam ... XV kal. sept.).

Laud. in: *J[3] 6009; J[3] 6010; J[3] 6018; J[3] 6040; J[3] 6042; J[3] 6064; J[3] 6074; charta synodalis monasterio Sollempniacensi concessa (MGH Conc. 4, 225); Hincmari memorandum (MGH Epp. 8, 173 n. 184); Ann. Bertiniani ad a. 866 (Grat 128); Flodoardi Remensis Hist. III c. 11 (MGH SS 36, 214).* – Reg.: *Böhmer/Herbers n. 806.*

6009 **(866) aug. 18(–25)**

Apud Nicolaum (I) ii, qui in synodo Suessionis habita intersunt, de nonnullis rebus a Britannicis gestis queruntur et rogant, ut Actardum episcopum (Namnetensem), qui privatus sit episcopatu, adiuvet (XV kal. sept.).

Ed.: *MGH Conc. 4, 218; insertum in Chron. Namnetensi c. 16 (Merlet Coll. de textes 51).* – Reg.: *Böhmer/Herbers n. 807.*

Laud. et in J[3] 6168, J[3] 6169. De tempore cf. Böhmer/Herbers n. 807. Cf. et J[3] *5412 et J[3] *6008.

6010 **866 aug. 25** **(Soissons)**

Nicolao (I) synodus Suessionis habita in epistola exponit sibi et papae privilegia et synodorum decreta pristinorum retractandi potestatem non esse; itaque papae decernendum esse (Dat. a. inc. d. n. Iesu Chr. 866, a. reg. gloriosissimi reg. Karoli XXVII, VIII kal. sept.).

E d . : *MGH Conc. 4, 213.* – R e g . : *Böhmer/Herbers n. 808.*

Laud. et in J³ 6018, J³ 6040, J³ 6041, J³ 6064, J³ 6074, in Hincmari archiep. Remensis epist. ad Egilonem Senonensem directa (MGH Epp. 8, 190 n. 186), in Ann. Bertinianis ad a. 866 (Grat 128). Cf. J³ 5995, J³ 5999, J³ *6006, J³ *6008.

6011 866 aug. 29 (Roma)

JE 2811 Carolo (Calvo) regi, ut Wulfadum post Rodulfi archiepiscopi Bituricensis mortem electum consecrari permittat, petenti (cf. J³ 6007) respondet, de ea re non posse statui, priusquam acta synodi (cf. J³ *6008) Wulfadi sociorumque causa convocatae sibi afferantur (Dat. IV kal. sept., ind. XIV). – *Excellentiae vestrae litteras.*

E d . : *MGH Epp. 6, 411 n. 77.* – R e g . : *Böhmer/Herbers n. 812.*

Laud. et in J³ 6040. Cf. J³ 5999 et J³ 6007.

*** 6012 (865 sept.–866 aug.)**

In patriarchio Lateranensi domum „pulcherrimam nimisque decoram" fieri iubet; oratorium b. Mariae construit et vestes et competentes ornatus offert.

L a u d . i n : *Lib. pont. (Duchesne II 166).* – R e g . : *Böhmer/Herbers n. 774.*

*** 6013 (865 sept.–866 aug.)**

Basilicae b. Petri (Romanae) sex cruces argenteas una cum aliis ornamentis donat.

L a u d . i n : *Lib. pont. (Duchesne II 166).* – R e g . : *Böhmer/Herbers n. 775.*

*** 6014 (865 nov.–866 aug.)**

Hincmarum Remensem archiepiscopum de salubritate Theutbergae reginae interrogat.

L a u d . i n : *J³ 6017.* – R e g . : *Böhmer/Herbers n. 783.*

De tempore cf. Böhmer/Herbers n. 783.

*** 6015 (866 iun.–aug.)**

Ad Nicolaum (I) Gotescalcus (Orbacensis) appellat.

L a u d . i n : *Hincmari archiep. Remensis epist. ad Egilonem Senensem directae (MGH Epp. 8, 194 n. 187 et 200 n. 188).* – R e g . : *Böhmer/Herbers n. 799.*

De tempore cf. Böhmer/Herbers n. 799.

*** 6016 866 aug.**

JE I 359 Petrum, Iohannem et Martinum, Michaelis Bulgarorum regis legatos, donaque accipit (m. aug., ind. XIV).

L a u d . i n : *J³ 6021; Lib. pont. (Duchesne II 164); Ann. Bertiniani ad a. 866 (Grat 134); J³ 6800; Andreae Bergomatis Hist. (MGH SS rer. Lang. 227).* – R e g . : *Böhmer/Herbers n. 804.*

6017 866 sept. 1

Nicolao (I) Hincmarus (archi)episcopus Remensis refert se synodo Suessionis interfuisse, sed ipsum quinque clericos dimissos restituere non potuisse. Se de salubritate Theutbergae reginae nihil renuntiare posse, quod neque cum ea neque cum Lothario (II rege) convenit (Dat. kal. sept., ind. XIV).

E d . : *MGH Epp. 8, 187 n. 185.* – R e g . : *Böhmer/Herbers n. 820.*

Laud. et in J³ 6040, J³ 6041, J³ 6064, J³ 6074, et in Hincmari archiep. Remensis epist. ad Egilonem Senonensem directa (MGH Epp. 8, 190 n. 186). Cf. J³ 5995 et J³ *6014 et J³ *6038.

6018 **(866 aug. 26–sept. 29)**

(Nicolao I) Carolus (Calvus) rex confirmat se papae litteras recipisse; refert de interventione apud Hincmarum (archiepiscopum Remensem) et se necessitate permota in Avarico Biturigo ecclesiam Wulfado comisisse.

Ed.: *MGH Conc. 4, 221.* – Reg.: *Böhmer/Herbers n. 811.*

Laud. et in J³ 6039. De tempore cf. Böhmer/Herbers n. 811. Cf. et J³ 5995, J³ 5999, J³ 6007, J³ *6008, J³ 6010.

*6019 **(858–866 oct.)**

Ad Nicolaum (I) clerici in synodo Suessionis dimissi appellant.

Laud. in: *J³ 6040; J³ 6041.* – Reg.: *Böhmer/Herbers n. 463.*

6020 **(865 oct.–866 nov. 13)**

Patriarchas et episcopos et clericos et omnes fideles in Asia, Europa, Libyaque de scriptis in decem capitulis appositis certiores facit. – *Γνωστὸν προφέρομεν τῇ.*

Ed.: *MGH Epp. 6, 565 n. 98a.* – Reg.: *Böhmer/Herbers n. 778.*

Laud. et in J³ 6030. De traditione et tempore cf. Böhmer/Herbers n. 778. Cf. et J³ 5729, J³ 5730, J³ 5768, J³ 5769.

6021 **(866 nov. 13)**

JE 2812 Ad Bulgarorum quaestiones, doctrinam disciplinamque ecclesiasticam spectantes, respondet capitibus CVI. – *Ad consulta vestra.*

Ed.: *MGH Epp. 6, 568 n. 99; Tăutu Acta Rom. pont. I 661 n. 328; Simonsohn Apostolic See and the Jews I 29 n. 32 et 33.* – Reg.: *Böhmer/Zielinski n. 267; Böhmer/Herbers n. 822.*

Laud. et in Lib. pont. (Duchesne II 164; Přerovský III 432), in J³ 6422, J³ 6800, J³ 6816, in Innocentii III epist. (Reg. Innocenz' III. 5, 228 et 7, 204). Cf. J³ *6016.

6022 **866 nov. 13**

JE 2813 Michaeli (III) imperatori (Constantinopolitano) Radoaldum (Portuensem) et Zachariam (Anagninum), qui, minis eius territi, mandata sua neglexissent, excommunicatos nunciat. Docet, qui loci suarum ad eum litterarum sacrilege corrupti sint. Ignatii restitutionem, Photii deiectionem postulat. Ut utrumque Romam mittat monet. Exemplum litterarum eius veneno tinctarum, quas superiore anno Michael protospatharius sibi reddiderit, comburi iubet; alioquin minatur se convocato concilio „dictatores et dispositores atque praeceptores" earum anathematizaturum, ipsamque epistolam „in stipite videntibus cunctis suspensam vasto supposito foco, ... extremae perditioni" donaturum esse. Donatum episcopum Ostiensem, Leonem presbyterum tituli s. Clementis Damasi, Marinum apostolicae sedis diaconum, legatos suos, commendat (Dat. id. nov., ind. XV). – *Quanto maiora sunt.*

Ed.: *Insertum in J³ 6030 et in Hincmari Laudunensis Pittaciolo (MGH Conc. 4, Suppl. 2, 93; separatim ed. in MGH Epp. 6, 488 n. 90; Tăutu Acta Rom. pont. I 634 n. 323).* – Reg.: *MMFH 3, 149 n. 28; Böhmer/Herbers n. 823.*

Laud. et in J³ 6023, J³ 6028, J³ 6073. Cf. J³ *5535, J³ *5538, J³ *5633, J³ *5690, J³ *5721, J³ *5722, J³ *5728, J³ 5729, J³ 5730, J³ *5733, J³ *5766, J³ 5768, J³ 5769, J³ *5772, J³ 5839, J³ *5972, J³ *5979, J³ 5980, J³ 6030, J³ *6052.

6023 **(866 nov. 13)**

JE 2819 „Archiepiscopis metropolitanis et episcopis Constantinopolitanae sedi subiacentibus atque universo venerabili clero Constantinopolitanorum ecclesiae", quid adhuc de schismate Constantinopolitano a sese actum sit, exponit. Ut Photii damnati communionem vitent, sub excommunicationis poena praecipit. – *Ea quae nuper.*

Ed.: *MGH Epp. 6, 512 n. 91; Tăutu Acta Rom. pont. I 642 n. 324 (fragm.); insertum in J³ 6030 et in Ratherii Veronensis Epist. 21 (MGH Briefe d. dt. Kaiserzeit 1, 114) (fragm.).* – Reg.: *MMFH 3, 149 n. 29; Böhmer/Herbers n. 824.*

Laud. et in J³ 6073. Cf. J³ *5633, J³ *5651, J³ *5721, J³ *5722, J³ 5729, J³ 5730, J³ *5733, J³ *5755, J³ *5765, J³ *5766, J³ 5768, J³ 5769, J³ *5772, J³ 5839, J³ *5972, J³ *5979, J³ 6022.

6024 **866 nov. 13**

JE 2814 Photio admissa facinora exprobrat, conviciisque eum obruit. Minatur, nisi patriarchatum Constantinopolitanum abdicet, fore ut in vitam omnem anathematizetur (Dat. id. nov., ind. XV). – *Innumerabilium repperiris praevaricationum.*

Ed.: *Insertum in J³ 6030 (separatim ed. in MGH Epp. 6, 533 n. 92; Tăutu Acta Rom. pont. I 653 n. 325).* – Reg.: *MMFH 3, 150 n. 30; Böhmer/Herbers n. 825.*

Laud. et in J³ 6073. Cf. J³ *5535, J³ 5729, J³ 5730, J³ 5839.

6025 **866 nov. 13**

JE 2815 Bardam Caesarem ad suscipiendam Ignatii causam hortatur. Legatos suos commendat (Dat. id. nov., ind. XV). – *Postquam Dei omnipotentis.*

Ed.: *Insertum in J³ 6030 (separatim ed. in MGH Epp. 6, 540 n. 93; Tăutu Acta Rom. pont. I 658 n. 327).* – Reg.: *Böhmer/Herbers n. 826.*

Laud. et in J³ 6073. Cf. J³ 5729 et J³ *6052.

6026 **866 nov. 13**

JE 2816 Ignatii patriarchae Constantinopolitani vicem luget. In concilio (Romano a. 863, cf. J³ 5839) quae pro eo contraque Photium acta sint, significat. Dignitatem eius confirmat, eumque spe niti iubet (Dat. id. nov., ind. XV). – *Dici non potest.*

Ed.: *Insertum in J³ 6030 (separatim ed. in MGH Epp. 6, 544 n. 94; Tăutu Acta Rom. pont. I 655 n. 326).* – Reg.: *Böhmer/Herbers n. 827.*

Laud. et in J³ 6073. Cf. J³ 5754, J³ *5755, J³ 5768, J³ 5769, J³ 5839.

6027 **866 nov. 13**

JE 2817 Theodorae „imperatori quondam terreno, nunc autem spiritaliter caelesti coniunctae" virtutes laudat. Suum restituendi Ignatii studium ostendit, legatosque suos commendat (Dat. id. nov., ind. XV). – *Virtutes vestras quibus.*

Ed.: *Insertum in J³ 6030 (separatim ed. in MGH Epp. 6, 547 n. 95).* – Reg.: *Böhmer/Herbers n. 828.*

Laud. et in J³ 6073. Cf. J³ 5839 et J³ *6052.

6028 **866 nov. 13**

JE 2818 Eudoxiam Augustam hortatur, ut de removendo Photio et Ignatio reducendo cum imperatore agat, legatisque suis faveat (Dat. id. nov., ind. XV). – *Nihil in regia.*

Ed.: *Insertum in J³ 6030 (separatim ed. in MGH Epp. 6, 549 n. 96).* – Reg.: *Böhmer/Herbers n. 829.*

Laud. et in J³ 6073. Cf. J³ 6022 et J³ *6052.

6029 **(866 nov. 13)**

JE 2820 Singulos senatores Constantinopolitanos monet, ut Photii communionem defugiant et legatos suos adiuvent. – *Fidelium relatione qui.*

Ed.: *Insertum in J³ 6030 (separatim ed. in MGH Epp. 6, 552 n. 97).* – Reg.: *Böhmer/Herbers n. 830.*

Laud. et in J³ 6073. Cf. J³ *6052.

6030 **(866 nov. 13)**

JE 2821 „Patriarchis, metropolitis et reliquis episcopis atque cunctis fidelibus ... per Asiam ... et Libyam constitutis", quae in Ignatii Photiique causa a sese gesta sint, patefacit, et superiorum de ea re litterarum exempla (J^3 5729, J^3 5730, J^3 5768, J^3 5769, J^3 5771) mittit. – *Quae apud Constantinopolitanam.*

Ed.: *MGH Epp. 6, 553 n. 98; Tăutu Acta Rom. pont. I 660 n. 327 a.* – Reg.: *MMFH 3, 150 n. 31; Böhmer/Herbers n. 831.*

Laud. et in J^3 6022, J^3 6073. Cf. J^3 *5651, J^3 *5721, J^3 5729, J^3 5730, J^3 *5733, J^3 5741, J^3 5754, J^3 *5765, J^3 *5766, J^3 5768, J^3 5769, J^3 5771, J^3 *5772, J^3 5839, J^3 *5847, J^3 *5925, J^3 *5972, J^3 *5979, J^3 5980, J^3 6020, J^3 6022, J^3 6023, J^3 6024, J^3 6025, J^3 6026, J^3 6027, J^3 6028, J^3 6029, J^3 *6052.

6031 **(866 nov. 13)**

JE 2736 (Aschoto I principi Armeniae) nuntiat se Ignatium patriarcham tamquam innoxium in Constantinopolitana ecclesia confirmasse. Damnat adversarios Ignatii et defensores Photii adulteri, sicut s. Romana synodus definierit. Condemnat quoque Gregorium exepiscopum Syracusanum, et omnes consentaneos eius vel ab eo aut a Photio consecratos. Addit se haec scribere ei, ut sciat, de „quibus ... oporteat participari et a quibus oporteat recedere ... in provincia (sua) diversarum hereseon". Mittit ei Latinam translationem Leonis I epistolae ad Flavianum, quam summa veneratione laudat. Per apocrisiarios suos, cum prosperum iter fecerint „competentia et salutaria dogmata" promittit. In imagine benedictionem (i. e. reliquias) bb. Apostolorum dono offert. – *(Et divinorum mysteriorum).*

Ed.: *MGH Epp. 6, 451 n. 87; Tăutu Acta Rom. pont. I 619 n. 321 (fragm.).* – Reg.: *Böhmer/Herbers n. 832.*

Fragmentum. Olim ad a. 863 apr.–sept. De tempore cf. Böhmer/Herbers n. 832. Cf. et J^3 5839.

*** 6032** **(864 nov. med.–866 nov.)**

Formosum episcopum (Portuensem) consecrat.

Laud. in: *Invectiva in Romam (Dümmler Gesta 147).* – Reg.: *Böhmer/Herbers n. 725.*

De tempore cf. Böhmer/Herbers n. 725.

*** 6033** **(866 iul.–nov.)**

Apud Nicolaum (I) Theutberga (regina) damnationem suam approbat; fatetur matrimonium cum Lothario (II rege) contra leges fuisse ordinatum.

Laud. in: *J^3 6054; J^3 6055; J^3 6056.* – Reg.: *Böhmer/Mühlbacher² n. 1313c; Böhmer/Herbers n. 802.*

De tempore cf. Böhmer/Herbers n. 802.

*** 6034** **(865 iun.–866 dec. 5)**

Compatriotas et consacerdotes Egilonis (archi)episcopi Senonensis admonet et canones in memoriam reducit.

Laud. in: *J^3 6035.* – Reg.: *Böhmer/Herbers n. 765.*

6035 **(865 iun.–866 dec. 5)**

JE 2809 Egiloni (archi)episcopo Senonensi pallium mittit, licet non de ecclesia Senonensi, sed ex monasterio electus sit. – *Pastoralis curae pondera.*

Ed.: *MGH Epp. 6, 644 n. 124.* – Reg.: *Böhmer/Herbers n. 766.*

Laud. et in J^3 6036, Gestis abb. Trudonensium (MGH SS 10, 239). Olim ad a. 866 iun.–aug. De tempore cf. Böhmer/Herbers n. 766. Cf. et J^3 *6034.

6036 **(865 iun.–866 dec. 5)**

JE 2810 Carolo (Calvo) regi pallium (Egiloni) archiepiscopo Senonensi missum nunciat. Moleste fert, illum ex monachis (Flaviniacensibus), non ex clericis Senonensibus, electum esse. – *Cum acceptae dilectionis.*

Ed.: *MGH Epp. 6, 645 n. 125.* – Reg.: *Böhmer/Herbers n. 767.*

Laud. et in Gestis abb. Trudonensium (MGH SS 10, 239). Olim ad a. 866 iun.–aug. De tempore cf. Böhmer/Herbers n. 767. Cf. et J^3 6035.

* 6037 **(858–866 dec. 6)**

Villam Meteriolam in patrimonio Linoreri sitam Carolo (Calvo) regi commendat.

Laud. in: *J^3 6039.* – Reg.: *Böhmer/Herbers n. 462.*

De tempore cf. Böhmer/Herbers n. 462.

* 6038 **866 (oct.–dec. 6)** **(Roma)**

Nicolao (I) Egilo archiepiscopus Senonensis iussu synodi Suessionis habitae, i. a. Hincmari (archiepiscopi) Remensis Caroli (Calvi) regisque epistolas reddit.

Laud. in: *J^3 6017; J^3 6040; J^3 6041; Ann. Bertiniani ad a. 866 (Grat 128 et 129).* – Reg.: *Böhmer/Herbers n. 821.*

De tempore cf. Böhmer/Herbers n. 821.

6039 **866 dec. 6**

JE 2824 Carolo (Calvo) regi de clericorum restituendorum studio gratias agit. Addit de Balduino comite Flandriae amplius fovendo ac de suis ad Hincmarum (archiepiscopum Remensem) litteris (J^3 6041) (Dat. VIII id. dec., ind. XV). – *Cum talem se.*

Ed.: *MGH Epp. 6, 412 n. 78.* – Reg.: *Böhmer/Herbers n. 836.*

Laud. et in J^3 6142. Cf. J^3 5823, J^3 6018, J^3 *6037, J^3 6041.

6040 **866 dec. 6**

JE 2822 Ad archiepiscoporum et episcoporum, qui concilio Suessionensi III (cf. J^3 *6008) interfuerant, synodicam ab Egilone archiepiscopo Senonensi sibi redditam respondet. In Hincmarum archiepiscopum Remensem diversis fallaciis obnoxium vehementer incurrit. Eorum de restituendis clericis consensum laudat; sed reprehendit eos, quod synodicam tantum, non integra concilii acta, sibi miserint. Quae mitti iubet. Clerici ea conditione in pristinum restituantur, ut Hincmaro „intra totius huius capedinem anni" compellare eos apud sedem apostolicam liceat. Redarguit eos, quod unum ex clericis (Wulfadum) ad episcopalem dignitatem (Bituricensem) praeter mandatum promoverint (Dat. VIII id. dec., ind. XV). – *Reverentissimum fratrem et.*

Ed.: *MGH Epp. 6, 414 n. 79.* – Reg.: *Böhmer/Herbers n. 837.*

Laud. et in J^3 6064, J^3 6074, J^3 6142. Cf. J^3 *5282, J^3 *5476, J^3 *5477, J^3 5483, J^3 *5484, J^3 *5485, J^3 5487, J^3 5631, J^3 5813, J^3 5823, J^3 5995, J^3 5996, J^3 5997, J^3 *6008, J^3 6010, J^3 6011, J^3 6017, J^3 *6019, J^3 *6038, J^3 6041.

6041 **866 dec. 6**

JE 2823 Hincmaro archiepiscopo Remensi mittit litteras (eiusdem argumenti, cf. J^3 6040). Reprehendit, quod nec legatum, et epistolam contra morem non signatam ad sese miserit, et quod pallio „non certis temporibus" utatur; „cuius usus" inquit „si fraternitati tuae a sede apostolica omni tempore concessus est, ... tamen ... stude ... modeste hoc uti" (Dat. VIII id. dec., ind. XV). – *Epistolam beatitudinis tuae.*

Ed.: *MGH Epp. 6, 422 n. 80.* – Can.: *Ivonis (?) Coll. tripartita 3, 7, 4 (fragm.); Ivonis Decr. IV c. 203 (fragm.); Ivonis (?) Panorm. II c. 164 (fragm.); Gratiani Decr. D. VIII c. 3 (fragm.).* – Reg.: *Böhmer/Herbers n. 838.*

Laud. et in J^3 6039, J^3 6040, J^3 6042, J^3 6064, J^3 6074. De aliis collectionibus ineditis cf. Böhmer/Herbers n. 838. Cf. et J^3 *5357, J^3 *5476, J^3 *5477, J^3 5483, J^3 *5484, J^3 *5485, J^3 5487, J^3 5631, J^3 5813, J^3 5823, J^3 6010, J^3 6017, J^3 *6019, J^3 *6038.

6042 **866 dec. 6**

JE 2825 Wulfado et eius sociis restitutis gratulatur; eosque, ut Hincmarum archiepiscopum

Remensem debito honore et oboedientia prosequantur, monet (Dat. VIII id. dec., ind. XV). – *Divinae miserationis plenitudinem.*

E d . : *MGH Epp. 6, 431 n. 81.* – R e g . : *Böhmer/Herbers n. 839.*

Laud. et in J³ 6064. Cf. J³ *6008 et J³ 6041.

6043 **(862–866)**

JE 2708 Salomonem (III) regem Brittonum hortatur, ut de eiectis subrogatisque episcopis iudicium aut metropolitae Turonensi et duodecim episcopis, aut sibi permittat. Controversiam ortam de metropolitano archiepiscopi Turonensis iure se diiudicaturum, „postquam Deus“ inquit „inter vos pacem et dilectum filium nostrum Karolum“ (Calvum regem) constituet. – *Benedictus Deus et; (Haec quippe sunt).*

E d . : *MGH Epp. 6, 619 n. 107; insertum in Chron. Namnetensi c. 18 (Merlet Coll. de textes 19, 58) (fragm.).* – C a n . : *Ivonis (?) Coll. tripartita 1, 62, 58 (fragm.); Gratiani Decr. C. III q. 6 c. 10 (fragm.).* – R e g . : *Böhmer/Herbers n. 566.*

Laud. et in J³ 5993, J³ 6002, in Leonis IX litteris (JL 4225, Böhmer/Frech n. 775), in Chron. Namnetensi c. 17 (Merlet Coll. de textes 57), in Urbani II (JL 5519 et JL 5520), in Lucii II (JL 8609) et in Eugenii III litteris (JL 8991), in ecclesiae Turonensis litteris Innocentio III directis (Morice Mémoires Bretagne I 754), in Innocentii III litteris (Potthast 810, Reg. Innocenz' III. 2, 150). Olim ad a. cr. 862. De tempore et aliis collectionibus ineditis cf. Böhmer/Herbers n. 566. Cf. et J³ *5386, J³ 5388, J³ *5389, J³ *5412, J³ 5423, J³ *5689, J³ *5799.

*** 6044** **(865–866)**

A Nicolao (I) Helletrudis, Berengarii comitis vidua, de bonorum a Lothario (I) imperatore acceptorum alienatione queritur.

L a u d . i n : *J³ 6046.* – R e g . : *Böhmer/Herbers n. 729.*

*** 6045** **(865–866)**

JE *2828 Ludovico (Germanico) regi mittit litteras (eiusdem argumenti, cuius sunt, quae succedunt, cf. J³ 6046).

L a u d . i n : *J³ 6046.* – R e g . : *Böhmer/Mühlbacher² n. 1315a; Böhmer/Herbers n. 730.*

Olim ad a. cr. 866. De tempore cf. Böhmer/Herbers n. 730.

6046 **(865–866)**

JE 2827 Carolum (Calvum) regem rogat (itemque Ludovicum Germanicum regem de ea re rogatum esse scribit), ut Lotharium (II) regem pro sorore Helletrude Berengarii comitis vidua deprecetur, quod ille „non solum praedia a genitore suo Hlothario (I) imperatore per praeceptum largita“ sustulerit, „sed etiam proprietates eius a parentibus suis sibi, praefatae Belletrudi, dimissas colludiose“ surripuerit, „eisdemque sanctae Dei ecclesiae infideles Nordemannos paganos beneficiali more“ donaverit. Ipsi Lothario mitti a se litteras non potuisse, „quia“ inquit „pro nefariis et illicitis negotiis ... excommunicatum habemus“. – *Litteris scilicet suis.*

E d . : *MGH Epp. 6, 318 n. 44.* – R e g . : *Böhmer/Mühlbacher² n. 1315a; Dipl. Danicum I/1, 56 n. 130; Böhmer/Herbers n. 731.*

Olim ad a. cr. 866. De tempore cf. Böhmer/Herbers n. 731. Cf. et J³ *6044 et J³ *6045.

*** 6047** **(866 aug.–dec.)**

JE *2875 Ludovici (Germanici) regis filiis litteras „de honore parentum servando“ mittit.

L a u d . i n : *Ann. Fuldenses ad a. 867 (MGH SS rer. Germ. 7, 66).* – R e g . : *Böhmer/Herbers n. 803.*

Olim ad a. 867 mart.–iun. De tempore cf. Böhmer/Herbers n. 803.

*** 6048** **866 (aug. med.–dec.)**

Iussu Ludovici (II) imperatoris per Arsenium archiepiscopum (Hortensem) partes armorum donorumque Michaelis regis Bulgarorum reddit.

L a u d . i n : *Ann. Bertiniani ad a. 866 (Grat 134).* – R e g . : *Böhmer/Mühlbacher² n. 1235g; Böhmer/Zielinski n. 267; Böhmer/Herbers n. 805.*

*** 6049** **(866 sept.–dec.)**

JE I 367 Liudberto episcopo (Monasteriensi) pignora s. Magni martyris dirigit.

L a u d . i n : *Ann. Xantenses ad a. 867 (MGH SS rer. Germ. 12, 24).* – R e g . : *Germ. Pont. IX 69 n. *2; Böhmer/Herbers n. 819.*

Olim ad a. 867 oct.–nov. De tempore cf. Böhmer/Herbers n. 819.

*** 6050** **866 (sept.–dec.)**

Ad Nicolaum (I) Lotharius (II) rex Adonem archiepiscopum Viennensem et Waltharum (comitem) mittit, ut sententia eius papae doceant.

L a u d . i n : *Ann. Bertiniani ad a. 866 (Grat 129).* – R e g . : *Böhmer/Mühlbacher² n. 1313b; Gall. Pont. III/1, 108 n. *102; Böhmer/Herbers n. 818.*

*** 6051** **(866 nov. 14–dec.)**

JE I 360 Ad Bulgaros mittit Paulum Populoniensem et Formosum Portuensem episcopos, „hos ... monitis mellifluis atque doctrinis instruens, ad predicandam gentem illam".

L a u d . i n : *Lib. pont. (Duchesne II 164); J³ 6448; Ann. Bertiniani ad a. 866 (Grat 134); Ann. Fuldenses ad a. 867 (MGH SS rer. Germ. 7, 65); Ann. Xantenses ad a. 868 (MGH SS rer. Germ. 12, 25); Reginonis Prumiensis Chron. ad a. 868 (MGH SS rer. Germ. 50, 95); Boethii commentarius saec. IX (Schepss Geschichtliches aus Boethiushandschriften 129); Andreae Bergomatis Hist. (MGH SS rer. Lang. 227); Eugenii Vulgarii De causa Formosi (Migne PL 129, 1109); Invectiva in Romam (Dümmler Gesta 139 et 147); Herimanni Augiensis Chron. (MGH SS 5, 106); Bernoldi Constantiensis Chron. ad a. 866 (MGH SS 5, 420).* – R e g . : *Böhmer/Herbers n. 833.*

Olim ad a. 866. De tempore cf. Böhmer/Herbers n. 833.

*** 6052** **(866 nov. 14–dec.)**

Donatum episcopum Ostiensem, Leonem presbyterum s. Laurentii in Damaso, Marinumque diaconum Romanum legatos Constantinopolim mittit.

L a u d . i n : *J³ 6022; J³ 6025; J³ 6027; J³ 6028; J³ 6029; J³ 6030; J³ 6073; Lib. pont. (Duchesne II 164).* – R e g . : *Böhmer/Herbers n. 834.*

6053 **866 dec.**

JE 2826 Nobiles atque primores seu cunctos Aquitaniae habitatores hortatur, ut ecclesiarum bona, quae occupaverint, quaeque „reges quandoque a sanctis locis aliquo tempore" abstulerint, et iis „in benefitium" contulerint, restituant. Quod si non faciant, ostendit fore, ut excommunicentur (Dat. m. dec., ind. XV). – *Sollicitudinis quam pro.*

E d . : *MGH Epp. 6, 317 n. 43.* – R e g . : *Böhmer/Herbers n. 835.*

6054 **867 ian. 24**

JE 2870 Theutbergae reginae respondet (cf. J³ *6033) et eam, „nullo cogente, sponte ac libenter a regia dignitate exui (se) velle ac optare" fatentem, mendacii accusat. Waldradam legitimam Lotharii (II regis) uxorem esse, scribenti respondet, hoc testimonio opus sibi non esse. Ad constantiam hortatur. Romam venire eam interdicit, nisi Waldrada eodem praemittatur. Haec addit: „Si amore pudicitiae, ut asseris, solutionem matrimonii quaeris, hanc tibi nullo pacto noveris tribuendam, nisi vir tuus eandem pudicitiam non ficte sectatus extiterit" (Dat. IX kal. febr., ind. XV). – *Epistolam suggestionis tuae.*

E d . : *MGH Epp. 6, 319 n. 45.* – R e g . : *Böhmer/Herbers n. 841.*

Laud. et in J³ 6057. Cf. J³ *6033.

6055 **(867 ian. 24–25)**

JE 2873 Lothario (II) regi scribit, comperisse se epistolam, quam Theutberga (regina) ad se miserit (J³ *6033), non sponte scriptam esse, sed vi extortam. De divortio quid sentiat, uti superiore ad Theutbergam epistola, ostendit. Waldradae (concubinae Lotharii II) communionem vitari iubet. – *Audito revertente misso.*

Ed.: *MGH Epp. 6, 322 n. 46; insertum in Reginonis Prumiensis Chron. ad a. 866 (MGH SS rer. Germ. 50, 88) (fragm.).* – Can.: *Reginonis Prumiensis De syn. causis II c. 108 (fragm.); Anselmi Coll. can. (fragm.); Deusdedit Coll. can. IV c. 176 (fragm.); Ivonis Decr. VIII c. 131 (fragm.).* – Reg.: *Böhmer/Herbers n. 840.*

Laud. et in J³ 6057, in Ann. Bertinianis ad a. 867 (Grat 136). Olim ad a. 867 (ian. 25). De tempore et aliis collectionibus ineditis cf. Böhmer/Herbers n. 840. Cf. et J³ *6033.

6056 **867 ian. 25**

JE 2871 Archiepiscopos et episcopos in regno Lotharii (II) regis de excommunicatione Waldradae (concubinae Lotharii II), ex Italia iniussu suo reversae iam tertio certiores facit, quod priores litteras idem significantes accipere recusaverint. Praecipit sub excommunicationis poena, ut et sententiam illam palam faciant, et sibi, quomodo Lotharius cum Theutberga (regina) vivat, per litteras legatosque nuncient. Attamen concedit iis (excepto Attone episcopo Virdunensi), ut si mittendi facultate deficiantur, mittere legatos supersedeant (Dat. VIII kal. febr., ind. XV). – *Optaremus tandem aliquando.*

Ed.: *MGH Epp. 6, 325 n. 47.* – Reg.: *Böhmer/Herbers n. 842.*

Laud. et in J³ 6057 et in Ann. Bertinianis ad a. 867 (Grat 136).

6057 **867 ian. 25**

JE 2872 Carolo (Calvo) regi scribit, incredibilem famam ad se perlatam esse, eum, accepto monasterio quodam, societatem cum Lothario (II) rege iniisse adversus Theutbergam reginam. Quod ceperit Lotharius consilium adulterii Theutbergae „monomachia" probandi reprehendit. Hanc diligentissime commendat. Petit, ut litteras suas (J³ 6055) ad Lotharium et eius episcopos perferendas curet, quique accipere eas abnuerint, sibi significet (Dat. VIII kal. febr., ind. XV). – *Numquam dolorem generat.*

Ed.: *MGH Epp. 6, 329 n. 48; insertum in Reginonis Prumiensis Chron. ad a. 866 (MGH SS rer. Germ. 50, 86) (fragm.).* – Can.: *Reginonis Prumiensis De syn. causis II c. 76, c. 112, c. 115 (fragm.); Burchardi Decr. IX c. 49 et c. 51 et c. 52 (fragm.); Bonizonis Sutrini Lib. de vita christiana VIII c. 49 (fragm.); Anselmi Coll. can. X c. 21 (fragm.); Ivonis (?) Coll. tripartita 3, 1, 17 (fragm.); Ivonis Decr. VIII c. 116 et c. 128 et c. 187 (fragm.); Ivonis (?) Panorm. VI c. 77 et VII c. 24 (fragm.); Gratiani Decr. C. II q. 5 c. 22; C. XXVII q. 2 c. 26; C. XXXIII q. 2 c. 4 (fragm.).* – Reg.: *Böhmer/Herbers n. 843.*

Laud. et in J³ 6064, in Ann. Bertinianis ad a. 867 (Grat 135), in ecclesiae Dolensis epist. ad Innocentium III a. 1199 directa (Morice Mémoires Bretagne I 745). De aliis collectionibus ineditis cf. Böhmer/Herbers n. 843. Cf. et J³ *5931, J³ *6033, J³ 6054, J³ 6055, J³ 6056.

* 6058 **(865 nov.–867 ian.)**

JE †*2829 In epistola, qua de Lothario (II) rege agit, constituit, ut excommunicatus habeatur Lotharius, nisi usque ad vigiliam Mariae purificationis (febr. 1) Waldradam (concubinam suam) dimiserit.

Laud. in: *Adventii ep. Metensis epist. ad Hattonem Virdunensem directa (MGH Epp. 6, 232 n. 15).* – Reg.: *Böhmer/Herbers n. 782.*

Olim ad a. cr. 866. De tempore et fide cf. Böhmer/Herbers n. 782.

6059 **867 mart. 7**

JE 2874 A Ludovico (Germanico) rege petit, ut Lotharium (II) regem ad amorem Theutbergae (reginae) praestandum adhortetur, et Ingeltrudem, „perditam atque saepe dampnatam feminam", ad Bosonem (comitem) maritum redire cogat (Dat. non. mart., ind. XV). – *Precamur amabilem dilectionem.*

Ed.: *MGH Epp. 6, 332 n. 49.* – Reg.: *Böhmer/Zielinski n. 280; Böhmer/Herbers n. 845.*

Cf. J³ *5737.

†6060 **(858–867) mai. 22** **(Roma)**

Monasterio Fuldensi Hattone abbate postulante privilegium (Leonis IV, J³ 5542) repetit (Scr. p. m. Benedicti not. atque scrin. S.R.E. m. mai., XI kal. iun., ind. IV). – *Quoniam concedenda sunt.*

Ed.: *Meyer zu Ermgassen Codex Eberhardi I 10.* – Reg.: *Germ. Pont. IV 361 n. †17a; Böhmer/Herbers n. †490.*

De „indictione IIII" non possibile et de tempore cf. Böhmer/Herbers n. †490.

***6061** **(867 mart.–mai.)** **Roma**

Bernardum et Theudemundum monachos ex monasterio b. Vincentii (Vulturnense), Stephanum Hispanum et eos, qui Hierosolyma peregrinantur, benedicit et licentiam peregrinandi concedit.

Laud. in: *Itinerarium Bernardi monachi Franci (Ackermann 115).* – Reg.: *Böhmer/Herbers n. 844.*

6062 **867 iun. 13**

JE 2876 et JE †2877

Adonem archiepiscopum Viennensem apostolicae sedis in septem provinciis vicarium confirmat, ut „iuri Viennensis ecclesiae quattuor <septem> civitates vel oppida, Gratianopolis scilicet, Valentia, <Dia, Alba Vivarium>, Genava (et) Darentasia perpetue subiectae" maneant, „<et Maurienna>" (Dat. id. iun., ind. XV). – *Decretum perpetuum Viennensis.*

Ed.: *MGH Epp. 3, 100 n. 22 (versio B); MGH Epp. 6, 667 n. 153 (versio A) et 690 n. 170 (versio B).* – Reg.: *Schilling Guido 641 n. 22; Böhmer/Herbers n. 846; Böhmer/Zielinski n. 2585 et n. †2586; Gall. Pont. III/1, 109 n. 104 et 110 n. †105; cf. propediem Gall. Pont. III/2, Suffraganei et Grenoble et Valence et Gall. Pont. III/3, Die et Viviers.*

Laud. et in Gregorii VII (JL †5024, Gall. Pont. III/1 130 n. †167), Urbani II (JL -, Gall. Pont. III/1 138 n. 187), Paschalis II (JL 6596, Gall. Pont. III/1 147 n. 219), et Calixti II privilegiis (JL -, Gall. Pont. III/1 164 n. 255 et JL 6822). Olim numeri duo. De numero civitatum cf. Böhmer/Herbers n. 846.

6063 **(867 iul. in.)**

Nicolao (I) Lotharius (II) rex fide atque obsequio sancte confirmatis se iussis eius in concilio cum legatis medio iul. mense habendo in omnibus obtemperaturum esse promittit, cum Waldrada (concubina sua) post Arsenii Hortensis episcopi legationem nullum commercium sibi fuisse testatus. Mandata eius non per aliorum intercessionem ad se pervenire vult. Grimlandum cancellarium legatum suum commendat.

Ed.: *MGH Epp. 6, 236 n. 17.* – Reg.: *Böhmer/Mühlbacher² n. 1316; Böhmer/Herbers n. 849.*

Laud. et in J³ 6079.

6064 **(867 iul.)**

Nicolao (I) Hincmarus (archi)episcopus Remensis refert epistolas sedis apostolicae sibi aliisque coepiscopis in synodo Suessionensi congregatis ab Egilone archiepiscopo Senonensi mandatas esse; dimissionem praedecessoris sui Ebonis archiepiscopi Remensis describit et de rebus in Suessionensi synodo disputatis nuntiat.

Ed.: *MGH Epp. 8, 204 n. 198.* – Reg.: *Böhmer/Herbers n. 848.*

Laud. et in Ann. Bertinianis ad a. 867 (Grat 138), in Flodoardi Remensis Hist. III c. 2 (MGH

SS 36, 191). Cf. J³ 5483, J³ 5603, J³ 5813, J³ 5823, J³ 5995, J³ *6008, J³ 6010, J³ 6017, J³ 6040, J³ 6041, J³ 6042, J³ 6057.

*†6065 **(858 aug. 20–867 aug. 20)**

Nicolaum (I) Azzo abbas Sublacensis rogat, ut privilegium concedat.

Laud. in: *J³ †6066; Chron. Sublacense (RIS ser. II 24/6, 6).* – Reg.: *Böhmer/Herbers n. †492.*

†6066 **(858) aug. 20–(867) aug. 20** **(Roma)**

JE †2677 Azzoni abbati Sublacensi confirmat omnes res et possessiones, sicut monasterium detinuit temporibus Zachariae papae (J³ *4010) (Scr. p. m. Gregorii not. S.R.E. in m. et ind. suprascr. I. Dat. in nomine Patris et Filii et Spiritus Sancti a. Deo prop. pont. d. Nycolai summi pont. et univ. pp., imp. v. d. Lodoicus piissimi imp. aug. et a Deo cor. magno imp. Christo iubante, in m. aug. d. XX, in m. et ind. suprascr. I). – *Cum pie desiderium.*

Ed.: *Allodi/Levi Reg. Sublacense 50.* – Reg.: *Ital. Pont. II 86 n. †4; Böhmer/Herbers n. †493.*

Laud. et in J³ 8116 et in Chron. Sublacensi (RIS ser. II 24/6, 33). Olim ad a. 859 aug. 20. De tempore cf. Böhmer/Herbers n. †493. Cf. et J³ *†6065.

6067 **(867 aug.)**

Nicolao (I) Adventius episcopus Metensis infirmitate impeditus Theodericum presbyterum legatum commendat, affirmatque Lotharium (II) regem post Arsenii episcopi Hortensis legationem et Waldradam (concubinam Lotharii II) excommunicatam repudiasse et Theutbergam (reginam) honorasse.

Ed.: *MGH Epp. 6, 233 n. 16.* – Reg.: *Böhmer/Herbers n. 853.*

*6068 **(867 aug.–sept. 24)**

In synodo Constantinopolitano Nicolaus (I) papa dimittitur et anathematizatur.

Laud. in: *Acta concilii oecumenici Constantinopolitani IV a. 869–870 (Mansi Conc. 16, 198 et 401 et 412); Metrophanis Smirnensis epist. (Mansi Conc. 16, 417); Lib. pont. (Duchesne II 178); J³ 6298; Vita Ignatii (Mansi Conc. 16, 256 et 260; Migne PG 105, 537 et 541); Synodicon vetus (Duffy/Parker 138 n. 161).* – Reg.: *Grumel/Darrouzès Reg. I/2, n. 498; Böhmer/Herbers n. 851.*

*6069 **(867 aug.–sept. 24)**

Ad Nicolaum (I) Zacharias Cophus archiepiscopus Chalcedonensis et Theodorus episcopus Cariensis, ad Laodicensem episcopatum translatus, legati mittuntur, ut eum de dimissione et anathemate in synodo Constantinopolitana pronuntiatis certiorem faciant.

Laud. in: *Vita Ignatii (Mansi Conc. 16, 257; Migne PG 105, 537); Synodicon 152 (Duffy/Parker 138 n. 161).* – Reg.: *Grumel/Darrouzès Reg. I/2, n. 501; Böhmer/Herbers n. 852.*

6070 **(866–867 sept.)**

Nicolao (I) Lotharius (II) rex se legatos sedis apostolicae excepisse inimicorumque accusationes finctas esse affirmat; se innocentem esse papae demonstrare velle, sed non coram inimicos. Negat se legatos papae nuper male tractasse.

Ed.: *MGH Epp. 6, 230 n. 14.* – Reg.: *Böhmer/Mühlbacher² n. 1313; Böhmer/Herbers n. 786.*

Cf. J³ 5951.

*6071 **(867 iul.–sept.)**

Ansegem monachum monasterii s. Richerii, Caroli (Calvi) regis legatum, excipit, ut de rebus ecclesiasticis loquetur.

Laud. in: *J³ 6142; Hariulfi Chron. s. Richarii (Lot Coll. de textes 17, 126).* – Reg.: *Böhmer/Herbers n. 847.*

6072 **867 oct. 7**

JE 2878 Lothario (II) regi monet, ut Coloniensis et Treverensis ecclesiae clericos ad eligendum sibi canonice praesules huc convenire iubeat, ita ut personae eligantur, qui non per Waldradae (concubinae Lotharii II) aut Theutgaudi aut Guntharii favorem regimen obtinuisse probentur. Ut electi ab episcopis earundem dioeceseon consecrentur et a legatis apostolicis pallio ornentur praescribit (non. oct., ind. I). – *(Ceterum monemus dilectionem).*

E d . : *Insertum in J³ 6258 et in J³ 6260 (separatim ed. in MGH Epp. 6, 334 n. 50).* – R e g . : *Oediger Reg. Köln I 72 n. 216; Germ. Pont. VII 27 n. 44; Germ. Pont. X 34 n. 40; Böhmer/Herbers n. 855.*

Fragmentum.

6073 **867 oct. 23**

JE 2879 Hincmaro (archiepiscopo Remensi) et ceteris archiepiscopis et episcopis in regno Caroli (Calvi) regis constitutis, causas odii invidiaeque imperatorum Graecorum Michaelis (III) et Basilii (I) adversus Latinam ecclesiam ostendit, in his, quod Michael Bulgarorum rex „a sede beati Petri institutores et doctrinam“ expetiverit. Quas consuetudines Graeci Latinae ecclesiae vitio vertant aut affingant, exponit. Metropolitis singulis praecipit, ut convocatis suffraganeis, „quid invidis ... detractionibus opponi necesse sit, rimari“ studeant „et invenire summopere“ gestiant, atque inventum sibi „otius transmittere minime“ parvipendant; „quatenus id ... quoque adversus“ Graecorum „vesaniam cum ceteris assertionibus“ suis deinde mittere valeat (Dat. X kal. nov., ind. I). – *Omnium nos portare.*

E d . : *MGH Epp. 6, 600 n. 100; Tăutu Acta Rom. pont. I 682 n. 329 (fragm.); Fontes hist. Bulgaricae 7, 62; insertum in Hincmari archiep. Remensis epist. (MGH Epp. 8, 225 n. 201 et 226 n. 202) et in Ann. Bertinianis ad a. 867 (Grat 139).* – C a n . : *Ivonis (?) Panorm. IV c. 10 (fragm.); Gratiani Decr. C. XVII q. 4 c. 30 (fragm.).* – R e g . : *MMFH 3, 151 n. 32; Böhmer/Herbers n. 857.*

Laud. et in J³ 6076, in Hincmari archiep. Remensis epist. (MGH Epp. 8, 225 n. 201 et 226 n. 202), in Ann. Bertinianis ad a. 867 (Grat 139), in commentario ad Boethium saec. IX (Schepss Geschichtliches aus Boethiushandschriften 129), in Flodoardi Remensis Hist. III c. 21 (MGH SS 36, 281). De aliis collectionibus ineditis cf. Böhmer/Herbers n. 857. Cf. et J³ *5733, J³ *5766, J³ 5768, J³ *5772, J³ 5839, J³ *5972, J³ *5979, J³ 6022, J³ 6023, J³ 6024, J³ 6025, J³ 6026, J³ 6027, J³ 6028, J³ 6029, J³ 6030, J³ *6052.

6074 **(867 ante oct. 23–24)**

Nicolao (I) Hincmarus (archi)episcopus Remensis nuntiat se epistolas eius accepisse; de Ebonis archiepiscopi Remensis dimissione et Wulfadi (archiepiscopi Bituricensis) collegorumque promotione refert. Se praecepta sedis apostolicae non obtemperavisse refutat actaque synodi Suessionensis non subscripsisse renuntiat.

E d . : *MGH Epp. 8, 217 n. 199.* – R e g . : *Böhmer/Herbers n. 854.*

Cf. J³ 5631, J³ 5813, J³ 5823, J³ 5995, J³ *6008, J³ 6010, J³ 6017, J³ 6040, J³ 6041.

*** 6075** **867 (oct. 23–24)**

JE *2881 Hincmaro (archiepiscopo Remensi) respondet (cf. J³ 6074), de omnibus sibi satisfactum esse.

L a u d . i n : *Ann. Bertiniani ad a. 867 (Grat 138).* – R e g . : *Böhmer/Herbers n. 856.*

6076 **867 oct. 24**

JE 2882 Carolo (Calvo) regi significat se singulos regni eius metropolitas „ad quaedam tractanda ecclesiastica negotia“ convenire cum suffraganeis iussisse. Conventuris ut faveat, rogat (Dat. IX kal. nov., ind. I). – *Comperiat celsitudo vestra.*

E d . : *MGH Epp. 6, 609 n. 101.* – R e g . : *Böhmer/Herbers n. 858.*

Cf. J³ 6073.

*** 6077** **(867 oct. 30)**

JE *2880 (Liutberto archiepiscopo Maguntino et) episcopis Germaniae „de factionibus Grecorum“ scribit; Liutberto iubet, ut (episcopos) ad synodum Romanam vocat.

Laud. in: *J³ 6078; Ann. Fuldenses ad a. 868 (MGH SS rer. Germ. 7, 66).* – Reg.: *Böhmer/Herbers n. 859.*

Olim ad a. 867 oct. 23–24. De tempore cf. Böhmer/Herbers n. 859.

6078 **867 oct. 30**

JE 2883 Ludovico (Germanico) regi nuntiat se mandasse metropolitanis regni eius, ut ad quaedam tractanda ecclesiastica negotia singuli cum suffraganeis conveniant; cuius rei executionem Liutberto (archiepiscopo Maguntino) se commisisse. Rogat ut rex tanto negotio auxilietur (Dat. III kal. nov., ind. I). – *Comperiat celsitudo vestra.*

Ed.: *MGH Epp. 6, 610 n. 102.* – Reg.: *Germ. Pont. IV 65 n. 34; Böhmer/Herbers n. 860.*

Cf. J³ *6077.

6079 **867 oct. 30**

JE 2884 Ludovico (Germanico) regi gratias agit, quod post Caroli (Calvi) regis colloquium episcopum miserit, qui, ut mandata ipsius perficerentur, a Lothario (II) rege postularet. Quem Romam venire vetat, priusquam et Waldradam (concubinam suam) a sese mittat, et Theutbergae (reginae) dignitati consulat, et Coloniensi Treverensique ecclesiis canonice praefici episcopos patiatur. Addit de s. Petri reditibus „mediante mai. m. huius I ind.“ (868 mai.) in regno eius per suos legatos exigendis, ac de praesidio iisdem tribuendo (Dat. III kal. nov., ind. I). – *Syllabarum vestrarum tenore.*

Ed.: *MGH Epp. 6, 334 n. 51.* – Can.: *Deusdedit Coll. can. IV c. 175 (fragm.); Ivonis (?) Coll. tripartita 1, 62, 12 (fragm.); Gratiani Decr. C. II q. 1 c. 16 (fragm.).* – Reg.: *Böhmer/Mühlbacher² n. 1316a; Germ. Pont. VII 28 n. 46; Germ. Pont. X 35 n. 42; Böhmer/Herbers n. 861.*

De aliis collectionibus ineditis cf. Böhmer/Herbers n. 861. Cf. et J³ 6063.

6080 **867 oct. 30**

JE 2885 Ludovicum (Germanicum) regem hortatur, ut Theutgaudi Treverensis et Guntharii Coloniensis restitutionem poscere cesset (Dat. III kal. nov., ind. I). – *Epistolam serenitatis vestrae.*

Ed.: *MGH Epp. 6, 338 n. 52.* – Can.: *Bonizonis Sutrini Lib. de vita christiana IV c. 77 (fragm.); Anselmi Coll. can. II c. 71 (fragm.); Coll. Brit. 586 n. 36 (fragm.); Gratiani Decr. C. XXXV q. 9 c. 4 (fragm.).* – Reg.: *Böhmer/Mühlbacher² n. 1316a; Germ. Pont. VII 28 n. 47; Germ. Pont. X 35 n. 43; Böhmer/Herbers n. 862.*

De aliis collectionibus ineditis cf. Böhmer/Herbers n. 862. Cf. et J³ 6081.

6081 **867 oct. 31**

JE 2886 Archiepiscopos et episcopos in regno Ludovici (Germanici) regis constitutos hortatur, ne diutius a sese petant, ut Theutgaudus Treverensis et Guntharius Coloniensis in pristinam dignitatem restituantur. Utriusque crimina, praesertim in causa Ingiltrudis uxoris Bosonis (comitis) et Waldradae (concubinae Lotharii II), recenset. De Lothario (II) rege admonendo addit (Dat. II kal. nov., ind. I). – *Gaudemus quidem fratres.*

Ed.: *MGH Epp. 6, 340 n. 53.* – Reg.: *Böhmer/Mühlbacher² n. 1316a; Germ. Pont. VII 28 n. 48; Germ. Pont. X 35 n. 44; Böhmer/Herbers n. 863.*

Laud. et in J³ 6080 et in Ann. Fuldensibus ad a. 868 (MGH SS rer. Germ. 7, 66). Cf. J³ *5655, J³ *5715, J³ *5717, J³ *5725, J³ 5731, J³ 5732, J³ *5737, J³ *5738, J³ *5773, J³ *5774, J³ *5782, J³ *5783, J³ *5784, J³ *5785, J³ 5790, J³ *5796, J³ *5834, J³ *5835, J³ *5847, J³ 5867, J³ 5888, J³ *5891.

6082 **867 nov. 2** **Troyes**

Nicolaum (I) episcopi, qui synodo apud Trecas intersunt, de dimissione Ebonis archiepiscopi Remensis certiorem faciunt et rogant eum, ut Wulfado (archiepiscopo Bituricensi) pallium concedat (Dat. IV non. nov., ind. I).

E d . : *MGH Conc. 4, 232; insertum in Flodoardi Remensis Hist. III c. 11 (MGH SS 36, 216).* – R e g . : *Böhmer/Herbers n. 865.*

Laud. et in Ann. Bertinianis ad a. 867 (Grat 138) et in J³ 6158.

6083 **(858–867)**

JE 2832 Ludovicum (II) imperatorem hortatur, ut, proavi Caroli imperatoris exemplo, cum exteris gentibus „pro remediis et securitate Christianorum placitum" ineat, „cum constet, non ob aliud id fieri, nisi ut fera saevitia eorum, quae in fideles unanimiter exardescit, aliquo modo refrenetur". – *Christianae religioni nihil.*

E d . : *MGH Epp. 6, 351 n. 54.* – R e g . : *Böhmer/Zielinski n. 281; Böhmer/Herbers n. 435.*

Fragmentum. De collectionibus canonum ineditis cf. Böhmer/Herbers n. 435.

6084 **(858–867)**

JE 2841 Iohanni (VII) archiepiscopo Ravennati haec scribit: „Catechismi baptizandorum a sacerdotibus uniuscuiusque ecclesiae possunt fieri, sicut in s. Romana ecclesia solemniter fieri comprobantur". – *(Catechismi baptizandorum a).*

E d . : *MGH Epp. 6, 655 n. 135.* – C a n . : *Ivonis Decr. I c. 87; Ivonis (?) Panorm. I c. 40; Gratiani Decr. D. IV de cons. c. 57.* – R e g . : *Ital. Pont. V 41 n. 110; Böhmer/Herbers n. 443.*

Fragmentum. De aliis collectionibus ineditis cf. Böhmer/Herbers n. 443.

6085 **(858–867)**

JE 2843 (Iohanni VII) archiepiscopo Ravennati praecipit, ut praesentia missi vel vicarii eius in vero examine praesente viro examinatio de senatoris coniuge, quam adulteram esse dicit, fiat; si iusta eorum causa apparuerit, maneat; si aliter, secundum Dei voluntatem atque timorem eorum definiatur causa. – *(De senatoris coniuge).*

E d . : *MGH Epp. 6, 656 n. 137.* – C a n . : *Ivonis Decr. VIII c. 221.* – R e g . : *Ital. Pont. V 42 n. 112; Böhmer/Herbers n. 444.*

Fragmentum. De aliis collectionibus ineditis cf. Böhmer/Herbers n. 444.

6086 **(858–867)**

JE 2835 Omnibus episcopis in regno Ludovici (Germanici) constitutis mandat, ne Lambertum, Attonis quondam comitis nunc clerici filium, monachum a Salomone episcopo (Constantiensi) factum, ut maneat monachus, cogi patiantur, neve hereditate privari eum sinant. – *Praesens clericus nomine.*

E d . : *MGH Epp. 6, 652 n. 132.* – C a n . : *Ivonis (?) Coll. tripartita 1, 62, 28; Ivonis Decr. VI c. 356; Gratiani Decr. C. XX q. 3 c. 4.* – R e g . : *Böhmer/Herbers n. 446.*

De aliis collectionibus ineditis cf. Böhmer/Herbers n. 446.

6087 **(858–867)**

JE 2854 Osbaldum chorepiscopum Quadrantinum 1) monet, ut studeat persuadere episcopo suo, sibi canonicum sociare numerum collegatum, id est VI ex vicinis provinciis fratres et coepiscopos suos; quibus secum iunctis et decernentibus diligenter investiget de presbytero, qui diaconum quendam occidisse fertur; 2) de clericis vero, pro quibus consuluerit, scilicet qui se defendendo paganum occiderunt, eum scire nuntiat se nullam occasionem dare nec licentiam tribuere quemlibet hominem quolibet modo occidendi, clericus autem ab officio sacerdotali recedat. – *(Studeat sanctitas tua); (De his vero).*

E d . : *MGH Epp. 6, 660 n. 142.* – C a n . : *Ivonis (?) Coll. tripartita 1, 62, 43 et 44; Ivonis Decr. X c. 24 (fragm.); Gratiani Decr. D. L c. 39 et c. 6.* – R e g . : *Germ. Pont. I 263 n. 4; MMFH 3, 151 n. 33; Böhmer/Herbers n. 447.*

Fragmenta. Laud. et in Excerpto de Karentanis (Lošek 136). De aliis collectionibus ineditis cf. Böhmer/Herbers n. 447.

6088 **(858–867)**

JE 2849 Salomoni (I) episcopo Constantiensi respondet: 1) Virum illi feminae non posse „iungi in copula, quae commater erat eius"; 2) Mulierem, „quae viri filium ex alia femina genitum de sacro fonte levaverit, postmodum" posse „cum eodem viro iterum copulari"; 3) „Si examinante episcopo causam presbyteri vel diaconi non fuerit per testium approbationem ille presbyter vel diaconus forte convictus, non est scelus episcopo legitime manifestum, nisi ... sua sponte scelus ipsum confiteatur"; 4) „Monachum, qui semel se Deo vovit et secundum normam sacrorum canonum et regulam sanctorum patrum, praecipue Basilii atque Benedicti, coenobio sua sponte causa in Dei servitio ibidem usque ad ultimum vitae suae diem permanendi adhesit et in eo per diuturna tempora conversatus est, non posse retro reverti manifestum" esse; 5) „Patricidas, fratricidas et incestuosos non posse carnali copulae iungi". – *(Sciscitatur a nobis); (Nosse desideras utrum); (Presbyter vel diaconus); (Monachum qui semel); (Constat patricidas fratricidas).*

Ed.: *MGH Epp. 6, 656 n. 138.* – Can.: *Coll. Brit. 592 n. 132 (1); Ivonis (?) Coll. tripartita 1, 62, 55 (1, 2, 3); Ivonis Decr. I c. 137 (= IX c. 35); I c. 136; VI c. 122; X c. 185 (1, 2, 3, 5); Ivonis (?) Panorm. VII c. 63 et VI c. 124 (1, 2); Gratiani Decr. C. XXX q. 4 c. 1 et q. 1 c. 3; C. XV q. 5 c. 2 (1, 2 et 3).* – Reg.: *Germ. Pont. II/1, 124 n. 3; Böhmer/Herbers n. 448.*

Fragmenta. Laud. et in Pseudo-Liudprandi Lib. (Migne PL 129, 1253). De aliis collectionibus ineditis cf. Böhmer/Herbers n. 448.

6089 **(858–867)**

JE 2850 Ratholdo episcopo Argentoratensi nuntiat se viro Thiothart matricidae annorum X poenitentiam irrogasse. – *Dum de universis.*

Ed.: *MGH Epp. 6, 658 n. 139.* – Can.: *Burchardi Decr. VI c. 46; Ivonis Decr. X c. 173; Gratiani Decr. C. XXXIII q. 2 c. 15.* – Reg.: *Böhmer/Herbers n. 451.*

De aliis collectionibus ineditis cf. Böhmer/Herbers n. 451.

6090 **(858–867)**

JE 2834 Donno episcopo et Carolo (Calvo) regi scribit, ut Hugo, qui fratrem necaverit, „proprias possessiones, quae ab eo pro hoc facto ablatae sint, incunctanter recipiat, ne paupertatis inopia constrictus ad peiora deducatur". „Nam et propria legitimaque uxor illius", inquit „a qua separatus est, vestra sanctitas illi ut statim reddatur satagat, ne in fornicationis voraginem incidere videatur; in reliquis vero secundum poenitentiae modum, quam illi instruxistis peragere, maneat." – *(Quidam vestrae dioeceseos).*

Ed.: *MGH Epp. 6, 652 n. 131.* – Can.: *Ivonis Decr. X c. 184.* – Reg.: *Böhmer/Herbers n. 454.*

Fragmentum. De aliis collectionibus ineditis cf. Böhmer/Herbers n. 454.

6091 **(858–867)**

JE 2840 Frotario archiepiscopo Burdegalensi respondet, Burgaudum sacrilegum VII annorum poenitentia luere noxam debere. – *(De viro nefando).*

Ed.: *MGH Epp. 6, 662 n. 145.* – Can.: *Ivonis (?) Coll. tripartita 1, 62, 18; Gratiani Decr. C. XII q. 2 c. 17.* – Reg.: *Böhmer/Herbers n. 459.*

Fragmentum. De aliis collectionibus ineditis cf. Böhmer/Herbers n. 459.

6092 **(858–867)**

JE 2839 Herardo archiepiscopo Turonensi scribit de restituendo Christophoro presbytero ex ecclesia iniuste deiecto. – *(Notum sit tuae).*

E d .: *MGH Epp. 6, 655 n. 134.* – C a n .: *Ivonis (?) Coll. tripartita 1, 62, 59; Ivonis Decr. VI c. 429; Gratiani Decr. C. II q. 1 c. 10.* – R e g .: *Böhmer/Herbers n. 458.*

Fragmentum. De aliis collectionibus ineditis cf. Böhmer/Herbers n. 458.

6093 **(858–867)**

JE 2837 Hincmaro archiepiscopo (Remensi) mandat, ut Hilmerado episcopo Ambianensi significet se Eriath, qui presbyterum et monachum quemdam occidisset, XII annorum poenitentiam imposuisse. – *Quibus gemitibus quantisque.*

E d .: *MGH Epp. 6, 654 n. 133.* – R e g .: *Böhmer/Herbers n. 456.*

Laud. et in Flodoardi Remensis Hist. III c. 22 et c. 25 (MGH SS 36, 305 et 329).

6094 **(858–867)**

JE 2851 Clero et plebi Nonensis ecclesiae haec scribit: „Ecclesia, id est catholicorum collectio, quomodo sine apostolicae sedis instituetur nutu, quando iuxta sacra decreta nec ipsae debent absque praeceptione papae basilicae noviter construi, quae ipsam catholicorum intra semet amplecti catervam dignoscuntur". – *(Ecclesia id est).*

E d .: *MGH Epp. 6, 659 n. 140.* – C a n .: *Anselmi Coll. can. V c. 39; Deusdedit Coll. can. I c. 155; Coll. Brit. 586 n. 32; Gratiani Decr. D. I de cons. c. 8.* – R e g .: *Kostrenčić Cod. Dipl. Regni Croatiae, Dalmatiae et Slavoniae 8 n. 4; Böhmer/Herbers n. 461.*

Fragmentum. De aliis collectionibus ineditis cf. Böhmer/Herbers n. 461.

6095 **(858–867)**

JE 2852 Rivoladrum episcopum hortatur, ut in Wimarum, quem propter tres filios necatos annorum XII poenitentia affecerit, clementia utatur. – *Dominici gregis curam.*

E d .: *MGH Epp. 6, 650 n. 129.* – C a n .: *Coll. Brit. 578 n. 32 (fragm.); Ivonis Decr. X c. 33 (fragm.).* – R e g .: *Böhmer/Herbers n. 438.*

De aliis collectionibus ineditis cf. Böhmer/Herbers n. 438.

6096 **(858–867)**

JE 2853 Ieremiae episcopo scribit contra „consanguinitatis copulas". – *(Qui consanguinitatis copulas).*

E d .: *MGH Epp. 6, 660 n. 141.* – C a n .: *Ivonis Decr. IX c. 12.* – R e g .: *Böhmer/Herbers n. 439.*

Fragmentum. De aliis collectionibus ineditis cf. Böhmer/Herbers n. 439.

6097 **(858–867)**

Episcopo respondet 1) „mos est apostolicae sedis pontificibus, ut verba praedecessorum suorum quasi propria in suis ponant epistolis, quatinus, sicut Simacus papa ait" (J^3 1423); statuit, 2) ut nullo episcopo nisi primati aut archieposcopo presbyteros benedicere liceat; 3) ut episcopi in synodo non solius ab archiepiscopo, sed a plurimis episcopis deponantur; 4) flagitat, ut tantummodo papa nec singuli episcopi de presbyteris iudicent; 5) commendat, ut episcopi ab archiepiscopis ordinentur. – *(Porro sicut scripsisti); (Si solummodo inter); (Quod dicitur: Hic); (Non ulli archiepiscoporum); (Nonquid non coepiscopi).*

E d .: *MGH Epp. 6, 683 n. 160.* – C a n .: *Coll. Brit. 591 sub n. 130.* – R e g .: *Böhmer/Herbers n. 429.*

Fragmenta. De fide cf. Böhmer/Herbers n. 429.

6098 **(858–867)**

Pontificis officia describit mentionem Petri Malchique faciens. – *(P[etrus] in Domini).*

E d .: *MGH Epp. 6, 661 n. 143.* – C a n .: *Deusdedit Coll. can. IV c. 177.* – R e g .: *Böhmer/Herbers n. 428.*

6099 **(858–867)**

Vetat presbyterum excommunicatum apud alium episcopum communicare. – *(Sancimus ut si).*

E d . : *MGH Epp. 6, 686 n. 164.* – C a n . : *Ivonis Decr. XIV c. 39; Ivonis (?) Panorm. V c. 102.* – R e g . : *Böhmer/Herbers n. 437.*

Fragmentum. De aliis collectionibus ineditis cf. Böhmer/Herbers n. 437.

*** 6100** **(858–867)**

Ecclesiae Tiburtinae privilegium concedit.

L a u d . i n : *Marini II brevis recordatio in Regesto Tiburtino (Bruzza Reg. di Tivoli 18 n. II).* – R e g . : *Ital. Pont. II 76 n. *2; Böhmer/Herbers n. 440.*

*** 6101** **(858–867)**

Aliquot presbyteros Salernitanos excommunicat.

L a u d . i n : *J³ 7021.* – R e g . : *Martin/Cuozzo Regesti dell'Italia meridionale 412 n. 834; Böhmer/Herbers n. 445.*

*** 6102** **(858–867)**

Carolo (Calvo) regi et Hincmaro archiepiscopo (Remensi) de poenitentia Eriarthi (s. Richerii) monachi nuntiat.

L a u d . i n : *Flodoardi Remensis Hist. III c. 25 (MGH SS 36, 329).* – R e g . : *Böhmer/Herbers n. 455.*

*** 6103** **(858–867)**

JE *2856α Monasterio s. Germani Autissiodorensi privilegium concedit.

L a u d . i n : *Karolomanni II privilegium (Grat Recueil 2 n. 77); Caroli III privilegium (MGH DD Karl n. 145); Odonis privilegium (Tessier/Bautier Recueil n. 11).* – R e g . : *Böhmer/Herbers n. 457.*

*** 6104** **(858–867)**

Isnardo episcopo Nemausensi et Salmodiensem et s. Aegidii et (s. Stephani) Tornacensem abbatias concedit.

L a u d . i n : *J³ 6662; J³ 6678; Lib. pont. (Duchesne II 221; Přerovský 641); Chron. Nemausense breve (Vaissète/De Vic Hist. Languedoc, nouv. éd. V 28).* – R e g . : *Böhmer/Herbers n. 460.*

*** 6105** **(858–867)**

A Nicolao (I) Thioto abbas Fuldensis litteris per Eigilum monachum Prumiensem allatis Damasi librum de vitis pontificum cum continuatione expetit. Qui liber ei mittitur.

L a u d . i n : *Fragmenta epist. Thiotonis abbatis ad Nicolaum I directae (MGH Epp. 5, 532 n. 33).* – R e g . : *Germ. Pont. IV 364 n. *25; Germ. Pont. IV 364 n. *25a; Böhmer/Herbers n. 452.*

*** 6106** **(858–867)**

Nicolaum (I) Leo (I) abbas Sublacensis rogat, ut privilegia, quae a Saracenis concremata sint, iterum concedat atque confirmet.

L a u d . i n : *J³ †6108; Chron. Sublacense (RIS ser. II 24/6, 6).* – R e g . : *Böhmer/Herbers n. 441.*

De fide cf. Böhmer/Herbers n. 441.

† 6107 **(858–867)**

JE 2859 Carolo (Calvo) imperatori ad animum revocat, ab Eusebio in Historia ecclesiastica citari legem ab imperatore latam, „ut primo permitteretur accusato libere rem familiarem diutius ordinare, tunc deinde respondere obiectis". – *(Istoria ecclesiastica ab).*

Ed.: *MGH Epp. 6, 686 n. 165.* – Can.: *Gratiani Decr. C. XXXIII q. 2 c. 3.* – Reg.: *Böhmer/Herbers n. †436.*

Fragmentum. De fide et JE 2860, quod delendum est, cf. Böhmer/Herbers n. †436.

† 6108 **(858–867)**

JE †2678 Leoni (I) abbati Sublacensi confirmat munimina vel privilegia, quomodo a b. Gregorio (I, J³ †2487) aliisque pontificibus concessa sunt, quae ab Saracenis cum omni suppellectili monasterii igne concremata sunt. – *Quia petistis a.*

Ed.: *Allodi/Levi Reg. Sublacense 13.* – Reg.: *Ital. Pont. II 86 n. †5; Böhmer/Herbers n. †442.*

Laud. et in J³ †7043, J³ 7532, J³ 7595, J³ 8314. Olim ad a. 859. De tempore cf. Böhmer/Herbers n. †442. Cf. et J³ *6106.

? 6109 **(858–867)**

JE 2856b Decretum Nicolai I de „archanis ... peccatis ..., sicut adulteria, fornicationes et maleficia". – *(Cum dicit scriptura).*

Ed.: *MGH Epp. 6, 685 n. 162.* – Can.: *Coll. Taurinensis.* – Reg.: *Böhmer/Herbers n. †(?)430.*

Fragmentum. De Coll. Taurinensi cf. Böhmer/Herbers n. †(?)430.

? 6110 **(858–867)**

JE †2863 Monet, ut ecclesiasticae personae maneant semper inconcussae a litibus iubetque, in controversia inter ecclesiasticam et laicam personam saecularem (non clericum) purificationem iuramento vel divino examine subire. – *(Nitendum summopere est).*

Ed.: *MGH Epp. 6, 686 n. 163.* – Can.: *Coll. Taurinensis.* – Reg.: *Böhmer/Herbers n. †(?)431.*

Fragmentum. De Coll. Taurinensi cf. Böhmer/Herbers n. †(?)431.

? 6111 **(858–867)**

JE †2857 Fornicatorum poenitentias statuit. – *Si quis fornicatus.*

Ed.: *MGH Epp. 6, 687 n. 168.* – Reg.: *Böhmer/Herbers n. †(?)433.*

De collectionibus canonum ineditis cf. Böhmer/Herbers n. (?)433.

† 6112 **(858–867)**

JE †2862 Praecipit, ne in atrio ecclesiae ponantur aedificia, nisi tantum clericorum. – *(Nulla edificia in).*

Ed.: *MGH Epp. 6, 687 n. 167.* – Can.: *Gratiani Decr. C. XII q. 1 c. 4.* – Reg.: *Böhmer/Herbers n. †432.*

Fragmentum. De aliis collectionibus ineditis cf. Böhmer/Herbers n. †432.

† 6113 **(858–867)**

JE †2861 Admonet „omnes leges, tam ecclesiasticas quam vulgares et publicas pracipere, ut omnia sibi ablata restituantur ei, qui suis est rebus exspoliatus". – *(Omnes leges tam).*

Ed.: *MGH Epp. 6, 687 n. 166.* – Can.: *Gratiani Decr. C. II q. 2 c. 2.* – Reg.: *Böhmer/Herbers n. †434.*

***† 6114** **(858–867)**

Nicolao (I) Ludovicus (Germanicus) rex censuum septem aureos de monasterio s. Emmerami Ratisbonensi solvit.

Laud. in: *Arnulfi (MGH DD Arn n. †190); Ludovici IV (MGH DD LK n. †81); Ottonis*

I (MGH DD O I n. †457) privilegia. – Reg.: *Böhmer/Mühlbacher[2] Verlorene Urk. n. 443; Böhmer/Herbers n. †450.*

Cf. et J[3] *†7316.

***† 6115** **(858–867)**

Sententias a Notcero Balbulo missas confirmat atque altera eius scripta canonizat.

Laud. in: *Vita Notkeri Balbuli IV c. 27 (AASS apr. 1, 584).* – Reg.: *Böhmer/Herbers n. †449.*

***† 6116** **(858–867)**

Monasterii Corbeiensis exemptionem confirmat.

Laud. in: *Iohannis (?)/Clementis II privilegio spurio (?) (JL †4132; Böhmer/Frech n. †354).* – Reg.: *Böhmer/Herbers n. †453.*

6117 **(859 nov.–867)**

JE 2844 Adalwino archiepiscopo Iuvavensi (Salisburgensi) respondet, viduam, quae, monacha facta, secundo nupserit, et poenitentia coercendam et in monasterium retrahendam esse. – *Quod autem interrogasti.*

Ed.: *MGH Epp. 6, 663 n. 146; insertum in Udalrici Bambergensis Cod. n. 206 (Jaffé Bibl. rer. Germ. 5, 374) et in Anonymi Zwettlensis Hist. Rom. pont. (Migne PL 213, 1023).* – Can.: *Reginonis De syn. causis App. II c. 30; Burchardi Decr. VIII c. 47; Bonizonis Sutrini Lib. de vita christiana VI c. 58 (fragm.); Ivonis (?) Coll. tripartita 3, 12, 6; Ivonis Decr. VII c. 65 et c. 152; Ivonis (?) Panorm. III c. 205 et c. 206; Gratiani Decr. D. XXVII c. 6 et c. 7.* – Reg.: *Germ. Pont. I 12 n. 20; Böhmer/Herbers n. 503.*

Olim ad a. 858–867. De tempore, aliis collectionibus ineditis et JE 2845, quod delendum est, cf. Böhmer/Herbers n. 503 et n. 515.

6118 **(860 nov.–867)**

JE 2864 Tadoni archiepiscopo Mediolanensi scribit „presbyterorum flagellatores et occisores et praedones“ post tertiam admonitionem, nisi resipuerint, excommunicandos esse. – *(De presbyterorum flagellatoribus).*

Ed.: *MGH Epp. 6, 665 n. 148.* – Can.: *Ivonis (?) Coll. tripartita 3, 20, 8; Ivonis Decr. X c. 20; Gratiani Decr. C. XVII q. 4 c. 23.* – Reg.: *Ital. Pont. VI/1, 39 n. 52; Böhmer/Herbers n. 528.*

Fragmentum. Olim ad a. 861–867. De tempore et aliis collectionibus ineditis cf. Böhmer/Herbers n. 528.

6119 **(860 nov.–867)**

JE 2866 Tadoni archiepiscopo Mediolanensi, sancit de presbyteris, qui non sponte homicidium perpetrarunt et tamen homicidii noxam, qua revera homicidae sunt, incurrunt, ut subducti a sacerdotali ministerio poenitentia iuxta sacros ordines macerentur et post, emensis temporibus poenitentiae indictae, dignam satisfactionem praebentes, communionis gratiam consequantur. – *(Propterea de presbyteris).*

Ed.: *MGH Epp. 6, 666 n. 150.* – Can.: *Ivonis Decr. X c. 29.* – Reg.: *Ital. Pont. VI/1, 39 n. 55; Böhmer/Herbers n. 530.*

Fragmentum. Olim ad a. 861–867. De tempore et aliis collectionibus ineditis cf. Böhmer/Herbers n. 530.

*** 6120** **(860 nov.–867)**

Tadoni archiepiscopo Mediolanensi innotuit per apostolicam epistolam de his, qui cum spirituali matre flagitium commiserint.

Laud. in: *J[3] 6121.* – Reg.: *Ital. Pont. VI/1, 39 n. *53; Böhmer/Herbers n. 529.*

6121 **(860 dec.–867)**

JE 2865 Tadoni archiepiscopo Mediolanensi consulenti respondet, eos, qui cum amitae suae filia vel patrui vel avunculi peccaverint, iuxta gradus cognationis modum culpae tractari. – *(Eos qui cum)*.

E d . : *MGH Epp. 6, 666 n. 149.* – C a n . : *Ivonis Decr. IX c. 14.* – R e g . : *Ital. Pont. VI/1, 39 n. 54; Böhmer/Herbers n. 532.*

Fragmentum. Olim ad a. 861–867. De tempore aliisque de collectionibus ineditis cf. Böhmer/Herbers n. 532. Cf. et J³ *6120.

* 6122 **(861 nov. ex.–867)**

Iohanni (VII) archiepiscopo (Ravennati) monasterium s. Hilarii in Gallicata cum omni pertinentia sua et districtione concedit.

L a u d . i n : *Transsumptum (Kehr PUU Mailand 81 n. 2).* – R e g . : *Ital. Pont. V 42 n. *113; Böhmer/Herbers n. 561.*

6123 **(862–867)**

JE 2868 Iohannem (VII) archiepiscopum Ravennatem reprehendit, quod iniussu suo novum episcopum in locum necati episcopi Gavellensis Oleoberti misit. „Cum autem", inquit „detectis reis atque punitis qui dignus sit apparuerit et cleri plebisque et ducis nostri nostram habentis auctoritatem, qui utique unus e plebe eadem esse dinoscitur, concordia effecta fuerit, celebretur electio, sicque demum, sicut in synodo (vide supra synodum a. 861 nov. 17, J³ *5760) deliberatum est atque constitutum, nobis hoc innotescite. Et ... sanctione praemissa episcopus a vestra beatitudine consecretur". – *(De Oleoberti episcopi)*.

E d . : *MGH Epp. 6, 667 n. 152.* – C a n . : *Ivonis Decr. X c. 19.* – R e g . : *Ital. Pont. V 41 n. 109 et 197 n. 1; Böhmer/Herbers n. 565.*

Fragmentum. Olim ad a. 863–867. De tempore et aliis collectionibus ineditis cf. Böhmer/Herbers n. 565. Cf. et J³ 5761.

† 6124 **(862 aug. 21–867)**

JE *2675 et JE 2856β Privilegia ecclesiae s. Martini Turonensis confirmat. – *Arcanum diuinae dispensationis.*

E d . : *Ramackers PUU Frankreich NF V 62 n. 1.* – R e g . : *Dipl. Danicum I/1, 29 n. 68; Böhmer/Herbers n. †581.*

Laud. et in Caroli III privilegio (MGH DD Karl n. 139), J³ †7430, J³ †8286. Olim numeri duo ad a. 858 – 859 et a. 858 – 867. De tempore et fide cf. Böhmer/Herbers n. †581.

* 6125 **(862 med.–867)**

Gislardum partes dioecesis Namnetensis iniuste occupantem excommunicat.

L a u d . i n : *Chron. Namnetense 13 (Merlet Coll. de textes 43).* – R e g . : *Böhmer/Herbers n. 576.*

6126 **(863 oct. 31–867)**

JE 2836 Adonem archiepiscopum Viennensem docet, 1) canonicos conventus ab archiepiscopis celebrandos esse, „ubi cum episcopis nobiliores provinciae conveniant, ibique integritatem fidei et canonicarum regularum observantiam audiant et ad tenendum, ne excusari possint, subscribere doceantur"; 2) metropolitarum esse, „saeculares discursus et negotia vitare, adversus mundalium hominum malitiam insurgere, principes regni adulando non decipere"; 3) de suffraganeorum erga metropolitas oboedientia; 4) de „plebibus vel baptismalibus ecclesiis in dioecesibus more antiquo constituendis, ut ibi conventus celebrior populorum fiat et doctrina fidei praedicetur"; 5) „sacris locis dignas personas praefici et saecularium habitacula loca Deo dicata vel sacrata non fieri" debere; 6) „de excommunicatis publice propter publicum crimen per publicam poenitentiam recipiendis, et canonica poenitentia" separatim afficiendis; 7) de excommunicationibus non temere efferendis. – *(Ut archiepiscopi canonicos).*

E d . : *MGH Epp. 6, 664 n. 147.* – R e g . : *Gall. Pont. III/1, 110 n. 106; Böhmer/Herbers n. 675; Böhmer/Zielinski n. 2588.*

Olim ad a. (858–867). De tempore cf. Böhmer/Herbers n. 675.

? 6127 **(864–867)**

JE †2869 Liutberto Maguntino archiepiscopo exponit, quibus modis poeniteant, qui homicidia perpetraverint. – *Si quis non.*

E d . : *MGH Epp. 6, 689 n. 169.* – R e g . : *Germ. Pont. IV 65 n. 35; Böhmer/Herbers n. †(?)686.*

Laud. et in Pseudo-Liudprandi Lib. (Migne PL 129, 1253). Olim ad a. (863–867). De tempore cf. Böhmer/Herbers n. †(?)686.

*** 6128** **(864–867)**

Virum quendam a Liutberto (archi)episcopo Maguntino Romam missum absolvit.

L a u d . i n : *J³ 6278.* – R e g . : *Böhmer/Herbers n. 687.*

*** 6129** **(866 aug. 26–867)**

(Nicolao I) Actardus episcopus Namnetensis nuntiat, se a Normannis et „Britannibus", qui Namnetum civitatem vacuefactam desertamque occuparunt, in exilium pulsum esse.

L a u d . i n : *J³ 6168; J³ 6169.* – R e g . : *Böhmer/Herbers n. 809.*

*** 6130** **(866 aug. 26–867)**

(Nicolaum I) Herardus archiepiscopus Turonensis de Actardi episcopi Namnetensis exilio certiorem facit.

L a u d . i n : *J³ 6168; J³ 6169; J³ 6170.* – R e g . : *Böhmer/Herbers n. 810.*

*** 6131** **(866 sept.–867)**

Basilicae Lateranensi textilia decores IV pro arae ciborio donat.

L a u d . i n : *Lib. pont. (Duchesne II 166).* – R e g . : *Böhmer/Herbers n. 813.*

*** 6132** **(866 sept.–867)**

Ecclesiae b. Petri (Romanae) textilia aurea IV pro arae ciborio donat.

L a u d . i n : *Lib. pont. (Duchesne II 166).* – R e g . : *Böhmer/Herbers n. 814.*

*** 6133** **(866 sept.–867)**

Ecclesiae b. Pauli (extra muros Romanae) textilia decores IV pro arae ciborio donat.

L a u d . i n : *Lib. pont. (Duchesne II 166).* – R e g . : *Böhmer/Herbers n. 815.*

*** 6134** **(866 sept.–867)**

Ecclesiae s. Mariae ad Praesepe (Romanae) pannos IV donat.

L a u d . i n : *Lib. pont. (Duchesne II 166).* – R e g . : *Böhmer/Herbers n. 816.*

*** 6135** **(866 sept.–867)**

Ecclesiae s. Laurentii foris muros (Romanae) textilia aurea IV pro arae ciborio donat.

L a u d . i n : *Lib. pont. (Duchesne II 166).* – R e g . : *Böhmer/Herbers n. 817.*

*** 6136** **(867 aug.–nov.)**

JE *2887 Ad Michaelem Bulgarorum regem, qui „Formosum episcopum Portuensem sibi dari archiepiscopum expetierat et pro instructione gentis presbyteros postulaverat", mittit quosdam presbyteros et Dominicum Triventinum et Grimoaldum Polymartiensem episcopos, „ut, quia ipsum Formosum plebem dimittere sibi creditam non oportebat episcopum, ex his presbyteris ad archiepiscopatum eligatur et sedi consecrandus apostolicae mittatur".

Laud. in: *Lib. pont. (Duchesne II 165 et 175; Tăutu Acta Rom. pont. I 687 n. 330 [fragm.]).* – Reg.: *Böhmer/Herbers n. 850.*

Olim ad a. (867 oct.–nov). De tempore cf. Böhmer/Herbers n. 850.

*6137 **(867 nov.)**

JE *2888 Constantinum (Cyrillum) et Methodium valde laetus super his, quae sibi relata fuerant, redditus, ad se venire litteris apostolicis invitat.

Laud. in: *Vita Constantini c. 17 (MMFH 2, 110); Vita Methodii c. 6 (MMFH 2, 146); Vita Constantini-Cyrilli cum translatione s. Clementis (MMFH 2, 129); Leonis Marsicani Translatio s. Clementis c. 8 et 9 (Meyvaert/Devos 459); Lectionarium Dominicanum, Lectio 9 (Boyle 376).* – Reg.: *Ratkoš Pramene 159 n. 36; MMFH 3, 152 n. 34; Marsina Cod. dipl. Slovaciae I 12 n. 14*; Marsina Vel'komaravské deperditá 22 n. 4; Ratkoš Kompletnost' 108 n. 6; Boh. Pont. 11 n. *4; Böhmer/Herbers n. 864.*

*6138 **(ante 869/870)**

Sancti praedecessores Iohannis VIII (Nicolaus I? Hadrianus II?) parentes (ignotos, verisimile praedecessores) Sventopulci Moraviae (duci) docent, ut sic teneant, sic credant, sicut sancta Romana ecclesia didicit.

Laud. in: *J[3] 6817.* – Reg.: *Boh. Pont. 15 n. *11.*

Tempus ante quem est labes Ratislai ducis a nepote suo Svatopulco a. 869/870 perpetrata, cf. LexMA VII 1044.

*6139 **(861–874)**

(Nicolaus I aut Hadrianus II aut Iohannes VIII) papa Martino episcopo Narniensis monasterium s. Martini (apud Vaticanum) concedit.

Laud. in: *Praefatio Anastasii Bibliothecarii epist. ad Martinum ep. Narniensem directae (MGH Epp. 7, 422 n. 8).* – Reg.: *Böhmer/Herbers n. 539.*

*6140 **(860 iun. med.–876 aug.)**

(Nicolao I aut Hadriano II aut Iohanni VIII?) Ludovicus (Germanicus) rex Witgarium episcopum (Augustensem) mittit, sciscitantem, qualem pacem habeat s. Romana ecclesia.

Laud. in: *Visio Caroli Magni (Jaffé Bibl. rer. Germ. 4, 704).* – Reg.: *Germ. Pont. II/1, 30 n. *4; Volkert/Zoepfl Reg. Augsburg I 40 n. 42; Böhmer/Herbers n. 514.*

*6141 **867 nov. 13** **(Roma)**

JE I 368 Moritur et „ante fores basilicae b. Petri" (Romanae) sepelitur (id. nov.).

Laud. in: *Lib. pont. (Duchesne II 167; Přerovský II 619); Anastasii Bibliothecarii epist. ad Adonem Viennensem directa (MGH Epp. 7, 400 n. 3); Adonis Viennensis Chron. (MGH SS 2, 323); Ann. Bertiniani ad a. 867 (Grat 140); Ann. Xantenses ad a. 868 (MGH SS rer. Germ. 12, 26); Reginonis Prumiensis Chron. ad a. 868 (MGH SS rer. Germ. 50, 94); Flodoardi Remensis De Christi triumphis (Migne PL 135, 822) et Hist. III c. 17 (MGH SS 36, 253); Ann. Alamannici ad a. 867 (Henking 251); Ann. Blandinienses ad a. 866 (Grierson 12); Ann. Colonienses ad a. 868 (Wattenbach 128); Ann. Corbeienses ad a. 867 (Prinz 106); Ann. Elmarenses ad a. 866 (Grierson 82); Ann. Elnonenses ad a. 867 (Grierson 147); Pseudo-Liudprandi Lib. (Migne PL 129, 1254); Ann. Einsidlenses ad a. 867 (MGH SS 3, 140); Ann. Quedlinburgenses ad a. 866 (MGH SS rer. Germ. 72, 450); Ann. s. Florentii Salmurensis ad a. 868 (Halphen 115); Ann. Vindocinenses ad a. 867 (Halphen Coll. De textes 37, 53); Ann. Weingartenses ad a. 867 (MGH SS 1, 66); Ann. Wirziburgenses ad a. 868 (MGH SS 2, 241); Auct. Garstense a. 867 (MGH SS 9, 565); Clarii Senonensis Chron. (Bautier/Gilles 64); Herimanni Augiensis Chron. ad a. 868 (MGH SS 5, 106).* – Reg.: *Böhmer/Mühlbacher[2] n. 1239g; Böhmer/Herbers n. 867.*

6142 **(867 nov. 3–30)** **(Troyes)**

Nicolao (I) Carolus (Calvus) rex scribit de vita et causa Ebonis deiecti et excusat, quod Wulfadum archiepiscopum (Bituricensem) factum est, priusquam Egilo archiepiscopus (Senonensis) reveniret; nihilo minus rogat, ut Wulfado pallium concedatur. Demum de Normannorum impetiis queritur.

Ed.: *MGH Conc. 4, 239.* – Reg.: *Böhmer/Herbers n. 866.*

Laud. et in Ann. Bertinianis ad a. 867 (Grat 138) et in J³ 6168. Cf. J³ 6039 et J³ 6040 et J³ *6071.

*6143 **(867 nov. 23–dec. 10)**

Nicolao (I) papae Basilius (I) imperator (Constantinopolitanus) per Euthymium spatharium nuntiat Ignatium patriarcham (Constantinopolitanum) denuo esse inthronizatum.

Laud. in: *J³ 6144; J³ 6189.* – Reg.: *Dölger/Müller Reg. des oström. Reiches I/2, 2 n. 472b; Böhmer/Herbers n. 868.*

6144 **(867) dec. 11**

Nicolao (I) papae Basilius (I) imperator (Constantinopolitanus) scribit Photium patriarcham (Constantinopolitanum) dimissum inthronizatumque iterum esse Ignatium. Rogat eum, ut de clericis, qui a Photio consecrati vel denuo consecrati sint vel peccaverint aliis in rebus, iudicet et ad omnes controversias quam celerrime componendas legatos mittat (Missa est m. dec. d. XI).

Ed.: *Acta concilii Constantinopolitani IV a. 869–870 (Mansi Conc. 16, 46 et 324).* – Reg.: *MMFH 3, 152 n. 35; Dölger/Müller Reg. des oström. Reiches I/2, 3 n. 474; Böhmer/Herbers n. 869.*

Laud. et in Lib. pont. (Duchesne II 178), J³ 6197, J³ 6298. Cf. J³ *6143.

*6145 **(867 dec. 11)**

Nicolao (I) Ignatius patriarcha Constantinopolitanus scribit.

Laud. in: *Acta concilii Constantinopolitani IV a. 869–870 (Mansi Conc. 16, 47 et 325).* – Reg.: *Grumel/Darrouzès Reg. I/2, n. 529; Böhmer/Herbers n. 870.*

Laud. et in J³ 6196, J³ 6298.

Hadrianus II (867–872)

*** 6146** **(867 nov. post 13–dec. 14)** **Roma, S. Mariae Maggiore**

JE I 368 Eligitur in ecclesia s. Mariae ad Praesepe (Romana).

Laud. in: *Lib. pont. (Duchesne II 173); J³ 6157; Ann. Bertiniani ad a. 867 (Grat 140); Adonis Viennensis Chron. (MGH SS 2, 323); Reginonis Prumiensis Chron. ad a. 868 (MGH SS rer. Germ. 50, 94); Ann. Francorum Mettenses ad a. 868 (Bouquet Recueil VII 195); Flodoardi Remensis Hist. III c. 17 (MGH SS 36, 253).* – Reg.: *Böhmer/Mühlbacher² n. 1239g; Böhmer/Zielinski n. 282; cf. propediem Böhmer/Herbers.*

*** 6147** **(867 nov.–dec. 14)** **(Roma), S. Maria Maggiore**

JE I 368 Ex ecclesia s. Mariae (Maioris Romana) educitur.

Laud. in: *Lib. pont. (Duchesne II 174; Přerovský II 625).* – Reg.: *cf. propediem Böhmer/Herbers.*

*** 6148** **(867 nov.–dec. 14)** **(Roma), Laterano**

JE I 368 Ad palatium (Lateranense) perducitur.

Laud. in: *Lib. pont. (Duchesne II 174; Přerovský II 625).* – Reg.: *cf. propediem Böhmer/Herbers.*

*** 6149** **867 dec. 14** **Roma, S. Pietro**

JE I 368 Consecratur per Petrum Gavensem, Leonem Silvae Candidae Donatumque Ostiensem episcopos (dominico, XIX kal. ian., ind. I., a. ... aug. XIX).

Laud. in: *Lib. pont. (Duchesne II 175); Anastasii Bibliothecarii epist. ad Adonem archiep. Viennensem directa (MGH Epp. 7, 400 n. 3); Ann. Bertiniani ad a. 867 (Grat 140).* – Reg.: *cf. propediem Böhmer/Herbers.*

*** 6150** **(867 dec. 14)** **Roma, S. Pietro**

JE I 368 Theutgaudo (archiepiscopo) Treverensi, Zachariae episcopo Anagnino Anastasioque presbytero „aecclesiasticam communionem" reddit.

Laud. in: *Lib. pont. (Duchesne II 175); J³ 6206.* – Reg.: *Germ. Pont. X 36 n. *45; cf. propediem Böhmer/Herbers.*

*** 6151** **(867 dec. 14)** **(Roma), Laterano**

JE I 368 Ad patriarchium Lateranense revertitur.

Laud. in: *Lib. pont. (Duchesne II 175).* – Reg.: *cf. propediem Böhmer/Herbers.*

*** 6152** **(867 dec. med.)**

Sub Hadriano iuniore (II) Constantinus philosophus (scil. Cyrillus) Romam venit et s. Clementis papae corpus sedi suae restituit.

Laud. in: *J³ ?6232; Anastasii Bibliothecarii epist. ad Gaudericum ep. Veliternensem directa (MGH Epp. 7, 435 n. 15; Grivec/Tomšič Constantinus et Methodius 64); eiusdem epist. ad Karolum II imperatorem directa (MGH Epp. 7, 430 n. 13); Vita Constantini c. 17 (MMFH 2, 110); Vita Constantini-Cyrilli cum translatione s. Clementis c. 9 (MMFH 2, 129); Granum cat. praesulum*

Moraviae (Loserth 63). – Reg.: *Boh. Pont. 12 n. *5; cf. propediem Böhmer/Herbers.*
De tempore cf. Boh. Pont. 12 n. *5.

*6153 **(867 dec.)**

Anastasium „bibliothecarium Romanae ecclesiae in exordio ordinationis suae" constituit.

Laud. in: *Ann. Bertiniani ad a. 868 (Grat 144).* – Reg.: *cf. propediem Böhmer/Herbers.*

*6154 **867 (dec.)** **(Roma)**

Hadriano (II) Actardus episcopus (Namnetensis) litteras ad Nicolaum (I) directas (J³ 6082 et J³ 6142) reddit.

Laud. in: *Notitia in Cod. Laudunensi (MGH Conc. 4, 243); J³ 6168; Ann. Bertiniani ad a. 867 (Grat 140).* – Reg.: *cf. propediem Böhmer/Herbers.*

*6155 **867 (dec.–868 ian. ante 27)** **Roma, S. Pietro**

Nicolao (I) defuncto (a. 867 nov. 13) et Hadriano (II) electo Theutgaudus et Guntharius (Treverensis et Coloniensis dudum archiepiscopi), spe restitutionis (cf. J³ *6150) inducti, tertio Romam proficiscuntur, ubi Theutgaudus moritur (a. 868 ian. 27) et Guntharius vix mortem evadit.

Laud. in: *Lib. pont. (Duchesne II 175); Ann. Bertiniani ad a. 867 (Grat 140); Ann. Xantenses ad a. 867 (MGH SS rer. Germ. 12, 27).* – Reg.: *Böhmer/Mühlbacher² n. 1316b; Oediger Reg. Köln I 75 n. 221; Germ. Pont. VII 29 n. *49; Germ. Pont. X 36 n. *45.*

Theutgaudus et Guntharius 867 dec. 14 restituti sunt, cf. J³ *6150.

*6156 **(867–868 ian. 27)**

Theutgaudo (quondam archiepiscopo Treverensi) mansionem in monasterio s. Gregorii in clivo Scauri concedit.

Laud. in: *Iohannis Hymmonidis S. Gregorii Magni vita IV c. 94 (Migne PL 75, 237); Gesta Treverorum (MGH SS 8, 164).* – Reg.: *Germ. Pont. X 36 n. *45; cf. propediem Böhmer/Herbers.*

6157 **(868 cr. ian.)**

Hadriano (II) Lotharius (II) rex de Nicolai (I) morte maerens ac de inimicorum suorum insidiis questus gratulatur eiusque benevolentiam sibi rebusque suis adesse exoptat.

Ed.: *Insertum in Reginonis Prumiensis Chron. (MGH SS rer. Germ. 50, 94) et apud Ann. Saxonem ad a. 869 (MGH SS 37, 88; separatim ed. in MGH Epp. 6, 238 n. 18).* – Reg.: *Böhmer/Mühlbacher² n. 1317; cf. propediem Böhmer/Herbers.*

Laud. et in Mariani Scotti Chron. (MGH SS 5, 551), in Ranulphi Higden Polychron. (SS rer. Brit. 41/6, 340), in Ann. Francorum Mettensibus (Bouquet Recueil VII 195).

6158 **868 febr. 2**

JE 2894 Episcopos synodi Tricassinae laudat actaque confirmat. Wulfado archiepiscopo Bituricensi pallium concedit. Praedecessoris sui Nicolai I nomen „in codicibus vel diptychis ecclesiarum scribi et inter sacra missarum impraetermisse recitari" iubet; et decreta eius contra Graecos tuetur (Dat. IV non. febr., ind. I). – *Legationis vestrae scripta.*

Ed.: *MGH Epp. 6, 699 n. 3.* – Can.: *Ivonis Decr. V c. 34.* – Reg.: *cf. propediem Böhmer/Herbers.*

Cf. J³ 6082.

6159 **(868 ante febr. 12)**

JE 2897 Waldradae (concubinae Lotharii II regis) scribit, eam, quoniam ad bonam frugem se recepisset petente Ludovico (II) imperatore, et excommunicatione et anathemate solutam esse, ea lege, ut in reliquum societatem (Lotharii II) regis omnino vitaret. – *Nemo plane dubitat.*

Ed.: *MGH Epp. 6, 700 n. 4.* – Reg.: *Böhmer/Zielinski n. 286; cf. propediem Böhmer/Herbers.*

Laud. et in J[3] 6161, Ann. Bertinianis ad a. 868 (Grat 143).

6160 **868 febr. 12**

JE 2895 Ludovicum (Germanicum) regem ab invadendo Lotharii (II) regno dehortatur, ne in discordiam incurrat cum Ludovico (II) imperatore, Saracenos ecclesiae causa bello persequente (Dat. II id. febr., ind. I). – *Inter exordia divinitus.*

Ed.: *MGH Epp. 6, 702 n. 6.* – Reg.: *cf. propediem Böhmer/Herbers.*

6161 **868 febr. 12**

JE 2898 Archiepiscopis et episcopis in regno Ludovici (Germanici) regis constitutis Waldradam (concubinam Lotharii II regis), quae ad virtutem rediisset, absolutam esse nuntiat (Dat. II id. febr., ind. I). – *Sicut obstinatis et.*

Ed.: *MGH Epp. 6, 702 n. 5.* – Reg.: *cf. propediem Böhmer/Herbers.*

Laud. et in Ann. Bertinianis ad a. 868 (Grat 143). Cf. J[3] 6159.

***6162** **868 (febr. 12)**

JE *2896 Carolo (Calvo) regi praecipit, „ut regno Hludovici (II) imperatoris ac regno Lotharii (II) nullam molestiam ingerat".

Laud. in: *Ann. Bertiniani ad a. 868 (Grat 143).* – Reg.: *cf. propediem Böhmer/Herbers.*

***6163** **868 (febr. 12)**

JE *2899 Episcopos regni Caroli (Calvi) regis de Waldradae (concubinae Lotharii II regis) absolutione certiores facit.

Laud. in: *Ann. Bertiniani ad a. 868 (Grat 143).* – Reg.: *Böhmer/Mühlbacher[2] n. 1239h et n. 1317a; cf. propediem Böhmer/Herbers.*

***6164** **868 (febr. 12)**

JE *2900 Episcopis regni Lotharii (II regis) significat Waldradam (concubinam Lotharii II regis) absolutam esse.

Laud. in: *Ann. Bertiniani ad a. 868 (Grat 143).* – Reg.: *Böhmer/Mühlbacher[2] n. 1239h et n. 1317a; cf. propediem Böhmer/Herbers.*

***6165** **(868 febr. 12)**

JE *2901 Lothario (II) regi respondet (cf. J[3] 6157), „sedem b. Petri semper paratam esse dignam satisfactionem recipere nec, quod divinae humanaeque leges iuste decernunt, unquam repulisse. Itaque si se inmunem ab obiectis sciret, cum omni fiducia sedem apostolicam oporteret adire, ut expetitam benedictionem acciperet. Si autem culpam recognosceret, nichilominus absque hesitatione venire festinaret, condigne penitentie remedia suscepturus".

Laud. in: *Reginonis Prumiensis Chron. ad a. 868 (MGH SS rer. Germ. 50, 95); Ann. Saxo ad a. 869 (MGH SS 37, 89); Mariani Scotti Chron. (MGH SS 5, 551).* – Reg.: *Böhmer/Mühlbacher[2] n. 1317; cf. propediem Böhmer/Herbers.*

***6166** **868 (febr. med.)**

Adventium episcopum Metensem cum epistolis (J[3] 6161, J[3] *6162, J[3] *6163, J[3] *6164) in Franciam occidentalem mittit.

Laud. in: *Ann. Bertiniani ad a. 868 (Grat 143).* – Reg.: *cf. propediem Böhmer/Herbers.*

***6167** **(868 febr. 13 aut 20)** **(Roma, Laterano)**

JE I 369 „Sexta feria Septuagesime" quosdam „famul(os) Domini, videlicet Hierosolimitan(os), Antiochen(os), Alexandrin(os) ac Constantinopolitan(os), quorum aliqui legationibus mundi principum fungebantur", in eam voluntatem adducit, ut Nicolai (I) memoriam laudibus prosequantur (sexta feria Septuagesime).

Laud. in: *Lib. pont. (Duchesne II 176 et 177).* – Reg.: *cf. propediem Böhmer/Herbers.*

De tempore cf. Herbers Agir et écrire 115 et propediem Böhmer/Herbers.

6168 **868 febr. 23**

JE 2902 Caroli (Calvi) regis litteris, per Actardum „quondam Namneticae urbis" episcopum ad Nicolaum missis (J^3 6142), respondet. Ebonis quondam archiepiscopi Remensis causam Deo permittit. Wulfadum archiepiscopum (Bituricensem) pallio donatum (cf. J^3 6158) nunciat. Actardi vicem luget additque haec: „Si eius ecclesia (Namnetensis) funditus diruta et per nonnulla curricula iam in solitudinem redacta esse dignoscitur, paganis videlicet non solum transitum, sed etiam stationem ibidem facientibus, ac per hoc depopulatis undique locis habitatore carentibus, sublatis etiam a Britonibus, si quae remanserant, rebus: aliam ei vacantem dumtaxat concedendam decrevimus". Eundem et diligentissime commendat, et pallio a sese ornatum esse scribit (Dat. VII kal. mart., ind. I). – *Hactardus venerabilis quondam.*

Ed.: *MGH Epp. 6, 704 n. 7.* – Reg.: *cf. propediem Böhmer/Herbers.*

Laud. et in J^3 6169 et in Ann. Bertinianis ad a. 868 (Grat 143). Cf. J^3 6009, J^3 *6129, J^3 *6130, J^3 6142, J^3 *6154, J^3 6170.

6169 **(868 febr. 23)**

JE 2903 Episcopis synodi Suessionensis, superiore anno celebratae, significat, quid de Actardo Namnetensi episcopo ab iis commendato ad Carolum (Calvum) scripserit (J^3 6168). Cuius rationibus ut sedulo consulant, hortatur. – *Inter cetera quae.*

Ed.: *MGH Epp. 6, 707 n. 8.* – Reg.: *cf. propediem Böhmer/Herbers.*

Laud. et in Ann. Bertinianis ad a. 868 (Grat 143). De tempore cf. propediem Böhmer/Herbers. Cf. et J^3 6009, J^3 *6129, J^3 *6130, J^3 6168.

6170 **868 febr. 26** **(Roma)**

JE 2904 Actardo (episcopo) Namnetensi pallium concedit (Scr. p. m. Zachariae not. reg. et scrin. S.R.E. in m. febr., ind. I. Bene vale. V kal. mart. p. m. Anasthasii bibl. S.S.A. imp. d. n. piissimo perp. aug. Hludouuico magno imp. a. XIX et post cons. eius a. XVIII, ind. I). – *Si secundum divinae.*

Ed.: *MGH Epp. 6, 709 n. 9.* – Reg.: *cf. propediem Böhmer/Herbers.*

Laud. et in J^3 6168. Olim ad a. 868 febr. 25. De tempore cf. propediem Böhmer/Herbers. Cf. et J^3 *6130.

6171 **(867–868 in.)** **(Roma)**

JE 2893 Adonis archiepiscopi (Viennensis) litteris ad Nicolaum (I) missis (Gall. Pont. III/1 111 n. *107) respondet. Laudat eum „de admonitione, quam per Waltarium comitem circa gloriosum regem Hlotharium (II) exercuerit", et quod, „insidias lupi praecavendas esse", adhortatus sit. – *Legatus cum litteris.*

Ed.: *MGH Epp. 6, 697 n. 2.* – Reg.: *Gall. Pont. III/1, 112 n. 109; Böhmer/Zielinski n. 2591; cf. propediem Böhmer/Herbers.*

Fragmentum. Olim ad a. (868 in.). De tempore cf. Böhmer/Zielinski n. 2591.

***6172** **(867–868 in.)**

Consuetudinem venditionis rerum diversarum in Laterano opprimit.

Laud. in: *Lib. pont. (Duchesne II 175).* – Reg.: *cf. propediem Böhmer/Herbers.*

*** 6173** **(867–868 in.)**

JE *2889 Dominicum (Triventinum) et Grimoaldum (Polymartiensem) episcopos, quos „papa Nicolaus in Vulgarum patriam ire preceperat (J³ *6136) et a se in ipso articulo sui discessus absolverat, quique ... ire distulerant, eadem fungentes legatione“ dirigit, „et quasdam epistolarum quas ille mittendas delegerat ..., suo nomine titulari“ precipit.

L a u d . i n : *Lib. pont. (Duchesne II 175).* – R e g . : *cf. propediem Böhmer/Herbers.*

*** 6174** **(867–868 in.)** **(Roma)**

JE *2890 Ludovicum (II imperatorem) et Angilbergam coniugem „multis epistularum documentis“ rogat, ut Gauderico Veliternensi et Stephano Nepesino episcopis et Iohanni Hymmonidi exsulantibus reditum concedat.

L a u d . i n : *Lib. pont. (Duchesne II 176).* – R e g . : *Böhmer/Mühlbacher² n. 1239g; Böhmer/Zielinski n. 285; cf. propediem Böhmer/Herbers.*

Olim ad a. (867). De tempore cf. Böhmer/Zielinski n. 285. JE *2891 delendum est; cf. propediem Böhmer/Herbers.

*** 6175** **(867–868 in.)** **(Roma)**

Austaldum, Walterium, Hilpianum, Odonem et Theopertum „cum cunctis aliis raptoribus et predonibus“ excommunicat postquam Lampertus dux Spoletinus Romam „sicut tirannus“ intravit.

L a u d . i n : *Lib. pont. (Duchesne II 177).* – R e g . : *Böhmer/Mühlbacher² n. 1239g; Böhmer/Zielinski n. 284; cf. propediem Böhmer/Herbers.*

*** 6176** **(868 in.)**

Basilicam Nicolaitanam in Laterano picturis variis decorat.

L a u d . i n : *Lib. pont. (Duchesne II 176).* – R e g . : *cf. propediem Böhmer/Herbers.*

6177 **(868 mart. ante 8)**

Salomoni (III) duci Brittanorum de sacerdotibus, qui negotia non ad concilia episcoporum, sed ad saecularium tribunalia pertrahuntur, queritur; scribit et de privilegiis Turonensibus. Exempla (Capitulorum Angilramni) ab Hadriano (I) conscripta transmittit. – *(Sacerdotes vero vobis).*

E d . : *MGH Epp. 6, 712 n. 11.* – R e g . : *cf. propediem Böhmer/Herbers.*

Fragmentum. Laud. et in J³ 6179. De Capitulis Angilramni transmissis, quorum solum in manuscriptis mentio fit, cf. propediem Böhmer/Herbers.

6178 **868 mart. 8**

JE 2905 Hincmaro archiepiscopo Remensi scribit, ab Arsenio (Hortensi) et Actardo (Namnetensi) episcopis et a „dilectissim(o) fili(o)“ suo Anastasio S.S.A. bibliothecario se de eius virtutibus eruditum esse. Decessorum suorum Benedicti et Nicolai de Lothario (II) rege decreta servari iubet. Actardum commendat (Dat. VIII id. mart., ind. I). – *Licet frequens sanctitatis.*

E d . : *MGH Epp. 6, 710 n. 10.* – R e g . : *cf. propediem Böhmer/Herbers.*

Laud. et in J³ 6290, in Hincmari Remensis Opusculo LV capitulorum c. 5 (MGH Conc. 4, Suppl. 2, 165), in Ann. Bertinianis ad a. 868 (Grat 143), in Flodoardi Remensis Hist. III c. 21 et c. 23 (MGH SS 36, 272 et 312).

6179 **868 mart. 8**

JE 2906 Herardum archiepiscopum Turonensem hortatur, ut Actardo episcopo (Namnetensi) monasterium, quod olim tenuerit, iterum concedat. De privilegiis Turonensibus se „Salomoni (III) duci et populo Britannorum“ scripsisse (J³ 6177) nuntiat (Dat. VIII id. mart., ind. I). – *Miserias et diras.*

E d . : *MGH Epp. 6, 713 n. 12.* – R e g . : *cf. propediem Böhmer/Herbers.*
Cf. J[3] 6177.

*** 6180** **868 (mart. 10)**

JE I 370 „Quarta ... feria post initium quadragesimae factione Arsenii (episcopi Hortensis) filius eius Eleutherius", „consilio ut fertur fratris sui Anastasii, quem bibliothecarium Romanae ecclesiae in exordio ordinationis suae Adrianus constituerat (cf. J[3] *6153), Stephaniam uxorem ipsius pontificis et eius filiam" „ab alio desponsatam dolo decepit et rapuit sibique coniunxit, unde idem papa nimium est contristatus".

L a u d . i n : *Ann. Bertiniani ad a. 868 (Grat 144).* – R e g . : *Böhmer/Mühlbacher[2] n. 1239i; Böhmer/Zielinski n. 287; cf. propediem Böhmer/Herbers.*
De re cf. Böhmer/Zielinski n. 287.

*** 6181** **868 (mart. med.)**

Actardum episcopum Namnetensem cum epistolis (J[3] 6168, J[3] 6169, J[3] 6177, J[3] 6178 et fortasse J[3] 6179) in Franciam occidentalem mittit.

L a u d . i n : *Ann. Bertiniani ad a. 868 (Grat 143); J[3] 6179.* – R e g . : *cf. propediem Böhmer/Herbers.*
De tempore cf. propediem Böhmer/Herbers.

*** 6182** **868 (post mart.–apr. 10)**

Apud Ludovicum (II) imperatorem „missos" obtinet „qui praefatum Eleutherium (filium Arsenii episcopi Hortensis) secundum leges Romanas" iudicent; Eleutherius Stephaniam uxorem Hadriani et filiam eius postea interfecit.

L a u d . i n : *Ann. Bertiniani ad a. 868 (Grat 144).* – R e g . : *Böhmer/Mühlbacher[2] n. 1239i; Böhmer/Zielinski n. 287; cf. propediem Böhmer/Herbers.*

*** 6183** **(868 mart. ex.–apr.)**

Hadrianum (II) Ado archiepiscopus Viennensis et „omnes Occidentalium regionum episcopi" monent, ut privilegia Romanae ecclesiae vel decreta Nicolai (I) papae sine mutilatione servet.

L a u d . i n : *J[3] 6184; Lib. pont. (Duchesne II 176).* – R e g . : *Gall. Pont. III/1, 113 n. *110; cf. propediem Böhmer/Herbers.*

6184 **868 mai. 8** **(Roma)**

JE 2907 Adoni archiepiscopo Viennensi gratias agit de epistola eius (J[3] *6183); ad Nicolai decreta omnino servanda hortanti laudem tribuit. Sed addit, ea lenitate perficienda esse, quae ille severe inchoaverit (Dat. VIII id. mai., ind. I). – *Epistolam sanctitatis tuae.*

E d . : *MGH Epp. 6, 713 n. 13.* – R e g . : *Gall. Pont. III/1, 113 n. 111; Böhmer/Zielinski n. 2593; cf. propediem Böhmer/Herbers.*
Cf. J[3] *6183.

*** 6185** **(868 in.–med.)** **(Roma)**

Theutbergam reginam Roma excipit eique ad maritum revertere iubet.

L a u d . i n : *Ann. Bertiniani ad a. 867 (Grat 140); J[3] 6186; J[3] 6206.* – R e g . : *cf. propediem Böhmer/Herbers.*
De tempore cf. propediem Böhmer/Herbers.

6186 **(868 med.)**

JE 2892 Lothario (II regi) significat, Theutbergam (reginam) de divortio postulasse Romae; sed domum redire iussam a se esse, quia rem tantam nisi in synodo non diiudicandam putasset. Monet, ut eam interim aut pro uxore tractet, aut promissis abbatiis muneretur. – *Quia beato Petro.*

Ed.: *MGH Epp. 6, 695 n. 1.* – Reg.: *Böhmer/Mühlbacher² n. 1316b; cf. propediem Böhmer/Herbers.*

Cf. J³ *6185.

*6187 **868 (iul.)**

Ad (Hadrianum II) Hincmarus episcopus Laudunensis Celsanum legatum cum articulis accusationis (Caroli Calvi) regis mittit.

Laud. in: *J³ 6290; Proclamatio Caroli (MGH Conc. 4, 417) (fragm.); Responsa episcoporum ad Proclamationem Caroli c. 6 (MGH Conc. 4, 495); acta concilii apud Duziacum a. 871 (MGH Conc. 4, 514 et 516 et 531); Ann. Bertiniani ad a. 868 (Grat 151).* – Reg.: *McKeon Correspondence 172 n. 1; McKeon Hincmar 170 n. 17; cf. propediem Böhmer/Herbers.*

6188 **868 (aug. 1)**

JE 2908 Basilium (I) imperatorem (Constantinopolitanum), quod, (Photio) remoto, (Ignatium patriarcham) Constantinopolitanum restituerit, collaudat. Hortatur, ut eius socios quoque expulsos revocet; nominatimque Theognostum exarchum commendat, qui Romae per septennium exsulaverit. – *Quoniam tranquillissime imperator.*

Ed.: *MGH Epp. 6, 747 n. 37.* – Reg.: *cf. propediem Böhmer/Herbers.*

6189 **868 aug. 1**

JE 2909 Ignatium patriarcham Constantinopolitanum, quod de recepto munere nihil sibi significaverit, amice obiurgat. Pollicetur, eum sociosque curae sibi fore. Theognostum exarchum laudat, idque addit „si ad apostolicam sedem quosdam mittere disposueris, hunc specialiter volumus prae ceteris mitti". De statu ecclesiae eius certior quamprimum fieri cupit. Euthymium spatharium commendat, „qui" inquit „Romam imperialem ferens legationem, primus nobis de fraternitate vestra, quod semper optavimus, annunciavit" (Dat. kal. aug., ind. I). – *Convenerat sanctitatem tuam.*

Ed.: *MGH Epp. 6, 748 n. 38.* – Reg.: *cf. propediem Böhmer/Herbers.*

Cf. J³ *6143.

6190 **868 oct. 12** **Roma, S. Prassede**

JE 2912 Synodus, in qua Anastasius (Bibliothecarius), quondam cardinalis presbyter tit. b. Marcelli, iterum (cf. J³ *5479, J³ 5503 et J³ *5628) excommunicatur et anathematizatur (Prolata in conspectu totius S.R.E. ante hunc eundem Anastasium apud s. Praxedem positum, a. pont. d. Adriani summi pont. et univ. pp. I, per IV id. oct., ind. II). – *Omni Dei ecclesiae.*

Ed.: *Insertum in Ann. Bertinianis ad a. 868 (Grat 148; MGH Conc. 4, 317).* – Reg.: *Ital. Pont. I 75 n. 9; cf. propediem Böhmer/Herbers.*

Laud. et in Ann. Bertinianis ad a. 868 (Grat 144). Cf. J³ *5628.

*† 6191 **(867–868)**

Ab Hadriano (II) primates Sobrarbiae consilium propter consecrationem regis petunt.

Laud. in: *Hieronymi de Blancas Aragonensium rer. Commentarii (Hispaniae Illustratae III 605).* – Reg.: *cf. propediem Böhmer/Herbers.*

De fide et tempore cf. propediem Böhmer/Herbers.

*6192 **(869 paulo post febr. 14)**

Praecipit, ut omnes Romani atque Graeci clerici ad exsequias Constantini cum psalmis, canticis, cereis, thuris odoribusque occurant et Constantino non aliter ac papae funeris honorem impendant.

L a u d . i n : *Vita Constantini (in lingua slavica) c. 18 (MMFH 2, 14); Vita Constantini Cyrilli cum translatione s. Clementis c. 10 (MMFH 2, 131).* – R e g . : *Boh. Pont. 12 n. *6; cf. propediem Böhmer/Herbers.*

Terminus post quem est dies obitus Constantini-Cyrilli.

*** 6193** **(869 mai.)**

Ad (Hadrianum II) Hincmarus episcopus (Laudunensis) Walconem et Bernonem legatos mittit et iterum (cf. J[3] *6187) Carolum (Calvum) regem atque (Hincmarum archiepiscopum Remensem) accusat.

L a u d . i n : *J[3] 6290; J[3] 6291; Hincmari Remensis Opusculum LV capitulorum c. 7 et c. 8 (MGH Conc. 4, Suppl. 2, 169 et 170); Proclamatio Caroli (MGH Conc. 4, 418); Responsa episcoporum ad Proclamationem Caroli c. 8 et c. 9 (MGH Conc. 4, 497 et 498); acta concilii apud Duziacum a. 871 (MGH Conc. 4, 514); Hincmari Remensis Libellus expostulationis c. 27 (MGH Conc. 4, 468).* – R e g . : *McKeon Correspondence 173 n. 5; McKeon Hincmar 171 n. 44; cf. propediem Böhmer/Herbers.*

*** 6194** **(869 iun. in.)** **Roma, S. Maria Maggiore**

JE I 370 A Basilio (spathario), Basilii (I) imperatoris (Constantinopolitani) legato, et ab Iohanne metropolita (Pergae Pamphiliae), legato Ignatii patriarchae Constantinopolitani, dona litterasque ad Nicolaum (I) directas (J[3] *6143 et J[3] 6144) accipit.

L a u d . i n : *J[3] 6298; J[3] 6196; J[3] 6197; Lib. pont. (Duchesne II 178); Vita Ignatii (Mansi Conc. 16, 261D).* – R e g . : *cf. propediem Böhmer/Herbers.*

Olim ad a. (868–869). De tempore et litteris transmissis cf. propediem Böhmer/Herbers.

6195 **(869 paulo ante iun. 10)** **Roma, S. Pietro**

JE I 370 Concilium episcoporum XXX, in quo 1) concilium Constantinopolitanum, a Photio et Michaele (III) imperatore (Constantinopolitano) a. 867 ian. celebratum, damnatur, universaque actorum concilii eiusdem exempla igni addicuntur; 2) duo conventicula contra Ignatium patriarcham (Constantinopolitanum) habita devoventur; 3) Photius damnatur et anathematizatur; 4) qui concilio illi subscripserant, si resipuerint, ecclesiae communione donantur; Basilius (I) imperator (Constantinopolitanus) in catholicorum et piorum Augustorum numerum refertur; 5) qui actorum damnatorum exempla servaverint, anathematizantur. – *Cum debeamus o.*

E d . : *MGH Conc. 4, 340.* – R e g . : *cf. propediem Böhmer/Herbers.*

Laud. et in J[3] 6196, J[3] 6197 et in Lib. pont. (Duchesne II 179).

6196 **869 iun. 10**

JE 2913 Ignatio patriarchae Constantinopolitano restitutionem gratulatur, consulentique respondet, Nicolai decreta rata oportere maneant. Iubet igitur Photium Gregoriumque Syracusanum exemptos de episcoporum numero haberi, et eos, qui a Photio ordinati sint, in his Paulum quoque archiepiscopum Caesariensem removeri, quique consecrationem a Methodio patriarcha et Ignatio acceperint, restitui. Statuta synodi, in ecclesia b. Petri (Romana) a sese celebratae (J[3] 6195), promulgari praecipit, et concilio Constantinopoli habendo roborari. Iohannem metropolitam Sylensem (Pergae Pamphiliae archiepiscopum) Ignatii legatum, qui „pericula infinita non solum per mare sed et per aridam gradiendo (Romam iter faciens) sustinuerit“, diligenter commendat (Dat. IV id. iun., ind. II). – *Nec scriptura pandere.*

E d . : *MGH Epp. 6, 750 n. 39; Tăutu Acta Rom. pont. I 692 n. 331 (fragm.).* – R e g . : *cf. propediem Böhmer/Herbers.*

Cf. J[3] *5652, J[3] *6145, J[3] 6195, J[3] *6194, J[3] *6198.

6197 **869 (iun. 10)**

JE 2914 Basilio (I) imperatori (Constantinopolitano) de restituto Ignatio praeconium tribuit. De ecclesiae Constantinopolitanae sacerdotibus tractandis et Ignatio et legatis suis esse scribit, seque, reversis legatis, clementia usurum. Frequens concilium haberi iubet, in quo et acta concilii adversus sedem Romanam celebrati crementur et suae synodi in ecclesia b. Petri (Romana) peractae (J^3 6195) decreta confirmentur. Repetit quosdam monachos fugitivos. Legatos suos Donatum Ostiensem et Stephanum Nepesinum episcopos et Marinum apostolicae sedis diaconum, „filium meum", benigne excipi cupit. Commendat Iohannem metropolitam Sylensem (Pergae Pamphiliae archiepiscopum), Ignatii legatum, et Basilium imperialem spatharium, qui missi ad Nicolaum I, „tanta postquam illinc (Constantinopoli) profecti sint, offendicula pertulerint, ut nullum properantes pene periculorum, quae Paulus in epistolis suis dinumeret, evasisse videantur", eosque insuper „diutissime" Romae moratos excusat. – *Legationis excellentiae tuae.*

E d . : *MGH Epp. 6, 754 n. 40; Tăutu Acta Rom. pont. I 696 n. 332.* – R e g . : *cf. propediem Böhmer/Herbers.*

Cf. J^3 6144, J^3 6195, J^3 *6194, J^3 *6198.

* 6198 **(869 iun. 10)**

Donatum Hostiensem, Stephanum Nepesinum episcopos, Marinum diaconum legatos, Iohannem archiepiscopum Sylensem Ignatii legatum et Basilium spatharium cum epistolis (J^3 6196 et J^3 6197) Constantinopolim mittit.

L a u d . i n : *J^3 6196; J^3 6197; Lib. pont. (Duchesne II 180); Ann. Bertiniani ad a. 872 (Grat 187).* – R e g . : *cf. propediem Böhmer/Herbers.*

* 6199 **(869 post iun. 10)**

JE *2915 Ignatium patriarcham Constantinopolitanum hortatur, ut se „ab omni Vulgariae ordinatione immune nullum" suorum „illuc mittendo" custodiat.

L a u d . i n : *Lib. pont. (Duchesne II 184).* – R e g . : *cf. propediem Böhmer/Herbers.*

* 6200 **(869 vere)**

Hadrianum II Kocel (et Rastislaus et Sventopulcus?) rogat, ut Methodium doctorem ad eum mittit.

L a u d . i n : *Vita Methodii c. 8 (MMFH 2, 147).* – R e g . : *Marsina Vel'komaravské deperditá 23 n. 6 et 25 n. 8; Ratkoš Kompletnosť 108 n. 8 et n. 9; Boh. Pont. 13 n. *7.*

Cf. et Böhmer/Herbers n. 938.

* 6201 **(869 vere)**

Methodium ad Sclavos mittit.

L a u d . i n : *Vita Methodii c. 8 (MMFH 2, 147).* – R e g . : *cf. propediem Böhmer/Herbers.*

* 6202 **869 (iun. med.)**

JE I 371 Hadrianum II Ludovicus (II) rex ad monasterium Casinense vocat.

L a u d . i n : *Ann. Bertiniani ad a. 869 (Grat 154).* – R e g . : *Böhmer/Mühlbacher[2] n. 1241b et n. 1324b; Böhmer/Zielinski n. 295; cf. propediem Böhmer/Herbers.*

* 6203 **(869 cr. iun.)**

A Hadriano (II) Basilius (I) imperator (Constantinopolitanus) auxilium contra Saracenos petit.

L a u d . i n : *Theophanes Continuatus V c. 55 (Bekker 293); Constantini VII Porphyrogeniti De thematibus (Pertusi 98); Constantini VII Porphyrogeniti De administrando imperio (Moravcsik 128).* – R e g . : *Dölger/Müller Reg. des oström. Reiches I/2, 5 n. 481; cf. propediem Böhmer/Herbers.*

***6204** **869 (iul. 1)** **(Montecassino)**

JE I 371 Cum Angilberga imperatrice et Lothario (II) rege in monasterio Casinensi convenit, ubi et missam cantat et sacram communionem regi donat.

L a u d . i n : *Lotharii II epist. ad Adonem Viennensem directa (MGH Epp. 6, 176 n. 23); Ann. Bertiniani ad a. 869 (Grat 154); Reginonis Prumiensis Chron. ad a. 869 (MGH SS rer. Germ. 50, 96); Ann. Hildesheimenses ad a. 869 (MGH SS rer. Germ. 8, 18); Andreae Bergomatis Hist. c. 7 (MGH SS rer. Lang. 226).* – R e g . : *Böhmer/Mühlbacher² n. 1241b et n. 1324c; Oediger Reg. Köln I 76 n. 223; Germ. Pont. VII 29 n. 51; cf. propediem Böhmer/Herbers.*

***6205** **869 iul. 1** **Montecassino**

JE I 371 Gunthario (quondam archiepiscopo Coloniensi) laicam communionem concedit „ea conditione, ut ita, quamdiu vixeris, observes, sicut modo professus fuisti" (Dat. kal. iul., ind. II).

L a u d . i n : *Ann. Bertiniani ad a. 869 (Grat 154).* – R e g . : *Oediger Reg. Köln I 76 n. 223; Germ. Pont. VII 29 n. 51; cf. propediem Böhmer/Herbers.*

6206 **(869 iul. in.)** **(Montecassino vel Roma)**

JE I 371 Orationem habet et desideria Lotharii (II) regis de re matrimonii cum Theutberga regina recusat et Ludovicum (II) imperatorem monet.

E d . : *MGH Conc. 4, 366.* – R e g . : *Böhmer/Mühlbacher² n. 1316b; Oediger Reg. Köln I 75 n. 222; Germ. Pont. VII 29 n. 50; cf. propediem Böhmer/Herbers.*

Cf. J³ *6185. De re cf. et propediem Böhmer/Herbers.

***6207** **869 (iul. 9)** **Roma**

JE II 745 „Adriano (II) papa Romam ingrediente, Lotharius (II rex) ad ecclesiam b. Petri venit".

L a u d . i n : *Ann. Bertiniani ad a. 869 (Grat 155).* – R e g . : *Böhmer/Mühlbacher² n. 1324d et n. 1324e; cf. propediem Böhmer/Herbers.*

***6208** **869 (iul. 10)** **Roma**

JE II 745 „In crastina, subsequente videlicet dominica" putat Lotharius (II rex) „sibi cantari debere missam"; quod Hadrianus (II) recusat.

L a u d . i n : *Ann. Bertiniani ad a. 869 (Grat 155).* – R e g . : *Böhmer/Mühlbacher² n. 1324f; cf. propediem Böhmer/Herbers.*

***6209** **869 (iul. 11)** **Roma, Laterano**

JE I 371 In palatio Lateranensi prandet cum Lothario (II rege), qui, „datis muneribus in vasis aureis et argenteis, obtinet, ut ei ipse pontifex laenam et palmam ac ferulam det" (secunda feria).

L a u d . i n : *Ann. Bertiniani ad a. 869 (Grat 155).* – R e g . : *Böhmer/Mühlbacher² n. 1324g; cf. propediem Böhmer/Herbers.*

***6210** **869 (iul. med.)**

JE *2916 Episcopos quattuor ex regno Ludovici (Germanici) ad synodum kal. mart. (mart. 1) Romae celebrandam venire iubet; „ut quae in synodo vel examinanda vel gerenda forent, in personis aliorum (episcoporum) confirment tam ex Occidentalibus, quam ex Orientalibus, unde missos suos, nuper Constantinopolim pro contentione, quam Orientales cum Nicolao papa habebant, missos, tunc venturos sperat".

L a u d . i n : *Ann. Bertiniani ad a. 869 (Grat 156).* – R e g . : *Böhmer/Mühlbacher² n. 1324g; cf. propediem Böhmer/Herbers.*

*** 6211** **869 (iul. med.)**

JE *2916 Episcopos quattuor ex regno Caroli (Calvi) ad synodum kal. mart. (mart. 1) Romae celebrandam venire iubet ut in J[3] *6210.

L a u d . i n : *Ann. Bertiniani ad a. 869 (Grat 156).* – R e g . : *Böhmer/Mühlbacher[2] n. 1324g; cf. propediem Böhmer/Herbers.*

*** 6212** **869 (iul. med.)**

JE *2916 Episcopos quattuor ex regno Lotharii (II regis) ad synodum kal. mart. (mart. 1) Romae celebrandam venire iubet ut in J[3] *6210.

L a u d . i n : *Ann. Bertiniani ad a. 869 (Grat 156).* – R e g . : *Böhmer/Mühlbacher[2] n. 1324g; cf. propediem Böhmer/Herbers.*

*** 6213** **869 (iul. med.)**

JE *2916 Formosum (Portuensem) et alterum episcopum in Galliarum partes mittit, ut cum aliis episcopis consilient de Lotharii (II regis) petitione et in synodo kal. mart. (mart. 1) Romae celebranda referant.

L a u d . i n : *Ann. Bertiniani ad a. 869 (Grat 155).* – R e g . : *Böhmer/Mühlbacher[2] n. 1324g; cf. propediem Böhmer/Herbers.*

6214 **(868 med.–869 iul.)**

JE 2910 Hincmaro archiepiscopo Remensi scribit, Hincmarum episcopum Laudunensem Romam petere cupientem a sese exspectari. Cuius iter ante kal. aug. (aug. 1) iniri praecipit. Northmannum, nisi, quas occupaverit, res ecclesiae Laudunensis restituat, excommunicari iubet; itemque ipsum Hincmarum Laudunensem ait excommunicatum iri, si a proposito Romam veniendi declinaverit. – *Illustrem Hincmarum Laudunensem.*

E d . : *MGH Epp. 6, 716 n. 15.* – R e g . : *McKeon Correspondence 173 n. 3; McKeon Hincmar 170 n. 21; cf. propediem Böhmer/Herbers.*

Laud. et in J[3] 6265, J[3] 6290, in Hincmari Remensis Opusculo LV capitulorum c. 7 et c. 45 (MGH Conc. 4, Suppl. 2, 169 et 323) et in eiusdem Libello expostulationis c. 15 et c. 27 (MGH Conc. 4, 438 et 468), in actis concilii Attiniacensis a. 870 celebrati (MGH Conc. 4, 392). De tempore cf. McKeon Hincmar 170 et 183 et McKeon Correspondence 176.

6215 **(868 med.–869 iul.)**

JE 2911 Carolo (Calvo) regi de Hincmaro episcopo Laudunensi (ut in superiore epistola J[3] 6214) scribit. Haec addit: „Sicut enim gaudemus, cum serenitatem tuam erga statum ecclesiasticum more praedecessorum principum et liberalitatem tam litteris audimus quam vocibus, sic nimirum, cum eam in aliquo distrahentem extra consuetudinem suam comperimus, tota cordis valetudine contristamur". – *Illustrem Hincmarum Laudunensem.*

E d . : *Insertum in Proclamatione Caroli (MGH Conc. 4, 417) (fragm.); MGH Epp. 6, 715 n. 14.* – R e g . : *McKeon Correspondence 172 n. 2; McKeon Hincmar 170 n. 20; cf. propediem Böhmer/Herbers.*

Laud. et in Proclamatione Caroli (MGH Conc. 4, 417) et in Ann. Bertinianis ad a. 868 (Grat 151).

*** 6216** **(869 iun.–iul.)**

Carolo (Calvo) regi scribit de (Hincmari episcopi Laudunensis) accusatione (J[3] *6193).

L a u d . i n : *Hincmari Remensis Opusculum LV capitulorum c. 8 (MGH Conc. 4, Suppl. 2, 170); Proclamatio Caroli (MGH Conc. 4, 418); acta concilii apud Duziacum a. 871 (MGH Conc. 4, 528).* – R e g . : *McKeon Correspondence 173 n. 7; McKeon Hincmar 172 n. 64; cf. propediem Böhmer/Herbers.*

*** 6217** **(869 iun.–iul.)**

Accusationis per (Hincmarum episcopum Laudunensem) causa (J[3] *6193) Hincmaro (archi)episcopo Remensi suadet, ut Nortmannum comitem, invasorem possessionum Laudunensium, excommunicet.

Laud. in: *Hincmari Remensis Opusculum LV capitulorum c. 8 (MGH Conc. 4, Suppl. 2, 170); J[3] 6265; Hincmari Remensis Libellus expostulationis c. 28 (MGH Conc. 4, 468).* – Reg.: *McKeon Correspondence 173 n. 6; McKeon Hincmar 172 n. 63; cf. propediem Böhmer/Herbers.*

*** 6218** **(869 med.)**

JE I 372 (Michaele) Bulgarorum rege per Petrum legatum (qui una cum Formoso Portuensi et Paulo Populoniensi episcopis Romam venerat) petente, „ut aut Marinum ... diaconum (sibi) archiepiscopum consecratum" mittat, „aut aliquem ex cardinalibus ... Vulgaris eligendum" dirigat, pro Marino „Constantinopolitanum missaticum ... sortito" Silvestrum subdiaconum mittit.

Laud. in: *Lib. pont. (Duchesne II 185; Přerovský II 638).* – Reg.: *cf. propediem Böhmer/Herbers.*

*** 6219** **(869 med.)**

JE *2925 Michaeli Bulgarorum regi (qui „magna sub velocitate" Silvestrum diaconum „cum Leopardo Anconitano et Dominico Trivensi (recte: Tarvisiensi) episcopis, simul et litteras pro archiepiscopo aut Formoso Portuensi episcopo remittendo inportunissime deprecantes", remiserat) respondet, „quemcumque nominatim devotio regalis" expresserit, eum sine dubio pontificalem provisionem „Vulgaris archiepiscopum" commodaturam.

Laud. in: *Lib. pont. (Duchesne II 185).* – Reg.: *cf. propediem Böhmer/Herbers.*

De tempore cf. propediem Böhmer/Herbers.

*** 6220** **(868 med.–869 iul. aut aug.)**

Hincmaro (episcopo) Laudunensi scribit (de lite cum Hincmaro archiepiscopo Remensi et Carolo Calvo rege).

Laud. in: *Acta concilii apud Duziacum a. 871 (MGH Conc. 4, 496).* – Reg.: *McKeon Correspondence 173 n. 4; McKeon Hincmar 170 n. 22; cf. propediem Böhmer/Herbers.*

De tempore cf. propediem Böhmer/Herbers.

*** 6221** **(869 iul.–aug.)**

Hadriano (II) Carolus (Calvus) rex litteras de criminibus Hincmari episcopi Laudunensis mittit.

Laud. in: *J[3] 6265; J[3] 6291; Hincmari Remensis Opusculum LV capitulorum c. 8 (MGH Conc. 4, Suppl. 2, 170).* – Reg.: *Lot/Tessier Recueil II 235 n. 331; McKeon Correspondence 173 n. 9; McKeon Hincmar 172 n. 67; cf. propediem Böhmer/Herbers.*

6222 **869 sept. 5**

JE 2917 Duces, comites et ceteros primates regni Caroli (Calvi) monet, ut regem et eius filios ab occupando Lotharii (II) regno dehortentur, quod hereditario iure ad Ludovicum (II) imperatorem, ecclesiae Romanae contra Saracenos defensorem, redierit. Qui regi secus suaserint, iis anathema minatur. Paulum (Populoniensem) et Leonem (Silvae Candidae) episcopos, legatos suos, commendat (Dat. non. sept., ind. III). – *Omnes quidem virtutes.*

Ed.: *MGH Epp. 6, 717 n. 16.* – Reg.: *cf. propediem Böhmer/Herbers.*

Cf. J[3] *6230.

6223 **869 sept. 5**

JE 2918 Episcopis regni Caroli (Calvi) mandat, laborent, ut rex ab irrumpendo Lotharii (II) regno abstineat. Paulum (Populoniensem) et Leonem (Silvae Candidae) episcopos, legatos suos, commendat (Dat. non. sept., ind. III). – *Inter exordia pontificatus.*

Ed.: *MGH Epp. 6, 719 n. 17.* – Reg.: *cf. propediem Böhmer/Herbers.*

Laud. et in J³ 6248, J³ 6249, J³ 6250, J³ 6265, in Ann. Bertinianis ad a. 869 (Grat 167). Cf. J³ *6230.

*** 6224** **(869 sept. 5)**

Ludovico (Germanico) regi et primates regni eius scribit de successione Ludovici (II) imperatoris in regno Lotharii (II) defuncti.

Laud. in: *J³ 6226; J³ 6263.* – Reg.: *cf. propediem Böhmer/Herbers.*

*** 6225** **869 (sept. 5)**

JE *2920 Carolo (Calvo) regi epistola per Paulum (Populoniensem) et Leonem (Silvae Candidae) episcopos, legatos suos, transmissa interdicit, ne regnum quondam Lotharii (II), quod Ludovico (II) imperatori hereditario iure debeatur, invadat.

Laud. in: *J³ 6226; J³ 6263; Ann. Bertiniani ad a. 869 (Grat 167).* – Reg.: *cf. propediem Böhmer/Herbers.*

6226 **869 sept. 5**

JE 2919 Hincmarum archiepiscopum Remensem vigilare iubet, ne quis in Lotharii (II) regnum, heredium Ludovici (II) imperatoris, irruat. Paulum (Populoniensem) et Leonem (Silvae Candidae) episcopos, legatos suos, commendat (Dat. non. sept., ind. III). – *Sanctimonia tua quam.*

Ed.: *MGH Epp. 6, 720 n. 18.* – Reg.: *cf. propediem Böhmer/Herbers.*

Laud. et in J³ 6249, J³ 6250, J³ 6263, J³ 6265. Cf. J³ *6224, J³ *6225, J³ 6227, J³ *6230.

6227 **(869 sept. 5)**

JE 2921 Omnes primates et comites „regni domni Hlotharii (I), quondam magni imperatoris et genitoris domni Hludowici (II) imperatoris", sub excommunicationis et anathematis poena hortatur, ut in Ludovici (II) imperatoris fide permaneant, cui regnum Lotharii (II) regis defuncti hereditario iure obvenerit. – *Perfectae procul dubio.*

Ed.: *MGH Epp. 6, 721 n. 19.* – Reg.: *Böhmer/Zielinski n. 2613; cf. propediem Böhmer/Herbers.*

Laud. et in J³ 6226, J³ 6265, Ann. Bertinianis ad a. 869 (Grat 167). Cf. J³ *5404 et J³ *6230.

*** 6228** **(869 sept. 5)** **(Roma)**

Episcopis regni (Provinciae), quod antea Carolus rex habuit, litteras dirigit (commemorans regnum Lotharii (II) regis Ludovico (II) imperatori hereditario iure debere?).

Laud. in: *J³ 6265.* – Reg.: *Gall. Pont. III/1, 113 n. *112 et 359 n. *12; Böhmer/Zielinski n. 2607; cf. propediem Gall. Pont. III/2, Suffraganei et Grenoble et Valence et Gall. Pont. III/3, Die et Viviers; cf. et propediem Böhmer/Herbers.*

*** 6229** **(869 sept. 5)**

Hincmarum Laudunensem mandat, ut de Nortmanno quae sint necessaria faciat.

Laud. in: *Acta concilii Attiniacensis (MGH Conc. 4, 393 et 395).* – Reg.: *McKeon Correspondence 173 n. 11; McKeon Hincmar 172 n. 72; cf. propediem Böhmer/Herbers.*

*** 6230** **869 (aug. 8–sept. 9)** **(Piacenza; Metz)**

Missos ad Carolum (Calvum) regem mittit, quem admoneant, ne in regnum Ludovici (Germanici) invadat.

L a u d . i n : *J³ 6222; J³ 6223; J³ 6226; J³ 6227; Ann. Fuldenses ad a. 869 (MGH SS rer. Germ. 7, 69); Reginonis Prumiensis Chron. ad a. 869 (MGH SS rer. Germ. 50, 98); Hugonis Flaviniacensis Chron. I (MGH SS 8, 354).* – R e g . : *Böhmer/Zielinski n. 300 et n. 2612; cf. propediem Böhmer/Herbers.*

Legati hic nominati epist. J³ 6222, J³ 6223 et J³ 6226 transtulerunt.

* 6231 **869 (aest. ex.)**

Valde turbatur, quod Saraceni „ad ecclesiam s. Michahelis in monte Gargano perrexerunt, et clericos eiusdem ecclesiae multosque alios qui ad orationem illuc convenerant depraedantes, cum multa spolia ad sua redierunt".

L a u d . i n : *Ann. Bertiniani ad a. 869 (Grat 165).* – R e g . : *Böhmer/Mühlbacher² n. 1242b; Böhmer/Zielinski n. 299; cf. propediem Böhmer/Herbers.*

? 6232 **(869 iun.–sept.)**

JE 2924 Rastislao et Sventopulco et Kocelo (principibus Pannoniae) scribit, ut, recordato, quomodo non solum apud apostolicam sedem episcopalem doctorem rogaverint (J³ *?5803), sed etiam apud Michaelem (III) imperatorem (Constantinopolitanum), qui eis beatum philosophum Constantinum cum fratre (Methodio) miserit, dum ipse nondum potuisset; notificat illos, cum cognovissent ad apostolicam sedem pertinere eorum regiones, contra canonem nihil fecisse, sed ad se venisse s. Clementis reliquias afferentes; statuit mittere Methodium (in episcopatum) consecratum cum discipulis in regiones eorum (secundum totum ecclesiasticum ordinem), quemadmodum coeperit Constantinus, (sed in missa primo legant apostolum et evangelium Romane, dein Slovenice); (vituperantem autem libros linguae eorum) esse excommunicandum, donec se correxerit, decernit. – *Gloria in excelsis.*

E d . : *Insertum in Vita Methodii c. 8 (MMFH 2, 147; separatim ed. in MGH Epp. 6, 763 n. 43; Tăutu Acta Rom. pont. I 700 n. 333 [versiones Latina et Slavonica]; Lacko Great Moravia 110 n. 2).* – R e g . : *Ratkoš Pramene 160 n. 38 et 161 n. 42; MMFH 3, 54 n. 39; Boh. Pont. 13 n. †?8; cf. propediem Böhmer/Herbers.*

Olim ad a. 869. De tempore et fide cf. Boh. Pont. 13 n. †?8. Cf. et J³ *?5803 et J³ *6152.

* 6233 **(869 aut.)** **(Roma)**

JE *2922 Episcopis Galliarum praecipit, ut non alios ordinent episcopos, nisi quibus (Ludovicus II) imperator episcopatum concedat et quos ordinari mandet.

L a u d . i n : *Hugonis Flaviniacensis Chron. I (MGH SS 8, 354).* – R e g . : *Böhmer/Mühlbacher² n. 1242c; Gall. Pont. III/1, 113 n. 113 et 360 n. *13; Böhmer/Zielinski n. 2614; cf. propediem Gall. Pont. III/2, Suffraganei et Grenoble et Valence et Gall. Pont. III/3, Die et Viviers; cf. et propediem Böhmer/Herbers.*

Olim ad. a 869. De tempore cf. Gall. Pont. III/1 360 n. *13.

* 6234 **(869 aut.)** **(Roma)**

JE *2923 Gerardo duci (Viennensi), Rofrido comiti (Portensi) et omnibus Galliarum comitibus scribit, „ut nullius hominis favore vel gratia" permittant, „alios viros ecclesiastici ordinis in episcopiis totius Galliae et Burgundiae consecrare episcopos, nisi quos Ludovicus (II) imperator" iubeat.

L a u d . i n : *Hugonis Flaviniacensis Chron. I (MGH SS 8, 354).* – R e g . : *Gall. Pont. III/1, 338 n. *2; Böhmer/Zielinski n. 2615; cf. propediem Böhmer/Herbers.*

Olim ad a. 869. De tempore cf. Gall. Pont. III/1 338 n. *2.

* 6235 **(869 aut.)**

Hadriano (II) episcopi (Galliarum) rescribunt (cf. J³ *6233) se decreta sanctorum patrum fideliter observare et episcopos secundum canones consecrare velle.

L a u d . i n : *Hugonis Flaviniacensis Chron. I (MGH SS 8, 354).* – R e g . : *Gall. Pont. III/1, 114 n. *115 et 361 n. *15; Böhmer/Zielinski n. 2616; cf. propediem Gall. Pont. III/2, Suffraganei et*

Grenoble et Valence et Gall. Pont. III/3, Die et Viviers; cf. et propediem Böhmer/Herbers.

*** 6236 (869 aut.)**

Hadriano (II) Galliarum (= Lotharii II regni?) episcopi „luculenter et honeste obviant" litteris eius (J³ *6234) praescribentibus, ne episcopi Galliae et Burgundiae sine Ludovici (II) imperatoris iussi consecrentur, per verba singula eas discutientes, et quod sanctorum patrum decretis consona non sint, humiliter suggerentes. In extremitate responsionis inserunt etiam epistolam Nicolai I (J³ 5969) ad quendam episcopum Galliae (Adonem archiepiscopum Viennensem) missam, in qua eum vituperat, quia apicum suorum gerulum „presbyterum Gerardi illustris comitis (Viennensis)" esse scripserit. Addunt Nicolaum I papam dolore motum fuisse, si hoc in diebus suis audivisset „et in litteris quasi ab apostolica sede conficitis".

L a u d . i n : *Hugonis Flaviniacensis Chron. I (MGH SS 8, 354).* – R e g . : *Gall. Pont. III/1, 114 n. *116 et 361 n. *16; Böhmer/Zielinski n. 2617; cf. propediem Gall. Pont. III/2, Suffraganei et Grenoble et Valence et Gall. Pont. III/3, Die et Viviers; cf. et propediem Böhmer/Herbers.*

***† 6237 869 dec. 22 Bologna**

Monasterio s. Salvatoris et s. Salmiani Sextensi Castelvecchio, Oretano, s. Mariam in Monte Leviano confirmat (Dat. Bononiae ap. s. Petronium a. 868, pont. a. III, dec. XXII).

L a u d . i n : : *Benigni Hist. monasterii a. 1578 (nondum edita).* – R e g . : *Ital. Pont. III 459 n. †*9; cf. propediem Böhmer/Herbers.*

De traditione cf. propediem Böhmer/Herbers.

*** 6238 (867–869)**

Warnefrido abbati Nonantulano privilegium super investitura monasterii Nonantulani concedit.

L a u d . i n : *J³ 7071; J³ ?7367; Cat. tabularii mon. (Muratori Antiquitates V 671).* – R e g . : *Ital. Pont. V 336 n. *5; cf. propediem Böhmer/Herbers.*

*** 6239 (868–869)**

Ex consilio (Hadriani II) Rotbertus episcopus (Cenomannensis) ecclesiam cathedralem (a Normannibus) destructam consecrat.

L a u d . i n : *Actus pont. Cenomannis XXIV (Busson/Ledru 338).* – R e g . : *cf. propediem Böhmer/Herbers.*

*** 6240 (869 ex.)**

Hadriano (II) iubente Donatus Hostiensis et Stephanus Nepesinus episcopi et Marinus diaconus Romanus concilio Constantinopolitano intersunt.

L a u d . i n : *Lib. pont. (Duchesne II 180).* – R e g . : *cf. propediem Böhmer/Herbers.*

*** 6241 (869 ex.–870 in.)**

Ad Hadrianum II Kocel (et Rastislaus et Sventopulcus?) Methodium et viginti viros honestos mittit et ordinationem Methodii in episcopum Pannonicae dioecesis s. Andronici optat.

L a u d . i n : *Vita Methodii c. 8 (MMFH 2, 147).* – R e g . : *Ratkoš Kompletnost' 108 n. 11 et n. 12; Boh. Pont. 14 n. *9.*

Cf. et Böhmer/Herbers n. 979.

6242 (870 mart.)

Hadriano (II) synodus Constantinopolitana scribit de Donato Hostiensi, Stephano Nepesino episcopis et Marino diacono Romano, legatis apostolicis, et confirmationem decretorum synodi petit.

E d . : *Mansi Conc. 16, 200 et 411.* – R e g . : *Grumel/Darrouzès Reg. I/2, n. 533; cf. propediem Böhmer/Herbers.*

* 6243 **(869–870 ante apr. 27)**

Liutbertum archiepiscopum Maguntinum (et Altfridum episcopum Hildesheimensem?) suffraganeosque episcopos Coloniensis provinciae admonet, ut Willibertum in archiepiscopum Coloniensem eligant et ordinent.

L a u d . i n : *J³ 6244.* – R e g . : *Germ. Pont. V/2, 20 n. *6.*

Cf. et JE *2922.

6244 **(870 ian. 7–apr. 27)**

Hadriano (II) Liutbertus archiepiscopus Maguntinus, Altfridus Hildesheimensis, Lupertus Monasteriensis, Teodericus Mindensis, Egibertus Osnabrugensis, Odilboldus Traiectensis episcopi omnisque clerus et populus Coloniensis metropolis nuntiant, se Nicolai I et ipsius Hadriani ammonitioni nec non Ludovici (Germanici) regis suggestioni obsequentes VII id. ian. (ian. 7) Willibertum in archiepiscopum elegisse et ordinavisse in sede Coloniensi; cum rege se dolere ecclesiam Coloniensem proprio pastore (Günthario quondam archiepiscopo destituto) per septennium viduatam; petunt, ut papa Williberto pallium mittat; de his aliisque negotiis nuntium suum respondere suasisse.

E d . : *MGH Epp. 6, 243 n. 3.* – R e g . : *Oediger Reg. Köln I 79 n. 231; Ortmanns Minden 132 n. 2; Germ. Pont. IV 66 n. 36; Germ. Pont. VII 30 n. 53 et 135 n. 2; Germ. Pont. IX 13 n. 8 et 69 n. 3 et 113 n. 8 et 151 n. 4; Germ. Pont. V/2, 21 n. 7; cf. propediem Böhmer/Herbers.*

Cf. J³ *6243.

6245 **(870 ian. 7–apr. 27)**

Hadriano (II) Ludovicus (Germanicus) rex refert, se in Coloniensem metropolim – septennio proprio pastore viduatam (cf. J³ 6244), in rude Saxonorum gente maxime consistentem atque paene ad Nortmannorum fines pertigentem – cum consensu cleri et plebis canonice elegisse et praefecisse archiepiscopum Willibertum, cui ut pallium largiatur implorat.

E d . : *MGH Epp. 6, 248 n. 6.* – R e g . : *Böhmer/Mühlbacher² n. 1474; Oediger Reg. Köln I 79 n. 233; Germ. Pont. VII 30 n. 54; cf. propediem Böhmer/Herbers.*

* 6246 **(870 vere)** **(Roma)**

Methodium archiepiscopum s. Andronici (Pannoniae et Moraviae) et apostolicae sedis legatum ordinat; qui promittit se verbis et litteris apostolicae sedis esse crediturum; concedit privilegium de Pannonica dioecesi.

L a u d . i n : *J³ ?6232; J³ 6346; J³ 6347; J³ 6354; J³ 6817; J³ 6818; Vita Methodii c. 8 (MMFH 2, 147); Legenda Moravica Cyrilli et Methodii (in lingua slavica) (MMFH 2, 165); Sermo panegyrico ss. Kyrilli et Methodii (Pochvalnoje slovo Kirillu i Mefodiju; in lingua slavica) (MMFH 2, 172 et 174).* – R e g . : *Ratkoš Pramene 161 n. 41; Marsina Cod. dipl. Slovaciae I 15*; Marsina Vel'komaravské deperditá 26sq. n. 10sq.; Ratkoš Kompletnost' 108 n. 13 et 14; Boh. Pont. 14 n. *10; cf. propediem Böhmer/Herbers.*

De tempore cf. Boh. Pont. 14 n. *10.

6247 **870 iun. 27**

JE 2926 Carolum (Calvum) regem castigat, quod, neglecto iureiurando, Lotharii (II) regnum invaserit sedisque apostolicae legatos contempserit. Occupata ut relinquat, hortatur. Legatos suos Iohannem, Petrum, Wibodum, Iohannem episcopos et Petrum presbyterum commendat; quibus occulta quaedam mandata a sese data esse nuntiat

(Dat. V kal. iul., ind. III). – *Sacrorum itaque dogmatum.*

E d . : *MGH Epp. 6, 724 n. 21.* – R e g . : *cf. propediem Böhmer/Herbers.*

Laud. et in Ann. Bertinianis ad a. 870 (Grat 177). Cf. J³ 5702 et J³ *6264.

6248 **870 iun. 27**

JE 2927 Archiepiscopis et episcopis regni Caroli (Calvi) mandat, hortentur regem, ut de regno Lotharii (II) desistat. Legatos suos commendat (Dat. V kal. iul., ind. III). – *Nuper apostolatus nostri.*

E d . : *MGH Epp. 6, 726 n. 22.* – R e g . : *cf. propediem Böhmer/Herbers.*

Laud. et in Ann. Bertinianis ad a. 870 (Grat 177). Cf. J³ 6223 et J³ *6264.

6249 **870 iun. 27**

JE 2928 Hincmarum archiepiscopum Remensem segnitiae accusat, hortaturque, operam det, ut Carolus (Calvus) rex de Lotharii (II) regno recedat. Legatorum commendationem addit (Dat. V kal. iul., ind. III). – *Si beneficiorum Domini.*

E d . : *MGH Epp. 6, 727 n. 23.* – R e g . : *cf. propediem Böhmer/Herbers.*

Cf. J³ 6223 et J³ 6226 et J³ *6264.

6250 **870 iun. 27**

JE 2929 Optimates regni Caroli (Calvi) (ut in J³ 6248) monet, inducant regem, ut Lotharii (II) regno parcat. Legatos commendat (Dat. V kal. iul., ind. III). – *Nuper apostolatus nostri.*

E d . : *MGH Epp. 6, 729 n. 24.* – R e g . : *cf. propediem Böhmer/Herbers.*

Cf. J³ 6223 et J³ 6226 et J³ *6264.

6251 **870 iun. 27**

JE 2930 Ludovicum (Germanicum) regem collaudat, quod, pace cum Ludovico (II) imperatore servata spretoque Caroli (Calvi regis) exemplo ab invadendo Lotharii (II) regno temperaverit. Suos imperatorisque legatos commendat. Carolum (Calvum), nisi ex occupato regno discedat, non impunem fore, ostendit. Reprehendit Ludovicum, quod ecclesiae Coloniensi, non exspectato „apostolicae sedis iudicio atque consultu", praefici (archi)episcopum (Willibertum) siverit; quem Romam mitti iubet (Dat. V kal. iul., ind. III). – *Sicut saepe per.*

E d . : *MGH Epp. 6, 730 n. 25; insertum in J³ 6260 (fragm.).* – R e g . : *Oediger Reg. Köln I 80 n. 234; Germ. Pont. VII 31 n. 56; cf. propediem Böhmer/Herbers.*

Cf. J³ *6264.

6252 **870 iun. 27**

JE 2931 Archiepiscopos et episcopos regni Ludovici (Germanici) regis hortatur, ut regi suadere pacem cum imperatore Ludovico (II) pergant. Commendat legatos suos Iohannem, Petrum, Wibodum et Iohannem episcopos et Petrum „presbyterum cardinis sui" (ut in J³ 6247) (Dat. V kal. iul., ind. III). – *Gratias agimus Deo.*

E d . : *MGH Epp. 6, 732 n. 26.* – R e g . : *cf. propediem Böhmer/Herbers.*

Cf. J³ *6264.

6253 **870 iul. 15**

JE 2932 (Liutberto archiepiscopo Maguntino) litteris eius (J³ 6244) susceptis innotescit, se pallium pro Williberto archiepiscopo Coloniae constituto facillime esse largiturum, „si modum Williberti substitutionis, licet auctoritas nostrae sedis crebro Coloniae archiepiscopum consecrandum delegerit, utcumque sciremus"; rogat, ne (Liutbertus) turbetur, quin potius missorum suorum reditum papa praestoletur (id. iul. ind. III). – *Dilectionis vestrae litteris.*

Ed.: *Insertum in J³ 6260 (separatim ed. in MGH Epp. 6, 733 n. 27).* – Reg.: *Oediger Reg. Köln I 80 n. 235; Germ. Pont. IV 66 n. 37; Germ. Pont. VII 31 n. 57; cf. propediem Böhmer/Herbers.*

Laud. et in J³ 6260.

* 6254 **(870 iun.–iul.)**

Hadriano (II) Hincmarus episcopus Laudunensis scribit Hincmarum archiepiscopum Remensem ei Romam ire prohibisse.

Laud. in: *J³ 6265.* – Reg.: *McKeon Correspondence 173 n. 12; McKeon Hincmar 174 n. 108; cf. propediem Böhmer/Herbers.*

De tempore cf. McKeon Correspondence 184 et McKeon Hincmar 291 adn. 30.

6255 **(870 med.)**

(Hincmarum archiepiscopum Remensem) vituperat, quia Hincmarum episcopum (Laudunensem), qui „non minima in sua ecclesia sustinet detrimenta", parum adiuvet. – *(Miranda est plane).*

Ed.: *Insertum in J³ 6265 (separatim ed. in MGH Epp. 6, 723 n. 20; Grotz Hadrian 242 adn. 31).* – Reg.: *McKeon Correspondence 173 n. 13; McKeon Hincmar 174 n. 110; cf. propediem Böhmer/Herbers.*

Fragmentum. Laud. et in J³ 6265, J³ 6290, in Hincmari Remensis Libello expostulationis c. 17 (MGH Conc. 4, 441). De tempore cf. McKeon Correspondence 184 et McKeon Hincmar 291.

* 6256 **(867–870 sept. 25)**

Astnidensium sanctimonialium congregationi liberam abbatissae electionem confirmat.

Laud. in: *Altfridi ep. Hildesheimensis privilegium (Wisplinghoff Rhein. UB II n. 159).* – Reg.: *Germ. Pont. VII 227 n. *3; Wisplinghoff Rhein. UB II n. 157; Germ. Pont. V/2, 20 n. *5; cf. propediem Böhmer/Herbers.*

Terminus ante quem ex Altfridi praecepto a. 870 sept. 26 aut 27 ut videtur dato colligitur.

* 6257 **(870 post. ian. 7–sept.)**

Hadriano (II) Willibertus (archiepiscopus electus) Coloniensis refert de electione sua et ordinatione facta, quamvis ab ordinatoribus petiverit, ut a sua desisterent consecratione.

Laud. in: *J³ 6314.* – Reg.: *Germ. Pont. VII 31 n. *55; cf. propediem Böhmer/Herbers.*

6258 **(870 sept. ex.)**

Hadriano (II) Guntharius (archiepiscopus quondam Coloniensis) scribit, quamvis se Roma recedentem spem pristini officii papa repromisisse, tamen illud officium non ultra se asseruisse adspirare; commendat Willibertum, ab episcopis suffraganeis et unanimitate cleri ac plebis, annuente Ludovico (Germanico) rege, canonice electum et ordinatum, sanctae Romanae ecclesia eiusque praesuli devotissimum, cui ut praedecessorum more pallium sine cunctatione largiatur, instanter flagitat (J³ 6072 nonnullis locis verbatim inserta).

Ed.: *MGH Epp. 6, 246 n. 5.* – Reg.: *Oediger Reg. Köln I 76 n. 225; Germ. Pont. VII 31 n. 58; cf. propediem Böhmer/Herbers.*

Laud. et in J³ 6259. Cf. J³ 6072.

6259 **(870 sept. ex.)**

Hadriano (II) omnis clerus et populus Coloniensis ecclesiae nuntiant, se per septennium proprio destitutos gubernatore (cf. J³ 5867) comprovincialium episcoporum quaesivisse subsidia ac sententiam eis monstravisse a Nicolao I promulgatam de Theutgaudo (Treverensi) et Gunthario (Coloniensi) quondam archiepiscopis pro nefas depositis (J³ 5868 et J³ 6081 textibus ex parte insertis); tantum virum (scil. Guntharium) errasse lugent et tam graviter cecidisse deflent, calamitates ecclesiae populique ingemiscunt; ex qua re licentiam electionis se petivisse, quoniam diu non liceat differe consecrationes episcoporum; quam ob rem Willibertum presbyterum per suffraganeos episcopos et clerum populumque Coloniensem canonice electum a. 870, ind. III, VII id. ian (ian. 7) canonice Coloniae archiepiscopum esse consecratum; allegant praeterea epistolam a Gunthario papae directam (J³ 6258).

Ed.: *MGH Epp. 6, 244 n. 4.* – Reg.: *Oediger Reg. Köln I 81 n. 239; Germ. Pont. VII 32 n. 59 et 136 n. 3; cf. propediem Böhmer/Herbers.*

Cf. J³ 6258.

6260 **(870 sept. ex.)**

Hadriano (II) Ludovicus (Germanicus) rex scribit, se mirari sibi de causa Coloniensi contraria perlata esse scripta (verbatim inserta) Hadriani ipsius et Nicolai I (J³ 6072, J³ 6251 ex parte, J³ 6253); caveat papa subiectas personas stabilitatem fidei ipsius corrumpere molientes commendatque missos suos, qui regis arcana papa reserent.

Ed.: *MGH Epp. 6, 251 n. 9.* – Reg.: *Böhmer/Mühlbacher² n. 1481; Oediger Reg. Köln I 82 n. 240; Germ. Pont. VII 32 n. 60; cf. propediem Böhmer/Herbers.*

De re cf. Germ. Pont. VII 30 n. 52 adn., de tempore propediem Böhmer/Herbers. Cf. et J³ 6072 et J³ 6251 et J³ 6253.

6261 **(870 sept. ex.)** **(Köln)**

Hadriano (II) (Liutbertus archiepiscopus Maguntinus) nuntiat, suffraganeos episcopos et clerum populumque Coloniensem scripta Nicolai (I) papae in conspectu suo detulisse, quibus Theutgaudum (Treverensem) et Guntharium (Coloniensem) quondam archiepiscopos monstraverint esse depositos (J³ 5896 et J³ 6081); Guntarium nihilominus inaniter praesumpsisse non solum corporis et sanguinis Dei libamina sanctificare, sed etiam chrisma et oleum consecrare; quapropter suffraganeos episcopos et clerum populumque Coloniensem, quoniam diu non liceat differe consecrationem episcoporum, Willibertum presbyterum canonice elegisse et a. 870, ind. III, VII id. ian. (ian. 7) canonice Coloniae archiepiscopum consecravisse.

Ed.: *MGH Epp. 6, 253 n. 10.* – Reg.: *Oediger Reg. Köln I 82 n. 242; Germ. Pont. IV 66 n. 38; Germ. Pont. VII 33 n. 62; cf. propediem Böhmer/Herbers.*

*6262 **(870 oct. 19–26)**

(Hadriano II) Hincmarus (archiepiscopus Remensis) scribit, Hincmarum (episcopum Laudunensem) castiget, ut „auctoritati suae metropolis" oboediat.

Laud. in: *J³ 6307.* – Reg.: *McKeon Correspondence 173 n. 15; McKeon Hincmar 174 n. 115; cf. propediem Böhmer/Herbers.*

6263 **(870 mai.–oct.)**

Hadriano (II) „admonendo" (Hincmarus archi)episcopus Remensis regibus, praesulibus et regnorum primoribus Galliae scribit de successione legitima Ludovici (II) imperatoris in regno Lotharii (II) regis defuncti.

Ed.: *Insertum in J³ 6265.* – Reg.: *cf. propediem Böhmer/Herbers.*

Cf. J³ *6224 et J³ *6225 et J³ 6226.

*6264 **870 (post iun. 27–oct.)**

Ludovico (Germanico) et Carolo (Calvo) regibus Iohannes et Petrus cardinales episcopi et Iohannes presbyter, Hadriani (II) missi, cum Ludovici (II) imperatoris legatis litteras papae (J³ 6247, J³ 6248, J³ 6249, J³ 6250, J³ 6251, J³ 6252) deferunt.

Laud. in: *J³ 6247; J³ 6248; J³ 6249; J³ 6250; J³ 6251; J³ 6252; Ann. Bertiniani ad a. 870 (Grat 175 et 177); Ann. Fuldenses ad a. 870 (MGH SS rer. Germ. 7, 72).* – Reg.: *Böhmer/Mühlbacher² n. 1245a et n. 1480b; Böhmer/Zielinski n. 311 et n. 2628; cf. propediem Böhmer/Herbers.*

De tempore cf. et propediem Böhmer/Herbers.

6265 **(870 oct. ex.)**

Hadriano (II) Hincmarus (archi)episcopus Remensis respondet (cf. J³ 6249), Caroli (Calvi) ius per testamentum Ludovici (Pii) imperatoris factum commemorat, minationem excommunicationis non purgatam habet. Praeterea affirmat se omnia ita gessisse, ut papa iusserit, et scripta apostolica de Hincmaro (episcopo) Laudunensi recitat.

Ed.: *Migne PL 126, 174; Grotz Hadrian 253 (fragm.).* – Reg.: *McKeon Correspondence 173 n. 14; McKeon Hincmar 174 n. 114; cf. propediem Böhmer/Herbers.*

Cf. J³ 6214, J³ *6217, J³ *6221, J³ 6223, J³ 6226, J³ 6227, J³ *6228, J³ *6254, J³ 6255, J³ 6263.

***6266** **870 (oct. ex.)**

Ad (Hadrianum II) Carolus (Calvus) rex Ansegisilum monasterii s. Michaelis (Bellovacensis) abbatem et Etharium laicum cum epistolis dirigit et pannum atque coronae duae „ad altare s. Petri" mittit.

Laud. in: *Ann. Bertiniani ad a. 870 (Grat 177).* – Reg.: *cf. propediem Böhmer/Herbers.*

***6267** **(870 nov.)**

JE *2933 Sclavos hortatur, ut, quos ceperint, Constantinopoli redeuntes sedis apostolicae legatos (Donatum Ostiensem et Stephanum Nepesinum episcopos ac Marinum diaconum) dimittant.

Laud. in: *Lib. pont. (Duchesne II 184).* – Reg.: *cf. propediem Böhmer/Herbers.*

De tempore cf. propediem Böhmer/Herbers.

***6268** **(870 post dec. 22)** **Roma**

JE I 373 Relationem legatorum suorum Constantinopoli XI kal. ian., ind. IV (870 dec. 22) reversorum audit (XI kal. ian., ind. IV).

Laud. in: *Lib. pont. (Duchesne II 184).* – Reg.: *cf. propediem Böhmer/Herbers.*

***6269** **(870 dec.)**

Hadriano (II) Grimualdus episcopus refert legationem ad Bulgaros repulsum esse.

Laud. in: *Lib. pont. (Duchesne II 185).* – Reg.: *cf. propediem Böhmer/Herbers.*

***6270** **(870 dec.)**

Hadriano (II) Michael rex Bulgarum scribit de Grimualdo episcopo.

Laud. in: *Lib. pont. (Duchesne II 185).* – Reg.: *cf. propediem Böhmer/Herbers.*

De re cf. propediem Böhmer/Herbers.

***6271** **(870 dec.)**

Anastasio Bibliothecario mandat codicem, quem Constantinopoli detulit, (ex Graeco) in Latinam transferre.

Laud. in: *J³ 6298.* – Reg.: *cf. propediem Böhmer/Herbers.*

6272 **(869–870)**

JE 2935 Carolum (Calvum) regem hortatur, ut aut Herlefrido presbytero per Erpuinum episcopum (Silvanectensem) deiecto ecclesiam reddat, donec illius causa in Hincmari archiepiscopi Remensis synodo diiudicetur, aut Erpuinum episcopum Romam mittat. – *Quod praesentem presbyterum.*

E d . : *MGH Epp. 6, 733 n. 28.* – R e g . : *Lohrmann PUU in Frankreich NF VII 71 n. 1; cf. propediem Böhmer/Herbers.*

Laud. et in Flodoardi Remensis Hist. III c. 21 (MGH SS 36, 282). Olim ad a. (867–871). De tempore cf. MGH Epp. 6, 733 n. 28.

6273 **870**

Firminiano et Petro et Leoni et Iohanni massam Firminianam et plebem s. Stephani confirmat, quam eorum genitores antiquo proprietatis iure detinuerunt ipsique Romanae ecclesiae contulerunt, ita ut singulis quibusque indictionibus pensionis nomine rationibus S.R.E. in resurrectione Domini solidos denarios XX, quales ibidem currunt, et spatulas de porcis XX persolvant (Dat. p. m. Petri diac. a. III pont. d. Adriani pp., ind. III). – *Quociens illa a.*

E d . : *Kehr PUU Pisa 51.* – R e g . : *Ital. Pont. V 241 n. 1; Carile Storia di Ravenna 2, n. 59; cf. propediem Böhmer/Herbers.*

De fide et tempore cf. propediem Böhmer/Herbers.

* 6274 **(870 nov.–871 in.)**

JE *2934 Legatos Neapolim ad (Sergium II) ducem et clerum mittit sub anathemate et excommunicatione mandans, ut (Athanasium I) pontificem a Sergio duce captum et in insulam Salvatoris exulatum reconcilient et recipiant.

L a u d . i n : *Vita et translatio s. Athanasii c. 6 (Vuolo 134).* – R e g . : *Ital. Pont. VIII 422 n. *17 et 445 n. *60 et 452 n. *6; cf. propediem Böhmer/Herbers.*

Olim ad. a. 870. De tempore cf. propediem Böhmer/Herbers.

6275 **(871) mart. 25**

JE 2936 Hincmarum (archiepiscopum) Remensem incusat, quod eius incuria „multa reprehensione dignissima ab eius comprovincialibus convalescant". Ad opprimenda vitia convocari synodum iubet (Dat. VIII kal. apr.). – *Fidelium relatione comperimus.*

E d . : *Insertum in actis synodi apud Duziacum congregatae (MGH Conc. 4, 421 et 486) et in J³ 6307 (separatim ed. in MGH Epp. 6, 734 n. 29).* – R e g . : *McKeon Correspondence 173 n. 16; McKeon Hincmar 175 n. 131; cf. propediem Böhmer/Herbers.*

Laud. et in J³ 6276.

6276 **(871 mart. 25)**

JE 2938 Hincmaro episcopo Laudunensi, qui adhuc Romam adire neglexerit, praecipit, ut metropolitano suo (Hincmaro archiepiscopo Remensi) „per omnia secundum canones subiectus" existat „salvo dumtaxat apostolicae (sedis) synodico proclamandi iudicio". – *Sollicitudine pastorali super.*

E d . : *Insertum in actis concilii apud Duziacum habiti (MGH Conc. 4, 505 et 554; separatim ed. in MGH Epp. 6, 734 n. 30).* – R e g . : *McKeon Correspondence 173 n. 17; McKeon Hincmar 175 n. 132; cf. propediem Böhmer/Herbers.*

Laud. et in actis concilii apud Duziacum habiti (MGH Conc. 4, 505 et 554). Cf. J³ 6275.

* 6277 **(871 mart. ex.–apr.)**

JE *2937 Hincmaro archiepiscopo Remensi mandat, ut de Trisingi presbyteri causa sibi „plenariis scriptis" accurate scribat.

L a u d . i n : *J³ 6290.* – R e g . : *cf. propediem Böhmer/Herbers.*

6278 **(871) apr. 30**

Hadriano (II) L(iutbertus) Maguntinus (archi)episcopus de potentioribus quibusdam hominibus conqueritur comminantibus apud papam de Liutberto se vindicaturos et de gradu episcopali eum esse depondituros, quos ipse de coetu fidelium segregaverit; specialiter significat de duobus viris, qui uxores habeant feminas a S(alomone I) Constantiensi episcopo ad propositum virginitatis consecratas regularemque vitam professas et quorum alter, a Nicolao I – „post nostram legationem" – absolutus, ultione divina sit perculsus; refert se Wicbertum cognomento Superbum et filium Conradi iunioris excommunicasse; addit de provincialibus suis bello contra paganos indicto se subtrahere conantibus (Scr. est autem haec epist. II kal. mai., a. ab inc. d. 877, ind. IV).

Ed.: *MGH Formulae 424.* – Reg.: *Germ. Pont. IV 67 n. 39; cf. propediem Böhmer/Herbers.*

Cf. J[3] *6128.

*† 6279 **(871 iun. 28)**

Assentit, ut Ludovicus (II) imperator filiis Fausti titulum „de Comitibus" et urbes septem concedit.

Laud. in: *Ludovici II privilegio spurio 871 iun. 28 dato (Böhmer/Zielinski n. †323).* – Reg.: *Böhmer/Mühlbacher² n. †1251; Böhmer/Zielinski n. †323; cf. propediem Böhmer/Herbers.*

* 6280 **(871 iul. in.)**

Apud Hadrianum (II) Karolomannus (filius Caroli Calvi regis et diaconus) per litteras et legatos de patre suo queritur.

Laud. in: *J³ 6281; J³ 6283.* – Reg.: *cf. propediem Böhmer/Herbers.*

6281 **871 iul. 13**

JE 2940 In Carolum (Calvum) regem invehitur, quod „etiam bestiarum feritatem excedens" contra Karolomannum filium saevire minime vereatur, et excommunicationem eidem meditetur. A quo appellatam sedem apostolicam esse (J[3] *6280) nuntiat. Itaque, quoad legati sui advenerint, in pristina beneficia et honores restitui illum iubet (Dat. III id. iul., ind. IV). – *Inter cetera excessuum.*

Ed.: *MGH Epp. 6, 735 n. 31.* – Reg.: *cf. propediem Böhmer/Herbers.*

Laud. et in J[3] 6283. Cf. J[3] *6280.

6282 **871 iul. 13**

JE 2941 Comites et ceteros fideles in regno Caroli (Calvi) et in regno quondam Lotharii (II) regum constitutos, cum Carolo (Calvo) ferre arma contra Karolomannum sub excommunicationis et anathematis poena vetat (Dat. III id. iul., ind. IV). – *Auditui nostro sonuit.*

Ed.: *MGH Epp. 6, 736 n. 32.* – Reg.: *cf. propediem Böhmer/Herbers.*

6283 **871 iul. 13**

JE 2942 Archiepiscopis et episcopis „in regno Karoli (Calvi) et in regno quondam Hlotharii (II) regum" constitutis, ne Carolomannum, Caroli (Calvi) filium excommunicent, interdicit (Dat. III id. iul., ind. IV). – *Praesulatus nostri auribus.*

Ed.: *MGH Epp. 6, 737 n. 33.* – Reg.: *cf. propediem Böhmer/Herbers.*

Cf. J[3] *6280 et J[3] 6281.

* 6284 **(871 ante aug.)**

Iterum (cf. J[3] *6274) legatos Anastasium (sedis apostolicae) bibliothecarium cum

Caesario abbate Neapolim mittit, ut Neapolitani Athanasium (I) pontificem suscipiant pastorem et patrem; illis audire nolentibus (Anastasius) iussu (Hadriani II) firmat priorem excommunicationem.

Laud. in: *Vita et translatio s. Athanasii c. 7 (Vuolo 137).* – Reg.: *Ital. Pont. VIII 422 n. *18 et 445 n. *61 et 452 n. *6; Böhmer/Zielinski n. 322; cf. propediem Böhmer/Herbers.*

* 6285 **(868 in.–871 aug. 13)**

Hadriano (II) Austaldus excommunicatus (cf. J³ *6164) se subicit spei „quoque resumende communionis" causa.

Laud. in: *Lib. pont. (Duchesne II 177).* – Reg.: *cf. propediem Böhmer/Herbers.*

De tempore cf. propediem Böhmer/Herbers.

6286 **(871 med.)**

Hadriano (II) Ignatius archiepiscopus (et patriarcha) Constantinopolitanus scribit pacemque collaudat; nuntiat Theognostum scevophylacum cum epistola praesenti missum.

Ed.: *Mansi Conc. 16, 204.* – Reg.: *Grumel/Darrouzès Reg. I/2, n. 534; cf. propediem Böhmer/Herbers.*

Laud. et in J³ 6287. Cf. J³ *6293.

6287 **(871 med.)**

Hadriano (II) Basilius (I), Constantinus et Leo imperatores (Constantinopolitani) apocrisiarios apostolicos (Donatum Hostiensem, Stephanum Nepesinum episcopos Marinumque diaconum Romanum) exquirunt; Theognostum hegumenum (monasterii) Peges litteras deferentem commendant.

Ed.: *Mansi Conc. 16, 203.* – Reg.: *Dölger/Müller Reg. des oström. Reiches I/2, 7 n. 488; cf. propediem Böhmer/Herbers.*

Laud. et in J³ 6294. Cf. J³ 6286 et J³ *6293.

* 6288 **(871 mart. 25–871 sept. 6)**

JE *2939 Carolum (Calvum) regem graviter accusat, quod contra Hincmarum Remensem archiepiscopum tyrannice egerit. Mandat sub interpositione excommunicationis, ut Hincmarum ab itinere Romano non prohibeat, eo absente possessiones ecclesiarum eius tueatur, nuntiosque eius benigne accipiat. – *Initium nostrae locutionis.*

Laud. in: *J³ 6291.* – Reg.: *cf. propediem Böhmer/Herbers.*

6289 **871 sept. 6** **Douzy**

Hadriano (II) episcopi in synodo apud Duziacum Remensis parochiae congregati referunt, se in Hincmarum episcopum Laudunensem propter insolentias multosque excessus sententiam damnationis protulisse, quam ut sua auctoritate corroboret postulant (Dat. VIII id. sept., IV ind.).

Ed.: *MGH Conc. 4, 523.* – Reg.: *McKeon Correspondence 173 n. 18; McKeon Hincmar 177 n. 154; Germ. Pont. X 36 n. 46; cf. propediem Böhmer/Herbers.*

Laud. et in J³ 6296.

6290 **(871 sept. 6)**

Hadriano (II) Hincmarus (archi)episcopus Remensis scribit de Actardo episcopo (Namnetensi) in episcopatum Morinensem incardinato et commendat, eum archiepiscopum Turonensem incardinasse; narrat de causa Hincmari episcopi Laudunensis et de criminibus Trisingi presbyteris.

Ed.: *Migne PL 126, 641.* – Reg.: *McKeon Correspondence 173 n. 19; McKeon Hincmar 177 n. 155; cf. propediem Böhmer/Herbers.*

Laud. et in actis concilii apud Duziacum c. 5 (MGH Conc. 4, 554). Cf. J³ 6178, J³ *6187, J³ *6193, J³ 6214, J³ 6255, J³ *6277.

6291 **(871 sept. 6)**

Hadriano (II) Carolus (Calvus) rex respondet (cf. J³ *6288) in causa Hincmari episcopi Laudunensis et obiecta papae repudiat.

Ed.: *MGH Conc. 4, 528.* – Reg.: *Böhmer/Mühlbacher² n. 1488e; Lot/Tessier Recueil II 280 n. 350; McKeon Correspondence 173 n. 20; McKeon Hincmar 177 n. 156; cf. propediem Böhmer/Herbers.*

Cf. J³ *6193 et J³ *6221 et J³ *6288.

* 6292 **871 (sept. ex.–oct.)** **Spoleto – Ravenna**

Hadriano (II) Ludovicus (II) imperator per Spoletium Ravennam pergens mandat, ut ei obviam veniat et se suosque de sacramento Adalgiso (Beneventano duci) dato absolveat.

Laud. in: *Ann. Bertiniani ad a. 871 (Grat 183).* – Reg.: *Böhmer/Mühlbacher² n. 1251d; Böhmer/Zielinski n. 332; cf. propediem Böhmer/Herbers.*

* 6293 **(871 oct.–nov. in.)**

Hadriano (II) Theognostus hegumenus (monasterii) Peges et scevophylaca (s. Sophiae) dona Basilii (I), Constantini et Leonis imperatorum et Ignatii archiepiscopi (Constantinopolitanorum) defert.

Laud. in: *J³ 6286; J³ 6287; J³ 6294.* – Reg.: *cf. propediem Böhmer/Herbers.*

6294 **871 nov. 10**

JE 2943 Basilii (I), Constantini et Leonis imperatorum (Constantinopolitanorum) religionem laudat. Queritur, legatos suos, sine praesidio Constantinopoli dimissos, in itinere despoliatos esse. Ab Ignatio patriarcha Constantinopolitano consecratum Bulgaris antistitem esse indignatur. Quod contra Nicolai suaque decreta petierint, concedendum non putat (Dat. IV id. nov., ind. V). – *Lectis excellentis imperii.*

Ed.: *MGH Epp. 6, 759 n. 41; Tăutu Acta Rom. pont. I 703 n. 334 (fragm.); Fontes hist. Bulgaricae 7, 129 (fragm.).* – Reg.: *MMFH 3, 157 n. 42; cf. propediem Böhmer/Herbers.*

Cf. J³ 6286 et J³ *6293.

†6295 **871 nov.** **(Roma), S. Pietro**

JE †2953 Rimberto archiepiscopo Hamburgensi et successoribus eius ad exemplar Gregorii IV (J³ †5150) et Nicolai I (J³ 5902) concedit gentes Wimodiorum, Norblingorum, Danorum, Norvenorum, Suenorum vel quascumque septentrionales nationes fidei adductas a sede Hamburgensi spirituali dominatione possidendas; legatum eum per omnia septentrionalia regna constituit omnesque supra dictarum nationum episcopos praesentes et amplius profuturos sedi Hamburgensi subicit; concedit usum pallii in festis denominatis, ius mitrae crucisque portandae; confirmat possessiones traditas vel tradendas (Scr. p. m. Gregorii not. atque scrin. sacri pal. in m. nov., ind. V. Dat. p. m. Iohannis canc. S.R.E., peractis missarum celebrationibus ante altare b. Petri apost.). – *Quoniam apostolicae dignitatis.*

Ed.: *Curschmann PUU Hamburg 27 n. 7.* – Reg.: *Dipl. Danicum I/1, 69 n. 163; Seegrün Ebt. Hamburg 7; Germ. Pont. VI 35 n. †27; cf. propediem Böhmer/Herbers.*

Laud. et in Innocentii II (Germ. Pont. VI 69 n. 114 a,b,d,e) et in Victoris IV (Germ. Pont. VI 80 n. 148) privilegiis. Olim ad a. 872 nov. De tempore cf. Germ. Pont. VI 35 n. †27 adn.

6296 **871 dec. 26**

JE 2945 Ad synodi Duziacensis litteras (J³ 6289) respondet. Actardum (episcopum Namnetensem) confirmat archiepiscopum Turonensem. Hincmari episcopi Laudunensis damnationem improbat, eumque cum uno ex adversariis Romam venire iubet (Dat. VII kal. ian., ind. V). – *Caritatis vestrae litteras.*

E d . : *MGH Epp. 6, 738 n. 34.* – R e g . : *McKeon Correspondence 173 n. 21; McKeon Hincmar 177 n. 157; cf. propediem Böhmer/Herbers.*

Laud. et in J³ 6306, J³ 6307, in Auxilii Neapolitani Infensor et defensor c. 22 (Migne PL 129, 1092), in Flodoardi Remensis Hist. III c. 21 (MGH SS 36, 275). Cf. et J³ 6289.

6297 **(871 dec. 26)**

JE 2946 Carolo (Calvo) regi, convicia apostolica aegre ferenti, patientiam suadet; „scire vos decet" inquit „quia ... pro vestri salute talia ... monita venire videntur. Ideo magis omnipotenti Domino immensas gratias agere, nobisque deinde paternae laudis gratanter debetis praebere obsequium et non reprehensionis vel murmurationis (im)modicae verba dirigere". De Hincmaro Laudunensi et Actardo Turonensi eadem, quae in epistola ad synodum Duziacensem (J³ 6296), significat. Hortatur, ut ecclesiae Turonensi a paganis despoliatae subveniat, „ut non vocetur, ut antiquitus, Cesareodunum ulterius, sed Karolidonum in perpetuum". – *Laudabilis caritatis et.*

E d . : *MGH Epp. 6, 741 n. 35.* – R e g . : *McKeon Correspondence 173 n. 22; McKeon Hincmar 177 n. 158; cf. propediem Böhmer/Herbers.*

Laud. et in J³ 6304 et J³ 6306. JE 2946α delendum est; cf. propediem Böhmer/Herbers.

6298 **(871)**

Hadriano (II) Anastasius Bibliothecarius acta VIII synodi universalis Constantinopolitani (ex Graeco) in Latinum conversa offert.

E d . : *MGH Epp. 7, 403 n. 5.* – R e g . : *cf. propediem Böhmer/Herbers.*

Cf. J³ 5720, J³ *6068, J³ 6144, J³ *6145, J³ *6194, J³ *6271.

*** 6299** **(871)**

Ad Hadrianum (II) Salomo (III) dux Britannorum Ieremiam episcopum et Felicem archidiaconum (Venetenses) mittit.

L a u d . i n : *J³ 6300; De dignitate Dolensis ecclesiae XIX (Duine 36); Chron. Britannicum (Bouquet Recueil VII 222).* – R e g . : *cf. propediem Böhmer/Herbers.*

6300 **(871)**

Hadriano (II) Salomon (III) dux Brittonum dona mittit et per litteras et legatos suos Ieremiam episcopum et Felicem archidiaconum (Venetenses) reliquias pro monasterio (Redonensi) noviter constructo petit.

E d . : *Courson Cartulaire Redon 67 n. 89 (versio A); Baronius Ann. ad a. 869 n. 108 (versio B).* – R e g . : *cf. propediem Böhmer/Herbers.*

Laud. et in De dignitate Dolensis eccl. XIX (Duine 36), in Chron. Britannico (Bouquet Recueil VII 222). Duae versiones epistolae restant. Cf. et J³ *6299.

† 6301 **(871)**

JE †2950 Salomoni (III) Britanniae duci brachium s. Leonis (III papae), Festinianoque episcopo (Dolensi) pallium mittit. – *Largitas vestrae potestatis; Sublimitas vestrae potestatis.*

E d . : *Courson Cartulaire Redon 68 n. 90 (versio A); Migne PL 129, 1020 (versio B); MGH Epp. 6, 764 n. 44 (ambo versiones).* – R e g . : *cf. propediem Böhmer/Herbers.*

Laud. et in De dignitate Dolensis eccl. XX (Duine 37), in Innocentii III litteris (Potthast 811 et 817, Reg. Innocenz' III. 2, 153 et 165). Olim ad a. (867–872). De tempore cf. J³ 6300. Duae versiones restant.

*** 6302** **(871 ex.–872 in.)**

Athanasium (I) archiepiscopum Neapolitanum honorifice suscipit.

L a u d . i n : *Gesta epp. Neapolitanorum (MGH SS rer. Lang. 435); Vita et translatio s. Athanasii c. 7 (Vuolo 137).* – R e g . : *Böhmer/Mühlbacher² n. 1253a; cf. propediem Böhmer/Herbers.*

*6303 **(871 ex.–872 in.)**

Per Dominicum episcopum (Triventinum) civitatem Neapolim liberat ab excommunicatione petente Athanasio (I) (archi)episcopo.

L a u d . i n : *Vita Athanasii c. 8 (Vuolo 140).* – R e g . : *Ital. Pont. VIII 422 n. *19; Ital. Pont. VIII 445 n. *62; cf. propediem Böhmer/Herbers.*

6304 **(872 ian.–febr.)**

Hadriano (II) Carolus (Calvus) rex inter alia scribit, episcopos Ludovicum (Germanicum) regem (ad colloquium secus Traiectum habitum) comitatos postulavisse, ut episcopi Franciae occidentalis, (Duciaci) in synodo residentes, ordinationi Williberti archiepiscopi Coloniensis subscriberent.

E d . : *MGH Conc. 4, 533.* – R e g . : *Oediger Reg. Köln I 83 n. 244; McKeon Correspondence 173 n. 24; Germ. Pont. VII 33 n. 63; cf. propediem Böhmer/Herbers.*

De tempore cf. propediem Böhmer/Herbers. Cf. et J³ 6297.

*6305 **(867 dec.–872 mart.)**

Facit „ordinationes per mensem decembrium et marcium II, pr. VIII, d. V; episcopos per diversa loca numero LX".

L a u d . i n : *Lib. pont. (in codice ab Ademaro Cabannensi scripto) (Duchesne Lib. pont. I p. CLXXXII).* – R e g . : *cf. propediem Böhmer/Herbers.*

De fide et tempore cf. propediem Böhmer/Herbers.

6306 **(872 febr.–mart.)**

Hadrianum (II) Carolus (Calvus) rex rogat, ut responsa (cf. J³ 6297) sua „in quaterniunculo annulo nostro signato" missa „benigne suscipiat".

E d . : *MGH Conc. 4, 547.* – R e g . : *Lot/Tessier Recueil II 297 n. 359; McKeon Correspondence 173 n. 25; McKeon Hincmar 177 n. 161; cf. propediem Böhmer/Herbers.*

Cf. J³ 6296 et J³ 6297.

6307 **(872 febr.–mart.)**

Hadriano (II) episcopi in synodo apud Duziacum congregati respondent (cf. J³ 6296) in capitulis XIII.

E d . : *MGH Conc. 4, 548.* – R e g . : *McKeon Correspondence 173 n. 23; McKeon Hincmar 177 n. 159; cf. propediem Böhmer/Herbers.*

Cf. J³ *6262 et J³ 6275 et J³ 6296.

*6308 **872 (mai. 21–25)** **(Roma)**

JE I 375 Ludovicum (II) imperatorem a iuramento, quod Adalgiso duci Beneventano praestiterat, absolvit.

L a u d . i n : *Reginonis Prumiensis Chron. ad a. 872 (MGH SS rer. Germ. 50, 104).* – R e g . : *Böhmer/Mühlbacher² n. 1253d; Böhmer/Zielinski n. 349; cf. propediem Böhmer/Herbers.*

Olim ad a. 872 mai. 18 (pentecoste), sed Böhmer/Zielinski censet Ludovicum post diem pentecostis coronatum esse, cf. n. 349.

*6309 **872 (mai. 21–25)** **(Roma, S. Pietro)**

JE I 375 Ludovico (II) imperatori coronam imponit.

L a u d . i n : *Ann. Bertiniani ad a. 872 (Grat 187).* – R e g . : *Böhmer/Mühlbacher² n. 1253d; Böhmer/Zielinski n. 349; cf. propediem Böhmer/Herbers.*

*** 6310 872 (mai. 21–25) Roma, Laterano**

JE I 375 „Post celebrata missarum solemnia una cum eo (i. e. Ludovico II imperatore) ad Lateranense palatium cum pompa equitando coronatus" pergit.

L a u d . i n : *Ann. Bertiniani ad a. 872 (Grat 187).* – R e g . : *Böhmer/Mühlbacher² n. 1253d; Böhmer/Zielinski n. 349; cf. propediem Böhmer/Herbers.*

***? 6311 872 (mai. ex.)**

(Monasterio) Casauriensi reliquias s. Clementis et ss. Petri et Pauli donat.

L a u d . i n : *Iohannis Berardi Chron. Casauriense (RIS 2/2, 778).* – R e g . : *cf. propediem Böhmer/Herbers.*

Cf. Böhmer/Zielinski n. 349.

*** 6312 (872 mai. 25–iun.)**

Athanasium (I archiepiscopum Neapolitanum) cum Landulfo (I) episcopo Capuano Salernum mittit et cum (Ludovico II) imperatore morante Sabinis ad succurrendum Neapoli et Beneventanae provinciae et ut Athanasium (I) praesulem restituat suae sedi.

L a u d . i n : *Gesta epp. Neapolitanorum c. 65 (MGH SS rer. Lang. 435); Vita et translatio s. Athanasii c. 8 (Vuolo 141).* – R e g . : *Böhmer/Mühlbacher² n. 1254b; Ital. Pont. VIII 422 n. *20 et 446 n. *63; Ital. Pont. IX 13 n. *25; Böhmer/Zielinski n. 353; cf. propediem Böhmer/Herbers.*

6313 (872 iun.)

JE 2951 Carolum (Calvum) regem et coniugem (Richildem) his „litteris clandestinis" lenire summopere studet. „Confitemur devovendo", inquit „salva fidelitate imperatoris nostri (Ludovici II), quia, si superstes ei fuerit vestra nobilitas, vita nobis comite, si dederit nobis quislibet multorum modiorum auri cumulum, numquam ... suscipiemus alium in regnum et imperium Romanum, nisi te ipsum; ... te optamus omnis clerus et plebs et nobilitas totius orbis et urbis non solum ducem et regem, patricium et imperatorem, sed in praesenti ecclesia defensorem et in aeterna cum omnibus sanctis participem fore". Addit de Actardo Turonensi et Hincmaro Laudunensi. – *Litteras vestrae nobilitatis.*

E d . : *MGH Epp. 6, 743 n. 36.* – R e g . : *McKeon Correspondence 173 n. 26; McKeon Hincmar 177 n. 162; Böhmer/Zielinski n. 359; cf. propediem Böhmer/Herbers.*

6314 (870 sept.–872 sept.)

Hadriano (II) Willibertus episcopus Coloniensis, ab ordinatoribus suis se pro viribus petivisse affirmat, ut a sua desisterent consecratione, sicut verbis et scriptis (J³ *6257) olim innotuerit; summi pontificis imperiis se subiectum ex integro pronuntiat.

E d . : *MGH Epp. 6, 255 n. 11.* – R e g . : *Oediger Reg. Köln I 82 n. 241; Germ. Pont. VII 32 n. 61; cf. propediem Böhmer/Herbers.*

Laud. et in J³ 6365. De re cf. Germ. Pont. VII 30 n. 52 adn., de tempore Germ. Pont. VII 31 n. 58 adn. Cf. et J³ *6257.

6315 872 oct. 15 (Roma)

JE †2947 Monasterium ss. Stephani et Viti in Nova Corbeia tuendum suscipit et eius bona confirmat petente Adalgario abbate (Scr. p. m. Stephani not. camari S.R.E. imp. d. n. piissimo perpetualiter aug. Hludowico a Deo cor. magno imp. a. XXIV et postcons. eius a. XXIV, m. oct., ind. VI. Dat. id. oct. p. m. Sergii prim. def. S.S.A.). – *Convenit apostolico moderamini.*

E d . : *Diekamp Suppl. 42 n. 282.* – R e g . : *Germ. Pont. V/1, 81 n. 8; cf. propediem Böhmer/Herbers.*

Laud. et in Ludovici Germanici (MGH DD LD n. †184) et in Liudberti archiep. Maguntinensis (MGH Conc. 5, 264) litteris et in J³ 8178. Olim ad a. (867–872) oct. 15. De tempore cf. Germ.

Pont. V/1 81 n. 8. De fide cf. Boshof Traditio Romana 93sqq.

† 6316 **(872) oct. 15** **(Roma)**

Hathuwich abbatissae monasterii Herfordensis eiusque sororibus certiorem facit, se petente Athalgario abbate novae Corbeiae tanquam praeposito et provisore earum statueret, ut sorores de propriae congregationis collegio post discessum abbatissae Hathuwich in abbatissam ordinandi facultatem habeant eam, quam omnes concorditer elegerint; recipit monasterium s. Mariae in apostolicae auctoritatis defensionem, immo perpetuam tuitionem et confirmat possessiones (Scr. p. m. Stephani not S.R.E. imp. d. piisimo perp. aug. Hluthowico a Deo cor. magno imp. a. XVIII et post cons. eius a. XXIV, m. oct., ind. VI. Dat. id. oct. p. m. Sergii prim. def. S.S.A.). – *Convenit apostolico moderamini.*

Ed.: *Insertum in Christiani Francisci Paullini Herfordia gloriosa (nondum editum; cf. Bodemann Handschriften 319).* – Reg.: *Germ. Pont. V/1, 147 n. †1; cf. propediem Böhmer/Herbers.*

6317 **872 nov. (13)** **Roma**

JE 2952 Iohanni episcopo Aretino ecclesiam s. Mariae Balneensem concedit iuris S.R.E. ad monasterium aedificandum regendumque et silvam in territorio Aretino, iuris proprietatis eius, quam ipse b. Petro per donationis paginam contulit, infra fines denominatos largitur (Scr. p. m. Pauli scrin., in m. nov., ind. VI. [Dat.] id. nov. p. m. pp. <Adriani> II secund. S.S.A. imp. d. piissimo Lodoico a Deo cor. a. XXIII regni eius, <a. ab inc. d. 887>). – *Quoniam semper sunt.*

Ed.: *Pasqui Documenti I 57 n. 41.* – Reg.: *Ital. Pont. III 148 n. 11; Ital. Pont. V 124 n. 1; Pfaff Klosterexemtionen 93 n. 3; cf. propediem Böhmer/Herbers.*

* 6318 **(867–872)**

Controversiam inter Aretinum et Senensem episcopos in favorem Aretinae ecclesiae definit.

Laud. in: *Victoris II (JL 4370; Böhmer/Frech n. †1309); Alexandri II (JL 4676); Honorii II (JL -; Ital. Pont. III 154 n. 40) litterae.* – Reg.: *Ital. Pont. III 149 n. *12; cf. propediem Böhmer/Herbers.*

* 6319 **(867–872)**

Monasterio s. Salvatoris in Monte Amiata privilegium concedit.

Laud. in: *J³ 8270; Leonis IX privilegium (JL 4232; Böhmer/Frech n. 799).* – Reg.: *Ital. Pont. III 239 n. *2; Kurze Cod. dipl. Amiatinus I 324 n. 153; cf. propediem Böhmer/Herbers.*

* 6320 **(867–872)**

Angilbergae imperatrici liberam facultatem ordinandi, distribuendi et potestative faciendi de omnibus rebus suis a Ludovico (II) imperatore augusto ei concessam privilegio suo roborat et contradicentes aut irrumpere volentes perpetuo anathemate ligat.

Laud. in: *Angilbergae imperatricis testamentum a. 877 mart. scriptum (Falconi Carte cremonesi 51); J³ 6550; J³ 7098.* – Reg.: *Ital. Pont. V 489 n. *1; cf. propediem Böhmer/Herbers.*

Olim ad a. (870–872). Sed Böhmer/Zielinski n. †307 spurium esse censet privilegium Ludovici II pro Angilberga a. 870 iun. 3 datum, quod olim fuit terminus post quem.

* 6321 **(867–872)**

Stephanum (V papam succedentem) ad subdiaconatus gradum provehit.

Laud. in: *Lib. pont. (Duchesne II 191).* – Reg.: *cf. propediem Böhmer/Herbers.*

† 6322 **(867–872)**

Presbyteris commendat reliquias vigilare et partitio bonarum ecclesiae in quattuor partes, una pro ecclesiae ornamentis, una pro pauperibus, una pro presbytero et una pro episcopo, explicat. – (*Unusquisque presbiter cum*).

Can.: *Polycarpus (recensio secunda) 3, 11, 36.* – Reg.: *cf. propediem Böhmer/Herbers.*

*† 6323 **(867–872)**

Monasterio s. Michaelis de Martura privilegium concedit.

Laud. in: *Alexandri II litterae (JL 4655).* – Reg.: *Ital. Pont. III 62 n. †*2; cf. propediem Böhmer/Herbers.*

*† 6324 **(867–872)**

(Monasteriis s. Mauri Glannafoliensi et Casinensi) privilegia concedit.

Laud. in: *Urbani II privilegium spurium (JL †5680).* – Reg.: *cf. propediem Böhmer/Herbers.*

*† 6325 **(867–872)**

Eis, qui ecclesiam s. Mariae sub monte Carmelo in certis diebus festis visitant et eleemosynas donant aut domos destructos collegii reparant, indulgentiam septem annorum et totidem quadragesimarum concedit.

Laud. in: *Sixti IV privilegium (Acta pont. Danica IV 156).* – Reg.: *cf. propediem Böhmer/Herbers.*

Cf. et J³ *†5584, J³ *†7249, J³ *†7447, J³ *†7554, J³ *†7586, J³ *†8370, J³ *†8590.

*† 6326 **(867–872)**

Omnibus Christi fidelibus, qui in certis diebus festis ecclesias, domos, oratoria et hospitale b. Iohannis Hierosolymitani visitaverint et eisdem eleemosynas largiti fuerint, septem annos et totidem quadragesimas indulgentiae (cf. Leonis IV, J³ *†5583) ordini s. Iohannis Hierosolymitani elargitur.

Laud. in: *Registrum indulgentiarum 1304 iun. 8 conscriptum (Hiestand PUU für Templer und Johanniter 2, 331 n. 125).* – Reg.: *cf. propediem Böhmer/Herbers.*

Cf. et J³ *†5583, J³ *†7250, J³ *†7446, J³ *†7553, J³ *†7849, J³ *†8369.

*? 6327 **(867–872)**

Antiphonarium a Gregorio I institutum et a Hadriano (I) confirmatum (J³ *?4621) „in die primo Adventus Domini nostri Iesu Christi decantandum" confirmat.

Laud. in: *Lib. pont. (in codice ab Ademaro Cabannensi scripto) (Duchesne Lib. pont. I p. CLXXXII; Haug Roms Gesang 144).* – Reg.: *cf. propediem Böhmer/Herbers.*

De fide cf. propediem Böhmer/Herbers.

*? 6328 **(867–872)**

Constituit, ut „clerici Romani instru(ant) pauperes ... ut ante dominicum sacratissimum diem Pascae tribus diebus ... non aliter pet(ant) elemosinam per urbem hanc Romanam nisi aexcelsa voce cantilenam dicendo per plateas et ante monasteria et ecclesias".

Laud. in: *Lib. pont. (in codice ab Ademaro Cabannensi scripto) (Duchesne Lib. pont. I p. CLXXXII).* – Reg.: *cf. propediem Böhmer/Herbers.*

De fide cf. propediem Böhmer/Herbers.

* 6329 **(872)**

Zachariam episcopum (Anagninum) „in pristinum ęcclesię suę statum" revocat.

Laud. in: *Invectiva in Romam (Dümmler Gesta 152).* – Reg.: *cf. propediem Böhmer/Herbers.*

De tempore cf. propediem Böhmer/Herbers.

6330 **(872 med.–ex.)**

JE 2944 Ignatio patriarchae (Constantinopolitano) respondet (cf. Grumel/Darrouzès Reg. n. 535) et eum vituperat, quod et Bulgaris antistitem consecraverit et diaconos ex laicis fecerit. – *(Ἔγραφας ἵνα τὰ); (Scripsisti ut alia).*

E d . : *MGH Epp. 6, 762 n. 42 (versio Graeca); Tăutu Acta Rom. pont. I 705 n. 335 (versiones Graeca et Latina); Fontes hist. Bulgaricae 7, 130 (versio Latina).* – R e g . : *cf. propediem Böhmer/Herbers.*

Fragmentum. Laud. et in J³ 6606. Olim ad a. (871 cr. nov.–dec.). De tempore cf. Ignatii epist. (Grumel/Darrouzès Reg. I/2 n. 535).

* 6331 **(870 nov.–873 ante mai.)**

Methodius ad sedem apostolicam (Hadrianum II et Iohannem VIII) per triennium plurimis missis et epistolis de incarceratione sua ab episcopis Bavariae facta proclamat.

L a u d . i n : *J³ 6345.* – R e g . : *Ratkoš Kompletnost' 108 n. 16; Boh. Pont. 15 n. *12; cf. propediem Böhmer/Herbers.*

* 6332 **(870 post nov.–873 ante mai.)**

Anno episcopus Frisingensis Romae moratur, ubi ab hominibus papae (Hadriani II vel Iohannis VIII) super Methodio Pannonico archiepiscopo et apostolicae sedis legato interrogatus se illum nosse mentiendo negat.

L a u d . i n : *J³ 6345.* – R e g . : *Boh. Pont. 19 n. *22.*

Cf. et Böhmer/Herbers n. 1004.

(861–874)

Cf. J³ *6139 s. v. Nicolaus I.

(860 iun. med.–876 aug.)

Cf. J³ *6140 s. v. Nicolaus I.

* 6333 **(872 nov. 23–dec. 5)**

JE I 375 Moritur et in ecclesia b. Petri (Romana) sepelitur.

L a u d . i n : *Ann. Bertiniani ad a. 872 (Grat 189); Ann. Xantenses ad a. 872 (MGH SS rer. Germ. 12, 31); Reginonis Prumiensis Chron. ad a. 871 (MGH SS rer. Germ. 50, 102); Ann. Hildesheimenses ad a. 872 (MGH SS rer. Germ. 8, 18); Ann. s. Albani Moguntini ad a. 873 (MGH SS 2, 241); Ann. Einsidlenses ad a. 871 (MGH SS 3, 140); Herimanni Augiensis Chron. ad a. 868 (MGH SS 5, 106 et 107).* – R e g . : *Böhmer/Mühlbacher² n. 1256a; Böhmer/Zielinski n. 361; cf. propediem Böhmer/Herbers.*

De tempore cf. propediem Böhmer/Herbers.

Iohannes VIII (872–882)

†6334 **872 apr.** **Oviedo**

Auctoritate Iohannis VIII Romani pontificis et consilio Caroli principis Magni (sic!) Aldefonsus III rex (Asturiarum) cum XVII episcopis concilium Oveti convocat et celebrat, quo inter alia Ovetensis urbs in metropolitanam sedem sublimatur et Ermenegildus archiepiscopus consecratur.

E d . : *Martínez Díez Legislación conciliar 31.* – R e g . : *Iber. Pont. II 9 n. †2; Iber. Pont. IV 80 n. *†1 et 141 n. *†1.*

*6335 **872 dec. 14** **Roma**

JE I 376 In locum Hadriani II „substituitur" (XIX kal. ian.).

L a u d . i n : *Lib. pont. (Duchesne II 221); Ann. Bertiniani ad a. 872 (Grat 189); Ann. Xantenses ad a. 872 (MGH SS rer. Germ. 12, 31); Reginonis Prumiensis Chron. ad a. 871 (MGH SS rer. Germ. 50, 102); Ann. s. Benigni Divionensis ad a. 871 (MGH SS 5, 39); Ann. Hildesheimenses ad a. 872 (MGH SS rer. Germ. 8, 18); Ann. Einsidlenses ad a. 871 (MGH SS 3, 140); Frutolfi/Ekkehardi Chron. ad a. 872 (MGH SS 6, 173).* – R e g . : *Böhmer/Zielinski n. 361; Böhmer/Unger n. 1.*

†6336 **(872)**

JE 2987 Monasterio s. Marcelli Cabilonensi privilegium concedit (Dat. p. m. Walperti ep. humillimi s. Portuensis eccl. a. d. n. Jesu Chr. 872, ind. VI). – *Cum omnium ubique.*

E d . : *Bouchard Cartulary St-Marcel 17 n. 1.*

Spurium sub nomine Agapiti II confictum esse censet Böhmer/Unger n. 446.

*6337 **(872–873 in.)**

Sophonestam feminam monet, ne alienigenas copulas anhelet.

L a u d . i n : *J³ 6405.* – R e g . : *Ital. Pont. IV 220 n. *1 et 223 n. *1; Böhmer/Unger n. 56.*

*6338 **(873) mart. 11**

Iohanni (Hymmonidi) „ad vigilias b. Gregorii" vitam novam conscribere praecipit.

L a u d . i n : *Iohannis Hymmonidis S. Gregorii Magni Vita, epist. dedicationis (Migne PL 75, 61).* – R e g . : *Böhmer/Unger n. 80.*

*6339 **873 mart.**

Legatos cum litteris ad Docibilem (ducem Gaetanum) mittit.

L a u d . i n : *J³ 6376.* – R e g . : *Böhmer/Unger n. 65.*

*6340 **(873 mart.–apr.)**

Docibilem (ducem Gaetanum), qui indigne egerit contra legatos apostolicos, excommunicat.

L a u d . i n : *J³ 6376.* – R e g . : *Böhmer/Unger n. 79.*

(870 nov.–873 ante mai.)

Cf. J³ *6331 s. v. Hadrianus II.

*** 6341** **(872–873 mai.)**

Episcopos et comites Italici regni rogat, videant, ut quaestus, qui ex patrimoniis apostolicis in Germania sitis meriti sunt, tute transportentur.

L a u d . i n : *J³ 6359.* – R e g . : *Böhmer/Unger n. 55.*

*** 6342** **(872–873 mai.)**

Ludovicum (Germanicum) regem litteris rogat, ut quaestus patrimonii apostolici in Germania siti solvatur.

L a u d . i n : *J³ 6359.* – R e g . : *Böhmer/Unger n. 54.*

6343 **(873 mart.–mai.)**

JE 2954 Bertari abbati (Casinensi) 1) crimini dat, quod in epistola sibi directa „improbe vite decessoris" sui (Hadriani II) deroget et „ipsius quodammodo carnes" rodat, de tanto pontifice talia perhibere praesumens et temere de eo, qui migravit ad Dominum, iudicare contendens. 2) Addit haec: „Absit autem piis mentibus quid de tanti culminis pontifice sinistrum sentire cum b. Ennodio confessore, Ticinensis urbis antistite, scribente doceamur, quia Deus omnipotens aut claros ad tanta fastigia erigit, aut certe quos elegit illustrat"; 3) laudem Bertaris recusat. – *(Epistola tue religionis); (Absit autem piis); (Ergo satius nos).*

E d . : *MGH Epp. 7, 273 n. 1 (fragm.); Avesani Lettera di Giovanni 529.* – C a n . : *Coll. Brit. 298 n. 1 (fragm.); Ivonis Decr. IV c. 102 (fragm.).* – R e g . : *Ital. Pont. VIII 125 n. 35; Martin/Cuozzo Regesti dell'Italia meridionale 429 n. 878; Böhmer/Unger n. 66.*

Fragmenta. Olim ad a. (872 dec. 14–873 mai.). De tempore, fragmento tertio et aliis collectionibus ineditis cf. Böhmer/Unger n. 66.

*** 6344** **(873 mart.–mai.)**

Paulum, episcopum Anconitanum legatum, ad Ludovicum (Germanicum) regem et in Pannoniam mittit.

L a u d . i n : *J³ 6345; J³ 6349; J³ 6818.* – R e g . : *Böhmer/Unger n. 78.*

6345 **(873 mart.–mai.)**

JE 2976 Paulo episcopo (Anconitano) legatione in Germania et Pannonia fungenti mandat, ut (Ludovico Germanico regi) exponat, 1) quod Pannonica dioecesis apostolicae sedi sit subiecta; 2) quod „intra Italiam ac ceteras Hesperies provincias, verum etiam intra totius Illyrici fines consecrationes ordinationes et dispositiones apostolica sedes patrare antiquitus" consuet; 3) de „annorum numero" non causando; 4) Aluino vero (archiepiscopo Salisburgensi) et Hermerico (episcopo Pataviensi) nuntiet se ad hoc missum esse, ut tanto eos tempore a divinis ministeriis separet, quanto Methodium episcopum (Moraviae) a ministerio sacro cessare coegerint; 5) mandat praeterea, ne suscipiat occasionem excusationis prohibentem ipsum (i. e. Paulum) cum Methodio transire ad Sventopulcum (ducem Moraviae), sive Aluinus et Hermericus bella praetendant sive inimicitias congerant; 6) hortatur, ut „de separatione coniugatorum maximam curam" assumat, „ita ut, qui a susceptione sedis apostolicę litterarum separati sunt, inculpate reducant priores uxores iniuncta convenienti penitentia, dimissis, quas postmodum sunt sortiti" et 7) ut „de percussoribus ... Lazari monachi" „secundum apostolorum canones (ab eo) iudicium proferatur". – *(Ipse nosti o); (Nam non solum); (Porro si de); (Dic ergo eis); (Ne suscipias occasionem); (Ceterum previde ac); (De percussoribus vero).*

E d . : *MGH Epp. 7, 283 n. 21; Lacko Great Moravia 111 n. 3.* – C a n . : *Anselmi Coll. can. II c. 73 (versio A) (fragm.); Bonizonis Lib. de vita christiana IV c. 94 (fragm.); Deusdedit Coll. can. I c. 243 (fragm.); Coll. Brit. 302 n. 20 (fragm.); Ivonis Decr. VIII c. 223 (fragm.); Gratiani Decr. C. XVI q. 3 c. 14.* – R e g . : *Germ. Pont. I 12 n. 23; Germ. Pont. I 162 n. 12; Ratkoš Pramene 162 n. 44; Boshof Reg. Passau I 38 n. 147; Boh. Pont. 18 n. 19; Böhmer/Unger n. 77.*

Fragmenta. De aliis collectionibus ineditis cf. Böhmer/Unger n. 77. Cf. et J[3] *6331 et J[3] *6332 et J[3] *6344.

6346 **(873 mart.–mai.)**

JE 2970 Ludovico (Germanico) regi 1) exponit „Pannonicam diocesin ab olim apostolicae sedis (fuisse) privilegiis deputatam" (J[3] ?6232 et J[3] *6246); 2) „nemo" inquit „de annorum numero resultandi sumat fomentum, quia s. Romanę ... ecclesię privilegia ... nullis temporibus angustantur, nullis regnorum particionibus praeiudicantur. Sed et venerande Romane leges divinitus ... rerum eius praescriptionem nonnisi post centum annos admittunt". – *(Multis ac variis); (Nemo autem de).*

Ed.: *MGH Epp. 7, 280 n. 15; Lacko Great Moravia 113 n. 4.* – Can.: *Anselmi Coll. can. IV c. 46 (versio A); Bonizonis Lib. de vita christiana IV c. 91; Deusdedit Coll. can. I c. 240; Coll. Brit. 301 n. 15 (fragm.); Ivonis (?) Coll. tripartita 1, 63, 4 (fragm.); Gratiani Decr. C. XVI q. 3 c. 17 (fragm.).* – Reg.: *Boh. Pont. 15 n. 13; Böhmer/Unger n. 67.*

Fragmenta. De aliis collectionibus ineditis cf. Böhmer/Unger n. 67. Cf. et J[3] *6246.

6347 **(873 mart.–mai.)**

JE 2971 Karolomanno Ludovici (Germanici) regis filio inter alia scribit, ut Pannoniensium episcopatu Methodio, qui illic a sede apostolica ordinatus sit (J[3] *6246), reddito ac restituto liceat eidem secundum priscam consuetudinem libere quae sunt episcopi gerere. – *(Itaque reddito ac).*

Ed.: *MGH Epp. 7, 281 n. 16; Lacko Great Moravia 113 n. 5.* – Can.: *Deusdedit Coll. can. I c. 241; Bonizonis Lib. de vita christiana IV c. 92.* – Reg.: *Boh. Pont. 16 n. 14; Böhmer/Unger n. 68.*

Fragmentum. De aliis collectionibus ineditis cf. Böhmer/Unger n. 68. Cf. et J[3] *6246.

6348 **(873 mart.–mai.)**

JE 2975 Alvino archiepiscopo (Salisburgensi) praecipit, ut Methodium in sede sua restituat, „quia profecto dignum est, ut" qui fuerit „eius auctor deiectionis", sit „officii commissi causa receptionis". – *(Ne mireris quia).*

Ed.: *MGH Epp. 7, 283 n. 20; Lacko Great Moravia 114 n. 6.* – Can.: *Coll. Brit. 301 n. 19.* – Reg.: *Germ. Pont. I 12 n. 22; Boshof Reg. Passau I 38 n. 147; Boh. Pont. 18 n. 18; Böhmer/Unger n. 69.*

Fragmentum.

6349 **(873 mart.–mai.)**

JE 2977 Hermericum episcopum (Pataviensem) castigat eique mandat, ut cum episcopis Paulo (Anconitano) et Methodio Romam veniat et criminum in Methodium commissorum rationem reddat. Interim eum communione privat. Nam ita temeritatem eius saevisse, ut „Methodium carceralibus penis afficiens et sub divo diutius acerrima hiemis et nimborum immanitate castigans atque ab ecclesię sibi commissę regimine subtrahens" „in episcoporum concilium tractum equino flagello" percuteret, „nisi prohiberetur ab aliis". – *Ad deflendam pravitatem.*

Ed.: *MGH Epp. 7, 285 n. 22; Lacko Great Moravia 114 n. 7.* – Can.: *Coll. Brit. 303 n. 21.* – Reg.: *Germ. Pont. I 163 n. 13; Boshof Reg. Passau I 38 n. 148; Boh. Pont. 18 n. 20; Böhmer/Unger n. 70.*

Cf. J[3] *6344.

6350 **(873 mart.–mai.)**

JE 2979 Annonem (Frisingensem episcopum) reprehendit, quia sibi vices apostolicae sedis usurpaverit et quasi patriarcha de Pannonico archiepiscopo Methodio legatione apostolicae sedis ad gentes fungente iudicium sibi vindicaverit, quin etiam petente illo ipsius sanctae sedis iudicium concedi minime permiserit, sed in illum cum sequacibus suis sententiam protulerit a divinisque celebrandis officiis illum sequestrans carceri mancipaverit, insuper quia illius vincula et insecutiones non solum minime nuntiaverit, sed Romae, cum super illo interrogaretur a papa, se illum nosse mentiendo negaverit (J³ *6332); mandat, ut de his omnibus Romam rationem redditurus occurrat, alioquin post m. sept. tamdiu communicandi nullam habeat omnino licentiam. – *Audacia tua et.*

E d . : *MGH Epp. 7, 286 n. 23; Lacko Great Moravia 115 n. 8.* – C a n . : *Coll. Brit. 304 n. 22.* – R e g . : *Germ. Pont. I 332 n. 5; Ratkoš Pramene 167 n. 49; Boh. Pont. 20 n. 23; Böhmer/Unger n. 71.*

Olim ad a. (873 ante sept.). De tempore cf. Böhmer/Unger n. 71.

6351 **(873 mart.–mai.)**

JE 2969 Liutberto archiepiscopo (Maguntino) intimat Engeltrudim uxorem Bosonis (comitis) non solum excommunicatione, sed etiam anathemate crebro esse percussam. – *(Hengeltrudim uxorem Bosonis).*

E d . : *MGH Epp. 7, 280 n. 14.* – C a n . : *Coll. Brit. 301 n. 14; Ivonis (?) Coll. tripartita 1, 63, 3; Ivonis Decr. XIV c. 51; Gratiani Decr. C. III q. 4 c. 12.* – R e g . : *Germ. Pont. IV 67 n. 40; Böhmer/Unger n. 72.*

Fragmentum. Olim ad a. (872 dec. 14–873 mai.). De tempore et aliis collectionibus ineditis cf. Böhmer/Unger n. 72.

6352 **(873 mart.–mai.)**

JE 2972 Cozili comiti (Pannoniae) scribit se eos, qui uxores suas dimiserunt vel ad alias illis viventibus migraverunt nuptias, tam diu cum consentaneis eorum excommunicare, quosque posterioribus remotis priores paenitendo receperint, praecipue cum haec pessima consuetudo ex paganorum more remanserit. – *(Porro eos qui).*

E d . : *MGH Epp. 7, 282 n. 17; Lacko Great Moravia 115 n. 9.* – C a n . : *Coll. Brit. 301 n. 16; Ivonis (?) Coll. tripartita 1, 63, 5; Ivonis Decr. VIII c. 222.* – R e g . : *Ratkoš Pramene 168 n. 52; Boh. Pont. 16 n. 15; Böhmer/Unger n. 74.*

Fragmentum. De aliis collectionibus ineditis cf. Böhmer/Unger n. 74.

6353 **(873 mart.–mai.)**

JE 2974 Cozilem comitem (Pannoniae) monet, provideat, ut duo viri, qui uxores suas abiecerunt, eas repellere minime permittantur. – *(Prudentissime vir stude).*

E d . : *MGH Epp. 7, 283 n. 19; Lacko Great Moravia 116 n. 10.* – C a n . : *Coll. Brit. 301 n. 18; Ivonis Decr. VIII c. 223.* – R e g . : *Ratkoš Pramene 168 n. 51; Boh. Pont. 17 n. 17; Böhmer/Unger n. 75.*

Fragmentum. De re, tempore, et de Kocelo cf. Boh. Pont. 16 n. 15 adn. De aliis collectionibus ineditis cf. Böhmer/Unger n. 75.

6354 **(873 mart.–mai.)**

JE 2973 Montemero duci Sclavoniae 1) scribit de quibusdam presbyteris vagis; 2) admonet eum, ut progenitorum suorum sequens morem ad Pannoniensium reverti studeat dioecesim et ad eiusdem episcopi a sede b. Petri ordinati (scil. Methodii) (J³ *6246) pastoralem sollicitudinem recurrat. – *(Presbiteri illic absoluti); (Quapropter ammonemus te).*

E d . : *MGH Epp. 7, 282 n. 18; Lacko Great Moravia 116 n. 11.* – C a n . : *Bonizonis Lib. de vita christiana IV c. 93 (fragm.); Deusdedit Coll. can. I c. 242 (fragm.); Coll. Brit. 301 n. 17 (fragm.).* – R e g . : *Ratkoš Pramene 169 n. 53; Boh. Pont. 16 n. 16; Böhmer/Unger n. 76.*

Fragmenta. De aliis collectionibus ineditis cf. Böhmer/Unger n. 76.

*** 6355** **(873 mart.–mai.)**

JE *2978 Methodio ecclesiae Pannoniensis archiepiscopo per Paulum Anconitanum legatum suum litteris directis interdicit, ne in Sclavina lingua missarum solemnia celebret, sed vel in Latina vel in Graeca lingua.

L a u d . i n : *J³ 6818.* – R e g . : *Ratkoš Pramene 168 n. 50; MMFH 3, 170 n. 52 170 n. 52; Marsina Cod. dipl. Slovaciae I 20 n. 25*; Marsina Vel'komaravské deperditá 29 n. 13; Ratkoš Kompletnost' 108 n. 18; Boh. Pont. 19 n. *21; Böhmer/Unger n. 73.*

***6356** **(872–873 med.)**

Adelpertum monachum Casinensem frustra per tres litteras ad Bertharem abbatem Casinensem missas commendare studet.

L a u d . i n : *J³ 6374.* – R e g . : *Ital. Pont. VIII 126 n. *36; Martin/Cuozzo Regesti dell'Italia meridionale 429 n. 880–882; Böhmer/Unger n. 53.*

***6357** **(873 in.–med.)**

Marinum (comitem) et sequaces eius excommunicat ac anathematizat.

L a u d . i n : *J³ 6420.* – R e g . : *Böhmer/Unger n. 63.*

***6358** **(873 in.–med.)**

Apud Iohannem (VIII) Ludovicus (II) imperator pro Bertulfo archiepiscopo (Treverensi) „cotidianis precibus" intervenit, ut ei pallium concedatur.

L a u d . i n : *J³ 6360.* – R e g . : *Germ. Pont. X 37 n. *48; Böhmer/Unger n. 64.*

6359 **(873 iun.–iul.)**

JE 2980 Annoni episcopo Frisingensi 1) mandat, ut collectum ecclesiae Romanae reditum m. sept. „futurae" ind. VII (a. 873) sibi mittat. Ludovicum (Germanicum) regem et episcopos comitesque Italici regni nuperrime per litteras admonitos a se esse scribit, ut reditus sibi „deferri salvos faciant". 2) Haec addit: „Precamur autem, ut optimum organum cum artifice, qui hoc et moderari et facere ad omnem modulationis efficatiam possit, ad instructionem musice disciplinę nobis aut deferas cum eisdem redditibus aut transmittas". – *(Efficaciam tue fidelitatis); (Precamur autem ut).*

E d . : *MGH Epp. 7, 287 n. 24; Grivec/Tomšič Constantinus et Methodius 70.* – C a n . : *Deusdedit Coll. can. III c. 144; Coll. Brit. 305 n. 23 (fragm.).* – R e g . : *Germ. Pont. I 332 n. 6; Böhmer/Unger n. 88.*

Fragmenta. Olim ad a. (873 ante sept.). De tempore cf. Böhmer/Unger n. 88. Cf. et J³ *6341 et J³ *6342.

6360 **(873 iun.–aug.)** **(Roma)**

JE 2982 Bertulfo archiepiscopo (Treverensi), quem contra interdictum apostolicae sedis (J³ 5882 et J³ 5883) promotum, donec Romae ostenderit se esse canonice consecratum, non inter episcopos primum haberi voluit, (Ludovici II) imperatoris cotidianis precibus (J³ *6358) commotus, mandat, ut aut ipse Romam veniat, aut per legatos promotionis et fidei rationem reddat et pallium quod postulaverat (Germ. Pont. X 37 n. *47) percipiat. Se legatos eius „per totum Octobrem futurę septimę indictionis" (a. 873) exspectaturum esse addit. – *(Cognoscentes religiositatem tuam).*

E d . : *MGH Epp. 7, 288 n. 26.* – C a n . : *Coll. Brit. 305 n. 25.* – R e g . : *Germ. Pont. X 37 n. 49; Böhmer/Unger n. 87.*

Fragmentum. Olim ad a. (873 ante sept.). De tempore cf. Böhmer/Unger n. 87. Cf. et J³ *6358.

***6361** **873 (aug.–sept.)**

JE I 380 Iohannem (VIII) papam, (compatrem Adalgisi Beneventani), Ludovicus (II) imperator rogat, ut Campaniam veniat atque litem inter se et Adalgisum decernat.

L a u d . i n : *Ann. Bertiniani ad a. 873 (Grat 192); Chron. de France/Saint-Denis (Bouquet Recueil VII 138).* – R e g . : *Böhmer/Mühlbacher² n. 1261a; Böhmer/Zielinski n. 375; Böhmer/Unger n. 91.*

De re cf. Böhmer/Unger n. 91.

*** 6362** **(873 sept.–oct.)** **Roma**

Apud (Iohannem VIII) Adventius episcopus Metensis per legatos pro causa Bertulfi archiepiscopi Treverensis intervenit.

L a u d . i n : *Flodoardi Remensis Hist. III c. 23 (MGH SS 36, 304).* – R e g . : *Germ. Pont. X 37 n. *50; Böhmer/Unger n. 92.*

*** 6363** **(873 sept.–oct.)**

Bertulfo archiepiscopo Treverensi per legatos Adventii episcopi Metensis pallium transmittit.

L a u d . i n : *Flodoardi Remensis Hist. III c. 23 (MGH SS 36, 304).* – R e g . : *Germ. Pont. X 37 n. *51; Böhmer/Unger n. 93.*

*** 6364** **(872–873 nov. 28)**

Iohannem VIII utpote dioecesanos primatem quidam ex filiis Coloniensis ecclesiae adiens Williberti promotionis (in archiepiscopum Coloniensem) primordia valde reprehensibilia esse verbis scriptis accusat.

L a u d . i n : *J³ 6365; J³ 6385.* – R e g . : *Germ. Pont. VII 34 n. *65; Böhmer/Unger n. 52.*

6365 **873 nov. 28**

JE 2986 Willibertum (archi)episcopum Coloniensem, nisi ad causam dicendam litteris suis evocatus intra spatium unius mensis sive duorum, ex ea die supputandorum, qua praesentes acceperit apices, Romam venerit, a communione suspendit. Et cum provectio eius reprehensibilis referatur, quod instanti satisfactione purgari oporteat, atque pagina eius fidei minus, quam necesse sit, contineat, nec „universalium synodorum" nec „decretalium pontificum Romanorum constitutorum" mentione facta, nec „propria subscriptione" addita, nec aliquo qui „hanc iureiurando" firmaret misso, pallium optatum ei non concedit (Dat. IV kal. dec., ind. VII). – *Legatus tuus ad.*

E d . : *MGH Epp. 6, 256 n. 12 (fragm.); MGH Epp. 7, 290 n. 30 et 313 n. 1 (fragm.).* – C a n . : *Anselmi Coll. can. VI c. 89 (versio A) (fragm.); Deusdedit Coll. can. I c. 238 (fragm.); Coll. Brit. 306 n. 29 et 587 n. 49 (fragm.); Gratiani Decr. D. C c. 4 (fragm.).* – R e g . : *Oediger Reg. Köln I 86 n. 251; Germ. Pont. VII 34 n. 66; Böhmer/Unger n. 96.*

Fragmenta. Olim ad a. 873 cr. sept. 1. De tempore et aliis collectionibus ineditis cf. Böhmer/Unger n. 96. Cf. et J³ 6314 et J³ *6364.

*** 6366** **(872–873 dec. 14)** **(Roma), S. Pietro**

In synodo „apud b. Petrum Apostolum" constituit, ne quis nisi „personas quas canonica sancit auctoritas" apud episcopum Romanum vel ceteros episcopos possessiones ecclesiasticas adipisci studeat.

L a u d . i n : *Acta concilii Trecis a. 878 habiti c. 2 (MGH Conc. 5, 103).* – R e g . : *Böhmer/Unger n. 57.*

6367 **(872–873)**

JE 2961 Carolum (Calvum) regem 1) vituperat, quod „regnum piae recordationis Lotharii (II) quondam Christianissimi principis quod dilectissimo filio (suo), piissimo imperatori Ludovico (II) ex paterno vel fraterno iure" debeatur, hactenus teneat. 2) Eum monendum ducit, succedens in labore, cui successerit in honore (scil. Hadriano II). Porro profitetur, si monita prolata spernat se quae Hadrianus (II) inceperit, nec tamen propter continuas infirmitates suas perfecerit, totis viribus consummare satagere. – *(Avidius et ardentius); (Si quod non).*

E d . : *MGH Epp. 7, 276 n. 6.* – C a n . : *Coll. Brit. 300 n. 6.* – R e g . : *Böhmer/Unger n. 49.*

Fragmenta. Olim ad a. (872 dec. 14–873 mai.). De tempore cf. Böhmer/Unger n. 49.

6368 **(872–873)**

JE 2963 Iohanni (VII) archiepiscopo Ravennati scribit: „Mortuos suscitasse Christum legimus, in scelerum obstinacionem labefactos absolvisse non legimus". – *(Mortuos suscitasse Christum).*

E d . : *MGH Epp. 7, 278 n. 8.* – C a n . : *Coll. Brit. 300 n. 8.* – R e g . : *Ital. Pont. V 42 n. 114; Böhmer/Unger n. 48.*

Fragmentum. Olim ad a. (872 dec. 14–873 mai.). De tempore cf. Böhmer/Unger n. 48.

6369 **(872–873)**

JE 2962 Michaeli regi Bulgariae 1) exponit, Deum licet universam ecclesiam sibi ut sponsam coniunxerit, tamen sedem Petri peculiarius noluisse habere maculam aut rugam. 2) Haec addit: „... si Grecorum perfidia sese a regione vestra, que in nostra utique diocesi posita est, ut antiqua scripta demonstrant, minime cohibuerit, scitote, quia patriarcham Ignatium (Constantinopolitanum), qui sedis nostre favore tronum recepit, denuo depositioni ... submittemus et episcopos ac presbiteros Graecorum, qui illic inveniuntur, non solum depositioni, verum etiam et anathemati subigemus. Nam et ex maxima parte Photii dicuntur esse manus impositionis vel communionis et sensus, sed et vos tamquam apostatas et refugas et tergiversatores et vestrarum corruptores professionum una cum illis anathematis vinculis innodabimus". – *(Scrutamini sacras aecclesiasticas); (Porro si Grecorum).*

E d . : *MGH Epp. 7, 277 n. 7; Fontes hist. Bulgaricae 7, 137.* – C a n . : *Bonizonis Lib. de vita christiana IV c. 90 (fragm.); Deusdedit Coll. can. I c. 239 (fragm.); Coll. Brit. 300 n. 7.* – R e g . : *MMFH 3, 157 n. 43; Böhmer/Unger n. 50.*

Fragmenta. Olim ad a. (872 dec. 14–873 mai.). De tempore et aliis collectionibus ineditis cf. Böhmer/Unger n. 50.

6370 **(872–873)**

JE 2964 Domagoi (duci Croatorum) ad mentem reducit, „qualiter Greca falsitas Bulgarorum (sibi) iure pertinentem patriam per Ignatium", quam recuperaverat, „occupare non" timuerit. „Qui frequenter ob hoc excommunicatus non solum" non quieverit, „verum etiam illuc quemdam scismaticum sub nomine archiepiscopi" destinaverit. – *(Ad mentem reducimus).*

E d . : *MGH Epp. 7, 278 n. 9; Fontes hist. Bulgaricae 7, 138.* – C a n . : *Coll. Brit. 300 n. 9.* – R e g . : *MMFH 3, 158 n. 44; Böhmer/Unger n. 51.*

Fragmentum. Olim ad a. (872 dec. 14–873 mai.). De tempore cf. Böhmer/Unger n. 51.

* 6371 **(873)**

Decernit, ut omnes canones ac „patrum et sanctorum conciliorum regulas et institutiones", si „nec rectae fidei nec probis moribus obviant", comprobentur.

L a u d . i n : *J[3] 6372.* – R e g . : *Böhmer/Unger n. 60.*

6372 **(873)**

Iohanni (VIII) papae Anastasius (Bibliothecarius) interpretationem Latinam actorum concilii Nicaeni dedicat.

E d . : *MGH Epp. 7, 415 n. 6.* – R e g . : *Böhmer/Unger n. 62.*

Cf. J[3] *6371.

? 6373 **873**

Rofredo abbati b. Martini (postea s. Paterniani) Fanensi privilegium Hadriani (I) papae (J[3] *†4385) confirmat, in quo privilegium continebatur Zachariae papae (J[3] *†4031) atque Euthicii patricii et exarchi nec non Sergii archiepiscopi s. Ravennatis ecclesiae simulque et Aistolfi quidam regis Langobardorum; monasterium ad iurisdictionem S.R.E. submittit. – *Quaeque ad laudem.*

E d . : *Cappelletti Chiese VII 350.* – R e g . : *Ital. Pont. IV 188 n. †3; Böhmer/Unger n. †?61.*
De a. 873 cf. Böhmer/Unger n. †?61.

6374 **(873 med.–ex.)**

JE 2981 Ludovico (II) imperatori nuntiat se iam per tres vices Berthari abbati (Casinensi) epistolas misisse, ut Adelpertum monachum imperatori commendatum honori suo reddat. Eundem autem multis contumeliis ab abbate affectum esse queritur. „Quapropter" inquit „animadvertat gloria vestra, si sic superbus et contumax est, dum adhuc super eos estis, putas, quales erunt post vestrum discessum". Ut Adelpertum adiuvet, petit. Se excommunicaturum esse abbatem, nisi oboediat, addit. – *(Quidam sane se).*

E d . : *MGH Epp. 7, 287 n. 25.* – C a n . : *Coll. Brit. 305 n. 24.* – R e g . : *Böhmer/Zielinski n. 372; Böhmer/Unger n. 83.*

Fragmentum. Olim ad a. (873 ante sept.). De tempore cf. Böhmer/Unger n. 83. Cf. et J³ *6356.

6375 **(873 med.–ex.)**

JE 2966 Angilbergae imperatrici scribit: „Siquidem cum virtute Dei melius, quam Kaietai, que nostra sunt, defendemus et illorum in nullo penitus indigemus, dromones scilicet cum ceteris navibus construentes et cętera vasa bellica et apparatus, quin potius et ipsos animos hominum preparantes et adversus hostiles incursus indesinenter armantes". – *(Siquidem cum virtute).*

E d . : *MGH Epp. 7, 279 n. 11.* – C a n . : *Coll. Brit. 301 n. 11; Ivonis Decr. X c. 69.* – R e g . : *Böhmer/Zielinski n. 367; Böhmer/Unger n. 84.*

Fragmentum. Olim ad a. (872 dec. 14–873 mai.). De tempore et aliis collectionibus ineditis cf. Böhmer/Unger n. 84.

6376 **(873 med.–ex.)**

JE 2959 Iohanni Degivili (Docibili duci Caietano) excommunicato opprobrium dat, quod „in contemptum sanctę sedis apostolice missos eius, qui gloriosis regibus mitti decenter poterant, vilis homunculus et vix a Saracenis Amalfitanorum miseratione ad periculum", ut credit, „Caietanorum redemptus, non solum iniuriis" affecerit, „verum etiam testamentum Dei, scilicet apostolicam epistolam, sacrilegus" conciderit „et excommunicante sanctissimo papa anathema dicere canino gutture pervicacissimus" praesumpserit. – *(Tu in contemptum).*

E d . : *MGH Epp. 7, 275 n. 4.* – C a n . : *Coll. Brit. 299 n. 4.* – R e g . : *Ital. Pont. VIII 82 n. 4; Martin/Cuozzo Regesti dell'Italia meridionale 428 n. 877; Böhmer/Unger n. 85.*

Fragmentum. Olim ad a. (872 dec. 14–873 mai.). De tempore cf. Böhmer/Unger n. 85. Cf. et J³ *6339 et J³ *6340.

6377 **(873 med.–ex.)**

JE 2993 Burgredo regi Saxonum (Merciorum) praecipit, curet, ne „sanctimoniales et Deo iam devotas feminas atque de propria consanguinitate homines regni" sui uxores ducant neque tam laici quam clerici fornicationem ultra committant. Pro hoc malo eum „talia" sustinere profitetur. – *(Quoniam sicut audivimus).*

E d . : *MGH Epp. 7, 293 n. 35; Whitelock/Brett/Brooke Councils I/1, 1 n. 1.* – C a n . : *Coll. Brit. 308 n. 33; Ivonis Decr. VII c. 130.* – R e g . : *Conte Chiesa 429 n. †102; Böhmer/Unger n. 86.*

Fragmentum. Olim ad a. (874). De tempore et aliis collectionibus ineditis cf. Böhmer/Unger n. 86.

6378 **874 ian. 29**

JE 2989 Ludovico (II) imperatori scribit, „monasterium s. Marię in Comaclo quod Pomposia dicitur et monasterium s. Salvatoris in Monte Feretri aliudque monasterium quod vocatur s. Probo (Presbytero) atque colonos in territorio Ferrariense et Adriense et Gallicata et Faventillam" antiquitus ecclesiae Romanae fuisse, ut erepta archiepiscopo Ravennati non possint dici. Alia loca, quae per D annos ecclesia Ravennas iam habuit, retineat, quousque in praesentia sua et ipsa loca ecclesiae Romanae pertinere cognoscat (Dat. IV kal. febr., ind. VII). – *(Nam monasterium sancte).*

Ed.: *MGH Epp. 7, 291 n. 31.* – Can.: *Deusdedit Coll. can. III c. 143 (122).* – Reg.: *Böhmer/Mühlbacher² n. 1261d; Ital. Pont. V 42 n. 115; Bartolini Vescovi del Montefeltro 14; Böhmer/Zielinski n. 386; Böhmer/Unger n. 109.*

Fragmentum.

* 6379 **(874) mart. 11**

„In ejusdem (Gregorii) vigiliis annua vertigine revolutis" librum primum vitae Gregorii (Magni) ab Iohanne (Hymmonide) conscriptum probat ac publicat.

Laud. in: *Iohannis Hymmonidis S. Gregorii Magni vita, epist. dedicationis (Migne PL 75, 61).* – Reg.: *Böhmer/Unger n. 113.*

6380 **(874 mart.)**

JE 3007 Ludovico (II imperatori) „per hunc quadragesimalem cursum" „paschali iam sacrosancte sollempnitati proximantinus secundum morem pristinum" palmarum ramos mittit. – *(Vobis per hunc).*

Ed.: *MGH Epp. 7, 302 n. 48.* – Can.: *Coll. Brit. 312 n. 45.* – Reg.: *Böhmer/Zielinski n. 414; Böhmer/Unger n. 111.*

Fragmentum. Olim ad a. (875 febr. ex.). De tempore cf. Böhmer/Unger n. 111.

6381 **(874 mart.)**

JE 2991 Ludovico (Germanico regi) iuxta morem palmam dirigit (scil. quadragesimali tempore ad pascha celebrandum). – *(Preterea vestre sublimitati).*

Ed.: *MGH Epp. 7, 292 n. 33.* – Can.: *Coll. Brit. 307 n. 31.* – Reg.: *Böhmer/Unger n. 112.*

Fragmentum.

6382 **(874 apr.)**

JE 3006 Angilbergae augustae 1) ad memoriam revocat, qualiter sese imperator (Ludovicus II) hortatus sit, ne impune habeat Carolum (Calvum), qui in contemptu b. Petri missos apostolicos non recepit, sed circumsepit. 2) Additque se missum Caroli non honorifice accepturum, eique monita et increpationes daturum esse. Petit, ut imperatricis duo missi sese secundum morem „hic" excipiant et deinde secum „in remota comitantes iter (suum) expeditum et congruum reddant et pravorum insidiis immune constituant". – *(Profecto non ignorat); (Quicumque venerit missus).*

Ed.: *MGH Epp. 7, 302 n. 47.* – Can.: *Coll. Brit. 312 n. 44.* – Reg.: *Böhmer/Zielinski n. 409; Böhmer/Unger n. 114.*

Fragmenta. Olim ad a. (874–875 in.). De tempore cf. Böhmer/Unger n. 114.

* 6383 **874 (mai.–iun.)** **Verona**

JE I 382 Cum Ludovico (II) imperatore ac Ludovico (Germanico) rege, qui papae Angilbergam uxorem Ludovici (II) commendant, convenit.

Laud. in: *J³ 6955; J³ 6956; Ann. Fuldenses ad a. 874 (MGH SS rer. Germ. 7, 82); Herimanni Augiensis Chron. ad a. 874 (MGH SS 5, 107).* – Reg.: *Böhmer/Mühlbacher² n. 1263b et n. 1504b; Böhmer/Zielinski n. 391; Böhmer/Unger n. 115.*

* 6384 **(874 mai.–iun.)**

Teubergam et Albericum admonet, ut (med. aug. VII ind.) Radulfo nobili viro Bavam feminam restituant.

L a u d . i n : *J³ 6388; J³ 6397.* – R e g . : *Ital. Pont. VI/1, 4 n. *5; Böhmer/Unger n. 116.*

De Bava, filia Teubergae et Alberici, cf. et Böhmer/Unger n. 122.

6385 **(874 iun.–iul.)**

JE 2988 Williberto archiepiscopo Coloniensi scribit se pallium ei transmisisse, intervenientibus Ludovico (II) imperatore eiusque avunculo Ludovico (Germanico) rege, cum provideret senectuti et infirmitati eius. De criminibus adversus eum prolatis legatum apostolicum se missurum esse nuntiat. – *Pallei igitur usum.*

E d . : *MGH Epp. 6, 256 n. 13 et 7, 315 n. 2; Wisplinghoff Rhein. UB II n. 220.* – R e g . : *Oediger Reg. Köln I 86 n. 252; Germ. Pont. VII 34 n. 67; Böhmer/Unger n. 120.*

Olim ad a. (874). De tempore cf. Böhmer/Unger n. 120. Cf. et J³ *6364.

(861–874)

Cf. J³ *6139 s. v. Nicolaus I.

6386 **(874 med.–ex.)**

JE 2960 Marino et Pulcari (praefecturiis Amalphitanis) praecipit, ut pro primitiis fidelitatis eorum milites robustissimos cum aliquibus navibus mittant ad comprehendendos Saracenos quadraginta, „qui dudum a Grecorum nostrorum navibus in mare fugere quique postea terrestrium nostrorum militum exspoliati armis omnibus virtute in montis Circei latibulis evaserunt“. Quos adiuti pedestribus militibus suis capiant, cum ipse „pro tantillis Saracenis dromones (suos) fatigare“ noluerit. Si oboediunt, promittit se tributa, quibus se ultra consuetudinem praegravatos dicant, minuturum, et ut propriam s. Petri familiam eos terra marique tuiturum. – *(Sed et pro).*

E d . : *MGH Epp. 7, 276 n. 5.* – C a n . : *Coll. Brit. 299 n. 5; Ivonis Decr. X c. 68.* – R e g . : *Ital. Pont. VIII 383 n. 4; Martin/Cuozzo Regesti dell'Italia meridionale 429 n. 879; Böhmer/Unger n. 119.*

Fragmentum. Olim ad a. (872 dec. 14–873 mai.). De tempore et aliis collectionibus ineditis cf. Böhmer/Unger n. 119.

*** 6387** **(874 med.–ex.)**

Duodeviginti naves Saracenorum multos Saracenos interficiens rapit multosque captivos liberat.

L a u d . i n : *J³ 6391; Iohannis Hymmonidis S. Gregorii Magni vita IV c. 97 (Migne PL 75, 239).* – R e g . : *Böhmer/Unger n. 118.*

6388 **(874 sept.–dec.)**

JE 3013 Teubergam et (maritum) eius Albericum denuo hortatur, ut Radulpho nobili viro (homini imperatorio) uxorem (i. e. Bavam filiam Alberici) reddant; quod si non fecerint, fore ut excommunicentur. – *(Iterum iterumque vos).*

E d . : *MGH Epp. 7, 307 n. 54.* – C a n . : *Coll. Brit. 314 n. 51; Ivonis Decr. VIII c. 118.* – R e g . : *Ital. Pont. VI/1, 4 n. 6; Böhmer/Unger n. 122.*

Fragmentum. Laud. et in J³ 6397. Olim ad a. (875). De tempore, de Teuberga et Alberico et de aliis collectionibus ineditis cf. Böhmer/Unger n. 122. Cf. et J³ *6384.

6389 **(874–875 in.)**

JE 3012 Neapolitanos, Salernitanos, (Amalphitanos) 1) a (Saracenorum) societate dehortatur, quod 2) psalmis et aliis sententiis sacra scripturae illustrat; 3) legatos suos et consiliarios, Donatum episcopum (Ostiensem), „cuius laus est in sancta synodo octava“, et Eugenium presbyterum (cf. J³ *6390), commendat. – *(Conscientia vestre in); (Quantum autem Deo); (Preterea quia fidelibus).*

E d . : *MGH Epp. 7, 306 n. 53.* – C a n . : *Coll. Brit. 314 n. 50; Ivonis Decr. XI c. 90 (fragm.) et IV c. 133 (fragm.).* – Reg.: *Ital. Pont. VIII 334 n. 3 et 422 n. 22; Martin/Cuozzo Regesti dell'Italia meridionale 438 n. 908; Böhmer/Unger n. 107.*

Fragmenta. Laud. et in J³ 6522. Olim ad a. (875). De tempore et aliis collectionibus ineditis cf. Böhmer/Unger n. 107. Cf. et J³ *6390.

*** 6390** **(874–875 in.)**

Donatum (Ostiensem) episcopum ac Eugenium presbyterum legatos ad Neapolitanos, Salernitanos, Amalphitanos mittit.

Laud. in: *J³ 6389; J³ 6469.* – Reg.: *Böhmer/Unger n. 108.*

6391 **(874 ex.–875 in.)**

JE 3008 (Ludovico II) imperatori et (Angilbergae) imperatrici significat, cum rediisset litoraque direpta et Fundos ac Terracinam urbes invasas a Saracenis cognovisset se „non plus quam quinque diebus in Urbe“ mansisse, „quamvis corporis non modica“ detineretur „molestia“, et cum fidelibus suis exiisse; navibusque XVIII captis, multos Saracenos occisos et sexcentos captivos liberatos esse. Venientibus imperatoribus, petit, ut custodia virorum in litoribus remaneat. – *(Cum reversi fuissemus).*

Ed.: *MGH Epp. 7, 303 n. 49.* – Can.: *Coll. Brit. 313 n. 46; Ivonis Decr. X c. 71.* – Reg.: *Ital. Pont. VIII 93 n. 2; Böhmer/Zielinski n. 419; Martin/Cuozzo Regesti dell'Italia meridionale 436 n. 902; Böhmer/Unger n. 124.*

Fragmentum. Cf. J³ *6387.

*** 6392** **(874 ex.–875 in.)**

Iohannipolem civitatem aedificari iubet.

Laud. in: *Exemplar inscriptionis (Marazzi Città nuove pontificie 277); Tractatus de rebus antiquis et situ urbis Romae (FSI 91, 111).* – Reg.: *Böhmer/Unger n. 123.*

De re cf. Böhmer/Unger n. 123.

*** 6393** **(875 ian.–febr.)**

Rainaldum episcopum Castri Felicitatis, coram Gregorio nomenclatore, misso et apocrisiario S.S.A., cum Gregorio illustri magistro militum ac vestarario s. patriarchii apud (Angilbergam) imperatricem augustam consistente, super homicidio impetitum, per frequentes excommunicationis epistolas cogit Romam purgandi causa accedere.

Laud. in: *J³ 6407.* – Reg.: *Ital. Pont. IV 99 n. *1; Böhmer/Unger n. 131.*

6394 **(874 ex.–875 ante mart. 11)**

JE 2995 Adelfredum Cantuariorum et Vulfredum Eboracensem archiepiscopos, seu omnes episcopos et cunctum clerum Angliae admonet, ut laicalia vestimenta deponant et resumant clericales infulas secundum Romanae ecclesiae morem, exemplum afferens Anglorum procerum „tunc“ Romae degentium, qui apostolicam sententiam acceperint, „ut voluntarię omnes Anglorum clerici sub ipsis vigiliis s. Gregorii (mart. 11) laicalem et sinuosum set et curtum habitum deponentes talares tunicas secundum Romanum morem induerent“. – *(Congregatis itaque omnibus).*

Ed.: *MGH Epp. 7, 293 n. 36; Whitelock/Brett/Brooke Councils I/1, 2 n. 2.* – Can.: *Deusdedit Coll. can. II c. 90.* – Reg.: *Böhmer/Unger n. 125.*

Fragmentum. Olim ad a. (873–875). De tempore et aliis collectionibus ineditis cf. Böhmer/Unger n. 125.

*** 6395** **(875 ian.–mart.)**

Landulfum episcopum Capuanum ter per missos et epistolas vocat ad synodum pro diversis necessitatibus ecclesiae et maxime hortatur, ut foedus cum nefandissimis Saracenis dissolvat.

L a u d . i n : *J³ 6399.* – R e g . : *Ital. Pont. VIII 217 n. *13; Martin/Cuozzo Regesti dell'Italia meridionale 433 n. 893 et 894 et 895; Böhmer/Unger n. 130.*

*6396 **(874 mart.–875 apr.)** **Mantova**

Anastasius Bibliothecarius legatus apostolicus apud augustos (Ludovicum II et Angilbergam) Mantuae moratur.

L a u d . i n : *Anastasii Bibliothecarii epist. ad Landulfum ep. Capuanum directa (MGH Epp. 7, 428 n. 11).* – R e g . : *Böhmer/Zielinski n. 408; Böhmer/Unger n. 110.*

6397 **(875 ian.–apr.)**

JE 3014 Ansperto archiepiscopo Mediolanensi significat, Bavae adulterii accusatae parentes (Theubergam et Albericum) suo praecepto, ut „mediante mense Augusto preteritę septime indictionis (eam) sive purgatam sive aliter" Radulpho marito, viro spectabili, imperatorio homini redderent, non paruisse. Mandat, ut una cum Luitfrido Ticinensi et Paulo Placentino episcopis rem decernat, Bavamque et eius fautores, si iudicium declinaverint, excommunicet. – *Vir spectabilis Rudolphus.*

E d . : *MGH Epp. 7, 308 n. 55.* – C a n . : *Coll. Brit. 314 n. 52; Ivonis Decr. VIII c. 119.* – R e g . : *Ital. Pont. V 444 n. 4; Ital. Pont. VI/1, 40 n. 57 et 174 n. 4; Böhmer/Zielinski n. 421; Böhmer/Unger n. 129.*

Olim ad a. (875 ante sept. vel ante mai. 8?). De tempore et aliis collectionibus ineditis cf. Böhmer/Unger n. 129. Cf. et J³ *6384 et J³ 6388.

*6398 **(875 mart.–apr.)**

Rainaldum episcopum Castri Felicitatis caedis accusatum et in synodo Romae celebrata absentem excommunicat.

L a u d . i n : *J³ 6399; J³ 6407.* – R e g . : *Böhmer/Unger n. 132.*

6399 **(875 mai.)**

JE 3016 (Campaniae) et Apuliae episcopis nuntiat, Landulfum Capuanum episcopum, ut foedus, quod cum Saracenis pepigerit, dissolveret, ter ad synodum vocatum (cf. J³ *6395), cum venire contempserit, excommunicatum esse. „Usque in natale apostolorum istius octave indictionis" (i. e. 875 iun. 29) se ei inducias dedisse addit. – *Sancti Niceni concilii.*

E d . : *MGH Epp. 7, 310 n. 57.* – C a n . : *Coll. Brit. 315 n. 54.* – R e g . : *Ital. Pont. VIII 68 n. 31 et 217 n. 14; Ital. Pont. IX 273 n. 3; Martin/Cuozzo Regesti dell'Italia meridionale 434 n. 897; Böhmer/Unger n. 134.*

Olim ad a. (875 ante iun. 29). De tempore cf. Böhmer/Unger n. 134. Cf. et J³ *6395 et J³ *6398.

*6400 **(875 mai.)**

„Mediante Iunio presentis octave indictionis" (a. 875) eos ad sese vocat, qui de homicidio cuiusdam Romani presbyteri suspicantur.

L a u d . i n : *J³ 6409.* – R e g . : *Böhmer/Unger n. 135.*

6401 **(872–875 aug.)**

JE 2955 Supponem (III) comitem (Spoletinum) valde precatur, ut „apud serenissimos filios (suos) magnos imperatores agat", ut Lunensis ecclesiae praesuli mortuo Waliarius, praesentium litterarum gerulus, episcopus Lunensis succedat. – *(Obiisse Lunensis aecclesiae).*

E d . : *MGH Epp. 7, 274 n. 2.* – C a n . : *Coll. Brit. 298 n. 2.* – R e g . : *Ital. Pont. VI/1, 4 n. 4; Ital. Pont. VI/2, 377 n. 11; Böhmer/Unger n. 47.*

Fragmentum. Olim ad a. (872 dec. 14–873 mai.). De tempore et re cf. Böhmer/Unger n. 47.

6402 **(872–875 aug.)**

JE 2994 Ludovico (II) imperatori haec scribit: „Quinque sunt principalia probationum vel investigationum membra, per quae a iudice prudente rerum veritas potest comprehendi vel colligi, id est: scriptura, testes, manifestum indicium, iusiurandum, divinum experimentum". – *(Quinque sunt principalia).*

E d . : *MGH Epp. 7, 330 n. 1.* – C a n . : *Coll. Taurinensis.* – R e g . : *Böhmer/Zielinski n. 422; Böhmer/Unger n. 44.*

Fragmentum. Olim ad a. (873–875). De tempore et fide Coll. Taurinensis, ubi epist. inserta est, cf. Böhmer/Unger n. 44.

6403 **(872–875 aug.)**

JE 3005 Ludovico (II) imperatori scribit de morte cuiusdam excommunicati, qui Romanam legationem recipere recusaverit, Michaelis (III) Graecorum imperatoris secutus exemplum, quem Nicolaus (I) papa, legatis iterum non missis, „amara gladii morte ab emulis trucidari permisit". Homo igitur Michaelem sequens eundem etiam in pena „etsi forte non corporalis saltem spiritalis mortis" sequi debet. „Congruo tempore nec dilato sacro celebrato conventu", vindictam eius se constituturum esse atque eum diffamaturum apud Constantinopolitanum et cetera patriarchia nuntiat. – *(Mortuus est qui).*

E d . : *MGH Epp. 7, 301 n. 46.* – C a n . : *Deusdedit Coll. can. IV c. 178 (fragm.); Coll. Brit. 312 n. 43.* – R e g . : *Böhmer/Zielinski n. 407; Böhmer/Unger n. 45.*

Fragmentum. Olim ad a. (874–875 in.). De tempore, personis et ceteris collectionibus ineditis cf. Böhmer/Unger n. 45.

6404 **(872–875 aug.)**

JE 3011 Ludovico (II) imperatori plurima exponit: 1) Ciceronem dixisse, „sicut posteriores principes rem familiarem sive domesticam melius ... et lautius" rexerunt, „sic ... antiquiores (Romanos pontifices) melioribus ... et institutis et legibus" gubernasse. Magistratus honorem nulli ultra annum concessum esse et hoc completo et priorem iudicem L diebus intra provinciam retentum fuisse, „donec si qua distraxerat possessoribus referantur". „Si qua vero predia suo nomini comparaverat vel si quas edes tempore suę administrationis extruxerat, iuri (Romani pontificis) vindicentur". 2) Quantum discriminis ferat, si rerum possessio in decennium aut longius tribuatur, docet. Additque „generale preceptum beneficio speciali anteferendum" et specialia rescripta, quae cum iure non concordant nihil valere; 3) „semper constitutionem temeratam generare vindictam"; 4) „quia, quod contra leges accipitur, per leges dissolvi meretur"; 5) facientis culpam habere, „qui, quod potest corrigere, negligit emendare". 6) „Nobis studendum" esse, „ut non solum noxia non inferamus, verum etiam ęcclesię Dei providere certemus congruentia". – *(Siquidem Ciceronis est); (Nam cum rerum); (Personalia rescripta que); (Vides ergo fili); (Facientis procul dubio); (Et iuxta quod).*

E d . : *MGH Epp. 7, 304 n. 52.* – C a n . : *Deusdedit Coll. can. IV c. 179 et c. 180 (fragm.); Coll. Brit. 313 n. 49 (fragm.); Ivonis (?) Coll. tripartita 1, 63, 7 et 8 (fragm.); Ivonis Decr. IV c. 230 et VI c. 115 (fragm.); Gratiani Decr. D. X c. 10 et D. LXXXVI c. 3 (fragm.).* – R e g . : *Böhmer/Zielinski n. 420; Böhmer/Unger n. 46.*

Fragmenta. Olim ad a. 875. De tempore et aliis collectionibus ineditis cf. Böhmer/Unger n. 46.

6405 **(873 med.–875 aug.)**

JE 2965 Sophonestae feminae praecipit, ut accepto XX dierum spatio aut ex nostratibus cum consensu Orbinantium atque Callensium virum legitima foederatione suscipiat aut sub sacro velamine castimoniam carnis promittat aut in suam praesentiam veniat. – *(Multorum relatione didicimus).*

E d . : *MGH Epp. 7, 278 n. 10.* – C a n . : *Coll. Brit. 300 n. 10.* – R e g . : *Ital. Pont. IV 221 n. 2 et 224 n. 2; Böhmer/Unger n. 82.*

Fragmentum. Olim ad a. (872 dec. 14–873 mai.). De tempore et aliis collectionibus ineditis cf. Böhmer/Unger n. 82. Cf. et J³ *6337.

6406 **(874–875 aug.)**

JE 3000 Ludovicum (Iuniorem) et Carolum (III) filios Ludovici (Germanici regis) 1) admonet, ut partem regni Lotharii (I) imperatoris b. m. ab eis retentam Ludovico (II) imperatori reddant. In memoriam revocat, „quod tam ipse Lotharius (I) imperator et ... Ludovicus (Germanicus) genitor (eorum) atque Karolus (Calvus) reges inter se divisionem fecerint, ut sibi et filiis suis singulas metas ad invicem conservantes et amiciciam mutuam" custodirent „et nemo eorum fraternam sortem transiliret." Interdicit etiam, ne „pro diminucione ... regni ... imperatoris pactum aliquod" ineant. 2) Si non oboediant, sciant se auctoritate apostolica excommunicatos. – *(Relatum est nobis); (Ne tacendo peiuris).*

E d . : *MGH Epp. 7, 297 n. 41.* – C a n . : *Coll. Brit. 310 n. 38.* – R e g . : *Böhmer/Unger n. 106.*

Fragmenta. Olim ad a. (874–875 in.). De tempore et de personis cf. Böhmer/Unger n. 106.

6407 **(875 mai.–aug.)**

JE 3015 Ludovico (II) imperatori nuntiat se Rainaldum episcopum Castri Felicitatis, qui, indicta pro sua purgatione synodo, deputatum a se locum fraudulenter excedens, more furis per Urbis se muros deiecit et iudicium subterfugiens, vera fuisse crimina propalavit, ab omni ecclesiastica simul et christiana communione penitus sequestrasse. – *(Qualiter Ragenaldus Castri).*

E d . : *MGH Epp. 7, 309 n. 56.* – C a n . : *Coll. Brit. 315 n. 53; Ivonis Decr. X c. 52.* – R e g . : *Ital. Pont. IV 99 n. 2; Böhmer/Zielinski n. 416; Böhmer/Unger n. 133.*

Fragmentum. De aliis collectionibus ineditis cf. Böhmer/Unger n. 133. Cf. et J³ *6393 et J³ *6398.

*** 6408** **(875 iun. med.–aug.)**

Eos, qui de homicidio Romani clerici suspiciuntur, per „litteras secundo et tercio" (cf. J³ *6400) ad se vocat.

L a u d . i n : *J³ 6409.* – R e g . : *Böhmer/Unger n. 136.*

6409 **(875 iul. med.–sept. med.)**

JE 3017 Eos, qui suspecti de Romani clerici nece „mediante Iunio praesentis octavae indictionis" ad se non venerint vocati, et per Iohannem (Tuscanensem aut Aretinum?) et Leonem (Gabinensem?) episcopos excommunicati sint, ipse etiam anathematizat, ac, nisi „kalendis Octobribus future none indictionis" apparuerint, perpetuo anathemate innexos denuntiat. – *(Qui de homicidio).*

E d . : *MGH Epp. 7, 310 n. 58.* – C a n . : *Coll. Brit. 315 n. 55; Ivonis Decr. X c. 17.* – R e g . : *Böhmer/Unger n. 137.*

Fragmentum. De aliis collectionibus ineditis cf. Böhmer/Unger n. 137. Cf. et J³ *6400 et J³ *6408.

6410 **(875 sept. in.–med.)**

JE 3019 Carolo (Calvo) regi nuntiat, post mortem Ludovici (II) imperatoris (875 aug. 12) cum, qui in loco eius „succedere debuisset, cum fratribus (suis) et inclito Romano senatu concorditer" tractaret, „devotione et fide (ipsius) ad medium deducta", hanc multos dignis praeconiis efferre coepisse. „Cuius et (se) non solum (suis) diebus, set etiam b. papę Nicolai (I) tempore reminiscentes excellentiam (ipsius) ad honorem et exaltationem s. Romanae ęcclesiaę et ad securitatem populi Christiani eligendam esse" speravisse. – *(Igitur quia sicut).*

E d . : *MGH Epp. 7, 311 n. 59.* – C a n . : *Anselmi Coll. can. I c. 79 (versio A); Deusdedit Coll. can. IV c. 182.* – R e g . : *Böhmer/Unger n. 138.*

Fragmentum. De aliis collectionibus ineditis cf. Böhmer/Unger n. 138.

*** 6411** **(875 sept. in.–med.)**

JE *3018 Carolum (Calvum) regem „per Gadericum Veliternensem, Ansegisum Senonensem, Formosum Portuensem, Iohannem Aretinum episcopos ad limina bb. apostolorum invitat".

L a u d . i n : *Ann. Bertiniani ad a. 876 (Grat 199); Caroli Calvi privilegium 876 mart. 1 datum (Lot/Giry/Prou/Tessier Recueil II 401 n. 404); Acta concilii Papiensis a. 876 (MGH Conc. 5, 19); De imp. potestate libellus (FSI 55, 207); Odoranni Senonensis Chron. (Bautier/Gilles 90).* – R e g . : *Böhmer/Zielinski n. 477; Böhmer/Unger n. 139.*

6412 **875 oct. 3** **(Roma)**

JE 3020 Monasterii Salvatoris Fuldensis privilegia Nicolai I (J[3] 5705) confirmat petente Sigihardo abbate (Scr. p. m. Pauli not. et scrin. S.R.E. in m. oct., ind. IX. Dat. V non. oct. p. m. Gregorii nomenc. missi et apocris. S.S.A.; reg. imp. d. Ihesu Christo, a. pont. d. Iohannis summi pont. et univ. pp. et ep., ind. IX). – *Quoniam semper sunt.*

E d . : *Meyer zu Ermgassen Codex Eberhardi I 14 et 67.* – R e g . : *Germ. Pont. IV 364 n. 26; Böhmer/Unger n. 142.*

*** 6413** **875 dec. 17** **Roma, S. Pietro**

JE I 385 Carolum (Calvum) regem in ecclesia b. Petri Romana „cum gloria magna" excipit (XVI kal. ian.).

L a u d . i n : *J[3] 6417; J[3] 6429; Ann. Bertiniani ad a. 875 (Grat 199); Ann. Vedastini ad a. 875 (MGH SS rer. Germ. 12, 40); Chron. Vedastinum ad a. 875 (MGH SS 13, 709).* – R e g . : *Böhmer/Zielinski n. 485; Hack Empfangszeremoniell 610; Böhmer/Unger n. 144.*

6414 **(875 oct.–dec. med.)** **Roma**

JE 3021 Synodus praesidente Iohanne (VIII) ante Caroli (Calvi) regis adventum Romae congregata decernit 1) „de primatu s. Romanae et apostolicae ecclesiae"; 2) „de ordinationibus episcoporum diu minime differendis"; 3) „de usu pallii, ne a metropolitanis praesumptive utatur"; 4) „de episcopis minime ignominiose tractandis"; 5) „de ecclesiis non violandis et de non facienda iniuria ecclesiasticis viris"; 6) „de raptoribus sanctimonialium vel quarumlibet feminarum"; 7) „de homicidis, truncatoribus, predonibus et domorum crematoribus"; 8) „de excommunicatis, ut per unamquamque provinciam regularis sententia teneatur"; 9) „ de his, qui ante audientiam communicare temptaverint"; 10) „de his, qui excommunicati defuncti sunt"; 11) „ ut omnes episcopi excommunicatorum nomina suis vicinis denuntient"; 12) „ de neglectoribus episcopis communione privandis"; 13) „de his, qui ante emendationem reatus seniores suos subterfugiendo relinqunt"; 14) „de laicis publicorum conventus spernentibus a communione pellendis"; 15) „de administrationibus saeculi episcopo ad defensionem ecclesiae opem ferre neglegentibus"; 16) „de non gravandis ecclesiis vel episcopis a suis metropolitanis"; 17) „ut diaconi cardinis huius apostolicae sedis coacte presbyteri non ordinentur"; 18) „de illicitis ordinationibus minime faciendis".

E d . : *MGH Conc. 5, 9; insertum in Pseudo-Liutprandi Lib. (Migne PL 129, 1232) (fragm.).* – R e g . : *Böhmer/Zielinski n. 484; Böhmer/Unger n. 140.*

Laud. et in J[3] 6455. De re cf. Böhmer/Unger n. 140. Capitula 2–3 et 5–15 repetuntur in synodo Ravennate a. 877 celebrata (J[3] 6552).

*** 6415** **(875 oct.–dec. med.)**

JE 3021 Per Odonem Bellovacensem episcopum post synodum Romae celebratam litteras ad

Ludovicum (Germanicum) regem et filios ipsius, archiepiscopos, episcopos, abbates ac reliquos mittit.

Laud. in: *J³ 6435; J³ 6436; J³ 6455.* – Reg.: *Böhmer/Zielinski n. 484; Böhmer/Unger n. 141.*

*** 6416** **(875) dec. 25** **Roma, S. Pietro**

JE I 386 Carolum (Calvum) ungit coronamque imperatoriam capiti eius imponit.

Laud. in: *J³ 6417; J³ 6429; J³ 6434; J³ 6435; J³ 6543; J³ 6552; J³ 6553; Ann. Fuldenses ad a. 875 (MGH SS rer. Germ. 7, 85); Ann. Bertiniani ad a. 876 (Grat 200); Ann. Vedastini ad a. 876 (MGH SS rer. Germ. 12, 40); Adonis Viennensis Chron., Cont. prima (MGH SS 2, 325); Reginonis Prumiensis Chron. ad a. 875 et ad a. 877 (MGH SS rer. Germ. 50, 110 et 112).* – Reg.: *Böhmer/Zielinski n. 486; Böhmer/Unger n. 145.*

Laud. et in multis aliis fontibus postea scriptis, quas praebet Böhmer/Unger n. 145.

6417 **(875) dec. 28** **(Roma)**

JE 3022 Monasterii s. Vedasti Atrebatensis iura et possessiones petente Carolo (Calvo) „die nativitatis Domini in ecclesia b. Petri (Romana) dignitatem imperialem adepto“ confirmat (Dat. V kal. ian. p. m. Anastasii primiscrinii a. I imp. Caroli serenissimi aug. et post cons. eius a. I, ind. VIII). – *Si utilitatibus servorum.*

Ed.: *van Drival Cartulaire Arras 35.* – Reg.: *Böhmer/Unger n. 149.*

Laud. et in Caroli Calvi privilegio (Lot/Giry/Prou/Tessier Recueil II 413 n. 408). Cf. J³ *6413 et J³ *6416.

*** 6418** **(872–875)**

Ad Iohannem (VIII) Remigius Lugdunensis et Ado Viennensis archiepiscopi litteras mittunt „pro simonia et quia per manum laicam quilibet indigni ad episcopatum promovebantur“.

Laud. in: *Hugonis Flaviniacensis Chron. I (MGH SS 8, 356).* – Reg.: *Gall. Pont. III/1, 114 n. *117; Böhmer/Zielinski n. 2662; Böhmer/Unger n. 43.*

*** 6419** **(873–875)**

Ignatium patriarcham Constantinopolitanum, qui Bulgarorum gentem invadere praesumpserit, hortatur, ut (Romae) rationem reddat de excessibus suis et contentus sit liminibus suis. Praecipit, ut sacerdotes ab eo et eius episcopis in Bulgaris constitutos intra dies triginta revocet.

Laud. in: *J³ 6425; J³ 6606.* – Reg.: *Böhmer/Unger n. 59.*

6420 **(873 med.–875)**

JE 3028 Angilbergae imperatrici sic scribit: 1) „Ad hoc usque malum crevit et incrassatum est, ut factione Ravennatis archiepiscopi Maurinus cum suis complicibus, qui excommunicati et anathematizati a nobis iam sunt, Ravennam ingrederetur et fidelium nostrorum res ... raperet ac devastaret, adeo ut claves civitatis Ravennę a vestarario nostro violenter subtraheret et ... ipsi archiepiscopo, quod numquam factum fuisse recolitur, potestative concederet“. 2) Additque se certum esse „quia venturus iudex sanctam suam ęcclesiam ab utrisque nobis non solum qualem commisit, immo etiam cultiorem, liberiorem, quietiorem amplioremque requiret, quam esset, cum nos ad regimen eius eo disponente accessimus“. – *(Ad hoc usque); (Scio enim et).*

Ed.: *MGH Epp. 7, 312 n. 62.* – Can.: *Deusdedit Coll. can. III c. 142 et IV c. 181.* – Reg.: *Ital. Pont. V 42 n. 116 et 90 n. 24; Böhmer/Unger n. 81.*

Fragmenta. Olim ad a. (873–876). De tempore et re cf. Böhmer/Unger n. 81. Cf. et J³ *6357.

6421 **(874–875)**

JE 3009 Andreae episcopo Florentino praecipit, ut Luponem presbyterum, quem sedem apostolicam appellantem includi praesumpserit, abire liberum dimittat. – *(Presbiterum autem Luponem).*

Ed.: *MGH Epp. 7, 303 n. 50.* – Can.: *Coll. Brit. 313 n. 47.* – Reg.: *Ital. Pont. III 7 n. 2; Böhmer/Unger n. 101.*

Fragmentum. Olim ad a. (875). De tempore cf. Böhmer/Unger n. 101.

6422 **(874–875)**

JE 2996 Michaeli (regi Bulgarorum) 1) scribit de auctoritate apostolicae sedis, quae „Photium repulit et Ignacium restauravit", quod iudicium ab omnibus patriarchis sit susceptum neque refutari potuerit. „Sub ea enim condicione" inquit „Ignacius a nostris predecessoribus solutus est, ut si per Bulgariam, quod neque Photius ille temptaverat, aliquid contra iura apostolica temptavisset, sub pristine dampnacionis sue sentencia nichilominus permaneret". Episcopis sibi a Graecis directos non recipit, et in eorum eosque mittentium depositionem nisi resipuerint anathema dicit. 2) Addit, quod si ab excommunicatis sacramenta suscipiat, ut schismaticus efficiatur. – *(Si ergo super); (Si enim ab).*

Ed.: *MGH Epp. 7, 294 n. 37; Tăutu Acta Rom. pont. I 711 n. 340; insertum in Anonymi Zwettlensis Hist. Rom. pont. (Migne PL 213, 1023) (fragm.).* – Can.: *Coll. Brit. 308 n. 34; Ivonis Decr. XIV c. 36 (fragm.); Ivonis (?) Panorm. V c. 105 (fragm.).* – Reg.: *Böhmer/Unger n. 103.*

Fragmenta. De aliis collectionibus ineditis cf. Böhmer/Unger n. 103. Cf. et J³ 5839 et J³ 6021.

6423 **(874–875)**

JE 2997 Omnibus fidelibus (in regiones Sclavorum) nuntiat, presbyterum Iohannem ab officio suo cessare, quia quendam de conspiratoribus contra suum seniorem Domagoi ducem Sclavorum, qui ad eum fecerat confugium, illi tradiderit, postquam Domagoi vitam ei concedere promiserit, quem conspiratorem postmodum Domagoi in eius absentia perimi iusserit. Iohannem praesentem, communione sua saginatum, pristino officio et ministerio liberius uti et verbum praedicationis in populo iuxta morem sacerdotis in omnibus exercere praecipit. – *(Sciat igitur vestra).*

Ed.: *MGH Epp. 7, 295 n. 38.* – Can.: *Coll. Brit. 308 n. 35.* – Reg.: *Böhmer/Unger n. 104.*

Fragmentum. De aliis collectionibus ineditis cf. Böhmer/Unger n. 104.

6424 **(874–875)**

JE 2998 Domagoi (ducem Sclavorum) 1) adhortatur, ut vitae eius insidias instruentes non morte, sed temporali exilio castiget; 2) insuper ad opprimendos piratas, „qui sub praetextu eius nominis in Christicolas debacchantur" et navigantibus insidiantur, eum excitat. – *(Si vero quod); (Preterea devocionis tue).*

Ed.: *MGH Epp. 7, 295 n. 39.* – Can.: *Coll. Brit. 309 n. 36; Ivonis Decr. X c. 70 (fragm.); Ivonis (?) Panorm. VIII c. 20 (fragm.); Gratiani Decr. C. XXIII q. 8 c. 12 (fragm.).* – Reg.: *Böhmer/Unger n. 105.*

Fragmentum. De aliis collectionibus ineditis cf. Böhmer/Unger n. 105.

6425 **(874–875)**

JE 2999 (Basilio I) Graecorum imperatori queritur de Ignatio patriarcha Constantinopolitano, qui novam Bulgarorum gentem per legatos Romanos conversam non contentus liminibus dioeceseos, invadere ausu temerario praesumpserit. Ut de his et aliis excessibus rationem reddat, Ignatium Romam vocat. – *(Plurimorum relatu quedam).*

Ed.: *MGH Epp. 7, 296 n. 40; Fontes hist. Bulgaricae 7, 145.* – Can.: *Coll. Brit. 309 n. 37.* – Reg.: *Böhmer/Unger n. 102.*

Fragmentum. Cf. J³ *6419.

***6426** **(874 med.–875)**

Legatorum suorum (Donati episcopi Ostiensis et Eugenii presbyteri) litteris

Waifarium principem Salernitanum eiusque generum Pulcari praefecturium Amalphitanum devotum cognoscit.

Laud. in: *J³ 6469.* – Reg.: *Ital. Pont. VIII 334 n. *4; Martin/Cuozzo Regesti dell'Italia meridionale 441 n. 914; Böhmer/Unger n. 117.*

De tempore cf. Böhmer/Unger n. 117.

***6427** **(875 dec. 17–876 ian. 2)** **(Roma)**

Ansegisum archiepiscopum Senonensem vicarium Galliae facit.

Laud. in: *J³ 6428; J³ 6455; Ann. Bertiniani ad a. 876 (Grat 201); Flodoardi Remensis Hist. III c. 21 (MGH SS 36, 273); Odoranni Senonensis Chron. (Bautier/Gilles 90); Epitaphium Ansegis Senonensis in Odoranni Senonensis Chron. ad a. 883 (Bautier/Gilles 92).* – Reg.: *Böhmer/Zielinski n. 490; Böhmer/Unger n. 143.*

De tempore cf. Böhmer/Unger n. 143.

6428 **876 ian. 2**

JE 3032 Episcopis per Gallias et Germanias constitutis significat, Ansegisum archiepiscopum Senonensem sedis apostolicae vicarium per Gallias et Germanias creatum esse (Dat. IV non. ian., ind. IX). – *Vestrae omnium innotescimus.*

Ed.: *MGH Epp. 7, 315 n. 3.* – Reg.: *Böhmer/Zielinski n. 2663; Böhmer/Unger n. 157.*

Laud. et in J³ 6455. Cf. J³ *6427.

6429 **876 ian. 2**

JE 3033 Monasterii s. Medardi Suessionensis privilegia bonaque postulante Carolo (Calvo) imperatore confirmat (Scr. p. m. Benedicti not. reg. et sacrosanctae R.E. in m. ian., ind. IX. IV non. ian. p. m. Anastasii bibl. S.S.A. a. Deo prop. pont. d. Ioannis IV, imp. d. piissimo perp. aug. Carolo a Deo cor. magno imp. a. I et post cons. eius a. I, ind. IX). – *Quotiens illa a.*

Ed.: *Tomassetti Bull. Rom. I 342.* – Reg.: *Lohrmann PUU in Frankreich NF VII 172 n. 5; Böhmer/Unger n. 158.*

Cf. J³ *6413 et J³ *6416.

***6430** **(875 dec. 25–876 ian. 5)** **(Roma)**

Cum Carolo (Calvo) imperatore de pacto agit.

Laud. in: *De imp. potestate libellus (FSI 55, 208).* – Reg.: *Böhmer/Zielinski n. 492; Böhmer/Unger n. 148.*

De tempore cf. Böhmer/Unger n. 148.

6431 **876 ian. 5** **(Roma), S. Pietro**

JE 3034 Hincmaro archiepiscopo Remensi negotium dat, ut in locum Hincmari Laudunensis episcopi iuste deiecti successorem eligendum curet (Dat. est Romae Theoderico iussu pp. Iohannis et d. Karoli novi imp. p. m. Anastasii bibl. in secretario eccl. s. Petri a. inc. d. 876, non. ian., ind. IX, et delata est ab eodem Theoderico in civitate Remis Hincmaro Remorum archiep. eodem a. et eadem ind., V id. mart.). – *Quamvis de sanctitatis.*

Ed.: *MGH Epp. 7, 316 n. 4.* – Reg.: *McKeon Hincmar 177 n. 163; Böhmer/Zielinski n. 493; Böhmer/Unger n. 159.*

***6432** **(876 febr. 17)**

Iohannem Ficoclensem (aut Aretinum?) et Iohannem Tuscanensem episcopos in Franciam mittit, ut Ludovicum (Germanicum regem) propter invasionem in Franciam occidentalem factam monent ac synodum convocent.

Laud. in: *J³ 6433; J³ 6434; J³ 6435; J³ 6436; J³ 6455.* – Reg.: *cf. Germ. Pont. VII 35 n. *68; Böhmer/Unger n. 169.*

6433 **876 febr. 17**

JE 3037 Episcopos comitesque regni Caroli (Calvi) hortatur, ne in fide, imperatori adhuc praestita, cessent. Addit de suis legatis, Iohanne (Ficoclensi aut Aretino?) et Iohanne (Tuscanensi) episcopis, missis „ad examinanda simulque diffinienda canonice sive legaliter quae hoc anno inter" Carolum (Calvum) et Ludovicum (Germanicum) regem „emersere negotia" (Dat. XIII kal. mart., ind. IX). – *Benedictus Deus et.*

Ed.: *MGH Epp. 7, 317 n. 5.* – Reg.: *Böhmer/Unger n. 166.*

Laud. et in J³ 6455. Cf. J³ *6432.

6434 **(876 febr. 17)**

JE 3038 Episcopos, qui, cum Carolus (Calvus) Romam peteret, „augustaleque diadema sibi divinitus sine dubio collatum per humilitatis (suae) ministerium" acciperet, Ludovico (Germanico) regi in illius regnum irruenti, violata fide se adiunxerint, redire ad imperatoris auctoritatem sub excommunicationis poena iubet. De legatis suis Iohanne (Ficoclensi aut Aretino?) et Iohanne (Tuscanensi) episcopis addit. – *Relatione vera didicimus.*

Ed.: *MGH Epp. 7, 318 n. 6.* – Reg.: *Böhmer/Unger n. 167.*

Laud. et in J³ 6455. Cf. J³ *6416 et J³ *6432.

6435 **(876 febr. 17)**

JE 3039 Archiepiscopis et episcopis in regno Ludovici (Germanici) „regis Baioariae" constitutis exprobrat, quod regem non modo ab invadendo Caroli (Calvi) imperatoris regni non sint dehortati, sed adiutores etiam illius consilii fuerint. Excommunicatione anathemateque propositis eis mandat, ut et regis animum ab incepto avertant et cum legatis suis Iohanne Ficoclensi (aut Aretino?) et Iohanne Tuscanensi episcopis conveniant. – *Apostolicae moderationis ordinem.*

Ed.: *MGH Epp. 7, 320 n. 7.* – Reg.: *Böhmer/Unger n. 164.*

Laud. et in J³ 6455. Cf. J³ *6415 et J³ *6416 et J³ *6432.

6436 **(876 febr. 17)**

JE 3040 Comites in regno Ludovici (Germanici) „regis Baioariae" constitutos (similiter superiore epistola J³ 6435) admonet. – *Ministerii nostri est.*

Ed.: *MGH Epp. 7, 323 n. 8.* – Reg.: *Böhmer/Unger n. 165.*

Cf. J³ *6415 et J³ *6432.

***6437** **876 (febr. 17)**

Ad laicos (Franciae occidentalis) litteras mittit.

Laud. in: *Ann. Bertiniani ad a. 876 (Grat 203).* – Reg.: *Böhmer/Unger n. 168.*

***6438** **(876 ian.–febr.)**

Tam Urso duci Venetiarum quam suffraganeis eius episcopis (J³ *6473) litteras dirigit, ut in conspectu apostolicaeque sedis praesentia lis inter Petrum Venetiarum metropoleos antistitem et suffraganeos eius discutiatur.

Laud. in: *J³ 6496.* – Reg.: *Ital. Pont. VII/2, 15 n. *16 et 44 n. *43; Böhmer/Unger n. 155.*

***6439** **(876 ian.–febr.)**

Iohannem (VIII) Petrus Gradensis ecclesiae antistes appellat more maiorum sedem apostolicam consecrans, ut controversiae, quae inter se et Dominicum (Torcellensem) electum vertitur, finem legitimum imponat.

Laud. in: *J³ 6493; J³ 6496; Iohannis Diaconi Ist. Veneticorum III c. 13 (Berto 136).* – Reg.: *Ital. Pont. VII/2, 44 n. *40; Böhmer/Unger n. 156.*

De tempore cf. Böhmer/Unger n. 156.

*** 6440** **(876 febr.)**

Legatos ad synodum Ticinensem mittit.

L a u d . i n: *J³ 6951; J³ 6952.* – R e g . : *Ital. Pont. VII/1, 219 n. *1; Böhmer/Unger n. 161.*

*** 6441** **876 febr.**

Petrum episcopum Fori Sempronii ad Carolum (Calvum) imperatorem mittit, ut de Gregorio nomenclatore et Georgio generi eius conqueratur.

L a u d . i n: *J³ 6448.* – R e g . : *Böhmer/Unger n. 162.*

*** 6442** **(876 ian.–mart.)**

Iohannem (VIII) Carolus (Calvus) imperator rogat, ut Frotharium episcopum Burdigala a Normannis deleta ad sedem archiepiscopalem Bituricensem transferatur.

L a u d . i n: *J³ 6471; J³ 6476.* – R e g . : *Böhmer/Unger n. 154.*

*** 6443** **(876 mart.)**

JE I 388 Una cum Lamberto duce (Spoletino) fratreque eius Widone Neapolim ac Capuam se confert foederum cum Saracenis dissolvendorum causa.

L a u d . i n: *J³ 6469; J³ 6523; Chron. mon. Casinensis I c. 40 (MGH SS 34, 109); Erchemperti Hist. Lang. c. 39 (MGH SS rer. Lang. 249); Gesta epp. Neapolitanorum c. 66 (MGH SS rer. Lang. 436); Chron. Salernitanum c. 121 (Westerbergh 134).* – R e g . : *Böhmer/Unger n. 171.*

*** 6444** **(876 mart.)**

Iohanne (VIII) petente Waifarius princeps Salernitanus foedus cum Saracenis factum dissolvit.

L a u d . i n: *Erchemperti Hist. Lang. c. 39 (MGH SS rer. Lang. 249); Chron. Salernitanum c. 121 (Westerberg 134).* – R e g . : *Böhmer/Unger n. 172.*

*** 6445** **(876 mart.)** **Canzia, ecclesia b. Nazarii martyris**

JE I 388 Athanasium (II) episcopum Neapolitanum in ecclesia b. Nazarii martyris sita in loco qui dicitur Canzia, territorio Capuano, consecrat.

L a u d . i n: *J³ 6523; Gesta epp. Neapolitanorum c. 66 (MGH SS rer. Lang. 436).* – R e g . : *Ital. Pont. VIII 446 n. *64; Böhmer/Unger n. 173.*

*** 6446** **(876) mart. 31**

Per Zachariam (Anagninum) et Gaudericum (Veliternensem) episcopos et Christophorum sedis apostolicae primicerium accusationem Gregorio nomenclatori et Georgio filio Gregorii primicerii pronuntiat (II kal. apr.).

L a u d . i n: *J³ 6448.* – R e g . : *Böhmer/Unger n. 174.*

6447 **(876) apr. 19** **Roma, S. Maria della Rotonda**

JE I 388 In synodo Romana Formosum episcopum Portuensem, quia propriam parochiam deseruit, Urbe discessit et contra salutem reipublicae conspiravit, nisi se ante apr. 29 sistat, excommunicatus, nisi ante mai. 4, sacerdotio privatus, nisi ante mai. 9, anathematizatus declaratur. Gregorius nomenculator, Stephanus secundicerius, Georgius (vestararius) Georgii primicerii filius, Sergius magister militum, Constantina Gregorii nomenculatoris filia, variis sceleribus obstricti, nisi ante apr. 29 apparuerint, excommunicati, nisi ante mai. 4, anathematizati iudicantur (Prolata ore apost. in basilica s. d. gen. Mariae, que vocatur ad martyres, XIII kal. mai.).

E d . : *Insertum in J³ 6448 et in actis synodalibus de Formoso episcopo (Dümmler Auxilius 157; separatim ed. in MGH Conc. 5, 26).* – R e g . : *Ital. Pont. II 19 n. *4; Böhmer/Unger n. 175.*

Laud. et in J³ ?6454, J³ 6482, J³ 6673, J³ 6676, Iohannis Hymmonidis Cena Cypriani III (MGH

Poetae 4/2, 899), Eugenii Vulgarii De causa Formosiana c. 1 (Dümmler Auxilius 120), Auxilii Libello in defensionem I c. 4 (Dümmler Auxilius 63) et De ordinationibus (Migne PL 129, 1069) et Infensor et defensor (Migne PL 129, 1090).

6448 **876 apr. 21**

JE 3041 Universos Gallos et Germanos de synodo apr. 19 celebrata (J³ 6447) certiores facit; hortatur, ut Formosi episcopi Portuensis, Gregorii nomenculatoris, Georgii (vestararii), Stephani secundicerii, Sergii magistris militum et Constantinae excommunicatorum anathematizatorumque vitent communionem (Dat. XI kal. mai.). – *Zelo christianae religionis.*

Ed.: *MGH Epp. 7, 326 n. 9; Fontes hist. Bulgaricae 7, 146 (fragm.).* – Reg.: *Böhmer/Unger n. 178.*

Laud. et in J³ 6455. Cf. J³ *6051, J³ *6441, J³ *6446, J³ 6447. De re cf. Böhmer/Unger n. 178.

*** 6449** **876 (apr. 21)**

JE *3042 (Carolo Calvo) imperatori et (Richildi) imperatrici epistolas donaque mittit per Leonem episcopum (Gavensem), apocrisiarium ac nepotem suum, et Petrum Foro-Simproniensem episcopum.

Laud. in: *Ann. Bertiniani ad a. 876 (Grat 204).* – Reg.: *Böhmer/Unger n. 177.*

6450 **(876 apr. 20–mai. in.)**

JE 2967 Petro episcopo significat, si Deodatus et Gregorius ad sese non venerint, fore, ut anathematizentur, tabulaeque, illorum „scelera et excommunicationes et anathemata" significantes, „ante sacratissimam b. Petri apostoli imaginem" suspendantur. – *(Si ipse Deodatus).*

Ed.: *MGH Epp. 7, 279 n. 12.* – Can.: *Coll. Brit. 301 n. 12; Ivonis Decr. XIV c. 66.* – Reg.: *Böhmer/Unger n. 176.*

Fragmentum. Olim ad a. (872 dec. 14–873 mai.). De re et tempore cf. Böhmer/Unger n. 176.

*** 6451** **(876 apr. ex.–mai.)**

Iohanni (VIII) Iohannes (Hymmonides) Romanus Vitam Gregorii (Magni) a se ipso conscriptam dedicat.

Laud. in: *Iohannis Hymmonidis S. Gregorii Magni vita (Migne PL 75, 59).* – Reg.: *Böhmer/Unger n. 180.*

6452 **(876 febr. 17–iun. med.)**

JE 3029 (Carolo Calvo imperatori) demonstrat, eos qui „iurant se fieri fideles cuiquam loco sanctorum, non rebus insensibilibus vel irrationalibus, sed animatis et ratione utentibus obsequium" spondere, monetque, ut hanc rationem conspiciens, apostolicis „ubique conservet legatis, quae ... Romae s. Petro" promiserit. – *(Summopere sciendum est).*

Ed.: *MGH Epp. 7, 333 n. 6.* – Can.: *Coll. Taurinensis.* – Reg.: *Böhmer/Unger n. 163.*

Fragmentum. Olim ad a. (876 cr. ian.). De tempore et Coll. Taurinensi, ubi epist. inserta est, cf. Böhmer/Unger n. 163.

*** 6453** **876 (apr. 21–iun. med.)**

Petrum Foro-Simproniensem et apocrisiarium Leonem (Gavensem) episcopos ad Carolum (Calvum) imperatorem Richildamque imperatricem cum litteris donisque ad synodum Pontigone celebratam legatos mittit.

Laud. in: *J³ 6461; J³ 6464; J³ 6470; J³ 6471; J³ 6476; Ann. Bertiniani ad a. 876 (Grat 204).* – Reg.: *Böhmer/Unger n. 179.*

De tempore cf. Böhmer/Unger n. 179.

? 6454 **876 iun. 30** **(Roma), S. Pietro**

JE I 388 Synodus episcoporum XXIX, in qua Formosus quondam episcopus Portuensis sacerdotio privatur, quod monasteria ecclesiae Romanae expoliaverit, contraque interdictum sacra procuraverit, et cum „suspectis mulieribus virisque sacrilegis ad exterminium s. sedis apostolicae desperabiliter" coniuraverit (in eccl. b. apost. principis Petri II kal. iul., ind. IX).

Ed.: *Insertum in actis synodalibus de Formoso episcopo (Dümmler Auxilius 158; separatim ed. in MGH Conc. 5, 30).* – Reg.: *Ital. Pont. II 19 n. 5; Böhmer/Unger n. †?183.*

6455 **876 iun. 21–iul. 16** **Ponthion**

Iohannes episcopus Tuscanensis et Iohannes (episcopus) Aretinus legati apostolicae sedis synodo Ponthione celebrata intersunt; qua in synodo et scripta apostolica varia pronuntiantur et „contentiones de presbiteris ex diversis parochiis reclamantibus ad missos apostolici" habentur et littera donaque papae Carolo (Calvo) imperatori ac Richildi imperatrici praebentur et excommunicatio Formosi episcopi legitur.

Ed.: *MGH Conc. 5, 41.* – Reg.: *Germ. Pont. VII 35 n. *68; Gall. Pont. III/1, 114 n. *118; Böhmer/Zielinski n. 2672; Böhmer/Unger n. 182; cf. propediem Gall. Pont. III/2, Grenoble et Valence et Gall. Pont. III/3, Die et Viviers.*

Laud. et in J³ 6468 et in Ann. Bertinianis ad a. 876 (Grat 201). Cf. J³ *6427, J³ 6428, J³ 6433, J³ 6434, J³ 6435, J³ 6448.

*** 6456** **(872–876 med.)**

Ad Sergium ducem Neapolitanum saepius, sicut praedecessores sui, epistolas mittit de foedere cum Saracenis dissolvendo.

Laud. in: *J³ 6460; J³ 6522.* – Reg.: *Ital. Pont. VIII 422 n. *21; Martin/Cuozzo Regesti dell'Italia meridionale 438 n. 907; Böhmer/Unger n. 42.*

De tempore cf. Böhmer/Unger n. 42.

(860 iun. med.–876 aug.)

Cf. J³ *6140 s. v. Nicolaus I.

6457 **(874–876 aug.)**

JE 2990 Ludovico (Germanico) regi scribit de auctoritate decretorum sedis apostolicae, quibus etiam imperator Graecorum obtemperet, ut ad ipsius sententiam patriarchas deponat et investiat, et quae in omni coetu fidelium controversias definiat. – *(Ecce Grecorum imperator).*

Ed.: *MGH Epp. 7, 291 n. 32.* – Reg.: *Böhmer/Unger n. 100.*

Fragmentum. Olim ad a. (874 in.). De tempore cf. Böhmer/Unger n. 100.

6458 **876 sept. 1**

JE 3044 Ludovico (Germanico) regi pacem cum Carolo (Calvo) imperatore suadet, ac spondit se nec ei nec illi contra iustitiam fauturum (Dat. kal. sept., ind. X). – *Epistolas tue dilectionis.*

Ed.: *MGH Epp. 7, 2 n. 2.* – Reg.: *Böhmer/Unger n. 187.*

6459 **876 sept. 1**

JE 3043 Bosoni comiti (Viennensi), quod legatos suos ad Carolum (Calvum) imperatorem tendentes adiuverit, gratias agit, mutuaque officia promittit. Auxilia ab imperatore contra Saracenos in Italiam mittenda accelerari cupit (Dat. kal. sept., ind. X). – *Karissime tue nobilitati.*

Ed.: *MGH Epp. 7, 1 n. 1.* – Reg.: *Böhmer/Zielinski n. 504; Gall. Pont. III/1, 361 n. 17; Böhmer/Zielinski n. 2674; Böhmer/Unger n. 188.*

Laud. et in J³ 6464.

6460 **876 sept. 9**

JE 3046 (Athanasio II episcopo Neapolitano) fratri ducis Neapolitanorum significat se „totius Hesperię pręsules ... in proximo" congregaturum, anathematisque sententiam in perfidum ducem et eius socios pronunciaturum. Hortatur, ut societatem fratris sui defugiat (Dat. V id. sept., ind. X). – *Multa per nos.*

Ed.: *MGH Epp. 7, 5 n. 6.* – Reg.: *Ital. Pont. VIII 422 n. 23; Ital. Pont. VIII 446 n. 65; Martin/Cuozzo Regesti dell'Italia meridionale 440 n. 913; Böhmer/Unger n. 189.*

Laud. et in J³ 6523. Cf. J³ *6456.

6461 **(876 sept. med.)**

JE 3047 Leonem (Gavensem) et Petrum (Foro-Simproniensem) episcopos negligentiae coarguit, quod, peracta ad Carolum (Calvum) imperatorem legatione, Papiae tamdiu morati, reverti ad sese, „in tanto periculo constitut(um) et Saracenorum incursionibus undique lacerat(um)", tardent. Differri per inimicos a se excommunicatos rumorem, eos vi retineri. Iubet eos festinanter aut venire aut significare, quis itineri obstet. – *Dum vobis innumerabiles.*

Ed.: *MGH Epp. 7, 6 n. 7.* – Reg.: *Böhmer/Unger n. 191.*

Cf. J³ *6453.

***6462** **(876 iul.–sept.)**

Iohanni (VIII) episcopi provinciae (Bituricensis) de disturbatione urbis provinciaeque Burdigalae Normannis peracta nuntiant; translationem Frotharii in sedem archiepiscopalem Bituricensem probant.

Laud. in: *J³ 6470; J³ 6476.* – Reg.: *Böhmer/Unger n. 184.*

De tempore cf. Böhmer/Unger n. 184.

6463 **(876 sept.)**

JE 3045 Clero, ordini et plebi ecclesiae Valvensis, proposito anathemate, imperat, ut in Arnulfi episcopi fide permaneant, neu invasorem ecclesiae suae sequantur (Dat. ... ind. X). – *Quia sollicitudinis nos.*

Ed.: *MGH Epp. 7, 4 n. 5.* – Reg.: *Ital. Pont. IV 253 n. 2; Böhmer/Unger n. 186.*

6464 **(876 sept. med.–ex.)**

JE 3048 Bosonem comitem (Viennensem) precibus minisque hortatur, ut, memor muneris ab imperatore accepti, auxilium, iam saepe contra Saracenos frustra petitum, tandem sibi ferat. Significat se „certa relatione" didicisse, „stolum amplissimum in proximo ad expugnandam Urbem venturum". Leonem (Gavensem) nepotem suum et Petrum (Foro-Simproniensem) episcopos, legatione ad imperatorem functos, ab eo retineri indignatur (Dat. ut supra). – *Sepe gloriam tuam.*

Ed.: *MGH Epp. 7, 7 n. 8.* – Reg.: *Böhmer/Zielinski n. 505; Gall. Pont. III/1, 362 n. 18; Böhmer/Zielinski n. 2675; Böhmer/Unger n. 192.*

Olim ad a. (876 sept. 9). De tempore cf. Böhmer/Unger n. 192. Cf. et J³ *6453 et J³ 6459.

***6465** **(875 dec. 25–876 oct. 6)**

Carolus (Calvus) imperator Ludovicum (III) Karolomannumque (II) nepotes suos sub tutelam apostolicam ponit.

Laud. in: *J³ 7008; J³ 7009.* – Reg.: *Böhmer/Unger n. 146.*

6466 **876 oct. 15** **(Roma)**

JE 3052 Monasterii s. Mariae et s. Philiberti Tornutiensis privilegia, a Carolo (Calvo) imperatore constituta, possessionesque confirmat (Scr. p. m. Anastasii not. reg. et scrin. S.R.E. in m. oct., ind. X. Subscr. id. oct. p. m. Christophori prim. S. summae S.A. imp.

d. piissimo principe aug. Carolo a Deo cor. magno imp. a. I, ind. X). – *Quando ad ea.*

E d . : *Migne PL 126, 686.* – R e g . : *Santifaller Beschreibstoffe 33 n. 6; Böhmer/Unger n. 196.*

Laud. et in Calixti II privilegio (JL 6694).

? 6467 **(876) oct. 15** **(Roma)**

JE 3053 Monasterio s. Mariae et s. Filiberti (Tornutiensi) condonatam a Carolo (Calvo) imperatore abbatiam s. Portiani, petente Geilone abbate per Adalgarium episcopum Augustodunensem, confirmat (Scr. p. m. Anastasii not. reg. et scrin. S.R.E. in m. oct., ind. IX. Dat. id. oct. p. m. Christofori prim. S. summe S.A. imp. d. piissimo aug. Carolo a Deo cor. magno imp., post. cons. eius a. I, ind. IX). – *Convenit apostolico moderamini.*

E d . : *Chaix de Lavarène Monumenta 3 n. 2.* – R e g . : *Böhmer/Unger n. †?197.*

De tempore cf. Böhmer/Unger n. †?197.

6468 **(876 oct. med.)**

JE 3051 Landulfo episcopo Capuano Leonem episcopum (Gavensem), nepotem suum, ceterosque legatos ab Carolo (Calvo) imperatore reversos nuntiat. Imperatori scribit se ei permisisse, ut suo arbitratu de terrae Capuanae pactu statueret. Ita addit: „Parate hospitium, quia cum novo hospitum agmine ... in vestras partes sumus venturi". – *Sancta Romana ecclesia.*

E d . : *MGH Epp. 7, 3 n. 4.* – R e g . : *Ital. Pont. VIII 218 n. 15; Böhmer/Zielinski n. 508; Martin/Cuozzo Regesti dell'Italia meridionale 441 n. 916; Böhmer/Unger n. 194.*

Olim ad a. (876 sept.). De tempore cf. Böhmer/Unger n. 194. Cf. et J³ 6455.

6469 **(876 oct. med.)**

JE 3050 Waifarii principis Salernitani et eius generi Pulcaris praefecti (Amalphitani) fidelitatem laudat, quam, scribit, a se cognitam esse, „cum pro liberatione totius patrię ... in vestras partes venissemus". Addit haec: Pactum, quod „petisti ... a Karolo ... imperatore augusto iure vobis firmandum, potestateque per revertentes ... legatos ... accepta, iuste ac legaliter affuturum statuere sumus parati". De suo et 'novi agminis' adventu praenuntiat. – *Quia te non.*

E d . : *MGH Epp. 7, 2 n. 3.* – R e g . : *Ital. Pont. VIII 334 n. 5; Böhmer/Zielinski n. 507; Martin/Cuozzo Regesti dell'Italia meridionale 441 n. 915; Böhmer/Unger n. 195.*

Olim ad a. (876 sept.). De tempore cf. Böhmer/Unger n. 195. Cf. J³ *6390 et J³ *6426 et J³ *6443.

6470 **876 oct. 26**

JE 3055 Episcopis provinciae Bituricensis scribit, ex Leone (Gavensi) et Petro (Foro-Simproniensi) episcopis, legatis suis, multorumque litteris cognovisse se de vastitate et urbi et provinciae Burdegalensi per Nortmannos illata, ideoque Frothario archiepiscopo Burdegalensi vacantem ecclesiam Bituricensem, dum calamitas illa maneret, commendasse (Dat. VII kal. nov., ind. X). – *Quia Burdegalensem urbem.*

E d . : *MGH Epp. 7, 12 n. 14.* – R e g . : *Böhmer/Unger n. 198.*

Laud. et in Flodoardi Remensis Hist. IV c. 1 (MGH SS 36, 367). Olim ad a. (876 sept. 28?). De tempore cf. Böhmer/Unger n. 198. Cf. et J³ *6453 et J³ *6462 et J³ 6477.

6471 **876 oct. 28**

JE 3054 Clerum et plebem et ordinem ecclesiae Bituricensis hortatur, ut Frothario archiepiscopo Burdegalensi, ecclesiae Bituricensi praefecto, oboediant (Dat. V kal. nov., ind. X). – *Suggestionis vestre relegentes.*

E d . : *MGH Epp. 7, 11 n. 13.* – R e g . : *Böhmer/Unger n. 199.*

Cf. J³ *6442 et J³ *6453 et J³ 6477.

* 6472 **(876 ian.–oct.)**

Dominicum electum Torcellensem semel et bis Romam vocat, „ut coram posito ... Petro ... Gradensis ecclesię metropolitano antistite, una cum episcopis, qui degunt sub ipso, facta discussione rumor super (eum) longe lateque respersus aut innoxius patefactus absolv(a)tur, aut comprobatus noxius damn(e)tur".

Laud. in: *J³ 6492; J³ 6495; J³ 6496.* – Reg.: *Ital. Pont. VII/2, 44 n. *41 et 89 n. *5; Böhmer/Unger n. 151.*

De cetera invitatione cf. Böhmer/Unger n. 151.

* 6473 **(876 ian.–oct.)**

Felicem Metamaucensem et Petrum Equiliensem episcopos ad concilium Romae celebrandum vocat.

Laud. in: *J³ 6494; J³ 6495; J³ 6496.* – Reg.: *Ital. Pont. VII/2, 45 n. *44 et 81 n. *1 et 117 n. *2; Böhmer/Unger n. 152.*

* 6474 **(876 ian.–oct.)**

Abbatem Altinensis monasterii (s. Stephani) atque archidiaconum Torcellensis ecclesiae nec non archipresbyterum et (Laurentium) archidiaconum atque Laurentium diaconum Gradensis ecclesiae bis ad concilium Romae celebrandum vocat.

Laud. in: *J³ 6493; J³ 6495; J³ 6496.* – Reg.: *Böhmer/Unger n. 153; Ital. Pont. VII/2, 45 n. *44 et 81 n. *1 et 117 n. *2.*

De frequentia vocationum cf. Böhmer/Unger n. 153. De tempore cf. Böhmer/Unger n. 151.

* 6475 **(876 sept.–oct.)**

Ad Iohannem (VIII) Madelgarius paeniturus Romam venit et absolutionem iudicii a Carolo (Calvo) imperatore propter caedem cuiusdam Odelrici facti rogat.

Laud. in: *J³ 6479; J³ 6480.* – Reg.: *Böhmer/Unger n. 185.*

De tempore cf. Böhmer/Unger n. 185.

6476 **(876 oct. ex.)**

JE 3049 Carolo (Calvo) imperatori significat se eius precibus ut Frotharius archiepiscopus Burdegalensis ecclesiae Bituricensi praeponeretur cessisse (Dat. ut supra). – *Petitionem vestram filiorum.*

Ed.: *MGH Epp. 7, 8 n. 9.* – Reg.: *Böhmer/Unger n. 203.*

Olim ad a. (876 sept. 9). De tempore cf. Böhmer/Unger n. 203. Cf. et J³ *6442, J³ *6453, J³ *6462, J³ 6477.

6477 **(876 oct. ex.)**

JE 3083 Frotharium, quondam archiepiscopum Burdegalensem, archiepiscopum Bituricensem constituit (Dat. ut supra). – *Ad hoc nos.*

Ed.: *MGH Epp. 7, 37 n. 38.* – Reg.: *Böhmer/Unger n. 204.*

Laud. et in J³ 6470, J³ 6471, J³ 6476, J³ 6675. Olim ad a. (877 mart. 15). De tempore cf. Böhmer/Unger n. 204.

6478 **876 oct. 31**

JE 3056 Carolum (Calvum) imperatorem rogat, ut in Emmenum, iuste quidem iudicatum, clementer tamen consulat (Dat. II kal. nov., ind. X). – *Super iudicio vestro.*

Ed.: *MGH Epp. 7, 10 n. 11.* – Reg.: *Böhmer/Unger n. 200.*

6479 **(876 oct. 31)**

JE 3057 (Carolum Calvum) imperatorem et (Richildem) imperatricem pro Madelgerio (imperatoris vasallo?), Odelrici percussore, deprecatur (Dat. ut supra). – *Dum non minus.*

E d. : *MGH Epp. 7, 11 n. 12.* – R e g. : *Böhmer/Unger n. 201.*

Cf. J³ *6475.

6480 **(876 oct. 31)**

JE 3058 Gisliberto episcopo Carnotensi Madelgerium paenitentem, interfectorem Odelrici commendat, cui res honoresque ablatos reddi cupit (Dat. ut supra). – *Dilectionis vestre reverentiam.*

E d. : *MGH Epp. 7, 13 n. 15.* – R e g. : *Böhmer/Unger n. 202.*

Cf. J³ *6475.

6481 **876 nov. 2**

JE 3060 Adalardum episcopum Veronensem ad concilium „causa ecclesiasticę simul et imperialis opportunitatis" celebrandum vocat; eumque, si II kal. dec. (nov. 30) esse Romae non possit, VIII kal. ian. (dec. 25) venire iubet (Dat. IV non. nov., ind. X). – *Advertit plane prudentia.*

E d. : *MGH Epp. 7, 9 n. 10.* – R e g. : *Ital. Pont. VII/1, 219 n. 2; Böhmer/Unger n. 205.*

6482 **876 nov. 14**

JE 3061 Carolo (Calvo) imperatori et de legatis suis Leone (Gavensi) et Petro (Foro-Simproniensi) episcopis bene tractatis et de Ansegiso archiepiscopo Senonensi, Adalgarioque episcopo Augustodunensi ad se missis gratias agit. Marchiones quosdam ecclesiae Romanae depeculatores pelli in exsilium postulat (Dat. XVIII kal. dec., ind. X). – *Innumeras omnipotenti Deo.*

E d. : *MGH Epp. 7, 22 n. 24.* – R e g. : *Böhmer/Unger n. 211.*

Cf. J³ 6447.

6483 **876 nov. 15**

JE 3062 Carolo (Calvo) imperatori et Saracenorum incursus et marchionum vicinorum rapinas nuntiat. Auxilia dolet non advenisse. Obsecrat eum, ut sibi celeriter subveniat (Dat. XVII kal. dec., ind. X). – *Quanta et qualia.*

E d. : *MGH Epp. 7, 19 n. 22.* – R e g. : *Böhmer/Zielinski n. 509 et n. 805; Böhmer/Unger n. 212.*

*** 6484** **(876 oct. med.–nov. 16)**

Adalgario episcopo Augustodunensi pallium concedit.

L a u d. i n: *J³ 6485.* – R e g. : *Böhmer/Unger n. 193.*

De tempore cf. Böhmer/Unger n. 193.

6485 **876 nov. 16**

JE 3063 Carolo (Calvo) imperatori Adalgarium episcopum Augustodunensem pallio ornatum, summae fidelitatis virum diligenter commendat. Quem scribit explanaturum ei, quid sit, cur res ecclesiae praeter utriusque spem non melius ierint. De Ansegiso (archiepiscopo Senonensi) et Lamberto (duce Spoletino) sinistra quaedam indicat. Nuntiat, ut Adalgarium mediatorem inter se et imperatorem fore decrevit (Dat. XVI kal. dec., ind. X). – *Laudabilem quidem intentionem.*

E d. : *MGH Epp. 7, 23 n. 25.* – R e g. : *Böhmer/Unger n. 213.*

Cf. J³ *6484.

6486 **876 nov. 16**

JE 3064 Richildim (imperatricem) hortatur, ut apud imperatorem ecclesiae rationibus prospiciat (Dat. XVI kal. dec., ind. X). – *Quanto amore spiritualis.*

Ed.: *MGH Epp. 7, 25 n. 27.* – Reg.: *Böhmer/Unger n. 214.*

6487 **(876 nov. med.)**

JE 3065 Carolum (Calvum) imperatorem rogat, ut Wigbodo episcopo Parmensi, qui imperante Ludovico II ei obstiterit, ignoscat (Dat. ut supra). – *Quia desiderandam nobis.*

Ed.: *MGH Epp. 7, 26 n. 28.* – Reg.: *Ital. Pont. V 415 n. 1; Böhmer/Zielinski n. 510; Böhmer/Unger n. 208.*

Olim ad a. (876 nov. 16). De tempore cf. Böhmer/Unger n. 208.

6488 **(876 nov. med.)**

JE 3081 Archiepiscopos et episcopos regni Caroli (Calvi) imperatoris laborare iubet, ut celeriter sibi ab imperatore auxilium afferatur (Dat. ut supra). – *Pristinis attriti miseriis.*

Ed.: *MGH Epp. 7, 35 n. 36.* – Reg.: *Böhmer/Unger n. 209.*

Olim ad a. (877 febr. 27). De tempore cf. Böhmer/Unger n. 209.

6489 **876 nov. (med.)** **(Roma)**

JE 3066 Ecclesiae Augustodunensi a „dilecto filio suo Karolo (Calvo) clementissimo imperatore" Tilionacum villam restitutam ceterasque eius possessiones, petente Adalgario episcopo, confirmat (Scr. p. m. Gregorii not. reg. et scrin. S.R.E. in m. nov., ind. X). – *Divine praeceptionis monent.*

Ed.: *Bouquet Recueil IX 177.* – Reg.: *Böhmer/Unger n. 210.*

Laud. et in J³ 6554.

6490 **876 nov. 24**

JE 3067 Ursi (Particiaci) ducis Veneticorum erga se pietatem laudat. Hortatur, ut episcopos ad concilium (Romanum) mittat, quo facilius iis praesentibus Petri patriarchae Gradensis causa iudicetur. Aegrotanti episcopo (Felici Metamaucensi) concedit, ut vicarium ad concilium (Romanum) mittat, alterum vero (Petrum Equiliensem) legationi Constantinopolim destinatum, si nondum abierit, venire iubet (Dat. VIII kal. dec., ind. X). – *Gratias glorie tue.*

Ed.: *MGH Epp. 7, 18 n. 21; Cessi Documenti relativi alla storia di Venezia II 7 n. 5.* – Reg.: *Ital. Pont. VII/2, 15 n. 17 et 45 n. 45; Böhmer/Unger n. 215.*

Laud. et in J³ 6539.

*** 6491** **(876 febr.–nov.)**

Iohanni (VIII) Ursus dux Venetiarum promittit se Dominicum (Torcellensem) electum una cum filio suo Romam mittere; rogat, ut intermittatur eiusdem excommunicatio, et absentiam suam excusat.

Laud. in: *J³ 6492; J³ 6493; J³ 6496.* – Reg.: *Böhmer/Unger n. 160.*

6492 **876 dec. 1**

JE 3071 Dominicum vocatum electum Torcellensem invasae ecclesiae accusatum iam tertio (cf. J³ *6472) evocat et sub excommunicationis anathematisque poena ad concilium (Romanum) id. febr. ind. X (877 febr. 13) celebrandum venire iubet (Dat. kal. dec., ind. X). – *Quia fama crebrescente.*

Ed.: *MGH Epp. 7, 18 n. 20; Cessi Documenti relativi alla storia di Venezia 13 n. 9.* – Reg.: *Ital. Pont. VII/2, 45 n. 47 et 90 n. 7; Böhmer/Unger n. 216.*

Laud. et in J³ 6493, J³ 6495, J³ 6496. Cf. J³ *6472 et J³ *6491.

6493 **876 dec. 1**

JE 3069 Urso (Particiaco) duci Veneticorum exprobrat, quod Dominicum vocatum (cf. J³ 6492) electum Torcellensem contra promissum non miserit. Eundem et Petrum Equiliensem Felicemque Metamaucensem episcopos sub excommunicationis poena ad concilium (Romanum) vocatos nuntiat. Archidiaconum ecclesiae Torcellensis, abbatem monasterii Altinensis, et archipresbyterum, archidiaconum et Laurentium diaconum ecclesiae Gradensis eodem tempore advenire postulat (Dat. kal. dec., ind. X). – *Cum pro causa.*

Ed.: *MGH Epp. 7, 15 n. 18; Cessi Documenti relativi alla storia di Venezia 10 n. 7.* – Reg.: *Ital. Pont. VII/2, 16 n. 18 et 45 n. 46; Böhmer/Unger n. 217.*

Laud. et in J³ 6496, J³ 6539. Cf. J³ *6439, J³ *6474, J³ *6491, J³ 6492.

6494 **876 dec. 1**

JE 3070 Felicem Metamaucensem et Petrum Equiliensem episcopos, qui Petro patriarchae Gradensi adversantes Romam una cum illo non adierint, saepeque vocati, venire recusaverint, tamdiu carere communione iubet, donec se stiterint. Concilio id. febr. „istius indictionis" (877 febr. 13) Romae celebrando aut eos aut eorum legatos adesse cupit (Dat. kal. dec., ind. X). – *Quam ingrati et.*

Ed.: *MGH Epp. 7, 17 n. 19; Cessi Documenti relativi alla storia di Venezia 11 n. 8.* – Reg.: *Ital. Pont. VII/2, 46 n. 48 et 81 n. 2 et 117 n. 3; Böhmer/Unger n. 218.*

Laud. et in J³ 6495, J³ 6496. Cf. J³ *6473.

6495 **876 dec. 1**

JE 3068 Dominico Olivolensi et Leoni Capr(ul)ensi episcopis significat, Felicem (Metamaucensem), Petrum (Equilensem) episcopos et Dominicum vocatum electum Torcellensem nec non et archipresbyterum et (Laurentium) archidiaconum ac Laurentium diaconum Gradensem ad concilium (Romanum) vocatos esse. Quorum officia, dum absint, suscipiant, mandat (Dat. kal. dec., ind. X). – *Sanctitatem vestram nolumus.*

Ed.: *MGH Epp. 7, 14 n. 17; Cessi Documenti relativi alla storia di Venezia 11 n. 8.* – Reg.: *Ital. Pont. VII/2, 46 n. 49 et 75 n. 2 et 130 n. 3; Böhmer/Unger n. 219.*

Laud. et in J³ 6496. Cf. J³ *6472, J³ *6473, J³ *6474, J³ 6492, J³ 6494.

6496 **(876 dec. 1)**

JE 3072 Delto episcopo (Ariminensi) significat de lite inter Petrum patriarcham Gradensem et eius suffraganeos orta. Mandat, ut quattuor epistolas (J³ 6492, J³ 6493, J³ 6494, J³ 6495) Venetiam perferat, ibique „in conspectu totius ecclesię et populi" legendas curet. – *Tue dilectionis sinceritati.*

Ed.: *MGH Epp. 7, 24 n. 26; Cessi Documenti relativi alla storia di Venezia 14 n. 10.* – Reg.: *Ital. Pont. IV 162 n. 18; Ital. Pont. VII/2, 16 n. 19 et 46 n. 50; Böhmer/Unger n. 220.*

Cf. J³ *6438, J³ *6439, J³ *6472, J³ *6473, J³ *6474, J³ *6491, J³ 6492, J³ 6493, J³ 6494, J³ 6495.

6497 **876 dec. 14**

JE 3073 Lambertum (I) comitem (Spoletinum) hortatur, ut suos ab infestandis s. Petri et Guidonis hominibus avocet. Legatos suos Acimundum et Walpertum (Portuensem) episcopos, quod committendum litteris non putaverit, indicaturos (Dat. IXX kal. ian., ind. X). – *Ab olim si.*

Ed.: *MGH Epp. 7, 21 n. 23.* – Reg.: *Ital. Pont. IV 2 n. 5; Böhmer/Zielinski n. 806; Böhmer/Unger n. 221.*

6498 **876 dec. 18**

JE 3074 Waifario principi Salernitano, Adelgisii sociorumque fraudes nuntianti (Ital. Pont. VIII 334 n. *6), respondet. Auxilium ab imperatore se ei petiturum esse, scribit.

Hortatur, ut a Saracenis se omnino seiungat, neve spem „in Sudan, qui Satan congruentius dicitur“, habeat. Episcopum Surrentinum ad se mitti iubet (Dat. XV kal. ian., ind. X). – *Gloriose nobilitati vestre.*

Ed.: *MGH Epp. 7, 27 n. 29.* – Reg.: *Ital. Pont. VIII 335 n. 7 et 409 n. 9; Ital. Pont. IX 13 n. 27; Martin/Cuozzo Regesti dell'Italia meridionale 442 n. 918; Böhmer/Unger n. 222.*

6499 **876 dec. 19**

JE 3075 Landulfo episcopo Capuano opem contra Saracenos ceterosque inimicos petenti respondet se de subsidio ferendo litteras ad imperatorem daturum esse (Dat. XIV kal. ian., ind. X). – *Sicut de sanctitate.*

Ed.: *MGH Epp. 7, 28 n. 30.* – Reg.: *Ital. Pont. VIII 218 n. 16; Martin/Cuozzo Regesti dell'Italia meridionale 443 n. 919; Böhmer/Unger n. 223.*

6500 **(876)**

JE 3059 Quemdam rogat, ut res monasterio s. Amantii a Roffredo comite ac monacho eiusdem monasterii largitas, quarum Umfredus comes quasdam abstulerit, illum reddere iubeat (Dat. ut supra). – *Gloria mansuetudinis vestre.*

Ed.: *MGH Epp. 7, 14 n. 16.* – Reg.: *Böhmer/Unger n. 150.*

Olim ad a. (876 oct. 31). De tempore cf. Böhmer/Unger n. 150.

*** 6501** **(877 ian.)**

JE I 391 Se Neapolim confert.

Laud. in: *J³ 6502.* – Reg.: *Böhmer/Unger n. 225.*

6502 **877 febr. 1**

JE 3076 Aioni episcopo Beneventano de angustiis suis respondet. Narrat se Neapolim „pro maxima Romanae ecclesiae necessitate“ nuper advenisse. Fratrem eius, ut sibi contra Saracenos assit, admoneri iubet (Dat. kal. febr., ind. X). – *Susceptis atque relectis.*

Ed.: *MGH Epp. 7, 33 n. 34.* – Reg.: *Ital. Pont. IX 52 n. 6; Martin/Cuozzo Regesti dell'Italia meridionale 445 n. 925; Böhmer/Unger n. 226.*

Cf. J³ *6501.

6503 **877 febr. 10**

JE 3077 Carolo (Calvo) imperatori scribit, mala in dies maiora sibi et a Saracenis et a Christianis inimicis inferri, „quia“ inquit „tota Campania a ... Saracenis funditus devastata, iam fluvium, qui a Tiburtina urbe Romam decurrit, furtim transeunt et tam Sabinos, quam sibi adiacentia loca praedantur“. Suppetias per Leonem (Gavensem) episcopum, legatum suum, promissas quamprimum mitti vehementissime postulat; ne „in desperationem lapsi deficiamus, et forsitan in aliud consilium, resumptis aliquantulis viribus, necessario transcendamus“. Petrum (Foro-Simproniensem) et Petrum (Senogalliensem) episcopos, legatos suos, commendat (Dat. IV id. febr., ind. X). – *Cum nos in.*

Ed.: *MGH Epp. 7, 29 n. 31.* – Reg.: *Böhmer/Zielinski n. 511; Böhmer/Unger n. 227.*

Cf. J³ *6509.

6504 **877 febr. 10**

JE 3078 Richildim imperatricem obtestatur, ut imperatorem ad ferendam sibi in summo periculo versanti opem hortetur (Dat. IV id. febr., ind. X). – *Multo peracto iam.*

Ed.: *MGH Epp. 7, 32 n. 33.* – Reg.: *Böhmer/Unger n. 228.*

6505 **877 febr. 13**

JE 3079 Carolo (Calvo) imperatori palmam viridem mittit, eumque, ut ecclesiae Romanae ancipiti periculo opressae auxilietur, „incurvatis genibus et summisso capite" deprecatur et obsecrat (Dat. id. febr., ind. X). – *Inter cetera que.*

Ed.: *MGH Epp. 7, 31 n. 32.* – Reg.: *Böhmer/Zielinski n. 511; Böhmer/Unger n. 229.*

* 6506 **(877 ian.–febr. med.)**

Monasterio s. Mariae, quod situm est „in palatio videlicet Compendio" privilegium concedit.

Laud. in: *Caroli Calvi (Lot/Giry/Prou/Tessier Recueil II 453 n. 425); Caroli Simplicis (Lauer Recueil I 202 n. 90); Ludovici IV (Lauer Recueil I 8 n. 4); Philippi I (Prou Recueil 297 n. 117; Morel Cartulaire de Saint-Corneille 46 n. XIX et 49 n. XXI); Odonis de Peronna (Morel Cartulaire de Saint-Corneille 44 n. XVIII) privilegiis.* – Reg.: *Lohrmann PUU in Frankreich NF VII 205 n. 1; Böhmer/Unger n. 224.*

De tempore cf. Böhmer/Unger n. 224.

6507 **877 febr. 27**

JE 3080 Ansperto archiepiscopo Mediolanensi scribit de episcopo et abbate ante (Caroli Calvi) imperatoris, qui iis faveat, adventum non constituendis; quem sperat contra canones non esse facturum. Sed ita addit: „Moderatio ... sedis apostolicę et universalis ecclesię dispositio in hoc periculoso tempore pene cuncta dispensatorie moderanda compellit" (Dat. III kal. mart., ind. X). – *Laudamus sanctimoniam tuam.*

Ed.: *MGH Epp. 7, 34 n. 35.* – Reg.: *Ital. Pont. VI/1, 40 n. 58; Böhmer/Unger n. 230.*

* 6508 **(876 sept. med.–877 febr.)**

Sergium magistrum militum Neapolitanum anathematizat.

Laud. in: *J³ 6522; Erchemperti Hist. Lang. c. 39 (MGH SS rer. Lang. 249); Chron. Salernitanum c. 121 (Westerbergh 134); Iohannis Vulturnensis Chron. Vulturnense (FSI 58, 361).* – Reg.: *Böhmer/Unger n. 190.*

De tempore cf. Böhmer/Unger n. 190.

* 6509 **877 (febr. ex.–mart. in.)**

Petrum Foro-Simproniensis et Petrum Senigalliae episcopos legatos in Franciam mittit, ubi post pascham cum Carolo (Calvo) imperatore conveniant.

Laud. in: *J³ 6503; Ann. Bertiniani ad a. 877 (Grat 212).* – Reg.: *Böhmer/Unger n. 231.*

De tempore cf. Böhmer/Unger n. 231.

* 6510 **(877 mart. in.)**

Iohannem (VIII) Decibilis Hypatus (Caietanus) litteris rogat, ut missos pro tanto bono et omni ecclesiae profuturo perficiendo (i. e. pacto cum Saracenis dissolvendo) Caietam mittat.

Laud. in: *J³ 6512.* – Reg.: *Ital. Pont. VIII 83 n. *7; Martin/Cuozzo Regesti dell'Italia meridionale 445 n. 927; Böhmer/Unger n. 232.*

* 6511 **(877 mart. in.)**

Iohannem (VIII) papam Sergius (dux Neapolitanus) magister militum certiorem facit se foedus cum Saracenis dissolvere velle.

Laud. in: *J³ 6512.* – Reg.: *Martin/Cuozzo Regesti dell'Italia meridionale 445 n. 926; Böhmer/Unger n. 233.*

6512 **877 mart. 15**

JE 3082 Landulfo episcopo Capuano nuntiat se litteris Decibilis Hypati (J³ *6510) et Sergii magistri militum (J³ *6511) intellexisse, eos compositi cum Saracenis foederis poenitere. Walpertum Portuensem et Eugenium Ostiensem episcopos rogatu Decibilis

Hypati Caietam a se missos esse. Hortatur, legatos eodem mittat, qui dent operam, ut foedus illud omnino dirimatur (Dat. id. mart., ind. X). – *Noverit industria tua.*

E d . : *MGH Epp. 7, 36 n. 37.* – R e g . : *Ital. Pont. VIII 218 n. 17 et 423 n. 24; Martin/Cuozzo Regesti dell'Italia meridionale 446 n. 928; Böhmer/Unger n. 234.*

Cf. J³ *6510 et J³ *6511.

6513 **877 mart. 27**

JE 3084 Carolo (III) regi scribit, allatum sibi esse, eum „Italiam ingressum ad monasterium accessisse ancillarum Dei apud Brixiam constitutum", indeque, cum illic moraretur, tyrannice thesaurum ablatum esse tam ipsius monasterii, „quam dilectę filię" suae Angilbergae (imperatricis, Ludovici II imperatoris viduae) „Dei cultricis, quos sibi ad ipsius pręcipue cęnobii sustentationem procul dubio reservaverat". Praecipit sub excommunicationis poena, ut intra dies LX ablata restituat legatumque Romam mittat (Dat. VI kal. apr., ind. X). – *Cum generositatem tuam.*

E d . : *MGH Epp. 7, 41 n. 43.* – R e g . : *Ital. Pont. VI/1, 322 n. 2; Böhmer/Zielinski n. 512; Böhmer/Unger n. 236.*

Laud. et in J³ 6515.

6514 **877 mart. 27**

JE 3085 Angilbergam „Christo dicatam" (imperatricem) consolatur, atque ut fidelitatem erga Carolum (Calvum) imperatorum servet, hortatur (Dat. VI kal. apr., ind. X). – *Eo nos filia.*

E d . : *MGH Epp. 7, 42 n. 44.* – R e g . : *Böhmer/Unger n. 235.*

Laud. et in J³ 6515.

6515 **877 mart. 27**

JE 3086 Wigbodo episcopo Parmensi mandat, ut, quoscumque possit, ad defendendam ecclesiam Romanam impellat, cum amicisque ad „colloquium" suum veniat, „quatinus communi consilio ... gens impia (suis) eliminetur e finibus". Expetitas epistolas mittit, quas ad eos, quibus inscriptae sint, perferendas curet (Dat. VI kal. apr., ind. X). – *Devotionis tue affectus.*

E d . : *MGH Epp. 7, 43 n. 45.* – R e g . : *Ital. Pont. V 415 n. 2; Böhmer/Unger n. 237.*

Cf. J³ 6513 et J³ 6514.

***6516** **(872–877 mart.)**

Privilegio suo Angilbergae imperatrici liberam facultatem ordinandi, distribuendi et potestative faciendi de omnibus rebus suis a Ludovico (II) imperatore augusto ei concessam roborat et contradicentes aut irrumpere volentes perpetuo anathemate ligat.

L a u d . i n : *Angilbergae imperatricis testamentum (Falconi Carte cremonesi 49); J³ 7098.* – R e g . : *Ital. Pont. V 489 n. *2; Böhmer/Unger n. 40.*

De tempore cf. Böhmer/Unger n. 40.

***6517** **(872–877 mart.)**

Monasterio Nonantulano privilegium concedit, ut de propria semper congregatione abbas eligatur nec monasterium ullius invasionis usurpatione detineatur.

L a u d . i n : *J³ 6534; J³ 6535; J³ 6536; J³ 7071; J³ ?7367.* – R e g . : *Ital. Pont. V 336 n. *6; Böhmer/Unger n. 41.*

De tempore cf. Böhmer/Unger n. 41.

***6518** **(877 mart. ex.)**

Iohannem (VIII) papam Athanasius (II) episcopus Neapolitanus nuntiat plebem ac urbem Neapolitanum continuo cum Saracenis pactare Sergio Neapolitano magistro militum duce.

L a u d . i n : *J³ 6523.* – R e g . : *Martin/Cuozzo Regesti dell'Italia meridionale 446 n. 929; Böhmer/Unger n. 238.*

De tempore cf. Böhmer/Unger n. 238.

*** 6519** **(877 mart. ex.)**

Iohanni (VIII) Sergius dux Neapolitanus scribit de pacto suo cum Saracenis.

L a u d . i n : *J³ 6522.* – R e g . : *Martin/Cuozzo Regesti dell'Italia meridionale 446 n. 929a; Böhmer/Unger n. 239.*

De tempore cf. Böhmer/Unger n. 239.

6520 **877 apr. 9**

JE 3087 Decibilem et Iohannem Hypatos (Gaetanos) hortatur, ut coeptum peragant, operamque dent, „ut Christiani nominis viri paganorum fędera fugiant" (Dat. V id. apr., ind. X). – *Devotioni tue pro.*

E d . : *MGH Epp. 7, 38 n. 39.* – R e g . : *Ital. Pont. VIII 83 n. 8; Martin/Cuozzo Regesti dell'Italia meridionale 447 n. 930; Böhmer/Unger n. 241.*

6521 **877 apr. 9**

JE 3088 Pulcari praefecturio Amalfitano mandat, dissolvendis foederibus cum Saracenis ictis, operam navet (Dat. V id. apr., ind. X). – *Admonemus ut in.*

E d . : *MGH Epp. 7, 38 n. 40.* – R e g . : *Ital. Pont. VIII 383 n. 5; Martin/Cuozzo Regesti dell'Italia meridionale 447 n. 931; Böhmer/Unger n. 242.*

6522 **877 apr. 9**

JE 3089 Sergium magistrum (militum) Neapolitanum a Saracenorum societate minacibus verbis avocat (Dat. V id. apr., ind. X). – *Dum verbis dei.*

E d . : *MGH Epp. 7, 39 n. 41.* – R e g . : *Ital. Pont. VIII 423 n. 25; Martin/Cuozzo Regesti dell'Italia meridionale 448 n. 932; Böhmer/Unger n. 243.*

Cf. J³ 6389, J³ *6456, J³ *6508, J³ *6519.

6523 **(877 apr. 9)**

JE 3090 (Athanasium II) episcopum Neapolitanum graviter incusat, quod cives neque a Saracenis abstraxerit, neque post excommunicationem iis a sese illatam reliquerit. Hortatur, ut et fratris ducis et civium animos a paganorum foedere alienet (Dat. ut supra). – *Relectis litteris tuis.*

E d . : *MGH Epp. 7, 39 n. 42.* – R e g . : *Ital. Pont. VIII 423 n. 26 et 446 n. 66; Martin/Cuozzo Regesti dell'Italia meridionale 448 n. 933; Böhmer/Unger n. 244.*

Cf. J³ *6443, J³ *6445, J³ 6460, J³ *6518.

6524 **877 apr. 17**

JE 3092 Gregorium imperialem paedagogum cum copiis in partes Beneventanorum missum hortatur, ut de Basilii imperatoris (Constantinopolitani) „tamquam piissimi propugnatoris orthodoxe fidei" valetudine per litteras sese erudiat. Deinde rogat, „ut vel decem bona et expedita chelandia ad portum" suum transmittat, „ad litora (sua) de illis furibus et pyratis Arabibus expurganda" (Dat. XV kal. mai., ind. X). – *Gloriam tuam hac.*

E d . : *MGH Epp. 7, 45 n. 47.* – R e g . : *Martin/Cuozzo Regesti dell'Italia meridionale 450 n. 935; Böhmer/Unger n. 248.*

Laud. et in J³ 6525.

6525 **877 apr. 17**

JE 3091 Aionem episcopum Beneventanum hortatur, agat, ut foedus, quod Neapolitani cum Saracenis inierint, dirumpatur. Epistolam (J³ 6524) mittit, quam „primum Graecorum illuc venientium" tradi eundemque moneri, iubet, „ut, omni amota occasione vel decem dromones in adiutorium (suum) statim" dirigat (Dat. VX (sic) kal. mai., ind. X). – *Perspectis apicibus sanctitatis.*

Ed.: *MGH Epp. 7, 44 n. 46.* – Reg.: *Ital. Pont. IX 14 n. 28 et 52 n. 7; Martin/Cuozzo Regesti dell'Italia meridionale 449 n. 934; Böhmer/Unger n. 249.*

Cf. J³ 6524.

*6526 **(876 nov. med.–877 apr. med.)**

Per missos et apices Adelardum episcopum Veronensem saepissime prohibet, ne coenobium Nonantulae opprimat.

Laud. in: *J³ 6534; J³ 6535.* – Reg.: *Ital. Pont. V 336 n. *7; Ital. Pont. VII/1, 219 n. *3; Böhmer/Unger n. 206.*

De tempore cf. Böhmer/Unger n. 206.

*6527 **(876 nov. med.–877 apr. med.)**

Per synodalem sententiam, quam missis per singulas provincias litteris notam facit, Adelardum episcopum Veronensem vetat coenobium Nonantulae suis usibus applicare.

Laud. in: *J³ 6534; J³ 6535.* – Reg.: *Ital. Pont. V 336 n. *8; Ital. Pont. VII/1, 219 n. *4; Böhmer/Unger n. 207.*

De tempore cf. Böhmer/Unger n. 206.

*6528 **(877 apr. med.)**

Iohanni (VIII) papae (Sergius) dux Neapolitanus adventum legatorum sui propinquum proponit.

Laud. in: *J³ 6532.* – Reg.: *Martin/Cuozzo Regesti dell'Italia meridionale 449 n. 934a; Böhmer/Unger n. 246.*

De tempore cf. Böhmer/Unger n. 246.

*6529 **(877 apr. med.)**

Iohanni (VIII) papae Waifarius princeps Salernitanus propinquum legatorum adventum (Sergii) ducis Neapolitani proponit.

Laud. in: *J³ 6532.* – Reg.: *Martin/Cuozzo Regesti dell'Italia meridionale 450 n. 934b; Böhmer/Unger n. 247.*

De tempore cf. Böhmer/Unger n. 247.

6530 **877 apr. 25**

JE 3095 Landulfo episcopo Capuano mandat, exquirat, quid (Sergius) dux Neapolitanorum de dimittenda Saracenorum societate sentiat. Laborare eum iubet, ut et ducem et Waifarium principem (Salernitanum) et Pulcarem praefecturium (Amalphitanum) perducat Traiectum, ubi secum colloquantur. „Parati enim sumus" inquit „non solum quę dicta sunt, sed et maiora concedere" (Dat. VII kal. mai., ind. X). – *Studeat sanctitas tua.*

Ed.: *MGH Epp. 7, 48 n. 51.* – Reg.: *Ital. Pont. VIII 219 n. 18; Martin/Cuozzo Regesti dell'Italia meridionale 450 n. 936; Böhmer/Unger n. 250.*

Cf. J³ *6546.

6531 **877 apr. 25**

JE 3096 Pulcari praefecturio Amalphitano scribit, ut una cum socero (Waifario principe

Salernitano) Traiecti praesto sibi sit (Dat. VII kal. mai., ind. X). – *Si vere utique.*

E d . : *MGH Epp. 7, 48 n. 52.* – R e g . : *Ital. Pont. VIII 383 n. 6; Martin/Cuozzo Regesti dell'Italia meridionale 451 n. 937; Böhmer/Unger n. 252.*

Cf. J³ *6546.

6532 **(877 apr. 25)**

JE 3097 Waifario principi Salernitano significat, si (Sergius) dux Neapolitanorum recedere a foedere cum „perfidis" (Saracenis) facto cogitet se Traiectum profecturum esse. – *Quia Neapolitanorum ducis.*

E d . : *MGH Epp. 7, 49 n. 53.* – R e g . : *Ital. Pont. VIII 335 n. 9; Martin/Cuozzo Regesti dell'Italia meridionale 451 n. 938; Böhmer/Unger n. 251.*

De possibili cetera epistola (Ital. Pont. VIII 335 n. *8) cf. Böhmer/Unger n. 251. Cf. et J³ *6528 et J³ *6529 et J³ *6546.

*** 6533** **(877 apr. med.–ex.)**

Adelhardum episcopum Veronensem excommunicat.

L a u d . i n : *J³ 6534; J³ 6535; J³ 6536.* – R e g . : *Böhmer/Unger n. 245.*

6534 **(877 apr. 28)**

JE 3094 Iohanni (VII) Ravennati, Ansperto Mediolanensi, Walperto Aquileiensi archiepiscopis de Adelardi episcopi Veronensis excommunicatione scribit. – *Sancti magnique Niceni.*

E d . : *MGH Epp. 7, 46 n. 49.* – R e g . : *Ital. Pont. V 43 n. 117 et 337 n. 11; Ital. Pont. VI/1, 40 n. 59; Ital. Pont. VII/1, 26 n. 38 et 219 n. 7; Böhmer/Unger n. 253.*

Olim ad a. (877 apr.). De tempore cf. Böhmer/Unger n. 253. Cf. et J³ *6517, J³ *6526, J³ *6527, J³ *6533.

6535 **877 apr. 28**

JE 3098 Clero ecclesiae Veronensis Adelardum eorum episcopum propter iura monasterii Nonantulani pertinaciter violata excommunicatum esse nuntiat (Dat. IV kal. mai., ind. X). – *Experientie vestre notum.*

E d . : *MGH Epp. 7, 47 n. 50.* – R e g . : *Ital. Pont. V 337 n. 10; Ital. Pont. VII/1, 219 n. 6 et 246 n. 1; Böhmer/Unger n. 254.*

Laud. et in J³ 6536. Cf. J³ *6517, J³ *6526, J³ *6527, J³ *6533.

6536 **(877 apr.)**

JE 3093 (Carolo Calvo) imperatori exponit, quamobrem Adelardus episcopus Veronensis excommunicatus sit (Dat. ut supra). – *Sacris vestre imperialis.*

E d . : *MGH Epp. 7, 46 n. 48.* – R e g . : *Ital. Pont. V 337 n. 9; Ital. Pont. VII/1, 219 n. 5; Böhmer/Zielinski n. 514; Böhmer/Unger n. 240.*

Olim ad a. (877 apr. 17). De tempore cf. Böhmer/Unger n. 240. Cf. et J³ *6517 et J³ *6533 et J³ 6535.

6537 **877 mai. 25**

JE 3098a Anspertum archiepiscopum Mediolanensem et Antonium episcopum Brixiensem sub excommunicationis poena ad generalem synodum VIII kal. iul. (iun. 24) Ravennae celebrandam venire iubet (Dat. VIII kal. iun., ind. X). – *Quia diversis ac.*

E d . : *MGH Epp. 7, 50 n. 55.* – R e g . : *Ital. Pont. VI/1, 40 n. 60 et 310 n. 2; Böhmer/Unger n. 255.*

6538 **877 mai. 27**

JE 3103 (Walperto patriarchae) Aquileiensi scribit se sperare, fore ut culpa vacuus in concilio

(Ravennae celebrando) inveniatur (Dat. VI kal. iun., ind. X). – *Novimus vestram beatitudinem.*

E d . : *MGH Epp. 7, 54 n. 60.* – R e g . : *Ital. Pont. VII/1, 26 n. 39; Böhmer/Unger n. 256.*

6539 **877 mai. 27**

JE 3100 Ursum ducem Venetiae et inoboedientiae accusat et, quod legationem b. Petri male tractaverit, reprehendit. Eum et episcopos Venetos interesse iubet „synod(o) totius Italię sacerdotum" VIII kal. iul. (iun. 24) in urbe Ravenna habendae. Affirmat haec: „Non enim ruinam eorum (episcoporum) cupimus, absit, sed illius statum reformare provincię, et quicquid inter eos et metropolitanum quaestionis et controversię vertitur, canonicę diffinire" (Dat. VI kal. iun., ind. X). – *Multis esses nimirum.*

E d . : *MGH Epp. 7, 52 n. 57; Cessi Documenti relativi alla storia di Venezia 16 n. 11.* – R e g . : *Ital. Pont. VII/2, 17 n. 20 et 47 n. 51; Böhmer/Unger n. 257.*

Cf. J³ 6490 et J³ 6493.

6540 **877 mai. 27**

JE 3101 Petrum (Equiliensem) et Leonem (Caprulanum) episcopos Venetiae ad concilium VIII kal. iul. ind. X (877 iun. 24) Ravennae celebrandum invitat, ut inter alia etiam eorum controversia, quae cum Petro patriarcha Gradensi orta est, componatur (Dat. VI kal. iun., ind. X). – *Universale tandem aliquando.*

E d . : *MGH Epp. 7, 53 n. 58; Cessi Documenti relativi alla storia di Venezia 17 n. 12.* – R e g . : *Ital. Pont. VII/2, 47 n. 52 et 75 n. 3 et 82 n. 3; Böhmer/Unger n. 258.*

Laud. et in J³ 6549 et in Iohannis Diaconi Ist. Veneticorum III c. 18 (Berto 138).

6541 **877 mai. 29** **(Roma)**

JE 3104 Monachis Flaviniacensibus confirmat possessiones monasterii eorum, a Carolo (Calvo) imperatore, cum antea regii iuris esset, ecclesiae Augustodunensi et episcopo eius Adalgario collatas. Episcoporum Augustodunensium super monasterio iura restringit (Scr. p. m. Gregorii not. reg. et scrin. S.R.E. in m. mai., ind. X. IV kal. iun. p. m. Anastasii bibl. S.S.A. imp. d. piissimo perp. aug. Karolo a Deo cor. magno imp. a. II et post cons. eius a. II, ind. X). – *Omnium ecclesiarum Dei.*

E d . : *Bouchard Cartulary Flavigny 70 n. 23.* – R e g . : *Böhmer/Unger n. 259.*

6542 **877 mai. 30**

JE 3105 (Richildim imperatricem) adhortatur, ut postulationem suam ad effectum ducat (Dat. III kal. iun., ind. X). – *(Toto corde desiderant).*

E d . : *MGH Epp. 7, 49 n. 54.* – R e g . : *Böhmer/Unger n. 260.*

Fragmentum; prima epistolae pars deperdita est. De persona, ad quem epistola directa est, cf. Böhmer/Unger n. 260.

6543 **(877 mai. ex.)**

JE 3099 (Carolo Calvo) imperatori scribit celeri auxilio sibi opus esse, „quippe" inquit „cum de tota iam depopulata Campania nil habeamus nilque nobis, aut venerabilibus monasteriis ceterisque piis locis, neque senatui Romano, unde corporaliter sustenari possimus, remanserit, omnibus etiam Romę suburbanis adeo depredatis, ut nullus in ipsis iam habitator vel cuiuslibet etatis incola videatur consistere" (Dat. ut supra). – *Divina ideo maiestas.*

E d . : *MGH Epp. 7, 51 n. 56.* – R e g . : *Böhmer/Zielinski n. 515; Böhmer/Unger n. 261.*

Olim ad a. (877 mai. 25). De tempore cf. Böhmer/Unger n. 261. Cf. et J³ *6416.

6544 **(877 mai. ex.)**

JE 3102 Iohanni (VII) archiepiscopo Ravennati significat se „tam pro ecclesiasticis quibusdam necessitatibus, quam pro statu et pro correctione rei publicę" statuisse, iun. 24 Ravennam episcoporum „Italici regni universale, id est totius provincię, advocare concilium". Eum et eius suffraganeos adesse iubet. – *Quia iam ad.*

Ed.: *MGH Epp. 7, 53 n. 59.* – Reg.: *Ital. Pont. V 9 n. 37 et 43 n. 118; Böhmer/Unger n. 262.*

Olim ad a. (877 mai. 27). De tempore cf. Böhmer/Unger n. 262.

6545 **(877) iun.** **(Roma)**

JE 3107 Cellae Godith, monasterio Tornutiensi a Carolo (Calvo) imperatore concessae, privilegia possessionesque confirmat (Scr. p. m. Anastasii not. reg. et scrin. S.R.E. in m. iun. ind. V [X]). – *Postquam enim auxiliante.*

Ed.: *Tomassetti Bull. Rom. I 343.* – Reg.: *Böhmer/Unger n. 267.*

Laud. et in Calixti II (Robert Bulaire I 15 n. 13) et in Innocentii IV (Potthast 12002) privilegiis.

***6546** **(877 iun.)** **Traetto**

JE I 393 Conventum Traiecti foederis cum Saracenis dirimendi causa habet.

Laud. in: *J³ 6530; J³ 6531; J³ 6532; J³ 6547.* – Reg.: *Böhmer/Unger n. 266.*

6547 **877 (iun. ex.–iul. in.)**

JE 3106 Iohannem (VII) archiepiscopum Ravennatem certiorem facit foederis inter Neapolitanos et Saracenos dirimendi causa Traiectum sibi proficiscendum fuisse; quapropter non posse fieri, ut synodus Ravennas die constituto (iun. 24) celebretur. Addit se iul. 17 Ravennae fore, ibique eum et eius suffraganeos iul. 21 adesse iubet (Dat. ut supra, ind. X). – *Iter quod pro.*

Ed.: *MGH Epp. 7, 55 n. 61.* – Reg.: *Ital. Pont. V 9 n. 38 et 43 n. 119; Böhmer/Unger n. 268.*

Olim ad a. (877 mai. 30). De tempore cf. Böhmer/Unger n. 268. Cf. et J³ *6546.

***6548** **(877 iul. 19)**

(Leonem Caprulanum), (Petrum Equiliensem) omnesque episcopos Venetiarum et electos vocatosque episcopos vacantium sedium ad synodum XI kal. aug. X ind. (877 iul. 22) Ravennae celebrandam vocat.

Laud. in: *J³ 6549.* – Reg.: *Ital. Pont. VII/2, 75 n. *4 et 82 n. *4; Böhmer/Unger n. 269.*

6549 **877 iul. 19**

JE 3108 Ursum ducem Venetiarum hortatur, ut episcopos Venetos ad synodum XI kal. aug. ind. X (877 iul. 22) Ravennae celebrandam mittat (Dat. XIV kal. aug., ind. X). – *Scire volumus gloriam.*

Ed.: *MGH Epp. 7, 55 n. 62; Cessi Documenti relativi alla storia di Venezia 18 n. 13.* – Reg.: *Ital. Pont. VII/2, 17 n. 21 et 47 n. 53; Böhmer/Unger n. 270.*

Cf. J³ 6540 et J³ *6548.

6550 **877 iul. 24** **(Roma)**

JE 3109 Monasterii et xenodochii Placentini, ab Angilberga imperatrice conditi, possessiones confirmat privilegiaque constituit (Scr. p. m. Leonis not. reg. et scrin. S.R.E. in m. aug., ind. X. Dat. IX kal. aug. p. m. Leonis ep., missi et apocris. S.S.A. imp. d. n. Carolo a Deo cor. magno imp. II et post cons. eius a. II, ind. X). – *Omnibus quidem iusta.*

Ed.: *Tomassetti Bull. Rom. I 344 n. 13.* – Reg.: *Ital. Pont. V 489 n. 3; Böhmer/Unger n. 271.*

Laud. et in J³ 6873, J³ 6874, J³ 7098. Olim ad a. 877 aug. 1. De tempore cf. Böhmer/Unger n. 271. Cf. et J³ *6320.

6551 **877 aug. 13** **(Roma)**

JE 3110 (Ecclesiae Aretinae) confirmat bona petente Iohanne episcopo (Scr. p. m. Leonis scrin. S.R.E. in m. aug., ind. X<VI>. Act. id. aug. p. m. Leonis ep. et apocris. S.S.A. imp. d. ... piissimo perp. aug. Karolo a Deo cor. imp. a. II et post cons. eius a. II, ind. X<VI>). – *Convenit apostolico moderamini.*

E d . : *Pasqui Documenti I 65 n. 46.* – R e g . : *Ital. Pont. III 149 n. 13; Reg. chartarum Pistoriensium I 41 n. 49; Böhmer/Unger n. 275.*

Laud. et in Caroli III privilegio (MGH DD Karl n. 2).

6552 **877 aug. (in.–med.)** **Ravenna**

JE 3367 et I 394

Concilium CXXX episcoporum praesidente Iohanne (VIII), in quo sanciunt: 1) „ut metropolitani intra tres menses fidem suam apud sedem apostolicam exponant et pallium petant"; 2) „ut episcopi electi intra tres menses a metropolitano suo consecrentur"; 3) „ut metropolitani non nisi statutis temporibus pallio utantur"; 4) „ut duces episcopos non praesentent nec ipsos aliasque ecclesiasticas personas concutiant"; 5) „ut qui domum dei violaverit et inde quid abstulerit, communione privetur"; 6) „ut raptores, nisi raptas restituant, communione privati etiam anathemate percellantur"; 7) „ut homicidae et incendiarii, nisi publice satisfecerint, post excommunicationem etiam anathematizentur"; 8) „ut praedones, si bis terve admoniti non emendaverint, praeter excommunicationem etiam anathemate feriantur"; 9) „ut excommunicatorum fautores et ipsi communione priventur"; 10) „ut episcopi nomina excommunicatorum publice affigi curent"; 11) „ut ecclesiastico iudicio obnoxiis refugium praestantes et ipsi excommunicentur"; 12) „ut nemo se parochiae propriae conventui ultra tres dies dominicos subtrahat"; 13) „ut magistratus saeculares ab episcopis et clericis conventi querimonias eorum diligenter examinent et corrigant"; 14) „ut presbyter non nisi ad certum locum ordinetur"; 15) „ut nemo patrimonia Romanae ecclesiae petat, et si quis quomodolibet subtraxerit, anathema sit"; 16) „item de eadem re"; 17) „ut nemo res ecclesiae Romanae beneficiali more aut scripto petere vel retinere audeat"; 18) „quod decimae tantum sacerdotibus parochiarum dari debent"; 19) „ut saeculares in domibus ecclesiarum neque placitum neque hospitium sibi vindicent".

E d . : *MGH Conc. 5, 68; insertum in Pseudo-Liutprandi Lib. (Migne PL 129, 1255) (fragm.).* – R e g . : *Ital. Pont. V 9 n. *39; Reg. chartarum Pistoriensium I 41 n. 50; Böhmer/Zielinski n. 516; Böhmer/Unger n. 272.*

Cf. JE I 382 et JE 3367. Laud. et in J[3] 6554, J[3] 6557, in actis concilii Trecarum a. 878 celebrati (MGH Conc. 5, 92), in Ann. Bertinianis ad a. 877 (Grat 214), in Iohannis Diaconi Ist. Veneticorum III c. 18 (Berto 138). Concilium repetit capitula 2–3 et 5–15 synodi Romani a. 875 (J[3] 6414). Cf. et J[3] *6416.

6553 **(877 aug. in.–med.)** **(Ravenna)**

In sermone apud synodum (Ravennatem) argumentis confirmat, qua de causa Carolus (Calvus) imperator coronatus sit ac unctus, et consensum episcoporum petit. – *Omnibus generationibus immo.*

E d . : *MGH Conc. 5, 64.* – C a n . : *Anselmi Coll. can. I c. 79 (versio A) (pars prima); Deusdedit Coll. can. IV c. 92 (fragm.); Coll. Brit. 586 n. 38 (fragm.).* – R e g . : *Böhmer/Unger n. 273.*

De aliis collectionibus ineditis cf. Böhmer/Unger n. 273. Cf. et J[3] *6416.

6554 **877 (aug. in.–med.)** **Ravenna**

JE I 395

In eodem concilio (J[3] 6552) ecclesiae Augustodunensi monasterium Flaviniacense et Tiloniacum villa, petente Adalgario episcopo (Augustodunensi) imperatoris legato, asseruntur (Iohannes S.R.E. summus pont. et univ. pp. subscr. ... Dat. VI kal. dec., ind. X, p. m. supradicti Leonis missi et apocris. S.R.E., feliciter. Amen). – *Cum ecclesiastica negotia.*

E d . : *MGH Conc. 5, 73.* – R e g . : *Böhmer/Unger n. 274.*

De tempore cf. Böhmer/Unger n. 274. Cf. et J[3] 6489 et J[3] 6552.

***6555** **(877 aug. med.)** **Ravenna**

Petrum Equiliensem et Leonem Caprulensem episcopos Ravennam ad synodum cum electis Veneticae provinciae vocatos excommunicat, cum tarde et expleta iam synodo Ravennam (J³ 6552) venerint.

Laud. in: *Iohannis Diaconi Ist. Veneticorum III c. 18 (Berto 138).* – Reg.: *Ital. Pont. VII/2, 48 n. *54; Ital. Pont. VII/2, 75 n. *5; Ital. Pont. VII/2, 82 n. *5; Böhmer/Unger n. 276.*

De tempore cf. Böhmer/Unger n. 276.

***6556** **877 (aug. med.–24)**

Carolo (Calvo) imperatori Papiae versanti una cum Adacherio notario et Goiranno, Pippino, Heriberto comitibus appropinquat.

Laud. in: *Ann. Bertiniani ad a. 877 (Grat 215); Ann. Vedastini ad a. 877 (MGH SS rer. Germ. 12, 42); Iohannis Diaconi Ist. Veneticorum III c. 19 (Berto 138).* – Reg.: *Böhmer/Zielinski n. 518; Böhmer/Unger n. 277.*

De tempore cf. Böhmer/Unger n. 277.

6557 **877 aug. 24** **(Pavia)**

JE 3111 Iohannis episcopi Ticinensis successorumque eius privilegia confirmat et auget, in his, ut cruce praeferenda et pallio et equo albo utantur (Scr. p. m. Leonis scrin. S.R.E. in m. sept. Dat. est hoc IX kal. sept. p. m. Leonis ep. missi et apocris. S.S.A. imp. d. Carolo cor. magno imp.). – *Supernae miserationis ad.*

Ed.: *Prelini San Siro II 11 n. VI.* – Reg.: *Ital. Pont. VI/1, 174 n. 5; Böhmer/Unger n. 278.*

Cf. J³ 6552.

***6558** **877 (aug. ex.–sept. in.)** **Vercelli**

JE I 395 Cum Carolo (Calvo) imperatore convenit.

Laud. in: *Ann. Bertiniani ad a. 877 (Grat 215); Iohannis Diaconi Ist. Veneticorum III c. 19 (Berto 138).* – Reg.: *Böhmer/Zielinski n. 519 et n. 2688; Böhmer/Unger n. 279.*

***6559** **877 (sept. in.–med.)** **Pavia**

JE I 395 Una cum Carolo (Calvo) imperatore Vercellis Papiam se confert.

Laud. in: *Ann. Bertiniani ad a. 877 (Grat 215); Ann. Vedastini ad a. 877 (MGH SS rer. Germ. 12, 42).* – Reg.: *Böhmer/Zielinski n. 522; Böhmer/Unger n. 280.*

***6560** **(877 sept. in.–med.)**

Monasterio Vizeliacensi privilegium concedit Carolo (Calvo) imperatore petente.

Laud. in: *Caroli Calvi privilegium (Lot/Giry/Prou/Tessier Recueil II 501 n. 446).* – Reg.: *Böhmer/Unger n. 281.*

De tempore cf. Böhmer/Unger n. 281.

***6561** **877 (sept. med.)** **Tortona**

Una cum (Carolo Calvo) imperatore Papiam reliquit et ad Dertonam venit.

Laud. in: *Ann. Bertiniani ad a. 877 (Grat 215).* – Reg.: *Böhmer/Zielinski n. 523; Böhmer/Unger n. 282.*

***6562** **877 (sept. med.)** **Tortona**

JE I 395 Richildim uxorem Caroli (Calvi) imperatoris imperatricem consecrat.

Laud. in: *Ann. Bertiniani ad a. 877 (Grat 215).* – Reg.: *Böhmer/Zielinski n. 523; Böhmer/Unger n. 283.*

***6563** **877 (sept. med.)** **Roma**

JE I 395 Romam revertitur.

L a u d . i n : *J*[3] *6566; Ann. Bertiniani ad a. 877 (Grat 216); Iohannis Diaconi Ist. Veneticorum III c. 20 (Berto 140).* – R e g . : *Böhmer/Unger n. 284.*

Olim ad a. 877 oct. De tempore cf. Böhmer/Unger n. 284.

*? 6564 **(875 dec. 25–877 oct. 6)**

(Iohanni VIII) papae Carolus (Calvus) imperator abbatiam s. Dionysii condonat.

L a u d . i n : *Ann. Bertiniani ad a. 878 (Grat 228).* – R e g . : *Böhmer/Zielinski n. †526; Große PUU Frankreich NF IX 33 n. 26; Böhmer/Unger n. †?147.*

Cf. et J[3] *6696.

* 6565 **(877 oct. med.)**

Iohanni (VIII) Karolomannus (rex) scribit se in regno Italiae successorem esse Caroli (Calvi) imperatoris ac se Romam profecturum proponit; praeterea pro Theotmaro (Salisburgensi) archiepiscopo pallium rogat.

L a u d . i n : *J*[3] *6569.* – R e g . : *Böhmer/Zielinski n. 537; Böhmer/Unger n. 285.*

6566 **877 oct. 21** **Roma**

JE 3112 Lamberto (I) comiti (duci Spoletino) scribit se Romam reversum, totam ecclesiam convocasse; cui cum eius „de obsidibus Romanorum procerum dandis" edictum patefecisset omnium animos contra se accensos esse. Addit haec: „Romanorum filios sub isto cęlo non legitur fuisse obsides datos, ... antea Romani ovilis senatus mortem eligant, quam hanc inauditam ... rem fieri consentiant". Num „hoc ex augustali iussu processerit", dubitat. Hortatur, ne Romam prius veniat, quam „ad unam concordiam reipublicae causa redierit et litis figmenta, contra augustalem maiestatem oborta, sopita exstiterint" (Dat. XII kal. nov., ind. XI). – *Remeantibus nobis Deo.*

E d . : *MGH Epp. 7, 56 n. 63.* – R e g . : *Ital. Pont. IV 2 n. 6; Böhmer/Unger n. 286.*

Cf. J[3] *6563.

6567 **877 oct. 30**

JE 3113 Widonem episcopum Inivensem (Aniciensem) monet, ut in Leontardum gravissima poenitentia affectum clementia utatur (Dat. III kal. nov., ind. XI). – *Leontardus quidam tue.*

E d . : *MGH Epp. 7, 80 n. 85.* – R e g . : *Böhmer/Unger n. 287.*

* 6568 **(876 iun.–877 oct.)**

Iohanni (VIII) papae Iohannes (Hymmonides) versionem suam Cenae Cypriani dedicat.

L a u d . i n : *Iohannis Hymmonidis Cena Cypriani I et IV (MGH Poetae 4/2, 870 et 900).* – R e g . : *Böhmer/Unger n. 181.*

6569 **877 nov.**

JE 3114 Karolomanno (regi) gratulatur. Mortem Caroli (Calvi) imperatoris deplorat. Ita addit: „Dum a colloquio ... fratrum vestrorum fueritis reversi, legatos ... ad vos ... dirigemus, cumque pagina, capitulariter continente ea, que vos ... Romanę ecclesię ... debetis concedere; quibus peractis ... rursus ... mittemus, qui vos ... ad limina apostolorum ductare studeant". Theotmaro archiepiscopo Salisburgensi pallium missum esse nuntiat, cui mandat „committi ea, quae apud Bagoariam b. Petrus habet, uti sibi annualiter reditus eius Romam transmittat" (Dat. m. nov., ind. XI). – *Apicibus igitur gloriose.*

E d . : *MGH Epp. 7, 57 n. 64.* – R e g . : *MMFH 3, 182 n. 63; Böhmer/Zielinski n. 543; Bitschnau/Obermair Tiroler UB 76 n. 105; Böhmer/Unger n. 289.*

Cf. J[3] *6565 et J[3] 6570.

6570 **877 nov.**

JE 3115 Theotmaro archiepiscopo Salisburgensi scribit de pallio misso; de ecclesiae Romanae rationibus apud Karolomannum regem fovendis; de Bavarico b. Petri reditu quotannis mittendo (Dat. m. nov., ind. XI). – *Idcirco tuam fraternitatem.*

Ed.: *MGH Epp. 7, 58 n. 65.* – Reg.: *Germ. Pont. I 391 n. 19; Germ. Pont. I 12 n. 24; Böhmer/Zielinski n. 537; Bitschnau/Obermair Tiroler UB 77 n. 106; Böhmer/Unger n. 290.*

Laud. et in J³ 6569.

*** 6571** **(877 nov.)**

Aelfredum (Magnum) regem (Wessexiae) monet, ut Ethelredo archiepiscopo Cantuariensi in rebus ecclesiasticis obtemperet et privilegia eius conservet.

Laud. in: *J³ 6579.* – Reg.: *Böhmer/Unger n. 291.*

*** 6572** **(877 iun.–dec.)**

Per Landulfum episcopum Capuanum ac Waifarium principem Salernitanum foedus cum Amalphitanis componit, qui ei Traiecto usque Centumcellas auxilia maritima praebeant.

Laud. in: *J³ 6582; J³ 6583; J³ 6855.* – Reg.: *Ital. Pont. VIII 383 n. *7; Martin/Cuozzo Regesti dell'Italia meridionale 452 n. 941; Böhmer/Unger n. 265.*

*** 6573** **(877 med.–ex.)**

Hedenulfi episcopi Laudunensis consecrationem confirmat.

Laud. in: *Flodoardi Remensis Hist. III c. 21 (MGH SS 36, 273).* – Reg.: *Böhmer/Unger n. 264.*

6574 **(878 ian.)**

JE 3119 Lamberto (I) comiti (Spoletino) scribit se audivisse, hac mente Romam eum aditurum esse, ut suis inimicis ter excommunicatis auxilium ferat. Quod ne faciat, rogat. Aliam ob causam venturum a se honorifice exceptum iri affirmat. Gaudericum (Veliternensem) et Zachariam (Anagninum) episcopos legatos suos commendat. Adalberto marchioni (Tusciae), si Romam venerit, se aditum non daturum. Quem extra urbem Lambertus postulaverat congressum, ipse mavult Romae fieri (Dat. ut supra). – *Dilectionis et amicitie.*

Ed.: *MGH Epp. 7, 78 n. 83.* – Reg.: *Ital. Pont. IV 3 n. 7; Böhmer/Unger n. 306.*

Olim ad a. (878 febr. 26). De tempore cf. Böhmer/Unger n. 306.

6575 **(878 ian.)**

JE 3116 Athanasium (II) episcopum Neapolitanum, quod ecclesiae infestatae poenas a fratre (Sergio duce) petierit, vehementer laudat. Ita ascribit: „Nos, ... aliis datis mancosis, mille quadringentos vobis dare debemus, quos ... aut ... initio quadragesimę (878 febr. 5), aut in die s. resurrectionis (878 mart. 23) vobis procul dubio dirigemus“. Petrum diaconum eius commendat (Dat. ut supra). – *Innumeras gratiarum actiones.*

Ed.: *MGH Epp. 7, 72 n. 76.* – Reg.: *Ital. Pont. VIII 424 n. 27 et 447 n. 67; Martin/Cuozzo Regesti dell'Italia meridionale 453 n. 942; Böhmer/Unger n. 307.*

6576 **(878 ian.)**

JE 3117 Omnes eximios iudices et universum populum Neapolitanae civitatis collaudat, quod, deiecto Sergio magistro militum, Athanasium (II) episcopum creaverint iudicem et rectorem. Addit haec: „Porro quia iam aliis omnibus datis mancosis mille quadringentos vobis dare debemus, ne turbemini, quia eos vel in initio quadragesime (878 febr. 5), vel in die s. resurrectionis (878 mart. 23), vobis ... dirigemus“ (Dat. ut supra). – *Quanta vere fidei.*

E d . : *MGH Epp. 7, 73 n. 77.* – R e g . : *Ital. Pont. VIII 424 n. 28; Martin/Cuozzo Regesti dell'Italia meridionale 453 n. 943; Böhmer/Unger n. 308.*

* 6577 **(877 med.–878 in.)**

Iohanne (VIII) papa petente Iohannes (Farfensis) et Anastasius (s. Salvatoris in monte Letenano) abbates cum Amalphitanis de foedere agunt.

L a u d . i n : *J³ 6582; J³ 6583.* – R e g . : *Böhmer/Unger n. 263.*

* 6578 **(877 ex.–878 in.)**

Apud Iohannem (VIII) Waldo diaconus queritur, quod Aripertus Ebredunensis archiepiscopus non eum sed Wifredum in episcopum Venciensem confirmaret.

L a u d . i n : *J³ 6584.* – R e g . : *Böhmer/Unger n. 292.*

6579 **(877 dec.–878 febr.)** **(Roma)**

JE 3125 Ethelredum archiepiscopum gentis Anglorum (Cantuariensem) hortatur, ut „non solum regi (Aelfredo), sed omnibus ... perverse aliquid agere volentibus strenue" resistat. Regem (Aelfredum), ut ei obtemperaret, a se monitum esse. Exponit de re matrimoniali. Privilegia eius servari iubet (Dat. ut supra). – *Vestris relectis apicibus.*

E d . : *MGH Epp. 7, 71 n. 75.* – R e g . : *Böhmer/Unger n. 293.*

Olim ad a. (878 mart.). De tempore cf. Böhmer/Unger n. 293. Cf. et J³ *6571.

6580 **(878 ian.–febr.)**

JE 3121 Lamberto (I) comiti (Spoletino) scribit, „quia, non solum pro assiduis paganorum infestationibus, ... sed etiam pro innumeris ... oppressionibus, quę ... sibi ab adversariis illatae sint, in gremio sedis apostolicę ... securiter manere sibi minime liceat", destinavisse se, „Franciam per iter marinum proficisci gloriosumque Karolomannum regem adire" auxilii petendi causa. Proposita excommunicatione hortatur, ut se absente et urbi et agro Romano parcat (Dat. ut supra). – *Sagacitati ac prudentie.*

E d . : *MGH Epp. 7, 74 n. 78.* – R e g . : *Ital. Pont. IV 3 n. 10; Böhmer/Unger n. 300.*

Olim ad a. (878 mart.). De tempore cf. Böhmer/Unger n. 300.

6581 **(878 ian.–febr.)**

JE 3129 Cuniperto comiti sub excommunicationis poena imperat, ut invasam cortem s. Petri in Alviscutia restituat (Dat. ut supra). – *Auditu didicimus etiam.*

E d . : *MGH Epp. 7, 76 n. 81.* – R e g . : *Ital. Pont. VI/1, 4 n. 7; Böhmer/Unger n. 301.*

Olim ad a. (878 mart.). De tempore cf. Böhmer/Unger n. 301.

6582 **(878 ian.–febr.)**

JE 3126 Landulfum episcopum Capuanum monet, ut Athanasium (II) episcopum Neapolitanum in defendenda ecclesia Romana adiuvet. Scribit de pacto „in decem milium mancusorum cum Amalfitanis", eo et Waifario principe Salernitano mediante, eatenus facto, „ut a Traiecto usque Centumcellas (sibi) navali labore indesinenter auxilium ferrent"; queriturque, eos, quod promisissent, ad id tempus non fecisse, immo vero etiam mala fide contendere, mancusorum promissa esse duodecim millia (Dat. ut supra). – *Quanto studio tua.*

E d . : *MGH Epp. 7, 75 n. 79.* – R e g . : *Ital. Pont. VIII 219 n. 19 et 424 n. 29 et 447 n. 68; Martin/Cuozzo Regesti dell'Italia meridionale 454 n. 944; Böhmer/Unger n. 302.*

Olim ad a. (878 mart.). De tempore cf. Böhmer/Unger n. 302. Cf. et J³ *6572 et J³ *6577.

6583 **(878 ian.–febr.)**

JE 3127 Waifario principi (Salernitano) monens hortatur et rogando iubet, ut in percepta bonitate perseveret; nuntiat ex parte Amalphitanorum nullum sibi iuxta condictum placitum adiutorium navali certamine a Traiecto usque Centumcellas praestitum esse, quadam calliditate illis asserentibus non in X, sed in XII milium mancusorum fuisse suam promissionem; rogat, ut emendationem de his facere mature acceleret (Dat. ut supra). – *Devotionem igitur animi.*

Ed.: *MGH Epp. 7, 81 n. 86.* – Reg.: *Ital. Pont. VIII 335 n. 10; Ital. Pont. VIII 384 n. 8; Martin/Cuozzo Regesti dell'Italia meridionale 454 n. 945; Böhmer/Unger n. 303.*

Olim ad a. (878 mart.). De tempore cf. Böhmer/Unger n. 303. Cf. et J³ *6572 et J³ *6577.

6584 **(878 ian.–febr.)**

JE 3128 Aribertum archiepiscopum Ebredunensem reprehendit, quod non Waldonem „canonice a plebe (leg. clero) et populo Venciaco electum" atque a Carolo (Calvo) defuncto imperatore confirmatum, sed alterum contra canones creatum consecraverit. Praecipit, ut cum ambobus Romam veniat (Dat. ut supra). – *Si canonica in.*

Ed.: *MGH Epp. 7, 76 n. 80.* – Reg.: *Böhmer/Zielinski n. 2699; Böhmer/Unger n. 304.*

Olim ad a. (878 mart.). De tempore cf. Böhmer/Unger n. 304. Cf. et J³ *6578.

***6585** **(878 ian.–febr.)**

Iohanni (VIII) papae Karolomannus rex per epistolas nuntiosque tutelam contra hostes Romanae ecclesiae promittit.

Laud. in: *J³ 6616.* – Reg.: *Böhmer/Zielinski n. 550; Böhmer/Unger n. 305.*

6586 **(878 febr.)**

JE 3120 Lambertum (I) comitem (Spoletinum) reprehendit, quod inverecundas litteras ad se miserit, et quia dixerit, „quod sine consensu" suo ipsius „legationes nusquam mittere" deberet. Haec addit: „Quia vos, nobis relictis in partem contrariam inclinatos videmus, non solum obstupescimus, sed etiam a vestrae amicitiae nos similiter ... declinamus consortio" (Dat. ut supra). – *Sedem apostolicam quam.*

Ed.: *MGH Epp. 7, 79 n. 84.* – Reg.: *Ital. Pont. IV 3 n. 8; Böhmer/Unger n. 309.*

Olim ad a. (878 febr. 26). De tempore cf. Böhmer/Unger n. 309.

***6587** **878 (febr. ex.)** **Roma**

JE I 396 Romae „sub custodia retinetur" a Lamberto duce Spoletino et Adalberto (Tusciae) marchione, qui interea „optimates Romanorum fidelitatem Carlomanno (regi) sacramento firmare cogunt".

Laud. in: *J³ 6591; J³ 6592; J³ 6605; J³ 6609; J³ 6615; J³ 6616; J³ 6618; J³ 6628; Ann. Fuldenses ad a. 878 (MGH SS rer. Germ. 7, 91); Ann. Bertiniani ad a. 878 (Grat 223); Ann. Vedastini ad a. 878 (MGH SS rer. Germ. 12, 43); Herimanni Augiensis Chron. ad a. 878 (MGH SS 5, 107); Sigeberti Gemblacensis Chron. ad a. 879 (MGH SS 6, 342).* – Reg.: *Böhmer/Mühlbacher² n. 1532a; Böhmer/Zielinski n. 545; Böhmer/Unger n. 310.*

De tempore cf. Böhmer/Unger n. 310.

***6588** **(877 nov.–878 mart.)**

Annuo tributo XXV milium mancusorum Saracenos se obligat.

Laud. in: *J³ 6616.* – Reg.: *Böhmer/Unger n. 288.*

***6589** **878 (mart. ex.–apr. in.)** **(Roma)**

JE I 396 Domum s. Petri (Romanum) post Lamberti (comitis Spoletini) et Adalberti (marchionis Tusciae) discessum intrat, et „omnes thesauros, quos ibi reperit, ad Lateranis transfert, et altare s. Petri cilicio cooperit et cuncta hostia eiusdem ecclesiae claudit, nullumque ibi officium ad Dei cultum pertinens per plures dies celebratur".

L a u d . i n : *J³ 6592; Ann. Fuldenses ad a. 878 (MGH SS rer. Germ. 7, 91); Herimanni Augiensis Chron. ad a. 878 (MGH SS 5, 107).* – R e g . : *Böhmer/Unger n. 311.*

*** 6590** **878 (mart. ex.–apr. in.)** **(Roma), S. Paolo (fuori le mura)**

JE I 396 In ecclesia b. Pauli (extra muros Romana) in Lambertum (ducem) Spoletinum „et in omnes sequaces eius, si contra urbem Romam et ecclesiam Romanam aliquam, rursus veniens, contrarietatem vel molestiam aut perturbationem inferre ... presumpserit, anathematis sententiam" profert.

L a u d . i n : *J³ 6592.* – R e g . : *Ital. Pont. IV 3 n. *9; Böhmer/Unger n. 312.*

6591 **(878 apr. in.)** **(Roma)**

JE 3124 Angilbergam (Ludovici II imperatoris viduam) „eximperatric(em) Deo dicata(m)" multis incommodis afflictam consolatur. De malis a Lamberto comite Spoletino „his diebus" sibi illatis significat; additque sic: „De cetero autem ea, quę mandastis, multis inpedimentis occupati, quę prefatus comes ... nobis pręparat, ... perficere nequivimus" (Dat. ut supra). – *Quia multum devotione.*

E d . : *MGH Epp. 7, 77 n. 82.* – R e g . : *Böhmer/Unger n. 320.*

Olim ad a. (878 mart.). De tempore cf. Böhmer/Unger n. 320. Cf. et J³ *6587.

6592 **(878 apr. in.)** **(Roma)**

JE 3122 Iohannem (VII) archiepiscopum Ravennatem hortatur, ut quae et qualia a Lamberto comite Spoletino mala et multiplices passus sit iniurias, suffraganeis episcopis suis cognita faciat. – *Almitatis vestre fraternitatem.*

E d . : *MGH Epp. 7, 67 n. 73.* – R e g . : *Ital. Pont. V 43 n. 120; Böhmer/Unger n. 321.*

Olim ad a. (878 mart.). De tempore cf. Böhmer/Unger n. 321. Secundum registrum Iohannis VIII haec epist. etiam ad (Anspertum) archiep. Mediolanensem, Iohannem ep. Papiensem et Walpertum patriarcham Aquileiensem „a paribus" destinata est, qua de re quattuor epist. (J³ 6592, J³ *6593, J³ *6594, J³ *6595) missas esse censet Böhmer/Unger n. 321. Cf. et J³ *6587, J³ *6589, J³ *6590, J³ *6593, J³ *6594, J³ *6595.

*** 6593** **(878 apr. in.)**

JE 3122 (Ansperto) archiepiscopo Mediolanensi scribit (ut J³ 6592).

L a u d . i n : *Additamentum ad J³ 6592 in registro.* – R e g . : *Ital. Pont. VI/1, 40 n. *61; Böhmer/Unger n. 322.*

Cf. supra ad J³ 6592.

*** 6594** **(878 apr. in.)**

JE 3122 Iohanni (episcopo) Papiensi scribit (ut J³ 6592).

L a u d . i n : *Additamentum ad J³ 6592 in registro.* – R e g . : *Ital. Pont. VI/1, 175 n. *6; Böhmer/Unger n. 323.*

Cf. supra ad J³ 6592.

*** 6595** **(878 apr. in.)**

JE 3122 (Walperto) patriarchae Aquileiensi scribit (ut J³ 6592).

L a u d . i n : *Additamentum ad J³ 6592 in registro.* – R e g . : *Ital. Pont. VII/1, 26 n. *40; Böhmer/Unger n. 324.*

Cf. supra ad J³ 6592.

6596 **878 apr. 16**

JE 3130 Michaelem Bulgarorum regem monet, ut Graecorum errores fugiat et ad b. Petrum revertatur. Affirmat sic: „Mihi credite, ... non gloriam ex vobis vel honorem, aut censum exspectantes, non ... patrię regimen et rei publicae moderamen adipisci cupimus; sed dioeceseos curam et dispositionem ... resumere volumus". De xenio transmisso gratias agit. Sergium eunuchum Slavum, qui episcopatum Belogradensem a Georgio falso episcopo acceperit, reiicit (Dat. XVI d. m. apr., ind. XI). – *Spiritalibus te visceribus.*

Ed.: *MGH Epp. 7, 58 n. 66; Fontes hist. Bulgaricae 7, 147.* – Reg.: *MMFH 3, 182 n. 64; Böhmer/Unger n. 327.*

Laud. et in J³ 6597, J³ 6598. Cf. J³ *6610.

6597 **878 apr. 16**

JE 3131 Petro comiti dat negotium, ut Michaelem Bulgarorum regem ad ecclesiae Romanae fidem revocet (Missa per Paulum et Eugenium reverentissimos et sanctissimos epp. Dat. m. apr. d. XVI, ind. XI). – *Dilectissimo filio nostro.*

Ed.: *MGH Epp. 7, 60 n. 67; Fontes hist. Bulgaricae 7, 157.* – Reg.: *MMFH 3, 185 n. 69; Böhmer/Unger n. 329.*

Cf. J³ 6596 et J³ *6610.

6598 **878 apr. (16)**

JE 3132 Quemdam ex nobilibus Bulgaris monet, ut Michaelem regem ad Romanam ecclesiam reducat (Dat. m. apr., ind. XI). – *Dilectissimo filio nostro.*

Ed.: *MGH Epp. 7, 65 n. 70; Fontes hist. Bulgaricae 7, 154.* – Reg.: *Böhmer/Unger n. 328.*

Cf. J³ 6596.

6599 **878 apr. 16**

JE 3134 Omnes episcopos et clericos Graecos, qui „in Yllyrici provincias, quas nunc Uulgarum natio retinet, ingredientes et ordinationes illicitas" perpetraverunt, excommunicat, intraque dies triginta recedere iubet. Consilium esse scribit, si non oboedierint, ut pristinis honoribus priventur, si imperata fecerint, ut domesticis ecclesiis aut restituantur aut praeficiantur (Dat. XVI d. m. apr., ind. XI). – *Miramur vos et.*

Ed.: *MGH Epp. 7, 66 n. 71; Fontes hist. Bulgaricae 7, 156.* – Reg.: *MMFH 3, 183 n. 66; Böhmer/Unger n. 326.*

Cf. J³ *6610.

6600 **878 apr. 28?**

JE 3118 Basilio (I) imperatori (Constantinopolitano) ita scribit: „Quod his diebus contra ... privilegium s. Romanę ecclesię ... Romę peractum est, his missis nostris Paulo (Anconitano) et Eugenio (Ostiensi) episcopis, verbotenus vobis dicenda commisimus". De auxilio sibi ferendo addit (Dat. IV kal. mai., ind. XI). – *Scimus venerabilis imperator.*

Ed.: *MGH Epp. 7, 67 n. 72.* – Reg.: *Russo Reg. vaticano per la Calabria 45 n. 93; Böhmer/Unger n. 330.*

Olim ad a. 878 febr. 26. De tempore cf. Böhmer/Unger n. 330. Cf. et J³ *6610.

†6601 **878 apr. 29**

JE †3136 Monasterii Tornutiensis possessiones et privilegia confirmat (Dat. III kal. mai. p. m. Christifori prim. S. summe S.A. imp. piissimo Ludovico). – *Anno dominicae incarnationis.*

Ed.: *MGH Conc. 5, 145.* – Reg.: *Böhmer/Unger n. †332.*

Laud. et in Falconis Chron. Trenorchensi c. 29 (Poupardin Monuments 90).

***6602** **(878 apr.)**

Karolomanno (regi) scribit (ut J³ 6605).

Laud. in: *J³ 6605.* – Reg.: *Böhmer/Unger n. 314.*

*** 6603** **(878 apr.)**

Ludovico (Iuniori regi) scribit (ut J[3] 6605).

L a u d . i n : *J[3] 6605.* – R e g . : *Böhmer/Unger n. 315.*

*** 6604** **(878 apr.)**

Carolo (III regi) scribit (ut J[3] 6605).

L a u d . i n : *J[3] 6605.* – R e g . : *Böhmer/Unger n. 316.*

6605 **(878 apr.)**

JE 3137 Ludovicum (Balbum) regem hortatur, ut vestigiis patris Caroli (Calvi), ecclesiae Romanae fautoris, ingrediatur, et cum „Ludovici regis Baioariorum (Germanici) filiis" pacem agitet. Queritur de Lamberto Spoletino et illius „maecha sorore Rottillde" et Adalberto marchione (Tusciae) „patrię prędone"; nunciatque, Lambertum „Romani imperii" cupiditate ardere, et, legatis Tarentum missis, a Saracenis auxilia petiisse. Se in Franciam venturum, ibique synodum celebraturum esse scribit. Epistolas suas ut ad Karolomannum et Ludovicum (Iuniorem) et Carolum (III) reges perferendas curet, rogat. – *Quanto deinde amore.*

E d . : *MGH Epp. 7, 82 n. 87.* – R e g . : *Böhmer/Unger n. 317.*

Cf. J[3] *6587, J[3] *6602, J[3] *6603, J[3] *6604.

6606 **878 apr.**

JE 3133 Ignatio patriarchae Constantinopolitano sub excommunicationis poena iam tertio (cf. J[3] *6419 et J[3] 6425) praecipit, ut sacerdotes ab eo et eius episcopis in Bulgaris constitutos intra dies triginta revocet; eumque, si in contumacia perseveraverit, patriarchatu multatum iri, denuntiat (Dat. m. apr., ind. XI). – *Secundo iam sedis.*

E d . : *MGH Epp. 7, 62 n. 68; Fontes hist. Bulgaricae 7, 152.* – R e g . : *MMFH 3, 183 n. 65; Böhmer/Unger n. 319.*

Olim ad a. 878 apr. (16). De tempore cf. Böhmer/Unger n. 319. Cf. et J[3] 6330 et J[3] *6419 et J[3] *6610.

6607 **878 (apr.)**

JE 3135 Basilium (I) imperatorem (Constantinopolitanum) ecclesiasticae pacis cupidum collaudat. Scribit de destruendis schismatis Constantinopolitani reliquiis. Paulum (Anconitanum) et Eugenium (Ostiensem) episcopos, legatos suos commendat (Dat. ... ind. XI). – *Benedictus Deus et.*

E d . : *MGH Epp. 7, 63 n. 69.* – R e g . : *Böhmer/Unger n. 318.*

Olim ad a. (878 apr. 16). De tempore cf. Böhmer/Unger n. 318. Cf. et J[3] *6610.

*** 6608** **878 (apr. med.–ex.)** **Roma, S. Pietro**

JE I 398 Synodus in ecclesia b. Petri Romana, in qua Iohannes VIII una cum coepiscopis et confratribus suis Italicis Lambertum (ducem Spoletinum) et Adalbertum (marchionem Tusciae) et sequaces eorum excommunicat et quia in sceleribus perseveraverint, communionis immunes esse decernit. Quodque decretum in praedicta b. Petri ecclesia scriptum, ut ingredientes et exeuntes legant et doleant eosque anathematizatos teneant, ponit.

L a u d . i n : *J[3] 6628; J[3] 6673; J[3] 6674; J[3] 6937; Ann. Bertiniani ad a. 878 (Grat 223).* – R e g . : *Ital. Pont. III 3 n. *5; Ital. Pont. IV 4 n. *11; Böhmer/Unger n. 325.*

6609 **(878 apr. ex.)** **(Roma)**

JE 3123 Berengario „glorioso comiti (Foroiuliensi) regia prosapia orto" maleficia Lamberti ducis Spoletini nuntiat. „Venit" inquit „Romam et ... portam civitatis ... capiens ...

tantam civitatem invasam retinuit, ita sane ut nobis, apud b. Petrum consistentibus nullam urbis Romę potestatem a piis imperatoribus b. Petro ... eiusque vicariis traditam haberemus; existitque ... paratus, nobis iterum maiora inferre". Quae omnia Karolomanno regi significet, rogat. Addit haec: „Si vero idem Lambertus nos persequi non omiserit, nos iam dicto regi fideles amici esse quomodo possumus, quia eius se voluntate iactatur talia agere"? – *Lectis nobilitatis vestre.*

Ed.: *MGH Epp. 7, 69 n. 74.* – Reg.: *Ital. Pont. VII/1, 69 n. 1; Böhmer/Zielinski n. 812; Böhmer/Unger n. 333.*

Olim ad a. (878 mart.). De tempore cf. Böhmer/Unger n. 333. Cf. et J³ *6587.

*6610 **(878 apr. ex.)**

Paulum episcopum (Anconitanum) et Eugenium episcopum (Ostiensem) legatos in Bulgariam et Constantinopolim mittit, ut multas litteras tradant.

Laud. in: *J³ 6596; J³ 6597; J³ 6599; J³ 6600; J³ 6606; J³ 6607.* – Reg.: *Böhmer/Unger n. 331.*

De tempore cf. Böhmer/Unger n. 331.

*6611 **(878 apr. ex.–mai. in.)**

(Karolomanno regi) scribit Lambertum ducem Spoletinum ac Adalbertum Tusciae comitem impetum in Romam fecisse; de itinere in regno Francorum faciendo et conventu cum eo componendo exquirit.

Laud. in: *J³ 6628; J³ 6666.* – Reg.: *Böhmer/Unger n. 335.*

De tempore cf. Böhmer/Unger n. 335.

*6612 **(878 apr. ex.–mai. in.)**

Teutrando Tarantasiensi archiepiscopo litteris mandat, ut cum Otranno archiepiscopo Viennensi, (Rostagno) Arelatensi archiepiscopo, (Ratbergo) Valentinensi et (Aetherio) Vivariensi episcopis testantibus, querimoniam inter Bernarium (Gratianopolitanum) et Adalbertum (Morianensem) episcopos, diiudicet.

Laud. in: *J³ 6632.* – Reg.: *Gall. Pont. III/1, 115 n. *119; Böhmer/Zielinski n. 2700; Böhmer/Unger n. 336; cf. propediem Gall. Pont. III/2, Valence et Gall. Pont. III/3, Viviers.*

*6613 **(878 apr. ex.–mai. in.)**

Otranno archiepiscopo Viennensi litteris mandat, ut cum Teutrando Tarantasiensi archiepiscopo, (Rostagno) Arelatensi archiepiscopo, (Ratbergo) Valentinensi et (Aetherio) Vivariensi episcopis testantibus, querimoniam inter Bernarium (Gratianopolitanum) et Adalbertum (Maurianensem) episcopos, diiudicet.

Laud. in: *J³ 6632.* – Reg.: *Gall. Pont. III/1, 115 n. *119; Böhmer/Unger n. 337; cf. propediem Gall. Pont. III/2, Valence et Gall. Pont. III/3, Viviers.*

*6614 **878 (apr. ex.–mai. in.)**

Tribus cum navibus navigans in Franciam proficiscitur.

Laud. in: *J³ 6615; J³ 6616; Ann. Bertiniani ad a. 878 (Grat 223); Ann. Fuldenses ad a. 878 (MGH SS rer. Germ. 7, 91); Ann. Vedastini ad a. 878 (MGH SS rer. Germ. 12, 43); Adonis Viennensis Chron., Cont. prima (MGH SS 2, 325); Auxilii Libellus in defensionem I c. 4 (Dümmler Auxilius 63); Hist. regum Francorum a. 878 (Bouquet Recueil IX 41); Herimanni Augiensis Chron. ad a. 878 (MGH SS 5, 107).* – Reg.: *Böhmer/Unger n. 334.*

6615 **(878 mai. in.)** **(Genova)**

JE 3138 Ludovico (Iuniorem) regi Ludovici (Germanici) Baioariorum regis filio scribit, „in quantam superbiam pro cupiditate, ut fama vera se habet, Romani imperii eruperit" Lambertus dux Spoletinus, qui „asserit, Karolomannum regem sibi talia horrenda facere pręcepisse". De adventu in Franciam suo eum praemonet et de synodo „secum simul" celebranda; ad quam archiepiscopos et episcopos regni eius venire iubet (Dat. ut supra). – *Scriptum enimvero in.*

Ed.: *MGH Epp. 7, 83 n. 88.* – Reg.: *Böhmer/Unger n. 344.*

Laud. et in J3 6628, J3 6672. Olim ad a. (878 apr.–mai.). De re et tempore cf. Böhmer/Unger n. 344. Cf. et J3 *6587 et J3 *6614.

6616 **(878 mai. in.)** **Genova**

JE 3139 Karolomanno regi significat fessum se „paganorum persecutione ac gladio atque exactione census viginti quinque millium in argento mancusorum annualiter" de adventu eius speravisse, sed Lamberti (ducis Spoletini) et Adalberti (marchionis Tusciae) iniuriis in summum discrimen adductum, et, ne ad eum viae se committeret, impeditum, in navem conscendisse. Hortatur, ut ad synodum in Francia habendam cum episcopis veniat (Dat. de civitate Genuense et directa glorie vestre per Anspertum Mediolanensem confratrem et coep. nostrum). – *Quanta denique exaltatione.*

Ed.: *MGH Epp. 7, 85 n. 89; Belgrano Cartario Genovese 12.* – Reg.: *MMFH 3, 184 n. 67; Böhmer/Zielinski n. 551; Böhmer/Unger n. 345.*

Laud. et in J3 6628, J3 6666. Olim ad a. (878 apr.–mai.). De tempore cf. Böhmer/Unger n. 345. Cf. et J3 *6585, J3 *6587, J3 *6588, J3 *6614, J3 *6619.

6617 **(878 mai. in.)** **(Genova)**

JE 3141 Angilbergae imperatrici (Ludovici II imperatoris viduae) Petrum presbyterum cardinalem commendat, cuius „iter ... solita pietate" disponat (Dat. ut supra). – *Reminiscentes omnium bonorum.*

Ed.: *MGH Epp. 7, 98 n. 106.* – Reg.: *Böhmer/Unger n. 347.*

Olim ad a. (878 apr.–mai.). De tempore cf. Böhmer/Unger n. 347. Cf. et J3 *6619.

6618 **(878 mai. in.)** **(Genova)**

JE 3140 Ansperto archiepiscopo Mediolanensi significat propter indignitates a Lamberto duce Spoletino et Adalberto marchione (Tusciae) Romae acceptas se synodi in Francia celebrandae consilium cepisse; cui eum et eius suffraganeos interesse iubet. Petrum presbyterum cardinalem ad Karolomannum regem missum commendat (Dat. ut supra). – *Pro innumeris igitur.*

Ed.: *MGH Epp. 7, 90 n. 96.* – Reg.: *Ital. Pont. VI/1, 4 n. 8 et 40 n. 62; Böhmer/Unger n. 346.*

Olim ad a. (878 apr.–mai.). De tempore cf. Böhmer/Unger n. 346. Cf. et J3 *6587 et J3 *6619.

***6619** **(878 mai. in.)** **Genova**

De „civitate Genuense" Petrum cardinalem presbyterum (s. Grisogoni) tribus cum litteris ad Karolomannum regem (J3 6616), ad Angilbergam imperatricem (J3 6617) atque ad Anspertum archiepiscopum Mediolanensem (J3 6618) mittit.

Laud. in: *J3 6616; J3 6617; J3 6618.* – Reg.: *Böhmer/Unger n. 348.*

***6620** **878 mai. 11** **Arles**

JE I 399 Arelatum navigio in die Pentecostes appellens nuntios ad Bosonem comitem mittit.

Laud. in: *J3 6626; J3 6662; Ann. Bertiniani ad a. 878 (Grat 223); Lib. pont. (Duchesne II 221; Přerovský II 640).* – Reg.: *Gall. Pont. III/1, 362 n. *19; Böhmer/Unger n. 349.*

6621 **878 (mai. in.–med.)**

JE 3147 Mironem (comitem Ruscinensem), qui „Septimanię terram universalem" redegerit „in solitudinem, ecclesias ... ministris" exspoliaverit, „castella ipsius terrę callide ac fraudulenter" invaserit, et defensionis necessitate Bernardo marchioni imponenda novorum malorum ansam praebuerit, ad synodum Lugduni celebrandam venire iubet. Liudoinum vicecomitem, qui Sigebodi archiepiscopi Narbonensis iura neglexerit, coerceri postulat. Sunefrido Mironis fratri praecipit, ut in monasterium, quod reliquerit, revertatur (Dat. ut supra). – *Quanta ad apostolatum.*

Ed.: *MGH Epp. 7, 108 n. 119.* – Reg.: *Böhmer/Unger n. 343.*

6622 **(878 mai. med.)** **Arles**

JE 3148 Rostagno archiepiscopo Arelatensi suas in Gallias vices et pallii usum concedit. Praeceptum addit, ne „metropolitę, antequam pallium a sede apostolica suscipiant, consecrationem facere pręsumant" (Dat. ut supra). – *O quam bona.*

Ed.: *MGH Epp. 7, 109 n. 120.* – Reg.: *Böhmer/Zielinski n. 2704; Böhmer/Unger n. 353.*

Laud. et in J³ 6623.

6623 **(878 mai. med.)** **(Arles)**

JE 3149 Omnes episcopos Galliae hortatur, ut Rostagno archiepiscopo Arelatensi vicario suo obtemperent (Dat. ut supra). – *Ad hoc divine.*

Ed.: *MGH Epp. 7, 92 n. 99.* – Reg.: *Böhmer/Zielinski n. 2705; Böhmer/Unger n. 354.*

Cf. J³ 6622.

***6624** **(878 mai. med.)** **Arles**

„Maritimali itinere devectus" in regnum Arelatense advenit (cf. J³ *6620), ubi querelam Leonis abbatis monasterii s. Petri, „in quo quiescit corpus b. Egidii, in finibus Gothie, in valle Flaviana", Georgio scriniario et Deusde duce Ravennae praesidentibus inspicit. Qui Girberto episcopo (Nemausensi) monasterium papae reddere iubent.

Laud. in: *J³ 6662; J³ 6678; Lib. pont. (Duchesne II 221; Přerovský II 640).* – Reg.: *Böhmer/Zielinski n. 2710; Böhmer/Unger n. 355; cf. propediem Gall. Pont. III/2, Valence et Gall. Pont. III/3, Viviers.*

Cf. J³ *6104.

***6625** **878 (mai. med.)** **Arles**

Arelatae cum Bosone principe Viennensi et Ermengarda uxore eius, Angilbergae imperatricis filia, convenit.

Laud. in: *J³ 6626; Ann. Bertiniani ad a. 878 (Grat 223).* – Reg.: *Gall. Pont. III/1, 362 n. *20; Böhmer/Zielinski n. 2701; Böhmer/Unger n. 351.*

6626 **(878 mai. med.)** **Arles**

JE 3146 Angilbergae imperatrici, Ludovici (II) imperatoris viduae, significat, se Arelatem pervenisse, ibique cum eius genero Bosone principe uxoreque Ermengarda fuisse; quod „ad maiores excelsioresque gradus modis omnibus ... promovere", in optatis sibi esse. Mandat, ut per litteras et Iohannem archiepiscopum Ravennatem ad defendam ecclesiam Romanam hortetur, et Leonis episcopi (Gavensis) et apocrisiarii Petrique superistae animos confirmet. – *Cum erga Romane.*

Ed.: *MGH Epp. 7, 88 n. 94.* – Reg.: *Ital. Pont. V 43 n. 121; Böhmer/Zielinski n. 2703; Böhmer/Unger n. 352.*

Cf. J³ *6620 et J³ *6625.

6627 **(878 mai.)**

JE 3165 Wibbodo episcopo (Parmensi) sic scribit: „Hortamur, ut ceptum perficias et antequam Karolomannum (regem) alloquamur, vestrum legatum cum litteris mittere satagas" (Dat. ut supra). – *In lectione litterarum.*

Ed.: *MGH Epp. 7, 112 n. 125.* – Reg.: *Ital. Pont. V 415 n. 3; Böhmer/Unger n. 342.*

Olim ad a. (878 iun.–iul.) De tempore cf. Böhmer/Unger n. 342.

6628 **(878 mai. med.–ex.)** **(Arles)**

JE 3142 et JE 3143 1) Carolo (III) regi se excusat, quod antea legatum ad eum non miserit, quoniam via sibi a Lamberto (duce Spoletino) et Adalberto (marchione Tusciae) interclusa est; a quibus ecclesiam b. Petri (Romanam) per dies XXX obsessam esse scribit. Addit haec: „Quo loco (a fratribus eius) significatur, pro pacis et unitatis et tranquilitatis ... negotio previo venimus, quo vos quattuor reges unum legitimumque velle ... faciamus". 2) Rogat eum, hortetur Karolomannum regem, ut ad litteras, „quas illi ex maritimo itinere remiserit" (J³ *6611 et J³ 6616), respondeat, et ecclesiae Romanae gratia Lamberto et Adalberto excommunicatis praecepta mittat (Dat. ut supra). – *Igitur glorie vestre; (Iam quia te).*

Ed.: *MGH Epp. 7, 99 n. 107.* – Reg.: *MMFH 3, 184 n. 69; Böhmer/Zielinski n. 552; Böhmer/Unger n. 350.*

Laud. et in J³ 6671. Olim duo numeri, sed verisimilior est hos ad unam epistolam pertinere; cf. Böhmer/Unger n. 350. Cf. et J³ *6587, J³ *6608, J³ *6611, J³ 6615, J³ 6616.

*** 6629** **878 (mai. ex.)** **Lyon**

Lugduni moratur.

Laud. in: *Ann. Bertiniani ad a. 878 (Grat 223).* – Reg.: *Böhmer/Zielinski n. 2711; Böhmer/Unger n. 356.*

*** 6630** **878 (mai. ex.)** **Lyon**

JE I 399 Lugduni, unde „missos suos ad regem Hludovicum (Balbum) Turonis misit, mandans, ut ei obviam veniret, quo sibi commodum foret; Hludovicus autem, mittens obviam ei quosdam episcopos, petiit, ut usque Trecas veniret".

Laud. in: *Ann. Bertiniani ad a. 878 (Grat 223).* – Reg.: *Böhmer/Unger n. 357.*

6631 **(878 mai. ex.)**

JE 3169 Theoderico archiepiscopo Bisuntino praecipit, ut ad sese accedat, neve antea Lausonensi ecclesiae, in duas partes discissae, episcopum consecret. Legatum suum Deusdedit magistrum militum et ducem (Ravennae) commendat (Dat. ut supra). – *Igitur quia fraternitas.*

Ed.: *MGH Epp. 7, 117 n. 134.* – Reg.: *Germ. Pont. II/2, 169 n. 1; Gall. Pont. I 40 n. 8; Böhmer/Zielinski n. 2707; Böhmer/Unger n. 358.*

Olim ad a. (878 iun.–iul.). De tempore cf. Böhmer/Unger n. 358.

6632 **(878 mai. ex.)**

JE 3150 Teutrandum archiepiscopum (Tarantasiensem) ad se nondum venisse, miratur. Praecipit, ut ad synodum loco hauddum constituto celebrandam accedat, in qua controversia inter Bernarium (Gratianopolitanum) et eius suffraganeum Adalbertum (Maurianensem) episcopos componatur (Dat. ut supra). – *Miramur fraternitatem tuam.*

Ed.: *MGH Epp. 7, 107 n. 117.* – Reg.: *Böhmer/Zielinski n. 2706; Böhmer/Unger n. 359.*

Cf. J³ *6612 et J³ *6613.

6633 **(878 mai. ex.)**

JE 3154 Rostagnum archiepiscopum Arelatensem eiusque suffraganeos ad synodum propediem celebrandam convocat (Dat. ut supra). – *Quia omnipotentis Dei.*

Ed.: *MGH Epp. 7, 116 n. 132.* – Reg.: *Böhmer/Zielinski n. 2708; Böhmer/Unger n. 360; cf. propediem Gall. Pont. III/2, Suffraganei et Gall. Pont. III/3, Die et Viviers.*

Laud. et in J³ 6638.

6634 **878 (mai. ex.)**

JE 3156 Hugonem abbatem (s. Germani Autissiodorensis) una cum Ludovico (Balbo) rege cito ad se venire cupit. Ut „tristitiam, quam ... de (eius) absentia nuper Papia" (i. e. 877 sept.) senserit, leniat petit. Hortatur, ut Formosi (episcopi Portuensis) excommunicati societatem vitet (Dat. ut supra). – *Quanto vos karissime.*

Ed.: *MGH Epp. 7, 98 n. 105.* – Reg.: *Böhmer/Unger n. 361.*

Olim ad a. (878 iun. in.). De tempore cf. Böhmer/Unger n. 361. Ac eodem modo, ut videtur, iis, quorum nomina epistolam sequuntur, litteras mittit: „Iohannis archiepiscopus Rodonensis (leg. Rotomagensis), Adelaldus Toronensis, Froteri Beduriensi"; cf. J³ *6635, J³ *6636 et J³ *6637.

***6635** **(878 mai. ex.)**

JE 3156 Adalardum archiepiscopum Turonensem hortatur, ut sibi obviam eat.

Laud. in: *Additamentum ad J³ 6634 in registro.* – Reg.: *Böhmer/Unger n. 362.*

Cf. supra ad J³ 6634.

***6636** **(878 mai. ex.)**

JE 3156 Frotarium archiepiscopum Bituricensem hortatur, ut sibi obviam eat.

Laud. in: *Additamentum ad J³ 6634 in registro.* – Reg.: *Böhmer/Unger n. 363.*

Cf. supra ad J³ 6634.

***6637** **(878 mai. ex.)**

JE 3156 Iohannem archiepiscopum Rotomagensem hortatur, ut sibi obviam eat.

Laud. in: *Additamentum ad J³ 6634 in registro.* – Reg.: *Böhmer/Unger n. 364.*

Cf. supra ad J³ 6634.

6638 **(878 iun. in.)**

JE 3155 Episcopis suffraganeis Rostagni archiepiscopi Arelatensis praecipit, ut a metropolitis vocati ad synodum universalem apud urbem Lingonensem VI non. iul. (iul. 2) celebrandam accedant (Dat. ut supra). – *Notum sit omnium.*

Ed.: *MGH Epp. 7, 117 n. 133.* – Reg.: *Gall. Pont. III/1, 115 n. 120; Böhmer/Zielinski n. 2708; Böhmer/Unger n. 371; cf. propediem Gall. Pont. III/2, Suffraganei et Gall. Pont. III/3, Die et Viviers.*

Olim ad 878 iun. 2. De tempore cf. Böhmer/Unger n. 371. Ac eodem modo, ut videtur, iis, quorum nomina epistolam sequuntur, litteras mittit: Otteramo archiepiscopo Viennensi, Aureliano archiepiscopo Lucdonensi, Rotberto archiepiscopo Aquensi, Teutrando archiepiscopo Tarentasiensi, Siquibbodo archiepiscopo Narbonensi, Aribberto archiepiscopo Eberdunensi; cf. J³ *6639–J³ *6644. Cf. et J³ 6633.

***6639** **(878 iun. in.)**

JE 3155 Otrannum archiepiscopum Viennensem ad synodum universalem apud urbem Lingonensem VI non. iul. (iul. 2) celebrandam vocat.

Laud. in: *Additamentum ad J³ 6638 in registro.* – Reg.: *Böhmer/Unger n. 372; cf. propediem Gall. Pont. III/2, Suffraganei et Grenoble et Valence.*

Cf. supra ad J³ 6638.

***6640** **(878 iun. in.)**

JE 3155 Aurelianum archiepiscopum Lugdunensem ad synodum universalem apud urbem Lingonensem VI non. iul. (iul. 2) celebrandam vocat.

Laud. in: *Additamentum ad J³ 6638 in registro.* – Reg.: *Böhmer/Unger n. 373.*

Cf. supra ad J³ 6638.

***6641** **(878 iun. in.)**

JE 3155 Rotbertum archiepiscopum Aquensem ad synodum universalem apud urbem Lingonensem VI non. iul. (iul. 2) celebrandam vocat.

L a u d . i n : *Additamentum ad J*³ *6638 in registro.* – R e g . : *Böhmer/Unger n. 374.*
Cf. supra ad J³ 6638.

*** 6642** **(878 iun. in.)**
JE 3155 Teutrandum archiepiscopum Tarantasiensem ad synodum universalem apud urbem Lingonensem VI non. iul. (iul. 2) celebrandam vocat.
L a u d . i n : *Additamentum ad J*³ *6638 in registro.* – R e g . : *Böhmer/Unger n. 375.*
Cf. supra ad J³ 6638.

*** 6643** **(878 iun. in.)**
JE 3155 Sigibodonem archiepiscopum Narbonensem ad synodum universalem apud urbem Lingonensem VI non. iul. (iul. 2) celebrandam vocat.
L a u d . i n : *Additamentum ad J*³ *6638 in registro.* – R e g . : *Böhmer/Unger n. 376.*
Cf. supra ad J³ 6638. De tempore cf. Böhmer/Unger n. 376.

*** 6644** **(878 iun. in.)**
JE 3155 Aribertum archiepiscopum Eberdunensem ad synodum universalem apud urbem Lingonensem VI non. iul. (iul. 2) celebrandam vocat.
L a u d . i n : *Additamentum ad J*³ *6638 in registro.* – R e g . : *Böhmer/Unger n. 377.*
Cf. supra ad J³ 6638. De tempore cf. Böhmer/Unger n. 377.

*** 6645** **(878 iun. in.)**
Cum Iohanne (VIII) Frotharius (archi)episcopus (Bituricensis) conqueritur de Bernardo comite Gothiae.
L a u d . i n : *J*³ *6646; J*³ *6669; J*³ *6670.* – R e g . : *Böhmer/Unger n. 368.*

6646 **(878 iun. in.)**
JE 3199 Bernardum marchionem hortatur, ut iniuriarum in Frotharium archiepiscopum Bituricensem factarum finem faciat (Dat. ut supra). – *Quia te pre.*
E d . : *MGH Epp. 7, 129 n. 155.* – R e g . : *Böhmer/Unger n. 378.*
Olim ad a. (878 cr. sept.–oct.). De tempore cf. Böhmer/Unger n. 378. Cf. et J³ *6645.

6647 **878 iun. 10**
JE 3157 Ansegiso Senonensi archiepiscopo mandat, simul atque compererit, quem in locum Ludovicus (Balbus) rex conventurus secum esset, uti ad concilium ibidem celebrandum properent (Dat. id. iun., ind. XI). – *Canonica instituta servantes.*
E d . : *MGH Epp. 7, 104 n. 113.* – R e g . : *Böhmer/Unger n. 379.*
Jaffé/Ewald epist. ad Ansegisum Senonensem (J³ 6647), Hincmarum Remensem (J³ *6648), Frotharium Bituricensem (J³ *6649), Iohannem Rotomagensem (J³ *6650) et Adalardum Turonensem (J³ *6651) archiepiscopos directas sub epist. unam subsumit. Quinque epist. missas esse censet Böhmer/Unger n. 379.

*** 6648** **(878 iun. 10)**
JE 3157 Hincmarum (archiepiscopum Remensem) adhortatur, ut ad se conferat, cum ei nuntiatum est, ubi et quando celebretur synodus.
L a u d . i n : *Additamentum ad J*³ *6647 in registro; J*³ *6665.* – R e g . : *Böhmer/Unger n. 380.*
Cf. supra ad J³ 6647.

*** 6649** **(878 iun. 10)**
JE 3157 Frotharium (archiepiscopum Bituricensem) adhortatur, ut ad se conferat, cum ei nuntiatum est, ubi et quando celebretur synodus.

L a u d . i n : *Additamentum ad J³ 6647 in registro; J³ 6675.* – R e g . : *Böhmer/Unger n. 381.*
Cf. supra ad J³ 6647.

*** 6650** **(878 iun. 10)**

JE 3157 Iohannem (archiepiscopum Rotomagensem) adhortatur, ut ad se conferat, cum ei nuntiatum est, ubi et quando celebretur synodus.

L a u d . i n : *Additamentum ad J³ 6647 in registro.* – R e g . : *Böhmer/Unger n. 382.*
Cf. supra ad J³ 6647.

*** 6651** **(878 iun. 10)**

JE 3157 Adalardum archiepiscopum Turonensem adhortatur, ut ad se conferat, cum ei nuntiatum est, ubi et quando celebretur synodus.

L a u d . i n : *Additamentum ad J³ 6647 in registro.* – R e g . : *Böhmer/Unger n. 383.*
Cf. supra ad J³ 6647.

*** 6652** **(878 iun. in.–med.)** **Chalon-sur-Saône**

JE I 400 Duodecim dies apud Cabillonem civitatem moratur atque elevationi s. Agricolae interest.

L a u d . i n : *J³ 6689; Acta elevationis Agricolae (AASS mart. 2, 516).* – R e g . : *Böhmer/Unger n. 370.*
Olim ad a. (878 mai.). De tempore cf. Böhmer/Unger n. 370.

6653 **(878 iun. med.)** **Chalon-sur-Sâone**

JE 3151 Ysaac episcopo Lingonensi mandat, ut legatos Cabillonem mittat, qui se Trecas, ubi synodus celebretur, deducant et „congruas mansionaticas" praeparet in parochia sua, i. e. in villa Marmania, in pago Alsensi (Dat. ut supra). – *Quod sanctitati tue.*

E d . : *MGH Epp. 7, 113 n. 126.* – R e g . : *Böhmer/Unger n. 386.*
Olim ad a. (878 cr. mai.). De tempore cf. Böhmer/Unger n. 386.

*** 6654** **(875–878 iun.)**

Ludovicum (Iuniorem) regem admonet, ut Bosonis quondam comitis filiis heredia reddat.

L a u d . i n : *J³ 6681.* – R e g . : *Böhmer/Unger n. 127.*

*** 6655** **(875–878 iun.)**

Liutbertum archiepiscopum (Maguntinum) admonet, ut Bosonis quondam comitis filiis heredia reddat.

L a u d . i n : *J³ 6687.* – R e g . : *Böhmer/Unger n. 128.*

6656 **(878 iun.)**

JE 3152 Hincmaro Remensi, Ansegiso Senonensi (archiepiscopis) et reliquis per decem Galliarum provincias episcopis constitutis nuntiat se Burdegalensi ecclesia ministerio archiepiscopali viduata, suffraganeos eius interim sub sua tuitione retinere. Addit: „Unusquisque vestrum hanc epistolam fratri suo studeat transmittere, ut ad omnium possit pervenire notitiam". – *Notum sit [fraternitati].*

E d . : *MGH Epp. 7, 113 n. 127.* – R e g . : *Böhmer/Zielinski n. 2709; Böhmer/Unger n. 369.*
Olim ad a. (878 cr. mai.). De tempore cf. Böhmer/Unger n. 369.

*** 6657** **(878 iun. ex.)** **Vézelay**

Monasterium Vizeliacense a Gerhardo comite (Viennensi) aedificatum consecrat.

L a u d . i n : *Translatio s. Mariae Magdalenae Vizeliacum (Saxer Dossier Vézelien 237); Ann. Vizeliacenses ad a. 858 (Huygens Mon. Vizeliacensia 212).* – R e g . : *Böhmer/Unger n. 389.*

*** 6658** **(878 iun. ex.)** **Flavigny**

JE I 400 In monasterio Flaviniacensi iter intermittit.

L a u d . i n : *J³ 6689.* – R e g . : *Böhmer/Unger n. 390.*

*** 6659** **(878 iun. ex.–iul. in.)** **Pothières**

Monasterium Pulteriense a Gehardo comite (Viennensi) aedificatum consecrat.

L a u d . i n : *Translatio s. Mariae Magdalenae Vizeliacum (Saxer Dossier Vézelien 237); Ann. Vizeliacenses ad a. 858 (Huygens Mon. Vizeliacensia 212).* – R e g . : *Böhmer/Unger n. 391.*

*** 6660** **878 (iul. in.)** **Troyes**

Trecas advenit.

L a u d . i n : *Ann. Bertiniani ad a. 878 (Grat 223); Ann. Vedastini ad a. 878 (MGH SS rer. Germ. 12, 43); Ann. Floriacenses ad a. 878 (MGH SS 2, 254); Hugonis Floriacensis Hist. Francorum Senonensis (MGH SS 9, 365).* – R e g . : *Böhmer/Unger n. 394.*

6661 **878 iul. 12** **(Troyes)**

JE 3175 Monasterii Cariloci protectionem suscipit iuraque instituit Gauzmaro abbate et Ratberto episcopo Valentinensi petentibus (Scr. p. m. Georgii scrin. S.R.E. in m. iul., ind. XI. Dat. IV id. iul. p. m. Walberti humillimi ep. s. Portuensis eccl. a. pont. d. Iohannis summi pont. et univ. pp. in ss. sede b. Petri apost. VI, ind. XI). – *Iam quia cunctis.*

E d . : *Löwenfeld Elf Papstbullen 373.* – R e g . : *Böhmer/Zielinski n. 2713; Böhmer/Unger n. 400; cf. propediem Gall. Pont. III/2, Valence.*

6662 **878 iul. 21** **(Troyes)**

JE 3176 Amelio presbytero (archidiacono Uceticensi) et Leoni abbati monasterium s. Aegidii, a Girberto episcopo Nemausensi in urbe Arelatensi sibi restitutum, commendat, „ita sane, ut a vobis, singulis quibuscumque annis, pensionis nomine, in racionibus ecclesiasticis Xma argenti solidiana, denarios XII (adde: successores nostri) accipientes, pie paternitatis suffragium eidem monasterio contra omnes infestantes impendere studeant" (Scr. p. m. Georgii scrin. S.R.E. in m. aug. Dat. XII kal. aug. p. m. Walberti humillimi ep. s. Portuensis eccl. a. d. prop. pont. n. Iohannis summi pont. et univ. pp. in ss. sede b. Petri apost. VI, ind. XI). – *Quod postulatis a.*

E d . : *Migne PL 126, 788; Goiffon Bullaire St-Gilles 5.* – R e g . : *Böhmer/Unger n. 401.*

Cf. J³ *6104 et J³ *6620 et J³ *6624.

6663 **(878 mai.–iul.)**

JE 3198 Heumari (Segodunensi) et Widoni episcopis mandat, ut Bertildem, quae maritum Rostagnum dereliquerit, venire ad sese iubeant, et eius adiutores excommunicent (Dat. ut supra). – *Hortamur sanctitatis vestre.*

E d . : *MGH Epp. 7, 128 n. 154.* – R e g . : *Böhmer/Unger n. 340.*

6664 **(878 mai.–iul.)**

JE 3216 Hugonem (abbatem s. Germani Autissiodorensis), Theudericum, Bernardum (Plantapilosa comitem) Arverniae hortatur, ut in amicitia cum Bosone (comite Viennensi) instituta maneant, et Ludovici (Balbi) regis erga illum voluntatem alant (Dat. ut supra). – *Fretus vestra ingenuissima.*

E d . : *MGH Epp. 7, 121 n. 140.* – R e g . : *Böhmer/Unger n. 341.*

Cf. et Böhmer/Zielinski n. 2719 et Gall. Pont. III/1 363 n. *24.

6665 **(878 iun. ex.–iul.)** **(Troyes)**

JE 3162 Hincmarum archiepiscopum Remensem omnesque eius suffraganeos ad synodum Trecis celebrandam invitat (Dat. ut supra). – *Fama tue fraternitatis.*

E d . : *MGH Epp. 7, 107 n. 118.* – R e g . : *Böhmer/Unger n. 388.*
Cf. J[3] *6648.

6666 **(878 iul.)** **(Troyes)**

JE 3158 (Karolomannum regem) ad binas litteras, alteras per Sabbatinum episcopum (Ianuensem) (J[3] *6611), alteras per Anspertum archiepiscopum Mediolanensem (J[3] 6616) missas, non respondisse, miratur. Valetudinem eius deplorat. Addit de synodo, quam „nunc apud Trecas ... sumus celebraturi", „loquemurque" inquit „cum Hludovico (Balbo rege) et reliquis vestris fratribus (Ludovico Iuniore et Carolo III) et post kalendas Augustas ad vos revertemur". Petit, ut locum constituat, quo cum eo conveniat (Dat. ut supra). – *(Sabbatinum episcopum primum).*

E d . : *MGH Epp. 7, 86 n. 90.* – R e g . : *Böhmer/Zielinski n. 553; Böhmer/Unger n. 396.*

Laud. et in J[3] 6668. Fragmentum, quod in edd. cum epist. J[3] 6616 cohaeret. Olim ad a. (878 iun.–iul.). De tempore cf. Böhmer/Unger n. 396. Cf. et J[3] *6611.

6667 **(878 iul.)** **(Troyes)**

JE 3159 Angilbergae imperatrici, Ludovici (II) viduae, scribit, anniversario die Ludovici (II) imperatoris (aug. 12) se precationem pro eo libenter facturum esse. Nuntiat se kal. aug. (aug. 1) cum Ludovico (Balbo) rege et universis Galliae episcopis Trecis synodum celebraturum, „dehinc Karolomannum regem suosque germanos" allocuturum. – *Quia intimasti pontificio.*

E d . : *MGH Epp. 7, 86 n. 91.* – R e g . : *Böhmer/Unger n. 395.*

Olim ad a. (878 iun.–iul.). De tempore cf. Böhmer/Unger n. 395.

6668 **(878 iul.)** **(Troyes)**

JE 3166 Supponi (II) comiti mandat, ut Anspertum (Mediolanensem) et Wibbodum (Parmensem) episcopos assumat et apud Karolomannum regem omnia sua ordinabiliter ponat, a dolisque praecaveat. Addit litteras ad regem perferendas. Haec ascribit: „In hac terra stare non possumus, nisi usque kalendas Augustas, quia, postquam in terram hanc venimus, cum Hludowico (Balbo) rege loqui debemus" (Dat. ut supra). – *Primum quidem devotioni.*

E d . : *MGH Epp. 7, 114 n. 128.* – R e g . : *Ital. Pont. V 415 n. 4; Ital. Pont. VI/1, 4 n. 9 et 41 n. 63 et 87 n. 1; Böhmer/Unger n. 397.*

Olim ad a. (878 iun.–iul.). De tempore cf. Ital. Pont. V 415 n. 3 adn. Cf. et J[3] 6666.

6669 **(878 iul.)** **(Troyes)**

JE 3170 Bernardo comiti (marchioni Gothiae) significat, Frotharium (archi)episcopum (Bituricensem) ab eius homine, quod civitatem Biturigam inimicis Ludovici (Balbi) regis traditurus fuisset, accusatum obiectam noxam purgare velle. Praecipit, ut una cum Girardo vicecomite et Umberto, Aguvarno, Ingelbertoque „ad hoc placitum ad huncque conventum" veniat (Dat. ut supra). – *Relatu videlicet hominis.*

E d . : *MGH Epp. 7, 118 n. 135.* – R e g . : *Böhmer/Unger n. 398.*

Laud. et in J[3] 6699. Olim ad a. (878 iun.–iul.). De tempore cf. Böhmer/Unger n. 398. Cf. et J[3] *6645.

6670 **(878 iul.)** **Troyes**

JE 3171 Frotharium archiepiscopum Bituricensem per Bernardi comitis homines propriae ecclesiae aditu prohibitum esse dolet eumque synodo Trecis celebrandae cum suffraganeis interesse iubet. Addit se „Hludovici (Balbi) regis ... adventum" praestolari „cotidie" (Dat. ut supra). – *Auditis denique deploratione.*

E d . : *MGH Epp. 7, 126 n. 149.* – R e g . : *Böhmer/Unger n. 399.*

Laud. et in J[3] 6675. Olim ad a. (878 iun.–iul.). De tempore cf. Böhmer/Unger n. 399. Cf. et J[3] *6645.

6671 **(878 iun. med.–aug. in.)** **(Troyes)**

JE 3172 Carolum (III) regem non misisse legatos, miratur. Rogat, ut ad colloquium, quod cum Ludovico (Balbo) rege Trecis facturus sit, aut ipse veniat, aut legatos accedere iubeat. Locum constitui postulat, „quo frui (eius) colloquio et germani (eius) Hludovici (Iunioris) regis" (filii Ludovici Germanici) valeat. – *Quod pro pace.*

Ed.: *MGH Epp. 7, 119 n. 136.* – Reg.: *Böhmer/Unger n. 384.*

Olim ad a. (878 iun.–iul.). De tempore cf. Böhmer/Unger n. 384. Cf. et J^3 6628.

6672 **(878 iun. med.–aug. in.)** **(Troyes)**

JE 3173 Ludovico (Iuniori) regi (Ludovici Germanici filio) eadem, quae Carolo (III, cf. J^3 6671) scribit. – *Quod pro pace.*

Ed.: *MGH Epp. 7, 120 n. 137.* – Reg.: *Böhmer/Unger n. 385.*

Olim ad a. (878 iun.–iul.). De tempore cf. Böhmer/Unger n. 385. Cf. et J^3 6615.

6673 **878 aug. 11** **Troyes, St-Pierre**

JE I 402 Praesente Iohanne VIII synodus incipit, quae multi archiepiscopi et episcopi intersunt. In actione prima papa allocutionem habet ad episcopos. In eodem synodo in actione secunda 1) Lambertum (ducem Spoletinum) et Adalbertum (marchionem Tusciae) sequacesque eorum excommunicat (J^3 6674), in sessione tertia 2) concordia omnium Franciae occidentalis episcoporum illustratur, 3) scripta de Hincmaro archiepiscopo Remensi Ratfriedoque episcopo Avennionis aguntur, in sessione quarta 4) decreta contra ecclesiae spoliatores confirmantur (J^3 6677), 5) communionem cum excommunicatis interdicit, 6) sententias contra Formosum quondam episcopum Portuensem eiusque complices prolatas (cf. J^3 6447 et J^3 6455) confirmat (J^3 6676), 7) septem canones affirmat, in sessione quinta 8) translationem episcoporum in alterum episcopatum sive nuptias laicorum alteras vetat (J^3 6702), 9) Hedenulfum episcopum confirmat, 10) non nulla capitula capitularii episcopalis a Radulfo Bituricensi et Theodulfo Aureliensi conscripti confirmat, 11) denique chartas varias (J^3 6678, J^3 6690, J^3 6704) subscribit (Reg. d. n. Iesu Christo per infinita saecula a. inc. eius DCCCLXXVIII, ind. XI, III id. aug.).

Ed.: *MGH Conc. 5, 92.* – Reg.: *Ital. Pont. II 19 n. 6; Ital. Pont. III 3 n. 6; Ital. Pont. IV 4 n. 12; Gall. Pont. III/1, 115 n. *122 et 363 n. ?*22; Böhmer/Zielinski n. 2714; Böhmer/Unger n. 405; cf. propediem Gall. Pont. III/2, Grenoble et Valence et Gall. Pont. III/3, Viviers.*

Canones ed. ap. MGH Conc. 5, 102 et 109. Laud. et in J^3 6675, J^3 6682, J^3 6690, J^3 6694, J^3 6704, J^3 6716, J^3 6730, J^3 6733, J^3 6784, Ann. Bertinianis ad a. 878 (Grat 223), Adonis Viennensis Chron., Cont. prima (MGH SS 2, 325), et in aliis fontibus quos praebet Böhmer/Unger n. 405. Synodus cr. sept. 16 finitur, cf. Böhmer/Unger n. 405. Cf. et J^3 *6608, J^3 6674, J^3 6676, J^3 6677, J^3 6702.

6674 **(878 aug. 12–16)**

JE I 402 In synodo Trecis celebrata (cf. J^3 6673) in actione secunda flagitat, ut Lambertus (dux Spoletinus), Adalbertus (marchio Tusciae) eorumque sequaces secundum ius saeculare iudicentur; praeterea eos excommunicat. – *Carissimi condolete mihi.*

Ed.: *MGH Conc. 5, 95.* – Reg.: *Ital. Pont. III 3 n. 6; Ital. Pont. IV 4 n. 12; Böhmer/Unger n. 408.*

Laud. et in J^3 6673. Cf. J^3 *6608.

6675 **(878 aug. 11–17)** **(Troyes)**

JE 3178 Frotharium archiepiscopum Burdegalensem ad inchoatam synodum Trecensem iam tertio vocat, ut et de sedibus contra canones mutatis et de aliis delictis, quorum accusatus sit, rationem reddat (Dat. ut supra). – *Ad synodum igitur.*

Ed.: *MGH Epp. 7, 97 n. 104.* – Reg.: *Böhmer/Unger n. 407.*

Olim ad a. (878 aug. 11). De tempore cf. Böhmer/Unger n. 407. Cf. et J³ 6477, J³ *6649, J³ 6670, J³ 6673.

6676 **(878 aug. 18)** **Troyes**

JE I 403 In synodo Trecis celebrata (cf. J³ 6673) in sessione quarta sententiae contra Formosum quondam episcopum Portuensem Romanis, Georgium magistrum militum et Gregorium nomenculatorem in conciliis prolatae (cf. J³ 6447 et J³ 6455) confirmat et „omnes qui illis communicaverint adjutoriumve praebuerint" etiam anathematizandos esse decernit. – *Auctoritate apostolica parem.*

Ed.: *MGH Conc. 5, 105 n. G1 et G2.* – Reg.: *Ital. Pont. II 19 n. 6; Böhmer/Unger n. 420.*

Laud. et in J³ 6673. Olim ad a. 878 sept. 14. De tempore cf. Böhmer/Unger n. 420. Cf. et J³ 6447.

6677 **878 aug. 18** **Troyes**

JE 3180 Episcopis per Narbonensem atque Hispanicas provincias consistentibus, abbatibus, presbyteris, necnon comitibus, vicecomitibus, vicariis, centenariis, iudicibus et omnibus in potestatibus constitutis in Hispania et Gothia provinciis degentibus, omnique populo occidentali catholico scribit, secundum constitutionem, in concilio Trecensi (cf. J³ 6673) aug. 18 factam, in fine codicis iuris Gothici hanc Caroli principis ascribendam legem esse, ut sacrilegi „triginta libris examinati argenti i. e. sexcentorum solidorum summa argenti purissimi" multentur (Auctore omnipotenti Deo, mediante inc. d. Iesu Chr. a. 878, XV kal. sept., ind. I, d. uidelicet Ludouico serenissimo rege a. I act. est hoc a nobis apud urbem Trechas pro statu s. Dei aeccl. sinodale concilium). – *Auctore omnipotenti Deo; Auctore omnipotente Deo; De pervasoribus quippe; Praecipimus nos in.*

Ed.: *MGH Conc. 5, 98 n. E1 (d), 99 n. E2 (a), 101 n. E3 (c), 102 n. E4 (b), 134 (e); insertum in Ann. Bertinianis ad a. 878 (Grat 225) (d).* – Can.: *Coll. Brit. 574 n. 20 (b); Ivonis (?) Coll. tripartita 3, 3, 4 et 5 (b); Ivonis Decr. III c. 98 (b); Ivonis (?) Panorm. II c. 79 (b); Anselmi Coll. can. (versio B et A') (b); Gratiani Decr. C. XVII q. 4 c. 21 (b).* – Reg.: *Böhmer/Unger n. 421 (secundum versionem a).*

Laud. et in J³ 6673. Quinque versiones huius decreti traduntur, cf. Böhmer/Unger n. 421: a) versio longa sub rubrica „Lex sacrilegum", b) versio brevis sub rubrica „Confirmatio legis", c) pars ultima versionis longae „Luce evangelii", d) decretum „De pervasoribus", e) sententia excommunicationis „Praecipimus nos"; cf. Böhmer/Unger n. 421. Supra ut in JE 3180 praebetur versionem b, quae in collectionibus iuris canonici tradita est. De aliis collectionibus ineditis cf. Böhmer/Unger n. 421. Cf. et J³ 6673.

6678 **878 aug. 18** **(Troyes)**

JE 3179 De monasterio s. Aegidii quae iul. 21 (J³ 6662) censuerat, ea, „in presentia domni Ludoici (Balbi) serenissimi regis, in presenti concilio residentis apud Trecassinam urbem" confirmat (... auctore omnipotenti Deo mediante a. inc. D. n. Ihesu Chr. 878, XV kal. sept., ind. XI, D. feliciter, in praesentia d. Ludovici serenissimi regis in Praesenti concilio residentis ...). – *Notum sit omnibus.*

Ed.: *MGH Conc. 5, 137.* – Reg.: *Böhmer/Unger n. 422; cf. propediem Gall. Pont. III/2, Grenoble et Valence et Gall. Pont. III/3, Viviers.*

Cf. J³ *6104 et J³ *6624.

*6679 **(875–878 aug. med.)**

Apud Iohannem (VIII) filiae Bosonis quondam comitis eiusque uxoris Ingiltrudis conqueruntur, Ludovicum (Iuniorem) regem Matfridumque comitem allodium quiddam occupare.

Laud. in: *J³ 6681; J³ 6686.* – Reg.: *Böhmer/Unger n. 126.*

*** 6680** **(878 aug. med.)** **Troyes**

„Apud Trecas" cum Hincmaro (archiepiscopo) Remense colloquitur.

L a u d . i n : *Flodoardi Remensis Hist. III c. 21 (MGH SS 36, 272).* – R e g . : *Böhmer/Unger n. 411.*

6681 **(878 aug. med.)**

JE 3211 Ludovicum (Iuniorem) regem, Ludovici (Germanici) filium, ut filiabus Bosonis comitis hereditatem restituat, iam iterum hortatur (Dat. ut supra). – *Iam enim magnitudinem.*

E d . : *MGH Epp. 7, 102 n. 111.* – R e g . : *Böhmer/Unger n. 412.*

Olim ad a. (878). De tempore cf. Böhmer/Unger n. 412. Cf. et J³ 5867 et J³ *6654 et J³ *6679.

6682 **(878 aug. med.)**

JE 3174 Liutbertum archiepiscopum Maguntinum commonet, ut Ludovico (Iuniori) regi et coepiscopis suggerat, ne ad generalem synodum apud Trecas congregandam venire omittant (Dat. ut supra). – *Ecclesiastica exigente utilitate.*

E d . : *MGH Epp. 7, 128 n. 153; Stimming Mainzer UB I 96 n. 163.* – R e g . : *Germ. Pont. IV 67 n. 41; Böhmer/Unger n. 415.*

Olim ad. a. (878 iun.–iul.) et sub regesto uno cum epist. J³ *6683, J³ *6684 et J³ *6685 subsumptum, cum in registro Iohannis VIII sub hac epist. legitur: „similiter Uuileberto archiepiscopo Agrippine ... Uuittecherio venerabili episcopo ... Bertulpho archiepiscopo Treverensi". Quattuor epist. missas esse censet Böhmer/Unger n. 415. De tempore cf. ibid. Cf. et J³ 6673, J³ *6683, J³ *6684, J³ *6685.

*** 6683** **(878 aug. med.)**

JE 3174 Wilibertum archiepiscopum Coloniensem commonet, ut Ludovico (Iuniori) regi aliisque confratribus suggerat, ne ad generalem synodum apud Trecas congregandam venire omittant.

L a u d . i n : *Additamentum ad J³ 6682 in registro.* – R e g . : *Oediger Reg. Köln I 88 n. 258; Germ. Pont. VII 35 n. *69; Böhmer/Unger n. 416.*

Cf. supra ad J³ 6682.

*** 6684** **(878 aug. med.)**

JE 3174 Wittecherium episcopum (Augustanum) commonet, ut Ludovico (Iuniori) regi aliisque confratribus suggerat, ne ad generalem synodum apud Trecas congregatam venire omittant.

L a u d . i n : *Additamentum ad J³ 6682 in registro.* – R e g . : *Germ. Pont. II/1, 30 n. *5; Volkert/Zoepfl Reg. Augsburg I 43 n. 49; Oediger Reg. Köln I 88 n. 258; Böhmer/Unger n. 417.*

Cf. supra ad J³ 6682.

*** 6685** **(878 aug. med.)**

JE 3174 Bertulphum archiepiscopum Treverensem commonet, ut Ludovico (Iuniori) regi aliisque confratribus suggerat, ne ad generalem synodum apud Trecas congregandam venire omittant.

L a u d . i n : *Additamentum ad J³ 6682 in registro.* – R e g . : *Oediger Reg. Köln I 88 n. 258; Germ. Pont. X 38 n. *52; Böhmer/Unger n. 418.*

Cf. supra ad J³ 6682.

6686 **(878 aug. med.)** **(Troyes)**

JE 3168 Matfridum comitem hortatur, ut filiabus Bosonis comitis invasam hereditatem restituat (Dat. ut supra). – *Suggerentibus videlicet filiabus.*

E d . : *MGH Epp. 7, 115 n. 130.* – R e g . : *Böhmer/Unger n. 413.*

Olim ad a. (878 iun.–iul.). De tempore et Mactefrido comite cf. Böhmer/Unger n. 413. Cf. et J[3] *6679.

6687 **(878 aug. med.)** **(Troyes)**

JE 3167 Liutberto archiepiscopo (Maguntino) iam iterum praecipit, uti ea, quae Ingiltrudis Bosonis comitis vidua spurio Godefredo aliisque de Bosonis allodio contulerit, filiabus huius reddi iubeat, „quoniam omnium legum auctoritate legitimi filii sint veri heredes". – *Fraternitatem tuam recordari.*

Ed.: *MGH Epp. 7, 114 n. 129; Stimming Mainzer UB I 96 n. 162.* – Reg.: *Germ. Pont. IV 68 n. 42; Böhmer/Unger n. 414.*

Olim ad a. (878 iun.–iul.). De tempore cf. Böhmer/Unger n. 414. Cf. et J[3] *6655.

6688 **878 aug. 30** **Troyes**

JE 3181 Ecclesiae Pictaviensis possessiones confirmat, quarum potestatem Ecfrido episcopo eiusque successoribus adimi vetat (Dat. III kal. sept., ind. XI, de Trecas civitas). – *Divino quia Romanum.*

Ed.: *MGH Epp. 7, 93 n. 100.* – Reg.: *Böhmer/Unger n. 424.*

6689 **(878 iun. ex.–aug.)**

JE 3153 „Omnibus episcopis, comitibus et cuncto populo Christiano" significat, eos, qui sibi Cabillone moranti equos furati sint, atque Adowardum presbyterum, cuius homines in monasterio Flaviniacensi argenteam s. Petri scutellam furto sibi subduxerint, nisi intra dies tres ablata restituantur, excommunicatum et anathematizatum iri (Dat. ut supra). – *Omnibus episcopis comitibus.*

Ed.: *MGH Epp. 7, 122 n. 143.* – Reg.: *Böhmer/Unger n. 387.*

Olim ad a. (878 cr. mai.). De tempore cf. Böhmer/Unger n. 387. Cf. et J[3] *6652 et J[3] *6658.

6690 **(878) sept. 5** **Troyes**

JE 3182 Monasterii Floriacensis bona confirmat abbatesque ex ipsorum monachorum numero deligi iubet, his praemissis: „Cum propter multiplices ecclesiae dei curas Gallicanam adeuntes regionem, Trecas civitatem devenissemus, anno incarnationis dominicae DCCCLXXVIII. et ... synodum generalem plurimorum celebraremus episcoporum, inter alia suggessit auctoritati nostrae ... abbas ... Theotbertus, ex coenobio quod nominatur Floriacus ... quod idem monasterium quidam religiosus abbas, Leodebodus nomine, monachis exstruxerit ... quod revelatione divina per monachos eiusdem loci a Beneventana provincia corpus illuc s. Benedicti fuerit olim allatum, ibique reverenter humatum, sicut manifestissima constat veritate" (Scr. p. m. Georgii scrin. S.S.A. in m. aug., ind. XI. Dat. non. sept. p. m. Walberti humillimi ep. s. Portuensis eccl. a. Deo prop. pont. d. n. Ioannis summi pont. et univ. pp. in ss. sede b. Petri apost. VI, ind. XI). – *Quoniam apostolica successione.*

Ed.: *MGH Conc. 5, 142.* – Reg.: *Böhmer/Unger n. 426.*

Laud. et in Caroli Simplicis privilegio (Lauer Recueil I 73 n. 34). Cf. J[3] 6673.

6691 **878 sept. 6** **(Troyes)**

JE 3183 Walae episcopo Metensi, non successoribus, pallii usum concedit (Scr. p. m. Georgii scrin. S.R.E. in m. sept. ind. XII. Dat. VIII id. sept. p. m. Walperti humillimi ep. s. Portuensis eccl. a. d. prop. pont. d. n. Ioannis summi pont. et univ. pp. in ss. sede b. Petri apost. VI, ind. XII). – *Si pastores ovium.*

Ed.: *Migne PL 126, 798.* – Reg.: *Parisse Bull. Lorraine 14 n. 8; Böhmer/Unger n. 427.*

Laud. et in Flodoardi Remensis Hist. III c. 23 (MGH SS 36, 316), in Iohannis Gorziensis Ex Miraculis s. Glodesindis c. 29 (MGH SS 4, 237), in Sigeberti Gemblacensis Vita Deoderici c. 10 (MGH SS 4, 469).

*6692 **878 sept. 7** **Troyes**

JE I 403 Ludovico (Balbo) regi coronam imponit (VII id. sept.).

L a u d . i n : *Ann. Bertiniani ad a. 878 (Grat 227); Acta elevationis Agricolae (AASS mart. 2, 516); Chron. Vedastinum ad a. 878 (MGH SS 13, 709).* – R e g . : *Böhmer/Unger n. 428.*

*6693 **(878 aug.–sept. in.)**

Bernardo (marchioni Gothiae) denuo (cf. J[3] 6669) iubet ad synodum Trecensem advolare.

L a u d . i n : *J[3] 6699.* – R e g . : *Böhmer/Unger n. 404.*

6694 **(878 aug. med.–sept. in.)**

JE 3144 Mahen Dolensem ceterosque episcopos Britannicos reverti ad obsequium metropolitae Adalardi archiepiscopi Turonensis proposita excommunicatione iubet (Dat. ut supra). – *Sanctitatem seu fidelitatem.*

E d . : *MGH Epp. 7, 87 n. 92; MGH Conc. 5, 148.* – R e g . : *Böhmer/Unger n. 410.*

Laud. et in Urbani II (JL 5519 et JL 5520), Lucii II (JL 8609), Eugenii III (JL 8991) litteris. Olim ad a. (878 mai.). De tempore cf. Böhmer/Unger n. 410. Cf. et J[3] 6673.

6695 **(878 aug. med.–sept. in.)**

JE 3145 Frothario archiepiscopo Bituricensi et Anselmo Lemovicensi, Acfrido Pictaviensi, Dodoni Andegavensi, Ratberto Cenomannensi, Hildeprando Sagiensi episcopis mandat, cogant invasores possessionum ecclesiae s. Mauricii Turonensis, ut Adalardo archiepiscopo eas restituant, nonasque ac decimas solvant. – *Vestrorum omnium religiositas.*

E d . : *MGH Epp. 7, 88 n. 93.* – R e g . : *Böhmer/Unger n. 409.*

Olim ad a. (878 mai.). De tempore cf. Böhmer/Unger n. 409.

*6696 **878 (sept. 7–10)** **Troyes**

In concilio Trecensi chartam Caroli (Calvi) regis abbatiam (regiam) s. Dionysii Romanae ecclesiae donandam (J[3] *?6564) ostendit et poscit, ut Ludovicus (Balbus) hanc donationem confirmet. Tum, se ipse alteram chartam Caroli (Calvi) affirmet, in qua regnum filio Ludovico tradiderit.

L a u d . i n : *Ann. Bertiniani ad a. 878 (Grat 228); Aimoni Floriacensis Hist. Francorum, Cont. (Sirmond Conc. Gall. 3, 486).* – R e g . : *Böhmer/Unger n. 429.*

*6697 **878 sept. 10** **Troyes**

JE I 403 Ludovicus (Balbus) rex, „quorundam primorum compulsus petitionibus, venit ad apostolici mansionem et cum eo familiariter locutus, una cum illo reversus est ad conventum episcoporum in exedram iuxta mansionem apostolici“ (IV id. praefati m.).

L a u d . i n : *Ann. Bertiniani ad a. 878 (Grat 228); Ann. Vedastini ad a. 878 (MGH SS rer. Germ. 12, 43); Chron. s. Benigni Divionensis (Bougad/Garnier 108); Hugonis Floriacensis Hist. Francorum Senonensis (MGH SS 9, 365).* – R e g . : *Böhmer/Unger n. 430.*

6698 **(878 sept. 10)** **Troyes**

JE 3184 Hugonem, Lotharii (II) quondam regis filium, e concubina natum, „qui post pręstitum sacramentum“ Ludovico (Balbo) regi Francorum mentitus esse videatur „et inquietare pacificum regnum predicti regis“, atque Emmonem Bernardi comitis (marchionis Gothiae) fratrem, „nisi intra dies triginta ad prędictum seniorem suum redierint“, excommunicat (Dat. ut supra). – *Hugonem Hlotharii regis.*

E d . : *MGH Epp. 7, 91 n. 98.* – R e g . : *Böhmer/Unger n. 431.*

Laud. et in Ann. Bertinianis ad a. 878 (Grat 228).

6699 **(878 sept. 10)** **(Troyes)**

JE 3191 Bernardum comitem (Gothiae), qui Frothario archiepiscopo Bituricensi ipsam civitatem omnesque fortunas eripuerit, terque vocatus (cf. J³ 6669 et J³ *6693) non venerit, quoad satisfaciat, carere communione iubet. – *Bernardum sacrilegum filium.*

E d . : *MGH Epp. 7, 122 n. 142.* – R e g . : *Böhmer/Unger n. 432.*

Olim ad a. (878 sept.). De tempore cf. Böhmer/Unger n. 432. Cf. et J³ 6669 et J³ *6693.

6700 **(878 aug. 11–sept. 16)**

JE 3241 Omnes episcopos adhortatur, ut quae de Deo et sacris ordinibus et sanctis moribus fuerint dicta observent et de quo forsitan aliquis dubitaverit, ad disputationem conferat. In iudicando ne quis personam respiciat, monet (Dat. ut supra). – *Ecce sanctissimi sacerdotes.*

E d . : *MGH Epp. 7, 131 n. 160.* – R e g . : *Böhmer/Unger n. 406.*

Olim orationem in synodo Romana a. 879 mai. habitam esse putatur. De re et tempore cf. Böhmer/Unger n. 406.

*** 6701** **(878 aug. 18–sept. 16)** **Troyes**

Apud Ludovicum (Balbum) regem pro ecclesia Narbonensi intervenit.

L a u d . i n : *Karolomanni II regis privilegium (Grat Recueil 138 n. 54).* – R e g . : *Böhmer/Unger n. 419.*

6702 **(878 aug. 19–sept. 16)** **Troyes**

Synodo Trecis celebrante (cf. J³ 6673) in sessione quinta nuptias conciliare „adhuc uxore vivente" interdicit et vetat, „quod episcoporum quidam ... demigrant episcopalem cathedram", si fit ambitus causa. – *Inter nonnulla necessitatum.*

E d . : *MGH Conc. 5, 107.* – R e g . : *Böhmer/Unger n. 423.*

Laud. et in J³ 6673 et in Ann. Bertinianis ad a. 878 (Grat 227).

6703 **(878 sept. ante 16)** **(Troyes)**

JE 3177 In eadem synodo 1) episcopos ita alloquitur: „Vos, confratres et episcopos meos volo unanimiter mecum in defensione s. Romanę ecclesię, ... donec ... in sedem b. Petri apostolorum principis revertamur cum omnium hominum vestrorum armata bellico apparatu manu, et hoc non differendo, sed sub omni celeritate et certitudine sponsionis hic michi quęso, absque ulla dilatione continuo dare responsum". 2) Item alloquitur Ludovicum (Balbum) regem his verbis: „Vos, karissime fili Hludouuice, gloriose rex, precor in defensionem, liberationem atque exaltationem s. Romanae ecclesiae, sicut praedecessores vestri fecerunt et vobis sub obtestatione facere mandaverunt, sine procrastinatione et ulla dilatione succurrite. ... Vel si aliud placet, praesentialiter in isto loco date; per Deum et b. Petrum vos coniuro sine mora responsum" (Dat. ut supra). – *Vos confratres et; Vos karissime fili.*

E d . : *MGH Epp. 7, 105 n. 115; MGH Conc. 5, 108.* – R e g . : *Böhmer/Unger n. 425.*

Olim ad a. (878 aug.). De tempore cf. Böhmer/Unger n. 425.

6704 **878 sept. 16** **(Troyes)**

JE 3185 Monasterio s. Petri sito in loco, qui vulgo vocatur Mansus Corbonis et nunc Nova Cella, in territorio Tricassino, in regno Burgundiorum, privilegia quaedam tribuit, „cum apud Trecas synodum pro universarum Dei ecclesiarum negotiis" celebraret (Scr. p. m. Georgii scrin. S.R.E. in m. sept., ind. XII, XVI kal. oct. Dat. p. m. Walperti humillimi ep. s. Portuensis eccl. a. d. prop. pont. Deo n. Iohannis summi pont. et univ. pp. in ss. sede b. Petri apost. VI). – *Convenit enim nostrum.*

E d . : *MGH Conc. 5, 144.* – R e g . : *Böhmer/Unger n. 437.*

Laud. et in Odonis (Tessier/Bautier Recueil 134 n. 30) et in Innocentii II (Meinert PUU Frankreich NF I 47) privilegiis. Cf. J[3] 6673.

6705 **878 sept. 19**

JE 3186 Monasterii ss. Petri et Pauli Pultariensis super amnem Sequanae, in pago Laticensi, in finibus Burgundiae, in parochia urbis Lingonicae, a Gerardo comite et Berta conditi, beatoque Petro collati tutelam suscipit privilegiaque constituit, ea lege ut singulis annis libra argenti successoribus suis solvatur (Scr. p. m. Georgii not. reg. et scrin. S.R.E. in m. sept., ind. XII. Dat. XIII kal. oct. p. m. Walperti humillimi ep. s. Portuensis eccl. a. Deo prop. pont. d. n. Ioannis summi pont. et univ. pp. VI in ss. sede b. Petri apost., ind. XII). – *Quando ad ea.*

Ed.: *Insertum in Innocentii III privilegio (Potthast 2739; Reg. Innocenz' III. 9, 80).* – Reg.: *Böhmer/Unger n. 438.*

Olim ad a. 878 sept. 20. De tempore et fide cf. Böhmer/Unger n. 438.

6706 **(878) sept. 19**

JE 3189 Monasterium Vizeliacense, e parthenone in monachorum monasterium mutatum, privilegiis donat, statuitque, ut ex fundatorum testamento, qui coenobium b. Petro contulerint, „libram argenti annis singulis successores sui accipientes piae paternitatis suffragium eidem monasterio sollicitudine pastorali vigilanter contra omnes infestantes impendere studeant" (Dat. p. m. Walperti humillimi ep. s. Portuensis eccl. XIII kal. oct. a. VI eiusdem d. Iohannis pp. VIII, ind. XI. Scr. vero p. m. Georgii not. reg. et scrin. S.R.E.). – *Quotiens illa a.*

Ed.: *Huygens Mon. Vizeliacensia 259 n. 4.* – Reg.: *Böhmer/Unger n. 439.*

Laud. et in Odonis privilegio (Tessier/Bautier Recueil 44 n. 10), in J[3] 7343, J[3] 7580, J[3] 7644, J[3] 8021, J[3] 8049, J[3] 8156, J[3] 8482, in Hugonis Pictaviensis Chron. Vizeliacensi (Huygens Mon. Vizeliacensia 416). Olim ad a. 878 sept. 29. De tempore cf. Böhmer/Unger n. 439. Cf. et J[3] 5843.

* 6707 **(878 iul.–sept. med.)**

Hieronymo „regulariter" electo Lausonensi episcopatum Lausonensem „apostolica ... auctoritate" committi iubet.

Laud. in: *J[3] 6910.* – Reg.: *Böhmer/Unger n. 393.*

6708 **(878 aug.–sept. med.)**

Iohanni (VIII) Hincmarus quondam Laudunensis episcopus in synodo Trecensi reclamationis scriptum dirigit, in quo de depositione sua Duciaci (a. 871) facta et custodia per duos annos protracta agit.

Ed.: *MGH Epp. 7, 94 n. 101; MGH Conc. 5, 97.* – Reg.: *McKeon Hincmar 178 n. 171; Böhmer/Unger n. 403.*

6709 **878 sept. 27**

JE 3187 Monasterii s. Salvatoris Caroffensis patrocinium suscipit possessionesque et privilegia confirmat petente Grinferio abbate (Scr. p. m. Georgii scrin. S.R.E. in m. sept., ind. XII, V kal. oct. p. m. Gualperi humillimi ep. s. Portuensis eccl. a. Deo prop. pont. d. n. Iohannis summi pont. et univ. pp. ss. sede b. apost. Petri VI, feria ... ind. XII). – *Iam quia cunctis.*

Ed.: *Monsabert Chartes et documents 67.* – Reg.: *Böhmer/Unger n. 440.*

6710 **878 sept. 28**

JE 3188 Monasterio s. Gaugerici (Cameracensi) concessas a Lothario (I) et Carolo (Calvo imperatoribus) quondam imperatoribus aliisque possessiones et privilegia confirmat petente Bosone glorioso comite (Scr. p. m. Georgii et scrin. S.R.E. in m. sept., ind. XII,

IV kal. oct., p. m. Walberti humillimi ep. s. Portuensis eccl. a. Deo prop. pont. d. Ioannis summi pont. et univ. principis in ss. sede b. Petri apost. VI, ind. XII). – *Convenit apostolico moderamini.*

E d . : *Duvivier Recherches Hainaut I 318.* – R e g . : *Böhmer/Zielinski n. 2720; Böhmer/Unger n. 441.*

6711 **(878 apr.–sept.)**

JE 3196 Wifredum episcopum Vinciensem, qui excommunicatis communicaverit, usque eo procurandis sacris se abstinere iubet, quoad una cum illis a sese accesserit (Dat. ut supra). – *Auctoritate domini nostri.*

E d . : *MGH Epp. 7, 127 n. 151.* – R e g . : *Böhmer/Zielinski n. 2721A; Böhmer/Unger n. 313.*

6712 **(878 iul.–sept.)**

JE 3217 Vulgario monacho praecipit, ut oboediat Walperto episcopo (Portuensi), qui eum, cum Trecis ipse esset, „a proprio episcopo atque abbate per dimissoriam" acquisiverit (Dat. ut supra). – *Denique Treca positi.*

E d . : *MGH Epp. 7, 121 n. 141.* – R e g . : *Böhmer/Unger n. 392.*

Olim ad a. (878). De tempore cf. Böhmer/Unger n. 392.

6713 **(878 aug.–sept.)** **(Troyes)**

JE 3160 Ecclesiarum dioecesis Turonensis privilegia quaedam confirmat. – *Decet enim Romanam.*

E d . : *MGH Epp. 7, 103 n. 112.* – R e g . : *Böhmer/Unger n. 402.*

Olim ad a. (878 iun.–iul.). De tempore cf. Böhmer/Unger n. 402.

6714 **(878 sept. med.–ex.)** **(Troyes)**

JE 3214 Theoderico archiepiscopo (Bisuntino) et Ysaac episcopo (Lingonensi) mandat, ut excommunicent eos, qui Wiperti comitis filium sustulerint terramque diripuerint (Dat. ut supra). – *Noverit vestra religiositas.*

E d . : *MGH Epp. 7, 120 n. 138.* – R e g . : *Gall. Pont. I 41 n. 11 et 344 n. 2; Böhmer/Unger n. 434.*

Olim ad a. (878). De tempore cf. Böhmer/Unger n. 434.

6715 **(878 sept. med.–ex.)** **(Troyes)**

JE 3221 Theoderico archiepiscopo Bisuntino Fulcardum et Berelindam uxorem excommunicationis poena liberatos nuntiat (Dat. ut supra). – *Notum sit sanctitati.*

E d . : *MGH Epp. 7, 131 n. 159.* – R e g . : *Gall. Pont. I 42 n. 12 et 344 n. 3; Böhmer/Unger n. 435.*

Olim ad. a. (878). De tempore et personis cf. Böhmer/Unger n. 435.

6716 **878 (sept. med.–ex.)**

JE 3190 Rostagno Arelatensi et Sithebodo Narbonensi archiepiscopis significat, Walefredum episcopum Uceticensem in synodo Trecis celebrata de villa quadam sibi erepta ab Rattefredo episcopo Avinionensi questum esse. Qua de controversia ut in episcoporum synodo statuant, mandat. – *Sanctitati vestre notum.*

E d . : *MGH Epp. 7, 91 n. 97.* – R e g . : *Böhmer/Zielinski n. 2721; Böhmer/Unger n. 436.*

Cf. J³ 6673.

6717 **(878 sept. ex.–oct. in.)**

JE 3201 Supponem (II) comitem hortatur, ut sibi ex Gallia redeunti obviam ad montem Cinisium veniat. Angilbergam imperatricem, Anspertum archiepiscopum Mediolanensem, Wibbodum episcopum Parmensem, admoneri iubet, ut item sibi occurrant (Dat. ut supra). – *Quia nos in.*

Ed.: *MGH Epp. 7, 106 n. 116.* – Reg.: *Ital. Pont. VI/1, 5 n. 11 et 41 n. 65 et 87 n. 2; Böhmer/Unger n. 442.*

Laud. et in J³ 6730. Olim ad a. (878 oct.–nov.). De Suppone comite et tempore cf. Böhmer/Unger n. 442.

*** 6718** **878 (sept. ex.–oct. in.)** **Troyes**

JE I 405 A Bosone principe Viennensi et uxore illius secure perductus Trecas linquit, Cabillonem petit indeque per Moriennam iter agens, per clusas montis Cinisii Italiam intrat.

Laud. in: *J³ 6729; J³ 6730; J³ 6733; J³ 6737; J³ 6738; Ann. Bertiniani ad a. 878 (Grat 230); Ann. Fuldenses ad a. 878 (MGH SS rer. Germ. 7, 91); Ann. Vedastini ad a. 878 (MGH SS rer. Germ. 12, 43); Herimanni Augiensis Chron. ad a. 878 (MGH SS 5, 107).* – Reg.: *Gall. Pont. III/1, 364 n. *26; Gall. Pont. III/1, 364 n. *25; Böhmer/Zielinski n. 2723; Böhmer/Unger n. 443.*

***? 6719** **878 (oct. in.)** **Flavigny**

XVIII episcopis praesentibus ecclesiam Flaviniacensem consecrat.

Laud. in: *Hugonis Flaviniacensis Chron. I (MGH SS 8, 355) et Series abb. Flaviniacensium (MGH SS 8, 502).* – Reg.: *Böhmer/Unger n. †?444.*

*** 6720** **878 (oct. in.)** **Chalon-sur-Saône**

JE I 404 Romam revertens Cabillone commoratur.

Laud. in: *Ann. Bertiniani ad a. 878 (Grat 230).* – Reg.: *Böhmer/Unger n. 445.*

6721 **878 oct. 7** **(Chalon-sur-Saône)**

JE 3200 Monasterii s. Marcelli in territorio Cabilonensi siti possessiones confirmat (Concessum a Deodato ind. XII et cuncte congregationi supradicti loci, residente sede apost. D. Ioanne a. VI ... Non. oct. p. m. Valperti humillimi ep. s. Portuensis eccl. a. prop. D. pont. d. n. Ioannis summi pont. et univ. pp. in ss. sede b. Petri apost. VI, ind. XII). – *Quia suppliciter peciit.*

Ed.: *Bouchard Cartulary St-Marcel 27 n. 5.* – Reg.: *Böhmer/Unger n. 446.*

De „Agapiti" privilegio spurio a. 872 ecclesiae Cabilonensi concesso, quod olim Iohanni VIII attributum est (JE 2987), cf. Böhmer/Unger n. 446.

6722 **(878 mai.–oct.)**

JE 3218 Walae episcopo Metensi praecipit, ne cogat Alpertum, ut sponsam Walatam a presbytero quodam vitiatam in matrimonium ducat (Dat. ut supra). – *Presentium portitor litterarum.*

Ed.: *MGH Epp. 7, 130 n. 156.* – Reg.: *Parisse Bull. Lorraine 14 n. 9; Böhmer/Unger n. 338.*

6723 **(878 mai.–oct.)**

JE 3197 Odoni episcopo Bellovacensi scribit, ne homines quosdam, quorum instinctu necatus puer sit, peracta poenitentia, initiare sacris dubitet (Dat. ut supra). – *Relatu didicimus quorundam.*

Ed.: *MGH Epp. 7, 127 n. 152.* – Reg.: *Lohrmann PUU in Frankreich NF VII 22 n. 5; Böhmer/Unger n. 339.*

6724 **(878 iun.–oct.)**

JE 3215 Hugonem comitem hortatur, ut ea, quae homines eius rapuerint, restituat (Dat. ut supra). – *Referente videlicet hoc.*

Ed.: *MGH Epp. 7, 120 n. 139.* – Reg.: *Böhmer/Unger n. 366.*

De Hugone comite cf. Böhmer/Unger n. 366.

6725 **(878 iun.–oct.)**

JE 3220 Aginulfo episcopo Gebaldanensi (Mimatensi) mandat, ut iis, qui has litteras ad eum deferant, ablata reddi iubeat (Dat. ut supra). – *Presentium latores questi.*

Ed.: *MGH Epp. 7, 130 n. 158.* – Reg.: *Böhmer/Unger n. 367.*

*** 6726** **(878 iun.–oct.)**

Ludovici (Balbi) regis consilio et hortatu Bosonem comitem Viennensem per adoptionis gratiam filium suum facit, „ut ille in mundanis discursibus, (ipse) libere in his, que ad Deum pertinent, vacare" valeat.

Laud. in: *J³ 6749.* – Reg.: *Gall. Pont. III/1, 363 n. *23; Böhmer/Zielinski n. 2718; Böhmer/Unger n. 365.*

*** 6727** **878 nov. 24** **Torino**

JE I 405 Taurinum venit (VIII kal. dec.).

Laud. in: *J³ 6728; J³ 6731.* – Reg.: *Böhmer/Unger n. 451.*

6728 **(878 nov. ex.)** **Torino**

JE 3202 Wibbodo Parmensi, Paulo Placentino, Paulo Regensi, Liudoino Mutinensi episcopis nuntiat, se VIII kal. dec. (nov. 24) venisse Taurinum. Praecipit, ut ad synodum IV non. dec. (dec. 2) Papiae celebrandam veniant. Addit, ut „qui primo hanc epistolam legerit, alio sub omni festinatione transmittat" (Dat. ut supra). – *Sanctitatem vestram scire.*

Ed.: *MGH Epp. 7, 125 n. 147.* – Reg.: *Ital. Pont. V 301 n. 3 et 366 n. 1 et 416 n. 5 et 444 n. 5; Böhmer/Unger n. 453.*

Laud. et in J³ 6731. Cf. J³ *6727.

6729 **(878 nov. ex.)** **(Torino)**

JE 3204 Ansperto archiepiscopo Mediolanensi significat de rebus in Francia gestis et de Bosone principe (Viennensi) itineris comite sibi dato, „donec ... revertemur ad Urbem". Praecipit, ut una cum suffraganeis omnibus „secunda die post festum s. Andreę" (dec. 2) Papiam sibi occurrat (Dat. ut supra). – *Quantum pro totius.*

Ed.: *MGH Epp. 7, 100 n. 108.* – Reg.: *Ital. Pont. VI/1, 5 n. 12 et 41 n. 66; Böhmer/Unger n. 454.*

Laud. et in J³ 6735. Cf. J³ *6718.

6730 **(878 nov. ex.)** **(Torino)**

JE 3206 Supponem (II) comitem sibi iter clausisse, neque ad se venisse, miratur. „Cernimus", inquit „quoniam istud non ex corde, sed pro fidelitate tui senioris taliter feceris, quod ideo parcimus". Significat de Bosone principe (Viennensi) a Ludovico (Balbo) sibi adiuncto, „ut nos salvos sine impedimento maledicti Lamberti in Urbem mitteret". Hortatur, ut ad sese properet, „quoniam, scit Deus, non ob aliud vos alloqui cupimus, nisi ut ... ecclesiarum statum et reipublicae quietem una vobiscum consideremus" (Dat. ut supra). – *Cur fili karissime.*

Ed.: *MGH Epp. 7, 110 n. 121.* – Reg.: *Ital. Pont. VI/1, 5 n. 13; Ital. Pont. VI/2, 87 n. 3; Böhmer/Unger n. 455.*

Olim ad a. (878 nov.–dec.). De tempore cf. Böhmer/Unger n. 455. Cf. et J³ 6673 et J³ 6717 et J³ *6718.

6731 **(878 nov. ex.)** **Torino**

JE 3203 Iohannem episcopum Papiensem certiorem facit, se Taurini esse, eumque sibi obviam venire iubet. Hortatur ita: „Vide, ne ab alicuius decipiaris instinctu fortasse ... pro parte Mediolanensis archiepiscopi". Mandat, ut litteras suas deferri iubeat ad

Paulum Placentinum, Paulum Reginum, Liudoinum Mutinensem episcopos (Dat. ut supra). – *Sanctitati tue notum.*

E d . : *MGH Epp. 7, 124 n. 146.* – R e g . : *Ital. Pont. VI/1, 176 n. 9; Böhmer/Unger n. 456.*

Cf. J³ *6727 et J³ 6728.

*** 6732** **(878 nov. ex.)** **Pavia**

JE I 405 A Bosone principe Viennensi usque ad Ticinum ductus Papiam advenit.

L a u d . i n : *J³ 6735; J³ 6737; J³ 6738.* – R e g . : *Gall. Pont. III/1, 364 n. *26; Böhmer/Zielinski n. 2725; Böhmer/Unger n. 457.*

Olim ad a. (878 dec.). De tempore cf. Böhmer/Unger n. 457.

6733 **(878 nov. ex.–dec. in.)**

JE 3207 Berengarium comitem (Foroiuliensem) in studio erga se magis magisque progredi, gaudet; eumque (verbis iisdem, quibus Supponem II comitem, cf. J³ 6730) et de Bosone principe (Viennensi) erudit et ad sese invitat (Dat. ut supra). – *Relatu nonnullorum audivimus.*

E d . : *MGH Epp. 7, 111 n. 122.* – R e g . : *Ital. Pont. VII/1, 70 n. 2; Böhmer/Zielinski n. 816; Böhmer/Unger n. 452.*

Laud. et in J³ 6738. Cf. J³ 6673 et J³ *6718.

*** 6734** **(878 nov. ex.–dec. in.)** **(Pavia)**

Bina admonitione (cf. J³ 6729) Anspertum archiepiscopum Mediolanensem ad synodum Papiae celebrandam vocat.

L a u d . i n : *J³ 6735.* – R e g . : *Ital. Pont. VI/1, 5 n. *14; Ital. Pont. VI/1, 41 n. *67; Böhmer/Unger n. 458.*

6735 **(878 dec. in.)** **Pavia**

JE 3209 Anspertum archiepiscopum Mediolanensem, qui bis vocatus (cf. J³ 6729 et J³ *6734) non venerit, reprehendit, et „hac quinta feria proxima adveniente" (dec. 4 aut 11) Papiae praesto sibi esse iubet. – *Quantum benigna fraternitas.*

E d . : *MGH Epp. 7, 96 n. 103.* – R e g . : *Ital. Pont. VI/1, 41 n. 68; Ital. Pont. VI/1, 5 n. 15; Böhmer/Unger n. 461.*

Cf. J³ 6729 et J³ *6732 et J³ *6734.

*** 6736** **(878 dec. in.)** **Pavia**

Berengario comiti Foroiuliensi seu omnibus optimatibus Langobardorum regni significat, quanta et qualia Romana ecclesia hactenus ab impiissimis christianis passa sit; hortatur eos iterum (cf. J³ 6733), ut praesentaliter ad se venire debeant.

L a u d . i n : *J³ 6738.* – R e g . : *Ital. Pont. VII/1, 70 n. *3; Böhmer/Unger n. 462.*

6737 **(878 dec. in.–med.)** **(Pavia)**

JE 3208 Ludovico (Balbo) regi significat se a Bosone comite (Viennensi) diligentissime adiutum et „usque Ticinum" perductum esse. Bosoni ut ad ipsius hostes oppugnandos auxilia mittat, hortatur. Agilmarum episcopum Arvernensem, qui unus ex episcopis, quos in suum iussisset venire adiutorium, sibi affuerit, commendat; ut eos, qui negligentiae se alligaverint, Romam mittat, monet. – *Quanto vos amore.*

E d . : *MGH Epp. 7, 95 n. 102.* – R e g . : *Böhmer/Zielinski n. 2726; Böhmer/Unger n. 460.*

Cf. J³ *6718 et J³ *6732.

6738 **(878 dec. med.)** **Pavia**

JE 3210 Berengario comiti (Foroiuliensi) et omnibus optimatibus Langobardorum regni nuntiat se „quia per terram pro ... persecutoribus ad" eos vicinius, ut res expetiit, venire nequiverit, in Franciam itinere maritimo profectum esse. Misisse se Ludovico (Balbo), Caroli (Calvi) imperatoris filio, et Karolomanno et Ludovico (Iuniori) et Carolo (III), Ludovici (Germanici) regis filiis, ut cum episcopis cum sese convenirent. Venisse autem solum Ludovicum (Balbum) regem, qui nisi aegrotasset, in Italiam venturus secum fuisset. Cum Bosone (comite Viennensi) sibi a Ludovico adiuncto se Papiam pervenisse addit, eosque ad synodum iam tertio vocat (Dat. ut supra). – *Quanta et qualia.*

E d . : *MGH Epp. 7, 101 n. 109.* – R e g . : *Ital. Pont. VII/1, 70 n. 4; Böhmer/Zielinski n. 817; Böhmer/Unger n. 464.*

Cf. J³ *6718, J³ *6732, J³ 6733, J³ *6736.

*** 6739** **(872–878)**

Wiberto episcopo de iniuriis accusato bis iubet Romam venire.

L a u d . i n : *J³ 6897.* – R e g . : *Böhmer/Unger n. 39.*

6740 **(874–878)**

JE 3001 Bermundo (Embrodunensi) archiepiscopo 1) nuntiat episcopum accusatum (Audgarium) Romam venisse, nullum autem eorum, qui eum accusabant. Querimoniam iustam esse dubitat. Iudicium differt usque ad tempus, quo utraque pars praesentata fuerit. 2) Interim episcopum suo officio fungi et Danielem presbyterum infestum ei aliosque presbyteros increpare iubet. Nisi resipuerint, usque ad praesentiam suam eos excommunicat. – *(De praefato episcopo); (Interim tamen iamdictus).*

E d . : *MGH Epp. 7, 298 n. 42.* – C a n . : *Coll. Brit. 311 n. 39.* – R e g . : *Böhmer/Unger n. 99.*

Fragmenta. Olim ad a. (874–875 in.). De tempore et Audgario cf. Böhmer/Unger n. 99 et n. 98.

6741 **(874–878)**

JE 3002 Bosoni comiti nuntiat episcopum Audgarium olim Romanam sedem adientem se innocentem reddidisse, „quia nec accusatores ... affuerunt, nec, si adessent, ab illis accusari posset, quod et servilis condicionis dicuntur obnoxii et infamię notari possunt reatu". Episcopum, qui damnari non potuit, officio suo fungi iubet, donec de accusato et accusatoribus aut Romae aut coram missis apostolicis iudicium feratur. Ut bona, ab Ariberto comite donata, quae retinuerit, episcopo reddat, admonet. – *(Audgarius venerabilis episcopus).*

E d . : *MGH Epp. 7, 298 n. 43.* – C a n . : *Coll. Brit. 311 n. 40.* – R e g . : *Böhmer/Zielinski n. 2652; Böhmer/Unger n. 98.*

Fragmentum. Olim ad a. (874–875 in.). De tempore et personis cf. Böhmer/Unger n. 98.

6742 **(878)**

JE 3195 Episcopis in regno Ludovici (Balbi) constitutis respondet peccatorum veniam dandam iis esse, qui contra paganos „pro defensione sanctę Dei ecclesię et pro statu Christiane religiones ac rei publicę" pugnantes ceciderint (Dat. ut supra). – *Quia veneranda fraternitas.*

E d . : *MGH Epp. 7, 126 n. 150.* – R e g . : *Böhmer/Unger n. 296.*

6743 **(878)**

JE 3194 Monasterii s. Augentii possessiones confirmat (Dat. ut supra). – *Sollicitudinem omnium ecclesiarum.*

E d . : *MGH Epp. 7, 125 n. 148.* – R e g . : *Locatelli/Moyse Pierre d'Attente du Volume de Gallia Pontificia 265 n. 2; Böhmer/Unger n. 299.*

6744 **(878)**

JE 3163 „Hugoni abbati (s. Germanii Autissiodorensis) nobili spectabili prosapie genito" scribit de contentione inter Abbonis episcopi parentes et Robertum Roclinumque, ac de misericordia adhibenda (Dat. ut supra). – *Quia multum vos.*

E d . : *MGH Epp. 7, 111 n. 123.* – R e g . : *Böhmer/Unger n. 298.*

Olim ad a. (878 iun.–iul.). De tempore cf. Böhmer/Unger n. 298.

6745 **(878)**

JE 3161 „Valderamo venerabili" (episcopo) mandat, ut causam cuiusdam in carcerem coniecti aut iudicet aut ad sese deferat (Dat. ut supra). – *Presentium lator litterarum.*

E d . : *MGH Epp. 7, 105 n. 114.* – R e g . : *Böhmer/Unger n. 297.*

Olim ad a. (878 iun.–iul.). De tempore cf. Böhmer/Unger n. 297.

6746 **(878 nov.–dec.)**

JE 3213 Romano „a Ravennatibus fidelibus (suis) electo" gratulatur, utque simoniam vitet, praecipit. Mandat, ut litteras suas ad Leonem episcopum (Gavensem) et apocrisiarium et ceteros Romanos deferendas curet, atque Deusdedit et Iohannis ducum res tueatur (Dat. ut supra). – *Literarum tuarum fili.*

E d . : *MGH Epp. 7, 116 n. 131.* – R e g . : *Ital. Pont. V 44 n. 123 et 77 n. 17; Böhmer/Unger n. 447.*

Olim ad a. (878). De tempore cf. Böhmer/Unger n. 447.

6747 **(878 nov.–dec.)**

JE 3212 Sacerdotibus et senatui populoque Ravennati de archiepiscopi (Iohannis) morte suum dolorem declarat; ut quem elegerint (Romanum) adiuvent, monet. De defendenda ecclesia Ravennate ac de rebus Deusdedit et Iohannis ducum tuendis addit. – *Ravennatis antistitis vestri.*

E d . : *MGH Epp. 7, 89 n. 95.* – R e g . : *Ital. Pont. V 44 n. 124 et 91 n. 26; Böhmer/Unger n. 448.*

Olim ad a. (878). De tempore cf. Böhmer/Unger n. 448.

6748 **(878 nov.–dec.)**

JE 3164 „Iudicibus et ducibus seu populo Ravennę commorantibus fidelibus" suis praescribit, ut civitatem a Francis, a Lamberto duce (Spoletino) contra electionem suam conductis, defendant, „quoniam" inquit „qui aliter fecerit et nostram iram habebit et mille byzanteos palatio nostro componet" (Dat. ut supra). – *Industriam seu omnium.*

E d . : *MGH Epp. 7, 112 n. 124.* – R e g . : *Ital. Pont. V 90 n. 25; Böhmer/Unger n. 449.*

Olim ad a. (878 iun.–iul.). De tempore cf. Böhmer/Unger n. 449.

6749 **(878 nov.–dec.)**

JE 3205 Carolo (III) regi scribit, cum in Franciam venisset, eum fratresque eius ad se ideo vocatos esse, „ut pactum, quod avi et patres" eorum s. Romanae ecclesiae iureiurando promisissent, adimplere contenderent. Non oboedisse eos dolet. Haec nunciat: Ludovici (Balbi) regis „consilio atque hortatu Bosonem ... principem (Viennensem) per adoptionis gratiam filium meum effeci ut ille in mundanis discursibus, nos libere in his, quę ad Deum pertinent, vacare valeamus". Bosonem qui infestaverit, ei excommunicationem minatur (Dat. ut supra). – *Servans fidem Francorum.*

E d . : *MGH Epp. 7, 102 n. 110.* – R e g . : *MMFH 3, 185 n. 70; Böhmer/Unger n. 450.*

Cf. J^3 *6726.

6750 **(878 dec. med.–ex.)**

JE 3192 (Ansperto) Mediolanensi et (Romano) Ravennati archiepiscopis eorumque suffraganeis praecipit, ut quotiescumque Iohannes episcopus Papiensis et eius successores ad synodum eos vocaverint, conveniant (Dat. ut supra). – *Scriptum etenim est.*

Ed.: *MGH Epp. 7, 123 n. 144.* – Reg.: *Ital. Pont. V 9 n. 40 et 44 n. 122; Ital. Pont. VI/1, 5 n. 10 et 41 n. 64 et 175 n. 7; Böhmer/Unger n. 463.*

De Romano Ravennati iam archiepiscopo appellato cf. Böhmer/Unger n. 463.

6751 **(878 dec. ex.–879 ian. in.)**

JE 3193 Iohanni episcopo Papiensi mandat, ut Gotfredum, Iohannis comitis palatii filium, et Iselbertum subdiaconum et Heribaldum notarium, qui Gausildam, Ragiberti filii uxorem, rapuerint, excommunicet (Dat. ut supra). – *Denique Ragibertus quidam.*

Ed.: *MGH Epp. 7, 124 n. 145.* – Reg.: *Ital. Pont. VI/1, 175 n. 8 et 222 n. 1; Böhmer/Unger n. 465.*

Olim ad. a. (878 cr. sept. ex.). De tempore cf. Böhmer/Unger n. 465.

6752 **(878 dec. ex.–879 ian. in.)**

JE 3219 Iohanni episcopo Papiensi praecipit, ut de latore praesentium a Liutfrido praedecessore eius poenitentiae submisso sollerter prospiciat (Dat. ut supra). – *Lator presentium coram.*

Ed.: *MGH Epp. 7, 130 n. 157.* – Reg.: *Ital. Pont. VI/1, 176 n. 10; Böhmer/Unger n. 466.*

***6753** **(878 dec.–879 febr.)**

Iohanni (VIII) papae Romanus electus Ravennatis fidem spondit.

Laud. in: *J³ 6970; J³ 6971; J³ 6999.* – Reg.: *Böhmer/Unger n. 459.*

De tempore cf. Böhmer/Unger n. 459.

***6754** **(879 ian.–febr.)**

Stephanum in Comaclensem episcopum praeordinat.

Laud. in: *J³ 6776.* – Reg.: *Böhmer/Unger n. 480.*

***6755** **(879 ian.–febr.)**

Romano archiepiscopo Ravennati mandat, ut Luponem presbyterum ordinandum episcopum Sarsinati ecclesiae consecret.

Laud. in: *J³ 6763.* – Reg.: *Ital. Pont. V 44 n. 126 et 117 n. 1; Böhmer/Unger n. 481.*

***6756** **(879 ian.–febr.)** **Roma**

Romam revertitur.

Laud. in: *J³ 6764; J³ 6769; J³ 6782.* – Reg.: *Böhmer/Unger n. 482.*

6757 **(879) mart. 5**

JE 3222 Romanum archiepiscopum Ravennatem et eius suffraganeos ad synodum d. VIII kal. mai. (apr. 24) Romae celebrandam vocat (Dat. III non. mart.). – *Canonicis sanctorum patrum.*

Ed.: *MGH Epp. 7, 132 n. 161.* – Reg.: *Ital. Pont. V 9 n. 41 et 44 n. 125; Böhmer/Unger n. 494.*

6758 **879 mart. 29** **Roma**

JE 3230 Monasterio Placentino, ab Angilberga imperatrice condito, possessionem monasterii Caput Trebiae, donati a Karolomanno rege, asserit petente imperatrice (Scr. p. m. Gregorii scrin. S.R.E. in m. mart., ind. XII. [Dat.] IV kal. apr. p. m. Zachariae ep. s. eccl. Anagninae et bibl. S.S.A. a. Deo prop. pont. d. n. Ioannis summi pont. et univ. pp. VIII VII, in m. mart., ind. XII). – *Ex largitate nostri.*

Ed.: *Benassi Cod. dipl. Parmense I 165 n. 26.* – Reg.: *Ital. Pont. V 490 n. 4; Böhmer/Unger n. 496.*

* 6759 **(879 ian.–mart.)**

Iohanni (VIII) Berengarius comes (marchio Foroiuliensis) „per De(usdedit) eximium ducem“ (Ravennatem) fidelitatem oboedientiamque erga sanctam sedem apostolicam affirmat.

L a u d . i n : *J³ 6776.* – R e g . : *Böhmer/Unger n. 477.*

De tempore cf. Böhmer/Unger n. 477.

* 6760 **(879 ian.–mart.)**

Ad Iohannem (VIII) Basilius (I) imperator (Constantinopolitanus) legatos mittit et rogat, ut approbet Photium patriarcham Constantinopolitanum Ignatio praedecessore eius morte.

L a u d . i n : *J³ 6777; J³ 6779; J³ 6783; J³ 6826; J³ 6828; J³ 6830.* – R e g . : *Dölger/Müller Reg. des oström. Reiches I/2, 11 n. 497; Böhmer/Unger n. 478.*

* 6761 **(879 ian.–mart.)**

Ad Iohannem (VIII) papam Photius patriarcha Constantinopolitanus Theodorum archiepiscopum Patrarum mittit ac ei nuntiat se iterum ad Constantinopolitanum patriarchatum promotum esse.

L a u d . i n : *J³ 6828; Vita Ignatii (Mansi Conc. 16, 287).* – R e g . : *Grumel/Darrouzès Reg. I/2, n. 546; Böhmer/Unger n. 479.*

* 6762 **(879 febr.–mart.)**

Berengario comiti (marchioni Foroiuliensi) per Petrum episcopum (Fori Sempronii) et Iohannem ducem (Ravennatem) mandat, ut adiutor sit Stephano, a sese in episcopum Comaclensem praeordinato, quatenus eius auxilio adiutus ecclesiae suae iura et possessiones atque ipsius curam ducatus retineat securus.

L a u d . i n : *J³ 6776.* – R e g . : *Ital. Pont. V 175 n. *1; Ital. Pont. VII/1, 70 n. *5; Böhmer/Unger n. 483.*

6763 **(879 mart.)**

JE 3223 Romano archiepiscopo Ravennati iam iterum (cf. J³ *6755) praecipit, ut Luponem presbyterum ecclesiae Sarsenati episcopum consecret. – *Relatione quorundam comperimus.*

E d . : *MGH Epp. 7, 132 n. 162.* – R e g . : *Ital. Pont. V 44 n. 127 et 118 n. 2; Böhmer/Unger n. 484.*

Cf. J³ *6755.

6764 **(879 mart.)**

JE 3228 Athanasium (II) episcopum Neapolitanum de prospero reditu suo certiorem facit. Monet, ut „in his instantis adversitatis casibus“ constantiam retineat, „donec, ... speciali pręsentia iuncti, simul loquantur“. Petrum diaconum eius commendat (Dat. ut supra). – *Quia non solum.*

E d . : *MGH Epp. 7, 139 n. 172.* – R e g . : *Ital. Pont. VIII 425 n. 30 et 447 n. 69; Martin/Cuozzo Regesti dell'Italia meridionale 460 n. 960; Böhmer/Unger n. 486.*

Cf. J³ *6756.

6765 **(879 mart.)**

JE 3232 Athanasii (II) episcopi Neapolitani animum (ut epistola J³ 6764) confirmat (Dat. ut supra). – *Multas gratiarum actiones.*

E d . : *MGH Epp. 7, 137 n. 169.* – R e g . : *Ital. Pont. VIII 425 n. 31 et 447 n. 70; Martin/Cuozzo Regesti dell'Italia meridionale 460 n. 961; Böhmer/Unger n. 487.*

Olim ad a. (879 apr. 3). De tempore cf. Böhmer/Unger n. 487.

6766 **(879 mart.)**

JE 3225 Gaideri principi Beneventanorum de suscepto principatu gratulatur, eumque de Saracenorum impetibus consolatur. Promittit se ei, „peracta solemnitate paschali" (apr. 12), suppetias venturum; quod fieri in praesentia non licere, scribit, quod equis „hoc tempore" pabula carentibus „statim gressus movere in veniendo (Romam) prohibemur" (Dat. ut supra). – *Epistolas sane a.*

E d . : *MGH Epp. 7, 134 n. 164.* – R e g . : *Ital. Pont. IX 14 n. 30; Martin/Cuozzo Regesti dell'Italia meridionale 459 n. 958; Böhmer/Unger n. 488.*

Olim ad a. (879 mart. 5). De tempore cf. Böhmer/Unger n. 488.

6767 **(879 mart.)**

JE 3227 Dauferii comitis et eius consanguinei Gaideris principis Beneventani angustias luget. Pollicetur opem; atque ita addit, „equum, quem nobilitas vestra petiit, cum vestros fines attigero, dare me vobis ... denuncio" (Dat. ut supra). – *Perfectionem cordis Gaideris.*

E d . : *MGH Epp. 7, 135 n. 166.* – R e g . : *Ital. Pont. IX 14 n. 31; Martin/Cuozzo Regesti dell'Italia meridionale 459 n. 959; Böhmer/Unger n. 489.*

Olim ad a. (879 mart. 5). De tempore cf. Böhmer/Unger n. 489.

6768 **(879 mart.)**

JE 3226 Aioni episcopo (Beneventano), qui se tamdiu abfuisse ab Urbe doluerit, gratias agit. Fratris eius (Adelgisi ducis) mortem deplorat (Dat. ut supra). – *Quod veneranda fraternitas.*

E d . : *MGH Epp. 7, 135 n. 165.* – R e g . : *Ital. Pont. IX 52 n. 8; Martin/Cuozzo Regesti dell'Italia meridionale 459 n. 957; Böhmer/Unger n. 490.*

Olim ad a. (879 mart. 5). De tempore cf. Böhmer/Unger n. 490.

6769 **(879 mart.)** **(Roma)**

JE 3251 (Ludovico Balbo regi) ita scribit: „Secretum, quod ... vobiscum Trecascio existentes habuimus, immutilatum ac fixum ... retinemus et totis ... nisibus ... optamus perficere; quapropter si excellentie vestrę libet, iam hoc ipsum ad effectum debetis perducere, quia ... ecce nunc ... tempus acceptabile". Affirmat, se auxilii promissi exspectatione plenum „alias dirigere, auxiliumque opportunum pretermisisse quęrere". De prospero reditu suo addit (Dat. ut supra). – *Secretum quod Deo.*

E d . : *MGH Epp. 7, 149 n. 187.* – R e g . : *Böhmer/Zielinski n. 2732; Böhmer/Unger n. 491.*

Olim ad a. (879 cr. mai.). JE 3251 hanc epist. ad Bosonem principem Viennensem directam esse putat. De re et tempore cf. Böhmer/Unger n. 491. Cf. et J³ *6756.

6770 **(879 mart.)**

JE 3234 Bosoni principi (Viennensi) de suo studio erga eum et Angilbergam imperatricem respondet (cf. Gall. Pont. III/1 364 n. *27). Adalbertum marchionem et coniugem, Rottildam comitissam, commendat, „ut ... comitata in Provincia posita, ... securiter habeant" (Dat. ut supra). – *Quia litteris nobilitatis.*

E d . : *MGH Epp. 7, 138 n. 171.* – R e g . : *Gall. Pont. III/1, 364 n. 28; Böhmer/Zielinski n. 2738; Böhmer/Unger n. 492.*

Olim ad a. (879 cr. apr.). De tempore cf. Böhmer/Unger n. 492.

*** 6771** **(879 mart.)**

Pandulfo comiti (Capuano) nuntiat, se pro communi utilitate atque salute omni annisu venire magnopere cupere, quamvis et de assidua corporis incommoditate et de peracto iam Franciae itinere adhuc maneat defectus.

L a u d . i n : *J[3] 6777.* – R e g . : *Ital. Pont. VIII 202 n. *3; Martin/Cuozzo Regesti dell'Italia meridionale 458 n. 956; Böhmer/Unger n. 485.*

De tempore cf. Böhmer/Unger n. 485.

*** 6772** **(879 mart.)**

Iohanni (VIII) Gregorius baiulus imperialis in epistola per Stephanum candidatum translata fidem erga papam imperatoresque spondit. Admonet eum, ut operam det paci ecclesiae Constantinopolitanae; legatos imperatoris commendat.

L a u d . i n : *J[3] 6777; J[3] 6779.* – R e g . : *Falkenhausen Byzantinische Herrschaft in Süditalien 161 n. 2; Martin/Cuozzo Regesti dell'Italia meridionale 461 n. 963; Böhmer/Unger n. 493.*

6773 **879 apr. 3**

JE 3231 Carolo (III) regi ita respondet: „Magis ac magis nostrę voluntatis affectum ad vestrę exaltationis cumulum ampliare magnopere cupimus". Rogat, ut legatos ad se mittat, neu ipse gravetur auxilio sibi venire (III non. apr., ind. XII). – *Regalis excellentie vestre.*

E d . : *MGH Epp. 7, 136 n. 168.* – R e g . : *Böhmer/Zielinski n. 559; Böhmer/Unger n. 501.*

Laud. et in J[3] 6795.

*** 6774** **(877 dec. 8–879 apr. 10)**

Ludovicus (Balbus) rex Ludovicum (III) ac Karolomannum (II), filios suos, in tutelam Iohannis (VIII) papae tradit.

L a u d . i n : *J[3] 7008; J[3] 7009.* – R e g . : *Böhmer/Unger n. 294.*

6775 **879 (mart. med.–apr. med.)**

JE 3224 Anspertum archiepiscopum Mediolanensem iubet una cum suffraganeis interesse synodo kal. mai. (mai. 1) Romae habendae. „Ne per vestram absentiam" inquit „regnum hoc amplius in perturbatione persistat et fiat scandalum peius priore. Et quia Karolomannus (rex Italiae) corporis, sicut audimus, incommoditate gravatus regnum retinere iam nequit, ut de novi regis (electione) omnes pariter consideremus, vos ... adesse ... oportet. Et ideo antea nullum absquę nostro consensu regem debetis recipere; nam ipse, qui a nobis et ordinandus in imperium, a nobis primum atque potissimum debet esse vocatus et electus". – *Quante necessitatis assidue.*

E d . : *MGH Epp. 7, 133 n. 163.* – R e g . : *Ital. Pont. VI/1, 41 n. 69; Ital. Pont. VI/1, 5 n. 16; Böhmer/Zielinski n. 558; Böhmer/Unger n. 495.*

Olim ad a. (879 cr. mart.). De tempore cf. Böhmer/Unger n. 495.

6776 **(879 apr.)**

JE 3237 Berengario comiti (Foroiuliensi) scribit de mutua voluntate et de Stephano episcopo Comaclensi tuendo (Dat. ut supra). – *Quia precessores nostros.*

E d . : *MGH Epp. 7, 140 n. 175.* – R e g . : *Ital. Pont. V 175 n. 2; Ital. Pont. VII/1, 70 n. 6; Böhmer/Zielinski n. 820; Böhmer/Unger n. 497.*

Cf. J[3] *6754 et J[3] *6759 et J[3] *6762.

6777 **(879 apr.)**

JE 3238 Pandulfo comiti (Capuano) gratias agit, quod „hunc Grecum imperialis baiuli hominem" ad sese miserit. Rogat, ut imperatoris Graecorum legatos deducendos Romam curet. A Saracenis eum vexari, dolet. Ob foedus a „concivibus" eius cum paganis ictum, ut ipse ad eum veniat necesse esse, „quamvis et de assidua corporis incommoditate et de peracto iam Franciae itinere adhuc maneamus defessi". Se ante Graecorum adventum profecturum negat (Dat. ut supra). – *Multiplices nobilitati vestre.*

E d . : *MGH Epp. 7, 141 n. 176.* – R e g . : *Ital. Pont. VIII 202 n. 4; Martin/Cuozzo Regesti dell'Italia meridionale 462 n. 965; Böhmer/Unger n. 498.*

Laud. et in J³ 6779. Cf. J³ *6760 et J³ *6771 et J³ *6772.

6778 **(879 apr.)**

JE 3229 Athanasio (II) episcopo Neapolitano scribit, locum celeriter constituant, ubi de utriusque hoste opprimendo consilia inter se communicent. – *Scientes vos procul.*

E d . : *MGH Epp. 7, 136 n. 167.* – R e g . : *Ital. Pont. VIII 425 n. 32; Ital. Pont. VIII 447 n. 71; Martin/Cuozzo Regesti dell'Italia meridionale 460 n. 962; Böhmer/Unger n. 499.*

Olim ad a. (879 mart. 5). De tempore cf. Böhmer/Unger n. 499.

6779 **(879 apr.)**

JE 3239 Ad Gregorii primicerii, imperialis baiuli, litteras per Stephanum candidatum missas (J³ *6772) respondet. Ecclesiae Constantinopolitanae pacem curae sibi fore, affirmat, legatosque imperatoris benigne receptum iri. De suis ad Pandulfum comitem Capuanum litteris significat (Dat. ut supra). – *Litteris tuis quas.*

E d . : *MGH Epp. 7, 142 n. 177.* – R e g . : *Martin/Cuozzo Regesti dell'Italia meridionale 461 n. 964; Böhmer/Unger n. 500.*

Cf. J³ *6760 et J³ *6772 et J³ 6777.

*** 6780** **(879) mai. 1** **Roma**

Synodum celebrat (kal. mai.).

L a u d . i n : *J³ 6781; J³ 6784; J³ 6789; J³ 6879; J³ 6882.* – R e g . : *Böhmer/Unger n. 506.*

De synodo et eius tempore cf. Böhmer/Unger n. 506 et MGH Conc. 5, 149.

6781 **(879 mai. 1)** **Roma**

JE 3240 Anspertum archiepiscopum Mediolanensem privat, quem Papiae (J³ 6729, J³ *6734, J³ 6735) et postmodum ad synodum Romae (J³ 6775) pro multis ecclesiarum necessitatibus collectam vocavit, nec per se occurrere nec excusationem secundum sacros canones in tractoria scriptam sibi et s. concilio causa temeritatis et inoboedientiae dirigere nolentem, cum consensu s. synodi corpore et sanguine Iesu Christi, quousque suam sibi praesentiam exhibere procuret (Dat. ut supra). – *Anspertum Mediolanensem archiepiscopum.*

E d . : *MGH Epp. 7, 150 n. 188; MGH Conc. 5, 150.* – R e g . : *Ital. Pont. VI/1, 42 n. 70; Böhmer/Unger n. 507.*

Laud. et in J³ 6784, J³ 6815, J³ 6821, J³ 6881, J³ 6882 et in Invectiva in Romam (Dümmler Gesta 152). Cf. J³ *6780.

6782 **(879) mai. 2**

JE 3242 Theodosio patriarchae Hierosolymitano moram legatorum eius, Theodosii et Davidis et Sabae monachorum, qui se absente Romam venerint, excusat. Mittit munera, ob angustias a paganis sibi allatas exigua (Dat. VI non. mai.). – *Notum esse volumus.*

E d . : *MGH Epp. 7, 143 n. 178.* – R e g . : *Böhmer/Unger n. 508.*

Cf. J³ *6756.

6783 **879 mai. 6** **(Roma)**

JE 3249 Gregorio primicerio ac baiulo imperiali scribit, ut legatos Graecos ad sese per Beneventum Capuamque mittat. Haec nuntiat: „Rex Francorum ad nos properans, suppliciter deposcit, ut ab Urbe non discedamus quoquam, donec ipse perveniat. Qui cum venerit cum valida manu ... illuc ... studebimus ... properare" (Dat. VI d. m. mai., ind. XII). – *Religionem tue caritatis.*

E d . : *MGH Epp. 7, 148 n. 185.* – R e g . : *Böhmer/Zielinski n. 562; Böhmer/Unger n. 509.*
Cf. J³ *6760.

6784 **879 mai. 19**

JE 3252 Ansperto archiepiscopo Mediolanensi nuntiat, quoniam ter vocatus, nec venerit nec legatos miserit, in synodo Romana kal. mai. (mai. 1; cf. J³ *6780) excommunicatum eum esse. Praecipit, ut in synodo IV id. oct. (oct. 12; cf. J³ *6863) „iuxta canonis apostolici kapitulum tricesimum quartum" celebranda assit. Dein haec addit: „Tibi tuisque suffraganeis ... pręcipimus, ut cum eo, qui de regibus Francorum ... Italiam fuerit ingressus, nullum absque nostro consensu ... placitum facere presumatis, apostolorum kanone kapituli tricesimi quinti ita iubente ...: Episcopos gentium singularum scire convenit, quis inter eos primus habeatur" (Dat. XIV kal. iun., ind. XII). – *Multe inobedientie atque.*

E d . : *MGH Epp. 7, 162 n. 203.* – R e g . : *Ital. Pont. VI/1, 6 n. 18 et 42 n. 71; Böhmer/Unger n. 513.*

De numero invitationum cf. Böhmer/Unger n. 513. Cf. et J³ 6673 et J³ *6780 et J³ 6781.

6785 **(879 mai. in.–med.)**

JE 3246 Michaelem regem Bulgarorum, ut cum gente sua ad b. Petri fidem redeat, iterum monet (Dat. ut supra). – *Quia vos omnipotens.*

E d . : *MGH Epp. 7, 146 n. 182; Fontes hist. Bulgaricae 7, 160.* – R e g . : *MMFH 3, 186 n. 72; Böhmer/Unger n. 503.*

Olim ad a. (879 mai. 2). De tempore cf. Böhmer/Unger n. 503.

6786 **(879 mai. in.–med.)**

JE 3247 Petrum (comitem), Cerbulam et Sundicam ceterosque optimates, Michaelis regis Bulgarorum consiliarios, hortatur, dent operam, ut rex ad ecclesiae Romanae auctoritatem se conferat (Dat. ut supra). – *Denique moneo vestram.*

E d . : *MGH Epp. 7, 147 n. 183; Fontes hist. Bulgaricae 7, 161.* – R e g . : *MMFH 3, 186 n. 73; Böhmer/Unger n. 504.*

Olim ad a. (879 mai. 2). De tempore cf. Böhmer/Unger n. 504.

6787 **(879 mai. in.–med.)**

JE 3248 Sedesclavo comiti Sclavorum mandat, ut legatum suum ad Michaelem Bulgarorum regem deducendum curet (Dat. ut supra). – *Quia fama tue.*

E d . : *MGH Epp. 7, 147 n. 184; Fontes hist. Bulgaricae 7, 162.* – R e g . : *Böhmer/Unger n. 505.*

Olim ad a. (879 nov. 2). De tempore cf. Böhmer/Unger n. 505.

*6788 **(879 mai. med.)**

Iohannem (VIII) Branimir comes (Croatiae) per Iohannem presbyterum Veneticum exorat, ut sibi ac universae plebi in ecclesiam Romanam reverti liceat, quam rem unanimiter omnes Croati concupiscant.

L a u d . i n : *J³ 6797; J³ 6798.* – R e g . : *Böhmer/Unger n. 512.*

6789 **879 mai. 20**

JE 3253 (Lombardiae episcopos?) de inoboedientia obiurgat, quod neque Papiam neque Romam ad synodum generalem (mai. 1) venerint. Ad synodum IV id. oct. futurae XIII ind. (879 oct. 12) eos vocat (Dat. XIII kal. iun., ind. XII). – *Cum universi qui.*

E d . : *MGH Epp. 7, 163 n. 204.* – R e g . : *Ital. Pont. VI/1, 6 n. 19 et 42 n. 72; Böhmer/Unger n. 514.*

Cf. J³ *6780.

*** 6790** **(879 mai. 21)** **(Roma), S. Pietro**

Branimirum (comitem Croatorum) una cum populo eius die Ascensionis Domini super s. Petri altare „elevatis sursum manibus“ benedicit.

Laud. in: *J³ 6797.* – Reg.: *Böhmer/Unger n. 515.*

De tempore cf. Böhmer/Unger n. 515.

6791 **(879 iun. 7)**

JE 3245 Wibodo episcopo (Parmensi) mandat, ut cum suis legatis auxilii petendi causa ad Karolomannum regem missis aut ipse proficiscatur aut aliquem fidelissimum ire iubeat. Aditus ad Karolomannum si effici ob huius valetudinem non potuerit, Carolum (III) regem conveniri iubet. Angilbergae imperatricis bona ne diripi patiatur, monet (Dat. ut supra). – *Quoniam pre omnibus.*

Ed.: *MGH Epp. 7, 145 n. 181.* – Reg.: *Ital. Pont. V 416 n. 6 et 490 n. 6; Böhmer/Unger n. 520.*

Olim ad a. (879 mai. 2). De tempore cf. Böhmer/Unger n. 520. Cf. et J³ *6806.

6792 **879 iun. 7**

JE 3257 A Karolomanno rege episcopatum Vercellensem Cosperto diacono petit (Dat. VII d. m. iun., ind. XII). – *Misimus cum his.*

Ed.: *MGH Epp. 7, 155 n. 194.* – Reg.: *Ital. Pont. VI/2, 9 n. 6; Böhmer/Zielinski n. 568; Böhmer/Unger n. 521.*

6793 **(879 iun. 7)**

JE 3243 Karolomanno regi Gospertum diaconum commendat, cui episcopatum Vercellensem tribuat remoto utroque electo (Dat. ut supra). – *Multorum relatione didicimus.*

Ed.: *MGH Epp. 7, 143 n. 179.* – Reg.: *Ital. Pont. VI/2, 10 n. 7; Böhmer/Zielinski n. 568; Böhmer/Unger n. 522.*

Olim ad a. (879 mai. 2). De tempore cf. Böhmer/Unger n. 522.

6794 **879 iun. 7**

JE 3256 Karolomanno regi de itinere suo in Franciam facto ita scribit: „Testamur ... Deum, quod ... nullius hominis nisi vestrum prepotens adiutorium avida mente quęrere voluimus; sed malorum hominum, quos ipsi scitis, prępediti insidiis hoc agere non valuimus“. Auxilium petit. Legatos suos Iohannem et Paschalem episcopos commendat (Dat. VII d. m. iun., ind. XII). – *Quia more precessorum.*

Ed.: *MGH Epp. 7, 154 n. 193.* – Reg.: *Böhmer/Zielinski n. 567; Böhmer/Unger n. 523.*

Laud. et in J³ 6795. Cf. J³ *6806.

6795 **(879 iun. 7)**

JE 3244 Carolum (III) regem denuo rogat, ut sibi, a paganis et Christianis improbis vexato, subveniat. Karolomannum regem monitum nuntiat, ne Italiae adeundae impedimentum ei afferret. Addit ita: „Pro nullius hominis lucro vel blandimento sive terrore a vestro nos consortio et vestrę amicitię federe separabimus“ (Dat. ut supra). – *Miramur quia vos.*

Ed.: *MGH Epp. 7, 144 n. 180.* – Reg.: *Böhmer/Zielinski n. 569; Böhmer/Unger n. 524.*

Olim ad a. (879 mai. 2). De tempore cf. Böhmer/Unger n. 524. Cf. et J³ 6773 et J³ 6794.

6796 **879 iun. 7**

JE 3258 Anselmo episcopo Lemovicensi scribit, Stephani matrimonium eo, quod morientem filium baptizaverit, non esse dirimendum (Dat. VII d. m. iun., ind. XII). – *Ad limina beatorum.*

Ed.: *MGH Epp. 7, 156 n. 195.* – Can.: *Bonizonis Lib. de vita christiana I c. 41; Anselmi Coll. can. X c. 30 (versio A); Ivonis Decr. I c. 306; Gratiani Decr. C. XXX q. 1 c. 7.* – Reg.: *Böhmer/Unger n. 525.*

De aliis collectionibus ineditis cf. Böhmer/Unger n. 525.

6797 **879 iun. 7**

JE 3259 Branimirum (Croatorum ducem) ad b. Petri fidem reversum laudat et confirmat. Significat se die ascensionis Domini (mai. 21) „super s. altare b. Petri" preces pro eo et eius populo fecisse. Petit, ut eius voluntate Iohanni presbytero litteras suas ad (Michaelem) Bulgarorum regem perferre liceat (Dat. VII d. m. iun., ind. XII). – *Relegentes nobilitatis tue.*

Ed.: *MGH Epp. 7, 151 n. 190; Matijević-Sokol Branimirova Hrvatska 50.* – Reg.: *Böhmer/Unger n. 526.*

Cf. J³ *6788, J³ *6790, J³ 6800, J³ *6807.

6798 **879 iun. 7**

JE 3260 Sacerdotes et populum una cum Branimiro principe (Croatiae) reconciliatos ecclesiae Romanae, ut in fide perseverent, hortatur (Dat. VII d. m. iun., ind. XII). – *Cum litteras principis.*

Ed.: *MGH Epp. 7, 165 n. 206; Matijević-Sokol Branimirova Hrvatska 62.* – Reg.: *Böhmer/Unger n. 527.*

Cf. J³ *6788.

6799 **879 iun. 7**

JE 3255 Theodosii diaconi et ecclesiae Nonensis electi erga se pietatem laudat. Ne consecrationem nisi ab ipso accipiat, hortatur (Dat. VII d. m. iun., ind. XII). – *Dilectionis tue litteris.*

Ed.: *MGH Epp. 7, 153 n. 191; Branimirova godina 17.* – Reg.: *MMFH 3, 187 n. 75; Böhmer/Unger n. 528.*

6800 **879 iun. 8**

JE 3261 Michaelem regem Bulgarorum ad veram b. Petri fidem revocat. Iohannem presbyterum, legatum suum, commendat (Dat. VI id. iun., ind. XII). – *Quante pietatis et.*

Ed.: *MGH Epp. 7, 153 n. 192; Fontes hist. Bulgaricae 7, 164.* – Reg.: *Böhmer/Unger n. 529.*

Laud. et in J³ 6797. Cf. J³ *6016 et J³ 6021 et J³ *6807.

6801 **879 iun. 10**

JE 3262 Vitalem Iaderensem, Dominicum Absorensem, ceterosque episcopos Dalmaticos, et Iohannem archipresbyterum Salonitanum, omnesque sacerdotes et seniores populi, habitatores Spalatinae civitatis atque Zadarensis, ceterarumque civitatum ad Romanam ecclesiam revocat. Quem elegerint archiepiscopum ad consecrationem palliumque accipiendum Romam venire iubet. Iohannem presbyterum legatum suum commendat (Dat. X d. m. iun., ind. XII). – *Pastorali sollicitudine moti.*

Ed.: *MGH Epp. 7, 156 n. 196.* – Reg.: *Böhmer/Unger n. 530.*

Cf. J³ *6807.

6802 **879 iun. 13**

JE 3263 Airardo archiepiscopo Ausciensi et Involato Convenorum, Wainardo Conseranensi, Garstono Bigorriensi (al. Tarbiensi) episcopis scribit de corrigendis populi moribus, de nuptiis illicitis, de rebus ecclesiarum conservandis, de clericorum erga episcopos oboedientia (Dat. id. iun., ind. XII). – *Multas prevaricationes contra.*

Ed.: *MGH Epp. 7, 150 n. 189.* – Reg.: *Böhmer/Unger n. 531.*

6803 **879 iun. 14**

JE 3264 Rostagno archiepiscopo Arelatensi mandat, ut Girbertum episcopum Nemausensem ab iniuriis in monasterium (s. Aegidii) dehortentur, et, si non paruerit, excommunicet (Dat. XVIII kal. iul., ind. XII). – *Veracium relatione comperimus.*

E d . : *MGH Epp. 7, 157 n. 197.* – R e g . : *MMFH 3, 194 n. 84; Böhmer/Zielinski n. 2739A; Böhmer/Unger n. 532.*

Secundum registrum Iohannis VIII haec epist. etiam ad Sigibodum Narbonensem et Robertum Aquensem archiepiscopos „a paribus" destinata est, qua de re tres epist. (J³ 6803, J³ *6804, J³ *6805) missas esse censet Böhmer/Unger n. 532; cf. J³ *6804 et J³ *6805.

* 6804 **(879 iun. 14)**

JE 3264 Sigebodo archiepiscopo Narbonensi mandat, ut Girbertum episcopum Nemausensem ab iniuriis in monasterium (s. Aegidii) dehortetur, et, si non paruerit, excommunicet.

L a u d . i n : *Additamentum ad J³ 6803 in registro.* – R e g . : *MMFH 3, 194 n. 84; Böhmer/Unger n. 533.*

Cf. supra ad J³ 6803.

* 6805 **(879 iun. 14)**

JE 3264 Roberto archiepiscopo Aquensi mandat, ut Girbertum episcopum Nemausensem ab iniuriis in monasterium (s. Aegidii) dehortetur, et, si non paruerit, excommunicet.

L a u d . i n : *Additamentum ad J³ 6803 in registro.* – R e g . : *MMFH 3, 194 n. 84; Böhmer/Unger n. 534.*

Cf. supra ad J³ 6803.

* 6806 **(879 iun. med.)**

Iohannem Signensem Paschalemque Amerinum (al. Ameliensem) episcopos legatos ad Karolomannum (et Carolum III in regnum Francorum occidentalium) cum litteris (J³ 6791, J³ 6792, J³ 6793, J³ 6794, J³ 6795) mittit.

L a u d . i n : *J³ 6791; J³ 6794.* – R e g . : *Böhmer/Unger n. 535.*

* 6807 **(879 iun. med.)**

Iohannem presbyterum (Venetum) mandat, ut epistolas (J³ 6797, J³ 6800, J³ 6801) Dalmatiam et Bulgariam transmittat.

L a u d . i n : *J³ 6797; J³ 6800; J³ 6801.* – R e g . : *Böhmer/Unger n. 536.*

* 6808 **(879 iun.)**

Romano archiepiscopo (Ravennati) praecipit, ut kal. oct. (oct. 1) pro celebranda synodo Romam veniat.

L a u d . i n : *J³ 6819.* – R e g . : *Ital. Pont. V 45 n. *128; Böhmer/Unger n. 519.*

De tempore cf. Böhmer/Unger n. 519.

* 6809 **(879 iun. ex.)**

Iohanni (VIII) Wibbodus episcopus Parmensis renuntiat (Theotmarum) archicapellanum (archiepiscopum Salisburgensem) Romam esse venturum.

L a u d . i n : *J³ 6810.* – R e g . : *Böhmer/Unger n. 541.*

De tempore cf. Böhmer/Unger n. 541.

6810 **(879 iul. in.–med.)** **(Roma)**

JE 3250 Wibbodo episcopo Parmensi significat se a paganis vexatum „cuiuslibet regis iam" cupere „habere solacium". Ita mandat: „Unde, si Karolomannum posse incunctanter agnoscitis, apud illum, sin autem, apud ... Karolum (III) regem, causas et utilitatis

s. sedis apostolicę prudenti dumtaxat consilio agere et ad ... perfectum deducere satagatis". Praecipit, ut Caroli (lege: Karolomanni?) archicapellano (Theotmaro) Romam venturo comitem se adiungat. Hanc epistolam comburi iubet (Dat. ut supra). – *Cum assidue vos.*

E d . : *MGH Epp. 7, 148 n. 186.* – R e g . : *Ital. Pont. V 416 n. 7; Böhmer/Unger n. 544.*

Olim ad a. (879 cr. mai.). De tempore cf. Böhmer/Unger n. 544. Cf. et J³ *6809.

*6811 **(878 sept. med.–879 med.)**

Hincmarum archiepiscopum Remensem admonit, ut litem inter Hedenulfum Laudunensis episcopum Hincmarumque Ladunensis episcopum depositum componet.

L a u d . i n : *Flodoardi Remensis Hist. III c. 23 (MGH SS 36, 315).* – R e g . : *Böhmer/Unger n. 433.*

De tempore cf. Böhmer/Unger n. 433.

6812 **(879 mai.–iul.)**

JE 3266 Anastasio abbati (s. Salvatoris in monte Letenano) praecipit, ut cellulam s. Valentini in Sabinis sitam Gauderico episcopo (Veliternensi) restituat (Dat. ut supra). – *Monemus religionem tuam.*

E d . : *MGH Epp. 7, 159 n. 199.* – R e g . : *Ital. Pont. II 71 n. 1; Ital. Pont. IV 25 n. 1; Böhmer/Unger n. 502.*

Olim ad a. (879 iun. 14). De tempore cf. Böhmer/Unger n. 502.

*6813 **(879 iun.–iul.)**

Iohannem (VIII) Lando filius Landonis et fratres eius seu Landulfus filius Landonulfi eiusque germani certiorem faciunt solutum esse quod cum Pandenulfo comite (Capuano) factum sit pactum.

L a u d . i n : *J³ 6849.* – R e g . : *Martin/Cuozzo Regesti dell'Italia meridionale 463 n. 969 et n. 970; Böhmer/Unger n. 518.*

De tempore cf. Böhmer/Unger n. 518.

6814 **(879 med.)**

JE 3254 Ad Ludovici (Iunioris) regis (filii Ludovici Germanici) litteras per Astaldum comitem allatas respondet. Promissum auxilium celeriter sibi ferri cupit. Haec addit: „Porro de hoc, quod mandastis, ut pro eventu regni Hludovici (Balbi) pię memorię nepotis vestri, prępediti existatis, ... turbati manemus. Sed petimus, ... ut ... nostrę petitionis solicitudinem ... alacriter assumatis, ... quoniam si, Deo favente Romanum sumpseritis imperium, omnia vobis regna subiecta existent" (Dat. ut supra). – *Vestre regie serenitatis.*

E d . : *MGH Epp. 7, 164 n. 205.* – R e g . : *MMFH 3, 194 n. 83; Böhmer/Unger n. 517.*

6815 **(879 iun. ex.–iul.)**

JE 3269 Anspertum archiepiscopum Mediolanensem reprehendit, quod et legatos suos Iohannem Papiensem et Walpertum Portuensem episcopos spreverit, et sacra procuraverit excommunicatus. Ad synodum auctumnalem venire eum iubet (Dat. ut supra). – *Tantis heu pro.*

E d . : *MGH Epp. 7, 161 n. 202.* – R e g . : *Ital. Pont. VI/1, 42 n. 73; Böhmer/Unger n. 537.*

Olim ad a. (879 iun. 14). De tempore cf. Böhmer/Unger n. 537. Cf. et J³ 6781.

6816 **(879 iun. ex.–iul.)**

JE 3265 Michaeli regi Bulgarorum, quod legatum muneraque sibi miserit, gratias agit. Monet, ut ad Romanam ecclesiam redeat. De Bulgarorum dioecesi a Graecis iniuste occupata addit (Dat. ut supra). – *Multas regie excellentie.*

E d . : *MGH Epp. 7, 158 n. 198; Fontes hist. Bulgaricae 7, 165.* – R e g . : *Böhmer/Unger n. 538.*
Olim ad a. (879 iun. 14). De tempore cf. Böhmer/Unger n. 538. Cf. et J³ 6021.

6817 **(879 iun. ex. – iul.)**

JE 3267 Sventopulco Moraviae (duci) scribit: quod ex Iohannis presbyteri illius, quem sibi miserat (Boh. Pont. 20 n. *24), relatione didicit eum in recta fide dubitare, monet eum, ut sic teneat, sic credat, sicut sancta Romana ecclesia didicit et sicut antecessores suis sancti sedis apostolicae praesules parentes eius ab inicio docuerunt (J³ *6138); si quis autem ei vel episcopus eius vel sacerdos aliter praedicare praesumpserit, doctrinam falsam abiciat; adicit se valde mirari, quia audiverit Methodium archiepiscopum ab Adriano papa ordinatum eisque directum aliter docere, quam coram sede apostolica se credere professus sit (J³ *6246 et J³ 6818); addit propter hoc se illi direxisse, ut ad se venire procuraret (J³ 6818) (Dat. ut supra.). – *Scire vos volumus.*

E d . : *MGH Epp. 7, 160 n. 200; Lacko Great Moravia 116 n. 12.* – R e g . : *Ratkoš Pramene 174 n. 59; Boh. Pont. 21 n. 25; Böhmer/Unger n. 539.*

Olim ad a. (879 iun. 14). De tempore cf. Böhmer/Unger n. 539. Cf. et J³ *6138 et J³ *6246 et J³ 6818.

6818 **(879 iun. ex.–iul.)**

JE 3268 Methodio archiepiscopo Pannoniensis ecclesiae scribit se audivisse, illum non ea, quae sancta Romana ecclesia ab ipso apostolorum principe didicerit et cottidie praedicat, docere et populum in errorem mittere; iubet, illum ad se de praesenti venire procurare, ut ex ore ipsius audiatur, utrum sic praedicet, ut verbis et litteris se sanctae Romanae ecclesiae credere promiserit (J³ *6246 et J³ 6817); addit se iam litteris suis per Paulum episcopum Anconitanum ei directis prohibuisse, ne in lingua Sclavina sacra missarum sollemnia celebraret, sed vel in Latina vel in Graeca lingua (J³ *6355); praedicare vero in illa aut sermonem in populo facere ei permittit (Dat. ut supra). – *Predicationis tue doctrinis.*

E d . : *MGH Epp. 7, 160 n. 201; Lacko Great Moravia 117 n. 13.* – R e g . : *Ratkoš Pramene 174 n. 58; Boh. Pont. 21 n. 26; Böhmer/Unger n. 540.*

Laud. et in J³ 6817. Olim ad a. (879 iun. 14). De tempore cf. Böhmer/Unger n. 540. Cf. et J³ *6246 et J³ *6344 et J³ *6355.

6819 **(879 iul.)**

JE 3290 Romanum archiepiscopum Ravennatem iniuriis affectum ad se non venisse, miratur. Legatum mittit, qui causam cognoscat. Kal. oct. (oct. 1) archiepiscopum eiusque adversarios Romae esse iubet. Reprehendit eum, quod extra dioeceso moretur (Dat. ut supra). – *Audientes tales vobis.*

E d . : *MGH Epp. 7, 201 n. 226.* – R e g . : *Ital. Pont. V 45 n. 129; Böhmer/Unger n. 542.*

Laud. et in J³ 6840. Olim ad a. (879 aug. 16). De tempore cf. Böhmer/Unger n. 542. Cf. et J³ *6808.

*** 6820** **(879 iul.)**

Pandenulfus comes Capuae Iohannem (VIII) papam exorat, ut Waifarium principem Salernitanum a expeditione contra Capuam prohibeatur.

L a u d . i n : *J³ 6824.* – R e g . : *Martin/Cuozzo Regesti dell'Italia meridionale 464 n. 971; Böhmer/Unger n. 543.*

6821 **(879 aug. in.)**

JE 3270 Angilbergae imperatrici respondet, Anspertum excommunicatum archiepiscopum Mediolanensem (cf. J³ 6781) ante synodum IV id. oct. (oct. 12) celebrandam (cf. J³ *6863), ad quam aut ipse veniat aut legatum mittat necesse sit, non posse absolvi.

Anniversario die Ludovici (II) imperatoris (aug. 12) se precatione usurum nunciat. – *Pio affectu petitionis.*

Ed.: *MGH Epp. 7, 190 n. 212.* – Reg.: *Ital. Pont. VI/1, 43 n. 74; Böhmer/Unger n. 558.*

Cf. J³ 6781.

6822 **879 aug. 16** **(Roma)**

JE 3274 Iohanni, Leoni et Paulo patriciis, et Stiliano, Iohanni et Metrophani metropolitis, ceterisque sacerdotibus et cuiuscumque ordinis clericis et laicis, sub excommunicationis poena praecipit, ut Photium patriarcham Constantinopolitanum sequantur (Dat. m. aug., ind. XII, d. XVI. Missa per Petrum presbyterum). – *Omnium ecclesiarum Dei.*

Ed.: *MGH Epp. 7, 186 n. 210; Tăutu Acta Rom. pont. I 729 n. 351 (fragm.).* – Reg.: *Böhmer/Unger n. 559.*

De re et personis cf. Böhmer/Unger n. 559. Cf. et J³ *6836.

6823 **(879 aug.)** **(Roma)**

JE 3286 Waifarium principem (Salernitanum), excommunicatione proposita, ab oppugnandis ante suum adventum Capuanis dehortatur. Affirmat haec: „Nam pro vestro cum venerimus amore, ipsum, quem vultis, Capuanę plebi ... antistitem ordinabimus, ut vester principalis honor indiminutus permaneat“. – *Relatu quorundam didicimus.*

Ed.: *MGH Epp. 7, 197 n. 222.* – Reg.: *Ital. Pont. VIII 202 n. 6 et 219 n. 21 et 335 n. 11; Martin/Cuozzo Regesti dell'Italia meridionale 464 n. 973; Böhmer/Unger n. 547.*

6824 **(879 aug.)** **(Roma)**

JE 3287 Pandenulfum castaldum (Capuanum) de superioribus rebus ad Waifarium litteris (J³ 6823) certiorem facit. – *Relectis industrie tue.*

Ed.: *MGH Epp. 7, 198 n. 223.* – Reg.: *Ital. Pont. VIII 202 n. 7; Martin/Cuozzo Regesti dell'Italia meridionale 465 n. 975; Böhmer/Unger n. 548.*

Cf. J³ *6820.

*6825 **(879 aug.)**

Ignatio morte Photium patriarcham Constantinopolitanum approbat.

Laud. in: *J³ 6826; J³ 6827; J³ 6828; J³ 6830; Erchemperti Hist. Lang. c. 52 (MGH SS rer. Lang. 256).* – Reg.: *Böhmer/Unger n. 550.*

De tempore cf. Böhmer/Unger n. 550.

6826 **879 aug.** **(Roma)**

JE 3271 Basilio (I), Constantino et Alexandro imperatoribus (Constantinopolitanis) scribit, se, habita temporis ratione, Photio, licet defuncto Ignatio patriarchatum Constantinopolitanum inconsulta sede Romana susceperit, communionem ea lege concedere, ut misericordiam in synodo exposcat. Post Photii mortem ex laicis eligi patriarchas vetat. Bulgarorum dioecesim sibi reddi, sacerdotesque ab Ignatio consecratos, posteaque deiectos, restitui iubet. Legatis suis (Eugenio et Paulo episcopis) mandatum esse scribit, ut si quis Photii communionem respuisset, in synodo is excommunicaretur (Dat. m. aug., ind. XII. Missa per Petrum presbyterum). – *Inter claras sapientie; Τὸ καθαρὸν καὶ.*

Ed.: *MGH Epp. 7, 166 n. 207 (versiones Latina et Graeca); Meijer Council of Union 215 n. I (versiones Graeca et Latina).* – Can.: *Deusdedit Coll. can. IV c. 434 (fragm.); Ivonis Decr., Prologus (fragm.).* – Reg.: *MMFH 3, 194 n. 85; Böhmer/Unger n. 551.*

Laud. et in J³ 6830. Versio Graeca et adulterata inserta etiam in actis synodi Photianae a. 879 celebratae (Mansi Conc. 17, 395). Olim ad a. 879 aug. (16). De tempore, personis, traditione et aliis collectionibus ineditis cf. Böhmer/Unger n. 551. Cf. et J³ *6760 et J³ *6825 et J³ *6836.

6827 **879 aug.** **(Roma)**

JE 3272 Episcopis provinciae Constantinopolitanae, Hierosolymitanae, Alexandrinae et Antiochenae de communione Photio reddita eadem, quae superiore ad imperatores epistola (J³ 6826), significat (Dat. m. aug., ind. XII. Missa per Petrum presbyterum). – *Quorundam sane vestrum; Τὰ ὑγιαίνοντα ὑμῶν.*

Ed.: *MGH Epp. 7, 176 n. 208 (versiones Latina et Graeca).* – Reg.: *MMFH 3, 195 n. 86; Böhmer/Unger n. 552.*

Laud. et in J³ 6830. Versio Graeca et adulterata inserta etiam in actis synodi Photianae a. 879 celebratae (Mansi Conc. 17, 449). Olim ad a. 879 aug. (16). De tempore, personis et traditione cf. Böhmer/Unger n. 552. Cf. et J³ *6825 et J³ *6836.

6828 **(879 aug.)** **(Roma)**

JE 3273 Photio patriarchae Constantinopolitano, quod legati apostolici (Eugenius et Paulus episcopi) recusaverint sacra secum procurare, querenti, respondet (cf. J³ *6761), id ideo esse factum, quod de ea re mandata dari a se, rerum Constantinopolitanorum antea incerto, non potuissent. Quibus conditionibus communionem ei reddi velit, ut in praecedentibus ad imperatores litteris (J³ 6826), exponit. De commonitorio per Petrum presbyterum cardinalem legatis suis misso addit. – *Experientia tue prudentie; Τὴν σοφίαν καὶ.*

Ed.: *MGH Epp. 7, 181 n. 209 (versiones Latina et Graeca); Tăutu Acta Rom. pont. I 727 n. 350 (versio Latina; fragm.).* – Can.: *Ivonis Decr. IV c. 76 (fragm.).* – Reg.: *MMFH 3, 195 n. 87; Böhmer/Unger n. 553.*

Laud. et in J³ 6830 et J³ 6926. Versio Graeca et adulterata inserta etiam in actis synodi Photianae a. 879 celebratae (Mansi Conc. 17, 412). Olim ad a. (879 aug. 16). De tempore, traditione et aliis collectionibus ineditis cf. Böhmer/Unger n. 553. Cf. et J³ *6760, J³ *6761, J³ *6825, J³ 6830, J³ *6836.

6829 **879 aug.** **(Roma)**

JE 3275 Paulum Anconitanum et Eugenium Ostiensem suos Constantinopoli legatos reprehendit, quod praecepta neglexerint. Petrum presbyterum cardinalem iis adiungit. Iubet agi secundum commonitorium suum (Dat. m. aug., ind. XII). – *Quamvis contra nostram.*

Ed.: *MGH Epp. 7, 188 n. 211.* – Reg.: *Böhmer/Unger n. 554.*

Olim ad a. 879 aug. (16). De tempore cf. Böhmer/Unger n. 554. Cf. et J³ 6830 et J³ *6836.

6830 **(879 aug.)** **(Roma)**

JE 3276 Paulo Anconitano et Eugenio Ostiensi episcopis et Petro presbytero cardinali (s. Grisogoni), quae Constantinopoli agant, praecipit. – *Μετὰ τῆς Θεοῦ; Μετὰ τῆς τοῦ; Cum primum divina; (Dicetis quod illas).*

Ed.: *Migne PL 126, 867 (versio Latina); MGH Epp. 7, 188 n. 211a (versio Graeca); Boojamra Photian Synod of 879 8–14 (versio Graeca).* – Can.: *Ivonis Decr. IV c. 77 (fragm.).* – Reg.: *Böhmer/Unger n. 555.*

Versiones Graeca et Latina insertae sunt et in actis synodi Photianae a. 879 celebratae (Mansi Conc. 17, 468). Laud. et in J³ 6828, J³ 6829. Olim ad a. (879 aug. 16). De tempore et aliis collectionibus ineditis cf. Böhmer/Unger n. 555. Cf. et J³ *6760, J³ *6825, J³ 6826, J³ 6827, J³ 6828, J³ *6836.

***6831** **879 aug.**

Iohannes (Signinus) et Paschalis (Amerinus) episcopi S.R.E. et Gerardus episcopus Laudensis et Dido gastaldo, missi Karolomanni regis, Adalbertum servum monasterii s. Resurrectionis atque ss. Systi et Fabiani de curte Faeto atque curte Muciana seu et de massaritiis in Waldo Meleto ad partem praedicti monasterii investiunt (m. aug., ind. XII).

L a u d . i n : *Notitia (Ficker Forschungen zur Reichs- und Rechtsgeschichte Italiens IV 20 n. 15).* – R e g . : *Ital. Pont. V 491 n. 7; Böhmer/Zielinski n. 577; Böhmer/Unger n. 545.*

*6832 **(879 aug.)**

Iohanni (VIII) Leo episcopus Thianensis scribit, quod moleste fert pactum (nepotis Landulfi I Capuani) solutum esse ac papam rogat, ne proroget Landulfi (II) presbyteris investituram.

L a u d . i n : *J³ 6852.* – R e g . : *Martin/Cuozzo Regesti dell'Italia meridionale 465 n. 976; Böhmer/Unger n. 546.*

De tempore cf. Böhmer/Unger n. 546.

*6833 **(879 aug.)**

Iohanni (VIII) Pandenulfus (gastaldus Capuanus) se subdit, in cuius vocamine et chartae exaratae et nummi figurati sunt.

L a u d . i n : *Erchemperti Hist. Lang. c. 47 (MGH SS rer. Lang. 254).* – R e g . : *Ital. Pont. VIII 203 n. *11; Martin/Cuozzo Regesti dell'Italia meridionale 471 n. 986; Böhmer/Unger n. 549.*

De tempore cf. Böhmer/Unger n. 549.

*6834 **(879 aug.)**

Iohanni (VIII) Karolomannus rex Theotmari archiepiscopi Salisburgensis iter Romanum nuntiat.

L a u d . i n : *J³ 6860.* – R e g . : *Böhmer/Zielinski n. 576; Böhmer/Unger n. 556.*

De tempore cf. Böhmer/Unger n. 556.

*6835 **(879 aug.)**

Iohanni (VIII) Karolomannus rex curam regni Italici demandat.

L a u d . i n : *J³ 6873.* – R e g . : *Böhmer/Zielinski n. 575; Böhmer/Unger n. 557.*

De tempore cf. Böhmer/Unger n. 557.

*6836 **(879 aug. 16–31)**

Petrum presbyterum cardinalem (s. Grisogoni) Constantinopolim mittit, ut epistolis tradat Basilio (I), Constantino, Alexandro imperatoribus, episcopis provinciarum Constantinopolitanae, Hierosolymitanae, Alexandriae, Antiochiae, patriciis, metropolitanis, presbyteris aliisque clericis.

L a u d . i n : *J³ 6822; J³ 6826; J³ 6827; J³ 6828; J³ 6829; J³ 6830.* – R e g . : *Böhmer/Unger n. 560.*

De tempore cf. Böhmer/Unger n. 560.

*6837 **(879 aug. ex.–sept. in.)**

Litteris Landonis filii Landonis et fratrum eius seu Landulfi filii Landonulfi eiusque germanorum respondet (cf. J³ *6813) de pace et concordia post obitum Landulfi Capuani episcopi cum Pandenulfo per iusiurandum coniuncta et fraterno ac indivisibili foedere inter eos firmata, quam iam corruptam atque confusam esse dolet.

L a u d . i n : *J³ 6849.* – R e g . : *Ital. Pont. VIII 202 n. *5 et 219 n. *20; Martin/Cuozzo Regesti dell'Italia meridionale 465 n. 974; Böhmer/Unger n. 561.*

De tempore cf. Böhmer/Unger n. 561.

*6838 **(879 aug. ex.–sept. in.)**

Waifario principi Salernitano scribit ac se cum eo kal. oct. (oct. 1) Traiecto conventurum proponit.

L a u d . i n : *J³ 6850.* – R e g . : *Martin/Cuozzo Regesti dell'Italia meridionale 466 n. 978a; Böhmer/Unger n. 562.*

De tempore cf. Böhmer/Unger n. 562.

*** 6839** **(879 aug. ex.–sept. in.)**

Iohanni (VIII) papae Bertharius abbas Casinensis et Leo episcopus Thianensis Romam se conferentes dissuadunt, ne Landenulfum, qui non sit caelebs, episcopum Capuanum faciat.

Laud. in: *Erchemperti Hist. Lang. c. 47 (MGH SS rer. Lang. 254); Chron. mon. Casinensis I c. 41 (MGH SS 34, 110).* – Reg.: *Böhmer/Unger n. 563.*

De tempore cf. Böhmer/Unger n. 563.

6840 **879 sept. 21**

JE 3292 Romanum archiepiscopum Ravennatem una cum suffraganeis synodo oct. 12 in ecclesia b. Petri Romana celebrandae interesse iterum iubet (Dat. XI kal. oct., ind. XIII). – *Sicut iam olim.*

Ed.: *MGH Epp. 7, 208 n. 235.* – Reg.: *Ital. Pont. V 10 n. 42 et 45 n. 130; Böhmer/Unger n. 576.*

Cf. J³ 6819.

6841 **(879 ian.–sept.)**

JE 3235 Liutfredum (II) comitem et eius coniugem excommunicat, quod Gerlindis monachae, ut Angilberga imperatricis monasterium Placentiae situm desereret, persuaserint (Dat. ut supra). – *Quia contra divina.*

Ed.: *MGH Epp. 7, 139 n. 173.* – Reg.: *Ital. Pont. V 490 n. 5; Ital. Pont. VI/1, 6 n. 17; Böhmer/Unger n. 476.*

Laud. et in J³ 6873. Olim ad a. (878 cr. apr.). De tempore cf. Böhmer/Unger n. 476.

*** 6842** **(879 mai. med.–sept.)**

Missis ex more litteris decernit Arpaldum episcopum Asculanum pro ecclesiasticis necessitatibus ad synodum (Romanam, cf. J³ *6863) occurrere debere.

Laud. in: *J³ 6885.* – Reg.: *Ital. Pont. IV 149 n. *2; Böhmer/Unger n. 510.*

*** 6843** **(879 mai. med.–sept.)**

Missis ex more litteris decernit Helmoinum episcopum Pennensem pro ecclesiasticis necessitatibus ad synodum (Romanam, cf. J³ *6863) occurrere debere.

Laud. in: *J³ 6883.* – Reg.: *Ital. Pont. IV 284 n. *1; Böhmer/Unger n. 511.*

6844 **(879 sept.)**

JE 3309 Athanasium (II) episcopum Neapolitanum, nisi a Saracenorum societate ante kal. dec. ind. XIII (879 dec. 1) recesserint, anathematizatum iri denunciat. – *Pudet ut ita.*

Ed.: *MGH Epp. 7, 204 n. 230.* – Reg.: *Ital. Pont. VIII 68 n. 32 et 83 n. 9 et 86 n. 4 et 384 n. 10 et 388 n. 2 et 425 n. 33 et 447 n. 72; Martin/Cuozzo Regesti dell'Italia meridionale 469 n. 985; Böhmer/Unger n. 564.*

Olim ad a. (879 cr. oct./nov.). De tempore cf. Böhmer/Unger n. 564. Traditur in registro Iohannis VIII, ubi etiam hanc epist. ad Petrum episcopum et Pulcarem praefectorium (cum monitione addita) Amalfitanos et episcopum et Docibilem et Iohannem hypatos Caietanos directam esse legitur; cf. J³ *6845–J³ *6848. Quinque epistolas missas esse censet Böhmer/Unger n. 564.

*** 6845** **(879 sept.)**

JE 3309 Petro episcopo (Amalfitano) praecipit, ut pactum Saracenorum solvat.

Laud. in: *Additamentum ad J³ 6844 in registro.* – Reg.: *Ital. Pont. VIII 68 n. 32 et 83 n. 9 et 86 n. 4 et 384 n. 10 et 388 n. 2 et 425 n. 33 et 447 n. 72; Martin/Cuozzo Regesti dell'Italia meridionale 469 n. 985a; Böhmer/Unger n. 565.*

Cf. supra ad J³ 6844.

*6846 **(879 sept.)**

JE 3309 Pulcari praefectorio Amalfitano praecipit, ut pactum Saracenorum solvat; insuper monet, ut Pandenulfo iudici Capuano „in nullo molestus" existat et „ei devotione et amicitia copulatus ... contra adversitates illius" opponat.

Laud. in: *Additamentum ad J³ 6844 in registro.* – Reg.: *Ital. Pont. VIII 68 n. 32 et 83 n. 9 et 86 n. 4 et 203 n. *10 et 384 n. 10 et 388 n. 2 et 425 n. 33 et 447 n. 72; Martin/Cuozzo Regesti dell'Italia meridionale ; Böhmer/Unger n. 566.*

Cf. supra ad J³ 6844.

*6847 **(879 sept.)**

JE 3309 Episcopo Kaietano praecipit, ut pactum Saracenorum solvat.

Laud. in: *Additamentum ad J³ 6844 in registro.* – Reg.: *Ital. Pont. VIII 68 n. 32 et 83 n. 9 et 86 n. 4 et 384 n. 10 et 388 n. 2 et 425 n. 33 et 447 n. 72; Martin/Cuozzo Regesti dell'Italia meridionale 470 n. 985b; Böhmer/Unger n. 567.*

Cf. supra ad J³ 6844.

*6848 **(879 sept.)**

JE 3309 Docibili et Iohanni hypatis praecipit, ut pactum Saracenorum solvant.

Laud. in: *Additamentum ad J³ 6844 in registro.* – Reg.: *Ital. Pont. VIII 68 n. 32 et 83 n. 9 et 86 n. 4 et 384 n. 10 et 388 n. 2 et 425 n. 33 et 447 n. 72; Martin/Cuozzo Regesti dell'Italia meridionale 470 n. 985c; Böhmer/Unger n. 568.*

Cf. supra ad J³ 6844.

6849 **(879 sept.)** **(Roma)**

JE 3277 Landonem filium Landonis et fratres eius ac Landulfum filium Landonulfi eiusque germanos in pace cum Pandenulfo post Landulfi episcopi Capuani mortem constituta non mansisse, dolet. Cupit kal. oct. (oct. 1) cum iis et Waifario principe Salernitano et Capuanis Traiectum convenire, ibique et paci consulere et de Landulfo presbytero „sacerdotum seu iudicum et totius Capuanę plebis voto" electo statuere. – *Receptis atque perlectis.*

Ed.: *MGH Epp. 7, 191 n. 213.* – Reg.: *Ital. Pont. VIII 203 n. 8 et 220 n. 23; Martin/Cuozzo Regesti dell'Italia meridionale 467 n. 980; Böhmer/Unger n. 569.*

Olim ad a. (879 cr. aug.). De tempore cf. Böhmer/Unger n. 569. Cf. et J³ *6813 et J³ *6837.

6850 **(879 sept.)** **(Roma)**

JE 3278 Waifario principi (Salernitano) respondet (cf. Ital. Pont. VIII 336 n. *12) et (ut superiore epistola J³ 6849) scribit de Landulfo electo Capuano et de conventu kal. oct. (oct. 1) Traiecti habendo. Reprendit, quod arma Capuanis intulerit. Mancosos „pro defensione terrę s. Petri" Amalfitanis datos reddi sibi iubet, „quatenus, nostra recipientibus nobis, nullam pre his de cetero patiantur calumniam". – *Sicut nobis litteris.*

Ed.: *MGH Epp. 7, 192 n. 214.* – Reg.: *Ital. Pont. VIII 203 n. 9 et 220 n. 24 et 336 n. 13; Martin/Cuozzo Regesti dell'Italia meridionale 468 n. 982; Böhmer/Unger n. 570.*

Olim ad a. (879 cr. aug.). De tempore cf. Böhmer/Unger n. 570. Cf. et J³ *6838.

6851 **(879 sept.)** **(Roma)**

JE 3280 Landulfum presbyterum et electum laudat, quod Capuanae urbis concordiae restituendae operam tribuat. De conventu kal. oct. (oct. 1) Traiecti agendo addit. – *Quia discordantium parentum.*

Ed.: *MGH Epp. 7, 193 n. 216.* – Reg.: *Ital. Pont. VIII 220 n. 22; Martin/Cuozzo Regesti dell'Italia meridionale 466 n. 979; Böhmer/Unger n. 571.*

Olim ad a. (879 cr. aug.). De tempore cf. Böhmer/Unger n. 571.

6852 **(879 sept.)** **(Roma)**

JE 3279 Leoni episcopo (Thianensi) significat se kal. oct. (oct. 1) Traiecti acturum et de discordia Capuana componenda et de Landulfo „a vobis et omni sacerdotali cętu nobiliumque caterva cunctoque populo" electo. – *Sacerdotalem curam et.*

Ed.: *MGH Epp. 7, 193 n. 215.* – Reg.: *Ital. Pont. VIII 220 n. 25 et 256 n. 3; Martin/Cuozzo Regesti dell'Italia meridionale 471 n. 987; Böhmer/Unger n. 572.*

Olim ad a. (879 cr. aug.). De tempore cf. Böhmer/Unger n. 572. In eundem modum Iohannes VIII scripsit Adelchisi et Lupeno episcopis, quorum sedes ignotae sunt, cf. J³ *6853 et J³ *6854. Cf. et J³ *6832.

*** 6853** **(879 sept.)**

JE 3279 Adelchisi episcopo (idem ut J³ 6852) scribit.

Laud. in: *Additamentum ad J³ 6852 in registro.* – Reg.: *Ital. Pont. VIII 221 n. *25a; Martin/Cuozzo Regesti dell'Italia meridionale 471 n. 988; Böhmer/Unger n. 573.*

Olim ad a. (879 cr. aug.). De tempore cf. Böhmer/Unger n. 572. Cf. et supra ad J³ 6852. Sedem Adelchisis episcopi ignota est, sed certe Campuanus fuit, censet Ital. Pont. VIII 221 n. *25a.

*** 6854** **(879 sept.)**

JE 3279 Lupeno episcopo (idem ut J³ 6852) scribit.

Laud. in: *Additamentum ad J³ 6852 in registro.* – Reg.: *Ital. Pont. VIII 221 n. *25b et 256 n. 3; Martin/Cuozzo Regesti dell'Italia meridionale 472 n. 989; Böhmer/Unger n. 574.*

Olim ad a. (879 cr. aug.). De tempore cf. Böhmer/Unger n. 572. Cf. et supra ad J³ 6852. Sedes Lupeni ignota est.

6855 **(879 sept.)** **(Roma)**

JE 3281 Pulcarem praefectum Amalfitanum, quod nec foedus cum paganis (Saracenis) ictum ruperit nec terram s. Petri defenderit, hortatur, ut acceptos mancosos sibi reddat. – *Pro salute anime.*

Ed.: *MGH Epp. 7, 194 n. 217.* – Reg.: *Ital. Pont. VIII 384 n. 9; Martin/Cuozzo Regesti dell'Italia meridionale 468 n. 983; Böhmer/Unger n. 575.*

Cf. J³ *6572.

*** 6856** **(879 sept. ex.)** **Roma**

Precibus Pandenulfi comitis Capuani annuens Landenulfum fratrem eius episcopum consecrat, qui ab ipso Pandenulfo inordinate tonsus Romam directus est.

Laud. in: *Erchemperti Hist. Lang. c. 47 (MGH SS rer. Lang. 254); Cat. comitum Capuae (MGH SS rer. Lang. 499); Chron. mon. Casinensis I c. 41 (MGH SS 34, 111).* – Reg.: *Ital. Pont. VIII 221 n. *26; Böhmer/Unger n. 577.*

De tempore cf. Böhmer/Unger n. 577.

*** 6857** **(879 oct. in.)**

Dominicum episcopum (Trivensem) missum suum ad Amalfitanos dirigt eos admonens, ut patienter suam perficiant voluntatem (de pacto cum Saracenis frangendo); praecipit eos obaudire nolentes per Dominicum episcopum praesentaliter excommunicari; nuntiat se eos postmodum digno anathemate feriturum et nihil de Amalfitanorum perfidia curaturum esse.

Laud. in: *J³ 6859; J³ 6898.* – Reg.: *Ital. Pont. VIII 385 n. *12; Böhmer/Unger n. 581.*

De tempore cf. Böhmer/Unger n. 581.

*** 6858** **(879 oct. in.)**

Iohannem (VII) Athanasius (II) episcopus Neapolitanus per legatos certiorem facit se foedus Saracenorum dissoluturum.

L a u d . i n : *J³ 6859.* – R e g . : *Martin/Cuozzo Regesti dell'Italia meridionale 473 n. 992; Böhmer/Unger n. 580.*

6859 **(879 oct. in.)**

JE 3307 Athanasium (II) episcopum Neapolitanum monet, ut, non habita Amalfitanorum ratione, seiungat se a Saracenis. Haec addit: „Quod iam dare promisimus, auxiliante Domino, annis singulis vobis procul dubio tribuemus". – *Sanctitatis vestre devotionem.*

E d . : *MGH Epp. 7, 217 n. 249.* – R e g . : *Ital. Pont. VIII 426 n. 34 et 447 n. 73; Martin/Cuozzo Regesti dell'Italia meridionale 473 n. 993; Böhmer/Unger n. 582.*

Cf. J³ *6857 et J³ *6858.

6860 **(879 oct. in.)**

JE 3296 Theotmarum archiepiscopum (Salisburgensem) a Karolomanno rege ad se missum nondum adesse miratur, venireque iubet (Dat. ut supra). – *Sicut nobis dilectus.*

E d . : *MGH Epp. 7, 211 n. 240.* – R e g . : *Germ. Pont. I 13 n. 25; MMFH 3, 196 n. 88; Böhmer/Unger n. 583.*

Cf. J³ *6834.

***6861** **(879 oct. in.)** **Capua Vetere, S. Pietro**

JE I 415 Episcopatu Capuano in duas partes diviso, Landenulfum ecclesiae Capuanae episcopum et Landulfum episcopum ecclesiae s. Mariae Suricorum constituit.

L a u d . i n : *J³ 6923; Erchemperti Hist. Lang. c. 47 (MGH SS rer. Lang. 255); Cat. comitum Capuae (MGH SS rer. Lang. 499); Chron. mon. Casinensis I c. 41 (MGH SS 34, 111).* – R e g . : *Ital. Pont. VIII 221 n. *27; Böhmer/Unger n. 578.*

Olim ad a. (879 ex.–880 in.). De tempore cf. Böhmer/Unger n. 578.

***6862** **(879 oct. in.)** **Capua**

JE I 414 Dolet se vix Pandenulfo principi Capuano imponere potuisse, ut Stephanum (episcopum Neapolitanum) ad suam destinaret praesentiam.

L a u d . i n : *Auxilii Libellus in defensionem App. c. 2 (Dümmler Auxilius 98).* – R e g . : *Ital. Pont. VIII 204 n. *12; Böhmer/Unger n. 579.*

***6863** **(879 oct. med.)** **(Roma), S. Pietro**

JE I 413 Synodus celebratur in ecclesia b. Petri (Romana).

L a u d . i n : *J³ 6868; J³ 6879; J³ 6881; J³ 6882; J³ 6883; J³ 6885; J³ 6887; J³ 6898; J³ 6945.* – R e g . : *Böhmer/Unger n. 592.*

***6864** **(879) oct. 15** **(Roma), S. Pietro**

JE I 413 Anspertum archiepiscopum Mediolanensem in synodo in basilica s. Petri (Romana) celebrata (J³ *6863) deponit (id. oct. in eccl. b. Petri ap.).

L a u d . i n : *J³ 6879; J³ 6881; J³ 6882.* – R e g . : *Ital. Pont. VI/1, 43 n. *75; Böhmer/Unger n. 594.*

***6865** **(879 oct. 15)** **(Roma, S. Pietro)**

Universa synodo (cf. J³ *6863) consentiente Iosephum episcopum Vercellensem de episcopatu suo deiecit et iubet, ut „in pristinum ordinem" revertatur.

L a u d . i n : *J³ 6881; J³ 6882; J³ 6945.* – R e g . : *Böhmer/Unger n. 595.*

***6866** **(879 oct. med.)** **(Roma, S. Pietro)**

In synodo (Romana, cf. J³ *6863) Petrum episcopum, Pulcarem praefectum et cunctum populum Amalfitanos excommunicat, quod pactum cum Saracenis non absolverant.

L a u d . i n : *J³ 6868; J³ 6898.* – R e g . : *Böhmer/Unger n. 593.*

De tempore cf. Böhmer/Unger n. 593.

6867 **879 oct. 19**

JE 3302 Notingum episcopum Novariensem aut res Angilbergae imperatrici ablatas restituere aut intra duos menses Romam venire iubet (Dat. XIV kal. nov., ind. XIII). – *Audivimus te res.*

E d . : *MGH Epp. 7, 213 n. 244.* – R e g . : *Ital. Pont. V 492 n. 13; Ital. Pont. VI/2, 59 n. 1; Böhmer/Unger n. 600.*

6868 **879 oct. 24**

JE 3304 Petro episcopo et Pulcari praefectorio et populo Amalfitano significat, eos, quia pactum cum Saracenis ictum saepius moniti non ruperint, communione a se privatos esse (D. XXIV m. oct., ind. XIII). – *Notum esse volumus.*

E d . : *MGH Epp. 7, 214 n. 246.* – R e g . : *Ital. Pont. VIII 384 n. 11 et 388 n. 3; Martin/Cuozzo Regesti dell'Italia meridionale 472 n. 990; Böhmer/Unger n. 601.*

Cf. J³ *6863 et J³ *6866.

*** 6869** **(872–879 oct.)**

Iohanni antistiti Aprutiensi iniungit, ut, adscitis Theoderice Theatino, Heodicio Firmano et Helmoino Pinnensi episcopis, omne negotium Theoderonae de Vivelata cum eis ventilet et canonice definire procuret.

L a u d . i n : *J³ 6884.* – R e g . : *Ital. Pont. IV 311 n. *4; Böhmer/Unger n. 38.*

De tempore cf. Böhmer/Unger n. 38.

6870 **879 (oct. med.–ex.)**

JE 3293 Paulo episcopo Regiensi praecipit, ut ecclesiam Carpanam incendio deletam renovet (Dat. XIII). – *Dilectioni tue venerandis.*

E d . : *MGH Epp. 7, 209 n. 236.* – R e g . : *Ital. Pont. V 366 n. 2 et 403 n. 2; Böhmer/Unger n. 584.*

Laud. et in J³ 6886.

6871 **(879 oct. med.–ex.)**

JE 3298 Egilberto episcopo (Cumano) interdicit, ne Liutfredo (II) et Odelrico (Hastensi) comitibus excommunicatis communicet. Quos cogi iubet, ut Angilbergae imperatrici ablata intra dies XXX restituant. – *Beatissimi apostoli precepto.*

E d . : *MGH Epp. 7, 210 n. 238.* – R e g . : *Ital. Pont. V 491 n. 8; Ital. Pont. VI/1, 399 n. 2; Böhmer/Unger n. 585.*

6872 **(879 oct. med.–ex.)**

JE 3299 Egifredum et Supponem (II) et Eripaldum et Berardum filium Bonifatii et Cotefredum comites hortatur, ut bona Angilbergae imperatricis tueantur (Dat. ut supra). – *Scientes profecto ea.*

E d . : *MGH Epp. 7, 210 n. 239.* – R e g . : *Ital. Pont. V 491 n. 9; Ital. Pont. VI/1, 6 n. 21; Ital. Pont. VI/2, 87 n. 4; Böhmer/Unger n. 586.*

In codice habet „Data ut supra", i. e. XIII [kal. ...], ex epist. 238 (J³ 6870).

6873 **(879 oct. med.–ex.)**

JE 3297 Antonium episcopum Brixiensem et Berengarium comitem (Foroiuliensem) hortatur, ne cum Liutfredo Gerlindis monachae raptore rerumque Angilbergae imperatricis compilatore communicent; ita praefatus: „Quia ... Karolomannus gloriosus rex suis regalibus litteris et missorum nostrorum verbo nostro pręsulatui ... commisit, ut nos curam huius Italici regni haberemus" (Dat. ut supra). – *Quia dilectus ac.*

E d . : *MGH Epp. 7, 212 n. 241.* – R e g . : *Ital. Pont. V 491 n. 10; Ital. Pont. VI/1, 310 n. 3; Ital. Pont. VII/1, 71 n. 7; Böhmer/Zielinski n. 821; Böhmer/Unger n. 587.*

Cf. J³ *6835 et J³ 6550 et J³ 6841.

6874 **(879 oct. med.–ex.)**

JE 3300 Cunibertum comitem proposita excommunicatione hortatur, ut, quas invaserit, res Angilbergae imperatricis restituat (Dat. ut supra). – *Veraci relatione comperimus.*

E d . : *MGH Epp. 7, 212 n. 242.* – R e g . : *Ital. Pont. V 492 n. 11; Ital. Pont. VI/1, 6 n. 22; Böhmer/Unger n. 588.*

In codice habet „Data ut supra", i. e. XIII [kal. ...], ex epist. 238 (J³ 6870). Cf. J³ 6550.

6875 **(879 oct. med.–ex.)**

JE 3301 Gisulfo abbati monasterii s. Christianae (in Curti Olumna) mandat, ut monasterii Angilbergae imperatricis (s. Sixti) Placentiae positi curam suscipiat (Dat. ut supra). – *Auctoritate sancte sedis.*

E d . : *MGH Epp. 7, 213 n. 243.* – R e g . : *Ital. Pont. V 492 n. 12; Böhmer/Unger n. 589.*

In codice habet „Data ut supra", i. e. XIII [kal. ...], ex epist. 238 (J³ 6870).

***6876** **(879 oct. med.–ex.)**

Iohanni episcopo propter reverentiam et honorem s. Ticinensis ecclesiae, quae speciali quodam modo sedi apostolicae pertinere videtur, vicem suam transgressores excommunicandi, eo tenore videlicet committit, ut quos ipse excommunicaverit, ipsi excommunicati exsistant.

L a u d . i n : *J³ 6877.* – R e g . : *Ital. Pont. VI/1, 176 n. *11; Böhmer/Unger n. 590.*

6877 **(879 oct. med.–ex.)**

JE 3291 Omnibus episcopis, marchionibus, comitibus, cunctisque s. ecclesiae fidelibus significat se Iohanni episcopo Papiensi „transgressos" sua vice excommunicandi potestatem tribuisse; monet, ut Iohanni auxilium impendant (Dat. ut supra). – *Habentes omnium ecclesiarum.*

E d . : *MGH Epp. 7, 201 n. 227.* – R e g . : *Ital. Pont. VI/1, 176 n. 12; Böhmer/Unger n. 591.*

Olim ad a. (879 aug. 16). De tempore cf. Böhmer/Unger n. 591. Cf. et J³ *6876.

***6878** **(879 oct. 15–ex.)**

Iohannem episcopum Ticinensem et Deltonem episcopum Ariminensem Mediolanum mittit, ut inibi eis praesentibus archiepiscopus eligatur.

L a u d . i n : *J³ 6879.* – R e g . : *Böhmer/Unger n. 597.*

De tempore cf. Böhmer/Unger n. 597.

6879 **(879 oct. 15–ex.)**

JE 3294 Episcopis, presbyteris, diaconis, subdiaconis omnique clero ecclesiae Mediolanensis praecipit, ut, adhibitis Iohanne Papiensi et Weltone Ariminensi episcopis legatis suis successorem dent Ansperto archiepiscopo dignitate episcopali orbato electumque ad sese mittant, ut, „secundum morem pristinum et secundum regiam concessionem" consecretur (Dat. ut supra). – *Deo dilecte unanimitati.*

E d . : *MGH Epp. 7, 202 n. 228; MGH Conc. 5, 152.* – R e g . : *Ital. Pont. VI/1, 6 n. 20 et 43 n. 76 et 110 n. 6; Böhmer/Unger n. 598.*

Cf. J³ *6780, J³ *6863, J³ *6864, J³ *6878.

***6880** **(879 oct. 15–ex.)** **(Roma)**

Cospertum episcopum Vercellensem consecrat.

L a u d . i n : *J³ 6881; J³ 6882; J³ 6887.* – R e g . : *Böhmer/Unger n. 596.*

6881 **(879 oct. 15–ex.)**

JE 3306 Presbyteris, diaconis, subdiaconis omnique clero, ac primatibus omnique populo Vercellensi in synodo (Romana, cf. J³ *6863) quid gestum sit, nuntiat. Iosephi ab Ansperto consecrati acta rescindit. Cospertum episcopum a sese ordinatum commendat, „quoniam dilectus" inquit „ac spiritalis filius noster Karolomannus gloriosus rex istius Italici regni ipsum Bercellensem episcopatum more precessorum suorum regum et imperatorum, concessit huic Cosperto ... nostramque apostolicam clementiam suis est litteris deprecatus, ut eum vobis episcopum consecraremus" (Dat. ut supra). – *His nostris apostolicis.*

Ed.: *MGH Epp. 7, 216 n. 248; MGH Conc. 5, 153.* – Reg.: *Ital. Pont. VI/2, 10 n. 9 et 28 n. 1; Böhmer/Unger n. 599.*

Olim ad a. (879 oct. 24). De tempore cf. Böhmer/Unger n. 599. Cf. et J³ 6781, J³ *6863, J³ *6864, J³ *6865, J³ *6880.

6882 **(879 oct. ex.–nov. in.)**

JE 3305 Carolo (III) regi Anspertum Mediolanensem et Iosephum Vercellensem in synodo (Romana, cf. J³ *6863) deiectos esse, nuntiat. Cospertum rogatu Karolomanni regis consecratum episcopum Vercellensem commendat (Dat. ut supra). – *Regie magnitudini vestre.*

Ed.: *MGH Epp. 7, 215 n. 247.* – Reg.: *Ital. Pont. VI/1, 44 n. 77; Ital. Pont. VI/2, 10 n. 8; Böhmer/Zielinski n. 590; Böhmer/Unger n. 602.*

Olim ad a. (879 oct. 24). De tempore cf. Böhmer/Unger n. 692. Cf. et J³ *6780, J³ 6781, J³ *6863, J³ *6864, J³ *6865, J³ *6880.

6883 **(879) nov. 19**

JE 3311 Helmoinum episcopum Pennensem, quod synodo (Romana, cf. J³ *6863) defuerit, ante dec. 8 ad se venire iubet; insuper, ut Oterannus iniuste excommunicatus absolvatur, praecipit (Dat. XIII kal. dec.). – *Secundum sacros venerabilium.*

Ed.: *MGH Epp. 7, 205 n. 231.* – Reg.: *Ital. Pont. IV 284 n. 2; Böhmer/Unger n. 607.*

Cf. J³ *6843 et J³ *6863.

6884 **879 nov. 20**

JE 3310 Theoderico Theatino, Theodicio Firmano, Iohanni Aprutiensi, Helmoino Pinnensi episcopis scribit, Theoderonam de Vivelata votis monasterialibus, quae post mariti mortem ei extorta sint, non teneri (Dat. XV kal. dec., ind. XIII). – *Quedam vestrarum dioeceseon.*

Ed.: *MGH Epp. 7, 203 n. 229.* – Reg.: *Ital. Pont. IV 136 n. 8 et 268 n. 1 et 284 n. 3 et 312 n. 5; Böhmer/Unger n. 608.*

Olim ad a. (879 ante nov. 19). De tempore cf. Böhmer/Unger n. 608. Cf. et J³ *6869.

6885 **(879) nov. 24**

JE 3312 Arpaldum episcopum Asculanum a propriis clericis iniustitiae accusatum et synodum (Romanam, J³ *6863) declinare ausum excommunicatione proposita ad sese vocat (Dat. VIII kal. dec.). – *Secundum sacros venerabilium.*

Ed.: *MGH Epp. 7, 206 n. 232.* – Reg.: *Ital. Pont. IV 149 n. 3; Böhmer/Unger n. 609.*

Cf. J³ *6842 et J³ *6863.

6886 **(879 nov.)**

JE 3295 Iohanni episcopo Ticinensi mandat, ut ecclesiam Carpanam, quam renovare Paulus episcopus Reginus neglexerit, reficiat (Dat. ut supra). – *Quia Paulus Regiensis.*

Ed.: *MGH Epp. 7, 209 n. 237.* – Reg.: *Ital. Pont. V 404 n. 3; Ital. Pont. VI/1, 176 n. 13; Böhmer/Unger n. 604.*

Olim ad a. (879 oct. ante 19). De tempore cf. Böhmer/Unger n. 604. Cf. et J³ 6870.

6887 **(879 nov. med.–ex.)**

JE 3313 Carolo (III) regi, qui de Cosperto episcopo Vercellensi ad suam voluntatem egerit, gratias agit. Sententiam in Anspertum Mediolanensem dictam non posse mutari scribit (Dat. ut supra). – *Multiplices gratias vestre.*

E d . : *MGH Epp. 7, 207 n. 233; MGH Conc. 5, 153 (fragm.).* – R e g . : *Ital. Pont. VI/1, 44 n. 78; Ital. Pont. VI/2, 11 n. 10; Böhmer/Zielinski n. 597; Böhmer/Unger n. 605.*

Olim ad a. (879 nov. 24). De tempore cf. Böhmer/Unger n. 605. Cf. et J³ *6863 et J³ *6880.

6888 **(879 nov. med.–ex.)**

JE 3314 Carolo (III) regi scribit, indicto nov. 1 iam praeterito, Papiam ad eum venire se paratum fuisse. In Italiam reversum litteras ad se nondum dedisse, miratur. Invitari cupit (Dat. ut supra). – *Sicut nostro presulatui.*

E d . : *MGH Epp. 7, 207 n. 234.* – R e g . : *Böhmer/Zielinski n. 598; Böhmer/Unger n. 606.*

Olim ad a. (879 nov. 24). De tempore cf. Böhmer/Unger n. 606.

*** 6889** **(878–879)**

(Hincmaro archiepiscopo Remensi) quaedam mandat pertinentes ad Hincmarum (episcopum) Laudunensem, qui a papa ad Ottulfum (episcopum Trecarum) missus est.

L a u d . i n : *Flodoardi Remensis Hist. III c. 23 (MGH SS 36, 316).* – R e g . : *Böhmer/Unger n. 295.*

De tempore cf. Böhmer/Unger n. 295.

6890 **(879)** **(Roma)**

JE 3233 Aureliano (Lugdunensi), Otranno (Viennensi), Theuderico (Vesontionensi) episcopis interdicit, ne ante iudicium aut excommunicent Bicbertinum, aut eius res invadi patiantur (Dat. ut supra). – *Omnium vestrorum sanctitati.*

E d . : *MGH Epp. 7, 137 n. 170.* – R e g . : *Gall. Pont. I 42 n. 13; Gall. Pont. III/1, 116 n. 123; Böhmer/Zielinski n. 2737; Böhmer/Unger n. 469; cf. propediem Gall. Pont. III/2, Suffraganei et Grenoble et Valence.*

Olim ad a. (879 post apr. 3). De tempore cf. Böhmer/Unger n. 469.

6891 **(879)** **Roma**

JE 3283 Hugonem „nobilitissimum abbatem" (s. Germani Autessiodurensis) rogat, ut monasterium s. Petri Pultariense ecclesiae Romanae a Gerardo comite (Viennensi) traditum tueatur. – *Quanta vos dilectione.*

E d . : *MGH Epp. 7, 195 n. 219.* – R e g . : *Böhmer/Unger n. 470.*

Laud. et in J³ 6894. Cf. J³ *5716.

6892 **(879)** **(Roma)**

JE 3285 Bosonem principem (Viennensem) hortatur, ut et Vendoaram villam ecclesiae Romanae restituat et monasterium Pultariense protegat. – *Quanta vos dilectione.*

E d . : *MGH Epp. 7, 197 n. 221.* – R e g . : *Gall. Pont. III/1, 365 n. 29; Böhmer/Zielinski n. 2745; Böhmer/Unger n. 471.*

Laud. et in J³ 6894, J³ 6895. Cf. J³ *5716.

*** 6893** **(879)**

Ansegi archiepiscopo (Senonensis) et Conrado comiti (Lutetiae) per monasterii Pultariensis legatum exemplar „testamenti" a Gerhardo comite (Viennensi) coniugeque Berta conscriptum mittit.

L a u d . i n : *J³ 6894.* – R e g . : *Böhmer/Unger n. 472.*

6894 **(879)** **(Roma)**

JE 3282 Monachorum Pultariensium angustias dolet. Bosonem principem (Viennensem) et Hugonem abbatem (s. Germani Autessiodurensis), ut iniurias ab iis propulsarent, monitos esse, nuntiat. – *Cognoscat pro certo.*

E d . : *MGH Epp. 7, 194 n. 218.* – R e g . : *Böhmer/Unger n. 473.*

Cf. J³ *5716, J³ 6891, J³ 6892, J³ *6893.

6895 **(879)** **(Roma)**

JE 3284 Hugoni (abbati s. Germani Autessiodurensis) et Radoldo fidelibus suis praecipit, ut Vendoaram villam a Bosone comite (Viennense) invasam defendant. Isaac episcopo (Lingonensi) mandatum esse nuntiat, ut Arembertum, qui villam a Bosone accepisset, nisi eam dimitteret, excommunicaret. – *Cognoscat pro certo.*

E d . : *MGH Epp. 7, 196 n. 220.* – R e g . : *Böhmer/Unger n. 474.*

Cf. J³ 6892.

6896 **(879)**

JE 3303 Gregorio spathario, Theophylacto turmacho, Diogeni comiti „imperialibus", victoriam de Saracenis Neapoli reportatam gratulatur. Monet, ut „cum aliquantis dromonibus" sibi subveniant (Dat. ut supra). – *Audientes vos per.*

E d . : *MGH Epp. 7, 214 n. 245.* – R e g . : *Martin/Cuozzo Regesti dell'Italia meridionale 475 n. 996; Böhmer/Unger n. 475.*

Olim ad a. (878 oct. 19). De tempore cf. Böhmer/Unger n. 475.

6897 **(879)**

JE 3236 Wibertum episcopum, excommunicatione proposita, Romam iam tertio evocat (Dat. ut supra). – *Iam enim sanctitati.*

E d . : *MGH Epp. 7, 140 n. 174.* – R e g . : *Böhmer/Unger n. 468.*

Sedes episcopalis Wiberti ignota est. Cf. J³ *6739.

6898 **(879 nov.–dec.)**

JE 3308 Petro episcopo et Pulcari praefectorio et omnibus sacerdotibus ac clericis atque universo populo Amalfitanae civitatis, si a Saracenis discesserint, haec promittit: „Dabimus vobis nunc et per singulos annos, sicut inter nos statutum fuit, decem milia mancosorum argenti, et isto presenti anno damus vobis pro benedictione supra mille mancosos, et teloneum, quod in portu nostro dare debetis, vobis concedimus". Si non discesserint, fore ut a Dominico legato suo ab ipsoque et excommunicentur et anathematizentur (Dat. ut supra). – *Multa vobis bona.*

E d . : *MGH Epp. 7, 218 n. 250.* – R e g . : *Ital. Pont. VIII 388 n. 4; Ital. Pont. VIII 385 n. 13; Martin/Cuozzo Regesti dell'Italia meridionale 474 n. 994; Böhmer/Unger n. 603.*

Olim ad a. (879 oct. 24). De tempore cf. Böhmer/Unger n. 603. Cf. et J³ *6857 et J³ *6863 et J³ *6866.

6899 **(880) ian. 1**

JL †4916a (Monasterio Sublacensi) filum salinae positum in Liciniana pedica veteri confirmat, derelictum a Leone subdiacono S.R.E., sub censu II aureorum solidorum annualiter persolvendo (Scr. p. m. Leonis scrin. S.R.E. in m. ian., ind. XIII. Dat. kal. ian. p. m. Gregorii nomine custus (scil. nomenculatoris) S.S.A.). – *Credite speculationis impellimur.*

E d . : *Allodi/Levi Reg. Sublacense 105.* – R e g . : *Ital. Pont. II 87 n. 7; Böhmer/Unger n. 615.*

Olim Gregorio VII ad a. 1075 ian. 1 adscriptum. De pontificatu et tempore cf. Böhmer/Unger n. 615.

*** 6900** **(880 ian. in.–med.)** **Ravenna**

JE I 410 Ravennae cum Carolo (III) rege convenit, qui ibi a nobilitate Italica regem creatur.

L a u d . i n : *J³ 6903; J³ 6936; Erchemperti Cont. (MGH SS 2, 329).* – R e g . : *Böhmer/Mühlbacher² n. 1591a et n. 1563 et n. 1564; Böhmer/Zielinski n. 601; Böhmer/Unger n. 613.*

Olim ad a. 879 aug. in. De tempore cf. Böhmer/Unger n. 613.

*** 6901** **(880 ian. in.–med.)** **Ravenna**

Anspertum archiepiscopum Mediolanensem olim a se excommunicatum et depositum (cf. J³ 6781 et J³ *6864) iterum investit.

L a u d . i n : *Erchemperti Cont. (MGH SS 2, 329); Invectiva in Romam (Dümmler Gesta 152).* – R e g . : *Böhmer/Unger n. 614.*

De tempore cf. Böhmer/Unger n. 614.

*** 6902** **(872–880 febr.)**

Marinum (I papam futurum) episcopum (Caeretanum) consecrat.

L a u d . i n : *Invectiva in Romam (Dümmler Gesta 145).* – R e g . : *Böhmer/Unger n. 37.*

6903 **(880 febr.–mart.)** **Roma**

JE 3288 Carolo (III) regi ita scribit: „A longo iam tempore (vos) ad culmen imperii ... volentes perducere ... vocavimus ac postmodum ... ad vos Ravennam pervenimus, ... sperantes ... honorem ... s. Romanę ecclesię per vos ad augmentum perfectum perducere atque inimicorum s. ecclesię ... severitatem comprimere ...; sed quia de his ... nichil apud magnitudinem vestram ... peregimus, revertentes (Romam) prioribus peiora reperimus". Rogat, ut se, antequam Romam veniat, per Luithbardum episcopum et Manigoldum filium Adalberti et Adalbertum protopincernam certiorem faciat. Marinum episcopum (Caeretanum) et arcarium ac Petrum episcopum Senogallicensem legatos suos commendat (Dat. ut supra). – *Quod bene vestra.*

E d . : *MGH Epp. 7, 199 n. 224.* – R e g . : *Böhmer/Zielinski n. 610; Böhmer/Unger n. 619.*

Olim ad a. (879 aug. 16). De tempore cf. Böhmer/Unger n. 619. Cf. et J³ *6900.

*** 6904** **(874 iul.–880 apr.)** **(Roma), S. Pietro**

Sub tutelam Iohannis (VIII) papae Angilberga (imperatrix) ante confessionem b. Petri in basilica s. Petri Romae se recipit.

L a u d . i n : *J³ 6955.* – R e g . : *Böhmer/Unger n. 121.*

6905 **(880 apr.)**

JE 3289 Carolo (III) regi (in Italia moranti) scribit haec: „Audivimus, quod debeatis nunc Alpes transire, atque cum fratre vestro (Ludovico Iuniore) communi eloquio frui; unde valde turbati existimus, eo quod secundum commune placitum sperabamus, nos vobiscum simul convenire et opus exaltationis s. Romanae ecclesiae peragere". Rogat, ut una cum Farulfo consiliario et nepote suo legatum mittat, qui, quoad rex in Italiam redierit, ecclesiam Romanam defendat. – *Audivimus quod debeatis.*

E d . : *MGH Epp. 7, 200 n. 225.* – R e g . : *Böhmer/Zielinski n. 618; Böhmer/Unger n. 622.*

Olim ad a. (879 cr. aug. 16). De tempore cf. Böhmer/Unger n. 622.

*** 6906** **(880 apr. ex.–mai. in.)**

Iohannem (VIII) Carolus (III) rex certiorem facit se (Widoni III Spoletino ac Adalberto Tusciensi) marchionibus tutelam territorii s. Petri mandavisse.

L a u d . i n : *J³ 6914.* – R e g . : *Böhmer/Zielinski n. 619; Böhmer/Unger n. 623.*

*** 6907** **(880 febr.–mai.)** **Gaeta**

Gaetae cum legatis Athanasii (II) episcopi Neapolitani convenit, qui nuntiant episcopum foedus Saracenorum dissoluturum promisisse.

Laud. in: *J³ 6957; J³ 6961.* – Reg.: *Böhmer/Unger n. 617.*

De tempore cf. Böhmer/Unger n. 617.

*** 6908** **(880 febr.–mai.)**

Pandenulfo principi Capuano Caietam concedit.

Laud. in: *Chron. mon. Casinensis I c. 43 (MGH SS 34, 112).* – Reg.: *Ital. Pont. VIII 83 n. *10 et 204 n. *13; Martin/Cuozzo Regesti dell'Italia meridionale 486 n. 1020; Böhmer/Unger n. 618.*

De tempore cf. Böhmer/Unger n. 618.

*** 6909** **(880 mai. ex.–iun. in.)**

Cum Iohanne (VIII) Theodericus archiepiscopus Vesontionensis conqueritur de insidiis Hubonis, satellitis Caroli (III) regis, in bona sua commissis.

Laud. in: *J³ 6910; J³ 6912.* – Reg.: *Gall. Pont. I 42 n. *14; Gall. Pont. I 344 n. *4; Böhmer/Zielinski n. 2764; Böhmer/Unger n. 627.*

6910 **880 iun. 20**

JE 3315 Carolum (III) regem rogat, ut Hieronymum episcopum Lausonensem in pristinam dignitatem restituat, resque ecclesiae Vesontionensis ab Hubone invasas Theoderico archiepiscopo Chrisopolitano reddi iubeat (Dat. XX d. m. iun., ind. XIII). – *Magnitudinem vestram ingenti.*

Ed.: *MGH Epp. 7, 220 n. 252.* – Reg.: *Germ. Pont. II/2, 169 n. 2; Böhmer/Zielinski n. 624; Gall. Pont. I 43 n. 16 et 344 n. 6; Böhmer/Zielinski n. 2766; Böhmer/Unger n. 631.*

Laud. et in J³ 6912. Cf. J³ *6707 et J³ *6909 et J³ *6913.

6911 **880 iun. 20**

JE 3316 Liuthardum episcopum Vercellensem hortatur, ut Hieronymum Lausonensem episcopum Carolo (III) regi commendet (Dat. XX d. m. iun., ind. XIII). – *Dilectioni vestre familiari.*

Ed.: *MGH Epp. 7, 221 n. 253.* – Reg.: *Ital. Pont. VI/2, 11 n. 11; Germ. Pont. II/2, 170 n. 3; Böhmer/Zielinski n. 2767; Böhmer/Unger n. 633.*

Cf. J³ *6913.

6912 **880 iun. 20**

JE 3317 Theoderico archiepiscopo Chrisopolitano (Vesontionensi) de litteris ad Carolum (III) regem missis nuntiat (Dat. XX d. m. iun., ind. XIII). – *Pro tot et.*

Ed.: *MGH Epp. 7, 221 n. 254.* – Reg.: *Germ. Pont. II/2, 170 n. 4; Gall. Pont. I 42 n. 15 et 344 n. 5; Böhmer/Zielinski n. 2768; Böhmer/Unger n. 632.*

Cf. J³ *6909 et J³ 6910 et J³ *6913.

*** 6913** **(880 iun. 20)**

Ieronimum episcopum Lausonensem ad Carolum (III) regem mittit, ut episcopatum suum reddatur.

Laud. in: *J³ 6910; J³ 6911; J³ 6912.* – Reg.: *Böhmer/Unger n. 634.*

6914 **880 iun. 26**

JE 3318 Carolo (III) regi ita scribit: „Quod ... mandastis, ut marciones vestri, qui circa nos existunt, ad defensionem ... peragendam nobiscum ... decertare debuissent, hoc ... sine vestrę maiestatis pręsentia, vel sine idonei optimatis vestri nullo modo ...

proderit nobis, eo quod ipsi marciones homines de civitatibus et propriis finibus nostris in suo assiduo servitio habent et nonnullos eorum potentia sua defendunt et ita impediunt, ut nostrum servitium ... minime perficere valeant". Legatum mitti cupit (Dat. d. XXVI m. iun., ind. XIII). – *Multiplices regie magnitudini.*

Ed.: *MGH Epp. 7, 219 n. 251.* – Reg.: *Böhmer/Zielinski n. 625; Böhmer/Unger n. 635.*

Cf. J[3] *6906.

*6915 **(880 mart. med.–iun.)**

Iohanni (VIII) (Photius patriarcha Constantinopolitanus) scribit se ignoscere non potuisse, quoniam eius modo humiliatio tantummodo nocentibus deceat.

Laud. in: *J[3] 6926.* – Reg.: *Grumel/Darrouzès Reg. I/2, n. 553; Böhmer/Unger n. 621.*

De tempore cf. Böhmer/Unger n. 621.

*6916 **(880 mart. med.–iun.)**

Iohanni (VIII) (Basilius I) imperator (Constantinopolitanus) et proponit se Dromones missurum monasteriumque s. Bacchi Constantinopolitensem redditurum esse et de controversia Bulgariae scribit.

Laud. in: *J[3] 6927.* – Reg.: *Dölger/Müller Reg. des oström. Reiches I/2, 13 n. 502; Böhmer/Unger n. 620.*

De tempore cf. Böhmer/Unger n. 620.

*6917 **(880 mai.–iun.)**

Ad limina apostolorum (Iohannem VIII) Methodius archiepiscopus ecclesiae Marabensis una cum Semisisno fideli (Sventopulci comitis Moraviae) venit et de devotione ipsius comitis et totius populi eius renuntiat.

Laud. in: *J[3] 6920; J[3] 6958.* – Reg.: *Boh. Pont. 22 n. *27; Böhmer/Unger n. 624.*

De tempore cf. Böhmer/Unger n. 624.

*6918 **(880 mai.–iun.)**

Sventopulco duce (Moraviae) impetrante Wichinum consecrat in Nitrensem episcopum et eum in suffraganeum (Methodii) archiepiscopi ecclesiae Marabensis constituit.

Laud. in: *J[3] 6920; J[3] ?7382; Ann. Fuldenses, Cont. Altahensis ad a. 899 (MGH SS rer. Germ. 7, 133).* – Reg.: *Boh. Pont. 22 n. *28; Böhmer/Unger n. 626.*

De tempore cf. Böhmer/Unger n. 626.

*6919 **(880 mai.–iun.)**

Methodio archiepiscopo Moraviae ecclesiae auctoritate apostolica praecepto archiepiscopatus illius simul privilegio confirmat.

Laud. in: *J[3] 6920.* – Reg.: *Boh. Pont. 23 n. *29; Böhmer/Unger n. 625.*

De tempore cf. Böhmer/Unger n. 625.

6920 **880 iun.**

JE 3319 Sventopulci comitis (Moraviae) et totius populi eius devotionem laudat, quam a Methodio archiepiscopo ecclesiae Marabensis una cum Semisisno fideli eius ad limina apostolorum suamque praesentiam veniente (J[3] *6917) didicit; ipsum Sventopulcum quasi unicum filium recipit; Methodium autem in omnibus ecclesiasticis doctrinis et utilitatibus orthodoxum et proficuum esse reperiens remittit et commendat, apostolicae auctoritatis praecepto archiepiscopatus illius simul privilegium confirmans (J[3] *6919); refert se Wichinum presbyterum, quem Sventopulcus sibi direxit, electum episcopum consecravisse ecclesiae Nitrensis (J[3] *6918) et vult, ut alius presbyter utilis vel diaconus sibi mandetur, ut eum in episcopum ordinet, ita enim, ut ipse archiepiscopus cum his duobus episcopis per alia loca episcopos ordinare possit; praeterea de litteris Sclaviniscis a Constantino quondam philosopho repertis et de eadem lingua in missis aut officiis divinis utenda statuit, ut in omnibus ecclesiis terrae illius evangelium prius Latine et postmodum Slavinica lingua legatur; quodsi ei et iudicibus eius placeat magis missas Latina lingua audire, praecipit, ut Latine missarum ei sollemnia celebrentur (Dat. m. iun., ind. XIII). – *Industrie tue notum.*

Ed.: *MGH Epp. 7, 222 n. 255; Lacko Great Moravia 118 n. 4.* – Reg.: *Boh. Pont. 23 n. 30; Böhmer/Unger n. 630.*

Laud. et in J³ 6958. Cf. J³ *6917 et J³ *6918 et J³ *6919.

*** 6921** **(880 iun.)** **(apud Romam)**

„Uuibbodi (Parmensis) episcopi hortatu in quandam cortem (suam) ... una cum Uuidone (III Spoletino) comite, Lamberti filio" convenire conatur, ut de Christianorum malorum Saracenorumque periculis verba faciantur.

Laud. in: *J³ 6925.* – Reg.: *Böhmer/Unger n. 629.*

De tempore cf. Böhmer/Unger n. 629.

*** 6922** **(880 iul. in.–ante 18)**

Walperto episcopo (Portuensi) apostolicae sedis legato consiliario suo praecipit, ut Landulfum episcopum Suricorum (Capuanum) excommunicet, si monita sua contemnat.

Laud. in: *J³ 6923.* – Reg.: *Ital. Pont. VIII 221 n. *28; Böhmer/Unger n. 637.*

De tempore cf. Böhmer/Unger n. 637.

6923 **880 iul. 18**

JE 3320 Landulfum (II) episcopum Suricorum (Capuanum) sub excommunicationis poena hortatur, ut ecclesiae reditum cum Landenulfo episcopo Capuano, quemadmodum ipse constituerit, partiatur (Dat. XV kal. aug., ind. XIII). – *Vera relatione comperimus.*

Ed.: *MGH Epp. 7, 224 n. 256.* – Reg.: *Ital. Pont. VIII 222 n. 29; Martin/Cuozzo Regesti dell'Italia meridionale 476 n. 999; Böhmer/Unger n. 638.*

De episcopatu Capuano a Iohanne diviso cf. Böhmer/Unger n. 638. Cf. et J³ *6861 et J³ *6922.

*** 6924** **(879 med.–880 med.)**

Bertulfo archiepiscopo Treverensi litteras mittit de pallio Waloni episcopo Metensi concesso (et de ordinatione Dadonis episcopi Virdunensis contra Bertulfi voluntatem peracta).

Laud. in: *Flodoardi Remensis Hist. III c. 23 (MGH SS 36, 316); Gesta Treverorum c. 27 (MGH SS 8, 166).* – Reg.: *Germ. Pont. X 38 n. *53; Böhmer/Unger n. 516.*

6925 **(880 iul.)**

JE 3321 Carolo (III) regi scribit se eius „voluntatis arcana" ex Wibbodo episcopo Parmensi cognovisse eidemque responsa commisisse. Se a Graecis opprimi negat. Petit, ne inimicis suis credat. De Saracenorum, impiorumque Christianorum in se iniuriis queritur, „pro qua ... necessitate" inquit „ipsius Uuibbodi episcopi hortatu in quamdam cortem nostram exivimus et una cum Uuidone (III) comite (Spoletino) Lamberti filio loqui voluimus, sed ... ipse adesse prętermisit". De Bosone (rege Provinciae) haec scribit: „Neque aliquem familiaritatis locum aut receptionis nostrę auxilium apud nos habebit, ... eo quod vos ... amicum et adiutorem quęsivimus; ... nam nichil nobis de parte ipsius pertinere videtur, qui talem tyrannidem pręsumpsit committere". Caroli adventum exspectat. Iohannem episcopum Papiensem apud se remansisse scribit. Rogat, legatos mittat, „qui nobis pariter cum missis nostris proficiscentibus de omnibus iustitiam plenissimam faciant" (Dat. ut supra). – *Regie magnitudinis vestre.*

E d . : *MGH Epp. 7, 225 n. 257.* – R e g . : *Böhmer/Mühlbacher² n. 1604d et Verlorene Urk. n. 234; Ital. Pont. V 416 n. 8; Böhmer/Zielinski n. 626; Böhmer/Zielinski n. 2770; Böhmer/Unger n. 636.*

Olim ad a. (880 iul. 18). De tempore cf. Böhmer/Unger n. 636. Cf. et J³ *6921.

6926 **(880 aug. 13)**

JE 3322 (Photio patriarchae) restitutam ecclesiae Constantinopolitanae concordiam gratulatur. Miratur, cur multa, quae ipse statuisset, mutata sint. Litteras eius (J³ *6915) minus humiles reprobat, restitutionis eius decretum synodale se recipere asserit praeter ea, quae legati sui contra apostolicam praeceptionem fecerint. – *Hoc nostri semper.*

E d . : *MGH Epp. 7, 226 n. 258; Tăutu Acta Rom. pont. I 733 n. 353 (fragm.).* – R e g . : *Böhmer/Unger n. 642.*

Cf. J³ 6828 et J³ *6915.

6927 **880 aug. 13**

JE 3323 Augustis (Constantinopolitanis, Basilio I et filiis eius) ecclesiasticae pacis studiosos laudat. Gratias agit 1) de dromonibus missis, „qui pro defensione terrę s. Petri in (suo) manerent servitio", 2) de Constantinopolitanao s. Sergii monasterio sibi reddito, 3) de Bulgarorum dioecesi b. Petro restituta. De synodo Constantinopolitana addit (Dat. id. aug., ind. XIII). – *Post innumeras sollicitudines.*

E d . : *MGH Epp. 7, 228 n. 259; Fontes hist. Bulgaricae 7, 176 (fragm.).* – R e g . : *Böhmer/Unger n. 641.*

Cf. J³ *6916.

6928 **880 sept. 10**

JE 3324 Carolum (III) regem ad se venturum esse, gaudet, sed antea legatum mitti cupit. Queritur, Georgium excommunicatum et anathematizatum, cum ab eo una cum Widonis homine rediisset, velut eius voluntate fultum, in quasdam ecclesiae Romanae possessiones irrupisse (IV id. sept., ind. XIV). – *Relegentes regalis excellentie.*

E d . : *MGH Epp. 7, 230 n. 260.* – R e g . : *Böhmer/Zielinski n. 629; Böhmer/Unger n. 643.*

De re et personis cf. Böhmer/Unger n. 643.

***6929** **(880 aug.–sept. med.)** **(Roma)**

Ad Iohannem (VIII) Deusdedit dux (Ravennas) appellat propter excommunicationem suam per Romanum archiepiscopum Ravennatem perfectam.

L a u d . i n : *J³ 6931; J³ 6936.* – R e g . : *Böhmer/Unger n. 639.*

De tempore cf. Böhmer/Unger n. 639.

***6930** **(880 aug.–sept. med.)**

Ad Iohannem (VIII) Maria (Traversari) uxor Deusdedit ducis (Ravennatis) Paulum legatum mittit, qui libellum reclamationis et matrimonium suum et patris sui necem, cui intersit Maioranus diaconus Bononiae, tractantem tradat.

L a u d . i n : *J³ 6931.* – R e g . : *Böhmer/Unger n. 640.*

De tempore cf. Böhmer/Unger n. 640.

6931 **880 sept. 29**

JE 3325 Romanum archiepiscopum Ravennatem ad synodum in oct. 12 ante indictam, sed ob „Saracenam angustiam" in nov. 8 dilatam, vocat, indicaturus et de matrimonio Deusdedit ducis ab eo excommunicati interimque a sese absoluti et de „Maioran(o), qui et Maginpert(o) diacon(o) dicitur" caedis accusato (Dat. III kal. oct., ind. XIV). – *Quia bellica immo.*

E d . : *MGH Epp. 7, 231 n. 261; Fanti/Paolini Cod. dipl. Bolognese 72 n. 15.* – R e g . : *Ital. Pont. V 45 n. 131 et 91 n. 27 et 246 n. 4; Böhmer/Unger n. 644.*
Cf. J³ *6929 et J³ *6930.

6932 **880 sept. 30**

JE 3326 Omnes episcopos per ducatum Spoletinum et Camerinensem et per diversas provincias constitutos hortatur, ut, „solita desidia deposita" ad synodum VI id. nov. (nov. 8) celebrandam accedant (Dat. II kal. oct., ind. XIV). – *Nolumus ignorare vestram.*
E d . : *MGH Epp. 7, 232 n. 262.* – R e g . : *Ital. Pont. IV 4 n. 13 et 117 n. 8; Böhmer/Zielinski n. 631; Böhmer/Unger n. 645.*

6933 **880 oct. 30**

JE 3327 Carolo (III) regi se antequem ipse veniat, Liutwardum episcopum (Vercellensem) Romam missurum esse, nuntianti (Böhmer/Zielinski n. 630) gratias agit. Saracenos scribit a Graecis navali proelio victos quidem esse, neque tamen quin ipsum vexent desistere; quocirca petit, ut sibi quam primum succurrat (Dat. III kal. nov., ind. XIV). – *Susceptis glorie vestre.*
E d . : *MGH Epp. 7, 232 n. 263.* – R e g . : *Böhmer/Zielinski n. 631; Böhmer/Unger n. 646.*

***6934** **(880 ian. ex.–oct.)**

Iohannem (VIII) Romanus archiepiscopus Ravennas per Dominicum presbyterum certiorem facit de facinu nefarissimo impiissimoque incesti in dioecesi sua commisso et, ut papa iudicet, exorat.
L a u d . i n : *J³ 6936.* – R e g . : *Böhmer/Unger n. 616.*

***6935** **880 nov. 8** **(Roma)**

JE I 416 In synodo Deusdedit ducem (Ravennatem), a Romano archiepiscopum Ravennatem ob incesta coniugia excommunicatum, absolvit et firmat Mariam coniugem eius uxorem esse legitimam (VI id. nov.).
L a u d . i n : *J³ 6936.* – R e g . : *Ital. Pont. V 91 n. *28; Böhmer/Unger n. 650.*

6936 **880 (nov. 8–med.)**

JE 3328 Romano archiepiscopo Ravennati et Leoni episcopo (Gavensi) misso et apocrisiario suo et quibusvis missis imperatoris et omnibus iudicibus et populis Romani territorii constitutis significat, in synodo VI id. nov. (nov. 8) celebrata Deusdedit ducem absolutum esse, et eius cum Maria matrimonium corroboratum (Dat. ut supra, ind. XIV). – *Omnium reverentiam omniumque.*
E d . : *MGH Epp. 7, 251 n. 286; MGH Conc. 5, 163.* – R e g . : *Ital. Pont. V 45 n. 132 et 77 n. 18 et 91 n. 29; Böhmer/Unger n. 651.*
Cf. J³ *6900, J³ *6929, J³ *6934, J³ *6935.

6937 **880 (nov.)**

JE 3331 Adalbertum marchionem Tusciae excommunicatum absolvit, itemque eius hominibus communionem ea lege reddit, „ut omnem emendationem facere ad quindecim dies intra m. mart. (mart. 15) omnino accelerent" (Dat. ut supra, ind. XIV). – *Te vero quia.*
E d . : *MGH Epp. 7, 235 n. 266.* – R e g . : *Ital. Pont. III 3 n. 7; Böhmer/Unger n. 647.*
Cf. J³ *6608.

6938 **880 nov.**

JE 3329 Anspertum archiepiscopum Mediolanensem reprehendit, quod restitutus in inoboedientia perseveret. Rhodoaldum et Warlenum monachos suos in itinere ad monasterium Pultariense comprehensos vinculisque mandatos, dimitti iubet (Dat. m. nov., ind. XIV). – *Decuerat te frater.*

Ed.: *MGH Epp. 7, 233 n. 264.* – Reg.: *Ital. Pont. VI/1, 44 n. 79; Böhmer/Unger n. 648.*

6939 **880 nov.**

JE 3330 Salomoni procuratori Papiae, ut Rhodoaldum et Warlenum monachos e custodia continuo emittat, praecipit (Dat. m. nov., ind. XIV). – *Apostolica tibi auctoritate.*

Ed.: *MGH Epp. 7, 234 n. 265.* – Reg.: *Ital. Pont. VI/1, 222 n. 2; Böhmer/Unger n. 649.*

***? 6940** **880**

Monasterium s. Columbi Senonense in alienationis tutelam suscipit.

Laud. in: *Inventarium abbatiae s. Columbi Senonensis p. 15 ad a. 880 (Wiederhold PUU Frankreich V 20).* – Reg.: *Böhmer/Unger n. †?612.*

6941 **881 ian. 25**

JE 3333 (Carolo III regi) ita respondet: „Susceptis litteris glorię vestrę, quibus vos ... monstratis ad limina apostolorum ... precipiti gressu (et) velle convolare, ... attoniti vel magis stupefacti miramur decentiam vestram terminos patrum transcendere et lineam generis vestri superbo spiritu conculcare". Mandata per suos legatos significata perfici cupit; „precipimus" inquit „terminum s. Petri ad ingrediendum animum vestrum non incitetis, quousque predicti legati nostri ad nos revertantur, ... itemque alios ad vos transmittere curemus" (Dat. VIII kal. febr., ind. XIV). – *Susceptis litteris glorie.*

Ed.: *MGH Epp. 7, 235 n. 267.* – Reg.: *Böhmer/Zielinski n. 644; Böhmer/Unger n. 658.*

*** 6942** **(881 ian.–febr. in.)**

Iohanni (VIII) Anspertus archiepiscopus Mediolanensis scribit de Iosephi episcopi Hastaciani consecratione, de Attonis filiorumque eius facinoribus, de comissis a Anselmo archidiacono iniuriis.

Laud. in: *J³ 6945; J³ 6946; J³ 6947.* – Reg.: *Böhmer/Unger n. 657.*

*** 6943** **881 febr. (12)** **Roma, (S. Pietro)**

JE I 417 Carolum (III) imperatorem consecrat.

Laud. in: *Erchemperti Cont. (MGH SS 2, 330); Ann. Bertiniani ad a. 880 (Grat 243); Reginonis Prumiensis Chron. ad a. 881 (MGH SS rer. Germ. 50, 117); Ann. Francorum Mettenses (Bouquet Recueil VIII 63A); Ann. Alamannicorum cont. Sangallensis altera ad a. 881 (MGH SS 1, 51); Ann. Weingartenses ad a. 881 (MGH SS 1, 66); Ann. Augienses ad a. 882 (Jaffé Bibl. rer. Germ. 3, 704); Ann. Prumienses ad a. 881 (MGH SS 15/2, 1291); Ann. Vedastini ad a. 881 (MGH SS rer. Germ. 12, 51); Ann. Laubienses ad a. 882 (MGH SS 4, 15); Geneaolgiae Karolorum (MGH SS 13, 247); Ann. Marbacenses ad a. 881 (MGH SS rer. Germ. 9,20); Chron. Vulturnense (FSI 58, 91); Mariani Scotti Chron. (MGH SS 5, 552); Chron. Vedastinum ad a. 881 (MGH SS 13, 709).* – Reg.: *Böhmer/Mühlbacher² n. 1609a; Böhmer/Zielinski n. 646; Böhmer/Unger n. 660.*

Olim ad a. 881 ante febr. 9. De tempore et ceteris fontibus narrantibus de coronatione cf. Böhmer/Unger n. 660.

*** 6944** **(881 febr. 12)** **(Roma), S. Pietro**

JE *3337 Abbatiae Andlaviensi privilegium dat, in quo narratur, quomodo imperator Carolus (III) „a cuncto senatu simulque tocius regni primatibus ... vocatus" coronas a sese susceperit, et imperatrix „res suae proprietatis, hoc est monasterium puellare Eleon vocatum, ... ante confessionem s. Petri" sub censu annuo in defensionem apostolicam tradiderit.

Laud. in: *Caroli III diploma (MGH DD Karl n. 96); Ludovici IV diploma (MGH DD LK n. 68).* – Reg.: *Germ. Pont. III 41 n. *1; Böhmer/Zielinski n. 646; Böhmer/Unger n. 661.*

De tempore cf. Böhmer/Unger n. 661.

6945 **881 febr. 15**

JE 3334 Anspertum archiepiscopum Mediolanensem laudat, quod Iosephum deiectum episcopum Vercellensem „permissu Karoli (III) gloriosi regis ... post electionem cleri et expetitionem populi" ecclesiae Astensi ordinaverit (Dat. XV kal. mart., ind. XIV). – *Consultationis tue qua.*

Ed.: *MGH Epp. 7, 238 n. 270.* – Reg.: *Ital. Pont. VI/1, 44 n. 80; Ital. Pont. VI/2, 172 n. 1; Böhmer/Unger n. 663.*

Cf. J³ *6863 et J³ *6865 et J³ *6942.

6946 **(881 febr. 15)**

JE 3335 Anselmo archidiacono Mediolanensi excommunicatione proposita, ut ad obsequium Ansperti archiepiscopi revertatur, praecipit. – *Missa presulatui nostro.*

Ed.: *MGH Epp. 7, 239 n. 271.* – Reg.: *Ital. Pont. VI/1, 44 n. 81 et 68 n. 1 et 110 n. 7; Böhmer/Unger n. 664.*

Cf. J³ *6942.

6947 **881 febr. 15**

JE 3336 Attoni significat se censuisse, ut excommunicatio ab Ansperto archiepiscopo ei illata valeret, quoad Mediolanensi ecclesiae erepta reddidisset (Dat. XV kal. mart., ind. XIV). – *Missa presulatui nostro.*

Ed.: *MGH Epp. 7, 240 n. 272.* – Reg.: *Ital. Pont. VI/1, 45 n. 82 et 110 n. 8; Böhmer/Unger n. 665.*

Cf. J³ *6942.

*** 6948** **(876 mart.–881 febr.)** **Trento**

Coram legatis Iohannis VIII et aliis imperialibus iudicibus in Tridentina ecclesia controversia inter Veronensem et Trientanam ecclesias de quibusdam rebus Asianae villae diffinitur.

Laud. in: *J³ 6951.* – Reg.: *Ital. Pont. VII/1, 220 n. *8; Böhmer/Zielinski n. 652; Böhmer/Unger n. 170.*

De tempore cf. Böhmer/Unger n. 170.

***† 6949** **(880 iun.–881 febr.)**

JE †*3332 Sventopulco principi Moraviae et (Wichingo Nitrensi) episcopo de propagatione fidei christianae in Moravia scribit.

Laud. in: *J³ 6958.* – Reg.: *Ratkoš Pramene 178 n. 63; MMFH 3, 259 n. †123; Marsina Cod. dipl. Slovaciae I 25 n. 31*; Boh. Pont. 24 n. *†31; Böhmer/Unger n. †628.*

De tempore cf. Böhmer/Unger n. †628.

6950 **(881 febr.)**

JE 3342 Hadericum presbyterum et abbatem Mediolanensem ss. Gervasii et Protasii atque s. Simpliciani monasteriorum calumnia affici vetat; neque eum nisi apud se postulari iubet. Bona eius confirmat (Dat. ut supra). – *Boni patrisfamilias quem.*

Ed.: *MGH Epp. 7, 237 n. 269.* – Reg.: *Ital. Pont. VI/1, 96 n. 1; Böhmer/Unger n. 659.*

Olim ad a. (881 mart. 12). De tempore cf. Böhmer/Unger n. 659.

6951 **881 mart. 4**

JE 3338 Iohanni Bononiensi, Egilulfo Mantuano, Eikardo Vicentino, Viatori Ferrariensi episcopis mandat, ut controversiam „de quibusdam rebus Asianę villę" ortam inter Adelardum Veronensem et Adelchisium Trientanum episcopos decernant (Dat. IV non. mart., ind. XIV). – *Sanctitatem vestram nolumus.*

Ed.: *MGH Epp. 7, 242 n. 275; Fanti/Paolini Cod. dipl. Bolognese 74 n. 16.* – Reg.: *Ital.*

Pont. V 208 n. 4 et 246 n. 5; Germ. Pont. I 401 n. 2; Ital. Pont. VII/1, 127 n. 1 et 220 n. 10 et 308 n. 1; Böhmer/Unger n. 668.

Laud. et in J³ 6952. Cf. J³ *6440 et J³ *6948.

6952 **(881 mart. 4)**

JE 3339 Adelchisio episcopo Trientano, quos iudices inter eum et Adelardum episcopum Veronensem constituerit, significat (Dat. ut supra). – *Suggerente coepiscopo nostro.*

Ed.: *MGH Epp. 7, 242 n. 274.* – Reg.: *Germ. Pont. I 402 n. 3; Ital. Pont. VII/1, 220 n. 9; Böhmer/Unger n. 669.*

Cf. J³ *6440 et J³ 6951.

*6953 **(881 febr. med.–mart. in.)**

Epistolis legatisque Carolum (III) imperatorem rogat, ut Angilbergam imperatricem liberaret.

Laud. in: *J³ 6955.* – Reg.: *Böhmer/Unger n. 662.*

Cf. et Böhmer/Zielinski n. 648.

*6954 **(881 mart. in.)**

In praesentia Caroli (III) imperatoris et legatorum S.S.A. controversia inter Gualcherium episcopum Lunensem et Guinebaldum abbatem Bobiensem de decima VI villarum Waffula, Pontula, Valeburdulasca, Tenirano et Rupinalia, Caustello agitur.

Laud. in: *Caroli III diploma (MGH DD Karl n. 53a); Ottonis II diploma (MGH DD O II n. 253).* – Reg.: *Ital. Pont. VI/2, 251 n. *13 et 377 n. *12; Böhmer/Zielinski n. 655; Böhmer/Unger n. 667.*

6955 **(881 mart. 12)**

JE 3341 Archiepiscopos et episcopos Italici regni et comites hortatur, ut dent operam, ut Angilberga imperatrix a Carolo (III) imperatore Romam mittatur. – *Si ea que.*

Ed.: *MGH Epp. 7, 255 n. 293.* – Reg.: *Böhmer/Unger n. 670.*

Cf. J³ *6383 et J³ *6904 et J³ *6953.

6956 **881 mart. 12**

JE 3340 Ludovicum (III) et Karolomannum (II) reges (Ludovici Balbi filios) et Hugonem abbatem (s. Germani Autessiodurensem) rogat, ut assentiantur Carolo (III) imperatori, qui sibi, salva eorum voluntate, promiserit, Angilbergam imperatricem „ab exsulatu" Romam missum iri. Haec affirmat: „Si hic apud nos rediens habitaverit, tanta custodia circumspecta, nobis credite, erit, ut nec Bosoni (comiti Viennensi) nec alii homini ad perturbationem imperii sive regni quodlibet adiutorium vel auxilium verbis aut scriptis prębere ... valeat" (Dat. IV id. mart., ind. XIV). – *Nosse volumus vestram.*

Ed.: *MGH Epp. 7, 236 n. 268.* – Reg.: *Böhmer/Zielinski n. 2782; Böhmer/Unger n. 671.*

Cf. J³ *6383.

6957 **881 mart. 14**

JE 3343 Athanasium (II) episcopum Neapolitanum promissi, per legatos sibi de Saracenorum societate relinquenda Caietae dati, admonet. Sic addit: „Excommunicando ... interdicimus, ut ... nullam seditionem, nullam commotionem, nulla discrimina vel lesionem cum his, qui in Berolassi commorantur, aut facias aut facientibus omnino consentias, ... nos ... illuc properabimus et inter vos ... pacem et amicitiam reformabimus" (Dat. II id. mart., ind. XIV). – *Iam quia te.*

Ed.: *MGH Epp. 7, 241 n. 273.* – Reg.: *Ital. Pont. VIII 222 n. 30 et 426 n. 35 et 448 n. 74; Martin/Cuozzo Regesti dell'Italia meridionale 483 n. 1012; Böhmer/Unger n. 672.*

Cf. J³ *6907 et J³ *6968.

6958 **881 mart. 23**

JE 3344 Methodium archiepiscopum (Moraviae) propagandae fidei studiosum laudat, molestiisque affectum (Boh. Pont. 25 n. *32) solatur. Sventopulco principi (Moraviae) praeter id, quod litteris ad eundem datis (J³ 6920) contineatur, quidquam a se mandatum esse, negat (Dat X kal. apr., ind. XIV). – *Pastoralis sollicitudinis tue.*

Ed.: *MGH Epp. 7, 243 n. 276; Lacko Great Moravia 120 n. 15.* – Reg.: *Ratkoš Pramene 179 n. 65; Boh. Pont. 25 n. 33; Böhmer/Unger n. 673.*

Cf. J³ *6917 et J³ 6920 et J³ *†6949.

6959 **881 mart. 29**

JE 3345 Carolo (III) imperatori de maioribus Saracenorum iniuriis scribit. Rogat, ut sibi subsidium ferri iubeat. Palmam mittit, „per quam signum datur victorię" (Dat. IV kal. apr., ind. XIV). – *Multarum oppressionum nostrarum.*

Ed.: *MGH Epp. 7, 245 n. 278.* – Reg.: *Böhmer/Zielinski n. 658; Böhmer/Unger n. 674.*

6960 **(881 apr.)** **(Roma), S. Pietro**

JE I 418 Synodus, in qua Athanasius (II) episcopus Neapolitanus communione privatur.

Ed.: *Insertum in J³ 6961 (separatim ed. in MGH Conc. 5, 202).* – Reg.: *Böhmer/Unger n. 678.*

Laud. et in J³ 6961; cf. et J³ *6962–J³ *6967.

6961 **881 apr.**

JE 3346 Episcopo Gaietam incolenti nuntiat, synodo in ecclesia b. Petri congregata, Athanasium (II) episcopum Neapolitanum, qui contra promissum, sibi et coram Neapoli et per legatos postea Caietae datum, in Saracenorum societate permanserit, excommunicatum esse (Dat. m. apr., ind. XIV). – *Que et quanta.*

Ed.: *MGH Epp. 7, 246 n. 279 et 253 n. 288 (fragm.).* – Reg.: *Ital. Pont. VIII 68 n. 33 et 86 n. 5 et 222 n. 31 et 345 n. 6 et 389 n. 5 et 426 n. 36 et 448 n. 75; Ital. Pont. IX 53 n. 9; Martin/Cuozzo Regesti dell'Italia meridionale 483 n. 1013; Böhmer/Unger n. 679.*

Hanc epist. etiam „ad omnibus episcopis Gaietam (J³ 6961) Neapolim (J³ *6962) Capuam (J³ *6963) Berolasim (J³ *6964) et Amalfim (J³ *6965) Beneventum (J³ *6966) et Salernum (J³ *6967) a paribus" missam esse legitur in Iohannis VIII registro; cf. Böhmer/Unger n. 679. Cf. et J³ *6907 et J³ 6960.

*6962 **(881 apr.)**

JE 3346 (Athanasium II) episcopum Neapolitanum certiorem facit se eum excommunicavisse.

Laud. in: *Additamentum ad J³ 6961 in registro.* – Reg.: *Ital. Pont. VIII 68 n. 33 et 86 n. 5 et 222 n. 31 et 345 n. 6 et 389 n. 5 et 426 n. 36 et 448 n. 75; Ital. Pont. IX 53 n. 9; Martin/Cuozzo Regesti dell'Italia meridionale 483 n. 1013; Böhmer/Unger n. 680.*

Cf. supra ad J³ 6961 et Böhmer/Unger n. 679.

*6963 **(881 apr.)**

JE 3346 (Landenulfo) episcopo Capuae nuntiat Athanasium (II) Neapolitanum excommunicatum esse.

Laud. in: *Additamentum ad J³ 6961 in registro.* – Reg.: *Ital. Pont. VIII 68 n. 33 et 86 n. 5 et 222 n. 31 et 345 n. 6 et 389 n. 5 et 426 n. 36 et 448 n. 75; Ital. Pont. IX 53 n. 9; Martin/Cuozzo Regesti dell'Italia meridionale 483 n. 1013; Böhmer/Unger n. 681.*

Cf. supra ad J³ 6961 et Böhmer/Unger n. 679.

*6964 **(881 apr.)**

JE 3346 (Landulfo II) episcopo Berolasim nuntiat Athanasium (II) Neapolitanum excommunicatum esse.

Laud. in: *Additamentum ad J³ 6961 in registro.* – Reg.: *Ital. Pont. VIII 68 n. 33 et 86 n. 5 et 222 n. 31 et 345 n. 6 et 389 n. 5 et 426 n. 36 et 448 n. 75; Ital. Pont. IX 53 n. 9; Martin/Cuozzo Regesti dell'Italia meridionale 483 n. 1013; Böhmer/Unger n. 682.*

Cf. supra ad J³ 6961 et Böhmer/Unger n. 679.

***6965** **(881 apr.)**

JE 3346 (Petro) episcopo Amalfitano nuntiat Athanasium (II) Neapolitanum excommunicatum esse.

Laud. in: *Additamentum ad J³ 6961 in registro.* – Reg.: *Ital. Pont. VIII 68 n. 33 et 86 n. 5 et 222 n. 31 et 345 n. 6 et 389 n. 5 et 426 n. 36 et 448 n. 75; Ital. Pont. IX 53 n. 9; Martin/Cuozzo Regesti dell'Italia meridionale 483 n. 1013; Böhmer/Unger n. 683.*

Cf. supra ad J³ 6961 et Böhmer/Unger n. 679.

***6966** **(881 apr.)**

JE 3346 Episcopo Beneventano nuntiat Athanasium (II) Neapolitanum excommunicatum esse.

Laud. in: *Additamentum ad J³ 6961 in registro.* – Reg.: *Ital. Pont. VIII 68 n. 33 et 86 n. 5 et 222 n. 31 et 345 n. 6 et 389 n. 5 et 426 n. 36 et 448 n. 75; Ital. Pont. IX 53 n. 9; Martin/Cuozzo Regesti dell'Italia meridionale 483 n. 1013; Böhmer/Unger n. 684.*

Cf. supra ad J³ 6961 et Böhmer/Unger n. 679.

***6967** **(881 apr.)**

JE 3346 Episcopo Salernitano nuntiat Athanasium (II) Neapolitanum excommunicatum esse.

Laud. in: *Additamentum ad J³ 6961 in registro.* – Reg.: *Ital. Pont. VIII 68 n. 33 et 86 n. 5 et 222 n. 31 et 345 n. 6 et 389 n. 5 et 426 n. 36 et 448 n. 75; Ital. Pont. IX 53 n. 9; Martin/Cuozzo Regesti dell'Italia meridionale 483 n. 1013; Böhmer/Unger n. 685.*

Cf. supra ad J³ 6961 et Böhmer/Unger n. 679.

***6968** **(881 apr.–iun.)**

Se Neapolim iter facturum proponit.

Laud. in: *J³ 6957; J³ 6970.* – Reg.: *Böhmer/Unger n. 675.*

Non certe est, an Iohannes VIII Neapolim veniret, cf. Böhmer/Unger n. 675.

***6969** **(881 apr.–iun.)**

Romano archiepiscopo Ravennati iussionem dirigit, ut, cum Neapoli fuerit reversus, Romam veniat.

Laud. in: *J³ 6970.* – Reg.: *Ital. Pont. V 45 n. *133; Böhmer/Unger n. 676.*

6970 **(881 apr.–iun.)**

JE 3347 Romano archiepiscopo Ravennati scribit, se, simulatque Neapoli, quo nunc proficiscatur, redierit, rationem ab eo repetiturum, quare „Albericum comitem, quasi ex parte imperiali Ravennam" asciverit „et nobiles cives ... distringere inormiter" coegerit. Dominicum archidiaconum mittit, quem ecclesiae Faventinae episcopum consecret (Dat. ut supra). – *Ea que nostro.*

Ed.: *MGH Epp. 7, 247 n. 280.* – Reg.: *Ital. Pont. V 46 n. 134 et 91 n. 30 et 148 n. 1; Böhmer/Unger n. 677.*

Olim ad a. (881 apr.). De Alberico comite et tempore cf. Böhmer/Unger n. 677. Cf. et J³ *6753 et J³ *6968 et J³ *6969.

6971 **(881 iul. in.)**

JE 3348 Romanum archiepiscopum Ravennatem, quod Deusdedit ducis uxorem „alteri viro raptori in stupro" tradiderit, per Deltonem episcopum (Ariminensem) ad synodum

VIII kal. oct. (sept. 24) celebrandam vocat. Interea iubet eum ordinandis sacerdotibus abstinere (Dat. ut supra). – *Inter cetera que.*

Ed.: *MGH Epp. 7, 248 n. 281.* – Reg.: *Ital. Pont. V 46 n. 135 et 91 n. 31; Böhmer/Unger n. 687.*

Laud. et in J^3 6974, J^3 6976. Missa per Deltonem episcopum Ariminensem. Olim ad a. (881 apr.). De tempore cf. Böhmer/Unger n. 687. Cf. et J^3 *6753.

6972 **881 iul. 17**

JE 3350 Iohannem episcopum Ficoclensem ecclesiae Faventinae visitatorem constituit (Dat. XVI kal. aug., ind. XIV). – *Obitum Romani Faventine.*

Ed.: *MGH Epp. 7, 244 n. 277.* – Reg.: *Ital. Pont. V 114 n. 5 et 148 n. 3; Böhmer/Unger n. 688.*

Olim ad a. 881 iul. 7.

6973 **881 iul. 17**

JE 3351 Constantinum sacerdotem, se invito ecclesiae Faventinae episcopum a Romano archiepiscopo Ravennate consecratum excommunicat, in synodoque VIII kal. oct. (sept. 24) Romae celebranda adesse iubet (Dat. XVI kal. aug., ind. XIV). – *Audientes te esse.*

Ed.: *MGH Epp. 7, 250 n. 284.* – Reg.: *Ital. Pont. V 148 n. 2 et 155 n. 1; Böhmer/Unger n. 689.*

6974 **881 iul. 27**

JE 3352 Romanum archiepiscopum Ravennatem, quem iam pridem per Deltonem episcopum (Ariminensem; cf. J^3 6971) apostolatus sui litteris ad synodale collegium pro ecclesiasticis dumtaxat utilitatibus secum pariter celebrandum occurrere iussit, nunc multis criminibus irretitum multorumque hominum accusationibus horrendis impetitum et praecipue manifesto periurio pollutum, hac secundae vocationis auctoritate per Iohannem episcopum Callensem ad synodum VIII kal. oct. (sept. 24) futurae XV ind. una cum omnibus suffraganeis suis episcopis venire iubet (Dat. VI kal. aug., ind. XIV). – *Quia iam pridem.*

Ed.: *MGH Epp. 7, 249 n. 283.* – Reg.: *Ital. Pont. V 10 n. 43 et 46 n. 137; Böhmer/Unger n. 690.*

Laud. et in J^3 6976. Jaffé-Ewald eam epist. una cum invitatione tertia (J^3 6976) sub numero JE 3352 subsumit. Cf. et J^3 6971.

6975 **881 iul.**

JE 3349 Romano archiepiscopo Ravennati praecipit, ut fugitivos clericos Placentinos, quos contra patrum statuta receperit, Paulo episcopo remittat, eiusdemque ecclesiae sacerdotes, quos excommunicaverit, absolvat (Dat. m. iul., ind. XIV). – *Inter ceteras proprii.*

Ed.: *MGH Epp. 7, 249 n. 282.* – Reg.: *Ital. Pont. V 46 n. 136 et 444 n. 6; Böhmer/Unger n. 686.*

6976 **(881 aug. med.–ex.)**

JE 3352 Romanum archiepiscopum Ravennatem per Iohannem episcopum Monteferetranum ad synodum VIII kal. oct (sept. 24) futurae XV ind., ad quam ei primitus per Deltonem (Ariminensem; J^3 6971) seu et modo per Iohannem Callensem (J^3 6974) episcopos vocationem direxit, una cum omnibus suffraganeis suis episcopis venire iubet (Dat. ut supra). – *Quia iam pridem.*

Ed.: *MGH Epp. 7, 251 n. 285.* – Reg.: *Ital. Pont. V 10 n. 44 et 46 n. 138; Böhmer/Unger n. 691.*

Jaffé-Ewald eam epist. una cum invitatione secunda (J[3] 6974) sub numero JE 3352 subsumit. Cf. et J[3] 6971.

*** 6977** **(881 sept. ex.–oct. in.)** **(Roma)**

JE I 419 Synodus (Romae) celebrat.

Laud. in: *J[3] 6979.* – Reg.: *Böhmer/Unger n. 692.*

Olim ad a. 881 cr. sept. 24. De tempore cf. Böhmer/Unger n. 692 et MGH Conc. 5, 203.

*** 6978** **(881 sept. ex.–oct. in.)** **(Roma)**

JE I 419 Romanum archiepiscopum Ravennatem pro periurii reatu omni communione privat.

Laud. in: *J[3] 6979.* – Reg.: *Ital. Pont. V 47 n. *139; Böhmer/Unger n. 693.*

Olim ad a. 881 cr. sept. 24. De tempore cf. Böhmer/Unger n. 692.

6979 **881 oct. 4** **(Roma)**

JE 3354 Sacerdotibus et clero atque universis iudicibus populoque Ravennati nuntiat, Romanum archiepiscopum in synodo (J[3] *6977), quam adire vocatus noluisset, communione, donec ad se veniret, privatum esse (Dat. m. oct. d. IV, ind. XV). – *Nosse volumus fidelitatem.*

Ed.: *MGH Epp. 7, 253 n. 289; MGH Conc. 5, 204.* – Reg.: *Ital. Pont. V 47 n. 140 et 91 n. 32; Böhmer/Unger n. 694.*

Cf. J[3] *6977 et J[3] *6978.

6980 **(881) nov. 11**

JE 3355 Carolo (III) imperatori sic scribit: „Quod autem dicitis, ut postpositis ceteris curis iter vestrum in Italiam recto itinere ordinatum habeatis, grato animo suscepimus et, ut utinam non solum Papię, verum etiam propius essetis, necessitas maxima deposcit". Scribit de angustiis suis et de auxilio celeriter ferendo. Rogat, ut Widonem Rabiam eiici e finibus Romanis iubeat (Dat. III id. nov.). – *Cognoscentes de vestra.*

Ed.: *MGH Epp. 7, 254 n. 290.* – Reg.: *Böhmer/Zielinski n. 671 et n. 829; Böhmer/Unger n. 695.*

6981 **(881 nov. 11)**

JE 3356 Liutwardum episcopum (Vercellensem) laudat et „quod" inquit „cum spiritali filia nostra imperatrice (Angilberga), sicut asseris, ut domnus imperator (Carolus III) pro defensione sanctę Romanę ecclesię ingrederetur Italiam ...". – *Studio tuo quod.*

Ed.: *MGH Epp. 7, 254 n. 291.* – Reg.: *Ital. Pont. VI/2, 11 n. 12; Böhmer/Unger n. 696.*

*** 6982** **(881)**

Caietanos alloquiis, epistolis multisque pollicitationibus convenit, quatenus sibi reconcilientur et a Saracenis sequestrentur.

Laud. in: *Chron. mon. Casinensis I c. 43 (MGH SS 34, 112).* – Reg.: *Ital. Pont. VIII 83 n. *11; Martin/Cuozzo Regesti dell'Italia meridionale 487 n. 1021; Böhmer/Unger n. 655.*

***† 6983** **(881)** **(Roma)**

Pro monasterio Augiense intervenit.

Laud. in: *Caroli III diploma spuria (MGH DD Karl n. 178).* – Reg.: *Böhmer/Unger n. †656.*

Cf. et Böhmer/Zielinski n. †649.

6984 **(881 mart.–dec.)**

JE 3353 Carolo (III) imperatori significat de Petro superista et Zacharia episcopo (Anagnino) ac bibliothecario sedis Romanae, missis „pro recipiendis de omnibus, que hactenus perperam acta fuerant, iustitiis et emendationibus, ac pro totius terrę s. Petri salute, pristinaque restitutione". – *Quia nunc eadem.*

Ed.: *MGH Epp. 7, 252 n. 287.* – Reg.: *Böhmer/Zielinski n. 675; Böhmer/Unger n. 666.*

6985 **(882 ian. in.)**

JE 3362 Ad (Caroli III) imperatoris litteras mandataque per Iohannem venerabilem Ticinensem episcopum missa scribit se libenter ad eum Ravennam d. purifications b. Mariae (882 febr. 2) venturum esse (cf. J³ *6986). Sed iam quattuor diebus ante, quem diem imperator statuerat, congressum fieri cupit. – *Receptis serenitatis vestre.*

Ed.: *MGH Epp. 7, 259 n. 297.* – Reg.: *Böhmer/Zielinski n. 678; Böhmer/Unger n. 708.*

Olim ad a. (881). De tempore cf. Böhmer/Unger n. 708.

***6986** **(882 febr. med.)** **Ravenna**

JE I 420 Ravennae cum Carolo (III) imperatore convenit.

Laud. in: *J³ 6992; Caroli III diplomata (MGH DD Karl n. 47; n. 49; n. 50; n. 51; n. 52; n. 53); Berengarii I charta (FSI 35, 203 n. LXXIV).* – Reg.: *Böhmer/Mühlbacher² n. 1627b; Böhmer/Zielinski n. 680 (I); Bougard Justice dans le royaume d'Italie 411 n. 106; Böhmer/Unger n. 709.*

Olim numeri tres ad a. 882 febr. 13, 14 et 15. De re et tempore cf. Böhmer/Unger n. 709.

***6987** **(882 febr. med.)** **(Ravenna)**

Carolo (III) imperatore deprecante et clericis Genevensis ecclesiae suggerentibus, Aptadum episcopum Genevensem consecrat „propter dissensionem Bosonis, cui sociatus eiusdem sedis videtur metropolitanus", id est Otramus archiepiscopus Viennensis.

Laud. in: *J³ 6988; J³ 6995; J³ 7003.* – Reg.: *Böhmer/Zielinski n. 680 (III); Gall. Pont. III/1, 117 n. *125; Böhmer/Unger n. 710.*

6988 **(882 febr. med.)** **(Ravenna)**

JE 3357 Clero et populo Genevensi significat, „propter dissensionem Bosonis", cuius partes eorum metropolita (Viennensis archiepiscopus) sequatur, Aptadum, quem elegissent, episcopum a sese consecratum esse, petentibus Carolo (III) imperatore et eius optimatibus. Cui ut obediant, praecipit. – *Dilectissimi filii nostri.*

Ed.: *MGH Epp. 7, 255 n. 292.* – Reg.: *Germ. Pont. II/2, 152 n. 3; Böhmer/Zielinski n. 2788; Böhmer/Unger n. 711.*

Olim ad a. (881). De tempore cf. Böhmer/Unger n. 711. Cf. et J³ *6987.

6989 **(882 febr. med.)** **(Ravenna)**

JE 3370 Otrannum (archi)episcopum Viennensem reprehendit, quod, inquit „his, qui cum Bosone pręsumtore et regni perturbatore tyrannidem exercere non cessant, ausu temerario favere eorumque malis operibus communicare pręsumas, et ... falsa opinione s. Romanam ecclesiam infamare non dubitas, quod ad talia peragendum ipsius auctoritatem habere te certifices". Praecipit, ut Romam veniat. – *Inter eximios nunc.*

Ed.: *MGH Epp. 7, 260 n. 299.* – Reg.: *Gall. Pont. III/1, 365 n. 30; Gall. Pont. III/1, 116 n. 124; Böhmer/Zielinski n. 2789; Böhmer/Unger n. 712.*

***6990** **(882 in.)**

Iohannem (VIII) Athanasius (II) episcopus Neapolitanus rogat se eum ab anathemate dissolvet. Praeterea Petrum diaconum suum interventor mittit.

Laud. in: *J³ 7005.* – Reg.: *Böhmer/Unger n. 707.*

*** 6991** **(882 febr. ex.)** **Fano**

JE I 421 Fani una cum Adelhardo episcopo (Veronense) conatur, ut Wido (III marchio Spoletinus) sectatoresque eius restituant bona apostolica in Pentapolis sita.

Laud. in: *J³ 6992.* – Reg.: *Böhmer/Unger n. 713.*

6992 **(882 mart. in.)**

JE 3377 (Carolo III imperatori) ita queritur: „De omnibus immobilibus rebus territorii s. Petri, quas nobis Ravennę consistentibus in presentia serenitatis vestrę uterque Uuido marcio (Wido III Spoletinus et Wido II Camerinensis) per reinvestitionem reddidit, nec unum recepimus locum". Significat, Widonem neque Fanum ad sese atque ad Adelardum episcopum (Veronensem) imperatoris legatum venisse, neque duabus legationibus commotum esse. Rogat, ut ipse veniat, nam „nullam ... se posse habere iustitiam ... per quemlibet ... legatum, nisi per (eius) imperialem pręsentiam". – *Cum et ante.*

Ed.: *MGH Epp. 7, 263 n. 304.* – Reg.: *Böhmer/Zielinski n. 690 et n. 832; Böhmer/Unger n. 714.*

Cf. J³ *6986 et J³ *6991.

6993 **(882 mart. ex.)**

JE 3380 Richardi augustae et Liutwardo episcopo Vercellensi de summis angustiis suis scribit. Ita queritur: „Neque ipse Augustus ... (Carolus III) qualemcumque defensionem nobis exhibuit, neque homines civitatum nostrarum, qui ... ab alienigenis, acsi nostri non fuerint, detinentur, ... ab eorumdem alienigenarum iugo subtraxit". Hortatur, ut laborent, ut imperator „omnibus omnino necessitatibus aut omissis aut certe suspensis, s. matris sue calamitati subveniat et ... citissimum conferat adiutorium". Petrum episcopum legatum suum commendat. De Angilberga imperatrice Romam mittenda preces addit. – *Tanta cordis angustia.*

Ed.: *MGH Epp. 7, 267 n. 309.* – Reg.: *Ital. Pont. VI/2, 11 n. 13; Böhmer/Zielinski n. 693; Böhmer/Unger n. 715.*

6994 **882 mai. 22**

JE 3381 Monasterium Casinense et „monasterium b. Benedicti ... atque monasterium b. Scholasticae ... et ecclesias per singula loca constructas praedictis monasteriis pertinentes" sedis Romanae ditioni subicit. Episcopis interdicit, ne ullis officiis fungiantur in monasteriis nisi invitatione abbatis permoti (Scr. p. m. Anastasii not. reg. et scrin. S.R.E. in m. mai., ind. XV. [Dat.] XI kal. iun. p. m. Uualperti ep. s. Portuensis eccl. a. Deo prop. pont. d. n. Ioannis summi pont. et univ. pp. in ss. sede b. Petri apost. X, imp. piissimo Carolo aug. a Deo cor. magno imp. a. II). – *Quoniam semper sunt.*

Ed.: *Martin/Cuozzo Documents 169 n. 35.* – Reg.: *Ital. Pont. VIII 126 n. 37; Leccisotti Regesti dell'archivio I 224; Russo Reg. vaticano per la Calabria 45 n. 94; Martin/Cuozzo Regesti dell'Italia meridionale 492 n. 1036; Böhmer/Unger n. 718.*

Laud. et in Chron. mon. Casinensis I 32 (MGH SS 34, 89).

6995 **(882 mai.)**

JE 3374 In Otrannum archiepiscopum Viennensem invehitur, quod Aptadum episcopum Genevensem a sese consecratum vinculis mandaverit, alterumque in illius locum substituerit. Excommunicatione proposita, intra dies octo restitui Aptadum iubet, ipsumque archiepiscopum ad synodum sept. 24 „futurę primę ind." (a. 882) Romae habendam vocat. – *Relatu veraci didicimus.*

Ed.: *MGH Epp. 7, 262 n. 303.* – Reg.: *Germ. Pont. II/2, 152 n. 4; Gall. Pont. III/1, 117 n. 126; Böhmer/Zielinski n. 2797; Böhmer/Unger n. 716.*

Laud. et in J³ 7003. Cf. J³ *6987.

*6996 **(882 mai.)**

Iohanni VIII Otrannus archiepiscopus Viennensis litteras „alicuius ... rectitudinis zelo composit(as)" mittit, in quibus Aptadum, qui in Genevensi ecclesia „nec baptizatus, clericatus, ordinatus, acclamatus, eruditus umquam extiterit", invasorem vocat.

Laud. in: *J³ 7003.* – Reg.: *Gall. Pont. III/1, 117 n. *127; Böhmer/Zielinski n. 2798; Böhmer/Unger n. 717.*

?6997 **(873–882) iun. 12**

Docibili et Iohanni ducibus et ipatis Gagetanorum pro fideli servitio, quod fecerunt deo et Christo et eius apostolis contra Saracenos invasores, patrimonium Traiectanum et civitatem et terram Fundanam intra fines descriptos perpetualiter possidenda donat (P. m. Melchisetec scrin. S.R.E. II id. iun., ind. V. Bene balete. Ille II id. iun. Theofilactus secundiclericus (sic!) S.S.A. scripserat imp. d. suo piissimo perp. aug. Lodeico magno imp., ind. suprascr. V, scr. p. m. Melchisetec scrin. S.R.E. Ind. suprascr. V). – *Dum pro essequende.*

Ed.: *Insertum in placito a. 1014 (Cod. dipl. Caietanus I 246 n. 130); Amante/Bianchi Mem. stor. di Fondi 71.* – Reg.: *Ital. Pont. VIII 82 n. 5 et 93 n. 1 et 98 n. 4; Martin/Cuozzo Regesti dell'Italia meridionale 434 n. 896; Böhmer/Unger n. †?89.*

Laud. et in Chron. mon. Casinensis II c. 35 (MGH SS 34, 234).

†6998 **(873–882) iul. 15** **Roma**

JE 3035 „Aldefonso (III) regi christianissimo (Asturiae) seu cunctis episcopis, abbatibus, vel orthodoxis Christianis" significat se Ovetensem ecclesiam Gallaeciae metropolitanam constituisse (Dat. p. m. Petri S.R.E. diac. card. apud Romanam urbem, id. iul.). – *Quia igitur in.*

Ed.: *Deswarte Nueva metrópoli 163, app. 1; insertum in Sampiri Chron. (Pérez de Urbel 285) et in Roderici Jiménez de Rada De rebus Hispanie (Fernández Valverde 140).* – Reg.: *Garcia Larragueta Catálogo de los pergaminos de la catedral de Oviedo 7 n. 8; Fernández Conde Libro de los testamentos 125 n. VI; Böhmer/Unger n. †90.*

Laud. et in Roderici Jiménez de Rada De rebus Hispanie (Fernández Valverde 139). Olim ad a. (876 in.). De tempore et fide cf. Böhmer/Unger n. †90.

6999 **(882 in.–med.)**

JE 3361 Ad (Romani archiepiscopi Ravennatis) litteras per Deusdedit presbyterum missas respondet. Hortatur, ne amplius debitae sibi fidelitatis obliviscatur, utque Romam veniat, „quia" inquit „et statum s. Ravennatis ecclesię incolumen conservare tuumque profectum et honorem perficere ... cupimus". – *Sicut nobis per.*

Ed.: *MGH Epp. 7, 258 n. 296.* – Reg.: *Ital. Pont. V 47 n. 141; Böhmer/Unger n. 703.*

Olim ad a. (881). De tempore cf. Böhmer/Unger n. 703. Cf. et J³ *6753.

*7000 **(882 in.–med.)**

Romanum archiepiscopum (Ravennatem) admonet saepissime tam per episcopos quamque etiam suis apostolicis litteris, ut Maimbertum Bononiensem clericum a sua superstitiosissima familiaritate separet et ad propriam ecclesiam remittat.

Laud. in: *J³ 7007.* – Reg.: *Ital. Pont. V 47 n. *142 et 247 n. *7; Fanti/Paolini Cod. dipl. Bolognese 75 n. 17; Böhmer/Unger n. 704.*

*7001 **(882 in.–med.)**

Romano archiepiscopo Ravennati mandat, ut Iohannem diaconum, commendatum suum, qui, praeiudicium ab eo sibi illatum ferre non valens, se petiit apostolico praesidio adiuvari, in gremio s. Ravennatis ecclesiae benigne recipiat et monasteria seu res, quas illi eius occupaverunt ministri, praesentialiter reddat.

L a u d . i n : *J³ 7011.* – R e g . : *Ital. Pont. V 47 n. *143; Böhmer/Unger n. 705.*

*7002 **(882 in.–med.)**

Omnibus sacerdotibus seu subdiaconibus et universo clero s. Ravennatis ecclesiae per Iohannem diaconum et chartularium praecipit, ut omnes uno animo constantique devotione Maimbertum Bononiensem clericum, manifestissimum zizaniorum seminatorem, tamquam ovem morbidam expellant.

L a u d . i n : *J³ 7006.* – R e g . : *Ital. Pont. V 92 n. *33 et 247 n. *6; Fanti/Paolini Cod. dipl. Bolognese 76 n. 18; Böhmer/Unger n. 706.*

7003 **(882 iun.–iul.)**

JE 3375 Otranno archiepiscopo Viennensi respondet (cf. J³ *6996), quid causae fuerit, cur Aptadum ecclesiae Genevensi praeficeret. Reprehendit eum, quod alium illi opposuerit. Ad synodum VIII kal. oct. (sept. 24) Romae faciendam et eum iterum (cf. J³ 6995) vocat et Adalbertum Maurianensem, Barneriumque Gratianopolitanum episcopos venire iubet. – *Susceptis vestre fraternitatis.*

E d . : *MGH Epp. 7, 265 n. 306.* – R e g . : *Germ. Pont. II/2, 152 n. 5; Gall. Pont. III/1, 117 n. 128; Böhmer/Zielinski n. 2799; Böhmer/Unger n. 720; cf. propediem Gall. Pont. III/2, Grenoble.*

Olim ad a. (882 cr. ante mai.). De tempore cf. Böhmer/Unger n. 720. Cf. et J³ *6987, J³ 6995, J³ *6996, J³ 7004.

7004 **(882 iun.–iul.)**

JE 3376 Adalberto episcopo Maurianensi exprobat, quod Barnerium episcopum Gratianopolitanum ex ipsa ecclesia vi abduxerit. Praecipit, una cum illo ad synodum sept. 24 Romae gerendam se conferre. – *Tristis nos nuntius.*

E d . : *MGH Epp. 7, 266 n. 307.* – R e g . : *Böhmer/Zielinski n. 2800; Böhmer/Unger n. 721.*

Laud. et in Iohannis VIII epist. precedenti (J³ 7003). Olim ad a. (882 cr. ante mai.). De tempore cf. Böhmer/Unger n. 721.

7005 **(882 med.)**

JE 3378 Athanasium (II) episcopum Neapolitanum excommunicatione solvit, „si modo pactum", inquit „quod hactenus cum impiis Agarenis habuisti, fregeris, atque si, praesentibus his missis nostris Marino episcopo (Caeretano) et s. sedis nostrae arcario et Sicone egregio viro maiores Sarracenorum cum aliis omnibus ceperis et, iugulatis aliis, eos nobis direxeris". – *Boni pastoris eximio.*

E d . : *MGH Epp. 7, 264 n. 305.* – R e g . : *Ital. Pont. VIII 426 n. 37 et 448 n. 76; Böhmer/Unger n. 719.*

Olim ad a. (882 cr. ante mai.). De tempore cf. Böhmer/Unger n. 719. Cf. et J³ *6990.

7006 **882 aug. 28**

JE 3384 Omnibus sacerdotibus seu subdiaconibus et universo clero Ravennati praecipit, ut Maimbertum clericum Bononiensem eorum adversarium et „manifestissimum zizaniorum seminatorem" comprehendant, tradantque legato suo ac Iohanni duci, qui eum ad sese deducant (Dat. V kal. sept., ind. XV). – *Audita sepe afflictione.*

E d . : *MGH Epp. 7, 270 n. 312; Fanti/Paolini Cod. dipl. Bolognese 76 n. 19.* – R e g . : *Ital. Pont. V 92 n. 34 et 247 n. 8; Böhmer/Unger n. 723.*

Cf. J³ *7002.

7007 **882 aug. 28**

JE 3385 Martino, Iohanni, Demetrio, Romano ducibus, proposita singulis mulcta aureorum centenorum, imperat, ut Maimbertum clericum Bononiensem „superstitiosissima familiaritate" cum Romano archiepiscopo Ravennate iunctum comprehendant et legato suo Iohannique duci exhibeant (Dat. V kal. sept., ind. XV). – *Omnium vestrum noscat.*

E d . : *MGH Epp. 7, 271 n. 313; Fanti/Paolini Cod. dipl. Bolognese 77 n. 20.* – R e g . : *Ital. Pont. V 92 n. 35 et 247 n. 9; Böhmer/Unger n. 724.*

Cf. J³ *7000.

7008 **(882 ian.–aug.)**

JE 3372 Ludovico (III) et Karolomanno (II) regibus (Ludovici Balbi filiis) haec scribit: „Sicut ... domnus Karolus (Calvus) divę memorię imperator avus vester ac postmodum genitor vester Hludouuicus rex sub protectione Romanę ecclesię vos commendaverunt, ita ... vos ... adiuvare ac protegere ... parati existimus". – *Audita per [...] venerabilem.*

E d . : *MGH Epp. 7, 261 n. 301.* – R e g . : *Böhmer/Unger n. 701.*

Cf. J³ *6465 et J³ *6774.

7009 **(882 ian.–aug.)**

JE 3373 Hugonis abbatis (s. Germani Autessiodurensis), Bernaldi (Plantelevue Arvernensis), Guitonis, aliorum comitum erga Ludovicum (III) et Karolomannum (II) reges fidelitatem laudat et confirmat. – *Audientes bonam famam.*

E d . : *MGH Epp. 7, 262 n. 302.* – R e g . : *Böhmer/Unger n. 702.*

Cf. J³ *6465 et J³ *6774.

7010 **882 aug.**

JE 3382 Anselmo archiepiscopo privilegiorum ecclesiae Mediolanensis confirmationem petenti satisfacit. De Saracenorum et Christianorum improborum in se iniuriis addit. Homines octoginta tres ab homine Widonis (III) marchionis (Spoletini), Langobardo nomine, Narniae manibus truncatos nuntiat (Dat. m. aug., ind. XV). – *Privilegii sane auctoritatem.*

E d . : *MGH Epp. 7, 269 n. 310.* – R e g . : *Ital. Pont. VI/1, 45 n. 83; Böhmer/Unger n. 722.*

7011 **882 (aug. ex.)**

JE 3383 Romano archiepiscopo Ravennati iterum (cf. J³ *7001) praecipit, ut Iohanni diacono erepta restituat; simili modo mandat, ut Iohanni diacono et chartulario ecclesiae Ravennatis monasterium s. Martini de praesenti reddere studeat (Dat. kal. sept., ind. XV). – *Quia non solum.*

E d . : *MGH Epp. 7, 269 n. 311.* – R e g . : *Ital. Pont. V 48 n. 144; Böhmer/Unger n. 725.*

Laud. et in J³ 7012. Olim ad a. 882 aug. 28. De tempore cf. Böhmer/Unger n. 725. Cf. et J³ *7001.

7012 **882 (aug. ex.)**

JE 3386 Iohanni duci et misso suo mandat, ut Maimbertum ad sese deducendum curet et mulieres ab eodem collectas in rectorio papali ad tempus detineat; videatque, ut Romanus archiepiscopus Ravennas praecepta sua per litteras superiores data (J³ 7011) exsequatur (Dat. ut supra, ind. XV). – *Gratulatos nos non.*

E d . : *MGH Epp. 7, 272 n. 314; Fanti/Paolini Cod. dipl. Bolognese 79 n. 21.* – R e g . : *Ital. Pont. V 92 n. 36 et 247 n. 10; Böhmer/Unger n. 726.*

Olim ad a. 882 aug. 28. De tempore cf. Böhmer/Unger n. 726. Cf. et J³ 7011.

†7013 **(873–882) sept. 17** **(Roma), Laterano**

Adefonsum Castum regem citherioris Ispanie (Asturiae) ac cunctos episcopos, abbates vel orthodoxos christianos certiores facit, quod privilegia diocesis Oveti „in perpetuum" et apostolica auctoritate confirmat, perturbationem vetat, excommunicationem minatur, si quis irrite gerat (Dat. p. m. Quiriaci, S.R.E. diac. card. ac bibl., Lat. XV kal. oct. a. D. inc. 822, pont. autem d. Iohannis pp. a. XI). – *Quia nos in.*

E d . : *Floriano Bulas 132; García Larragueta Colección 41 n. 10.* – R e g . : *Mansilla Supuesta metrópoli 270; Garcia Larragueta Catálogo de los pergaminos de la catedral de Oviedo 7 n. 9; Hernández Cartularios de Toledo 551 n. 702; Böhmer/Unger n. †94.*

Laud. et in Calixti II privilegio (JL 6978) et in Lucae Tudensis Chron. mundi IV (Falque Rey 246).

*† 7014 **(873–882 sept. 17)**

Carolo (Calvo aut III) petente ecclesiam s. Iacobi (Compostelanam) metropolitanam constituit.

L a u d . i n : *Lucae Tudensis Chron. mundi IV (Falque Rey 246).* – R e g . : *Böhmer/Unger n. †95.*

† 7015 **(873–882 nov. 29)**

JE 3036 Adefonsum regem Gallitiarum (et Asturiae) hortatur, ut ecclesiam b. Iacobi consecrari ab episcopis Hispanis iubeat, cum iisque concilium celebret. Haec addit: „Sicuti vos a paganis iam constringimur, die ac nocte cum illis bella comittimus; rogamus, ut ... aliquantos utiles et optimos mauriscos cum armis, (quos Hispani cavallos alpharaces vocant), ad nos dirigere non omittatis" (Dat. p. m. Petri S.R.E. diac. card., apud Romam urbem, III kal. dec.). – *Litteras devotionis vestre.*

E d . : *Zimmermann Papsturkunden I n. †6 (ad Iohannem IX); Deswarte Nueva metrópoli 164, app. 2; insertum in Sampiri Chron. (Pérez de Urbel 287) et in Roderici Jiménez de Rada De rebus Hispaniae (Fernández Valverde 141).* – R e g . : *Fernández Conde Libro de los testamentos 125 n. VII; Böhmer/Unger n. †97.*

Olim ad a. (876 in.). De tempore et fide cf. Böhmer/Unger n. †97.

7016 **(872–882)**

JE 3030 Angilbergae reginae exemplum afferens eorum, qui fidelitatem Romanae ecclesiae iurant et ita non praediis vel aedibus fideles fiunt, sed universo clero, mandat, ut Wilbertum marchionem et fidelem suum, quia Iohannem Romanae ecclesiae lectorem contumeliosa iniuria affecerit, a dignitate honoris „uti periurum et sacrilegum" deponat. – *(Omnes qui fidelitatem).*

E d . : *MGH Epp. 7, 332 n. 5.* – C a n . : *Coll. Taurinensis.* – R e g . : *Böhmer/Unger n. 10.*

Fragmentum. Olim ad a. (876 cr. ian.). De tempore et Coll. Taurinensi, ubi epist. inserta est, cf. Böhmer/Unger n. 10.

7017 **(872–882)**

JE 3031 (Angilbergae imperatrici) petenti concedit, ut Wilbertus a dignitate honoris depositus cum ignoranter periurium in Iohannem (lectorem Romanae ecclesiae) commiserit, poenitentiae tempore perfruatur in altera patria minori magistratus officio. – *(Quia nostrum de).*

E d . : *MGH Epp. 7, 333 n. 7.* – C a n . : *Coll. Taurinensis.* – R e g . : *Böhmer/Unger n. 11.*

Fragmentum. Olim ad a. (876 cr. ian.). De tempore et Coll. Taurinensi, ubi epist. inserta est, cf. Böhmer/Unger n. 11.

7018 **(872–882)**

JE 3023 Angilbergae imperatrici 1) „excusans Iohannem episcopum (Ravennatem?) removeri de milicia, dicit: Nimium certe veretur, et iure formidat contra professionem sui ordinis saecularem miliciam exercere; 2) terram defendere, de preliis tractare, de armis terrenae potestatis est". – *(Nimium certe veretur); (Tractare de armis).*

E d . : *MGH Epp. 7, 311 n. 60.* – C a n . : *Deusdedit Coll. can. IV c. 259; Gratiani Decr. C. XXIII q. 8 c. 1; Coll. Taurinensis.* – R e g . : *Böhmer/Unger n. 12.*

Fragmentum. Laud. et in Widonis Ferrariensis De scismate Hildebrandi II (MGH Ldl 1, 554) (fragm.). Olim ad a. (873–876). De tempore et de Coll. Taurinensi, ubi epist. etiam inserta est, cf. Böhmer/Unger n. 12.

7019 **(872–882)**

JE 2958 Honoratum abbatem (s. Salvatoris sub monte Letenano) exhortatur, ut Sindulfum presbyterum et ministerialem cellae Modiani a regimine suspiciosae illius cellae propter periculum, sicut petierit, sequestret, et eum, ubi rationabilius et securius providerit, in ministerio fratrum constituat. – *(Sindulfus presbiter et).*

Ed.: *MGH Epp. 7, 275 n. 3.* – Can.: *Coll. Brit. 299 n. 3.* – Reg.: *Böhmer/Unger n. 20.*

Fragmentum. Olim ad a. (872 dec. 14–873 mai.). De tempore cf. Böhmer/Unger n. 20.

7020 **(872–882)**

JE 2984 „Plonensi" (Populoniensi?) episcopo mandat, ut praefatum archiepiscopum (Ravennatem?), quod „eundem Constantinum (Ferrariensem?) episcopum temere ordinare, quia modica fuit civitas, nostra sine auctoritate presumpsit", et quod „de ieiunio ... sabati" et „de celebracione IIIIor temporum" dissentiat, valde obiurget. – *(Prefatus archiepiscopus qui).*

Ed.: *MGH Epp. 7, 289 n. 28.* – Reg.: *Böhmer/Unger n. 21.*

Fragmentum. Olim ad a. (873 cr. sept.). De episcopis et tempore cf. Böhmer/Unger n. 21.

7021 **(872–882)**

JE 2992 Clero et ordini Salernitano (falso et „Salonitano" et „Arelatensi" scribitur) 1) nuntiat se (L)upenandum presbyterum, non confessum ab episcopo (defuncto) et compresbyteris non canonice depositum, proprio honori et gradui restituere et praecipit, ut cum Salerni fuerit episcopus consecratus, ab illo cum sex episcopis iudicium de eo teneatur. 2) Addit se presbyteris Nicolai I tempore excommunicatis permisisse, „ut sancta communione saginati" studerent „tribus continuis annis per epdomadam omni secunda (et quarta) et sexta feria aut a vino aut a cocto penitus ieiunare et ultra lugenda nequaquam committere". – *(Lupenandum presbyterum quem); (Porro de illis).*

Ed.: *MGH Epp. 7, 292 n. 34.* – Can.: *Coll. Brit. 308 n. 32; Ivonis Decr. XIV c. 35 (fragm.); Ivonis (?) Panorm. V c. 104 (fragm.); Gratiani Decr. C. XI q. 3 c. 109 (fragm.).* – Reg.: *Ital. Pont. VIII 362 n. 1; Martin/Cuozzo Regesti dell'Italia meridionale 432 n. 891; Böhmer/Unger n. 26.*

Fragmenta. Olim ad a. (874 in.). De tempore et aliis collectionibus ineditis cf. Böhmer/Unger n. 26. Cf. et J[3] *6101.

7022 **(872–882)**

JE 2983 Principes Sardiniae adhortatur, ut captivos aliquos Graecorum studiis a paganis sublatos, qui in Sardinia insula venundentur et empti sub iugo servitius teneantur, liberos abire sinant. – *(Filii dilectissimi unum).*

Ed.: *MGH Epp. 7, 288 n. 27.* – Can.: *Coll. Brit. 306 n. 26.* – Reg.: *Ital. Pont. X 379 n. 26; Böhmer/Unger n. 27.*

Fragmentum. Olim ad a. 873. De tempore cf. Böhmer/Unger n. 27.

7023 **(872–882)**

JE 2968 Rostagno (al. Rostaino) (archi)episcopo (Arelatensi) scribit, eum, qui Attonis (Athonis, Aitonis) sponsam rapuerit, et ipsam sponsam, nisi ad Attonem redeat, excommunicandos esse. – *(Aito presentium lator).*

Ed.: *MGH Epp. 7, 279 n. 13.* – Can.: *Coll. Brit. 301 n. 13; Ivonis (?) Coll. tripartita 1, 63, 2; Ivonis Decr. XIV c. 64; Gratiani Decr. C. XVI q. 3 c. 17.* – Reg.: *Böhmer/Zielinski n. 2651A; Böhmer/Unger n. 32.*

Fragmentum. Olim ad a. (872 dec. 14–873 mai.). De tempore et aliis collectionibus ineditis cf. Böhmer/Unger n. 32.

7024 **(872–882)**

JE 3010 Cenmenoco episcopo Venetensi 1) respondet, sacerdotem facto homicidio non posse in sacerdotio manere; 2) additque se in epistola eius solitam reverentiam non invenisse. Illum ad rationem reddendam missos dirigere iubet. – *(Miror minus doctam); (De cetero relegentes).*

E d . : *MGH Epp. 7, 303 n. 51.* – C a n . : *Coll. Brit. 313 n. 48; Ivonis (?) Coll. tripartita 1, 63, 6 (fragm.); Ivonis Decr. VI c. 114 et X c. 51 (fragm.); Ivonis (?) Panorm. III c. 153 (fragm.); Gratiani Decr. D. L c. 4 (fragm.).* – R e g . : *Böhmer/Unger n. 36.*

Fragmenta. Olim ad a. 875. De tempore et aliis collectionibus ineditis cf. Böhmer/Unger n. 36.

7025 **(872–882)**

JE 2985 G. clerico cuidam, cui ecclesia quaedam ad regendum commissa est, respondet se dolore ecclesiam episcopi, iam diu animo et corpore infirmi, ministeriis carere et tanta discrimina pati. Attamen non ei concedit prius consecrari et apostolica auctoritate benedictionibus episcopalibus decorari, nisi episcopus aut mortuus sit, aut „synodice profiteatur, se episcopale non posse peragere ministerium, rationabilem causam exponens". – *(Litteras tue dilectionis).*

E d . : *MGH Epp. 7, 289 n. 29.* – C a n . : *Coll. Brit. 306 n. 28.* – R e g . : *Böhmer/Unger n. 13.*

Fragmentum. Olim ad a. (873 cr. sept.). De tempore et clerico cf. Böhmer/Unger n. 13.

7026 **(872–882)**

Eos, qui in locos cultui divino sacratos invadant ac eosdem expolient, poenis quibusdam multisque afficit. – *(Hii qui monasteria).*

C a n . : *Burchardi Decr. IX c. 22; Anselmi Coll. can. V c. 36 (versio A); Bonizonis Lib. de vita christiana X c. 30; Ivonis (?) Coll. tripartita 3, 27, 20; Ivonis Decr. III c. 124 et XIV c. 92; Gratiani Decr. C. XVII q. 4 c. 21.* – R e g . : *Böhmer/Unger n. 3.*

Fragmentum. De aliis collectionibus ineditis cf. Böhmer/Unger n. 3.

7027 **(872–882)**

JE 3027 Constituit, malam consuetudinem non minus quam perniciosam corruptelam funditus eradicandam esse. – *(Non minus mala).*

E d . : *MGH Epp. 7, 311 n. 61.* – C a n . : *Deusdedit Coll. can. IV c. 382.* – R e g . : *Böhmer/Unger n. 5.*

Fragmentum. Olim ad a. (873–876). De tempore cf. Böhmer/Unger n. 5.

***7028** **(872–882)**

Ecclesiae Tiburtinae privilegium concedit.

L a u d . i n : *Marini II brevis recordatio in Regesto Tiburtino (Bruzza Reg. di Tivoli 18 n. II).* – R e g . : *Ital. Pont. II 76 n. *3; Böhmer/Unger n. 16.*

***7029** **(872–882)**

Monasterio s. Salvatoris in Monte Amiata privilegium concedit.

L a u d . i n : *J³ 8270; Winizonis abbatis libellus ad Ildeprandem comitem missus (Kurze Cod. dipl. Amiatinus II 68 n. 225); Leonis IX privilegium (JL 4232; Böhmer/Frech n. 799).* – R e g . : *Ital. Pont. III 239 n. *3; Böhmer/Unger n. 19.*

Cui Iohanni (VIII – XV) privilegium hoc attribuendum sit, in dubio manet; cf. Böhmer/Unger n. 19.

*7030 **(872–882)**

Ecclesiae Placentinae privilegium de decimis concedit.

L a u d . i n: *Caroli III diploma (MGH DD Karl n. 81).* – R e g . : *Ital. Pont. V 444 n. *7; Böhmer/Unger n. 23.*

*7031 **(872–882)**

Maioni abbati monasterii Vulturnensis privilegium concedit.

L a u d . i n: *Chron. Vulturnense (FSI 58, 32; FSI 60, 144 n. 41).* – R e g . : *Ital. Pont. VIII 248 n. *8; Martin/Cuozzo Regesti dell'Italia meridionale 495 n. 1044; Böhmer/Unger n. 25.*

*7032 **(872–882)**

JE *3365 Monasterio Augiensi privilegium confirmat.

L a u d . i n: *Ottonis III diploma (MGH DD O III n. 61); Iohannis XIX privilegium (JL 4093 et 4094; Böhmer/Frech n. 142); Leonis IX privilegium spurium (JL †4156; Böhmer/Frech n. †533); Innocentii III privilegium (Potthast 3056a).* – R e g . : *Germ. Pont. II/1, 151 n. *6; Böhmer/Unger n. 28.*

Olim ad a. (873–882). De tempore cf. Böhmer/Unger n. 28.

*7033 **(872–882)**

Hincmaro (archiepiscopo Remensi) scribit, monachos coenobii s. Crispini maioris Suessonis vivere in clausura.

L a u d . i n: *Flodoardi Remensis Hist. III c. 23 (MGH SS 36, 315).* – R e g . : *Böhmer/Unger n. 30.*

*7034 **(872–882)**

Hincmaro archiepiscopo Remensi quaedam mandata de presbytero accusato dat.

L a u d . i n: *Flodoardi Remensis Hist. III c. 23 (MGH SS 36, 315).* – R e g . : *Böhmer/Unger n. 31.*

*7035 **(872–882)**

Ansegi archiepiscopo Senonensi caput s. Gregorii (I) papae ac bracchium s. Leonis (I) papae dat.

L a u d . i n: *Clarii Senonensis Chron. (Bautier/Gilles 60).* – R e g . : *Böhmer/Unger n. 33.*

*7036 **(872–882)**

JE *2957 Scribit „de clamore Adelberti diaconi".

L a u d . i n: *Index in Coll. Brit. (sine editione).* – R e g . : *Böhmer/Unger n. 7.*

Olim ad a. (872 dec. 14–873 mai.). De tempore cf. Böhmer/Unger n. 7.

*7037 **(872–882)**

Statuit, 1) „ut nulli ducum liceat quemlibet episcopum in praesentiam Romani praesulis introducere, vel census ab eo ad sumptus publicos, seu dona quaelibet exigere; sed nec coram laicis episcopum stare concessit." 2) Decernit „clericos et sanctimoniales, pupillos et viduas sub tutela episcoporum esse, et eos ad saecularia judicia trahi modis omnibus" interdicit. „Quemlibet autem ducem vel alium contra haec agentem, excommunicandum esse" decernit; „perseverantem vero anathematis vinculo innodandum".

L a u d . i n: *Pseudo-Liutprandi Lib. (Migne PL 129, 1255); Ann. Saxo ad a. 872 (MGH SS 37, 92).* – R e g . : *Böhmer/Unger n. 2.*

*7038 **(872–882)**

JE *2956 Scribit „de eo, quod intercedunt pontifices Romani ad reges pro episcopis".

L a u d . i n : *Index in Coll. Brit. (sine editione).* – R e g . : *Böhmer/Unger n. 6.*
Olim ad a. (872 dec. 14–873 mai.). De tempore cf. Böhmer/Unger n. 6.

*7039 **(872–882)**

Ossa Marcelli papae et Largi Smaraldique martyrum in ecclesiam s. Marcelli iuxta Colosseum Romae transferri iubet.

L a u d . i n : *Inscriptio in plata de plumbo in ecclesia s. Marcelli Romana (Grossi-Gondi Excursus 161 n. 38).* – R e g . : *Böhmer/Unger n. 15.*

*7040 **(872–882)**

Ad Iohannem (VIII) Ricburgis abbatissa de Lamspringe Romam iter facit.

L a u d . i n : *Legenda fundationis saec. XVI (Leibniz/Pertz Ann. imperii Occidentis I 726 [fragm.]).* – R e g . : *Böhmer/Unger n. 29.*

†7041 **(872–882)**

Angilberga imperatrice petente constituit, ut decimae eorum tantummodo episcoporum sint, qui sacramenta praebent. – *(De divisione decimarum).*

E d . : *Paxton Dossier 7.* – C a n . : *Polycarpus (recensio secunda).* – R e g . : *Böhmer/Unger n. †8.*

†7042 **(872–882)**

Angilbergae imperatrici respondit ecclesiae in bonis laici sitae episcopum, nec agrorum possessorem praeesse. – *(Queris ut dicamus).*

C a n . : *Polycarpus (recensio secunda).* – R e g . : *Böhmer/Unger n. †9.*

Fragmentum. De fide cf. Böhmer/Unger n. †9.

†7043 **(872–882)**

JE 3363 et JE 3363α

Leoni abbati monasterii s. Benedicti Sublacensis res et possessiones confirmat, quas Nicolaus (I) per privilegium suum (J³ †6108) reconfirmavit. – *Convenit apostolica dignitas.*

E d . : *Allodi/Levi Reg. Sublacense 16.* – R e g . : *Ital. Pont. II 87 n. †6; Böhmer/Unger n. †17.*

Olim ad a. (873–882). De tempore et fide cf. Böhmer/Unger n. †17. Cf. et J³ †6108. JE 3364 delendum est; cf. Böhmer/Unger n. 41.

?7044 **(872–882)**

JE 3025

Paulino Regis civitatis (haud procul a Mutina sitae) coepiscopo, nuntianti de Ambrosii confessione suspiciosa, rescribit: Utrum cum sua nunc mortua socru concubuerit, an discidii ambitu falsa confiteatur, iureiurando, aut divino examine, ut moris populi est, aut etiam corpore et sanguine Christi probetur, „sicut ... Adrianus fecit in Lothario (II) rege pro Waldrada sua pellice". A sponsa sua interim se abstineat. – *(Vestrae consultationis litteris).*

E d . : *MGH Epp. 7, 331 n. 3.* – C a n . : *Coll. Taurinensis.* – R e g . : *Ital. Pont. V 367 n. 3 et 383 n. 1; Böhmer/Unger n. †?22.*

Fragmentum. Olim ad a. (873–876). De tempore et Coll. Taurinensi, ubi epist. inserta est, cf. Böhmer/Unger n. †?22.

?7045 **(872–882)**

JE 3026

Anselmo Lemozinae civitatis coepiscopo scribit de causis, quae „apertis actionibus" manifestae sunt. Subiungens: „Sciendum praeterea est, quia iudex sine dissimulatione vel summa neglegentia solus ignorare non potest, quod omnes in civitate cognoscant". – *(Iuxta quod providus).*

E d . : *MGH Epp. 7, 331 n. 4.* – C a n . : *Coll. Taurinensis.* – R e g . : *Böhmer/Unger n. †?34.*

Fragmentum. Olim ad a. (873–876). De tempore, fide et Coll. Taurinensi, ubi epist. inserta est, cf. Böhmer/Unger n. †?34.

†7046 **(872–882)**

JE 3003 Magno archiepiscopo (Dolensi) et ceteris episcopis per Britanniam commanentibus scribit, Resgaulonis et Gorbilici monachorum ordinationem, ab Heclocaro abbate factam, ratam habendam esse. – *(Notum sit vobis).*

Ed.: *MGH Epp. 7, 299 n. 44.* – Can.: *Coll. Brit. 311 n. 41.* – Reg.: *Böhmer/Unger n. †35.*

Fragmentum. Laud. et in De dignitate Dolensis eccl. (Duine 53 [reimpr. 39]), ecclesiae Turonensis litteris ad Innocentium III directis (Morice Mémoires Bretagne I 754), Innocentii III privilegio (Potthast 811, Reg. Innocenz' III. 2, 153). Olim ad a. (874–875 in.). De tempore et fide cf. Böhmer/Unger n. †35.

?7047 **(872–882)**

JE 3024 De Phileto episcopo Isauriae, „qui male vivebat et bene docebat", scribens adhortatur, ut, qui non ipse dominica praecepta observet, vereatur suum proferre sermonem. – *(Hoc autem quod).*

Ed.: *MGH Epp. 7, 331 n. 2.* – Can.: *Coll. Taurinensis.* – Reg.: *Böhmer/Unger n. †?4.*

Fragmentum. Olim ad a. (873–876). De fide, tempore et Coll. Taurinensi, ubi epist. inserta est, cf. Böhmer/Unger n. †?4.

†7048 **(872–882)**

JE 3366 Instituit, ut ecclesiae Romanae cardinales ad regendam clericorum disciplinam causasque clericorum et laicorum iudicandas bis in mense conveniant, in palatiumque bis in hebdomade se conferant. – *Ex nostra praesenti.*

Ed.: *Weigand Dekretalen Kardinalskollegium 606.* – Reg.: *Ital. Pont. I 6 n. 8; Böhmer/Unger n. †14.*

Olim ad a. (873–882). De tempore et fide cf. Böhmer/Unger n. †14. Cf. et J³ *†5585.

***†7049** **(872–882)**

Monasterio s. Michaelis de Martura privilegium concedit.

Laud. in: *Alexandri II privilegium (JL 4655).* – Reg.: *Ital. Pont. III 62 n. †*3; Böhmer/Unger n. †18.*

***†7050** **(872–882)**

JE 3363β Monasterio Bobiensi privilegium concedit.

Laud. in: *Sicardi Cremonensis Relatio ad Innocentium III (FSI 53, 367).* – Reg.: *Ital. Pont. VI/2, 251 n. *12; Böhmer/Unger n. †24.*

De fide cf. Böhmer/Unger n. †24.

7051 **(873–882)**

JE 3004 Sigibodo archiepiscopo Narbonensi scribit de causa presbyteri, latoris huius epistolae, examinanda, qui hominis necandi ansam invitus praebuerit. – *(Presentium litterarum gerulus).*

Ed.: *MGH Epp. 7, 300 n. 45.* – Can.: *Coll. Brit. 312 n. 42; Ivonis Decr. X c. 26.* – Reg.: *Böhmer/Unger n. 58.*

Fragmentum. Olim ad a. (874–875 in.). De tempore cf. et ceteris collectionibus ineditis cf. Böhmer/Unger n. 58.

†7052 **(879–882)**

JE 3369 Photio patriarchae Constantinopolitano scribit se de symbolo neque additione nec deminutione mutando cum eo sentire, hortaturque, ut eos, qui quaedam addiderint, in viam mansuete reducat. – *Οὐκ ἀγνοσεῖν συμβαίνει; Non ignoramus quod.*

Ed.: *MGH Epp. 7, 226 n. 258a (versio Graeca); Migne PL 126, 944 (versio Latina).* – Reg.: *Böhmer/Unger n. †467.*

De fide et versione Latina cf. Böhmer/Unger n. †467. Cf. et J³ *7108.

***7053** **(879 ex.–882)**

Ad Iohannem (VIII) Theodosius episcopus (electus Nonensis) (Romam) venit.

Laud. in: *J³ 7056; J³ 7057.* – Reg.: *Böhmer/Unger n. 610.*

***7054** **(880–882)**

Iohanni (VIII) Theodosius episcopus (electus Nonensis) vitam Clementis dedicat.

Laud. in: *Iohannis Hymmonidis/Gauderici Velitrani Vita Clementis (Orlandi 1).* – Reg.: *Böhmer/Unger n. 611.*

7055 **(881–882)**

JE 3358 Williberto archiepiscopo Coloniensi respondet (cf. Germ. Pont. VII 35 n. *70) de presbytero, qui abhinc annos undecim excommunicatus sit, absolvendo et de Gedeone adultero. – *Almitatis tue prudentiam.*

Ed.: *MGH Epp. 7, 256 n. 294.* – Reg.: *Oediger Reg. Köln I 88 n. 260; Germ. Pont. VII 35 n. 71; Böhmer/Unger n. 652.*

Olim ad a. (881). De tempore cf. Böhmer/Unger n. 652.

7056 **(881–882)**

JE 3359 Barnimero comiti (Croatiae) et sacerdotibus, iudicibus, universoque populo scribit se magna cum voluptate ex Theodosio episcopo (Nonensi) de eorum fide audivisse. Legatos ad se mitti iubet, ut „cum illis missum" suum dirigat ad eos, „quibus, secundum morem et consuetudinem ecclesię" suae „universus populus fidelitatem promittat". – *Audita per Theodosium.*

Ed.: *MGH Epp. 7, 257 n. 295.* – Reg.: *Böhmer/Unger n. 653.*

Olim ad a. (881). De tempore cf. Böhmer/Unger n. 653. Cf. et J³ *7053.

7057 **(881–882)**

JE 3360 Michaelem regem Bulgarorum una cum Theodosio episcopo (Nonensi) non misisse legatos, miratur. Quod ut faciat, monet. – *Miramur quod tanto.*

Ed.: *MGH Epp. 7, 260 n. 298; Fontes hist. Bulgaricae 7, 178.* – Reg.: *Böhmer/Unger n. 654.*

Olim ad a. (881). De tempore cf. Böhmer/Unger n. 654. Cf. et J³ *7053.

7058 **(882)**

JE 3371 Leoni Thianensi episcopo mandat, ut Attenulfus captum Auxentii Capuani filium suum hominem patri reddat. – *Auditu certiori comperimus.*

Ed.: *MGH Epp. 7, 261 n. 300.* – Reg.: *Ital. Pont. VIII 204 n. 14 et 222 n. 32 et 256 n. 4; Martin/Cuozzo Regesti dell'Italia meridionale 496 n. 1045; Böhmer/Unger n. 697.*

Hanc epist. „item Landulfo episcopo (J³ *7059) et Landoni gastaldio patri eius (J³ *7060)" missam esse legitur in Iohannis VIII registro. Cf. et Böhmer/Unger n. 697.

***7059** **(882)**

JE 3371 Landulfo (II) episcopo (Capuano) nuntiat Atenulfum Auxentii Capuani filium, amici papae, cepisse.

Laud. in: *Additamentum ad J³ 7058 in registro.* – Reg.: *Ital. Pont. VIII 204 n. 14 et 222 n. 32 et 256 n. 4; Martin/Cuozzo Regesti dell'Italia meridionale 496 n. 1046; Böhmer/Unger n. 698.*

Cf. supra ad J³ 7058. Cf. et Böhmer/Unger n. 697.

*** 7060** **(882)**

JE 3371 Landoni (III) gastaldio (Capuano), patri Landulfi (II) episcopi Capuani, nuntiat Atenulfum Auxentii Capuani filium, amici papae, cepisse.

L a u d . i n : *Additamentum ad J³ 7058 in registro.* – R e g . : *Ital. Pont. VIII 204 n. 14 et 222 n. 32 et 256 n. 4; Böhmer/Unger n. 699.*

Cf. supra ad J³ 7058. Cf. et Böhmer/Unger n. 697.

7061 **(882)**

JE 3379 Michaelem regem Bulgarorum hortatur, ut et quae promiserit, exsolvat, et quae peccaverit, emendet, legatumque ad se mittat. – *Cum non tam.*

E d . : *MGH Epp. 7, 266 n. 308; Fontes hist. Bulgaricae 7, 179.* – R e g . : *Böhmer/Unger n. 700.*

*** 7062** **882 (dec. 15)** **Roma**

JE I 422 A propinquo et aliis adiutoribus occisus est et in ecclesia b. Petri sepelitur.

L a u d . i n : *Ann. Fuldenses ad a. 882 (MGH SS rer. Germ. 7, 99); Ann. Fuldenses, Cont. Ratisbonensis ad a. 883 (MGH SS rer. Germ. 7, 109); Auxilii Libellus in defensionem App. (Dümmler Auxilius 95); Invectiva in Romam (Dümmler Gesta 148); Ann. Einsidlenses ad a. 883 (MGH SS 3, 140); Ann. Alamannici, Cod. Modoetiensis ad a. 883 (Henking 254); Ann. Elmarenses ad a. 871 (Grierson 83); Herimanni Augiensis Chron. ad a. 883 (MGH SS 5, 108); Bernoldi Constantiensis Chron. ad a. 883 (MGH SS 5, 421).* – R e g . : *Böhmer/Unger n. 727.*

De sepultura et epitaphio cf. Böhmer/Unger n. 727.

Marinus I (882–884)

*7063 **882 (dec. 15)** **Roma**

JL I 425 Consecratur.

L a u d . i n : *Lib. pont. (Duchesne II 224); J³ 7126; Eugenii Vulgarii De causa Formosiana c. 15 (Dümmler Auxilius 135); Invectiva in Romam (Dümmler Gesta 145); Ann. Fuldenses ad a. 882 (MGH SS rer. Germ. 7, 99); Ann. Fuldenses, Cont. Ratisbonensis ad a. 883 (MGH SS rer. Germ. 7, 109); Ann. Alamannici, Cont. Sangallensis tertia ad a. 883 (Henking 254); Ann. Einsidlenses ad a. 883 (MGH SS 3, 140); Herimanni Augiensis Chron. ad a. 883 (MGH SS 5, 108); Tholomei Lucensis Hist. eccl. XVI c. 22 (MGH SS 39, 366).* – R e g . : *Böhmer/Zielinski n. 699.*

Olim ad a. 882 (dec.). De tempore cf. Böhmer/Zielinski n. 699.

†7064 **883 apr. 3** **Roma**

Hasan ibn Al-'Abbās magno amirae (Siciliae) precatur, ut liberet achiepiscopum (Syracusanum) et episcopum Melitensem et omnes homines a Saracenis captos et sclavos Panormum deductos (Dat. Romae III apr. a. 882).

R e g . : *Ital. Pont. X 186 n. †72 et 270 n. †5 et 317 n. †69.*

Editio deest. Cop. s. XVIII ex. exstat Romae Bibl. Vat. Carte Borgiane fasc. 46 ex cod. Arabico q. d. „Martinianus"; textus in sermonem vulgarem Siculum est translatus.

?7065 **883 iun. 12** **(Roma)**

JL 3388 Monasterium s. Petri Solempniacense tuendum suscipit et eius bona iuraque confirmat (Scr. p. m. Zachariae scrin. S.R.E. m. mai., ind. I. II id. iun., p. m. Valentini eccl. Portuensis humillimi ep. in S.A.S., regnante in pp. Domino Deo n. a. pont. d. Marini I univ. pp., ind. I). – *Convenit enim nostro.*

E d . : *Arbellot Bulle du pape Marin Ier 30.*

*7066 **883 (iun. 19)** **Nonantola**

JL I 425 Marinum (I) (Carolus III) imperator Nonantolae honorifice excipit.

L a u d . i n : *Caroli III diploma (MGH DD Karl n. 81); Ann. Fuldenses, Cont. Ratisbonensis ad a. 883 (MGH SS rer. Germ. 7, 109); Herimanni Augiensis Chron. ad a. 883 (MGH SS 5, 108).* – R e g . : *Böhmer/Zielinski n. 710.*

*7067 **(883 ante iun. 20)**

JL *3387 Ecclesiae Placentinae privilegium de decimis concedit.

L a u d . i n : *Caroli III diploma (MGH DD Karl n. 81).* – R e g . : *Böhmer/Mühlbacher² n. 1664; Ital. Pont. V 444 n. *8.*

*7068 **(883 iun. 20)** **Nonantoloa**

JL I 425 Cum Carolo (III) imperatore Nonantolae commoratur „pro diversis imperii ... utilitatibus".

L a u d . i n : *Caroli III diploma (MGH DD Karl n. 81).*

*7069 **(883 iun. 20)** **(Nonantola)**

Marini (I) exhortatione per Zachariam (Anagninam) et Gaudericum (Veliternensem) atque Walpertum (Portuensem) episcopos facta, Carolus (III) imperator ecclesiae

Placentinae privilegia ac praecepta a Iohanne (VIII) (J[3] *7030) et ab ipso Marino (I) (J[3] *7067) nec non ab antecessoribus suis concessa confirmat.

L a u d . i n : *Caroli III diploma (MGH DD Karl n. 81).* – R e g . : *Böhmer/Mühlbacher[2] n. 1664; Ital. Pont. V 444 n. *9; Böhmer/Zielinski n. 711.*

7070 **883 iun. 22** **(Roma)**

JL 3389 Monasterii Savinionis, ecclesiae Laudensi collati, possessiones, rogante Gerardo episcopo, confirmat (Scr. p. m. Georgii scrin. S.R.E. m. iun., ind. I. Dat. X kal. iul. p. m. Zachariae ep. et bibl. atque missi S.S.A. imp. d. n. piissimo perp. aug. Karolo a Deo cor. magno imp. a. III et postcons. eius a. III, ind. I). – *Te narrante cognovimus.*

E d . : *Bollea Cartario dell'abazia di Precipiano 237 n. 1.* – R e g . : *Ital. Pont. VI/1, 239 n. 1; Ital. Pont. VI/2, 241 n. 1.*

7071 **(883 iun.–aug.)**

JL †3390 Monasterii s. Silvestri Nonantulani privilegia a „praesenti I ind." confirmat petente Theoderico abbate. – *Quaeque ad laudem.*

E d . : *Insertum in Innocentii III privilegio (Gaudenzi Nonantola 70 n. 17).* – R e g . : *Ital. Pont. V 337 n. 12.*

Laud. et in Ludovici III diplomate (FSI 37, 78). Genuinum esse censent Klinkenborg PUU Nonantola 239 et Ital. Pont. V 337 n. 12 adn. Cf. J[3] *6238 et J[3] *6517.

*** 7072** **(882 dec. 22–884 apr. 18)**

Sergium (III papam futurum) subdiaconum consecrat.

L a u d . i n : *Auxilii Libellus in defensionem App. (Dümmler Auxilius 95).*

De tempore et diebus consecrationis cf. Hinschius Kirchenrecht I 114.

*** 7073** **(883–884 apr. 18)**

Stephanum (V papam futurum) presbyterum consecrat et ei ecclesiam ss. IIII Coronatorum tradit.

L a u d . i n : *Lib. pont. (Duchesne II 191).*

De tempore et diebus consecrationis cf. Hinschius Kirchenrecht I 114.

*** 7074** **(883–884 mai. in.)**

JL *3392 Monasterii Fuldensis privilegia confirmat.

L a u d . i n : *J[3] 7233; J[3] 7390; J[3] 7486; J[3] 7592.* – R e g . : *Germ. Pont. IV 364 n. *27.*

Olim ad a. 883–884. De tempore cf. Germ. Pont. IV 364 n. *27.

*** 7075** **(882–884)**

Presbyteris ecclesiae b. Petri praecipit, „ut nullus umquam ab eis non solum hoc, verum etiam aliquod tributum" accipiat.

L a u d . i n : *Lib. pont. (Duchesne II 194).*

*** 7076** **(882–884)**

Clero et populo Bituricensi petentibus Frothario archiepiscopo (quondam Burdigalensi) transitum ad archiepiscopatum Bituricensem permittit et pallium concedit.

L a u d . i n : *Flodoardi Remensis Hist. IV c. 1 (MGH SS 36, 364).*

*** 7077** **(882–884)**

Frothario archiepiscopo Bituricensi pallium donat et ipsius promotionem in Bituricensi ecclesia „scriptis robora(t)".

L a u d . i n : *Flodoardi Remensis Hist. IV c. 1 (MGH SS 36, 364).*

* 7078 **(882–884)**

Vetat, ne imperator se „intromitat de ellectione summi pontificis".

Laud. in: *Antonii Confalonieri Chron. de reg. pont. (Cattaneo 102).*

*† 7079 **(882–884)**

Adalberone episcopo Augustensi morte Udalricum Romam ventum adhortatur, ut episcopatum Augustensem suscipiat.

Laud. in: *Gerhardi Augustensis Vita Uodalrici (Berschin/Häse 94); Chron. breve epp. Augustensium et abb. s. Afrae (MGH SS 14, 558).*

Adalbero moritur a. 909. Fortasse permixtum est cum Udalrici peregrinatione a. 942 ad Marinum II (J³ *7643), cf. Volkert/Zoepfl Reg. Augsburg 63 et 67. Cf. et ibidem 102.

7080 **(882–884)**

JL 3391 Monachis s. Aegidii (seu Vallis Flaviniae) Amelium presbyterum commendat, cui se monasterium eorum „salva pensione sibi annue persolvenda" commendasse scribit; hortatur, ut honorifice eum suscipiant eique obediant. – *Cognitum facimus omnibus.*

Ed.: *Goiffon Bullaire St-Gilles 17.*

Laud. et in J³ 7408. De tempore cf. Goiffon Bullaire St-Gilles 17.

* 7081 **(883–884)**

Monasterio s. Sixti Placentino privilegium concedit.

Laud. in: *J³ 7098.* – Reg.: *Ital. Pont. V 492 n. *14.*

* 7082 **(883 mart. 7–884)**

JL *3393 Fulconi archiepiscopo Remensi pallium mittit.

Laud. in: *Flodoardi Remensis Hist. IV c. 1 (MGH SS 36, 363) et De Christi triumphis (Migne PL 135, 824).* – Reg.: *Sot Historien 157 n. 1.*

Olim ad a. 884. De tempore cf. Schneider Fulco 30. Fulco archiepiscopus consecratur a. 883 mart. 7; cf. Schneider Fulco 27.

* 7083 **(883 vere–884)**

Marino (I) Fulco archiepiscopus Remensis litteras mittit „pro concedendo debito Remensis ecclesie privilegio atque pro commendatione regis Karlomanni".

Laud. in: *Flodoardi Remensis Hist. IV c. 1 (MGH SS 36, 363).* – Reg.: *Sot Historien 157 n. 2.*

De tempore cf. Schneider Fulco 30.

* 7084 **(883 vere–884)**

Marino (I) Fulco archiepiscopus Remensis scribit „pro quodam monasterio (Bona vallis), quod frater ipsius nomine Rampo ab eo construi testamento delegav(it)".

Laud. in: *Flodoardi Remensis Hist. IV c. 1 (MGH SS 36, 364).* – Reg.: *Sot Historien 157 n. 3.*

De tempore cf. Schneider Fulco 30sq.

* 7085 **(883 vere–884)**

JL *3394 Evrardo archiepiscopo Senonensi scribit de quodam Fulconis archiepiscopi Remensis monasterio (Bona vallis) in eius dioecesi sito, quod Erminfridus iniuste occupaverat.

Laud. in: *Flodoardi Remensis Hist. IV c. 1 (MGH SS 36, 364) et De Christi triumphis (Migne PL 135, 824).*

De tempore cf. Schneider Fulco 32.

*7086 **(883 vere–884)**

JL *3395 Iohanni archiepiscopo Rotomagensi mandat, hortetur Erminfridum in eius dioecesi degentem, ut invasum Fulconis archiepiscopi Remensis monasterium (Bona vallis) dimittat.

Laud. in: *Flodoardi Remensis Hist. IV c. 1 (MGH SS 36, 364) et De Christi triumphis (Migne PL 135, 824).*

De tempore cf. Schneider Fulco 32.

*7087 **(883 vere–884)**

Fulconi archiepiscopo (Remensi) scribit de controversia cum Erminfrido orta.

Laud. in: *Flodoardi Remensis De Christi triumphis (Migne PL 135, 824).*

De tempore cf. J³ *7084–J³ *7086.

*7088 **(883 vere–884)**

Aliis episcopis (Galliae) scribit de controversia inter Fulconem archiepiscopum Remensem et Erminfridum.

Laud. in: *Flodoardi Remensis De Christi triumphis (Migne PL 135, 824).*

De tempore cf. J³ *7084–J³ *7086.

*7089 **(883 post iun. 20–884)**

JL I 425 Formosum episcopum Portuensem de iuramento, quod invitus dederat (in synodo Trecensi, cf. J³ 6676) solvit et in pristinum gradum restituit.

Laud. in: *Auxilii Infensor et defensor c. 20 et c. 32 (Migne PL 129, 1090 et 1101) et De ordinationibus c. 27 (Migne PL 129, 1069); Eugenii Vulgarii De causa Formosiana c. 1 (Dümmler Auxilius 120); Invectiva in Romam (Dümmler Gesta 139 et 146 et 147).* – Reg.: *Ital. Pont. II 19 n. *7.*

*7090 **(884)**

JL *3396 Scholam Saxonum Romae morantium ab omni tributo et talento telonio liberat pro amore et deprecatione Aelfredi Anglosaxonum regis.

Laud. in: *Chron. Anglo-Saxonicum (Plummer I 81; Bately 53; O'Brien O'Keeffe 64); Asserii De rebus gestis Aelfredi a. 884 (Stevenson/Whitelock 53); Chron. Æthelweardi (Campbell 46); Florentii Wigorniensis Chron. (Thorpe I 99).* – Reg.: *Ital. Pont. I 151 n. *1.*

*7091 **(884)**

Aelfredo regi (Angliae) dona mittit velut „de ligno Domini" et „elemosinam, quam (Aelfredus) voverat" accipit.

Laud. in: *Chron. Anglo-Saxonicum (Plummer I 79; O'Brien O'Keeffe 63); Asserii De rebus gestis Aelfredi a. 884 (Stevenson/Whitelock 53); Chron. Æthelweardi (Campbell 46); Florentii Wigorniensis Chron. (Thorpe I 99).* – Reg.: *Frolow Relique de la vraie croix 223 n. 111.*

De tempore cf. Whitelock Chron. Saxonicum 50 adn. 9.

*7092 **884 (mai. 15)**

JL I 426 Moritur, cum sedisset a. I m. V et in ecclesia b. Petri sepeliri videtur.

Laud. in: *Asserii De rebus gestis Aelfredi a. 884 (Stevenson/Whitelock 53); Ann. Alamannici, Cont. Sangallensis tertia ad a. 884 (Henking 254); Ann. Einsidlenses ad a. 884 (MGH SS 3, 140); Chron. Anglo-Saxonicum (Plummer I 79; Bately 52).*

Olim ad a. (884 apr.–mai.). De tempore cf. Borgolte Petrusnachfolge 350.

Hadrianus III (884–885)

*7093 **884 (mai. 16)**

JL I 426 Eligitur.

L a u d . i n : *Lib. pont. (Duchesne II 225); Ann. Alamannici, Cont. Sangallensis tertia ad a. 884 (Henking 254); Ann. Einsidlenses ad a. 884 (MGH SS 3, 140).*

Olim ad a. (884 apr.–mai.). De tempore cf. Duchesne in Lib. pont. II p. LXVII.

*7094 **(884 mai. 17)**

Consecratur.

L a u d . i n : *Iohannis ep. Feretrani et Ursi ducis charta (Fantuzzi Monumenti Ravennati II 13).*

Iohannis ep. Feretrani charta (a. 885 febr. 20) data est „... temporibus Domini Arriani summoque Pontifice, et universalis Papae in Apostolica sacratissima B. Petri Sede anno consecrationis ejus tertio". De tempore cf. Duchesne in Lib. pont. II p. LXVII.

*7095 **(884 iun.–iul.)**

Hadriano (III) Fulco archiepiscopus Remensis „initio pontificatus eiusdem" scribit de privilegiis ecclesiae Remensi a praedecessoribus suis Leone (IV, J³ ?5436), Benedicto (III, J³ 5631) et Nicolao (I, J³ 5823) concessis.

L a u d . i n : *Flodoardi Remensis Hist. IV c. 1 (MGH SS 36, 364); Flodoardi Remensis De Christi triumphis (Migne PL 135, 823).* – R e g . : *Sot Historien 157 n. 4.*

*7096 **(884)**

Hadriano (III) Fulco archiepiscopus Remensis scribit „pro commendatione ... regis Karlomanni atque pro defensione Frotharii Bituricensis archiepiscopi".

L a u d . i n : *Flodoardi Remensis Hist. IV c. 1 (MGH SS 36, 364).* – R e g . : *Sot Historien 157 n. 5.*

*? 7097 **(885 apr. ante 17)** **(Pavia aut Ravenna)**

Synodo una cum nonnullis coepiscopis interest, in qua inter alia quae Angilberga imperatrix de monasterio s. Sixti Placentino petit (J³ 7098), assentitur.

L a u d . i n : *J³ 7098.*

De synodo et de locis cf. MGH Conc. 5, 206.

7098 **885 apr. 17** **(Roma)**

JL 3401 In synodo (cf. J³ *?7097) monasterium s. Sixti Placentinum ab Angilberga imperatrice aedificatum tuendum suscipit, et eius possessiones ac privilegia confirmat (Scr. p. m. Leonis scrin. S.R.E. in m. apr., ind. III. Dat. XV kal. mai. p. m. Gregorii nomenc., missi et apocris. S.S.A. imp. d. pp. aug. Carolo a Deo cor. magno imp. a. eius V, ind. III). – *Omnibus quidem iusta.*

E d . : *MGH Conc. 5, 207.* – R e g . : *Ital. Pont. V 492 n. 15.*

Cf. J³ *6320, J³ *6516, J³ 6550, J³ *7081, J³ *?7097.

7099 **885 iun.** **(Roma)**

JL 3402 Monasterii s. Mariae Crassensis possessiones, „a praesenti III ind.", confirmat petente Sunifredo abbate (Scr. p. m. Leonis scrin. S.R.E. in m. iun., ind. III). – *Convenit apostolico moderamini.*

E d . : *Löwenfeld Elf Papstbullen 374.*

*7100 **(885 ante sept.)**

Hadriano (III) Basilius (I) imperator (Constantinopolitanus) scribit, quod Marinum (I) papam ambitus arguit et revisionem iudicii contra Photium flagitat.

L a u d . i n : *J³ 7126.* – R e g . : *Dölger/Müller Reg. des oström. Reiches I/2, 14 n. 505.*

*7101 **(884–885)**

Amelio (archidiacono Uceticensi) monasterium s. Aegidii confirmat.

L a u d . i n : *J³ 7102; J³ 7408.*

7102 **(884–885)**

JL 3397 Sigibodo archiepiscopo Narbonensi mandat, ut excommunicatione proposita Girbertum episcopum Nemausensem ab infestando s. Aegidii monasterio Amelii curae commendato (cf. J³ *7101) dehortetur. – *Sanctitati tuae notum.*

E d . : *Goiffon Bullaire St-Gilles 4.*

Cf. J³ *7101.

*7103 **(884–885)**

Monasterio Sublacensi „multa" concedit „tempore Caroli Magni Imperatoris".

L a u d . i n : *Chron. Sublacense (RIS ser. II 24/6, 953).* – R e g . : *Ital. Pont. II 87 n. *8.*

*7104 **(884–885)**

Monasterio s. Anthimi privilegium concedit.

L a u d . i n : *Anastasii IV privilegium (JL 9754).* – R e g . : *Ital. Pont. III 248 n. *1.*

*7105 **(884–885)**

Iohannem ducem (Venetiarum) admonet pro invasione et oppressione ducatus Commeaclensis.

L a u d . i n : *J³ 7164.* – R e g . : *Ital. Pont. V 187 n. *1; Ital. Pont. VII/2, 18 n. *23.*

*7106 **(884–885)**

JL *3400 Victori (II) patriarchae Gradensi pallium concedit utendum diebus contentis in privilegiis praedecessoribus concessis.

L a u d . i n : *Iohannis XIX privilegium (JL 4063; Böhmer/Frech n. 57); Benedicti IX privilegium (JL 4114; Böhmer/Frech n. 255).* – R e g . : *Ital. Pont. VII/2, 48 n. *55.*

*7107 **(884–885)**

(Evrardo) Senonici et (Iohanni) Rotomagensi archiepiscopis scribit de (monasterio Bona vallis).

L a u d . i n : *Flodoardi Remensis Hist. IV c. 1 (MGH SS 36, 366).*

Cf. MGH SS 36, 366 adn. 30.

*7108 **(884–885)**

JL *3399 (Basilio I) imperatori et Photio patriarchae Constantinopolitanis Theodosium episcopum Orientanum legatum cum „litter(is) synodalibus" ad Photium directis mittit, quibus fidei rationem exponit et spiritum sanctum a patre procedere ostendit.

L a u d . i n : *J³ 7120; Photii Mystagogia c. 89 (Migne PG 102, 381).* – R e g . : *Ital. Pont. IX 386 n. *4.*

Cf. J³ †7052.

***7109** **(884–885)**

JL I 427 „Cec(at) Gregorium de Abentinum (camerarium), et Mariam superistanam (uxorem Gregorii) nudam per totam Romam fustic(at)".

L a u d . i n : *Chron. s. Benedicti Casinensis (MGH SS rer. Lang. 483).*

***? 7110** **(884–885)**

Constituit, ut imperator non se intermittat de electione papae.

L a u d . i n : *Lib. pont. (Duchesne II 225); Martini Oppaviensis Chron. (MGH SS 22, 429).*

***7111** **885 (aug. ex.–sept. in.)** **Roma**

JL I 427 Roma proficiscitur, a Caroli (III) imperatoris legatis in Franciam invitatus, et Iohanni episcopo Ticinensi protectionem urbis mandat.

L a u d . i n : *Ann. Fuldenses ad a. 885 (MGH SS rer. Germ. 7, 103); Lib. pont. (Duchesne II 191).*

***7112** **885 (sept.)**

Ad placitum Wormatiam venire vult, postquam Carolus (III) imperator Widonem ducem Spoletinum suscepisset.

L a u d . i n : *Herimanni Augiensis Chron. ad a. 885 (MGH SS 5, 109).*

***7113** **885 (sept.)** **S. Cesario sul Panaro**

JL I 427 Moritur „super fluvium Scultinna, in villa quae Viulzachara nuncupatur" (Lib. pont.), cum sedisset a. I m. IV et in monasterio Nonantulano sepelitur.

L a u d . i n : *Lib. pont. (Duchesne II 191 et 225); Ann. Fuldenses ad a. 885 (MGH SS rer. Germ. 7, 103); Ann. Fuldenses, Cont. Ratisbonensis ad a. 885 (MGH SS rer. Germ. 7, 113); Vita Adriani papae (Gaudenzi Nonantola 282 et 310); Ann. Alamannici, Cod. Modoetiensis (Henking 255); Ann. Einsidlenses ad a. 886 (MGH SS 3, 140); Herimanni Augiensis Chron. ad a. 885 (MGH SS 5, 109).* – R e g . : *Böhmer/Mühlbacher² n. 1761a.*

Olim ad a. 885 (aug.–sept.). De tempore cf. Borgolte Petrusnachfolge 350.

Stephanus V (885–891)

***7114** **(885 sept. ex.)** **Roma**

JL I 427 Eligitur.

L a u d . i n : *Lib. pont. (Duchesne II 191); Ann. Fuldenses ad a. 885 (MGH SS rer. Germ. 7, 103); Ann. Alamannici, Cont. Sangallensis tertia ad a. 886 (Henking 255).*

***7115** **(885 sept. ex.)** **Roma, SS. Quattro Coronati – Laterano**

JL I 427 E domo patris sui educitur, ad titulum ss. Quatuor Coronatorum adducitur et acclamatur et ad palatium Lateranense „cum omni honore et debita reverentia" perducitur.

L a u d . i n : *Lib. pont. (Duchesne II 191 et 192).*

***7116** **(885 sept. 26)** **Roma, S. Pietro – Laterano**

JL I 427 Consecratur „proximo die dominico", missam celebrat et ad palatium Lateranense revertitur.

L a u d . i n : *Lib. pont. (Duchesne II 192); Invectiva in Romam (Dümmler Gesta 147); Herimanni Augiensis Chron. ad a. 886 (MGH SS 5, 109).*

De tempore cf. Duchesne in Lib. pont. II p. LXVIII. A Formoso ep. Portuensi consecratum docet Invectiva in Romam.

***7117** **(885 ante nov.)**

JL *3404 Fulconem archiepiscopum Remensem „inter varias mundi pressuras consola(tur)", seque cum „fratris ... et amici vocabulo (velle) honorare" scribit. Addit, „roborare se promptum ..., quecumque necessaria dei ecclesie signific(entur)".

L a u d . i n : *Flodoardi Remensis Hist. IV c. 1 (MGH SS 36, 365).*

***7118** **885 (oct.–nov.)**

JL I 427 (Romam) Carolus (III) imperator Liutwardum (episcopum Vercellensem) „et quosdam Romanae sedis episcopos" mittit, qui Stephanum (V) deponant.

L a u d . i n : *Ann. Fuldenses ad a. 885 (MGH SS rer. Germ. 7, 103).* – R e g . : *Böhmer/Mühlbacher*[2] *n. 1716a.*

†7119 **(885?) nov.** **(Roma)**

JL †3406 Reinuuardo episcopo Hamburgensi pallium mittit (Dat. p. m. Iohannis canc. S.R.E. in m. nov., ind. IV). – *Si pastores ovium.*

E d . : *Curschmann PUU Hamburg 29 n. 8.* – R e g . : *Seegrün Ebt. Hamburg 8; Germ. Pont. VI 36 n. †28.*

7120 **(885 aut.)**

JL 3405 Theodosio episcopo Orientano ab Hadriano (III) ad (Basilium I) imperatorem Constantinopolitanum misso (J[3] *7108), ut et debitas pensiones et alia dona ab eo recipiat, gratias agit, quod legatione optime functus sit. – *(Fidelium relatu comperimus).*

E d . : *MGH Epp. 7, 334 n. 1.* – C a n . : *Coll. Brit. 400 n. 1.* – R e g . : *Ital. Pont. IX 386 n. 5.*

Fragmentum. Cf. J[3] *7108.

*** 7121** **(885 aut.)**

In ordinationis suae exordio Iohanni (III) episcopo Ticinensi ducatum Commeaclensem concedit, eo modo quo eum duces solent habere.

L a u d . i n : *J³ 7165.* – R e g . : *Ital. Pont. V 187 n. *2; Ital. Pont. VI/1, 177 n. *14.*

*** 7122** **(885 nov.–dec.)**

JL I 427 Carolo (III) „imperatori per legatos suos ... scripta destina(t), qui omnes unanimiter eum elegerunt et eius ordinationi subscripserunt".

L a u d . i n : *Ann. Fuldenses ad a. 885 (MGH SS rer. Germ. 7, 104); Ann. Fuldenses, Cont. Ratisbonensis ad a. 886 (MGH SS rer. Germ. 7, 114).* – R e g . : *Böhmer/Mühlbacher² n. 1716a.*

*** 7123** **(ante 885 ex.–886 in.)**

Stephano (V) Sventopulcus rex Sclavorum Wichingum episcopum (legatum) mittit.

L a u d . i n : *J³ 7124.* – R e g . : *Marsina Vel'komaravské deperditá 35 n. 20; Boh. Pont. 25 n. *34.*

7124 **(885 ex.–886 in.)**

JL 3407 Sventopulci regis Sclavorum zelum fidei erga apostolorum principem Petrum laudat et asserit eum se protectorem in omnibus inventurum esse; fusius agit de trinitate; Wichingum episcopum Nitriensem ecclesiastica doctrina eruditum remittit (J³ *7123) et commendat; scribit de ieiuniis; Methodii vero superstitionem, si ita est, penitus abdicat; interdicit, ne divina officia et sacra mysteria et missarum solemnia, quae idem Methodius Sclavorum lingua celebrare praesumpserit, eodem modo deinceps a quolibet praesumantur celebrari, excepto quod ad simplicis populi aedificationem attineat, si evangelii vel apostoli expositio ab eruditis eadem lingua annuntietur. – *Quia te zelo.*

E d . : *MGH Epp. 7, 354 n. 1; Havlík Svatopluk 96.* – R e g . : *Boh. Pont. 26 n. 35.*

Olim ad a. 885. De tempore cf. Boh. Pont. 26 n. 35. Cf. et J³ *7123.

7125 **(885 ex.–886 in.)**

JL 3408 Dominicum episcopum, Iohannem et Stephanum (presbyteros) euntes ad Sclavos 1) commonet et eis praescribit, quomodo agant, cum Sclavorum fines ingressi sint atque venerint ad ducem (Sventopulcum); mandat, ut primo die salutationes tantum proferant; 2) deinde de spiritu sancto procedente a patre et filio dicant; 3) „missas et sacratissima illa ministeria, quae Sclavorum lingua ... Methodius celebrare praesumpsit, quamvis decessoris sui (Iohannis VIII) temporibus ... iuraverit se ea ulterius non praesumere, ... penitus interdicit. Verumtamen si aliquis Sclavorum lingua tam doctus invenitur, ut post ... lectionem eius explicationem doctus sit dicere ad aedificationem eorum, qui non intelligunt, ... approbat"; 4) praecipit de ieiuniis tenendis, „sicut in sua decrevit epistola" (J³ 7124); 5) mandat, ut interdicant, ne successor (Gorazdus), quem Methodius sibi constituere praesumpserit, ministret, donec suam praesentiam apostolicae sedi exhibuerit et causam suam exposuerit. – *(Cum Deo propitio); (Spiritus sanctus a); (Missas et sacratissima); (De veneratione ieiuniorum); (Successorem quem Methodius).*

E d . : *MGH Epp. 7, 352 n. 33; Lacko Great Moravia 121 n. 16.* – R e g . : *Ratkoš Pramene 185 n. 69 et 434 n. 10; Boh. Pont. 26 n. 36.*

Fragmenta. Olim ad a. 885. De tempore cf. Boh. Pont. 26 n. 36.

7126 **(885 ex.–886 in.)**

JL 3403 Basilio (I) imperatori (Constantinopolitano) scribit, sese eius litteras Hadriano (III) destinatas (J³ *7100) accepisse. Graviter eum increpat, quod a Photio (patriarcha Constantinopolitano) seductus Marinum (I) papam condemnare praesumpserit hortaturque, ut ab iniuriis in ecclesiam Romanam desistat. Rogat, „celoces muniat, rebusque necessariis ab apr. ad sept. usque instruat, mittatque qui portus maritimave loca contra Agarenorum populationes tueantur". – *Vestrae serenitatis litteras; Litteras serenitatis vestrae; Τὸ γράμμα τὸ.*

E d . : *MGH Epp. 7, 372 n. 1 (versio Graeca); Tăutu Acta Rom. pont. I 737 n. 355 (ambo versiones); Grumel Lettre du pape Étienne 137 (versio Graeca).* – R e g . : *Böhmer/Mühlbacher² n. 1717b.*

Cf. J³ *7063 et J³ *7100 et J³ *7127.

*7127 **(885 ex.–886 in.)**

Theodosium episcopum Orientanum legatum ad Basilium (I) imperatorem (Constantinopolitanum) mittit.

L a u d . i n : *J³ 7126; Monumentum translationis corporum Chrysanti (Monti Cod. dipl. Brindisino I 219); Narratio Historica (Errico Cenni 223).*

Theodosius cum epist. J³ *7100 Hadriano III destinata Romam revertitur et epist. J³ 7126 Basilio transmisit.

*7128 **(886 ian. 17)**

Ecclesiam bb. apostolorum Iacobi et Philippi a fundamento renovat et ei „calice(m) et patena(m) exaurata(m) suo nomine grecis latinisque litteris inscripta(m)", „cortinam lineam" et „velothera serica III" (Lib. pont.) et reliquias (ss. Chrysanthi, Dariae, Diodori, Mariani et aliorum martyrum) donat (Inventio).

L a u d . i n : *Lib. pont. (Duchesne II 195); Inventio ss. Diodori Mariani et aliorum (AASS oct. 11, 446).*

De tempore cf. J³ *7129.

*7129 **886 ian. 17**

Reliquias ss. Chrysanthi, Dariae, Diodori, Mariani et aliorum martyrum a Via Salaria ad palatium Lateranense et ad basilicam ss. XII Apostolorum transfert (XVI kal. febr.).

L a u d . i n : *Carmen de inventione s. Chrysanti et s. Dariae (MGH Poetae 4/1, 404); Inventio ss. Diodori Mariani et aliorum (AASS oct. 11, 446).*

Inventio corporum fuit a. 886 ian. 17, cf. AASS oct. 11, 446 et Monumentum corporum Chrysanti (Monti Cod. dipl. Brindisino I 219). De re cf. Herbers Reliquienreisen.

*7130 **886 (post ian. 17)**

Theodosio episcopo Orientano corpora ss. Chrysanthi Dariaeque martyrum et reliquia ss. Diodori, Mariani et aliorum martyrum donat (a. inc. D. 886, ind. XIV).

L a u d . i n : *Monumentum translationis corporum Chrysanti (Monti Cod. dipl. Brindisino I 219); Narratio Historica (Errico Cenni 223).*

Inventio corporum fuit a. 886 ian. 17, cf. Monumentum translationis. De re cf. Herbers Reliquienreisen.

7131 **(post 886 febr.)**

Stephano (V) Fulco archiepiscopus Remensis respondet (cf. J³ *7117) et de Normannorum periculis, de Widone comite Spoletino et de privilegiis Remensibus scribit.

E d . : *Gousset Actes de la province de Reims I 520.* – R e g . : *Sot Historien 157 n. 6.*

De tempore cf. Schneider Fulco 37 adn. 33.

7132 **(886 febr. ex.–mart. in.)**

JL 3412 Carolo (III) imperatori 1) ramos palmarum mittit. 2) Quem ut Romanae ecclesiae consulat hortatur. – *(Triumphos victoriae typicis); (Cui enim plus).*

E d . : *MGH Epp. 7, 336 n. 5.* – C a n . : *Coll. Brit. 401 n. 5.* – R e g . : *Böhmer/Mühlbacher² n. 1717b.*

Fragmenta.

7133 **886 mart. 10** **(Roma)**

JL †3421 Theoderico abbati Nonantulano privilegium concedit, quo monasterii eius possessiones et iura confirmat (Scr. p. m. Leonis scrin. S.S.A. in m. mart., ind. IV. Dat. VI id. mart. p. m. Stephani secund. S.S.A. imp. d. n. piissimo pp. aug. Karolo a Deo cor. magno imp. a. VI et postcons. eius a. VI, ind. IV). – *Queque ad laudem.*

E d . : *Gaudenzi Nonantola 70 n. 16.* – R e g . : *Ital. Pont. V 338 n. 13.*

Laud. et in J³ ?7367 et in Ludovici III diplomate (FSI 37, 78). Olim ad. a. cr. 886. De notis chronologicis et fide cf. Ital. Pont. V 338 n. 13 adn.

7134 **(886 febr.–mart.)**

JL 3413 Liutwardo episcopo (Vercellensi) scribit, 1) ad hoc Carolum (III) prae aliis mortalibus diademate imperatoris a Romana ecclesia ornatum esse, ut „tutissimo eius regimine potita pace secura subsisteret". 2) Addit de malefactorum puniendorum facultate regis. – *(Ecce enim ad); (Non autem sine).*

E d . : *MGH Epp. 7, 336 n. 6.* – C a n . : *Coll. Brit. 401 n. 6; Ivonis Decr. X c. 117.* – R e g . : *Böhmer/Mühlbacher² n. 1717b; Ital. Pont. VI/2, 11 n. 14.*

Fragmenta.

*7135 **886 (febr.–mart.)**

A Stephano (V) invitatus Carolus (III) Italiam petit et Liutwardum (Vercellensem) episcopum, archicancellarium suum, Romam mittit.

L a u d . i n : *Ann. Fuldenses, Cont. Ratisbonensis ad a. 886 (MGH SS rer. Germ. 7, 114).* – R e g . : *Böhmer/Mühlbacher² n. 1717b; Böhmer/Zielinski n. 753.*

De tempore cf. Böhmer/Zielinski n. 753.

*7136 **(886 febr.–mart.)** **Roma**

JL I 428 Liutwardum episcopum (Vercellensem), legatum (Caroli III) imperatoris Italiam invitati, excipit ac decernit, „ut episcopis, quorum parrochias de incendiis gentilium vastate penitus apparent, alias sedes eis non occupatae" concedantur.

L a u d . i n : *Ann. Fuldenses, Cont. Ratisbonensis a. 886 (MGH SS rer. Germ. 7, 114).*

*7137 **(886 iun.)**

Widonem (II) comitem (Spoletinum) „in filium adoptaverat".

L a u d . i n : *Flodoardi Remensis Hist. IV c. 1 (MGH SS 36, 366).* – R e g . : *Böhmer/Zielinski n. 852.*

De tempore cf. Böhmer/Zielinski n. 852. Cf. et J³ *7169.

*7138 **(885–886 sept.)**

„Cum in basilica beati Petri ... cerneret nocturnis laudibus vix semel thimiamatis incensum offerri, instituit ut per singulas lectiones et responsoria adoleatur".

L a u d . i n : *Lib. pont. (Duchesne II 194).* – R e g . : *Ital. Pont. I 138 n. *16.*

Vita Stephani in Lib. pont. tantum primum annum pontificatus eius prodit (cf. Duchesne in Lib. pont. II p. VIII), ex quo tempus sequitur.

*7139 **(885–886 sept.)**

Basilicae b. Petri „cantram auream ... cum perpendaculo ad pendendum", regnum aureum, spatham cum vagina, vestem cum auro et albis, vela sirica IV et „omelias beati Gregorii (I papae) numero XL" donat.

L a u d . i n : *Lib. pont. (Duchesne II 194).*
De tempore cf. J[3] *7138.

*7140 **(885–886 sept.)**
„Malam consuetudinem" inveniens, "ut presbiteri qui ibidem (in basilica b. Petri) Domino sacrificium cotidie offerebant omni anno unam wittam consuetudinaliter darent, quam consuetudinem ... Marinus (I) papa ... fregerat ... (cf. J[3] *7075), sub forti obtestatione praecipit, ut nullus umquam ab eis non solum hoc, verum etiam aliquod tributum accip(iat), sed cum omni honore, sicut sacerdotes oportet, suum peragi officium eis lice(at).
L a u d . i n : *Lib. pont. (Duchesne II 194).* – R e g . : *Ital. Pont. I 139 n. *17.*
De tempore cf. J[3] *7138.

*7141 **(885–886 sept.)**
Ecclesiae s. Mariae ad Praesepe (Romanae) vela IIII, „quorum duo sunt de serico pigati, tertium paonatile, quartum de alexandro" et „gabathas argenteas cum lampadibus" donat et „continuatim in vigiliis ardere" praecipit.
L a u d . i n : *Lib. pont. (Duchesne II 194).*
De tempore cf. J[3] *7138.

*7142 **(885–886 sept.)**
Ecclesiae b. Pauli (extra muros Romanae) regnum ex auro, vestem sericam et „belotera IIII, ex quibus unum auro textum" donat.
L a u d . i n : *Lib. pont. (Duchesne II 194).*
De tempore cf. J[3] *7138.

*7143 **(885–886 sept.)**
Ecclesiae Salvatoris, quae Constantiana vocatur (in Laterano) „vestem ... auro textum", „belothera serica de blathi bizantea IIII", „vela serica leonati nonaginta", „cantrellam exauratam" et „librum Comitem I, Prophetarum librum I, Gestarum libros II" donat.
L a u d . i n : *Lib. pont. (Duchesne II 194).*
De tempore cf. J[3] *7138.

*7144 **(885–886 sept.)**
Oratorio s. Thomae in monasterio s. Andreae apostoli (de Biberatica, Romano) vestem donat.
L a u d . i n : *Lib. pont. (Duchesne II 195).*
De tempore cf. J[3] *7138.

*7145 **(885–886 sept.)**
Basilicae ss. IIII Coronatorum (Romanae) „crucem auream", „sugulum ad pendendum in regno", „cereostata vestita de argento paria duo", „cantram exauratam I, Salomonem I, regnum aureum I", „vestem I cum auro et albis", „Sermonum librum I, Gestarum librum I, Evangeliorum cum epistolis librum I", „canistra de argento purissimo ... numero quindecim" et „codicem I beati Iohannis Chrisostomi" donat.
L a u d . i n : *Lib. pont. (Duchesne II 195).*
De tempore cf. J[3] *7138.

*7146 **(885–886 sept.)**
(Ecclesiae) tituli s. Marcelli (Romanae) „canistrum argenteum", „crucem de auro",

„vela linea XXVI", „cortinam lineam", „Istoriarum librum" et „omelias sancti Gregorii (I papae) numero XX" donat.
L a u d . i n : *Lib. pont. (Duchesne II 195).*
De tempore cf. J³ *7138.

*7147 **(885–886 sept.)**
Ecclesiae s. Maria in Manturiano „librum Regum I" et „vestem sericam" donat.
L a u d . i n : *Lib. pont. (Duchesne II 195).*
De tempore cf. J³ *7138.

*7148 **(885–886 sept.)**
Monasterio (s. Gregorii) in Clivuscauri (Romano) crucem auream donat.
L a u d . i n : *Lib. pont. (Duchesne II 195).*
De tempore cf. J³ *7138.

*7149 **(885–886 sept.)**
Monasterio s. Silvestri in monte Sirapti „thimiamaterium de argento" et „cantrellam argenteam" donat.
L a u d . i n : *Lib. pont. (Duchesne II 195).*
De tempore cf. J³ *7138.

*7150 **(885–886 sept.)**
(Ecclesiae) tituli s. Pudentianae (Romanae) Sermonum librum donat.
L a u d . i n : *Lib. pont. (Duchesne II 195).*
De tempore cf. J³ *7138.

*7151 **(885–886 sept.)**
(Ecclesiae) tituli b. Anastasiae (Romanae) „Sermonum et Epistolarum librum" donat.
L a u d . i n : *Lib. pont. (Duchesne II 195).*
De tempore cf. J³ *7138.

*7152 **(885–886 sept.)**
Ecclesiae (s. Crucis) quae vocatur Hierusalem in Susurrio (Romanae) „librum Regum et Salomonis" donat.
L a u d . i n : *Lib. pont. (Duchesne II 195).*
De tempore cf. J³ *7138.

*7153 **(885–886 sept.)**
Hospitali b. Gregorii in porticu b. Petri „Sermonum sanctorum librum" donat.
L a u d . i n : *Lib. pont. (Duchesne II 195).*
De tempore cf. J³ *7138.

*7154 **(885–886 sept.)**
Scolae cantorum, „quae pridem Orphanotrophium vocabatur", Eptaticum donat.
L a u d . i n : *Lib. pont. (Duchesne II 195).*
De tempore cf. J³ *7138.

*7155 **(885–886 sept.)**
Ecclesiae Ravennati „auri libras XII, argenti libras ..." remittit „pro animae suae remedio".

L a u d . i n : *Lib. pont. (Duchesne II 195).*
De tempore cf. J³ *7138.

*** 7156** **(885–886 sept.)**

Ecclesiae Immolensi „auri libras septem, argenti libras ..." restituit.
L a u d . i n : *Lib. pont. (Duchesne II 195).*
De tempore cf. J³ *7138.

*** 7157** **(885–886 sept.)**

Ecclesiae Bononiensi „patenam de argento" reddit.
L a u d . i n : *Lib. pont. (Duchesne II 195).*
De tempore cf. J³ *7138.

*** 7158** **(885–886)**

A Stephano (V) Theodardus archiepiscopus Narbonensis Romam veniens pallium et privilegium petit.
L a u d . i n : *Vita Theodardi IV c. 28 (AASS mai. 1, 149).*
Theodardus a. 886 aug. 15 consecratus est, cf. Vita Theodardi IV c. 25 (AASS mai. 1, 148).

*** 7159** **(885–886)**

Theodardo archiepiscopo Narbonensi pallium concedit et possessiones confirmat.
L a u d . i n : *Vita Theodardi IV c. 28 (AASS mai. 1, 149).*

*** 7160** **(885–886)**

Theodardo archiepiscopo Narbonensi epistolam contra Selvam invasorem archiepiscopatus (Tarragonensis) dat.
L a u d . i n : *Vita Theodardi IV c. 28 (AASS mai. 1, 149).*

*** 7161** **(886)**

Luponi Senensi seu Rosellano et (Iohanni) Corniensi episcopis prohibet, ut clericos Petri (episcopi) Voloterrani sine comendaticiis litteris nec recipiant nec consecrare praesumant.
L a u d . i n : *J³ 7162.* – R e g . : *Ital. Pont. III 282 n. *8.*

7162 **(886)**

JL 3409 Petro (episcopo) Voloterrano scribit se Luponi Senensi, Rosellano et (Iohanni) Cornienensi episcopis sub anathematis poena interdixisse (J³ *7161), ne clericos eius sine litteris commendaticiis recipiant vel consecrent. – *(Sicut suggessisti Luponi).*
E d . : *MGH Epp. 7, 335 n. 2.* – C a n . : *Coll. Brit. 400 n. 2.* – R e g . : *Ital. Pont. III 282 n. 9.*
Fragmentum. Cf. J³ *7161.

7163 **(886)**

JL 3415 Omnibus episcopis in ducatu Spoletino constitutis 1) indicat, sese in octava apostolorum (iul. 6) synodum celebraturum esse; 2) regularem ordinem qui violaverit, eum puniendum esse decernit. – *(Sanctitatem vestram scire); (Regularis quippe ordo).*
E d . : *MGH Epp. 7, 337 n. 8.* – C a n . : *Coll. Brit. 402 n. 8.* – R e g . : *Ital. Pont. IV 4 n. 14.*
Fragmenta. Olim ad a. (886 iun.?). De tempore cf. Ital. Pont. IV 4 n. 14.

7164 **(886)**

JL 3410 Iohanni duci (Venetiarum) ob ducatum Comaclensem invasum ab Hadriano (III) excommunicato (i. e. incusato, cf. J[3] *7105) notum facit se ei ducatum numquam concessurum esse. – *(De ducatu autem).*

Ed.: *MGH Epp. 7, 335 n. 3.* – Can.: *Coll. Brit. 400 n. 3.* – Reg.: *Ital. Pont. V 187 n. 3; Ital. Pont. VII/2, 18 n. 24.*

Fragmentum. Cf. J[3] *7105.

7165 **(886)**

JL 3411 „Item" (Iohanni duci Venetiarum?) significat se in ordinationis suae exordio ducatum Commeaclensem Iohanni episcopo Ticinensi concessisse (cf. J[3] *7121) eo modo, quo eum duces soleant tenere; alioquin ei ob petitionem illustris Gaudonis gloriosi militis ducatum dedisset. – *(Praecipue cum ipsum).*

Ed.: *MGH Epp. 7, 335 n. 4.* – Can.: *Coll. Brit. 401 n. 4.* – Reg.: *Ital. Pont. V 187 n. 4.*

Fragmentum. Cf. J[3] *7121.

7166 **(886)**

JL 3418 (Paulo episcopo) Placentino scribit de servandis decessorum suorum statutis. – *(Loci nostri consideratio).*

Ed.: *MGH Epp. 7, 339 n. 11.* – Can.: *Coll. Brit. 403 n. 11; Gratiani Decr. C. XXXV q. 9 c. 2.* – Reg.: *Ital. Pont. V 444 n. 10.*

Fragmentum.

7167 **(886)**

JL 3417 (Petro elec)to Salernitano significat, mercenarium esse episcopum, qui potius lacte nutriri et lanis vestiri appetat, quam Christi gregis curam gerere. – *(Mercennarius esse veraciter).*

Ed.: *MGH Epp. 7, 338 n. 10.* – Can.: *Coll. Brit. 403 n. 10.* – Reg.: *Ital. Pont. VIII 345 n. 7.*

7168 **(886)**

JL 3414 Athanasio (II) episcopo Neapolitano 1) praecipit, ut Petrum diaconum aut pristino honori restituat, aut sine mora ad sese mittat. 2) Nisi obedierit se „tam cum spirituali gladio quam hostili populo" contra eum venturum segetesque deleturum esse minatur. „Et non dicas", inquit, „quia 'si domnus apostolicus veniens messes nostras deleverit, habemus alias provincias, unde labores habere possimus'. Nam nos et Romam Sardiniam Corsicam et totam christianitatem contra te claudemus, ut nullo modo recuperare valeatis". – *(De Petro etiam); (Et si surda).*

Ed.: *MGH Epp. 7, 337 n. 7.* – Can.: *Coll. Brit. 401 n. 7.* – Reg.: *Ital. Pont. VIII 427 n. 38 et 448 n. 77.*

Fragmenta.

***7169** **(886)**

JL *3420 Fulconis archiepiscopi Remensis erga se reverentiam laudat. Widonem ducem (Spoletinum) eius propinquum „unici loco filii se tenere fatetur". Dolet de „Normannorum infestatione". Fulconem ad se venire cupit. Significat se de monasterio invaso litteras ad (Senonensem et Rotomagensem) archiepiscopos misisse, „necnon ad (Carolum III) imperatorem pro ecclesie Remensis iusticia deprecatorias et pro collata benignitate grates illi referentes".

Laud. in: *Flodoardi Remensis Hist. IV c. 1 (MGH SS 36, 366).* – Reg.: *Sot Historien 158 n. 7.*

***7170** **(886)**

Stephano (V) Fulco archiepiscopus Remensis rescribit (cf. J[3] *7169) de Erminfrido (invasore monasterii Bonae vallis); „interrogat ... sibique remandari poscit, si rite valeat episcoporum fieri ordinatio in qualibert sanctorum festivitate, nisi tantum dominica die".

Laud. in: *Flodoardi Remensis Hist. IV c. 1 (MGH SS 36, 366).* – Reg.: *Sot Historien 158 n. 8.*

De tempore cf. Sot Historien.

7171 **(886 ex.)**

Stephano (V) Stylianus episcopus Neocaesariensis de contentionibus, quibus ecclesia Constantinopolitana Photio auctore per multos annos perturbata sit, scribit petitque a papa, ut omnes, qui vi vel fraude Photii lapsi sint, per poenitentiam denuo ad communionem ecclesiae admittantur.

Ed.: *Mansi Conc. 16, 425 (versiones Latina et Graeca); MGH Epp. 7, 375 n. 2 (versio Graeca).*

Cf. J³ *5535, J³ *5538, J³ *†5602, J³ *5633, J³ *†5636, J³ 5720.

7172 **(886 ex.–887 in.)**

JL 3419 Girardo Leodicensi ita scribit: 1) „Oportet, ut primum vos tam de invasis civitatibus et monasteriis et mansis quamque et de reliquis generaliter rebus reinvestire faciatis, quia nec nudi contendere, nec inermes inimicis nos debemus opponere". 2) Hortatur, ut Dei fidelibus auxilium porrigat. – *(Oportet ut primum); (Habentes semper prae).*

Ed.: *Löwenfeld Epp. 35 n. 61; MGH Epp. 7, 339 n. 12.* – Can.: *Coll. Brit. 403 n. 12; Gratiani Decr. C. III q. 2 c. 3.* – Reg.: *Ital. Pont. VI/1, 240 n. 2.*

Fragmentum.

7173 **(886 ex.–887 in.)**

JL 3416 Theodosium episcopum (Nonensem) graviter increpat, 1) quod post Marini episcopi Spalatini (Salonitani) mortem curam ecclesiae eius arripuerit, propria non dimissa; quod praedecessore defuncto ad patriarcham Aquileiensem convolaverit, consecrationem susceperit, quam a sede apostolica petere debuisset; 2) quod „duabus simul sponsis nubere barbaricam gentem instru(at)". – *(Quis vice Marini); (Nunquidne duabus simul).*

Ed.: *MGH Epp. 7, 338 n. 9.* – Can.: *Coll. Brit. 402 n. 9; Ivonis Decr. VIII c. 59.*

Fragmenta.

7174 **(887 mart.)**

JL 3427 Carolo (III) imperatori „ramos palmarum triumphi typum ferentes apostolica ... benedictione" mittit. – *(Ramos palmarum triumphi).*

Ed.: *MGH Epp. 7, 340 n. 13.* – Can.: *Coll. Brit. 403 n. 13.*

7175 **(887 apr. in.)**

JL 3428 Carolo (III) imperatori respondet, sese III kal. apr. (mart. 30) accepisse eius litteras (Böhmer/Zielinski n. 762) petentes, ut ad placitum „XIIII post s. paschae diem" (i. e. apr. 30) in Alamannia celebrandum Romanae ecclesiae legati destinarentur. Litteras vero suspectas sibi videri, primo quia earum portitor persona sit vilissima, secundo quia per cuius tuitionem legati mittantur, nec in epistola contineatur nec nuntius dicere sapiat, tertio quia tam brevi tempore missi nec occurrere nec se parare possint, denique quia qui eos suscipiat „ad deducendum more solito", desit. Rogat, mittat qui causam iudicent et legatos deducant. – *(De cetero vestra).*

Ed.: *MGH Epp. 7, 340 n. 14.* – Can.: *Deusdedit Coll. can. IV c. 105.* – Reg.: *Böhmer/Zielinski n. 763.*

7176 **887 mai. 30** **(Roma)**

JL 3429 Ecclesiae Hildesheimensis et monasterii Corbeiensis (dioec. Paderb.) possessiones confirmat litteris ad Wicbertum episcopum et Bovonem abbatem (Scr. p. m. Gregorii scrin. S.R.E. in m. mai., ind. V. Dat. III kal. iun. p. m. Leonis saccellarii S.S.A. imp. d. piissimo patre patrie aug. Carolo a Deo cor. magno imp. a. VI et post cons. eius a. VI, ind. V). – *Convenit apostolico moderamini.*

E d . : *Janicke UB Hildesheim I 14 n. 15.* – R e g . : *Germ. Pont. V/1, 82 n. 9; Germ. Pont. V/2, 21 n. 8.*

Laud. et in Liudberti archiep. Magontiacensis charta (Germ. Pont. V/1 83 n. 10), J[3] 8178, Clementis II privilegio spurio (JL †4132, Böhmer/Frech n. †354).

*** 7177** **(886–887)**

JL *3422 Fulconi archiepiscopi Remensi de apostolica sede sollicito gratias agit. Miserias eius dolet fortique animo eum esse iubet.

L a u d . i n : *Flodoardi Remensis Hist. IV c. 1 (MGH SS 36, 367).* – R e g . : *Sot Historien 158 n. 9.*

*** 7178** **(886–887)**

JL *3423 Fulconem archiepiscopum Remensem monet, ut Dominicum „a filiis et cognatis propriis oppress(um) vel expuls(um)" tueatur.

L a u d . i n : *Flodoardi Remensis Hist. IV c. 1 (MGH SS 36, 367).* – R e g . : *Sot Historien 158 n. 10.*

*** 7179** **(886–887)**

JL *3424 Fulconi archiepiscopo Remensi „pro quorundam susceptione Anglorum" scribit.

L a u d . i n : *Flodoardi Remensis Hist. IV c. 1 (MGH SS 36, 367).* – R e g . : *Sot Historien 158 n. 11.*

*** 7180** **(887)**

Stephano (V) Atenulfus gastaldus Capuanus per legatos (Maionem abbatem s. Vincentii et Dauferium diaconum Casinensem) se subdit, ut illi proprius famulus sit, et promittit se redditurum esse Caietanos, quos pridem callide ceperat, atque adiuturum esse contra Saracenos Gariliano residentes.

L a u d . i n : *Erchemperti Hist. Lang. c. 65 (MGH SS rer. Lang. 260); Chron. mon. Casinensis I c. 47 (MGH SS 34, 125).* – R e g . : *Ital. Pont. VIII 83 n. *12 et 204 n. *15.*

De tempore cf. Ital. Pont. VIII 204 n. *15.

*** 7181** **(887)**

Ad Stephanum (V) Angelarius abbas Casinensis Erchempertum monachum mittit postulaturum pro rebus fratrum infra urbem Capuanam exsulantium ab Atenulfo gastaldo ablatis.

L a u d . i n : *Erchemperti Hist. Lang. c. 69 (MGH SS rer. Lang. 261).* – R e g . : *Ital. Pont. VIII 126 n. *38 et 229 n. *1.*

*** 7182** **(887)**

JL *3430 Monasterii Casinensis per Erchempertum monachum privilegia concedit.

L a u d . i n : *Erchemperti Hist. Lang. c. 69 (MGH SS rer. Lang. 261); Chron. mon. Casinensis I c. 47 (MGH SS 34, 125).* – R e g . : *Ital. Pont. VIII 127 n. *39.*

*** 7183** **(887)**

JL *3431 Atenulfum gastaldum Capuano litteris per Erchempertum monachum missis hortatur, ut quae abstulerit, monasterii Casinensis bona in agro Capuano sita „protinus redd(at), nisi excommunicationis vel(it) subire sententiam".

L a u d . i n : *Erchemperti Hist. Lang. c. 69 (MGH SS rer. Lang. 261); Chron. mon. Casinensis I c. 47 (MGH SS 34, 125).* – R e g . : *Ital. Pont. VIII 127 n. *40 et 204 n. *16 et 229 n. *2.*

*** 7184** **(887)**

Petrum electum (Salernitanum) excommunicat, eo quod vocatus venire, ut consecretur, noluerit, sed ut moechus ecclesiam illam retinere non formidaverit.

Laud. in: *J³ 7195.* – Reg.: *Ital. Pont. VIII 345 n. *8.*

*** 7185** **(887)**

JL *3432 Aureliano archiepiscopo Lugdunensi mandat, ut, quem clerus populusque Lingonensis elegerit, Teutboldum praesente legato suo Oiranno episcopo Senogalliensi consecret.

Laud. in: *Flodoardi Remensis Hist. IV c. 1 (MGH SS 36, 368).*

*** 7186** **(887)**

JL *3425 Fulconi archiepiscopo Remensi, Aureliano Lugdunensi, Adelgario (Augustodunensi), Geiloni (Lingonensi), Emmenoni (Nivernensi) et reliquis per Galliam constitutis mandat, ut Frotarium (episcopum) ab ecclesia Bituricensi redire ad Burdigalensem compellant.

Laud. in: *Flodoardi Remensis Hist. IV c. 1 (MGH SS 36, 367).* – Reg.: *Sot Historien 158 n. 12; Böhmer/Zielinski n. 2839.*

*** 7187** **(887)**

JL *3426 Aureliano archiepiscopo Lugdunensi „propter temeritatem Frotharii Burdigalensis episcopi litteris missis ... praecipit, ut sumpto uno vel duobus ex eadem provincia episcopis ad eandem ecclesiam euntes pontificem consecr(ent); si ex episcopis provinciae iam dictae neminem poss(i)nt habere, ipsi fisi sua auctoritate episcopum consecr(ent)".

Laud. in: *Hugonis Flaviniacensis Chron. I (MGH SS 8, 356).* – Reg.: *Böhmer/Zielinski n. 2840.*

7188 **(887–888)**

JL 3435 Romanum archiepiscopum (Ravennatem) 1) arguit, quod contra canonum statuta successorem sibi eligere et decretum super hoc factum clericorum ac laicorum manibus firmare fecerit; 2) praecipit, ut quod canonibus contrarium sit, omnino exstirpet. – *(Quorundam relatu fidelium); (Nos statuta antecessorum).*

Ed.: *MGH Epp. 7, 342 n. 17.* – Can.: *Coll. Brit. 404 n. 16.* – Reg.: *Ital. Pont. V 48 n. 145.*

Fragmenta.

*** 7189** **(887–888)**

Multotiens Paulum episcopum Placentinum, Wibodo episcopo (Parmensi) reclamante, in iudicium vocat.

Laud. in: *J³ 7190.* – Reg.: *Ital. Pont. V 417 n. *9 et 444 n. *11.*

7190 **(887–888)**

JL 3438 Paulo episcopo Placentino, qui multotiens vocatus ad sese accedere contempserit, indicat, Wibodo episcopo (Parmensi) Montem Spilonem (locum) adiudicatum esse. Praecipit, ut quidquid de frugibus Montis perceperit, Wibodo restituat. – *(Religionem tuam scire).*

Ed.: *MGH Epp. 7, 344 n. 20.* – Can.: *Coll. Brit. 405 n. 19.* – Reg.: *Ital. Pont. V 417 n. 10 et 445 n. 12.*

Fragmentum. Cf. J³ *7189.

*** 7191** **(887–888)**

Walpertum patriarcham (Aquileiensem) monet, ut Cumensi ecclesiae pastorem consecret.

L a u d . i n : *J³ 7192.* – R e g . : *Ital. Pont. VI/1, 399 n. *3; Ital. Pont. VII/1, 27 n. *41.*
De tempore cf. Ital. Pont. VI/1 399 n. *3.

7192 **(887–888)**

JL 3442 Walberto patriarchae (Aquileiensi) 1) iam iterum praecipit, ut Liutardum electum Cumensem consecret; 2) minatur, si moram rei intulerit, fore ut ipse consecrationem perficiat. – *(Miramur prudentiam tuam); (Nunc vero iterato); (Nec vero iterato).*

E d . : *MGH Epp. 7, 346 n. 24.* – C a n . : *Coll. Brit. 405 n. 23; Ivonis Decr. V c. 13; Anselmi Coll. can. VI c. 31; Deusdedit Coll. can. I c. 245 [196]; Gratiani Decr. C. IX q. 3 c. 20.* – R e g . : *Ital. Pont. VI/1, 400 n. 4; Ital. Pont. VII/1, 27 n. 42.*

Fragmentum. Cf. J³ *7191.

7193 **(887–888)**

JL 3434 Leoni episopo Thianensi 1) scribit de tractanda Alderici diaconi accusati causa; 2) addit: „De manifesta et nota plurimis causa non sunt quaerendi testes“. – *(De crimine sibi); (De manifesta et).*

E d . : *MGH Epp. 7, 341 n. 16.* – C a n . : *Coll. Brit. 404 n. 15; Ivonis Decr. VI c. 430 et 431; Ivonis (?) Panorm. IV c. 117; Gratiani Decr. C. II q. 1 c. 17 et C. XV q. 5 c. 1.* – R e g . : *Ital. Pont. VIII 256 n. 5.*

Fragmenta.

7194 **(887–888)**

JL 3440 Wamario principi Salernitano scribit, si Petrus electus ad se venire omiserit, licere clero et populo alium eligere et ad sedem apostolicam „pro sacrando deferre“. – *(Si vester electus).*

E d . : *MGH Epp. 7, 345 n. 22.* – C a n . : *Coll. Brit. 405 n. 21.* – R e g . : *Ital. Pont. VIII 336 n. 14.*

Fragmentum.

7195 **(887–888)**

JL 3441 In Petrum electum (Salernitanum) vehementer invehitur, quod ecclesiam Salernitanam tot retroactis temporibus invasam retineat et saepe ad consecrationem vocatus venire recusaverit. Quem cum plebe et clero omni ad sese accedere iubet, ut unguatur. – *(Sanctorum canonum transgressor).*

E d . : *MGH Epp. 7, 345 n. 23.* – C a n . : *Coll. Brit. 405 n. 22.* – R e g . : *Ital. Pont. VIII 345 n. 9.*

Fragmentum. Cf. J³ *7184.

7196 **(887–888)**

JL 3436 Georgium (strategam et) patricium (de Langobardi, Sicilia et Calabria) 1) increpat, quod electum Tarentinum expulerit et id egerit, ut alterum alterius ecclesiae (presbyterum) ibi intrusum Constantinopolitana ecclesia consecraret, licet haec, sciens ordinationem ad sedem Romanam pertinere, ordinare eum distulerit; 2) mandat, ut quem episcopum fecerit, eiiciat. – *(Qui sibi praeesse); (Cum prudentiam tuam).*

E d . : *MGH Epp. 7, 343 n. 18; Tăutu Acta Rom. pont. I 744 n. 358.* – C a n . : *Coll. Brit. 404 n. 17.* – R e g . : *Ital. Pont. IX 437 n. 5.*

Fragmenta.

7197 **(887–888)**

JL 3437 Tarentinis nunciat, sese Deusdonae presbyteri referentis episcopum Tarentinum se esse electum, consecrationem distulisse, quia electionem nec legatis nec litteris probare potuisset. – *(Deusdona scilicet presbyter).*

E d . : *MGH Epp. 7, 344 n. 19.* – C a n . : *Coll. Brit. 404 n. 18.* – R e g . : *Ital. Pont. IX 437 n. 6.*
Fragmentum.

7198 **(887–888)**

JL 3433 Sichiperto Corsicae episcopo, quod captus a Saracenis interfecerit hominem, ignoscit. – *(Quia te quasi).*

E d . : *MGH Epp. 7, 341 n. 15.* – C a n . : *Coll. Brit. 404 n. 14; Ivonis (?) Panorm. III c. 155; Gratiani Decr. D. 50 c. 38.* – R e g . : *Ital. Pont. X 468 n. 15.*
Fragmentum.

7199 **(887–888)**

JL 3439 Episcopis Italiae nunciat, et Giseltrudam relictam quondam Petri, et Winigildum cognatum, quocum, velamine sacro obiecto, stuprum fecisset, „canonico conventu celebrato" excommunicatos esse, quia saepe commoniti ad sese venire neglexerint. – *Vestrae fraternitati fortasse.*

E d . : *MGH Epp. 7, 344 n. 21.*

7200 **(887–888)**

JL 3443 Liutberto archiepiscopo Maguntino scribit, 1) viginti tantum concilii Nicaeni capita in ecclesia Romana haberi; 2) de corepiscopis „in villis et modicis civitatibus secundum patrum statuta non" ordinandis. Propter vero dioecesis Maguntinae extensionem antiquam praedecessorum consuetudinem ei non interdicit, donec convocata synodo de hac re statutum fuerit; 3) roganti de infantis caede utrum per ferrum candens an aquam ferventem queri in parentes debeat, neutrum probandi genus placere. „Spontanea enim" inquit „confessione vel testium approbatione publicata delicta ... commissa sunt regimini ... iudicare; occulta vero et incognita illius sunt ... relinquenda, qui solus novit corda filiorum hominum". – *(Capitula Nicaeni concilii); (De corepiscopis scilicet); (Consuluisti etiam de).*

E d . : *MGH Epp. 7, 346 n. 25.* – C a n . : *Coll. Brit. 406 n. 24; Ivonis Decr. IV c. 232 (1) et X c. 27 (3); Ivonis (?) Panorm. II c. 107 (1); Gratiani Decr. D XVI c. 13 (1) et C. II q. 5 c. 20 (3).* – R e g . : *Germ. Pont. IV 68 n. 43.*
Fragmenta.

7201 **(887–888)**

JL 3445 Lamberto episcopo Cenomannensi concedit, ut Hildegarda, quae filios suos interfecerit, peracta annorum septem poenitentia, quibusdam diebus festis sumat coenam sacram, „et diebus vitae suae in monasterio retrusa monachicam vitam regulariter ducat". – *(Lecta epistola a).*

E d . : *MGH Epp. 7, 349 n. 27.* – C a n . : *Coll. Brit. 406 n. 26; Ivonis Decr. X c. 186 (Stephano III. ascripta).*
Fragmentum.

7202 **(887–888)**

JL 3447 Rotberto episcopo Metensi respondet, Flavinum, licet manus sinistrae digitus a Normannis ei abscissus sit, posse sacris initiari. – *Lator praesentium Flavinus.*

E d . : *MGH Epp. 7, 350 n. 29.*

7203 **(887–888)**

JL 3444 Stiliano archiepiscopo (Neocaesariensi) et Anastasio, Eusebio, Iohanni, Paulo archiepiscopis (al. episcopis) et eorum clero 1) scribit de crucis signaculo in dandis sacramentis adhibendo; 2) quae Romana ecclesia statuerit, perpetuo observari iubet. – *(Numquid non omnia); (Enimvero quia in).*

E d . : *MGH Epp. 7, 348 n. 26; Tăutu Acta Rom. pont. I 747 n. 359 a.*
Fragmenta.

7204 **(888)**

JL 3446 Widoni (IV) comiti (Spoletino) scribit se ideo electum Reatinum nondum consecrasse, „quod imperialem (sibi), ut mos (sit), absolutionis minime detul(erit) epistolam". „Gloriae vestrae" inquit „mandamus, quoniam aliter mox agere haud debuimus, ut vestra sollertia imperiali, ut consuetudo prisca condictat, percepta licentia et nobis ... imperatoria directa epistola tunc voluntati vestrae de hoc parebimus eundemque electum ... consecrabimus". – *(Lectis sagacitatis vestrae).*

E d . : *Insertum in De investitura regali (MGH Ldl 3, 612); MGH Epp. 7, 349 n. 28.* – C a n . : *Coll. Brit. 407 n. 27; Ivonis (?) Coll. tripartita 1, 64, 7; Gratiani Decr. D. LXIII c. 18 (fragm.).* – R e g . : *Ital. Pont. IV 4 n. 15 et 23 n. 3.*
Fragmentum.

7205 **(888)**

JL 3449 Romano archiepiscopo (Ravennati) significat, Imolensi episcopo (Iohanni) succedi, eo vivente, se non praecepturum esse, quia iniustum sit, ut episcopus honore suo privetur aegrotus. – *(Nos vero ei).*

E d . : *MGH Epp. 7, 351 n. 31.* – C a n . : *Coll. Brit. 407 n. 30.* – R e g . : *Ital. Pont. V 48 n. 146 et 163 n. 3.*
Fragmentum.

7206 **(888)**

JL 3450 Romano archiepiscopo Ravennati mandat, ut ad componendam populi divisionem post mortem (Iohannis) episcopi Imolensis in eligendo successore ortam convocato clero et populo talem ibi eligendum curet, cui sacri non obvient canones. „Sacerdotum quippe" inquit „est electio et fidelis populi consensus adhibendus est, quia docendus, non sequendus est populus". – *(Nosse tuam venerabilitudinem).*

E d . : *MGH Epp. 7, 351 n. 32.* – C a n . : *Coll. Brit. 587 n. 50; Deusdedit Coll. can. I c. 244; Anselmi Coll. can. VI c. 30; Gratiani Decr. D. LXIII c. 12.* – R e g . : *Ital. Pont. V 48 n. 147 et 163 n. 4.*

7207 **(888)**

JL 3448 Theodosio episcopo scribit, 1) optare se, ut ecclesia Salonitana reaedificata in pristinum gradum redeat omnesque ecclesia a barbaris destructae restaurentur. Pallium promittit, si ad sese accesserit; 2) benedicere non posse eum, qui ipse benedictione careat, edocet. – *(Salonitana ecclesia quam); (Quomodo ab eo).*

E d . : *MGH Epp. 7, 351 n. 30.*
Fragmenta.

7208 **(888)**

JL 3452 Cunctos, ubique terrarum degentes episcopos (provinciae Constantinopolitanae) laudat, quod Photios, sicuti nunciaverint, deiectus ab iis sit; sed miratur, eundem abdicasse dici in imperatoris litteris. Itaque spontane an coactus ecclesia Constantinopolitana recesserit, certior fieri cupit. – *Ἡ καθολικὴ τοῦ; Catholica Christi Dei; Catholica Christi et.*

E d . : *MGH Epp. 7, 380 n. 3 (versio Graeca); Tăutu Acta Rom. pont. I 745 n. 359 (versiones Graeca et Latina; fragm.).*

*** 7209** **(888)**

JL *3451 Aureliano archiepiscopo Lugdunensi iam iterum praecipit, ut aut Teutboldum electum Lingonensem consecret, aut, quo in vitio ille sit, sibi significet.

Laud. in: *Flodoardi Remensis Hist. IV c. 1 (MGH SS 36, 368).*

7210 **(885–889)**

Romano archiepiscopo (Ravennati) omnia privilegia vel donationes et scriptiones ecclesiae Ravennatis confirmat. – *Igitur quoniam quidem.*

Ed.: *Kehr PUU Mailand 82 n. 3 (fragm.).* – Reg.: *Ital. Pont. V 48 n. *148.*

Romanus archiepiscopus sedit a. 878 – 888/889.

***7211** **(889)**

Bernardum in ecclesia Placentina episcopum consecrare providit.

Laud. in: *J³ 7216; J³ 7221.*

7212 **(889)**

JL 3453 Fulconi archiepiscopo Remensi significat, cum Aurelianus archiepiscopus Lugdunensis, ut Teutboldum electum Lingonensem consecraret, binis litteris non esset adductus, ipsum consecrationem peregisse. Mandat, Lingones se conferat, Teutboldumque „revestiat". – *Nos autem qui.*

Ed.: *Insertum in Flodoardi Remensis Hist. IV c. 1 (MGH SS 36, 368) (fragm.).* – Reg.: *Sot Historien 158 n. 13.*

Laud. et in Flodoardi Remensis Hist. IV c. 1 (MGH SS 36, 367).

***7213** **(889)**

Stephano (V) Fulco archiepiscopus Remensis rescribit (cf. J³ 7212) et gratias agit „pro consolatione litterarum" eius.

Laud. in: *Flodoardi Remensis Hist. IV c. 1 (MGH SS 36, 369).* – Reg.: *Sot Historien 159 n. 14.*

***7214** **(889)**

JL *3454 Ecclesiae Remensis possessiones confirmat.

Laud. in: *Flodoardi Remensis Hist. IV c. 1 (MGH SS 36, 369).* – Reg.: *Sot Historien 159 n. 15.*

***7215** **890 (ante mart. 19)**

JL I 432 Sventopulcum ducem (Moraviae) rogat, qui (Arnulfum) regem (Franciae orientalis) interpellet, ut in urbe Roma domum s. Petri visitet et Italicum regnum a malis Christianis et imminentibus paganis ereptum ad suum opus restringendo tenere dignetur.

Laud. in: *Ann. Fuldenses ad a. 890 (MGH SS rer. Germ. 7, 118).* – Reg.: *Böhmer/Mühlbacher² n. 1844b; MMFH 3, 229 n. 103; Marsina Cod. dipl. Slovaciae I 31 n. *37A; Marsina Veľkomaravské deperditá 36 n. 21; Ratkoš Kompletnosť 109 n. 22; Böhmer/Zielinski n. 885; Boh. Pont. 27 n. *37.*

Olim ad a. 890. De tempore cf. Boh. Pont. 27 n. *37.

7216 **890 mart. 25**

JL 3455 Dominico archiepiscopo Ravennati scribit, Bernardum episcopum Placentinum ideo a sese consecratum esse, quod illo tempore vacaverit ecclesia Ravennas, non ut metropolitana eius iura imminuerentur. Placentino mandatum esse, ut „in omni subiectione et fidelitate se sub iure sanctae ecclesiae Ravennatis observaret" (Scr. p. m. Benedicti not. et scrin. S.S.A. in m. mart. ind. suprascr. VIII. Dat. VIII kal. apr. p. m. Zachariae Dei pietate prim. S.S.A. a. Deo prop. pont. d. Stephani summi pont. et univ. pp. in ss. sede b. Petri apost. V, ind. VIII suprascr.). – *Ob hoc divina.*

Ed.: *Vesi Documenti I 128.* – Reg.: *Ital. Pont. V 445 n. 13; Ital. Pont. V 48 n. 149.*
Cf. J³ *7211.

7217 **890 mai.** **(Roma)**

JL 3457 Herimanno (I) archiepiscopo Coloniensi pallium quibusdam diebus festis induendum concedit eumque ad vitam honeste agendam hortatur (Scr. p. m. Gregorii scrin. S.R.E. in m. mai., ind. VIII). – *Si pastores ovium.*

Ed.: *Wisplinghoff Rhein. UB II n. 221.* – Reg.: *Oediger Reg. Köln I 93 n. 280; Germ. Pont. VII 36 n. 72.*

***7218** **(889–890 ante oct. 31)**

Herimanno I archiepiscopo Coloniensi, Franconi Tungrensi, Odibaldo Traiectensi, Wolfelmo Mimigernafardensi, Druogoni Mimidonensi, Engilmaro Osnabruggensi episcopi rescribit (cf. Germ. Pont. VII 36 n. *73) de immutatione sive translatione sanctorum martyrum.

Laud. in: *J³ 7220.* – Reg.: *Germ. Pont. VII 36 n. *74; Germ. Pont. IX 14 n. *10 et 70 n. *5 et 113 n. *10 et 152 n. *6.*

***7219** **(890 ante? oct. 31)**

(Adalgario archiepiscopo Hamburgensi) eodem modo ac Herimanno Coloniensi (J³ 7220) scribit.

Laud. in: *J³ 7220.* – Reg.: *Germ. Pont. VI 36 n. 29 *(b).*

7220 **890 oct. 31**

JL 3458 Herimanno (I) archiepiscopo Coloniensi et Franconi Tungrensi, Odibaldo Traiectensi, Wolfelmo Monasteriensi, Druogoni Mindensi, Egilmaro Osnabrugensi episcopis, ut episcopatus Bremensis sub pristinam archiepiscopi Coloniensis redigatur ditionem, petentibus (cf. Germ. Pont. VII 36 n. *75) respondet, utriusque partis nuncii ad se veniant necesse esse (Dat. II kal. nov., ind. IX). – *Litteras a vestra.*

Ed.: *MGH Epp. 7, 358 n. 2.* – Reg.: *Oediger Reg. Köln I 93 n. 281; Ortmanns Minden 132 n. 4; Dipl. Danicum I/1, n. 236; Germ. Pont. VI 37 n. 29 (c); Germ. Pont. VII 37 n. 76; Germ. Pont. IX 14 n. 12 et 70 n. 7 et 114 n. 12 et 152 n. 8.*

Cf. J³ *7218 et J³ *7219.

7221 **(890)**

JL 3456 Omnes sacerdotes atque iudicies, clerum et populum seu universam generalitatem Placentiae commorantes hortatur, quod Bernardus episcopus ab ipso consecratus sit, ne ea re adducantur, ut de archiepiscoporum Ravennatum auctoritate detrahant. Statuit, ut qui non obedierit, si clericus sit, ab officio, si laicus, „a vino et cocto" suspendatur, donec ab archiepiscopo solvatur. – *Qualiter sancta Ravennas.*

Ed.: *Vesi Documenti I 130.* – Reg.: *Ital. Pont. V 49 n. 150 et 445 n. 14 et 510 n. 1.*

Cf. J³ *7211.

***7222** **(890)** **(Roma)**

Stephanum V Bernoinus sacrae sedis Viennensis archiepiscopus adit conquerens de perturbatione regni post Caroli III imperatoris obitum.

Laud. in: *Acta concilii Valentiae (MGH Capit. 2, 376 n. 289).* – Reg.: *Gall. Pont. III/1, 118 n. *129 et 366 n. *31; Böhmer/Zielinski n. 2858.*

Cf. J³ *7224.

***7223** **(890)** **(Roma)**

Bernoini Viennensis archiepiscopi relatione (J³ *7222) ad lacrimas usque compunctus, omnibus Galliarum cisalpinarum archiepiscopis et antistitibus scripta dirigit, ut Ludovicum (Caecum) nepotem quondam Ludovici (II) imperatoris super populum Dei regem constituant.

L a u d . i n : *Acta concilii Valentiae (MGH Capit. 2, 376 n. 289).* – R e g . : *Gall. Pont. III/1, 118 n. *130 et 366 n. *32; Böhmer/Zielinski n. 2859; cf. propediem Gall. Pont. III/2, Suffraganei et Grenoble et Valence et Gall. Pont. III/3, Die et Viviers.*

Cf. J[3] *7224.

* 7224 **890 (aut.–hieme)** **Valence**

Aurelianus Lugdunensis, Rostagnus Arelatensis, Arnaldus Ebrodunensis et Bernoinus Viennensis archiepiscopi cum aliis compluribus coepiscopis in civitatem Valentiam conveniunt et, Bernoini relatu voluntatem domni apostolici accipientes, secundum scripta eiusdem apostolici (Stephani V) (J[3] *7223) Ludovicum (Caecum) Bosonis regis filium regem eligunt.

L a u d . i n : *Acta electionis (MGH Capit. 2, 376 n. 289); Hugonis Flaviniacensis Chron. I (MGH SS 8, 356).* – R e g . : *Gall. Pont. III/1, 118 n. *131 et 366 n. *33; Böhmer/Zielinski n. 2861 et n. 2862; cf. propediem Gall. Pont. III/2, Suffraganei et Grenoble et Valence et Gall. Pont. III/3, Die et Viviers.*

De tempore cf. Gall. Pont III/1 366 n. *33. De dubio concilio Valentiae cf. et MGH Conc. 5, 597 et Böhmer/Zielinski n. 2861sq.

7225 **(890 ex.)**

Stephano (V) Egilmarus episcopus Osnaburgensis cum omni subiecta congregationis caterva inter alia verbis sententiisque conqueritur de decimis contra ius canonicum sibi per vim ablatis, adeo ut non nisi quarta pars ad Osnaburgensem ecclesiam inserviat, cum ceterae partes inter monachos Huxilienses et puellas Hervordenses divinae sint.

E d . : *MGH Epp. 7, 359 n. 3.* – R e g . : *Germ. Pont. V/1, 84 n. 11 et 148 n. 3; Germ. Pont. IX 114 n. 13 et 132 n. 1.*

Querimonia haec una cum Responsione (J[3] 7229) tradita et edita est. De fide cf. Germ. Pont. IX 115 n. 14.

* 7226 **(890 ex.)**

Stephano (V) Godescalcus abbas Novae Corbeiae et abbatissa Hervordensis litteras transmittunt super decimis inter eos et Egilmarum episcopum Osnaburgensem contentis, de ipso quoque Egilmaro fortiter lamentantes.

L a u d . i n : *J[3] 7229.* – R e g . : *Germ. Pont. V/1, 85 n. *12; Germ. Pont. IX 115 n. *13a.*

* 7227 **891 febr. 21** **Roma**

JL I 434 Widoni imperatorium diadema imponit.

L a u d . i n : *Ann. Vedastini ad a. 888 (MGH SS rer. Germ. 12, 65).* – R e g . : *Böhmer/Zielinski n. 899.*

* 7228 **(891 post febr. 21?)**

(Godescalco) abbati Corbeiensi de eius querimonia (cf. Germ. Pont. V/1 85 n. *12) contra Egilmarum episcopum Osnabrugensem super decimis inter eos concertatis litteris respondet.

L a u d . i n : *J[3] 7229.* – R e g . : *Germ. Pont. V/1, 85 n. *12a; Germ. Pont. IX 116 n. *14a.*

De tempore cf. Germ. Pont. V/1 85 n. *12a.

7229 **(891 post febr. 21?)**

JL 3464 Egilmarum episcopum Osnaburgensem, querimonia eius (J[3] 7225) accepta, dolet „a Godescalco Novae Corbeiae abbate et Hervordense abbatissa ipsorumque fautoribus variis calamitatibus vexari et dilaniari, et apud filium (suum) Arnulfum crebris accusationibus plus aequo infamari, ecclesiam (eius) suis dotibus et fidelium oblationibus expoliari". Auxilium pollicetur, deque litteris ad abbatem missis significat. – *Bonorum operum et.*

Ed.: *MGH Epp. 7, 362 post n. 3.* – Reg.: *Germ. Pont. V/1, 85 n. 13 et 148 n. 4; Germ. Pont. IX 115 n. 14.*

Responsio haec una cum Querimonia (J³ 7225) tradita et edita est. De fide cf. Germ. Pont. IX 115 n. 14. Cf. et J³ *7226 et J³ *7228.

7230 **891 febr. 26** **(Roma)**

JL 3465 Ecclesiam Placentinam tuendam suscipit eiusque bona et privilegia, petente Bernardo episcopo, confirmat (Scr. p. m. Anastasii not. reg. et scrin. S.R.E. in m. febr., ind. suprascr. IX. Dat. IV kal. mart. p. m. Zachariae prim. S.S.A. imp. d. piissimo aug. Vuido a Deo cor. magno pacifico imp. a. I et postcons. a. I, ind. IX). – *Si consacerdotum fratrumque.*

Ed.: *Migne PL 129, 812.* – Reg.: *Ital. Pont. V 445 n. 15.*

***7231** **(890 ex.–891 in.?)**

Adalgario (archiepiscopo Hamburgensi) pallium tribuit.

Laud. in: *Adami Bremensis Gesta I c. 46 (MGH SS rer. Germ. 2, 47).* – Reg.: *Germ. Pont. VI 37 n. *30.*

7232 **(891 in.)**

Stephano (V) Stylianus episcopus Neocaesariensis respondet a se Photium nunquam patriarcham (Constantinopolitanum) habitum esse, quam ob rem ipse eum non tam iudicandum quam abiectum censuerit. Denuo rogat, ut papa per epistolas encyclicas eos, qui vi vel fraude adducti Photium secuti sint, in gremium ecclesiae recipi iubeat.

Ed.: *Mansi Conc. 16, 437 (versiones Latina et Graeca); MGH Epp. 7, 381 n. 4 (versio Graeca).*

Laud. et in J³ 7270.

7233 **891 mai. 29** **(Roma)**

JL 3466 Monasterii Salvatoris Fuldensis privilegia confirmat petente Huogge abbate (Scr. p. m. Gregorii scrin. S.R.E. in m. mai., ind. IX. Dat. IV kal. iun. p. m. Stephani secund. S.S.A. a Deo prop. pont. d. n. Stephani summi pont. et univ. pp. in ss. sede b. Petri apost. VI, ind. IX). – *Summam gerentes sollicitudinem.*

Ed.: *Meyer zu Ermgassen Codex Eberhardi I 16 et 69.* – Reg.: *Germ. Pont. IV 365 n. 28.*

Laud. et in J³ 7390. Cf. J³ *7074.

†7234 **(889–891) mai.** **(Roma)**

JL †3461 Adalgario archiepiscopo Hamburgensis successoribusque eius dignitatem – et fines proprios cum praediis et parroechiis – a Gregorio (IV; cf. J³ †5150) concessam Ansgario, quem archiepiscopum in ipsius ordinaverit ecclesia, stabilito iure et finibus a Ludovico (Pio) imperatore et a Ludovico (Germanico) rege diffinitis; potestatem habeat ordinandi episcopos infra propriam parroechiam et diocesim, qui sub ipsius ecclesiaeque eius maneant potestate (Scr. p. m. Iohannis scrin. S.R.E. in m. mai., ind. XI). – *Cum pie desiderium.*

Ed.: *Curschmann PUU Hamburg 30 n. 9.* – Reg.: *Dipl. Danicum I/1, 95 n. 23; Seegrün Ebt. Hamburg 8; Germ. Pont. VI 37 n. †31.*

Olim ad a. (885–891) mai. De tempore cf. Germ. Pont. VI 37 n. †31. Cf. et J³ *?7429.

7235 **891 mai.** **(Roma)**

JL 3469 Herimanno (I) archiepiscopo Coloniensi, „quia ... basilicae et omnes fabricae domorum Coloniensium civitatis una cum nomina predictae ecclesiae igne combuste perierunt, ... patrocinia sanctorum mereatur consequi", mittit „sanctorum pignora". Ecclesiae Coloniensis possessiones confirmat, „quemadmodum in confirmationis privilegio ... ab antecessore (suo) pie memorie Leone (III) ... facto (J³ *4977), (sibi)que presentato" legatur (Scr. p. m. Georgii scrin. S.R.E. in m. mai., ind. IX). – *Divina nos saluberrima.*

Ed.: *MGH Epp. 7, 363 n. 4; Wisplinghoff Rhein. UB II n. 222.* – Reg.: *Oediger Reg. Köln I 93 n. 282; Germ. Pont. VII 37 n. 77.*

†7236 **891 mai.** **(Roma)**

Huggi abbati Fuldensi (eodem tenore ac J³ 6412) scribit, praetermisso iure dioecesano episcopo concesso et adiecta interpolatione de statu hospitalis (Dat. m. mai., ind. IX p. m. Gregorii scrin. R.E.). – *Quoniam semper sunt.*

Ed.: *Meyer zu Ermgassen Codex Eberhardi I 69.* – Reg.: *Germ. Pont. IV 365 n. †29.*

*7237 **(ante 891 iun. 1)**

A Stephano V Wigibertus episcopus Verdensis petit per paginam, „in qua continebatur et votum patris eius (Waltberti) plenissime digestum et subscriptio propinquorum eius omnium ad confirmationem voti eiusdem", ut institutionem monasterii Wildeshusen a Waltberto patre in honore s. Alexandri martyris constructum confirmet.

Laud. in: *J³ 7238.* – Reg.: *Germ. Pont. V/1, 206 n. *5.*

7238 **891 iun. 1**

JL 3472 Monasterium s. Alexandri Wildeshusense a Walberto conditum confirmat Wihiberto episcopo Verdensi per litteras petente (Dat. kal. iun., ind. IX). – *Cum nostro apostolatui.*

Ed.: *Rüthning Oldenburgisches UB V 13 n. 11 (omisso protocollo).* – Reg.: *Mindermann UB Verden I 27 n. 23; Germ. Pont. V/1, 206 n. 6; Germ. Pont. IX 137 n. 3.*

Cf. J³ *7237.

7239 **891 mai. 23 aut iun. 22** **(Roma)**

JL 3468 Parthenonis Herisiensis bona rogatu Bisonis episcopi Paderbornensis confirmat (Scr. p. m. Gregorii scrin. S.R.E. in m. mai., ind. IX. Dat. X kal. i(...) p. m. Stephani secund. S.S.A. a. Deo prop. pont. d. n. Stephani summi pont. et univ. pp. in ss. sede b. Petri apost. VI, ind. IX). – *Quanto nos pro.*

Ed.: *Wilmans Ergänzungen 34 n. 4.* – Reg.: *Santifaller Beschreibstoffe 33 n. 7; Germ. Pont. V/1, 21 n. 9 et 155 n. 1.*

Olim ad a. 891 mai. De tempore cf. Germ. Pont. V/1 155 n. 1.

7240 **891 mai. 29 aut iun. 28** **(Roma)**

JL 3467 Monasterii s. Liudgeri (Werdenensis) bona ac privilegia Hembile abbate petente confirmat (Scr. p. m. Gregorii scrin. S.R.E. in m. mai., ind. IX. Dat. IV kal. i(...) p. m. Stephani secund. S.S.A. a. pont. d. Stephani summi pont. et univ. pp. in ss. sede b. Petri apost. VI, ind. IX). – *Quocies ea a.*

Ed.: *Migne PL 129, 814.* – Reg.: *Germ. Pont. VII 218 n. 2.*

Olim ad 891 mai. 29. De tempore cf. Germ. Pont. VII 218 n. 2.

*7241 **(885–891)**

Theodardum archiepiscopum (Narbonensem) et Ricardum comitem et Albericum vicecomitem de excommunicationis minatione Girberti (Nimensis) episcopi certiores facit, nisi ille recedit ex abbatia (s. Aegidii).

Laud. in: *J³ 7242.*

7242 **(885–891)** **(Roma)**

JL 3459 Amelio episcopo (Uceticensi) significat se Theodardo archiepiscopo (Narbonensi) et Ricardo comiti et Alberico vicecomiti scripsisse (J³ *7241), ut eum in administrando s. Aegidii monasterio tuerentur; denunciasseque, Girbertum episcopum (Nemausensem), nisi monasterii (s. Aegidii) infestandi finem faceret, excommunicatum iri. – *Scias quia ea.*

Ed.: *Goiffon Bullaire St-Gilles 18.* – Reg.: *Böhmer/Zielinski n. 2871A.*

Cf. J³ *7241.

***7243** **(885–891)**

Amelio episcopo Uceticensi monasterium s. Aegidii confirmat.

Laud. in: *J³ 7244; J³ 7408.*

7244 **(885–891)**

JL 3460 Girbertum episcopum (Nemausensem) ab iniuriis in monasterium s. Aegidii sub excommunicationis poena dehortatur. – *Apostolatui nostro relatum.*

Ed.: *Migne PL 129, 804; Goiffon Bullaire St-Gilles 19.*

Cf. J³ *7243.

***7245** **(885–891)**

Theodorum (II papam futurum) consecrat (diaconum aut presbyterum).

Laud. in: *Auxilii Libellus in defensionem App. (Dümmler Auxilius 95).*

***7246** **(885–891)**

Sergium (III papam futurum) diaconum consecrat.

Laud. in: *Invectiva in Romam (Dümmler Gesta 148).*

†7247 **(885–891)**

JL †3463 Roberto episcopo Metensi scribit, laicos uxoratos, qui „sic se instituerint, ut opinio eorum in nullo vacillet", ad clericatus ordinem admittendos esse. – *(Laici vero qui); (Laici qui habentes).*

Ed.: *Pflugk-Harttung Iter 181.*

Fragmenta.

†7248 **(885–891)**

JL †3462 Selvae (Urgelensi) et Ermemiro (Gerundensi) atque Frodoino Barcinonensi (episcopis) significat se „ex praecepto gloriosissimi et catholici imperatoris Odonis" (regis Franciae occidentalis) cum episcopis LII Trecas convenisse (cf. J³ 6673). Invehitur in Selvam, quod contra ipsius s. Pauli praeceptum, qui omnem Hispaniam archiepiscopis Narbonensibus subiecerit, ecclesiam Tarraconensem eripere Theodardi archiepiscopi Narbonensis auctoritati conetur; eumque et „maledictum ... Ermemirum, et Frodoinum perjurum et apostatam antiepiscopum" excommunicatum et anathematizatum iri denunciat, nisi ante festum s. Michaelis (sept. 29) ablata Theotardo restituerit. – *Noveris inquam noveris.*

Ed.: *Insertum in Vita Theodardi (AASS mai. 1, 152); Mansi Conc. 18, 19; Migne PL 129, 818.*

***†7249** **(885–891)**

Eis, qui ecclesiam s. Mariae sub monte Carmelo in certis diebus festis visitant et eleemosynas donant aut domos destructos collegii reparant, indulgentiam septem annorum et totidem quadragesimarum concedit.

Laud. in: *Sixti IV privilegium (Acta pont. Danica IV 156).*

Cf. et J³ *†5584, J³ *†6325, J³ *†7447, J³ *†7554, J³ *†7586, J³ *†8370, J³ *†8590.

***† 7250** **(885–891)**

Omnibus Christi fidelibus, qui in certis diebus festis ecclesias, domos, oratoria et hospitale b. Iohannis Hierosolymitani visitaverint et eisdem eleemosynas largiti fuerint, septem annos et totidem quadragesimas indulgentiae (cf. Leonis IV, J³ *†5583) ordini s. Iohannis Hierosolymitani elargitur.

L a u d . i n : *Registrum indulgentiarum 1304 iun. 8 conscriptum (Hiestand PUU für Templer und Johanniter 2, 331 n. 125).*

Cf. et J³ *†5583, J³ *†6326, J³ *†7446, J³ *†7553, J³ *†7849, J³ *†8369.

*** 7251** **(890 nov.–891)**

Stephanum (V) (Adalgarius) Bremensis ecclesiae antistes per nuntium et postea ipse queritur ecclesiae suae privilegia ab Herimanno I archiepiscopo Coloniensi et antecessore eius (Williberto, 870–889) violari.

L a u d . i n : *J³ 7254; Flodoardi Remensis Hist. IV c. 1 (MGH SS 36, 369).* – R e g . : *Germ. Pont. VI 38 n. *32 et 38 n. *33; Germ. Pont. VII 38 n. *78.*

*** 7252** **(890 nov.–891)**

Stephano (V) Herimannus (I) archiepiscopus Coloniensis litteris „multa prolixitate fluctuantibus" queritur Bremensem ecclesiam Coloniensi sedi fuisse subiectam, nunc autem oboedientiam refutare.

L a u d . i n : *J³ 7254.* – R e g . : *Germ. Pont. VII 38 n. *78.*

*** 7253** **(891)**

JL *3471 Fulconi archiepiscopo Remensi scribit „pro altercatione, que versabatur inter Herimannum (I) Coloniensem archiepiscopum et Adelgarium Amburgurensem et Bremensem episcopum, pro qua Herimannus ... suam direxerat querimoniam, Adelgarius autem et suam direxerat (cf. J³ *7251) et postmodum per semet (ipsum) accesserat ... ideoque in suam praesentiam commonuerat utrumque venire. Sed quoniam Adelgario veniente Herimannus defuit, ... iniungit (Fulconi) sua ipsius papae vice synodum convocare apud Vangionem civitatem (Wormatiam) cum vicinis suffraganeis limitaneisque episcopis, ad quam Herimannum Agripine Colonie et Sonderoldum Mogontinum cum suis suffraganeis necnon et eundem Adelgarium occurrere iusserat, quatinus, quid cuique debeatur, diligens examinatio declararet". Monet, ut una cum illis aut illorum legatis Romam vel ipse veniat, vel nuncium mittat.

L a u d . i n : *J³ 7254; Flodoardi Remensis Hist. IV c. 1 (MGH SS 36, 369); Adami Bremensis Gesta I c. 50 (MGH SS rer. Germ. 2, 50).* – R e g . : *Germ. Pont. IV 69 n. *45; Germ. Pont. VII 38 n. *79; Sot Historien 159 n. 16.*

Olim ad a. 891 mai. De tempore cf. Germ. Pont. VII 38 n. *79.

7254 **(891)**

JL 3470 Herimanno archiepiscopo Coloniensi rescribit (cf. J³ *7251), se, quoniam neque una cum Adalgario episcopo Bremensi Romam venisset, nec nunciis integram agendi potestatem dedisset, Fulconi archiepiscopo Remensi mandasse, ut eorum causam in synodo aug. 15 „futurae ... decimae indictionis" (i. e. a. 892) Wormatiae praesente Sunderoldo archiepiscopo (Maguntino) celebranda cognosceret. Causa cognita, sese iudicium facturum. – *Litteris tuis multa.*

E d . : *MGH Epp. 7, 364 n. 5.* – R e g . : *Oediger Reg. Köln I 94 n. 283; Germ. Pont. IV 69 n. 46; Germ. Pont. VI 38 n. 34; Germ. Pont. VII 38 n. 80.*

Laud. et in J³ 7281, Flodoardi Remensis Hist. IV c. 1 (MGH SS 36, 369), Adami Bremensis Gestis I c. 50 (MGH SS rer. Germ. 2, 50). Olim ad a. 891 mai. De tempore cf. Germ. Pont. VII 38 n. *78 adn. Cf. et J³ *7251 et J³ *7252 et J³ *7253.

7255 **(885–894 aut. ex.)**

JE 2856γ (Stephano V aut Formoso episcopi Franciae orientalis?) de Antonio episcopo (Brixiensi) a synodo provinciali iniuste excommunicato scribunt, „inducias 70 dierum, intra quas prefatus episcopus apostolicam iussus est petere sedem, parvas admodum" sese estimare.

E d . : *MGH Epp. 6, 684 n. 161.*

Fragmentum olim Nicolao I. adscriptum. De re, personis et tempore cf. Pokorny JE 2856γ – Ein Papstbrief?, qui censet epistolam Stephano V aut Formoso directam esse.

*7256 **(888–898)**

(Stephanus V aut Formosus aut Bonifatius VI aut Stephanus VI aut Romanus aut Theodorus II aut Iohannes IX) Barnoino archiepiscopo Viennensi praecipit, ut causam Bernardi episcopi Genevensis definiat.

L a u d . i n : *Barnoini archiep. Viennensis et aliorum epp. epist. ad Rudolfum I regem directae (Reg. dauph. I c. 151 n. 885 et n. 886 et n. 887).* – R e g . : *Gall. Pont. III/1, 119 n. *135.*

*7257 **(888–898)**

(Stephanus V aut Formosus aut Bonifatius VI aut Stephanus VI aut Romanus aut Theodorus II aut Iohannes IX), cum Barnoinus archiepiscopus Viennensis secundum apostolicam praeceptionem (J³ *7256) meditatur terminum imponere ad definiendam causam Bernardi episcopi Genevensis, iste inopinato venit rogans licentiam Romam eundi non solum sui negotii causa sed etiam Rodulfi regis legationis obtentu. Barnoinus vero licentiam abeundi non annuit, sed eum ad synodum III kal. oct. (sept. 29) Viennae celebrandam verbis et scriptis vocat.

L a u d . i n : *Barnoini archiep. Viennensis et aliorum epp. epist. ad Rudolfum I regem directae (Reg. dauph. I c. 151 n. 885 et n. 886 et n. 887).* – R e g . : *Gall. Pont. III/1, 119 n. *136 et 367 n. *36.*

De synodo cf. et MGH Conc. 5, 446 et Böhmer/Zielinski n. 2902.

*7258 **(891 sept. 14)**

JL I 435 Moritur et in ecclesia b. Petri sepelitur.

L a u d . i n : *Ann. Laubacenses III ad a. 891 (MGH SS 1, 52); Ann. Alamannici ad a. 883 (Henking 256).*

Formosus (891–896)

*7259 **(891 sept. med.)** **Roma, in sede Portuensi**

JL I 435 Eligitur.

L a u d . i n : *Lib. pont. (Duchesne II 227); Auxilii Libellus in defensionem I c. 6, c. 9 et App. (Dümmler Auxilius 67 et 70 et 95); Auxilii Infensor et defensor (Migne PL 129, 1018); Invectiva in Romam (Dümmler Gesta 139 et 141); Benedicti s. Andreae Chron. (FSI 55, 156); Ann. Alamannici ad a. 883 (Henking 256).* – R e g . : *Böhmer/Zielinski n. 914.*

Olim ad a. 891 (sept. ante 19). De tempore cf. Böhmer/Zielinski n. 914.

*7260 **(891 oct. 3)**

JL I 435 Consecratur ab episcopis „cum sacro Lateranensi ordine ... a quibus predecessores eius sacrati et ad quos ius pertin(et) sacrandi" (Invectiva in Romam).

L a u d . i n : *Auxilii Infensor et defensor c. 1 et c. 20 et c. 25–27 (Migne PL 129, 1077 et 1090 et 1095–1097); Auxilii De ordinationibus (Migne PL 129, 1061 et 1071); Eugenii Vulgarii De causa Formosiana c. 1 et c. 11 (Dümmler Auxilius 119 et 128); Eugenii Vulgarii De causa Formosi (Migne PL 129, 1108); Invectiva in Romam (Dümmler Gesta 141 et 144).*

Olim ad. a. 891 sept. 19. De tempore cf. Duchesne in Lib. pont. II p. LXVIII; sed dies dominicus non oct. 6, sicut Duchesne censet, sed oct. 3 fuit.

*7261 **(891 post. oct. 6)**

Formoso Hatto archiepiscopus Maguntinus nuntiat se in archiepiscopum constitutum esse; pallium petit.

L a u d . i n : *J³ 7267.* – R e g . : *Germ. Pont. IV 70 n. *47.*

7262 **891 nov. 13** **(Roma)**

JL 3473 Ecclesiae Placentinae tutelam suscipit, bonaque et privilegia confirmat petente Bernardo episcopo (Scr. p. m. Sergii scrin. S.R.E. in m. nov., ind. X. Dat. id. nov. p. m. Stephani secund. S.S.A., filii Tiberii Dulci, imp. d. piissimo aug. Widone a Deo cor. magno imp. [pacifico] a. I et [postcons. eius] a. I, ind. X). – *Si consacerdotum fratrumque.*

E d . : *FSI 52, 238 n. 72.* – R e g . : *Ital. Pont. V 445 n. 16.*

*7263 **(ante 891 nov. 25)**

Barnoinus archiepiscopus Viennensis una cum abbate Adalrico monasterii s. Theuderii ad limina s. Petri accelerat „propter adjutorium omnipotentis Dei et intercessionem s. Petri et Formosi auxilium impetrandum".

L a u d . i n : *J³ 7264.* – R e g . : *Gall. Pont. III/1, 118 n. *132; Gall. Pont. III/1, 240 n. *1; Böhmer/Zielinski n. 2873.*

7264 **891 nov. 25** **(Roma)**

JL 3474 Monachos s. Theuderii, „de Trecassino comitatu ex monasterio Dervo a facie paganorum elapsos" et a Bernoino archiepiscopo Viennensi acceptos, privilegiis auget eorumque possessiones confirmat (Scr. p. m. Anastasii scrin. S.R.E. in m. nov., ind. X. Dat. VII kal. dec. p. m. Sergii prim., def. S.S.A. imp. d. piissimo perp. aug. Vidone a Deo cor. magno imp. a. I et post cons. eius a. I, ind. X). – *Quanto nos piorum.*

E d . : *Bouquet Recueil IX 202.* – R e g . : *Gall. Pont. III/1, 240 n. 2; Böhmer/Zielinski n. 2875.*

Laud. et in Ludovici Caeci regis Provinciae privilegio (Poupardin Recueil 64 n. 35). Cf. J³ *7263.

*** 7265** **(891 nov. cr. 25?)**

JL *3475 Barnoino archiepiscopo Viennensi vices suas committit.

L a u d . i n : *Hugonis Flaviniacensis Chron. I (MGH SS 8, 356); ecclesiae cathedralis Viennensis obituarium (Poupardin Provence Appendice II 363).* – R e g . : *Gall. Pont. III/1, 118 n. *133 et 367 n. *34; Böhmer/Zielinski n. 2874.*

*** 7266** **(891 ex.)**

Stephanum (VI papam successorem) episcopum Anagninum consecrat.

L a u d . i n : *Auxilii Libellus in defensionem App. (Dümmler Auxilius 95); Sigeberti Gemblacensis Chron. ad a. 902 (MGH SS 6, 344).*

De tempore cf. Auxilii Libellum in defensionem (Dümmler Auxilius 65): „Stephanus, qui fuit per quinquennium in Aganina ecclesia episcopus". Stephanus VI papa consecratur a. (896 apr. ex.–mai. in.), cf. J³ *7337.

7267 **(891 ex.–892 in.)**

JL 3477 Hattoni archiepiscopo Maguntino pallii usum concedit. – *(Litteras sanctitatis tuae).*

E d . : *Insertum in Mariani Scotti Chron. (MGH SS 5, 553).* – R e g . : *Germ. Pont. IV 70 n. 48.*

Fragmentum. Olim ad a. 891. De tempore cf. Germ. Pont. IV 70 n. 48. Cf. et J³ *7261.

*** 7268** **(891 hieme–892 in.)**

Formoso Fulco (archiepiscopus Remensis) expetit, ut confirmet quae de causa inter Herimannum Coloniensem et Adalgarium Bremensem archiepiscopos in synodo examinanda a Stephano (V) sibi iniuncta erant (J³ *7253).

L a u d . i n : *Flodoardi Remensis Hist. IV c. 1 (MGH SS 36, 370); Flodoardi Remensis De Christi triumphis (Migne PL 135, 825).* – R e g . : *Oediger Reg. Köln I 94 n. 284; Germ. Pont. VII 39 n. *81; Sot Historien 159 n. 17.*

De tempore cf. Schneider Fulco 79 adn. 38.

*** 7269** **(891 hieme–892 in.)**

Formoso Fulco archiepiscopus Remensis vehementer miratus de responso non recepto (cf. J³ *7268), iterum summo pontifici scribit.

L a u d . i n : *Flodoardi Remensis Hist. IV c. 1 (MGH SS 36, 370); Flodoardi Remensis De Christi triumphis (Migne PL 135, 825).* – R e g . : *Oediger Reg. Köln I 94 n. 284; Germ. Pont. VII 39 n. *81; Sot Historien 159 n. 18.*

De tempore cf. Schneider Fulco 79 adn. 38.

7270 **(892 cr. in.)**

JL 3478 Styliano episcopo Neocaesariensi per litteras ad (Stephanum V) missas (J³ 7232) pro iis, qui coacti Photium secuti sint, deprecanti respondet, laicis quidem dandam veniam esse, sed sacerdotes, nisi peccatum confessi poenitentiam susceperint, honoresque a Photio acceptos deposuerint, non esse recipiendos. Legatos suos Landulfum Capuanum et Romanum episcopos commendat, quibuscum et Stylianum et Theophylactum metropolitam Ancyranum et Petrum fidelem suum convenire iubet, ut ita ante omnia in Photium sententia a praedecessoribus suis synodice prolata et a sese „confirmata, perpetuo tempore immutabilis permaneat". – *Τὰ τῆς σῆς; Litteras sanctitatis tuae.*

E d . : *MGH Epp. 7, 382 n. 5 (versio Graeca); Tăutu Acta Rom. pont. I 748 n. 360 (versiones Graeca et Latina; fragm.).*

Cf. J³ 7232.

*** 7271** **(892 in.)**

JL *3476 Fulconem archiepiscopum Remensem invitat ad synodum med. mai. ind. X (a. 892) celebrandam.

L a u d . i n : *Flodoardi Remensis Hist. IV c. 2 (MGH SS 36, 372).*

De tempore cf. Schneider Fulco 91 cum adn. 81.

*** 7272** **(892 cr. in.)**

JL *3479 Synodum iubet Viennae celebrari, legatosque Paschalem (Amerinum) et Iohannem (Signiensem) episcopos mittit.

L a u d . i n : *Acta concilii (MGH Conc. 5, 304).* – R e g . : *Gall. Pont. III/1, 119 n. *134 et 367 n. *35; Böhmer/Zielinski n. 2880; cf. propediem Gall. Pont. III/2, Grenoble et Valence.*

*** 7273** **(892 in.)**

A Formoso legati „regionis Affricane" responsa petunt „pro dudum exorto inter episcopos ipsarum provinciarum scismate".

L a u d . i n : *Flodoardi Remensis Hist. IV c. 2 (MGH SS 36, 372).*

De re et tempore cf. Hettinger Afrika 43.

*** 7274** **(892 in.)**

JL *3480 (Fulconem) archiepiscopum Remensem „monet, ... compati debere Romanae ecclesiae atque imminenti eius subvenire ruinae". Hortatur, ut ad „generalem synodum", propter Orientis haereses et schisma tum Constantinopolitanae ecclesiae tum Africanorum episcoporum (cf. J^3 *7273), kal. mart. ind. XI (i. e. a. 893 mart. 1) celebrandam, accedat. De synodo a. 892 mai. antea indicta ita scribit: Fatemur „Italiam tunc semel et secundo horrida bella perpessam et pene consumptam". Nordmannicae gentis procellas" dolet. Ad priores eius litteras (J^3 *7268) ideo se ante non respondisse, quod sibi non essent redditae.

L a u d . i n : *Flodoardi Remensis Hist. IV c. 2 (MGH SS 36, 372).* – R e g . : *Sot Historien 159 n. 19.*

De tempore cf. Schneider Fulco 91 cum adn. 81. De synodo cf. et MGH SS 36, 372 not. 4.

*** 7275** **(892 in.)**

JL *3481 Ecclesiae Remensis possessiones Fulconisque archiepiscopi decreta confirmat, „imperatorem Widonem ... coronatum (iam iterum, idque una cum Lamberto filio, ut videtur) eodem anno significans indictione decima".

L a u d . i n : *Flodoardi Remensis Hist. IV c. 2 (MGH SS 36, 373).* – R e g . : *Sot Historien 159 n. 19.*

De tempore cf. Schneider Fulco 91 cum adn. 81.

*** 7276** **(892 in.)**

JL *3482 Ecclesiae Remensi monasteriorum quorundam possessionem asserit; nunciatque Fulconi archiepiscopo: „Lantbertum, filium Widonis, anno secundo imperii patris ipsius novum imperatorem factum fuisse".

L a u d . i n : *Flodoardi Remensis Hist. IV c. 2 (MGH SS 36, 373).* – R e g . : *Sot Historien 160 n. 20.*

De tempore cf. Schneider Fulco 236sq.

*** 7277** **(892 in.)**

JL *3485 Fulconi archiepiscopo Remensi permittit, ut synodo convocata de contumacibus suffraganeis suo nomine decernat.

L a u d . i n : *Flodoardi Remensis Hist. IV c. 2 (MGH SS 36, 373).* – R e g . : *Sot Historien 160 n. 21.*

De tempore cf. Schneider Fulco 208 cum adn. 76. De synodo cf. et MGH Conc. 5, 299.

***7278** **(892 apr. 30)** **(Ravenna)**

JL I 436 Lambertum, Widonis imperatoris filium, exornat diademate imperatorio.

Laud. in: *Flodoardi Remensis Hist. IV c. 2 (MGH SS 36, 373); Invectiva in Romam (Dümmler Gesta 140).* – Reg.: *Böhmer/Zielinski n. 925.*

***7279** **892 iul. 5**

(Formosum) papam Wibodo episcopus Parmensis precatur, „ut in hominibus illorum canonicorum (Parmensium) utilitatibus et necessitatibus ... tutores et consulatores" sint (Vuido divina ordinante providencia imp. aug. a. imp. eius II, d. V m. iul., ind. X).

Laud. in: *Wicbodi testamentum (Benassi Cod. dipl. Parmense I 67 et 70 et 74).* – Reg.: *Böhmer/Zielinski n. 932.*

***7280** **(892 ante aug.)**

(Hattoni) archiepiscopo Maguntino mandat, ut apostolica auctoritate munitus conventui episcoporum praesideat in competenti loco a. 892 aug. congregando, ubi Bremensis ecclesiae status inter Herimannum Coloniensem et Adalgarium Hamburgensem archiepiscopos litigiosus discutiatur nec tamen diffiniatur.

Laud. in: *J³ 7281; J³ 7300.* – Reg.: *Germ. Pont. IV 70 n. *49.*

7281 **(892 ante aug.)**

JL 3483 Herimanno archiepiscopo Coloniensi praescribit, ut synodo „in competenti loco" m. aug. ind. X (a. 892) celebrandae, in qua, praesidente (Hattone) archiepiscopo Maguntino, de episcopatu Bremensi cognoscatur controversia, intersit, ac deinde una cum antistite Bremensi et synodi legatis Romam veniat. – *Litteras tuas apostolatui.*

Ed.: *MGH Epp. 7, 366 n. 1; MGH Conc. 5, 294.* – Reg.: *Oediger Reg. Köln I 95 n. 286; Germ. Pont. IV 70 n. *49; Germ. Pont. VI 39 n. 35; Germ. Pont. VII 39 n. 83.*

Olim ad a. 892. De tempore cf. Germ. Pont. VII 39 n. 83. Cf. et J³ 5902 et J³ 7254 et J³ *7280.

7282 **(post 892 aug. 28)**

JL 3496 Herimanno archiepiscopo Coloniensi scribit, dolere se, „Megingotum ... illustrem virum ab Alberico peremptum, unde ... ineffabiles inimicitias insurrexisse". Hortatur, ut talia scelera opprimat pacemque confirmet, praesertim cum „et paganorum et pseudochristianorum insidiis" ecclesia Christi perturbata sit. – *Plurimis apostolorum principum.*

Ed.: *MGH Epp. 7, 370 n. 4.* – Reg.: *Oediger Reg. Köln I 95 n. 288; Germ. Pont. VII 40 n. 85.*

Olim ad a. 893 post aug. De tempore cf. Germ. Pont. VII 40 n. 85. De Megingoto sive Megingaudo comite (in pago Meginense, Maienfeldgau), quem a. 892 aug. 28 ab Alberico comite interfectum esse in Reginonis Prumiensis Chron. ad a. 892 (MGH SS rer. Germ. 50, 140) legitur.

7283 **(891–892 aug.)** **(Roma)**

JL 3484 Ecclesiae Gerundensis possessiones, in his Maioricam et Minoricam insulas, „a praesenti hac X ind.", petente Servo Dei episcopo, confirmat. – *Sicut per donum.*

Ed.: *Kehr Älteste PUU Spaniens 38 n. 1.* – Reg.: *Millenum 100.*

***7284** **(892 aug.)** **(Frankfurt)**

A Formoso apostolica auctoritate munitus Hatto archiepiscopus Maguntinus synodo praesidet ad inquirendam litem inter Coloniensem et Hamburgensem ecclesias ortam.

L a u d . i n : *Hattonis I archiep. Maguntini epist. (Germ. Pont. IV 70 n. *51); J³ 7298; J³ 7300.* – R e g . : *Germ. Pont. IV 70 n. *50; Germ. Pont. VII 40 n. *84.*

De synodo cf. et MGH Conc. 5, 293.

*† 7285 **(892)**

Ricolfo episcopo Helensi decretum mittit, quo (Heremirum Gerundensem et Scluam Urgelensem episcopos) damnat.

L a u d . i n : *Chartularium Helense (Schröder Synoden 379).* – R e g . : *Schröder Synoden 369 n. 112 et n. 113.*

* 7286 **(893 post ian. 28)**

JL *3490 Fulconi archiepiscopo Remensi scribit „pro evectione Karoli (Simplicis) ad regimen regni (Franciae occidentalis), quem ... Fulco ad regium culmen adhuc puerum" provexit, „et de criminibus Odonis regis vel correptione ipsius, qualiter" sit „agenda".

L a u d . i n : *Flodoardi Remensis Hist. IV c. 2 (MGH SS 36, 374).* – R e g . : *Sot Historien 160 n. 22.*

De tempore cf. Schneider Fulco 113sq.

* 7287 **893 ian. 30**

Petro episcopo Beneventano Bibinem, Ascolum, Larinum et ecclesiam s. Michaelis archangeli in Gargano pariterque Sipontinam ecclesiam concedit, quae in magna inopia ac paupertate esse videtur et absque cultoribus et ecclesiasticis officiis nunc cernitur esse depravata cum omnibus earum pertinentiis (Scr. p. m. Adriani scrin. kar. R.E. in m. febr., ind. XI. Dat. III kal. febr. p. m. Anastasii prim. def. kar. S.A. a. Deo prop. pont. d. ... summi pont. et univ. pp. in ss. sede b. Petri apost. ..., ind. XI).

L a u d . i n : *Ughelli Italia sacra ²VIII 47.* – R e g . : *Ital. Pont. IX 53 n. *10.*

Ab Ughello (Italia sacra ²VIII 47) etiam tum saec. XVII visae sunt „Formosi papae literae in bibliotheca Beneventana, sed adeo lacerae et corruptae, ut vix titulus legi possit". De re et tempore cf. Ital. Pont. IX 51 n. †5 et J³ †3436.

* 7288 **(893 post mai.)**

JL *3491 Odonem regem hortatur, ut ab illicitis recedat nec Carolum (Simplicem) regem (Franciae occidentalis) vel quaeque ipsius sint infestet induciasque belli differendo det, donec Fulco (archiepiscopus Remensis) apostolicam sedem adire studeat.

L a u d . i n : *Flodoardi Remensis Hist. IV c. 2 (MGH SS 36, 374).* – R e g . : *Sot Historien 160 n. 22bis.*

De tempore cf. Schneider Fulco 121 cum adn. 36 et 122 adn. 40.

* 7289 **(893 post mai.)**

JL *3492 Archiepiscopos et episcopos Galliarum monet, „ut conveniant atque commoneant ... regem Odonem (Franciae occidentalis), ne illicita perpetrentur et ne aliena usurpentur, sed bellum sedetur et omnis hostilis commotio sopiatur vel inducie belli, donec Folco (archiepiscopus Remensis) Romam ... adeat, edicantur ipsique studeant interim cuncta differre et pacem ac unanimitatis concordiam recreare".

L a u d . i n : *Flodoardi Remensis Hist. IV c. 3 (MGH SS 36, 374).* – R e g . : *Sot Historien 160 n. 23.*

De tempore cf. Schneider Fulco 121sq. cum adn. 36 et 122 adn. 40.

* 7290 **(893 post mai.)**

JL *3493 Carolo (Simplici) regi (Franciae occidentalis) gratulatur, eiusque in sedem apostolicam studium laudat. „Qualiter ei sit in regno agendum, succincte lucideque demonstrat. Quem petierat ei panem benedictum pro pignere mittens et de itinere" Fulconis archiepiscopi Remensis „ad sedem apostolicam monens".

Laud. in: *Flodoardi Remensis Hist. IV c. 3 (MGH SS 36, 374).* – Reg.: *Sot Historien 160 n. 24.*

De tempore cf. Schneider Fulco 121 cum adn. 36 et 122 adn. 40.

***7291** **(893 post mai.)**

JL *3494 Fulconi archiepiscopo Remensi significat, sese „ad premissas personas (vide J[3] *7288, J[3] *7289, J[3] *7290) se destinasse scripta ... de pace vel induciis belli inter (reges Franciae occidentalis) Odonem et Karolum (Simplicem) differendi".

Laud. in: *Flodoardi Remensis Hist. IV c. 3 (MGH SS 36, 374).* – Reg.: *Sot Historien 160 n. 25.*

De tempore cf. Schneider Fulco 121 cum adn. 36 et 122 adn. 40.

***7292** **(893 aest.)**

JL *3495 Fulconi archiepiscopo Remensi scribit „pro discordia sedanda, quam audierat insurrexisse pro Maingaudi ab Alberico perpetrata interemptione".

Laud. in: *Flodoardi Remensis Hist. IV c. 3 (MGH SS 36, 375).* – Reg.: *Sot Historien 161 n. 26.*

De tempore cf. Schneider Fulco 81.

7293 **893 oct. 15** **(Roma)**

(Monasterii) s. Dionysii possessiones confirmat (Scr. p. m. Gregorii scrin. S.R.E. in m. oct., ind. XII. Dat. id. oct. p. m. Stephani nomenc. S.S.A. imp. d. piissimo perp. aug. Uuidone a Deo cor. magno imp. a. III, post cons. eius a. III, sed et La[nt]berto novo imp. eius filio a. II et post. cons. eius a. II). – *Conuenit apostolico moderamini.*

Ed.: *Große PUU Frankreich NF IX 103 n. 14.* – Reg.: *Santifaller Beschreibstoffe 33 n. 9; Rabikauskas Kuriale 81 et 177 adn. 1 et 227; Tjäder Papyri 45 n. 104 et n. 108.*

Olim cum J[3] †7294 intellectum, cf. Große PUU Frankreich NF IX 103.

†7294 **893 oct. 15** **(Roma)**

JL 3497 Monasterii s. Dionysii privilegia confirmat eiusque possessiones usurpari vetat (Scr. p. m. Gregorii scrin. S.R.E. in m. oct., ind. XII. Dat. id. oct. p. m. Stephani nomenc. S.S.A. imp. d. piissimo principe aug. Vuidone a Deo cor. magno imp. a. III, sed et Lantberto novo imp. eius filio a. II). – *Petentium desideriis ita.*

Ed.: *Große PUU Frankreich NF IX 105 n. 15.* – Reg.: *Conte Regesto 154, 157.*

De fide cf. Große PUU Frankreich NF IX 105 n. 15.

***7295** **893 (sept.–oct.)** **Regensburg**

JL *3486 Ad Arnulfum regem (Franciae orientalis) legatos „cum epistolis et primoribus Italici regni" mittit, ut „Italicum regnum et res s. Petri ad suas manus a malis Christianis eruendum" adventet.

Laud. in: *Ann. Fuldenses, Cont. Ratisbonensis ad a. 893 (MGH SS rer. Germ. 7, 122).* – Reg.: *Böhmer/Mühlbacher[2] n. 1892a; Böhmer/Zielinski n. 942.*

Olim ad a. (893). De tempore cf. Böhmer/Zielinski n. 942.

***7296** **(893 aut.)**

Formoso Fulco archiepiscopus Remensis scribit „pro contentione, que versabatur inter reges (Franciae occidentalis) Odonem et Karolum" (Simplicem).

Laud. in: *Flodoardi Remensis Hist. IV c. 3 (MGH SS 36, 375).* – Reg.: *Sot Historien 161 n. 28+.*

De tempore cf. Schneider Fulco 123sq. cum adn. 47.

* 7297 **(893 aut.–ex.)**

Formoso Fulco archiepiscopus Remensis scribit de perturbationibus propter contentionem inter (reges Franciae occidentalis) Odonem et Carolum (Simplicem).

Laud. in: *Flodoardi Remensis Hist. IV c. 3 (MGH SS 36, 375).* – Reg.: *Sot Historien 161 n. 29.*

De tempore cf. Schneider Fulco 126 adn. 57.

7298 **(893)**

JL 3487 Adalgarium archiepiscopum Hamburgensem redarguit, quod vocatus Romanam nec venerit, nec legatum miserit. Synodum Francofurtensem ab (Hattone) archiepiscopo Maguntino et Franchone Tungrensi, Odelbaldo Traiectensi, Wulfhelmo Monasteriensi, Drogone Mindensi, Egilmaro Osnabrugensi episcopis celebratam significasse scribit, priores episcopos Bremenses archiepiscopi Coloniensis suffraganeos fuisse. Statuit, ut, „quoadusque ... Hammaburgensis ecclesia in tantum dilatetur, ut episcopia instituere valeat, Bremensem ecclesiam ad subsidium habeat, et quotiens ... oportuerit ..., Hammaburgensis archiepiscopus ... per se aut vicarium ... in adiutorium Coloniensis archiepiscopi invitatus accedat. Dilatata autem Hammaburgensi ecclesia ... et fundatis episcopiis ... Coloniensis sedes Bremensem recipiat ecclesiam“. – *Arbitrabamur tuam sanctimoniam.*

Ed.: *MGH Epp. 7, 367 n. 2; MGH Conc. 5, 295.* – Reg.: *Ortmanns Minden 132 n. 5; Seegrün Ebt. Hamburg 8; Germ. Pont. VI 40 n. 36; Weiers Studien Münster 127 n. 6; Germ. Pont. VII 41 n. 89; Germ. Pont. IX 14 n. 13 et 70 n. 8 et 116 n. 15 et 152 n. 9.*

Cf. J³ *7284.

*** 7299** **(893)**

JL *3489 Ecclesiae Coloniensis privilegia, Herimanno (archi)episcopo per legatos petente, confirmat.

Laud. in: *J³ 7300.* – Reg.: *Germ. Pont. VII 40 n. *87; Wisplinghoff Rhein. UB II 163 n. 222a.*

7300 **(893)**

JL 3488 Herimanno archiepiscopo Coloniensi de episcopatu Bremensi quid placitum sit, significat. – *Visitatione tua carissime.*

Ed.: *MGH Epp. 7, 368 n. 3.* – Reg.: *Oediger Reg. Köln I 95 n. 289; Dipl. Danicum I/1, n. 246; Germ. Pont. VII 41 n. 88.*

Cf. J³ *7280 et J³ *7284 et J³ *7299.

*** 7301** **(893)**

Sergium diaconum (Sergium III papam futurum) episcopum Caeretanum consecrat.

Laud. in: *Auxilii Libellus in defensionem App. (Dümmler Auxilius 95); Sigeberti Gemblacensis Chron. ad a. 907 (MGH SS 6, 345).*

7302 **894 nov. 13** **(Roma)**

JL 3499 Monasterii s. Petri Gigniacensis possessiones „hac presenti tercia decima indiccione“ confirmat, privilegiaque constituit (Scr. p. m. Sergii scrin. S.R.E. in m. nov., ind. suprascr. XIII. Dat. id. nov. p. m. Stephani canc. S.S.A. imp. D. piissimo aug. Arnulfo a Deo cor.). – *Convenit apostolico moderamini.*

Ed.: *Pflugk-Harttung Acta Pont. II 38 n. 78.*

(885–894 aut. ex.)

Cf. J³ 7255 s. v. Stephanus V.

***7303** **(893–894)**

JL *3498 Fulconi archiepiscopo Remensi Grimlaicum sacerdotem commendat, ut eius opera episcopatui alicui praeponatur.

L a u d . i n : *Flodoardi Remensis Hist. IV c. 3 (MGH SS 36, 375).* – R e g . : *Sot Historien 161 n. 27.*

***7304** **(894)**

(Formoso) Geraldus comes (Aureliacensis) monasterium Aureliacense tradit.

L a u d . i n : *Odonis Cluniacensis Vita s. Geraldi II c. 4 (Bultot-Verleysen 202); Testamentum s. Geraldi (Bouange Aurillac I 500); Lib. censuum LXXI c. 82 (Fabre/Duchesne I 200 et 354).*

***7305** **(895 post mai.)**

Cassationi privilegiorum Hamburgensis ecclesiae consentit, pronuntiatae in synodo Triburiensi de causa Bremensi habita Hattone Maguntino archiepiscopo praesidente.

L a u d . i n : *J³ †7426; Adami Bremensis Gesta I c. 49 (MGH SS rer. Germ. 2, 48).* – R e g . : *Oediger Reg. Köln I 96 n. 291; Germ. Pont. IV 71 n. *52; Germ. Pont. VI 40 n. *37; Germ. Pont. VII 42 n. *90.*

De synodo cf. et MGH Conc. 5, 319.

***7306** **(895 post iun. 8)**

Ricardum (comitem Augustodunensem et ducem Burgundiae), Manassem (comitem Divionensem) et Ramponem (propinquum Fulconis et Lamberti Spoletini) anathematizat.

L a u d . i n : *Fulconis archiep. Remensis epist. ad Lambertum comitem Spoletinum (MGH SS 36, 385).*

De tempore cf. Schneider Fulco 149.

***7307** **(895 post iun. 8)**

JL *3500 Fulconis archiepiscopi Remensis de Lamberto imperatore sollicitudinem laudat. Affirmat se cum eodem imperatore „tantum pacis et dilectionis habere concordiam, ut nequeant aliqua iam ab invicem pravitate seiungi"; de illo patris se curam habere, filiique carissimi loco illum diligere. Ricardum, Manassem et Ramponem anathematizatos nunciat, quod Teutboldum episcopum Lingonensem oculis privassent, Waltariumque archiepiscopum Senonensem vinculis mandassent.

L a u d . i n : *Flodoardi Remensis Hist. IV c. 3 (MGH SS 36, 377).* – R e g . : *Sot Historien 161 n. 32; Böhmer/Zielinski n. 988.*

De tempore cf. Schneider Fulco 149.

***7308** **(895 post iun. 8)**

Formoso Fulco archiepiscopus Remensis respondet (cf. J³ *7307) de amicitia inter Carolum (Simplicem) regem (Franciae occidentalis) et Lambertum (Spoletinum); scribit de excommunicatione Richardi (comitis Augustodunensis et ducis Burgundiae), Manassis (comitis Divionensis) et Ramponis (propinqui Fulconis et Lamberti Spoletini).

L a u d . i n : *Flodoardi Remensis Hist. IV c. 3 (MGH SS 36, 376).* – R e g . : *Sot Historien 161 n. 30.*

De tempore cf. Schneider 149sq.

***7309** **895 (aug.–sept.)**

JL *3501 Arnulfum regem (Franciae orientalis) „per epistolas et missos enixe Romam venire" invitat.

L a u d . i n : *Ann. Fuldensis, Cont. Ratisbonensis ad a. 895 (MGH SS rer. Germ. 7, 126).* – R e g . : *Böhmer/Mühlbacher² n. 1911a; Böhmer/Zielinski n. 990.*

Olim ad a. (895). De tempore cf. Böhmer/Zielinski n. 990.

*7310 **(895)**

Formoso Fulco archiepiscopus Remensis scribit pro Herilando episcopo Taruanensi, „cuius episcopio a Normannis depopulato" fuit et quem „visitatorem cuidam viduate ecclesie" (Cataulonensis) constituit.

L a u d . i n : *Flodoardi Remensis Hist. IV c. 3 (MGH SS 36, 377).* – R e g . : *Sot Historien 161 n. 31.*

De tempore cf. Sot Historien.

*7311 **896 (febr. 17–26)** **Roma, S. Pietro**

JL I 438 Ante paradisum („loco, qui dicitur Gradibus s. Petri") Arnulfum regem (Franciae orientalis) post expugnatam Urbem excipit.

L a u d . i n : *Ann. Fuldensis, Cont. Ratisbonensis ad a. 896 (MGH SS rer. Germ. 7, 128); Reginonis Prumiensis Chron. ad a. 896 (MGH SS rer. Germ. 50, 144).* – R e g . : *Böhmer/Mühlbacher² n. 1913h; Böhmer/Zielinski n. 1003.*

Olim ad a. 896 (febr. ante 22). De tempore cf. Böhmer/Zielinski n. 1003.

*7312 **896 (febr. 17–26)** **Roma, S. Pietro**

JL I 438 Arnulfo imperatorium diadema imponit.

L a u d . i n : *Ann. Fuldensis, Cont. Ratisbonensis ad a. 896 (MGH SS rer. Germ. 7, 128); Reginonis Prumiensis Chron. ad a. 896 (MGH SS rer. Germ. 50, 144).* – R e g . : *Böhmer/Mühlbacher² n. 1913h; Böhmer/Zielinski n. 1003.*

Olim ad a. 896 febr. 22. De tempore et ceteris de fontibus, qui breviter narrant de coronatione, cf. Böhmer/Zielinski n. 1003.

7313 **896 mart. 1** **Roma**

JL I 439 Interventu Formosi papae Arnulfus imperator augustus monasterio (s. Sixti) Placentino privilegium concedit (Dat. kal. mart. d. a. inc. d. 896, ind. XIV, a. imp. eius I, act. Rome, in D. nomine feliciter amen).

E d . : *MGH DD Arn n. 141.* – R e g . : *Böhmer/Mühlbacher² n. 1916; Ital. Pont. V 493 n. *16; Böhmer/Zielinski n. 1008.*

*7314 **(896 febr.–mart.)**

Monasterio Augiensi privilegium concedit.

L a u d . i n : *Iohannis XIX (JL 4093 et 4094 = Böhmer/Frech n. 142); Leonis IX (JL †4156; Böhmer/Frech n. †533) privilegia.* – R e g . : *Germ. Pont. II/1, 151 n. *7.*

De tempore cf. J³ *7315. Hatto archiepiscopus Maguntinus, qui et abbas Augiensis, a. 896 febr.–mart. Romae moratus est.

*7315 **(896 febr.–mart.)** **(Roma)**

Hattoni (archiepiscopo) Maguntino caput s. Georgii cum aliis plurimis reliquiis sanctorum donat, quae ad novum monasterium in insula Augia constructum transferuntur.

L a u d . i n : *Notkeri Martyrologium ad 7 kal. mai. (Migne PL 131, 1070).* – R e g . : *Germ. Pont. IV 71 n. *53.*

De tempore cf. Germ. Pont. IV 71 n. *53.

*† 7316 **(896 febr.–mart.)**

Formoso Arnulfus imperator censum de monasterio s. Emmerami Ratisbonensi,

„quem Karolus Magnus dedit Leoni (III) pape (J[3] †4655) successoribusque eius et attavus meus (Ludovicus Pius) Eugenio (II) papę et avus meus pius Ludowicus (Germanicus) Nycolao (I) pape (J[3] *†6114)" confirmat.

L a u d . i n : *Arnulfi (MGH DD Arn. n. †190); Ludovici IV (MGH DD LK n. †81); Ottonis I (MGH DD O I n. †457) privilegia.* – R e g . : *Böhmer/Mühlbacher² n. 1917; Böhmer/Zielinski n. †1010.*

*† 7317 **(896 febr.–mart.)**

Ecclesiam s. Emmerami Ratisbonensem consecrat Arnulfo imperatore petente.

L a u d . i n : *Notae s. Emmerami (MGH SS 15/2, 1094); Auct. Ekkehardi a. 898 (MGH SS 17, 362); Ann. Osterhovenses ad a. 898 (MGH SS 17, 539); Ann. Ratisponenses ad a. 898 (MGH SS 30/2, 746); Ludovici IV privilegium (MGH DD LK n. 81).* – R e g . : *Oediger Reg. Köln I 97 n. 293; Piendl Quellen zu St. Emmeram 19 n. 17.*

7318 **(891–896)**

JL 3506 Episcopis Angliae scribit, excommunicare eos in animo sibi fuisse, propterea quod „nefandos ritus paganorum" repullulantes in Anglia destruere cessassent. At magnam laetitiam sibi a Pleimundo archiepiscopo Cantuariensi allatam esse, in viam rediisse eos referente. Hortatur, ne aut „penuria pastorum Christianam fidem violari, gregem Dei vagari, dispergi, dissipari", aut ecclesias mortuis episcopis vacare sinant. Primatum Cantuariensis ecclesiae confirmat. – *Audito nefandos ritus.*

E d . : *Migne PL 129, 846.*

Laud. et in Guillelmi Malmesburiensis Gestis pont. I c. 38 (Winterbottom 78).

* 7319 **(891–896)**

JL *3505 Monasterio s. Salvatoris in Monte Amiata privilegium tribuit.

L a u d . i n : *J³ 8270; Winizonis abbatis libellus ad Ildeprandum comitem missus (Kurze Cod. dipl. Amiatinus II 68 n. 225); Leonis IX privilegium (JL 4232; Böhmer/Frech n. 799).* – R e g . : *Ital. Pont. III 239 n. *4; Kurze Cod. dipl. Amiatinus I 362 n. 172.*

* 7320 **(891–896)**

JL *3504 Ecclesiae Bononiensis possessiones confirmat.

L a u d . i n : *Gregorii VII privilegium (JL 4847).* – R e g . : *Ital. Pont. V 247 n. *11; Fanti/Paolini Cod. dipl. Bolognese 84 n. 24.*

* 7321 **(891–896)**

Monasterio Nonantulano privilegium concedit.

L a u d . i n : *Ludovici III diploma (Böhmer/Zielinski n. †1146).* – R e g . : *Ital. Pont. V 338 n. *14.*

* 7322 **(891–896)**

JL *3502 Parthenonem s. Petri ab Odono rege (Franciae occidentalis) ecclesiae Remensi concessum, Fulcone archiepiscopo petente, confirmat.

L a u d . i n : *Flodoardi Remensis Hist. IV c. 47 (MGH SS 36, 449).*

* 7323 **(891–896)**

Benedictum (IV papam successorem) ordinat (presbyterum aut subdiaconum).

L a u d . i n : *Auxilii Libellus in defensionem I c. 4 et c. 6 (Dümmler Auxilius 100).*

* 7324 **(891–896)**

Iohannem (IX papam successorem) presbyterum consecrat.

L a u d . i n : *Invectiva in Romam (Dümmler Gesta 153).*

*7325 **(891–896)**

In ecclesia b. Petri picturas renovat.

L a u d . i n : *Benedicti s. Andreae Chron. (FSI 55, 156).*

*7326 **(891–896)**

Ecclesias (Romae) reaedificat, exstruit et ornat.

L a u d . i n : *Invectiva in Romam (Dümmler Gesta 139).*

*7327 **(891–896)**

Pecuniam imagines in basilica Lateranensi luminandi causa condonat.

L a u d . i n : *Iohannis Romani Descriptio Lateranensis eccl. (FSI 90, 338); Alberici Trium Fontium Chron. (MGH SS 23, 751).*

*†7328 **(891–896)**

JL *3503 Monasterii s. Michaelis de Martura possessiones confirmat.

L a u d . i n : *Alexandri II privilegium (JL 4655).* – R e g . : *Ital. Pont. III 62 n. †*4.*

*†7329 **(891–896)**

JL *3506α Monasterio Bobiensi privilegium concedit.

L a u d . i n : *Sicardi Cremonensis Relatio ad Innocentium III (FSI 53, 367); Innocentii III rescriptum (Potthast 3298; Reg. Innocenz' III. 10, 376); Honorii III privilegium (Pressutti Reg. I 193 n. 1158).* – R e g . : *Ital. Pont. VI/2, 251 n. *14.*

De fide cf. Buzzi in FSI 54, 65 et Zimmermann Papsturkunden I n. 36.

*7330 **(895–896)**

JL *3507 Fulconem archiepiscopum Remensem vituperat, quod Bertarium a clero et plebe Catalaunensi assentiente rege Odone (Franciae occidentalis) electum non consecraverit, „sed in transitu defuncti episcopi ecclesiam ipsam Herilando Taruanensi episcopo beneficiali more" contulerit, „postea quendam Mantionem, nonnullis criminibus irretitum, in eadem ecclesia quasi episcopum ordinaverit; cumque ... Bertarius apostolicam presentiam vellet adire, comprehensus sit a quodam Conrado (eius) vasallo, de ecclesia tractus et in exilium per unum mensem delegatus". Iubet eum una cum Mancione et Conrado ad sese accedere.

L a u d . i n : *Flodoardi Remensis Hist. IV c. 3 (MGH SS 36, 377).* – R e g . : *Sot Historien 162 n. 33.*

De tempore cf. Sot Historien.

*7331 **(cr. 896)**

JL *3508 Argrino episcopo Lingonensi pallii usum concedit.

L a u d . i n : *J³ 7384.*

(888–898)

Cf. J³ *7256 s. v. Stephanus V.

(888–898)

Cf. J³ *7257 s. v. Stephanus V.

*7332 **896 (apr. 4)** **Roma**

JL I 439 Moritur, cum sedisset a. V m. VI d. XVIII et in ecclesia b. Petri sepelitur (d. s. paschae).

L a u d . i n : *Lib. pont. (Duchesne II 227); Ann. Fuldenses ad a. 896 (MGH SS rer. Germ. 7, 129); Eugenii Vulgarii De causa Formosi (Migne PL 129, 1109); Invectiva in Romam (Dümmler*

Gesta 139); Ann. Laubacenses III ad a. 896 (MGH SS 1, 53); Herimanni Augiensis Chron. ad a. 896 (MGH SS 5, 110); Bernoldi Constantiensis Chron. ad a. 896 (MGH SS 5, 421); Ann. Alamannici ad a. 896 (Henking 257); Petri Bibliothecarii Hist. Francorum abbrev. ad a. 894 (MGH SS 1, 418); Adami Bremensis Gesta c. 50 (MGH SS rer. Germ. 2, 50). – Reg.: *Böhmer/Zielinski n. 1013A.*

Bonifatius VI (896)

*7333 **896 (apr. 4 aut 11)**

JL I 439 Consecratur, cum „ad modicum eum subisse Formoso".

L a u d . i n : *Lib. pont. (Duchesne II 228); Ann. Fuldenses ad a. 896 (MGH SS rer. Germ. 7, 129); Liudprandi Cremonensis Antapodosis I c. 30 (MGH SS rer. Germ. 41, 23; Chiesa 54); Ann. Laubacenses III ad a. 896 (MGH SS 1, 53); Ann. Alamannici ad a. 896 (Henking 257); Herimanni Augiensis Chron. ad a. 896 (MGH SS 5, 110); Bernoldi Constantiensis Chron. ad a. 896 (MHG SS 5, 421).*

Olim ad a. (896 apr.). Probabile est Bonifatium VI in d. 4 aut 11 m. apr., qui dies dominicae fuerunt, consecratum esse.

*7334 **(896)**

JL *3509 Georgio patriarchae Gradensi pallium utendum diebus praedecessoribus concessis concedit.

L a u d . i n : *Iohannis XIX (JL 4063; Böhmer/Frech n. 57); Benedicti IX (JL 4114; Böhmer/Frech n. 255) privilegia.* – R e g . : *Ital. Pont. VII/2, 48 n. *56.*

*7335 **(896)**

Monasterio Augiensi privilegium concedit.

L a u d . i n : *Iohannis XIX privilegium (JL 4093 et 4094 = Böhmer/Frech n. 142); Leonis IX litterae (JL †4156; Böhmer/Frech n. †533); Innocentii III privilegium (Potthast 3056a).* – R e g . : *Germ. Pont. II/1, 151 n. *8.*

(888–898)

Cf. J[3] *7256 s. v. Stephanus V.

(888–898)

Cf. J[3] *7257 s. v. Stephanus V.

*7336 **(896 apr.)**

JL I 439 Moritur „podagrico morbo correptus", cum sedisset d. XV. In ecclesia b. Petri sepeliri videtur.

L a u d . i n : *Lib. pont. (Duchesne II 228); Ann. Fuldenses ad a. 882 (MGH SS rer. Germ. 7, 129); Bernoldi Constantiensis Chron. ad a. 896 (MGH SS 5, 398); Herimanni Augiensis Chron. ad a. 873 (MGH SS 5, 110); Ann. Alamannici ad a. 896 (Henking 257); Chron. Suevicum univ. ad a. 896 (MGH SS 13, 65); Ann. Laubacenses III ad a. 896 (MGH SS 1, 53).*

Olim ad a. (896 apr.–mai.). De tempore cf. Borgolte Petrusnachfolge 350.

Stephanus VI (896–897)

*7337 **(896 apr. ex.–mai. in.)**

JL I 439 Consecratur.

L a u d . i n : *Lib. pont. (Duchesne II 229); Ann. Fuldenses ad a. 896 (MGH SS rer. Germ. 7, 29); Ann. Laubacenses III ad a. 896 (MGH SS 1, 53); Ann. Alamannici ad a. 883 (Henking 257); Bernoldi Constantiensis Chron. ad a. 897 (MGH SS 5, 421); Herimanni Augiensis Chron. ad a. 896 (MGH SS 5, 110).* – R e g . : *Böhmer/Zielinski n. 1026.*

Deicitur a. (897 iun. ex.) post a. 1, m. 1 et d. 18 (vel 19 aut 20), ex quo sequitur initium pontificatus; cf. J³ *7348.

*7338 **(896 iun. med.)**

Stephano (VI) Fulco archiepiscopus Remensis scribit, „devotionem, quam erga Romanam sedem gerebat, conabatur ostendere et, quod limina creberrime cupiverit apostolorum adire, sed diversis obstantibus discriminum causis haec vota nequiverit adimplere; ubi significat Odonem et Karolum (Simplicem) reges (Franciae occidentalis) in pacis tandem concordia se studente conexos".

L a u d . i n : *Flodoardi Remensis Hist. IV c. 4 (MGH SS 36, 378).* – R e g . : *Sot Historien 162 n. 34.*

De tempore cf. Schneider Fulco 160 adn. 171 et MGH SS 36, 378 adn. 1.

*7339 **(896 iul. in.)**

JL *3510 Fulconis archiepiscopi Remensis de omisso adhuc Romam itinere se purgantis excusationem (cf. J³ *7338) non accipit, eumque ad synodum „per m. sept. imminentis ind. XV" celebrandum venire sub poena canonica iubet.

L a u d . i n : *Flodoardi Remensis Hist. IV c. 4 (MGH SS 36, 378).* – R e g . : *Sot Historien 162 n. 35.*

Olim ad a. (896 iun.–iul.). De tempore cf. Schneider Fulco 161.

*7340 **(896 iul. ex.–aug. in.)**

JL *3512 Fulconi archiepiscopo Remensi permittit, ut ad tempus domi remaneat; mandatque, ut Honoratum Bellovacensem et Rodulfum Laudunensem episcopos ad synodum Ravennae celebrandam mittat.

L a u d . i n : *Flodoardi Remensis Hist. IV c. 6 (MGH SS 36, 395).*

De tempore cf. Schneider Fulco 161.

7341 **896 aug. 20** **(Roma)**

JL 3511 Ecclesiae Narbonensis possessiones et privilegia, petente Arnusto archiepiscopo, confirmat (Scr. p. m. Nicolai scrin. S.R.E. in m. aug., ind. XIV. Dat. XIII kal. sept. p. m. Stephani ep. s. eccl. Nepesinae arcarii S.S.A. imp. d. piisimo perp. aug. Arnulfo a Deo cor. magno imp. a. I). – *Convenit apostolico moderamini.*

E d . : *Zimmermann Papsturkunden I n. 2.* – R e g . : *Schröder Synoden 254.*

Cf. Zimmermann Papsturkunden I n. 2.

*** 7342** **(896 aut.)**

Stephano (VI) Fulco archiepiscopus Remensis rescribit (cf. J[3] *7339) et accusationes eius recusat.

L a u d . i n : *Flodoardi Remensis Hist. IV c. 4 (MGH SS 36, 379).* – R e g . : *Sot Historien 162 n. 36.*

De tempore cf. Schneider Fulco 161sq.

7343 **897 ian. 23** **Roma**

JL 3514 Monasterii Vizeliacensis privilegia confirmat (Scr. p. m. Samuel not. et scrin. S.R.E. in m. ian., ind. XV. Dat. X kal. febr. p. m. Samuhelis not. et scrin. S.R.E. imp. d. n. Landeb(er)to perp. piissimo aug. a Deo cor. magno imp. a. I et postcons. eius a. I, ind. XV). – *Quotiens illa a.*

E d . : *Zimmermann Papsturkunden I n. 3.*

Laud. et in Hugonis Pictaviensis Chron. Vizeliacense II (Huygens Mon. Vizeliacensia 416). Cf. Zimmermann Papsturkunden I n. 3. Cf. et J[3] 5843 et J[3] 6706.

*** 7344** **896 (dec.–897 ian.)**

JL I 439 Synodus per tres dies habita, in qua Formosus e sepulcro erutus violatur et anathematizatur eiusque acta rescinduntur.

L a u d . i n : *J[3] 7365; Invectiva in Romam (Dümmler Gesta 139 et 141); Auxilii De ordinationibus (Migne PL 129, 1098); Auxilii Libellus in defensionem I c. 10 (Dümmler Auxilius 71); Cat. reg. Lang. et ducum Benevent. (MGH SS rer. Lang. 497); Ann. Alamannici, Cont. Sangallensis tertia ad a. 896 (Henking 257); Ann. Fuldenses ad a. 896 (MGH SS rer. Germ. 7, 129).* – R e g . : *Böhmer/Zielinski n. 1039.*

Olim ad a. (897 cr. ian.). De tempore cf. Böhmer/Zielinski n. 1039. De synodo cf. et MGH Conc. 5, 416.

*** 7345** **(896–897)**

Monasterio s. Michaelis quod dicitur Subripa iuxta Cerveterem privilegium protectionis concedit.

L a u d . i n : *Clementis III privilegium (JL -; Böhmer/Schmidt n. 547).* – R e g . : *Ital. Pont. II 23 n. *2.*

Cui Stephano (V – IX) attribuenda sit haec bulla, in dubio versatur.

7346 **(896–897)**

JL 3582 Monasterium Psalmodiense, cum Iuncellensi unitum, Romanae sedis iurisdictioni subiicit eiusque possessiones alienari vetat. – *Cum summe apostolice.*

E d . : *Zimmermann Papsturkunden I n. <1.*

Laud. et in Paschalis II (Wiederhold PUU Frankreich VI 68) et in Innocentii III privilegia (Potthast 4522). Olim Stephano VII (a. 929–931) adscriptum.

*** 7347** **(896–897)**

JL *3513 Argrinum episcopum Lingonensem a munere submovet.

L a u d . i n : *J[3] 7370; J[3] 7371; J[3] 7383.*

(888–898)

Cf. J[3] *7256 s. v. Stephanus V.

(888–898)

Cf. J[3] *7257 s. v. Stephanus V.

*** 7348** **(897 iun. ex.)**

JL I 440 Deicitur pontificatu.

L a u d . i n : *Epitaphium in Petri Mallii Descriptione (FSI 90, 416); Flodoardi Remensis De Christi triumphis (Migne PL 135, 829); Herimanni Augiensis Chron. ad a. 873 (MGH SS 5, 111); Bernoldi Constantiensis Chron. ad a. 897 (MGH SS 5, 398).*

Olim ad a. (897 cr. iul.). Sedit a. 1, m. 1 et d. 18 (vel 19 aut 20).

*** 7349** **(897 aug.)**

JL I 440 In carcere necatur.

L a u d . i n : *Epitaphium in Petri Mallii Descriptione (FSI 90, 416); Flodoardi Remensis De Christi triumphis (Migne PL 135, 829); Auxilii Libellus in defensionem I c. 11 (Dümmler Auxilius 72).*

Olim ad a. (897 cr. iul.). Sepelitur in loco ignoto; post decem annos Sergius III corporem eius in ecclesiam b. Petri transtulit; cf. J^3 *7422 et de tempore Borgolte Petrusnachfolge 125.

Romanus (897)

*** 7350** **(897 iul. ex.–aug. in.)**

JL I 441 Consecratur.

Laud. in: *Lib. pont. (Duchesne II 230); Auxilii Libellus in defensionem App. (Dümmler Auxilius 95); Clarii Senonensis Chron. (Bautier/Gilles 64 et 94).* – Reg.: *Böhmer/Zielinski n. 1045.*

Iam ante aug. 20 initum a Romano pontificatum esse apparet ex corruptiore quidem tabula ap. Fantuzzi Monumenti Ravennati I 94. Monachus factus est a. (897 nov. ex.) post m. III d. XXII, ex quo sequitur initium pontificatus; cf. J³ *7355.

7351 **897 oct. 15** **(Roma)**

JL 3515 Ecclesiae (Elenensis) Rossilionensis possessiones, petente Riculfo episcopo, confirmat (Scr. p. m. Gregorii scrin. S.R.E. in m. oct., ind. I. Dat. id. oct. p. m. Stephani nomenc. S.S.A. imp. d. n. piisimo perp. aug. Lamberto a Deo cor. magno imp. a. VI et postcons. a. VI, ind. I). – *Quotiens illa a.*

Ed.: *Zimmermann Papsturkunden I n. 4.*

Cf. Zimmermann Papsturkunden I n. 4.

7352 **897 oct. 15** **(Roma)**

JL 3516 Ecclesiae Gerundensis bona, petente Servi Dei episcopi, confirmat (Scr. p. m. Sergii scrin. S.R.E. in m. oct., ind. I. Dat. id. oct. p. m. Stephani nomenc. S.S.A. imp. d. n. piissimo perp. aug. Lamberto a Deo cor. magno imp. a. VI et postcons. eius a. VI). – *Sicut per donum.*

Ed.: *Zimmermann Papsturkunden I n. 5.*

Cf. Zimmermann Papsturkunden I n. 5.

*** 7353** **(897)**

JL *3517 Vitali patriarchae Gradensi pallium utendum diebus praedecessoribus concessis concedit.

Laud. in: *Iohannis XIX (JL 4063; Böhmer/Frech n. 57); Benedicti IX (JL 4114; Böhmer/Frech n. 255) privilegia.* – Reg.: *Ital. Pont. VII/2, 48 n. *57.*

***? 7354** **(897)**

Stephanum (VI papam) persequitur et „omnes ordinationes ipsius irritas“ esse decernit.

Laud. in: *Lib. pont. (Duchesne II 229).*

(888–898)

Cf. J³ *7256 s. v. Stephanus V.

(888–898)

Cf. J³ *7257 s. v. Stephanus V.

* 7355 **(897 nov. ex.)**

JL I 441 Monachus factus est, cum sedisset m. III d. XXII.

L a u d . i n : *Lib. pont. (Duchesne II 230).*

Mors Romani non laud. in fontibus in contextu temporis pontificatus eius. Romanum m. III d. XXII sedisse narrant Cat. pont. Casinensis (Holder-Egger 553), Chron. s. Clementis Mettense (MGH SS 24, 497), Ann. Saxo ad a. 898 (MGH SS 37, 120) et aliae fontes posterae. De tempore cf. et Borgolte Petrusnachfolge 350.

Theodorus II (897)

*7356 **(897 dec. 4 aut 11)**

JL I 441 Consecratur.

L a u d . i n : *Lib. pont. (Duchesne II 231); Auxilii Libellus in defensionem App. (Dümmler Auxilius 95); Sigeberti Gemblacensis Chron. ad a. 889 (MGH SS 6, 345); Clarii Senonensis Chron. (Bautier/Gilles 64 et 94).* – R e g . : *Böhmer/Zielinski n. 1048A.*

Olim ad a. (897 cr. nov.). Dies consecrationis possibiles in m. dec. sunt d. 4 vel 11.

*7357 **(897 dec. in.)** **Roma**

JL I 441 Synodus, in qua clerici sacris a Formoso initiati, quos Stephanus VI deiecerat, in pristinum restituuntur.

L a u d . i n : *J³ 7365; Auxilii Infensor et defensor c. 4 (Migne PL 129, 1081); Flodoardi Remensis De Christi triumphis (Migne PL 135, 830).*

De tempore et synodo cf. MGH Conc. 5, 424.

*7358 **(897)**

JL *3518 (Dominico) patriarchae Gradensi pallium utendum diebus praedecessoribus concessis concedit.

L a u d . i n : *Iohannis XIX (JL 4063; Böhmer/Frech n. 57); Benedicti IX (JL 4114; Böhmer/Frech n. 255) privilegia.* – R e g . : *Ital. Pont. VII/2, 48 n. *58.*

*7359 **(897)** **Roma, S. Pietro**

JL I 441 In basilicam s. Petri corpus Formosi papae transfert una cum clero populoque Romano.

L a u d . i n : *Auxilii Libellus in defensionem I c. 11 (Dümmler Auxilius 72).*

(888–898)

Cf. J³ *7256 s. v. Stephanus V.

(888–898)

Cf. J³ *7257 s. v. Stephanus V.

*7360 **(897 dec. 23 aut 30)**

JL I 441 Moritur, cum sedisset d. XX. In ecclesia b. Petri sepeliri videtur.

L a u d . i n : *Sergii II epitaphium ap. Petri Mallii Descriptionem (FSI 90, 416).*

Olim ad a. (897 nov.–dec.). Fontes narrant Theodorum II dies XX sedisse, ergo, si consecratus est dec. 4 aut 11, moritur dec. 23 aut 30. Fortasse pontificatus Theodori non morte, sed depositione finitus est, cf. Mansi Conc. 18, 189.

Iohannes IX (898–900)

cui accedit: Sergius III (897–898)

***7361** **(897 dec. ex.)**

JL I 445 Sergius III eligitur post obitum Theodori II.

L a u d . i n : *Epitaphium Sergii (Montini Tombe 151 n. 120); Flodoardi Remensis De Christi triumphis (Migne PL 135, 832; Lauer 177); Auxilii Libellus in defensionem I c. 1 (Dümmler Auxilius 60).*

Olim ad a. (897 nov.–dec.), sed Theodorus II moritur dec. 23 aut 30; cf. J[3] *7360.

***7362** **(898 ian.)** **Roma**

JL I 445 Sergius III Roma pellitur a Iohanne (IX, papa electo).

L a u d . i n : *Sergii epitaphium (Montini Tombe 151 n. 120); Auxilii Libellus in defensionem I c. 1 (Dümmler Auxilius 61); Flodoardi Remensis De Christi triumphis (Migne PL 135, 832; Lauer 177).*

Olim ad a. (898 apr.). De tempore cf. J[3] *7363.

***7363** **898 (ian.)**

JL I 442 Consecratur, pulso Sergio (III), qui electus post Theodori (II) mortem erat.

L a u d . i n : *Lib. pont. (Duchesne II 232); Sergii epitaphium (Montini Tombe 151 n. 120); Auxilii Libellus in defensionem App. (Dümmler Auxilius 95); Invectiva in Romam (Dümmler Gesta 153); Herimanni Augiensis Chron. (MGH SS 5, 111); Bernoldi Constantiensis Chron. ad a. 898 (MGH SS 5, 398 et 421).* – R e g . : *Böhmer/Zielinski n. 1054.*

Olim ad. a. (898 apr.). De tempore cf. Duhr Concile de Ravenne 578.

***7364** **(898 in.)** **(Ravenna)**

Kailonem archiepiscopum Ravennatem consecrat.

L a u d . i n : *Invectiva in Romam (Dümmler Gesta 153).*

Kailonem ante synodum Ravennatem consecratum esse narrat Invectiva in Romam.

7365 **(898 mai.)** **Ravenna**

JL I 442 Synodus a Iohanne IX et Lamberto imperatore celebratur, in qua inter alia statuunt 1) Stephani VI de Formoso concilium improbatur; 2) sociis eiusdem concilii datur venia; 3) interdictum mutandarum sedum episcopalium confirmatur; 4) qui, consecratione a Formoso accepta, orbati muneribus erant, restituuntur; 5) episcopis, „sine canonicę auctoritatis publica censura eiectis", dari successores vetantur; 6) confirmato Lamberto imperatore, unctio ‚illa barbarica' (Arnulfi imperatoris) „per subreptionem extorta", exploditur; 7) acta concilii a Stephano VI habiti igni damnantur; 8) qui Sergium, Benedictum, Marinum quondam presbyteros et Leonem, Paschalem, Iohannem quondam diaconos ecclesiae Romanae damnatos reduci studuerint, anathematizantur; 9) violatores tumuli Formosi papae, „qui sub foedere conspirationis ad capiendum thesaurum, corpus illius trahentes in fluvium Tyberim iactare non timuerunt", nisi resipuerint, excommunicantur; 10) Stephani IV de electione Romani pontificis statutum corroboratur; 11) ius spolii damnatur; 12) statuitur de episcoporum iurisdictione a publicis iudicibus non imminuenda; et item 1) de decimis ecclesiasticis; 2) de Romanorum iure et adeundi et appellandi imperatoris; 3) et 4) de servandis tum privilegiis ecclesiae Romanae tum decretis synodi, in ecclesia b. Petri pro Formoso habitae; 5) de possessionibus ecclesiae Romanae ab iniuriis tuendis; 6) de „pacto, quod a ... Vidone" et Lamberto „iuxta praecedentem consuetudinem factum est", conservando; 7) de inducendis praeceptis, contra idem pactum datis; 8) de reddendis patrimoniis, suburbanis, massis, colonitiis, civitatibus, ecclesiae Romanae ablatis; 9) de prohibendis illicitis coniunctionibus Romanorum et Langobardorum et Francorum in territoriis b. Petri; 10) de ecclesia „domini salvatoris, quae Constantiniana vocatur", reficienda et de ecclesiae Romanae paupertate levanda.

Ed.: *MGH Conc. 5, 426.* – Can.: *Deusdedit Coll. can. III c. 182 et 183; Ivonis (?) Panorm. III c. 1; Gratiani Decr. D. LXIII c. 28 (fragm.).* – Reg.: *Ital. Pont. I 25 n. *5 [10]; Böhmer/Zielinski n. 1057.*

De tempore cf. MGH Conc. 5, 426. Olim acta ad duos synodos apud Romam et Ravennas celebratae attribuita sunt, sed probabiliter ad unam synodum apud Ravennas pertinent; cf. MGH Conc. 5. Cap. X synodi perperam Stephano IV attributum traditur in JE I 316; cf. et MGH Conc. 5, 438 adn. 55.

***† 7366** **898 sept. 23** **Regensburg**

Monasterium s. Emmerami Ratisbonense dedicat, praesentibus permultis episcopis (ind. I imp. Arnolfo aug., presidente Ratisponensi ecclesie Tutone ep. ... IX kal. oct.).

Laud. in: *Auct. Ekkehardi (MGH SS 17, 362); Notae s. Emmerami (MGH SS 17, 572 adn. e); Flores temp. (MGH SS 24, 244).* – Reg.: *Germ. Pont. V/2, 22 n. *†9.*

(888–898)

Cf. J³ *7256 s. v. Stephanus V.

(888–898)

Cf. J³ *7257 s. v. Stephanus V.

? 7367 **899 ian. 13** **(Roma)**

JL †3524 et JL †3525 Monasterii s. Silvestri Nonantulani possessiones et iura confirmat petente Leopardo abbate (Scr. p. m. Sergii scrin. S.R.E. in m. ian., ind. suprascr. [II]. [Dat.] id. ian. p. m. Anastasii prim. def. S.S.A. a. Deo prop. pont. d. Iohannis summi pont. et univ. IX pp. in ss. sede b. Petri apost. II, ind. II). – *Que ad laudem.*

Ed.: *Zimmermann Papsturkunden I n. <8.* – Reg.: *Ital. Pont. V 338 n. 15.*

Laud. et in Ludovici III privilegio (FSI 37, 78). Duo huius privilegii exemplaria exstant, qua de causa apud JL olim regesta duo perperam confecta sunt. De re et fide cf. Zimmermann Papsturkunden I n. <8. Cf. et J³ *6238 et J³ *6517 et J³ 7133.

7368 **(899 in.)**

JL 3522 Styliani metropolitae (Neocaesariensis) fidem singularem laudat. De Ignatio, Photio, Stephano et Antonio sacerdotibusque per illos consecratis decreta decessorum suorum Nicolai (I), Iohannis (VIII) et „sexti" Stephani servari iubet. Haec addit: „Tuum vero chirographum, quod nobis fecisti, quamvis multum quesierimus, invenire tamen minime potuimus". – *Gratias quas par; Ἀξίας χάριτας τιμιώτατε; Eas quas par.*

Ed.: *MGH Epp. 7, 383 n. 6 (versio Graeca); Tăutu Acta Rom. pont. I 750 n. 361 (versiones Graeca et Latina).* – Reg.: *Zimmermann Papsturkunden I n. 7.*

Fragmenta. Olim ad a. c. 899. De re et tempore cf. Zimmermann Papsturkunden I n. 7.

7369 **899 mart.** **(Roma)**

JL *3519 Monasterii Casinensis privilegia confirmat (Scr. p. m. Leonis scrin. S.R.E. in m. mart., ind. II). – *Cum summe apostolice.*

E d . : *Zimmermann Papsturkunden I n. 9.* – R e g . : *Ital. Pont. VIII 127 n. 41; Russo Reg. vaticano per la Calabria 45 n. 95.*

Laud. et in Chron. mon. Casinensis I c. 46 (MGH SS 34, 124).

7370 **899 mai. (11)** **(Roma)**

JL 3520 Clero et populo Lingonensi respondet se eorum litteras „una cum dilecti filii (sui) Berengarii regis apicibus" libenter accepisse. Eorum ecclesiae mala deplorat. Nuntiat se „cum collegio fratrum (suorum) episcoporum (et) reliquorum ordinum officio", ut Argrinus pristinus eorum episcopus restitueretur, decrevisse, „non sententi(a) predecessoris (sui) Stephani papae" reprehensa, „sed utilitatis ac necessitatis causa canonice in melius" commutata (Scr. p. m. Samuel not. et scrin. S.R.E. in m. mai., ind. II). – *Tantam a domino.*

E d . : *Zimmermann Papsturkunden I n. 10.*

Olim ad a. 899 mai. De re et tempore cf. Zimmermann Papsturkunden I n. 10. Cf. et Böhmer/Zielinski n. 1089 et J[3] *7347.

7371 **899 mai. 11** **(Roma)**

JL 3521 Carolo (Simplici) regi (Franciae occidentalis) scribit, Argrino episcopo ecclesiam Lingonensem restitutam esse, „sententi(a) praedecessoris (sui) Stephani papae (VI) causa necessitatis et utilitatis in melius" commutata. Hortatur, ut eum adiuvet, ubicunque expediat (Scr. p. m. Samuel not. et scrin. S.R.E. V id. mai., ind. II). – *Quia te dilectissime.*

E d . : *Zimmermann Papsturkunden I n. 11.*

Cf. J[3] *7347.

*** 7372** **(899)**

(Moimirus II princeps Moraviae) magnam pecuniae summam sedi apostolicae (Iohannis IX aut Benedicto IV) mittit et restitutionem constitutionis ecclesiasticae in Moravia exoptat.

L a u d . i n : *J[3] ?7382.* – R e g . : *Marsina Cod. dipl. Slovaciae I 31 n. 38*; Marsina Vel'komaravské deperditá 36 n. 22; Boh. Pont. 27 n. *38.*

De re et tempore cf. Marsina Vel'komoravské deperditá 36.

***† 7373** **(ante 900 ian. 7)**

Super Rigofridum Viennensem, Emmonem Ebredunensem et Rostagnum Arelatensem (archi)episcopos „verbum Erardi Valentinensis episcopi ponit" (sic), mandans ut in die proximae Epiphaniae apud Vivarium conveniant.

L a u d . i n : *Rostagni archiep. Arelatensis epist. spuria (Reg. dauph. I c. 159 n. 931).* – R e g . : *Gall. Pont. III/1, 120 n. †*137; Böhmer/Zielinski n. 2904; cf. propediem Gall. Pont. III/2, Valence et Gall. Pont. III/3, Viviers.*

? 7374 **(900 post febr. 4)**

(Iohannem IX) Hatho praesul Maguntinae ecclesiae cum universis suffraganeis certiorem facit de Arnulfo imperatore defuncto ac de Ludovico (Infante) communi consilio principum et totius populi consensu in regem (Franciae orientalis) elevato. Rogat illam communem constitutionem benedictione papae roborari; intimat episcopos Bawarienses apud se conquestos esse de Maravensibus populis, qui, Francorum potestati rebelles, se ab illorum consortio divisos iactent et seorsum metropolitano a papa esse sublimatos glorientur; rogat, ut papa episcopos Bawariorum defendat et Moravienses ad humilitatis viam corrigendo perducat, ut tandem cognoscant, cui dominatui subici debeant.

E d . : *Erkens Fälschungen 23 n. 4.* – R e g . : *Böhmer/Mühlbacher² n. 1983d; Germ. Pont. IV 71 n. 54; Boh. Pont. 28 n. †?40.*

De fide cf. Erkens Fälschungen 24.

* 7375 **(898–900)**

Godelperto abbati (monasterii Vulturnensis) privilegium concedit.

L a u d . i n : *Iohannis Vulturnensis Chron. Vulturnense (FSI 58/1, 32 et 92).* – R e g . : *Ital. Pont. VIII 249 n. *9.*

*† 7376 **(898–900)**

Baltramnum episcopum Argentinensem, quia per nefas abbatiam Novientum (Ebersheim) sibi subegit et Helmericum quendam monachum abbatem constituit, degradat et excommunicat.

L a u d . i n : *Chron. Ebersheimense 14 (MGH SS 23, 438).* – R e g . : *Germ. Pont. III 8 n. *†8 et 46 n. *†1.*

* 7377 **(899–900)**

Iohannes archiepiscopus, Benedictus et Danihel episcopi, legati sedis apostolicae (Iohannis IX aut Benedicti IV) „in terram Sclavorum, qui Maravi dicuntur", venientes in episcopatu (Pataviensi) unum archiepiscopum et tres episcopos eius suffraganeos ordinant; Bavaros vero propter violationem fidei catholicae et consociationem cum Ungaris accusant.

L a u d . i n : *J³ ?7382.* – R e g . : *MMFH 3, 231 n. 108; Marsina Cod. dipl. Slovaciae I 32 n. *38A; Marsina Vel'komaravské deperditá 36 n. 23; Ratkoš Kompletnost' 109 n. 23; Boh. Pont. 27 n. *39.*

* 7378 **(900 ian.)**

JL I 443 Pontificatum terminat (et moritur?). Sedit a. II d. XV. In ecclesia b. Petri sepelitur.

L a u d . i n : *Lib. pont. (Duchesne II 232).*

Olim ad a. (900 mai.). De tempore cf. Borgolte Petrusnachfolge 351. Iohannem IX uno tempore pontificatum terminasse et mortuum esse non constat.

Benedictus IV (900–903)

*7379 **(900 ian.)**

JL I 443 Consecratur.

L a u d . i n : *Lib. pont. (Duchesne II 233); Auxilii Libellus in defensionem App. (Dümmler Auxilius 95); Sigeberti Gemblacensis Chron. ad a. 889 (MGH SS 6, 345).* – R e g . : *Böhmer/Zielinski n. 1098.*

Olim ad a. (900 mai.). De tempore cf. Böhmer/Zielinski n. 1098.

(900 in.)

Cf. J³ *7372 s. v. Iohannes IX.

*7380 **(900 iun. 17–iul. 6)**

JL *3526 Winedmarum interfectorem Fulconis archiepiscopi Remensis excommunicat.

L a u d . i n : *Folcuini Gesta abb. s. Bertini Sithensium c. 98 (MGH SS 13, 624).* – R e g . : *Martí Bonet Reg. 382 n. 1.*

Fulco necatus est a. 900 iun. 17 (cf. Schneider Fulco 180), quod constituit terminum ante quem.

*7381 **(900 iun. 17–iul. 6)**

JL *3526 Episcopis cunctarum provinciarum (Galliae) praecipit, ut Winedmarum interfectorem Fulconis archiepiscopi Remensis damnarent.

L a u d . i n : *Folcuini Gesta abb. s. Bertini Sithensium c. 98 (MGH SS 13, 624).* – R e g . : *Martí Bonet Reg. 382 n. 1.*

Episcopi Winedmarum excommunicaverunt in synodo Remensi a. 900 iul. 6 congregata (Schröder Synoden 153; MGH Conc. 5, 453).

? 7382 **(900 iul.)**

Apud Iohannem (IX) Theotmarus Iuvavensis (Salisburgensis) archiepiscopus, Waldo Frisingensis, Erchanbaldus Eichstettensis, Zacharias Sabionensis, Tuto Ratisbonensis, Richarius Pataviensis episcopi una cum universo clero populoque Bavariae queruntur, quod de latere eius venerint tres episcopi, videlicet Iohannes archiepiscopus, Benedictus et Daniel episcopi, „in terram Sclavorum, qui Maravi dicuntur" et in uno eodemque episcopatu (Pataviensi) contra ius canonicum unum alium insuper archiepiscopum et tres episcopos eius suffraganeos absque scientia archiepiscopi (Salisburgensis) et consensu episcopi (Pataviensis) ordinaverint ipsosque se in epistola tamquam ab apostolica sede missa de violatione fidei catholicae et consociatione cum Ungaris accusaverint (J³ *7377); admonet papam beneficiorum, quae reges Francorum antecessoribus eius tribuissent, refutant Sclavorum criminationes; precantur, ne ullomodo alicui falso de se aliquam suspicionem referenti credulus sit nec sinat unitatem ecclesiae dividi scissura.

E d . : *Erkens Fälschungen 45 n. 8; MGH Conc. 5, 461.* – R e g . : *Germ. Pont. I 13 n. 26 et 142 n. 7 et 163 n. 14 et 269 n. 4 et 332 n. 7 et 391 n. 20; Germ. Pont. II/1, 4 n. 2; Boshof Reg. Passau I 46 n. 175; Boh. Pont. 28 n. †?41.*

Cf. J³ *6918 et J³ *7372 et J³ *7377.

7383 **900 aug. 31** **(Roma, Laterano)**

JL 3527 Synodo convocata, Argrinum episcopum Lingonensem a Iohanne IX restitutum

(„quemadmodum in scrinio S.R.E. plenius habetur") sancit, eique usum pallii a Formoso concessum (J³ *7331) asserit (Scr. p. m. Sergii S.R.E. scrin. in m. aug., ind. III. Dat. II kal. sept. p. m. Leonis Dei pietate prim. S.S.A. a. d. Benedicti pp. I, a. II post obitum Landeberti imp. aug., ind. III). – *Quanta pietatis gratia.*

E d . : *Zimmermann Papsturkunden I n. 13; MGH Conc. 5, 466.*

De re cf. Zimmermann Papsturkunden I n. 13. Cf. et J³ *7347.

7384 900 aug. 31 (Roma)

JL 3528 Clerum et plebem Lingonensem, ut Argrino episcopo honorem oboedientiamque habeant, hortatur (Dat. II kal. sept. p. m. Sergii scrin. S.R.E., ind. III). – *Apostolica nos et.*

E d . : *Zimmermann Papsturkunden I n. 14.*

Cf. Zimmermann Papsturkunden I n. 14. Cf. et J³ *7331.

*** 7385 (cr. 900)**

Auctoritate Benedicti (IV) necnon et cleri S.R.E. consensu atque subscriptione per duos episcopos ab apostolica sede destinatos Stephanus episcopus Neapolitanae (al. Parthenopensis) cathedrae inthronizatur.

L a u d . i n : *Auxilii Libellus in defensionem App. c. 3 (Dümmler Auxilius 99).* – R e g . : *Ital. Pont. VIII 448 n. *78.*

*** 7386 901 febr. (15 aut 22) Roma**

JL I 443 Ludovico (Caeco) imponit diadema imperatorium (in m. febr., in a. IV, quod Ludovicus in Longobardia imp. obvenit).

L a u d . i n : *Placitum (FSI 37, 19 n. 6).* – R e g . : *Böhmer/Zielinski n. 1125; Gall. Pont. III/1, 367 n. *37; cf. propediem Gall. Pont. III/2, Laïcs du diocèse Valence.*

Olim ad a. 901 post febr. 12. De tempore cf. Böhmer/Zielinksi n. 1125.

7387 901 febr. Roma, S. Pietro

JL I 444 In palacio, quod est fundatum iuxta basilicam b. Petri principis apostolorum in laubia magiore, cum Ludovico (Caeco) imperatore „in iudicio residet" „anno imperii ... Ludowici primo, mense februario, indictione quarta", Petro episcopo Lucano reclamationem faciente contra Lambertum filium quondam Rodelandi de civitate Lucensi.

E d . : *MGH Conc. 5, 469.* – R e g . : *Ital. Pont. III 388 n. 1 et 449 n. 1; Reg. chartarum Pistoriensium I 44 n. 55; Böhmer/Zielinski n. 1126.*

7388 901 mart. 2 Roma

JL I 444 Benedicto (IV) deprecante, Ludovicus (Caecus) imperator Petro episcopo Aretino privilegium confirmationis concedit (Dat. VI non. mart., a. inc. d. 901, ind. IV, a. vero imp. d. Hludovici gloriosi imp. aug. I. Actum Romae).

E d . : *FSI 37, 22 n. 7.* – R e g . : *Ital. Pont. III 149 n. *14; Böhmer/Zielinski n. 1127.*

† 7389 901 apr. 6 Roma

Widoni s. Mariae Pisensis ecclesiae archipresbytero declarat, ut confratribus eius, ab isto Pisensi canonicorum coenobio ad alios theologicam doctrinam et pontificias sanctiones edocendas de more electis et ad munus Universitatis Pisensis exercendum canonice designatis, licitum sit ferialibus diebus tuta conscientia non solum choro abesse, sed quotidianas etiam distributiones et alia Pisensis ecclesiae emolumenta lucrari atque in integrum consequi, acsi praesentes essent (Dat. Romae d. VI apr. pont. n. a. I). – *Cum discretio tua.*

E d . : *Zimmermann Papsturkunden I n. †15.* – R e g . : *Ital. Pont. III 333 n. †10.*

7390 **901 mai. 18** **(Roma)**

JL 3529 Monasterii Salvatoris Fuldensis privilegia, rogante Huogge abbate, confirmat (Scr. p. m. Leonis scrin. S.R.E. in m. mai., ind. IV. Dat. XV kal. iun. p. m. Anastasii prim. def. S.S.A. imp. d. piisimo aug. Ludeuugio a Deo cor. magno imp. a. I). – *Summam gerentes sollicitudinem.*

E d . : *Zimmermann Papsturkunden I n. <16; Meyer zu Ermgassen Codex Eberhardi I 18.* – R e g . : *Germ. Pont. IV 365 n. 30.*

De fide cf. Zimmermann Papsturkunden I n. <16. Cf. et J^3 *7074 et J^3 7233.

*7391 **(901 mart.–iul.)**

(Petro III) episcopo Aretino corpora ss. Lucillae, Florae et Eugenii donat.

L a u d . i n : *Petri Damiani Translatio ss. Lucillae, Florae, Eugenii et al. (AASS iul. 7, 38).*

De tempore cf. J^3 7388.

*7392 **(901)**

Gipperio (abbati seu praeposito) s. Eugendi Jurensis scribit de electione abbatis (I a. Ludovici).

L a u d . i n : *Gipperii notitia (Robert Chronique de Saint-Claude 567).* – R e g . : *Locatelli/Moyse Pierre d'Attente du Volume de Gallia Pontificia 265 n. *3.*

7393 **(900–903)**

JL 3530 Omnibus episcopis seu archiepiscopis, necnon abbatibus atque comitibus seu iudicibus, verum etiam et universis orthodoxis christianae fidei cultoribus commendat Malacenum „episcopum Hierosolymitanae ecclesiae" (immo episcopum „ex sede s. Basilii regionis Iberorum", i. e. Amasiae in Cappadocia) a Saracenis pulsum, quem „benigne suscipiant et de civitate in civitatem salvum transmittant". – *Sanctitati seu omnium.*

E d . : *Zimmermann Papsturkunden I n. 12.*

Cf. Zimmermann Papsturkunden I n. 12.

*7394 **(900–903?)**

Benedictus (IV?) auctoritatem apostolicae sedis canonicis de Berceto in monasterio s. Remigii, quod Liutprandus rex a fundamentis aedificavit, de rebus eorum (interdicens, ne quis) eos ad synodum aut ad aliquod obsequium invitare praesumat.

L a u d . i n : *Hugonis regis privilegium 927 febr. 17 concessum (FSI 38, 22 n. 7).* – R e g . : *Ital. Pont. V 434 n. *1.*

*7395 **(903)**

JL *3531α Canonicis ecclesiae Bononiensis epistolam tuitionis dat et concedit, ut nullam dationem vel redditum publicis faciant.

L a u d . i n : *J^3 7912.* – R e g . : *Ital. Pont. V 256 n. *1; Fanti/Paolini Cod. dipl. Bolognese 84 n. 25.*

*7396 **(903 iul. post 26–aug. 15)**

JL I 444 Moritur et in ecclesia b. Petri sepelitur.

L a u d . i n : *Rogeri de Wendover Flores hist. (Coxe I 370); Amalrici Augerii Actus pont. (RIS 3/2, 320).*

Moritur post d. 26. m. iul. a. 903, ut docet tabula ap. Fantuzzi Monumenti Ravennati I 102. Sedit a. III, m. VI, d. XV.

Leo V (903)

* 7397 **(903 iul. ex.–aug. in.)**

JL I 444 Consecratur.

L a u d . i n : *Lib. pont. (Duchesne II 234); Auxilii Libellus in defensionem I c. 1 et App. (Dümmler Auxilius 60 et 95); Flodoardi Remensis De Christi triumphis (Migne PL 135, 832; Lauer 177).* – R e g . : *Böhmer/Zielinski n. 1162A.*

*† 7398 **(903–965)**

Monasterio Bobiensi privilegium concedit.

L a u d . i n : *Sicardi Cremonensis Relatio ad Innocentium III (FSI 53, 367).* – R e g . : *Ital. Pont. VI/2, 252 n. *17; Polonio Monastero di San Colombano di Bobbio 95.*

Utrum privilegium hoc Leoni V an Leoni VI an Leoni VII an Leoni VIII attribuendum sit, discerni nequit, cf. Cipolla in FSI 52, 284 n. 83 et de fide Buzzi in FSI 54, 65.

* 7399 **(903 aug. ex.–sept. in.)**

JL I 444 In carcerem deicitur a Christophoro, „dum per triginta dies ecclesiae gubernacula administrasset".

L a u d . i n : *Lib. pont. (Duchesne II 234); Auxilii Libellus in defensionem I c. 1 (Dümmler Auxilius 60); Sigeberti Gemblacensis Chron. ad a. 905 (MGH SS 6, 345).*

* 7400 **(905 oct.)**

JL I 444 Moritur.

L a u d . i n : *Eugenii Vulgarii De causa Formosiana c. 14 (Dümmler Auxilius 135); Flodoardi Remensis De Christi triumphis (Migne PL 135, 832, Lauer 177).*

Olim ad a. (903 cr. sept.). Leonem V a. II, m. II sedisse narrat Chron. Vulturnense (FSI 58, 93). Consecratus est a. 903 iul. ex.–aug. in. (cf. J[3] *7397), idcirco mortem in m. oct. ponendam est.

Christophorus (903–904)

*** 7401** **(903 aug. ex.–sept. in.)**

JL I 444 Pontificatum usurpat.

L a u d . i n : *Lib. pont. (Duchesne II 235); Auxilii Libellus in defensionem I c. 1 et App. (Dümmler Auxilius 60 et 95).* – R e g . : *Böhmer/Zielinski n. 1164A.*

Olim ad a. (903 cr. oct.). De tempore cf. Böhmer/Zielinski n. 1164A.

7402 **903 dec. 26** **(Roma)**

JL 3532 Monasterii Corbeiensis (dioec. Ambianensis) privilegia, Francone abbate per Otgarium episcopum (Ambianensem) petente, confirmat (Scr. p. m. Sergii scrin. S.R.E. in m. dec., ind. XI, VII kal. ian., imp. d. n. piisimo aug. Ludovico a Deo cor. imp. ss.). – *Cum Romane sedis.*

E d . : *Zimmermann Papsturkunden I n. 17.*

Laud. et in Caroli Calvi (Lot/Giry/Prou/Tessier Recueil 445) et in Leonis IX (JL 4212, Böhmer/Frech n. 753) privilegiis. Cf. Zimmermann Papsturkunden I n. 17. Cf. et J³ 5630 et J³ 5821.

*** 7403** **(904 ian. ante 29)**

JL I 445 „Deicitur et monachus fit".

L a u d . i n : *Lib. pont. (Duchesne II 235); Auxilii Libellus in defensionem I c. 1 (Dümmler Auxilius 60); Herimanni Augiensis Chron. ad a. 904 (MGH SS 5,111); Iohannis Vulturnensis Chron. Vulturnense (FSI 58, 93); Bernoldi Constantiensis Chron. ad a. 904 (MGH SS 5, 398 et 421); Chron. mon. Casinensis I c. 50 (MGH SS 34, 131); Sigeberti Gemblacensis Chron. ad a. 889 (MGH SS 6, 345).*

De tempore cf. J³ *7405.

*** 7404** **(904 ian. med.–911)**

Moritur et in ecclesia b. Petri sepelitur.

L a u d . i n : *Eugenii Vulgarii De causa Formosiana c. 14 (Dümmler Auxilius 135).*

Sergius III (904–911)

*7405 **904 (ian. 29)** **Roma**

JL I 445 Consecratur.

L a u d . i n : *Epitaphium Sergii (Montini Tombe 151); Auxilii Libellus in defensionem I c. 1 et II c. 1 (Dümmler Auxilius 60 et 78); Liudprandi Cremonensis Antapodosis I c. 30 (MGH SS rer. Germ. 41, 23; Chiesa 54); Frutolfi/Ekkehardi Chron. ad a. 904 (MGH SS 6, 174).* – R e g . : *Böhmer/Zielinski n. 1169.*

De tempore cf. Böhmer/Zielinski n. 1169.

7406 **904 febr. 22** **Roma**

JL 3533 Monasterii s. Galli privilegia, petente Salomone episcopo Constantiensi et s. Galli abbate (cf. Germ. Pont. II/1 124 n. *4), confirmat (Scr. p. m. Leonis scrin. S.R.E. in m. mart., ind. VII. Dat. VIII kal. mart. p. m. Nicolai ep. s. Sutrinae eccl. et bibl. S.S.A. imp. d. piissimo perp. aug. Hludouuico a Deo cor. magno imp. a. IV et postcons. a. IV, ind. VII). – *Cognoscat amabilis religiositas.*

E d . : *Zimmermann Papsturkunden I n. 21.* – R e g . : *Germ. Pont. II/2, 39 n. 2.*

Laud. et in J³ †7492. Cf. Zimmermann Papsturkunden I n. 21.

*7407 **(904 ian.–febr.)** **Roma**

JL I 445 Synodus, in qua decreta synodi Stephani VI (J³ *7344) de ordinationibus a Formoso papa factis renovantur.

L a u d . i n : *J³ 7408; Auxilii Libellus in defensionem I c. 1 et II c. 1 (Dümmler Auxilius 60 et 78).*

De synodo et de tempore cf. MGH Conc. 5, 476.

7408 **(904)**

JL 3534 Amelium episcopum Uceticensem reprehendit, quod Formosum damnatum ecclesiae Romanae invasorem in epistola appellaverit 'sacerdotem'. Addit, pensionem residuam cum sibi miserit, fore ut monasterium s. Aegidii ei restituatur. – *Cum universus orbis.*

E d . : *Zimmermann Papsturkunden I n. 20; MGH Conc. 5, 477.* – R e g . : *Böhmer/Zielinski n. 2925.*

De re et tempore cf. Zimmermann Papsturkunden I n. 20. Cf. et J³ 7080, J³ *7101, J³ *7243, J³ *7407.

7409 **905 mai. 23** **(Roma)**

JL 3535 Ecclesiam ss. Rufinae et Secundae Silvae Candidae, a Saracenis vastatam, bonis quibusdam, Hildebrando episcopo petente, „praesenti octava indictione" donat (Scr. p. m. Melchisedech protoscrin. S.S.A. in m. mai., ind. suprascr. VIII. Dat. X kal. iun. p. m. Theophilacti canc. S.S.A. a. Deo prop. pont. d. Sergii summi pont. et univ. III pp. in ss. sede b. Petri apost. III, in m. et ind. supradicta VIII). – *Convenit apostolico moderamini.*

E d . : *Insertum in Gregorii IX privilegio 1236 iul. 29 concesso (separatim ed. Zimmermann Papsturkunden I n. 22).* – R e g . : *Ital. Pont. II 25 n. 1.*

*7410 **(905 ante iul.)** **(Roma)**

Iohannem archiepiscopum Ravennatem consecrat.

Laud. in: *Liudprandi Cremonensis Antapodosis II c. 48 (MGH SS rer. Germ. 41, 60; Chiesa 138).*

Iohannes ab a. 905 iul. archiepiscopus Ravennas fuit, cf. LexMA V 540.

*7411 **(905 ante iul. 17)**

Clericis quibusdam permittit imaginem b. Mariae ab ecclesia s. Mariae in Tempulo (Romana) ad palatium Lateranense transferre.

Laud. in: *Narratio de prima origine et inventione imaginis (Martinelli Imago p. VII).*

De tempore cf. J³ †7413.

*7412 **(905 ante iul. 17)**

Imaginem b. Mariae in monasterium s. Mariae in Tempulo (Romanum) redditam visitat.

Laud. in: *Narratio de prima origine et inventione imaginis (Martinelli Imago p. X).*

De tempore cf. J³ †7413.

†7413 **905 iul. 17** **(Roma)**

JL †3536 Euphemiae abbatissae monasterii s. Mariae (in Tempulo) Corsarum fundum Casaferrata confirmat cum suis pertinentiis aliasque possessiones nominatim illustratas (Scr. p. m. Antonii scrin. S.R.E. in m. aug., ind. suprascr. V. Dat. XVI kal. aug. p. m. Stephani arcarii S.S.A. a. Deo prop. pont. d. Sergii summi pont. et univ. III pp. in ss. sede b. Petri apost. II, in m. et ind. suprascr. V). – *Convenit apostolico moderamini.*

Ed.: *Zimmermann Papsturkunden I n. 23; Carbonetti Venditelli San Sisto 3.* – Reg.: *Ital. Pont. I 121 n. 3.*

Cf. Zimmermann Papsturkunden I n. 23. Cf. J³ *7411 et J³ *7412.

*7414 **(904–905)**

Basilicam s. Iohannis, quae appellatur Constantiniana, temporibus Stephani VI papae destructam, reaedificat et „diversis donis et ornamentis" ditat.

Laud. in: *Lib. pont. (Duchesne II 236; Přerovský II 654); Benedicti s. Andreae Chron. (FSI 55, 154); Iohannis Romani Descriptio Lateranensis eccl. (FSI 90, 369).*

*7415 **(906 apr. 13–mai. 1)**

Sergio (III) Leo VI imperator Constantinopolitanus rogat, ut veniat ad synodum quarti matrimonii sui causa agitandi.

Laud. in: *J³ 7453; Vita Euthymii XII et XIII (Karlin-Hayter 79 et 87).* – Reg.: *Dölger/Müller Reg. des oström. Reiches I/2, 30 n. 547a.*

De tempore cf. Dölger/Müller Reg. des oström. Reiches I/2, 30 n. 547a.

*7416 **(post 906 apr. 13–mai. 1)**

Legatos Constantinopolim quarti matrimonii Leonis VI imperatoris Nicolaique patriarchae Constantinopolitani exilii causa mittit.

Laud. in: *J³ 7453.* – Reg.: *cf. Böhmer/Zimmermann n. 8.*

*7417 **(906)**

(Episcopo) cuidam Faesulano veniam dat.

Laud. in: *Iohannis archiep. Ravennatis epist. (Löwenfeld Acht Briefe 517).*

De tempore cf. Fedele Ricerche 205.

***? 7418** **(906)** **(Roma?)**

JL I 447 Synodus, in qua Guillelmus episcopus Taurinensis tribus annis ab officio suspenditur.

Laud. in: *Chron. Novaliciense IV c. 30 (Alessio 242).* – Reg.: *Ital. Pont. VI/2, 82 n. 3.*

De synodo et tempore cf. MGH Conc. 5, 487.

† 7419 **907 mai. 7** **(Roma)**

JL 3538 Capituli Astensis possessiones, rogante Audace episcopo, confirmat (Scr. p. m. Melchisedhec protoscrin. S.A. in m. mai., ind. X. Dat. non. mai. p. m. Teodori archicanc. S.A. a. Deo prop. pont. d. Sergii summi pont. et univ. orbis pp. in sacrosancta sede b. Petri apost. IV, ind. X). – *Cum divina simus.*

Ed.: *Zimmermann Papsturkunden I n. †26.* – Reg.: *Ital. Pont. VI/2, 176 n. 1.*

De fide cf. Zimmermann Papsturkunden I n. †26.

*** 7420** **(907)**

Sergio (III) Leopardus abbas Nonantulanus scribit de destructione monasterii et „de consecratione (novae) ecclesie sui monasterii" quaerit.

Laud. in: *J³ 7421; Cat. abb. Nonantulanorum (MGH SS rer. Lang. 572).*

7421 **(907)**

JL 3539 Leopardum abbatem Nonantulanum gaudet ecclesiam a barbaris combustam denuo aedificasse; quam nisi a Iohanne Ticinensi, aut Widone Placentino, aut Elbungo Parmensi episcopis consecrari vetat. Monasterii privilegia confirmat. – *Visis humilitatis tue.*

Ed.: *Zimmermann Papsturkunden I n. 25.* – Reg.: *Ital. Pont. V 339 n. 16.*

Laud. et in Cat. abb. Nonantulanorum (MGH SS rer. Lang. 572). Cf. Zimmermann Papsturkunden I n. 25. Cf. et J³ *7420.

*** 7422** **(907)**

Ossa Stephani (VI) papae (in atrium basilicae b. Petri) transfert „post decimum ... annum".

Laud. in: *Epitaphium Stephani VI in Petri Mallii Descriptione (FSI 90, 416).*

*** 7423** **(cr. 907)**

JL *3540 Per praeceptum Iohanni archiepiscopo Ravennati res quasdam s. Petri concedit.

Laud. in: *J³ 7434.* – Reg.: *Ital. Pont. V 49 n. *151.*

*** 7424** **(cr. 907)**

JL *3541 Albuinum comitem (Istriae) hortatur, ut ab iniuriis in res et familias Iohannis archiepiscopi Ravennatis desistat.

Laud. in: *J³ 7434.* – Reg.: *Ital. Pont. V 49 n. *152; Ital. Pont. VII/2, 204 n. *15.*

*** 7425** **(906–908 cr. febr. 1)**

Wigbertum (Hildesheimensem), Bernardum (Mindensem), Sigmundum (Halberstadensem), Bernardum (Verdensem), Bisonem (Paderbornensem) et (Egilmarum) Osnabrugensem (?) episcopos prout convicinos episcopos monet, ut Adalgarium Hamburgensem archiepiscopum senectutis pondere gravatum adiuvent et ad ordinandos episcopos eum conveniant.

Laud. in: *J³ †7426; Adami Bremensis Gesta (MGH SS rer. Germ. 2, 50).* – Reg.: *Ortmanns Minden 133 n. *6; Germ. Pont. VI 42 n. 39 *(b); Germ. Pont. V/1, 22 n. *10 et 207 n. *7; Germ. Pont. IX 117 n. ?*16 et 152 n. ?*10; Germ. Pont. V/2, 22 n. *10 et 208 n. *4.*

†7426 **(906–908) febr. (1?)** **(Roma)**

JL †3537 Adalgario archiepiscopo Hamburgensi illatas iniurias dolet. „Quicquid iniquo consensu Formosi papae et Arnulphi regis (Franciae orientalis) et machinatione Herimanni archiepiscopi (Coloniensis) in ecclesiam Hammaburgensem temere perpetratum est, ... sub anathemate" contradicit et omnino destruit. Privilegia a Nicolao (I) ecclesiae eius concessa (J³ 5902) confirmat, ut habeat „archiepiscopalem potestatem in regna Danorum, Noruenorum, Suenorum et omnium septentrionalium nationum". Herimanno Coloniensi et Hattone Maguntino archiepiscopis, ob violata Triburiae privilegia Hamburgensia, sacris ad tempus interdictum esse. Addit se Wigbertum (Hildesheimensem), Bernardum (Mindensem), Sigmundum (Halberstadensem), Bernardum (Verdensem), Bisonem (Paderbornensem) episcopos admonuisse, ut eum adiuvarent ad eum „convenientes ordinare episcopos, in quibus canonice inveneri(t) locis" (Dat. p. m. Petri canc. S.R.E. V non. febr., ind. III). – *Susceptis tuae fraternitatis.*

Ed.: *Zimmermann Papsturkunden I n. †24.* – Reg.: *Oediger Reg. Köln I 98 n. 297; Dipl. Danicum I/1, 108 n. 268; Seegrün Ebt. Hamburg 8; Germ. Pont. IV 72 n. 55; Germ. Pont. VI 41 n. 39 †(a); Lübke Reg. Slaven II 167 n. 121; Germ. Pont. VII 42 n. 91; Germ. Pont. V/2, 22 n. †11 et 208 n. †5.*

Laud. et in Adami Bremensis Gestis I c. 50 (MGH SS rer. Germ. 2, 50). Olim ad a. cr. 905 feb. 1. De re et tempore cf. Zimmermann Papsturkunden I n. †24. Cf. et J³ *7305 et J³ *7425.

7427 **908 mai. 18** **(Roma)**

JL 3542 Monasterii Vizeliacensis possessiones et privilegia confirmat petente Eudone abbate (Dat. XV kal. iun. p. m. Stephani prim. def. S.S.A. a. Deo prop. pont. d. Sergii summi pont. et univ. III pp. a. V, ind. XI). – *Ad augmentum et.*

Ed.: *Zimmermann Papsturkunden I n. 28.*

Laud. et in Hugonis Pictaviniensis Chron. Vizeliacensi II (Huygens Mon. Vizeliacensia 416). Cf. Zimmermann Papsturkunden I n. 28.

†7428 **908 mai. 19** **(Roma)**

JL 3544 Ecclesiae Viennensis, septem provinciarum metropolitanae, privilegia et possessiones confirmat, eique nominatim Maurianensem et Segusianam ecclesias asserit petente Alexandro archiepiscopo (Scr. p. m. Sergii scrin. S.R.E. in m. mai., ind. XI. Dat. XIV kal. iun. p. m. Stephani prim. def. S.S.A. a. Deo prop. pont. d. Sergii III pont. et univ. pp. in ss. sede b. Petri apost. V). – *Cum magna nobis.*

Ed.: *MGH Epp. 3, 100 n. 23; Zimmermann Papsturkunden I n. †29.* – Reg.: *Gall. Pont. III/1, 120 n. †138; Böhmer/Zielinski n. †2934; cf. propediem Gall. Pont. III/2, Suffraganei et Grenoble et Valence et Gall. Pont. III/3, Die et Viviers.*

Laud. et in Seriebus epp. Viennensium (MGH SS 24, 814). Olim ad 908 iun. 18. Cf. Zimmermann Papsturkunden I n. †29.

***?7429** **(908 mai.)** **(Roma)**

Adalgario archiepiscopo Hamburgensi dignitatem archiepiscopalem ad exemplar Gregorii IV (J³ †5150) confirmat (Scr. p. m. Iohannis scrin. S.R.E. in m. mai., ind. XI). – *Cum piae desiderium.*

Reg.: *Germ. Pont. VI 42 n. ?*40.*

Privilegii huius deperditi vestigia inveniri videntur in J³ †7234.

†7430 **908 mai.** **(Roma)**

JL †3543 Monasterii s. Martini Turonensis privilegia confirmat (Scr. p. m. Leonis archiscrin. S.R.E. in m. mai., ind. XI. Vice s. Petri apost. principis Sergius III pp. Karolo, filio Ludouici, filii Karoli Calvi regis Francorum). – *Arcanum divinae dispensationis.*

Ed.: *Zimmermann Papsturkunden I n. †27.*

Laud. et in Calixti II privilegio (JL 6765). Olim ad 908 mai. 18. Cf. Zimmermann Papsturkunden I n. †27. Cf. et J³ †6124.

*7431 **(909)**

Utberto episcopo Nemaucensi abbatias Salmodiensem, s. Aegidii et (s. Stephani) Tornacensem concedit.

L a u d . i n : *Chron. Nemaucense breve (Vaissète/De Vic Hist. Languedoc, nouv. éd V 28).*

7432 **910 mai.**

JL 3545 Ecclesiae Lugdunensis possessiones, petente Austerio archiepiscopo, confirmat. Decernit, ut „quando metropolita obierit, liceat ecclesiae et suffraganeis eius ex ipsa ecclesia eligere et canonice sibi ordinare antistitem; similter et de suffraganeis statuit, ut eorum quolibet defuncto, qui a metropolita et a viduata ecclesia electus fuerit, canonice ordinetur" (Scr. p. m. Iohannis scrin. S.R.E. in m. mai., ind. XIII.). – *Quotiens ea nos.*

E d . : *Zimmermann Papsturkunden I n. 31.* – R e g . : *Böhmer/Zielinski n. 2937.*

Cf. Zimmermann Papsturkunden I n. 31.

*7433 **(cr. 910)**

(Friderico) patriarchae (Aquileiensi) et omnibus episcopis scribit, ne Albuinum comitem (Istriae) recipiant.

L a u d . i n : *J³ 7434.* – R e g . : *Ital. Pont. VII/1, 27 n. *43.*

7434 **(cr. 910)**

JL 3546 Iohanni episcopo Polensi scribit, Albuinum comitem (Istriae) iam pridem commonitum (cf. J³ *7424), ut ab infestandis Iohannis archiepiscopi Ravennatis rebus et hominibus desistat, iniuriis non cessare. Mandat, hortetur eum, ut archiepiscopo satisfaciat ablataque sine mora restituat; alioquin fore, ut excommunicationis vinculo innodetur. Addit haec: „Insuper Berengarius rex non accipiet a nobis coronam, donec promittat, ut tollat Albuino ipsam marcam (Istriae) et det eam alteri meliori, quam ipse est". – *Iam pridem per.*

E d . : *Zimmermann Papsturkunden I n. 30.* – R e g . : *Ital. Pont. V 49 n. 153; Ital. Pont. VII/2, 205 n. 16 et 238 n. 3; Böhmer/Zielinski n. 1238.*

Cf. J³ *7423 et J³ *7424 et J³ *7433.

†7435 **(911 mai.)** **(Roma)**

JL †3549 Hogero archiepiscopo Hamburgensi pallium mittit (Scr. p. m. Stephani scrin. S.R.E. in m. mai. et ind. VI). – *Si pastores ovium.*

E d . : *Zimmermann Papsturkunden I n. 32.* – R e g . : *Seegrün Ebt. Hamburg 9; Germ. Pont. VI 42 n. †41.*

Laud. et in Adami Bremensis Gestis I c. 51 (MGH SS rer. Germ. 2, 52) et in Chron. brevi Bremensi (MGH SS 7, 391). Olim ad a. 911 iun 1. De re et tempore cf. Zimmermann Papsturkunden I n. 32.

7436 **911 iun. 1 (?)** **(Roma)**

Hogero archiepiscopo Hamburgensi diebus vitae eius tantummodo (eodem tenore quo Nicolaus I, J³ 5989) pallium transmittit utendum denominatis diebus – „et quando reconduntur reliquiae sanctorum a te" – a Gregorio I sancitis (Scr. p. m. Iohannis scrin. S.R.E. in m. mai., ind. XIV. Dat. in kal. iun. p. m. Theophylacti sacellarii S.S.A. a. pont. d. Sergii summi pont. et univ. pp. in ss. sede b. Petri apost. VIII, ind. XIV). – *Si pastores ovium.*

E d . : *Zimmermann Papsturkunden I n. 32.* – R e g . : *Seegrün Ebt. Hamburg 9; Germ. Pont. VI 43 n. 42.*

7437 **(904–911)**

JL *3547 Leoni abbati monasterii Casinensis privilegia confirmat. – *Quemadmodum antecessores nostri.*

Ed.: *Zimmermann Papsturkunden I n. <18.* – Reg.: *Ital. Pont. VIII 127 n. 42.*

Laud. et in Chron. mon. Casinensis I c. 50 (MGH SS 34, 131). De re et tempore et fide cf. Zimmermann Papsturkunden I n. <18.

7438 **(904–911)**

JL 3548 Archiepiscopis, episcopis, cunctisque sacerdotibus per cunctas Galliae provincias commorantibus scribit, sese christianissimam viduam Ildelindem vere confitentem a „facinoribus" absolvisse et Burchardum (quondam) eius maritum eorumque filios peccatis liberasse. Pro quibus ut orent, hortatur. – *Apostolicum benignissimum culmen.*

Ed.: *Zimmermann Papsturkunden I n. 19.*

De re et tempore cf. Zimmermann Papsturkunden I n. 19.

***7439** **(904–911)**

Monasterio s. Anthimi privilegium concedit.

Laud. in: *Anastasii IV privilegium (JL 9754).* – Reg.: *Ital. Pont. III 248 n. *2.*

***7440** **(904–911)**

(Sergio III) Irmengardis parthenonem Blasiliensem ab ea fundatum tradit.

Laud. in: *Monialium Blasiliensium epist. (Chaix de Lavarène Monumenta 435 n. 20).*

***7441** **(904–911)**

JL *3548α Parthenoni Blasiliensi, iuris s. Petri, privilegium dat.

Laud. in: *Monialium Blasiliensium epist. (Chaix de Lavarène Monumenta 435 n. 20); Alexandri III (JL 11881); Lucii III (JL 15398; Böhmer/Baaken/Schmidt n. 1574) privilegia.*

***7442** **(904–911)**

Exstructionem ecclesiae s. Mariae in Via Lata (Romanae) concedit.

Laud. in: *Antiphonarium a. 1593 (Fedele Teodora nella liturgia 1061).*

***7443** **(904–911)**

Ecclesiam s. Mariae in Via Lata (Romanam) consecrat, ubi reliquias s. Agapitis aliorumque sanctorum deponit.

Laud. in: *Antiphonarium a. 1593 (Fedele Teodora nella liturgia 1061).*

***? 7444** **(904–911)**

Iohannem (XI papam successorem) cum Marotia procreat.

Laud. in: *Liudprandi Cremonensis Antapodosis II c. 48 (MGH SS rer. Germ. 41, 59; Chiesa 136); Gregorii Catinensis Chron. Farfense (FSI 33, 241); Iohannis Vulturnensis Chron. Vulturnense (FSI 58, 94); Lib. pont. (Duchesne II 243).*

De fide cf. Böhmer/Zimmermann n. 101.

***† 7445** **(904–911)**

Monasterio s. Zachariae et s. Pancratii Venetiae privilegium confirmat et indulgentiam concedit.

Laud. in: *Registrum indulgentiarum saec. XIV in Venetia (sine editione); Iulii III privilegium (Bozzoni Il silentio 31).* – Reg.: *Ital. Pont. VII/2, 177 n. †*9.*

***† 7446** **(904–911)**

Omnibus Christi fidelibus, qui in certis diebus festis ecclesias, domos, oratoria et hospitale b. Iohannis Hierosolymitani visitaverint et eisdem eleemosynas largiti fuerint, septem annos et totidem quadragesimas indulgentiae (cf. Leonis IV, J³ *†5583) ordini s. Iohannis Hierosolymitani elargitur.

L a u d . i n : *Registrum indulgentiarum 1304 iun. 8 conscriptum (Hiestand PUU für Templer und Johanniter 2, 331 n. 125).*

Cf. et J³ *†5583, J³ *†6326, J³ *†7250, J³ *†7553, J³ *†7849, J³ *†8369.

***† 7447** **(904–911)**

Eis, qui ecclesiam s. Mariae sub monte Carmelo in certis diebus festis visitant et eleemosynas donant aut domos destructos collegii reparant, indulgentiam septem annorum et totidem quadragesimarum concedit.

L a u d . i n : *Sixti IV privilegium (Acta pont. Danica IV 156).*

Cf. et J³ *†5584, J³ *†6325, J³ *†7249, J³ *†7554, J³ *†7586, J³ *†8370, J³ *†8590.

*** 7448** **(cr. 911–915)**

Apud (Sergium III? Anastasium III? Landonem? Iohannem X?) summos pontifices Erkenbertus praepositus Mediolacensis quater de Ratbodo archiepiscopo Treverensi conqueritur propter iniurias sibi monachisque illatas.

L a u d . i n : *Miracula s. Liutwini c. 7 (MGH SS 15/2, 1263).* – R e g . : *Germ. Pont. X 251 n. *1.*

*** 7449** **(911 sept. in)**

JL I 447 Moritur, cum sedisset a. VII m. III d. XVI, et in ecclesia b. Petri sepelitur.

L a u d . i n : *Benedicti s. Andreae Chron. (FSI 55, 156); Chron. Turonense (Martène/Durand Veterum scriptorum 981).*

Olim ad a. (911 cr. iun.). De tempore cf. Böhmer/Zimmermann n. 1.

Anastasius III (911–913)

*7450 **911 (sept. in.)**

JL I 448 Consecratur.

L a u d . i n : *Cron. s. Bartholomaei ad a. 911 (MGH SS 31, 212); Ann. s. Rudberti Salisburgensis ad a. 911 (MGH SS 9, 771).* – R e g . : *Böhmer/Zielinski n. 1245A; Böhmer/Zimmermann n. 1.*

Olim ad a. 911 cr. iun. De tempore cf. Böhmer/Zimmermann n. 1.

*†7451 **911**

(Iohanni) episcopo Papiensi iurem umbrellae adhibendae, equo albo vehendi, crucis praeferendae et in concilio a laeva pontificis assidendi concedit.

L a u d . i n : *Sigonii Historia de regno Italiae VI ad a. 911 (Opera omnia II 386).* – R e g . : *Ital. Pont. VI/1, 177 n. *15; Böhmer/Zielinski n. 1249; Böhmer/Zimmermann n. †4.*

De fide et tempore cf. Böhmer/Zimmermann n. †4.

7452 **912 febr. 10** **(Roma)**

JL 3550 Ragemberto episcopo Vercellensi pallii usum concedit (Scr. p. m. Iohanni scrin. S.R.E. in m. febr., ind. XV. Dat. III id. febr. p. m. Theophilacti sacellarii S.S.A. a. Deo prop. pont. d. Anestasii summi pont. et univ. iunioris pp. in ss. sede b. Petri apost., ind. XV). – *Si pastores ovium.*

E d . : *Zimmermann Papsturkunden I n. 34.* – R e g . : *Ital. Pont. VI/2, 11 n. 15; Böhmer/Zimmermann n. 7.*

7453 **(912 post mai.)**

(Anastasio III) Nicolaus patriarcha Constantinopolitanus certiorem facit de controversia quarti matrimonii (Leonis VI) imperatoris Constantinopolitani causa orta; suam sententiam theologicam de matrimonio quarto exponit.

E d . : *Jenkins/Westerink Nicholas Letters 214 n. 32.* – R e g . : *Grumel/Darrouzès Reg. I/2, n. 616; Böhmer/Zimmermann n. 8.*

Cf. J³ *7415 et J³ *7416. Cf. et Böhmer/Zimmermann n. 9.

†7454 **(912–913) ian.** **(Roma)**

JL †3551 Ecclesiae Hamburgensis privilegia, petente Hogero archiepiscopo, confirmat, in his ut „episcop(i) (i)n omnibus gentibus Sueonum seu Danorum, Noruenorum, Island, Scrideuinnun, Gronlandon et univer(sa)rum septentrionalium nationum necnon etiam in illis partibus Sclauorum, quę sunt a flumine Pene usque ad fluvium Egidore ... sub ... archiepiscoporum maneant potestate". Hogero pallii mitraeque usum concedit (Dat. p. m. Adriani scrin. S.R.E. in m. ian., ind. IX). – *Convenit apostolico moderamini.*

E d . : *Zimmermann Papsturkunden I n. †33.* – R e g . : *Oediger Reg. Köln I 99 n. 299; Dipl. Danicum I/1, 113 n. 280; Seegrün Ebt. Hamburg 9 et 104; Germ. Pont. VI 43 n. †43; Germ. Pont. VII 42 n. †92; Böhmer/Zimmermann n. †6.*

Olim ad a. 911–913 ian. De tempore cf. Böhmer/Zimmermann n. †6.

*7455 **(911–913)**

Apud (Anastasium III) Erkenbertus praepositus Mediolacensis quater de Ratbodo

Treverensi archiepiscopo conqueritur propter iniurias sibi monachisque illatas.

Laud. in: *Miracula s. Liutwini 7 (MGH SS 15/2, 1263).* – Reg.: *Germ. Pont. X 251 n. *1 et 252 n. *2; Böhmer/Zimmermann n. 1a.*

*† 7456 **(911–913)**

Monasterio s. Severi in Classe privilegium concedit.

Laud. in: *Alexandri II privilegium spurium (JL †4492).* – Reg.: *Ital. Pont. V 107 n. †*1; Böhmer/Zimmermann n. †2.*

*† 7457 **(911–913)**

Episcopis Papiensibus ius ecclesiae Romanae concedit, ut abbatem Bobiensem electum consecrare possint.

Laud. in: *Sicardi Cremonensis Relatio ad Innocentium III (FSI 53, 368).* – Reg.: *Böhmer/Zimmermann n. †3.*

*† 7458 **(911–913)**

Codicem iuris ab Hywel rege Cambriae compositum approbat.

Laud. in: *Cod. Venedotian (Owen Ancient Laws and Institutes of Wales I 105); Cod. Dimetian (Owen Ancient Laws and Institutes of Wales I 166).* – Reg.: *Böhmer/Zimmermann n. †3a.*

Anastasium III codicem confirmasse narrat Cod. Dimetian (Owen Ancient Laws and Institutes of Wales I 166); Ann. Cambriae (SS rer. Brit. 20, 17) vero tradunt, Hywel a. 928 Romam venisse. Cf. J³ *†7557 et Böhmer/Zimmermann n. †86.

* 7459 **(912–913)**

JL 3552 Laurentio patriarchae (Gradensi) pallium utendum diebus praedecessoribus concessis concedit.

Laud. in: *Iohannis XIX (JL 4063; Böhmer/Frech n. 57) et Benedicti IX (JL 4114; Böhmer/Frech n. 255) privilegia.* – Reg.: *Ital. Pont. VII/2, 49 n. *59; Böhmer/Zimmermann n. 5.*

Olim ad a. 911–913. De tempore cf. Böhmer/Zimmermann n. 5.

7460 **(913)**

Anastasium III episcopi suffraganei Narbonenses de Arnusto archiepiscopo Narbonensi certiorem faciunt; Agium abbatem (Vabrensem) successorem eius commendant.

Ed.: *Catel Hist. 83; Catel Mémoires 774.* – Reg.: *Martí Bonet Reg. 382 n. 2; Böhmer/Zimmermann n. 10.*

(cr. 911–915)

Cf. J³ *7448 s. v. Sergius III.

* 7461 **(913 oct. ex.)** **(Roma)**

JL I 448 Moritur et in ecclesia b. Petri sepelitur.

Laud. in: *Ann. Marchianenses ad a. 915 (MGH SS 16, 613); Ann. s. Trudperti ad a. 914 (MGH SS 17, 288).* – Reg.: *Böhmer/Zimmermann n. 11.*

Olim ad a. 913 cr. aug. De tempore cf. Böhmer/Zimmermann n. 11.

† 7462 **968 oct. 6** **Verona**

Ottoni (I) imperatori praecipit, ut Thebaldo de castro Martinengo Brixiensi privilegium concedat (Act. in civitate Verone, in dei nomine feliciter amen, dat. II non. oct. a. VII imp. serenissimi imp. Ottonis in Italia, ind. XII).

Laud. in: *Ottonis I diploma spurium (MGH DD O I n. 463).* – Reg.: *Böhmer/Ottenthal n. 480; Ital. Pont. VI/1, 334 n. †*2; Böhmer/Zimmermann n. †447.*

†7463 **968 oct. 6** **Verona**

Ottoni (I) imperatori praecipit, ut communem et universitatem de Materno de servitio imperatoris liberet et ei alia privilegia concedat (Act. in civitate Verone, in dei nomine feliciter amen, dat. II non. oct. a. VII imp. serenissimi Ottonis in Italia, ind. XII).

Laud. in: *Ottonis I diploma spurium (MGH DD O I n. 464).* – Reg.: *Böhmer/Ottenthal n. 481; Böhmer/Zimmermann n. †448.*

Lando (913–914)

*** 7464** **(913 nov. in.)** **(Roma)**

JL I 448 Consecratur.

L a u d . i n : *Benedicti s. Andreae Chron. (FSI 55, 156); Lib. pont. (Duchesne II 239); Cat. Casinensis (MGH SS 22, 360); Chron. Bononiensis (RIS ser. II 18/1, 71); Alberti Ann. Stadenses (MGH SS 16, 298); Herimanni Augiensis Chron. ad a. 915 (MGH SS 5, 112); Bernoldi Constantiensis Chron. ad a. 915 (MGH SS 5, 422); Mariani Scotti Chron. ad a. 938 (MGH SS 5, 553).* – R e g . : *Böhmer/Zielinski n. 1278A; Böhmer/Zimmermann n. 12.*

*** 7465** **(913–914)**

Ecclesiae maiori s. Salvatoris Fori Novi privilegium confirmationis concedit.

L a u d . i n : *Charta a. 1431 confecta (Sperandino Sabina 323).* – R e g . : *Ital. Pont. II 73 n. *1; Böhmer/Zimmermann n. 13.*

(cr. 911–915)

Cf. J^3 *7448 s. v. Sergius III.

*** 7466** **(914 mart. ex.)** **(Roma)**

JL I 448 Moritur. In ecclesia b. Petri sepeliri videtur.

L a u d . i n : *Ann. Marchianenses ad a. 917 (MGH SS 16, 613); Ann. s. Trudperti ad a. 915 (MGH SS 17, 288).* – R e g . : *Böhmer/Zimmermann n. 14.*

Olim ad a. 914 cr. mart. De tempore cf. Böhmer/Zimmermann n. 14.

Iohannes X (914–928)

*7467 **(914 apr. in.)**

JL I 449 Consecratur.

L a u d . i n : *Lib. pont., Cat. Casinensis (Duchesne II 240); Liudprandi Cremonensis Antapodosis II c. 48 (MGH SS rer. Germ. 41, 60; Chiesa 138); Flodoardi Remensis De Christi triumphis (Lauer 178); Chron. mon. Casinensis I c. 52 (MGH SS 34, 134); Anonymi Zwettlensis Hist. Rom. Pont. 126 (Migne PL 213, 1025).* – R e g . : *Böhmer/Zielinski n. 1283; Böhmer/Zimmermann n. 15.*

Olim ad a. 914 apr. De tempore cf. Böhmer/Zimmermann n. 15.

*7468 **(914 apr. in.)**

Per Aiminum archiepiscopum Bisuntinum litteras episcopis provinciae Narbonensis mittit, qui apud se questi erant de Gerardo pseudoarchiepiscopo Narbonensi, invasore et falsario; Gerardum damnat et Agium legitime electum confirmat.

L a u d . i n : *J³ 7472.* – R e g . : *Gall. Pont. I 43 n. *17; Böhmer/Zimmermann n. 30.*

De tempore cf. Gall. Pont. I 43 n. *17.

*7469 **(914 sept.–oct.)**

Iohannem archidiaconum Capuanum a monachis iuxta morem electum abbatem consecrat.

L a u d . i n : *Chron. mon. Casinensis I c. 53 (MGH SS 34, 136).* – R e g . : *Ital. Pont. VIII 127 n. *43; Böhmer/Zimmermann n. 32.*

*7470 **(914)** **Roma**

Leonem praepositum monasterii s. Erasmi in monte Caelio Romani abbatem Sublacensem consecrat.

L a u d . i n : *Cherubini Mürtz Chron. c. 9 (Allodi 104).* – R e g . : *Böhmer/Zimmermann n. 29.*

De tempore cf. Böhmer/Zimmermann n. 29.

*7471 **(914)**

Agio archiepiscopo Narbonnensi pallium mittit.

L a u d . i n : *J³ 7472.* – R e g . : *Böhmer/Zimmermann n. 30.*

De tempore cf. Böhmer/Zimmermann n. 30.

7472 **(914 iul.–dec.)**

JL 3554 Reginaldum Biterrensem, Armanum Tolosanum, Riculfum Elnensem, Guimarum Carcassonensem, Wigonem Gerundensem, Gerardum Agathensem, Theudericum Lodovensem, Hubertum Nemausensem, Theudericum Barcinonensem, Georgium Ausonensem (al. Vicensem), Rudolphum Urgellensem episcopos, admonitos iam per litteras Aimino archiepiscopo (Bisuntino) datas, iterum hortatur, ut, spreto Geraldo, qui falsis litteris apostolicis usus ecclesiam Narbonensem invaserit, Agium archiepiscopum sequantur; cui pallium missum nunciat. – *Sanctitatis vestrae litteras.*

E d . : *Zimmermann Papsturkunden I n. 39.* – R e g . : *Martí Bonet Reg. 383 u. 3; Böhmer/Zimmermann n. 31.*

Olim ad a. cr. 914. De re et tempore cf. Zimmermann Papsturkunden I n. 39. Cf. et J³ *7468 et J³ *7471 et Böhmer/Zielinski n. 2947A.

*7473 **(914 aut.–915 iun.)**

Una cum Alberico duce Spoletino bellum praeparat atque diversa foedera pangit, ut Saraceni (ex Italiae finibus) exigantur.

L a u d . i n : *J³ 7474; Liudprandi Cremonensis Antapodosis II c. 49 (MGH SS rer. Germ. 41, 60; Chiesa 138); Benedicti s. Andreae Chron. (FSI 55, 156); Gregorii Catinensis Chron. Farfense (FSI 33, 302).* – R e g . : *Böhmer/Zimmermann n. 33.*

7474 **(915 vere)**

Per iussionem Iohannis X Theofilactus (consul) et Iohannes senator Romanorum una cum aliis repromittunt se nullam pacem cum Saracenis habituros, donec illos de tota Italia deleant.

E d . : *Claasen Politische Verträge des frühen Mittelalters 73.* – R e g . : *Ital. Pont. VIII 83 n. 13; Zimmermann Papsturkunden I n. 40; Böhmer/Zimmermann n. 34.*

Cf. J³ *7473.

*7475 **(915 iun.–aug.)**

JL I 450 Proelio interest, in quo iuxta Garelianum Saraceni se recipere coguntur et per tres menses obsidentur. „Beatissimis scilicet apostolis (Petro et Paulo) intercedentibus" Saraceni denique vincuntur.

L a u d . i n : *J³ 7481; Liudprandi Cremonensis Antapodosis II c. 52 (MGH SS rer. Germ. 41, 62; Chiesa 142); Benedicti s. Andreae Chron. (FSI 55, 157); Gregorii Catinensis Chron. Farfense (FSI 33, 302); Chron. mon. Casinensis I c. 52 (MGH SS 34, 134).* – R e g . : *Böhmer/Zielinski n. 1293; Böhmer/Zimmermann n. 35.*

Olim ad a. 916 aug. De re et tempore cf. Böhmer/Zimmermann n. 35 et Böhmer/Zielinski n. 1293.

*7476 **(915 aug. ex.)** **Roma**

Iohannes X et Albericus marchio (Spoletinus) triumphum agunt et a populo Romano honorifice suscipiuntur.

L a u d . i n : *Benedicti s. Andreae Chron. (FSI 55, 157).* – R e g . : *Böhmer/Zimmermann n. 36.*

*7477 **(915 aut.–ante dec. 3)**

Berengario (I) regi (Italiae) dona mittit eumque hortatur, ut Romam veniat coronam imperii accipiendam.

L a u d . i n : *Gesta Berengarii IV (MGH Poetae 4/1, 398).* – R e g . : *Böhmer/Zielinski n. 1298; Böhmer/Zimmermann n. 38.*

*7478 **(915 dec. ante 3)** **Roma**

Berengarium I regem (Italiae) apud scalam basilicae s. Petri in Vaticano salutat eumque ad portam comitatur, ubi rex iusiurandum dat de restitutione possessionum ecclesiasticarum. Sequuntur caerimonia ecclesiastica atque epulum.

L a u d . i n : *Gesta Berengarii IV (MGH Poetae 4/1, 399).* – R e g . : *Böhmer/Zielinski n. 1313; Böhmer/Zimmermann n. 39.*

De re et tempore cf. Böhmer/Zimmermann n. 40.

*7479 **(915 dec. 3)** **Roma**

JL I 449 Populo acclamante Berengarium I regem (Italiae) in basilica s. Petri in Vaticano corona gemmis ornata in imperatorem coronat.

L a u d . i n : *Gesta Berengarii IV (MGH Poetae 4/1, 400).* – R e g . : *Böhmer/Zielinski n. 1313; Böhmer/Zimmermann n. 40.*

Olim ad a. 915 nov. 26 aut dec. 3. De tempore cf. Böhmer/Zimmermann n. 40.

7480 **(914–915 aut.)** **Roma**

JL 3557 Herimanno archiepiscopo Coloniensi rescribit (cf. Germ. Pont. VII 42 n. *93) sese inter Radbodonem episcopum (Traiectensem) ad sese accedentem et Megunthardum comitem (Frisiae) pacem fecisse. Respondet de duobus fratribus, „cum una nefaria pollu(tis) femina“, de marito, qui „cum nepte, id est avunculi vel patrui (fornicatus sit) filia“, de parricidis ac fratricidis. – *Littere fraternitatis vestrae.*

E d . : *Zimmermann Papsturkunden I n. 37.* – R e g . : *Oediger Reg. Köln I 99 n. 302; Germ. Pont. VII 43 n. 94; Böhmer/Zimmermann n. 28; Germ. Pont. IX 14 n. *14.*

Olim ad a. 914–917. De tempore cf. Zimmermann Papsturkunden I n. 37.

7481 **(915 aut.)**

JL 3556 Herimanno archiepiscopo Coloniensi de Beringero quodam fratricida querenti respondet (cf. Germ. Pont. VII 43 n. *95), ut, si vere poeniteat, ei indulgentiam porrigat. Haec addit: „Saraceni, qui LX iam annis terram istam (scil. Romanam) vastaverunt et quasi propriam possederant, dissipati sunt, meipsum corpusque meum pro salute Christianorum opponendo et secunda vice per memetipsum prelium iniendo“. – *Vestre sanctitatis mellifluas.*

E d . : *Zimmermann Papsturkunden I n. 41.* – R e g . : *Oediger Reg. Köln I 99 n. 301; Germ. Pont. VII 43 n. 96; Böhmer/Zimmermann n. 37.*

Cf. J³ *7475.

(cr. 911–915)

Cf. J³ *7448 s. v. Sergius III.

*7482 **(ante 916 sept. 20)** **Hohenaltheim**

Erchengarium (II comitem), Berhthaldum (II), Burghardum (II ducem) et Arnoldum ad synodum Hohenalteimense (cf. J³ *7484) vocat.

L a u d . i n : *Acta synodi Hohenaltheimensis c. 34 (MGH Conc. 6/1, 36).*

De personis cf. MGH Conc. 6/1, 28 adn. 78 et 36 adn. 133sqq.

*7483 **(ante 916 sept. 20)** **Hohenaltheim**

Arnoldum (Arnulfum ducem Bavariae?) et Berahdaldum (fratrem eius?) ad synodum Hohenalteimense (cf. J³ *7484) vocat.

L a u d . i n : *Acta synodi Hohenaltheimensis c. 35 (MGH Conc. 6/1, 37).*

De personis cf. MGH Conc. 6/1, 37 adn. 138 et 139.

*7484 **916 sept. 20** **Hohenaltheim**

JL *3555 In synodo in Hohenaltheim, Petro apocrisiario Iohannis X, episcopo Ortensi, praesidente, epistola papae legitur, in qua synodum in Hohenaltheim celebrari iubet ibique episcopos Germaniae monet, arguit et instruit „de omnibus ad veram religionem christianę fidei pertinentibus“. Synodus inter alia statuit de episcopis vocatis, qui de Saxonia ad synodum non venerunt nec missos suos vel vicarios direxerunt, si ad concilium id. mai. (917 mai. 15) Maguntinum a metropolitano episcopo Herigero indictum non venerint, apostolica auctoritate eis a Petro b. Petri (apostoli) et papae misso una cum sancta synodo interdictum sit missas celebrare, „quousque Romam veniant et coram papa et sancta ecclesia dignam reddiderint rationem“ (a. ab inc. d. 916, ind. IV, XII kal. oct., regno autem Chonradi ... regis V).

L a u d . i n : *Acta synodi Hohenaltheimensis (MGH Conc. 6/1, 19 et 35).* – R e g . : *Böhmer/Zimmermann n. 43; Germ. Pont. V/2, 23 n. 12 et 208 n. 6 et 486 n. 8.*

Olim ad a. 916. De tempore cf. Böhmer/Zimmermann n. 43.

***7485 916 sept. 20 Hohenaltheim**

JL *3555 Synodus in Hohenaltheim (cf. J[3] *7484) Ricquinum invasorem ecclesiae Strazburgensis auctoritate s. Petri Iohannisque vicarii eius iterum ad concilium id. mai. (917 mai. 15) Maguntinum indictum ad praesentiam Herigeri archiepiscopi (Maguntini) vocat (a. ab inc. d. 916, ind. IV, XII kal. oct., regno autem Chonradi ... regis V).

Laud. in: *Acta synodi Hohenaltheimensis c. 29 (MGH Conc. 6/1, 34).* – Reg.: *Germ. Pont. III 9 n. *9; Germ. Pont. IV 72 n. *56; Böhmer/Zimmermann n. 43.*

7486 917 mai. 19 (Roma)

JL 3558 Haichone abbate monasterii Salvatoris Fuldensis petente privilegium (Benedicti IV) confirmat (Scr. p. m. Iohannis protoscrin. S.S.A. in m. mai., ind. V. Dat. XIV kal. iun. p. m. Stephani secund. S.S.A. a. Deo prop. pont. d. Iohannis summi pont. et univ. X pp. in ss. sede b. Petri apost. IV, imp. d. piissimo perp. aug. Berengario a Deo cor. magno imp. a. II et post cons. eius a. II, ind. V). – *Summam gerentes sollicitudinem.*

Ed.: *Zimmermann Papsturkunden I n. <42; Meyer zu Ermgassen Codex Eberhardi I 20 et 70.* – Reg.: *Germ. Pont. IV 366 n. 31; Böhmer/Zimmermann n. 44.*

De fide cf. Zimmermann Papsturkunden I n. <42. Cf. et J[3] *7074.

†7487 (917) sept.

JL 3558 Haichoni abbati monasterii Salvatoris Fuldensis privilegium confirmat, interpolatione adiecta de iure hospitalis (Dat. m. sept., ind. II p. m. Mariani canc.). – *Quoniam concedenda sunt.*

Ed.: *Zimmermann Papsturkunden I n. †43; Meyer zu Ermgassen Codex Eberhardi I 70.* – Reg.: *Germ. Pont. IV 366 n. †32; Böhmer/Zimmermann n. †45.*

Olim ad a. 917 mai. 19. De re et tempore cf. Zimmermann Papsturkunden I n. †45.

***7488 (914–917)**

Widoni episcopo Placentino privilegia confirmat.

Laud. in: *J[3] 7490.* – Reg.: *Ital. Pont. V 446 n. *17; Böhmer/Zimmermann n. 26.*

De tempore cf. Böhmer/Zimmermann n. 27.

***†7489 (914–917)**

Teudelassio abbati Bobiensi privilegia confirmat.

Laud. in: *J[3] 7490.* – Reg.: *Böhmer/Zimmermann n. †25.*

De tempore cf. Böhmer/Zimmermann n. 27.

7490 (914–917)

Teudelassium abbatem monasterii Bobiensis admonet, ut Widoni Placentinae ecclesiae episcopo pareat. – *Interventum est ad.*

Ed.: *Zimmermann Papsturkunden I n. 36.* – Reg.: *Ital. Pont. V 446 n. 18; Ital. Pont. VI/2, 252 n. 16; Böhmer/Zimmermann n. 27.*

Olim ad a. 914–928. De tempore cf. Böhmer/Zimmermann n. 27. Cf. et J[3] *7488 et J[3] *†7489.

7491 (914–918)

JL 3574 Monachis s. Launomari per paganos fugatis possessiones a Willelmo (I) comite Arvernensi donatas confirmat petentibus huius legatis Adalelmo episcopo (Claromontensi?) et Ocberto et Calseo nobilibus viris. – *Quoniam ex successorum.*

Ed.: *Zimmermann Papsturkunden I n. 35.* – Reg.: *Dipl. Danicum I/1, 115 n. 286; Böhmer/Zimmermann n. 24.*

Olim ad a. 914–928. De tempore cf. Böhmer/Zimmermann n. 24.

†7492 **919 febr. 22** **(Roma)**

JL 3559 Monasterii s. Galli privilegia, petentibus legatis a Salomone episcopo Constantiensi et monasterii abbate cum „licentia senioris sui Chuonradi regis" missis, confirmat. „Per auctoritatem apostolatus nostri" inquit „certum conscriptum fecimus; ... In hoc etiam petitionibus religiosi episcopi, venerabilibus legatis hoc subnixe supplicantibus, ut contra consuetudinem nostram carta Romana cum scriptis notariis permutatis conscribi haec in pergameno, quod secum detulerant, concessimus. Et ut non dubitaretur de ipsis, quae scripta sunt, anulo nostro subtus sigillari iussimus" (Scr. p. m. Epiphanii not. S.R.E. in m. febr. Dat. p. m. Petri Ortensis ep. VII kal. mart., ind. VIII, reg. d. Berengario a. IV postquam caesar consecratus est, feliciter in Dei nomine). – *Religiositati vestrae notum.*

Ed.: *Zimmermann Papsturkunden I n. †44.* – Reg.: *Germ. Pont. II/2, 39 n. †3; Böhmer/Zimmermann n. †46.*

De fide cf. Zimmermann Papsturkunden I n. †44. Cf. et J³ 7406.

***†7493** **(919 post mart.)** **Roma**

Salomonem episcopum Constantiensem excipit eumque a supplicio ducum Sueborum Erchangeri, Berchtoldi et Liudfridi absolvit; s. Pelagii reliquias donat.

Laud. in: *Ekkehardi Casus s. Galli (Meyer v. Knonau 84).* – Reg.: *Böhmer/Zimmermann n. †47.*

De tempore cf. Böhmer/Zimmermann n. †47.

7494 **919 apr. 25**

Iubente Iohanne X Iohannes subdiaconus S.R.E. et primicerius scholae cantorum, quae appellatur Orphanotropio, Merco archipresbyteri, Petroniae, Andreae et Stephaniae coniugi eius terram quondam conductionis titulo concedit (A. IV pont. d. Iohanni summi pont. et univ. X pp., ind. VII, m. apr. d. XXV).

Ed.: *Allodi/Levi Reg. Sublacense 159.* – Reg.: *Ital. Pont. I 18 n. 2; Zimmermann Papsturkunden I n. 45; Böhmer/Zimmermann n. 48.*

De tempore cf. Böhmer/Zimmermann n. 48.

***7495** **(916–919)**

(Iohannem X) Nicolaus (I) patriarcha Constantinopolitanus saepius frustra propter quartum matrimonium (Leonis VI imperatoris Constantinopolitani) legatos Constantinopolim mittendos admonet.

Laud. in: *J³ 7497.* – Reg.: *Böhmer/Zimmermann n. 42.*

7496 **920 mai.** **(Roma)**

JL 3561 Paulo episcopo Adriensi possessiones quasdam largitur, castrique in curte Rodigio exstruendi copiam facit „ad salvandum populum ... tam a paganis quamque a perfidis Christianis" (Scr. p. m. Iohannis scrin. S.R.E. in m. mai., ind. VIII). – *Iuris more salario.*

Ed.: *Zimmermann Papsturkunden I n. 46.* – Reg.: *Ital. Pont. V 190 n. 2; Böhmer/Zimmermann n. 49.*

7497 **(920 iul. ex.)**

(Iohannem X) Nicolaus (I) patriarcha Constantinopolitanus monet se iam saepe ad Romam adiisse, ut legati Constantinopolim mittantur.

Ed.: *Jenkins/Westerink Nicholas Letters 298 n. 56.* – Reg.: *Grumel/Darrouzès Reg. I/2, n. 718; Böhmer/Zimmermann n. 50.*

Cf. J³ *7495.

†7498 **920 oct. 29**

JL †3562 Wenni archiepiscopo Hamburgensi pallium mittit et privilegia Hamburgensia confirmat (Dat. III kal. nov. p. m. Leonis s. Romane sedis canc. a. d. Iohannis pp. I, ind. VIII). – *Convenit apostolico moderamini.*

Ed.: *Zimmermann Papsturkunden I n. †47.* – Reg.: *Oediger Reg. Köln I 101 n. 308; Dipl. Danicum I/1, 118 n. 294; Seegrün Ebt. Hamburg 9 et 105; Germ. Pont. VI 44 n. †45; Böhmer/Zimmermann n. †55.*

Laud. et in Chron. brevi Bremensi (MGH SS 7, 391) et in Adami Bremensis Gestis I c. 54 (MGH SS rer. Germ. 2, 55).

*7499 **(920 aut.)**

Apud Iohannem X Richerus (abbas Prumiensis) nec non „cunctus clerus et populus" Leodiensis mediante Berengario I imperatore (cf. J³ *7500) de Hilduino, quem Giselberto (principe Lothariensi) urgente Herimannus I archiepiscopus Coloniensis irregulariter episcopum consecraverit Leodiensem, conqueruntur.

Laud. in: *J³ 7507; Folcuini Gesta abb. Lobiensium c. 19 (MGH SS 4, 63).* – Reg.: *Germ. Pont. VII 44 n. *98; Germ. Pont. X 282 n. *6; Böhmer/Zielinski n. 1366; Böhmer/Zimmermann n. 53.*

*7500 **(920 aut.)**

Iohannem (X) Berengarius (I) imperator de electione Richeri abbatis Prumiensis in episcopum Leodiensem certiorem facit et litterae Richeri (J³ *7499) transmittit.

Laud. in: *J³ 7506; J³ 7507; Folcuini Gesta abb. Lobiensium c. 19 (MGH SS 4, 63).* – Reg.: *Böhmer/Zielinski n. 1366; Böhmer/Zimmermann n. 53; Germ. Pont. VII 44 n. *99; Germ. Pont. X 282 n. *7.*

*7501 **(920 aut.)**

Una cum imperatore Berengario Hubertum (ducem) monet, ut ecclesiae Romanae nocere desistat. Admonitionibus neglectis eum excommunicatum et anathematizatum esse nuntiat.

Laud. in: *J³ 7507.* – Reg.: *Böhmer/Zielinski n. 1367; Böhmer/Zimmermann n. 54.*

7502 **(920 aut.)**

Iohanni (X) Nicolaus (I) patriarcha Constantinopolitanus scribit in synodo Constantinopolitana de matrimonio (Leonis VI quondam imperatoris) convenisse.

Ed.: *Jenkins/Westerink Nicholas Letters 286 n. 53.* – Reg.: *Grumel/Darrouzès Reg. I/2, n. 732; Böhmer/Zimmermann n. 51.*

Cf. J³ *7503.

*7503 **(920 aut.)**

Iohanni (X) (Constantinus VII) imperator (Constantinopolitanus) per litteras certiorem facit, protospathario Basilio interveniente controversiam de matrimonio (Leonis VI quondam imperatoris) compositam esse.

Laud. in: *J³ 7502.* – Reg.: *Böhmer/Zimmermann n. 52; Dölger/Müller Reg. des oström. Reiches I/2, 50 n. 592a.*

*†7504 **(914–920)**

Zanellum presbyterum in Hispaniam mittit eique mandat, ut religionem liturgiamque ibi vigentes exquirat; Sisnandum episcopum Compostelanum rogat, ut pro eum apud b. Iacobum apostolum deprecetur. Zanello renuntiante hanc liturgiam (Mozarabicam) agnoscit postulatque, ut „secreta misse" more apostolicae ecclesiae celebrent.

L a u d . i n : *Cod. Emilianensis I d 1 in bibliotheca Escurialense saec. XI fol. 395v (España sagrada III 390); Chron. Iriense (Alvarez 113).* – R e g . : *Böhmer/Zimmermann n. †23.*

De re et tempore cf. Böhmer/Zimmermann n. †23. De fide cf. et Vones Liturgische Sonderwege 93.

*†7505 **(914–920)**

Ad Iohannem X Sisnandus episcopus Compostelanus Zanellum presbyterum mittit, qui gratiam episcopi et dona regis Ordonni (II) Legionensis defert.

L a u d . i n : *Cod. Emilianensis I d 1 in bibliotheca Escurialense saec. XI fol. 395v (España sagrada III 390); Chron. Iriense (Alvarez 113).* – R e g . : *Böhmer/Zimmermann n. †23.*

De re et tempore cf. Böhmer/Zimmermann n. †23.

7506 **(921 in.)**

JL 3564 Herimannum archiepiscopum Coloniensem reprehendit, quod non Richerum, sed Hilduvinum episcopum Leodiensem consecraverit. Praecipit, ut cum Richero et Hilduvino Romam adeat. – *Cum simus dominicae.*

E d . : *Zimmermann Papsturkunden I n. 48; MGH Conc. 6/1, 53.* – R e g . : *Oediger Reg. Köln I 101 n. 309; Germ. Pont. VII 44 n. 100; Germ. Pont. X 282 n. 8; Böhmer/Zimmermann n. 56.*

Olim ad a. 921. De tempore cf. Böhmer/Zimmermann n. 56. Laud. et in Folcuini Gestis abb. Lobiensium c. 19 (MGH SS 4, 63). Cf. J³ *7500.

7507 **(921 in.)**

JL 3565 Carolo (Simplici) regi (Franciae occidentalis) significat, quid Herimanno archiepiscopo Coloniensi mandaverit post acceptas Berengarii imperatoris litteras de Richero „a vobis electo in Leodio atque a cuncto clero et populo". Iniurias Gisleberti dolet, „eo quod prisca consuetudo et regni nobilitas censuit, ut nullus episcopum ordinare debuisset absque regis iussione". Hubertum (comitem Hastensem), qui, neglectis et suis et imperatoris admonitionibus, „depraedationes atque incendia ... in sancta Romana ecclesia" commissas „emendare" noluerit, cum sociis excommunicatum et anathematizatum nunciat. – *Cum sincera in.*

E d . : *Zimmermann Papsturkunden I n. 49; MGH Conc. 6/1, 55.* – R e g . : *Germ. Pont. VII 45 n. 101; Germ. Pont. X 282 n. 9; Böhmer/Zimmermann n. 57.*

Olim ad a. 921. De tempore cf. Böhmer/Zimmermann n. 57. Cf. J³ *7499–*7501.

*7508 **(921 in.)**

Iohanni X et protospatharo (Gaidono) Adeodatus et Petrus missi Nicolai (I) patriarchae Constantinopolitani litteras patriarchae imperatorumque Constantinopolitanorum (Romani I et Constantini VII, J³ 7516) perferunt.

L a u d . i n : *J³ 7516; Nicolai patriarchae ad Gaidonem epp. (Grumel/Darrouzès Reg. Constantinople II 255 n. 733 et 261 n. 743).* – R e g . : *Grumel/Darrouzès Reg. I/2, n. 730; Böhmer/Zimmermann n. 58; Dölger/Müller Reg. des oström. Reiches I/2, 50 n. 591.*

†7509 **921 mart.** **Roma, Laterano**

JL 3563 Honesto archiepiscopo Ravennati possessiones quasdam donat (... d. n. Iohanne summo pont. et univ. pp. in apost. a. VII et imp. d. Berengario serenissimo imp. a. imp. eius X, in m. mart., ind. IX, Rome Lat.). – *Qui nobis domino.*

E d . : *Zimmermann Papsturkunden I n. †50.* – R e g . : *Ital. Pont. V 49 n. 154; Böhmer/Zimmermann n. †59.*

*7510 **(921 oct.)**

Iohannis X mandato vocatus (J³ 7506) Richerus abbas Romam profiscitur.

L a u d . i n : *Folcuini Gesta abb. Lobiensium c. 19 (MGH SS 4, 63).* – R e g . : *Germ. Pont. X 283 n. *10.*

*** 7511** **(921 nov. 4)** **Roma**

JL 3566 (In synodo) causam scismatis Leodiensis ecclesiae in favorem Richeri Prumiensis abbatis diffinit; eum episcopum Leodiensem consecrat eique pallium cum privilegio equi apostolico more ad procedendum strati concedit.

L a u d . i n : *Flodoardi Remensis Ann. ad a. 922 (Lauer 7); Folcuini Gesta abb. Lobiensium c. 19 (MGH SS 4, 63); Ann. Lobienses ad a. 920 (MGH SS 13, 233); Richeri Remensis Hist. I c. 25 (MGH SS 38, 63); Hugonis Flaviniacensis Chron. I ad a. 921 (MGH SS 8, 357); Sigeberti Gemblacensis Tractatus de investitura (Krimm-Beumann 69); Sigeberti Gemblacensis Chron. ad a. 921 (MGH SS 6, 346).* – R e g . : *Böhmer/Ottenthal n. 1a; Germ. Pont. X 283 n. *11; Böhmer/Zimmermann n. 61.*

Olim ad a. 922. De tempore cf. Germ. Pont. X 283 n. *11 et Böhmer/Zimmermann n. 61. De synodo cf. MGH Conc. 6/1, 49.

7512 **921 nov.** **(Roma)**

JL 3560 Ecclesiae Augustodunensis possessiones Heriveo episcopo petente confirmat (Scr. p. m. Adriani scrin. S.R.E. in m. nov., ind. XIII). – *Oportet nos qui.*

E d . : *Bouquet Recueil IX 214.* – R e g . : *Zimmermann Papsturkunden I n. 51; Böhmer/Zimmermann n. 60.*

Olim ad a. 919 nov. De tempore cf. Zimmermann Papsturkunden I n. 51 et Böhmer/Zimmermann n. 60.

*** 7513** **(914–922)**

Iohanni X Heriveus archiepiscopus Remensis scribit de statu suae ecclesiae munusque mittit.

L a u d . i n : *J³ 7514; Flodoardi Remensis Hist. IV c. 14 (MGH SS 36, 407).* – R e g . : *Böhmer/Zimmermann n. 20.*

7514 **(914–922)**

JL 3553 Heriveo archiepiscopo Remensi respondet (cf. J³ *7513) „merentes itaque de tantis calamitatibus tantisve pressuris atque angustiis non solum paganorum, verum etiam Christianorum (in eius) partibus ... accidentibus". Northmannos ad fidem Christi conversos esse gaudet. Monet, ne quid gravius de iis consulatur, qui „fuerint baptizati et rebaptizati et post baptismum gentiliter vixerint atque paganorum more Christianos interfecerint, sacerdotes trucidaverint atque simulacris immolantes idolotita comederint". De munere misso gratias agit. – *Vestrae fraternitatis vestraeque.*

E d . : *Zimmermann Papsturkunden I n. 38.* – R e g . : *Dipl. Danicum I/1, 115 n. 287; Böhmer/Zimmermann n. 21.*

Olim ad a. cr. 914. De re et tempore cf. Böhmer/Zimmermann n. 21. Cf. et J³ *7513.

*** 7515** **(914–922)**

Athelmo archiepiscopo Cantuariensi pallium concedit.

L a u d . i n : *Radulphi de Diceto Abbrevationes (SS rer. Brit. 68/1, 16) et eiusdem Indiculus (SS rer. Brit. 68/2, 209).* – R e g . : *Böhmer/Zimmermann n. 22.*

Athelmus archiepiscopus moritur a. 923 ian. 8; de tempore cf. Böhmer/Zimmermann n. 22.

7516 **(922 ex.)**

A (Iohanne X) Nicolaus (I) patriarcha Constantinopolitanus denuo postulat, ut legatos suos mittat, ut demum concordia atque unitas ecclesiarum restituantur.

E d . : *Jenkins/Westerink Nicholas Letters 330 n. 77.* – R e g . : *Grumel/Darrouzès Reg. I/2, n. 735; Böhmer/Zimmermann n. 63.*

De tempore cf. Böhmer/Zimmermann n. 63. Cf. et J³ *7508.

*** 7517** **(923 in.)** **Roma**

Gualdrico episcopo Autissiodorensi petente ei reliquias martyrum Laurentii atque Eugeniae offert.

L a u d . i n : *Hist. epp. Autissiodorensium I c. 44 et c. 49 (Quantin 375 et 391).* – R e g . : *Böhmer/Zimmermann n. 65.*

De tempore cf. Böhmer/Zimmermann n. 65.

*7518 **(923 in.)**

Nicolaum (I) patriarcham (Constantinopolitanum) adhortatur Simeonem regem Bulgarorum adire atque legatos ad eum ducere.

L a u d . i n : *Nicolai epist. ad Simeonem directa (Grumel/Darrouzès Reg. Constantinople II 269 n. 756).* – R e g . : *Böhmer/Zimmermann n. 66.*

De tempore cf. Böhmer/Zimmermann n. 66.

*7519 **(923 in.)**

Simeonem regem Bulgarorum monetur de pace facienda.

L a u d . i n : *Nicolai epist. ad Simeonem directa (Grumel/Darrouzès Reg. Constantinople II 269 n. 756).* – R e g . : *Böhmer/Zimmermann n. 66.*

*7520 **(923 in.)**

Theophylactum et Carum episcopos legatos Constantinopolim mittit, qui concordiam inter Romanam atque Constantinopolitanam ecclesias restituant et scripta (J³ *7518 et J³ *7519) perferant.

L a u d . i n : *Nicolai epist. ad Simeonem directa (Grumel/Darrouzès Reg. Constantinople II 269 n. 756).* – R e g . : *Böhmer/Zimmermann n. 66.*

*7521 **923** **Roma**

JL *3567 Seulfo archiepiscopo Remensi pallii usum permittit.

L a u d . i n : *Flodoardi Remensis Ann. ad a. 923 (Lauer 19) et Hist. IV c. 18 (MGH SS 36, 410) et De Christi triumphis (Lauer 179).* – R e g . : *Böhmer/Zimmermann n. 64.*

7522 **(922 in.–924 in.)**

JL 3568 Herimanno archiepiscopo Coloniensi respondet (cf. Germ. Pont. VII 45 n. *102) et eius devotionem erga sedem apostolicam laudat. Exposcenti ei, ut omnibus diebus festis pallio uti sibi liceat, concedere hoc non audet. De presbytero, qui homicidium perpetraverit, respondet, eum „post actam penitentiam ad sacrum redire ordinem“ debere, mandatque, ut „post triennium manum pietatis“ ei porrigat „et misericordiam praebere non“ deneget. – *Vestre magne pieque.*

E d . : *Zimmermann Papsturkunden I n. 52.* – R e g . : *Oediger Reg. Köln I n. 305; Germ. Pont. VII 46 n. 103; Böhmer/Zimmermann n. 62.*

Olim ad a. 914–925. De tempore cf. Böhmer/Zimmermann n. 62.

*7523 **(925 in.)**

Tomislao rege Croato et nonnullis episcopis Dalmaticis et nobilibus Croaticis petentibus episcopos Iohannem Anconitanum et Leonem Praenestinum legatos ad synodum Dalmaticam mittit, qui praecepta (J³ 7524 et J³ 7525) perferant.

L a u d . i n : *J³ 7525; acta concilii Spalatini (Kostrenčić Cod. dipl. regni Croatiae I 32 adn. 1); Hist. Salonitana maior (Klaić 98).* – R e g . : *Böhmer/Zimmermann n. 70.*

7524 **(925 in.)** **Roma**

JL 3571 Iohannem archiepiscopum Salonitanum (Spalatinum) et eius suffraganeos de Romana sede tamdiu neglecta obiurgat, eosque Methodii doctrinam sequi dolet. Hortatur, ut consilio Iohannis Anconitani et Leonis Praenestini episcoporum usi, vitia Slavinorum terra corrigant, videantque potissimum, „ut secundum mores sanctę Ro(manę) ecclesię Sclauinor(um) terra ministerium sacrificii“ peragatur „in latina scilicet lingua, non autem in extranea“. – *Cum religio vestre.*

Ed.: *Zimmermann Papsturkunden I n. 54.* – Reg.: *MMFH 3, 244 n. 110; Böhmer/Zimmermann n. 71; de Montclos Vatican et Yougoslavie IX u. 5.*

Olim ad a. 914–928. De re et tempore cf. Böhmer/Zimmermann n. 71.

7525 (925 in.) (Roma)

JL 3572 Tomislaum regem Croatorum, Michaelem ducem Chulmorum, Iohannem archiepiscopum Spalatinum et eius suffraganeos, omnes zupanos, cunctos sacerdotes, universum populum Sclavoniae et Dalmatiae hortatur, ut „tenerrimos pueros a cunabulis in studio litterarum Deo" offerant, neve „in barbarica seu Slauinica lingua (Deo) sacrificare" sinant. Saxonum proponit exemplum, qui a „Gregorio papa doctrinam pariter et litterarum studia in ea videlicet lingua" perceperint, „in qua ... apostolica ecclesia infulata manebat". Monet, ut Iohannis Anconitani et Leonis Praenestini episcoporum praecepta sequantur. – *Divina omnipotentis Dei.*

Ed.: *Zimmermann Papsturkunden I n. 55.* – Reg.: *MMFH 3, 245 n. 111; Böhmer/Zimmermann n. 72; de Montclos Vatican et Yougoslavie IX u. 5.*

Olim ad a. 914–928. De tempore cf. Böhmer/Zimmermann n. 72. Cf. et J³ *7523.

*** 7526 (925 ex.) (Roma)**

Iohanni X Iohannes archiepiscopus Salonitanus, Forminus episcopus (Iadrensis) omnesque episcopi suffraganei per Iohannem Anconitanum et Leonem Praenestinum episcopos, legatos apostolicos, atque Petrum presbyterum Spalatinum nuntiant, (Gregorium) episcopum Nonensem primatum episcoporum Dalmatiarum contra capitula concilii praesentibus legatis apostolicis nuper Spalati celebrati sibi vindicare cupere; quapropter supplicant, ut hanc contentionem investigare non differat.

Laud. in: *J³ 7527; acta concilii Spalatini (Kostrenčić Cod. dipl. regni Croatiae I 35); Hist. Salonitana maior (Klaić 102).* – Reg.: *Böhmer/Zimmermann n. 73.*

De tempore cf. Böhmer/Zimmermann n. 73 et n. 70.

7527 (925 ex.) (Roma)

JL 3573 Iohannem archiepiscopum Spalatinum iubet una cum Gregorio episcopo Nonensi ad se venire componendae litis causa praesentibus legatis suis ortae. – *Quia in vobis.*

Ed.: *Zimmermann Papsturkunden I n. 56.* – Reg.: *Böhmer/Zimmermann n. 74; de Montclos Vatican et Yougoslavie IX u. 6.*

Olim ad a. 914–928. De tempore cf. Böhmer/Zimmermann n. 74. Cf. et J³ *7526.

***† 7528 (925 ex.) Roma**

Coram Iohanne X Anglus Aelfredus homicida se „iure iurando" defendit, „facto iuramento ... coram altari" s. Petri in Vaticano cadit et tertia nocte in schola Anglorum moritur.

Laud. in: *Athelstani regis privilegia monasteriis Aquarum Calidarum (Hunt Two Chartularies of the Priory of St. Peter at Bath I 9) et Malmesburiae (Birch Cartularium II 426) concessa; Guillelmi Malmesburiensis Gesta regum II c. 137 (Mynors/Thomson/Winterbottom 222) et eiusdem Gesta pont. V/4 c. 250 (Winterbottom 600).* – Reg.: *Böhmer/Zimmermann n. †67.*

De tempore cf. Böhmer/Zimmermann n. †67.

***† 7529 (925 ex.) Roma**

(Ethelstano) regi Anglorum litteras mittit et „quid de eo (scil. Aelfredo) ageretur" consulit.

Laud. in: *Athelstani regis privilegia monasteriis Aquarum Calidarum (Hunt Two Chartularies of the Priory of St. Peter at Bath I 9) et Malmesburiae (Birch Cartularium II 426) concessa; Guillelmi Malmesburiensis Gesta regum II c. 137 (Mynors/Thomson/Winterbottom 222) et eiusdem Gesta pont. V/4 c. 250 (Winterbottom 600).* – Reg.: *Böhmer/Zimmermann n. †67.*

De tempore cf. Böhmer/Zimmermann n. †67.

*† 7530 **(925 ex.)** **Roma**

Iohanni X Ethelstanus rex Anglorum permittit Aelfredum sepelire.

L a u d . i n : *Athelstani regis privilegia monasteriis Aquarum Calidarum (Hunt Two Chartularies of the Priory of St. Peter at Bath I 9) et Malmesburiae (Birch Cartularium II 426) concessa; Guillelmi Malmesburiensis Gesta regum II c. 137 (Mynors/Thomson/Winterbottom 222) et eiusdem Gesta pont. V/4 c. 250 (Winterbottom 600).* – R e g . : *Böhmer/Zimmermann n. †67.*

De tempore cf. Böhmer/Zimmermann n. †67.

*† 7531 **(925 ex.)** **Roma**

Aelfredum Anglum sepelit.

L a u d . i n : *Athelstani regis privilegia monasteriis Aquarum Calidarum (Hunt Two Chartularies of the Priory of St. Peter at Bath I 9) et Malmesburiae (Birch Cartularium II 426) concessa; Guillelmi Malmesburiensis Gesta regum II c. 137 (Mynors/Thomson/Winterbottom 222) et eiusdem Gesta pont. V/4 c. 250 (Winterbottom 600).* – R e g . : *Böhmer/Zimmermann n. †67.*

De tempore cf. Böhmer/Zimmermann n. †67.

7532 **926 ian. 18** **(Roma)**

JL 3569 Monasterii s. Benedicti Sublacensis, rogatu Leonis abbatis, possessiones confirmat et auget, ea tamen lege, ut fratres expleta matutinali synaxi pro redemptione animae suae „omni in tempore assiduę centum Kyrie eleyson et centum Christe eleyson persolvant" (Scr. p. m. Adriani not. reg. et scrin. S.R.E. in m. ian., ind. suprascr. XIV. Dat. XV kal. febr. p. m. Demetrii Dei providentia arcarius S.S.A. a. Deo prop. pont. d. Iohanni summi pont. et univ. X pp. in ss. sede b. Petri apost. XII, in m. et ind. suprascr. XIV). – *Convenit apostolica dignitas.*

E d . : *Zimmermann Papsturkunden I n. 57.* – R e g . : *Ital. Pont. II 87 n. 9; Böhmer/Zimmermann n. 77.*

Laud. et in Chron. Sublacensi (RIS ser. II 24/6, 33) et in Cherubini Mürtz Chron. c. 9 (Allodi 104). Cf. Zimmermann Papsturkunden I n. 57. Cf. et J³ †6108.

* 7533 **(926 vere)**

Hugonem comitem Provinciae rogat, ut Romam veniat.

L a u d . i n : *Liudprandi Cremonensis Antapodosis III c. 17 (MGH SS rer. Germ. 41, 81; Chiesa 190); Chron. mon. Casinensis I c. 61 (MGH SS 34, 153).* – R e g . : *Böhmer/Zimmermann n. 78; Böhmer/Zielinski n. 1484.*

De tempore cf. Schiaparelli I diplomi V 11.

* 7534 **(926 vere)**

Una cum magnatibus Italicis regem Rudolphum (II) Burgundiae ex Italia depellit.

L a u d . i n : *Liudprandi Cremonensis Antapodosis III c. 17 (MGH SS rer. Germ. 41, 81; Chiesa 190); Chron. mon. Casinensis I c. 61 (MGH SS 34, 153).* – R e g . : *Böhmer/Zimmermann n. 78.*

De tempore cf. Schiaparelli I diplomi V 11.

* 7535 **(926 iul. ex.)** **Mantua**

Cum Hugone rege (Italiae) convenit et foedus (cum eo) facit.

L a u d . i n : *Liudprandi Cremonensis Antapodosis III c. 17 (MGH SS rer. Germ. 41, 81; Chiesa 190); Gregorii Catinensis Chron. Farfense (FSI 33, 303).* – R e g . : *Böhmer/Zimmermann n. 79; Böhmer/Zielinski n. 1489.*

7536 **(925–926)**

JL 3594 Wigifrido Coloniensi archiepiscopo significat sese ad petitionem abbatissae Landsuid sub apostolica protectione suscepisse monasterium virginum, „quod est situm prope civitatem Coloniensem, quod quidam Herimannus archiepiscopus (Coloniensis) reparavit in honore sancte Dei genitricis semperque virginis Marie et undecim milia (sic) virginum". – *Pastorali moderamini docet.*

Ed.: *Zimmermann Papsturkunden I n. 53; Wisplinghoff Rhein. UB II n. 319.* – Reg.: *Oediger Reg. Köln I n. 322; Germ. Pont. VII 46 n. 104 et 61 n. 1; Böhmer/Zimmermann n. 69.*

Olim Iohanni XI (ad a. 931 – 936) adscripta. De tempore cf. Zimmermann Papsturkunden I n. 53.

***7537** **(926)** **Roma**

JL 3570 Hugonem, Heriberti comitis (Viromanduensis) filium annorum quinque, electum archiepiscopum Remensem confirmat, Abbonique episcopo Suessionensi, Heriberti comitis legato, „episcopium Remense ... delegat, quae sunt episcopalis ministerii ab ipso ... tractanda atque finienda, decernens".

Laud. in: *Flodoardi Remensis Hist. IV c. 20 (MGH SS 36, 411).* – Reg.: *Lohrmann PUU in Frankreich NF VII 148 n. 7; Böhmer/Zimmermann n. 75.*

***7538** **(926)** **Roma**

Comiti Heriberto (Viromanduensi) scribit „de restitutione et honore Karoli (III Franciae), ut ille sibi etiam sub excommunicationis interminatione mandaverat se pro viribus decertare".

Laud. in: *Flodoardi Remensis Ann. ad a. 928 (Lauer 40) et Hist. IV c. 21 (MGH SS 36, 413).* – Reg.: *Böhmer/Zimmermann n. 76.*

***7539** **(927 in.)**

Madalbertum episcopum et Iohannem ducem Cumas legatos ad pacem inter Croatos et Bulgaros stabiliendam mittit, et Simeonem Bulgarorum (regem) imperatorem approbent.

Laud. in: *Acta concilii Spalatini (Kostrenčić Cod. dipl. regni Croatiae I 37); epp. Kajolani imperatoris et Innocentii III (Dujčev 23 et 44; Reg. Innocenz' III. 5, 224).* – Reg.: *Böhmer/Zimmermann n. 81.*

***7540** **(927 in.)** **Roma**

Inter Iohannem X et (Maroziam) matrem Alberici (ducis) discordia oritur de Petro marchione Spoletino, papae fratre; qua de causa et populus Romanus inter se separatur.

Laud. in: *Benedicti s. Andreae Chron. c. 29 (FSI 55, 159).* – Reg.: *Böhmer/Zimmermann n. 82; Böhmer/Zielinski n. 1534.*

***7541** **(927 post mart.)**

Iohannem X Aimericus archiepiscopus Narbonensis de invasione Hungarorum in provinciam Narbonensem et de electione atque ordinatione metropolitani certiorem facit. Confirmationem privilegiorum ecclesiae suae postulat.

Laud. in: *J³ 7546.* – Reg.: *Martí Bonet Reg. 384 n. 4; Böhmer/Zimmermann n. 83.*

De tempore cf. Böhmer/Zimmermann n. 83.

***7542** **(927 post mart.)**

Aimerico archiepiscopo Narbonensi pallium concedit.

Laud. in: *Catel Hist. 87 et Mémoires 778.* – Reg.: *Martí Bonet Reg. 384 n. 4; Böhmer/Zimmermann n. 83.*

7543 **(927 febr.–aug.)** **(Roma)**

JL 3578 Rodulfo regi Francorum et Widoni archiepiscopo Lugdunensi et Stateo (Cabilonensi), Bernonique (Matisconensi) episcopis, et Hugoni ac Gisleberto comitibus commendat monasterium Cluniacense; cui donatas a Bernone abbate res monasterii Gigniacensis, quas Wido abbas abstulerit, restitui iubet. – *Auditum est nostris.*

Ed.: *Zimmermann Papsturkunden I n. 58.* – Reg.: *Böhmer/Zimmermann n. 87 et n. 82a; Böhmer/Zielinski n. 2990.*

Olim ad a. 928. De tempore cf. Böhmer/Zimmermann n. 82a.

*7544 **927** **Roma**

Wulfhelmo archiepiscopo (Cantuariensi) Romam migranti pallium tribuit.

Laud. in: *Ann. Domitiani lat. ad a. 927 (Magoun 9, 260); Radulphi de Diceto Abbreviationes (SS rer. Brit. 68/1, 16) et Indiculus (SS rer. Brit. 68/2, 209).* – Reg.: *Böhmer/Zimmermann n. 80.*

*7545 **(927 ex.)** **Roma**

Iohannem X Romani invasione Hungarorum irati (qui et fratrum eius Petrum marchionem Spoletinum interficiunt) in basilica s. Iohannis in Laterano opprimunt.

Laud. in: *Benedicti s. Andreae Chron. c. 29 (FSI 55, 160).* – Reg.: *Böhmer/Zimmermann n. 84; Böhmer/Zielinski n. 1534.*

7546 **(927 ex.–928 in.)**

JL 3577 Aimerico archiepiscopo ecclesiae Narbonensis possessiones „a presenti I indicione" confirmat. – *Litteras ab unanimitate.*

Ed.: *Zimmermann Papsturkunden I n. 59.* – Reg.: *Martí Bonet Reg. 384 n. 5; Böhmer/Zimmermann n. 85.*

Olim ad a. 928. De tempore cf. Böhmer/Zimmermann n. 85. Cf. et J³ *7541.

*7547 **928 (vere)**

Iohanni X Heribertus comes (Viromanduensis) scribit de restitutione et honore regis Caroli (Simplicis).

Laud. in: *Flodoardi Remensis Ann. ad a. 928 (Lauer 40) et Hist. IV c. 21 (MGH SS 36, 412); Richeri Remensis Hist. I c. 54 (MGH SS 38, 87); Hugonis Flaviniacensis Chron. I ad a. 927 (MGH SS 8, 358); Chron. s. Martini Turonensis breve (Bouquet Recueil IX 51).* – Reg.: *Böhmer/Zimmermann n. 88.*

*7548 **928 (iun. med.)** **Roma**

JL I 452 Widonis marchionis (Tusciae) diutius clam Iohannem X papam honore deicere cupientis equites Iohannem X in Laterano improviso opprimunt et carcerant.

Laud. in: *Liudprandi Cremonensis Antapodosis III c. 43 (MGH SS rer. Germ. 41, 95; Chiesa 224); Flodoardi Remensis Ann. ad a. 928 et ad a. 929 (Lauer 41 et 44); Lib. pont., Cat. Casinensis (Duchesne II 240); Chron. mon. Casinensis I c. 54 (MGH SS 34, 139); Sigeberti Gemblacensis Chron. ad a. 930 (MGH SS 6, 347); Chron. Vulturnense (FSI 58, 93 et 59, 41); Ann. Parchenses ad a. 929 (MGH SS 16, 599).* – Reg.: *Böhmer/Zimmermann n. 89; Böhmer/Zielinski n. 1545.*

*7549 **(914–928)**

JL *3575 Ecclesiae b. Petri Romanae canonicorum in monasterio s. Martini (in Vaticano) constitutorum possessiones et privilegia confirmat.

Laud. in: *Leonis IX privilegium (JL 4292; Böhmer/Frech n. 1050).* – Reg.: *Ital. Pont. I 145 n. *2; Böhmer/Zimmermann n. 16.*

*7550 **(914–928)**

JL *3576 Ecclesiae b. Petri Romanae canonicorum in monasterio s. Stephani maioris constitutorum possessiones et privilegia confirmat.

Laud. in: *Leonis IX privilegium (JL 4293; Böhmer/Frech n. 1051).* – Reg.: *Ital. Pont. I 147 n. *4; Böhmer/Zimmermann n. 17.*

*7551 **(914–928)**

Iohanne abbate Aureliacensi petente donationem eius confirmat et constituit, „ut Auriliaci coenobium ab omni dominatione (sit) absolutum, nisi sancti Petri et Romanae Sedis".

Laud. in: *Chron. Auriliacensis (Mabillon Analecta 349).* – Reg.: *Böhmer/Zimmermann n. 19.*

*† 7552 **(914–928)**

Monasterio s. Iohannis de Marzano privilegium concedit.

Laud. in: *Innocentii II privilegium (Ital. Pont. IV 107 n. 6).* – Reg.: *Ital. Pont. IV 106 n. †*2; Böhmer/Zimmermann n. †18.*

*† 7553 **(914–928)**

Omnibus Christi fidelibus, qui in certis diebus festis ecclesias, domos, oratoria et hospitale b. Iohannis Hierosolymitani visitaverint et eisdem eleemosynas largiti fuerint, septem annos et totidem quadragesimas indulgentiae (cf. Leonis IV, J³ *†5583) ordini s. Iohannis Hierosolymitani elargitur.

Laud. in: *Registrum indulgentiarum 1304 iun. 8 conscriptum (Hiestand PUU für Templer und Johanniter 2, 331 n. 125).* – Reg.: *Böhmer/Zimmermann n. †16a.*

Cf. et J³ *†5583, J³ *†6326, J³ *†7250, J³ *†7446, J³ *†7849, J³ *†8369.

*† 7554 **(914–928)**

Eis, qui ecclesiam s. Mariae sub monte Carmelo in certis diebus festis visitant et eleemosynas donant aut domos destructos collegii reparant, indulgentiam septem annorum et totidem quadragesimarum concedit.

Laud. in: *Sixti IV privilegium (Acta pont. Danica IV 156).* – Reg.: *Böhmer/Zimmermann n. †16b.*

Cf. et J³ *†5584, J³ *†6325, J³ *†7249, J³ *†7447, J³ *†7586, J³ *†8370, J³ *†8590.

*7555 **(916–928)**

Lateranum renovat et imaginibus ornat.

Laud. in: *Flodoardi Remensis De Christi triumphis (Lauer 179); Benedicti s. Andreae Chron. (FSI 55, 159); Bonizonis Sutrini Lib. de vita christiana IV c. 44 (Perels 131); Iohannis Romani Descriptio Lateranensis eccl. (FSI 90, 350).* – Reg.: *Böhmer/Zimmermann n. 41.*

*7556 **(925–928)**

Marino patriarchae (Gradensi) pallium tribuit et ei concedit, ut pallium iis diebus induat, quibus praedecessoribus quoque licuerit.

Laud. in: *Andreae Danduli Chron. VIII c. 10 (RIS ser. II 12/1, 170).* – Reg.: *Ital. Pont. VII/2, 49 n. *60; Böhmer/Zimmermann n. 68.*

*† 7557 **(928)** **(Roma)**

Codicem iuris Hywel regis Cambriae confirmat, in quo omnia verba cum lege divina congruant.

Laud. in: *Cod. Venedotian (Owen Ancient Laws and Institutes of Wales I 105); Cod. Dimetian (Owen Ancient Laws and Institutes of Wales I 166).* – Reg.: *Böhmer/Zimmermann n. †86.*

Papam Anastasium III codicem confirmasse (cf. J³ *†7458), narrat Cod. Dimetian, sed Hywel a. 928 Romam venisse tradunt Ann. Cambriae (SS rer. Brit. 20, 17). Cf. et. Böhmer/Zimmermann n. †3a et †86.

*7558 **928 (iul.–dec.)** **Veroli**

A Widone marchione (Tusciae) in rocca s. Leucii in Verulum captus tenetur, sed seditionis populi causa brevi tempore Romam reportabitur (a. D. 928).

L a u d . i n : *Statuti di Veroli, Praefatio (Falco Comuni 544 not. 1).* – R e g . : *Böhmer/Zimmermann n. 91.*

De re et tempore cf. Böhmer/Zimmermann n. 91.

*** 7559 929 (med.) Roma**

JL I 453 In carcere strangulatur et in ecclesia s. Iohannis in Laterano sepelitur.

L a u d . i n : *Flodoardi Remensis Ann. ad a. 929 (Lauer 44); Liudprandi Cremonensis Antapodosis III c. 43 (MGH SS rer. Germ. 41, 96; Chiesa 224); Sigeberti Gemblacensis Chron. ad a. 930 (MGH SS 6, 347); Ann. Parchenses ad a. 929 (MGH SS 16, 599); Ann. Marchianenses ad a. 931 (MGH SS 16, 613).* – R e g . : *Böhmer/Zimmermann n. 98.*

Olim ad a. 929. De tempore et sepultura cf. Böhmer/Zimmermann n. 98.

Leo VI (928–929)

***7560** **928 (iun. med.)** **Roma**

JL I 453 Consecratur vivente Iohanne X.

L a u d . i n : *Flodoardi Remensis De Christi triumphis (Lauer 179); Ann. Beneventani ad a. 928 (MGH SS 3, 175); Chron. Vulturnense (FSI 59, 41).* – R e g . : *Böhmer/Zimmermann n. 90; Böhmer/Zielinski n. 1545.*

***7561** **(928 post iun.)** **(Roma)**

(Leoni VI) legatus Madalbertus episcopus acta concilii Spalatini confirmanda defert.

L a u d . i n : *Acta concilii Spalatini (Kostrenčić Cod. dipl. regni Croatiae I 37); Hist. Salonitana maior (Klaić 104).* – R e g . : *Böhmer/Zimmermann n. 92.*

De concilio cf. Böhmer/Zimmermann n. 92.

7562 **(928 iul.–dec.)** **(Roma)**

JL 3579 Forminum Iaderensem et Gregorium Nonensem ceterosque Dalmatiae episcopos hortatur, ut Iohanni archiepiscopo Spalatino pallium adepto pareant. Iubet finibus suis quemque episcopum, nominatimque Absorensem, Arbensem, Ragusanum, contentum esse, Gregoriumque Croatorum episcopum in administranda ecclesia Scardonitana acquiescere. – *Quia gratuita Dei.*

E d . : *Zimmermann Papsturkunden I n. 60.* – R e g . : *Böhmer/Zimmermann n. 93; de Montclos Vatican et Yougoslavie IX u. 7.*

(903–965)

Cf. J³ *†7398 s. v. Leo V.

***7563** **(929 ian. in.)** **(Roma)**

JL I 453 Moritur. In ecclesia b. Petri sepeliri videtur.

R e g . : *Böhmer/Zimmermann n. 94; Böhmer/Zielinski n. 1559.*

Mors Leonis VI expressis verbis nullo loco laudatur, dies mortis vero calculari potest adhibentibus Lib. pont. et Flodoardi Remensi Ann., qui tradunt eum m. 7 d. 15 sedisse. Cf. Böhmer/Zimmermann n. 94. Olim ad a. 929 cr. feb. De tempore cf. Böhmer/Zimmermann n. 94.

Stephanus VII (929–931)

*** 7564** **929 (ian. med.)** **Roma**

JL I 453 Consecratur.

L a u d . i n : *Ann. s. Trudperti ad a. 929 (MGH SS 17, 288); Matthaei Parisiensis Chron. (SS rer. Brit. 57/1, 448); Cron. min. Erphordensis (MGH SS rer. Germ. 42, 621); Flores hist. (SS rer. Brit. 95/1, 492).* – R e g . : *Böhmer/Zimmermann n. 95; Böhmer/Zielinski n. 1559.*

Olim ad a. 929 cr. febr. De tempore cf. Böhmer/Zimmermann n. 95.

† 7565 **929 apr. 27** **Roma**

JL †3580 Monasterii s. Mariae Broniensis privilegia confirmat petente Gerardo abbate (Dat. V kal. mai. a. ab inc. D. 913, reg. Henrico in regno Lothario, imp. in Ytalia Hugone a. III, ind. VI). – *In nomine sancte.*

E d . : *Zimmermann Papsturkunden I n. †61.* – R e g . : *Germ. Pont. X 39 n. †54; Böhmer/Zimmermann n. †97.*

Laud. et in Vita Gerardi c. 21 (MGH SS 15/2, 672). Olim ad a. 929–930 apr. 27. De tempore cf. Böhmer/Zimmermann n. †97.

† 7566 **930 sept.** **Roma**

JL 3581 Monasterii s. Vincentii Vulturnensis possessiones et privilegia confirmat petente Rambaldo abbate (Scr. p. m. Andreae scrin. S.R.E. m. sept., ind. IV. Dat. p. m. Stephani prim. a. pont. d. Stephani summi pont. VII III). – *Pia sollicitudine cura.*

E d . : *Insertum in Chron. Vulturnensi IV (FSI 59, 57; separatim ed. Zimmermann Papsturkunden I n. †62).* – R e g . : *Ital. Pont. VIII 249 n. †10; Böhmer/Zimmermann n. †99.*

Laud. et in Chron. Vulturnensi I et IV (FSI 58, 33 et 94 et FSI 59, 56).

*** 7567** **(929–931)**

JL *3583 Privilegio monasterio s. Anthimi dato statuit, „ut in plebe s. Salvatoris et in plebe s. Iohannis seu etiam in aliis ecclesiis (ad monasterium) pertinentibus, si id necessitas exegerit, baptismus debeat celebrari“.

L a u d . i n : *Berengarii II privilegium (FSI 38, 306); Anastasii IV privilegium (JL 9754).* – R e g . : *Ital. Pont. III 248 n. *3; Böhmer/Zimmermann n. 96.*

*** 7568** **931 (febr. ex.)**

JL I 454 Moritur et in ecclesia b. Petri sepeliri videtur.

L a u d . i n : *Ann. s. Trudperti ad a. 931 (MGH SS 17, 288).* – R e g . : *Böhmer/Zimmermann n. 100; Böhmer/Zielinski n. 1607.*

Olim ad a. 931 cr. mart. De tempore cf. Böhmer/Zimmermann n. 100.

Iohannes XI (931–936)

***7569** **931 (mart. in.)** **(Roma)**

JL I 454 Consecratur.

L a u d . i n : *Liudprandi Cremonensis Antapodosis III c. 43 (MGH SS rer. Germ. 41, 96; Chiesa 226); Benedicti s. Andreae Chron. (FSI 55, 161); Ann. s. Trudperti ad a. 931 (MGH SS 17, 288); Chron. regia Coloniensis ad a. 930 (MGH SS rer. Germ. 18, 26).* – R e g . : *Böhmer/Zimmermann n. 101; Böhmer/Zielinski n. 1607.*

7570 **931 mart.**

JL 3584 Monasterii Cluniacensis libertatem bonaque, petente Odone abbate, confirmat, et privilegia instituit ea lege, ut „dentur per quinquennium decem solidi" (Scr. p. m. Andreae scrin. in m. mart., ind. IV). – *Convenit apostolico moderamini.*

E d . : *Zimmermann Papsturkunden I n. 64.* – R e g . : *Germ. Pont. II/2, 193 n. 2; Böhmer/Zimmermann n. 105.*

Laud. et in Iohannis XIX privilegio (JL 4079, Böhmer/Frech n. 82).

7571 **931 mart.** **(Roma)**

JL 3585 Monasterii Dolensis libertatem, privilegia, possessiones confirmat petente Odone abbate (Scr. p. m. Theodori scrin. S.R.E. in m. mart., ind. IV). – *Convenit apostolico moderamini.*

E d . : *Zimmermann Papsturkunden I n. 65.* – R e g . : *Böhmer/Zimmermann n. 106.*

Laud. et in J³ †8439.

***7572** **(931 iul.)** **Roma**

JL *3586 Hilduino archiepiscopo Mediolanensi „privilegium cum archiepiscopali pallio" mittit per legatum Ratherium.

L a u d . i n : *J³ 7711.* – R e g . : *Ital. Pont. VI/1, 45 n. *84; Ital. Pont. VII/1, 221 n. *11; Böhmer/Zimmermann n. 107.*

***7573** **(931 iul.)** **Roma**

JL *3587 Hugonem Italiae regem per litteras a Ratherio deferendas rogat, ut ecclesiae Veronensi Ratherius episcopus praeponatur.

L a u d . i n : *J³ 7711.* – R e g . : *Ital. Pont. VII/1, 221 n. *11; Böhmer/Zimmermann n. 107; Böhmer/Zielinski n. 1635.*

***† 7574** **(932 apr. 5)**

(Iohannem XI) Heinricus (I) rex hortatur, ut coenobio in loco qui dicitur Bronium privilegium regis confirmat.

L a u d . i n : *Heinrici I privilegium (MGH DD H I n. 43).* – R e g . : *Böhmer/Ottenthal n. 39; Böhmer/Zimmermann n. †109.*

7575 **932 iun. 25** **(Roma)**

JL 3588 Odoni abbati Cluniacensi rogatu Hugonis regis (Italiae) monasterium Carum-locum concedit, „salva videlicet pensione sanctae Romane aecclesiae" (Scr. p. m. Theodori scrin. S.R.E. in m. iun., ind. V. Dat. VII kal. ian. p. m. Ursus prim. S.S.A. a. Deo prop. pont. d. Iohannis summi pont. et univ. XI pp. in ss. sede b. Petri apost. II, m. iun., ind. suprascr. V). – *Convenit apostolico moderamini.*

E d . : *Zimmermann Papsturkunden I n. 67.* – R e g . : *Böhmer/Zimmermann n. 110; Böhmer/Zielinski n. 1656.*

†7576 **(932)** **Roma**

JL 3593 Silvionem, confessum ecclesiae (s. Bernardi Romanensis) combustionis se esse auctorem, piaculares poenas luere et ecclesiam reaedificare iubet. Monasterium apostolicae sedi submittit. – *Noscat omnes homines.*

E d . : *Zimmermann Papsturkunden I n. †66.* – R e g . : *Böhmer/Zimmermann n. †108.*

Olim ad a. 931–936. De tempore cf. Böhmer/Zimmermann n. †108.

***7577** **(932 ex.)**

JL 3587α Romano (I Lacapeno) seniori imperatori Constantinopolitano litteras, studium et amorem suum erga personam imperiumque eius continentes, mittit per Madalbertum, Leonem (Praenestinum) episcopos et Sergium Petrumque legatos. Scribit, filium eius (Theophylactum XIII annos natum) a sese „in thronum patriarchae (Constantinopolitani) institutum" esse. Rogat, ut „sollicitudinem ac studium in defendenda Romana ecclesia expromat". Addit de sorore sua Marozia, filia Alberici et Maroziae, desponsanda uni filiorum imperatoris.

L a u d . i n : *J³ 7581; Liudprandi Cremonensis Legatio c. 62 (MGH SS rer. Germ. 41, 209).* – R e g . : *Böhmer/Zimmermann n. 111; Böhmer/Zielinski n. 1663.*

Olim ad a. 931–932. De tempore cf. Böhmer/Zimmermann n. 111.

***7578** **(932 dec. ex.)** **Roma**

JL *3591 Artoldo archiepiscopo Remensi pallium mittit.

L a u d . i n : *Flodoardi Remensis Hist. IV c. 24 (MGH SS 36, 416) et Ann. ad a. 933 (Lauer 54) et De Christi triumphis (Lauer 179).* – R e g . : *Böhmer/Zimmermann n. 112.*

Olim ad a. 933. De tempore cf. Böhmer/Zimmermann n. 112.

***7579** **(932 dec. ex.)** **Roma**

JL I 454 A fratre Alberico patricio in vincula conicitur.

L a u d . i n : *Flodoardi Remensis Ann. ad a. 933 (Lauer 54) et Hist. IV c. 24 (MGH SS 36, 416).* – R e g . : *Böhmer/Zimmermann n. 113; Böhmer/Zielinski n. 1664.*

Olim ad a. 933. De tempore cf. Böhmer/Zimmermann n. 113.

7580 **933 ian. 8** **(Roma)**

JL 3589 Monasterii Vizeliacensis bona et privilegia confirmat sub censu unius librae argenti annuatim persolvendo (Scr. p. m. Andreae scrin. S.R.E. in m. ian., ind. VI. Dat. vero VI id. ian. p. m. Gregorii Deo amabilis sacellarii S.S.A. a. Deo prop. pont. d. n. Iohannis summi pont. et univ. XI pp. in ss. sede bb. apost., in m. suprascr., ind. VI). – *Quotiens illa a.*

E d . : *Zimmermann Papsturkunden I n. 68.* – R e g . : *Huygens Mon. Vizeliacensia 31 n. 16; Böhmer/Zimmermann n. 115.*

Laud. et in Hugonis Pictaviensis Chron. Vizeliacensi (Huygens Mon. Vizeliacensia 416). Cf. J³ 5843 et J³ 6706.

7581 **(933 febr.)**

Iohanni XI Romanus (I Lacapenus) imperator Constantinopolitanus gratias agit, quod filium suum Theophylactum patriarcham Constantinopolitanum confirmat;

petit, ut Theophylactus et a synodo Romana confirmetur et adversarii eius excommunicentur. Suadet, ut mater papae (Marozia) filiam Constantinopolim ad cognationem contrahendam mittat.

E d . : *Tăutu Acta Rom. pont. 1, 760 n. 366.* – R e g . : *Böhmer/Zimmermann n. 116; Dölger/Müller Reg. des oström. Reiches I/2, 68 n. 625.*

Cf. J³ *7577.

7582 **933 mart.** **(Roma)**

JL 3590 Ecclesiae Augustodunensi asserit ius episcopi libere eligendi (Scr. p. m. Theodori scrin. S.R.E. in m. mart. et ind. VI. Dat. ...). – *Auditum est nostris.*

E d . : *Zimmermann Papsturkunden I n. 69.* – R e g . : *Böhmer/Zimmermann n. 117.*

*7583 **(931–935)**

Monasterio ss. Stephani, Dionysii et Silvestri (Romano) offert „aquimolum molentem unum ... cum ligamentario et introitu suo et cum omni conciatura sua" et concedit in „fluvium Tyberis ante cloaca, cum aqua post se ad alium aquimolum faciendum" offert.

L a u d . i n : *J³ 7725.* – R e g . : *Ital. Pont. I 82 n. *5; Böhmer/Zimmermann n. 103.*

*7584 **(931–935)**

Theodolio archiepiscopo Turonensi petente coenobio s. Iuliani Turonensi privilegium concedit et iis, qui immunitatem coenobii neglegunt, minatur excommunicatione.

L a u d . i n : *Theodolii archiep. charta (de Grandmaison Fragments de chartes 407); Ludovici IV regis Franciae privilegium (Lauer Recueil 63).* – R e g . : *Böhmer/Zimmermann n. 104.*

†7585 **(931–935)**

JL 3592 Monasterii s. Mariae et s. Martini Pictaviensis iura Frotherio episcopo (Pictaviensi) per legatos petente confirmat. – *Notescimus omnibus sanctae.*

E d . : *Zimmermann Papsturkunden I n. †63.* – R e g . : *Böhmer/Zimmermann n. †102.*

Olim ad a. 931–936. De tempore cf. Böhmer/Zimmermann n. †102.

*†7586 **(931–935)**

Eis, qui ecclesiam s. Mariae sub monte Carmelo in certis diebus festis visitant et eleemosynas donant aut domos destructos collegii reparant, indulgentiam septem annorum et totidem quadragesimarum concedit.

L a u d . i n : *Sixti IV privilegium (Acta pont. Danica IV 156).* – R e g . : *Böhmer/Zimmermann n. †102a.*

Cf. et J³ *†5584, J³ *†6325, J³ *†7249, J³ *†7447, J³ *†7554, J³ *†8370, J³ *†8590.

7587 **(933–935)**

Iohannem XI A(lbericus) abbas s. Benigni Divionensis litteris hortatur, ne canonicis Divionensibus concedat, ut coemeterium ad se in castellum transferant.

E d . : *Mabillon Ann. IV App. 668.* – R e g . : *Böhmer/Zimmermann n. 114a.*

De tempore cf. Böhmer/Zimmermann n. 114a.

*7588 **(933–935)**

Rainardo episcopo Nemausensi „abbatiam Salmodiensem, abbatiam s. Aegidii et Tornacensem, villam de Vallefrancisca" confirmat.

L a u d . i n : *Chron. Nemausense breve (Vaissète/De Vic Hist. Languedoc, nouv. éd. V 28).* – R e g . : *Böhmer/Zimmermann n. 114.*

*7589 **936 (ian. in.)** **Roma**

JL I 455 Moritur et in ecclesia s. Iohannis in Laterano sepeliri videtur.

L a u d . i n : *Flodoardi Remensis Ann. ad a. 936 (Lauer 64); Ann. Besuenses ad a. 936 (MGH SS 2, 249); Ann. s. Benigni Divionensis ad a. 936 (MGH SS 5, 40); Hugonis Flaviniacensis Chron. I ad a. 936 (MGH SS 8, 359); Ann. s. Trudperti ad a. 935 (MGH SS 17, 288).* – R e g . : *Böhmer/Zimmermann n. 118; Böhmer/Zielinski n. 1731.*

De tempore cf. Böhmer/Zimmermann n. 118.

*†7590 **(983)**

Iohannes (XI vel XII) Martialem Romanum in episcopum Plocensem Boleslao Chabri rege Poloniae postulante (Pol. Pont. 186 n. *†13) ordinat.

L a u d . i n : *Iohannis Dlugossii Ann. ad a. 982 (Dąbrowski 197); eiusdem Vitae epp. Plocensium abbrev. ad a. 983 (MPH 6, 599).* – R e g . : *Böhmer/Zimmermann n. †604; Pol. Pont. 186 n. *†14.*

De tempore cf. Pol. Pont. 186 n. *†14.

Leo VII (936–939)

*** 7591** **936 (ian. in.)** **Roma**

JL I 455 Consecratur.

Laud. in: *Flodoardi Remensis Ann. ad a. 936 (Lauer 64) et De Christi triumphis (Lauer 180); Ann. Besuenses ad a. 936 (MGH SS 2, 249); Ann. s. Benigni Divionensis ad a. 936 (MGH SS 5, 40); Hugonis Floriacensis Lib. regum Francorum c. 4 (MGH SS 9, 382).* – Reg.: *Böhmer/Zimmermann n. 119; Böhmer/Zielinski n. 1731.*

7592 **936 mai. 13** **(Roma)**

JL 3596 Monasterii Salvatoris Fuldensis privilegia petente Hadmaro abbate confirmat (Scr. p. m. Leonis S.R.E. in m. mai., ind. IX. Dat. III id. mai. p. m. Nicolai prim. summe A.S. a. Deo prop. pont. d. Leonis summi pont. et univ. VI pp. in ss. sede b. Petri apost. I, in m. mai. et ind. IX). – *Summam gerentes sollicitudinem.*

Ed.: *Zimmermann Papsturkunden I n. <71; Meyer zu Ermgassen Codex Eberhardi I 24.* – Reg.: *Germ. Pont. IV 366 n. 33; Böhmer/Zimmermann n. 127.*

De fide cf. Zimmermann Papsturkunden I n. <71. Cf. et J³ *7074.

*** 7593** **(936–939, fortasse 936 cr. mai. 13)**

Congregationi s. Servatii Quedlinburgensi privilegium concedit.

Laud. in: *Adelheidis abbatissae charta (Erath Cod. dipl. Quedlinburg. 64 n. 10).* – Reg.: *Germ. Pont. V/2, 310 n. *2.*

De tempore et re cf. Germ. Pont. V/2 310 n. *2.

*** 7594** **(936 post iun. 19)** **Roma**

Flodoardum clericum et historiographum Remensem excipit, preces eius exaudit, ad epulum invitat.

Laud. in: *Flodoardi Remensis De Christi triumphis (Lauer 180).* – Reg.: *Böhmer/Zimmermann n. 126 et n. 127a; Böhmer/Zielinski n. 1761.*

De tempore cf. Böhmer/Zimmermann n. 127a.

7595 **936 iul. 11** **(Roma)**

JL 3597 Monasterii Sublacensis bona et privilegia confirmat petente „Alberic(o) (Romano) gloriosissim(o) princip(e) atque omnium Romanorum senator(e)" (Scr. p. m. Leoni scrin. S.R.E. in m. iul. et ind. suprascr. IX. Dat. V id. iul. p. m. Nycolai prim. summe A.S. a. Deo prop. pont. d. Leoni n. summi pont. et univ. VI pp. in ss. sede b. Petri apost. I, in m. [et ind. suprascr. IX]). – *Cum magna dilectione.*

Ed.: *Zimmermann Papsturkunden I n. 72.* – Reg.: *Ital. Pont. II 88 n. 10; Böhmer/Zimmermann n. 128.*

Laud. et in Chron. Sublacensi (RIS ser. II 24/6, 33) et in Cherubini Mürtz Chron. c. 9 (Allodi 108). Cf. J³ †6108.

*** 7596** **(936)**

Odonem abbatem Cluniacensem Romam vocat, ut coenobium s. Pauli in via Ostiensi reformet.

Laud. in: *Iohannis Cluniacensis Vita Odonis I c. 27 (MGH SS 15/2, 587); Cherubini Mürtz Chron. c. 9 (Allodi 112).* – Reg.: *Böhmer/Zimmermann n. 125.*

7597 **(936 ex.)** **(Roma)**

JL 3598 Odoni abbati Cluniacensi et eius successoribus Escutiolae curtis possessionem „ab ista presente decima inditione" asserit. – *Desiderium quod religioso.*

E d . : *Zimmermann Papsturkunden I n. 74.* – R e g . : *Böhmer/Zimmermann n. 129.*

Olim ad a. 937. De tempore cf. Zimmermann Papsturkunden I n. 73 et n. 74.

7598 **(936 ex.)** **(Roma)**

JL 3599 Odoni abbati Cluniacensi et successoribus eius Cavinias curtem „ab ista decima inditione" asserit. – *Desiderium quod religioso.*

E d . : *Zimmermann Papsturkunden I n. 75.* – R e g . : *Böhmer/Zimmermann n. 130.*

Olim ad a. 937. De tempore cf. Böhmer/Zimmermann n. 130.

7599 **(936 ex.)** **(Roma)**

JL 3600 Odoni abbati Cluniacensi et eius successoribus Saviniacum et Ambariacum curtes „ab ista decima inditione" asserit petente Hugone rege (Italiae) „una cum filio suo, rege Lothario". – *Desiderium quod religioso.*

E d . : *Zimmermann Papsturkunden I n. 73.* – R e g . : *Böhmer/Zimmermann n. 131.*

Olim ad a. 937. De tempore cf. Zimmermann Papsturkunden I n. 73.

†7600 **937 mart. 1** **Marengo**

In synodo in curte Marinchi cum Lothario imperatore celebrata Attoni episcopo (Vercellensi) licentiam testandi et res ordinandi dat et testamentum eius confirmat (a. reg. d. Ugo gloriosissimo rege et Lothario filio eius serenissimo imp. aug. a. imp. eius V feliciter kal. mart., ind. X, actum in curte Marincana).

E d . : *Gasparolo Cartario Alessandrino 16.* – R e g . : *Ital. Pont. VI/1, 68 n. †2; Ital. Pont. VI/2, 12 n. †16; Böhmer/Zimmermann n. †132; Böhmer/Zielinski n. 1765.*

Hoc in privilegio spurio papa perperam Eugenius II appellatur. De spurio cf. Böhmer/Zimmermann n. †132.

7601 **937 aug. 2** **(Roma)**

JL 3601 Monasterio Sublacensi asserit castellum Sublacense ab Alberico principe Romanorum donatum (Scr. p. m. Leonis scrin. S.R.E. in m. aug. et ind. supra iam nominata X. Dat. IV non. aug. p. m. Nicolai prim. S.A.S. a. Deo prop. pont. d. n. Leoni summi pont. et univ. VI pp. in ss. sede b. Petri apost. II, in m. et ind. suprascr. X). – *Cum magna nobis.*

E d . : *Zimmermann Papsturkunden I n. 77.* – R e g . : *Ital. Pont. II 88 n. 11; Böhmer/Zimmermann n. 134.*

Laud. et in Cherubini Mürtz Chron. c. 9 (Allodi 108).

***7602** **(937 aug. 15)**

Leonem (VII) Raimundus Pontius marchio Tolosanus hortatur, ut coenobium s. Pontii Tomeriarum a se conditum tueatur (a. II reg. d. Ludovico rege).

L a u d . i n : *Raimundi marchionis privilegium (Vaissète/De Vic Hist. Languedoc, nouv. éd. V 176).* – R e g . : *Böhmer/Zimmermann n. 135.*

De tempore cf. Böhmer/Zimmermann n. 135.

7603 **937 oct. 6**

Ex praeceptione Leonis (VII) Ursus abbas monasterii s. Viti Mariae quae et Marozza ancillae Dei de monasterio s. Mariae et s. Gregorii quod ponitur in Campo Martis, domum, in qua est oratorium s. Theodori, iuxta portam maiorem concedit (a. II d. Leoni summi pont. et univ. VI pp., ind. XI, m. oct. d. VI).

Ed.: *Allodi/Levi Reg. Sublacense 169.* – Reg.: *Ital. Pont. I 87 n. 1; Ital. Pont. I 39 n. 1; Zimmermann Papsturkunden I n. 78; Böhmer/Zimmermann n. 136.*

De tempore cf. Böhmer/Zimmermann n. 136.

7604 **(937 ex.)**

JL 3613 Fridericum archiepiscopum Maguntinum prodit suum vicarium et missum „in cunctis regionibus totius Germanię, ut, ubicumque episcopos, presbyteros, diaconos vel monachos ... excessisse" reperierit, „illos corrigere et ad viam veritatis reducere non" omittat. Permittit, ut Iudaeos, nisi Christianam fidem suscipiant, civitatibus expellat; invitos vero baptizari vetat. – *Fraternitatis amore constringimur.*

Ed.: *Zimmermann Papsturkunden I n. 79; Simonsohn Apostolic See and Jews I 32.* – Reg.: *Germ. Pont. IV 73 n. 58; Böhmer/Zimmermann n. 137; Böhmer/Zielinski n. 1786.*

Olim ad a. 937–939. De tempore cf. Böhmer/Zimmermann n. 137.

7605 **938 ian. 9** **(Roma)**

JL 3606 Monasterio s. Benedicti Floriacensis et disciplinam ab Odone abbate et Hugone duce Francorum restitutam et possessiones et privilegia confirmat (Scr. p. m. Theodorii not. et scrin. S.R.E. in m. ian., ind. XI. Dat. id. ian. p. m. Nicolai prim. summae A.S. a. Deo prop. pont. d. n. Leonis pont. et univ. pp. VII in ss. sede b. Petri apost. III, in m. et ind. suprascr.). – *Convenit apostolico moderamini.*

Ed.: *Zimmermann Papsturkunden I n. 83.* – Reg.: *Böhmer/Zimmermann n. 142.*

†7606 **938 ian. 9** **(Roma)**

JL 3607 Ecclesiae s. Crucis Aurelianensis possessiones et privilegia petente Anselmo episcopo confirmat (Scr. p. m. Theodorii not. et scrin. S.R.E. in m. ian., ind. XI. Dat. V id. ian. p. m. Nicholai prim. summae A.S. a. Deo prop. pont. d. n. Leonis pont. et univ. VI pp. in ss. sede b. Petri apost. III, in m. et ind. XI). – *Convenit apostolico moderamini.*

Ed.: *Zimmermann Papsturkunden I n. †84.* – Reg.: *Böhmer/Zimmermann n. †143.*

De fide cf. Böhmer/Zimmermann n. †143.

7607 **938 ian.** **(Roma)**

JL 3604 Hugonem principem Francorum monasterii s. Martini (Turonensis) abbatem hortatur, ne monasterii ingrediendi facultatem feminis, nisi precandi causa, dari patiatur (Scr. p. m. Theodori not. et scrin. S.R.E. in m. ian. et ind. XI, Ludovico Francorum rege). – *Conditor universitatis atque.*

Ed.: *Zimmermann Papsturkunden I n. 80.* – Reg.: *Böhmer/Zimmermann n. 138.*

7608 **938 ian.** **(Roma)**

JL 3605 Monasterii Cluniacensis libertatem, privilegia, possessiones „pro dilectione filiorum (suorum), videlicet regum (Italiae) Hugonis atque filii ipsius Lotharii" confirmat petente Odone abbate (Scr. p. m. Leonis not. et scrin. S.R.E. in m. ian., ind. XI). – *Sicut pietati fidelium.*

Ed.: *Zimmermann Papsturkunden I n. 81.* – Reg.: *Böhmer/Zimmermann n. 140; Böhmer/Zielinski n. 1791.*

7609 **938 ian.** **(Roma)**

JL 3603 Monasterii Dolensis libertatem, possessiones, privilegia petente Odone abbate confirmat (Scr. p. m. Theodorii not. et scrin. S.R.E. in m. ian. et ind. XI). – *Apostolice moderationi totius.*

Ed.: *Zimmermann Papsturkunden I n. 82.* – Reg.: *Böhmer/Zimmermann n. 141.*

Laud. et in J^3 7638 et in J^3 †8439. Olim ad 938 ian. 5. De re et tempore cf. Zimmermann Papsturkunden I n. 82.

(938) ian.

Cf. J³ *5569 s. v. Leo IV.

7610 **938 febr. 9** **(Roma)**

JL 3608 Leoni monasterii s. Benedicti Sublacensis abbati et eius successoribus „interventu (sui) dilecti spiritualis filii, videlicet Alberici gloriosi principis... (et) senatoris" monasterium s. Erasmi in Caelio monte ad regendum tradit (Scr. p. m. Leonis scrin. S.R.E. in m. febr. et ind. suprascr. XI. Dat. V id. febr. p. m. Nycolai prim.). – *Credite speculationis impellimur.*

Ed.: *Zimmermann Papsturkunden I n. 85.* – Reg.: *Ital. Pont. II 88 n. 12; Böhmer/Zimmermann n. 144.*

Laud. et in Cherubini Mürtz Chron. c. 9 (Allodi 108).

7611 **938 iun.** **(Roma)**

JL 3609 Monasterium Gorziense et eius possessiones petente Agenaldo abbate confirmat, fratribusque liberam eligendi abbatis facultatem concedit. Adalberoni episcopo Metensi, qui ei locum illum „ad reparandum ordinem monasticum" tradiderat, gratias agit (Scr. p. m. Leonis scrin. S.R.E. in m. iun., a. ab inc. D. 938, ind. XI, epac(tis) XVII, concurrente VII, a. III Ottonis regis). – *Convenit apostolicae pietati.*

Ed.: *Zimmermann Papsturkunden I n. 86.* – Reg.: *Parisse Bull. Lorraine 10 n. 11; Böhmer/Zimmermann n. 145.*

Laud. et in Leonis IX privilegio (JL 4250, Böhmer/Frech n. 858).

†7612 **(938 aug. 28–sept. 11)**

JL †3614 Reges, duces, episcopos, abbates, comites et Egilolphum Salisburgensem, Isingrinum Ratisbonensem, Lantbertum Frisingensem, Wisundum Sabionensem ceterosque Galliae, Germaniae, Bavariae, Alemanniae episcopos a Gerardo archiepiscopo Laureacensi Romae interrogatus docet: 1) „de auguratoribus et incantatricibus et maleficis vario modo mortificatis a populo"; 2) episcopi quibus diebus pronuntiare „Gloria in excelsis" et „Pax vobis(cum)" debeant, et quibus „Dominus vobiscum"; 3) in cibis benedicendis oratio dominica adhibeatur non oportere; 4) qui matrem filiamve spiritualem in matrimonium ducat, eum anathematizandum esse; 5) sacerdotum matrimonia esse illicita; 6) a chorepiscopis non debere ecclesias consecrari, nec presbyteros ordinari, nec chrisma consignari, nec manus imponi; 7) nuptias hominum quarto gradu coniunctorum vetari. Gerardo vicario suo eos oboedire, opemque ab Eberhardo Bavarorum duce ferri iubet. – *Si instituta ecclesiastica.*

Ed.: *Zimmermann Papsturkunden I n. †87; Erkens Fälschungen 33 n. 7.* – Reg.: *Böhmer/Ottenthal n. 76g; Germ. Pont. I 164 n. †16; MMFH 3, 266 n. 128; Boshof Reg. Passau I 55 n. †200 et n. †201; Böhmer/Zimmermann n. †146.*

Laud. et in Magni Reicherspergensis Ann. ad a. 932 (MGH SS 17, 443), in eiusdem Chron. ad a. 940 (MGH SS 17, 485), et in Anonymi Zwettlensis Hist. Rom. pont. 129 (Migne PL 213, 1025). Olim ad a. 937–939. De tempore cf. Germ. Pont. I 164 n. †16 et Böhmer/Zimmermann n. †146.

†7613 **(936–938)**

JL †3602 Gerhardo archiepiscopo Laureacensi ius pallii tribuit. – *Si pastores ovium.*

Ed.: *Zimmermann Papsturkunden I n. †70; Erkens Fälschungen 28 n. 5.* – Reg.: *Germ. Pont. I 164 n. †15; MMFH 3, 266 n. 127; Boshof Reg. Passau I 54 n. †199; Böhmer/Zimmermann n. †120.*

Laud. et in J³ †7686, in Magni Reicherspergensis Ann. ad a. 932 (MGH SS 17, 443) et in eiusdem Chron. ad a. 940 (MGH SS 17, 485), in Anonymi Zwettlensis Hist. Rom. pont. 129 (Migne PL 213, 1025), in Bernardi Norici Hist. Cremifanensi (MGH SS 25, 656), apud Auct. Cremifanensem (MGH SS 9, 552). Olim ad a. cr. 937. De tempore cf. Böhmer/Zimmermann n. †120.

*7614 **(939 in.)** **(Roma)**

Odonem abbatem Cluniacensem in Italiam mittit, ut pacem inter regem Langobardorum Hugonem et Albericum Romanae urbis principem faciat.

Laud. in: *Iohannis Cluniacensis Vita Odonis II c. 7 (MGH SS 15/2, 587); Nalgodi Cluniacensis Vita Odonis 32 (Migne PL 133, 98).* – Reg.: *Böhmer/Zimmermann n. 150; Böhmer/Zielinski n. 1794.*

7615 **939 mai. 27** **(Roma)**

JL 3615 Monasterii Sublacensis bona confirmat petente Leone abbate (Scr. p. m. Leonis scrin. S.R.E. in m. mai. et ind. supra iam nominata XII. Dat. VI kal. iun. p. m. Nycolai prim. S.A.S. a. Deo prop. pont. d. n. Leoni summi pont. et univ. VI pp. in ss. sede b. Petri apost. IV, in m. et ind. suprascr. XII). – *Cum magna nobis.*

Ed.: *Zimmermann Papsturkunden I n. 92.* – Reg.: *Ital. Pont. II 89 n. 13; Böhmer/Zimmermann n. 151.*

Laud. et in Chron. Sublacensi (RIS ser. II 24/6, 26 et 33) et in Cherubini Mürtz Chron. c. 9 (Allodi 109).

7616 **939 mai. 29** **(Roma)**

JL 3615α Fratribus Sublacensibus indulget, ut a sede apostolica episcopum ad consecrandum abbatem expostulent (Scr. p. m. Leonis scrin. S.R.E. in m. mai., per ind. XII. Dat. IV kal. iun. p. m. Benedicti ep. s. Silve Candide eccl. et bibl. S.S.A. a. Deo prop. pont. d. n. Leonis summi pont. et univ. VI pp. in ss. sede b. Petri apost. a. IV, in m. mai., ind. suprascr. XII). – *... qualem voluerit a.*

Ed.: *Zimmermann Papsturkunden I n. 93.* – Reg.: *Ital. Pont. II 89 n. 14; Böhmer/Zimmermann n. 152.*

†7617 **(938 sept.–939 iun.)**

Archiepiscopos atque suffraganeos eorum, abbates et monachorum congregationes in Francia commanentes certiorem facit, se eos excommunicando et maledicendos esse, „qui possessiones servorum s. Martini (Treverensis) et quidquid ad illos pertinet, tollunt et perperam invadunt". – *Indicatum est nobis.*

Ed.: *Zimmermann Papsturkunden I n. †88.* – Reg.: *Germ. Pont. X 229 n. †1; Böhmer/Zimmermann n. †139 et n. †149a.*

De tempore et spurio cf. Böhmer/Zimmermann n. †139 et n. 149a.

†7618 **(938 sept.–939 iun.)**

JL 3610 Guidoni Lugdunensi, Tuteloni Turonensi, Gerunco Bituricensi, Gerlauno Senonensi, Artaldo Remensi archiepiscopis eorumque suffraganeis ita queritur: „In his nostris diebus tempora periculosa venerunt et frigescente caritate ... superabundat iniquitas, ita ut rerum ordo totus pene turbatus sit et nullus iam locus religioni restare videatur". Monasterii Floriacensis disciplinam regularem ab Odone abbate reductam confirmat possessionesque infestari vel alienari vetat. – *Sicut vestra fides.*

Ed.: *Zimmermann Papsturkunden I n. †90.* – Reg.: *Böhmer/Zimmermann n. †147.*

Olim ad a. 938. De tempore cf. Böhmer/Zimmermann n. †147.

†7619 **(938 sept.–939 iun.)**

JL 3611 Guidoni Lugdunensi, Tuteloni Turonensi, Gerunco Bituricensi, Gerlauno Senonensi, Artaldo Remensi, Aimerico Narbonensi archiepiscopis et Riculfo Elenensi, Godmaro Gerundensi, Willarano Barcinonensi, Wadamiro Ausonensi (al. Vicensi), Wisado Urgellensi episcopis monasterium s. Mariae et s. Petri Rivipullense commendat, cuius bona qui invaserit, eum anathematizari iubet. – *Sicut vestra pietas.*

Ed.: *Kehr Prinzipat 68.* – Reg.: *Martí Bonet Reg. 384 n. 6†; Zimmermann Papsturkunden I n. †91; Böhmer/Zimmermann n. †148.*

Olim ad a. 938. De tempore cf. Böhmer/Zimmermann n. †148.

†7620 **(938 sept.–939 iun.)**

Archiepiscopos atque suffraganeos eorum, abbates et monachorum congregationes in Germania commanentes certiorem facit, se eos excommunicandos et maledicendos esse, „qui possessiones servorum s. Iohannis Ewangelistę (s. Maximini Treverensis) et quicquid ad illos pertinet, tollunt et invadunt". – *Indicatum est nobis.*

Ed.: *Zimmermann Papsturkunden I n. †89.* – Reg.: *Germ. Pont. X 200 n. †3; Böhmer/Zimmermann n. †149.*

†7621 **(937 med.–939 med.)**

JL 3612 Adalgago archiepiscopo Hamburgensi pallium mittit. – *Si pastores ovium.*

Ed.: *Zimmermann Papsturkunden I n. 76.* – Reg.: *Germ. Pont. VI 45 n. 46; Böhmer/Zimmermann n. †133; Böhmer/Zielinski n. 1823.*

Laud. et in Chron. brevi Bremensi (MGH SS 7, 391), in Adami Bremensis Gestis II c. 1 (MGH SS rer. Germ. 2, 61) et in Alberti Ann. Stadensibus (MGH SS 16, 298). Olim ad a. 936–939. De tempore cf. Böhmer/Zimmermann n. †133.

*7622 **(936–939)**

Monasterio Sublacensi possessiones in territorio Tiburtino sitas, inter alia ecclesiam s. Barbarae, donat.

Laud. in: *Regestum Sublacense (Allodi/Levi 86).* – Reg.: *Ital. Pont. II 89 n. *15; Böhmer/Zimmermann n. 122.*

*7623 **(936–939)**

Episcopatui Tiburtino privilegium concedit.

Laud. in: *Marini II brevis recordatio in Regesto Tiburtino (Bruzza Reg. di Tivoli 18 n. II).* – Reg.: *Ital. Pont. II 76 n. *4; Böhmer/Zimmermann n. 123.*

*†7624 **(936–939)**

Megengozo episcopo Eichstettensi procurante Willibaldum quondam episcopum Eichstettensem canonizat.

Laud. in: *Lib. pont. Eichstetensis, Cont. (MGH SS 7, 252).* – Reg.: *Germ. Pont. II/1, 4 n. †*3; Böhmer/Zimmermann n. †121.*

*†7625 **(936–939)**

Leoni (VII) Aethelgarus episcopus Cridionensis pollicetur se satisfactionis causa coenobium Cridionense conditurum esse. Papa eum adhortatur, ut per sex menses Romae manere perseveret.

Laud. in: *Aethelgarii privilegium (Birch Cartularium II 445).* – Reg.: *Finberg Early Charters of Devon and Cornwall 11 n. 26; Böhmer/Zimmermann n. †124.*

*†7626 **(936–939)**

Indulgentias ab Aethelgaro episcopo pro conditoribus monasterii a diversis archiepiscopis et episcopis Italiae, Britanniae atque Hiberniae acceptas, confirmat et auget; adversarios anathema minatur.

Laud. in: *Aethelgarii charta (Birch Cartularium II 445).* – Reg.: *Finberg Early Charters of Devon and Cornwall 11 n. 26; Böhmer/Zimmermann n. †124.*

(903–965)

Cf. J[3] *†7398 s. v. Leo V.

*** 7627** **(939 iul. in.)** **Roma**

JL I 457 Moritur et in ecclesia b. Petri sepeliri videtur.

L a u d . i n : *Ann. s. Trudperti ad a. 938 (MGH SS 17, 288).* – R e g . : *Böhmer/Zimmermann n. 153; Böhmer/Zielinski n. 1826.*

Stephanus VIII (939–942)

*** 7628** **939 (iul. in.)** **Roma**

JL I 457 Consecratur.

L a u d . i n : *Lib. pont (Duchesne II 244); Mariani Scotti Chron. ad a. 961 (MGH SS 5, 554); Auct. Bellovacense ad a. 939 (MGH SS 6, 461); Chron. Vulturnense (FSI 58, 94); Ann. Marchianenses ad a. 939 (MGH SS 16, 613); Hugonis de s. Victore Chron. ad a. 939 (MGH SS 24, 96); Ann. Ceccanenses ad a. 939 (MGH SS 19, 280); Lib. censuum (Fabre/Duchesne I 327); Chron. pont. et imp. ex Veneto ad a. 939 (MGH SS 24, 113); Chron. univ. Metensis ad a. 939 (MGH SS 24, 510); Cron. Basileense ad a. 939 (MGH SS 31, 288); Iohannis de Deo Chron. (MGH SS 31, 319).* – R e g . : *Böhmer/Zimmermann n. 154; Böhmer/Zielinski n. 1826.*

*** 7629** **(939 post sept.)**

Heroldo archiepiscopo Salisburgensi pallium concedit.

L a u d . i n : *J^3 7919.* – R e g . : *Böhmer/Zimmermann n. 155a; Böhmer/Zielinski n. 1837.*

7630 **939 oct.** **(Roma)**

JL 3616 Monasterii Tollensis iura confirmat petente Ariberto abbate (Scr. p. m. Petri archiscrin. S.R.E. in m. oct., ind. XIII). – *Quamvis priorum patrum.*

E d . : *Zimmermann Papsturkunden I n. 94.* – R e g . : *Ital. Pont. V 529 n. 1; Böhmer/Zimmermann n. 156.*

*** 7631** **(940)** **Roma**

A (Stephano VIII) Iohannes episcopus Nolanus benedictionem apostolicam, quam resistentibus inimicis per triennium adipisci nequivit, orante Odone (abbate Cluniacensi) accipit.

L a u d . i n : *Iohannis Cluniacensis Vita Odonis II c. 15 (MGH SS 15/2, 588); Nalgodi Cluniacensis Vita Odonis 38 (Migne PL 133, 100).* – R e g . : *Ital. Pont. VIII 300 n. *13; Böhmer/Zimmermann n. 159.*

*** 7632** **(939–941)**

Monachis Magdeburgensibus privilegium concedit.

L a u d . i n : *J^3 7731.* – R e g . : *Böhmer/Zimmermann n. 155; Böhmer/Zielinski n. 1880.*

De tempore cf. Böhmer/Zimmermann n. 155.

† 7633 **941 dec.** **(Roma)**

JL 3617 Parthenonis s. Mariae Buxeriensis a Gauzlino episcopo Tullensi conditi privilegia et possessiones confirmat (Scr. p. m. Stephani scrin. S.R.E. in m. dec., ind. XV. Dat. p. m. Nicolai prim. A.S. in nomine D. n. Iesu Chr. a. Deo prop. pont. d. n. Stephani summi pont. et univ. pp. in ss. sede b. Petri apost. I, in m. dec., ind. XV). – *Quia omnipotens Deus.*

E d . : *Zimmermann Papsturkunden I n. <97; Bautier Les origines 82.* – R e g . : *Böhmer/Zimmermann n. †160.*

De fide cf. Zimmermann Papsturkunden I n. <97.

*7634 **942 (in.)**

JL *3618 Principes cunctosque habitatores Franciae et Burgundiae hortatur, ut recipiant „regem suum Ludovicum (IV Ultramarinum). Quod si neglexerint et eum amplius hostiliter“ persecuti fuerint, fore ut excommunicentur. „Damasum episcopum, Romae ob hanc legationem peragendam ordinatum“, mittit.

Laud. in: *Flodoardi Remensis Ann. ad a. 942 (Lauer 83); Richeri Remensis Hist. II c. 27 (MGH SS 38, 117); Hugonis Flaviniacensis Chron. I ad a. 942 (MGH SS 8, 360).* – Reg.: *Böhmer/Ottenthal n. 110a; Böhmer/Zimmermann n. 161; Böhmer/Zielinski n. 1922.*

Olim ad a. 942. De tempore cf. Böhmer/Zimmermann n. 161.

†7635 **(940–942) iun. 8** **Roma, Laterano**

Monasterio ss. Faustini et Iovitae (Brixiensi) possessiones et iura confirmat (Dat. et corroborata VI id. iun. in patriarchio Lat. d. Salvatoris, feliciter amen, amen! Ego Gratianus not. interfui et iussu d. Stephani summi pont. omnia supradicta scripsi et tradidi). – *Ego Stephanus servus.*

Ed.: *Zimmermann Papsturkunden I n. †96.* – Reg.: *Ital. Pont. VI/1, 329 n. †1 et 329 n. *2; Böhmer/Zimmermann n. †158.*

Laud. et in Calixti II (JL 7050) et in Innocentii II (JL 7590) privilegiis.

*7636 **942 (med.)**

JL *3619 et JL *3620 Hugoni archiepiscopo Remensi pallium mittit et simul per legatos principibus Franciae sub excommunicationis poena iterum praecipit, ut Ludovicum (IV Ultramarinum) regem recipiant legatosque ante Christi natalem Romam mittant.

Laud. in: *Flodoardi Remensis Ann. ad a. 942 (Lauer 84) et eiusdem Hist. IV c. 29 (MGH SS 36, 421); Richeri Remensis Hist. II c. 27 (MGH SS 38, 117); Hugonis Flaviniacensis Chron. I ad a. 942 (MGH SS 8, 360).* – Reg.: *Böhmer/Ottenthal n. 110a; Böhmer/Zimmermann n. 162; Böhmer/Zielinski n. 1922.*

Olim duo numeri ad a. 942 positi. De tempore cf. Böhmer/Zimmermann n. 162.

*†7637 **(939–942)**

Ecclesiam collegiatam in loco q. d. Ballenstedt a comite Esicone fundatam sancit.

Laud. in: *Henrici Basse Panegyricus c. IV (Beckmann Accessiones 10); Christiani Knaut Antiquitates comitatus Ballenstadiensis 11.* – Reg.: *Germ. Pont. V/2, 445 n. *†1.*

7638 **(940–942)** **(Roma)**

Gerungum archiepiscopum Bituricensem monet, ne bona iam a Leone (VII) papa coenobio Dolensi confirmata (J³ 7609) perturbet. – *Prudentia tua venerabilis.*

Ed.: *Zimmermann Papsturkunden I n. 95.* – Reg.: *Böhmer/Zimmermann n. 157.*

Laud. et in J³ †8439. Cf. J³ 7609.

*†7639 **(942 oct.)** **Roma**

„A quibusdam Romanis“ truncatur.

Laud. in: *Martini Oppaviensis Chron. (MGH SS 22, 431).* – Reg.: *Böhmer/Zimmermann n. †163.*

*7640 **(cr. 941–980)** **Roma**

A (Stephano VIII? Marino II? Agapito II? Iohanne XII? Leone VIII? Iohanne XIII? Benedicto VII?) Ruotwicus abbas Mediolacensis pro suorum salute Romam profectus „apostolice benedictionis munus bibleis cartis (i. e. papyraceis) inscriptum Mediolacensibus“ defert, „in quibus apostolicus requiem defunctis“ preobtat „et salutem utriusque hominis cum tranquilla temporum pace viventibus pia devotione“ indulget.

L a u d . i n : *Miracula s. Liutwini (MGH SS 15/2, 1265).* – R e g . : *Germ. Pont. X 252 n. *3; Böhmer/Zimmermann n. 168a; Böhmer/Zielinski n. 2028.*

De tempore cf. Germ. Pont. X 252 n. *3.

*** 7641** **942 (oct. ex.)** **Roma**

JL I 458 Moritur et in ecclesia b. Petri sepeliri videtur.

L a u d . i n : *Ann. s. Trudperti ad a. 942 (MGH SS 17, 288).* – R e g . : *Böhmer/Zimmermann n. 164; Böhmer/Zielinski n. 1927.*

Marinus II (942–946)

*7642 **942 (oct. ex.)** **Roma**

JL I 458 Consecratur.

L a u d . i n : *Lib. pont. (Duchesne II 245); Herimanni Augiensis Chron. ad a. 942 (MGH SS 5, 114); Bernoldi Constantiensis Chron. ad a. 942 (MGH SS 5, 422); Sigeberti Gemblacensis Chron. ad a. 942 (MGH SS 6, 348); Chron. Vulturnense (FSI 58, 94); Ann. s. Rudberti Salisburgensis ad a. 942 (MGH SS 9, 771); Ann. Parchenses ad a. 942 (MGH SS 16, 599).* – R e g . : *Böhmer/Zimmermann n. 165; Böhmer/Zielinski n. 1927.*

*7643 **942** **Roma**

Udalricum episcopum Augustae Vindelicorum Romam peregrinum migrantem excipit.

L a u d . i n : *Gerhardi Augustensis Vita Uodalrici I c. 94 (Berschin/Häse 94); Mariani Scotti Chron. ad a. 963 (MGH SS 5, 554); Sigeberti Gemblacensis Chron. ad a. 942 (MGH SS 6, 348); Cat. epp. Augustensium (MGH SS 13, 279).* – R e g . : *Volkert/Zoepfl Reg. Augsburg I 63 n. 102 et 67 n. 107; Böhmer/Zimmermann n. 169; Böhmer/Zielinski n. 1933.*

De tempore cf. Böhmer/Zimmermann n. 169. Cf. et J^3 *†7079.

7644 **943 febr. 4** **(Roma)**

JL 3621 Monasterii Vizeliacensis, petente Guidone abbate, possessiones confirmat (Scr. p. m. Azzonis scrin. S.R.E. in m. febr., ind. I. Dat. II non. febr. p. m. Benedicti ep. et bibl. S.S.A. a. Deo prop. pont. d. n. Marini summi pont. et univ. pp. in ss. sede b. Petri apost. a. I, in m. febr., ind. I). – *Quotiens illa a.*

E d . : *Zimmermann Papsturkunden I n. 98.* – R e g . : *Huygens Mon. Vizeliacensia 30 n. 15; Böhmer/Zimmermann n. 170.*

Laud. et in Hugonis Pictaviniensis Chron. Vizeliacensi II (Huygens Mon. Vizeliacensia 416). Cf. J^3 5843 et J^3 6706.

7645 **943 mart. 27** **(Roma)**

JL 3622 Monasterii s. Bonifatii Fuldensis privilegia, petente Hadmaro abbate, confirmat (Scr. p. m. Theodori not. reg. atque scrin. S.R.E. in m. mart. et ind. I. Dat. VI kal. apr. p. m. Nicolai prim. S.A.S. a. Deo prop. pont. d. n. Marini summi pont. et univ. iunioris pp. in ss. sede b. Petri apost. I, in m. et ind. I). – *Quoniam semper sunt.*

E d . : *Zimmermann Papsturkunden I n. <99; Meyer zu Ermgassen Codex Eberhardi I 22 et 73.* – R e g . : *Germ. Pont. IV 367 n. 35; Böhmer/Zimmermann n. 171.*

Laud. et in Ottonis I privilegio (MGH DD O I n. 55). De fide cf. Zimmermann Papsturkunden I n. <99.

*†7646 **(943 vere)**

Marino (II) Artoldus archiepiscopus Remensis excusationem scribit et vacationem administrationis episcopii Remensis petit.

L a u d . i n : *Flodoardi Remensis Hist. IV c. 35 (MGH SS 36, 433).* – R e g . : *Böhmer/Zimmermann n. †172.*

7647 **943 nov. 11** **(Roma)**

JL 3623 Ecclesiae Beneventanae possessiones, rogante Iohanne episcopo, confirmat (Scr. p.

m. Stephani scrin. S.R.E. in m. oct. et ind. II. Dat. III id. nov. p. m. Nicolai prim. S.A.S. a. Deo prop. pont. d. n. Marini summi pont. et univ. iunioris pp. in ss. sede b. Petri apost. II, in m. et ind. suprascr. II). – *Cum summe et.*

Ed.: *Zimmermann Papsturkunden I n. 102.* – Reg.: *Ital. Pont. IX 53 n. 11; Böhmer/Zimmermann n. 176.*

7648 944 ian. 21 (Roma)

JL 3624 Monasterii Casinensis possessiones ac privilegia, petente Balduino abbate, confirmat (Scr. p. m. Leonis not. et reg. atque scrin. S.R.E. in m. ian. per ind. suprascr. II. Dat. XII kal. febr. p. m. Benedicti ep. s. Silve Candide eccl. et bibl. S.S.A. a. Deo prop. pont. d. n. Marini summi pont. et univ. II pp. in ss. sede b. Petri apost. II, in m. ian., ind. II). – *Convenit apostolico moderamini.*

Ed.: *Zimmermann Papsturkunden I n. <103.* – Reg.: *Ital. Pont. VIII 128 n. 44; Böhmer/Zimmermann n. 177.*

Laud. et in Chron. mon. Casinensis I c. 57 (MGH SS 34, 143). De fide cf. Zimmermann Papsturkunden I n. <103.

†7649 944 mart. (Roma)

JL 3625 Monasterii s. Vincentii Vulturnensis possessiones tuendas suscipit privilegiaque confirmat rogatu Leonis abbatis (Scr. p. m. Adriani scrin. S.R.E. in m. mart., ind. II. Dat. p. m. Stephani prim. def. summe A.S. a. pont. d. Marini summi pont. II II in ss. sede b. Petri apost.). – *Quoniam pia sollicitudine.*

Ed.: *Insertum in Chron. Vulturnensi IV (FSI 59, 103; separatim ed. Zimmermann Papsturkunden I n. <104).* – Reg.: *Ital. Pont. VIII 249 n. 11; Böhmer/Zimmermann n. †178.*

Laud. et in Chron. Vulturnensi I et IV (FSI 58, 33 et 94 et 59, 103). De fide cf. Zimmermann Papsturkunden I n. <104.

†7650 944 apr. 9 Roma

Pisanos in fidem suam recipit (Dat. Romane dominica maioris hebdomadae pont. n. a. II). – *Litteras vestras benigne.*

Ed.: *Zimmermann Papsturkunden I n. †105.* – Reg.: *Ital. Pont. III 356 n. †4; Böhmer/Zimmermann n. †179.*

Olim ad 944 mart. 30. De tempore cf. Böhmer/Zimmermann n. †179.

7651 944 mai. (Roma)

JL 3626 Iohanni episcopo Sabinensi concedit „episcopatum Sabinensem, quod est ad honorem s. Mariae Dei genitricis, quod ponitur in Foro novo". Eiusdem ecclesiae fines privilegiaque confirmat (Scr. p. m. Leonis not. reg. et scrin. S.R.E. in m. mai. per ind. II. Dat. p. m. Gregorii Dei providentia secund. S.S.A. a. Dei prop. pont. d. Marini summi pont. et univ. pp. in ss. sede b. Petri apost. II, in m. et ind. suprascr.). – *Convenit apostolico moderamini.*

Ed.: *Zimmermann Papsturkunden I n. 106.* – Reg.: *Ital. Pont. II 54 n. 3; Böhmer/Zimmermann n. 180.*

7652 944 iun. 11 Roma, Laterano

JL †3627 Ecclesiae Adriensi possessiones confirmat (Scr. p. m. Gregorii scrin. R.E. [Dat. patriarchio Lat. III id. iun.] Ego Benignus ep. Hostiensis manu mea subscripsi. Ego Georgius ep. Portuensis manu mea subscripsi, a. eius sedis II et d. Ugonis IV, ind. XII). – *Convenit apostolico moderamine.*

Ed.: *Zimmermann Papsturkunden I n. <107.* – Reg.: *Ital. Pont. V 190 n. †3; Böhmer/Zimmermann n. 181.*

De fide cf. Zimmermann Papsturkunden I n. <107.

*** 7653** **(943 vere–944 vere)**

Marino (II) monachus quidam s. Benedicti Capuani refert, Siconem episcopum ecclesiam s. Angeli in Formis olim monasterio Casinensi traditam diacono eius iniuste detulisset.

Laud. in: *J³ 7654; Chron. mon. Casinensis I c. 57 (MGH SS 34, 144).* – Reg.: *Böhmer/Zimmermann n. 173.*

7654 **(943 vere–944 vere)**

JL 3628 In Sicum episcopum Capuanum saecularium rerum studiosum invehitur, eique sub excommunicationis poena praecipit, ut, quam contra canones „imperito et indisciplinato ... diacono" contulerit, ecclesiam s. Angeli de monte (in Formis) monachis restituat. – *Quamvis ab hac.*

Ed.: *Zimmermann Papsturkunden I n. 100.* – Reg.: *Böhmer/Zimmermann n. 174; Ital. Pont. VIII 128 n. 45 et 222 n. 33 et 229 n. 3 et 234 n. 1.*

Laud. et in Chron. mon. Casinensis I c. 57 et III c. 37 (MGH SS 34, 144 et 413). Olim ad a. 942–946. De tempore cf. Böhmer/Zimmermann n. 174. Cf. et J³ *7653.

† 7655 **945 mai. 15** **Milano**

Rogerus episcopus Perusinus Marini (II) legatus synodo provinciali Medionalensi interest decretumque Attonis episcopi Vercellensis subscribit.

Ed.: *Gasparolo Cartario Alessandrino 24.* – Reg.: *Böhmer/Zimmermann n. †183a; Böhmer/Zielinski n. †2004.*

De tempore cf. Böhmer/Zielinski n. †2004. Cf. et J³ †7600.

† 7656 **(943–945) mai.** **(Roma)**

JL †3630 Ecclesiae Hamburgensi privilegia, petente Adaldago archiepiscopo, confirmat (Scr. p. m. Benedicti canc. S.R.E. in m. mai., ind. VI). – *Cum piae desiderium.*

Ed.: *Zimmermann Papsturkunden I n. †101.* – Reg.: *Dipl. Danicum I/1, 124 n. 315; Seegrün Ebt. Hamburg 10 et 104; Germ. Pont. VI 45 n. †47; Böhmer/Zimmermann n. †175; Böhmer/Zielinski n. †2009.*

Olim ad a. 942–946. De ind. VI et de tempore cf. Böhmer/Zimmermann n. †175.

*** 7657** **(944 nov.–945 aug.)**

Petente Hugberto episcopo Tiburtino ecclesiae b. Laurentii Tiburtinae possessiones et redditus confirmat.

Laud. in: *Regestum Tiburtinum (Bruzza Reg. di Tivoli 18 n. II).* – Reg.: *Ital. Pont. II 76 n. *5; Zimmermann Papsturkunden I n. 108; Böhmer/Zimmermann n. 182.*

Olim ad a. 945. De tempore cf. Böhmer/Zimmermann n. 182.

*** 7658** **(945 aest.)** **(Roma)**

Balduinum abbatem Casinensem Romam vocat et ei abbatiam s. Pauli committit.

Laud. in: *J³ †7670; Leonis Marsicani Relatio (Gattula I 54).* – Reg.: *Böhmer/Zimmermann n. 184.*

*** 7659** **(945 aest.)**

Monasterio s. Pauli (extra muros Romano) possessiones confirmat et concedit nominatim civitatem Patricum cum omnibus appendiciis et cum tota ecclesia s. Laurentii, duo quoque castella, id est Mons Pado et Campum lacum atque Grossetum.

Laud. in: *Gregorii VII (JL †5200) et Anacleti II (JL 8373) privilegia.* – Reg.: *Ital. Pont. I 167 n. *9; Böhmer/Zimmermann n. 185.*

*** 7660** **(946 in.)**

JL *3631 Friderico archiepiscopo Maguntino hoc privilegium concedit, „ut in partibus totius Germanię Gallięque provisor s. Moguntinę sedis vicarius missusque apostolicus" teneatur; „ita ut, si quos" invenerit „viros a recto tramite iustitię deviantes, cuiuscumque" sint „personę ad se vocare, ubi loci" velit „monere, corrigere synodumque constituere, ubi" velit „potestatem apostolici" habeat.

L a u d . i n : *J*[3] *7723.* – R e g . : *Germ. Pont. IV 73 n. *59; Böhmer/Zimmermann n. 186; Böhmer/Zielinski n. 2025.*

De tempore cf. Böhmer/Zimmermann n. 186.

* 7661 **(942–946)**

JL *3629 Archiepiscopo Ravennati de parte comitatus Ferrariensis privilegium concedit.

L a u d . i n : *J*[3] *7691; Placitum a. 970 celebratum (FSI 96, 98).* – R e g . : *Ital. Pont. V 50 n. *155; Böhmer/Zimmermann n. 166.*

* 7662 **(942–946)**

Monachis Magdeburgensibus privilegium concedit.

L a u d . i n : *J*[3] *7731.* – R e g . : *Böhmer/Zimmermann n. 167; Böhmer/Zielinski n. 2027.*

* 7663 **(942–946)** **Roma**

Marcswidi matronae litteras episcoporum intercessorias atque donaria praesentanti reliquias ss. Stephani protomartyris, Iohannis Baptistae et multorum aliorum sanctorum confert.

L a u d . i n : *Fundatio monasterii Schildecensis c. 7 (MGH SS 15/2, 1049).* – R e g . : *Böhmer/Zimmermann n. 168; Germ. Pont. V/1, 22 n. *12 et 159 n. *1; Böhmer/Zielinski n. 2026.*

*† 7664 **(942–946)** **Roma**

Bisonem comitem de Gheueldeshusen, qui Romam ad limina ss. apostolorum Petri et Pauli migravit, et sororem eius Bertam absolvit et eis reliquias s. Laurentii martyris donat.

L a u d . i n : *Sophiae abbatissae Gandersheimensis privilegium a. 1324 confectum (nondum editum).* – R e g . : *Böhmer/Zimmermann n. †168b.*

*† 7665 **(943–946)**

Ecclesiam collegiatam in loco q. d. Ballenstedt a comite Esicone fundatam sancit.

L a u d . i n : *Henrici Basse Panegyricus c. IV (Beckmann Accessiones 10); Christiani Knaut Antiquitates comitatus Ballenstadiensis 11.* – R e g . : *Germ. Pont. V/2, 445 n. *†2.*

*† 7666 **(945–946)**

Ottonem (I) et Lotharium (Italiae) reges adhortatur, ut ab armis discedant, „cum Otho anniteretur Italiam ingredi adversante Lothario".

L a u d . i n : *Platinae Lib. de vita 131 (RIS ser. II 3/1, 167).* – R e g . : *Böhmer/Zimmermann n. †183; Böhmer/Zielinski n. †2029.*

(cr. 941–980)

Cf. J[3] *7640 s. v. Stephanus VIII.

* 7667 **946 (mai. in.)** **Roma**

JL I 459 Moritur et in ecclesia b. Petri sepeliri videtur.

L a u d . i n : *Ann. Besuenses ad a. 946 (MGH SS 2, 249); Flodoardi Remensis Ann. ad a. 946 (Lauer 101); Ann. s. Benigni Divionensis ad a. 946 (MGH SS 5, 40); Hugonis Flaviniacensis Chron. I ad a. 946 (MGH SS 8, 360); Ann. s. Trudperti ad a. 945 (MGH SS 17, 288); Anonymi Zwettlensis Hist. Rom. pont. 131 (Migne PL 213, 1026).* – R e g . : *Böhmer/Zimmermann n. 187; Böhmer/Zielinski n. 2031.*

Olim ad a. 946 cr. apr. De tempore cf. Böhmer/Zimmermann n. 187.

Agapitus II (946–955)

*** 7668** **946 (mai. in.)** **Roma**

JL I 459 Consecratur.

L a u d . i n : *Flodoardi Remensis Ann. ad a. 946 (Lauer 101); Ann. Besuenses ad a. 946 (MGH SS 2, 249); Ann. s. Benigni Divionensis ad a. 946 (MGH SS 5, 40); Hugonis Flaviniacensis Chron. I ad a. 946 (MGH SS 8, 360); Hugonis Floriacensis Lib. regum Francorum c. 4 (MGH SS 9, 382); Clarii Senonensis Chron. (Bautier/Gilles 96).* – R e g . : *Böhmer/Zimmermann n. 188; Böhmer/Zielinski n. 2031.*

Olim ad a. 946 mai. 10. De tempore cf. Böhmer/Zimmermann n. 188.

***† 7669** **(946)**

Apud Agapitum (II) Balduinus abbas Cassinensis ducem Atenulfum (III) Beneventanum accusat, qui se absente coenobium s. Sophiae Beneventanae iterum occupaverit.

L a u d . i n : *J[3] †7670; Chron. mon. Casinensis I c. 58 (MGH SS 34, 146); Leonis Marsicani Relatio (Gattula I 54).* – R e g . : *Böhmer/Zimmermann n. †202.*

† 7670 **(946)**

JL 3634 Atenulfum (III) principem Beneventanum hortatur, ut monasterium s. Sophiae monachis Casinensibus restituat. – *Officii nostri consuetudo.*

E d . : *Zimmermann Papsturkunden I n. †110.* – R e g . : *Ital. Pont. VIII 128 n. †46; Böhmer/Zimmermann n. †203; Ital. Pont. IX 15 n. †32 et 81 n. †1.*

Laud. et in Chron. mon. Casinensis I c. 58 (MGH SS 34, 146), Leonis Marsicani Relatione (Gattula I 54). Cf. J[3] *7658 et J[3] *†7669.

***† 7671** **(946)**

Adversante Agapito (II) pontifice Adalbertus rex (Italiae) cum classe atque auxiliis Comaciensibus mercatores Veneticos aggreditur.

L a u d . i n : *Platinae Lib. de vita 132 (RIS ser. II 3/1, 168).* – R e g . : *Böhmer/Zimmermann n. †204.*

***† 7672** **(947 in.)**

Ab Agapito (II) Frothe rex (Cimbriae) petit, ut (presbyteros) ad paganos in Dania convertendum mittat.

L a u d . i n : *Saxonis Grammatici Gesta Danorum IX c. 8 (Friis-Jensen I 614); Ann. Nestvedienses ad a. 927 et ad a. 962 (Jørgensen Ann. 71); Hist. Olavi Tryggonis filii maxima (MGH SS 29, 386); Fragm. Islandicum (SS rer. Dan. 2, 29).* – R e g . : *Böhmer/Ottenthal n. 166a; Böhmer/Zimmermann n. †207.*

De tempore cf. Böhmer/Zimmermann n. †207.

***† 7673** **(947 in.)**

Horedum Slesvigensem, Liafdagum Ribensem et Reginbrandum Aarhusiensem episcopos ab Adalgario archiepiscopo Hamburgensi creatos confirmat.

L a u d . i n : *Ann. Nestvedienses ad a. 927 et ad a. 962 (Jørgensen Ann. 71); Hist. Olavi*

Tryggonis filii maxima (MGH SS 29, 386); Fragm. Islandicum (SS rer. Dan. 2, 29). – Reg.: *Böhmer/Ottenthal n. 166a; Böhmer/Zimmermann n. †207.*

De tempore cf. Böhmer/Zimmermann n. †207.

* 7674 **(946–947 mart.)**

Leonem presbyterum et monachum et Benedictum aeque presbyterum episcopos (Triventinae et Termulensis ecclesiarum) consecrat.

Laud. in: *J³ 7676.* – Reg.: *Ital. Pont. IX 188 n. *1 et 195 n. *1; Böhmer/Zimmermann n. 200.*

* 7675 **(946–947 mart.)** **(Roma)**

Leoni presbytero et monacho et Benedicto aeque presbytero irrationabiliter a sese consecratis episcopis Triventinae et Termulensis ecclesiarum litteras mittit, quatenus veniant ad se et satisfaciant accusationibus et querelis Iohannis episcopi Beneventani.

Laud. in: *J³ 7676.* – Reg.: *Ital. Pont. IX 188 n. *2 et 195 n. *2; Böhmer/Zimmermann n. 201.*

7676 **947 (mart.)**

JL 3636 Leonem Triventinum et Benedictum Termulensem episcopos et simoniace electos et contra privilegium Iohannis episcopi Beneventani „inrationabiliter" a sese consecratos, qui evocati, venire noluerint, excommunicat muneribusque orbat (Dat. [...] mart. p. m. Stephani prim. S.A.S. a. Deo prop. pont. d. Agapiti II pp. in ss. sede b. Petri apost. I, ind. V). – *Misimus iam vobis.*

Ed.: *Zimmermann Papsturkunden I n. 111.* – Reg.: *Ital. Pont. IX 54 n. 12 et 188 n. 3 et 189 n. 1 et 195 n. 3 et 196 n. 1; Böhmer/Zimmermann n. 210.*

Olim ad a. 947. De tempore cf. Böhmer/Zimmermann n. 210. Cf. et J³ *7674 et J³ *7675.

* 7677 **(947 ian.–iun.)**

JL *3638 et JL *3639 Ludovici (IV Ultramarini) regis amicos hortatur, ut in eius fide permaneant; hostes regis anathema minatur.

Laud. in: *Richeri Remensis Hist. II c. 74 (MGH SS 38, 153).* – Reg.: *Böhmer/Zimmermann n. 209.*

Olim numeri duo et ad a. 947 positi. Cf. Böhmer/Zimmermann n. 209.

* 7678 **(947 ante aug.)**

JL *3632 Roberto archiepiscopo Treverensi per litteras Friderico archiepiscopo Maguntino datas mandat, ut Arnoldum in archiepiscopatum Remensem restituat.

Laud. in: *Artoldi epist. synodo Ingelheimensi porrecta in Flodoardi Remensis Hist. IV c. 35 (MGH SS 36, 428; MGH Conc. 6/1, 149); Flodoardi Remensis Ann. ad a. 948 (Lauer 108) et eiusdem Hist. IV c. 34 (MGH SS 36, 427); Richeri Remensis Hist. II c. 67 (MGH SS 38, 146); Libellus de rebus Treverensibus c. 5 (MGH SS 14, 101); Fragm. hist. Franciae (Bouquet Recueil VIII 305); Hugonis Flaviniacensis Chron. I ad a. 946 (MGH SS 8, 361).* – Reg.: *Böhmer/Ottenthal n. 154a; Germ. Pont. X 39 n. *55 et 40 n. *56; Böhmer/Zimmermann n. 208.*

Olim ad a. 946. De re et tempore cf. Germ. Pont. X 39 n. *55.

† 7679 **947 oct. 26** **(Roma)**

JL 3633 Monasterii s. Salvatoris Fuldensis privilegia, Hadamaro abbate petente, confirmat (Scr. p. m. Leonis scrin. S.R.E. in m. oct., ind. V. Dat. VII kal. nov. p. m. Stephani prim. S.A.S. a. Deo prop. pont. d. Agapiti summi pont. et univ. pp. II ss. b. Petri apost. sede II, in m. oct., ind. V). – *Summam gerentes sollicitudinem.*

Ed.: *Zimmermann Papsturkunden I n. †112.* – Reg.: *Germ. Pont. IV 368 n. †36; Böhmer/Zimmermann n. †205 et n. †212a.*

***7680** **(947 aut.)** **Roma**

JL *3637 Hugoni restitui archiepiscopatum Remensem iubet litteris Sigebaldo diacono Hugonis legato datis.

L a u d . i n : *Flodoardi Remensis Ann. ad a. 948 (Lauer 108 et 113) et Hist. IV c. 34 (MGH SS 36, 427); Richeri Remensis Hist. II c. 67 et c. 78 (MGH SS 38, 147 et 155); Hugonis Flaviniacensis Chron. I ad a. 947 (MGH SS 8, 361).* – R e g . : *Böhmer/Ottenthal n. 166a; Böhmer/Zimmermann n. 212.*

Olim ad a. 947. De tempore cf. Böhmer/Zimmermann n. 212.

***7681** **947**

JL *3640 Privilegium congregationique s. Servatii Quedlinburgensi concedit.

L a u d . i n : *Ann. Quedlinburgenses ad a. 947 (MGH SS rer. Germ. 72, 464); Ann. Saxo ad a. 947 (MGH SS 37, 170); Innocentii IV privilegium (Berger Registres n. 5076).* – R e g . : *Böhmer/Zimmermann n. 206; Germ. Pont. V/2, 310 n. *3; Böhmer/Zielinski n. 2083.*

***7682** **(947 ex.)**

(Agapito II) Artoldus archiepiscopus Remensis per legatos Ottonis (I) regis litteras mittit.

L a u d . i n : *Flodoardi Remensis Ann. ad a. 948 (Lauer 109); Flodoardi Remensis Hist. IV c. 34 (MGH SS 36, 428); Richeri Remensis Hist. II c. 68 (MGH SS 38, 147); Hugonis Flaviniacensis Chron. I ad a. 947 (MGH SS 8, 361).* – R e g . : *Böhmer/Ottenthal n. 166a; Germ. Pont. IV 368 n. *37; Böhmer/Zimmermann n. 213; Böhmer/Zielinski n. 2084.*

7683 **948 ian. 2** **(Roma)**

JL 3643 Monasterii Fuldensis „noviter renovat(i)" privilegia, petente Hadamaro abbate, confirmat (Scr. p. m. Stephani not. et reg. atque scrin. S.R.E. in m. ian. et ind. VI. Dat. IV non. ian.). – *Quoniam semper sunt.*

E d . : *Zimmermann Papsturkunden I n. 113.* – R e g . : *Germ. Pont. IV 368 n. 38; Böhmer/Zimmermann n. 214.*

7684 **948 ian. 2** **(Roma)**

JL 3641 Ecclesiae Hamburgensis privilegia, Adalgario archiepiscopo per Hadamarum abbatem Fuldensem petente, confirmat, in his metropolitanum archiepiscoporum imperium in episcopos „Danorum, Norwenorum, Suonum (leg. Sueonum) necnon omnium septentrionalium partium". Adalgario pallii usum concedit, eumque iubet a Bernardo Halberstadensi et Thidardo Hildesheimensi episcopis adiuvari (Scr. p. m. Azzonis not. reg. atque scrin. S.R.E. in m. ian., ind. VI. Dat. IV non. ian. p. m. Andreae arcarii S.S.A. in ss. sede b. Petri apost., ind. VI). – *Convenit apostolico moderamini.*

E d . : *Zimmermann Papsturkunden I n. 114.* – R e g . : *Oediger Reg. Köln I 110 n. 337; Dipl. Danicum I/1, 125 n. 318; Seegrün Ebt. Hamburg 10 et 105; Germ. Pont. IV 369 n. 39; Germ. Pont. VI 45 n. 48; Lübke Reg. Slaven II 105 n. 82; Germ. Pont. VII 46 n. 105; Böhmer/Zimmermann n. 215; Germ. Pont. V/1, 207 n. 9; Germ. Pont. V/2, 23 n. 13 et 209 n. 7.*

Laud. et in J³ 8183 et in Adami Bremensis Gestis II c. 3 (MGH SS rer. Germ. 2, 64).

7685 **948 ian. 2** **(Roma)**

JL 3642 Parthenonem Gandersheimensem, Windilgarda abbatissa per Hadamarum abbatem (Fuldensem) petente, sedis Romanae iurisdictioni subiungit privilegiisque auget et possessiones eius confirmat (Scr. p. m. Stephani scrin. S.R.E. in m. ian., ind. VI. Dat. IV non. ian. p. m. Andreae divini respectus gratia arcarii S.S.A. a. Deo prop. pont. d. Agapiti summi pont. univ. iunioris pp. in ss. sede b. Petri apost. II). – *Quoniam semper sunt.*

E d . : *Zimmermann Papsturkunden I n. 115; insertum in Innocentii III privilegio (Potthast 2482;*

Reg. Innocenz' III. 8, 66). – Reg.: *Germ. Pont. IV 369 n. 40; Böhmer/Zimmermann n. 216; Germ. Pont. V/2, 122 n. 6.*

Laud. et in Eberhardi Chron. Gandersheimensi c. 35 (MGH Dt. Chron. 2, 422).

†7686 **(948 ian. in.)** **(Roma)**

JL †3644 Gerardo archiepiscopo Laureacensi scribit ex Hadamaro abbate Fuldensi cognovisse se de contentione inter eum et Heroldum archiepiscopum Salisburgensem orta „pro utrimque suscepta in una provincia pallii auctoritate". Statuit, „ut divisis duabus Noricę regionis provinciis Heroldo archiepiscopo occidentalis..., (Gerardo) orientalis Pannoni(a) regio(que) Avarorum atque Marahavorum sed et Sclauorum" obveniant. – *Peticiones tuas pro.*

Ed.: *Zimmermann Papsturkunden I n. †116; Erkens Fälschungen 9 n. 2.* – Reg.: *Wagner UB Burgenland I 12 n. 22; Boshof Reg. Passau I 56 n. †203 et n. †204; Böhmer/Zimmermann n. †217; Boh. Pont. 29 n. †42; Germ. Pont. I 13 n. †28 et 165 n. †17.*

Laud. et in Magni Reicherspergensis Ann. ad a. 936 (MGH SS 17, 656) et in eiusdem Chron. ad a. 946 (MGH SS 17, 485), in Anonymi Zwettlensis Hist. Rom. pont. 132 (Migne PL 213, 1026), Bernardi Norici Hist. Cremifanensi (MGH SS 25, 656). Olim ad a. 948. De tempore cf. Böhmer/Zimmermann n. †217. Cf. et J[3] †7613.

***7687** **948 ian. 13** **Mouzon**

Ex (Agapiti II) mandato apostolica legatione praeditus (cf. J[3] *7678) Robertus Treverensis archiepiscopus synodo apud Mosomum congregatae praesidet, quae contra intercessionem Hugonis Remensis archiepiscopi per quendam clericum suum alias Agapiti (II) papae litteras porrigentis iudicat, ut Hugo (Viromunduensis) a regimine Remensis episcopii se abstinere debeat, donec ad universalem synodum sese purgaturus vel rationem redditurus occurrerit (id. ian. ... a. 948 ... in aeccl. s. Petri ante prospectum castri Mosomi).

Laud. in: *Artoldi epist. synodo Ingelheimensi porrecta in Flodoardi Remensis Hist. IV c. 35 (MGH SS 36, 428; MGH Conc. 6/1, 149); Flodoardi Remensis Ann. ad a. 948 (Lauer 108) et Hist. IV c. 34 (MGH SS 36, 426); Richeri Remensis Hist. II c. 67 (MGH SS 38, 146).* – Reg.: *Germ. Pont. X 40 n. *57.*

Olim ad a. 947. De tempore cf. Germ. Pont. X 40 n. *57. De concilio cf. et MGH Conc. 6/1, 132.

***7688** **(948 in.)**

JL *3645 et JL *3646 Marinum episcopum (Polimarciensem) cum auctoritate vicarii apostolici ad Ottonem (I) regem mittit et concilium postulat.

Laud. in: *Acta concilii Ingelheimensis (MGH Conc. 6/1, 159); Flodoardi Remensis Ann. ad a. 948 (Lauer 109) et Hist. IV c. 34 (MGH SS 36, 428); Richeri Remensis Hist. II c. 68 (MGH SS 38, 148); Hugonis Flaviniacensis Chron. I ad a. 947 (MGH SS 8, 361).* – Reg.: *Böhmer/Ottenthal n. 166a; Germ. Pont. IV 74 n. 60; Germ. Pont. VII 46 n. 106; Böhmer/Zimmermann n. 218; Germ. Pont. V/1, 23 n. 13; Germ. Pont. IX 15 n. 15 et 70 n. 9 et 117 n. 17 et 153 n. 11; Germ. Pont. V/2, 23 n. 14 et 209 n. 8; Böhmer/Zielinski n. 2099; Germ. Pont. VI 47 n. *49 et et 47 n. 50; Germ. Pont. X 40 n. 58 et 41 n. *59.*

Olim ad a. 948. De tempore cf. Böhmer/Zimmermann n. 218.

7689 **948 iun. 7(–8)** **Ingelheim**

Agapiti (II) apocrisiario Marino episcopo Polimarciensis praesidente et archiepiscopis episcopisque (Germaniae et Galliae) consedentibus et Ottone (I) et Ludovico (IV Ultramarini) regibus praesentibus, magna synodus in ecclesia s. Remigii Ingelheimensi celebratur, in qua inter alia reclamatio Ludovici (IV Ultramarini) regis, qualiter Hugo comes (dux Franciae) regno suo privavit, tractatur; Artoldi Remensis archiepiscopi causa agitatur et componitur; Hugonem (Vermandensem) invasorem damnatur (A. ab inc. d. 948, ind. VI, VII id. iun., a. serenissimi regis Ottonis XIII, ipso quoque cum illustrissimo rege Luduwico ... apud Engilenheim in ęccl. s. Remigii confessoris Christi in pago Nahgouii dicto).

Ed.: *MGH Conc. 6/1, 135.* – Reg.: *Böhmer/Ottenthal n. 166a; Germ. Pont. IV 74 n. 60; Germ. Pont. VI 47 n. *49; Germ. Pont. VII 46 n. 106; Germ. Pont. X 40 n. 58; Germ. Pont. V/1, 23 n. 13; Germ. Pont. IX 15 n. 15 et 70 n. 9 et 117 n. 17 et 153 n. 11; Germ. Pont. V/2, 23. n. 14 et 209 n. 8; Böhmer/Zielinski n. 2099.*

7690 **948 aug. 8**

Viterbiensi episcopo mandat, quatenus communi Pisarum de gentium equestris et pedestris auxilio subveniat incunctanter (Dat. Romae III non. aug., pont. n. a. III). – *Devotam constantiam quam.*

Ed.: *Zimmermann Papsturkunden I n. †117.* – Reg.: *Ital. Pont. III 356 n. †5; Böhmer/Zimmermann n. †219.*

7691 **948 oct.** **(Roma)**

JL *3665 (Petri IV) archiepiscopi Ravennatis de parte comitatus Ferrariensis privilegium confirmat (Scr. p. m. Stephani not. et reg. atque scrin. S.R.E. in m. oct. et ind. VII). – *Cum enim omnium.*

Ed.: *Zimmermann Papsturkunden I n. 118.* – Reg.: *Böhmer/Zimmermann n. 220.*

Laud. et in Placito de a. 970 (FSI 96, 98) et in Clementis III (al. Wiberti) privilegio (JL 5322). Olim ad a. 946–955. De tempore cf. Böhmer/Zimmermann n. 220. Cf. et J³ *7661.

*7692 **948 (oct.)** **Trier**

Marino (episcopo Polimarciensi), apostolicae sedis legato, praesidente episcopi in synodo Trevirensi constituti Hugonem (comitem Parisiensem et) Franciae ducem nec non quosdam sequaces Hugonis dudum Remensis archiepiscopi sententiam excommunicationis feriunt.

Laud. in: *Flodoardi Remensis Ann. ad a. 948 (Lauer 118) et Hist. IV c. 36 (MGH SS 36, 437).* – Reg.: *Böhmer/Ottenthal n. 169a; Germ. Pont. X 41 n. *59.*

De synodo et tempore cf. et MGH Conc. 6/1, 164.

7693 **(948 ex.)**

JL 3657 Ecclesiae s. Vincentii Matisconensis canonicorum privilegia et possessiones rogatu Maimbodi episcopi confirmat. – *Cum enim omnium.*

Ed.: *Zimmermann Papsturkunden I n. 119.* – Reg.: *Böhmer/Zimmermann n. 239 et n. 220a.*

Olim ad a. 946–954. De tempore cf. Böhmer/Zimmermann n. 220a.

*7694 **949 (vere)** **(Roma, S. Pietro)**

JL I 461 Synodus, in qua Agapitus (II) „dampnationem Hugonis episcopi (Remensis) apud Ingulenheim factam" confirmat „excommunicans etiam Hugonem principem, donec Ludowico (IV Ultramarino) regi satisfaciat".

Laud. in: *Acta concilii Romani a. 949 (MGH Conc. 6/1, 171); Flodoardi Remensis Ann. ad a. 949 (Lauer 125), Richeri Remensis Hist. II c. 95 (MGH SS 38, 166); Hugonis Flaviniacensis Chron. I ad a. 949 (MGH SS 8, 361).* – Reg.: *Böhmer/Zimmermann n. 222.*

†7695 **949 dec. 29**

JL 3647 Tresmiro abbati seu Huguobaldo monacho atque Iohanni monacho seu Sancio monacho sive cunctis primatibus et fratribus et servitoribus monasterii s. Iohannis Baptistae, quod vocatur Castrum Malasti, monasterium cum omnibus pertinentiis „a praesenti septima indictione detinendum" concedit (IV kal. ian. p. m. Johannis nomenc. et def. S.S.A. a. Deo prop. pont. d. n. Agapiti summi pont. et univ. iun. pp. in ss. sede b. Petri apost. IV, in m. et ind. suprascr. VII). – *Quotiens illa a.*

Ed.: *Zimmermann Papsturkunden I n. †120.* – Reg.: *Böhmer/Zimmermann n. †221 et n. †222a.*

Olim ad a. 948 dec. 29. De tempore cf. Böhmer/Zimmermann n. †221 et n. †222a.

†7696 **(946–949)**

JL 3664 Landulfum (II) principem Capuanum monet, ne monasterii Capuani libertatem offendat, utque monachos, qui a disciplina monastica desciverint, in monasterium Casinense remittat, exceptis duobus aut, cum plurimum, tribus senibus. – *Audivimus quod sine.*

Ed.: *Zimmermann Papsturkunden I n. †109.* – Reg.: *Böhmer/Zimmermann n. †199; Ital. Pont. VIII 129 n. †47 et 204 n. †17 et 230 n. †4.*

Laud. et in Chron. mon. Casinensis I c. 59 (MGH SS 34, 147). Olim ad a. 946–955. De tempore cf. Böhmer/Zimmermann n. †199.

***7697** **(949 ex.–950 in.)** **(Roma)**

(Agapitum II) „comes Saxonicus marchio contra Sclavos, vir religiosus Kero nomine“, visitat.

Laud. in: *Confraternitatum Sangallensium syngraphae c. 11 (MGH Necr. Suppl. Libri confraternitatum 141 n. 11).* – Reg.: *Swinarski Herrschen mit Heiligen 411 n. 118; Böhmer/Zimmermann n. 222b; Germ. Pont. V/2, 487 n. *9; Böhmer/Zielinski n. 2139.*

***†7698** **(950 ante febr. 28)**

Apud Agapitum II papam Williharius abbas s. Maximini Treverensis conqueritur de vexationibus Rotberti Treverensis archiepiscopi.

Laud. in: *J[3] †7699.* – Reg.: *Germ. Pont. X 42 n. †*60 et 201 n. †*4.*

†7699 **950 febr. 28** **(Roma)**

JL 3649 Monasterii s. Maximini (Treverensis), a Rodberto archiepiscopo Treverensi vexati, privilegium ab Ottone rege constitutum confirmat, „ut ... sub regia tantum potestate permaneat neque unquam ulli alteri personę subiaceat, excepto abbati“ a monachis electo (Scr. p. m. Iohannis scrin. S.R.E. Dat. II kal. mart., ind. VII). – *Nuncios vestrae almitatis.*

Ed.: *Zimmermann Papsturkunden I n. 121.* – Reg.: *Germ. Pont. X 201 n. †5; Böhmer/Zimmermann n. †226.*

Laud. et in Innocentii II privilegio (JL 8093). Cf. J[3] *†7698.

†7700 **950 oct. 1**

JL †3650 Monasterii Fuldensis privilegia, petente Hiltebrando abbate, confirmat (Dat. kal. oct., ind. IX p. m. Leonis canc.). – *Quoniam concedenda sunt.*

Ed.: *Zimmermann Papsturkunden I n. †122; Meyer zu Ermgassen Codex Eberhardi I 71.* – Reg.: *Germ. Pont. IV 369 n. †42; Böhmer/Zimmermann n. †227.*

***7701** **(950 aut.)** **Mainz**

Fridericus archiepiscopus (Maguntinus) una cum aliis episcopis in synodo inter alia statuit missas pro statu ac incolumitate domni papae celebrare.

Laud. in: *Acta concilii Maguntini (MGH Conc. 6/1, 176).* – Reg.: *Germ. Pont. IV 75 n. 63; Böhmer/Zimmermann n. 226a; Böhmer/Zielinski n. 2161.*

De tempore cf. MGH Conc. 6/1, 173.

***7702** **(946–950)** **Roma**

B. Cyriaci martyris caput „intra monasterium iuxta regionem Viae latae“, quod nunc vocatur ecclesia s. Cyriaci, recondit.

Laud. in: *Translatio s. Cyriaci (AASS aug. 2, 335).* – Reg.: *Böhmer/Zimmermann n. 198.*

*** 7703** **(950)**

JL *3652 Einoldum abbatem Gorziensem rogat, ut mittat sibi „aliquos ... religiosos, quos in monasterio b. Pauli ..., ad monasticum ordinem" transferendo „cum auxilio regis Albrici" collocet.

Laud. in: *Iohannis Mettensis Vita Iohannis Gorziensis c. 53 (MGH SS 4, 352).* – Reg.: *Böhmer/Zimmermann n. 223.*

*** 7704** **(950)**

Monasterii s. Pauli (extra muros Romani) possessiones confirmat et donat specialiter medietatem civitatis Manturanae et totius territorii eius cum colonis et colonabus suis, retinens alteram medietatem in dominio suo.

Laud. in: *Gregorii VII privilegium (JL †5200).* – Reg.: *Ital. Pont. I 168 n. *10; Böhmer/Zimmermann n. 224.*

*** 7705** **(950)**

JL *3653 (Milonem) nepotulum Milonis comitis ordinandi in episcopum (Veronensem) licentiam dat.

Laud. in: *J³ 7711.* – Reg.: *Ital. Pont. VII/1, 221 n. *12; Böhmer/Zimmermann n. 225; Böhmer/Zielinski n. 2162.*

7706 **950 dec.**

JL 3651 Monasterii ss. Germani et Michaelis Cuxanensis possessiones „a praesenti nona indictione" confirmat petente Gondefredo abbate (Scr. p. m. Leonis not. reg. et scrin. m. dec. per ind. supradictam). – *Cum magna nobis.*

Ed.: *Zimmermann Papsturkunden I n. 123.* – Reg.: *Martí Bonet Reg. 385 n. 7; Böhmer/Zimmermann n. 228.*

Laud. et in Vincentii Pisani Narratione (Vaissète/De Vic Hist. Languedoc, nouv. éd. V 62).

*** 7707** **951 mai. 5** **Roma, S. Pietro**

Coram Agapito (II) Alberico senatore Romano atque multis presbyteris, episcopis, nobilibus praesentibus Stefanus Mimatensis episcopus in basilicam b. Petri Romanam chartam legit, qua coenobium s. Enimiae coenobio b. Petri Calmiliensi in perpetuum supponitur (III non. mai., feria II, luna VIII, reg. Ludovico Francorum et Aquitanorum rege).

Laud. in: *Chron. Calmiliensis (Chevalier Chartulaire 129).* – Reg.: *Böhmer/Zimmermann n. 231.*

7708 **(951 ian.–iul.)**

JL 3635 Parthenonis Asnidensis privilegia, Hathewiga abbatissa „per interventum domni et gloriosi regis Odtonis" petente, confirmat. – *Tunc summe apostolice.*

Ed.: *Insertum in Innocentii IV (nondum edito) et in Nicolai IV (Finke Westfäl. UB V/1, 372) privilegiis (separatim ed. Zimmermann Papsturkunden I n. <124; Wisplinghoff Rhein. UB II n. 165).* – Reg.: *Germ. Pont. VII 228 n. 4; Böhmer/Zimmermann n. 229.*

Olim ad a. cr. 946. De tempore cf. Böhmer/Zimmermann n. 229. De fide cf. Zimmermann Papsturkunden I n. <124.

***† 7709** **(951 med.)** **Roma**

Rassoni comiti Diessensi, postquam in Hierusalem migravit et domum rediit, Romae perhonorifice suscipit, reliquiis afficit et benedictione apostolica dimittit.

Laud. in: *Innocentii Keferloher Vita Rassonis (AASS iun. 3, 895).* – Reg.: *Böhmer/Zimmermann n. †230.*

*7710 **(946–951)** **Roma**

Ad Agapitum (II) princeps Dunala de insula Saltes viator Romam venit et petit, ut ab eo monachetur.

Laud. in: *Μνήμη Δουναλαΐ (Fita 434).* – Reg.: *Böhmer/Zimmermann n. 197.*

7711 **(951 ex.)**

Agapito II Ratherius episcopus (Veronensis) de schismate Veronensi narrat.

Ed.: *MGH Briefe d. dt. Kaiserzeit 1, 33.* – Reg.: *Ital. Pont. VII/1, 221 n. 13; Böhmer/Zimmermann n. 237.*

Cf. J³ *7572 et J³ *7573 et J³ *7705.

7712 **951 dec.** **(Roma)**

JL 3656 Monasterii s. Mariae Crassensis bona iuraque rogatu Suniarii abbatis confirmat (Scr. p. m. Stephani not. et reg. atque scrin. S. n. R.E. in m. dec. per ind. supradicta X). – *Convenit apostolico moderamini.*

Ed.: *Zimmermann Papsturkunden I n. 128; Magnou-Nortier/Magnou Recueil des chartes de l'abbaye de la Grasse I 108.* – Reg.: *Rabikauskas Kuriale 227; Mundó Notes 114; Martí Bonet Reg. 387 n. 10; Böhmer/Zimmermann n. 236.*

7713 **951 dec.** **(Roma)**

JL 3654 Ecclesiae Urgellensis privilegia, petente Wisado episcopo, „ex praesenti anno incarnationis domini nostri Iesu Christi DCCCCXLIII, decima inditione" confirmat (Scr. p. m. Leonis not. reg. atque scrin. S. n. R.E. in m. dec. in supradicto a., ind. supranominata et iterum predita dicimus). – *Convenit apostolico moderamini.*

Ed.: *Zimmermann Papsturkunden I n. 126.* – Reg.: *Martí Bonet Reg. 386 n. 8; Baraut Doc. I 90 n. 123; Böhmer/Zimmermann n. 234.*

Cf. Zimmermann Papsturkunden I n. 126.

7714 **(951 dec.)**

Deusdedit Ruthenensis ecclesiae episcopo privilegium concedit. – *Convenit apostolico moderamine.*

Reg.: *Böhmer/Zimmermann n. 234a.*

Privilegium nondum editum est.

7715 **951 dec.** **(Roma)**

JL 3655 Monasterii s. Mariae Rivipullensis possessiones iuraque „a presenti decima indictione" petente Arnulfo abbate confirmat (Scr. p. m. Stephani not. et reg. atque scrin. suprascr. S. n. E.R. in m. dec. per ind. supradicta X). – *Convenit apostolico moderamine.*

Ed.: *Zimmermann Papsturkunden I n. 127.* – Reg.: *Mundó Notes 114; Linage Conde Orígenes III 521 n. 31; Martí Bonet Reg. 386 n. 9; Böhmer/Zimmermann n. 235.*

7716 **(951–952)**

JL 3662 Omnes in Arvernico habitantes hortatur de tuendis fratribus rebusque monasterii Celsiniacensis; cui qui iniuriam intulerint, eos iubet a Stephano episcopo Arvernensi excommunicari. – *Immensa suspendimur ammiratione.*

Ed.: *Zimmermann Papsturkunden I n. 125.* – Reg.: *Böhmer/Zimmermann n. 238.*

Olim ad a. 946–955. De tempore cf. Böhmer/Zimmermann n. 238.

†7717 **953 apr. 14** **Pöhlde**

Hatto (II) archiepiscopus Maguntinus et apostolicae sedis legatus abbatiam, quam Palithi dicitur, confirmat et decimas ei tradit (XVIII kal. mai. a. d. inc. 953).

E d . : *Stimming Mainzer UB I 120.* – R e g . : *Germ. Pont. IV 74 n. †62; Böhmer/Zimmermann n. †239a.*

7718 **953 mai. 11**

Ex praeceptione Agapiti II Iohannes episcopus Tiburtinus Leoni abbati Sublacensi fundos Cantoranum, Buzinianum, s. Felicitatis et Maranum concedit (A. Deo prop. pont. d. Agapiti summi pont. et univ. iun. pp. in ss. sede b. Petri apost. a. VIII, ind. XI, m. mai. d. XI).

E d . : *Zimmermann Papsturkunden I n. 129.* – R e g . : *Ital. Pont. II 89 n. *16; Ital. Pont. II 76 n. *6; Böhmer/Zimmermann n. 240.*

Laud. et in Cherubini Mürtz Chron. c. 9 (Allodi 114).

*** 7719** **(946–953)**

Heroldo archiepiscopo Iuvavensis (Salisburgensis) ecclesiae loca Winiheringa, Antsena, Wolinpah cum adiacentiis omnibus et appenditiis tradit.

L a u d . i n : *J³ 7782; Ottonis I privilegium (MGH DD O I n. 170).* – R e g . : *Germ. Pont. I 13 n. *29; Böhmer/Zimmermann n. 196.*

7720 **954 mart.** **(Roma)**

JL 3648 Monasterii ss. Petri et Pauli Cluniacensis privilegia et possessiones petente Aymardo abbate confirmat, atque ita addit: „sane ad recognoscendum, quod predictum cęnobium sancte apostolicę sedi ad tuendum atque fovendum pertineat, dentur per quinquennium X solidi" (Scr. p. m. Leonis not. reg. et scrin. S.R.E. in m. mart. per ind. VII). – *Convenit apostolico moderamini.*

E d . : *Zimmermann Papsturkunden I n. 130.* – R e g . : *Böhmer/Zimmermann n. 241.*

Olim ad a. 949 mart. De tempore cf. Böhmer/Zimmermann n. 241.

*** 7721** **954 (aug. ex.)** **Roma**

Albericus princeps (Romanus) nobilitatem Romanam iuramento obligat Octavianum filium suum post mortem Agapiti (II) successorem creare.

L a u d . i n : *Benedicti s. Andreae Chron. (FSI 55, 172); Flodoardi Remensis Ann. ad a. 954 (Lauer 140); Cron. s. Bartholomaei ad a. 957 (MGH SS 31, 213).* – R e g . : *Böhmer/Zimmermann n. 242.*

† 7722 **954 sept. 27** **Roma**

JL †3659 Regibus, principibus et ducibus, nec non universis aliis aquilonaria regna inhabitantibus suscepta sacra Christiana gratulatur. Amundi Upsaliensis conregis et Sveinotto proregis Daciae „de primatu ac regnorum ... terminis" pactum confirmat, „cuius formulam" inquit „more eorum patrio vernaculoque sermone exaratam nobisque transmissam, a verbo ad verbum genere scribendi curiae nostrae Romanae usitato hic allegabimus" (Romae V kal. oct., ind. XII, pont. n. a. IX). – *Quantum ad regnorum.*

E d . : *Zimmermann Papsturkunden I n. †131.* – R e g . : *Böhmer/Zimmermann n. †243.*

7723 **(955 in.)**

JL 3668 Guillelmo archiepiscopo Maguntino idem privilegium tribuit, quod Marinus (II) Friderico concesserat (vide supra J³ *7660). Haec addit: „Sanctę etiam Moguntinę sedi privilegium conscribimus, ut, si quis eam, cuiusque sit personę, aliquo honore huc habito velit depredari, ipse depredetur et, nisi resipiscat, aeterno vinculo anathematis ... mancipetur". – *Fraternitatis amore acti.*

E d . : *Zimmermann Papsturkunden I n. 133.* – R e g . : *Germ. Pont. IV 75 n. 65; Böhmer/Zimmermann n. 246.*

Olim ad a. 955. De tempore cf. Böhmer/Zimmermann n. 246. Cf. et Böhmer/Zielinski n. 2309 et J³ *7660.

7724 **955 in.**

JL 3672 Cellam s. Mariae et s. Hunnegundis Humolariensem a nemine „unquam saecularium“ possideri iubet, eiusque possessiones confirmat, Lothario rege Francorum „gloriosae indolis puer(o)“ per legatos petente. – *Si sanctis petitionibus.*

E d . : *Zimmermann Papsturkunden I n. 132; Evergates/Constable Chartulary 41.* – R e g . : *Böhmer/Zimmermann n. 245.*

Olim ad a. 955 oct.–dec. De tempore cf. Böhmer/Zimmermann n. 245.

7725 **955 mart. 25** **(Roma)**

JL 3669 Monasterii ss. Stephani et Dionysii et Silvestri (in Capite) Romani bona permulta confirmat, rogatu Leonis abbatis. Addit de annua pensione sibi solvenda (Scr. p. m. Leonis not. reg. atque scrin. S.R.E. m. apr., ind. suprascr. XIII. Dat. VIII kal. apr. p. m. Marini ep. s. Polimartiensis eccl. et bibl. summe S.A. a. Deo prop. d. n. Agapiti summi pont. et univ. iunioris pp. in ss. sede b. Petri apost. IX et ind. suprascr. XIII). – *Convenit apostolico moderamini.*

E d . : *Zimmermann Papsturkunden I n. 134.* – R e g . : *Ital. Pont. I 83 n. 6; Böhmer/Zimmermann n. 247.*

Cf. J³ *7583.

*** 7726** **(955 aest.)**

JL *3661 Ecclesiae Halberstadensi concedit, ut eius episcopi „in celebratione missarum sollempnibus diebus“ utantur „logio, id est rationali, quod est indicium doctrinae et veritatis“.

L a u d . i n : *Hildewardi ep. Halberstadensis epist. ad Adalberonem ep. Metensem directa (Honselmann Rationale 106 n. 23); Sigeberti Gemblacensis Vita Deoderici c. 9 (MGH SS 4, 468).* – R e g . : *Böhmer/Zimmermann n. 190 et n. 248a; Germ. Pont. V/2, 209 n. *9.*

Forsitan 955 sept.–oct. in. datum esse censet Jakobs in Germ. Pont. V/2 209 n. *9. De tempore cf. et Böhmer/Zimmermann n. 248a.

*** 7727** **(955 aest.)** **Roma**

JL *3658 et JL *3673 Postquam a Brunone archiepiscopo Coloniense de eius electione litteras (Germ. Pont. VII 47 n. *107) per Hadamarum abbatem Fuldensem, qui erat missus ab Ottone I rege, translatas accepit, Brunoni pallium et reliquias s. Pantaleonis mittit, conceditque, ut „pallio praeter consuetudinem, quotiens velit, induatur“. Per Hadamarum praeterea mittit „epistolas, habentes, apostolica maiestate licitum fore regi (Ottoni I) episcopia ita ordinare, quo sibi placeat“.

L a u d . i n : *J³ 7731; Ruotgeri Vita Brunonis c. 26 (MGH SS rer. Germ. N. S. 10, 26).* – R e g . : *Böhmer/Ottenthal n. 240; Oediger Reg. Köln I 125 n. 402; Germ. Pont. VII 47 n. *108; Wisplinghoff Rhein. UB II n. 224; Böhmer/Zimmermann n. 248.*

Olim numeri duo ad a. 954 et a. 955. Cf. Böhmer/Zimmermann n. 248.

7728 **955 oct. 16** **(Roma)**

JL 3671 Balduino abbati Casinensi eiusque successoribus monasterium s. Stephani (de Montanis) in territorio Terracinensi situm concedit (Scr. p. m. Azzonis not. scrin. S.R.E. in m. oct., ind. suprascr. XIV. Dat. XVII kal. nov. p. m. Andree divini respectu gratie arcarii S.S.A. a. Deo prop. pont. d. Agapiti summi pont. et univ. iunioris pp. in ss. sede b. Petri apost. a. X, in m. et ind. suprascr.). – *Convenit apostolico moderamini.*

E d . : *Zimmermann Papsturkunden I n. 136.* – R e g . : *Ital. Pont. VIII 129 n. 48; Leccisotti Regesti dell'archivio I 277 n. 13; Böhmer/Zimmermann n. 251.*

Laud. et in Chron. mon. Casinensis I c. 59 (MGH SS 34, 147).

*** 7729** **(946–955 ante oct. ex.)** **(Roma)**

JL *3660 Coenobii Magdeburgensis iura confirmat.

L a u d . i n : *J³ 7731.* – R e g . : *Böhmer/Zimmermann n. 189; Böhmer/Zielinski n. 2310.*
De tempore cf. Böhmer/Zimmermann n. 189.

7730 **955 oct.** **(Roma)**

JL 3670 Monasterii s. Martini Lenensis possessiones, petente Segario abbate, hac lege confirmat, „ut ... singulis quibusque indictionibus pensus nomine rationibus ecclesiasticis decem argenti solidi, anno denari(os) duodecim ... persolvantur; ... nullaque ... ad dandum annue pensus ... mora proveniat, sed ultro accionariis sancte nostre ecclesie apto tempore persolvatur" (Scr. p. m. Leonis scrin. S.R.E. in m. oct., ind. XIV). – *Cum magna nobis.*

E d . : *Zimmermann Papsturkunden I n. 135.* – R e g . : *Böhmer/Zimmermann n. 250.*

7731 **(955 oct. ex.)**

Agapito II Guillelmus s. Maguntinae sedis minister queritur, quod quidam ecclesiam Maguntinam laedere vel minuere moliantur. Addit de Heroldo archiepiscopo Iuvavensi (Salisburgensi) excaecato et de Ratherio episcopo Leodicensi „sine causa eiecto"; postulat, ut concilium, sibi „carissimum Mogontiae", de his rebus aggregetur.

E d . : *Jaffé Bibl. rer. Germ. 3, 347; Quiter Magdeburg 188.* – R e g . : *Böhmer/Ottenthal n. 240; Oediger Reg. Köln I 126 n. 404; Germ. Pont. IV 75 n. 66; Germ. Pont. VII 47 n. 109; Germ. Pont. X 42 n. 61; Böhmer/Zimmermann n. 249; Germ. Pont. V/2, 210 n. 10; Böhmer/Zielinski n. 2319.*

Cf. J³ *7632, J³ *7662, J³ *7727, J³ *7729.

*** 7732** **(946–955)**

JL *3666 Cuidam locat waldum „qui dicitur Catillianum cum castello suo Civitella et turre sua et ecclesia s. Laurentii ... et portum fluminis Tiberis".

L a u d . i n : *Lib. censuum LXXI c. 25 (Fabre/Duchesne I 350).* – C a n . : *Deusdedit Coll. can. III c. 206.* – R e g . : *Ital. Pont. IV 33 n. *1; Böhmer/Zimmermann n. 191.*

JL 3667 delendum est; cf. Böhmer/Zimmermann n. †207.

*** 7733** **(946–955)**

Monasterio s. Benedicti Salernitano privilegium apostolicae protectionis concedit.

L a u d . i n : *Innocentii II privilegium (Ital. Pont. VIII 366 n. 7).* – R e g . : *Ital. Pont. VIII 365 n. *1; Böhmer/Zimmermann n. 192.*

*** 7734** **(946–955)**

Hildebodo episcopo Cabilonensi petente ad Albuinum episcopum Matisconensem litteras mittit et impetrat, ut possessiones coenobii Trenorchiensis tueatur.

L a u d . i n : *Falconis Chron. Trenorchiense c. 36 (Poupardin 96).* – R e g . : *Böhmer/Zimmermann n. 195.*

*** 7735** **(946–955)**

Odoni archiepiscopo Cantuariensi pallium tribuit.

L a u d . i n : *Radulphi de Diceto Abbreviationes (SS rer. Brit. 68/1, 16) et eiusdem Indiculus (SS rer. Brit. 68/2, 209).* – R e g . : *Böhmer/Zimmermann n. 193.*

***† 7736** **(946–955)**

Coenobio Ilsenburgensi concedit, ut monachi in omnibus parochiis officia celebrare possint.

L a u d . i n : *Burchardi ep. Halberstadtensis privilegium (Jacobs UB Ilsenburg I 9).* – R e g . : *Böhmer/Zimmermann n. †194.*

*† 7737 **(951–955)**

Principe Gisulfo (I) Salernitano auxiliante cum regibus (Italiae) Berengaro (II) atque Adalberto litigat.

L a u d . i n : *Platinae Lib. de vita 132 (RIS 3/2, 168); Benvenuti di San Giorgio Hist. (RIS 23, 327); Mattei Boiardi Chron. (RIS 9, 316).* – R e g . : *Böhmer/Zimmermann n. †233.*

* 7738 **955** **Roma**

Coenobio Rodensi, illustri Tassi petente, privilegium concedit.

L a u d . i n : *Inscriptio in Tassi sepulcro (Subias Roda 33).* – R e g . : *Martí Bonet Reg. 388 n. 11; Böhmer/Zimmermann n. 244.*

De tempore cf. Böhmer/Zimmermann n. 244.

* 7739 **(955 ex.)** **Roma**

JL *3663 Episcopos Burgundiae litteris Rodmundo episcopo Augustodunensi datis hortatur, ut anathematizent Isuardum sociosque, nisi s. Symphoriani possessiones in Provincia sitas restituerint.

L a u d . i n : *Synodica ad epp. Provinciae directa (Déléage Recueil 24).* – R e g . : *Böhmer/Zimmermann n. 252.*

Olim ad a. 946–955. De tempore cf. Böhmer/Zimmermann n. 252.

(cr. 941–980)

Cf. J[3] *7640 s. v. Stephanus VIII.

* 7740 **955 (dec. in.)** **Roma**

JL I 463 Moritur et in ecclesia s. Iohannis in Laterano sepelitur.

L a u d . i n : *Ann. Besuenses ad a. 953 (MGH SS 2, 249); Ann. s. Benigni Divionensis ad a. 954 (MGH SS 5, 40); Hugonis Flaviniacensis Chron. I ad a. 955 (MGH SS 8, 364); Ann. s. Trudperti ad a. 955 (MGH SS 17, 288).* – R e g . : *Böhmer/Zimmermann n. 253; Böhmer/Zielinski n. 2323.*

*† 7741 **(962 ante nov. 10)** **Viterbo**

Assentit, ut Otto I imperator Iohanni et Ludovico de Comitibus oppida regionesque Hernicorum donet.

L a u d . i n : *Ottonis I privilegium (nondum editum).* – R e g . : *Böhmer/Ottenthal n. 332; Böhmer/Zimmermann n. †309.*

Ottonis I privilegium „a. d. inc. 962, ind. V, reg. d. Othone I Romanorum imp. glorioso, reg. et imp. sui a. XXVI ... IV id. nov.“ datum est.

*† 7742 **(962 ante dec. 10)** **Viterbo**

Assentit, ut Otto I imperator castrum Mathelice cum omnibus iuribus Ludovico et Petro de Pontibus tribuat.

L a u d . i n : : *Ottonis I privilegium (Acquacotta Memorie di Matelica II 19).* – R e g . : *Böhmer/Ottenthal n. 336; Böhmer/Zimmermann n. †310.*

Iohannes XII (955–963)

*† 7743 **(951 aut.)**

Azzoni comiti (Canusino), qui legatum clam Canusia Romam miserat, mandat Adelheidem reginam, quae a rege Berengaro ad Azzonem fugaverit, Ottoni (I) imperatori „in coniugium copulare".

L a u d . i n : *Donizonis Canusini Vita Mathildis I c. 1 (Golinelli 26) et Epitome Polironense c. 1 (RIS ser. II 5/2, 114).* – R e g . : *Böhmer/Zimmermann n. †232.*

De fide et tempore cf. Böhmer/Zimmermann n. †232.

* 7744 **955 dec. 16** **Roma**

JL I 463 Consecratur.

L a u d . i n : *Flodoardi Remensis Ann. ad a. 954 (Lauer 140); Chron. mon. Casinensis I c. 61 (MGH SS 34, 153); Hugonis Flaviniacensis Chron. I ad a. 955 (MGH SS 8, 364); Chron. Vulturnense (FSI 58, 94).* – R e g . : *Böhmer/Zimmermann n. 254; Böhmer/Zielinski n. 2323.*

7745 **(955 ex.)** **(Roma)**

JL 3674 Wilhelmo archiepiscopo Maguntino significat litteras eius Agapito (II) inscriptas sibi redditas esse. Miserias eius hominumque insidias dolet; quorum conatibus se obstiturum affirmat, curaeque sibi fore, ut „honor unicuique proprius maneat". Hortatur ad resistendum eis, „qui contumaces et inique vivere" volunt et „aecclesias Dei devastare" satagunt. De omnibus, „quae in Galliarum atque Germanię partibus" agantur, certior fieri vult. – *Litteras quas sanctae.*

E d . : *Zimmermann Papsturkunden I n. 137.* – R e g . : *Böhmer/Ottenthal n. 240n; Germ. Pont. IV 76 n. 67; Böhmer/Zimmermann n. 258.*

* 7746 **955 (ex.)**

Aimerico archiepiscopo privilegia ecclesiae Narbonensis confirmat.

L a u d . i n : *Inventarium archivi archiepiscopalis Narbonensis a. 1639 (Wiederhold PUU Frankreich VII 10 not. 5).* – R e g . : *Böhmer/Zimmermann n. 259.*

7747 **956 ian. 2** **(Roma)**

JL 3675 Monasterii s. Mariae Humolariensis privilegia possessionesque, „gloriosae indolis puer(o) scilicet Lothari(o) re(ge) Francorum" per legatos petente, confirmat (Scr. p. m. Leonis sacri scrin. S.S.A. in m. ian., pro ind. XIV. Dat. IV non. ian. p. m. Georgii secund. S.S.A. a. I D. prop. pont. d. Ioannis summi pont. et univ. pp., in I m. et ind. XIV). – *Si iustis petitionibus.*

E d . : *Lohrmann PUU Frankreich NF VII 230 n. 4; Zimmermann Papsturkunden I n. 138; Evergates/Constable Chartulary 43.* – R e g . : *Böhmer/Zimmermann n. 264.*

7748 **956 ian. 9** **(Roma)**

JL 3676 Monasterii s. Vitoni Virdunensis privilegia et possessiones, petente Berengario episcopo Virdunensi, confirmat (Scr. p. m. Leonis scrin. S.S.A. in m. ian. per ind. XIV. Dat. V id. ian. p. m. Marini ep. et S.S.A. bibl. a. Deo prop. pont. d. Iohannis summi pont. et univ. XII pp. in ss. sede b. Petri apost. I, in m. et ind. XIV). – *Convenit apostolico moderamini.*

E d . : *Insertum in Hugonis Flaviniacensis Chron. (MGH SS 8, 366); Zimmermann Papsturkunden I n. 139.* – R e g . : *Parisse Bull. Lorraine 11 n. 13; Böhmer/Zimmermann n. 265.*

Laud. et in Hugonis Flaviniacensis Chron. (MGH SS 8, 364).

***† 7749 (956 in.) Roma**

Iohanni XII Otto (I) imperator litteras de miraculo b. Mariae virgine facto tradit vovitque se „ex toto" tres ecclesias ad maiorem b. Mariae virginis honorem extructurum.

L a u d . i n : *Miraculum immaculatae semper virginis Mariae factum Othoni imperatori I (Negri Chiesa di Parenzo 190); J³ †7750; J³ †7751.* – R e g . : *Böhmer/Zimmermann n. †266.*

Cf. Ital. Pont. VII/2 102sq. et 232sq.

† 7750 956 mart. 21 Roma

JL †3677 Rodoaldo patriarchae Aquileiensi ecclesiam s. Mauri Parentinam, rogatu Ottonis imperatoris Romanorum, consecrandam committit (Dat. Rome XII kal. apr., pont. n. a. I). – *Accedens ad presenciam.*

E d . : *Zimmermann Papsturkunden I n. †140.* – R e g . : *Ital. Pont. VII/2, 233 n. †1; Böhmer/Zimmermann n. †267.*

Cf. J³ *†7749.

† 7751 956 apr. 1 Roma, Laterano

Bono (Heliae) patriarchae Gradensi ecclesiam b. Mariae de Muriano, rogatu Ottonis imperatoris Romanorum, consecrandam committit (Dat. Rome apud s. Iohannem Lat. kal. apr., pont. n. a. I). – *Accedens ad presentiam.*

E d . : *Zimmermann Papsturkunden I n. †141.* – R e g . : *Ital. Pont. VII/2, 49 n. †61 et 103 n. †1; Böhmer/Zimmermann n. †268.*

Olim ad 956 mart. 21. De tempore cf. Zimmermann Papsturkunden I n. †141. Cf. et J³ *†7749.

† 7752 (956) apr. 22

JL †3678 Aedredum regem monet, ut veterrimi Angliae monasterii ss. Petri et Pauli (Cantuariensis) privilegia tueatur (Dat. X kal. imp. d. piissimo aug. Ottone, a. II regni eius, ind. XI). – *Studio divini cultus.*

E d . : *Zimmermann Papsturkunden I n. †142.* – R e g . : *Böhmer/Zimmermann n. †269.*

Laud. et in Calixti II privilegio (JL 6878). De tempore cf. Böhmer/Zimmermann n. †269.

† 7753 (956 apr. 22)

JL †3679 Monasterii ss. Petri et Pauli Cantuariensis privilegia, petente Aedredo rege, confirmat, eaque ab Odone archiepiscopo Cantuariensi conservari iubet. – *Inter preclaras sacre.*

E d . : *Zimmermann Papsturkunden I n. †143.* – R e g . : *Böhmer/Zimmermann n. †270.*

Laud. et in Calixti II privilegio (JL 6878). Olim ad a. 956 apr.–dec. De tempore cf. Böhmer/Zimmermann n. †270.

***† 7754 (956 iun.)**

JL †*3681 Ecclesiam s. Maximi Forconensem (Aquilanam) dignitate episcopali ornat, tuendam suscipit, omniaque quae Otto imperator ei „concesserat et determinaverat" confirmat.

L a u d . i n : *Inventio s. Maximi (AASS oct. 8, 407).* – R e g . : *Ital. Pont. IV 235 n. †*1; Böhmer/Zimmermann n. †271.*

Olim ad a. 956. De tempore cf. Böhmer/Zimmermann n. †271.

7755 956 dec. 19 (Roma)

JL 3680 Ecclesiae Beneventanae possessiones, rogante Landulfo episcopo, confirmat (Scr. p.

m. Leonis scrin. S.R.E. in m. dec., ind. XV. Dat. XVIII kal. ian. p. m. Marini ep. et S.S.A. bibl. a. Deo prop. pont. d. n. Iohannis summi pont. et univ. XII pp. in ss. sede b. Petri apost. II, in m. et. ind. suprascr. XV). – *Cum summe et.*

Ed.: *Zimmermann Papsturkunden I n. 144.* – Reg.: *Ital. Pont. IX 54 n. 13; Böhmer/Zimmermann n. 272.*

* 7756 **(956)**

Bono patriarchae Gradensi pallium utendum diebus praedecessoribus concessis concedit.

Laud. in: *Andreae Danduli Chron. VIII c. 14 (RIS ser. II 12/1, 175).* – Reg.: *Ital. Pont. VII/2, 49 n. *62; Böhmer/Zimmermann n. 261.*

* 7757 **(956)**

Redditum Camponis abbatis Farfensis in coenobium eius impedit et iubet, ut Adam abbas Lucensis ei praesit.

Laud. in: *Hugonis Farfensis Destructio (FSI 33, 41); Gregorii Catinensis Chron. Farfense (FSI 33, 329).* – Reg.: *Böhmer/Zimmermann n. 262.*

*† 7758 **956**

Ottoni abbati s. Dalmatii Pedonensi privilegia coenobii a se restituti confirmat (a. 956).

Laud. in: *Chron. Pedonense Iacobi Berardenci dictum (Durandi Il Piemonte cispadano antico 153 not. a).* – Reg.: *Böhmer/Zimmermann n. †263.*

De fide Chron. Pedonensis cf. Böhmer/Zimmermann n. †263.

7759 **957 ian. 8** **(Roma)**

JL 3682 H(einrico) archiepiscopo Treverensi pallii usum concedit, eumque ad vitam honeste agendam adhortatur (Scr. p. m. Leonis scrin. S.S.A. in m. ian., ind. XV. Dat. VI id. ian. p. m. Leonis nomenc. S.S.A. a. Deo prop. pont. d. Iohannis summi pont. et univ. XII pp. in ss. sede b. Petri apost. II, in m. ian., ind. XV, a. inc. D. 957). – *Si pastores ovium.*

Ed.: *Zimmermann Papsturkunden I n. 145.* – Reg.: *Germ. Pont. X 42 n. 62; Böhmer/Zimmermann n. 275; Böhmer/Zielinski n. 2347A.*

† 7760 **957 mai. 6** **Roma, Laterano**

Pisanam reipublicam admonet, ut ecclesiam Romanam et incrementum eius defendat (Dat. Lat. II non. mai. D. inc. a. 957, pont. n. a. II). – *In tanta seculi.*

Ed.: *Zimmermann Papsturkunden I †146.* – Reg.: *Ital. Pont. III 356 n. †6; Böhmer/Zimmermann n. †276.*

* 7761 **(957)** **Roma**

Oscytelo archiepiscopo Eboracensi, qui cum suo consanguineo Oswaldo Romam migratur, pallium tribuit.

Laud. in: *Eadmeri Cantuariensis Vita Oswaldi c. 9 (SS rer. Brit. 71/2, 14);.* – Reg.: *Böhmer/Zimmermann n. 274.*

* 7762 **(958 post apr.)**

Friderico archiepiscopo Salisburgensi pallium concedit.

Laud. in: *J³ 7782.* – Reg.: *Germ. Pont. I 14 n. *30; Böhmer/Zimmermann n. 277; Böhmer/Zielinski n. 2380.*

7763 **958 mai. (in.)** **Subiaco**

JL I 464 Residens in monasterio Sublacensi cum Marino Polimartiensis ecclesiae episcopo et bibliothecario s. sedis apostolicae, Constantino Portuensi et Iohanne (II) Tiburtino episcopis seu Romanorum iudicibus, Georgio secundicerio, Leone protoscrinario aliisque, praecipit, ut omnes adversarii monasterii ante suam praesentiam veniant, ut omnia bona monasterio reddant (a. Deo prop. pont. d. Johannis summi pont. et univ. XII pp. in ss. sede b. Petri apost., ind. I, m. mai. d. ...).

E d . : *Allodi/Levi Reg. Sublacense 54.* – R e g . : *Ital. Pont. II 89 n. 17; Zimmermann Papsturkunden I n. 147; Böhmer/Zimmermann n. 278.*

De fide dubitandum est. De tempore cf. Böhmer/Zimmermann n. 278.

7764 958 mai. 10 (Subiaco)

JL 3684 Monasterii s. Benedicti et s. Scolasticae Sublacensis possessiones, petente Leone abbate, ea lege „ut cotidianis diebus sacerdotes et monachi ... pro remedio animę nostrę nostrorumque successorum clament ... centum Kirie leyson et centum Christi eleyson et sacerdotes sacras oblationes in missarum solemniis tribus vicibus per singulas ebdomadas pro absolutione nostrę animę nostrorumque successorum pontificum omnipotenti Domino offerant" (Scr. p. m. Leonis scrin. et not. s. S.S.A. in m. mai., ind. supra iam dicta I. Dat. VI id. mai. p. m. Marini ep. s. Polimartiensis eccl. et bibl. S.A.S. a. Deo prop. pont. d. n. Iohannis summi pont. et univ. X[II] pp. in ss. sede b. Petri apost. III, in m. mai. et ind. suprascr. I). – *Cum pie desiderium.*

E d . : *Zimmermann Papsturkunden I n. 148.* – R e g . : *Ital. Pont. II 89 n. 18; Böhmer/Zimmermann n. 279.*

JL 3685 delendum est; cf. Böhmer/Zimmermann n. 252.

***7765 (959)**

Erchembaldum archiepiscopum Senonensem electum confirmat.

L a u d . i n : *Gaufridi de Collone Chron. (Julliot 346).* – R e g . : *Böhmer/Zimmermann n. 280.*

De tempore cf. Böhmer/Zimmermann n. 280.

***7766 (959)**

JL I 465 Capuam cum exercitu properat.

L a u d . i n : *Chron. Salernitanum c. 166 (Westerbergh 170).* – R e g . : *Ital. Pont. VIII 336 n. *15; Böhmer/Zimmermann n. 281.*

Olim ad a. cr. 960. De tempore cf. Böhmer/Zimmermann n. 281.

7767 960 sept. 21 (Roma)

JL 3687 Dunstani archiepiscopi Cantuariensis primatum confirmat et pallii usum concedit (Et hoc scr. est p. m. Leonis scrin. S.A. in m. oct., ind. IV datarum d. XI kal. oct., a. XII summi pont. Iohannis). – *Si pastores ovium.*

E d . : *Insertum in Eadmeri Cantuariensis Hist. V (SS rer. Brit. 81, 274); Guillelmi Malmesburiensis Gestis pont. I c. 39 (Winterbottom 82); in eiusdem Vita Dunstani c. 7 (SS rer. Brit. 63, 296); Zimmermann Papsturkunden I n. 149.* – R e g . : *Böhmer/Zimmermann n. 284.*

Laud. et in Vita Dunstani auctore B c. 28 (SS rer. Brit. 63, 40), Osberni Cantuariensis Vita Dunstani c. 32 (SS rer. Brit. 63, 108), Florentii Wigorniensis Chron. (Thorpe I 139), Simeonis Dunelmensis Hist. (SS rer. Brit. 75/2, 129), Chron. abb. Rameseiensium (SS rer. Brit. 83, 25). Olim ad a. 960 oct. De tempore cf. Böhmer/Zimmermann n. 284.

***7768 960 (aut.)**

JL *3686 Ottonem (I) regem missis per Iohannem diaconum cardinalem et Azonem scriniarium litteris hortatur, ut „se sibique commissam sanctam Romanam ecclesiam ex Berengarii et Adalberti faucibus liberet, ac saluti et libertati pristinae restituat".

L a u d . i n : *Liudprandi Cremonensis Hist. Ottonis c. 1 (MGH SS rer. Germ. 41, 159); Cont. Reginonis ad a. 960 (MGH SS rer. Germ. 50, 170); Translatio Epiphanii c. 1 (MGH SS 4, 248); Vita Mathildis reginae antiquior c. 13 (MGH SS rer. Germ. 66, 131); Ann. Weissenburgenses ad a. 961 (MGH SS rer. Germ. 38, 39); Ann. Quedlinburgenses ad a. 961 (MGH SS rer. Germ. 72, 469);*

Benedicti s. Andreae Chron. (FSI 55, 174); Chron. Salernitanum c. 169 (Westerbergh 171); Thietmari Merseburgensis Chron. II c. 13 (MGH SS rer. Germ. N. S. 9, 52); Vita Mathildis reginae posterior c. 21 (MGH SS rer. Germ. 66, 186); Ann. Hildesheimenses ad a. 961 (MGH SS rer. Germ. 8, 22); Ann. Altahenses ad a. 961 (MGH SS rer. Germ. 4, 10); Lamperti Hersfeldensis Ann. ad a. 961 (MGH SS rer. Germ. 38, 38); Frutolfi/Ekkehardi Chron. (MGH SS 6, 189); Sigeberti Gemblacensis Chron. ad a. 961 (MGH SS 6, 350); Ann. Saxo ad a. 960 (MGH SS 37, 194); Ann. Magdeburgenses ad a. 961 (MGH SS 16, 147). – Reg.: *Böhmer/Ottenthal n. 289b; Böhmer/Zimmermann n. 283; Böhmer/Zielinski n. 2433.*

Olim ad a. 960. De tempore cf. Böhmer/Zimmermann n. 283.

*7769 **960** **Regensburg**

Iohannis (XII) legati, Iohannes S.R.E. archidiaconus et Azo protoscriniarius, una cum permultis aliis episcopis curiae intersunt Ottonis (I) regis.

Laud. in: *Liudprandi Cremonensis Hist. Ottonis c. 1 (MGH SS rer. Germ. 41, 159); Cont. Reginonis ad a. 960 (MGH SS rer. Germ. 50, 170); Translatio Epiphanii c. 1 (MGH SS 4, 248); Benedicti s. Andreae Chron. (FSI 55, 174).* – Reg.: *Böhmer/Ottenthal n. 289b; Germ. Pont. IX 153 n. *12.*

De ceteris fontibus cf. Böhmer/Ottenthal n. 289b.

*7770 **(960)** **Roma**

Capellam s. Thomae in atrio basilicae Lateranensis construit.

Laud. in: *Iohannis Romani Descriptio Lateranensis eccl. (FSI 90, 350).* – Reg.: *Böhmer/Zimmermann n. 282.*

De tempore cf. Böhmer/Zimmermann n. 282.

7771 **(961 dec. in.)** **Roma**

Iohanni XII Otto (I) rex per nuntios iurat se, si permittente Deo Romam venerit, sanctam Romanam ecclesiam et domnum Iohannem papam exaltaturum secundum suum posse.

Ed.: *MGH Const. 1, 23; Mirbt/Aland Quellen 268.* – Reg.: *Böhmer/Ottenthal n. 309a; Germ. Pont. IV 370 n. *47; Böhmer/Zimmermann n. 287; Böhmer/Zielinski n. 2489.*

7772 **961 dec. 10** **(Roma)**

JL 3688 Monasterii s. Salvatoris et s. Bonifatii Fuldensis privilegia, petente Hattone abbate, confirmat (Scr. p. m. Leonis secund. S.A. in m. dec., ind. V. Dat. IV id. dec. p. m. Iohannis ep. et bibl. S.S.A. a. Deo prop. pont. d. Iohannis summi pont. et univ. pp. XII in ss. sede b. Petri apost. VI, ind. V). – *Quoniam semper sunt.*

Ed.: *Zimmermann Papsturkunden I n. 150; Meyer zu Ermgassen Codex Eberhardi I 30 et 31.* – Reg.: *Germ. Pont. IV 370 n. 48; Böhmer/Zimmermann n. 288.*

*7773 **(961 dec. med.)** **Roma**

Monasterium Gernrodense a Gerone (I) marchione (orientali Saxonico) nuper conditum sub iurisdictione S.R.E. constitutum confirmat.

Laud. in: *J³ 7805; Innocentii III privilegium (Potthast 3157; Reg. Innocenz' III. 10, 176); Thietmari Merseburgensis Chron. II c. 19 (MGH SS rer. Germ. N. S. 9, 60).* – Reg.: *Böhmer/Zimmermann n. 289; Germ. Pont. V/2, 332 n. *1.*

*7774 **(955–961)**

JL *3698 Petro archiepiscopi Ravennatis de parte comitatus Ferrariensis privilegium confirmat.

Laud. in: *Placitum de a. 970 (FSI 96, 98).* – Reg.: *Ital. Pont. V 50 n. *157; Böhmer/Zimmermann n. 256.*

Olim ad a. 955–964. De tempore cf. Böhmer/Zimmermann n. 256.

*7775 **(955–961)**

(Iohanni XII) Bruno archiepiscopus Coloniensis frustra conatur persuadere, ut episcopatum Bremensem iterum ecclesiae Coloniensi supponat.

Laud. in: *Adami Bremensis Gesta II c. 6 (MGH SS rer. Germ. 2, 65).* – Reg.: *Oediger Reg. Köln I 136 n. 443; Böhmer/Zimmermann n. 257.*

*†7776 **(956–961)** **Roma**

Legatum ad Pretiosam abbatissam s. Cyriaci in Viam latam (Romani) cum mandato mittit, quod diabolicum recusat; qua de causa pontifex (Iohannes) ei et coenobio eius damnum inferre cupit.

Laud. in:: *Translatio s. Cyriaci (AASS aug. 2, 338).* – Reg.: *Böhmer/Zimmermann n. †260.*

*†7777 **(962 ante febr. 2)**

Ottonem I regem, qui Romam venit, „cum ... corona imperii" decorare negat, nisi coenobium s. Mauritii (in Burgundia siti) in pristinum statum reducere promittat.

Laud. in: *Thomae Tusci Gesta (MGH SS 22, 496).* – Reg.: *Böhmer/Zimmermann n. †292.*

De tempore cf. Böhmer/Zimmermann n. †292.

*7778 **962 (febr. 2)** **Roma**

JL I 465 Ottonem (I) regem honorifice excipit.

Laud. in: *Lib. pont. (Duchesne II 246); Benedicti s. Andreae Chron. (FSI 55, 175); Ann. Hildesheimenses ad a. 962 (MGH SS rer. Germ. 8, 22); Bonizonis Sutrini Lib. ad. amicum IV (MGH Ldl 1, 581); Frutolfi/Ekkehardi Chron. (MGH SS 6, 189); Ann. Magdeburgenses ad a. 961 (MGH SS 16, 147).* – Reg.: *Böhmer/Ottenthal n. 390c; Böhmer/Zimmermann n. 293; Böhmer/Zielinski n. 2491.*

Olim ad a. 962 ian. 31. De tempore cf. Böhmer/Zimmermann n. 293.

*7779 **962 febr. 2** **Roma, S. Pietro**

JL I 465 Ottonem (I) imperatorem et Adelheidam imperatricem coronat in purificatione s. Mariae.

Laud. in: *J³ 7788; J³ †7864; Ann. Sangallenses maiores ad a. 962 (Henking 291); Liudprandi Cremonensis Hist. Ottonis c. 3 (MGH SS rer. Germ. 41, 160); Cont. Reginonis ad a. 962 (MGH SS rer. Germ. 50, 171); Translatio Epiphanii c. 1 (MGH SS 4, 249); Benedicti s. Andreae Chron. (FSI 55, 175).* – Reg.: *Böhmer/Ottenthal n. 309c; Böhmer/Zimmermann n. 294; Böhmer/Zielinski n. 2491.*

De pluribus ceteris fontibus cf. Böhmer/Zimmermann n. 294.

*7780 **(962 febr. 2)** **Roma**

Iohannem (XII) Otto (I) imperator ingentibus gemmarum, auri argentique muneribus honorat.

Laud. in: *Liudprandi Cremonensis Hist. Ottonis c. 3 (MGH SS rer. Germ. 41, 160).* – Reg.: *Böhmer/Ottenthal n. 309c; Böhmer/Zimmermann n. 295.*

*7781 **962 (febr. 2)** **Roma**

Cum principibus Romanorum in verba Ottoni (I) imperatori fidem spondit se neque umquam ab eo deficere neque regem Berengarum (II) aut Adalbertum adiuvare.

Laud. in: *Liudprandi Cremonensis Hist. Ottonis c. 3 (MGH SS rer. Germ. 41, 160); Cont. Reginonis ad a. 962 (MGH SS rer. Germ. 50, 171); Sigeberti Gemblacensis Chron. ad a. 961 (MGH SS 6, 350); Ann. Saxo ad a. 962 (MGH SS 37, 196).* – Reg.: *Böhmer/Ottenthal n. 309c; Böhmer/Zimmermann n. 296.*

7782 **962 febr. 7** **(Roma)**

JL 3689 Ecclesiae Salisburgensis privilegia et possessiones confirmat. Friderico archiepiscopo pallium, petente Ottone (I) imperatore, concedit. Heroldum caecatum deiectumque archiepiscopum, nisi procurare sacra desistat, anathematizatum iri denunciat (Scr. p. m. Stephani not. et reg. atque scrin. S.S.A. in m. febr., ind. V. Dat. VII id. febr. p. m. Andree arcarii S.S.A. imp. d. Ottone piissimo aug. a Deo cor. magno imp. a. I, in m. I, ind. n. V). – *Si sacerdotum ac.*

Ed.: *Zimmermann Papsturkunden I n. 152.* – Reg.: *Germ. Pont. I 14 n. 31; Böhmer/Zimmermann n. 302.*

Laud. et in Lucii III privilegio (JL 14635, Böhmer/Baaken/Schmidt n. 220). Cf. J³ *7719 et J³ *7762.

*7783 **(962 febr. in.)** **Roma**

Ottoni (I) imperatori varias reliquias (ss. Laurentii, Sebastiani, Felicitatis, Cyriaci) donat.

Laud. in: *Sigeberti Gemblacensis Vita Deoderici c. 16 (MGH SS 4, 476); Denotatio reliquiarum (MGH SS 30/2, 956).* – Reg.: *Böhmer/Ottenthal n. 309c; Swinarski Herrschen mit Heiligen 414 n. 123; Böhmer/Zimmermann n. 297.*

*7784 **962 febr. (in.)** **Roma**

Una cum Ottone I imperatore in ecclesia b. Petri apostoli synodum celebrat.

Laud. in: *J³ 7788; Lib. pont. (Duchesne II 246); Herimanni Augiensis Chron. ad a. 962 (MGH SS 5, 115); Bernoldi Constantiensis Chron. ad a. 962 (MGH SS 5, 423).* – Reg.: *Böhmer/Ottenthal n. 310; Böhmer/Zimmermann n. 298.*

De synodo cf. et MGH Conc. 6/1, 213.

*7785 **(962 febr. in.)** **(Roma)**

JL *3693 Ratherium in episcopatum Veronensem restitui iubet.

Laud. in: *Ratherii Veronensis Epist. 22 et 26 (MGH Briefe d. dt. Kaiserzeit 1, 116 et 142).* – Reg.: *Ital. Pont. VII/1, 221 n. *14; Böhmer/Zimmermann n. 299.*

Olim ad a. 962. De tempore cf. Böhmer/Zimmermann n. 299.

†7786 **(962 febr. in.)** **Roma**

Dum synodus in ecclesia b. Petri apostoli celebratur (cf. J³ *7784), in praesentia Iohannis (XII) et CXVII episcoporum Otto (I) imperator cum auctoritate papae atque synodalium „monasteri(o) in Ratispona civitate, quod est constructum in honore ... dei martyris Emmerammi", privilegium renovat et monasterium ad censum annuum persolvendum obligat.

Ed.: *MGH DD O I n. 457.* – Reg.: *Böhmer/Ottenthal n. 539; Böhmer/Zimmermann n. †300.*

*†7787 **(962 febr. in.)** **Roma**

Ottonis (I) imperatoris privilegium confirmat, quo abbatia „s. Iohannis ewangelistę quę in suburbio Treuirorum sita est, ubi s. Maximinvs preciosissimus confessor corpore quiescit", Adelheidae imperatrici dotis nomine traditur; suscipit monasterium sub apostolicae sedis munimine.

Laud. in: *Ottonis I privilegium (MGH DD O I n. 442).* – Reg.: *Böhmer/Ottenthal n. 312; Germ. Pont. X 202 n. †*6; Böhmer/Zimmermann n. †301.*

7788 **962 febr. 12** **(Roma)**

JL 3690 (Guillelmum) archipraesulem Maguntinum ceterosque Germaniae metropolitanos admonet, ut fundationi archiepiscopatus Magdeburgensis et episcopatus Merseburgensis consentiant et faveant; concedit, ut in episcopatibus constituendis per consensum V metropolitanorum successorumque eorum ab archiepiscopo Magdeburgensi episcopi consecrentur suffraganei (Scr. p. m. Leonis scrin. S.S.A. in m. febr., ind. V. Dat. II id. febr. p. m. Georgii secund. S.S.A. a. Deo prop. pont. d. Iohannis summi pont. et univ. XII pp. VII, sed imp. d. piissimo aug. Ottone a Deo cor. magno imp. a. I, in m. et ind. suprascr. V). – *Quociens ad provectum.*

E d . : *Insertum ap. Ann. Saxonem (MGH SS 37, 197); Zimmermann Papsturkunden I n. 154; MGH Conc. 6/2, 217.* – R e g . : *Böhmer/Ottenthal n. 310; Oediger Reg. Köln I 136 n. 444; Germ. Pont. IV 76 n. 68; Germ. Pont. VI 47 n. 51; Germ. Pont. VII 47 n. 110; Germ. Pont. X 43 n. 64; Böhmer/Zimmermann n. 304; Germ. Pont. V/2, 487 n. 10.*

Cf. J³ *7779 et J³ *7784.

7789 **962 febr. 12** **(Roma)**

JL 3691 Henrico archiepiscopo Treverensi usum pallii iterum concedit (Scr. p. m. Leonis scrin. S.S.A. in m. febr., ind. V. Dat. II id. febr. p. m. Iohannis bibl. S.S.A. a. Deo prop. pont. d. Iohannis summi pont. et univ. XII pp. in ss. sede b. Petri apost. VII, imp. d. piissimo perp. aug. Ottone a Deo cor. magno imp. a. I, in m. febr., ind. V). – *Si pastores ovium.*

E d . : *Zimmermann Papsturkunden I n. 153.* – R e g . : *Germ. Pont. X 43 n. 63; Böhmer/Zimmermann n. 303.*

7790 **962 febr. 13** **(Roma)**

Iohanni XII Otto (I) imperator et Otto (II) rex privilegium (= privilegium Ottonianum) concedunt (A. d. inc. 962, ind. V, m. febr., XIII d. eiusdem m., a. vero d. Ottonis imp. invictissimi imp. XXVII).

E d . : *MGH Const. 1, 23; Mirbt/Aland Quellen 269.* – R e g . : *Böhmer/Ottenthal n. 311; Böhmer/Mikoletzky n. 578a; Ortmanns Minden 133 n. 8; Germ. Pont. IV 279 n. 4 et 371 n. 49; Böhmer/Zimmermann n. 305; Germ. Pont. IX 117 n. 18 et 153 n. 13; Germ. Pont. V/2, 24 n. 15.*

Cf. J³ *5405.

7791 **962 mart. 8** **(Roma)**

JL 3692 Monasterii ss. Stephani et Dionysii et Silvestri (in Capite Romani) possessiones confirmat petente Theophylacto abbate (Scr. p. m. Leonis scrin. S.R.E., in m. mart. et ind. suprascr. V. Dat. VII d. mart. p. m. Iohannis ep. et bibl. S.S.A. a. Deo prop. pont. d. n. Iohannis summi pont. et univ. XII pp. in ss. sede b. Petri apost. VII). – *Convenit apostolico moderamine.*

E d . : *Zimmermann Papsturkunden I n. 155.* – R e g . : *Ital. Pont. I 83 n. 7; Böhmer/Zimmermann n. 306.*

***7792** **962 (aest. in.)** **Roma**

JL I 466 Synodus, in qua Hugo quondam archiepiscopus Remensis excommunicatur.

L a u d . i n : *Flodoardi Remensis Ann. ad a. 962 (Lauer 151 et 153); Richeri Remensis Hist. III c. 16 (MGH SS 38, 178).* – R e g . : *Böhmer/Zimmermann n. 307.*

De synodo et tempore cf. et MGH Conc. 6/2, 226.

†7793 **962 iul.** **(Roma)**

JL †3696 Monasterii s. Vincentii Vulturnensis possessiones et privilegia confirmat petente Paulo abbate (Scr. p. m. Benedicti S.R.E. in m. iul., ind. V in ss. sede b. Petri apost. VII a. pont. d. Iohannis). – *Cum magna nobis.*

E d . : *Zimmermann Papsturkunden I n. †156.* – R e g . : *Ital. Pont. VIII 249 n. †12; Böhmer/Zimmermann n. †308.*

Olim ad a. 963 iul. De tempore cf. Böhmer/Zimmermann n. †308.

7794 **(962 ante sept.)** **(Roma)**

Aligerno abbati Casinensi verbotenus privilegium (Marini II, J³ 7648) repetit (Scr. p.

m. Stephani not. reg. et scrin. S.R.E. in m. et ind. suprascr. V). – *Convenit apostolico moderamini.*

Ed.: *Zimmermann Papsturkunden I n. <151.* – Reg.: *Ital. Pont. VIII 130 n. 49; Böhmer/Zimmermann n. 291.*

Laud. et in Chron. mon. Casinensis II c. 1 (MGH SS 34, 165). Olim ad a. 962?. De fide cf. Zimmermann Papsturkunden I n. <151.

*7795 **(962 ante dec. 19)** **Nocera**

Ottonem I petit, ut possessiones ecclesiae Comacensis confirmet.

Laud. in: *Ottonis I privilegium (Bellini Due diplomi 251).* – Reg.: *Samaritani Reg. Pomposiae I 70 n. 13; Böhmer/Zimmermann n. 311.*

*7796 **(961–962)**

Vitali patriarchae Gradensi pallium concedit utendum diebus praedecessoribus concessis et contentis in privilegiis ecclesiae Gradensis.

Laud. in: *Andreae Danduli Chron. VIII c. 14 (RIS ser. II 12/1, 177).* – Reg.: *Ital. Pont. VII/2, 49 n. *63; Böhmer/Zimmermann n. 286.*

*7797 **963 (in.)**

Adalbertum regem (Italiae), qui saepius auxilium petivit et denique promissionibus factis papam sibi conciliavit, Romam invitat et pollicetur se eum contra imperatorem (Ottonem I) adiuvare.

Laud. in: *Liudprandi Cremonensis Hist. Ottonis c. 4 (MGH SS rer. Germ. 41, 160); Cont. Reginonis ad a. 963 (MGH SS rer. Germ. 50, 172); Sigeberti Gemblacensis Chron. ad a. 963 (MGH SS 6, 350); Ann. Saxo ad a. 963 (MGH SS 37, 198); Ann. Magdeburgenses ad a. 963 (MGH SS 16, 147); Ottonis Frisingensis Chron. VI c. 23 (MGH SS rer. Germ. 45, 286).* – Reg.: *Böhmer/Ottenthal n. 340a; Böhmer/Zimmermann n. 312.*

7798 **963 apr. 25** **(Roma)**

JL 3694 Monasterium ss. Petri, Iohannis, Viti, Stephani et Agathae Bibracense, a Billungo comite conditum, unius sedis apostolicae iurisdictioni subicit, bonaque eius confirmat, ea lege, ut sibi suisque „successoribus singulis quibusque indictionibus pensi nomine rationa(biliter una libri) argenti ... super altare sancti Petri conferatur" (Scr. p. m. Leonis scrin. not. S.S.A. in m. apr., ind. VI. Dat. VII kal. mai. p. m. Andreę arcarii S.S.A. a. Deo prop. pont. d. Iohannis summi pont. et univ. XII pp. in ss. sede b. Petri apost. VII, imp. piissimo perp. aug. Ottone a Deo cor. magno et pacifico imp. a. II, in m. apr., ind. suprascr. VI). – *Cum summe apostolice.*

Ed.: *Zimmermann Papsturkunden I n. 157.* – Reg.: *Germ. Pont. IV 324 n. 1; Böhmer/Zimmermann n. 314.*

*7799 **(963 mai.)**

JL I 466 Leonem episcopum Velletrensem Iohannemque diaconum cardinalem legatos ob iniurias Ottonis (I) imperatoris sibi illatas Constantinopolim mittit.

Laud. in: *Liudprandi Cremonensis Hist. Ottonis c. 6 (MGH SS rer. Germ. 41, 163).* – Reg.: *Böhmer/Ottenthal n. 348b; Böhmer/Zimmermann n. 315.*

*7800 **(963 mai.)**

JL *3695 Ungaros per Saleccum „natione Bulgarium, educatione Ungarium" et Zachaeum episcopum per litterasque „plumbo signatos" hortatur, ut super Ottonem (I) imperatorem irruant.

Laud. in: *Liudprandi Cremonensis Hist. Ottonis c. 6 (MGH SS rer. Germ. 41, 162).* – Reg.: *Böhmer/Ottenthal n. 348b; Böhmer/Zimmermann n. 315.*

Olim ad a. 963 apr.–iul. De tempore et de Zachaeo episcopo cf. Böhmer/Zimmermann n. 315.

*7801 **(963 mai.–iun. in.)**

Leonem S.R.E. protoscriniarium et Demetrium (Meliosi) nobilem Romanum ad Ottonem (I) imperatorem mittit, ut accusationes contra papam factam (Böhmer/Zimmermann n. 313) excusent et de Leone episcopo (Velletrensi) et Iohanne diacono cardinali infidelibus (cf. J[3] *7799) ab imperatore suscepto conquerant.

Laud. in: *Liudprandi Cremonensis Hist. Ottonis c. 6 (MGH SS rer. Germ. 41, 162).* – Reg.: *Böhmer/Ottenthal n. 348b; Böhmer/Zimmermann n. 316.*

*7802 **(963 mai.–iun. in.)**

Iohannem XII Landohardus Mimendensis et Liudprandus Cremonensis episcopi, ab Ottone I imperatore emissi, una cum Leone S.R.E. protoscriniario et Demetrio (Meliosi) nobili Romano, legatis papae ab imperatore remissis, adeunt ad querelas quasdam aut duello aut iuramento dirimendas, sed a papa inique recepti post dies octo una cum Iohanne episcopo Narniensi et Benedicto cardinali diacono infecta re ad imperatorem revertuntur.

Laud. in: *Liudprandi Cremonensis Hist. Ottonis c. 7 (MGH SS rer. Germ. 41, 163).* – Reg.: *Böhmer/Ottenthal n. 348b; Böhmer/Zimmermann n. 316; Germ. Pont. IX 153 n. *14.*

*7803 **963 (iun. in.)** **Roma**

JL I 466 Adalbertum (quondam Italiae regem) honorifice suscipit.

Laud. in: *Liudprandi Cremonensis Hist. Ottonis c. 7 (MGH SS rer. Germ. 41, 164); Ann. Altahenses ad a. 963 (MGH SS rer. Germ. 41, 10); Excerpta ex Widonis Lib. (MGH Ldl 1, 465); Bernoldi Constantiensis De damnatione (MGH Ldl 2, 44).* – Reg.: *Böhmer/Ottenthal n. 348b; Böhmer/Zimmermann n. 317.*

Olim ad a. 962 cr. iul. De tempore cf. Böhmer/Zimmermann n. 317.

*7804 **(963 cr. apr. 25–iun.)** **Roma**

Apud (Iohannem XII) Gero marchio (orientalis Saxonicus) „emeritus iam senex", qui „coram altari principis apostolorum Petri arma victricia" deposuit, brachium s. Cyriaci impetrat.

Laud. in: *Thietmari Merseburgensis Chron. II c. 19 (MGH SS rer. Germ. N. S. 9, 60); Gesta epp. Halberstadensium (MGH SS 23, 84).* – Reg.: *Swinarski Herrschen mit Heiligen 412 n. 121; Germ. Pont. V/2, 334 n. *3 et 488 n. *12.*

De tempore cf. Germ. Pont. V/2 334 n. *3.

7805 **(963 cr. apr. 25–iun.)** **Roma**

Gero (I) marchio (orientalis Saxonicus) publicat se post mortem filiorum suorum Sigiffridi et Geronis monasterium puellarum in honorem b. Mariae et b. Petri construxisse, cui abbatissa Hathviu praesit; se (ipsum aut per nuntios) accepta licentia imperatorum pro redemptione animae suae et filiorum suorum limina apostolorum adiise et idem monasterium cum omnibus pertinentiis eius et annuali censu ditioni illorum subdidisse; addit se prius per pontificalis paginam (J[3] *7773), postmodum per imperatorum (Ottonis I et Ottonis II) seriem praeceptorum, nunc per istud privilegium coheredes suos potestatem dominandi vel de rebus aliquid alienandi habere vetuisse; offert XXX libras argenti in praesentia papae pro censu XXX annorum; statutit, ut abbatissa, completis XXX annis, annuatim pensionem singularum librarum persolvat.

Ed.: *Fabre/Duchesne Lib. censuum I 241 n. 16.* – Reg.: *Böhmer/Zimmermann n. 289; Germ. Pont. V/2, 333 n. 2 et 487 n. 11.*

*7806 **(963 nov. 1)** **Roma**

JL I 466 Adalbertum (cf. J[3] *7803) defendens et seditiones contra Ottonem imperatorem faciens, „dux belli factus" et exercitui imperatoris „ense accinctus, clipeo, galea et lorica indutus occurrit; solus Tiberis, qui interflu(it), ne sic ornatus ab exercitu" capiatur, impedit.

L a u d . i n : *Liudprandi Cremonensis Hist. Ottonis c. 11 et c. 15 (MGH SS rer. Germ. 41, 168 et 171).* – R e g . : *Böhmer/Ottenthal n. 348c; Böhmer/Zimmermann n. 318.*

Olim ad a. 963 nov. 2. De tempore cf. Böhmer/Zimmermann n. 318.

*** 7807** **963 (nov. 2)**

JL I 466 et JL I 467 Roma aufugit, dum iuxta urbem imperator castrametatur. In Campaniae partibus latitat.

L a u d . i n : *Liudprandi Cremonensis Hist. Ottonis c. 8 (MGH SS rer. Germ. 41, 164); Cont. Reginonis ad a. 963 (MGH SS rer. Germ. 50, 172); Flodoardi Remensis Ann. ad a. 965 (Lauer 157); Lib. pont. (Duchesne II 246); Benedicti s. Andreae Chron. c. 59 (FSI 55, 177); Gerberti Aureliacensis Acta conc. Remensis c. 28 (Olleris Œuvres 205; MGH Conc. 6/2, 422); Chron. Suevicum univ. ad a. 963 (MGH SS 13, 68); Herimanni Augiensis Chron. ad a. 963 (MGH SS 5, 115); Bernoldi Constantiensis Chron. ad a. 963 (MGH SS 5, 399 et 423); Bernoldi Constantiensis De damnatione (MGH Ldl 2, 44); Adami Bremensis Gesta II c. 10 (MGH SS rer. Germ. 2, 68).* – R e g . : *Böhmer/Ottenthal n. 348c; Böhmer/Zimmermann n. 319.*

*** 7808** **(963 nov. 3)** **Roma**

Romani Ottoni (I) imperatori firmiter iurant, „numquam se papam electuros aut ordinaturos praeter consensum et electionem" imperatoris et filii eius regios Ottonis (II).

L a u d . i n : *Liudprandi Cremonensis Hist. Ottonis c. 8 (MGH SS rer. Germ. 41, 164).* – R e g . : *Böhmer/Ottenthal n. 348d; Santifaller Reichskirchensystem 160 n. 4; Böhmer/Zimmermann n. 320.*

*** 7809** **(963 nov. 6)** **Roma**

Imperatore Ottone (I) praestante conventus in s. Petri ecclesia celebratus incipit.

L a u d . i n : *Liudprandi Cremonensis Hist. Ottonis c. 9 (MGH SS rer. Germ. 41, 164).* – R e g . : *Böhmer/Ottenthal n. 348e; Böhmer/Zimmermann n. 321.*

De tempore cf. Böhmer/Zimmermann n. 321. De synodo cf. et MGH Conc. 6/2, 228.

7810 **(963) nov. 6** **Roma**

Iohannem (XII) Otto (I) imperator et episcopi Italiae Germaniaeque Romae in synodo convocati per litteras de criminibus eo obiectis certiorem faciunt petuntque, ut Romam crimina purgandi causa revertatur (Dat. VIII id. nov.).

E d . : *Insertum in Liudprandi Cremonensis Hist. Ottonis c. 12 (MGH SS rer. Germ. 41, 168).* – R e g . : *Böhmer/Ottenthal n. 349; Böhmer/Zimmermann n. 322; Germ. Pont. IX 153 n.*15.*

*** 7811** **963 (nov. med.)** **(Campagna)**

Invitationem Ottonis (I) imperatoris et synodi (Romanae) recusat.

L a u d . i n : *Cont. Reginonis ad a. 963 (MGH SS rer. Germ. 50, 173); Flodoardi Remensis Ann. (Lauer 157); De discordia papae et regis (MGH Ldl 1, 458); Bernoldi Constantiensis De damnatione II (MGH Ldl 2, 44); Sigeberti Gemblacensis Chron. ad a. 963 (MGH SS 6, 617).* – R e g . : *Böhmer/Zimmermann n. 323.*

7812 **(963 nov. med.)** **Campagna**

JL 3697 Omnibus episcopis (synodi Romanae) haec respondet (cf. J[3] 7810): „Nos audivimus dicere, quia vos vultis alium papam facere; si hoc facitis, excommunico vos da Deum omnipotentem, ut non habeatis licentiam nullum ordinare et missam celebrare." – *Nos audivimus dicere.*

E d . : *Insertum in Liudprandi Cremonensis Hist. Ottonis c. 13 (MGH SS rer. Germ. 41, 169; separatim ed. Zimmermann Papsturkunden I n. 158).* – R e g . : *Böhmer/Ottenthal n. 349a; Böhmer/Zimmermann n. 324.*

Olim ad a. 963 nov. 2. De tempore cf. Böhmer/Zimmermann n. 324.

*7813 **(963 nov. 22)** **Roma**

In secunda sessione synodi (cf. J[3] *7809) iussu Ottonis I imperatoris congregatae Heinricus archiepiscopus Treverensis una cum Widone Mutinensi, Gezone Tertonensi, Sigulfo Placentino episcopis synodales commovet, ut Iohannem XII, qui Roma effugit, denuo per epistolam ad synodum obiecta crimina purgandi causa evocent.

Laud. in: *Liudprandi Cremonensis Hist. Ottonis c. 13 (MGH SS rer. Germ. 41, 169).* – Reg.: *Böhmer/Ottenthal n. 350; Germ. Pont. X 43 n. 65; Böhmer/Zimmermann n. 325.*

De synodo cf. et MGH Conc. 6/2, 228.

*7814 **963 nov. 22** **Roma**

Iohannem (XII) Otto (I) imperator et episcopi in synodo Romana congregati per litteras de vocatione iam ante facta (J[3] 7810) admonent.

Laud. in: *Liudprandi Cremonensis Hist. Ottonis c. 14 (MGH SS rer. Germ. 41, 169).* – Reg.: *Böhmer/Ottenthal n. 350; Böhmer/Zimmermann n. 326.*

*7815 **(963 nov. ex.)** **Tivoli**

JL I 466 Tiberi commoratur.

Laud. in: *Liudprandi Cremonensis Hist. Ottonis c. 15 (MGH SS rer. Germ. 41, 171).* – Reg.: *Böhmer/Zimmermann n. 327.*

*7816 **(957–963)**

Ad Iohannem (XII) papam (Iohannes) episcopus Cordubensis nuntios cum litteris mittit consiliumque de multis et de difficilioribus causis petit.

Laud. in: *Leonis legati epist. (Olleris Œuvres 242; MGH Conc. 6/2, 493).* – Reg.: *Böhmer/Zimmermann n. 273.*

*7817 **(961–963)** **Roma**

(Iohannes XII aut XIII) Dunstanum archiepiscopum Cantuariensem per legatum monet, ut quendam nobilem Anglicum ab eo excommunicatum absolvat et in ecclesiam recipiat.

Laud. in: *Adelardi Genavensis Vita Dunstani c. 12 (SS rer. Brit. 63, 67); Osberni Cantuariensis Vita Dunstani c. 31 (SS rer. Brit. 63, 106); Eadmeri Cantuariensis Vita Dunstani (SS rer. Brit. 63, 201); Guillelmi Malmesburiensis Vita Dunstani c. 9 (SS rer. Brit. 63, 301).* – Reg.: *Böhmer/Zimmermann n. 285 et n. 431a.*

*7818 **(962–963)**

Vitali patriarchae Gradensi pallium concedit utendum diebus praedecessoribus concessis.

Laud. in: *Andreae Danduli Chron. VIII c. 14 (RIS ser. II 12/1, 178).* – Reg.: *Ital. Pont. VII/2, 50 n. *65; Böhmer/Zimmermann n. 290.*

(cr. 941–980)

Cf. J[3] *7640 s. v. Stephanus VIII.

*†7819 **983** **(Roma)**

(Boleslao) rege Poloniae petente Urbanum illustrem virum Romanum, canonicum s. Mariae Maioris, ad ecclesiam Smogorzoviensem (al. Wratislaviensem) providit.

Laud. in: *Iohannis Dlugossii Cat. epp. Wratislaviensium (Opera I 444); Iohannis Dlugossii Ann. ad a. 983 (Dąbrowski 198).* – Reg.: *Böhmer/Zimmermann n. †624; Pol. Pont. 186 n. *†16.*

(983)

Cf. J[3] *†7590 s. v. Iohannes XI.

*7820 **963 (dec. 4)** **Roma**

JL I 466 Absens deicitur in synodo Ottonis (I) imperatoris.

L a u d . i n : *Liudprandi Cremonensis Hist. Ottonis c. 15 (MGH SS rer. Germ. 41, 171); Hrothsvithae Gandersheimensis Carmen (Berschin 304; Pillolla 56); De discordia papae et regis (MGH Ldl 1, 458); Excerpta ex Widonis Lib. (MGH Ldl 1, 465); Sigeberti Gemblacensis Tractatus de investitura (Krimm-Beumann 82); Gesta Treverorum c. 29 (MGH SS 8, 168); Adami Bremensis Gesta II c. 10 (MGH SS rer. Germ. 2, 67); Sigeberti Gemblacensis Chron. ad a. 963 (MGH SS 6, 350); Ann. s. Rudberti Salisburgensis ad a. 963 (MGH SS 9, 722); Auct. Garstense ad a. 963 (MGH SS 9, 566); Hugonis Floriacensis Lib. regum Francorum c. 6 (MGH SS 9, 383); Hugonis Floriacensis Tractatus de regia potestate II c. 3 (MGH Ldl 2, 489).* – R e g . : *Böhmer/Ottenthal n. 350a; Böhmer/Zimmermann n. 328.*

De synodo cf. et MGH Conc. 6/2, 228. De gestis Iohannis XII post depositionem suam et de morte sua cf. infra, J³ *7827–J³ *7850.

Leo VIII (963–965)

cui accederunt: Iohannes XII (963–964) et Benedictus V (964–965)

***† 7821** **962 (ex.)** **(Roma)**

Concedit, ut ars cantus magistrorum dei praedicandi causa Henrico Frauenlob Maguntino duce divulgetur, quod legati optime nuntiant de duodecim cantoribus magistris in schola Papiensi iussu imperatoris Ottonis I interrogatis, qui falso accusati sint.

L a u d . i n : *Meisterlied von den „zwölf alten Meistern zu Pavia vom Kaiser und Papst bestätigt" ad a. 962 (Wagenseil Buch von der Meister-Singer Holdseliger Kunst 504).* – R e g . : *Böhmer/Zimmermann n. †311a.*

*** 7822** **963 (dec. 4)** **Roma**

JL I 467 A synodo annuente Ottone (I) imperatore papa eligitur.

L a u d . i n : *J³ 7840; Liudprandi Cremonensis Hist. Ottonis c. 16 (MGH SS rer. Germ. 41, 174); Lib. pont. (Duchesne II 245 et 250); Cont. Reginonis ad a. 963 (MGH SS rer. Germ. 50, 174); Flodoardi Remensis Ann. ad a. 965 (Lauer 157); Hrothsvithae Gandersheimensis Carmen (Berschin 304; Pillolla 56); Benedicti s. Andreae Chron. c. 59 (FSI 55, 178); Gerberti Aureliacensis Acta conc. Remensis c. 28 (Olleris Œuvres 205; MGH Conc. 6/2, 422).* – R e g . : *Böhmer/Ottenthal n. 350a; Germ. Pont. X 44 n. 66; Böhmer/Zimmermann n. 329.*

De synodo cf. et MGH Conc. 6/2, 228.

*** 7823** **(963 dec. 4)** **Roma**

JL I 467 Ad Lateranense palatium cum laudibus ducitur.

L a u d . i n : *Liudprandi Cremonensis Hist. Ottonis c. 16 (MGH SS rer. Germ. 41, 172).* – R e g . : *Böhmer/Ottenthal n. 350a; Böhmer/Zimmermann n. 330.*

De tempore cf. Böhmer/Zimmermann n. 330.

*** 7824** **963 (dec. 6)** **Roma, S. Pietro**

JL I 467 Consecratur in ecclesia s. Petri.

L a u d . i n : *J³ 7840; Liudprandi Cremonensis Hist. Ottonis c. 16 (MGH SS rer. Germ. 41, 172); Benedicti s. Andreae Chron. (FSI 55, 178); Herimanni Augiensis Chron. ad a. 963 (MGH SS 5, 115).* – R e g . : *Böhmer/Ottenthal n. 350a; Böhmer/Zimmermann n. 331.*

† 7825 **963 dec. 9** **(Roma)**

JL 3700 Friderico archiepiscopo Salisburgensi eiusque successoribus III curtes Winheringa, Antesna, Wolimbach ea conditione asserit, ut LX solidi argentei Romanae ecclesiae annuatim persolvantur (Scr. p. m. Stephani not. reg. et scrin. S.S.A. in m. dec., ind. VII. Dat. V id. dec. p. m. Iohannis ep. et bibl. S.S.A. a. Deo prop. pont. d. Leonis summi pont. et univ. pp. VII in ss. sede b. Petri apost. I, imp. d. n. piissimo perp. aug. Ottone a Deo cor. magno imp. a. II, in m. dec., ind. suprascr. VII, a. d. inc. 964). – *Convenit apostolico moderamine.*

E d . : *Zimmermann Papsturkunden I n. †160.* – R e g . : *Germ. Pont. I 15 n. †32; Böhmer/Zimmermann n. †337.*

7826 **963 dec. 13** **(Roma)**

JL 3701 Rodoaldo patriarchae Aquileiensi pallium mittit; et „privilegium illud antiquum ... sanctissimo Hermarcore, b. Marci evangeliste successori, a beatissimo Petro contraditum, verum ... a paganorum sevicia concrematum", confirmat, „ut inter omnes Italicas ecclesiarum Dei sedes prima post Romanam sedem Aquilegiensis ... habeatur" (Scr. p. m. Stephani not. et scrin. reg. S.S.A. in m. dec., ind. VII. Dat. id. dec. p. m. Georgii secund. S.S.A. a. Deo prop. pont. d. Leonis summi pont. et univ. VII pp. in ss. sede b. Petri apost. I, imp. d. n. Ottone I a Deo cor. magno imp. a. II, in m. et ind. suprascr. VII). – *Si pastores ovium.*

Ed.: *Zimmermann Papsturkunden I n. <161.* – Reg.: *Ital. Pont. VII/1, 27 n. 45; Böhmer/Zimmermann n. 338.*

De fide cf. Zimmermann Papsturkunden I n. <161.

*** 7827** **963 (dec. med.)**

Iohannes XII depositione sua (J[3] *7820) cognita paenitentia impulsus foedus cum Adalberto rege (Italiae) solvit, qui in Corsicam redit.

Laud. in: *Cont. Reginonis ad a. 963 (MGH SS rer. Germ. 50, 173); Ann. Saxo ad a. 963 (MGH SS 37, 199); Ann. Magdeburgenses ad a. 963 (MGH SS 16, 147).* – Reg.: *Böhmer/Ottenthal n. 350a; Böhmer/Zimmermann n. 339.*

De tempore cf. Böhmer/Zimmermann n. 339.

*** 7828** **(963 ex.)**

Iohannes (XII) clam ad Romanos nuntios mittit, eis „b. Petri et omnium ecclesiarum pecuniam repromittens, si super pium imperatorem (Ottonem I) et domnum Leonem (VIII) papam irruerent eosque impiissime trucidarent".

Laud. in: *Liudprandi Cremonensis Hist. Ottonis c. 17 (MGH SS rer. Germ. 41, 172).* – Reg.: *Böhmer/Ottenthal n. 351b; Böhmer/Zimmermann n. 340.*

De tempore cf. Böhmer/Zimmermann n. 340.

7829 **963 dec.** **(Roma)**

JL 3702 Monasterii s. Petri Montis Maioris possessiones confirmat, imposita monachis solidorum IV pensione annua ecclesiae Romanae „pro luminariis" solvenda. Privilegia iis concedit „pro voto et amore dilectissimi et karissimi filii (sui) imperatoris cum summa reverentia nominandi Ottonis et Adalaisae karissime imperatricis, coniugis eius, filie karissime (suae) spiritualis" (Scr. p. m. Leonis not. et religiosi archidiac. S.S.A. in m. dec., ind. VII). – *Si semper sunt.*

Ed.: *Zimmermann Papsturkunden I n. 159.* – Reg.: *Böhmer/Zimmermann n. 334.*

Laud. et in J[3] 8323.

*** 7830** **(963 dec.)** **(Roma)**

JL *3709 (Petri) archiepiscopi Ravennatis de parte comitatus Ferrariensis privilegium confirmat.

Laud. in: *Placitum a. 970 (FSI 96, 98).* – Reg.: *Ital. Pont. V 50 n. *158; Böhmer/Zimmermann n. 335.*

Olim ad a. 963–965. De tempore cf. Böhmer/Zimmermann n. 335.

*** 7831** **(963 dec.)** **(Roma)**

Ecclesiae Romanae et Leoni (VIII) papae Otto (I) imperator Tusciam et Pentapolim restituit.

Laud. in: *Benedicti s. Andreae Chron. c. 36 (FSI 55, 178).* – Reg.: *Böhmer/Ottenthal n. 443b; Böhmer/Zimmermann n. 333.*

De tempore cf. Böhmer/Zimmermann n. 333.

*7832 **963 (dec.)** **Roma**

Ordinationes facit, presbyteros VII, diaconos II.

L a u d . i n : *Lib. pont. (Duchesne II 246); Sigeberti Gemblacensis Chron. ad a. 963 (MGH SS 6, 350).* – R e g . : *Böhmer/Zimmermann n. 332.*

*† 7833 **(963 dec.)** **(Roma)**

Monasterio s. Severi in Classe privilegium concedit.

L a u d . i n : *Alexandri II privilegium spurium (JL †4492).* – R e g . : *Ital. Pont. V 107 n. †*2; Böhmer/Zimmermann n. †336.*

De tempore cf. Böhmer/Zimmermann n. †336.

*7834 **964 ian. 3** **Roma**

JL I 468 Leonem (VIII) Romani a Iohanne (XII) incitati interficere conantur (III non. ian.).

L a u d . i n : *Cont. Reginonis ad a. 964 (MGH SS rer. Germ. 50, 173); Ann. Saxo ad a. 964 (MGH SS 37, 200); Ann. Magdeburgenses ad a. 964 (MGH SS 16, 147).* – R e g . : *Böhmer/Ottenthal n. 351c; Böhmer/Zimmermann n. 341.*

Olim ad a. 964 ian. 4. De tempore cf. Böhmer/Zimmermann n. 341.

*7835 **964 ian. 4** **Roma**

JL I 468 Romani victi centum obsides dant et in ecclesia s. Petri sub iureiurando fidelitatem (Ottoni I) imperatori et (Leoni VIII) papae promittunt (d. vero sequenti).

L a u d . i n : *Cont. Reginonis ad a. 964 (MGH SS rer. Germ. 50, 173); Ann. Saxo ad a. 964 (MGH SS 37, 200); Ann. Magdeburgenses ad a. 964 (MGH SS 16, 147).* – R e g . : *Böhmer/Ottenthal n. 351c; Böhmer/Zimmermann n. 342.*

*7836 **964 (ante ian. 10)** **Roma**

„Pedibus imperatoris (Ottonis I) provolutus orat, ut Romanis obsides reddat seque eorum fidei commendet".

L a u d . i n : *Cont. Reginonis ad a. 964 (MGH SS rer. Germ. 50, 173); Liudprandi Cremonensis Hist. Ottonis c. 18 (MGH SS rer. Germ. 41, 173); Sigeberti Gemblacensis Chron. ad a. 963 (MGH SS 6, 350); Ann. Saxo ad a. 964 (MGH SS 37, 200); Ann. Magdeburgenses ad a. 964 (MGH SS 16, 147); Ottonis Frisingensis Chron. VI c. 24 (MGH SS rer. Germ. 45, 287).* – R e g . : *Böhmer/Ottenthal n. 351c; Böhmer/Zimmermann n. 343.*

De tempore cf. Böhmer/Zimmermann n. 343.

*7837 **964 (febr.)** **Roma**

JL I 467 Romani fidelitatem imperatori Ottoni (I) et papae Leoni (VIII) promissam negligentes Iohannem (XII) in urbe recipiunt.

L a u d . i n : *Cont. Reginonis ad a. 964 (MGH SS rer. Germ. 50, 173); Liudprandi Cremonensis Hist. Ottonis c. 19 (MGH SS rer. Germ. 41, 173); Flodoardi Remensis Ann. ad a. 965 (Lauer 157); Lib. pont. (Duchesne II 246); Benedicti s. Andreae Chron. c. 60 (FSI 55, 179); Gerberti Aureliacensis Acta conc. Remensis c. 28 (Olleris Œuvres 205; MGH Conc. 6/2, 422); Bernoldi Constantiensis De damnatione (MGH Ldl 2, 44); Sigeberti Gemblacensis Chron. ad a. 963 (MGH SS 6, 350); Gregorii Catinensis Chron. Farfense (FSI 33, 334); Hugonis Flaviniacensis Chron. I ad a. 962 (MGH SS 8, 364); Hugonis Floriacensis Tractatus de regia potestate II c. 3 (MGH Ldl 2, 490); Chron. regia Coloniensis ad a. 962 (MGH SS rer. Germ. 18, 28); Ottonis Frisingensis Chron. VI c. 24 (MGH SS rer. Germ. 45, 287).* – R e g . : *Böhmer/Ottenthal n. 354b; Böhmer/Zimmermann n. 344.*

*7838 **964 (febr.)**

JL I 468 Seditione facta Roma fugit et paucis cum comitibus ad Ottonem (I) imperatorem in partibus Spoletiae morantem pervenit.

L a u d . i n : *Cont. Reginonis ad a. 964 (MGH SS rer. Germ. 50, 173); Liudprandi Cremonensis Hist. Ottonis c. 19 (MGH SS rer. Germ. 41, 173); Lib. pont. (Duchesne II 246); Benedicti s. Andreae*

Chron. (FSI 55, 179); Gerberti Aureliacensis Acta conc. Remensis c. 28 (Olleris Œuvres 205; MGH Conc. 6/2, 422); Herimanni Augiensis Chron. ad a. 964 (MGH SS 5, 115); Sigeberti Gemblacensis Chron. ad a. 963 (MGH SS 6, 350); Ann. Saxo ad a. 964 (MGH SS 37, 200); Ann. Magdeburgenses ad a. 964 (MGH SS 16, 147); Ottonis Frisingensis Chron. VI c. 24 (MGH SS rer. Germ. 45, 287). – Reg.: *Böhmer/Ottenthal n. 354b; Böhmer/Zimmermann n. 345.*

*7839 **964 (febr.)** **Roma**

Iohannes (XII) iubet, ut ii, qui Leoni (VIII) papae favent, comprehenduntur et interficiuntur. Iohannes diaconus cardinalis et Azzo scriniarius mutilantur, Otgerus episcopus Spirensis missus imperatoris in vincula conicitur et flagello coercetur.

Laud. in: *Cont. Reginonis ad a. 964 (MGH SS rer. Germ. 50, 174); Liudprandi Cremonensis Hist. Ottonis c. 20 (MGH SS rer. Germ. 41, 173); Benedicti s. Andreae Chron. (FSI 55, 174 et 179); Gerberti Aureliacensis Acta conc. Remensis c. 28 (Olleris Œuvres 205; MGH Conc. 6/2, 422); Ann. Saxo ad a. 964 (MGH SS 37, 200); Ann. Magdeburgenses ad a. 964 (MGH SS 16, 147).* – Reg.: *Böhmer/Ottenthal n. 354b; Böhmer/Zimmermann n. 346.*

De tempore cf. Böhmer/Zimmermann n. 346.

7840 **964 febr. 26** **Roma, S. Pietro**

JL I 467 Iohannes XII concilium cum XVI episcopis et cum clero Romano celebrat. In actione prima synodus ab Ottone (I) imperatore d. IV m. dec. celebratam damnatur et Leonem (VIII) absentem excommunicatur (V kal. mart., m. febr. d. XXVI, ind. VII).

Ed.: *MGH Conc. 6/2, 244.* – Reg.: *Böhmer/Ottenthal n. 354b; Zimmermann Papsturkunden I n. 162; Böhmer/Zimmermann n. 347.*

Cf. J³ *7822 et J³ *7824.

7841 **(964 febr. 27)** **Roma, S. Pietro**

JL I 467 Concilii (cf. J³ 7840) actio secunda, in qua Benedictus Portuensis et Gregorius Albanensis episcopi, „qui super (Leonem VIII) orationes dederant", se peccasse confitentur; qui (Leoni VIII) „precium accomodaver(i)nt ad emendam gratiam dei", episcopi et presbyteri deiiciuntur, monachi et laici anathematizantur.

Ed.: *MGH Conc. 6/2, 249.* – Reg.: *Böhmer/Ottenthal n. 354b; Zimmermann Papsturkunden I n. 162; Böhmer/Zimmermann n. 348.*

De tempore cf. Böhmer/Zimmermann n. 348.

7842 **(964 febr. 28)** **Roma, S. Pietro**

JL I 467 Concilii (cf. J³ 7840) actio tertia, in qua Siconi episcopo Ostiensi, qui Leonem (VIII) „curialem ac laicum ... subito consecrare in pontificali honore non formidavit", omni ministerio sacerdotali sub anathematis poena interdicitur.

Ed.: *MGH Conc. 6/2, 250.* – Reg.: *Böhmer/Ottenthal n. 354b; Zimmermann Papsturkunden I n. 162; Böhmer/Zimmermann n. 349.*

De tempore cf. Böhmer/Zimmermann n. 349.

*7843 **964 (mart.)** **Roma**

Iohannes (XII), spe gratiae imperatoris eo modo reconciliandae adductus, Otgerum Spirensem episcopum a se comprehensum dimittit.

Laud. in: *Cont. Reginonis ad a. 964 (MGH SS rer. Germ. 50, 174); Ann. Saxo ad a. 964 (MGH SS 37, 200), Ann. Magdeburgenses ad a. 964 (MGH SS 16, 157).* – Reg.: *Böhmer/Ottenthal n. 354b; Böhmer/Zimmermann n. 350.*

De tempore cf. Böhmer/Zimmermann n. 350.

*7844 **964 (apr. 3)** **Camerino**

JL I 468 Pascham cum Ottone (I) imperatore „in Camerino ducatu" celebrat.

Laud. in: *Cont. Reginonis ad a. 964 (MGH SS rer. Germ. 50, 173); Ann. Saxo ad a. 964 (MGH*

SS 37, 200); Ann. Magdeburgenses ad a. 964 (MGH SS 16, 147); Ottonis Frisingensis Chron. VI c. 24 (MGH SS rer. Germ. 45, 287). – Reg.: *Böhmer/Ottenthal n. 354b; Böhmer/Zimmermann n. 351.*

†7845 **964 apr. 29** **Roma, Laterano**

JL †3706 Ottoni (I) imperatori et Adeleidae coniugi eius et eorum successoribus omnia in perpetuum restituit, quae „domnus Karolus, rex Francorum ac Longobardorum et patricius Romanorum, necnon Pipinus pater eius de regalibus rebus huius regni Italię tribuerunt" in S.R.E. b. Petri apostoli, „sive per instrumenta, quę scripta fuerunt per Etherium notarium suum, sive per sacramenta vel per donationem seu per alios modos, sive obvenerunt per donationes de Justiniano imperatore et de Ariperto rege" (Scr. p. m. Gregorii archinot. n. Dat. in patr. Lat. III kal. mai., ind. VI, a. sedis eius II et dicti d. Ottonis II, feliciter). – *Que domnus Karolus.*

Ed.: *Leonis VIII cessio Donatum (MGH Const. 1, 674; MGH Fontes iuris 13, 154); Zimmermann Papsturkunden I n. †163.* – Reg.: *Böhmer/Ottenthal n. 355e; Böhmer/Zimmermann n. †352.*

Olim ad a. 964 iun.–nov. De tempore cf. Böhmer/Zimmermann n. †352.

*7846 **(964 apr. ex.)** **Campagna**

Iohannes (XII) iterum Roma in Campaniam fugit.

Laud. in: *Benedicti s. Andreae Chron. (FSI 55, 180).* – Reg.: *Böhmer/Ottenthal n. 354b; Böhmer/Zimmermann n. 353.*

De tempore cf. Böhmer/Zimmermann n. 354 et n. 355.

*7847 **(964 mai. 7)** **Campagna**

JL I 467 Iohannes (XII) „quadam nocte extra Romam, dum se cum viri cuiusdam uxore oblectaret, in timporibus adeo a diabolo est percussus (i. e. apoplexia correptus), ut infra dierum octo spacium eodem sit vulnere mortuus".

Laud. in: *Liudprandi Cremonensis Hist. Ottonis c. 20 (MGH SS. rer. Germ. 41, 173); Sigeberti Gemblacensis Chron. ad a. 963 (MGH SS 6, 350); Sigeberti Gemblacensis Tractatus de investitura (Krimm-Beumann 82).* – Reg.: *Böhmer/Zimmermann n. 354.*

De tempore cf. Böhmer/Zimmermann n. 354.

*7848 **(955–964)**

JL *3699 Iohannes XII cuidam „locat fundum Fauriscum situm in territorio Utriculano cum omnibus suis pertinentiis", qui „prestat annue v solidos auri".

Laud. in: *Lib. censuum LXXI c. 26 (Fabre/Duchesne I 350).* – Can.: *Deusdedit Coll. can. III c. 207.* – Reg.: *Ital. Pont. IV 34 n. *2; Böhmer/Zimmermann n. 255.*

*†7849 **(955–964)**

Iohannes XII omnibus Christi fidelibus, qui in certis diebus festis ecclesias, domos, oratoria et hospitale b. Iohannis Hierosolymitani visitaverint et eisdem eleemosynas largiti fuerint, septem annos et totidem quadragesimas indulgentiae (cf. Leonis IV, J³ *†5583) ordini s. Iohannis Hierosolymitani elargitur.

Laud. in: *Registrum indulgentiarum 1304 iun. 8 conscriptum (Hiestand PUU für Templer und Johanniter 2, 331 n. 125).* – Reg.: *Böhmer/Zimmermann n. †254a.*

Cf. et J³ *†5583, J³ *†6326, J³ *†7250, J³ *†7446, J³ *†7553, J³ *†8369. De tempore cf. Böhmer/Zimmermann n. †254a.

*7850 **964 mai. 14** **(Campagna)**

JL I 467 Iohannes (XII) moritur et in ecclesia s. Iohannis in Laterano sepeliri videtur.

Laud. in: *Cont. Reginonis ad a. 964 (MGH SS rer. Germ. 50, 174); Liudprandi Cremonensis Hist. Ottonis c. 20 (MGH SS rer. Germ. 41, 173); Flodoardi Remensis Ann. ad a. 965 (Lauer 157); Gerberti Aureliacensis Acta conc. Remensis c. 28 (Olleris Œuvres 205; MGH Conc. 6/2, 422);*

Ann. Besuenses ad a. 966 (MGH SS 2, 249); Ann. s. Benigni Divionensis ad a. 966 (MGH SS 5, 41); Bernoldi Constantiensis Chron. (MGH SS 5, 399); Sigeberti Gemblacensis Chron. ad a. 963 (MGH SS 6, 350); Sigeberti Gemblacensis Tractatus de investitura (Krimm-Beumann 82); Hugonis Flaviniacensis Chron. I ad a. 962 (MGH SS 8, 364); Ann. Saxo ad a. 964 (MGH SS 37, 198); Ann. Magdeburgenses ad a. 964 (MGH SS 16, 147); Ottonis Frisingensis Chron. VI c. 24 (MGH SS. Rer. Germ. 45, 287). – R e g . : *Böhmer/Ottenthal n. 355b; Böhmer/Zimmermann n. 355.*

De sepultura cf. Borgolte Petrusnachfolge 129 adn. 13.

*7851 **964 (mai. med.)** **Rieti**

Ottoni (I) imperatori „in Reatinam civitatem" (Lib. pont.) „mors ... Iohannis (XII) (scelerati) nunciatur, et Benedictus diaconus a Romanis papa postulatur" (Herimanni Augiensis Chron.). Qui et Ottonem de electione Benedicti diaconi rogant. Ille autem Leonem (VIII) papam, qui effugit, restituere vult.

L a u d . i n : *Lib. pont. (Duchesne II 246); Herimanni Augiensis Chron. ad a. 964 (MGH SS 5, 115); Gregorii Catinensis Chron. Farfense (FSI 33, 334); Chron. regia Coloniensis ad a. 962 (MGH SS rer. Germ. 18, 28).* – R e g . : *Böhmer/Ottenthal n. 355a; Böhmer/Zimmermann n. 356.*

*7852 **964 (mai. ex.)** **Roma**

JL I 469 Benedictus V eligitur a Romanis, mortuo Iohanne XII, et consecratur nolente imperatore.

L a u d . i n : *Lib. pont. (Duchesne II 246); Liudprandi Cremonensis Hist. Ottonis c. 21 (MGH SS rer. Germ. 41, 174); Cont. Reginonis ad a. 964 (MGH SS rer. Germ. 50, 174); Flodoardi Remensis Ann. ad a. 965 (Lauer 158); Benedicti s. Andreae Chron. (FSI 55, 180); Gerberti Aureliacensis Acta conc. Remensis c. 28 (Olleris Œuvres 205; MGH Conc. 6/2, 422).* – R e g . : *Böhmer/Ottenthal n. 355b; Böhmer/Zimmermann n. 357.*

Olim ad a. 964 mai. De tempore cf. Böhmer/Zimmermann n. 357.

*†7853 **964 mai. 22**

Agapiti (II) (!) (Benedicti V?) auctoritate Bruno archiepiscopus Coloniensis bona et iura coenobii s. Pantaleonis minui vetat (Acta Colonię, d. Pentecostes 964, V ind. circulo, a redemptionis n. exordio, d. Ottonis imp. I imp. a. XXVIII, pont. n. XI).

L a u d . i n : *Brunonis archiep. Coloniensis privilegium (Weise St. Pantaleon 93).* – R e g . : *Oediger Reg. Köln I 140 n. 454; Germ. Pont. VII 48 n. †111; Böhmer/Zimmermann n. †358.*

†7854 **964 iun. 13** **Roma, Laterano**

JL †3703 Monasterii, quod vocatur Aula regia, bona confirmat (Pont. d. n. Leonis summi pont. et univ. pp. in apost. ss. sede b. Petri apost. D. sede a. I, sicque reg. d. n. Octone a Deo cor. pacifico et magno imp. Francorum et Longobardorum a. pietatis eius III, de d. XIII m. iun., ind. VII Rome Lat. eccl. s. Saluatoris pal. – Hęc acta privilegii Johanni tabelloni scribendum tradiderunt ... d. et m. et ind. supradicta VIII Rome Lat. s. pal. eccl. s. Saluatoris). – *Qua de re.*

E d . : *Zimmermann Papsturkunden I n. †164.* – R e g . : *Ital. Pont. V 176 n. †1; Böhmer/Zimmermann n. †362.*

*†7855 **(964 mai.–iun.)**

Benedictus (V) Gaidulfum episcopum Atinensem ordinat.

L a u d . i n : *Chron. Atinense (RIS 7, 909).* – R e g . : *Böhmer/Zimmermann n. †359.*

De tempore cf. Böhmer/Zimmermann n. †359.

*†7856 **(964 mai.–iun.)**

Benedictus (V), „qui in dicto opido et in dicta ecclesia fuit et est sepultus", privilegium largitur, „quod nec archiepiscopus Bremensis nec quisdam alius possit ponere interdictum in ecclesiam vel etiam opidum Hamburgense", „nisi per delegatum a papa et sede apostolica et facta in litteris delegationis de dicto privilegio expressa mentione".

L a u d . i n : *Nicolai Fransozyer Relatio (Reetz Rat und Domkapitel von Hamburg II 335).* – R e g . : *Germ. Pont. VI 48 n. *†54; Böhmer/Zimmermann n. †360.*

De tempore cf. Böhmer/Zimmermann n. †360.

*† 7857 **(964 mai.–iun.)**

Benedictus (V) monasterium Fabariense privilegio tuetur.

L a u d . i n : *J³ †8350.* – R e g . : *Böhmer/Zimmermann n. †361.*

De tempore cf. Böhmer/Zimmermann n. †361.

* 7858 **964 (iun. med.)** **Roma**

JL I 469 Benedictus (V) urbis Romae muros ascendit, „imperatori (Ottoni I Romam oppugnanti) suisque fidelibus excommunicationem comminans".

L a u d . i n : *Cont. Reginonis ad a. 964 (MGH SS rer. Germ. 50, 174); Ann. Saxo ad a. 964 (MGH SS 37, 200); Ann. Magdeburgenses ad a. 964 (MGH SS 16, 147).* – R e g . : *Böhmer/Ottenthal n. 355d; Böhmer/Zimmermann n. 363.*

Olim ad a. 964 iun. De tempore cf. Böhmer/Zimmermann n. 363.

* 7859 **964 iun. 23** **Roma**

JL I 470 Benedictus (V) Romae traditur (Ottoni I) imperatori a Romanis „in vigilia praecursoris", IX kal. iul.

L a u d . i n : *J³ †7863; Cont. Reginonis ad a. 964 (MGH SS rer. Germ. 50, 174); Liudprandi Cremonensis Hist. Ottonis c. 21 (MGH SS rer. Germ. 41, 174); Lib. pont. (Duchesne II 251); Benedicti s. Andreae Chron. (FSI 55, 181); Chron. Suevicum univ. ad a. 964 (MGH SS 13, 68); Herimanni Augiensis Chron. ad a. 964 (MGH SS 5, 115); Bernoldi Constantiensis Chron. (MGH SS 5, 399); De discordia papae et regis (MGH Ldl 1, 458); Gregorii Catinensis Chron. Farfense (FSI 33, 335); Ann. Saxo ad a. 964 (MGH SS 37, 200); Ann. Magdeburgenses ad a. 964 (MGH SS 16, 147); Auct. Garstense ad a. 964 (MGH SS 9, 566); Chron. regia Coloniensis ad a. 962 (MGH SS rer. Germ. 18, 28); Ottonis Frisingensis Chron. VI c. 24 (MGH SS rer. Germ. 45, 287).* – R e g . : *Böhmer/Ottenthal n. 355d; Böhmer/Zimmermann n. 364.*

* 7860 **964 (iun. 23)** **Roma**

JL I 468 A Romanis in sedem apostolicam restituitur.

L a u d . i n : *Cont. Reginonis ad a. 964 (MGH SS rer. Germ. 50, 174); Liudprandi Cremonensis Hist. Ottonis c. 21 (MGH SS rer. Germ. 41, 174); Lib. pont. (Duchesne II 246); Benedicti s. Andreae Chron. (FSI 55, 181); Cron. s. Bartholomaei ad a. 964 (MGH SS 31, 213); Chron. Suevicum univ. ad a. 964 (MGH SS 13, 68); Herimanni Augiensis Chron. ad a. 964 (FSI 33, 335); Bernoldi Constantiensis Chron. (MGH SS 5, 399); De discordia papae et regis (MGH Ldl 1, 458); Gregorii Catinensis Chron. Farfense (FSI 33, 335); Sigeberti Gemblacensis Chron. ad a. 963 (MGH SS 6, 350); Sigeberti Gemblacensis Tractatus de investitura (Krimm-Beumann 82); Ann. Saxo ad a. 964 (MGH SS 37, 200); Ann. Magdeburgenses ad a. 964 (MGH SS 16, 147); Chron. regia Coloniensis ad a. 962 (MGH SS rer. Germ. 18, 28); Ottonis Frisingensis Chron. VI c. 24 (MGH SS rer. Germ. 45, 287).* – R e g . : *Böhmer/Ottenthal n. 355d; Böhmer/Zimmermann n. 365.*

* 7861 **964 (iun. ex.)** **Roma, Laterano**

JL I 468 et Synodus, praesente Ottone (I) imperatore, in qua Benedictus (V) et pontificatu et
JL I 470 presbyteratu orbatur, diaconi vero munere, petente imperatore, fungi in exsilio ei permittitur.

L a u d . i n : *Liudprandi Cremonensis Hist. Ottonis c. 22 (MGH SS rer. Germ. 41, 174); Cont. Reginonis ad a. 964 (MGH SS rer. Germ. 50, 174); Flodoardi Remensis Ann. ad a. 965 (Lauer 158); Ann. Hildesheimenses ad a. 963 (MGH SS rer. Germ. 8, 22); Gerberti Aureliacensis Acta conc. Remensis c. 28 (Olleris Œuvres 205; MGH Conc. 6/2, 422); Thietmari Merseburgensis Chron. II c. 28 et VI c. 88 (MGH SS rer. Germ. N. S. 9, 74 et 379); Lamperti Hersfeldensis Ann. ad a. 963 (MGH SS rer. Germ. 38, 40); Hugonis Flaviniacensis Chron. I ad a. 962 (MGH SS 8, 364); Hugonis*

Floriacensis Tractatus de regia potestate II c. 3 (MGH Ldl 2, 490); Hugonis Floriacensis Lib. regum Francorum c. 6 (MGH SS 9, 383); Cosmae Pragensis Chron. ad a. 964 (MGH SS rer. Germ. N. S. 2, 41); Sigeberti Gemblacensis Chron. ad a. 963 (MGH SS 6, 350); Sigeberti Gemblacensis Tractatus de investitura (Krimm-Beumann 82); Ann. Saxo ad a. 964 (MGH SS 37, 200); Ann. Magdeburgenses ad a. 964 (MGH SS 16, 147); Ann. Ottenburani ad a. 964 (MGH SS 5, 4); Clarii Senonensis Chron. (Bautier/Gilles 98). – Reg.: *Böhmer/Ottenthal n. 355c; Böhmer/Zimmermann n. 366.*

De synodo cf. et MGH Conc. 6/2, 252.

***7862 (964 iun. ex.) Roma**

Una cum imperatore Ottone (I) et matrona eius Adelhedis „ex terra sancti Petri" Conradum regem (Burgundiae) hortatur, ut possessiones monasterii s. Petri apostoli de Monte Maiore confirmet.

Laud. in: *Conradi regis diploma (MGH DD Burg. n. 40).* – Reg.: *Böhmer/Ottenthal n. 355e; Böhmer/Zimmermann n. 369.*

†7863 (964 iun. ex.) Roma

JL †3704 Synodo convocata, „ad exemplum beati Adriani sedis apostolice episcopi, ... qui eiusmodi sanctam sinodum constituit et domno Karolo ... regi Francorum et Longobardorum ac patricio Romanorum, patriciatus dignitatem ac ordinationem apostolice sedis et episcopatuum concessit, ... Ottoni primo Teutonico regi ... eiusque successoribus huius regni Italie" concedit „tam sibi facultatem successorem eligendi quam summe sedis apostolice pontificem ordinandi ac per hoc et archiepiscopos seu episcopos, ut ipsi tamen ab eo investituram accipiant et consecrationem recipiant undecumque pertinuerit, exceptis his, quos imperator pontifici et archiepiscopis concessit. Ita demum" asserit, „ut nemo deinceps ... eligendi regem vel patricium sive pontificem summe sedis apostolice aut quemcumque episcopum vel ordinandi habeat facultatem; sed soli regi Romani imperii hanc reverendam" tribuit „facultatem absque omni pecunia hęc omnia superius disponenda, et ut ipse sit rex et patricius. Quod si a clero et a populo quis eligatur episcopus, nisi a supradicto rege laudetur et investiatur, non consecretur". – *Convenit apostolico moderamine.*

Ed.: *Leonis VIII Privilegium Minus (MGH Const. 1, 665; MGH Fontes iuris 13, 148); Zimmermann Papsturkunden I n. †165.* – Can.: *Ivonis (?) Panorm. VIII c. 136; Gratiani Decr. D. LXIII c. 23.* – Reg.: *Böhmer/Ottenthal n. 355e; Böhmer/Zimmermann n. †367.*

Laud. et in Sigeberti Gemblacensis Tractatu de investitura (Krimm-Beumann 70). Cf. J³ *7859.

†7864 (964 iun. ex.) Roma

JL †3705 In synodo, rogatu Ottonis (I) imperatoris, congregata statuit, ut „populus Romanus ... neque usum electionis apostolicę sedis neque patriaciatus vel regie potestatis" expetat, „sed solus rex Romani imperii summę sędis apostolice pontificem eligendi ac ordinandi facultatem" habeat, „consecrationem tamen ab episcopis iuxta canonicam ... (papa) suscipiat consuetudinem. Insuper episcopos in provinciis eligendi et ordinandi habeat potestatem, ut si quis episcopatum desiderat, ab eo reverenter anulum ac pastoralem suscipiat virgam. Sed si a cuncto populo et clero quis eligitur episcopus, nisi primum ante conspectum principis ducatur ab eo laudetur et investituram susceperit, non consecretur. Sibimet quoque et quemcumque voluerit eligere successorem" permittit. – *Convenit apostolico moderamine.*

Ed.: *Leonis VIII Privilegium Maius (MGH Const. 1, 667; MGH Fontes iuris 13, 179); Zimmermann Papsturkunden I n. †166.* – Reg.: *Böhmer/Ottenthal n. 355e; Böhmer/Zimmermann n. †368.*

Cf. J³ *7779.

†7865 (964 aest.)

Widonem Albanensem episcopum ad s. Magdeburgensem ecclesiam sublimandam mittit.

L a u d . i n : *J³ †7868.* – R e g . : *Germ. Pont. III 81 n. *†1; Böhmer/Zimmermann n. †372.*

†7866 **964 oct. 2** **Santissima Annunziata**

Calixtus papa (!) mandat pro omni sua in ultimis voluntate et memoria sui sepulcri, quatenus omnes fideles visitantes ecclesiam s. Mariae in pede Clentis et manus porrigentes adiutrices a culpa et poena sint liberati et absoluti (Dat. ap. dictam eccl. s. Mariae in pede Clentis ... a. inc. D. 964, II vero Iouis oct., pont. n. a. II). – *Hoc utique in.*

E d . : *Lilii Dell'historia di Camerino I 178; Zimmermann Papsturkunden I n. †167 (fragm.).* – R e g . : *Ital. Pont. IV 144 n. †1; Böhmer/Zimmermann n. †373.*

*†7867 **(964 nov. 10)** **Roma**

In synodo, compluribus suadentibus episcopis, consecrationem cellae Meginradi (Einsidlensis) divinitus factam ratam habet.

L a u d . i n : *J³ †7868; J³ †7869.* – R e g . : *Böhmer/Ottenthal n. 364; Germ. Pont. VII 48 n. †113; Böhmer/Zimmermann n. †374.*

De tempore cf. Böhmer/Zimmermann n. †374.

†7868 **964 nov. 10** **Roma**

JL †3707 Monasterii Schutterani de presbyterorum beneficiis privilegium confirmat, Widonem episcopum Albanensem, cum „ad s. Magdeburgensem ecclesiam ex apostolica aucthoritate sublimandam" missus esset (cf. J³ †7865), redeuntem in monasterium venisse abbatemque Guihardum Romam secum duxisse (Scr. p. m. Petri not. ac scrin. S.R.E. in m. nov., IV id. nov., ind. VII, assidente d. Leone pp. in sede sua iuxta altare coram d. Ottone imp., filio quoque eius Ottone atque imp. Adelheidi ... ac confirmatum p. m. d. Leonis pp., a. ab inc. D. 964). – *Quoniam vicarium suum.*

E d . : *Zimmermann Papsturkunden I n. †168.* – R e g . : *Germ. Pont. III 81 n. †2; Böhmer/Zimmermann n. †375; Germ. Pont. IX 154 n. †16; Germ. Pont. V/2, 24 n. †16.*

Cf. J³ †7865 et J³ *†7867.

†7869 **964 nov. 11** **Vaticano**

JL †3708 Cellae Meginradi (Einsidlensis) consecrationem divinitus factam ratam habet praesente Ottone imperatore filioque Ottone atque Adelheida imperatrice, petente Cunrado episcopo Constantiensi, suadentibus Hattone Maguntino, Brunone Coloniensi archiepiscopis, Annone Wormatiensi, Ottuino Hildesheimensi, Okkone Mindensi, Erkenbaldo Argentinensi, Hartberto Curiensi episcopis (Scr. autem p. m. Petri not. et scrin. S.R.S.A. in m. nov., IV id. nov. Lectum III id. nov. assidente d. Leone pp. in sede sua iuxta altare s. Petri coram d. Ottone imp. filioque eius Ottone atque imp. Adelheide (...) et confirmatum p. m. d. Leonis pp. huius nominis VIII in ordine autem CXXXVI, a. ab inc. D. 963, ind. VII). – *Convenit apostolico moderamini.*

E d . : *Zimmermann Papsturkunden I n. †169.* – R e g . : *Germ. Pont. II/2, 70 n. †1; Ortmanns Minden 133 n. †10; Böhmer/Zimmermann n. †376; Germ. Pont. IX 154 n. †17; Germ. Pont. V/2, 24 n. †17.*

Cf. J³ *†7867.

*7870 **(964 ex.)**

Monasterio Augiensi privilegium concedit.

L a u d . i n : *Iohannis XIX (JL 4093 et 4094 = Böhmer/Frech n. 142); Leonis IX (JL †4156; Böhmer/Frech n. †533); Innocentii III (Potthast 3056a; Brandi Reichenauer Urkundenfälschungen 8 n. 86) privilegia.* – R e g . : *Germ. Pont. II/1, 151 n. *9; Böhmer/Zimmermann n. 377.*

*7871 **(964 ex.)**

JL I 470 Benedictum (V) papam depositum Otto (I) imperator secum in Germaniam ducit.

L a u d . i n : *Cont. Reginonis ad a. 965 (MGH SS rer. Germ. 50, 175); Hugonis Flaviniacensis Chron. I ad a. 961 (MGH SS 8, 364); Ottonis Frisingensis Chron. VI c. 24 (MGH SS rer. Germ. 45, 287); Chron. s. Bavonis Gandensis (Coll. Belg. III/1 525); Gotifredi Viterbiensis Pantheon XXIII c. 29 (MGH SS 22, 234).* – R e g . : *Böhmer/Zimmermann n. 378.*

*†7872 **965 febr.**

Emmonio episcopo Asculano possessiones confirmat, inter quas Ancaranum.

L a u d . i n : *Andreantonelli Hist. Asculanae 235; Marcucci Saggio delle cose Ascolane 215.* – R e g . : *Ital. Pont. IV 149 n. †*4; Böhmer/Zimmermann n. †379.*

Privilegium a. 965 febr. datum esse narrat Marcucci. De traditione et tempore cf. Böhmer/Zimmermann n. †379.

*7873 **(964–965)**

Adaldago archiepiscopo Hamburgensi licentiam dat, ut quasdam sanctorum reliquias secum deducat.

L a u d . i n : *Adaldagi charta (Lappenberg Hamburg. UB I 52).* – R e g . : *Germ. Pont. VI 48 n. *55; Böhmer/Zimmermann n. 370.*

De tempore cf. Böhmer/Zimmermann n. 370.

*†7874 **(964–965)** **Roma**

Confessionem Guillelmi Bellismensis Romam venientis accipit, ei absolutionem dat mandatque, ut proprio sumptu coenobium ecclesiae Romanae suppositum condat.

L a u d . i n : *Guillelmi Bellismensis privilegium (Fauroux Recueil des actes des ducs de Normandie 177).* – R e g . : *Böhmer/Zimmermann n. †371.*

De tempore cf. Böhmer/Zimmermann n. †371.

(903–965)

Cf. J³ *†7398 s. v. Leo V.

(cr. 941–980)

Cf. J³ *7640 s. v. Stephanus VIII.

*7875 **965 (mart. in.)** **(Roma)**

JL I 469 Moritur et in ecclesia b. Petri sepeliri videtur.

L a u d . i n : *Cont. Reginonis ad a. 965 (MGH SS rer. Germ. 50, 176); Benedicti s. Andreae Chron. (FSI 55, 184); Herimanni Augiensis Chron. ad a. 966 (MGH SS 5, 116); Bernoldi Constantiensis Chron. ad a. 966 (MGH SS 5, 423); Ann. Saxo ad a. 965 (MGH SS 37, 202); Ann. Magdeburgenses ad a. 965 (MGH SS 16, 148).* – R e g . : *Böhmer/Ottenthal n. 409a; Böhmer/Zimmermann n. 380.*

Olim ad a. 965 cr. mart. De tempore cf. Böhmer/Zimmermann n. 380.

*7876 **965 (apr.)** **(Frankfurt)**

JL I 470 Benedictum (V) depositum, quem ab urbe Roma secum in Franciam advexit, Otto (I) imperator Adaldago archiepiscopo Hamburgensi deducendum et custodiendum committit.

L a u d . i n : *Cont. Reginonis ad a. 965 (MGH SS rer. Germ. 50, 175); Ann. Hildesheimenses ad a. 963 (MGH SS rer. Germ. 8, 22); Ann. Altahenses ad a. 964 (MGH SS rer. Germ. 4, 10); Adami Bremensis Gesta II c. 12 (MGH SS rer. Germ. 96); Cosmae Pragensis Chron. I c. 20 (MGH SS rer. Germ. N. S. 2, 41); Monachi Sazaviensis Cont. Cosmae I c. 20 (FRB 2, 239); Ann. Saxo ad a. 964 (MGH SS 37, 200); Ann. Magdeburgenses ad a. 965 (MGH SS 16, 148); Ann. Bremenses ad a. 961 (MGH SS 17, 855).* – R e g . : *Böhmer/Ottenthal n. 380a; Germ. Pont. VI 49 n. *56; Böhmer/Zimmermann n. 381.*

Olim ad a. 965. De tempore et loco cf. Böhmer/Zimmermann n. 381.

*7877 **(965 mai.–iul.)** **Hamburg**

JL I 470 Benedictus (V) ab Adaldago episcopo Hamburgensi (et Bremensi) „magno cum honore" detinetur „usque ad obitum eius".

Laud. in: *Adami Bremensis Gesta II c. 12 (MGH SS rer. Germ. 2, 69); Ann. Hamburgenses (Reuter 410).* – Reg.: *Böhmer/Zimmermann n. 382.*

Olim ad a. 965. De tempore cf. Böhmer/Zimmermann n. 382.

*7878 **(965) iul. 4** **Hamburg**

JL I 470 Benedictus (V) moritur et in ecclesia cathedrali Hamburgensi sepelitur (IV non. iul.).

Laud. in: *Ann. Hildesheimenses ad a. 963 (MGH SS rer. Germ. 8, 22); Thietmari Merseburgensis Chron. II c. 35 et IV c. 62 (MGH SS rer. Germ. N. S. 9, 83 et 203); Ann. Altahenses ad a. 964 (MGH SS rer. Germ. 4, 10); Adami Bremensis Gesta II c. 12 (MGH SS rer. Germ. 2, 69); Monachi Sazaviensis Cont. Cosmae I c. 20 (FRB 2, 239); Lib. pont., Cat. Augustensis (Duchesne II 251); Ann. Saxo ad a. 964 (MGH SS 37, 200).* – Reg.: *Germ. Pont. VI 49 n. *57; Böhmer/Zimmermann n. 384.*

Olim ad a. 966 iul. 4. De tempore cf. Böhmer/Zimmermann n. 384. Corpus Benedicti V a. 988 Roma translatus est, cf. Borgolte Petrusnachfolge 132.

7879 **(965) aug. 1** **Verona**

„Domino sanctę Romanę sedis" clerus Veronensis litteris refert plurimos civitatis clericos ad diversa officia non profectos, sed constitutos esse (Dat. kal. aug.). – *Non ignotum vestrae.*

Ed.: *MGH Briefe d. dt. Kaiserzeit 1, 111 n. 21.* – Reg.: *Ital. Pont. VII/1, 222 n. 15; Böhmer/Zimmermann n. 385.*

De tempore cf. Böhmer/Zimmermann n. 385.

*? 7880 **(ante 992 mai. 25)**

(Leoni VIII [al. Benedicto VII]) Mescho (al. Myeczlaus) I dux Polonorum Lambertum praesulem civitatis Cracoviae nuntium mittit ad apostolicam benedictionem et regium diadema expetendum.

Laud. in: *Chron. Hungarico-Polonicum (SS rer. Hung. 2, 307; Homza 134); Ann. Sandivogii ad a. 982 et 1000 (MPH 2, 872 et 873); Vita s. Stanislai (MPH 4, 392); Iohannis Dlugossii Ann. lib. 2 ad a. 997 (Annales I 218); eiusdem Cat. epp. Cracoviensium (MPH N.S. 10/2, 138).* – Reg.: *Böhmer/Zimmermann n. †398 adn. et n. 942 adn.; Pol. Pont. 13 n. *†?2 et 86 n. *†?1.*

*† 7881 **1038** **(Roma)**

Stephanum „genere et nacione" Polonum archiepiscopum Gnesnensem ordinat.

Laud. in: *Iohannis Dlugossii Ann. seu Chron. Poloniae II ad a. 1038 (Dąbrowski I 326); eiusdem Cat. archiepp. Gneznensium 346 (Opera I 346).* – Reg.: *Böhmer/Frech n. †205; Pol. Pont. 192 n. *†43.*

De re et tempore cf. Pol. Pont. 192 n. *†43.

*† 7882 **1052** **(Roma)**

Hieronymo episcopo Ryczinensi sedem episcopalem Wratislaviam transferre permittit.

Laud. in: *Iohannis Dlugossii Cat. epp. Wratislaviensium (Opera I 448).* – Reg.: *Pol. Pont. 193 n. *†50.*

De re et tempore cf. Pol. Pont. 193 n. *†50.

*† 7883 **1056** **(Roma)**

Sollicitante Kasimiro I rege Poloniae (Pol. Pont. 193 n. *†51) Andreae natione Romano per electionem canonicam electo de ecclesia Crusviciensi (al. Wladislaviensi) providet.

L a u d . i n : *Iohannis Dlugossii Ann. seu Chron. Poloniae III ad a. 1055 (Dąbrowski II 71); eiusdem Cat. epp. Wladislaviensium (Opera I 522).* – R e g . : *Pol. Pont. 194 n. *†52.*

De re et tempore cf. Pol. Pont. 194 n. *†52.

Iohannes XIII (965–972)

*7884 **965 (oct. 1)** **Roma**

JL I 470 Eligitur et consecratur.

L a u d . i n : *Cont. Reginonis ad a. 965 (MGH SS rer. Germ. 50, 176); Benedicti s. Andreae Chron. (FSI 55, 184); Lib. pont. (Duchesne II 247); Ann. Saxo ad a. 965 (MGH SS 37, 202); Ann. Magdeburgenses ad a. 965 (MGH SS 16, 148).* – R e g . : *Böhmer/Ottenthal n. 409a; Böhmer/Zimmermann n. 386.*

Olim ad a. 965 cr. sept. De tempore cf. Böhmer/Zimmermann n. 386.

7885 **(965 aut.)** **(Roma)**

JL 3737 Theodericum archiepiscopum Treverensem pallio transmittit, quibusque temporibus eo utatur, significat: „... pro inestimabili ... Mauricii (sept. 22) ... excolere". Haec addit: „Verum etiam pro inestimabili amore dilectissimi filii nostri, domni Ottonis, semper benedicti imperatoris, insuper largimur in natale beatissimi Laurentii (aug. 10), quo idem gloriosus augustus dimicando suorum hostium meruit victor existere". – *Si pastores ovium.*

E d . : *Zimmermann Papsturkunden I n. 196.* – R e g . : *Germ. Pont. X 45 n. 68; Böhmer/Zimmermann n. 390a et n. 457.*

De tempore cf. Böhmer/Zimmermann n. 390a.

*7886 **(965 aut.)**

Hubertum abbatem Farfensem dimittit, et monasterium Leoni abbati s. Andreae in Flumine (apud Pontianum) defert.

L a u d . i n : *Hugonis Farfensis Destructio (FSI 33, 44).* – R e g . : *Böhmer/Zimmermann n. 387.*

De tempore cf. Böhmer/Zimmermann n. 387.

*7887 **(965 aut.)**

Ricardo (I) duci Normannorum concedit, ut non canonicos sed monachos Benedictinos in coenobio Montis s. Michaelis a se restituto locat. A Lothario rege Franciae petit, ut quae a duce facta sint, confirmet.

L a u d . i n : *De abb. Montis s. Michaelis (Migne PL 202, 1325); Lotharii privilegium (Halphen/Lot Recueil 56); Ricardi II privilegium (Fauroux Recueil des actes des ducs de Normandie 161).* – R e g . : *Böhmer/Zimmermann n. 388.*

De tempore cf. Böhmer/Zimmermann n. 388.

†7888 **(965 aut.)**

JL 3757 Fratrum monasterii s. Michaelis (de Periculo-maris) disciplinam confirmat eisque abbatis eligendi facultatem concedit rogatu Lotharii Francorum regis, Hugonis archiepiscopi Rotomagensis et Richardi (I) Normannorum marchisi. – *Noverit cunctorum noticia.*

E d . : *Insertum in Lotharii regis privilegio (Halphen/Lot Recueil 53; separatim ed. Zimmermann Papsturkunden I n. †170).* – R e g . : *Böhmer/Zimmermann n. †389.*

Laud. et in Ann. Montis s. Michaelis ad a. 960 et 965 (Delisle 217 et 235). Olim ad a. 965–972. De tempore cf. Böhmer/Zimmermann n. †389.

*† 7889 **965 (aut.)**

Monasterio s. Zachariae in Venetiis privilegium et indulgentiam concedit.

L a u d . i n : *Registrum indulgentiarum saec. XIV ad a. 965 (Venetiae, Arch. di stato: Monastero di San Zaccaria, busta 12 fol. 3); Iulii III privilegium (Bozzoni Il silentio 31).* – R e g . : *Ital. Pont. VII/2, 177 n. †*10; Böhmer/Zimmermann n. †390.*

De tempore cf. Böhmer/Zimmermann n. †390.

* 7890 **(965 dec. 16)** **Roma**

JL I 471 E palatio Lateranensi eiicitur, in castello s. Angeli recluditur et in Campania custodiae mancipatur (postquam sedit m. II d. XVI).

L a u d . i n : *Lib. pont. (Duchesne II 252); Cont. Reginonis ad a. 965 (MGH SS rer. Germ. 50, 176); Benedicti s. Andreae Chron. (FSI 55, 184); Herimanni Augiensis Chron. ad a. 969 (MGH SS 5, 116); Bernoldi Constantiensis Chron. (MGH SS 5, 423); Gregorii Catinensis Chron. Farfense (FSI 34, 243); Chron. Vulturnense (FSI 58, 95); Ann. Saxo ad a. 965 (MGH SS 37, 203); Ann. Magdeburgenses ad a. 965 (MGH SS 16, 148).* – R e g . : *Böhmer/Ottenthal n. 429a; Böhmer/Zimmermann n. 391.*

De tempore cf. Böhmer/Zimmermann n. 391.

* 7891 **(966 aest. in.)** **(Campagna)**

JL I 471 E custodia fugit et legatos ad Ottonem (I) imperatorem in Saxoniam mittit, ut ecclesiam Romanam adiuvet.

L a u d . i n : *Benedicti s. Andreae Chron. (FSI 55, 185).* – R e g . : *Böhmer/Ottenthal n. 429a; Böhmer/Zimmermann n. 392.*

Olim ad a. 966. De tempore cf. Böhmer/Zimmermann n. 392.

* 7892 **(966 aest. ex)** **Capua**

JL I 471 De Roma exiliatus venit Capuam et, rogatus „a principe Pandulfo (I), tunc primum in eadem civitate archiepiscopatum constituit, consecrato ibi Iohanne fratre eiusdem principis".

L a u d . i n : *Chron. mon. Casinensis II c. 9 (MGH SS 34, 186); Chron. Atinense (RIS 7, 908); Chron. Vulturnense (FSI 59, 238).* – R e g . : *Böhmer/Ottenthal n. 439a; Ital. Pont. VIII 223 n. *34; Böhmer/Zimmermann n. 393.*

Olim ad a. 966. De tempore cf. Böhmer/Zimmermann n. 393.

* 7893 **(966 aut. in.)** **Sabina – Tuscia – Roma**

JL I 471 Sabinensem agrum hostiliter ingreditur, „cum Tuscie finibus" Romam revenit.

L a u d . i n : *Benedicti s. Andreae Chron. (FSI 55, 185).* – R e g . : *Böhmer/Ottenthal n. 439a; Böhmer/Zimmermann n. 394.*

Olim ad a. 966. De tempore cf. Böhmer/Zimmermann n. 394.

* 7894 **(966 oct.)** **Farfa**

Iohannem (III) a monachis electum abbatem Farfensem consecrat.

L a u d . i n : *Hugonis Farfensis Destructio (FSI 33, 45).* – R e g . : *Böhmer/Zimmermann n. 395.*

De tempore cf. Böhmer/Zimmermann n. 395.

* 7895 **(966 nov. 14)** **Roma, S. Pietro – Laterano**

JL I 471 Apud s. Petrum sacra procurat et in palatium Lateranense ingreditur.

L a u d . i n : *Benedicti s. Andreae Chron. (FSI 55, 185); Cont. Reginonis ad a. 966 (MGH SS rer. Germ. 50, 177); Herimanni Augiensis Chron. ad a. 969 (MGH SS 5, 116); Bernoldi Constantiensis Chron. ad a. 969 (MGH SS 5, 399 et 423); Ann. Magdeburgenses ad a. 966 (MGH SS 16, 148).* – R e g . : *Böhmer/Ottenthal n. 439a; Böhmer/Zimmermann n. 396.*

De tempore cf. Böhmer/Zimmermann n. 396.

7896 **966 nov. 16** **(Roma)**

JL 3710 Monasterii Gerensis, rogatu Attonis abbatis, possessiones confirmat, idque sedis apostolicae ditioni subiungit (Scr. p. m. Leonis scrin. S.R.E. in m. nov. et ind. suprascr. X. Dat. XVI kal. dec. p. m. Widonis ep. et bibl. S.S.A. a. Deo prop. pont. d. Iohannis summi pont. et univ. XIII pp., et imp. d. piisimo imp. aug. Otone a Deo cor. a. V, m. nov., ind. XV). – *Convenit apostolico moderamini.*

Ed.: *Zimmermann Papsturkunden I n. 171.* – Reg.: *Martí Bonet Reg. 388 n. 12; Böhmer/Zimmermann n. 397.*

*†7897 **966**

Egidium episcopum cardinalem Tusculanum legatum in Poloniam mittit.

Laud. in: *Iohannis Dlugossii Ann. seu Chron. Poloniae ad a. 966 (Dąbrowski I 180).* – Reg.: *Pol. Pont. 182 n. *†1.*

*†7898 **966**

Egidius episcopus Tusculanus a Iohanne XIII missus (cf. J[3] *†7897) singulos episcopatus Poloniae, videlicet duas metropoles Gneznensem et Cracoviensem, item Poznaniensem, Wratislaviensem, Wladislaviensem, Ploczensem, Chelmensem, Lubuczensem Kamyenensemque confirmat et singulis dioecesibus terminos ponit et distinguit necnon privilegia et litteras singulis ecclesiis dat.

Laud. in: *Iohannis Dlugossii Ann. seu Chron. Poloniae ad a. 966 (Dąbrowski I 180).* – Reg.: *Pol. Pont. 182 n. *†2.*

*†7899 **966**

Willibaldum, natione Gallicum, primum archiepiscopum Gneznensem providet.

Laud. in: *Iohannis Dlugossii Cat. archiepp. Gneznensium ad a. 966 (Opera I 343); Cat. II archiepp. Gneznensium (MPH 3, 405).* – Reg.: *Böhmer/Zimmermann n. †398; Pol. Pont. 183 n. *†3.*

De re et tempore cf. Pol. Pont. 183 n. *†3.

*†7900 **966** **Roma**

Petentibus Polonis Iordanum nobilem Romanum, „qui de domo Ursinorum ducebat genus", ad ecclesiam Posnaniensem pronuntiat et instituit; eo Romae consecrato et benedicto in Poloniae regnum ire iubet, ut Posnaniensem ecclesiam regat.

Laud. in: *Iohannis Dlugossii Cat. epp. Posnaniensium ad a. 966 (Opera I 482).* – Reg.: *Böhmer/Zimmermann n. †398; Pol. Pont. 183 n. *†4.*

*†7901 **966** **Roma**

„Quo primitiae adventus sui (scil. Iordani primi episcopi) clero Posnaniensi et populo gratiores forent, gladium beati (scil. Petri), quo in abscindenda Malchi auricula in montis Oliveti horto usus fuisse Apostolus creditur, sive hunc sive alium", transmittit.

Laud. in: *Iohannis Dlugossii Cat. epp. Posnaniensium ad a. 966 (Opera I 482).* – Reg.: *Böhmer/Zimmermann n. †398; Pol. Pont. 183 n. *†5.*

*†7902 **966**

Prohorium Italium, genere Romanum, ad petitionem Boleslai monarchae (Pol. Pont. 184 n. *†6) ecclesiae Cracoviensi archiepiscopum praeficit.

Laud. in: *Iohannis Dlugossii Cat. epp. Cracoviensium ad a. 966 (MPH N.S. 10/2, 135).* – Reg.: *Böhmer/Zimmermann n. †398; Pol. Pont. 184 n. *†7.*

*†7903 **966**

Myeczslao (Mescone) et Boleslao principibus (Poloniae) petentibus (Pol. Pont. 185

n. *†8) Gothfridum, genere nobilem, in episcopum Smogorzoviensem (dein Wratislaviensem) ordinari et consecrari iubet.

L a u d . i n : *Iohannis Dlugossii Cat. epp. Wratislaviensium ad a. 966 (Opera I 443).* – R e g . : *Böhmer/Zimmermann n. †398; Pol. Pont. 185 n. *†9.*

*† 7904 **966**

Ad postulationem Mezlai (Mesconis) regis Poloniae (Pol. Pont. 185 n. *†10) Angelotum Romanum in episcopum Plocensem ordinat.

L a u d . i n : *Iohannis Dlugossii Vitae epp. Plocensium abbrev. ad a. 966 (MPH 6, 599).* – R e g . : *Pol. Pont. 185 n. *†11.*

* 7905 **967 ian. (in.)** **Roma**

JL I 471 Synodum in basilica b. Petri celebrat.

L a u d . i n : *Ottonis I privilegium (MGH DD O I n. 336); J³ 7913; Ottonis I capitula (MGH Const. 1, 28).* – R e g . : *Böhmer/Ottenthal n. 439b; Ital. Pont. V 50 n. *159; Böhmer/Zimmermann n. 405.*

De synodo cf. et MGH Conc. 6/2, 255.

*† 7906 **(967 ian. in.)** **Roma**

Martinum iuste electum episcopum Ferrariensem consecrat.

L a u d . i n : *J³ 7914.* – R e g . : *Böhmer/Zimmermann n. †407.*

De tempore cf. Böhmer/Zimmermann n. †407.

† 7907 **967 (ian. in.)** **Roma, S. Pietro**

JL †3711 Monasterium s. Bartholomaei extra muros Ferrarienses tuendum suscipit possessionesque eius et iura confirmat. Abbatis Godefridi electionem ratam habet (Dat. Rome apud s. Petrum pont. n. a. II). – *Apostolicam sedem in.*

E d . : *Zimmermann Papsturkunden I n. †173.* – R e g . : *Ital. Pont. V 232 n. †1; Böhmer/Zimmermann n. †408.*

Olim ad a. 966–967. De tempore cf. Böhmer/Zimmermann n. †408.

† 7908 **(967) ian. 24** **Ravenna**

JL 3712 Edgardo Anglorum rege petente monasterii s. Petri (Westmonasteriensis) ab „antiquis Anglie regibus a potestate episcopi Londiniensis erepti" libertatem confirmat eiusque fratribus liberam abbatis eligendi facultatem concedit (Dat. Rauenne IX kal. febr.). – *Quia literis tue.*

E d . : *Insertum in Edgardi regis privilegio (Napier-Stevenson Crawford Collection 12) et in Ricardi de Cirencestria Speculo III c. 21 (SS rer. Brit. 30/2, 98); Zimmermann Papsturkunden I n. †174.* – R e g . : *Böhmer/Zimmermann n. †409.*

De fide cf. Böhmer/Zimmermann n. †409.

* 7909 **(967 mart. in.)** **Roma**

Petrum praefectum urbis in carcerem missum Ottoni (I) imperatori tradit, qui eum ultra montes in exilium dirigit.

L a u d . i n : *Lib. pont. (Duchesne II 252); Gregorii Catinensis Chron. Farfense (FSI 34, 244).* – R e g . : *Böhmer/Ottenthal n. 439a; Böhmer/Zimmermann n. 410.*

De tempore cf. Böhmer/Zimmermann n. 410.

* 7910 **967 mart. 31** **Ravenna**

JL I 472 Ravennae cum Ottone (I) imperatore pascha celebrat.

L a u d . i n : *Cont. Reginonis ad a. 967 (MGH SS rer. Germ. 50, 178); Ann. Saxo ad a. 967 (MGH SS 37, 205); Ann. Magdeburgenses ad a. 967 (MGH SS 16, 148).* – R e g . : *Böhmer/Ottenthal n. 443a; Böhmer/Zimmermann n. 411.*

*** 7911** **(967 apr. in.)** **Ravenna, S. Appolinare Nuovo**

Et Iohanne (XIII) papa et imperatore praesentibus in basilica s. Apollinaris (pontificis et Christi martyris), „qui vocatur Novo", iudex Ursus Ferrariensis advocatus Petri (IV) archiepiscopi iterum Rainerum diaconum Ravennatem accusat.

L a u d . i n : *J^{3} 7913; J^{3} 7914.* – R e g . : *Böhmer/Zimmermann n. 412.*

De tempore cf. Böhmer/Zimmermann n. 412 et MGH Conc. 6/2, 261sq.

7912 **967 apr. 15** **(Roma)**

JL 3714 Canonicorum Bononiensium immunitatem confirmat (Scr. p. m. Stephani S.R.E. in m. apr. et ind. suprascr. X. Dat. XVII kal. mai. p. m. Vuidonis ep. s. Silvecandide eccl. et bibl. S.S.A. a. Deo prop. pont. d. n. Iohannis summi pont. et univ. XIII pp. in ss. sede b. Petri apost. II, imp. d. piisimo perp. aug. Ottone a Deo cor. magno imp. a. VI, ind. suprascr. X). – *Cum ego Johannes.*

E d . : *Zimmermann Papsturkunden I n. 175; Fanti/Paolini Cod. dipl. Bolognese 93 n. 29.* – R e g . : *Ital. Pont. V 256 n. 2; Santifaller Beschreibstoffe 89 n. 1; Böhmer/Zimmermann n. 414.*

Privilegium non in synodum Ravennatem concessum est censet Hehl in MGH Conc. 6/2, 261sq. Cf. J^{3} *7395.

7913 **967 apr. 17** **Classe, S. Severo**

JL I 472 Coram Iohanne (XIII), in iudicio residente una cum Ottone (I) imperatore, causa Petri archiepiscopi Ravennatis contra Rainerium (Ravennatem) diaconum filium quondam Teudegrimi comitis (Pistoriensis) et Ingelradae comitissae agitur (A. Deo prop. pont. d. Johannis summi pont. et univ. pp. in apost. ss. b. Petri sede II, sicque imp. d. piissimo perp. aug. Otoni a Deo cor. pacifico magno imp. a. regni pietatis eius in Italia vero VI, d. XVII m. apr., ind. X, infra civitatem dudum Classis, infra mansionem domnicatus, ubi d. Otone imp. residebat prope s. Severus).

E d . : *FSI 96, 50.* – R e g . : *Böhmer/Ottenthal n. 445; Ital. Pont. V 50 n. 160 et 93 n. 38; Ortmanns Minden 133 n. 11; Böhmer/Zimmermann n. 416; Germ. Pont. IX 154 n. 18.*

Olim ad a. 967 apr. 7. De tempore cf. Böhmer/Zimmermann n. 416. De re cf. et MGH Conc. 6/2, 262. Cf. et J^{3} *7905 et J^{3} *7911.

7914 **(967 post apr. 17)** **Ravenna, S. Apollinare Nuovo**

JL 3718 In 'generali placito' cum Ottone imperatore ecclesiae Ferrariensis privilegia et possessiones, petente Martino episcopo, confirmat. – *Denuntiantes mandamus qualiter.*

E d . : *Zimmermann Papsturkunden I n. <176.* – R e g . : *Böhmer/Ottenthal n. 444; Ital. Pont. V 208 n. 5; Balboni Pieve e masse ferraresi 437; Böhmer/Zimmermann n. 415.*

Laud. et in Innocentii II (Ital. Pont. V 213 n. 22) et in Coelestini II (Ital. Pont. V 213 n. 24) privilegiis. De tempore cf. Böhmer/Zimmermann n. 415 et MGH Conc. 6/2, 262. De fide cf. Zimmermann Papsturkunden I n. <176. Privilegium non in synodum Ravennatem concessum est censet Hehl in MGH Conc. 6/2, 262. Cf. J^{3} *†7906 et J^{3} *7911.

*** 7915** **(967 post apr. 17)** **(Classe)**

JL *3740 Petri (IV) archiepiscopi Ravennatis privilegium de parte comitatus Ferrariensis confirmat.

L a u d . i n : *Placitum a. 970 (FSI 96, 98).* – R e g . : *Ital. Pont. V 51 n. *162; Böhmer/Zimmermann n. 417.*

Olim ad a. 965–970. De tempore cf. Böhmer/Zimmermann n. 417 et MGH Conc. 6/2, 262.

*** 7916** **967 (ante apr. 20)** **Classe, S. Severo**

JL I 472 Synodus in ecclesia s. Severi in Classe celebrata incipit.

L a u d . i n : *J^{3} 7917; Cont. Reginonis ad a. 967 (MGH SS rer. Germ. 50, 178); Ann. Saxo ad a. 967 (MGH SS 37, 205); Ann. Magdeburgenses ad a. 967 (MGH SS 16, 148); Ratherii Veronensis*

Epist. 32sq. (MGH Briefe d. dt. Kaiserzeit 1, 182); Ottonis I Const. ad a. 967 (MGH Const. 1, 28); Narratio erectionis eccl. Magdeburgensis (MGH Conc. 6/2, 299); Gesta archiepp. Magdeburgensium c. 6 (MGH SS 14, 379); Ann. Magdeburgenses ad a. 969 (MGH SS 16, 149). – Reg.: *Böhmer/Ottenthal n. 443b; Germ. Pont. IV 77 n. 71; Böhmer/Zimmermann n. 413; Germ. Pont. V/2, 210 n. 11 et 212 n. *?12.*

De synodo et tempore cf. MGH Conc. 6/2, 261.

7917 **967 apr. 20** **(Classe, S. Severo)**

JL 3715 In concilio ecclesiam Magdeburgensem, Ottone I imperatore postulante, metropolim Brandenburgensis et Havelbergensis episcopatuum constituit, eiusdemque archiepiscopis dat „potestatem per congrua loca, ubi per illorum predicationem Christianitas creverit, episcopos ordinare, nominative nunc et presentialiter Merseburc, Cici et Misni" (XII kal. mai. ... Scr. p. m. Stephani not. reg. et scrin. S.R.E. in m. apr. et ind. X). – *Notum esse volumus.*

Ed.: *Zimmermann Papsturkunden I n. 177; MGH Conc. 6/2, 268.* – Reg.: *Böhmer/Ottenthal n. 447; Lübke Reg. Slaven II 196 n. 142; Böhmer/Zimmermann n. 418.*

Laud. et in Narratione erectionis eccl. Magdeburgensis (MGH Conc. 6/2, 300), apud Ann. Saxonem ad a. 965 (MGH SS 37, 203), in Gestis archiepp. Magdeburgensium c. 11 (MGH SS 14, 384). Cf. J³ *7916.

7918 **967 apr. 22** **(Classe, S. Severo)**

JL 3716 In concilio parthenonem Quedlinburgensem, rogatu Mathildis abbatissae, tuendum suscipit, bonaque eius confirmat, imposito ei librae argenti tributae annuo (Scr. p. m. Stephani scrin. S.R.E. in m. apr., ind. XVI. Dat. X kal. mai. p. m. Widonis ep. s. Silve Candide eccl. et bibl. S.S.A. a. Deo prop. pont. d. Iohannis summi pont. et univ. XIII provisoris S.R.E. videlicet XI eiusdem piisimi pp., imp. aug. Ottone a Deo cor. magno imp. a. VI monarchiam Romani imp. feliciter gubernante, ind. X). – *Quia per beatum.*

Ed.: *Zimmermann Papsturkunden I n. 178; MGH Conc. 6/2, 271.* – Reg.: *Ortmanns Minden 133 n. 12; Böhmer/Zimmermann n. 419; Germ. Pont. IX 154 n. 19; Germ. Pont. V/2, 311 n. 4.*

Laud. et in Adelheidae II abbatissae charta (Erath Cod. dipl. Quedlinburg. 64), in Innocentii II privilegio (JL 8058), in Martini card. ep. Tusculani litteris (Erath Cod. dipl. Quedlinburg. 96), in Lucii III (JL 15110, Böhmer/Baaken/Schmidt n. 1254) et Innocentii III (Potthast 3035, Reg. Innocenz' III. 10, 10) et Innocentii IV (Potthast 14197) privilegiis. Olim ad a. 967 apr. 23. De tempore cf. Böhmer/Zimmermann n. 419.

7919 **967 apr. 25** **(Classe, S. Severo)**

JL 3717 In concilio Heroldum, quondam archiepiscopum Salisburgensem, oculis privatum, qui a superioribus pontificibus Romanis deiectus, sacra facere pallioque uti non destiterit, damnat, et Fridericum, successorem eius, comprobat (Act. Ravennas VII kal. mai. p. m. Stephani scrin. S.R.E. in m. apr. et ind. X in presentia omnium ss. epp.). – *Sanctitati ac dilectioni.*

Ed.: *Zimmermann Papsturkunden I n. 179; MGH Conc. 6/2, 274.* – Reg.: *Böhmer/Ottenthal n. 449; Germ. Pont. I 15 n. 33; Ortmanns Minden 134 n. 13; Böhmer/Zimmermann n. 420; Germ. Pont. IX 154 n. 19.*

Cf. J³ *7629.

7920 **967 apr. 29** **(Ravenna)**

JL 3713 „Ariberto archiepiscopo" (Petro Ravennati) curtem Firminianam concedit (Dat. p. m. Guidonis s. Silve Candide ep. et bibl. S.A.S. III kal. mai., a. XIII pont. d. pp. Iohannis, imp. d. Octone, ind. X). – *Quociens illa a.*

Ed.: *Zimmermann Papsturkunden I n. 180.* – Reg.: *Ital. Pont. V 50 n. 161; Böhmer/Zimmermann n. 421.*

Olim ad a. 967 feb. 27. De tempore cf. Böhmer/Zimmermann n. 421.

*7921 **967 (mai.)** **Ravenna**

JL *3719 Ottoni (II) regi „litteras invitatorias" mittit, ut ad natale(m) Domini (dec. 25) Romae celebrandum festinet.

L a u d . i n : *Cont. Reginonis ad a. 967 (MGH SS rer. Germ. 50, 178); Ann. Saxo ad a. 967 (MGH SS 37, 205).* – R e g . : *Böhmer/Ottenthal n. 450a; Böhmer/Mikoletzky n. 589a; Böhmer/Zimmermann n. 422.*

*7922 **967 (mai.)** **Roma**

JL I 472 Romam revertitur.

L a u d . i n : *Cont. Reginonis ad a. 967 (MGH SS rer. Germ. 50, 178); Ann. Saxo ad a. 967 (MGH SS 37, 205); Ann. Magdeburgenses ad a. 967 (MGH SS 16, 148).* – R e g . : *Böhmer/Ottenthal n. 450a; Böhmer/Zimmermann n. 423.*

*7923 **(967 post mai.)**

Nepoti suo Benedicto comiti Theodorandam filiam Crescentii, qui vocatur „a Caballo marmoreo", uxorem dat eique comitatum Sabinensem concedit.

L a u d . i n : *Hugonis Farfensis Exceptio relationum (FSI 33, 62); Gregorii Catinensis Chron. Farfense (FSI 34, 79).* – R e g . : *Ital. Pont. I 186 n. *2; Böhmer/Zimmermann n. 424.*

Olim ad a. 965–972. De tempore cf. Böhmer/Zimmermann n. 424.

*7924 **(967 post mai.)**

Crescentio comiti possessiones in territorio Terracinensi concedit.

L a u d . i n : *Crescentii II Nomentani comitis chartula donationis monasterio s. Silviani Terracinensi a. 991 confirmata (Contatore De historia Terracinensi 328).* – R e g . : *Ital. Pont. II 120 n. *1; Böhmer/Zimmermann n. 425.*

7925 **967 aug. 23** **(Roma)**

Postulante Petro episcopo Paestano „episcopii res" confirmat (Scr. p. m. Stephani not. reg. et scrin. S.R.E. in m. iul. et ind. suprascr. X. Dat. X kal. sept. p. m. Guidonis s. Silve Candide ep. et bibl. S.S.A. a. Deo prop. pont. d. Iohannis summi pont. et univ. XIII pp. in ss. sede b. Petri apost. II, imp. d. piissimo perp. aug. Ottone a Deo cor. magno imp. a. VI, in m. et ind. suprascr. X, a. D. inc. 967). – *Convenit apostolico moderamini.*

E d . : *Zimmermann Papsturkunden I n. 182.* – R e g . : *Ital. Pont. VIII 368 n. *1; Böhmer/Zimmermann n. 428.*

*7926 **967 sept. 7** **Benevent**

JL I 472 Beneventum venit et missam in episcopio cantat.

L a u d . i n : *Ann. Beneventani ad a. 967 (Bertolini 124).* – R e g . : *Ital. Pont. IX 54 n. *14; Böhmer/Zimmermann n. 429.*

7927 **967 oct.** **(Roma)**

JL *3733 Monasterium s. Galli (petente abbate Burchhardo) nulli nisi regiae potestate subditum esse vult (Scr. p. m. Leonis not. reg. atque scrin. S.R.E. in m. oct. et ind. XI). – *Ex virorum fidelium.*

E d . : *Zimmermann Papsturkunden I n. 183.* – R e g . : *Germ. Pont. II/2, 40 n. 4; Böhmer/Zimmermann n. 431.*

Laud. et in Innocentii II a. 1139 (Germ. Pont. II/2 41 n. 6) et Gregorii IX a. 1234 (Auvray Reg. I 1036 n. 1898) privilegiis concessis. Olim ad a. 968 (oct.). De tempore cf. Böhmer/Zimmermann n. 431.

*7928 **(967 aut.)** **Roma**

Apud (Iohannem XIII) Eccehardus decanus s. Galli familiaris moratur.

L a u d . i n : *Ekkehardi Casus s. Galli 80 (Haefele 166).* – R e g . : *Böhmer/Zimmermann n. 430.*

***7929** **967 (dec. 24)** **Roma**

JL I 472 „In gradibus b. Petri residens" Ottonem (I) imperatorem et Ottonem (II) regem honorifice suscipit.

L a u d . i n : *Cont. Reginonis ad a. 967 (MGH SS rer. Germ. 50, 179); Ann. Saxo ad a. 967 (MGH SS 37, 206).* – R e g . : *Böhmer/Ottenthal n. 463a; Böhmer/Mikoletzky n. 592f; Germ. Pont. IV 77 n. *72; Böhmer/Zimmermann n. 432.*

Olim ad a. 967 dec. 21. De tempore cf. Böhmer/Zimmermann n. 432.

***7930** **967 (dec. 25)** **Roma, S. Pietro**

JL I 472 In ecclesia b. Petri Ottoni (II) imperatoriam coronam imponit praesente Ottone I.

L a u d . i n : *Ottonis I privilegium (MGH DD O I n. 355); Cont. Reginonis ad a. 967 (MGH SS rer. Germ. 50, 179); Ann. Hildesheimensis ad a. 967 (MGH SS. rer. Germ. 8, 22); Hugonis Farfensis Destructio (FSI 33, 45); Thietmari Merseburgensis Chron. II c. 35 (MGH SS rer. Germ. N. S. 9, 82); Ann. Altahenses ad a. 967 (MGH SS rer. Germ. 4, 10); Lamperti Hersfeldensis Ann. ad a. 967 (MGH SS rer. Germ. 38, 40); Ann. Saxo ad a. 967 (MGH SS 37, 206); Ann. Ottenburani ad a. 967 (MGH SS 5, 4); Ann. Magdeburgenses ad a. 967 (MGH SS 16, 148); Orderici Vitalis Historia Ecclesiastica II c. 30 (Chibnall I 199).* – R e g . : *Böhmer/Ottenthal n. 463b; Böhmer/Mikoletzky n. 592g; Germ. Pont. IV 77 n. *72; Böhmer/Zimmermann n. 433.*

De tempore cf. Böhmer/Zimmermann n. 433.

***7931** **(967 dec.–968 ian.)** **(Roma)**

JL I 472 Iohanne XIII praesidente et assedentibus imperatoribus Ottone I et Ottone II utrisque synodus celebratur.

L a u d . i n : *Ottonis II privilegium (MGH DD O II n. 71).* – R e g . : *Böhmer/Ottenthal n. 463c; Ital. Pont. VII/2, 50 n. *64; Germ. Pont. IV 279 n. *5; Böhmer/Zimmermann n. 434.*

De tempore cf. Böhmer/Zimmermann n. 434. De concilio cf. et MGH Conc. 6/2, 279.

7932 **968 ian. 1** **(Roma)**

JL 3721 Parthenonem Gandersheimensem tuendum suscipit et eius possessiones iuraque confirmat, ab Ottone maiore (I) et minore (II) imperatoribus rogatus „in sinodo, que apud corpus beatissimi Petri apostolorum principis acta est in mense Decembrio et indictione undecima" (J³ *7931) (Scr. p. m. Stephani scrin. S.R.E. in m. et ind. suprascr. XI. Dat. kal. ian. p. m. Uuidonis ep. s. Silve Candide eccl. et bibl. S.S.A. a. Deo prop. pont. d. Iohannis summi pont. et univ. XIII pp. in ss. sede b. Petri apost. III, imp. serenissimis d. Ottone maiore et minore a. imp. maioris VI, minoris vero I, in m. et ind. XI). – *Si piis votis.*

E d . : *Zimmermann Papsturkunden I n. 184; MGH Conc. 6/2, 286; Insertum in Innocentii III privilegio (Potthast 2482; Reg. Innocenz' III. 8, 66).* – R e g . : *Böhmer/Zimmermann n. 435; Germ. Pont. V/2, 124 n. 7.*

Laud. et in Eberhardi Chron. Gandersheimensi c. 38 et c. 41 (MGH Dt. Chron. 2, 426 et 428).

7933 **968 ian. 2** **Roma**

JL 3722 Monasterii s. Maximini Treverensis privilegia, petente Thietfrido abbate, confirmat, in his ut „perhenniter sub mundiburdio regum vel imperatorum ... permaneat" (Dat. IV non. ian. p. m. Sycconi ep. a. d. inc. 967, ind. XI). – *Congruit apostolico moderamini.*

E d . : *Zimmermann Papsturkunden I n. 185; MGH Conc. 6/2, 287.* – R e g . : *Böhmer/Ottenthal p. 209; Ortmanns Minden 134 n. 14; Germ. Pont. X 202 n. 7; Böhmer/Zimmermann n. 436; Germ. Pont. IX 154 n. 20.*

Privilegium recitatum est in synodo Romana (J³ *7931), cf. Böhmer/Zimmermann n. 436. Laud. et in Innocentii II privilegio (JL 8093).

7934 **968 ian. 2** **Roma**

JL 3723 Monasterium Hersfeldense sedis Romanae iurisdictioni submittit, eiusque liberam abbatis eligendi facultatem ac possessiones confirmat, rogatus ab Ailulfo abbate in synodo Romae in ecclesia b. Petri, praesentibus Ottone I et II imperatoribus habita (J³ *7931) (Scr. p. m. Stephani scrin. S.R.E. in m. dec., ind. XI. Dat. IV non. ian. p. m. Uuidonis ep. s. Siluę Candidę ęccl. et bibl. S.S.A. a. Deo prop. pont. d. Iohannis summi pont. et univ. XIII pp. in ss. sede b. Petri apost. III, imp. d. piissimis perp. aug. Ottone et eius equivoco filio a Deo cor. magnis imp. a. maioris imp. VI et minoris I, in m. ian., ind. suprascr. XI). – *Si semper sunt.*

Ed.: *Zimmermann Papsturkunden I n. 186; MGH Conc. 6/2, 290.* – Reg.: *Böhmer/Ottenthal n. 464; Böhmer/Mikoletzky n. 592i; Germ. Pont. IV 279 n. 6; Böhmer/Zimmermann n. 437; Germ. Pont. IX 117 n. †*19.*

†7935 **968 ian. 2** **(Roma)**

JL 3724 Monasterium b. Iohannis evangelistae Misnense sub ecclesiae Romanae iurisdictionem subiungit, finesque episcopatus confirmat, rogatus ab Ottonibus imperatoribus in synodo Romae in ecclesia b. Petri habita (J³ *7931) (Scr. p. m. Stepani scrin. S.R.E. in m. dec., ind. XI. Dat. IV non. ian. p. m. Widonis ep. s. Silue Candide eccl., bibl. S.A.S. a. Deo prop. pont. Iohannis, summi pont. et univ. XIII pp., in ss. sede b. Petri apost. III, impp. d. piisimis aug. Ottone et eius equivoco filio, a Deo cor. magnis imp., a. maioris imp. VI et minoris I, in m. ian, ind. supradicta XI). – *Si semper sunt.*

Ed.: *Zimmermann Papsturkunden I n. †187.* – Reg.: *Böhmer/Ottenthal n. 464; Schieckel Reg. Dresden I 57 n. 4; Lübke Reg. Slaven II 202 n. 145; Böhmer/Zimmermann n. †438; Germ. Pont. IX 117 n. †*19.*

Laud. et in Innocentii II privilegio (JL 7498). Hoc de privilegio spurio cf. novissime Jasinski Bulle Johannes' XIII.

7936 **968 ian.** **(Roma)**

JL 3725 Monasterii Dolensis possessiones privilegiaque confirmat petente Ramnulpho abbate (Scr. p. m. Theodori not. S.R.E. in m. ian., ind. XI). – *Apostolica moderationi totius.*

Ed.: *Zimmermann Papsturkunden I n. 188.* – Reg.: *Böhmer/Zimmermann n. 440.*

Laud. et in J³ †8439.

***7937** **(968 in.)** **Roma**

JL *3726 Ratherio episcopo Veronensi Romam venienti et eius successoribus sub anathematis poena praecipit, ne „clericorum se inframittere(nt) rebus".

Laud. in: *Ratherii ep. Veronensis Epist. 30 (MGH Briefe d. dt. Kaiserzeit 1, 176).* – Reg.: *Ital. Pont. VII/1, 222 n. 16 et 232 n. *2; Böhmer/Zimmermann n. 439.*

***†7938** **968 mai. 14** **(Verona), S. Maria in Organo**

Iubente Iohanne (XIII) Rodoaldus patriarcha Aquileiensis in controversia inter Ratherium episcopum et canonicos Veronenses eorum possessiones e potestate episcopi exemptas declarat; neque a Ratherio neque a successoribus eius perturbandae esse constituit (A. 968, XIV mai. in mon. s. Mariae de Organo iubente Joanne pont., ind. XI et Othone imp. a. VII).

Laud. in: *Placitum Rodoaldi (Migne PL 136, 764).* – Reg.: *Böhmer/Zimmermann n. †443.*

De fide et tempore cf. Böhmer/Zimmermann n. †443.

***7939** **(968 mai.)**

Monasterio Northusensi privilegium concedit.

Laud. in: *Vita Mathildis reginae antiquior c. 15 (MGH SS rer. Germ. 66, 140).* – Reg.: *Böhmer/Zimmermann n. 442; cf. Germ. Pont. V/2, 312 n. 4 adn..*

***7940** **968 aug. 15**

JL *3727 Nicephorum (II Phocam) imperatorem Graecorum (Constantinopolitanum) litteris rogat, „ut parentelam firmamque amicitiam" faciat „cum dilecto spiritualique filio suo Ottone (I) Romanorum imperatore augusto".

Laud. in: *Liudprandi Cremonensis Legatio c. 47 (MGH SS rer. Germ. 41, 200).* – Reg.: *Böhmer/Ottenthal n. 485b; Böhmer/Zimmermann n. 444.*

Olim ad a. 968 ian.–oct. De tempore cf. Böhmer/Zimmermann n. 444.

* 7941 **(968 sept. 17) (Constantinopolis)**

(Iohanni XIII) per Liudprandum Cremonensem episcopum, legatum imperatoris Ottonis (I), scriptum Leonis (fratris Nicephoris II Phocae imperatoris Constantinopolitani) mittitur.

Laud. in: *Liudprandi Cremonensis Legatio c. 56 (MGH SS rer. Germ. 41, 206).* – Reg.: *Böhmer/Ottenthal n. 485b; Böhmer/Zimmermann n. 445.*

De tempore cf. Böhmer/Zimmermann n. 445.

*† 7942 **(968 oct. in.) (Ravenna)**

Et apostolici (Iohannis XIII) consulatu et Ottone (I) imperatore petente Hildewardus episcopus Halberstadtensis partem bonorum suorum inter Magdeburgum et Merseburgam dividit.

Laud. in: *Chron. epp. Merseburgensium (MGH SS 10, 165); Ann. Magdeburgenses ad a. 969 (MGH SS 16, 150).* – Reg.: *Germ. Pont. IV 78 n. *73; Böhmer/Zimmermann n. †446; Germ. Pont. V/2, 211 n. *†11a.*

De tempore et fide cf. Germ. Pont. V/2 211 n. *†11a.

*? 7943 **(967 apr. med. aut 968 ante oct. 18) (Classe, S. Severo aut Roma)**

Partem parochiae Halberstadensis Ottone (I) imperatore dictante archiepiscopatui Magdeburgensi ascribit.

Laud. in: *J³ 8098; J³ 8099; Chron. epp. Merseburgensium (MGH SS 10, 165).* – Reg.: *Germ. Pont. V/2, 212 n. *?12.*

De tempore et fide cf. Germ. Pont. V/2 212 n. *?12.

* 7944 **(968 ante oct. 18) Roma**

Iohanni XIII Hatto archiepiscopus Maguntinus et Hildiwardus episcopus Halberstadensis et comprovinciales episcopi per petitorias litteras propriis manibus roboratas et per Adalbertum episcopum Romam missas consentiunt in Magdeburgensi civitate archiepiscopalem sedem cum subiectis episcopis iam ordinatis et ordinandis privilegio apostolicae sedis statui, ne per invidiam fidei tanta Sclavorum plebs Deo noviter acquisita callidi hostis rapiatur insidiis.

Laud. in: *J³ 7945.* – Reg.: *Germ. Pont. IV 78 n. *73; Germ. Pont. V/2, 212 n. *13.*

De tempore cf. Böhmer/Zimmermann n. 449.

7945 **968 oct. 18 Roma**

JL 3728 Adalberto archiepiscopo Magdeburgensi pallium tribuit (Scr. p. m. Stephani not. reg. et scrin. S.S.A. in m. oct. et ind. XII. Dat. XV kal. nov. p. m. Widonis ep. S.S.A. a. Deo prop. pont. d. Iohannis summi pont. et univ. XIII pp. in ss. sede b. Petri IV, imp. d. n. perp. aug. Ottone a Deo cor. magno imp. a. VII filioque eius a. I, ind. XII, d. inc. 968 a.). – *Si pastores ovium.*

Ed.: *Zimmermann Papsturkunden I n. 190.* – Reg.: *Böhmer/Ottenthal n. 458a; Germ. Pont. IV 78 n. 74; Lübke Reg. Slaven II 208 n. 149; Böhmer/Zimmermann n. 450; Germ. Pont. V/2, 212 n. 14.*

Laud. et in J³ 8099, apud Ann. Saxonem ad a. 968 (MGH SS 37, 212) et in Ann. Magdeburgensibus ad a. 970 (MGH SS 16, 151). Cf. J³ *7944 et J³ *7946.

* 7946 **(968 oct. 18 aut paulo post) Roma**

Adalbertum episcopum olim in Russiam missum et nunc ab Ottone (I) imperatore Romam missum accipit et et cum legatis Romanae ecclesiae Widone episcopo (Silvae Candidae) bibliothecario et Benedicto cardinali (episcopo Portuensi), qui illum Hildewardo Halberstadensi episcopo sedi suae inthronizent, ad imperatorem (Ottonem I) dimittit.

Laud. in: *J³ 7945; Ottonis I diplomata (MGH DD O I n. 365 et n. 366); Ottonis II diplomata (MGH DD O II n. 93 et n. 207); J³ 8098; J³ 8099; J³ †8517; Thietmari Merseburgensis Chron. II c. 22 (MGH SS. rer. Germ. N. S. 9, 64); Ann. Saxo ad a. 968 (MGH SS 37, 212); Gesta archiepp. Magdeburgensium c. 9 (MGH SS 14, 381); Ann. Magdeburgenses ad a. 970 (MGH SS 16, 150).* – Reg.: *Böhmer/Ottenthal n. 485a; Böhmer/Zimmermann n. 449; Germ. Pont. V/2, 213 n. *15.*

De tempore cf. Böhmer/Zimmermann n. 449.

7947 968 oct. (med.) (Roma)

JL 3731 Adalberti archiepiscopi Magdeburgensis arbitrio permittit, „qualiter episcopis (Magdeburgensi) sedi subiectis parrochias rationabiliter" et caute dividat et distribuat (Scr. p. m. Stephani scrin. et bibl. S.R.E. in m. oct., ind. suprascr. XII). – *Ita te frater.*

Ed.: *Zimmermann Papsturkunden I n. 192.* – Reg.: *Lübke Reg. Slaven II 209 n. 150; Böhmer/Zimmermann n. 452.*

Laud. et in J³ 8099 et in J³ †8517, in Gestis archiepp. Magdeburgensium c. 9 (MGH SS 14, 381), in Ann. Magdeburgensibus ad a. 970 (MGH SS 16, 150).

† 7948 968 oct. (med.) (Roma)

JL †3729 et JL †3730 Adalberto archiepiscopo Magdeburgensi eiusque successoribus Germaniae primatum concedit (Scr. p. m. Stephani scrin. S.S.A. in m. oct., ind. XII). – *Si ea loca.*

Ed.: *Zimmermann Papsturkunden I n. †191.* – Reg.: *Böhmer/Ottenthal n. 485a; Oediger Reg. Köln I 152 n. 491; Siegwart Chorherren- und Chorfrauengemeinschaften 110 n. 60; Germ. Pont. IV 78 n. 75; Germ. Pont. VII 48 n. 114; Germ. Pont. X 44 n. †67; Böhmer/Zimmermann n. †451.*

Laud. et in Gestis archiepp. Magdeburgensium c. 9 (MGH SS 14, 381), in Ann. Magdeburgensibus ad a. 970 (MGH SS 16, 150), in Innocentii III privilegio (Potthast 3036, Reg. Innocenz' III. 10, 14). Olim numeri duo ad a. 968 oct 18 et ad a. 968 (oct.). De tempore cf. Böhmer/Zimmermann n. †451.

*** 7949 (968 oct. ex.) (Roma)**

JL *3732 Ottonem (I) imperatorem „nuntiis ac litteris ... multimode" rogat, „ac Dei sanctique Petri apostolorum principis iussu" commonet, „ut, quando (Magdeburgense) novum archiepiscopium inter gentiles et Christianae fidei dogmate iam non perfecte excultos situm videatur, abbatia quadam Vuizzenburg vocata ..., inter veros et Christianae fidei perfectos sita, eandem aecclesiam illuc proprie tradendo" sublevet.

Laud. in: *Ottonis I diploma (MGH DD O I n. 365).* – Reg.: *Böhmer/Ottenthal n. 485; Germ. Pont. III 109 n. *1; Böhmer/Zimmermann n. 453.*

Cf. J³ *7946.

*** 7950 (968 dec. 24 aut 25) Magdeburg**

(Iohannis XIII) legati, Wido episcopus (de Silva Candida) bibliothecarius et Benedictus cardinalis (episcopus Portuensis) cum marchionibus et reliquis Saxoniae principibus ex praecepto imperatoris (Ottonis I) convenientibus Adalbertum archiepiscopum Magdeburgensem honorifice suscipiunt et sub vocum acclamatione manuumque elevatione celebri ritu inthronizant.

Laud. in: *Gesta archiepp. Magdeburgensium c. 10 (MGH SS 14, 382).* – Reg.: *Germ. Pont. V/2, 213 n. *16 et 488 n. *13.*

7951 (968)

JL 3744 Hicterio Arelatensi, Amblardo Lugdunensi, Theutbaldo Viennensi, Stephano Claromontensi, Aimoni Valentinensi, Widoni Bisuntino, Adoni Matisconensi, Frotgario Cabilonensi, Widoni Vellavensi, Landrico Avenionensi, Geraldo Genevensi, Magnerio Lausonensi, Luboino Lurensi (? al. Iurensi), Rostagno Vivariensi episcopis Maiolum abbatem Cluniacensem eiusque monasteria commendat. Stephano episcopo (Claromontensi) mandat, ut terram quandam monasterio Celsiniacensi restitui ab Amblardo cogat. – *Laetemur valde in.*

Ed.: *Zimmermann Papsturkunden I n. 189.* – Reg.: *Germ. Pont. II/2, 170 n. 5 et 153 n. 6; Gall. Pont. I 43 n. 18; Böhmer/Zimmermann n. 441; Gall. Pont. III/1, 121 n. 140; cf. propediem Gall. Pont. III/2, Valence et Gall. Pont. III/3, Viviers.*

Olim ad a. 968–971. De tempore cf. Böhmer/Zimmermann n. 441.

7952 **968 dec.** **(Roma)**

JL 3734 Monasterium Arulense tuendum suscipit eiusque bona confirmat et privilegia constituit Oliba comite petente (Scr. p. m. Leonis not. reg. atque scrin. S.A. in m. dec. et ind. XII). – *Si semper concedenda.*

Ed.: *Zimmermann Papsturkunden I n. 193.* – Reg.: *Mundó Notes 115; Martí Bonet Reg. 389 n. 13; Böhmer/Zimmermann n. 454.*

Laud. et in Guillelmi II comitis Bisuldunensis placito a. 1033 (Monsalvatje Noticias XV 261).

7953 **968 dec.** **Roma**

JL 3735 Monasterii ss. Germani et Michaelis Cuxanensis bona, petente Oliva comite, confirmat (Scr. p. m. Stephani not. reg. et scrin. S.S.A. in m. dec. et ind. XII). – *Cum magna nobis.*

Ed.: *Insertum in Clementis IV privilegio (Jordan Registres I 138 n. 450; separatim ed. Zimmermann Papsturkunden I n. 194).* – Reg.: *Martí Bonet Reg. 389 n. 14; Böhmer/Zimmermann n. 455.*

Laud. et in Vincentii Pisani Narratione (Vaissète/De Vic Hist. Languedoc, nouv. éd. V 54).

7954 **969 ian. 22** **Roma**

JL 3736 Ecclesiae Treverensis privilegia, petente Theodorico archiepiscopo, confirmat, in quibus, ut praesul Treverensis in Galliae Germaniaeque synodis proximus a legatis apostolicis sedeat, „similiter post imperatorem sive regem sedendi, sententiam edicendi et sinodale iudicium canonice promulgandi primatum habea(t); utpote in illis partibus vicarius ... sedis apostolicae ... constitutus“ (Scr. p. m. Stephani not. reg. et scrin. S.S.A. in m. ian. et ind. supradicta XII. Dat. XI kal. febr. p. m. Sicconis ep. s. Bleranę ęccl. ad vicem Guidonis ep. et bibl. S.S.A. a. Deo prop. pont. d. Iohannis pont. et univ. XIII pp. in ss. sede b. Petri apost. III, imp. autem d. Ottonis maioris VII, minoris vero II, in m. et ind. supradicta XII). – *Quia licet indigni.*

Ed.: *Zimmermann Papsturkunden I n. †195; insertum in Gestis Treverorum c. 29 (Wyttenbach/Müller I 107).* – Reg.: *Mötsch Balduineen 96 n. 45; Germ. Pont. X 45 n. 69; Böhmer/Zimmermann n. 456.*

Laud. et in Leonis IX (JL 4158 et 4161 = Böhmer/Frech n. 541), Victoris II (JL 4365, Böhmer/Frech n. 1292), Innocentii II (JL 7851), Eugenii III (JL 9582), Hadriani IV (JL 10078), et Clementis III (JL 16500, Böhmer/Schmidt n. 868) privilegiis.

7955 **969 mai. 26** **Roma, S. Pietro**

JL 3738 In synodo ante confessionem b. Petri celebrata Beneventanam ecclesiam exaltat, Landulfo archiepiscopo Beneventano et Sipontino pallio donat, tribuit „cum eo potestatem et honorem archiepiscopatus“ super X episcopatus, praesente hortanteque Ottone imperatore, ac petentibus Pandulfo, „Beneuentane et Capuanae urbium principe seu Spoletini et Camerini ducatus marchione et duce simulque et Landulfo ... principe, filio eius“ (Scr. p. m. Stephani scrin. S.R.E. in m. mai. et ind. XII. Dat. VII kal. iun. p. m. Vuidonis ep. s. Silue Candide eccl. et bibl. S.S.A. a. pont. d. n. Iohannis XIII pp. IV, imp. vero Ottonis maioris VII et minoris XI, ind. supradicta XII, a. d. inc. 969). – *Cum certum sit.*

Ed.: *Zimmermann Papsturkunden I n. 197; MGH Conc. 6/2, 309.* – Reg.: *Böhmer/Ottenthal n. 495; Ital. Pont. IX 54 n. 15; Böhmer/Zimmermann n. 458 et n. 459.*

Laud. et in J^3 8336. De synodo cf. et MGH Conc. 6/2, 306.

7956 969 mai. 26 Roma, S. Pietro

JL *3759 Episcopum Albensem „ob raritatem plebis" ecclesiae Astensi subiicit (Acta ... in eccl. b. Petri apost. principis VII kal. iun., a. d. inc. 964, ind. XII). – *Non Christianorum fides.*

Ed.: *Insertum in placito a. 985 iul. 18 confecto (FSI 96, 242; separatim ed. Zimmermann Papsturkunden I n. 198).* – Reg.: *Ital. Pont. VI/1, 45 n. 85; Böhmer/Zimmermann n. 458 et n. 460; Ital. Pont. VI/2, 172 n. 2 et 185 n. 1.*

Laud. et in J^3 8104. Olim ad a. 965–972. De tempore cf. Böhmer/Zimmermann n. 460.

***7957 969 (mai. ex.) Roma**

Iussu Ottonis (I) imperatoris comes quidam „ei familiaris, Romae ante oculos omnium a diabolo arreptus" ad Iohannem (XIII) adducitur, ut catenam s. Petri collo eius remedium circumdet. Cuius catenae partes Theoderico episcopo Metensi donat.

Laud. in: *Sigeberti Gemblacensis Vita Deoderici c. 16 (MGH SS 4, 474); Sigeberti Gemblacensis Chron. ad a. 969 (MGH SS 6, 351).* – Reg.: *Böhmer/Ottenthal n. 463c; Böhmer/Zimmermann n. 461.*

De tempore cf. Böhmer/Zimmermann n. 461.

7958 969 nov. 8 (Roma)

JL 3739 Monasterii Fuldensis privilegia confirmat augetque Werinhario abbate „per interventum ... Ottonis ... imperatoris" petente (Scr. p. m. Stephani scrin. not. et reg. S.R.E. in m. oct. et ind. XIII. Dat. VI id. nov. p. m. Uuidonis ep. et bibl. S.S.A. a. pont. d. n. Iohannis XIII pp. IV, imp. vero d. n. Ottonis aug. maioris VIII et minoris II, ind. XIII). – *Desiderium quod ad.*

Ed.: *Zimmermann Papsturkunden I n. <199; Meyer zu Ermgassen Codex Eberhardi I 32.* – Reg.: *Germ. Pont. IV 371 n. 50; Böhmer/Zimmermann n. 462.*

De fide cf. Zimmermann Papsturkunden I n. <199.

7959 969 nov. 21 (Roma)

JL *3595 Petro abbati Montis-abbatis monasterium s. Mariae Corbinianense quod dicitur Vallis-pontis asserit (Scr. p. m. Leonis scrin. S.R.E. in m. nov. ac ind. XIII. Dat. XI kal. dec. p. m. Vidonis ep. et bibl.). – *Ad laudem respicit.*

Ed.: *Zimmermann Papsturkunden I n. 200.* – Reg.: *Ital. Pont. IV 76 n. 1; Böhmer/Zimmermann n. 463.*

Olim Iohanni XI (a. 931 – 936) adscripta. De tempore cf. Böhmer/Zimmermann n. 463.

(967 ex.-969 ex.)

Cf. J^3 *7817 s. v. Iohannes XII.

†7960 (969) dec.

JL †3745 Monasterii Fuldensis privilegia confirmat et auget petente Werinhario abbate (Scr. p. m. Leonis secund. S.A. in m. dec., ind. V). – *Quia semper sunt.*

Ed.: *Zimmermann Papsturkunden I n. †201; Meyer zu Ermgassen Codex Eberhardi I 76.* – Reg.: *Germ. Pont. IV 372 n. †51; Böhmer/Zimmermann n. †464.*

Olim ad a. 968–971 dec. De tempore cf. Böhmer/Zimmermann n. †464.

*7961 **(970 ante aug.)** **Roma**

Gotifredum (Grisogonelle dictum) comitem Andegavensem Romam peregrinantem et paenitentem comitatumque eius honorifice suscipit.

Laud. in: *Gotifredi charta (Carré de Busserolle Dictionnaire de Touraine IV 86).* – Reg.: *Guillot Le comte d'Anjou II 23 n. 4; Böhmer/Zimmermann n. 467.*

De tempore cf. Böhmer/Zimmermann n. 467.

*7962 **(970 sept. ex.–ante 29)**

Iohannis XIII tutelae Theodoricus episcopus Metensis monasterium s. Vincentii Metense a se conditum supponit et ab eo privilegium immunitatis petit.

Laud. in: *J³ 7963; Alperti Metensis Libellus de epp. Metensibus (MGH SS 4, 699); Sigeberti Gemblacensis Vita Deoderici c. 14 et c. 16 (MGH SS 4, 470 et 471).* – Reg.: *Böhmer/Zimmermann n. 468.*

De tempore cf. Böhmer/Zimmermann n. 468.

7963 **970 sept. 29** **(Roma)**

JL 3741 Monasterii s. Vincentii (Metensis) privilegia et possessiones, petente Theoderico episcopo Metensi confirmat abbatique dalmaticam et sandalia mittit (Scr. p. m. Stephani not. et reg. S.R.E. in m. sept. et ind. XIV. Dat. III d. kal. oct. p. m. Vuidonis ep. et bibl. S.S.A. a. pont. d. Iohannis summi pont. et univ. XIII pp. in ss. sede b. Petri apost. V, imp. d. Ottonis maioris IX, minoris vero III, a. deinque inc. d. n. Iesu Christi 970). – *Cum in exarandis.*

Ed.: *Insertum in Sigeberti Gemblacensis Vita Deoderici c. 14 (MGH SS 4, 471; separatim ed. Zimmermann Papsturkunden I n. <204).* – Reg.: *Parisse Bull. Lorraine 11 n. 14; Böhmer/Zimmermann n. 469.*

Laud. et in Alperti Mettensis Libello de epp. Mettensibus (MGH SS 4, 699) et in Sigeberti Gemblacensis Vita Deoderici c. 16 et c. 20 (MGH SS 4, 474 et 480). De fide cf. Zimmermann Papsturkunden I n. <204. Cf. et J³ *7962.

7964 **970 dec. 17** **(Roma)**

JL 3742 Stefaniae senatrici eiusque filiis ac nepotibus, dum vivant, civitatem Praenestinam ea lege concedit, ut singulis annis X auri solidos persolvant (Scr. p. m. Stephani scrin. S.R.E. in m. nov., ind. XIV. Dat. XVI kal. ian. p. m. Widonis ep. et bibl. S.S.A. a. pont. d. n. Iohannis ss. XIII pp. VI, imp. vero d. imp. n. Octonis maioris aug. IX, minoris vero filii eius III, ind. suprascr. XIV). – *Quotiens illa a.*

Ed.: *Insertum in Albini Digestis X c. 63 et in Lib. censuum CXXX (Fabre/Duchesne I 406; separatim ed. Zimmermann Papsturkunden I n. 205).* – Reg.: *Ital. Pont. I 185 n. 1; Ital. Pont. II 49 n. 2; Böhmer/Zimmermann n. 471.*

7965 **(970)** **Roma**

JL 3756 Universos episcopos proceresque „Citerioris Britannie", proposita excommunicatione, hortatur, ut ad Arduini archiepiscopi Turonensis auctoritatem revertantur. – *Quia vice beati.*

Ed.: *Zimmermann Papsturkunden I n. 202.* – Reg.: *Dipl. Danicum I/1, 130 n. 331; Böhmer/Zimmermann n. 404 et n. 464a.*

Laud. et in Innocentii III litteris (Potthast 820, Reg. Innocenz' III. 2, 163). Olim ad a. 965–972. De tempore cf. Böhmer/Zimmermann n. 464a.

*7966 **(970?)**

Ecclesiae Romanae (Iohanni XIII?) Wichmannus comes (de Hamelant) monasterium Eltenense tradit sub pensione unius librae argenti, quae ad limina b. Petri principis apostolorum Romam quotannis deferatur.

L a u d . i n : *Ottonis III diploma (MGH DD O III n. 235); Victoris II privilegium (JL 4355; Böhmer/Frech n. 1184).* – R e g . : *Böhmer/Zimmermann n. 467a; Germ. Pont. IX 51 n. *1.*

De tempore cf. Germ. Pont. IX 51 n. *1.

†7967 **(970)**

JL †3743 Iterio Arelatensi, Thetbaldo Viennensi, Aymerico Primae Narbonensis, Silvestro Secundae Narbonensis archiepiscopis et Landerico (Avinionensi), Theoderico (Cavallicensi), Ayrardo (Carpentoratensi), Honorato (Massiliensi), Pontio (Aurasicensi) et Humberto (Vasionensi) episcopis scribit se vehementer dolere, „quia primas Arelatensium, quę principatum et capud obtinet cęterarum ęcclesiarum, secunda a Romana sede multis modis lacerationibus eius cerata" iaceat. Archiepiscopo Arelatensi datam licentiam esse „abominandi, gladio quoque excommunicationis feriendi eos, qui ei contrario" obsteterint. Ecclesiae eius inimicos devovet. – *Scitote vos rectores.*

E d . : *Zimmermann Papsturkunden I n. †203.* – R e g . : *Böhmer/Zimmermann n. †465; Gall. Pont. III/1, 121 n. †141; cf. propediem Gall. Pont. III/2, Suffraganei et Grenoble et Valence et Gall. Pont. III/3, Die et Viviers.*

***†7968** **970** **(Roma)**

Hattonem archiepiscopum Gneznensem providet.

L a u d . i n : *Iohannis Dlugossii Cat. archiepp. Gneznensium ad a. 970 (Opera I 343).* – R e g . : *Böhmer/Zimmermann n. †466; Pol. Pont. 185 n. *†12.*

De tempore cf. Pol. Pont. 185 n. *†12.

7969 **(970 ex.)**

A Iohanne (XIII) papa Caesarius archiepiscopus Tarraconensis auxilium petit, ut dignitas sua in Hispania integra sit, quam olim in synodo Compostellae celebrata obtinuit.

E d . : *Junyent i Subirà Dipl. Vic 335.* – R e g . : *Martí Bonet Reg. 390 n. 15; Böhmer/Zimmermann n. 470.*

***7970** **(970 ex.)** **(Roma)**

Monasterio s. Vincentii Metensi certos reditus a Theoderico episcopo Metensi delatos excommunicatione proposita confirmat.

L a u d . i n : *Sigeberti Gemblacensis Vita Deoderici c. 15 (MGH SS 4, 472).* – R e g . : *Böhmer/Zimmermann n. 473.*

De tempore cf. Böhmer/Zimmermann n. 473.

***7971** **(970 dec. ex.)** **(Roma)**

Theodorico episcopo Metensi inter alia reliquias martyrum Dignae atque Emeritae et sandalium protomartyris Stephani donat; aliae reliquiae martyrum Proti, Hyacinthi, Luciae iam paratae comprobat.

L a u d . i n : *Sigeberti Gemblacensis Vita Deoderici c. 16 et c. 18 (MGH SS 4, 475 et 479); Chron. s. Clementis Mettense (MGH SS 24, 498).* – R e g . : *Böhmer/Ottenthal n. 527b; Böhmer/Zimmermann n. 472.*

***7972** **(970 dec. ex.–971 ian. in.)**

Ab Iohanne (XIII) Borellius (I) comes (Barcinonensis) petit, ut archiepiscopatum Tarraconensem, „qui olim capud illis partibus fuerat", Ausonensi ecclesiae subdat eique Attonem archipresulem praeficiat.

L a u d . i n : *J³ 7974; J³ 7975; J³ 7976; J³ 7977; Richeri Remensis Hist. III c. 43 (MGH SS 38, 191); Augustini Tarraconensium archiepp. nomina (España sagrada XXV 239).* – R e g . : *Martí Bonet Reg. 391 n. 16; Böhmer/Zimmermann n. 474.*

De tempore cf. Böhmer/Zimmermann n. 474.

*7973 **(970 dec. ex.–971 ian. in.)** **Roma**

Ottonem I imperatorem per legatum nuntiat una cum Borello comite (Barcinonensi) et Attone episcopo (Ausonensi) doctum Gerbertum (Aureliacensem) Romam venisse.

Laud. in: *Richeri Remensis Hist. III c. 44 (MGH SS 38, 192).* – Reg.: *Böhmer/Ottenthal n. 527b; Böhmer/Mikoletzky n. 597a; Martí Bonet Reg. 392 n. 17; Böhmer/Zimmermann n. 475.*

De tempore cf. Böhmer/Zimmermann n. 474.

7974 **971 ian.** **(Roma)**

JL 3746 Omnibus archiepiscopis et episcopis Galliarum nuntiat se ecclesiam Ausonensem archiepiscopalem episcopumque Attonem archiepiscopum rogatu Borelli comitis (Barcinonensis) (J[3] *7972) constituisse ob Tarraconam a Saracenis captam praesuleque orbatam (Scr. p. m. Georgii not. et reg. et scrin. S.R.E. in m. ian., ind. XIV). – *Dilectioni et fraternitati.*

Ed.: *Zimmermann Papsturkunden I n. 206.* – Reg.: *Santifaller Beschreibstoffe 34 n. 12; Rabikauskas Kuriale 228; Rabikauskas Scriptumzeile 107; Mundó Notes 115; Martí Bonet Reg. 392 n. 18; Millenum 114; Böhmer/Zimmermann n. 476.*

Cf. J[3] *7972.

7975 **971 ian.** **(Roma)**

JL 3747 Attoni archiepiscopo Ausonensi pallii usum concedit (Scr. p. m. Georgii not. et reg. et scrin. S.R.E. in m. ian., ind. XIV). – *Si pastores ovium.*

Ed.: *Zimmermann Papsturkunden I n. 207.* – Reg.: *Santifaller Beschreibstoffe 34 n. 13; Rabikauskas Kuriale 228; Rabikauskas Scriptumzeile 107sq.; Mundó Notes 115; Martí Bonet Reg. 393 n. 19; Millenum 114; Böhmer/Zimmermann n. 477.*

Cf. J[3] *7972.

7976 **(971 ian.)** **(Roma)**

JL 3748 Guisado Urgellensi, Petro Barcinonensi, Sonario Elenensi episcopis significat se ecclesiam Tarraconensem Ausonensi subiunxisse, Attonemque archiepiscopum consecrasse ac pallium donasse. Cui ut oboedient, hortatur (Scr. p. m. Georgii not. et scrin. S.R.E. in m. ian., ind. XIV). – *Comperiat fraternitas vestra.*

Ed.: *Zimmermann Papsturkunden I n. 208.* – Reg.: *Martí Bonet Reg. 392 n. 20; Böhmer/Zimmermann n. 478.*

Cf. J[3] *7972.

7977 **971 ian.** **(Roma)**

JL 3749 Sonario episcopo (Elnensi) et „Gaucefredo comiti, genitori eius", et cunctae plebi atque archidiacono et ceteris canonicis ecclesiae Gerundensis significat, sese „Tarraconens(em) ecclesi(am) ecclesiae Ausonensi univ(isse)", Attonemque archiepiscopum pallio donasse. Haec addit: „Et quod eum ad hoc agendum idoneum reperimus, (eun)dem Gerundensis vestre ecclesie provisorem concedimus et ordinamus"; cui ut pareant, praecipit (Scr. p. m. Georgii not. et scrin. S.R.E. in m. ian., ind. XIV). – *Nec vos latere.*

Ed.: *Zimmermann Papsturkunden I n. 209.* – Reg.: *Martí Bonet Reg. 394 n. 21; Böhmer/Zimmermann n. 479.*

Cf. J[3] *7972.

7978 **(971 ian.)** **(Roma)**

JL 3750 „Gloriosissimo" (Borrellio comiti Barcinonensi) significat, quia „neofit(us)" Gerundensi ecclesiae contra canones praefectus episcopus esset (Miro Bisuldunensis), Attonem archiepiscopum (Ausonensem) eiusdem ecclesiae „provisorem et gubernatorem" a sese constitutum esse. – *Filiationi tuae notum.*

E d . : *Zimmermann Papsturkunden I n. 210.* – R e g . : *Santifaller Beschreibstoffe 34 n. 14; Rabikauskas Kuriale 228; Rabikauskas Scriptumzeile 108; Mundó Notes 115; Martí Bonet Reg. 395 n. 22; Millenum 114; Böhmer/Zimmermann n. 480.*

7979 **971 mart. 20** **(Tivoli)**

In praesentia Amizonis episcopi Tiburtini seu Gratiani ducis et comitis Tiburtini in vice Iohannis XIII papae Leo abbas ss. Cosmae et Damiani (Vicovariensis) in Cave et Gregorius abbas Sublacensis inter se fundos Sambuculum et Lucianum refutant.

E d . : *Allodi/Levi Reg. Sublacense 227.* – R e g . : *Ital. Pont. II 90 n. 19; Ital. Pont. II 83 n. 1; Böhmer/Zimmermann n. 485.*

*7980 **(971 aut.)** **Roma**

Udalricum episcopum Augustensem Romam peregrinantem honorabiliter suscipit.

L a u d . i n : *Gerhardi Augustensis Vita Uodalrici 21 (Berschin/Häse 244).* – R e g . : *Böhmer/Zimmermann n. 487.*

De tempore cf. Böhmer/Zimmermann n. 487.

7981 **971 dec. 25** **(Roma)**

JL 3754 Monasterium s. Mariae (Thangmarsfeldense), a Gerone archiepiscopo Coloniensi et eius fratre Thietmaro marchione conditum, confirmat privilegiisque ditat petente Gerone archiepiscopo (Scr. p. m. Stephani scriptoris S.R.E. in m. ian., ind. XV. Dat. VIII kal. ian. p. m. Widoni ep. et bibl. S.S.A. a. pont. d. Ioannis ss. XIII pp. VII, imp. d. Ottonis maioris X, iunioris IV, ind. XV). – *Creditae speculationis impellimur.*

E d . : *Zimmermann Papsturkunden I n. 213.* – R e g . : *Oediger Reg. Köln I 155 n. 505; Lübke Reg. Slaven II 223 n. 160 a; Germ. Pont. VII 49 n. 115; Böhmer/Zimmermann n. 489; Germ. Pont. V/2, 340 n. 2.*

7982 **(971)**

JL 3753 Edgaro regi, per Dunstanum archiepiscopum (Cantuariensem) petenti, concedit, ut e monasterio s. Trinitatis et ss. Petri et Pauli Wintonensi clerici eiciantur et monachi per Ethewaldum episcopum in illorum locum substituantur. – *Quoniam semper concedenda.*

E d . : *Zimmermann Papsturkunden I n. 212.* – R e g . : *Böhmer/Zimmermann n. 483.*

Laud. et in Ann. Wintoniensibus ad a. 959 (SS rer. Brit. 36/2, 12).

*7983 **(971)**

Oswaldo episcopo (Wigorniensi) petente monasterio Ramaseiensi privilegium et ius liberae electionis abbatum concedit.

L a u d . i n : *Senati Wigorniensis Vita Oswaldi (SS rer. Brit. 71/2, 76); Chron. abb. Rameseiensium II c. 23 et c. 59 (SS rer. Brit. 83, 48 et 99).* – R e g . : *Böhmer/Zimmermann n. 484.*

*†7984 **971** **Roma**

Legatos Edgari regis Anglorum excipit, qui praeceptum regis monasterii Glastoniensi datum afferunt eiusque confirmationem petunt. Concilio consentiente chartam regis confirmat et iubet eos, qui concilio intersunt, privilegium regis subscribere (a., qui fuit 971 d. inc., ind. XIV).

L a u d . i n : *J³ †7985; Guillelmi Malmesburiensis De antiquitate Glastonie eccl. c. 60 (Scott 126); Guillelmi Malmesburiensis Gesta regum II c. 150 (Mynors/Thomson/Winterbottom 244); chartularium Glastoniense (Watkin I 146).* – R e g . : *Böhmer/Zimmermann n. †481.*

†7985 **(971)** **(Roma)**

JL 3751 In generali synodo monasterium s. Mariae Glastoniense, rogatu Edgari Anglorum regis Dunstanique archiepiscopi Cantuariensis, tuendum suscipit et eius bona privilegiaque confirmat. – *Noverit cunctorum noticia.*

E d . : *Insertum in Guillelmi Malmesburiensis De antiquitate Glastonie eccl. c. 61 (Scott 128) et in eiusdem Gestis regum II c. 150 (Mynors/Thomson/Winterbottom 244); Zimmermann Papsturkunden I n. †211; Townsend/Carley The Chronicle of Glastonbury Abbey 136.* – R e g . : *Böhmer/Zimmermann n. †482.*

Cf. et J³ *†7984.

*** 7986** **(971 dec. ex.)** **Roma**

JL I 476 Archiepiscopum Remensem Adalberonem honorifice Romae excipit et privilegium concedit.

L a u d . i n : *Richeri Remensis Hist. III c. 25 (MGH SS 38, 183).* – R e g . : *Böhmer/Zimmermann n. 488.*

De tempore et fide cf. Böhmer/Zimmermann n. 488.

7987 **(972 in.)**

Apud Iohannem (XIII) Belegrimus abbas cunctique fratres in coenobio s. Petri (Bremetense) conqueruntur adversus Arduinum marchionem, qui coenobium paene destruxit et in suam redigere servitutem nititur.

E d . : *Insertum in Chron. Novaliciense, App. 3 (Alessio 318).* – R e g . : *Böhmer/Ottenthal n. 538; Ital. Pont. VI/1, 234 n. 1; Ital. Pont. VI/2, 87 n. 5; Böhmer/Zimmermann n. 490.*

De tempore cf. Böhmer/Zimmermann n. 490.

*** 7988** **972 apr. 14** **(Roma), S. Pietro**

JL I 477 Theophanu Ottoni II imperatori nuptam „XVIII. kal. mai. ..., d. dominica prima post resurrectionem Domini, ... apostolica benedictione" „in ecclesia apostolorum principi" benedicit.

L a u d . i n : *Ottonis II privilegium (MGH DD O II n. 21); Ann. Altahenses ad a. 972 (MGH SS rer. Germ. 4, 11); Ann. Lobienses ad a. 972 (MGH SS 13, 234); Sigeberti Gemblacensis Chron. ad a. 972 (MGH SS 6, 351).* – R e g . : *Böhmer/Ottenthal n. 536b; Böhmer/Mikoletzky n. 597e; Böhmer/Zimmermann n. 492.*

***† 7989** **(972 apr. med.)** **Rom**

Cum Ottone (I) imperatore imprimis consulit de querelis Liudolfi episcopi Osnabrugensis etiam praesentis. Iussu et consilio papae synodus Inglinheim congreganda indicitur.

L a u d . i n : *Ottonis I diplomata spuria (MGH DD O I n. †421 et n. †457).* – R e g . : *Böhmer/Ottenthal n. 536a; Diestelkamp/Rotter UrkReg. I 16 n. 23; Böhmer/Zimmermann n. 493; Germ. Pont. V/1, 86 n. *†14 et 149 n. *†5; Germ. Pont. IX 117 n. †*19.*

De fide cf. Germ. Pont. IX 117 n. †*19. De tempore cf. Böhmer/Zimmermann n. 493.

7990 **972 apr. 20** **Roma, Laterano**

JL 3760 Parthenonis s. Mariae et s. Martini prope Papiam siti tuendum suscipit possessionesque ac iura confirmat rogante „Hepiphani(a)" imperatrice (Scr. p. m. Stephani scrin. S.R.E. in m. apr., ind. XII. Dat. Lat. XII kal. mai. p. m. Widonis ep. et bibl. S.S.A. a. pont. d. n. Iohannis ss. hac religiosissimi XIII pp. VII, imp. vero d. Ottonis maioris XI, iunioris autem V, in m. et ind. suprascr.). – *Quoniam concedenda sunt.*

E d . : *Zimmermann Papsturkunden I n. 215.* – R e g . : *Ital. Pont. VI/1, 221 n. 1; Böhmer/Zimmermann n. 494.*

7991 **972 apr. 21** **(Roma)**

JL 3761 Monasterii b. Petri Bremetensis libertatem, privilegia, possessiones, rogante Theodorico Metensi episcopo, confirmat (Scr. p. m. Leonis not. reg. et scrin. S.R.E. in m. apr., ind. XV. Dat. p. m. Andreę ęp. s. Amerinę ęccl. XI kal. mai. a. pont. d. n. Iohannis ss. XIII pp. VII, imp. autem d. piisimorum imp. Ottonis videlicet XI et equivoci filii eius V, in m. suprascr. et ind. XV). – *Si semper sunt.*

Ed.: *Zimmermann Papsturkunden I n. 216.* – Reg.: *Böhmer/Ottenthal n. 538; Ital. Pont. VI/1, 234 n. 2; Böhmer/Zimmermann n. 495.*

7992 **972 apr. 23** **(Roma)**

JL 3762 Monasterii Mosomensis bona, petente Adalberone archiepiscopo Remensi, confirmat (Scr. p. m. Stephani scrin. S.R.E. in m. apr. Dat. p. m. Andreae ep. IX kal. mai. a. pont. d. n. Iohannis ss. et XIII pp. VII, imp. autem d. Ottonis maioris aug. XI, iunioris vero V, in m. apr., ind. XV). – *Si ecclesiae longe.*

Ed.: *Insertum in Hist. mon. Mosomensis c. 7 (MGH SS 14, 614; separatim ed. Zimmermann Papsturkunden I n. 217).* – Reg.: *Böhmer/Zimmermann n. 497.*

Laud. et in Hist. mon. Mosomensis c. 6 (MGH SS 14, 614).

7993 **972 apr. 23** **(Roma)**

JL 3763 „Archimonasteri(i)" s. Remigii Remensis possessiones, Adalberonis archiepiscopi Remensis rogatu, confirmat (Scr. p. m. Stephani scrin. S.R.E. in m. apr., ind. XV. Dat. p. m. Andreę ep. IX kal. mai. a. pont. d. n. Iohannis ss. et XIII pp. VIII, imp. autem d. Ottonis maioris aug. XI, iunioris vero V, in m. VI et ind. XV). – *Convenit apostolatui nostro.*

Ed.: *Zimmermann Papsturkunden I n. 218.* – Reg.: *Böhmer/Zimmermann n. 498.*

Laud. et in Richeri Remensis Hist. III c. 26 (MGH SS 38, 184) et in Controversia inter monachos s. Remigii et s. Nicasii (Meinert 271).

7994 **972 apr. 24** **(Roma)**

JL 3764 Monasterium s. Salvatoris Papiensis protectionem suscipit, eius possessiones confirmat, privilegia constituit petente Adelheida imperatrice (Scr. p. m. Stephani scrin. S.R.E. in m. apr., ind. suprascr. XV. Dat. VIII kal. mai. p. m. Widonis ep. et bibl. S.S.A. a. pont. d. n. Iohannis ss. hac religiosissimi XIII pp. VII, imp. vero d. Ottonis maioris XI, iunioris autem V, in m. et ind. XV suprascr.). – *Quoniam concedenda sunt.*

Ed.: *Zimmermann Papsturkunden I n. 219.* – Reg.: *Böhmer/Ottenthal n. 506; Ital. Pont. VI/1, 204 n. 1; Böhmer/Zimmermann n. 499.*

7995 **972 apr. (ex.)** **(Roma)**

JL 3765 Petro episcopo Papiensi significat, quibus privilegiis monasterium s. Salvatoris a sese ornatum sit (Scr. p. m. Stephani scrin. S.R.E. in m. apr., ind. XV). – *Cum pie desiderium.*

Ed.: *Zimmermann Papsturkunden I n. 220.* – Reg.: *Ital. Pont. VI/1, 117 n. 17 et 204 n. 2; Böhmer/Zimmermann n. 500.*

De tempore cf. Böhmer/Zimmermann n. 500.

***7996** **(972 apr. ex.)** **Roma**

Legationem Adalberonis archiepiscopi Remensis accipit.

Laud. in: *Hist. mon. Mosomensis c. 6 (MGH SS 14, 614).* – Reg.: *Böhmer/Zimmermann n. 496.*

De tempore cf. Böhmer/Zimmermann n. 496.

***7997** **(972 mai. in.)**

Wigfredo episcopo Virdunensi consensum dat ad conditionem et dotationem monasterii s. Pauli in suburbio Virdunensi atque ad Blicherium abbatem constituendum. Insuper episcopo reliquias ss. Fabiani, Sebastiani, Caesarii martyrum donat, et monasterio confirmationes possessionum et privilegiorum ab imperatore Ottone (II) petit.

L a u d . i n : *Wigfredi charta monasterio s. Pauli concessa (Hugo Ann. II, prob. 321); Ottonis II diploma (MGH DD O II n. 22 a et b).* – R e g . : *Böhmer/Mikoletzky n. 599 et n. 600; Böhmer/Zimmermann n. 501.*

De tempore cf. Böhmer/Mikoletzky n. 599.

* 7998 **(972 mai. in.)** **Roma**

Theoderico episcopo Metensi Romae moranti partes craticulae ferreae s. Laurentii martyris donat.

L a u d . i n : *Sigeberti Gemblacensis Vita Deoderici c. 14 et c. 16 (MGH SS 4, 470 et 476); Sigeberti Gemblacensis Chron. ad a. 970 (MGH SS 6, 351); Ann. Saxo ad a. 969 (MGH SS 37, 214).* – R e g . : *Böhmer/Zimmermann n. 502.*

De tempore cf. Böhmer/Zimmermann n. 502.

7999 **972 mai. 25** **Ravenna**

JL I 477 Iohanne (XIII) consentiente Otto (I) et Otto (II) imperatores ecclesiae s. Apollinaris in Classe omnes suas res et proprietates confirmant (Dat. VIII kal. iun. a. d. inc. 972, imp. d. Ottonis serenissimi aug. XI et item Ottonis V, ind. XV, act. Rauennae, in dei nomine feliciter amen).

E d . : *MGH DD O I n. 410.* – R e g . : *Böhmer/Ottenthal n. 540; Ital. Pont. V 103 n. *6; Böhmer/Mikoletzky n. 600a; Böhmer/Zimmermann n. 504.*

† 8000 **(972 ian.–iun.)** **Roma**

JL 3755 Girardo episcopo Augustodunensi petente invasores possessionum monasterii s. Symphoriani excommunicat et anathematizat. – *Notum volo fieri.*

E d . : *Zimmermann Papsturkunden I n. †214.* – R e g . : *Böhmer/Zimmermann n. †491.*

Olim ad a. cr. 971. De tempore cf. Böhmer/Zimmermann n. †491.

*† 8001 **972 (mai.–aug.)**

JL *3766 Monasterii Laubiensis immunitatem confirmat.

L a u d . i n : *Ann. Laubienses ad a. 972 (MGH SS 4, 17); Gesta abb. Lobbiensium c. 1 (MGH SS 21, 308).* – R e g . : *Böhmer/Zimmermann n. †503.*

* 8002 **(972 ante sept.)**

Oswaldo archiepiscopo Eboracensi pallium tribuit.

L a u d . i n : *Vita Oswaldi c. 4 (SS rer. Brit. 71/1, 435); Cat. praesulum Eboracensium (Labbe Bibl. I 323); Florentii Wigorniensis Chron. (Thorpe I 142); Eadmeri Cantuariensis Vita Oswaldi c. 22 (SS rer. Brit. 71/2, 27); Chron. pont. eccl. Eboracensis (SS rer. Brit. 71/2, 341).* – R e g . : *Böhmer/Zimmermann n. 505.*

*? 8003 **(967?–ante 972 sept. 6)** **Roma**

Ab apostolico (Iohanne XIII) Mlada, soror germana Boleslai (II) ducis Bohemiae, quae orationis causa Romam venit, suscipitur; eam in abbatissam mutato nomine Mariam consecrat dans ei exemplar s. Benedicti regulae et abbatialem virgam.

L a u d . i n : *Cosmae Pragensis Chron. I c. 22 (MGH SS rer. Germ. N. S. 2, 42); Ann. Saxo ad a. 967 (MGH SS 37, 208);.* – R e g . : *Böhmer/Zimmermann n. 426; Boh. Pont. 39 n. *?1 et 115 n. *?1.*

De tempore cf. Boh. Pont. 39 n. *?1.

? 8004 **(967?–ante 972 sept. 6)** **Roma**

JL †3720 Boleslao (I aut II) duci (Bohemiae) catholicae fidei alumno refert de relativa eius (i. e. germana soror) nomine Mlada, quae et Maria, quae inter ceteras petitiones extulerit ex parte eius preces, scilicet ut apostolico assensu in principatu eius liceret fieri episcopatum; quod laeto animo suscipiens annuit statuens, ut ad ecclesiam s. Viti et s. Wenceslai martyrum fiat sedes episcopalis, ad ecclesiam vero s. Georgii martyris sub regula s. Benedicti et oboedientia abbatissae Mariae constituatur congregatio sanctimonalium; mandat ei, ut non secundum ritus aut sectam Bulgariae gentis vel Ruziae aut Sclavonicae linguae, sed magis sequens instituta et decreta apostolica unum potiorem totius ecclesiae ad placitum eligat in hoc opus clericum, Latinis adprime litteris eruditum. – *Iustum est benivolas.*

Ed.: *Insertum in Cosmae Pragensis Chron. I c. 22 (MGH SS rer. Germ. N. S. 2, 43; FRB 2, 36); apud Ann. Saxonem ad a. 967 (MGH SS 37, 208; separatim edd. Zimmermann Papsturkunden I n. †181 et Třeštík Slawische Liturgie 232 adn. 149).* – Reg.: *MMFH 3, 272 n. 130; Swinarski Herrschen mit Heiligen 417 n. 130; Böhmer/Zimmermann n. †427 et n. †504a; Boh. Pont. 39 n. †?2 et 71 n. †?1 et 109 n. †?1 et 115 n. †?2.*

Laud. et in Auct. Altahensi ad a. 967 (MGH SS rer. Germ. 45, 482), in Ann. Osterhovensibus ad a. 967 (MGH SS 17, 539). Olim ad a. 967. De fide et tempore cf. Boh. Pont. 71 n. †?1.

†8005 **(ante 972 sept. 6)**

Ad vota Boleslai (I aut II ducis Bohemiae) per Mladam sororem eius delata episcopum (Dithmarum de Saxonia) mittit et ecclesiam Pragensem in cathedralem erigit mandans, ut non secundum ritum Graecorum, sed secundum ritum Romanae ecclesiae divina officia celebrentur.

Ed.: *Insertum in Hilarii Litomericensis s. eccl. Pragensis decani Disputatione cum Ioanne Rokyczana (Strahl 4).* – Reg.: *Boh. Pont. 40 n. *†3 et 73 n. *†2 et 109 n. *†2.*

Laud. et in Hilarii Litomericensis s. eccl. Pragensis decani Disputatione cum Ioanne Rokyczana (Strahl 3). De re et tempore cf. Kadlec Auf dem Wege 43 et Kaiser Gründung 15sq.

8006 **(967–972)**

Erckenbaldo episcopo (Strassburgensi) devotioni eius gratias agens propensiorem honorificentiam et omnimodae charitatis vicissitudinem ei conferre se paratum esse scribit, quas summi pontifices praedecessoribus eius apostolica benignitate contulerunt. – *Nostrum esse Deo.*

Ed.: *Zimmermann Papsturkunden I n. 172.* – Reg.: *Germ. Pont. III 9 n. 10; Böhmer/Zimmermann n. 402.*

Olim ad a. 965–972. De tempore cf. Böhmer/Zimmermann n. 402.

***8007** **(967–972)**

Ecclesiae s. Mariae Novae (Romanae) massam Careia concedit.

Laud. in: *Honorii II privilegium (JL -; Ital. Pont. I 67 n. 7).* – Reg.: *Ital. Pont. I 66 n. *1; Böhmer/Zimmermann n. 400.*

***8008** **(967–972)**

JL *3758 Bulla fratribus s. Anthimi data statuit, „ut in plebe s. Salvatoris, in plebe s. Iohannis, seu etiam in aliis ecclesiis“ ad monasterium pertinentibus, „si id necessitas exegerit, baptismus debeat celebrari“.

Laud. in: *Anastasii IV litterae (JL 9754).* – Reg.: *Ital. Pont. III 248 n. *4; Böhmer/Zimmermann n. 399.*

Olim ad a. 965–972. De tempore cf. Böhmer/Zimmermann n. 399.

***8009** **(967–972)**

Monasterio Brugnatensi privilegium immunitatis concedit.

Laud. in: *Ottonis III imperatoris diploma (MGH DD O III n. 201).* – Reg.: *Ital. Pont. VI/2, 369 n. *2; Böhmer/Zimmermann n. 401.*

*† 8010 **(967–972)**

Monasterium Fabariense privilegio tuendum suscipit.

L a u d . i n : *J*[3] *†8350.* – R e g . : *Böhmer/Zimmermann n. †403.*

* 8011 **972 sept. 6** **(Roma)**

JL I 477 Moritur et in ecclesia s. Pauli (extra muros Romana) sepelitur (VIII id. sept. ab inc. d. a. 972).

L a u d . i n : *Epitaphium (Montini Tombe 158); Ann. s. Trudperti ad a. 972 (MGH SS 17, 289).* – R e g . : *Böhmer/Ottenthal n. 562d; Böhmer/Zimmermann n. 506.*

*† 8012 **980 mart. 25**

Auctoritate Iohannis (XIII) Womarus abbas monasterii s. Petri Gandavensis efficit, ut reliquiae Landoaldi archipresbyteri Romani in Wentreshovio inventae in monasterium s. Bavonis Gandavense transferantur.

L a u d . i n : *Adventus et elevatio s. Landoaldi sociorumque eius c. 1 (MGH SS 15/2, 608).* – R e g . : *Böhmer/Zimmermann n. †574.*

(cr. 941–980)

Cf. J[3] *7640 s. v. Stephanus VIII.

*† 8013 **(1015)** **(Roma)**

Ad instantiam Boleslai Poloniae regis (Pol. Pont. 188 n. *†27) Marcello de ecclesia Crusviciensi (al. Wladislaviensi) providet.

L a u d . i n : *Iohannis Dlugossii Ann. ad a. 1014 (Dąbrowski 273); eiusdem Cat. epp. Wladislaviensium (Opera I 521).* – R e g . : *Böhmer/Zimmermann n. †1120; Pol. Pont. 189 n. *†28.*

De tempore cf. Pol. Pont. 189 n. *†28.

Benedictus VI (973–974)

cui accedit: Bonifatius VII (974)

†8014 **947 iun. 29** **Frankfurt**

Ottone (I) rege petente chartam eius coenobio Gemblacensi datam confirmat et his, qui iura violentur, anathema minatur (Acta sunt hec a. inc. d. 947, ind. II, a. imp. n. XII, sub pont. d. Benedicti pp. ... Actum in oppido Franconefurt, m. iun., in martirio apost. Petri et Pauli).

Ed.: *MGH DD O I n. 438.* – Reg.: *Böhmer/Ottenthal n. 153; Böhmer/Zimmermann n. †211.*

De spurio et tempore cf. Böhmer/Zimmermann n. †211.

*8015 **(972 dec.)**

JL I 477 Eligitur.

Laud. in: *Notitia in Lib. pont. (Duchesne II 257).* – Reg.: *Böhmer/Zimmermann n. 507.*

De tempore et ceteris fontibus cf. Böhmer/Zimmermann n. 507.

*8016 **(973) ian. 19** **(Roma)**

JL I 477 Consecratur (m. ian. d. XIX).

Laud. in: *Lib. pont. (Duchesne II 255).* – Reg.: *Böhmer/Zimmermann n. 507.*

De tempore cf. Böhmer/Zimmermann n. 507.

8017 **973 ian. 27** **Roma**

JL 3768 Theodorico archiepiscopo per legatos petente ecclesiae Treverensis privilegia et possessiones confirmat (Scr. p. m. Stephanii not. reg. et scrin. S.S.A. in m. ian. et ind. suprascr. I. Dat. XI kal. febr. p. m. Widonis ep. et bibl. S.S.A. a. Deo prop. pont. d. Benedicti ss. summique pont. et univ. VI pp. I, imp. vero d. Ottonis maioris XI, minoris autem VI, in m. ian., ind. suprascr. I). – *Quia licet indigni.*

Ed.: *Insertum in Gestis Treverorum c. 29 (Wyttenbach/Müller I 103); Zimmermann Papsturkunden I n. †222.* – Reg.: *Mötsch Balduineen 96 n. 46; Germ. Pont. X 47 n. 71; Böhmer/Zimmermann n. 511.*

Laud. et in Leonis IX (JL 4158 et 4161 = Böhmer/Frech n. 541), in Victoris II (JL 4365, Böhmer/Frech n. 1292), in Innocentii II (JL 7851), in Eugenii III (JL 9582), in Hadriani IV (JL 10078) et in Clementis III (JL 16500, Böhmer/Schmidt n. 868) privilegiis.

*8018 **(973 sept. ante 27)** **(Roma), S. Cosma e Damiano**

A Benedicto (VI) Calsto abbas Figiacensis Romam veniens confirmationem donationis petit, quam Ramnulfus et Stephanus episcopus (Cadurcensis) concesserunt.

Laud. in: *J³ †8019; Memoriale de donatione (Vaissète/De Vic Hist. Languedoc, nouv. éd. V 268).* – Reg.: *Böhmer/Zimmermann n. 516.*

De tempore cf. Böhmer/Zimmermann n. 516 et n. 517.

†8019 **(973) sept. 27** **Roma**

JL †3785 Calstoni monacho et abbati monasterii s. Salvatoris Figiacensis eiusque successoribus ecclesiam Fontensem et terram, a Ramnulfo quodam et Stephano episcopo

(Cadurcensi) concessam, asserit (Scr. p. m. Iohannis not. reg. atque scrin. Dat. apud mon. ss. Cosmae et Damiani d. natalis eorundum, a. inc. d. 959, ind. II, pont. autem d. Benedicti pp. II). – *Convenit apostolico moderamini.*

Ed.: *Zimmermann Papsturkunden I n. †225.* – Reg.: *Böhmer/Zimmermann n. †517.*

Laud. et in privilegio fundationis monasterii Fontensis a. 972 dato (Vaissète/De Vic Hist. Languedoc, nouv. éd. V 268). Olim Benedicto VII ad a. 975 sept. 27 tributum. De tempore cf. Böhmer/Zimmermann n. †517. Cf. et J³ *8018.

8020 **973 nov. 26** **(Roma)**

JL 3769 Monasterii s. Benedicti et s. Scholasticae Sublacensis bona confirmat, bulla Petro abbati inscripta (Scr. p. m. Benedicti scrin. S.S.A. in m. nov., ind. II. Dat. VI kal. dec. p. m. Iohannis Deo amabilis prim. S.A.S. a. Deo prop. pont. d. Benedicti summi pont. et univ. VI pp. in ss. sede b. Petri apost. I, imp. d. Ottone piisimo perp. aug. a Deo cor. pacifico imp.). – *Cum pie desiderium.*

Ed.: *Zimmermann Papsturkunden I n. 226.* – Reg.: *Ital. Pont. II 90 n. 20; Böhmer/Zimmermann n. 518.*

8021 **973 nov. 28** **(Roma)**

JL 3770 Monasterii Vizeliacensis privilegia et possessiones, rogatu Eldradi abbatis, confirmat, eique ecclesiarum IV decimas concessas a Gerardo episcopo Augustodunensi asserit (Scr. p. m. Stephani Nolani ep. et scrin. S.R.E. in m. nov. et ind. II et dat. IV kal. dec. p. m. Iohannis ep. S.S.A. a. pont. d. Benedicti ss. VI pp. I, imp. d. Otone a Deo cor. magno imp. a. VI, in m. et ind. suprascr. II). – *Quotiens illa a.*

Ed.: *Zimmermann Papsturkunden I n. 227.* – Reg.: *Böhmer/Zimmermann n. 519.*

Laud. et in Hugonis Pictaviensis Chron. Viziliacensi II (Huygens Mon. Vizeliacensia 416). Cf. J³ 5843 et J³ 6706.

†8022 **973 dec. 21** **(Roma)**

JL †3793 Ecclesiae Tiburtinae bona, petente Iohanne episcopo, confirmat (Scr. p. m. Iohannis scrin. S.R.E. in m. dec. et ind. II. Dat. XII kal. ian. p. m. Iohannis ep. s. Lauicanensis eccl. et bibl. S.A.S. a. Deo prop. pont. d. Benedicti summi pont. et univ. IV. pp. in ss. sede b. Petri apost. VII, imp. d. piissimus perp. aug. Octone a Deo cor. magno et pacifico imp. a. V, in m. dec. et ind. suprascr. II). – *Cum magna nobis.*

Ed.: *Zimmermann Papsturkunden I n. †228.* – Reg.: *Ital. Pont. II 77 n. 7; Böhmer/Zimmermann n. †520.*

Olim Benedicto VII attributum et ad a. 977 dec. 21 positum. De tempore et fide cf. Böhmer/Zimmermann n. †520.

8023 **974 ian. 19** **(Roma)**

JL 3776 et JL †*3821 Monasterii s. Petri Gandavensis (al. Blandiniensis) „inter confluentiam duorum fluminum Scaldis et Legię" siti possessiones confirmat (Scr. p. m. Stephani not. et reg. et scrin. S.R.E. in m. ian., ind. II. Dat. XIV kal. febr. p. m. Vuidonis ep. et bibl. S.S.A.). – *Cum pie desiderium.*

Ed.: *Zimmermann Papsturkunden I n. <229.* – Reg.: *Böhmer/Zimmermann n. 521.*

Olim numeri duo ad a. 974 ian. 19 et a. 983 apr.–oct. De tempore cf. Böhmer/Zimmermann n. 521. De fide cf. Zimmermann Papsturkunden I n. <229.

8024 **974 apr.**

JL 3777 Monasterii s. Petri Rodensis possessiones, petente Hildesindo abbate, confirmat (Scr. p. m. Stephani not. reg. et scrin. n. apost. matris eccl. in m. apr. et ind. II). – *Quoniam concedenda sunt.*

Ed.: *Zimmermann Papsturkunden I n. 230.* – Reg.: *Linage Conde Orígenes III 527 n. 61; Martí Bonet Reg. 396 n. 23; Böhmer/Zimmermann n. 522.*

Laud. et in Innocentii II et in Hadriani IV privilegiis (Kehr PUU Spanien I 315 et 358).

†8025 **(973 mai.–974 iun.)**

Benedictum (VI) Piligrimus s. Lauriacensis ecclesiae episcopus rogat, ut ille sibi facultatem episcopos in Hungaria ordinandi det.

E d . : *Marsina Cod. dipl. Slovaciae I 41; Erkens Fälschungen 62 n. 10.* – R e g . : *Germ. Pont. I 165 n. 18; Wagner UB Burgenland I 13 n. 23; MMFH 3, 246 n. 113; Boshof Reg. Passau I 65 n. (†?)229; Böhmer/Zimmermann n. †513; Boh. Pont. 29 n. †43 et 175 n. †1.*

†8026 **(973 mai.–974 iun.)**

JL †3767 Fridericum archiepiscopum Salisburgensem et eius successores „in tota Norica provincia et in tota Pannonia, superiori scilicet et inferiori", vicarios apostolicos constituit. – *Protoplasto generis humani.*

E d . : *Zimmermann Papsturkunden I n. †224.* – R e g . : *Germ. Pont. I 16 n. †35; Wagner UB Burgenland I 14 n. 25; MMFH 3, 278 n. 132; Marsina Cod. dipl. Slovaciae I 46; Böhmer/Zimmermann n. †515.*

Olim ad a. 973. De tempore cf. Böhmer/Zimmermann n. †515.

†8027 **(973 mai.–974 iun.)**

JL †3771 Hrodberto Maguntino, Theoderico Treverensi, Adalberto Magdeburgensi, Gereoni Coloniensi, Friderico Salisburgensi, Adaldago Bremensi archiepiscopis, Ottoni imperatori, Henrico Bavarorum duci nunciat, Piligrinum Laureacensem archiepiscopum constitutum pallioque donatum esse. Decernit, ut „Salzburgensis ęcclesia superioris Pannonię habeat suffraganeos ..., Lauriacensis ęcclesia in inferioris Pannonię atque Mesię regiones, quarum provintię sunt Auaria atque Marauia ... archiepiscopalem deinceps ... potestatem". – *Oportet iustis supplicantum.*

E d . : *MMFH 3, 273; Zimmermann Papsturkunden I n. †223; Erkens Fälschungen 55 n. 9.* – R e g . : *Germ. Pont. I 15 n. †34 et 166 n. †19; Wagner UB Burgenland I 13 n. 24; Oediger Reg. Köln I 157 n. 511; Germ. Pont. IV 79 n. †76; Germ. Pont. VI 49 n. †58; Germ. Pont. VII 49 n. †116; Germ. Pont. X 47 n. †72; Boshof Reg. Passau I 66 n. †230; Böhmer/Zimmermann n. †514; Boh. Pont. 29 n. †44 et 176 n. †2.*

Olim ad a. 973. De tempore cf. Böhmer/Zimmermann n. †514.

8028 **(973–974)**

JL 3772 Miloni episcopo Veronensi salutem apostolicam „si mere(atur)" demandat. Praecipit, ne ipse vel successores eius in res ecclesiae sese intromittant, sed archidiaconi et archipresbyteri curae eas derelinquant. – *Quia ad hoc.*

E d . : *Zimmermann Papsturkunden I n. <221.* – R e g . : *Ital. Pont. VII/1, 222 n. 17; Ital. Pont. VII/1, 232 n. 3; Böhmer/Zimmermann n. 509.*

Litterae interpolatae. Olim ad a. 972–974. De tempore cf. Böhmer/Zimmermann n. 509. De fide cf. Zimmermann Papsturkunden I n. <221.

***8029** **(973–974)**

Civitates et comitatus Suanensem et Rosellensem cum castellis et villis et cum omnibus suis pertinentiis locat.

L a u d . i n : *Lib. censuum LXXI c. 11 (Fabre/ Duchesne I 348).* – C a n . : *cf. Deusdedit Coll. can. III c. 193.* – R e g . : *Ital. Pont. III 262 n. *1; Ital. Pont. III 255 n. *2; Böhmer/Zimmermann n. 508.*

***8030** **(973–974)** **Roma**

Monasterio Flaviniacensi petente Milone Magabrensi abbate Romae morante privilegium concedit.

L a u d . i n : *Hugonis Flaviniacensis Series abb. Flaviniacensium (MGH SS 8, 503); Hugonis Flaviniacensis Chron. I ad a. 937 (MGH SS 8, 360).* – R e g . : *Böhmer/Zimmermann n. 510.*

*** 8031** **(973–974)**

Monasterio Cluniacensi privilegium concedit.

Laud. in: *Iohannis XIX privilegium (JL 4079; Böhmer/Frech n. 82).* – Reg.: *Böhmer/Zimmermann n. 508a.*

***? 8032** **(973–974)**

(Benedicto VI vel VII) Mesco dux Poloniae Boleslai primigeniti sui „praecidens comam septenii tempore Romam" in signum filialis oboedientiae transmittit.

Laud. in: *Apographi epitaphii Boleslai I regis olim in ecclesia cathedrali Posnaniensi (Kürbis Epitafium 124).* – Reg.: *Böhmer/Zimmermann n. 703 adn.; Pol. Pont. 12 n. *?1.*

8033 **(973 ante mai.–983 in.)**

JL †*3778 Benedictus (VI aut VII) et Otto I (aut II) imperator Adalberto episcopo Pragensi petente episcopatum Pragensem confirmant, „qui ab inicio per totum Boemię ac Moravię ducatum unum et integer constitutus ... est".

Ed.: *Insertum in Cosmae Pragensis Chron. II c. 37 (MGH SS rer. Germ. N. S. 2, 135).* – Reg.: *Germ. Pont. IV 79 n. *78; Böhmer/Zimmermann n. 512; Boh. Pont. 73 n. *4 et 176 n. *4.*

Laud. et in Heinrici IV privilegio (MGH DD H IV n. 390). Olim ad a. 974 apr.–iun. De tempore cf. Boh. Pont. 73 n. *4.

*** 8034** **974 (iun. ex.)** **Roma**

JL I 479 et JL I 485 A Romanis (Crescentio Theodorae filio duce) in castello s. Angeli custodiae mandatur.

Laud. in: *Lib. pont. (Duchesne II 255); Herimanni Augiensis Chron. ad a. 974 (MGH SS 5, 116); Chron. Suevicum univ. ad a. 974 (MGH SS 13, 69); Bernoldi Constantiensis Chron. ad a. 974 (MGH SS 5, 399 et 423); Chron. Vulturnense (FSI 58, 95); Chron. regia Coloniensis ad a. 969 (MGH SS rer. Germ. 18, 29).* – Reg.: *Böhmer/Mikoletzky n. 667a; Böhmer/Zimmermann n. 523.*

*** 8035** **974 (iun. ex.)** **Roma**

JL I 485 Bonifatius (VII) vivente Benedicto (VI) constituitur.

Laud. in: *Lib. pont. (Duchesne II 255); Herimanni Augiensis Chron. ad a. 974 (MGH SS 5, 116); Bernoldi Constantiensis Chron. (MGH SS 5, 399); Gregorii Catinensis Chron. Farfense (FSI 34, 244).* – Reg.: *Böhmer/Mikoletzky n. 667a; Böhmer/Zimmermann n. 524.*

*** 8036** **974 (iul.)** **Roma**

JL I 479 et Bonifatius (VII) Benedictum (VI) quondam papam pristinum strangulari iubet.

JL I 485 Laud. in: *Fragm. Eporediense (Weiland Papstgeschichte 70); Benedicti VII epitaphium (MGH Poetae 5/2, 336; Montini Tombe 161); Lib. pont. (Duchesne II 255); Gerberti Aureliacensis Acta conc. Remensis c. 28 (Olleris Œuvres 205; MGH Conc. 6/2, 422); Chron. Suevicum univ. ad a. 974 (MGH SS 13, 69); Herimanni Augiensis Chron. ad a. 974 (MGH SS 5, 116); Bernoldi Constantiensis Chron. (MGH SS 5, 399); Fundatio Brunwilarensis c. 10 (MGH SS 14, 130); Gregorii Catinensis Chron. Farfense (FSI 34, 244); Chron. regia Coloniensis ad a. 969 (MGH SS rer. Germ. 18, 29).* – Reg.: *Böhmer/Mikoletzky n. 667a; Böhmer/Zimmermann n. 525.*

*** 8037** **974 (iul.–aug.)** **Roma**

JL I 485 et Bonifatius (VII) Roma expellitur „post unum mensem".

JL II 747 Laud. in: *Fragm. Eporediense (Weiland Papstgeschichte 70); Chron. Suevicum univ. ad a. 974 (MGH SS 13, 69); Herimanni Augiensis Chron. ad a. 974 (MGH SS 5, 116); Bernoldi Constantiensis Chron. ad a. 974 (MGH SS 5, 399 et 423); Gregorii Catinensis Chron. Farfense (FSI 34, 244); Chron. regia Coloniensis ad a. 969 (MGH SS rer. Germ. 18, 29).* – Reg.: *Böhmer/Mikoletzky n. 667a; Böhmer/Zimmermann n. 526.*

Olim ad a. 974 iul. De tempore cf. Böhmer/Zimmermann n. 526.

Benedictus VII (974–983)

*8038 **974 (oct.)** **Roma**

JL I 480 Consecratur „communi omnium Romanorum electione".

L a u d . i n : *Fragm. de Ivrea (Weiland Papstgeschichte 70); Herimanni Augiensis Chron. ad a. 974 (MGH SS 5, 116).* – R e g . : *Böhmer/Mikoletzky n. 671b; Böhmer/Zimmermann n. 527.*

(973–974)

Cf. J³ *?8032 s. v. Benedictus VI.

*8039 **(974 ex.)** **(Roma)**

JL I 480 Synodus, in qua Bonifatius (VII) damnatur.

L a u d . i n : *synodica ad Theobaldum ep. directa (Havet Lettres 235); Gerberti Aureliacensis Acta conc. Remensis c. 28 (Olleris Œuvres 206; MGH Conc. 6/2, 422).* – R e g . : *Böhmer/Zimmermann n. 528.*

De synodo cf. et MGH Conc. 6/2, 336.

8040 **975 ian. 18** **(Roma)**

JL 3780 et JL 3781 Monasterio s. Martini Treverensi privilegia confirmat (Scr. p. m. Stephani not. et reg. et scrin. S.S.A. in m. ian., ind. III. Dat. XV kal. febr. p. m. Widonis ep. et bibl. S.S.A. a. I Deo prop. pont. d. Benedicti ss. pp., imp. d. piissimo semper aug. Ottone a Deo cor. magno imp. a. VII, ind. suprascr. III). – *Quia licet indigni.*

E d . : *Zimmermann Papsturkunden I n. †233.* – R e g . : *Germ. Pont. X 230 n. 3; Böhmer/Zimmermann n. 536.*

Laud. et in Eberwini Treverensis Vita s. Magnerici c. 59 (MGH SS 8, 209) et in De calamitate abb. s. Martini Treverensis (MGH SS 15/2, 741). Olim numeri duo.

8041 **975 ian. 18** **Roma**

JL 3782 Monasterium s. Mariae ad Martyres Treverense a Theodorico archiepiscopo restitutum confirmat eique de eligendo abbate privilegium concedit (Scr. p. m. Stephani not. reg. et scrin. S.S.A. in m. ian., ind. III. Dat. XV kal. febr. p. m. Widonis ep. et bibl. S.S.A. a. Deo prop. pont. d. Benedicti ss. VII pp., imp. d. piisimo perp. aug. Ottone a Deo cor. magno imp. a. VII, ind. III). – *Quia licet indigni.*

E d . : *Zimmermann Papsturkunden I n. †234.* – R e g . : *Germ. Pont. X 241 n. 1; Böhmer/Zimmermann n. 537.*

Laud. et in Theoderici archiep. chartis et in Popponis archiep. privilegio (Beyer Mittelhrein. UB I 299 et 305 et 353).

8042 **975 ian. 18** **Roma**

JL 3783 Theodorico archiepiscopo Treverensi, confirmatis privilegiis veteribus, concedit, ut, sicut Ravennas archiepiscopus, cum nacco equitandi crucisque praeferendae potestatem habeat, et eo sacra procurante cardinales presbyteri Treverenses dalmaticis, diaconi et presbyteri sandaliis utantur; hebdomadariis quoque presbyteris sacra facientibus uti dalmaticis liceat (Scr. p. m. Stephani not. et reg. et scrin. S.S.A. in m. ian. et ind. suprascr. III. Dat. XV kal. febr. p. m. Widonis ep. et bibl. S.S.A. a. Deo prop. pont. d. n. Benedicti ss. VII pp. I, imp. d. piissimo perp. aug. Ottone a Deo cor. magno imp., a. VII, ind. suprascr. III). – *Quia licet indigni.*

E d. : *Zimmermann Papsturkunden I n. †235; insertum in Gestis Treverorum c. 29 (Wyttenbach/Müller I 106).* – R e g. : *Mötsch Balduineen 96 n. 50; Germ. Pont. X 48 n. 73 et 160 n. 2; Böhmer/Zimmermann n. 538.*

Laud. et in Leonis IX (JL 4158 et 4161 = Böhmer/Frech n. 541), Victoris II (JL 4365, Böhmer/Frech n. 1292), Innocentii II (JL 7851), Eugenii III (JL 9582), Hadriani IV (JL 10078) et Clementis III (JL 16500, Böhmer/Schmidt n. 868) privilegiis.

***8043** **(975 ian. 18)**

Ravangero abbati monasterii Epternacensis privilegium concedit.

L a u d. i n : *J³ 8140.* – R e g. : *Germ. Pont. X 265 n. *3; Böhmer/Zimmermann n. 540.*

†8044 **975 ian. 18** **Roma**

JL 3779 Theodorico archiepiscopo Treverensi eiusque successoribus cellam Quatuor-Coronatorum „gratuito ... sacerdotum, clericorum, totiusque Romane plebis assensu" condonat (Scr. p. m. Stephani not. et reg. et scrin. S.S.A. in m. ian., ind. III. Dat. XV kal. febr. p. m. Widonis ep. et bibl. S.S.A. a. Deo prop. pont. d. n. Benedicti ss. VII pp. I, imp. d. piissimo imp. aug. Ottone a Deo cor. magno a. VII, ind. suprascr. III). – *Quia licet indigni.*

E d. : *Insertum in Gestis Treverorum c. 29 (Wyttenbach/Müller I 109; cf. MGH SS 8, 169 adn.); Zimmermann Papsturkunden I n. †232.* – R e g. : *Mötsch Balduineen 97 n. 51; Germ. Pont. X 48 n. †74; Böhmer/Zimmermann n. †535.*

Laud. et in Gestis Treverorum c. 29 (MGH SS 8, 169), in Leonis IX privilegio (JL 4160, Böhmer/Frech n. †548), in Gestis Boemundi c. 8 (MGH SS 24, 470).

***†8045** **(post 975 ian. 18)** **(Roma)**

Adhibito suo sigillo Theoderici archiepiscopi Treverensis chartam de restauratione monasterii s. Martini Treverensis conscriptam confirmat.

L a u d. i n : *Theoderici archiep. Treverensis charta (Beyer Mittelrhein. UB I 716).* – R e g. : *Germ. Pont. X 230 n. †*2; Böhmer/Zimmermann n. †539.*

Theoderici charta data est a. 975 ian. 18 („Treviri a. d. inc. 975 ind. III epacta XVII concurr. IV imp. Ottone magno imp. a. VII imp. eius"); cf. Beyer Mittelrhein. UB I 716.

8046 **975 ian. 21** **(Roma)**

Wernhero abbati Fuldensi privilegium concedit (Scr. p. m. Petri scrin. S.R.E. in m. ian., ind. III. Dat. XII kal. febr. p. m. Widonis ep. et bibl. S.S.A. a. Deo prop. pont. d. n. Benedicti ss. VII pp. I, imp. d. n. piissimo principe aug. Ottone a Deo cor. magno imp. a. VII imp. eius, ind. III).

E d. : *Zimmermann Papsturkunden I n. 236.* – R e g. : *Germ. Pont. IV 372 n. *52; Böhmer/Zimmermann n. 541.*

8047 **975 mart.**

JL 3784 Willigiso archiepiscopo Maguntino pallium mittit, privilegiumque asserit, „quo in tota Germania et Gallia post summi culmen pontificis in omnibus ecclesiasticis negotiis, id est in rege consecrando et synodo habenda ceteris omnibus tam archiepiscopis quam et episcopis ... premineas" (Scr. p. m. Stephani not. S.S.A. in m. mart., ind. III). – *Si pastores ovium.*

E d. : *Zimmermann Papsturkunden I n. 237.* – R e g. : *Germ. Pont. IV 79 n. 77; Böhmer/Zimmermann n. 542.*

***8048** **(975 vere)** **Roma**

Stephanum diaconum Romanum legatum Remos ad synodum habendam mittit, quod Theobaldus episcopus Ambianensis Romam appellatus assecutus est, ut decretum synodi mutetur.

L a u d. i n : *Synodica ad Theobaldum ep. directa (Havet Lettres 235).* – R e g. : *Böhmer/Zimmermann n. 543.*

8049 **975 dec. 12** **(Roma)**

JL 3786 Monasterii Vizeliacensis privilegia confirmat petente Eldrado abbate (Scr. p. m. Bonefacii not. reg. atque scrin. S.R.E. in m. et ind. suprascr. Dat. II id. m. dec. p. m. Iohannis ep. a. Deo prop. imp. d. piissimo aug. Otone a Deo cor. magno imp. a. VIII, in m. et ind. suprascr.). – *Quotiens illa a.*

E d . : *Zimmermann Papsturkunden I n. 239.* – R e g . : *Böhmer/Zimmermann n. 545.*

Laud. et in Hugonis Pictaviensis Chron. Vizeliacensi II (Huygens Mon. Vizeliacensia 416). Cf. J³ 5843 et J³ 6706.

*** 8050** **(975 dec. ante 29)** **Roma**

A Benedicto VII Tedaldus Azzonis Adalberti comitis Canusini filius privilegium petit.

L a u d . i n : *J³ 8051; Donizonis Canusini Vita Mathildis I c. 8 (Golinelli 62).* – R e g . : *Böhmer/Zimmermann n. 546.*

De tempore cf. Böhmer/Zimmermann n. 546.

8051 **975 dec. 29** **(Roma)**

JL 3787 Ecclesiam ss. Apollonii et Ursicini Canusinam ab Adalberto comite conditam confirmat (Scr. p. m. Stephani not. sacri scrin. S.R.E. in m. dec., ind. IV. Dat. IV kal. ian. p. m. Guidonis ep. et bibl. S.S.A. a. pont. d. n. Benedicti ss. VII pp. II, imp. vero d. Otonis a. VIII). – *Omnibus sancte Dei.*

E d . : *Zimmermann Papsturkunden I n. 240; Bellocchi Rapporti 178.* – R e g . : *Ital. Pont. V 393 n. 1; Böhmer/Zimmermann n. 547.*

Laud. et in Donizonis Canusini Vita Mathildis I c. 8 (Golinelli 62). Cf. J³ *8050.

*** 8052** **976 apr. 28** **Mainz**

(Benedicti VII) auctoritate, astipulantibus assessoribus suis episcopis (Balderico) Spirensi, (Annone) Wormatiensi, (Dithmaro) Pragensi, (Wracen?) Moraviensi, Willigis archiepiscopus Maguntinus Gozmarum (cantorem Aschaffenburgensem) pro manifesto parricidio ab officio et beneficio deponit et tonsuratum coenobio, quod est Nuenstat, ad poenitentiam transmittit (Dat. IV kal. mai., a. d. inc. 976, actum Mag(untie)).

L a u d . i n : *Willigisi archiep. Maguntini charta (Thiel UB des Stifts St. Peter u. Alexander zu Aschaffenburg I 27 n. 8).* – R e g . : *Germ. Pont. III 93 n. *5 et 147 n. *4 et 240 n. *1; Germ. Pont. IV 80 n. 79 et 218 n. *1; Böhmer/Zimmermann n. 548; Boh. Pont. 73 n. *3 et 176 n. *3.*

De fide cf. Böhmer/Zimmermann n. 548 et MGH Conc. 6/2, 473.

*** 8053** **(974 ex.–976 iun.)**

Monasterio s. Viti Gladbacensi privilegium concedit petente Gerone archiepiscopo Coloniensi.

L a u d . i n : *Hist. fundationis monasterii s. Viti martyris in Gladbach c. 12 (Ropertz Quellen und Beiträge 7).* – R e g . : *Oediger Reg. Köln I 157 n. 513; Germ. Pont. VII 49 n. *117 et 233 n. *1; Böhmer/Zimmermann n. 534.*

8054 **976 oct. 28** **(Roma)**

JL 3788 Monasterii s. Pantaleonis Coloniensis possessiones et privilegia confirmat. „Ob amorem imperatoris et petitionem imperatricis necnon etiam propter iucunditatem ... Guarini archiepiscopi" permittit, ut Christianus abbas dalmatica et sandaliis utatur (Scr. p. m. Stephani not. reg. et scrin. S.R.E. in m. nov., ind. V. Act. V kal. nov. p. m. Stephani ep. s. Narniensis eccl. et bibl. S.S.A. a. pont. d. Benedicti ss. pp. VII III, imp. d. n. Ottone imp. a. IX, in m. nov., ind. instanti V). – *Convenit apostolico moderamini.*

E d . : *Zimmermann Papsturkunden I n. 241; Wisplinghoff Rhein. UB II n. 300.* – R e g . : *Oediger Reg. Köln I 161 n. 525; Germ. Pont. VII 49 n. 118 et 176 n. 2; Böhmer/Zimmermann n. 549.*

Laud. et in Vita Brunonis altera c. 15 (MGH SS 4, 279). De concessione pontificalium cf. Böhmer/Zimmermann n. 549 et Germ. Pont. VII 176 n. 2.

†8055 **976 oct. 28** **(Roma)**

JL 3789 et JL *3814 Monasterii s. Mariae Walciodorensis possessiones confirmat et privilegia statuit, „pro ... iocunditate domni imperatoris (Ottonis II) et dilectione ... Deoderici Metensis episcopi et peticione ... Foranani (electi) episcopi (Scotorum, scil.) atque abbatis" (Scr. p. m. Stephani not. reg. et scrin. S.R.E. in m. nov., ind. V. Dat. V kal. nov. p. m. Stephani ep. s. Narniensis eccl. et bibl. S.S.A. a. III pont. d. Benedicti ss. pp. VII, imp. d. n. Ottone imp. a. IX, in m. nov., ind. V). – *Convenit apostolico moderamini.*

E d . : *Zimmermann Papsturkunden I n. †242.* – R e g . : *Böhmer/Mikoletzky n. 993; Böhmer/Zimmermann n. †551.*

Laud. et in Eilberti Florinae charta (Misonne Eilbert de Florennes 141), in Lotharii III diplomate (Despy Chartes 354), in Wibaldi Stabulensis privilegio (Jaffé Bibl. rer. Germ. 1, 416), in Conradi III diplomate (MGH DD K III n. 144), in Eugenii III, Hadriani IV (Despy Chartes 360 et 367), Clementis III (JL †16418, Despy Chartes 415, Böhmer/Schmidt n. †650) privilegiis, in Bertrami ep. Mettensis chartis a. 1202 et 1205 conscriptis (Barbier Doc. de Waulsort 45; Martène/Durand Coll. I 1063 et 1065), in Innocentii III privilegio (Barbier Doc. de Waulsort 48), in Roberti Walciodorensis Vita Forannani c. 1 (AASS apr. 3, 809), in Hist. Walciodorensis mon. c. 22 et in eiusdem Cont. c. 3 (MGH SS 14, 514 et 534).

***†8056** **(976 oct. ex.)** **Roma**

Eilbertum comitem et Foranannum monachum Romam venientes excipit et monasterio Walciodorensi in protectione sua suscipit.

L a u d . i n : *Roberti Walciodorensis Vita Forannani c. 1 (AASS apr. 3, 809); Hist. Walciodorensis mon. c. 22 (MGH SS 14, 514).* – R e g . : *Böhmer/Zimmermann n. †550.*

De tempore cf. Böhmer/Zimmermann n. †550.

8057 **977 apr. 12**

Benedicto (VII) Miro comes (Bisuldunensis) et episcopus (Geronensis) ecclesiam collegiatam s. Genesii ac s. Michaelis infra muros castri Bisulduni sitam supponit sub annua pensione duorum solidorum (Acta ... II id. apr. a. inc. D. 1000 minus 23, reg. Leutario reg. in Francia).

E d . : *Monsalvatje Noticias II 247.* – R e g . : *Martí Bonet Reg. 396 n. 24; Böhmer/Zimmermann n. 557.*

8058 **977 mai. 30** **(Roma)**

JL 3791 Monasterium Casinense eiusque cellas sedis Romanae iurisdictioni subiungit privilegiisque donat petente Aligerno abbate (Scr. p. m. Stephani not. reg. et scrin. S.R.E. in m. mai., ind. V. Dat. III kal. iun. p. m. Stephani nomenc. S.S.A. a. pont. d. n. Benedicti ss. VII pp. III, imp. d. n. Ottone a Deo cor. magno et pacifico imp. a. X, in m. et ind. V). – *Quoniam semper sunt.*

E d . : *Zimmermann Papsturkunden I n. 244.* – R e g . : *Ital. Pont. VIII 130 n. 51; Böhmer/Zimmermann n. 558.*

*** 8059** **(977 iun. in.)** **(Roma), Laterano**

In praesentia (Benedicti VII) in Lateranensi palatio causa inter Theophilactum abbatem monasterii s. Laurentii foris muros et Constantiam abbatissam monasterii s. Mariae, quod vocatur Tempuli, eiusque consortes agitur.

L a u d . i n : *Theophylacti abbatis charta (Allodi/Levi Reg. Sublacense 168).* – R e g . : *Ital. Pont. I 122 n. *1 et 161 n. *6; Böhmer/Zimmermann n. 559.*

*8060 **(977 aut.)** **(Roma)**

Sergio metropolitae Damasci Romam fugato ecclesiam s. Bonifatii (in Aventino) concedit, ut monasterium condat.

L a u d . i n : *Benedicti VII epitaphium (MGH Poetae 5/2, 336; Montini Tombe 161); Sergii epitaphium (Ferrari Rom. Monasteries 78); Petri Damiani Epist. 72 De abdicatione episcopatus 10 (MGH Briefe d. dt. Kaiserzeit 4/2, 361).* – R e g . : *Ital. Pont. I 36 n. *2 et 116 n. *1; Böhmer/Zimmermann n. 560.*

De re et tempore cf. Böhmer/Zimmermann n. 560.

*8061 **(977)**

Legationem ad Iaropolcum principem (Kioviensem) in Rutheniam mittit.

L a u d . i n : *Niconis Chron. patriarcharum 6487 (PSRL IX 39).* – R e g . : *Böhmer/Zimmermann n. 553.*

De tempore cf. Böhmer/Zimmermann n. 553.

*†8062 **977** **Orvieto**

Dum in Urbe Vetere moratur, lapidem primarium palatii papae Soliano dicti ponit.

L a u d . i n : *Cipriani Manente Hist. di Orvieto 2.* – R e g . : *Böhmer/Zimmermann n. †554.*

De anno cf. Manente; de fide cf. Böhmer/Zimmermann n. †554.

8063 **978 febr. 25** **(Roma)**

JL 3794 Ecclesiae Ausonensis possessiones, petente Fruia episcopo, confirmat (Scr. p. m. Iohannis not. reg. atque scrin. S.R.E. in m. mart., ind. VI. Dat. V kal. mart. p. m. Gregori ep. bibl. A.S. a. Deo prop. pont. d. Benedicti summi pont. et univ. VII pp. in ss. sede b. Petri apost. IV, in m. et ind. suprascr. VI). – *Cum summae apostolice.*

E d . : *Zimmermann Papsturkunden I n. 245.* – R e g . : *Santifaller Beschreibstoffe 34 n. 15; Rabikauskas Kuriale 228; Martí Bonet Reg. 397 n. 26; Böhmer/Zimmermann n. 563.*

8064 **(978 febr. ex.)** **(Roma)**

JL 3795 „Omnibus maioribus et minoribus totius provincię Ausonię et Barkinonię atque Gerundens(is) sive Vrdilitens(is)" sub excommunicationis poena interdicit, ne ecclesiae Ausonensis possessiones acquisitas a Fruia episcopo invadant. – *Notum esse volumus.*

E d . : *Zimmermann Papsturkunden I n. 246.* – R e g . : *Martí Bonet Reg. 397 n. 25; Böhmer/Zimmermann n. 562.*

†8065 **978 apr. 3** **Roma, Laterano**

Pisanae reipublicae privilegia confirmat (Dat. Lat. III non. apr. d. inc. a. 978, pont. autem n. a. III). – *Cum divine legis.*

E d . : *Zimmermann Papsturkunden I n. †247.* – R e g . : *Ital. Pont. III 356 n. †7; Böhmer/Zimmermann n. †564.*

†8066 **978 mai. 22** **(Roma)**

JL 3796 Maiolo abbati Cluniacensi insulam Lerinensem et monasterium Arlucense ea lege donat, ut „ad sepulchrum b. Petri quinque solidos argenteos" quotannis persolvat (Scr. p. m. Stephani not. reg. atque scrin. S.R.E. in m. mai., ind. VI. Dat. X kal. iun. p. m. Iohannis ep. Falaritane eccl. a. IV pont. d. n. Benedicti ss. VII pp., imp. d. n. Ottone a Deo cor. magno et pacifico imp. a. XI, in m. mai. et ind. suprascr. VI). – *Quia monasterium Cluniense.*

E d . : *Zimmermann Papsturkunden I n. †248.* – R e g . : *Böhmer/Zimmermann n. †565.*

Laud. et in Iohannis XIX privilegio (JL 4079, Böhmer/Frech n. 82). Olim ad a. 978 apr. 22. De tempore cf. Böhmer/Zimmermann n. †565.

†8067 **978 mai. 26** **Roma**

JL †3816 „Nobili Petro, Bonicollo dicto, militi terraeque Mudanae in suburbio Gandauensi comarcho" per Balduinum, „abbatiae s. Bauonis in pago prope Gandam, Boerheim dicto, monachum" mittit „cum presenti bulla tria ... ossicula ss. Marcellini, Maximini et Quirini, de quibus ... disponere lic(eat) pro ecclesiis nempe s. Bauonis, s. Joannis necnon aulae s. Pharahildis in ipsa civitate Gandensi" (Dat. Romae VII kal. iun. pont. n. a. IV, per reverendum Balduinum abbatis s. Bauonis Gandauensis monachum). – *Nos insigne necnon.*

Ed.: *Zimmermann Papsturkunden I n. †249.* – Reg.: *Böhmer/Zimmermann n. †566.*

Olim ad a. 975–983 mai. 26. De tempore cf. Böhmer/Zimmermann n. †566.

8068 **979 ian. 10**

JL *3790 Aligerno abbati Casinensi curtes quasdam in comitatu Aprutii concedit (Dat. IV id. ian. p. m. Stephani nomenc. S.S.A. a. pont. d. n. Benedicti ss. VII pp. III, imp. d. n. Octone a Deo cor. magno et pacifico imp. a. XII). – *Quoniam semper sunt.*

Ed.: *Zimmermann Papsturkunden I n. 250.* – Reg.: *Ital. Pont. VIII 130 n. 50; Böhmer/Zimmermann n. 555 et n. 566a.*

Laud. et in Chron. mon. Casinensis II c. 6 (MGH SS 34, 175). Olim ad a. 977 ian. 10. De tempore cf. Böhmer/Zimmermann n. 555.

8069 **979 apr. 15** **(Roma)**

JL 3799 Monasterium Elwangense sedis apostolicae iurisdictioni subiungit possessionesque eius confirmat (Scr. p. m. Bonizi not. reg. ac scrin. S.R.E. in m. et ind. suprascr. VII. Dat. XV d. m. apr. p. m. Stephani ep. S.R.E. pont. d. n. Benedicti ss. VII pp. in sede b. Petri a. V, imp. d. n. Ottone a Deo cor. magno imp. a. XII, in m. et ind. suprascr. VII). – *Cum summe apostolice.*

Ed.: *Zimmermann Papsturkunden I n. 251.* – Reg.: *Germ. Pont. II/1, 109 n. 1; Böhmer/Zimmermann n. 567.*

Laud. et in Ann. Elwangensibus (MGH SS 10, 17).

8070 **979 apr. (ex.)** **Roma**

JL 3798 Monasterii s. Petri Rodensis privilegia et possessiones, petente Hildesindo episcopo Elnensi et abbate Rodensi, confirmat (Scr. p. m. Stephani not. atque scrin. in sede b. Petri apost. Romae a. trabeationis D. 889, ind. VII, in m. apr.). – *Quoniam gratissimum satisque.*

Ed.: *Zimmermann Papsturkunden I n. 252.* – Reg.: *Martí Bonet Reg. 398 n. 27; Böhmer/Zimmermann n. 568.*

Laud. et in Innocentii II (Kehr PUU Spanien I 315) et in Hadriani IV (Kehr PUU Spanien I 358) privilegiis.

***8071** **(979 mai. ante 8)** **(Roma)**

Chartam Mironis episcopi Gerundensis de commendato in tutelam papae coenobio s. Petri Bisuldunensi sanctiones addens confirmat.

Laud. in: *Mironis charta (Monsalvatje Noticias II 223); J³ 8072; charta consecrationis (Monsalvatje Noticias II 229).* – Reg.: *Martí Bonet Reg. 399 n. 28; Zimmermann Papsturkunden I n. 253; Böhmer/Zimmermann n. 569.*

De tempore cf. Böhmer/Zimmermann n. 569.

8072 **979 mai. 8** **(Roma)**

JL 3800 Monasterium s. Petri Bisuldunense tuendum suscipit bonaque eius et iura confirmat, imposito abbatibus solidorum V tributo annuo (Dat. VIII id. mai. p. m. Iohannis ep. s. Falaritane eccl. a. pont. d. n. Benedicti ss. pp. VII, imp. d. n. Othone a Deo cor.

magno et pacifico imp. a. XII, in m. mai. et ind. VII, a. d. ab inc. d. n. Iesu Christi 979, era 1017). – *Cum constet Dominum.*

Ed.: *Insertum in Innocentii IV privilegio (Berger Registres III 85 n. 5849; separatim ed. Zimmermann Papsturkunden I n. 254; MGH Conc. 6/2, 344).* – Reg.: *Linage Conde Orígenes III 529 n. 69; Martí Bonet Reg. 399 n. 29; Böhmer/Zimmermann n. 570.*

Incertum est, si privilegium in synodo deditur, cf. MGH Conc. 6/2, 341. Cf. et J³ *8071.

8073 **(979 mai. in.)** **Roma**

JL 3812 et JL 4047 Monasterium s. Hilarii confirmat atque bona iuraque eius instituit Rogerio comite Carcassonensi et coniuge eius Adhalaice et Benedicto abbate petentibus (Scr. p. m. Stephani not. et scrin. b. R.E.). – *Notum sit omnibus.*

Ed.: *Zimmermann Papsturkunden I n. 255.* – Reg.: *Martí Bonet Reg. 400 n. 30 et n. 31; Böhmer/Zimmermann n. 571.*

Olim numeri duo, primus ad a. 974 – 983 positus, secundus Benedicto VIII ad (a. 1012 – 1024) adscriptus. De tempore cf. Böhmer/Zimmermann n. 571.

***† 8074** **(980 post apr.)**

(Benedicti VII) auctoritate Egbertus archiepiscopus Treverensis in elevatione reliquiarum s. Celsi apud monasterium s. Eucharii mandat, ut eius dies natalicius (ian. 4) in posterum singulis annis summo cum honore celebretur.

Laud. in: *Theoderici Trevirensis Hist. inventionis s. Celsi (AASS febr. 3, 400).* – Reg.: *Germ. Pont. X 49 n. *75 et 222 n. *1; Böhmer/Zimmermann n. †574a.*

De fide et tempore cf. Böhmer/Zimmermann n. †574a.

† 8075 **980 aug. 22** **Ravenna**

JL 3802 Abbatiae s. Ruphilii Foropopulensis possessiones confirmat (Quam vero cartulam Iul(ianum) Dei nutu ex genere consulis tabellionem huius civitatis Rauennae scribendam rogavimus, supscriptam manibus meis propriis, ut quae a nobis obtulit roborandam nostrororumque praesentia etiam tibi quoque supra contradidi sub d., m. et ind. VIII, civitatis Rauennae). – *Casum generis humani.*

Ed.: *Zimmermann Papsturkunden I n. †257.* – Reg.: *Ital. Pont. V 133 n. †1; Böhmer/Zimmermann n. †576.*

*** 8076** **(980 aest.)**

Bonifatus (VII) fugatus Benedictum VII expellit Romamque iterum capit.

Laud. in: *J³ 8093; Fragm. Eporediense (Weiland Papstgeschichte 70).* – Reg.: *Böhmer/Zimmermann n. 575.*

De tempore cf. Böhmer/Zimmermann n. 575.

*** 8077** **(980 ante aut.)**

Ab imperatore Ottone (II) auxilium petit.

Laud. in: *Willelmi Nangii Chron. (Bouquet Recueil IX 81).* – Reg.: *Böhmer/Zimmermann n. 577.*

De tempore cf. Böhmer/Zimmermann n. 577.

† 8078 **980 nov. 8** **(Roma)**

JL 3803 Monasterii Floriacensis possessiones et privilegia confirmat petente Richardo abbate (Dat. VI id. nov. p. m. Iohannis ep., bibl. S.S.A. a. pont. d. n. Benedicti ss. pp. VII, imp. d. Ottone a Deo cor. magno et pacifico imp. XIII a. imp. ipsius et ind. existente IX). – *Convenit apostolico moderamini.*

Ed.: *Zimmermann Papsturkunden I n. †258.* – Reg.: *Mostert Abbo 205; Böhmer/Zimmermann n. †578.*

†8079 **980 nov. 10** **(Roma)**

Monasterio Floriacensis iura decimarum confirmat petente Amalberto abbate (Scr. p. m. Iohannis scrin. S.R.E. in m. nov., ind. IX. Dat. IV id. nov. p. m. Iohannis ep. et bibl. S.S.A. a. pont. d. n. Benedicti ss. pp. VII, imp. Ottone a Deo cor. magno et pacifico imp. a. XIII, in m. et ind. supradicta IX). – *Convenit apostolico moderamini.*

Ed.: *Ramackers PUU Frankreich NF VI 44 n. 1; Zimmermann Papsturkunden I n. †259.* – Reg.: *Böhmer/Zimmermann n. †579.*

*8080 **980 dec. 4** **Subiaco**

JL I 482 Ecclesiam s. Scholasticae Sublacensem dedicat Benedicto abbate rogante, monasterium Sublacense confirmat et pertinentia eius pontificali praecepto roborat (a. ab inc. d. 980 in m. dec. d. IV, ind. VIII).

Laud. in: *Inscriptio marmorea in ecclesia s. Scholasticae Sublacensi (Federici I monasteri II 398).* – Reg.: *Ital. Pont. II 90 n. *21; Böhmer/Zimmermann n. 580.*

(cr. 941–980)

Cf. J³ *7640 s. v. Stephanus VIII.

*8081 **(974–980)**

Gregorium illustrem virum rectorem monasterii s. Andree apostoli et s. Lucie, qui appellatur Renati, creat.

Laud. in: *Gregorii charta monasterio Sublacensi a. 981 concessa (Allodi/Levi Reg. Sublacense 155).* – Reg.: *Böhmer/Zimmermann n. 533.*

De tempore cf. Böhmer/Zimmermann n. 533.

*8082 **(977–980)**

Ekberto archiepiscopo Treverensi privilegium concedit.

Laud. in: *Leonis IX privilegium (JL 4185; Böhmer/Frech n. 766).* – Reg.: *Germ. Pont. X 49 n. *76; Böhmer/Zimmermann n. 561.*

De re et tempore cf. Böhmer/Zimmermann n. 561.

*8083 **981 (mart.)**

JL I 482 Imperatore Ottone (II) adiuvante Romam redit et adversarium suum Bonifatium (VII) e Roma pellit, qui divitias ecclesiae auferens Constantinopolim fugit.

Laud. in: *J³ 8093; Ann. Colonienses ad a. 981 (MGH SS 1, 98).* – Reg.: *Böhmer/Zimmermann n. 582.*

*†8084 **(981 mart.)** **Roma**

Pro imperatore (Ottone II) multos Romanos comprehendere iubet.

Laud. in: *Martini Oppaviensis Chron. (MGH SS 22, 431).* – Reg.: *Böhmer/Zimmermann n. †583.*

De tempore cf. Böhmer/Zimmermann n. †583.

8085 **(981 mart. ex.–apr. in.)** **Roma, Laterano – S. Pietro**

Benedicto (VII) imperatoreque Ottone (II) praesidentibus synodus primum in Laterano, deinde in basilica s. Petri convocatur.

Reg.: *Böhmer/Mikoletzky n. 841b; Böhmer/Zimmermann n. 583a.*

De rebus agendis cf. J³ 8086–*8099. De synodo cf. et MGH Conc. 6/2, 354.

8086 **981 mart. (ex.)** **Roma, Laterano**

JL I 482 Concilium, praesente Benedicto (VII) papa et Ottone (II) imperatore, in quo Honestus archiepiscopus Ravennas Leoni episcopo Ferrariensi massam Quartisianam restituit (D. n. Otto aug. imp. a. XIV sitque d. Benedicto summo et univ. pp. ... a. VII, in m. mart. et ind. IX, in Roma).

Ed.: *MGH Conc. 6/2, 354.* – Reg.: *Ital. Pont. V 51 n. *163 et 209 n. 7; Böhmer/Mikoletzky n. 841b; Zimmermann Papsturkunden I n. 260; Böhmer/Zimmermann n. 584.*

8087 **(981 mart. ex.)** **Roma**

JL 3804 Omnibus archiepiscopis, episcopis, abbatibus, regibus, ducibus, comitibus per Mironem episcopum (Gerundensem) significat, simoniam in synodo damnatam esse. – *Notum esse volumus.*

Ed.: *Zimmermann Papsturkunden I n. 261; MGH Conc. 6/2, 359.* – Reg.: *Böhmer/Mikoletzky n. 841c; Martí Bonet Reg. 401 n. 32; Böhmer/Zimmermann n. 585.*

†8088 **(981 mart. ex.)** **Roma**

JL 3801 Ecclesiae s. Crucis Aurelianensis possessiones et privilegia confirmat petente Arnulfo episcopo Romae morante. – *Convenit apostolico moderamini.*

Ed.: *Zimmermann Papsturkunden I n. †262.* – Reg.: *Böhmer/Zimmermann n. †587.*

Olim ad a. 974–980. De tempore cf. Böhmer/Zimmermann n. †587.

***†8089** **(981 mart. ex.)** **Roma**

Arnulfo episcopo Aurelianensi Romae moranti pro monasterio s. Maximini Miciacensi privilegium concedit.

Laud. in: *Letaldi Miciacensis Lib. miraculorum s. Maximini 12 (Migne PL 137, 817).* – Reg.: *Böhmer/Zimmermann n. †586.*

†8090 **981 apr. 1** **(Roma)**

JL 3805 Monasterium s. Walarici, petente conditore Hugone comite (Franciae), iurisdictioni ecclesiae Romanae subiungit possessionesque eius confirmat (Scr. p. m. Bonizzonis not. reg. et scrin. S.R.E. in m. apr., ind. IX. Dat. kal. apr. p. m. Stephani ep. et bibl. S.R.E. a. pont. d. Benedicti ss. VII pp. in sede b. Petri apost. VII, imp. d. Otone a Deo cor. magno imp. a. XIII, in m. et ind. IX). – *Cum magna nobis.*

Ed.: *Zimmermann Papsturkunden I n. †263.* – Reg.: *Böhmer/Zimmermann n. 588.*

Laud. et in Alexandri III privilegio (Ramackers PUU Frankreich NF IV 233).

8091 **981 apr. 2** **(Roma)**

JL 3806 Monasterium Corbeiense (dioec. Paderbornen.) ecclesiae Romanae iurisdictioni subiungit eiusque bona confirmat, et abbatibus dalmaticae sandaliorumque usum concedit petente Liudolpho abbate (Scr. p. m. Iohannis not. n. ac sacrosancte R.E. non. apr., ind. IX. Dat. p. m. Stephani ep. et bibl. S.S.A. a. D. prop. pont. d. n. Benedicti summi pont. et univ. eccl. pp. in ss. sede b. Petri apost. VII, imp. d. n. Ottone cor. a. imp. eius XII, IV non. apr., ind. IX). – *Cum summe apostolice.*

Ed.: *Zimmermann Papsturkunden I n. 264.* – Reg.: *Böhmer/Zimmermann n. 589; Germ. Pont. V/1, 86 n. 15.*

8092 **981 apr. (in.)** **(Ferrara)**

JL 3797 Ecclesiae Ferrariensis possessiones et iura confirmat (Scr. p. m. Bonizo not. regis et scrin. S.R.E. in m. apr., ind. XII et d. imp. Ottonis a. XI et ind. I). – *Noverint omnes sancte.*

Ed.: *Zimmermann Papsturkunden I n. <266.* – Reg.: *Ital. Pont. V 208 n. 6; Böhmer/Zimmermann n. 591.*

Laud. et in Paschalis II (Ital. Pont. V 210 n. 11), Innocentii II (Ital. Pont. V 211 n. 17 et Ital. Pont. V 213 n. 22), Celestini II (Ital. Pont. V 213 n. 24), Lucii II (Ital. Pont. 214 n. †26), Eugenii III

(Ital. Pont. V 62 n. 213) privilegiis. Olim ad a. 978 apr. De tempore cf. Böhmer/Zimmermann n. 591. De fide cf. Zimmermann Papsturkunden I n. <266.

8093 **(981 apr. in.)** **Roma**

Boioni abbati monasterii Mimilevensis limina apostolorum adeunti possessiones confirmat statuitque monasterium aequale esse per omnia monasteriis Fuldensi et Augensi. – *Convenit apostolico moderamine.*

Ed.: *Zimmermann Papsturkunden I n. 265.* – Reg.: *Germ. Pont. IV 80 n. 80 et 321 n. 1; Böhmer/Zimmermann n. 590.*

Laud. et in Thietmari Merseburgensis Chron. III c. 1 (MGH SS rer. Germ. N. S. 9, 96), apud Ann. Saxonem ad a. 973 (MGH SS 37, 221), et in Ann. Magdeburgensibus ad a. 975 (MGH SS 16, 154). Cf. J^3 *8076 et J^3 *8083.

*8094 **(981) apr.** **(Roma)**

JL *3807 Monasterii s. Vincentii Metensis privilegia, petente Theoderico episcopo, confirmat (Scr. p. m. Bonignonis not. atque reg. S.R.E. in m. apr., ind. VIII).

Laud. in: *Sigeberti Gemblacensis Vita Deoderici c. 20 (MGH SS 4, 480).* – Reg.: *Parisse Bull. Lorraine 11 n. 15; Zimmermann Papsturkunden I n. 267; Böhmer/Zimmermann n. 592.*

„Scriptum p. m. Bonignonis ..." etc. insertum in Sigeberti Gemblacensis Vita Deoderici c. 20 (MGH SS 4, 481). De indictione cf. Böhmer/Zimmermann n. 592.

8095 **981 mai. 22** **(Roma)**

Wigfredo episcopo Virdunensi conventionem, „que vulgo prestaria dicitur", pro coenobio ss. Pauli apostoli et Pauli confessoris Virdunensi factam confirmat (Dat. XI kal. iun. a. pont. d. Benedicti ss. pp. in S.A., imp. Ottone a Deo cor. magno et pacifico, in m. mai., ind. ista IX). – *Hic venerabilis vir.*

Ed.: *Zimmermann Papsturkunden I n. <268.* – Reg.: *Parisse Bull. Lorraine 11 n. 16; Böhmer/Zimmermann n. 593.*

De fide cf. Zimmermann Papsturkunden I n. <268.

*8096 **981 (sept. in.)** **(Roma)**

Gisilhero episcopo Merseburgensi, qui a papa auxilium petit ad dignitatem archiepiscopalem Magdeburgensem comparandam, auxilium promittit, si synodus, quam per decretum illico convocat, consentit.

Laud. in: *Thietmari Merseburgensis Chron. III c. 13 (MGH SS rer. Germ. N. S. 9, 112); Chron. epp. Merseburgensium (MGH SS 10, 168); Gesta archiepp. Magdeburgensium c. 13 (MGH SS 14, 387); Ann. Saxo ad a. 981 (MGH SS 37, 229f.).* – Reg.: *Böhmer/Zimmermann n. 597.*

De tempore cf. Böhmer/Zimmermann n. 597.

*8097 **981 (sept. 10–11)** **Roma, Laterano – S. Pietro**

JL I 482 Benedicto VII praesidente synodus in Laterano et in basilica s. Petri congregata de rebus ecclesiasticis disputat; i. a. episcopatum Merseburgensem abolit; papa Giselherium archiepiscopum Magdeburgensem ordinat eique pallium concedit.

Laud. in: *J^3 8098; J^3 8099; Thietmari Merseburgensis Chron. III c. 14 (MGH SS rer. Germ. N. S. 9, 114); Chron. epp. Merseburgensium (MGH SS 10, 168); Gesta archiepp. Magdeburgensium c. 13 (MGH SS 14, 387); Ann. Saxo ad a. 981 (MGH SS 37, 229); Vita et miracula s. Simeonis c. 5 (Golinelli 757).* – Reg.: *Böhmer/Mikoletzky n. 856b; Böhmer/Zimmermann n. 598; Germ. Pont. V/2, 213 n. 18.*

Olim numeri duo ad a. 981 sept. 9 et sept 10. De tempore cf. Böhmer/Zimmermann n. 598. Cf. et J^3 *?7943. De synodo cf. et MGH Conc. 6/2, 362.

8098 **981 sept. 10** **(Roma, Laterano)**

JL I 482 Episcopatus Merseburgensis abolitionem patefacit (A. Deo prop. pont. d. Benedicti summi pont. et univ. pp. VII in ss. sede b. Petri apost. VII, imp. autem d. Ottonis II gloriosissimi et invictissimi Rom. imp. aug. XIV, ind. X, d. m. sept. X). – *Quia nostri ministerii.*

E d . : *Zimmermann Papsturkunden I n. 269; MGH Conc. 6/2, 368.* – R e g . : *Germ. Pont. IV 80 n. 81; Germ. Pont. VI 49 n. 59a; Germ. Pont. VII 50 n. 119; Germ. Pont. X 50 n. 77; Böhmer/Zimmermann n. 599.*

Olim numeri duo ad sept. 9 et 10. Cf. Böhmer/Zimmermann n. 599. Cf. et J^{3} *?7943 et J^{3} *7946 et J^{3} *8097.

8099 **981 sept. (11 aut paulo post)** **Roma**

JL 3808 Omnibus episcopis Galliae Germaniaeque, in synodo (J^{3} *8097) quid actum sit, significat. Privilegia ecclesiae Magdeburgensis confirmat et auget. Addit haec: „Hoc autem praesens privilegium ... per nostri secretarii legatos episcopis Gallie et Germanie dirigimus confirmandum" (Scr. p. m. Stephani not. et reg. et scrin. S.R.E. in m. et ind. suprascr. X). – *Concesse nobis apostolice.*

E d . : *Zimmermann Papsturkunden I n. <270; MGH Conc. 6/2, 372.* – R e g . : *Oediger Reg. Köln I 163 n. 532; Germ. Pont. IV 80 n. 81; Germ. Pont. VI 50 n. 59b; Germ. Pont. VII 50 n. 120; Germ. Pont. X 50 n. 78; Böhmer/Zimmermann n. 600; Germ. Pont. V/2, 214 n. 19.*

Laud. et in Innocentii II (JL 7516 et JL 7629) et Innocentii III (Potthast 3036, Reg. Innocenz' III. 10, 14) privilegiis. De fide et tempore cf. Zimmermann Papsturkunden I n. <270. Cf. et J^{3} 5902, J^{3} *?7943, J^{3} 7945, J^{3} *7946, J^{3} 7947, J^{3} *8097.

***8100** **(981 aut.)**

Stephano primicerio s. apostolicae sedis committit, ut audiat Angelam (leg. Agatham) abbatissam monasterii ss. Cyriaci et Nicolai de Via lata contra Farolfum, Marinum et Piccium fratres.

L a u d . i n : *Stephani placitum a. 981 (Hartmann Tabularium I 14).* – R e g . : *Ital. Pont. I 79 n. *1; Böhmer/Zimmermann n. 601.*

De tempore cf. Böhmer/Zimmermann n. 601.

†8101 **(981) dec. 30** **Roma**

JL 3809 Ecclesiae Parisiensis bona, rogante Elysiardo episcopo Romam veniente, confirmat (Dat. III kal. ian. p. m. d. Stephani ep. et bibl. S.R.E.). – *Convenit apostolico moderamini.*

E d . : *Zimmermann Papsturkunden I n. †271.* – R e g . : *Martí Bonet Reg. 401 n. 32; Böhmer/Zimmermann n. †581 et n. †603a.*

Laud. et in Obituario eccl. Parisiensis (Guérard Cartulaire IV 49 n. 110) et in Alexandri III privilegio (JL 11178). Olim ad a. 980–982 dec. 30. De tempore cf. Böhmer/Zimmermann n. †581 et n. †603a.

***8102** **(981)**

Per breve Rhodostamo episcopo a sese consecrato ordinationem ad ecclesiam Tranensem dirigendam et possessiones eius administrandas concedit; subdit ei castrum Juvenazanum, Rubi, Minervini, Montemelonis cum omni possessione eorum.

L a u d . i n : *Calocyri anthypati patricii et catapani Italiae confirmatio a. 983 data (Beltrani Documenti longobardi e greci 9; Prologo Le carte 32).* – R e g . : *Ital. Pont. IX 290 n. *1; Böhmer/Zimmermann n. 594.*

De tempore cf. Böhmer/Zimmermann n. 594.

8103 **982 oct. 2** **(Roma)**

JL 3810 Monasterii s. Vincentii Vulturnensis privilegia et possessiones confirmat petente Iohanne abbate (Scr. p. m. Iohannis scrin. S.R.E. in m. oct. d. II, ind. XI. Dat. VI non. oct. p. m. Stephani ep. et bibl. S.S.A. a. Deo prop. pont. d. n. Benedicti summi pont. et univ. VII pp. in ss. sede b. Petri apost. VIII, per ind. prefata XI). – *Cum magna nobis.*

E d . : *Insertum in Chron. Vulturnensi IV (FSI 59, 252; separatim ed. Zimmermann Papsturkunden I n. <272).* – R e g . : *Ital. Pont. VIII 250 n. 13; Böhmer/Zimmermann n. 605.*

Laud. et in Chron. Vulturnensi IV (FSI 58, 33 et 95). De fide cf. Zimmermann Papsturkunden I n. <272.

8104 982 oct. 19 (Roma)

JL 3810a Unionem ecclesiae Albensis cum Astensi factam confirmat (Scr. p. m. Stefani not. reg. et scrin. S.R.E. in m. oct., ind. XI. Dat. XIV kal. nov. p. m. Stefani prim. S.S.A. a. pont. d. n. Benedicti s. VII pp. IX, imp. d. n. Ottone a Deo cor. magno et pacifico imp. a. XV, in m. et ind. suprascr. XI). – *Quia comperimus domnum.*

E d . : *Insertum in placito a. 985 dato (FSI 96, 248); Zimmermann Papsturkunden I n. 273.* – R e g . : *Ital. Pont. VI/2, 172 n. 3 et 185 n. 2; Böhmer/Zimmermann n. 606.*

Cf. J^3 7956.

8105 982 dec. 30 (Roma)

JL 3811 Monasterium Laureshamense, petente Ottone (II) imperatore, tuendum suscipit privilegiaque eius constituit (Scr. p. m. Stephani not. et reg. et scrin. S.R.E. in m. ian. et ind. XI. Dat. III kal. ian. p. m. Stephani Dei providentia prim. S.S.A. a. pont. d. n. Benedicti ss. VII pp. IX, imp. d. n. Ottone a Deo cor. magno et pacifico imp. a. XV, in m. ian. et ind. suprascr. XI). – *Quoniam concedenda sunt.*

E d . : *Insertum in Chron. Laureshamensi c. 80 (Glöckner Cod. Laureshamensis I 362; separatim ed. Zimmermann Papsturkunden I n. 274).* – R e g . : *Böhmer/Mikoletzky n. 890a; Germ. Pont. IV 228 n. 1; Böhmer/Zimmermann n. 607.*

Laud. et in Necr. Laureshamensi (Böhmer FRG III 145).

*** 8106 (981–982)**

Samuelem tsarem Bulgariae approbat.

L a u d . i n : *Epist. inter Kalojanem tsarem et Innocentium III a. 1202/1203 dimissae (Dujčev 23, 24 et 44; Reg. Innocenz' III. 5, 224).* – R e g . : *Böhmer/Zimmermann n. 595.*

De tempore cf. Böhmer/Zimmermann n. 595.

***† 8107 (981–982)**

Incolis Ragusinis petentibus vetera iura metropolitana Epidauri pro Ragusio renovat, archiepiscopatum Diocliensem deletum huc transfert et Iohannem archiepiscopum Diocliensem, qui in Ragusio fugit, archiepiscopum Ragusinum confirmat.

L a u d . i n : *Restii Chron. Ragusina (Mon. hist. Slav. 25, 30).* – R e g . : *Böhmer/Zimmermann n. †596.*

De tempore cf. Böhmer/Zimmermann n. †596.

*** 8108 (982 ex.) Roma**

Imperatore (Ottone II) consentiente Gerbertum (Aureliacensem) canonice electum abbatem Bobiensem consecrat.

L a u d . i n : *Gerberti abbatis epist. ad Iohannem XIV directa (Ital. Pont. VI/2 252 n. 19).* – R e g . : *Böhmer/Zimmermann n. 608.*

(973 ante mai.–983 in.)

Cf. J^3 8033 s. v. Benedictus VI.

*** 8109 (983 in.)**

Una cum Ottone II imperatore Boleslai ducis Bohemiae consensu accedente unionem Moraviensis episcopatus cum Pragensi episcopatu confirmat.

L a u d . i n : *Granum cat. praesulum Moraviae 971 (Loserth 66).* – R e g . : *Böhmer/Zimmermann n. 609; Boh. Pont. 40 n. *4 et 74 n. *5 et 177 n. *5.*

De tempore cf. Böhmer/Zimmermann n. 609.

8110 **983 mart. 25** **(Roma)**

JL 3817 Monasterii s. Salvatoris et s. Petri Gemblacensis privilegia et possessiones confirmat (Scr. p. m. Bonifacii not. reg. ac scrin. S.R.E. in m. mart., ind. XI. Dat. VIII kal. apr. p. m. Stephani ep. ac bibl. S.S.A. a. pont. d. n. Benedicti ss. VII pp. IX, imp. d. n. Ottone a Deo cor. magno ac pacifico imp. a. XVI, in m. suprascr. ac ind. XI). – *Cum magna nobis.*

Ed.: *Insertum in Sigeberti Gemblacencis Gestis abb. Gemblacensium c. 7 (MGH SS 8, 527); Zimmermann Papsturkunden I n. 275.* – Reg.: *Böhmer/Zimmermann n. 610.*

Laud. et in Sigeberti Gemblacensis Vita Wicberti c. 12 (MGH SS 8, 513) et in Sigeberti Gemblacensis Chron. (MGH SS 6, 349).

†8111 **983 apr. 8** **Roma, Laterano**

Pisanae reipublicae antianis ac universo Pisano populo exponit se duos legatos Galliam mittere (Dat. Romę apud Lat. d. VIII apr., pont. n. a. IX). – *Mittimus ad presentiam.*

Ed.: *Zimmermann Papsturkunden I n. †277.* – Reg.: *Ital. Pont. III 356 n. †8; Böhmer/Zimmermann n. †612.*

†8112 **(983) apr. 17** **(Pisa)**

Benedicto VII senatus Pisanorum confirmat se litteras eius (J[3] †8111) accepisse. Nuntiat etiam legatos papae litteras commendaticias pro L(othario) rege Franciae et pro amicis Pisanorum addidisse et una cum suis missis in Franciam adductos esse, ut tuti sint ab impetu Sarazenorum (Dat. ex pal. n. residencie XV kal. mai., d. inc. a. 984).

Reg.: *Böhmer/Zimmermann n. †613.*

Nondum editum. De tempore et fide cf. Böhmer/Zimmermann n. †613.

8113 **983 apr. 26** **Roma**

JL 3818 Monasterio s. Mariae Nienburgensi, rogatu Ottonis imperatoris „limina apostolorum digna devotione" visitantis „ac (secum) plurima de statu sancte religionis" tractantis concedit, „ut idem locus tali iustitia ac libertate ... perfruatur, qualem alia monasteria habent, que (sua) tutele (suo)que privilegio roborata illis partibus sunt ac mundiburdio domini (sui) imperatoris videntur esse subiecta". Privilegia quaedam addit (Scr. p. m. Iohannis scrin. S.R.E. in m. apr., ind. XI. Dat. VI kal. mai. p. m. Stephani ep. a. XVI imp. d. Ottonis imp., a. IX pont. ss. pp. Benedicti). – *Credite speculationis impellimur.*

Ed.: *Zimmermann Papsturkunden I n. 278.* – Reg.: *Böhmer/Mikoletzky n. 890f; Lübke Reg. Slaven II 311 n. 217; Böhmer/Zimmermann n. 614.*

†8114 **(983 apr. 26)** **Roma**

JL 3819 Monasterio s. Mariae et s. Thomae Arneburgensi petente Ottone imperatore concedit, „ut ... tali iusticia ac libertate deinceps perfruatur, qualem alia tenent monasteria, que in illis partibus (suo) privilegio roborata iuri ac mundiburdio domni (sui) imperatoris videntur esse subiecta". – *Credite speculationis impellimur.*

Ed.: *Zimmermann Papsturkunden I n. †279.* – Reg.: *Böhmer/Mikoletzky n. 890g; Lübke Reg. Slaven II 312 n. 217 a; Böhmer/Zimmermann n. 615; Germ. Pont. V/2, 343 n. 2.*

†8115 **983 apr. 26** **(Roma)**

JL 3820 Gisilhero archiepiscopo Magdeburgensi eiusque successoribus abbatis monachorumque in monasterio Merseburgensi constituendorum ius concedit (Scr. p. m. Stephani not. reg. et scrin. S.R.E. in m. apr. et ind. XI. Dat. VI kal. mai. p. m. Stephani ep. et bibl. S.S.A. a. pont. d. Benedicti ss. VII pp. IX, imp. d. n. Ottone a Deo cor. magno et pacifico imp. a. XVI, in m. apr. et ind. statutum XI). – *Si ecclesias Dei.*

Ed.: *Zimmermann Papsturkunden I n. †280.* – Reg.: *Böhmer/Zimmermann n. †616.*

Olim ad a. 983 apr. 27. De tempore cf. Böhmer/Zimmermann n. †616.

8116 **983 apr.** **Roma, S. Pietro**

JL I 483 Benedicto VII papa praesente in basilica b. Petri causa inter Benedictum abbatem Sublacensem et Leonem abbatem ss. Cosmae et Damiani in Cave de possessionibus alienatis agitur. Inspectis privilegiis Gregorii I (J^3 †2487), Zachariae I (J^3 *4010), Nicolai I (J^3 †6066) et Benedicti VI (J^3 8020) Leo abbas cuncta loca refutat (A. pont. d. Benedicti summi pont. et univ. VII pp. in ss. sede b. Petri apost. a. IX, sive d. Octone magno imp. sui coronationis XV a. adstat huius apr. m., adest ind. XI).

Ed.: *Zimmermann Papsturkunden I n. 276.* – Reg.: *Ital. Pont. II 83 n. 2 et 90 n. 22; Böhmer/Mikoletzky n. 890b; Zimmermann Papsturkunden I 542 n. 276 542 n 276; Böhmer/Zimmermann n. 611.*

Cf. J^3 †6066.

8117 **983 mai. 23** **(Roma)**

Monasterium puellarum situm intus castellum, quod Alslebin dicitur, tuendum suscipit et ei varia iura concedit (Scr. p. m. Steffani scrin. S.R.E. m. iun., ind. VII. Dat. X kal. iun. p. m. Stefani prim. S.S.A. a. pont. d. Benedicti ss. VII pp. IX, imp. d. n. Ottone a Deo cor. magno et pacifico imp. a. [XVI], ind [VII]). – *Credite speculationis impellimur.*

Ed.: *Zimmermann Papsturkunden I n. †256; Jakobs Klosterfreiheit app. n. 4.* – Reg.: *Böhmer/Zimmermann n. †572; Germ. Pont. V/2, 346 n. 2.*

De fide et tempore cf. Germ. Pont. V/2 346 n. 2.

*** 8118** **(983 ante iul.)**

Hugoni (episcopo) Wirciburgensi privilegium, ut monasterium s. Andreae Wirciburgense renovet, concedit.

Laud. in: *Vita Burkardi III c. 3 (Bendel 47).* – Reg.: *Germ. Pont. III 178 n. *7; Böhmer/Zimmermann n. 617.*

8119 **(974–983)**

Andreae presbytero et monacho atque abbati monasterii s. Vitalis intra Ravennae civitatem privilegium concedit. – *Convenit apostolico moderamini.*

Ed.: *Zimmermann Papsturkunden I n. 231.* – Reg.: *Ital. Pont. V 80 n. *1; Böhmer/Zimmermann n. 529.*

*** 8120** **(974–983)**

Monasterio s. Salvatoris Papiensi privilegium concedit.

Laud. in: *Calixti II privilegium (Ital. Pont. VI/1 206 n. 8).* – Reg.: *Ital. Pont. VI/1, 205 n. *3; Böhmer/Zimmermann n. 530.*

*** 8121** **(974–983)**

Monasterio Brugnatensi privilegium immunitatis concedit.

Laud. in: *Ottonis III diploma (MGH DD O III n. 201).* – Reg.: *Ital. Pont. VI/2, 369 n. *3; Tomaini Brugnato 39 n. 3; Böhmer/Zimmermann n. 531.*

***† 8122** **(974–983)**

Monasterio s. Severi in Classe privilegium concedit.

Laud. in: *Alexandri II privilegium (Ital. Pont. V 107 n. † 4).* – Reg.: *Ital. Pont. V 107 n. †3; Böhmer/Zimmermann n. †532.*

8123 **(975–983)**

JL 3815 Gisleberto episcopo Pictaviensi nuntiat se monasterii s. Salvatoris Carofensis patrocinium suscipere privilegiaque confirmare. – *Omnium fidelium summi.*

E d . : *Zimmermann Papsturkunden I n. 238.* – R e g . : *Böhmer/Zimmermann n. 544.*

*** 8124** **(976 ex.–983)**

JL *3531 Privilegio monasterio s. Anthimi dato statuit, „ut in plebe s. Salvatoris, in plebe s. Iohannis seu etiam in aliis ecclesiis ad monasterium pertinentibus, si id necessitatis exegerit, baptismus debeat celebrari" (Dat. p. m. Stephani ep. et bibl. S.S.A. a. Deo prop. pont. d. n. Benedicti summi pont. et univ. VII pp. ..., imp. d. n. Ottone a Deo cor. magno et pacifico imp. ...). – *Cum omnibus ecclesiis.*

L a u d . i n : *Anastasii IV privilegium (JL 9754).* – R e g . : *Ital. Pont. III 248 n. *5; Zimmermann Papsturkunden I n. 243; Böhmer/Zimmermann n. 552.*

Olim ad a. 900–903 positum et Benedicto IV tributum. De tempore cf. Böhmer/Zimmermann n. 552.

8125 **(981–983)** **Carthago**

(Benedictum VII) clerus et populus civitatis Carthaginensis per litteras suppliciter adhortantur, ut suam ecclesiam oppressam adiuvet.

E d . : *Insertum in Leonis Aventini Epist. (Olleris Œuvres 242; MGH Conc. 6/2, 493).* – R e g . : *Böhmer/Zimmermann n. 602.*

*** 8126** **(981–983)**

JL *3813 Iacobum sacerdotem a clero et populo Carthaginiensi electum archiepiscopum consecrat et „cum privilegio ad propria" remittit.

L a u d . i n : *Leonis Aventini Epist. (Olleris Œuvres 242; MGH Conc. 6/2, 493).* – R e g . : *Böhmer/Zimmermann n. 603.*

Olim ad a. 974–983. De tempore cf. Böhmer/Zimmermann n. 603.

*** 8127** **(983 iun.–iul.)**

Salernitanam ecclesiam sub Amato episcopo archiepiscopalem dignitatem provehit et Amato pallium concedit.

L a u d . i n : *J³ 8180; J³ 8232; J³ 8597.* – R e g . : *Ital. Pont. VIII 345 n. *10; Böhmer/Zimmermann n. 618.*

De tempore cf. Böhmer/Zimmermann n. 618.

*** 8128** **983 iul. 10** **(Roma)**

JL I 484 Moritur et in ecclesia s. Crucis sepelitur (X m. iul. in apost. sede residens IX a. obiit Chr. ind. XII).

L a u d . i n : *Benedicti VII epitaphium (MGH Poetae 5/2, 336; Montini Tombe 161); Bernoldi Constantiensis Chron. (MGH SS 5, 399).* – R e g . : *Böhmer/Mikoletzky n. 914e; Böhmer/Zimmermann n. 620.*

Olim ad a. 983 oct. De tempore cf. Böhmer/Zimmermann n. 620.

***† 8129** **(983 aest.)**

Benedicto (VII) papa Otto (II) imperator de visione archangeli Michaelis in monte Gargano refert et „cuncta a se visa" retexit.

L a u d . i n : *Ann. Marbacenses ad a. 981 (MGH SS rer. Germ. 9, 26).* – R e g . : *Böhmer/Zimmermann n. †619.*

De tempore cf. Böhmer/Zimmermann n. †619.

(ante 992 mai. 25)

Cf. J³ *?7880 s. v. Leo VIII.

***† 8130** **(1002)** **(Roma)**

Timotheum virum illustrem Romanum episcopum Posnaniensem ordinat.

L a u d . i n : *Iohannis Dlugossii Cat. epp. Posnaniensium (Opera I 483); Iohannis Dlugossii Ann. (Dąbrowski 239).* – R e g . : *Böhmer/Zimmermann n. †961; Pol. Pont. 187 n. *†20.*

***† 8131** **1005**

Interventu Boleslai ducis Poloniae Clementem Italicum a clero et populo Smogorzoviensibus (dein Wratislaviensibus) in episcopum electum confirmat.

L a u d . i n : *Iohannis Dlugossii Ann. ad a. 1005 (Dąbrowski 252 et 254); eiusdem Cat. epp. Wratislaviensium (Opera I 444).* – R e g . : *Böhmer/Zimmermann n. †999; Pol. Pont. 187 n. *†22.*

***† 8132** **1005**

Benedictus VII vel Iohannes XVIII Martinum, natione Romanum, interventu Boleslai regis Poloniae (Pol. Pont. 188 n. *†23) in episcopum Plocensem destinat.

L a u d . i n : *Iohannis Dlugossii Ann. ad a. 1005 (Dąbrowski 252 et 254); eiusdem Vitae epp. Plocensium abbrev. (MPH 6, 600).* – R e g . : *Pol. Pont. 187 n. *†24.*

Iohannes XIV (983–984)

cui accedit: Bonifatius VII (984–985)

*** 8133** **983 (sept. in.)** **Roma**

JL I 484 Praeficitur ecclesiae Romanae ab Ottone (II) imperatore Romam reverso.

L a u d . i n : *Ann. Einsidlenses ad a. 983 (MGH SS 3, 143); Hugonis Farfensis Destructio (FSI 33, 47); Ann. Saxo ad a. 983 (MGH SS 37, 234); Lib. pont. (Duchesne II 259); Chron. regia Coloniensis ad a. 975 (MGH SS rer. Germ. 18, 30).* – R e g . : *Böhmer/Mikoletzky n. 914e; Böhmer/Zimmermann n. 621.*

Olim ad a. 983 nov.–dec. De tempore cf. Böhmer/Zimmermann n. 621.

*** 8134** **(983 nov.)** **(Roma)**

Rogatu Ottonis (II) imperatoris Alonem archiepiscopum Beneventanum consecrat.

L a u d . i n : *Desiderii Casinensis Dialogi II c. 1 (MGH SS 30/2, 1127).* – R e g . : *Ital. Pont. IX 55 n. *16; Böhmer/Zimmermann n. 625.*

8135 **983 dec. 6** **(Roma)**

JL 3822 Alonem Beneventanae archiepiscopum pallium et ius ordinandi episcopos in civitatibus „Sancta Agathe, Abellino, Quintodecimo, Ariano, Asculo, Bibiano, Luceria, Vulturaria, Larino, Thelesia, Alifis, Termola, Triuento, Sessula" concedit; ecclesiam s. Michaelis in Gargano et Sipontinam ecclesiam confirmat (Scr. p. m. Leonis not. reg. scrin. S.R.E. in dec. m., ind. XII. Dat. XIII id. dec. p. m. Iohannis ep. et bibl. S.S.A. a. Deo prop. pont. d. Iohannis summi pont. et univ. XIV pp. in ss. sede b. Petri apost. I). – *Si pastores ovium.*

E d . : *Zimmermann Papsturkunden I n. 283.* – R e g . : *Ital. Pont. IX 56 n. 17; Böhmer/Zimmermann n. 626.*

*** 8136** **983 dec. 7** **Roma**

JL I 484 Ottoni II imperatori morienti „optata(m) remission(em)" tribuit (a. d. inc. 983 ... VII id. dec.).

L a u d . i n : *Thietmari Merseburgensis Chron. III c. 25 (MGH SS rer. Germ. N. S. 9, 128).* – R e g . : *Böhmer/Mikoletzky n. 919e; Böhmer/Zimmermann n. 627.*

8137 **(983)**

JL 3752 Aluricum (al. Aelfricum) ducem hortatur, ut desinat monasterio s. Mariae Glastoniensi iniurias iniungere. – *Relatione quorundam fidelium.*

E d . : *Zimmermann Papsturkunden I n. 282; insertum in Guillelmi Malmesburiensis Gestis regum II c. 151 (Mynors/Thomson/Winterbottom 246).* – R e g . : *Böhmer/Zimmermann n. 623.*

Olim Iohanni XIII (ad a. 971) adscripta. De tempore cf. Böhmer/Zimmermann n. 623.

8138 **(983 dec.)** **Bobbio**

Iohanni (XIV) G(erbertus Aureliacensis) abbas Bobiensis dolet, quoniam nec in monasterio nec extra quicquam sibi relictum sit praeter virgam pastoralem et apostolicam benedictionem; addit de Imiza.

E d . : *MGH Briefe d. dt. Kaiserzeit 2, 36 n. 14; Riché Gerbert 28.* – R e g . : *Ital. Pont. VI/2, 252 n. 18; Böhmer/Uhlirz n. 956s; Böhmer/Zimmermann n. 628.*

8139 **(983 dec.)**

Iohanni (XIV) Gerbertus (Aureliacensis) abbas Bobiensis dolet, pervadi et diripi sanctuarium Dei (i. e. Bobiense monasterium) creditum sibi a s. Romana et apostolica ecclesia, praecepta violari, privilegia contemni.

E d . : *MGH Briefe d. dt. Kaiserzeit 2, 45 n. 23; Riché Gerbert 146.* – R e g . : *Ital. Pont. VI/2, 252 n. 19; Böhmer/Uhlirz n. 956q; Böhmer/Zimmermann n. 629.*

8140 **(983–984 apr. ex.)**

Ravangero abbati Epternacensi eiusque successoribus possesiones confirmat. – *Quoniam semper sunt.*

E d . : *Zimmermann Papsturkunden I n. 281.* – R e g . : *Germ. Pont. X 265 n. 4; Böhmer/Zimmermann n. 622.*

Privilegium etiam Iohanni XV vel XVII vel XVIII adscribi potest, sed Böhmer/Zimmermann n. 622 Iohannem XIV verisimilissimum esse putat. Cf. J³ *8043.

*8141 **984 (apr. ex.)** **Roma**

JL I 485 Bonifatius (VII) Romam Constantinopoli redit.

L a u d . i n : *Herimanni Augiensis Chron. ad a. 984 (MGH SS 5, 117); Bernoldi Constantiensis Chron. ad a. 984 (MGH SS 5, 399 et 423); Gregorii Catinensis Chron. Farfense (FSI 34, 244); Chron. regia Coloniensis ad a. 975 (MGH SS rer. Germ. 18, 30).* – R e g . : *Böhmer/Zimmermann n. 630.*

Olim ad a. 984. De tempore cf. Böhmer/Zimmermann n. 630.

*8142 **984 (apr. ex.)** **Roma, Castel Sant' Angelo**

JL I 484 et JL I 485 Bonifatius (VII) Constantinopoli reversus Iohannem (XIV) in castellum s. Angeli in custodia mittit.

L a u d . i n : *Lib. pont. (Duchesne II 259); Gerberti Aureliacensis Acta conc. Remensis c. 28 (Olleris Œuvres 206; MGH Conc. 6/2, 422); Herimanni Augiensis Chron. ad a. 984 (MGH SS 5, 117); Bernoldi Constantiensis Chron. ad a. 984 (MGH SS 5, 423); Chron. Suevicum univ. ad a. 984 (MGH SS 13, 69); Gregorii Catinensis Chron. Farfense (FSI 34, 244); Chron. regia Coloniensis ad a. 975 (MGH SS rer. Germ. 18, 30).* – R e g . : *Böhmer/Uhlirz n. 957b; Böhmer/Zimmermann n. 631.*

*8143 **(984 vere)** **Roma**

Bonifatius (VII) Iohannem diaconum cardinalem caecari iubet.

L a u d . i n : *Martini Oppaviensis Chron. (MGH SS 22, 431).* – R e g . : *Böhmer/Zimmermann n. 632.*

*8144 **984 (apr. ex.–aug. 20)** **Roma, Castel Sant' Angelo**

In castellum s. Angeli in custodia detentus (cf. J³ *8142) „infirmitatem et famis inopiam per IIII menses acriter" sustinet.

L a u d . i n : *Lib. pont. (Duchesne II 259); Chron. Vulturnense (FSI 58, 95); Gregorii Catinensis Chron. Farfense (FSI 34, 244).* – R e g . : *Böhmer/Zimmermann n. 633.*

*8145 **984 aug. 20** **Roma, Castel Sant' Angelo**

JL I 485 Bonifatius (VII) Iohannem (XIV) in castello s. Angeli interfici iubet (m. aug. d. XX).

L a u d . i n : *Herimanni Augiensis Chron. ad a. 984 (MGH SS 5, 117); Bernoldi Constantiensis Chron. ad a. 984 (MGH SS 5, 423); Chron. Suevicum univ. ad a. 984 (MGH SS 13, 69); Chron. regia Coloniensis ad a. 975 (MGH SS rer. Germ. 18, 30).* – R e g . : *Böhmer/Uhlirz n. 957b; Böhmer/Zimmermann n. 634.*

*** 8146 (984 aest. ex.)**

Bonifatius (VII) Martinum abbatem Sublacensem constituit.

L a u d . i n : *Synodus Sublacensis, Index abb. ad a. 987 (non editus).* – R e g . : *Böhmer/Zimmermann n. 635.*

8147 984 dec. 31 (Roma)

JL 3824 Bonifatius (VII) pluribus de Castello Gallicani locum quendam secus rivum Osa, in quo adsunt antiquae parietinae destructae, ad ecclesiam in honore s. Benedicti a noviter dedicandam concedit (Scr. p. m. not. reg. et scrin. S.R.E. in m. dec., ind. suprascr. XIII. Dat. II kal. ian. p. m. Iohannis ep. et bibl. S.A.S.). – *Cum magna nobis.*

E d . : *Zimmermann Papsturkunden I n. 284.* – R e g . : *Ital. Pont. II 45 n. 1; Böhmer/Zimmermann n. 638.*

Olim ad a. 974 aug. 20. De tempore cf. Böhmer/Zimmermann n. 638.

*** 8148 (985 vere)**

Bonifatius (VII) Gregorium abbatem Sublacensem constituit.

L a u d . i n : *Synodus Sublacensis Index abb..* – R e g . : *Böhmer/Zimmermann n. 639.*

*** 8149 (984–985)**

JL *3825 Bonifatius (VII) cuidam locat „castellum Petram Pertusam cum omnibus ei pertinentibus cum placito et districto eorum et glandatico et herbatico, tam de eodem castello quam de villis ad se pertinentibus“, situm „in territorio Silve Candide“, quod prestat „annue x auri solidos“.

L a u d . i n : *Lib. censuum LXXI c. 12 (Fabre/Duchesne I 348).* – C a n . : *cf. Deusdedit Coll. can. III c. 194.* – R e g . : *Ital. Pont. II 29 n. *1; Böhmer/Zimmermann n. 636.*

Olim ad a. 974 aut a. 984–985. De tempore cf. Böhmer/Zimmermann n. 636.

***† 8150 (984–985)**

Bonifatius (VII) monasterio Ilsenburgensi concedit, ut „in omnibus parrochialibus ecclesiis sub iure proprietateque monasterii constrictis per presbiteros monachos divina populi officia“ celebrentur.

L a u d . i n : *Burchardi Halberstadtensis charta a. 1087 data (Jacobs UB Ilsenburg 19).* – R e g . : *Böhmer/Zimmermann n. †637.*

*** 8151 985 (iul. ex.) Roma**

JL I 485 Bonifatius (VII) moritur; „... et (Romani) in tantum eum hodio habuerunt sui, ut post mortem (eum) cederent ... et lanceis vulnerarent atque per pedes traherent nudato corpore usque in Campum et ante caballum Constantini ... proiecerunt ... atque dimiserunt. Ubi mane venientes clerici et videntes eum ita turpiter et dedecore iacentem, cesum et lanceatum collegerunt et sepelierunt“.

L a u d . i n : *Lib. pont. (Duchesne II 259); Ann. Einsidlenses ad a. 983 (MGH SS 3, 143); Herimanni Augiensis Chron. ad a. 985 (MGH SS 5, 117); Bernoldi Constantiensis Chron. ad a. 985 (MGH SS 5, 399 et 423); Chron. Suevicum univ. ad a. 985 (MGH SS 13, 69); Gregorii Catinensis Chron. Farfense (FSI 34, 244); Chron. regia Coloniensis ad a. 975 (MGH SS rer. Germ. 18, 30).* – R e g . : *Böhmer/Uhlirz n. 975a; Böhmer/Zimmermann n. 640.*

Ignotum est ubi sepelitur, cf. Borgolte Petrusnachfolge 134 adn. 514 et 352. De tempore cf. Böhmer/Zimmermann n. 640.

Iohannes XV (985–996)

* 8152 **(985 aug. med.)** **Roma**

JL I 486 Consecratur.

L a u d . i n : *Gregorii Catinensis Chron. Farfense (FSI 34, 244).* – R e g . : *Böhmer/Uhlirz n. 977a; Böhmer/Zimmermann n. 641.*

De tempore cf. Böhmer/Zimmermann n. 641.

8153 **(985) nov. 11** **(Roma)**

Aligerno monasterii Casinensis abbati privilegia (Marini II, J^3 7648 et Benedicti VII, J^3 8058) verbotenus repetit (Scr. p. m. Stephani not. et scrin. s. pal. in m. nov., ind. III. Dat. III id. nov. p. m. Iohannis ep. s. Nepesine eccl. et bibl. S.S.A. a. pont. d. n. Iohannis ss. XV pp., in m. nov. et ind. suprascr. III). – *Convenit apostolice moderamini.*

E d . : *Zimmermann Papsturkunden I n. <287.* – R e g . : *Ital. Pont. VIII 130 n. 52; Leccisotti Regesti dell'archivio I 225 n. 7; Böhmer/Zimmermann n. 651.*

Laud. et in Chron. mon. Casinensis II c. 1 (MGH SS 34, 165). Olim ad a. 985(?). De tempore cf. Böhmer/Zimmermann n. 651. De fide cf. Zimmermann Papsturkunden I n. <287.

* 8154 **985 (aug.–nov.)**

Alfanum archiepiscopum Beneventanum consecrat.

L a u d . i n : *Ann. Beneventani ad a. 985 (Bertolini 126).* – R e g . : *Ital. Pont. IX 56 n. *18; Böhmer/Zimmermann n. 650.*

De tempore cf. Böhmer/Zimmermann n. 650.

†8155 **986 ian. 25** **(Roma)**

JL 3826 Monasterii Coeli Aurei Papiensis possessiones ac privilegia confirmat, Petroque abbati concedit „usum dalmatice, sandali(orum) ... pedul(um), necnon cirothecarum, eciam licenciam in itinere ferendi tintinabulum in capella" et quidem „ad honorem ... s. Petri necnon sanctissimi Augustini" (Dat. VIII kal. febr. p. m. Iohannis ep. Nepesine eccl. et bibl. S.A.S. a. Deo prop. pont. d. Iohannis XV pp. in ss. sede b. Petri apost. I, m. et ind. suprascr. XIV feliciter). – *Desiderium quod religiosorum.*

E d . : *Zimmermann Papsturkunden I n. †289.* – R e g . : *Ital. Pont. VI/1, 193 n. †2; Böhmer/Zimmermann n. †657.*

8156 **(986 in.)**

Monasterii Vizeliacensis iura et possessiones confirmat Edelrado abbate petente. – *Quotiens illa a.*

E d . : *Zimmermann Papsturkunden I n. 288.* – R e g . : *Huygens Mon. Vizeliacensia 32 n. 17; Böhmer/Zimmermann n. 652.*

Laud. et in Hugonis Pictaviensis Chron. Vizeliacensi II (Huygens Mon. Vizeliacensia 416). Cf. J^3 5843 et J^3 6706.

8157 **(986) aug. 12** **Roma, Laterano**

JL 4069 Ecclesiam s. Mariae castri Lucanensis (Bellilocensem), a Gaufrido Andegavorum comite fundatam, confirmat et a cuiusvis praeterquam Romani pontificis potestate eximit (Dat. Lat. II id. aug. a. ab inc. D. 1011, pont. vero d. Ioannis II). – *Quotiens qui filii.*

E d . : *Zimmermann Papsturkunden I n. 290.* – R e g . : *Santifaller Verzeichnis 50 n. †30; Böhmer/Zimmermann n. 486 et n. 657a.*

Laud. et in Innocentii II privilegio (Ramackers PUU Frankreich NF V 354). Olim Iohanni XIX (a. 1025 aug. 12) adscriptum. Cf. Böhmer/Zimmermann n. 486.

***8158 (986) Roma**

JL *3839 Seguino archiepiscopo Senonensi Romam peregrinato pallium concedit eumque suum per Gallias vicarium constituit.

L a u d . i n : *Gerberti Aureliacensis Acta conc. Causeiensis (Olleris Œuvres 255; MGH Conc. 6/2, 515); Odoranni Senonensis Chron. (Bautier/Gilles 96); Clarii Senonensis Chron. (Bautier/Gilles 104); Gaufridi de Collone Chron. (Julliot 368).* – R e g . : *Böhmer/Zimmermann n. 654.*

Olim ad a. 985–990. De tempore cf. Böhmer/Zimmermann n. 654.

***†8159 (986)**

Legatos in Rutheniam mittit, qui Wladimirum principem Kioviensem ad doctrinam catholicam Romanam accipiendam incitent.

L a u d . i n : *Chron. Nestoris (PSRL I 85).* – R e g . : *Böhmer/Zimmermann n. †656.*

8160 987 ian. 7 (Roma)

JL 3827 Monasterii s. Maximini Treverensis privilegia confirmat petente Ogone abbate (Scr. p. m. Theophili latini not. et reg. atque scrin. S.R.E. in m. ian., ind. XV. Dat. VII id. ian. p. m. Iohannis ep. et bibl. S.A.S. a. Deo prop. pont. d. Iohannis summi pont. et univ. pp. XV, in sacrario eccl. s. Petri apost.). – *Convenit apostolico moderamini.*

E d . : *Zimmermann Papsturkunden I n. 291.* – R e g . : *Germ. Pont. X 203 n. 8; Böhmer/Zimmermann n. 658.*

Laud. et in Innocentii II privilegio (JL 8093).

†8161 987 apr. 2 (Roma)

JL 3828 Widoni episcopo Papiensi nuntiat, Azzonem abbatem s. Petri Coeli Aurei a sese ordinatum esse; praecipit, ne ipse aut canonici eius „locum illum sive consecracionem abbatum seu predia vel servos atque ancillas ad ... abbaciam pertinentes" invadant (Scr. p. m. Stephani scrin. S.R.E. in m. apr., ind. XV. Dat. IV non. apr. p. m. Iohannis ep. s. Nepesine eccl. et bibl. S.S.A. a. pont. d. n. Iohannis ss. XV pp. etiam II, in m. suprascr. et ind. XV). – *Ad hoc Deus.*

E d . : *Zimmermann Papsturkunden I n. †292.* – R e g . : *Böhmer/Zimmermann n. †659; Ital. Pont. VI/1, 177 n. 18 et 186 n. 1 et 194 n. 3.*

†8162 987 mai. 12 Roma, Laterano

Ab universo populo Pisani auxilium contra haereses petit (Dat. Rome apud Lat. IV id. mai., pont. n. a. II). – *Cum inter ceteras.*

E d . : *Zimmermann Papsturkunden I n. †293.* – R e g . : *Ital. Pont. III 357 n. †9; Böhmer/Zimmermann n. †660.*

***8163 (987 nov. 30) Roma, Laterano**

In palatio Lateranensi Leoni presbytero et monacho atque abbati ss. Ciriaci et Iulittae de Atrano, filio Sergii de Urso comite, a Mansone duce ac cuncto clero et populo universo Amalphitano in archiepiscopum electo pallium et metropolitana iura super episcopatibus Capritano, Reginnensi (al. Minorensi), Scalensi et Litterensi concedit.

L a u d . i n : *Chron. archiepp. Amalfitanorum (Pellicia Raccolta V/2, 165); Indiculus epp. et archiepp. Amalfitanorum (Ughelli Italia sacra ²VII 192); Ursi Chron. archiepp. Amalfitanorum (Ughelli Italia sacra ²VII 193).* – R e g . : *Böhmer/Zimmermann n. 661; Ital. Pont. VIII 389 n. *6 et 394 n. *1 et 398 n. *1 et 400 n. *1.*

De tempore cf. Böhmer/Zimmermann n. 661 et Fabre/Duchesne Lib. censuum I 40 adn. 7.

*† 8164 **(986–987)** **Roma**

Evergero archiepiscopo Coloniensi, qui praedecessorem suum (Geronem) vivum fecerat sepeliri et paenitentia ductus Romam venit, iniungit, ut congregationem quandam in Coloniensi dioecesi labefactam subsidiis reparet.

Laud. in: *Cat. archiepp. Coloniensium (MGH SS 24, 339).* – Reg.: *Oediger Reg. Köln I 160 n. 522, 165 n. 541 et 167 n. 547; Germ. Pont. VII 50 n. ?*121; Böhmer/Zimmermann n. †653.*

De tempore cf. Böhmer/Zimmermann n. †653.

*† 8165 **(985–988 in.)** **(Roma)**

Iohanni (XV) Ingelardus abbas monasterii s. Ricarii nuntiat de monasterio suo deleto et restituto; petit ab eo, ut eis excommunicationem minetur, qui bona monasterii illicite acquisita restituere nolint.

Laud. in: *Hariulfi Chron. s. Richarii III c. 25 (Lot Coll. de textes 17, 158).* – Reg.: *Böhmer/Zimmermann n. †647.*

De tempore cf. Böhmer/Zimmermann n. †647.

† 8166 **(985 ex.–988 in.)** **(Roma)**

JL 3861 Arnulfum et Balduinum comites, Gozbertum vicecomitem et Iliardam hortatur, ut monasterio s. Richarii erepta restituant. – *Monemus vos a.*

Ed.: *Insertum in Hariulfi Chron. s. Richarii III c. 25 (Lot Coll. de textes 17, 158; separatim ed. Zimmermann Papsturkunden I n. †285).* – Reg.: *Böhmer/Zimmermann n. †648.*

Olim ad a. 991–996. De tempore cf. Böhmer/Zimmermann n. †648.

† 8167 **(985 ex.–988 in.)** **(Roma)**

JL 3862 Guidonem (Suessionensem), Fulconem Ambianensem, Balduinum Tarvanensem episcopos de tuendo monasterio s. Richarii hortatur. – *Si sospitates copiam.*

Ed.: *Insertum in Hariulfi Chron. s. Richarii III c. 25 (Lot Coll. de textes 17, 159; separatim ed. Zimmermann Papsturkunden I n. †286).* – Reg.: *Böhmer/Zimmermann n. †649.*

Olim ad a. 991–996. De tempore cf. Böhmer/Zimmermann n. †649.

† 8168 **988 mart.** **Roma**

Abbatiae s. Eligii ab Liudolfo episcopo Noviomorum, Tornacensium et Flandrensium restituto possessiones atque iura confirmat Liudolfo petente (Act. Roma tonante p. m. Stephani scrin. sacri pal. in m. mart. et ind. I). – *Noverit omnium fidelium.*

Ed.: *Lohrmann PUU Frankreich NF VII 232 n. 5; Zimmermann Papsturkunden I n. †294.* – Reg.: *Böhmer/Zimmermann n. †661a.*

* 8169 **988 (post apr.)**

JL I 470 Ossa Benedicti V papae a Razone capellano iussu Ottonis III regis Romam transferuntur.

Laud. in: *Thietmari Merseburgensis Chron. IV c. 62 (MGH SS rer. Germ. N. S. 9, 202); Lib. pont., Cat. Augustensis (Duchesne II 251); Ann. Saxo ad a. 988 (MGH SS 37, 246); Zimmermann Papsturkunden I n. † 294.* – Reg.: *Böhmer/Zimmermann n. 662.*

8170 **988 mai.** **Roma**

JL 3829 Petente Liudolfo episcopo Noviomorum et Tornacensium et Flandrensium ecclesiae eius privilegia varia concedit (Scr. p. m. Stephani scrin. sacri pal. in m. mart. et ind. I). – *Noverit omnium fidelium.*

Ed.: *Zimmermann Papsturkunden I n. <295.* – Reg.: *Böhmer/Zimmermann n. 664.*

De fide cf. Zimmermann Papsturkunden I n. <295.

*8171 **(988 mai.)** **Roma**

(Iohannem XV) papam Bal(duinus) cuidam, qui ab archiepiscopo Adalberone repudii suae matronae causa excommunicatus est, Romae per fraudem sibi conciliat.

L a u d . i n : *Gerberti Aureliacensis Epist. 113 (MGH Briefe d. dt. Kaiserzeit 2, 141 n. 113; Riché Gerbert 274).* – R e g . : *Böhmer/Zimmermann n. 663.*

*8172 **(988 med.)** **(Roma)**

Tutelae b. Petri apostoli Oliba comes (Cabreta Ceritaniae) filios suos Wifredum et Bernardum commendat.

L a u d . i n : *J³ 8711.* – R e g . : *Martí Bonet Reg. 401 n. 33; Junyent i Subira Dipl. Oliba 16 n. 10; Böhmer/Zimmermann n. 665.*

*8173 **(988 aut.)**

Placentinam ecclesiam a Ravennate archiepiscopatu ablatam locat sub nomine archiepiscopatus.

L a u d . i n : *J³ 8315.* – R e g . : *Ital. Pont. V 446 n. *19; Böhmer/Uhlirz n. 1008a; Böhmer/Zimmermann n. 666.*

De tempore cf. Böhmer/Zimmermann n. 666.

*8174 **(988 ex.)**

Legatos in Rutheniam mittit, qui ad Wladimirum principem in Taurica paeninsula (Chersonesus Tauri) degentem adeunt et ei reliquias dant.

L a u d . i n : *Niconis Chron. patriarcharum 6496 (PSRL IX 57).* – R e g . : *Böhmer/Zimmermann n. 667.*

*8175 **(988 ex.–989 in.)** **Roma**

Adalberto Pragensi episcopo, quem grex sibi commendatus audire non vult, episcopatum suum derelinquere cupienti, ut Ierosolymam proficisceretur, consilium dat, ut otia contemplationis sibi arripiat et inter monachos sedeat.

L a u d . i n : *Vita Adalberti c. 13 (Hoffmann 139); Versus de passione Adalberti 426 (Uhlirz Lebensbeschreibung 24); Passio Adalberti c. 1 (MGH SS 15/2, 706).* – R e g . : *Böhmer/Zimmermann n. 668; Boh. Pont. 74 n. *6.*

De tempore cf. Voigt Adalbert 338.

8176 **989 apr. 25** **Roma**

JL 3831 Monasterium s. Gregorii (Petrihusensem), petente Gebehardo episcopo Constantiensi, tuendum suscipit privilegiisque auget (Scr. p. m. Iohannis not. et reg. et scrin. sacri Lat. pal. in m. apr. et ind. II. Dat. VII kal. mai. p. m. Gregorii ep. s. Portuensis ęccl. et bibl. S.S.A. a. pont. d. n. Iohannis ss. pp. IV). – *Notum esse volumus.*

E d . : *Insertum in Casu mon. Petrihusensis I c. 27 (MGH SS 20, 633; Feger Chron. Petershausen 62) et in Vita Gebehardi c. 15 (MGH SS 10, 587); Zimmermann Papsturkunden I n. 296.* – R e g . : *Germ. Pont. II/1, 145 n. 1; Böhmer/Uhlirz n. 1013a; Böhmer/Zimmermann n. 670.*

*8177 **(989 apr. ex.)** **Roma**

Gebhardo episcopo Constantiensi reliquias, inter ceteras caput s. Gregorii papae, condonat.

L a u d . i n : *Vita Gebehardi c. 16 (MGH SS 10, 587).* – R e g . : *Germ. Pont. II/1, 125 n. *6 et 146 n. *2; Böhmer/Uhlirz n. 1013a; Böhmer/Zimmermann n. 671.*

8178 **989 iun. (18 aut 26)** **(Roma)**

JL 3832 Monasterii Corbeiensis (dioec. Paderborn.) et parthenonis Hervordensis privilegia, Thetmaro abbate per Hildibrandum episcopum Mutinensem petente, confirmat (Scr. p. m. Stephani primiscrinii S.R.E. in m. iun. et ind. II. Dat. IIIIX kal. iul. p.

m. Iohannis ep. et s. Nepesine eccl. et bibl. S.S.A. a. pont. d. Iohannis ss. XV pp. IV, ind. II). – *Convenit episcopali auctoritati.*

E d . : *Zimmermann Papsturkunden I n. 298.* – R e g . : *Böhmer/Uhlirz n. 1013d; Böhmer/Zimmermann n. 673; Germ. Pont. V/1, 87 n. 16 et 149 n. 6.*

Laud. et in Rationibus pro privilegiis (Finke Westfäl. UB IV 462). Olim ad a. 989 iul. 1. De tempore cf. Böhmer/Zimmermann n. 673 et Germ. Pont. V/1 87 n. 16. Cf. et J^3 6315 et J^3 7176.

†8179 **(989) iun.** **(Roma)**

JL †3854 Ecclesiae Hamburgensis privilegia, petente Liuezone archiepiscopo, corroborat (Scr. p. m. Iohannis canc. S.R.E. in m. iun., ind. IX). – *Cum pie desiderium.*

E d . : *Zimmermann Papsturkunden I n. †297.* – R e g . : *Dipl. Danicum I/1, 134 n. 344; Seegrün Ebt. Hamburg 10; Germ. Pont. VI 51 n. †62; Böhmer/Zimmermann n. †672.*

Olim ad a. 988–995 iun. De tempore cf. Böhmer/Zimmermann n. †672.

8180 **989 iul. 12** **(Roma)**

JL 3833 Ecclesiae Salernitanae iura metropolitana confirmat. Statuit, ut post discessum (Amati) archiepiscopi (Salernitani) eius successores ad sedem apostolicam causa consecrationis palliique recipiendi accedant, sed si papa consecrare noluerit, ab episcopis eorum suffraganeis benedictionem accipiant (Scr. p. m. Stephani not. et scrin. sacri Lat. pal. in m. iul., ind. II. Dat. IV id. iul. p. m. Gregorii ep. s. Portuensis ęccl. et bibl. S.S.A. a. pont. d. n. Iohannis ss. XV pp. IV, in m. et ind. suprascr. II). – *Vobis ab antecessoribus.*

E d . : *Zimmermann Papsturkunden I n. 299.* – R e g . : *Ital. Pont. VIII 346 n. 11; Böhmer/Zimmermann n. 674.*

Cf. J^3 *8127.

***8181** **(989 iul.)**

Monasterio s. Benedicti Salernitano privilegium apostolicae protectionis concedit.

L a u d . i n : *Innocentii II privilegium (Ital. Pont. VIII 366 n. 7).* – R e g . : *Ital. Pont. VIII 365 n. *2; Böhmer/Zimmermann n. 675.*

De tempore cf. Böhmer/Zimmermann n. 675.

8182 **989 oct. 19** **(Roma)**

JL 3834 Monasterii s. Nazarii Laureshamensis privilegia et possessiones „pro amore ... Ottonis tercii imperatoris (sic) et dilecte matris sue Theophanu et domne Adelheide avie sue" confirmat petente Salemanno abbate (Scr. p. m. Stephani scrin. sacri pal. in m. oct. et ind. III. Dat. XIII kal. nov. p. m. Iohannis ep. s. Nepesinę ęccl. et bibl. S.S.A. a. pont. d. n. Iohannis ss. pp. V, in m. oct. et ind. suprascr. II, imp. d. n. Ottone III imp.). – *Convenit apostolico moderamini.*

E d . : *Insertum in Chron. Laureshamensi c. 85 (Glöckner Cod. Laureshamensis I 367); Zimmermann Papsturkunden I n. 300.* – R e g . : *Böhmer/Uhlirz n. 1017f; Germ. Pont. IV 229 n. 2; Böhmer/Zimmermann n. 676.*

Laud. et in Necr. Laureshamensi (Böhmer FRG III 145).

8183 **989 nov. 8** **(Roma)**

JL 3835 Ecclesiae Hamburgensis privilegia confirmat, et Liauizoni archiepiscopo pallii usum concedit (Scr. p. m. Stephani not. reg. atque scrin. sacri pal. in m. nov. et ind. III. Dat. VI id. nov. p. m. Gregorii ep. s. Portuensis eccl. a. pont. d. Iohannis ss. pp. V a. ab inc. d. n. Iesu Chr. 989, in m. nov. et ind. III). – *Convenit apostolico moderamini.*

E d . : *Zimmermann Papsturkunden I n. <301.* – R e g . : *Ortmanns Minden 134 n. 17; Dipl. Danicum I/1, 135 n. 346; Seegrün Ebt. Hamburg 10; Germ. Pont. VI 50 n. 61; Germ. Pont. VII 50 n. 122; Lübke Reg. Slaven III 55 n. 249; Böhmer/Zimmermann n. 677; Germ. Pont. V/1, 23 n. 14; Germ. Pont. IX 155 n. 21; Germ. Pont. V/2, 24 n. 18 et 215 n. 20.*

Laud. et in Chron. brevi Bremensi (MGH SS 7, 391), in Adami Bremensis Gestis II c. 29 (MGH SS rer. Germ. 2, 89). De fide cf. Zimmermann Papsturkunden I n. <301. Cf. et J³ 7684.

8184 **989 nov. 11** **(Roma)**

JL 3836 Monasterii Casinensis possessiones confirmat iuraque auget (Scr. p. m. Stephani not. et reg. et scrin. sacri pal. in m. nov. et ind. III. Dat. III id. nov. p. m. Iohannis ep. s. Nepesine et bibl. S.S.A. a. pont. d. n. Iohannis ss. XV pp. V, in m. nov. et ind. suprascr. III). – *Convenit apostolico moderamini.*

Ed.: *Zimmermann Papsturkunden I n. <302.* – Reg.: *Ital. Pont. VIII 131 n. 53; Leccisotti Regesti dell'archivio I 225 n. 8; Böhmer/Zimmermann n. 678.*

Laud. et in Chron. mon. Casinensis I c. 59 et II c. 14 (MGH SS 34, 148 et 194). De fide cf. Zimmermann Papsturkunden I n. <302.

***8185** **(989)** **Roma**

Aethelgaro archiepiscopo Cantuariensi Romam venienti pallium tribuit.

Laud. in: *Radulphi de Diceto Abbreviationes (SS rer. Brit. 68/1, 16); Radulphi de Diceto Indiculus (SS rer. Brit. 68/2, 209); Gervasii Cantuariensis Actus (SS rer. Brit. 73/2, 357).* – Reg.: *Böhmer/Zimmermann n. 669.*

De tempore cf. Böhmer/Zimmermann n. 669.

8186 **990 febr. 1** **(Roma)**

JL 3837 Notgero episcopo Leodiensi vel Tungrensi et Fulcuino abbati Lobiensi significat se ad Theophaniae imperatricis et Hugonis episcopi Wirzeburgensis petitiones monasterii Lobiensis immunitatem, privilegia et possessiones confirmare. Abbati praeterea anuli, sandaliorum, tunicarum subdiaconalium usum concedit (Scr. autem p. m. Stephani scrin. S.R.E. in m. febr. et ind. III. Dat. kal. febr. p. m. Iohannis ep. s. eccl. Nepesinae et bibl. S.S.A. a. pont. d. n. Iohannis ss. XV pp. V, in m. et ind. suprascr. III). – *Cum constet post.*

Ed.: *Zimmermann Papsturkunden I n. 305.* – Reg.: *Böhmer/Uhlirz n. 1019b; Böhmer/Zimmermann n. 683.*

Laud. et in Innocentii II privilegiis (JL 7468 et JL 7688), in Gestis abb. Lobbiensium c. 1 et c. 23 (MGH SS 21, 308 et 325).

***8187** **(990 in.)** **Roma**

Clericis Lingonensibus Romam venientibus, qui petunt, ut interveniat et Brunonem episcopum captum liberet, nuntiat istam rem nihil ad sedem apostolicam pertinere et Hugonem regem Franciae bene illi prospicere.

Laud. in: *Gerberti Aureliacensis Acta conc. Remensis c. 27 (Olleris Œuvres 202; MGH Conc. 6/2, 420).* – Reg.: *Böhmer/Zimmermann n. 682.*

De tempore cf. Böhmer/Zimmermann n. 682.

***8188** **(990 in.)** **Roma**

Legatos ad Wladimirum principem (Kioviensem) in Russiam mittit, qui ei dona tribuunt et pietatem venerationemque papae confirmant.

Laud. in: *Niconis Chron. patriarcharum 6499 (PSRL IX 64).* – Reg.: *Böhmer/Zimmermann n. 685.*

De tempore cf. Böhmer/Zimmermann n. 685.

***8189** **(990 in.)**

Legatis papae susceptis (J³ *8188) Wladimirus princeps (Kioviensis) ipse legationem Romam mittit.

Laud. in: *Niconis Chron. patriarcharum 6499 (PSRL IX 64).* – Reg.: *Böhmer/Zimmermann n. 685.*

De tempore cf. Böhmer/Zimmermann n. 685.

8190 **990 febr.**

JL 3838 Monasterii s. Petri Rodensis privilegia et possessiones, petente Hildesindo episcopo (Elnensi) et abbate Rodensi, confirmat (Scr. p. m. Stephani not. et reg. et sacri scrinii n. A.S. in m. febr. et ind. III). – *Quoniam concedenda sunt.*

Ed.: *Zimmermann Papsturkunden I n. 306.* – Reg.: *Linage Conde Orígenes III 531 n. 81; Martí Bonet Reg. 402 n. 35; Böhmer/Zimmermann n. 686.*

Laud. et in Innocentii II et in Hadriani IV privilegiis (Kehr PUU Spanien I 315 et 358).

***8191** **(990 febr.)** **(Roma)**

JL *3830 Arnulfo archiepiscopo Remensi pallium mittit.

Laud. in: *Richeri Remensis Hist. IV c. 32 (MGH SS 38, 252).* – Reg.: *Böhmer/Zimmermann n. 684.*

Olim ad a. 988. De tempore cf. Böhmer/Zimmermann n. 684.

***8192** **(990 apr. med.)** **(Roma)**

Approbat, ut Adalbertus episcopus Pragensis in monasterium s. Bonifatii in Aventino se conferat.

Laud. in: *Vita Adalberti c. 16 (Hoffmann 143); Versus de passione Adalberti 549 (Kolberg 450).* – Reg.: *Böhmer/Zimmermann n. 688.*

De tempore cf. Böhmer/Zimmermann n. 688.

***8193** **(990 apr.)** **Roma, Laterano**

Sigerico archiepiscopo Cantuariensi Romae pallium concedit et ei suisque comitibus cenam in palatio Lateranense parat.

Laud. in: *Adventus Sigerici (SS rer. Brit. 63, 392); Ann. Domitiani lat. ad a. 989 (Magoun 9, 261); Radulphi de Diceto Abbreviationes (SS rer. Brit. 68/1, 16); Radulphi de Diceto Indiculus (SS rer. Brit. 68/2, 209); Gervasii Cantuariensis Actus (SS rer. Brit. 73/2, 357).* – Reg.: *Böhmer/Zimmermann n. 687.*

De tempore cf. Böhmer/Zimmermann n. 687.

***8194** **(990 post apr.)** **Roma**

Witiwogoni abbati Augiensi Romae degenti privilegia monasterii confirmat eique vadem cristallinum Christi de sanguine plenum concedit.

Laud. in: *Purchardi Augiensis Gesta Witigowonis (MGH Poetae 5/1, 271); Iohannis XIX privilegium (JL 4093 et 4094 = Böhmer/Frech n. 142).* – Reg.: *Germ. Pont. II/1, 151 n. *10 et 151 n. *11; Böhmer/Zimmermann n. 689.*

De tempore cf. Böhmer/Zimmermann n. 689.

8195 **(990 iun.)**

Iohanni (XV) Hugo rex Franciae nuntiat Arnulfum filium Lotharii regis Francorum archiepiscopum Remensem creatum esse.

Ed.: *Insertum in Gerberti Aureliacensis Actis conc. Remensis c. 25 (Olleris Œuvres 202; MGH Conc. 6/2, 418; separatim ed. Riché Gerbert 652).* – Reg.: *Böhmer/Uhlirz n. 1024b; Böhmer/Zimmermann n. 691.*

Laud. et in Gerberti Aureliacensis Actis conc. Causeiensis (Olleris Œuvres 252; MGH Conc. 6/2, 513), Gerberti Aureliacensis Epist. 217 (Riché Gerbert 586; MGH Conc. 6/2, 453), Richeri Remensis Hist. IV c. 73 (MGH SS 38, 282).

8196 **(990 iun.)** **(Senlis)**

Iohanni (XV) suffraganei Remenses de sceleribus archiepiscopi Arnulfi Remensis nuntiant; petunt, ut secundum legem canonicam iudicet.

Ed.: *Insertum in Gerberti Aureliacensis Actis conc. Remensis c. 26 (Olleris Œuvres 202;*

MGH Conc. 6/2, 419; separatim ed. Riché Gerbert 656). – Reg.: *Böhmer/Uhlirz n. 1024b; Böhmer/Zimmermann n. 692.*

Laud. et in Gerberti Aureliacensis Actis conc. Causeiensis (Olleris Œuvres 252; MGH Conc. 6/2, 513), Gerberti Aureliacensis Epist. 217 (Riché Gerbert 586; MGH Conc. 6/2, 453), Richeri Remensis Hist. IV c. 73 (MGH SS 38, 282) De tempore cf. Böhmer/Zimmermann n. 692.

*** 8197** **(990 iul. ex.)** **Roma**

Per legatos concilii Silvanectensis litteras (J³ 8195 et J³ 8196) excipit, in quibus, ut papa de Arnulfo archiepiscopo Remensi iudicet, postulatur.

Laud. in: *Gerberti Aureliacensis Acta conc. Remensis c. 27 (Olleris Œuvres 203; MGH Conc. 6/2, 420); Gerberti Aureliacensis Acta conc. Causeiensis (Olleris Œuvres 252; MGH Conc. 6/2, 513); Gerberti Aureliacensis Epist. 217 (Riché Gerbert 586; MGH Conc. 6/2, 453).* – Reg.: *Böhmer/Uhlirz n. 1024b; Böhmer/Zimmermann n. 693.*

De tempore cf. Böhmer/Zimmermann n. 693.

***† 8198** **(990 ian.–aug.)**

Chartam Emmae comitissae Pictavensis de monasterio s. Petri in curte Borgolio condito atque dotato subscribit et sigillat.

Laud. in: *Emmae charta de a. 990 (Dupont Monographie du Cartulaire de Bourgueil 161); Petri Malleacensis Lib. de antiquitate I c. 5 (Migne PL 146, 1255); Gerardi Engolismensis legati charta de a. 1117 (Ramackers PUU Frankreich NF V 96).* – Reg.: *Zimmermann Papsturkunden I n. †304; Böhmer/Zimmermann n. †681.*

De tempore cf. Böhmer/Zimmermann n. †681.

*** 8199** **(990 aut.)**

Controversia inter Ethelredum (II) regem Anglorum et Richardum (I) ducem Normannorum cognita Leonem episcopum Trebiarum legatum in Angliam et in Normanniam cum litteris ad Ethelredum et ad Richardum directis mittit.

Laud. in: *J³ †8202; Guillelmi Malmesburiensis Gesta regum II c. 165 (Mynors/Thomson/Winterbottom 276).* – Reg.: *Böhmer/Zimmermann n. 694.*

De tempore cf. Böhmer/Zimmermann n. 694.

*** 8200** **(985–990)**

Monasterio s. Basoli privilegium concedit.

Laud. in: *Urbani II privilegium (JL 5672).* – Reg.: *Böhmer/Zimmermann n. 646.*

De tempore cf. Böhmer/Zimmermann n. 646.

*** 8201** **(985–990)** **Roma**

Clericos suos „exosos habuit, propter quod et clerici eum odio habuerunt, et merito, quia omnia quae habere et acquirere poterat, parentibus suis distribuebat".

Laud. in: *Lib. pont. (Duchesne II 260); Herimanni Augiensis Chron. ad a. 986 (MGH SS 5, 117); Gregorii Catinensis Chron. Farfense (FSI 34, 244).* – Reg.: *Böhmer/Zimmermann n. 645.*

De tempore cf. Böhmer/Zimmermann n. 645.

† 8202 **(991 post mart. 1)**

JL 3840 Omnibus fidelibus nuntiat, cum de concordia inter Ethelredum Saxonum occidentalium regem et Ricardum marchionem (ducem Nortmanniae) concilianda „quendam apocrisiarum ... Leonem videlicet episcopum s. Treuensis ęcclesię" misisset, pacem 991 mart. 1 Rotomagi convenisse; quam confirmat. – *Noverit omnes sancte.*

Ed.: *Zimmermann Papsturkunden I n. †307; insertum in Guillelmi Malmesburiensis Gestis regum II c. 166 (Mynors/Thomson/Winterbottom 276) et in Ricardi de Cirencestria Speculo III c. 28*

(SS rer. Brit. 30/2, 144). – Reg.: *Reg. Norvegica I 28 n. 6; Böhmer/Zimmermann n. †695.*

Laud. et in Guillelmi Malmesburiensis Gestis regum II c. 165 (Mynors/Thomson/Winterbottom 276). Olim ad a. 991. De tempore cf. Böhmer/Zimmermann n. †695. Cf. et J³ *8199.

*8203 **(990 vere–991 vere)**

„In tanta tribulatione et oppressione a Crescentio (Nomentano senatore Romano) ... positus fuit, ut quando voluit et qualiter voluit", nemini „responsum dare potuit".

Laud. in: *Leonis Aventini Epist. (Olleris Œuvres 243; MGH Conc. 6/2, 494).* – Reg.: *Böhmer/Zimmermann n. 690.*

De tempore cf. Böhmer/Zimmermann n. 690.

*8204 **(991 med.)** **Roma**

JL *3841 Galliarum episcopos interesse iubet synodo Aquisgrani praesente Leone monasterii s. Bonifatii Romani abbate ecclesiae Remensis causa celebrandae.

Laud. in: *Leonis Aventini Epist. (Olleris Œuvres 243; MGH Conc. 6/2, 494); Gerberti Aureliacensis Acta conc. Mosomensis (Olleris Œuvres 245; MGH Conc. 6/2, 503).* – Reg.: *Böhmer/Uhlirz n. 1045a; Böhmer/Zimmermann n. 696.*

Olim ad a. 991. De tempore cf. Böhmer/Zimmermann n. 696. De synodo Aquisgrani cf. et MGH Conc. 6/2, 470.

*8205 **(990–991)** **(Roma)**

Synodus Iohanne (XV) praesidente convocata ex accusatione episcopi Fruiani Ausonensis eius adversarium Wadaldum damnat, qui vivente Fruiano „fraudulenter et absque lege" ab Odone archiepiscopo (Auscensi) in episcopum Ausonensem ordinatus est.

Laud. in: *J³ 8349.* – Reg.: *Martí Bonet Reg. 402 n. 34; Böhmer/Zimmermann n. 680.*

De tempore cf. Böhmer/Zimmermann n. 680 et MGH Conc. 6/2, 379.

*8206 **(992 in.)** **Roma**

Adalberonem (II) episcopum Metensem multis honoribus excipit eique reliquias donat.

Laud. in: *Constantini Metensis Vita Adalberonis c. 11 (MGH SS 4, 661).* – Reg.: *Böhmer/Zimmermann n. 701.*

De tempore cf. Böhmer/Zimmermann n. 701.

*†8207 **(992) mart.**

Ex consilio et voluntate (Iohannis XV) Seguinus archiepiscopus Senonensis monasterio s. Petri Vivi Senonensi privilegium concedit.

Laud. in: *Odoranni Senonensis Chron. (Bautier/Gilles 98); Clarii Senonensis Chron. (Bautier/Gilles 90); Gaufridi de Collone Chron. (Julliot 366).* – Reg.: *Böhmer/Zimmermann n. †573 et n. 702a.*

8208 **(985–992 mai. 25)**

Iohanni (XV) Dagome iudex (Mesco dux?) et Ote senatrix et filii eorum Misica et Lambertus unam civitatem in integro, quae vocatur Schinesghe, cum omnibus pertinentiis conferunt.

Ed.: *Kürbisowna Dagome iudex 394; Popielas-Szultka Źródła I 49 n. 6.* – Can.: *Deusdedit Coll. can. III c. 199.* – Reg.: *Böhmer/Uhlirz n. 1026d; Lübke Reg. Slaven III 65 n. 255a; Böhmer/Zimmermann n. 703; Pol. Pont. 13 n. *3.*

Laud. et in Lib. censuum LXXI c. 17 (Fabre/Duchesne I 349). De re et tempore cf. Nowak Dagome iudex 94; Mesco dux moritur a. 992 mai. 25.

8209 **992 mai.** **(Roma)**

JL 3842 et JL *3860 Monasterium ss. Anthimi et Sebastiani in territorio Clusino situm ex episcopali potestate eximit et iura privilegiaque eius petente Bosone abbate constituit (Scr. p. m. Gregorii scrin. S.R.E. in m. mai., ind. suprascr. V). – *Quoniam semper sunt.*

Ed.: *Zimmermann Papsturkunden I n. 311.* – Reg.: *Ital. Pont. III 248 n. 6; Le sale della mostra 7 n. 15; Böhmer/Zimmermann n. 704.*

Laud. et in Anastasii IV privilegio (JL 9754). Olim numeri duo ad a. 992 mai. et ad a. 985–996. De tempore cf. Böhmer/Zimmermann n. 704.

8210 **992 iun. 25** **(Roma)**

JL 3843 Gregorio episcopo Portuensi per palatii Lateranensis agros dat et permittit, fossatum „a flumine recte iuxta murum Portuen(sis) civitatis" ad lacum Traianum perducendae facere ea lege, ut singulis annis denarii VI ab episcopis Portuensibus ecclesiae Romanae solvantur (Scr. p. m. Stephani scrin. sacri pal. in m. iun. et ind. suprascr. V. Dat. VII kal. iul. p. m. Iohannis ep. s. Nepesine eccl. et bibl. S.S.A. a. pont. d. n. Iohannis ss. XV pp. VII, in m. et ind. suprascr. V). – *Quoniam semper sunt.*

Ed.: *Insertum in Gregorii IX privilegium (Auvray Reg. II 597 n. 3561; separatim ed. Zimmermann Papsturkunden I n. 312).* – Reg.: *Ital. Pont. II 19 n. 8; Böhmer/Zimmermann n. 705.*

*** 8211** **(992 ian.–iun.)** **Roma**

Legatos ex Aegypto et Palaestina iussu archiepiscopi Theodori Aegypti et Orestis (patriarchae) Hierosolymitani Romam venientes excipit.

Laud. in: *Leonis Aventini Epist. (Olleris Œuvres 242; MGH Conc. 6/2, 493).* – Reg.: *Böhmer/Zimmermann n. 702.*

*** 8212** **(992 iul.)** **Roma**

JL 3845 Hugonem et Robertum (II) reges Francorum una cum quibusdam episcopis Galliarum Romam invitat.

Laud. in: *Leonis Aventini Epist. (Olleris Œuvres 243; MGH Conc. 6/2, 494); Gerberti Aureliacensis Acta conc. Mosomensis (Olleris Œuvres 245; MGH Conc. 6/2, 503).* – Reg.: *Böhmer/Uhlirz n. 1064b; Böhmer/Zimmermann n. 706.*

8213 **992 (ian.–aug.)** **(Roma)**

Monasterio, quod vocatur Aniane, possessiones confirmat Rainaldoque abbati iura quaedam concedit (Rescr. p. m. Stephani sacri scrin. S.R.E. in m. et in d. V). – *Convenit apostolico moderamini.*

Ed.: *Zimmermann Papsturkunden I n. 308.* – Reg.: *Böhmer/Zimmermann n. 698.*

Laud. et in Urbani II, Paschalis II, Calixti II, Innocentii II, Eugenii III, Anastasii IV et Hadriani IV privilegiis (Cassan/Meynial Cartulaire 85, 87, 95, 97, 99, 102 et 104). De tempore cf. Böhmer/Zimmermann n. 698.

† 8214 **(992 ian.–aug.)** **(Roma)**

JL 3844 Monasterii Anianensis bona confirmat et iura auget petente Rainaldo abbate (Rescr. p. m. Stephani sacri scrinii S.R.E. in m. et ind. V). – *Convenit apostolico moderamini.*

Ed.: *Zimmermann Papsturkunden I n. †309.* – Reg.: *Böhmer/Zimmermann n. †699.*

Olim ad a. 992 iun.? De tempore cf. Böhmer/Zimmermann n. †699.

† 8215 **992 oct. 6** **(Roma)**

JL †3846 Monasterii Fuldensis privilegia confirmat et auget; Hattoni abbati dalmaticam et sandalia asserit (Scr. p. m. Gregorii scrin. et reg. S.R.E. in m. oct. VIII id., ind. VI). – *Desiderium quod ad.*

Ed.: *Zimmermann Papsturkunden I n. 321; Meyer zu Ermgassen Codex Eberhardi I 27 et 74.* – Reg.: *Böhmer/Zimmermann n. †709.*

Cf. J[3] *8234.

*8216 **(992 aut.)**

Hugo rex Franciae et episcopatus Galliae T(eudonem) archidiaconum Remensem cum litteris Romam mittunt, ut Iohannem (XV) papam de rebus archiepiscopi Ar(nulfi Remensis) certiorem faciat.

Laud. in: *J³ 8221.* – Reg.: *Böhmer/Zimmermann n. 708.*

De tempore cf. Böhmer/Zimmermann n. 708.

*8217 **992 (cr. nov.)** **(Roma)**

(Iohannem XV) orationis causa adit Gerdagus episcopus Hildesheimensis.

Laud. in: *Chron. Hildesheimense (MGH SS 7, 852); Ann. Hildesheimenses ad a. 992 (MGH SS rer. Germ. 8, 25); Ann. Quedlinburgenses ad a. 992 (MGH SS rer. Germ. 72, 483).* – Reg.: *Germ. Pont. V/2, 25 n. *19.*

De tempore cf. Germ. Pont. V/2 25 n. *19.

8218 **992 dec. 22** **(Roma)**

JL 3847 Monasterii Blandiniensis disciplinam, possessiones, privilegia confirmat „iuxta expostulationem precellentissimi filii (sui) Hugonis, regis Francorum, et filii eius Rotberti" (Scr. p. m. Stephani not. reg., scrin. sacri pal. in m. dec. et ind. VI. Dat. X kal. ian. p. m. Iohannis ep. et bibl. S.S.A. a. pont. d. n. Iohannis ss. XV pp. VIII, in m. XII et ind. VI). – *Cum status sanctae.*

Ed.: *Zimmermann Papsturkunden I n. 313.* – Reg.: *Böhmer/Zimmermann n. 711.*

Olim ad a. 993 ian. 10. De tempore cf. Böhmer/Zimmermann n. 711. Cf. et J³ †5810.

*8219 **(992)**

(Iohanni XV) Willigisus archiepiscopus Maguntinus legatos, inter quos Christianum monachum fratrem ducis (Bolezlai II Bohemiae) et Radlam, cum litteris mittit per quos dominum papam de reditu Adalberti Pragensis episcopi interpellat.

Laud. in: *Vita Adalberti c. 18 (Hoffmann 145); Brunonis Querfurtensis Vita Adalberti c. 15 (MPH N.S. 4/2, 17 et 54).* – Reg.: *Böhmer/Uhlirz n. 1074b et n. 1174a; Germ. Pont. IV 81 n. *82; Böhmer/Zimmermann n. 707; Boh. Pont. 40 n. *5 et 75 n. *7.*

Olim ad a. 994. De tempore cf. Boh. Pont. 75 n. *7. De synodo Romana, qui fortasse Adalbertum redire hortatur, cf. MGH Conc. 6/2, 473.

*8220 **(992)**

JL I 488 Willigisi archiepiscopi Maguntini petitione accepta (J³ *8219) in synodo iubet, ut Adalbertus episcopus Pragensis, cui virgam et anulum dat, domum redeat; Boleslao II duci Bohemorum et ipsi Adalberto praecipit, ut Brevnoviae monasterium construant.

Laud. in: *Boleslai II charta (Friedrich Cod. dipl. Bohemiae I 348); Vita Adalberti c. 18 (Hoffmann 145); Brunonis Querfurtensis Vita Adalberti c. 15 (MPH N.S. 4/2, 18); Versus de passione Adalberti 619 (Uhlirz Lebensbeschreibung 34); Passio Adalberti c. 1 (MGH SS 15/2, 706); Cosmae Pragensis Chron. I c. 30 (MGH SS rer. Germ. N. S. 2, 54); Chron. mon. Casinensis II c. 17 (MGH SS 34, 201); Ann. Saxo ad a. 995 (MGH SS 37, 262).* – Reg.: *Böhmer/Uhlirz n. 1074b et n. 1174a; Böhmer/Zimmermann n. 707; Boh. Pont. 40 n. *6 et 75 n. *8 et 138 n. *1.*

Olim ad a. 994. De tempore cf. Boh. Pont. 40 n. *6.

8221 **(992 ex.)**

Iohanni (XV) Hugo rex Franciae per litteras confirmat se archiepiscopo Remensi Arnulfo deiecto „nihil contra apostolatum (eius) egisse".

Ed.: *MGH Briefe d. dt. Kaiserzeit 2, 225 n. 188; Riché Gerbert 486.* – Reg.: *Böhmer/Uhlirz n. 1068a; Böhmer/Zimmermann n. 710.*

Cf. J³ *8216.

*** 8222** **993 ian. 31** **Roma, Laterano**

JL I 488 Synodus, in qua Udalricus quondam episcopus Augustensis, petente Luitolfo episcopo, in numerum sanctorum refertur (in pal. Lat. II kal. febr.).

L a u d . i n : *J³ 8223; Ann. Augustani ad a. 993 (MGH SS 3, 124); Cat. epp. Augustensium (MGH SS 13, 280); Richeri Remensis Hist. IV c. 95 (MGH SS 38, 296).* – R e g . : *Böhmer/Zimmermann n. 713.*

De tempore et synodo cf. MGH Conc. 6/2, 477.

8223 **993 febr. 3** **(Roma)**

JL 3848 Archiepiscopis, episcopis et abbatibus Galliae et Germaniae nuntiat, Udalricum quondam episcopum Augustensem, petente Luitolfo episcopo, „cum conventus esset factus in palatio Lateranensi II kal. febr.“, in numerum sanctorum relatum esse (Dat. III non. febr. p. m. Ioannis ep. s. Nepesinae eccl. et bibl. S.S.A. a. pont. d. n. Ioannis ss. XV pp. VIII, m. dicto et ind. VI). – *Cum conventus esset.*

E d . : *Zimmermann Papsturkunden I n. 315; Berschin/Häse Vita s. Uodalrici 413; MGH Conc. 6/2, 481.* – R e g . : *Germ. Pont. II/1, 30 n. 6; Volkert/Zoepfl Reg. Augsburg I 89 n. 159; Böhmer/Zimmermann n. 714.*

Laud. et in Ann. Augustanis ad a. 993 (MGH SS 3, 124). Cf. J³ *8222.

† 8224 **993 febr. 23** **(Roma)**

Episcopatui Tiburtino privilegium (Benedicti VI, J³ †8022) confirmat (Scr. p. m. Stephanum scrin. S.R.E. in m. febr., ind. VI. Dat. VII kal. mart. p. m. Iohannis ep. s. Nepesine ęccl. et bibl. S.S.A. a. pont. d. n. Iohannis ss. XV pp. VI, in m. et ind. suprascr. VI). – *Cum magna nobis.*

E d . : *Zimmermann Papsturkunden I n. †316.* – R e g . : *Ital. Pont. II 77 n. 8; Böhmer/Zimmermann n. †715.*

*** 8225** **(992 ex.–993 in.)**

Ex praecepto Iohannis XV (J³ *8220) Boleslaus II dux Bohemorum et Adalbertus episcopus Pragensis Brevnowense monasterium construunt.

L a u d . i n : *Bolezlai II ducis privilegium Brevnonensi monasterio a. 993 ian. 14 dato (Friedrich Cod. dipl. Bohemiae I 347 n. †315).* – R e g . : *Böhmer/Zimmermann n. 712; Boh. Pont. 40 n. *7 et 75 n. *9 et 138 n. *2.*

***? 8226** **(993 ian.–mai.)**

Iohanni XV Adalbertus episcopus Pragensis refert de fundatione monasterii Brevnoviensis ex eius praecepto facto (J³ *8225).

L a u d . i n : *J³ †8227.* – R e g . : *Böhmer/Zimmermann n. 712; Boh. Pont. 75 n. *?10 et 139 n. *?3.*

De re cf. Voigt Adalbert 84 et Böhmer/Zimmermann n. 712.

† 8227 **993 mai. 31** **Rieti**

JL 3849 Monasterium ss. Benedicti, Bonifatii et Alexii Brevnoviense, conditum ab Adalberto episcopo Pragensi, tuendum suscipit et amplis privilegiis ornat; abbati mitrae, chirothecarum, sandaliorum, mappillae, balteique usum tribuit (Scr. p. m. Stephani scrin. S.R.E. Dat. Reate p. m. Dominici ep. Sabinensis II kal. iun., ind. VI, inc. d. a. 993, pont. n. Deo prop. a. XV, m. VIII). – *Solet sedes apostolica.*

E d . : *Insertum in Ottocaris I regis diplomate (Boczek Cod. dipl. Moraviae II 158; Friedrich Cod. dipl. Bohemiae II 248) et in Hinconis Olomucensis charta (Ziegelbauer Epitome 262; separatim ed. Zimmermann Papsturkunden I n. †317).* – R e g . : *Böhmer/Uhlirz n. 1039b; Böhmer/Zimmermann n. 716; Boh. Pont. 40 n. †8 et 75 n. †11 et 139 n. †4.*

Cf. J³ *?8226.

8228 **993 iun.** **(Roma)**

JL 3850 Garino abbati Lesatensi regimen V abbatiarum pontificiarum tradit confirmans earum possessiones et iura (Scr. p. m. Benedicti scrin. S.R.E. in m. iun, ind. VI). – *Summam gerentes curam.*

Ed.: *Zimmermann Papsturkunden I n. 318.* – Reg.: *Martí Bonet Reg. 403 n. 36; Böhmer/Zimmermann n. 717.*

*** 8229** **(993 aest.)**

Plurimis scriptis vehementer episcopos Galliarum abdicationis Arnulfi archiepiscopi Remensis depositi Gerbertique (Aureliacensis) promoti causa reprehendit.

Laud. in: *Richeri Remensis Hist. IV c. 89 (MGH SS 38, 291).* – Reg.: *Böhmer/Zimmermann n. 718.*

8230 **993 nov.** **(Roma)**

JL 3851 Hartwigo archiepiscopo Salisburgensi pallii usum concedit ecclesiaeque eius possessiones confirmat (Scr. p. m. Benedicti archiscrin. S.R.E. in m. nov., ind. VI). – *Si pastores ovium.*

Ed.: *Zimmermann Papsturkunden I n. 319.* – Reg.: *Germ. Pont. I 16 n. 36; Böhmer/Uhlirz n. 1108a; Böhmer/Zimmermann n. 719.*

8231 **(992 aut 994) ian. 19** **(Roma)**

Iohanni abbati Casinensi verbotenus privilegia (Benedicti VII, J³ 8058) repetit (Scr. p. m. Stephani not. et reg. et scrin. sacri pal. in m. dec., ind. VII. Dat. XIV kal. febr. p. m. Iohannis ep. s. Nepesine eccl. et bibl. S.S.A. a. Deo prop. pont. d. n. Iohannis ss. XV pp. VII, in m. febr., ind. suprascr.). – *Quoniam semper sunt.*

Ed.: *Zimmermann Papsturkunden I n. 310.* – Reg.: *Ital. Pont. VIII 131 n. 54; Böhmer/Zimmermann n. 700.*

Olim ad a. 993 (?) ian. 19. De tempore cf. Böhmer/Zimmermann n. 700.

8232 **994 mart. 25** **(Roma)**

JL 3852 Grimoaldum archiepiscopum Salernitanum pallio donatum, Paestani, Acherontini, Nolani, Bisinianensis, Maluttanensis, Consentini episcopatuum metropolitam sancit (Scr. p. m. Benedicti not. et scrin. S.R.E. in m. mart., ind. VII. Dat. VIII kal. apr. p. m. Gregorii ep. s. Portuensis eccl. et bibl. S.S.A. a. Deo prop. pont. d. Iohannis XV pp. IX, in m. mart., ind. VII). – *Quia vestri accepti.*

Ed.: *Zimmermann Papsturkunden I n. 320.* – Reg.: *Ital. Pont. VIII 346 n. 12; Böhmer/Zimmermann n. 720.*

Cf. J³ *8127.

*** 8233** **(994 aest.)** **Roma**

Abbonem abbatem Floriacensem Romae excipit.

Laud. in: *Aimoinis Floriacensis Vita Abbonis c. 11 (Bautier/Labory 88); Abbonis Floriacensis Epist. 15 (Lot Hugues Capet 267); Gerberti Aureliacensis Epist. 191 (MGH Briefe d. dt. Kaiserzeit 2, 229 n. 191; Riché Gerbert 498).* – Reg.: *Böhmer/Zimmermann n. 721.*

*** 8234** **(994 oct. ex.)** **(Roma)**

Hattonem Fuldensem abbatem consecrat.

Laud. in: *J³ †8215; J³ 8235.* – Reg.: *Böhmer/Uhlirz n. 1118a; Germ. Pont. IV 373 n. *53; Böhmer/Zimmermann n. 722.*

De tempore cf. Böhmer/Zimmermann n. 722.

8235 **994 oct. 31** **(Roma)**

JL 3853 Monasterii Fuldensis privilegia confirmat et Hattoni abbati dalmaticae sandaliorumque usum concedit (Scr. p. m. Gregorii scrin. et not. et reg. S.R.E. in m. oct., ind. VIII. Dat. II kal. nov. p. m. Iohannis ep. s. Albanensis eccl. et bibl. S.S.A. m. oct. d. XXXI, ind. VIII). – *Desiderium quod ad.*

Ed.: *Zimmermann Papsturkunden I n. 321; Meyer zu Ermgassen Codex Eberhardi I 27.* – Reg.: *Böhmer/Uhlirz n. 1121a; Germ. Pont. IV 373 n. 54; Böhmer/Zimmermann n. 723.*

Cf. J³ *8234.

*8236 **(994 ex.) Roma**

Ad (Iohannem XV) Adalbertus episcopus Pragensis, qui post excommunicationem adversariorum Bohemiam iterum reliquit, se ad excusandum venit petitque, ut ei in monasterium in Aventino se conferre concedat.

Laud. in: *Thietmari Merseburgensis Chron. IV c. 28 (MGH SS rer. Germ. N. S. 9, 165); Passio Adalberti c. 1 (MGH SS 15/2, 706).* – Reg.: *Böhmer/Zimmermann n. 724.*

†8237 **995 febr. 19 (Roma)**

Gariverto archipresbytero et canonicis ecclesiae s. Mariae Carpensis privilegia bonaque confirmat (Dat. p. m. Iohannis ep. et bibl. S.S.A. XI kal. mart. inc. D. a. ..., ind. VIII, pont. d. Iohannis pp. VIII). – *Quoniam Deo auctore.*

Ed.: *Zimmermann Papsturkunden I n. †322.* – Reg.: *Ital. Pont. V 404 n. †4; Böhmer/Zimmermann n. †728.*

*8238 **(995 in.)**

Monasterium s. martyris Bonifatii et s. Alexii in Aventino (Romanum) a commemoratis tributis liberat.

Laud. in: *Ottonis III diploma (MGH DD O III n. 209).* – Reg.: *Böhmer/Zimmermann n. 726.*

*8239 **(995 in.)**

Decreta concilii Lemovicensis (a. 994 nov. 11), abbate Gausfrido monasterii s. Martialis Lemovicensis petente, confirmat.

Laud. in: *Ademari Cabannensis Sermo 36 (Hoffmann Gottesfriede und Treuga Dei 258).* – Reg.: *Böhmer/Zimmermann n. 726a.*

*8240 **995 (in.)**

JL *3855 Episcopos Galliarum hortatur, ut se conferant ad concilium in provincia Remensi celebrandum, in quo legatus ipsius, Leo s. Bonifatii abbas, Arnulfi deiecti archiepiscopi Remensis et Gerberti (Aureliacensis), in illius locum substituti, causam cognoscat.

Laud. in: *Richeri Remensis Hist. IV c. 95 (MGH SS 38, 296); Gerberti Aureliacensis Acta conc. Mosomensis (Olleris Œuvres 245; MGH Conc. 6/2, 503); Hugonis Floriacensis Hist. Francorum Senonensis c. 8 (MGH SS 9, 368); Hist. regum Francorum mon. s. Dionysii c. 29 (MGH SS 9, 403); Ann. Remenses ad a. 995 (MGH SS 13, 82); Clarii Senonensis Chron. (Bautier/Gilles 100); Orderici Vitalis Hist. Ecclesiastica I c. 27 et VII c. 2 (Chibnall IV 348).* – Reg.: *Böhmer/Uhlirz n. 1133a; Böhmer/Zimmermann n. 727.*

Olim ad a. 995. De tempore cf. Böhmer/Zimmermann n. 727.

*8241 **(995 mart.)**

Inimicitia Crescentii (Nomentani) cogitur Romam relinquere et in Tusciam intrare.

Laud. in: *Martini Oppaviensis Chron. (MGH SS 22, 432).* – Reg.: *Böhmer/Zimmermann n. 729.*

†8242 **(995) mart. 31 (Tuscia)**

JL 3856 Parthenonem Pergin (Bergensem) cum omnibus pertinentibus sub „emunitatis defensione" suscipit, sororibusque et abbatissam et advocatum eligendi liberam facultatem concedit (Dat. II kal. apr. p. m. Iohannis ep. s. Albanensis at Ariciensis eccl. et bibl. S.A.S. in m. apr., ind. VIII, a. d. inc. 988). – *Quapropter omni fidelium.*

Ed.: *Zimmermann Papsturkunden I n. †323.* – Reg.: *Germ. Pont. II/1, 23 n. 1; Weiß Urkunden Bergen 29 n. 16; Böhmer/Zimmermann n. †730.*

Laud. et in Anonymi Haserensis De epp. Eistetensibus 14 (Weinfurter 49).

8243 **995 apr. 4** **Sutri**

JL 3857 Monasterii Selsensis privilegia, petente Adelheida imperatrice, confirmat (Dat. II non. apr. a. d. inc. 996, ind. VIII, dat. Sutrię). – *Quia Dominus noster.*

Ed.: *Zimmermann Papsturkunden I n. 324; insertum in Gregorii IX privilegio (Auvray Reg. I 1210 n. 2288).* – Reg.: *Germ. Pont. III 72 n. 1; Böhmer/Uhlirz n. 1135a; Böhmer/Zimmermann n. 732.*

***8244** **(995 apr. in.)** **Arezzo**

Ecclesiam s. Mariae (in Gradibus) Aretinam consecrat.

Laud. in: *Hist. custodum Aretinorum (MGH SS 30/2, 1472).* – Reg.: *Ital. Pont. III 157 n. *1; Böhmer/Zimmermann n. 731.*

Olim Iohanni XVIII attributum, cf. Böhmer/Zimmermann n. 731 adn.

8245 **995 mai. 26**

JL 3858 Guillelmo abbati s. Benigni Divionensis monasterium Besuense, in Atuensi comitatu situm, administrandum committit (... in m. mai., ind. VIII. Dat. VII kal. iun. p. m. Iohannis ep. s. Albanensis eccl. et bibl. S.A.S. a. ... pont. d. Iohannis summi et univ. XV pp. in ss. sede b. Petri ...). – *(A predicti episcopi).*

Ed.: *Pflugk-Harttung Acta Pont. I 10 n. 12.* – Reg.: *Santifaller Beschreibstoffe 34 n. 16; Rabikauskas Kuriale 228; Zimmermann Papsturkunden I n. 325; Böhmer/Zimmermann n. 733.*

De duobus fragmentis papyraceis huius privilegii cf. Zimmermann Papsturkunden I n. 325.

***8246** **995 iun. 2** **Mouzon**

Iohannis XV legatus, Leo abbas coenobii Romani ss. Bonifatii et Alexii, synodum tenet de causa archiepiscopatus Remensis (A. ab inc. d. 995, ind. VIII ... IV non. iun. ... Mosomum).

Laud. in: *Acta conc. Mosomensis (MGH Conc. 6/2, 502); Richeri Remensis Hist. IV c. 99 (MGH SS 38, 300).* – Reg.: *Germ. Pont. IX 71 n. *10.*

De synodo cf. et MGH Conc. 6/2, 495.

***8247** **995 (aest.)**

Per legatos Ottonem III regem Romam invitat et ab eo petit, ut eum contra oppressorem Crescentium (Nomentanum) adiuvet.

Laud. in: *Ann. Hildesheimenses ad a. 995 (MGH SS rer. Germ. 8, 26); Ann. Saxo ad a. 995 (MGH SS 37, 260).* – Reg.: *Böhmer/Uhlirz n. 1157a; Böhmer/Zimmermann n. 734.*

***†8248** **(995 aut.)** **Roma**

Adalbertum quondam episcopum Pragensem e monasterio Romano (in Aventino) vocat et capellanum suum facit.

Laud. in: *Pulkavae Chron. manuscripta primae recensionis (FRB 5, 28 adn.).* – Reg.: *Böhmer/Zimmermann n. †735.*

8249 **(993–995)**

JL 4100 Guillelmum comitem (Tolosanum), proposita excommunicatione, hortatur, ut monasterio s. Petri Moissiacensi ecclesias duas reddi ab Arnaldo-Oddone vicecomite Guasconiae iubeat. – *Mittimus ad tuam.*

Ed.: *Zimmermann Papsturkunden I n. 314.* – Reg.: *Santifaller Verzeichnis 39 n. 8; Böhmer/Zimmermann n. 711a.*

Olim Iohanni XIX (a. 1024 – 1033) adscriptae litterae. Cf. Böhmer/Zimmermann n. 711a.

*8250 **(995 ex.)**

Iohannem (XV) Crescentii (Nomentani) legati rogant, ut Romam redeat.

Laud. in: *Martini Oppaviensis Chron. (MGH SS 22, 432).* – Reg.: *Böhmer/Zimmermann n. 736.*

*8251 **(995 ex.)** **Roma**

Ab Iohanne (XV) Roma revertente Crescentius (Nomentanus) senatusque Romanus „ad pedes" eius veniam postulant.

Laud. in: *Martini Oppaviensis Chron. (MGH SS 22, 432).* – Reg.: *Böhmer/Zimmermann n. 737.*

*8252 **(985–996)** **(Roma)**

Oratorium s. Mariae in gradibus (apud ecclesiam b. Petri Romanam) pictura decorat.

Laud. in: *Lib. pont., Cat. Augustensis (Duchesne II 260); Anonymi Zwettlensis Hist. Rom. pont. 141 (Migne PL 213, 1028).* – Reg.: *Böhmer/Zimmermann n. 642.*

*8253 **(985–996)** **(Roma)**

JL *3859 Ecclesiae s. Chrysogoni (Romanae) ecclesiam s. Salvatoris in Curte (Romanam) „sub censu annuo" concedit.

Laud. in: *Calixti II privilegium (Ital. Pont. I 125 n. 5).* – Reg.: *Ital. Pont. I 125 n. *3; Böhmer/Zimmermann n. 643.*

*8254 **(985–996)**

Monasterio s. Petri prope Perusiam privilegium concedit (petente Honesto episcopo).

Laud. in: *Synodus a. 1002 congregata (Ital. Pont. IV 62 n. 3); Conradi II diploma (MGH DD K II n. 85); Friderici I diploma (MGH DD F I/2 n. 413).* – Reg.: *Ital. Pont. IV 67 n. *1; Böhmer/Zimmermann n. 644.*

†8255 **(990–996)** **(Roma)**

Chartam pro monasterio s. Mariae quod vocatur Ebron confirmat.

Ed.: *Angot Le restaurateur 466.* – Reg.: *Zimmermann Papsturkunden I n. †303; Böhmer/Zimmermann n. †679.*

8256 **(995 ex.–996)**

Iohanni (XV) papae Gerbertus (archiepiscopus Remensis) narrat se graviter ferre se cuiuspiam pervasionis reum videri; confitetur se numquam ecclesiae nocere voluisse.

Ed.: *MGH Briefe d. dt. Kaiserzeit 2, 239 n. 197; Riché Gerbert 524.* – Reg.: *Böhmer/Zimmermann n. 739.*

*8257 **996 (mart.)** **Roma**

JL I 489 Moritur et in ecclesia b. Petri sepeliri videtur.

Laud. in: *Vita Adalberti c. 21 (Hoffmann 149); Versus de passione Adalberti 766 (Uhlirz Lebensbeschreibung 41); Ann. Beneventani ad a. 996 (MGH SS 3, 176); Ann. Hildesheimenses ad a. 996 (MGH SS rer. Germ. 8, 27); Ann. Blandinienses ad a. 997 (Grierson 22); Ann. Elmarenses ad a. 997 (Grierson 87); Ann. Formoselenses ad a. 997 (Grierson 126); Ann. Saxo ad a. 996 (MGH SS 37, 265); Hugonis Flaviniacensis Chron. I ad a. 996 (MGH SS 8, 367).* – Reg.: *Böhmer/Uhlirz n. 1166b; Böhmer/Zimmermann n. 740.*

†8258 **997 febr. 20** **Roma**

Iohannis (XV?) interventu ac petitione Otto (III) imperator monasterio s. Benedicti Casinensi possessiones et iura confirmat (Dat. X kal. mart. a. d. inc. 997, ind. X, a. III Ottonis regni XIII, imp. I, actum Rome).

Ed.: *MGH DD O III n. 436.* – Reg.: *Ital. Pont. VIII 132 n. †55; Böhmer/Uhlirz n. 1471; Böhmer/Zimmermann n. †792.*

De pontificatu cf. Böhmer/Zimmermann n. †792.

Gregorius V (996–999)

cui accedit: Iohannes XVI (997–998)

†8259 **991 sept. 13** **Roma**

Impetrat ab Ottone III imperatore, ut canonicis s. Martini Wormatiensibus ecclesiam Boppardiensem cum omnibus pertinentiis et vectigalio donet (Dat. id. sept. a. d. inc. 991, ind. VI, a. autem III Ottonis reg. IX, imp. autem sui I, actum Rome).

Ed.: *MGH DD O III n. 428.* – Reg.: *Böhmer/Uhlirz n. 1482; Böhmer/Zimmermann n. †697.*

*†8260 **(995)** **(Roma)**

Lambertum Italum, qui una cum archiepiscopo Proculfo Cracoviensi in Poloniam venit, successorem eius ordinat et consecrat.

Laud. in: *Iohannis Dlugossii Cat. epp. Cracoviensium (MPH N.S. 10/2, 137 et 286).* – Reg.: *Böhmer/Uhlirz n. 1162d; Böhmer/Zimmermann n. †725; Pol. Pont. 187 n. *†18.*

*8261 **996 (apr. ex.)** **(Ravenna)**

JL I 490 Iohanne (XV) papa mortuo Otto (III) rex Brunonem capellae regis clericum apostolicae sedis successorem probat.

Laud. in: *Vita Adalberti c. 21 (Hoffmann 149); Versus de passione Adalberti 775 (Uhlirz Lebensbeschreibung 42); Iohannis Diaconi Ist. Veneticorum IV c. 39 (Berto 182); Rodulfi Glabri Hist. I c. 4 (France 24); Cron. s. Bartholomaei ad a. 996 (MGH SS 31, 214); Fundatio Brunwilarensis c. 10 (MGH SS 14, 130).* – Reg.: *Böhmer/Uhlirz n. 1168b; Böhmer/Zimmermann n. 741.*

*8262 **996 (mai. in.)** **Roma**

JL I 490 Brunonem cappellae regis clericum (qui Gregorius V appellatur) „quia (Ottoni III) regi placuit, a maioribus electum" Willigisus Maguntinus archipraesul et Ildebaldus episcopus (Wormatiensis) Ravenna Romam adducunt et a Romanis honorifice acceptum „apostolico honore" promulgant.

Laud. in: *Abbonis Floriacensis Epist. 15 (Lot Hugues Capet 267); Vita Adalberti c. 21 (Hoffmann 149); Versus de passione Adalberti 789 (Uhlirz Lebensbeschreibung 42); Ann. Colonienses ad a. 996 (MGH SS 1, 99); Ann. Quedlinburgenses ad a. 996 (MGH SS rer. Germ. 72, 489); Ann. Einsidlenses ad a. 996 (MGH SS 3, 144); Ann. Beneventani ad a. 996 (MGH SS 3, 176); Thietmari Merseburgensis Chron. IV c. 27 (MGH SS rer. Germ. N. S. 9, 163); Rodulfi Glabri Hist. I c. 4 (France 24); Ann. Hildesheimenses ad a. 996 (MGH SS rer. Germ. 8, 27); Lamperti Hersfeldensis Ann. ad a. 996 (MGH SS rer. Germ. 38, 48); Ann. Altahenses ad a. 996 (MGH SS rer. Germ. 4, 15); Chron. Suevicum univ. ad a. 996 (MGH SS 13, 69); Hugonis Flaviniacensis Chron. I ad a. 999 (MGH SS 8, 367); Hugonis Floriacensis Lib. regum Francorum c. 8 (MGH SS 9, 385); Ruperti Tuitiensis Vita Heriberti c. 4 (MGH SS 4, 742); Auct. Erphesfurtense a. 996 (MGH SS rer. Germ. 42, 32); Ann. Saxo ad a. 996 (MGH SS 37, 264); Ann. Magdeburgenses ad a. 996 (MGH SS 16, 159); Gesta epp. Cameracensium I c. 110 (MGH SS 7, 449); Vita Meinwerci c. 7 (MGH SS rer. Germ. 59, 12); Auct. Altahense a. 996 (MGH SS rer. Germ. 45, 483); Theodori Ann. Palidenses ad a. 996 (MGH SS 16, 65); Auct. Ekkehardi a. 996 (MGH SS 17, 363).* – Reg.: *Böhmer/Uhlirz n. 1170a; Germ. Pont. IV 81 n. *83; Böhmer/Zimmermann n. 742.*

*†8263 **996 mai. 14** **Roma, Laterano**

Privilegia monasterii s. Audoeni Rotomagensis, imprimis eius exemptionem et immunitatem, confirmat.

Laud. in: *Pommeraye Histoire de l'abbaye royale de St-Ouen de Rouen 163.* – Reg.: *Böhmer/Zimmermann n. †749.*

Privilegium a. 996 mai. 14 in ecclesia s. Iohannis in Laterano datum esse narrat Pommeraye. De fide cf. Böhmer/Zimmermann n. †749.

*8264 **996 mai. 21** **Roma**

JL I 490 Romae Ottonem III imperatorem consecrat (XII kal. iun. in ipsa ascensionis Chr. festivitate).

Laud. in: *Ann. Quedlinburgenses ad a. 996 (MGH SS rer. Germ. 72, 489); Vita Adalberti c. 21 (Hoffmann 149); Iohannis Diaconi Ist. Veneticorum IV c. 39 (Berto 182); Brunonis Querfurtensis Vita Adalberti c. 18 (MPH N.S. 4/2, 23); Thietmari Merseburgensis Chron. IV c. 27 (MGH SS rer. Germ. N. S. 9, 163); Ann. Hildesheimenses ad a. 996 (MGH SS rer. Germ. 8, 27); Herimanni Augiensis Chron. ad a. 997 (MGH SS 5, 118); Bernoldi Constantiensis Chron. ad a. 997 (MGH SS 5, 423); Ann. Altahenses ad a. 996 (MGH SS rer. Germ. 4, 15); Ann. Ottenburani ad a. 996 (MGH SS 5, 5); Gesta epp. Cameracensium I c. 110 (MGH SS 7, 449); Chron. s. Andreae castri Cameracesii I c. 4 (MGH SS 7, 527); Chron. mon. Casinensis II c. 17 (MGH SS 34, 202); Fundatio Brunwilarensis c. 10 (MGH SS 14, 130); Ann. Blandinienses ad a. 997 (Grierson 22); Ann. Elmarenses ad a. 997 (Grierson 87); Chron. Vulturnense (FSI 59, 169); Lib. pont., Cat. Augustensis (Duchesne II 261); Auct. Ekkehardi ad a. 996 (MGH SS 17, 363); Ann. Magdeburgenses ad a. 996 (MGH SS 16, 159).* – Reg.: *Böhmer/Uhlirz n. 1171b; Böhmer/Zimmermann n. 750.*

8265 **996 mai. 22** **Roma**

JL I 490 Consensu atque consilio Gregorii (V) Otto III imperator Goteschalcho episcopo Frigisinga mercatum omni die legitimum concedit (Dat. XI kal. iun. a. d. inc. 996, ind. VIII, a. autem III Ottonis reg. XIII, d. imp. consecrationis eius III, act. Rome, feliciter amen).

Ed.: *MGH DD O III n. 197.* – Reg.: *Böhmer/Uhlirz n. 1172; Böhmer/Zimmermann n. 753.*

*8266 **996 (mai. 22)** **(Roma)**

Gregorio (V) petente Otto (III) imperator (senatorem Romanum) Crescentium (Nomentanum) gratificat, qui sceleribus (Iohanni XV) factis exilio damnatus est.

Laud. in: *Ann. Hildesheimenses ad a. 996 (MGH SS rer. Germ. 8, 27); Ann. Altahenses ad a. 996 (MGH SS rer. Germ. 4, 15); Ann. Saxo ad a. 996 (MGH SS 37, 265).* – Reg.: *Böhmer/Zimmermann n. 752.*

De tempore cf. Böhmer/Zimmermann n. 752.

8267 **(996 mai. 24)** **(Roma)**

JL 3897 Monasterium Petrihusensem, petentibus Ottone III imperatore et Lamperto episcopo Constantiensi, protegendum suscipit possessionesque et iura eius confirmat. – *Desiderium quod ad.*

Ed.: *Zimmermann Papsturkunden II n. <327; insertum in Casu mon. Petrihusensis II c. 2 (MGH SS 20, 640; Feger Chron. Petershausen 86).* – Reg.: *Germ. Pont. II/1, 146 n. 3; Böhmer/Uhlirz n. 1174c et n. 1299e; Germ. Pont. IV 81 ad n. 84; Böhmer/Zimmermann n. 755.*

Olim ad a. 998–999. De tempore cf. Böhmer/Zimmermann n. 755. De fide cf. Zimmermann Papsturkunden II n. <327.

8268 **996 mai. 24** **Roma**

JL 3863 Parthenonem ss. Cornelii et Cypriani Vilicensem, „regię domni Ottonis tercii modo imperatoris potestati atque munificentiae, pręsentibus avia videlicet sua Adelheida et matre sua Theophanu, imperatricibus augustis, Anternaco traditum", privilegiis auget petentibus Hildibaldo Wormatiensi et Notgero Leodiensi episcopis (Scr. p. m. Petri reg., not. et scrin. S.R.E. in m. mai. et ind. IX. A. inc. d. 996, ind. IX, a. pont. d. Gregorii summi pont. et univ. V pp. in ss. sede b. Petri apost. I, reg. vero d. Ottonis III a. XII, imp. autem I, m. mai., IX kal. iun.). – *Desiderium quod ad.*

Ed.: *Zimmermann Papsturkunden II n. <326.* – Reg.: *Böhmer/Uhlirz n. 1174b; Oediger Reg. Köln I 168 n. 556; Germ. Pont. IV 81 n. 84; Germ. Pont. VII 237 n. 1; Boshof Reg. Passau I 78 n. 257; Böhmer/Zimmermann n. 754.*

Laud. et in Berthae Vilicensis Vita Adelheidis abbatissae c. 3 (MGH SS 15/2, 758). De fide cf. Zimmermann Papsturkunden II n. <326.

***8269 (996 mai. 25) (Roma, S. Pietro)**

JL I 490 Synodus in ecclesia b. Petri celebratur, in qua causae ecclesiasticae diversae tractantur: de controversia inter monasterium b. Petri in loco Brumiensi situm et Gottfridum episcopum orta, de reditu Adalberti episcopi Pragensis in dioecesim eius viduatam, de rebus ad Gerbertum archiepiscopum Remensem pertinentibus, de omnis Galliae comminatione anathematis, de consecratione Erluini Cameracensis episcopi, postremo de legibus novis a papa imperatoreque datis.

Laud. in: *J[3] 8272; Ottonis III diploma (MGH DD O III n. 201); Vita Adalberti c. 21 et c. 22 (Hoffmann 149 et 150); Brunonis Querfurtensis Vita Adalberti c. 18 (MPH N.S. 4/2, 23 et 57); Vita Adalberti c. 8 (MGH SS 15/2, 1180); Versus de passione Adalberti 795 et 803 (Uhlirz Lebensbeschreibung 42 et 44); Richeri Remensis Hist. IV c. 108 (MGH SS 38, 308); Aimoinis Floriacensis Vita Abbonis c. 11 (Bautier/Labory 90); Gesta epp. Cameracensium I c. 111 (MGH SS 7, 449); Chron. s. Andreae castri Cameracesii c. 4 (MGH SS 7, 527).* – Reg.: *Böhmer/Uhlirz n. 1174a; Germ. Pont. IV 81 n. *85; Lübke Reg. Slaven III 148 n. 313; Böhmer/Zimmermann n. 756; Boh. Pont. 76 n. *12.*

De synodo cf. et MGH Conc. 6/2, 527.

8270 996 mai. 27 (Roma)

JL 3864 Monasterii s. Salvatoris, in Monte Amiata siti, libertatem, possessiones, privilegia petente Winizone abbate confirmat, „ob hoc precipue, ut in eodem monasterio pro stabilitate regni gloriosissimi imperatoris ... Ottonis tertii et pro nostra anima ... sine intermissione fiat oratio" (Scr. p. m. Petri reg. not. et scrin. S.R.E. in m. mai. et ind. suprascr. IX. Dat. VI kal. iun. p. m. Iohannis ep. s. Albanensis eccl. et bibl. S.A.S. versalis V pp. a. I, imp. d. Ottone a Deo cor. magno imp. a. I, m. mai. et ind. suprascr. IX). – *Quoniam semper sunt.*

Ed.: *Zimmermann Papsturkunden II n. 329.* – Reg.: *Ital. Pont. III 239 n. 5; Böhmer/Uhlirz n. 1182a; Le sale della mostra 7 n. 16; Böhmer/Zimmermann n. 758.*

Laud. et in Winizonis querela de Arialdo ep. Clusino a cr. 1005 habita (Leicht Leggi e capitolari 554) et in Calixti II privilegio (JL 6968). Cf. J[3] *6319 et J[3] *7029 et J[3] *7319.

8271 996 mai. 28 Roma

Consensu atque consilio Gregorii (V) Otto III imperator Hartwico archiepiscopo Salisburgensi mercatum omni die legitimum concedit (Dat. V kal. iun. a. d. inc. 996, ind. IX, a. autem III Ottonis reg. XIII, imp. I, act. Romae).

Ed.: *MGH DD O III n. 208; Hauthaler/Martin Salzburger UB II n. 63.* – Reg.: *Böhmer/Uhlirz n. 1183; Böhmer/Zimmermann n. 759.*

8272 996 mai (ex.) (Roma)

JL 3866 Ecclesiae Cameracensis possessiones confirmat episcoporumque et ceterorum sacerdotum hereditates diripi vetat (Scr. p. m. Petri reg. not. et scriptoris S.R.E. in m. mai. et ind. IX. A. pont. Gregorii summi pont. et univ. pp. I, imp. vero d. Ottonis III imp. a. XI, in m. mai. et ind. suprascr. IX). – *Cure pastoralis officium.*

Ed.: *Insertum in Gestis epp. Cameracensium I c. 111 (MGH SS 7, 449; separatim ed. Zimmermann Papsturkunden II n. 328).* – Reg.: *Böhmer/Zimmermann n. 757.*

Cf. J[3] *8269.

†8273 (996 mai. ex.) (Roma)

Ob petitionem Gregorii (V) Otto (III) imperator Bernhoho fideli suo curtem

Domnissa nominatam in pago Nacgouue donat.

E d . : *MGH DD O III n. 234.* – R e g . : *Böhmer/Uhlirz n. 1453; Böhmer/Zimmermann n. †751.*

De tempore cf. Böhmer/Zimmermann n. †751.

* 8274 **(996 mai. 31) (Roma)**

JL *3865 Monasterio ss. Bonifatii et Alexii Romano possessiones quasdam asserit.

L a u d . i n : *Ottonis III diploma (MGH DD O III n. 209).* – R e g . : *Ital. Pont. I 116 n. *2; Böhmer/Zimmermann n. 760.*

8275 **996 iun. 2 (Roma)**

JL 3867 Stabulensis et Malmundariensis monasteriorum possessiones confirmat, de modo abbatis eligendi constituit petente Ravengero abbate (Dat. III non. iun. p. m. Iohannis ep. s. Albanensis eccl. et bibl. S.A.S. a. d. inc. 996, ind. IX, m. iun. d. II. Scr. p. m. Iohannis not. reg. et scriptuarii S.R.E.). – *Cum summe apostolice.*

E d . : *Zimmermann Papsturkunden II n. <330.* – R e g . : *Böhmer/Uhlirz n. 1189a; Böhmer/Zimmermann n. 763.*

Laud. et in Dedicatione eccl. Stabulensis (MGH SS 11, 308) et Ann. Stabulensibus ad a. 996 (MGH SS 13, 43). De fide cf. Zimmermann Papsturkunden II n. <330.

† 8276 **996 iun. 2 (Roma)**

JL †3868 Werenfrido abbati Stabulensis et Malmundariensis monasteriorum bona confirmat (Scr. p. m. Iohannis not. reg. atramentarii S.R.E. a. d. inc. 996, ind. IX, m. iun. d. II). – *Cum summe apostolice.*

E d . : *Zimmermann Papsturkunden II n. 330.* – R e g . : *Böhmer/Uhlirz n. 1189a; Böhmer/Zimmermann n. †764.*

* 8277 **(996 mai.–iun. in.)**

Gregorium (V) Willigisus archiepiscopus Maguntinus ex itinere, quo versus est ad patriam, continuis litteris, ut Adalbertum episcopum Pragam remittat, precatur.

L a u d . i n : *Vita Adalberti c. 22 (Hoffmann 150); Brunonis Querfurtensis Vita Adalberti c. 18 (MPH N.S. 4/2, 23); Vita Adalberti c. 8 (MGH SS 15/2, 1180); Versus de passione Adalberti 808 (Uhlirz Lebensbeschreibung 45).* – R e g . : *Germ. Pont. IV 82 n. *86; Böhmer/Zimmermann n. 762; Boh. Pont. 76 n. *13.*

* 8278 **(996 iun. in.) (Roma)**

Adalbertum episcopum Pragam remittit; dat ei licentiam, si in commissis sibi animabus dignos fructus agere nequierit, ut vadat ad extraneas et non baptizatas gentes praedicandi causa.

L a u d . i n : *Vita Adalberti c. 22 (Hoffmann 150); Brunonis Querfurtensis Vita Adalberti c. 18 (MPH N.S. 4/2, 23 et 57); Vita Adalberti c. 8 (MGH SS 15/2, 1180); Versus de passione Adalberti 808–812 (Uhlirz Lebensbeschreibung 45).* – R e g . : *Germ. Pont. IV 82 n. *86; Böhmer/Zimmermann n. 762; Boh. Pont. 76 n. *14.*

* 8279 **(996 iun.) Roma**

Guinizo de Nepesina civitate et Sichifredo mandat, ut litem inter Theodoram abbatissam monasterii s. Mariae et s. Blasii et Iohannem et Bosonem et Theodorum de quadam terra per legem finiant.

L a u d . i n : *J³ 8284.* – R e g . : *Ital. Pont. II 178 n. *1; Böhmer/Zimmermann n. 761.*

8280 **(996 med. iun.–iul. in.)**

G(regorio V) O(tto III) imperator Petrum (Petroaldum Bobiensem) abbatem commendat, „ut quae honesta et utilia circa suum monasterium fore agenda et a se et a nostro legato agnoveritis, cum omni diligentia exequi studeatis, ut dum martyrum memorias in commune honoramus, eorum beneficia in commune sentiamus".

Ed.: *MGH DD O III n. 212; Riché Gerbert 564.* – Reg.: *Böhmer/Uhlirz n. 1192; Böhmer/Zimmermann n. 765.*

8281 **(996 iul. in.)**

G(regorio V) O(tto III) imperator nuntiat (per litteras a Gerberto Aureliacensi scriptas) se eius votis satisfacere nequire, quod aegrotat, atque Hu(gonem marchionem) Tuscum et Co(nonem) comitem Spoletinis et Camerinis praefectum primores Italiae relinquere, qui eum adiuvent.

Ed.: *MGH DD O III n. 228; Riché Gerbert 572.* – Reg.: *Böhmer/Uhlirz n. 1195; Böhmer/Zimmermann n. 766.*

*8282 **(996 aest. in.)** **(Constantinopolis)**

Sisinnios patriarcha Constantinopolitanus legato Leoni (ad imperatorem Ottonem III adeuntem) mandat, ut Iohanni (XV) litteras afferat.

Laud. in: *Leonis de Synada Epist. (Darrouzès Epist. 173).* – Reg.: *Böhmer/Zimmermann n. 767.*

*8283 **(996 iul.)** **(Grassano)**

Iohannem Cesanensem cubicularium suum ad Iohannem et Bosonem et Theodorum mittit, ut sollemniter veniant ante suam praesentiam.

Laud. in: *J³ 8284.* – Reg.: *Ital. Pont. II 178 n. *2; Böhmer/Zimmermann n. 768.*

8284 **996 iul.** **(Grassano)**

JL *3869 In placito cum suis iudicibus decidit litem inter Theodoram abbatissam et Iohannem et Bosonem et Theodorum (cf. J³ *8279); praecipit, ut, si quislibet adversariorum vel eorum heredum contra monasterium quamlibet contrarietatem fecerit, anathematis vinculo subiaceat et C aureos mancosos componat (A. Deo prop. pont. Gregorii summi pont. et univ. V pp. in ss. sede b. Petri apost. VII, et imp. piissimo et perp. aug. d. Oddone a Deo cor. magno pacifico imp. a. I, m. iul., ind. IX).

Ed.: *Zimmermann Papsturkunden II n. 331.* – Reg.: *Ital. Pont. II 178 n. 3; Zimmermann Papsturkunden II n. 331; Böhmer/Zimmermann n. 769.*

Cf. J³ *8279 et J³ *8283.

*† 8285 **(996 aest.)** **Roma**

Apud Fulconem (Nerram) comitem Andegavensem Romam peregrinantem de tyranno Crescentio (Nomentano) queritur.

Laud. in: *Chron. de gestis consulum Andegavorum (Halphen/Poupardin 144); Hist. mon. s. Florentii Salmuriensis (Bouquet Recueil X 264).* – Reg.: *Böhmer/Zimmermann n. †770.*

† 8286 **996 sept. 29** **(Roma)**

JL 3870 Monasterii s. Martini Turonensis privilegia a Deodato (I) et Nicolao (I) pontificibus instituta confirmat, in his, „ut liceat ibidem habere episcopum" (Scr. p. m. Petri not. et scrin. S.R.E. in m. sept. et ind. X. Dat. III kal. oct. p. m. Iohannis ep. et bibl. S.S.A. a. d. Gregorii V pp. I, imp. d. III Octhone a Deo cor. magno imp. a. I). – *Innotuit satis profecto.*

Ed.: *Insertum in Calixti III privilegio (Roma Arch. Vat.: Registrum Vat. 455 fol. 73); Zimmermann Papsturkunden II n. †332.* – Reg.: *Böhmer/Zimmermann n. †771.*

Laud. et in Gregorii IX privilegio (Auvray Reg. I 1113 n. 2059). Cf. J³ †6124.

† 8287 **996 oct. 11** **(Roma)**

JL 3871 Monasterii s. Petri Coeli Aurei Papiensis possessiones ac privilegia confirmat, Azzonique abbati „dalmaticę, mitrę, sandaliorum ... cyrothecarum usum, etiam in itinerandum insigne tintinnabuli" concedit (Scr. p. m. Petri scrin. S.R.E. in m. oct. et ind. X. Dat. V id. oct. p. m. Iohannis ep. s. Albanensis eccl. et bibl. S.A.S.). – *Desiderium quod religiosorum.*

E d . : *Zimmermann Papsturkunden II n. †333.* – R e g . : *Ital. Pont. VI/1, 194 n. 4; Böhmer/Uhlirz n. 1210c; Böhmer/Zimmermann n. †773.*

*8288 **996 (oct. med.)**

JL I 491 Roma expellitur a Iohanne Crescentio (II).

L a u d . i n : *Ann. Quedlinburgenses ad a. 997 (MGH SS rer. Germ. 72, 492); Arnulfi Mediolanensis Gesta c. 11 (MGH SS rer. Germ. 67, 179); Thietmari Merseburgensis Chron. IV c. 30 (MGH SS rer. Germ. N. S. 9, 167); Rodulfi Glabri Hist. I c. 4 (France 24); Ann. Hildesheimenses ad a. 996 (MGH SS rer. Germ. 8, 27); Cron. s. Bartholomaei ad a. 996 (MGH SS 31, 214); Bonizonis Sutrini Lib. ad amicum IV (MGH Ldl 1, 582); Hugonis Flaviniacensis Chron. I ad a. 996 (MGH SS 8, 367); Hugonis Floriacensis Lib. regum Francorum c. 8 (MGH SS 9, 385); Ruperti Tuitiensis Vita Heriberti c. 4 (MGH SS 4, 742); Ann. Saxo ad a. 996 (MGH SS 37, 264); Ann. Magdeburgenses ad a. 997 (MGH SS 16, 160); Vita Meinwerci c. 7 (MGH SS rer. Germ. 59, 12); Lib. pont., Cat. Estensis (Duchesne II 261).* – R e g . : *Böhmer/Uhlirz n. 1210b; Böhmer/Zimmermann n. 772.*

*8289 **996 (oct. ex.)**

Bis Romam vi armisque expugnare conatur. Prima pugna non sine multorum suorum strage fuga salutem petit, secunda satis sunt equales in pugna.

L a u d . i n : *Cron. s. Bartholomaei ad a. 996 (MGH SS 31, 214).* – R e g . : *Böhmer/Uhlirz n. 1210d; Böhmer/Zimmermann n. 774.*

De tempore cf. Böhmer/Zimmermann n. 774.

†8290 **(996) nov. 13** **(Spoleto)**

JL *3872 Monasterii Floriacensis privilegia, petente Abbone abbate, confirmat, in his: „ut episcopus Aurelianensis, nisi invitatus, Floriacum nequaquam adeat cœnobium, neve umquam quilibet pontificum eidem monasterio divinum interdicat officium, etiam si tota Gallia ... anathematis feriatur vindicta a Sede apostolica" (Vita Abbonis c. 12) (Scr. p. m. Petri reg. not. et scrin. S.R.E. in m. nov. et ind. XI. Dat. id. nov. p. m. Iohannis ep. Albanensis eccl. et bibl. S. et A.S. a. pont. d. n. Gregorii V pp. II, imp. d. n. III Octonis imp. aug. a. II). – *Quoniam ex apostolica.*

E d . : *Zimmermann Papsturkunden II n. †335.* – R e g . : *Mostert Abbo 206; Böhmer/Zimmermann n. 777.*

Laud. et in Aimoinis Floriacensis Vita Abbonis c. 12 (Bautier/Labory 92), in J³ 8309, J³ 8310, J³ 8311 et in Abbonis epist. ad Gauzbertum s. Iulianii Turonensis directa (Bouquet Recueil X 439).

*8291 **(996 nov.)** **Spoleto**

JL I 491 Abbonem abbatem Floriacensem „in finibus Spoletanorum" excipit.

L a u d . i n : *Aimoni Floriacensis Vita Abbonis c. 11 (Bautier/Labory 90); J³ 8309; J³ 8310; J³ 8311.* – R e g . : *Böhmer/Uhlirz n. 1210g; Böhmer/Zimmermann n. 776.*

†8292 **(996 aut.)**

Comiti (palatino) Mazzeo de Mergantibus gratias agit, quod capitaneum ad eum transmissum benigne receperit et venientibus in succursum ecclesiae Romanae transitum et victum concesserit. – *Gratum gerimus et.*

E d . : *Insertum in Chron. Merganti (fragm.; nondum editum).* – R e g . : *Ital. Pont. IV 50 n. †1; Zimmermann Papsturkunden I n. †334; Böhmer/Zimmermann n. †775.*

De tempore cf. Böhmer/Zimmermann n. †775.

*8293 **996**

Monasterium clericorum secularium in coenobio s. Deodati erectum confirmat.

L a u d . i n : *Mémoire des titres ad a. 996 (Meinert PUU Frankreich NF I 177 n. 2).* – R e g . : *Parisse Bull. Lorraine 12 n. 17; Böhmer/Zimmermann n. 748.*

De tempore cf. Böhmer/Zimmermann n. 748.

†8294 **(996 ex.)**

Mazzeum de Mergantibus hortatur, quatenus principibus excommunicatis a se et separatis ab ecclesia nullum praestet auxilium vel favorem. – *Nobilitatem tuam rogamus.*

E d . : *Insertum in Chron. Merganti (nondum editum).* – R e g . : *Ital. Pont. IV 50 n. †2; Zimmermann Papsturkunden I n. †336; Böhmer/Zimmermann n. †778.*

De tempore cf. Böhmer/Zimmermann n. †778.

†8295 **996 (ex.)**

Petro (II) duci Venetiarum Mazzeum de Mergantibus comitem palatinum Fulginatensem et Trebii procerium et vicarium commendat. – *Hunc Mazzeum de.*

E d . : *Insertum in Chron. Merganti ad a. 996 (fragm.; nondum editum).* – R e g . : *Ital. Pont. IV 50 n. †3; Zimmermann Papsturkunden I n. †337; Böhmer/Zimmermann n. †779.*

De tempore cf. Böhmer/Zimmermann n. †779.

***8296** **(997 ian. in.)** **Ravenna**

Adventum imperatoris Ottonis (III) in Italia exspectans prope Ravennam cum Iohanne archiepiscopo Ravennati convenit.

L a u d . i n : *Iohannis Diaconi Ist. Veneticorum IV c. 41 (Berto 184); Bonizonis Sutrini Lib. ad amicum IV (MGH Ldl 1, 582).* – R e g . : *Böhmer/Zimmermann n. 780.*

***8297** **(997) ian. 24** **Reggio-Emilia**

JL I 491 Ecclesiam s. Prosperi Reginensem a Teuzone episcopo erectam consecrat.

L a u d . i n : *Inscriptio in ecclesiae s. Prosperi in Regum Lepidi (MGH Poetae 5/2, 366).* – R e g . : *Ital. Pont. V 375 n. 1; Böhmer/Uhlirz n. 1217i; Böhmer/Zimmermann n. 781.*

8298 **997 ian. 28** **(Emilia)**

JL 3873 Ecclesiae Ravennatis bona et privilegia, rogante Iohanne archiepiscopo, confirmat (Scr. p. m. Petri reg. not. et scrin. S.R.E. in. m. ian., ind. X. Dat. V kal. febr. p. m. Iohannis ep. s. Albanensis eccl. et bibl. S.A.S. a. pont. d. Gregorii pp. I, imp. d. III Ottonis imp. aug. a. I, in m. ian.). – *Cum enim omnium.*

E d . : *Zimmermann Papsturkunden II n. 338.* – R e g . : *Ital. Pont. V 51 n. 164; Böhmer/Zimmermann n. 783.*

Laud. et in Clementis III (Wiberti) privilegio (JL 5322).

***8299** **(997 ian. ex.)** **Guastalla**

JL *3893 Ecclesiam s. Petri Guastallensem ex capella in plebem promotam consecrat.

L a u d . i n : *Urbani II privilegium (Ital. Pont. V 408 n. 2).* – R e g . : *Ital. Pont. V 408 n. *1; Böhmer/Uhlirz n. 1217i; Böhmer/Zimmermann n. 782.*

Olim ad a. 996–999. De tempore cf. Böhmer/Zimmermann n. 782.

8300 **997 febr. 7** **(Pavia)**

JL 3874 Hattoni abbati Fuldensi dalmaticae et sandaliorum usum asserit (Scr. p. m. Petri reg. not. et scrin. S.R.E. a. d. inc. 907, m. febr., ind. X. Dat. VII id. febr. p. m. Iohannis ep. s. Albanensis ęccl. et bibl. S.A.S.). – *Omnium fidelium presentium.*

E d . : *Zimmermann Papsturkunden I n. 339; Meyer zu Ermgassen Codex Eberhardi I 26.* – R e g . : *Böhmer/Uhlirz n. 1217k; Germ. Pont. IV 373 n. 55; Böhmer/Zimmermann n. 787.*

8301 **997 febr. 8** **(Pavia)**

JL 3875 Ottoni Romanorum imperatori augusto concedit, ut in ecclesia palatii Aquisgranensis septem cardinales diaconi et presbyteri septem cardinales deserviant, „ea videlicet racione, ut nullius dignitatis persona supra sanctum altare Dei genitricis Marie ibidem constitutum missam celebret preter supradicti septem cardinales presbiteri et archiepiscopus huius loci Coloniensis et episcopus Leodiensis". Ecclesiae bona confirmat, ea lege, „ut singulis quibusque annis sine aliqua mora vel dilacione optimi auri libra una ... Romane ecclesie apto tempore persolvatur" (Scr. p. m. Petri reg. not. et scrin. S.R.E. a. d. inc. 997, m. febr., ind. X. Dat. VI id. febr. p. m. Iohannis ep. s. Albanensis eccl. et bibl. S.A.S. a. pont. d. Gregorii V pp. I, regni vero d. III Ottonis imp. aug. a. I, in m. febr., ind. X). – *Equum igitur et.*

E d . : *Zimmermann Papsturkunden II n. 340.* – R e g . : *Böhmer/Uhlirz n. 1218a; Oediger Reg. Köln I 169 n. 557; Germ. Pont. VII 51 n. 123; Böhmer/Zimmermann n. 788; Bayer/Kerner/Müller Schriftquellen 183 n. 15.*

*** 8302** **997 (febr. in.)** **Roma**

JL I 495 Iohannes archiepiscopus Placentinus Constantinopoli Romam reversus a Iohanne Crescentio Nomentano Iohannes XVI papa constituitur.

L a u d . i n : *Leonis de Synada Epist. (Darrouzès Épist. 169, 170, 171, 173, 174); Iohannis Diaconi Ist. Veneticorum IV c. 41 (Berto 184); Ann. Quedlinburgenses ad a. 997 (MGH SS rer. Germ. 72, 492); Ann. Hildesheimenses ad a. 997 (MGH SS rer. Germ. 8, 27); Ann. Altahenses ad a. 997 (MGH SS rer. Germ. 4, 16); Thietmari Merseburgensis Chron. IV c. 30 (MGH SS rer. Germ. N. S. 9, 167); Rodulfi Glabri Hist. I c. 4 (France 24); Arnulfi Mediolanensis Gesta c. 11 (MGH SS rer. Germ. 67, 133); Bonizonis Sutrini Lib. ad amicum IV (MGH Ldl 1, 582); Bonizonis Sutrini Lib. de vita christiana IV c. 44 (Perels 132); Lib. pont. (Duchesne II 261); Vita Meinwerci c. 7 (MGH SS rer. Germ. 59, 12).* – R e g . : *Böhmer/Uhlirz n. 1218b; Böhmer/Zimmermann n. 784.*

Olim ad a. 997 cr. mai. De tempore cf. Böhmer/Zimmermann n. 784.

*** 8303** **997 (febr. in.)** **Pavia**

JL I 492 Synodus Papiensis, in qua 1) episcopi, qui ob deiectum Arnulfum archiepiscopum Remensem vocati ad synodum non venerint laicumque nuncium miserint, „ab episcopalii officio" suspenduntur; 2) Adalbero episcopus Laudunensis, qui Arnulfum „apprehendit et tradidit", eadem poena afficitur; 3) Roberto (II Franciae) regi, „qui consanguineam suam (Bertham) ... in coniugium" duxerit, episcopisque, qui eas nuptias probaverint, nisi satisfaciant, excommunicatio proponitur; 4) invasori ecclesiae Neapolitanae, nisi satisfaciat, anathema denunciatur; 5) constituitur, „ut si quis episcopus, presbiter aut diaconus aut clericus papa incolume aut eo inconsulto aut subscriptionem pro Romano pontificatu commodare aut pictationem promittere aut sacramentum prebere temptaverit aut aliquod certe suffragium pollicitus fuerit, loci sui dignitate et omnium fidelium communione privetur et anathematizetur." 6) Gisilhario, qui relicta ecclesia Merseburgensi Magdeburgensem invaserit, nisi dec. 25 Romam rationis reddendae causa venerit, sacerdotii privatio intentatur; 7) Crescentius ecclesiae Romanae 'invasor et depredator' excommunicatur.

L a u d . i n : *J³ 8304; Ann. Hildesheimenses ad a. 997 (MGH SS rer. Germ. 8, 27); Ann. Saxo ad a. 997 (MGH SS 37, 265); inscriptio dedicationis ecclesia s. Prosperi Reginensis (MGH Poetae 5/2, 366).* – R e g . : *Ital. Pont. VIII 448 n. *79; Böhmer/Uhlirz n. 1217i; Swinarski Herrschen mit Heiligen 423 n. 142; Böhmer/Zimmermann n. 786.*

De synodo cf. et MGH Conc. 6/2, 534.

8304 **(997 febr. med.)** **(Pavia)**

JL 3876 Willegisum (Maguntinum) archiepiscopum, vicarium suum, de decretis synodi Papiensis (J³ *8303) certiorem facit. – *Decreta enim synodi.*

E d . : *Zimmermann Papsturkunden II n. 341; MGH Conc. 6/2, 539.* – R e g . : *Böhmer/Uhlirz*

n. 1217i; Germ. Pont. IV 82 n. 87; Lübke Reg. Slaven III 150 n. 314 a; Böhmer/Zimmermann n. 789.
Cf. J[3] *8303.

* 8305 **997 (febr.)**

Aelfrico archiepiscopo Cantuariensi pallium concedit.

Laud. in: *Ann. Domitiani lat. ad a. 997 (Magoun 9, 263).* – Reg.: *Böhmer/Zimmermann n. 791.*

De tempore cf. Böhmer/Zimmermann n. 791.

*† 8306 **(997 febr.)** **(Roma)**

Clericis Cantuariensibus legatis, qui ad papam veniunt „multum auri et argenti secum portantes, quod darent papae (Gregorio V) pro pallio, respondet se nolle illorum verba suscipere, quia nullum signum nec a rege nec a populo terrae secum" habeant.

Laud. in: *Ann. Domitiani lat. (Magoun 9, 263).* – Reg.: *Böhmer/Zimmermann n. †790.*

De tempore cf. Böhmer/Zimmermann n. †790.

* 8307 **997 (febr. ex.)** **(Pavia)**

Iohannes XVI invasor sedis apostolicae damnatur.

Laud. in.: *Ann. Hildesheimenses ad a. 997 (MGH SS rer. Germ. 8, 27); Ann. Saxo ad a. 997 (MGH SS 37, 266); Theodori Ann. Palidenses ad a. 997 (MGH SS 16, 65).* – Reg.: *Germ. Pont. IV 82 ad n. 87; Böhmer/Zimmermann n. 793.*

† 8308 **997 apr. 13** **Roma, Laterano**

Flagitat, ut Pisana reipublicae regi Hispaniarum Veremundo in bello eius contra Saracenos suscepto in auxilium occurrat (Dat. Lat. id. apr. a. 997, pont. n. a. I). – *Cum potens ac.*

Ed.: *Zimmermann Papsturkunden II n. †343.* – Reg.: *Ital. Pont. III 357 n. †10; Böhmer/Zimmermann n. †794.*

8309 **(997 vere)**

Gregorio (V) Abbo abbas Floriacensis variis de rebus nuntiat.

Ed.: *Insertum in Aimoinis Floriacensis Vita Abbonis c. 12 (Bautier/Labory 96; separatim edd. Migne PL 139, 419; Riché Gerbert 661) (fragm.).* – Reg.: *Cousin Abbon 216 n. 6; Böhmer/Zimmermann n. 796.*

Laud. et in Aimoinis Floriacensis Vita Abbonis c. 12 (Bautier/Labory 96). Cf. J[3] †8290 et J[3] *8291.

8310 **(997 vere)**

Gregorio (V) Abbo abbas Floriacensis nuntiat se Floriacum rediisse; petit, ut duo monasteria a Ildegarda condita confirmet.

Ed.: *Migne PL 139, 421.* – Reg.: *Cousin Abbon 216 n. 7; Böhmer/Zimmermann n. 797.*

Cf. J[3] †8290 et J[3] *8291.

8311 **(997 vere)**

Gregorio (V) Abbo abbas Floriacensis Humboldum (missum) commendat et cum litteris „duo vascula Manzerina" mittit.

Ed.: *Migne PL 139, 422.* – Reg.: *Cousin Abbon 216 n. 8; Böhmer/Zimmermann n. 798.*

Cf. J[3] †8290 et J[3] *8291.

8312 **(997 vere)**

JL 3879 Abboni abbati (Floriacensi) mandat, mittat R. fratrem, qui sibi „de regis promissione, de Cantuariorum archiepiscopi incolumitate renunciet". Petit, ut „ex ... missalibus libris optimum" sibi mittat. – *Quia litterarum vestrarum.*

E d . : *Zimmermann Papsturkunden II n. 344.* – R e g . : *Böhmer/Zimmermann n. 799.*

Olim ad a. 997. De tempore cf. Böhmer/Zimmermann n. 799.

***8313** **(997 vere)**

Ex iussione (Gregorii V) Arnulfus archiepiscopus Remensis e captivitate dimissus restituitur.

L a u d . i n : *Hugonis Floriacensis Hist. Francorum Senonensis c. 8 (MGH SS 9, 368); Hist. regum Francorum mon. s. Dionysii c. 29 (MGH SS 9, 403); Clarii Senonensis Chron. (Bautier/Gilles 102); Orderici Vitalis Hist. Ecclesiastica I/1 27 et III/7 2 (Chibnall IV 349).* – R e g . : *Böhmer/Uhlirz n. 1226b; Böhmer/Zimmermann n. 795.*

8314 **997 iun. 28** **(Roma)**

JL 3877 Monasterii s. Benedicti et s. Scholasticae Sublacensis possessiones confirmat petente Petro abbate (Scr. p. m. Benedicti scrin. S.R.E. in m. iun., ind. X. Dat. IV kal. iul. p. m. Iohannis ep. s. Albanensis ęccl. et. bibl. S. et A.S. a. Deo prop. pont. d. Gregorio summo pont. et univ. pp. in ss. sede b. Petri apost. a. I, ind. suprascr. X). – *Si semper sunt.*

E d . : *Zimmermann Papsturkunden II n. 345.* – R e g . : *Ital. Pont. II 91 n. 23; Böhmer/Zimmermann n. 800.*

Cf. J[3] †6108.

8315 **997 iul. 7** **(Roma)**

JL 3878 Iohanni archiepiscopo Ravennati eiusque successoribus et Placentinum episcopatum suffraganeum restituit et Monteferetranum subicit (Scr. p. m. Petri reg. not. et scrin. S.R.E. in m. iul., ind. suprascr. X. Dat. non. iul. p. m. Iohannis ep. s. Albanensis ęccl. et bibl. S.A.S.). – *Divine remunerationis premia.*

E d . : *Zimmermann Papsturkunden II n. 346.* – R e g . : *Ital. Pont. V 52 n. 165; Böhmer/Uhlirz n. 1232; Bartolini Vescovi del Montefeltro 18; Böhmer/Zimmermann n. 802.*

Cf. J[3] *8173.

***8316** **(997 iul.)** **(Roma)**

(Iohanni XVI) Leo (de Synada) missus Constantinopolitanus vota cuiusdam hominis illustris Byzantini refert, quae papa accipit.

L a u d . i n : *Leonis de Synada Epist. 9 (Darrouzès Epist. 171).* – R e g . : *Böhmer/Zimmermann n. 801.*

De tempore cf. Böhmer/Zimmermann n. 801.

***8317** **(997 aest.)**

Arnulfo archiepiscopo Remensi permittit, ut honore suo fungatur, dum de sua re legitimum iudicium dicitur.

L a u d . i n : *Richeri Remensis Hist. IV c. 108 (MGH SS 38, 308).* – R e g . : *Böhmer/Zimmermann n. 803.*

***8318** **(997 aest.)**

Iohannem (XVI) Nilus abbas (de Serperi) per litteras monet, ut ad vitam monachicam redeat.

L a u d . i n : *Vita Nili 89 (Giovannelli 126).* – R e g . : *Böhmer/Zimmermann n. 804.*

***8319** **(997 aut. in.)** **(Roma)**

Iohannes (XVI) se (Ottoni III) imperatori subicere pollicetur.

L a u d . i n : *Gerberti Aureliacensis Epist. 220 (MGH Briefe d. dt. Kaiserzeit 2, 261 n. 220; Riché Gerbert 580).* – R e g . : *Böhmer/Uhlirz n. 1246c; Böhmer/Zimmermann n. 805.*

*8320 **(997 nov.)**

(Gregorium V) Otto (III) imperator sibi obviare per internuntios postulat.

L a u d . i n : *Thietmari Merseburgensis Chron. IV c. 30 (MGH SS rer. Germ. N. S. 9, 167).* – R e g . : *Böhmer/Zimmermann n. 806.*

*8321 **(996–997)**

Monachi Montis Maioris legatos Romam mittunt, qui a (Gregorio V) petunt, ut episcopum Riculfum Foroiuliensem electum abbatem monasterii eorum confirmet.

L a u d . i n . : *Congregationis Montis Maioris epist. ad Gregorium V directa (Böhmer/Zimmermann n. 808).* – R e g . : *Böhmer/Zimmermann n. 747.*

De tempore cf. Böhmer/Zimmermann n. 747.

*8322 **(997)** **Roma**

Iohannes (XVI) reliquias martyris Iustinae Antiochenae e mausoleo (Romano) raptas accipit.

L a u d . i n : *Translatio Justinae 3 (AASS sept. 7, 259).* – R e g . : *Böhmer/Zimmermann n. 785.*

De tempore cf. Böhmer/Zimmermann n. 785.

8323 **(997 ex.)**

Gregorium (V) congregatio Montis Maioris precatur, ut Riculfum abbatem confirmet et monasterium adiuvet.

E d . : *Du Roure Hist. de Montmajour 62.* – R e g . : *Böhmer/Zimmermann n. 808.*

De tempore cf. Böhmer/Zimmermann n. 808. Cf. et J³ 7829.

*8324 **(997 ex.)**

A (Gregorio V) Hugo monachus (Interocriensis) simoniace dignitatem abbatis Farfensis a papa emit.

L a u d . i n : *Ottonis III diploma (MGH DD O III n. 276); Hugonis Farfensis Relatio constitutionis (FSI 33, 55 et 56); Gregorii Catinensis Chron. Farfense (FSI 34, 75).* – R e g . : *Böhmer/Uhlirz n. 1260; Böhmer/Zimmermann n. 809.*

De tempore cf. Böhmer/Zimmermann n. 809.

*8325 **997 dec.** **Pavia**

JL I 492 Cum Ottone III imperatore Papiae convenit.

L a u d . i n : *Ann. Quedlinburgenses ad a. 998 (MGH SS rer. Germ. 72, 492); Ann. Magdeburgenses ad a. 998 (MGH SS 16, 160); Ann. Saxo ad a. 998 (MGH SS 37, 265).* – R e g . : *Böhmer/Uhlirz n. 1247a; Böhmer/Zimmermann n. 810.*

Olim ad a. 998 ian. De tempore cf. Böhmer/Zimmermann n. 810.

8326 **(998 ian. ex.–febr. in.)** **(Ravenna)**

Bona monasterii s. Savini Placentini confirmat. – *Sedis apostolice subsidium.*

E d . : *Zimmermann Papsturkunden II n. 347.* – R e g . : *Ital. Pont. V 500 n. 1; Böhmer/Uhlirz n. 1255d; Böhmer/Zimmermann n. 812.*

8327 **(998 febr. in.)** **(Ravenna)**

JL 3895 Monasterii Cluniacensis libertatem et possessiones, in his „eas res, que ... per regale preceptum a Chonrado rege (Burgundiae) conlate sunt, id est Romanu(m) monasterium", petente Odilone abbate, confirmat, ea lege ut „dentur per quinquennium decem solidi ad urnam beati Petri". – *Convenit apostolico moderamini.*

Ed.: *Zimmermann Papsturkunden II n. <348.* – Reg.: *Germ. Pont. II/2, 188 n. 1 et 193 n. 3; Böhmer/Zimmermann n. 813.*

Laud. et in Iohannis XIX privilegio (JL 4079, Böhmer/Frech n. 82). Olim ad a. 998–999. De tempore cf. Böhmer/Zimmermann n. 813. De fide cf. Zimmermann Papsturkunden II n. <348.

*** 8328** **998 (febr. med.)**

JL I 495 Iohannes (XVI) Roma fugit et „inexpugnabilem turrim" intrat.

Laud. in: *Iohannis Diaconi Ist. Veneticorum IV c. 44 (Berto 186); Thietmari Merseburgensis Chron. IV c. 30 (MGH SS rer. Germ. N. S. 9, 167); Ann. Quedlinburgenses ad a. 998 (MGH SS rer. Germ. 72, 497); Ann. Saxo ad a. 998 (MGH SS 37, 268); Ann. Magdeburgenses ad a. 998 (MGH SS 16, 160).* – Reg.: *Böhmer/Uhlirz n. 1259c; Böhmer/Zimmermann n. 814.*

*** 8329** **998 (febr. med.)**

JL I 492 Romam cum Ottone (III) imperatore pervenit ibique iterum inthronizatur.

Laud. in: *Ann. Quedlinburgenses ad a. 998 (MGH SS rer. Germ. 72, 497); Thietmari Merseburgensis Chron. IV c. 30 (MGH SS rer. Germ. N. S. 9, 167); Lib. pont., Cat. Estensis (Duchesne II 261); Cron. s. Bartholomaei ad a. 998 (MGH SS 31, 214); Ann. Saxo ad a. 998 (MGH SS 37, 267); Ann. Magdeburgenses ad a. 998 (MGH SS 16, 160).* – Reg.: *Böhmer/Uhlirz n. 1259b et et n. 1259c; Böhmer/Zimmermann n. 815.*

*** 8330** **(998 cr. febr. 20)** **Roma**

Iohannes XVI apud Ottonem (III) imperatorem Romam introientem „misericordiam clamat".

Laud. in: *Arnulfi Mediolanensis Gesta c. 12 (MGH SS rer. Germ. 67, 134).* – Reg.: *Böhmer/Uhlirz n. 1259c; Böhmer/Zimmermann n. 816.*

De tempore cf. Böhmer/Zimmermann n. 816.

*** 8331** **998 (febr. ex.)**

JL I 495 Iohannes XVI, qui Roma fugit, „ab Ottonis vassore Birthilone correptus, amputatis naribus et lingua effossisque oculis" Romae magna cum ignominia in monasterium quoddam includitur.

Laud. in: *Iohannis Diaconi Ist. Veneticorum IV c. 44 (Berto 186); Ann. Quedlinburgenses ad a. 998 (MGH SS rer. Germ. 72, 497); Thietmari Merseburgensis Chron. IV c. 30 (MGH SS rer. Germ. N. S. 9, 167); Vita Nili 89 (Giovanelli 126); Lib. pont. (Duchesne II 261); Rodulfi Glabri Hist. I c. 4 (France 24); Ann. Saxo ad a. 998 (MGH SS 37, 267); Ann. Magdeburgenses ad a. 998 (MGH SS 16, 160).* – Reg.: *Böhmer/Uhlirz n. 1259d; Böhmer/Zimmermann n. 817.*

*** 8332** **(998 mart.)** **Roma**

Nilo abbati (de Serperi) cum Ottone (III) imperatore obviam it et eum prosequitur in palatium (Lateranense), ubi papa deditionem mutilati captivi Iohannis (XVI) approbet, si Nilus administrationem monasterii s. Anastasii suscipiat.

Laud. in: *Vita Nili 89 (Giovanelli 126).* – Reg.: *Böhmer/Uhlirz n. 1261c; Böhmer/Zimmermann n. 818.*

De tempore cf. Böhmer/Zimmermann n. 818.

*** 8333** **(998 mart.)** **Roma**

JL I 495 Iohannes (XVI) „in asino, caudam eius tenens, satis irrisorie per totam Romam" ducitur. (Lib. pont.).

Laud. in: *Leonis de Synada Epist. (Darrouzès Épist. 166); Iohannis Diaconi Ist. Veneticorum IV c. 44 (Berto 186); Vita Nili 90 (Giovanelli 127); Lib. pont. (Duchesne II 261); Arnulfi Mediolanensis Gesta c. 12 (MGH SS rer. Germ. 67, 135); Bonizonis Sutrini Lib. de vita christiana IV c. 44 (Perels 132).* – Reg.: *Böhmer/Uhlirz n. 1262a; Böhmer/Zimmermann n. 819.*

***8334** **(998 mart.)**

Iohanne (XVI) male tractato Nilus abbas (de Serperi) vehementer indolescit; Gregorio (V) et Ottoni (III) imperatori per archiepiscopum cum litteris excusatoriis ad eum missum dicit: „Estote igitur scientes fore, ut quemadmodum vos non doluistis vicem, nec miserti estis eius, quem Deus tradidit manibus vestris, ita vobis quoque Pater celestis peccata nequaquam dimissurus sit."

Laud. in: *Vita Nili 91 (Giovanelli 127).* – Reg.: *Böhmer/Uhlirz n. 1263b; Böhmer/Zimmermann n. 820.*

De tempore cf. Böhmer/Zimmermann n. 820.

***8335** **(998 apr. 4)** **Roma, S. Pietro**

JL I 492 Coram Gregorio V et Ottone III imperatore inter presbyteros ecclesiae s. Eustathii in Platana de Urbe et Hugonem abbatem Farfensem super duabus ecclesiis s. Mariae et s. Benedicti in thermis Alexandrinis cum casis et oratorio Salvatoris causa agitur.

Laud. in: *Placitum a. 998 (FSI 96, 367); Gregorii Catinensis Chron. Farfense (FSI 34, 18).* – Reg.: *Ital. Pont. I 97 n. 3; Ital. Pont. II 61 n. 11; Böhmer/Uhlirz n. 1262b; Böhmer/Zimmermann n. 821.*

Olim ad a. 998 apr. 5. De tempore cf. Böhmer/Zimmermann n. 821.

8336 **998 apr. (in.)** **(Roma)**

JL 3884 Ecclesiae Beneventanae iura metropolitana, petente Ottone III imperatore, confirmat. Alphano archiepiscopo pallium donat. Ita addit: „Concedimus autem Alfano clerico, vestro nepoti, integrum ipsum archiepiscopatum post decessum tuum habendum" (Scr. p. m. Antonii not. scrin. s. et apost. eccl. in m. apr. et ind. XI). – *Cum summe et.*

Ed.: *Zimmermann Papsturkunden II n. 349.* – Reg.: *Böhmer/Uhlirz n. 1262d; Ital. Pont. IX 56 n. 19; Böhmer/Zimmermann n. 822.*

Olim ad a. 998 apr. ex. De tempore cf. Böhmer/Zimmermann n. 822. Cf. et J[3] 7955.

8337 **998 apr. (in.)** **(Roma)**

JL 3887 Monasterium s. Nazarii Laureshamense, Ottonis III imperatoris rogatu, tuendum suscipit iuraque eius corroborat (Scr. p. m. Anacleti not. ac scrin. S.R.E. in m. apr., ind. XI, reg. d. n. Ottone III imp.). – *Quoniam concedenda sunt.*

Ed.: *Insertum in Chron. Laureshamensi c. 86 (Glöckner Cod. Laureshamensis I 368; separatim ed. Zimmermann Papsturkunden II n. 350).* – Reg.: *Böhmer/Uhlirz n. 1262c; Germ. Pont. IV 229 n. 3; Böhmer/Zimmermann n. 823.*

Laud. et in Necr. Laureshamensi (Böhmer FRG III 145). Olim ad a. 998 apr. ex. De tempore cf. Böhmer/Zimmermann n. 823.

***8338** **(998 apr. med.)** **Roma**

Coram Gregorio (V) et Ottone (III) imperatore Hugo abbas monasterii s. Mariae Farfensis proclamat contra Benedictum (II) comitem (Sabinensem) super curte s. Gethulii, ut legem habeat.

Laud. in: *Placitum a. 998 (Giorgi/Balzani Reg. di Farfa III 142); Gregorii Catinensis Chron. Farfense (FSI 34, 24).* – Reg.: *Ital. Pont. II 62 n. *12; Böhmer/Zimmermann n. 824.*

De tempore cf. Böhmer/Zimmermann n. 824.

***8339** **(998 apr. 22)** **Roma**

JL *3880 et Alavicum abbatem Augiensem consecrat et monasterio privilegium concedit.

JL *3881 Laud. in: *Ottonis III diplomata (MGH DD O III n. 279 et n. 437); Iohannis XIX privilegium (JL 4093 et 4094 = Böhmer/Frech n. 142); Herimanni Augiensis Chron. ad a. 997 (MGH SS 5, 118).* – Can.: *cf. Deusdedit Coll. can. III c. 205.* – Reg.: *Germ. Pont. II/1, 152 n. 12; Böhmer/Uhlirz n. 1229b et n. 1263e; Böhmer/Zimmermann n. 825.*

8340 **(998 apr. 22)** **(Roma)**

JL 3896 Monasterii Cluniacensis possessiones et privilegia „ob interventum domni invictissimi et pii Ottonis (III) imperatoris augusti“ confirmat petente Odilone abbate. – *Desiderium quod religiosorum.*

Ed.: *Zimmermann Papsturkunden II n. 351.* – Reg.: *Germ. Pont. II/2, 188 n. 2; Böhmer/Zimmermann n. 826.*

Laud. et in Iohannis XIX privilegio (JL 4079, Böhmer/Frech n. 82). Olim ad a. 998–999. De tempore cf. Böhmer/Zimmermann n. 826.

†8341 **998 apr. 26** **(Roma, Laterano)**

Pisanam rempublicam admonet, ut contra Saracenos pugnet (Dat. Rome apud Lat. VI kal. mai. a. 998, pont. vero n. a. II). – *Contremiscunt profecto viscera.*

Ed.: *Zimmermann Papsturkunden II n. †352.* – Reg.: *Ital. Pont. III 357 n. †11; Böhmer/Zimmermann n. †827.*

8342 **998 apr. 28** **(Roma)**

JL 3882 Monasterii s. Ambrosii Mediolanensis possessiones confirmat (Scr. p. m. Petri not. et scrin. S.R.E. in m. apr. et ind. XI. Dat IV kal. mai. p. m. Iohannis ep. s. Albanensis ęccl. et bibl. S.A.S. a. Deo prop. pont. b. Gregorii summi pont. et univ. V pp. in ss. sede b. Petri apost. II, imp. d. Ottone III a Deo cor. magno et pacifico imp. a. II, in m. et ind. suprascr. XI). – *Postquam beato Petro.*

Ed.: *Zimmermann Papsturkunden II n. 353.* – Reg.: *Ital. Pont. VI/1, 89 n. 1; Böhmer/Uhlirz n. 1273b; Böhmer/Zimmermann n. 829.*

8343 **998 apr. 28** **(Roma)**

JL 3883 Gerberto archiepiscopo Ravennati pallii usum concedit, eique et ecclesiae eius donat „post mortem Adeleidis imperatricis ... districtum Rauennatis urbis, ripam integram, monetam, teloneum, mercatum, muros et omnes portas civitatis“, itemque „Comaclensem comitatum post mortem Adeleidis imperatricis“. Privilegia ecclesiae Ravennati confirmat, in his „praeceptum de Regiense (sic!) episcopatu ... a venerabili Ottone augusto ... attributum“ (Scr. p. m. Petri not. et scrin. S.R.E. in m. apr. et ind. XI. Dat. IV kal. mai. p. m. Iohannis ep. s. Albanensis eccl. et bibl. S.A.S. a. pont. d. Gregorii summi pont. et univ. V pp. in ss. sede b. Petri apost. a. II, imp. d. Otone III a Deo cor. magno et pacifico imp. a. II, in m. et ind. suprascr. XI). – *Quoniam apostolice sedis.*

Ed.: *Zimmermann Papsturkunden II n. 354.* – Reg.: *Ital. Pont. V 52 n. 166; Böhmer/Uhlirz n. 1273a; Böhmer/Zimmermann n. 830.*

Laud. et in Ottonis III diplomate (MGH DD O III n. 330) et in Clementis III (Wiberti) privilegio (Ital. Pont. V 56 n. 187).

***8344** **(998 apr. 28)** **Roma**

Iussu Gregorii (V) et Ottonis (III) imperatoris Crescentius comes interficitur.

Laud. in: *Hugonis Farfensis Exceptio relationum (FSI 33, 64); Petri Damiani Vita Romualdi 25 (FSI 94, 53); Gregorii Catinensis Chron. Farfense (FSI 34, 81).* – Reg.: *Böhmer/Uhlirz n. 1272a; Böhmer/Zimmermann n. 828.*

8345 **998 apr. (ex.)** **(Roma)**

JL 3886 Monasterii s. Mariae et s. Petri Montis Maioris, ab Ismidone b. Petro oblati, possessiones confirmat eique privilegia ea lege concedit, ut „infra quinque annos tres libras olibani monachi ad altare sancti Petri persolvant“ (Scr. p. m. Petri not. et scrin. S.R.E. in m. apr. et ind. XI). – *Convenit apostolico moderamini.*

Ed.: *Zimmermann Papsturkunden II n. 356.* – Reg.: *Böhmer/Zimmermann n. 833.*

*** 8346 (998 apr. ex.) (Roma)**

Gregorio (V) consentiente Bernardus comes (Tallaferro) Bisuldunensis monasterium (Bisuldunense) a se dotatum atque martyri Genesio consecratum b. Petro apostolo tradit et Adalbertum primum administratorem monasterii constituit; privilegium a papa petit.

Laud. in: *J³ 8347; Adalberti abbatis documentum electionis a. 1005 (Monsalvatje Noticias II 278).* – Reg.: *Martí Bonet Reg. 403 n. 37; Böhmer/Zimmermann n. 831.*

8347 998 apr. (ex.) (Roma)

JL 3885 Monasterii s. Genesii possessiones, petente Bernardo comite Bisuldunensi, confirmat et privilegia constituit, imposito monachis duorum solidorum tributo annuo (Scr. p. m. Petri not. et scrin. S.R.E. in m. apr., ind. XI). – *Creditae nobis speculationis.*

Ed.: *Zimmermann Papsturkunden II n. 355.* – Reg.: *Martí Bonet Reg. 404 n. 38; Böhmer/Zimmermann n. 832.*

Laud. et in Bernardi comitis Bisuldunensis et Raimundi IV Berengarii regis Aragonensis privilegiis et in Adalberti abbatis Bisuldunensis documento electionis (Monsalvatje Noticias II 252 et 272 et 278). Cf. J³ *8346.

*** 8348 998 mai. 9 (Roma), S. Pietro**

JL I 492 et Synodus, praesente Ottone III imperatore, in qua deiecto Guadaldone ecclesiae
JL I 493 et Ausonensis invasore Arnulphus episcopus sancitur et Iohannes (XVI) antipapa
JL I 495 deicitur (VII id. mai. in basilica b. Petri apost. principis).

Laud. in: *J³ 8349; Leonis de Synada Epist. (Darrouzès Epist. 166); Iohannis Diaconi Ist. Veneticorum IV c. 44 (Berto 186); Ann. Hildesheimenses ad a. 998 (MGH SS rer. Germ. 8, 27); Ann. Altahenses ad a. 998 (MGH SS rer. Germ. 4, 16); Lamperti Hersfeldensis Ann. ad a. 998 (MGH SS rer. Germ. 38, 48); Hugonis Flaviniacensis Chron. I ad a. 998 (MGH SS 8, 367); Hugonis Floriacensis Lib. regum Francorum c. 8 (MGH SS 9, 385); Vita Meinwerci c. 7 (MGH SS rer. Germ. 59, 12).* – Reg.: *Böhmer/Uhlirz n. 1262a et n. 1279b; Martí Bonet Reg. 404 n. 39; Böhmer/Zimmermann n. 834 et n. 836.*

Olim numeri duo apud Böhmer/Zimmermann n. 834 et 836. Hehl in MGH Conc. 6/2, 548 acta ad unam synodum pertinentes censet.

8349 998 mai. (9) Roma

JL 3888 Arnulphum episcopum Ausonensem ex synodi sententia sancit ecclesiaeque eius possessiones confirmat (Scr. p. m. Petri not. et scrin. S.R.E. in m. mai. et ind. XI). – *Divina nobis saluberrima.*

Ed.: *Zimmermann Papsturkunden II n. 357; MGH Conc. 6/2, 552.* – Reg.: *Santifaller Beschreibstoffe 34 n. 17; Böhmer/Uhlirz n. 1279c; Mundó Notes 115; Martí Bonet Reg. 405 n. 40; Böhmer/Zimmermann n. 835.*

Subscripsit inter alios Otto III imperator. Cf. J³ *8205 et J³ *8348.

†8350 998 (mai. in.) (Roma)

JL †3889 Monasterium Fabariense tuendum suscipit, eiusque bona confirmat et iura auget „ob amorem beati Benedicti ac dilectissimorum filiorum Adelhaidis augustae". – *Apostolicum convenit adesse.*

Ed.: *Zimmermann Papsturkunden II n. †358.* – Reg.: *Meyer-Marthaler/Perret Bündner UB I 127 n. 154; Germ. Pont. IV 82 n. †88; Böhmer/Zimmermann n. †837.*

Cf. J³ *†7857 et J³ *†8010.

***†8351 (998 mai. ex.) Roma**

Bernardo episcopo Vadensi, imperatore Ottone III interveniente, permittit, ut sedem episcopatus Savonam transferat.

L a u d . i n : *Zuccarelli Elenco dei vescovi di Savona (Astengo II 710); Verzellini Delle memorie di Savona (Astengo I 156).* – R e g . : *Böhmer/Zimmermann n. †839.*

De tempore cf. Böhmer/Zimmermann n. †839.

*† 8352 **(998 post mai.)**

Licentia a Gregorio V sibi oblata Sichelmus episcopus Florentinus Hugonem marchionem Tusciae absolvit eique poenas iniungit.

L a u d . i n : *Andreae Florentini Epist. 15 (Gaudenzi Nonantola 283).* – R e g . : *Böhmer/Zimmermann n. †838.*

* 8353 **(998 iun. in.) Roma**

(Gregorio V) et (Ottone III) imperatore iubentibus Crescentius filius Benedicti (II) comitis Sabinensis comprehenditur.

L a u d . i n : *Hugonis Farfensis Exceptio relationum (FSI 33, 64); Gregorii Catinensis Chron. Farfense (FSI 34, 81).* – R e g . : *Böhmer/Uhlirz n. 1279a; Böhmer/Zimmermann n. 840.*

* 8354 **(998 iun. in.) Cerveteri**

Cum (Ottone III) imperatore contra Benedictum (II) comitem Sabinensem bellum gerit.

L a u d . i n : *Hugonis Farfensis Exceptio relationum (FSI 33, 64); Gregorii Catinensis Chron. Farfense (FSI 34, 81).* – R e g . : *Böhmer/Uhlirz n. 1279a; Böhmer/Zimmermann n. 841.*

† 8355 **(998 ante sept.)**

JL 3890 Ad Constantiam reginam (Roberti Francorum regis coniugem) Petrum episcopum „mense Nouembri presentis anni, secunda (lege XII?) indiction(is)" mittit, ut synodum convocet, qua spoliatores villarum Iuliani episcopi plectantur. – *Cum devotissimam dominam.*

E d . : *Zimmermann Papsturkunden II n. †359.* – C a n . : *Burchardi Decr. XI c. 26; Ivonis Decr. VIII c. 36; Gratiani Decr. C. XII q. 2 c. 8 et c. 9.* – R e g . : *Böhmer/Zimmermann n. †807 et n. 842a.*

Olim ad a. 998. De tempore cf. Böhmer/Zimmermann n. †807.

† 8356 **998 sept. 27 Roma, Laterano**

Pisanos certiorem facit, se ecclesiam s. Petri Gradensem in tutelam apostolicam recepisse (Dat. Rome apud Lat. a. 998, V kal. oct., pont. autem n. a. II). – *Cum ecclesia sancti.*

E d . : *Zimmermann Papsturkunden II n. †360.* – R e g . : *Ital. Pont. III 357 n. †12; Böhmer/Zimmermann n. †843.*

8357 **(998 sept. ex.) (Pavia)**

Gregorio (V) coetus episcoporum conqueritur de saevitia Ardoini marchionis Eporediensis.

E d . : *Violini Arduino 131; MGH Conc. 6/2, 566.* – R e g . : *Ital. Pont. VI/2, 143 n. 1 et 146 n. 1; Böhmer/Zimmermann n. 844.*

De tempore cf. Böhmer/Zimmermann n. 844 et Hartmann Geschichte Italiens 4/1, 129sq.

* 8358 **(998) oct. med. Roma**

Stephanum (I) vicecomitem Gabalensem et Angelmodam uxorem eius excipit eisque monasterium in honorem ss. martyrum Gervasii et Protasii (Lingoniense) condere permittit.

L a u d . i n : *Stephanii vicecomitis charta (Vaissète/De Vic Hist. Languedoc, nouv. éd. V 331); Chron. Calmiliensis (Chevalier Cartulaire 130).* – R e g . : *Böhmer/Zimmermann n. 845.*

De tempore cf. Böhmer/Zimmermann n. 845.

8359 **(999 ian. in.)** **Roma**

Gregorio V et Ottone III imperatore praesidentibus synodus in basilica b. Petri de variis rebus ecclesiasticis decernit, inter cetera de causis Roberti (II) regis (Francorum), de episcopatu Merseburgensi et de ecclesia Vellaviensi. – *In nomine Domini.*

Ed.: *MGH Conc. 6/2, 574.* – Reg.: *Böhmer/Uhlirz n. 1299c; Zimmermann Papsturkunden I n. 360; Lübke Reg. Slaven III 165 n. 328; Böhmer/Zimmermann n. 846.*

De synodo cf. et MGH Conc. 6/2, 568.

8360 **(999 ian. in.)** **(Roma)**

JL 3894 (Arduinum) „christianae fidei expugnator(em)" hortatur, ut vexare ecclesiam Eporediensem desistat, alioquin eum „in pascha Domini" a sese anathematizatum iri ostendit. – *Audivimus unde graviter.*

Ed.: *Zimmermann Papsturkunden II n. 362; MGH Conc. 6/2, 582.* – Reg.: *Ital. Pont. VI/2, 144 n. 2 et 146 n. 2; Böhmer/Zimmermann n. 847.*

Olim ad a. 998–999. De tempore cf. Böhmer/Zimmermann n. 847.

†8361 **999 ian. 26** **Roma, Laterano**

Senatum Pisanum admonet, ne Michaelis Cerularii patriarchae Constantinopolitani scripta per civitatem eius circumferii permittent (Dat. Rome apud Lat. VII kal. febr., a. 999, pont. vero n. a. III). – *Sumus dilectissimi filii.*

Ed.: *Zimmermann Papsturkunden II n. †365.* – Reg.: *Ital. Pont. III 357 n. †13; Böhmer/Zimmermann n. †852.*

8362 **999 ian.** **(Roma)**

Monasterio s. Maximini Treverensi privilegium concedit (Scr. p. m. Benedicti scrin. S.R.E. in m. ian., ind. XII).

Reg.: *Zimmermann Papsturkunden II n. 364; Germ. Pont. X 203 n. *9; Böhmer/Zimmermann n. 851.*

De re cf. Zimmermann Papsturkunden II n. 364 et Böhmer/Zimmermann n. 851.

8363 **999 ian.** **(Roma)**

JL 3898 Monasterium s. Andreae Avenionense confirmat privilegiisque ditat petente Martino abbate (Scr. p. m. Benedicti scrin. S.R.E. in m. ian. et ind. praesenti XII). – *Cum summus apostolicae.*

Ed.: *Zimmermann Papsturkunden II n. 363.* – Reg.: *Böhmer/Zimmermann n. 850.*

Laud. et in Gelasii II (JL 6671), in Eugenii III (Wiederhold PUU Frankreich IV 92 n. 23) et in Alexandri III (Wiederhold PUU Frankreich IV 139 n. 60) privilegiis.

*8364 **(999 in.)** **(Roma)**

JL *3891 Wideroldo episcopo Argentoratensi abbatiam Adlaviensem tuendam reficiendamque committit.

Laud. in: *J³ 8400.* – Reg.: *Germ. Pont. III 9 n. *11 et 41 n. *2; Böhmer/Uhlirz n. 1299d; Böhmer/Zimmermann n. 849.*

Olim ad a. 996–999. De tempore cf. Böhmer/Zimmermann n. 849.

*8365 **(996–999)**

In fundo Gabiniano territorio Sabinensi terras, vineas, silvas inter affines designatos locat.

Laud. in: *Lib. censuum LXXI c. 27 (Fabre/Duchesne I 350).* – Reg.: *Ital. Pont. II 10 n. *4; Böhmer/Zimmermann n. 744.*

*8366 **(996–999)**

Monasterio s. Pauli Virdunensi ius de cursu aquae Scanciae a conditore episcopo

Wigfredo Virdunensi relictum ad quattuor molas exercendas confirmat.

Laud. in: *Heinrici ep. Virdunensis charta (Meinert PUU Frankreich NF I 178).* – Reg.: *Parisse Bull. Lorraine 12 n. 18; Böhmer/Zimmermann n. 746.*

***† 8367** **(996–999)**

Concedit, ut rex Romanus per VII principes officiales imperii, videlicet per III praelatos et IV barones eligatur.

Laud. in: *Tractatus de origine ac translacione et statu Romani imperii (MGH Fontes iuris 1, 72).* – Reg.: *Böhmer/Zimmermann n. †743.*

***† 8368** **(996–999)**

Monasterio s. Zachariae Veneto (Saxo) privilegium et indulgentiam concedit.

Laud. in: *Registrum indulgentiarum saec. XIV conscriptum (nondum editum); Iulii III privilegium (Bozzoni II silentio 31).* – Reg.: *Ital. Pont. VII/2, 177 n. †*11; Böhmer/Zimmermann n. †745.*

***† 8369** **(996–999)**

Omnibus Christi fidelibus, qui in certis diebus festis ecclesias, domos, oratoria et hospitale b. Iohannis Hierosolymitani visitaverint et eisdem eleemosynas largiti fuerint, septem annos et totidem quadragesimas indulgentiae (cf. Leonis IV, J[3] *†5583) ordini s. Iohannis Hierosolymitani elargitur.

Laud. in: *Registrum indulgentiarum 1304 iun. 8 conscriptum (Hiestand PUU für Templer und Johanniter 2, 331 n. 125).* – Reg.: *Böhmer/Zimmermann n. †745a.*

Cf. et J[3] *†5583, J[3] *†6326, J[3] *†7250, J[3] *†7446, J[3] *†7553, J[3] *†7849.

***† 8370** **(996–999)**

Eis, qui ecclesiam s. Mariae sub monte Carmelo in certis diebus festis visitant et eleemosynas donant aut domos destructos collegii reparant, indulgentiam septem annorum et totidem quadragesimarum concedit.

Laud. in: *Sixti IV privilegium (Acta pont. Danica IV 156).* – Reg.: *Böhmer/Zimmermann n. †745b.*

Cf. et J[3] *†5584, J[3] *†6325, J[3] *†7249, J[3] *†7447, J[3] *†7554, J[3] *†7586, J[3] *†8590.

8371 **(997–999)**

Aelfrico (archi)episcopo (Cantuariensi) de paenitentia statuenda consilium dat. – *Notum fieri volumus.*

Ed.: *Zimmermann Papsturkunden II n. 342.* – Reg.: *Böhmer/Zimmermann n. 799a.*

De tempore cf. Böhmer/Zimmermann n. 799a.

*** 8372** **(998–999)**

Rainaldo (II) comiti (Carseolensi) castella, qui vocantur Arzula, Rubianu et Anticulu in territorio Tiburtino concedit.

Laud. in: *Rainaldi II comitis charta (Böhmer/Zimmermann n. 901).* – Reg.: *Ital. Pont. II 88 n. *1; Böhmer/Zimmermann n. 811.*

*** 8373** **(998 ex.–999)**

Iohanni abbati s. Vincentii Vulturnensis, qui Coni vocatus est, privilegium de s. Maria in Castanieto confert.

Laud. in: *Chron. Vulturnense (FSI 58, 33 et 96).* – Reg.: *Ital. Pont. VIII 250 n. *14; Böhmer/Zimmermann n. 842.*

De tempore cf. Böhmer/Zimmermann n. 842.

* 8374 **(999 in.)**

JL *3892 Monasterii s. Petri Perusini privilegia confirmat.

L a u d . i n : *J³ 8493; Conradi II diploma (MGH DD K II n. 85); Friderici I diploma (MGH DD F I/2 n. 413).* – R e g . : *Ital. Pont. IV 67 n. *2; Böhmer/Zimmermann n. 848.*

Olim ad a. 996–999. De tempore cf. Böhmer/Zimmermann n. 848.

* 8375 **999 (febr.)** **Roma, Laterano**

In placito litem inter Gregorium abbatem ss. Cosmae et Damiani in Mica Aurea et Hugonem abbatem s. Mariae in Farfa super cella s. Mariae in Minione decidit.

L a u d . i n : *Ottonis III diplomata (Ital. Pont. I 130 n. 2; MGH DD O III n. 340).* – R e g . : *Ital. Pont. I 130 n. *1; Ital. Pont. II 62 n. *13; Böhmer/Uhlirz n. 1302e; Böhmer/Zimmermann n. 853.*

* 8376 **(999 ante dec. 2)**

A (Gregorio V aut Silvestro II) et (Ottone III) imperatore Boleslaus dux Bohemorum (recte: Polonorum) petit, ut metropolis in Polonia constituatur.

L a u d . i n : *Ann. Hildesheimenses ad a. 1000 (MGH SS rer. Germ. 8, 28).* – R e g . : *Pol. Pont. 14 n. *4 et 47 n. *1 et 187 n. *†19.*

* 8377 **999 (febr.)** **Roma**

JL I 494 Moritur et in ecclesia b. Petri sepelitur.

L a u d . i n : *Thietmari Merseburgensis Chron. IV c. 43 (MGH SS rer. Germ. N. S. 9, 181); Ann. Saxo ad a. 999 (MGH SS 37, 271); Ann. Magdeburgenses ad a. 998 (MGH SS 16, 161); Necr. Augiae divitis (MGH Necr. 1, 273); Ann. necr. Fuldenses ad a. 999 (MGH SS 13, 208); Gregorii V epitaphium (MGH Poetae 5/2, 338); Vita Meinwerci c. 7 (MGH SS rer. Germ. 59, 12); Vita Nili 91 (Giovanelli 127); Ruperti Tuitiensis Vita Heriberti c. 4 (MGH SS 4, 742); Ann. Colonienses ad a. 999 (MGH SS 1, 99); Ademari Cabannensis Chron. III c. 31 (Landes 154); Ann. Hildesheimenses ad a. 999 (MGH SS rer. Germ. 8, 27); Ann. Ottenburani ad a. 999 (MGH SS 5, 5); Ann. Altahenses ad a. 999 (MGH SS rer. Germ. 4, 16).* – R e g . : *Böhmer/Uhlirz n. 1304a; Böhmer/Zimmermann n. 854.*

*† 8378 **(1001 aug.)** **Roma**

Iohannem (XVI) papam caecatum et mutilatum legatio Sigfridi episcopi Placentini in carcere visitat et reliquias s. martyris Iustinae expedit. Qui eis reliquias tradit.

L a u d . i n : *Translatio Justinae 4 (AASS sept. 7, 259).* – R e g . : *Böhmer/Zimmermann n. †950.*

* 8379 **(1001) aug. 26** **(Roma)**

JL I 496 Iohannes (XVI) moritur.

L a u d . i n : *Cat. abb. Nonantulanorum (MGH SS rer. Lang. 573).* – R e g . : *Böhmer/Zimmermann n. 952.*

Olim ad a. 1013 apr. 2. De tempore cf. Böhmer/Zimmermann n. 952. Ignotum est ubi sepelitur, cf. Borgolte Petrusnachfolge 135 not. 54.

Silvester II (999–1003)

*8380 **999 (apr. 9)** **Roma**

JL I 496 Eligitur et ordinatur.

Laud. in: *Thietmari Merseburgensis Chron. IV c. 43 et VI c. 100 (MGH SS rer. Germ. N. S. 9, 180 et 392); Ann. Hildesheimenses ad a. 999 (MGH SS rer. Germ. 8, 27); Rodulfi Glabri Hist. I c. 4 (France 26); Ademari Cabannensis Chron. III c. 31 (Landes 154); Herimanni Augiensis Chron. ad a. 1000 (MGH SS 5, 118); Hugonis Flaviniacensis Chron. I ad a. 999 (MGH SS 8, 367); Hugonis Floriacensis Hist. Francorum Senonensis c. 8 (MGH SS 9, 368); Hist. regum Francorum mon. s. Dionysii c. 29 (MGH SS 9, 403); Sigeberti Gemblacensis Chron. ad a. 995 (MGH SS 6, 353); Orderici Vitalis Historia Ecclesiastica VII c. 2 (Chibnall 349); Ann. Saxo ad a. 999 (MGH SS 37, 270); Theodori Ann. Palidenses ad a. 999 (MGH SS 16, 65 et 97); Vita Meinwerci c. 7 (MGH SS rer. Germ. 59, 13).* – Reg.: *Böhmer/Uhlirz n. 1305b; Böhmer/Zimmermann n. 855.*

8381 **999 apr. 15** **Roma**

JL I 496 Per interventum et petitionem Silvestri (II) Otto III imperator Regiensi ecclesiae curtem Suzariam confirmat (Dat. XVII kal. mai. a. d. inc. 999, ind. XII, a. III Ottonis reg. XV, imp. III, act. Romae, feliciter).

Ed.: *MGH DD O III n. 317; Torelli Le carte degli archivi Reggiani 228.* – Reg.: *Ital. Pont. V 367 n. *4; Böhmer/Uhlirz n. 1313; Böhmer/Zimmermann n. 869.*

8382 **999 apr. 18** **(Roma)**

JL 3900 Monasterium s. Lamberti Seonense, petentibus fundatore Aribone comite et Ottone III imperatore, confirmat iuribusque ornat ea lege, ut singulis annis denarii XII sedi Romanae solvantur a monachis (Scr. p. m. Petri not. et scrin. S.R.E. Dat. XIV kal. mai. a. d. inc. 999, ind. XII). – *Si loca vel.*

Ed.: *Zimmermann Papsturkunden II n. <368.* – Reg.: *Germ. Pont. I 73 n. 1; Böhmer/Uhlirz n. 1316a; Böhmer/Zimmermann n. 870.*

Laud. et in Innocentii II privilegio (JL 7971). De fide cf. Zimmermann Papsturkunden II n. <368.

8383 **(999) apr. (18)** **(Roma)**

JL 3924 Monasterium Helmershusense iisdem privilegiis donat, quibus Corbeiense fruatur (Scr. p. m. Petri not. et scrin. S.R.E. d. Siluestri pont. a. III, in m. apr., ind. XII). – *Si loca vel.*

Ed.: *Zimmermann Papsturkunden II n. 369.* – Reg.: *Böhmer/Uhlirz n. 1307a; Heinemeyer Urk. Helmarshausen 321 n. 2; Böhmer/Zimmermann n. 872; Germ. Pont. V/1, 89 n. 17; Germ. Pont. V/1, 166 n. 2.*

Laud. et in J[3] †8672 et in Eugenii III privilegio (Kehr Urk. Helmarshausen 113), nec non in Translatione s. Modoaldi c. 1 (MGH SS 12, 290). Olim ad a.1002 apr. De tempore cf. Böhmer/Zimmermann n. 872.

8384 **999 apr. 19** **(Roma)**

JL 3901 Monasterii s. Salvatoris et s. Benedicti Lenensis possessiones et privilegia, petente Liuzone abbate, confirmat (Scr. p. m. Antonii reg. not. et scrin. S.R.E., ind. XII. Dat. XIII kal. mai. p. m. Ioannis ep. s. Albanensis eccl. et bibl. S.R.E. ut supra in m. et ind. suprascr. XII, a. pont. d. Siluestri iunioris pp. I). – *Quoniam semper concedenda.*

Ed.: *Zimmermann Papsturkunden II n. 370.* – Reg.: *Ital. Pont. VI/1, 343 n. 1; Böhmer/Uhlirz n. 1317a; Böhmer/Zimmermann n. 873.*

8385 **(999 apr. med.)** **(Roma)**

JL 3908 Arnulfo archiepiscopo Remensi, „quibusdam excessibus pontificali honore privato ..., quia (eius) abdicatio Romano assensu" caruerit, concedit, ut recepto baculo et anulo „archiepiscopali officio" fungatur „et omnibus insignibus ... solito more" perfruatur, „pallio" utatur et „benedictionem regum Francorum et ... subiectorum episcoporum" obtineat. Ecclesiae Remensis privilegia confirmat. – *Apostolici culminis est.*

Ed.: *Zimmermann Papsturkunden II n. 366.* – Reg.: *Böhmer/Uhlirz n. 1311a; Böhmer/Zimmermann n. 867.*

Olim ad a. 999. De tempore cf. Böhmer/Zimmermann n. 867.

*8386 **(999 apr. med.)** **Roma**

JL I 496 In synodo in ecclesia b. Petri (Romana) praesidente Silvestro II Ardoinus (marchio Eporediensis) confitetur se neci Petri episcopi Vercellensis interfuisse; paenitentia et imposita est.

Laud. in: *Actum synodale (MGH Conc. 6/2, 582); Thietmari Merseburgensis Chron. IV c. 44 (MGH SS rer. Germ. N. S. 9, 182); Gesta archiepp. Magdeburgensium c. 14 (MGH SS 14, 390).* – Reg.: *Ital. Pont. VI/2, 146 n. 3; Böhmer/Uhlirz n. 1305c; Germ. Pont. IV 229 ad n. 4; Böhmer/Zimmermann n. 862.*

Olim ad a. 999 apr.–mai. De tempore cf. Böhmer/Zimmermann n. 862. De synodo cf. et MGH Conc. 6/2, 579.

*8387 **(999 apr. med.)** **Roma**

Ottoni (III) imperatori consilium dat, ut in ecclesia b. Pauli (extra muros) monachos „prave degentes" inde expellat et ibi canonicos instituat.

Laud. in: *Rodulfi Glabri Hist. I c. 4 (France 28).* – Reg.: *Böhmer/Zimmermann n. 865.*

*8388 **(999 apr. med.)** **(Roma)**

JL *3936 Monasterii s. Pauli Romani (extra muros) possessiones confirmat.

Laud. in: *Gregorii VII privilegium (Santifaller Gregor 20); Anacleti II privilegium (JL 8373).* – Reg.: *Ital. Pont. I 168 n. *11; Böhmer/Zimmermann n. 866.*

Olim ad a. 999–1003. De tempore cf. Böhmer/Zimmermann n. 866.

*†8389 **(999 apr. med.)** **Roma**

Silvestri II consilio et auctoritate vir illustris Ekkehardus quidquid sui iuris possessionum (apud locum Helmwardeshusen) b. Petro apostolo tradit construendique coenobio licentiam et locu libertatem obtinet.

Laud. in: *Translatio s. Modoaldi c. 1 (MGH SS 12, 290).* – Reg.: *Böhmer/Zimmermann n. †871; Germ. Pont. V/1, 166 n. *†1.*

8390 **999 apr. (cr. 26)** **(Roma)**

JL 3902 Parthenonis ss. Petri et Servatii Quedlinburgensis privilegia, rogatu Ottonis (III) imperatoris eiusque sororis Adelheidae (I) abbatissae, confirmat (Scr. p. m. Petri not. et scrin. S.R.E. in m. apr. ind. XII). – *Quia postulat itaque.*

Ed.: *Zimmermann Papsturkunden II n. <371.* – Reg.: *Böhmer/Uhlirz n. 1319a; Böhmer/Zimmermann n. 874; Germ. Pont. V/2, 312 n. 5 et 323 n. 1.*

Laud. et in Adelheidae II abbatissae charta a. 1069 confecta (Erath Cod. dipl. Quedlinburg. 64), in Martini ep. Tusculani et legati charta a. 1173 (Erath Cod. dipl. Quedlinburg. 96), atque in Innocentii IV privilegio (Berger Registres II 188 n. 5076). De fide cf. Zimmermann Papsturkunden II n. <371.

***† 8391** **(999 apr.)** **Roma**

Silvestro (II) Hugo peregrinus (de Montboissier) Arvernensis mirifice ab introitu ecclesiae s. Petri impeditus peccata sua fatetur et eo postulante promittit, ut satisfactionis causa monasterium (Clusinum) condat.

Laud. in: *Chron. mon. s. Michaelis Clusini c. 13 (MGH SS 30/2, 965).* – Reg.: *Böhmer/Zimmermann n. †863.*

De tempore cf. Böhmer/Zimmermann n. †863.

*** 8392** **(999 apr.)** **Roma**

Monasterio s. Michaelis Clusino privilegium concedit Hugone Arvernensi monasterii institutore petente.

Laud. in: *Chron. mon. s. Michaelis Clusini c. 17 (MGH SS 30/2, 967); Guillelmi Clusini Vita Benedicti abb. Clusensis c. 3 et c. 9 (MGH SS 12, 198 et 203); Paschalis II privilegium (Ital. Pont. VI/2 125 n. 14).* – Reg.: *Ital. Pont. VI/2, 122 n. *1; Böhmer/Zimmermann n. 864.*

*** 8393** **(999 apr.)**

Odiloni abbati Cluniacensi favet tituloque „frater" ornat.

Laud. in: *Iotsaldi Cluniacensis Vita Odilonis I c. 6 (MGH SS 15/2, 813).* – Reg.: *Böhmer/Zimmermann n. 860.*

De tempore cf. Böhmer/Zimmermann n. 860.

*** 8394** **(999 apr.)** **(Roma)**

Monasterio Altensi privilegium indulsisse videtur (de protectione apostolica, de possessionibus, de electione abbatissae, de censu Romam solvendo?).

Reg.: *Wisplinghoff Rhein. UB II n. 151; Böhmer/Zimmermann n. 870 adn.; Germ. Pont. IX 52 n. *2.*

De re et tempore cf. Germ. Pont. IX 52 n. *2.

8395 **(999 post apr.)**

Silvestro (II) Adalboldus (Laubachensis) scholasticus de quaestionibus mathematicis scribit.

Ed.: *Bubnov Gerberti opera mathematica 302.* – Reg.: *Böhmer/Zimmermann n. 875.*

De tempore cf. Böhmer/Zimmermann n. 875.

***† 8396** **(999 post apr.)**

Nov. 2 diem commemorationis omnium defunctorum constituit.

Laud. in: *Iacobi Gori Istoria di Chiusi (RIS 1, 885).* – Reg.: *Böhmer/Zimmermann n. †876.*

8397 **999 mai. 7** **Roma**

JL I 496 Supplicante Silvestro (II) Otto III imperator Leoni episcopo Vercellensi totam civitatem Vercellensem in integrum cum omni publica potestate et totum comitatum s. Agathae concedit (Dat. non. mai. a. d. inc. 999, ind. XII, a. III Ottonis reg. XV, imp. III, act. Rome, feliciter amen).

Ed.: *MGH DD O III n. 324.* – Reg.: *Ital. Pont. VI/2, 12 n. *18; Böhmer/Uhlirz n. 1321; Böhmer/Zimmermann n. 880.*

8398 **(999 mai. 7)** **(Roma)**

JL 3903 Ecclesiae Vercellensis donatum ab Ottone (III) imperatore (d. VII m. mai.) s. Agathae comitatum asserit. – *Clareat cunctis ad.*

Ed.: *Zimmermann Papsturkunden II n. <375.* – Reg.: *Ital. Pont. VI/2, 12 n. 19; Böhmer/Uhlirz n. 1321a; Böhmer/Zimmermann n. 881.*

De fide cf. Zimmermann Papsturkunden II n. <375.

8399 **(999 mai.)** **(Roma)**

JL 3930 (Hugonis) abbatis (Farfensis) quaestionem de paenitentia pro simonia expianda ita respondit: „De hoc unde nos consuluisti, ideo respondere tibi distulimus, quoniam auctoritatem in Romanis voluminibus non habemus. Illos autem libros, in quibus specialem sententiam legimus, in Gallia relictos recolimus". Addit, episcopos „per pecuniam promot(o)s" in biennium minuendos pontificatu esse. – *De hoc unde.*

E d . : *Zimmermann Papsturkunden II n. 372.* – R e g . : *Böhmer/Zimmermann n. 877.*

Olim ad a. 999–1003. De re et tempore cf. Böhmer/Zimmermann n. 877.

8400 **999 mai.** **(Roma)**

JL 3904 Ecclesiae Argentoratensi possessionem abbatiae Andlaviensis asserit (Scr. p. m. Petri not. et scrin. S.R.E. in m. mai., ind. XII. Dat. p. m. Ioannis s. Albanensis eccl. ep. et bibl. S.R.E. a. d. inc. 999, a. pont. d. Siluestri pp. I, imp. Ottone III imp. eius XVI). – *Divina nobis saluberima.*

E d . : *Zimmermann Papsturkunden II n. 373.* – R e g . : *Germ. Pont. III 9 n. 12 et 42 n. 3; Böhmer/Uhlirz n. 1319b; Böhmer/Zimmermann n. 878.*

Cf. J³ *8364.

***† 8401** **999 mai.**

Nobili Mazzeo de Mergantibus comiti palatino ac vicario et procerio Fulginiae, Nuceriae et Trevii in Umbria, militi S.R.E. et domicello, gratias agit.

L a u d . i n : *Chron. Merganti (nondum editum).* – R e g . : *Ital. Pont. IV 50 n. †4; Zimmermann Papsturkunden II n. †374; Böhmer/Zimmermann n. †879.*

De re et tempore cf. Böhmer/Zimmermann n. †374.

*** 8402** **999 iul. 9** **Benevento**

JL I 497 Praesente (Silvestro II) Heribertus archiepiscopus Coloniensis ab Ottone (III) imperatore creatur (Beneventani pont. ei honor dat. est VII id. iul.).

L a u d . i n : *Lantberti Tuitiensis Vita Heriberti c. 6 (MGH SS rer. Germ. 73, 155).* – R e g . : *Böhmer/Uhlirz n. 1323d; Oediger Reg. Köln I 173 n. 580; Germ. Pont. VII 51 n. *124; Böhmer/Zimmermann n. 882.*

*** 8403** **(999 sept. med.)** **(apud Romam)**

Cum Silvestro (II), Hugone marchione (Tusciae) et alios Otto III imperator consilia imperii tractat.

L a u d . i n : *Ottonis III diploma (MGH DD O III n. 331).* – R e g . : *Böhmer/Uhlirz n. 1325b; Böhmer/Zimmermann n. 883.*

De tempore cf. Böhmer/Zimmermann n. 883.

*** 8404** **(999 sept. 22)** **Farfa**

JL I 497 Cum Ottone III imperatore ad monasterium s. Mariae Farfensi pervenit.

L a u d . i n : *Ottonis III diplomata (MGH DD O III n. 331 et n. 340).* – R e g . : *Böhmer/Uhlirz n. 1325c et n. 1327a; Böhmer/Zimmermann n. 884.*

Cf. J³ *8413.

*** 8405** **(999 sept. 22)** **(Farfa)**

Constitutionem ab Hugone abbate Farfensi factam et ab Odilone Cluniacensi et Guillelmo Divionensi abbatibus una cum A(rnulfo Remensi?) episcopo corroboratam confirmat, sua auctoritate collaudans.

L a u d . i n : *Hugonis Farfensis Relatio constitutionis (FSI 33, 58); Gregorii Catinensis Chron. Farfense (FSI 34, 78).* – R e g . : *Ital. Pont. II 62 n. *15; Böhmer/Zimmermann n. 885.*

8406 **999 oct. 23** **Roma**

JL I 497 Silvestro (II) nec non Heriberto logotheta principali et cancellario (archiepiscopo iam creato Coloniensi) intervenientibus Otto III imperator Siggoni cappellano suo praedium quoddam donat (Dat. X kal. nov. a. d. inc. 999, ind. XIII, a. III Ottonis reg. XVI, imp. IV, act. Romae).

Ed.: *MGH DD O III n. 334; Santifaller Urk. d. Brixner Hochstiftsarchive 116.* – Reg.: *Germ. Pont. I 142 n. *9; Böhmer/Uhlirz n. 1331; Germ. Pont. VII 51 n. 125; Böhmer/Zimmermann n. 887.*

8407 **999 oct.** **(Roma)**

JL 3905 Monasterii Laureshamensis privilegia, petentibus Ottone III imperatore et Willigiso archiepiscopo Maguntino et Francone Wormatiensi Bernharioque Verdensi episcopis, confirmat (Scr. p. m. Petri not. ac scrin. S.R.E. in m. oct., ind. XIII). – *Notum fieri volumus.*

Ed.: *Insertum in Chron. Laureshamensi c. 73 (Glöckner Cod. Laureshamensis I 356; separatim ed. Zimmermann Papsturkunden II n. 376).* – Reg.: *Böhmer/Uhlirz n. 1329c; Böhmer/Zimmermann n. 886; Germ. Pont. IV 83 n. 89 et 229 n. 4.*

Laud. et in Necr. Laureshamensi (Böhmer FRG III 148).

*** 8408** **(999 oct. ex.)** **Roma**

Heriberto creato (nondum consecrato) archiepiscopo Coloniensi pallium tribuit.

Laud. in: *Lantberti Tuitiensis Vita Heriberti c. 6 (MGH SS rer. Germ. 73, 156).* – Reg.: *Oediger Reg. Köln I 174 n. 582; Germ. Pont. VII 51 n. *126; Wisplinghoff Rhein. UB II n. 229; Böhmer/Zimmermann n. 888.*

*** 8409** **999 nov. 3** **Roma**

JL I 497 Silvestro II petente Otto III imperator Petroaldo abbati Bobiensi privilegium concedit (Dat. III non. nov. a. d. inc. 999, ind. XIII, a. III Ottonis reg. XVI, imp. IV, actum Rome).

Laud. in: *Ottonis III diploma (MGH DD O III n. 335).* – Reg.: *Ital. Pont. VI/2, 252 n. *20; Böhmer/Uhlirz n. 1332; Böhmer/Zimmermann n. 889.*

*** 8410** **(999 nov. in.)**

JL *3937α Monasterio s. Columbani Bobiensi eadem privilegia, quae Martinus papa supra (J³ *†3379), concedit.

Laud. in: *Sicardi Cremonensis Relatio ad Innocentium III (FSI 53, 367).* – Reg.: *Ital. Pont. VI/2, 252 n. *21; Böhmer/Zimmermann n. 890.*

Olim ad a. 999–1003. De tempore cf. Böhmer/Zimmermann n. 890. JL 3938 delendum est; cf. Böhmer/Zimmermann n. †1049.

8411 **999 nov. 23** **(Roma)**

JL 3906 Theotardum episcopum Aniciensem Stephani, a Gregorio V in synodo Romana damnati, successorum sancit, et ecclesiae possessiones confirmat. A quolibet eum vel locum eius excommunicari vetat (Scr. p. m. Petri not. et scrin. S.R.E. in m. nov., ind. XIII. Dat. IX kal. dec. p. m. Iohannis ep. s. Albanensis eccl. et bibl. S.A.S. a. pont. d. Siluestri II pp. I, imp. d. III Ottone a Deo cor. magno et pacifico imp. a. IV, in m. et ind. suprascr.). – *Quotienscumque ecclesiae questiones.*

Ed.: *Zimmermann Papsturkunden II n. 377; Guyotjeannin/Poulle Autour de Gerbert 171.* – Reg.: *Santifaller Beschreibstoffe 34 n. 18; Rabikauskas Kuriale 228; Böhmer/Zimmermann n. 891.*

Laud. et in Petri ep. Aniciensis Forma electionis a. 1053 (Mabillon Ann. IV 681).

(999 ante dec. 2)

Cf. J³ *8376 s. v. Gregorius V.

*8412 **(999 ante dec. 2)** **Gniezno**

Licentiam dat „causa petitionis Bolizlavonis Boemiorum (rectius: Polonorum) ducis", ut (Gnesnae) sedes metropolitana constituatur.

Laud. in: *Ann. Hildesheimenses ad a. 1000 (MGH SS rer. Germ. 8, 28); Thietmari Merseburgensis Chron. IV c. 44 (MGH SS rer. Germ. N. S. 9, 180 et 182); Galli Anonymi Chron. c. 6 (MPH N.S. 2, 17).* – Reg.: *Böhmer/Uhlirz n. 1336 et n. 1349d et n. 1349e; Maleczyński Cod. dipl. Silesiae I 12 n. 4; Martí Bonet Reg. 12 n. 4; Lübke Reg. Slaven III 177 n. 338; Swinarski Herrschen mit Heiligen 426 n. 147; Böhmer/Zimmermann n. 902; Pol. Pont. 15 n. *5 et 47 n. *2.*

De tempore cf. Pol. Pont. 47 n. *2.

*8413 **(999 dec. 2)** **Roma**

JL I 497 Cum consensu Silvestris (II) Otto III imperator litem inter Gregorium abbatem ss. Cosmae et Damiani in Mica Aurea et Hugonem abbatem s. Mariae in Farfa super cella s. Mariae in Minione decidit.

Laud. in: *Placitum a. 999 (FSI 96, 437); Berardi abbatis Farfensis charta a. 1048 (Giorgi/Balzani Reg. di Farfa IV 216); Gregorii Catinensis Chron. Farfense (FSI 34, 14 et 124).* – Reg.: *Ital. Pont. I 130 n. 2; Ital. Pont. II 62 n. 14; Böhmer/Uhlirz n. 1336; Böhmer/Zimmermann n. 894.*

De tempore cf. Böhmer/Zimmermann n. 894. Cf. et J³ *8404.

*8414 **(999 dec. in.)** **Roma**

Per Stephanum (I) vicecomitem Gabalitanum de monasterio Lingoniensi condito certior factus idem tuendum suscipit.

Laud. in: *J³ 8415; charta fundationis monasterii Lingoniensis (Vaissète/De Vic Hist. Languedoc, nouv. éd. V 332).* – Reg.: *Böhmer/Zimmermann n. 892.*

8415 **(999 dec. in.)**

JL 3931 Ecclesiae ss. Gervasii et Prothasii (Lingoniensis), in comitatu Gabalitano a Stephano (I) vicecomite et Angelmoda coniuge constructae, beatoque Petro oblatae protectionem suscipit. – *Notum esse volumus.*

Ed.: *Zimmermann Papsturkunden II n. 378.* – Reg.: *Böhmer/Zimmermann n. 893.*

Olim ad a. 999–1003. De tempore cf. Böhmer/Zimmermann n. 893. Cf. et J³ *8414.

*†8416 **999**

Aegre ferens Sardiniam et Corsicam in potestate iam a tempore Caroli M. Sarracenorum esse diplomate christianos principes monet, ut Sarracenos in illis insulis vi appugnare contendant et, qui primus eas occupaverit, imperio suo ac ditioni adiciat.

Laud. in: *Alfonsi Delbene De regno Burgundiae Transiuranae et Arelatis 153.* – Reg.: *Ital. Pont. X 468 n. †*16; Böhmer/Zimmermann n. †859a.*

A. 999 laud. in Alfonsi Delbene De regno Burgundiae Transiuranae et Arelatis; de tempore cf. et Böhmer/Zimmermann n. †859a.

†8417 **999 (dec. ex.)** **(Roma)**

Erchanbaldo abbati Fuldensi omnia monasterii iura confirmat (Scr. p. m. Theodori not. reg. atque scrin. S.R.E. in m. mart. et ind. I. Dat. VI kal. apr. p. m. Nycolai prim. S.A.S. a. Deo prop. pont. d. n. Siluestri summi pont. et univ. iunioris pp. in ss. sede b. Petri apost. I, in m. mart. et ind. I). – *Quoniam semper sunt.*

Ed.: *Zimmermann Papsturkunden II n. †379.* – Reg.: *Germ. Pont. IV 376 n. †57; Böhmer/Zimmermann n. †895.*

De fide et tempore cf. Böhmer/Zimmermann n. †895.

†8418 **999 dec. 31** **(Roma)**

JL 3907 Monasterii Fuldensis privilegia et primatum Germaniae, petente Erchanbaldo abbate, confirmat (Scr. p. m. Antonii not. et scrin. S.R.E. Dat. II kal. ian. p. m. Iohannis ep. s. Albanensis ęccl. et bibl. S.A.S. a. prop. pont. d. Siluestri iunioris pp. I, imp. d. Ottone III pacifico, imp. eius a. III, ind. XIII). – *Pontificii nostra cura.*

Ed.: *Zimmermann Papsturkunden II n. †380; Meyer zu Ermgassen Codex Eberhardi I 34 et 77.* – Reg.: *Böhmer/Uhlirz n. 1338d; Germ. Pont. IV 374 n. 56; Böhmer/Zimmermann n. †896.*

*8419 **(1000 in.)** **Roma**

Leotericum archidiaconum, olim discipulum suum, archiepiscopum Senonensem creatum excipit, electionem eius confirmat pallioque ei primatum Galliae concedit.

Laud. in: *Clarii Senonensis Chron. (Bautier/Gilles 106); Gaufridi de Collone Chron. (Julliot 378).* – Reg.: *Böhmer/Zimmermann n. 900.*

De tempore cf. Böhmer/Zimmermann n. 900.

8420 **1000 febr.** **Carsoli**

(Silvestris II) iussu Rainaldus (II) comes (Carseolensis) Petro abbati monasterii Sublacensis castella, quae vocantur Arzula, Rubianu et Anticulu, in territorio Tiburtino sita et suo tempore monasterio a Gregorio (V) papa data, concedit (a. ab inc. d. ... 1000 reg. d. Oddo imp. in Italia, imp. eius in a. IV et d. m. febr., ind. XIII, actum in Carzoli).

Ed.: *Allodi/Levi Reg. Sublacense 224.* – Reg.: *Zimmermann Papsturkunden II n. 381; Böhmer/Zimmermann n. 901.*

*8421 **1000 (mart. med.)**

Licentia (Silvestri II) rogatu Boleslai (I) ducis Poloniae concessa Gaudentius, frater s. Adalberti, ab Ottone III imperatore concilio convocato in archiepiscopum Gnesnensem instituitur.

Laud. in: *Ann. Hildesheimenses ad a. 1000 (MGH SS rer. Germ. 8, 28); Galli Anonymi Chron. c. 6 (MPH N.S. 2, 17).* – Reg.: *Böhmer/Uhlirz n. 1336 et n. 1349b; Maleczyński Cod. dipl. Silesiae I 12 n. 4; Martí Bonet Reg. 12 n. 4; Lübke Reg. Slaven III 177 n. 338; Swinarski Herrschen mit Heiligen 426 n. 147; Böhmer/Zimmermann n. 902; Pol. Pont. 15 n. *6 et 48 n. *3 et 69 n. *2 et 86 n. *2 et 109 n. *1 et 166 n. *1.*

De tempore cf. Pol. Pont. 48 n *3. De synodo cf. et MGH Conc. 6/2, 585.

*? 8422 **(ante 1000 mart. 27)**

Benedicto VII (rectius: Silvestro II) Mescho (rectius: Boleslaus I) dux Polonorum Lampertum episcopum Cracoviensem nuntium mittit et per eum coronam sibi et Polonorum regionibus dari petit.

Laud. in: *Chron. Hungaro-Polonicum (Karacsonyi I 281); Ann. Kamenecenses (MPH 2, 777); Ann. mansionarum Cracoviensium (MPH 3, 60); Ann. s. Crucis (MPH N.S. 12, 4).* – Reg.: *Pol. Pont. 16 n. *†?7 et 86 n. *†?3.*

De tempore et ceteris fontibus cf. Pol. Pont. 16 n. *†?7.

*8423 **(1000 mart.)**

Gerberto vicecomite Barcinonensi ab Aetio episcopo Barcinonensi accusato et episcopum et vicecomitem invitat, ut die natali Christi controversiam iudicandi causa ad se veniant.

Laud. in: *J³ 8454.* – Reg.: *Böhmer/Zimmermann n. 903.*

De tempore cf. Böhmer/Zimmermann n. 903.

*8424 **(1000 mart.)** **Gniezno**

Quidam cardinales (Silvestri II legati) cum Ottone III imperatore ad s. Adalberti sepulcrum in Gnezen peregrinant.

L a u d . i n : *Thietmari Merseburgensis Chron. IV c. 45 (MGH SS rer. Germ. N. S. 9, 183).* – R e g . : *Pol. Pont. 68 n. *1.*

De tempore cf. Pol. Pont. 68 n. *1.

*8425 **(1000 post mart.)**

Legatos in Russiam mittit.

L a u d . i n : *Niconis Chron. patriarcharum 6508 (PSRL IX 68).* – R e g . : *Böhmer/Zimmermann n. 904.*

†8426 **1000 apr. 28** **Roma, Laterano**

Pisanae reipublicae gratias agit, quod contra haeresiam pugnat (Dat. Lat. IV kal. mai., pont. n. a. II). – *Magnificetur Dominus vehementer.*

E d . : *Zimmermann Papsturkunden II n. †383.* – R e g . : *Ital. Pont. III 357 n. †14; Böhmer/Zimmermann n. †905.*

†8427 **1000 apr. 28** **Roma, Laterano**

Canonicis Pisani gratias agit, quod contra haeresiam pugnant (Dat. Lat. IV kal. mai., pont. n. a. II). – *Gaudeamus filii nostri.*

E d . : *Zimmermann Papsturkunden II n. †384.* – R e g . : *Ital. Pont. III 333 n. †11; Böhmer/Zimmermann n. †906.*

8428 **1000 mai.** **(Roma)**

JL 3910 Monasterio (s. Ianuarii in Campo Leonis) Aretino (al. Capolona) ius Romanum, possessiones et consuetudines concedit (Scr. p. m. Petri not. et scrin. S.R.E. in m. mai., ind. XIII).

E d . : *Zimmermann Papsturkunden II n. 385.* – R e g . : *Ital. Pont. III 164 n. 1; Böhmer/Zimmermann n. 907.*

*8429 **(1000 mai.)**

JL *3934 Monasterio s. Mariae Vangaditiensi ab Ugone marchione condito privilegium libertatis concedit.

L a u d . i n : *Calixti II privilegium (Ital. Pont. V 195 n. 2).* – R e g . : *Ital. Pont. V 195 n. *1; Böhmer/Zimmermann n. 908.*

Olim ad a. 999–1003. De tempore cf. Böhmer/Zimmermann n. 908.

8430 **(1000) iun. 1**

JL 3922 „Insignia portarum beati Michaelis archangeli in Adriano" nuper ablata ante „apostolorum natalem" (iun. 29) sub anathematis poena reddi iubet (Dat. kal. iun.). – *Et cum nuper.*

E d . : *Zimmermann Papsturkunden II n. 386.* – R e g . : *Ital. Pont. I 155 n. 1; Böhmer/Zimmermann n. 909.*

Olim ad a. 999–1002 iun. 1. De tempore cf. Böhmer/Zimmermann n. 909.

*8431 **(1000 iun. in.)** **Orte**

Dum in Horta versatur, pars populi servitium debitum recusat et tumultum in ecclesia excitat. Itaque urbe excedit.

L a u d . i n : *J³ 8432.* – R e g . : *Böhmer/Uhlirz n. 1376d; Böhmer/Zimmermann n. 910.*

De tempore cf. Böhmer/Zimmermann n. 910.

8432 **(1000) iun. 12**

JL 3913 Ottoni (III) imperatori scribit se ei rumores allatos per Gregorium (comitem) Tusculanum nuntiasse. Propter inimicorum seditionem se Horta urbe excessisse. Petit, ut ecclesiae Romanae bona, in Sabina sita, restitui sibi iubeat (Dat. II id. iun.). – *Multa vobis per.*

E d . : *Zimmermann Papsturkunden II n. 387.* – R e g . : *Böhmer/Uhlirz n. 1376d; Böhmer/Zimmermann n. 911.*

Olim ad a. 999–1001 iun. 12. De tempore cf. Böhmer/Zimmermann n. 911. Cf. et J³ *8431.

*** 8433 (1000 ante aug. med.) Roma**

JL I 498 Ottonem (III) imperatorem „magnis laudibus" suscipit.

L a u d . i n : *Thietmari Merseburgensis Chron. IV c. 47 (MGH SS rer. Germ. N. S. 9, 186).* – R e g . : *Böhmer/Uhlirz n. 1390c; Böhmer/Zimmermann n. 912.*

Olim ad a. 1000 oct. De tempore cf. Böhmer/Zimmermann n. 912.

*** 8434 (1000 aest. ex.) Roma**

JL *3933 Ecclesiae Gradensi privilegium tribuit.

L a u d . i n : *Iohannis XIX privilegium (JL 4063; Böhmer/Frech n. 57); Benedicti IX privilegium (JL 4114; Böhmer/Frech n. 255).* – R e g . : *Ital. Pont. VII/2, 50 n. *66; Böhmer/Zimmermann n. 915.*

Olim ad a. 999–1003. De tempore cf. Böhmer/Zimmermann n. 915.

*** 8435 1000 (aest. ex.) Roma**

Suffraganeis Senonensibus mandat, ut ordinationem Leoterici archiepiscopi Senonensis a comite Frotmundo (Senonensi) adhuc impeditam exsequantur.

L a u d . i n : *Clarii Senonensis Chron. (Bautier/Gilles 106); Hist. regum Francorum mon. s. Dionysii c. 30 (MGH SS 9, 404); Orderici Vitalis Historia ecclesiastica VII c. 2 (Chibnall IV 349); Willelmi Godelli Chron. III (MGH SS 26, 196); Gaufridi de Collone Chron. (Julliot 378).* – R e g . : *Böhmer/Zimmermann n. 916.*

***? 8436 (1000 aest. ex.) Roma**

Boleslao (I) duci Polonorum pactiones ab eo cum Ottone (III) imperatore initas confirmat: ut imperator duci „in ecclesiasticis honoribus quidquid ad imperium pertinebat in regno Polonorum vel in aliis superatis a duce vel superandis regionibus barbarorum" concedat.

L a u d . i n : *Galli Anonymi Chron. I c. 6 (MPH N.S. 2, 20); Cat. epp. Cracoviensium rec. V (MPH N.S. 10/2, 81); Chron. princ. Poloniae 9 (MPH 3, 440).* – R e g . : *Böhmer/Uhlirz n. 1350/I; Maleczyński Cod. dipl. Silesiae I 12 n. 4; Martí Bonet Reg. 12 n. 4; Bull. Poloniae I 4 n. 3 et 49 n. *?4; Böhmer/Zimmermann n. 913; Pol. Pont. 17 n. *?8 et 49 n. *?4 et 86 n. *?4 et 110 n. *?2 et 166 n. *?2.*

*** 8437 (1000 aest. ex.) (Roma)**

Legatos in Dalmatiam mittit.

L a u d . i n : *J³ 8441.* – R e g . : *Böhmer/Uhlirz n. 1390d; Böhmer/Zimmermann n. 914.*

De tempore cf. Böhmer/Zimmermann n. 914.

*** 8438 (1000 post nov. 28)**

(Silvestro II) domno apostolico et (Ottoni III) imperatori ecclesia Hildesheimensis (aut nomine eius Eggehardus episcopus Sleswicensis) scripta de infestationibus ab Willigiso archiepiscopo (Maguntino) sibi illatis et maxime de synodo in Gandersheimensi ecclesia (nov. 28) cum extraneis episcopis celebrata mittit.

L a u d . i n : *Thangmari Hildesheimensis Vita Bernwardi c. 21 et c. 22 (MGH SS 4, 768; MGH Conc. 6/2, 610); Wolfherii Hildesheimensis Vita Godehardi c. 21 (MGH SS 11, 182; MGH Conc. 6/2, 612); Ann. Hildesheimenses ad a. 1001 (MGH SS rer. Germ. 8, 28).* – R e g . : *Germ. Pont. V/2, 26 n. *21.*

De tempore cf. Germ. Pont. V/2 26 n. *21.

†8439 **1000 nov.** **(Roma)**

Monasterio Dolensi possessiones et exemptionem concedit petente Emenone abbate (Scr. p. m. Petri not. ac scrin. S.R.E. in m. nov., ind. XIV). – *Desiderium quod ad.*

E d . : *Zimmermann Papsturkunden II n. †389.* – R e g . : *Böhmer/Zimmermann n. †920.*

Cf. J³ 7571, J³ 7609, J³ 7638, J³ 7936.

*8440 **(1000 aut.)**

P(etrum) Astensem episcopum pluribus litteris ad synodum vocat.

L a u d . i n : *J³ 8447.* – R e g . : *Ital. Pont. VI/2, 173 n. *4; Böhmer/Zimmermann n. 919.*

8441 **(1000 aut. ex.)** **(Roma)**

P(etrum II Orseolum) ducem Veneticorum et Dalmaticorum reprehendit, quod ipse sanctuaria Dei manifeste per episcopos non erubescat vendere, episcopi et presbyteri omnes mulieres publice acquirant, sicut nummularii et trapezitae saecularia lucra sequantur et pro divino officio utantur laicali negotio; monet eum, ut praesentialiter una cum patriarcha (Gradensi) generalem de omnibus ei commissis synodum celebret et quae exstirpanda de sinu ecclesiae sint, licenter exstirpet et quae aedificanda sint, aedificet; monet, ut hoc agant in tempore, ut si quid gravissimum apud eos emerserit, ad generalissimam synodum in pascha possit afferri; addit de legatis apostolicis in Dalmatiam missis. – *Inter diversas perturbationes.*

E d . : *Zimmermann Papsturkunden II n. 390.* – R e g . : *Ital. Pont. VII/2, 50 n. 68; Ital. Pont. VII/2, 18 n. 26; Böhmer/Uhlirz n. 1390d; Böhmer/Zimmermann n. 921.*

Cf. J³ *8437.

8442 **(1000 aut. ex.)**

Vitalem (IV) patriarcham Gradensem reprehendit, quod sacerdotes in eius constituti dioecesi publica negotia exerceant, ecclesias eiciant, mulieribus socientur; monet eum, ut omnes in clero constitutos sub ducis Venetiarum potestate generaliter ad synodum accersiri iubeat; quaecumque definire possint, sine personarum acceptione, sine munerum simoniaca datione definiant; quae vero non, in generalissima synodo in proxima pascha a sese celebranda proferant. – *Secularia iudicia ubique.*

E d . : *Zimmermann Papsturkunden II n. 391.* – R e g . : *Ital. Pont. VII/2, 50 n. 67; Böhmer/Uhlirz n. 1390d; Böhmer/Zimmermann n. 922.*

De tempore cf. Böhmer/Zimmermann n. 922.

8443 **1000 dec. 26** **(Roma)**

JL 3912 Daiferio (II) comiti eiusque filiis et nepotibus urbem et comitatum, cui nomen est Terracina, concedit (Scr. p. m. Iohannis scrin. S.R.E. in m. ian., ind. XIV. Dat. VII kal. ian. p. m. Iohannis ep. et bibl. S.S.A. a. pont. d. Siluestri ss. pp. II, imp. d. Oddone a Deo cor. magno et pacifico imp. a. V, in m. et ind. suprascr.). – *Quotiens illa a.*

E d . : *Zimmermann Papsturkunden II n. 393.* – R e g . : *Ital. Pont. II 121 n. 1; Böhmer/Uhlirz n. 1394e; Böhmer/Zimmermann n. 924.*

8444 **(1000)**

Eremo s. Crucis de Fonte Avellanae privilegium concedit.

E d . : *Ludovici Iacobilli Vite III 324.* – R e g . : *Ital. Pont. IV 94 n. *1; Böhmer/Zimmermann n. 897.*

De tempore cf. Böhmer/Zimmermann n. 897.

*8445 **(1000)**

Adalberonem episcopum Laudunensem pluribus litteris monet, ne regem Robertum (II) Francorum iniuriis afficiat.

L a u d . i n : *J³ 8453.* – R e g . : *Böhmer/Zimmermann n. 898.*

De tempore cf. Böhmer/Zimmermann n. 898.

*** 8446** **1000** **Orvieto**

Urbi Veteri regimen magistratus instituit.

L a u d . i n : *Cipriani Manente Hist. di Orvieto 8 ad a. 1000.* – R e g . : *Böhmer/Zimmermann n. 899.*

8447 **(1000 ex.)**

JL 3911 P(etrum) episcopum Astensem vehementissime increpat, quod saepius ad synodum vocatus non venerit et „discussionem canonum" vitaverit. Praecipit, ut (ad synodum) „in octava proximae ępiphaniae", i. e. ian. 13 (celebrandam accedat) (cf. J³ *8452). – *Iam epistolae nostrae.*

E d . : *Zimmermann Papsturkunden II n. 392; MGH Conc. 6/2, 618.* – R e g . : *Ital. Pont. VI/2, 173 n. 5; Böhmer/Zimmermann n. 923.*

Cf. J³ *8440 et J³ *8452.

*** 8448** **(1000 dec. ex.)** **Roma**

JL *3915 Ecclesiae Paderbornensis bona et iura, Rethario episcopo per nuntios Romam missos petente, confirmat.

L a u d . i n : *Vita Meinwerci c. 7 (MGH SS rer. Germ. 59, 11).* – R e g . : *Böhmer/Uhlirz n. 1396a; Böhmer/Zimmermann n. 925; Germ. Pont. V/1, 23 n. *15 et 47 n. *?2.*

De tempore cf. Böhmer/Zimmermann n. 925.

*** 8449** **(1001 ian. 5)** **(Roma, Palatino)**

JL I 498 Cum Ottone (III) imperatore Bernwardum episcopum Hildesheimensem suscipit.

L a u d . i n : *Thangmari Hildesheimensis Vita Bernwardi c. 19 (MGH SS 4, 767; MGH Conc. 6/2, 608).* – R e g . : *Böhmer/Uhlirz n. 1398d; Böhmer/Zimmermann n. 926; Germ. Pont. V/2, 26 n. *22.*

De tempore cf. Böhmer/Zimmermann n. 926.

*** 8450** **(1001 ian. 5)** **(Roma)**

Silvestro (II) papae et (Ottoni III) imperatori Bernwardus episcopus Hildesheimensis nuntiat de controversia Gandershemensi.

L a u d . i n : *Thangmari Hildesheimensis Vita Bernwardi c. 19 (MGH SS 4, 767; MGH Conc. 6/2, 608); Wolfherii Hildesheimensis Vita Godehardi c. 21 (MGH SS 11, 182).* – R e g . : *Böhmer/Uhlirz n. 1396d; Böhmer/Zimmermann n. 927.*

De tempore cf. Böhmer/Zimmermann n. 927.

*** 8451** **1001 ian. 6** **(Roma)**

Apud (Silvestrum II) et (Ottonem III) imperatorem Bernwardus episcopus Hildesheimensis conqueritur de infestationibus a Willigiso archiepiscopo (Maguntino) sibi illatis (ind. XIV, 1001 ... in epiphaniis).

L a u d . i n : *Thangmari Hildesheimensis Vita Bernwardi c. 21 et c. 22 (MGH SS 4, 768; MGH Conc. 6/2, 610); Wolfherii Hildesheimensis Vita Godehardi c. 22 (MGH SS 11, 183; MGH Conc. 6/2, 616); Ann. Hildesheimenses ad a. 1001 (MGH SS rer. Germ. 8, 28).* – R e g . : *Böhmer/Uhlirz n. 1396d; Böhmer/Graff n. 1483x; Böhmer/Zimmermann n. 928.*

De tempore cf. Böhmer/Zimmermann n. 928.

*** 8452** **1001 (ian. 13)** **(Roma), S. Sebastianello al Palatino**

JL I 498 Synodus episcoporum XX „in palare in aecclesia sancti Sebastiani martiris" praesente Ottone III imperatore, in qua Gandershemensis synodi a Willegiso archiepiscopo Maguntino habitae acta rescinduntur; monasterium Gandershemense Bernwardo episcopo Hildesheimensi restituitur; synodus Palithi in Saxonia d. 21. m. iun. habenda indicitur.

L a u d . i n : *J³ 8447; Ann. Hildesheimenses ad a. 1001 (MGH SS rer. Germ. 8, 28); Thangmari Hildesheimensis Vita Bernwardi c. 22 (MGH SS 4, 768; MGH Conc. 6/2, 610); Wolfherii Hildesheimensis Vita Godehardi c. 22 et c. 25 (MGH SS 11, 183 et 186; MGH Conc. 6/2, 616); Ann. Saxo ad a. 1001 (MGH SS 37, 278).* – R e g . : *Böhmer/Uhlirz n. 1396e; Germ. Pont. IV 83 n. *92; Germ. Pont. IV 84 n. *93; Böhmer/Zimmermann n. 929; Germ. Pont. V/2, 27 n. *24; Germ. Pont. V/2, 125 n. *10; Germ. Pont. V/2, 488 n. *13a.*

De tempore et synodo cf. MGH Conc. 6/2, 613.

8453 **(1001 ian. 13)** **(Roma)**

JL 3914 Azelinum episcopum Laudunensem, variis de criminibus a Roberto (II) rege Francorum accusatum, „in hac proxima pascali epdomada Rome ... adęssę ... et generaliter ibi habende synodo repraesentare" se iubet. – *Super salute et.*

E d . : *Zimmermann Papsturkunden II n. 394.* – R e g . : *Böhmer/Uhlirz n. 1394b; Böhmer/Zimmermann n. 930.*

Olim ad a. 1001?. De tempore cf. Böhmer/Zimmermann n. 930. Cf. et J³ *8445.

8454 **(1001 ian. 13)** **(Roma)**

Gerbertum vicecomitem Barcinonensem iterum (cf. J³ *8423) ad concilium paschae Romae celebrandum invitat. – *Episcopi Barchilonis clamorem.*

E d . : *Zimmermann Papsturkunden II n. 395.* – R e g . : *Zimmermann Papsturkunden II n. 395; Böhmer/Zimmermann n. 931.*

De tempore cf. Böhmer/Zimmermann n. 931. Cf. et J³ *8423.

†8455 **1001 (ian. 13)** **Roma**

JL †3939 Ottoni III imperatori significat se Widoni episcopo (Papiensi) parthenonem s. Mariae commendasse „non ad dominium per subiectionem ..., sed ad solam consecrationem et defensionem". Rogat, ut constitutionem hanc confirmet (Scr. p. m. Petri scriptoris S.R.E. Act. hoc Romae a. D. inc. 1001, ind. XIII, a. vero pont. Siluestri univ. pp. IV). – *Pastorali cura semper.*

E d . : *Zimmermann Papsturkunden II n. †396.* – R e g . : *Ital. Pont. VI/1, 177 n. †19; Ital. Pont. VI/1, 217 n. †1; Böhmer/Zimmermann n. †932.*

Olim ad a. 1001–1003. De tempore cf. Böhmer/Zimmermann n. †932.

***8456** **(1001 post ian. 13)**

Willigisum archiepiscopum Maguntinum iuxta synodale decretum (J³ *8452) litteris adhortatur, ut in posterum a controversia de Gandersheimensi ecclesia exorta desistat.

L a u d . i n : *Thangmari Vita Bernwardi c. 22 (MGH SS 4, 768; MGH Conc. 6/2, 611).* – R e g . : *Germ. Pont. V/2, 126 n. *11; Germ. Pont. V/2, 27 n. *25.*

***8457** **(1001 ian. med.)** **Tivoli**

JL I 498 Tiburi una cum Bernwardo episcopo Hildesheimensi Tiburtinorum animos Ottoni (III) imperatori conciliat.

L a u d . i n : *Thangmari Hildesheimensis Vita Bernwardi c. 23 (MGH SS 4, 769).* – R e g . : *Böhmer/Uhlirz n. 1397a et n. 1397b; Böhmer/Zimmermann n. 933.*

Olim ad a. 1001 febr. 16. De tempore cf. Böhmer/Zimmermann n. 933.

***8458** **(1001 ian. med.)** **Roma**

JL I 498 (Silvestro II) et Bernwardo episcopo Hildesheimensi hortantibus Otto (III) imperator urbi Tiburtinae seditiosae veniam dat.

L a u d . i n : *Thangmari Hildesheimensis Vita Bernwardi c. 23 (MGH SS 4, 769).* – R e g . : *Böhmer/Uhlirz n. 1397b; Böhmer/Zimmermann n. 934.*

8459 **(1001 ian. ex.)** **Roma**

Romanae ecclesiae Otto (III) imperator complures comitatus donat.

E d . : *MGH DD O III n. 389; MGH Const. 1, 54; Schramm Renovatio II 65.* – R e g . : *Böhmer/Uhlirz n. 1399; Böhmer/Zimmermann n. 937.*

De tempore cf. Böhmer/Zimmermann n. 937.

* 8460 **(1001 febr. 16)** **prope Romam**

JL I 498 „Egressi itaque papa et imperator dominica Exurge quare ... non longe ab Urbe castra ponunt."

L a u d . i n : *Thangmari Hildesheimensis Vita Bernwardi c. 27 (MGH SS 4, 770); Gesta epp. Cameracensium I c. 114 (MGH SS 7, 451); Sigeberti Gemblacensis Chron. ad a. 1002 (MGH SS 6, 354).* – R e g . : *Böhmer/Uhlirz n. 1402b; Böhmer/Graff n. 1483aa; Böhmer/Zimmermann n. 938.*

Olim ad a. 1001 febr. 20. De tempore cf. Böhmer/Zimmermann n. 938.

* 8461 **(1001 ian. 13–febr. 20)** **(Roma)**

JL *3921 „Immunitates imperatorum Hludouuici, Arnulfi ceterorumque ecclesie" Hildesheimensi donatas confirmat, Ottone III imperatore et Bernwardo episcopo petentibus.

L a u d . i n : *J³ 8781.* – R e g . : *Böhmer/Zimmermann n. 935; Germ. Pont. V/2, 28 n. *27.*

Olim ad a. 1001. De tempore cf. Böhmer/Zimmermann n. 935.

* 8462 **(1001 febr. 20)** **in secunda mansione imperatoris a Roma**

JL I 499 Ab (Ottone III) imperatore invitatur, ut dimissioni Bernwardi episcopi intersit (V feria eiusdem septimanae).

L a u d . i n : *Thangmari Hildesheimensis Vita Bernwardi c. 27 (MGH SS 4, 771).* – R e g . : *Böhmer/Uhlirz n. 1402d; Böhmer/Zimmermann n. 939.*

8463 **1001 mart. 7** **Perugia**

JL I 499 Per interventum Silvestris II Otto III imperator monasterio s. Laurentii de Campo privilegium concedit (Dat. non. mart. a. inc. d. 1001, ind. XIV, a. vero III Ottonis reg. XVII, imp. V, act. Perusie).

E d . : *MGH DD O III n. 392; Pierucci Fonte Avellana 343.* – R e g . : *Ital. Pont. IV 190 n. *1; Böhmer/Uhlirz n. 1403; Böhmer/Zimmermann n. 940.*

8464 **1001 apr. 4** **Classe**

JL I 499 In monasterio s. Appollinaris in Classe Silvestro (II) una cum Ottone (III) imperatore in iudicio residente Ravennati ecclesiae refutatur monasterium s. Mariae quod vocatur in Pomposia et monasterium s. Vitalis in ipsa insula positum (A. Deo prop. pont. d. n. Silvestri summi pont. et univ. pp. in apost. ss. b. Petri apost. D. sede II, sicque imp. d. n. piissimo perp. aug. Ottone a Deo cor. pacifico magno imp. in Italia vero a. V, d. IV m. apr., ind. XIV, infra claustra mon. s. Apollinaris, qui vocatur in Classe).

E d . : *Györffy Dipl. Hung. I 20 n. 3.* – R e g . : *Ital. Pont. V 52 n. 167; Böhmer/Uhlirz n. 1407; Zimmermann Papsturkunden II n. 398; Curradi Fonti per la storia di Ravenna 757 n. 1; Böhmer/Zimmermann n. 941.*

† 8465 **1001 (ante apr. 9)** **Roma**

Omnibus christianae religionis cultoribus nuntiat se Bernwardo episcopo Hildesheimensi petente studioque Ottonis (III) imperatoris monasterio s. Michaelis Hildesheimensi certis diebus festis indulgentias concessisse (Dat. Rome apud s. Petrum a. d. 1001, apost. n. a. II). – *Cunctis catholice institutionis.*

Ed.: *Zimmermann Papsturkunden II n. †397.* – Reg.: *Böhmer/Zimmermann n. †936; Germ. Pont. V/2, 29 n. †27a et 83 n. †1.*

De tempore cf. Germ. Pont. V/2 83 n. †1.

*8466 **(1001 apr. ante 27)** **(Ravenna)**

Stephano (I) duci Hungarorum coronam regiam et litteras cum apostolica benedictione mittit.

Laud. in: *J³ †8467; Gregorii VII epist. (JL 4886); Urbani II epist. (JL 5662); Hartwici Vita Stephani c. 9 (SS rer. Hung. 2, 412).* – Reg.: *Böhmer/Uhlirz n. 1407c; Györffy Dipl. Hung. 17 n. 1; Böhmer/Zimmermann n. 942.*

De tempore cf. Böhmer/Zimmermann n. 942.

†8467 **(1001 apr.) 27** **(Ravenna)**

JL †3909 Stephano (I) Hungarorum duci, quod regnum gentemque per Astricum, episcopum Colocensem, b. Petro obtulerit, gratias agit. Utrumque ea lege restituit, ut eius successores, per optimates electi, a pontificibus Romanis approbentur. Coronam, Polonorum duci ante destinatam, ei mittit nomenque regis et ecclesiarum sua vice ordinandarum potestatem concedit (Dat. Romae VI kal. apr., ind. XIII). – *Legati nobilitatis tuae.*

Ed.: *Zimmermann Papsturkunden II n. †382; Guyotjeannin/Poulle Autour de Gerbert 149.* – Reg.: *Böhmer/Zimmermann n. †903a et n. †943; Pol. Pont. 17 *†?9.*

Olim ad a. 1000 mart. 27. De tempore cf. Böhmer/Zimmermann n. †943. Cf. et J³ *8466.

*8468 **(1001 apr. ex.)** **(Ravenna)**

Henricum (IV) ducem Baiwariorum deprecatur, ut Iohannem patriarcham Aquileiensem moneat, ut ab infestatione Parentinae ecclesiae recedat.

Laud. in: *J³ 8587.* – Reg.: *Germ. Pont. I 392 n. *27; Ital. Pont. VII/2, 232 n. *4; Böhmer/Zimmermann n. 944.*

De tempore cf. Böhmer/Zimmermann n. 944.

*8469 **(1001 mai. in.)** **(Ravenna)**

JL *3916 et Episcopis et principibus (Germaniae) Friedericum synodi Palithensis celebrandae
JL *3917 causa missum commendat; Willigisum archiepiscopum Maguntinum de oboedientia admonet.

Laud. in: *Thangmari Hildesheimensis Vita Bernwardi c. 28 (MGH SS 4, 771; MGH Conc. 6/2, 622).* – Reg.: *Böhmer/Zimmermann n. 945; Germ. Pont. V/1, 24 n. *15a et 208 n. *11a; Germ. Pont. V/2, 28 n. *26 et 29 n. *28 et 126 n. *11a et 126 n. *12 et 215 n. *21 et 488 n. *14; Germ. Pont. IV 84 n. *94 et 84 n. *95 et 85 n. *96 et 85 n. *97.*

Olim numeri duo ad a. 1001. Cf. Böhmer/Zimmermann n. 945. De synodo Palithensi cf. et MGH Conc. 6/2, 619.

8470 **1001 mai.** **(Ravenna)**

JL 3918 Ecclesiae Urgellensis bona, rogante Salla episcopo, confirmat (Scr. p. m. Petri not. et scrin. S.R.E. in m. mai., ind. XIV). – *Desiderium quod religiosorum.*

Ed.: *Zimmermann Papsturkunden II n. 399.* – Reg.: *Santifaller Beschreibstoffe 34 n. 19; Rabikauskas Kuriale 228; Mundó Notes 115; Böhmer/Zimmermann n. 946.*

*8471 **(1001 mai.)** **(Ravenna)**

Sallae episcopo (Urgellensi) consilium dat, ut monasteria s. Clementis de Codinet et s. Andreae de Centella uniantur.

L a u d . i n : *Ermengaudi (I) comitis charta (Olwer Gerbert 357).* – R e g . : *Böhmer/Zimmermann n. 947.*

De tempore cf. Böhmer/Zimmermann n. 947.

*8472 **(1000 aut.–1001 vere)**

Iohannem (IV) patriarcham Aquileiensem ter ad synodum vocat, responsurum de invasione parochiae Ruvinii.

L a u d . i n : *J³ 8587.* – R e g . : *Ital. Pont. VII/1, 28 n. *46; Ital. Pont. VII/2, 232 n. *3; Böhmer/Zimmermann n. 918.*

De tempore cf. Böhmer/Zimmermann n. 948.

*8473 **(1001 aug. 15)** **(Esztergom)**

Litteris et corona acceptis Stephanus (I) iussu (Silvestri II) in regem Hungariae coronatur et ungitur.

L a u d . i n : *Legenda s. Stephani maior c. 9 (SS rer. Hung. 2, 384); Hartwici Vita Stephani c. 10 (SS rer. Hung. 2, 414); Hist. Salonitana maior (Klaić 110).* – R e g . : *Böhmer/Uhlirz n. 1422b; Böhmer/Zimmermann n. 948.*

*8474 **(1001 aug.)**

(Silvestro II) consentiente Stephanus (I) rex Hungariae Strigoniam metropolim Hungariae erigit et Astricum-Anastasium abbatem (Pechvaradinum) iam episcopum consecratum canonice electum archiepiscopum ordinat.

L a u d . i n : *Legenda s. Stephani maior c. 8 (SS rer. Hung. 2, 383).* – R e g . : *Böhmer/Uhlirz n. 1407c; Böhmer/Zimmermann n. 949.*

*8475 **(1001 aug. ex.)** **(apud Ravenna)**

JL *3919 „Universos Theotiscos episcopos circa natale domini ad synodum" venire iubet.

L a u d . i n : *Thangmari Hildesheimensis Vita Bernwardi c. 30 (MGH SS 4, 772; MGH Conc. 6/2, 623); Wolfherii Hildesheimensis Vita Godehardi c. 22 (MGH SS 11, 183; MGH Conc. 6/2, 623).* – R e g . : *Böhmer/Uhlirz n. 1422d; Böhmer/Zimmermann n. 951; Germ. Pont. V/2, 30 n. *30 et 126 n. *14.*

*8476 **(1001 post aug. ex.)**

Ad Silvestrum II et ad Ottonem III Bernwardus episcopus Hildesheimensis praecepto apostolico (J³ *8475) de concilio cr. natale Domini super causa Gandershemensi inter Willigisum archiepiscopum Maguntinum et se ipsum habendo satisfacere intendens Thangmarum presbyterum cum epistolis super synodo Palithensi et decreto Francofurtensi dirigit.

L a u d . i n : *Thangmari Hildesheimensis Vita Bernwardi c. 34 (MGH SS 4, 773; MGH Conc. 6/2, 630).* – R e g . : *Germ. Pont. V/2, 30 n. *31.*

*8477 **(1001 nov. med.)** **Cesena**

JL I 499 Caesenam obsidet.

L a u d . i n : *Petri Damiani Vita Mauri 3 (Migne PL 144, 950).* – R e g . : *Böhmer/Uhlirz n. 1426h; Böhmer/Zimmermann n. 954.*

*8478 **(1001 cr. sept.–dec. 17 aut 18)**

Decretum synodi Francofurtensis ad se delatum (J³ *8476) scriptis multociens annullat.

L a u d . i n : *Thangmari Vita Bernwardi c. 36 (MGH SS 4, 774; MGH Conc. 6/2, 631).* – R e g . : *Germ. Pont. V/2, 30 n. *32 et 126 n. *15.*

De tempore cf. Germ. Pont. V/2 30 n. *31.

*8479 **(1001 dec. 19)** **(Foligno)**

Silvestro (II) Thangmarus presbyter imperatore Ottone (III) praesente scripta Bernwardi episcopi Hildesheimensis tradit.

Laud. in: *Thangmari Hildesheimensis Vita Bernwardi c. 34 (MGH SS 4, 773; MGH Conc. 6/2, 630).* – Reg.: *Böhmer/Uhlirz n. 1434b; Böhmer/Zimmermann n. 955.*

*8480 **1001 dec. 25** **Todi**

JL I 499 Cum Ottone III imperatore „natale Domini celebrat".

Laud. in: *Thangmari Hildesheimensis Vita Bernwardi c. 36 (MGH SS 4, 774; MGH Conc. 6/2, 630); Wolfherii Hildesheimensis Vita Godehardi c. 23 (MGH SS 11, 184); Ann. Hildesheimenses ad a. 1002 (MGH SS rer. Germ. 8, 28); Ann. Saxo ad a. 1002 (MGH SS 37, 278); Vita Meinwerci c. 7 (MGH SS rer. Germ. 59, 13).* – Reg.: *Böhmer/Uhlirz n. 1435b; Böhmer/Zimmermann n. 956.*

*8481 **1001 dec. 27** **Todi**

JL I 499 Concilium, praesente Ottone III imperatore, in quo de monasterio Gandersheimensi agitur (Tudertine ... in festivitate s. Iohannis evangelistae).

Laud. in: *Thangmari Hildesheimensis Vita Bernwardi c. 36 (MGH SS 4, 774; MGH Conc. 6/2, 630); Wolfherii Hildesheimensis Vita Godehardi c. 23 (MGH SS 11, 184; MGH Conc. 6/2, 632).* – Reg.: *Böhmer/Uhlirz n. 1435c; Germ. Pont. VII 51 n. *127; Böhmer/Zimmermann n. 957; Germ. Pont. V/2, 30 n. *33 et 67 n. *1 et 127 n. *16.*

De synodo cf. et MGH Conc. 6/2, 628.

8482 **(1000–1001)**

JL 3920 Monasterii Vizeliacensis privilegia et possessiones „a presenti XIIII. indictionis tempore" confirmat petente Roberto abbate. – *Quotiens illa a.*

Ed.: *Zimmermann Papsturkunden II n. 388.* – Reg.: *Böhmer/Zimmermann n. 917.*

Olim ad a. 1001 mai.–dec. De tempore cf. Böhmer/Zimmermann n. 917. Cf. et J[3] 5843 et J[3] 6706.

*8483 **(1001 ex.)**

JL *3923 Andreae episcopo Parentino paroeciam Ruviniensem a Iohanne patriarcha Aquileiensi invasam duoque castella adiudicat, intercessione Heinrici ducis Baiuariorum frustra invocata.

Laud. in: *J[3] 8587.* – Reg.: *Ital. Pont. VII/2, 232 n. *5; Böhmer/Zimmermann n. 953.*

Olim ad a. 999–1002. De tempore cf. Böhmer/Zimmermann n. 953.

8484 **(1001 dec. ex.)** **(Todi)**

JL 3928 Monasteria Stabulense et Malmundariense, petente Notgero episcopo Leodiensi, tuenda suscipit et de modo abbatis eligendi constituit. – *Cum constat post.*

Ed.: *Zimmermann Papsturkunden II n. 400.* – Reg.: *Böhmer/Uhlirz n. 1316b; Böhmer/Zimmermann n. 958.*

Olim ad a. 999–1003. De tempore cf. Böhmer/Zimmermann n. 958.

8485 **(999 post apr.–1002 in.)**

Consultu et petitione Silvestri (II) Otto III imperator monasterio s. Iohannis Leodiensi donationem a Notgero episcopo Leodiensi factam confirmat.

Ed.: *MGH DD O III n. 240.* – Reg.: *Böhmer/Uhlirz n. 1223 et n. 1306; Böhmer/Zimmermann n. 861.*

*8486 **(1002 febr. ex.)** **Roma**

Arnulfus archiepiscopus Mediolanensis legatus Byzantiam missus Romae cum (Silvestro II) convenit.

L a u d . i n : *Landulfi Mediolanensis Hist. Mediolanensis II c. 19 (RIS ser. II 4/2, 54).* – R e g . : *Böhmer/Zimmermann n. 962.*

8487 **1002 mart. 8** **(Roma)**

In praesentia Silvestri II totiusque Romanae curiae Benedictus scrin. S.R.E. Euphemiani vetustissimam donationem in tomo charticinio conscriptam Iohanne abbate monasterii ss. Bonifacii et Alexii in monte Aventino (Romani) petente cognoscit et exemplat (A. D. prop. pont. d. n. Silvestri summi pont. et univ. II pp. in ss. sede b. Petri apost. III, ind. XV, m. mart. d. VIII).

E d . : *Monaci Regesto dell'abbazia di Sant'Alessio all'Aventino 363.* – R e g . : *Ital. Pont. I 116 n. 3; Santifaller Beschreibstoffe 42; Zimmermann Papsturkunden II n. 402; Böhmer/Zimmermann n. 963.*

*†8488 **(1002 apr. 5)** **Roma**

Apud Silvestrum (II) Grimoardus episcopus Engolismensis Romam veniens Widonem (I) vicecomitem Lemovicensem accusat, a quo captus et incarceratus fuerat. Wido damnatur (ss. d. paschae).

L a u d . i n : *Ademari Cabannensis Chron. III c. 36 (Landes 158); Hist. pont. et comitum Engolismensium (Boussard 15).* – R e g . : *Böhmer/Zimmermann n. †964.*

De tempore cf. Böhmer/Zimmermann n. †964.

*8489 **(1002 aest.)** **(Roma)**

A (Silvestro II) Bruno Querfurtensis licentiam paganis evangelizandi requirit.

L a u d . i n : *Brunonis Querfurternsis Vita Quinque Fratrum c. 10 (MPH N.S. 4/3, 51); Petri Damiani Vita Romualdi c. 28 (FSI 94, 57).* – R e g . : *Pol. Pont. 77 n. *1.*

De tempore cf. Pol. Pont. 77 n. *1.

*8490 **(1002 aest.)** **Roma**

Brunoni Querfurtensi eremitae (in Pereo degenti) licentiam paganis evangelizandi concedit, 'archiepiscopum gentium' nominat palliumque praebet. Ad consecrationem vero accipiendam eum ad Heinricum II regem atque Taginonem archiepiscopum (Magdeburgensem) dirigit.

L a u d . i n : *Brunonis Querfurtensis Vita V fratrum c. 10 (MPH N.S. 4/3, 51); Thietmari Merseburgensis Chron. VI c. 94 (MGH SS rer. Germ. N. S. 9, 386); Petri Damiani Vita Romualdi 27 (FSI 94, 57); Gesta epp. Halberstadensium (MGH SS 23, 89); Gesta archiepp. Magdeburgensium c. 10 (MGH SS 14, 383 et 394); Ann. Magdeburgenses ad a. 1009 (MGH SS 16, 164); Ann. Saxo ad a. 1006 (MGH SS 37, 531); Vita et passio Brunonis c. 1 (MGH SS 30/2, 1363).* – R e g . : *Böhmer/Uhlirz n. 1435c; Lübke Reg. Slaven III 233 n. 385 a; Böhmer/Zimmermann n. 966; Pol. Pont. 77 n. *2.*

De tempore cf. Böhmer/Zimmermann n. 966.

*8491 **(1002 ante oct.)** **(Roma)**

Raimundo comite (Barcinonensi) et Arnulfo episcopo Ausonensi praesentibus controversiam de electione abbatis in monasterio s. Benedicti Bagiis (prope Minorissam) ortam componit constituitque „prisca legum statuta" conditoris ius abbatem eligendi esse.

L a u d . i n : *Charta electionis Ramionis abbatis a. 1002 factae (Olwer Gerbert 354); Memoriale electionis a. 1004 (Olwer Gerbert 356).* – R e g . : *Böhmer/Zimmermann n. 965.*

De tempore cf. Böhmer/Zimmermann n. 965.

8492 **1002 nov.** **(Roma)**

JL 3925 Monasterio s. Salvatoris in Monte Amiata ecclesiam s. Cassiani et Silvae Senatulae et Caioli asserit (Scr. p. m. Iohannis scrin. S.R.E. in m. nov. et ind. suprascr. I). – *Superne miserationis respectus.*

Ed.: *Zimmermann Papsturkunden II n. <403.* – Reg.: *Ital. Pont. III 239 n. 6; Le sale della mostra 8 n. 17; Böhmer/Zimmermann n. 967.*

Laud. et in Winizonis abbatis querela contra Arialdum II ep. Clusinum a. 1005 habita (Leicht Leggi e capitolari 554). De fide cf. Zimmermann Papsturkunden II n. <403.

8493 1002 dec. 3 (Roma), Laterano

JL I 499 Synodus in palatio Lateranensi, in qua Conon episcopus monasterium s. Petri Perusinum ecclesiae Romanae restituit (in pal. sacrosancto Lat. a. IV ordinationis suae (Silvestri II), m. dec. d. III, ind. I).

Ed.: *Leccisotti/Tabarelli Carte I 1.* – Reg.: *Ital. Pont. IV 62 n. 3 et 67 n. 4; Zimmermann Papsturkunden II n. 406; Böhmer/Zimmermann n. 970.*

Laud. et in Friderici I diplomate (MGH DD F I/2 n. 413). Cf. J^3 *8374.

8494 (1002)

JL 3929 Odiloni abbati Cluniacensi respondet, ratae maneant ordinationes ab episcopo quodam post sumptam vestem monachicam „coepiscoporum licentia et sui abbatis" factae; sed „ipse iam dictus episcopus posthac similia non presumat". – *Vestri nos sanctissimis.*

Ed.: *Zimmermann Papsturkunden II n. 401; Guyotjeannin/Poulle Autour de Gerbert 179.* – Reg.: *Böhmer/Zimmermann n. 960.*

Laud. et in Iohannis XIX privilegio (JL 4079, Böhmer/Frech n. 82). Olim ad a. (999–1003). De tempore cf. Böhmer/Zimmermann n. 960.

8495 1002 dec. (Roma)

JL 3926 Ecclesiae Gerundensis possessiones privilegiaque, Odonis episcopi rogatu, confirmat (Scr. p. m. Petri not. et scrin. S.R.E. in m. dec., ind. istam I). – *Desiderium quod religiosorum.*

Ed.: *Zimmermann Papsturkunden II n. 404.* – Reg.: *Linage Conde Orígenes III 533 n. 88; Böhmer/Zimmermann n. 968.*

8496 1002 dec. (Roma)

JL 3927 Monasterii s. Cucuphatis Octavianensis possessiones et privilegia confirmat petente Odone abbate (Scr. p. m. Petri not. et scrin. S.R.E. in m. dec., ind. suprascr. I). – *Quoniam concedenda sunt.*

Ed.: *Zimmermann Papsturkunden II n. 405.* – Reg.: *Santifaller Beschreibstoffe 34 n. 20; Martínez Ferrando El archivo 24; Rabikauskas Kuriale 228; Mundó Notes 115; Linage Conde Orígenes III 533 n. 88; Böhmer/Zimmermann n. 969.*

***† 8497 (1003 mart. 7) Roma, S. Croce in Gerusalemme**

„Romae in ecclesia, quae vocatur Jerusalem missam faciens in die stationis" a daemone suo „miserabili et horrida morte" praevenitur. Nam suo tempore „responsum a suo demone acceperat, se non moriturum, nisi prius in Jerusalem missa ab eo celebrata". Moriens crimen suum confitetur praecipitque, „se particulatim detruncari".

Laud. in: *Benonis Scripta II c. 4 (MGH Ldl 2, 377); Sigeberti Gemblacensis Chron. ad a. 995 (MGH SS 6, 353); Guillelmi Malmesburiensis Gesta regum II c. 172 (Mynors/Thomson/Winterbottom 294); Willelmi Godelli Chron. (MGH SS 26, 196); Walteri Map De nugis curialium c. 11 (MGH SS 27, 72).* – Reg.: *Böhmer/Zimmermann n. †973.*

De fide et tempore cf. Böhmer/Zimmermann n. †973.

8498 1003 mart. (Roma)

JL 3940 Monasterium s. Trinitatis et s. Petri Burguliense, ab Emma comitissa Pictaviensi conditum, privilegiis ornat (Scr. p. m. Petri not. et scrin. S.R.E. in m. mart., ind. I). – *Innotuisti auribus nostris.*

Ed.: *Zimmermann Papsturkunden II n. <407.* – Reg.: *Böhmer/Zimmermann n. 972.*
De fide cf. Zimmermann Papsturkunden II n. <407.

*** 8499** **(1003 mart.)** **Roma**

JL *3935 Monasterio s. Iuliani Turonensi privilegium dat impetrante Gauzberto abbate.

Laud. in: *Hist. brevis s. Juliani Turonensis (Salmon Recueil 229).* – Reg.: *Böhmer/Zimmermann n. 971.*

Olim ad a. 999–1003. De tempore cf. Böhmer/Zimmermann n. 971.

8500 **(999–1003)**

JL 3932 Arnulfo archiepiscopo Remensi scribit, nuntiatum sibi esse, eucharistiam negari morientibus, qui in cimiterio antiquo s. Remigii extra urbem sepeliri desiderarent. Vetat hoc fieri, cum secundum canones solummodo excommunicatis et satisfacere nolentibus viaticum sit negandum. – *Nuper nobis ad.*

Ed.: *Zimmermann Papsturkunden II n. 367.* – Reg.: *Böhmer/Zimmermann n. 868.*

Olim ad a. 999–1003. De tempore cf. Böhmer/Zimmermann n. 868.

*** 8501** **(999–1003)**

JL *3937 Omnibus archidiaconis et episcopis (Narbonensibus) per litteras privilegia monasterii s. Mariae Arulensis confirmat.

Laud. in: *Coll. Baluze 117 fol. 267; Martène/Durand Voyage littéraire I/2, 61.* – Reg.: *Böhmer/Zimmermann n. 858.*

De traditione cf. Wiederhold PUU Frankreich VII 24.

*** 8502** **(999–1003)**

In praesentia Silvestris (II) clericorumque Romanorum controversia inter Rosellanam et Populoniensem ecclesias orta agitur.

Laud. in: *Gregorii VII litterae (JL 4987).* – Reg.: *Ital. Pont. III 259 n. *2 et 269 n. *2; Böhmer/Zimmermann n. 859.*

De tempore cf. Böhmer/Zimmermann n. 859.

***† 8503** **(999–1003)**

Abbati s. Savini in Campanea Placentina usum mitrae et aliorum pontificalium omnino liberum esse decernit.

Laud. in: *Paschalis II privilegium (Ital. Pont. V 502 n. †8).* – Reg.: *Ital. Pont. V 501 n. †*2; Böhmer/Zimmermann n. †856.*

***† 8504** **(999–1003)**

Monasterio s. Zachariae Veneto privilegium et indulgentiam concedit.

Laud. in: *Registrum indulgentiarum saec. XIV (nondum editum); Iulii III privilegium (Bozzoni Il silentio 31).* – Reg.: *Ital. Pont. VII/2, 177 n. †*12; Böhmer/Zimmermann n. †857.*

***† 8505** **(1002–1003)**

Silvestro (II) Robertus (II) rex (Francorum) castellum Scuriense (apud Albiam) b. Petro apostolo donat.

Laud. in: *J^3 †8586; Alexandri III privilegium (JL 10724); Innocentii III privilegium (Potthast 4622).* – Reg.: *Böhmer/Zimmermann n. †959.*

*** 8506** **(1003)** **Roma**

A (Silvestro II) Benedictus abbas eremitarum secundum regulam b. Romualdi per monachum quendam (Barnabam? Antonium?) Romae licentiam paganis praedicandi petit.

L a u d . i n : *Brunonis Querfurternsis Vita Quinque Fratrum (MPH N.S. 4/3, 57); Petri Damiani Vita Romualdi c. 28 (FSI 94, 62).* – R e g . : *Pol. Pont. 78 n. *3.*

* 8507 **(1003)**

A (Silvestro II aut Iohannes XVII?) Boleslaus rex (Poloniae) per regulae s. Romualdi emeritas coronam regalem petere temptat.

L a u d . i n : *Petri Damiani Vita Romualdi c. 28 (FSI 94, 61).* – R e g . : *Pol. Pont. 18 n. *10 et 78 n. *5.*

* 8508 **1003 mai. 12** **Roma**

JL I 501 Moritur. In ecclesia s. Iohannis in Laterano sepelitur.

L a u d . i n : *Silvestri II epitaphium (MGH Poetae 5/2, 338; Montini Tombe 167); Ann. necr. Fuldenses ad a. 1003 (MGH SS 13, 209); Necr. s. Rudberti Salisburgensis (MGH Necr. 2, 134); Ann. Benventani ad a. 1003 (MGH SS 3, 177); Ann. Augustani ad a. 1005 (MGH SS 3, 124); Ann. Leodienses ad a. 1003 (MGH SS 4, 18); Ann. Blandinienses ad a. 1002 (Grierson 23); Ann. Elmarenses ad a. 1002 (Grierson 87); Ann. Formoselenses ad a. 1002 (Grierson 126); Ann. s. Iacobi Leodiensis ad a. 1003 (MGH SS 16, 638); Lamberti Leodiensis Ann. ad a. 1003 (MGH SS 16, 645); Ann. Floreffienses ad a. 1003 (MGH SS 16, 622).* – R e g . : *Böhmer/Zimmermann n. 974.*

*† 8509 **1027** **Roma**

Lucilium electum Smogorzoviensem ad petitionem Mesconis (II) regis Poloniae (Pol. Pont. 190 n. *†36) confirmat et illum a Bossutha archiepiscopo Gnesnensi consecrari iubet.

L a u d . i n : *Iohannis Dlugossii Ann. lib. II (Dąbrowski I 302); eiusdem Cat. epp. Wratislaviensium (Opera I 445).* – R e g . : *Pol. Pont. 190 n. *†37.*

Iohannes XVII (1003)

*†8510 **(986)** **(Roma)**

Proculphum Italum archiepiscopum Cracoviensem ordinat.

L a u d . i n : *Iohannis Dlugossii Cat. epp. Cracoviensium (MPH N.S. 10/2, 137).* – R e g . : *Böhmer/Zimmermann n. †655; Pol. Pont. 186 n. *†17.*

*8511 **1003 (mai. 16)** **(Roma)**

JL I 501 Iohannes, qui dicebatur Sicco, natione Romanus, de regione Biveretica, papa eligitur.

L a u d . i n : *Lib. pont. (Duchesne II 265); Ann. Beneventani ad a. 1003 (MGH SS 3, 177); Ann. s. Vincentii Metensis ad a. 1003 (MGH SS 3, 157); Auct. Bellovacense a. 1003 (MGH SS 6, 461); Ann. Saxo ad a. 1003 (MGH SS 37, 295); Theodori Ann. Palidenses ad a. 1003 (MGH SS 16, 66 et 98); Ann. Ceccanenses ad a. 1003 (MGH SS 19, 281); Ann. Rotomagenses ad a. 1003 (MGH SS 26, 498).* – R e g . : *Böhmer/Zimmermann n. 975.*

Olim ad a. 1003 iun. 13. De tempore cf. Böhmer/Zimmermann n. 975.

*8512 **(1003 aest. ex vel aut.)** **(Roma)**

Benedicto abbati eremitarum regulae s. Romualdi licentiam paganis evangelium praedicandi per monachum quendam (Barnabam? Antonium?) eremitam transmittit.

L a u d . i n : *Brunonis Querfurtensis Vita V fratrum c. 12 et c. 21 (MPH N.S. 4/3, 57 et 71).* – R e g . : *Böhmer/Zimmermann n. 978; Pol. Pont. 78 n. *3.*

De tempore cf. Pol. Pont. 78 n. *3.

(1003)

Cf. J³ *8507 s. v. Silvester II.

*†8513 **(1003)**

Monasterio s. Iohannis di Marzana privilegium concedit.

L a u d . i n : *Innocentii II privilegium (Ital. Pont. IV 107 n. 6).* – R e g . : *Ital. Pont. IV 107 n. *3; Böhmer/Zimmermann n. †976.*

De tempore cf. Böhmer/Zimmermann n. †976.

*†8514 **1003** **Orvieto**

Monasterium s. Iohannis evangelistae aedificari iubet, dum in Urbe Vetere moratur.

L a u d . i n : *Cipriani Manente Hist. di Orvieto 9 ad a. 1003.* – R e g . : *Böhmer/Zimmermann n. †977.*

De tempore cf. Böhmer/Zimmermann n. †977.

*8515 **1003 nov. 6** **(Roma)**

JL I 501 Moritur ecclesiam per m. V d. XXV moderatus, et in ecclesia s. Iohannis in Laterano sepeliri videtur.

L a u d . i n : *Ann. Beneventani ad a. 1003 (MGH SS 3, 177); Ann. Augustani ad a. 1006 (MGH SS 3, 124); Ann. s. Blasii ad a. 1006 (MGH SS 17, 276); Ann. s. Trudperti ad a. 1007 (MGH SS 17, 289); Benonis Scripta II c. 5 (MGH Ldl 2, 377); Chron. s. Andreae castri Cameracesii 6 (MGH SS 7, 527).* – R e g . : *Böhmer/Zimmermann n. 979.*

Olim ad a. 1003 dec. 7. De tempore cf. Böhmer/Zimmermann n. 979.

Iohannes XVIII (1003–1009)

*** 8516** **(1003) dec. 25** **Roma**

JL I 501 Consecratur (in d. natalis Domini).

L a u d . i n : *Ann. Beneventani ad a. 1003 (MGH SS 3, 177); Ann. Augustani ad a. 1006 (MGH SS 3, 124); Thietmari Merseburgensis Chron. VI c. 100 (MGH SS rer. Germ. N. S. 9, 392); Herimanni Augiensis Chron. ad a. 1006 (MGH SS 5, 118); Bernoldi Constantiensis Chron. ad a. 1006 (MGH SS 5, 424); Chron. Suevicum univ. ad a. 1006 (MGH SS 13, 69); Cron. min. Erphordensis (MGH SS rer. Germ. 42, 626).* – R e g . : *Böhmer/Zimmermann n. 980.*

† 8517 **(1003 ex.)**

JL †3823 Adalberti archiepiscopi Magdeburgensis privilegia confirmat. – *Quoniam a Deo.*

E d . : *Zimmermann Papsturkunden II n. †412.* – R e g . : *Germ. Pont. IV 78 ad n. 75; Bull. Poloniae I 3 n. 1; Lübke Reg. Slaven III 151 n. 314 b; Böhmer/Zimmermann n. †738 et n. †981a; Germ. Pont. V/2, 215 n. †22; Pol. Pont. 49 n. *†5 et 69 n. †4 et 87 n. *†5 et 110 n. *†3 et 129 n. *†1 et 141 n. *†1 et 153 n. *†1 et 166 n. *†3.*

Olim ad a. 983–984 et Iohanni XIV attributum. De tempore cf. Böhmer/Zimmermann n. †738. Cf. et J³ *7946 et J³ 7947.

*** 8518** **(1003 ex.–1004 in.)**

Iohanni XVIII Ungerus episcopus Posnaniensis cum (Antonio?) fratre eremita Romam profectus refert de martyrio Quinque Fratrum Eremitarum (Benedicti, Iohannis, Isaac, Matthaei, Christini) et – ut videtur – papam certiorem facit de statu suae diocesis et ecclesiae Poloniae.

L a u d . i n : *Brunonis Querfurternsis Vita Quinque Fratrum c. 21 (MPH N.S. 4/3, 71).* – R e g . : *Pol. Pont. 69 n. *3 et 78 n. *6.*

De tempore cf. Pol. Pont. 69 n. *3.

*** 8519** **(1004 post mart.)** **(Roma)**

JL *3943 Ecclesiam Merseburgensem renovatam privilegii auctoritate roborat.

L a u d . i n : *Chron. epp. Merseburgensium (MGH SS 10, 172); Thietmari Merseburgensis Chron. VI c. 100 (MGH SS rer. Germ. N. S. 9, 392); Ann. Saxo ad a. 1009 (MGH SS 37, 310).* – R e g . : *Lübke Reg. Slaven III 229 n. 382; Böhmer/Zimmermann n. 990.*

Olim ad a. cr. 1004. De tempore cf. Böhmer/Zimmermann n. 990.

† 8520 **1004 apr. 9** **Roma, Laterano**

Pisanam rempublicam rogat, ut legatis pontificalibus auxilietur (Dat. Lat. d. dominica palmarum pont. n. a. I). – *Mittimus ad vos.*

E d . : *Zimmermann Papsturkunden II n. †415.* – R e g . : *Ital. Pont. III 357 n. †15; Böhmer/Zimmermann n. †993.*

8521 **1004 apr.** **(Roma)**

JL 3941 Monasterii s. Florentii Salmuriensis privilegia et possessiones confirmat petente Rodberto abbate (Scr. p. m. Georgii not. ac scrin. S.R.E. in m. apr., ind. II). – *Convenit apostolico moderamini.*

E d . : *Zimmermann Papsturkunden II n. †413; Ziezulewicz Monastic Forgery 38; insertum in*

Fragmentum Hist. s. Florentii (Marchegay/Mabille 254). – Reg.: *Böhmer/Zimmermann n. 991.*
Laud. et in Calixti II privilegio (Ramackers PUU Frankreich NF V 351).

8522 **(1004 apr.)**

Rainaldo (II) episcopo Andegavensi nuntiat se donationes eius canonicis cathedralibus oblatas confirmare. – *Laudabilem bonae voluntatis.*

Ed.: *Zimmermann Papsturkunden II n. 414.* – Reg.: *Böhmer/Zimmermann n. 992.*

De tempore cf. Böhmer/Zimmermann n. 992.

*8523 **(1004 mai.)**

Adventus regis Heinrici (II) desideratur.

Laud. in: *Thietmari Merseburgensis Chron. VI c. 101 (MGH SS rer. Germ. N. S. 9, 394).* – Reg.: *Böhmer/Zimmermann n. 994.*

De re et tempore cf. Böhmer/Zimmermann n. 994.

*8524 **(1004 med.)** **(Roma)**

De martyrio Quinque Fratrum Eremitarum ab Ungero episcopo (Posnaniensi) et fratre quodam (Barnaba? Antonio?) certior factus (J[3] *8518) procul dubio „eos in loco sanctorum martyrum haberi et honorari" iubet.

Laud. in: *Brunonis Querfurtensis Vita V fratrum c. 21 (MPH N.S. 4/3, 71).* – Reg.: *Böhmer/Zimmermann n. 995; Pol. Pont. 79 n. *7.*

De tempore cf. Böhmer/Zimmermann n. 995.

8525 **1004 oct.** **(Roma)**

JL 3942 Ecclesiae s. Mariae Aeserniensis, a Landinolfo comite, filio comitis Landulfi Greci, refectae, privilegia confirmat (Scr. p. m. Petri not. S.R.E. in m. oct, ind. III). – *Officii nostri est.*

Ed.: *Zimmermann Papsturkunden II n. 416.* – Reg.: *Ital. Pont. VIII 244 n. 1; Santifaller Beschreibstoffe 34 n. 21; Rabikauskas Kuriale 229; Böhmer/Zimmermann n. 996.*

*†8526 **(1004)** **(Roma)**

In praesentiam (Iohannis XVIII) charta Guillelmi (V) ducis Aquitaniae monasterio Malleacensi concessa recitatur. Quam chartam papa confirmat et privilegium concedit.

Laud. in: *Petri Malleacensis Lib. de antiquitate II c. 2 (Migne PL 146, 1264).* – Reg.: *Böhmer/Zimmermann n. †989.*

De tempore cf. Böhmer/Zimmermann n. †989.

*8527 **1004 (ex.)**

Leonem episcopum et S.R.E. bibliothecarium legatum ad regem Heinricum (II) in Germaniam mittit. Qui interest consecrationi Taginonis Magdeburgensis a papa pallio et privilegio praediti ac restitutioni episcopatus Merseburgensis.

Laud. in: *Heinrici II diploma (MGH DD H II n. 63); Thietmari Merseburgensis Chron. V c. 44 (MGH SS rer. Germ. N. S. 9, 270); Gesta archiepp. Magdeburgensium c. 15 (MGH SS 14, 392); Ann. Saxo ad a. 1004 (MGH SS 37, 296); Gesta epp. Halberstadensium (MGH SS 23, 90).* – Reg.: *Böhmer/Zimmermann n. 981.*

De tempore cf. Böhmer/Zimmermann n. 981.

*8528 **(1005 ian.)**

Stephanum (II) abbatem Sublacensem canonice electum consecrat et ordinat.

Laud. in: *J[3] 8530.* – Reg.: *Böhmer/Zimmermann n. 1000.*

De tempore cf. Böhmer/Zimmermann n. 1000.

8529 **1005 mart. 29** **(Roma)**

JL 3944 Monasterii ss. Cosmae et Damiani ad Micam Auream possessiones confirmat et privilegia tribuit, bulla Andreae abbati directa (Scr. p. m. Benedicti not. et reg. atque scrin. S.R.E. in m. mart. ind. III. Dat. IV kal. apr. p. m. Gregorii ep. et bibl. S.R.E. atque ep. s. Ostiensis eccl. a. Deo prop. pont. d. Iohannis summi pont. et univ. XVIII pp. in ss. sede b. Petri apost. II, in m. et ind. supradicta III). – *Superne dispensationis respectu.*

Ed.: *Zimmermann Papsturkunden II n. 419.* – Reg.: *Ital. Pont. I 130 n. 3; Böhmer/Zimmermann n. 1001.*

8530 **1005 iul. 21** **(Roma)**

JL *3945 Monasterii ss. Benedicti et Scholasticae Sublacensis privilegia confirmat (Scr. p. m. Benedicti reg. not. et scrin. S.R.E. in m. et ind. suprascr. III. Dat. XII kal. aug. p. m. Gregorii s. Ostiensis ęccl. et bibl. S.S.A. a. Deo prop. pont. d. Iohannis summi pont. et univ. XVII pp. in ss. sede b. Petri apost. II, in m. nov., ind. suprascr. III). – *Sancte sedis apostolice.*

Ed.: *Zimmermann Papsturkunden II n. 421.* – Reg.: *Ital. Pont. II 91 n. 24; Böhmer/Zimmermann n. 1003.*

Laud. et in Cherubini Mürtz Chron. c. 8 (Allodi 96). Cf. J[3] *8528.

8531 **1005 iul.** **(Roma)**

JL 3946 Benedicto episcopo Portuensi dimidium campi Stagnelli-Maledicti „a presenti tercia indictione" concedit (Scr. p. m. Petri not. et scrin. S.R.E. in m. iul., ind. suprascr. III). – *Quotiens illa a.*

Ed.: *Insertum in Gregorii IX privilegio (Auvray Reg. II 596 n. 3559; separatim ed. Zimmermann Papsturkunden II n. 420).* – Reg.: *Ital. Pont. II 20 n. 9; Santifaller Beschreibstoffe 34 n. 21a; Böhmer/Zimmermann n. 1002.*

*8532 **(1005 sept.)** **(Roma)**

JL *3965 Monasterii s. Bartholomaei protectionem suscipit privilegiaque instituit. Dominico (abbati) monasterii fundatori indulget, ut „si forte in alium vellet transmigrare locum", abbatem inibi ordinet.

Laud. in: *Iohannis Vita et obitus b. Dominici confessoris de Sora c. 15 (Analecta Bollandiana 1, 288).* – Reg.: *Ital. Pont. II 153 n. *1; Böhmer/Zimmermann n. 1004.*

Olim ad a. 1004–1009. De tempore cf. Böhmer/Zimmermann n. 1004.

8533 **1005**

„Cum precepto et conibentia domni apostolici (Iohannis XVIII) papę" Pontius episcopus Massiliensis possessiones et libertates monasterii s. Victoris Massiliensis confirmat (Scr. a. inc. D. 1005, Rodulfus rex Alamannorum seu Provintię, Johannes gratia Dei pp. sedis apost.).

Ed.: *Guérard Cartulaire de St-Victor I 18.* – Reg.: *MGH DD Burg. n. 153; Zimmermann Papsturkunden II n. 417; Böhmer/Zimmermann n. 997.*

*†8534 **1005**

Per scriptum ad Hilduinum episcopum Lemovicensem et Adalbaudum abbatem missum coenobio s. Martialis privilegium concedit, ne soldate solvantur aut exigantur (a. gracie 1005, XXI Roberti regis).

Laud. in: *Bernardi Iterii Chron. (Duples-Agier 45).* – Reg.: *Becquet Bullaire du Limousin 116 n. 6; Böhmer/Zimmermann n. †998a.*

(1005)

Cf. J[3] *†8132 s. v. Benedictus VII.

*** 8535** **(1005 ex.)** **Roma**

Canonicis cathedrae Arelatensis ecclesiam s. Hippolyti cum omnibus apenditiis suis concedit.

Laud. in: *Pontionis archiep. Arelatensis charta restitutionis (Gall. Christ. nov. III 133).* – Reg.: *Böhmer/Zimmermann n. 1006.*

8536 **1005 dec. (25–31)**

JL 3947 Ecclesiae Paderbornensis possessiones et privilegia, rogatu Ratharii episcopi, confirmat (Dat. et scr. p. m. Petri abbatis et canc. sacri pal. in m. dec., ind. IV, a. Deo prop. d. Iohannis XVIII pp. III). – *Sacrosancta apostolica sedes.*

Ed.: *Zimmermann Papsturkunden II n. 422.* – Reg.: *Böhmer/Zimmermann n. 1005; Germ. Pont. V/1, 24 n. 16 et 47 n. 3.*

*** 8537** **(1006 nov. 10)** **(Roma)**

Ecclesiam s. Triphonis (Romae) a Crescentio restitutam consecrat, sanctissimum corpus b. Triphonis martyris ibidem recondit et promulgat, „ut quemadmodum reliquie catholice ecclesie infra Romanam urbem honorabiles existant, similiter et ipsa consistat".

Laud. in: *J³ 8538.* – Reg.: *Böhmer/Zimmermann n. 1009.*

De tempore cf. Böhmer/Zimmermann n. 1009.

8538 **1006 nov. 28** **(Roma)**

JL †3683 et JL *4104 Iohanni archipresbytero et eiusque successoribus ecclesiam s. Triphonis concedit et confirmat (Scr. p. m. Petri scrin. not atque reg. S.R.E. in m. et ind. suprascr. V. Dat. IV kal. dec. p. m. Gregorii ep. s. Ostiensis eccl. et bibl. S.A.S. a. Deo prop. pont. d. Iohannis XII pp. in ss. sede b. Petri apost. III per ind. suprascr. V feliciter). – *Convenit apostolico moderamini.*

Ed.: *Zimmermann Papsturkunden II n. <424.* – Reg.: *Ital. Pont. I 91 n. 1; Böhmer/Zimmermann n. 1010.*

Laud. et in Clementis III privilegio (JL 16419, Böhmer/Schmidt n. 653). Olim ad a. 957 nov. 28. De tempore cf. Böhmer/Zimmermann n. 1010. De fide cf. Zimmermann Papsturkunden II n. <424. Cf. et J³ *8537.

8539 **1006 nov.** **(Roma)**

JL 3948 Monasterii s. Eugenii (prope Senas) possessiones confirmat petente Gisalberto abbate (Scr. p. m. Petri abbatis et canc. sacri Lat. pal. in m. nov., ind. V). – *Quotiens illa a.*

Ed.: *Zimmermann Papsturkunden II n. 423.* – Reg.: *Ital. Pont. III 223 n. 1; Böhmer/Zimmermann n. 1008.*

8540 **1006 dec. 2** **(Roma)**

JL 3950 Monasterium s. Benigni Fructuariense, petente Walterio episcopo Augustodunensi, tuendum suscipit bonaque eius confirmat (Dat. IV non. dec. p. m. Ingilonis scrin. S.A.S. a. III pont. d. Ioannis XVIII pont. summi et univ. pp. in ss. sede b. Petri apost., ind. V). – *Quoniam concedenda sunt.*

Ed.: *Zimmermann Papsturkunden II n. 429.* – Reg.: *Ital. Pont. VI/2, 149 n. 1; Böhmer/Zimmermann n. 1014.*

Laud. et in Willhelmi Divionensis charta (Bulst Wilhelm von Dijon 224), in Iohannis XIX (JL 4083α, Böhmer/Frech n. 91) et in Alexandri II (JL 4499) privilegiis. Cf. J³ 8541.

8541 **(1006 dec. 2)** **(Roma)**

Leoni (Vercellensi), Gessoni (Taurinensi), Constantino (Albensi), Sigefrido (Placentino) episcopis mandat, ut cum summa diligentia abbatiam quae vocatur Fructuaria consecrent. – *Mandamus eis ut.*

E d . : *Insertum in exemplari Iohannis XVIII privilegii (J³ 8540; separatim ed. Zimmermann Papsturkunden II n. 430) (fragm.).* – R e g . : *Ital. Pont. VI/2, 150 n. 2; Böhmer/Zimmermann n. 1015.*

De tempore cf. Böhmer/Zimmermann n. 1015.

8542 **1006 dec. 2** **(Roma)**

JL 3949 Ecclesiae s. Mariae Parisiensi collatum a Rainaldo episcopo allodium Largum-Campum asserit (Dat IV non. dec. p. m. Petri abb. et canc. s. Lat. pal. a. III pont. Johannis XVIII et univ. pp. in ss. sede b. Petri apost., ind. V). – *Imperiosae rationis institutione.*

E d . : *Migne PL 139, 1483.* – R e g . : *Zimmermann Papsturkunden II n. 425; Böhmer/Zimmermann n. 1011.*

†8543 **1006 dec. (2)** **(Roma)**

JL 3952 Monasterium Fossatense privilegiis ditat petente Rainaldo (Parisiensi) episcopo (Dat. p. m. Petri abbatis et canc. sacri Lat. pal. in m. dec., ind. V, a. III pont. d. Iohannis XVIII summi pont. et univ. pp. in ss. sede b. Petri apost.). – *Que digna recta.*

E d . : *Zimmermann Papsturkunden II n. 426.* – R e g . : *Santifaller Beschreibstoffe 89 n. 4; Rabikauskas Kuriale 229; Böhmer/Zimmermann n. †1012.*

De tempore cf. Böhmer/Zimmermann n. †1012.

†8544 **1006 dec. 2** **(Roma)**

Rogatu episcopi Rainaldi Parisiensis omnia, quae ab eo et eius parentibus monasterio Fossatensi donata sint, confirmat (Dat. IV non. dec. p. m. Petri abbatis et canc. S.A.S. a. III pont. d. Iohannis XVIII summi pont. et univ. pp. in ss. sede b. Petri apost., ind. V). – *Ad hoc nos.*

E d . : *Boussard Actes 98; Zimmermann Papsturkunden II n. †427.* – R e g . : *Böhmer/Zimmermann n. †1012a.*

†8545 **(1006 dec. 2)** **(Roma)**

Roberti (II) regis Francorum chartam subscriptione sigilloque corroborat excommunicationemque minatur.

E d . : *Bourel Vie de Bouchard 16 ann. 2; Boussard Actes 95 ann. 1; Zimmermann Papsturkunden II n. †428 (fragm.).* – R e g . : *Zimmermann Papsturkunden II n. †428; Böhmer/Zimmermann n. †1013.*

De tempore cf. Böhmer/Zimmermann n. †1013.

8546 **1006 dec. 3** **(Roma)**

JL 3951 Rainaldi episcopi Parisiensis tabulam, qua canonicis S. Mariae Parisiensibus donatur „medietas hospitalis sancti Christofori", confirmat (Dat. III non. dec. p. m. Petri abb. et canc. S.A.S. a. III pont. d. Johannis XVIII et univ. pp. in ss. sede b. Petri apost., ind. V).

E d . : *Guérard Cartulaire de Notre Dame I 225; Lasteyrie Cartulaire gén. de Paris I 105.* – R e g . : *Zimmermann Papsturkunden II n. 431; Böhmer/Zimmermann n. 1016.*

***8547** **(1006)**

JL *3964 Dioecesis Thianensis fines constituit.

L a u d . i n : *Celestini III privilegium (Ital. Pont. VIII 258 n. 20).* – R e g . : *Ital. Pont. VIII 256 n. *6; Böhmer/Zimmermann n. 1007.*

Olim ad a. 1004–1009. De tempore cf. Böhmer/Zimmermann n. 1007.

*8548 **(1007 in.)** **Roma**

Petrum episcopum Pipernensem legatum in Franciam mittit.

Laud. in: *J³ †8549; J³ 8560; Rodulphi Glabri Hist. II c. 4 (France 60); Chron. hebr. ano. (Habermann Sefer Gezêrôt ashkenaz we-tsarfat 20).* – Reg.: *Böhmer/Zimmermann n. 1018.*

†8549 **(1007 in.)** **(Roma)**

JL 3962 Monasterii Bellilocensis protectionem suscipit, possessiones confirmat, privilegia instituit. – *Sancta apostolica sedes.*

Ed.: *Zimmermann Papsturkunden II n. †432.* – Reg.: *Böhmer/Zimmermann n. †1019.*

Laud. et in Alexandri III privilegio (Ramackers PUU Frankreich NF V 87 et 212). Olim ad a. 1004–1009. De tempore cf. Böhmer/Zimmermann n. †1019. Cf. et J³ *8548.

8550 **1007 mai.** **(Roma)**

JL 3953 Canonicis Pisanensibus bona confirmat (Dat. et scr. p. m. Petri canc. sacri Lat. pal. in m. mai., ind. V). – *Nostro quidem ordini.*

Ed.: *Zimmermann Papsturkunden II n. 433.* – Reg.: *Ital. Pont. III 333 n. 12; Santifaller Beschreibstoffe 89 n. 5; Rabikauskas Kuriale 229; Böhmer/Zimmermann n. 1020.*

8551 **1007 mai.** **(Roma)**

JL 3955 Ecclesia Tolosanae possessiones, petente Raymundo episcopo, confirmat (Scr. p. m. Stephani not. et scrin. sacri Lat. pal. in m. et ind. V). – *Convenit apostolico moderamini.*

Ed.: *Zimmermann Papsturkunden II n. 434.* – Reg.: *Böhmer/Zimmermann n. 1021.*

Olim ad a. 1007 iun.–nov. De tempore cf. Böhmer/Zimmermann n. 1021.

*8552 **1007 iun.** **Roma**

JL I 502 Iohanni XVIII Heinricus episcopus Herbipolensis (al. Wirciburgensis) per nuntios Heinrici (II) imperatoris rogat, ut suo consensu privilegio apostolicae auctoritatis episcopatus (Bambergensis) noviter factus fundetur.

Laud. in: *J³ 8554; acta concilii Francofurtensis a. 1007 habiti (MGH Const. 1, 60).* – Reg.: *Germ. Pont. III 249 n. *2 et 300 n. *7a; Böhmer/Graff n. 1641c; Böhmer/Zimmermann n. 1022.*

*8553 **1007 iun.** **Roma**

JL I 502 Synodus celebratur, in qua episcopatus Bambergensis confirmatur.

Laud. in: *Acta concilii Francofurtensis a. 1007 (MGH Const. 1, 60).* – Reg.: *Germ. Pont. III 249 n. *2 et 300 n. *7a; Böhmer/Graff n. 1641c; Böhmer/Zimmermann n. 1022.*

8554 **1007 iun.** **(Roma)**

JL 3954 Episcopatum Bambergensem, ab Heinrico II rege constitutum, confirmat, privilegiisque auget, ut „sit ... episcopatus liber et ab omni extranea potestate securus, Romano tantummodo mundiburdio subditus“ (Scr. p. m. Petri not. et scrin. S.R.E. in m. iun., ind. V). – *Officii nostri est.*

Ed.: *Zimmermann Papsturkunden II n. 435.* – Reg.: *Germ. Pont. III 258 n. 1; Böhmer/Zimmermann n. 1023; Germ. Pont. IX 15 n. 16 et 71 n. 11 et 118 n. 20 et 155 n. 22; Germ. Pont. IV 86 n. 99 et 86 n. 100.*

Laud. et in actis concilii Francofurtensis a. 1007 habiti (MGH Const. 1, 60; Böhmer/Graff n. 1646), in Iohannis patriarchae Aquileiensis epist. ad Heinricum ep. Herbipolensem directa 478 (Jaffé Bibl. rer. Germ. 5, 31), in Thangmari Hildesheimensis Vita Bernwardi c. 41 (MGH SS 4, 776), in Clementis II privilegio (JL 4149, Böhmer/Frech n. 380). Cf. J³ *8552.

8555 **(1006 nov.–1007 sept.)** **(Roma)**

Benedicto Vulterrensis ecclesiae provisore contra Ildebrandum comitem in praesentia Iohannis Romanorum patricii et comitis Raynerii et Crescentii praefecti et comitis Rozonis conquerente de plebe Delsa et cella s. Mariae in Sponge ab eodem comite invasis confirmat, ut episcopus eas sic teneat, quod nulla laicalis persona distrahere queat. – *Quoniam divina annuente.*

Ed.: *Zimmermann Papsturkunden II n. 436.* – Reg.: *Ital. Pont. III 282 n. 10; Böhmer/Zimmermann n. 1024.*

8556 **1007 nov.** **(Roma)**

JL 3956 Monasterii s. Cucuphatis Octavianensis possessiones et privilegia confirmat petente Odone abbate (Scr. p. m. Petri not. reg. et scrin. S.R.E. in m. nov. et ind. suprascr. VI). – *Quoniam concedenda sunt.*

Ed.: *Zimmermann Papsturkunden II n. 437.* – Reg.: *Santifaller Beschreibstoffe 34 n. 22; Rabikauskas Kuriale 229; Rabikauskas Scriptumzeile 208; Linage Conde Orígenes III 535 n. 94; Böhmer/Zimmermann n. 1025.*

***8557** **(1004–1007)**

Tedaldo (marchioni Casinensi) comitatum Ferrariae concedit.

Laud. in: *Donizonis Canusini Vita Mathildis I c. 3 (Golinelli 42); Vita Mathildis, Epitome Polironense 4 (RIS ser. II 5/2, 116); Paulini Minoritae Speculum 218 (Muratori Antiquitates IV 954).* – Reg.: *Ital. Pont. V 387 n. *1; Böhmer/Zimmermann n. 988.*

De tempore cf. Böhmer/Zimmermann n. 988.

***8558** **(1007)** **Roma**

Alphege archiepiscopo Cantuariensi Romam peregrinato pallium concedit.

Laud. in: *Chron. Anglo-Saxonicum (Plummer I 138 not. 3); Radulphi de Diceto Abbreviationes (SS rer. Brit. 68/1, 17); Radulphi de Diceto Indiculus (SS rer. Brit. 68/2, 209); Gervasii Cantuariensis Actus (SS rer. Brit. 73/2, 359).* – Reg.: *Böhmer/Zimmermann n. 1017.*

De tempore cf. Böhmer/Zimmermann n. 1017.

***8559** **(1007 ex.)** **Roma**

Iohanni (XVIII) Petrus episcopus Pipernensis legatus e Gallia reversus de rebus in Gallia gestis nuntiat.

Laud. in: *Andreae Floriacensis Vita Gauzlini 13 (Bautier/Labory 52).* – Reg.: *Böhmer/Zimmermann n. 1026.*

De tempore cf. Böhmer/Zimmermann n. 1026.

8560 **(1007 ex.)**

JL 3958 Roberto (II) Francorum regi queritur, quod sedes Romana coram eo et legato apostolico (Petro) episcopo Pipernensi despecta sit tum per Letericum pseudoarchiepiscopum Senonensem, tum per Fulchonem episcopum Aurelianensem Gauzlino abbati monasterii s. Benedicti (Floriacensis), ut in ignem tabulas apostolicas coniceret, praecipientem. Episcopi si paschate proximo ad sese non venerint, fore ut excommunicentur. Ipsum regem ut oboediat, monet, ne totum regnum afficiatur anathemate. – *Olim fama vulgante.*

Ed.: *Insertum in Andreae Floriacensis Vita Gauzlini c. 18 (Bautier/Labory 54; separatim ed. Zimmermann Papsturkunden II n. 438).* – Reg.: *Böhmer/Zimmermann n. 1027.*

Olim ad a. cr. 1008. De tempore cf. Böhmer/Zimmermann n. 1027. Cf. et J[3] *8548.

8561 **(1007 ex.)**

JL 3959 Leterico (archi)episcopo Senonensi, qui „privilegia sanctorum patrum" contempserit „et igne cremare" voluerit, sub excommunicationis poena praecipit, ut paschate proximo ad sese veniat. – *Comperimus in tuo.*

Ed.: *Anal. iur. pont. X 319; Andreae Floriacensis Vita Gauzlini 18 (Bautier/Labory 56) ;*

Zimmermann Papsturkunden II n. 439. – Reg.: *Böhmer/Zimmermann n. 1028.*

Olim ad a. cr. 1008. De tempore cf. Böhmer/Zimmermann n. 1028.

8562 **(1007 ex.)**

JL 3960 Fulconem episcopum (Aurelianensem), qui „monasterio sancti Benedicti (Floriacensi) olim indulta privilegia ardere et destruere" voluerit, paschate proximo accedere ad sese iubet. Quodsi non venerit, fore ut excommunicetur. – *Quia Romanam aecclesiam.*

Ed.: *Anal. iur. pont. X 319; Andreae Floriacensis Vita Gauzlini 18 (Bautier/Labory 58); Zimmermann Papsturkunden II n. 440.* – Reg.: *Böhmer/Zimmermann n. 1029.*

Olim ad a. cr. 1008. De tempore cf. Böhmer/Zimmermann n. 1029.

8563 **(1007 ex.)**

JL 3961 Gauzlinum abbatem Floriacensem de defensa auctoritate ecclesiae Romanae laudat, proximoque paschate Romae esse vult. – *Quia auctoritatem Romane.*

Ed.: *Anal. iur. pont. X 319; Andreae Floriacensis Vita Gauzlini 18 (Bautier/Labory 58); Zimmermann Papsturkunden II n. 441.* – Reg.: *Böhmer/Zimmermann n. 1030.*

Olim ad a. cr. 1008. De tempore cf. Böhmer/Zimmermann n. 1030.

8564 **(1006 ex.–1008 in.)**

Iohanni (XVIII) Fulbertus episcopus Carnotensis litteras mittit, in quibus de comite malefactore Rudolpho, de eius iniuriis contra bona ecclesiae factis, de occisione clerici, de captatione duorum aliorum queritur et de excommunicatione nuntiat. Papam hortatur, ut comiti Romae absolutionem petenti poena afficiat.

Ed.: *Behrends The Letters and Poems of Fulbert of Chartres 14.* – Reg.: *Böhmer/Zimmermann n. 1007a.*

De tempore cf. Böhmer/Zimmermann n. 1007a.

***8565** **(1008 mai.–iun.)** **Roma**

Pro Petro episcopo Astensi a rege (Heinrico II) dimisso Aldericum episcopum Astensem consecrat, quia Arnulfus archiepiscopus Mediolanensis consecrationem recusavit.

Laud. in: *Arnulfi Mediolanensis Gesta c. 18 (MGH SS rer. Germ. 67, 142); Galvanei della Fiamma Manipulus florum 137 (RIS 11, 613).* – Reg.: *Böhmer/Zimmermann n. 1031.*

8566 **1008 oct.** **(Roma)**

JL 3957 Meingaudo archiepiscopo Treverensi pallii usum concedit (Scr. p. m. Petri not. S.R.E. in m. oct., ind. VII). – *Officium sacerdotis assumere.*

Ed.: *Zimmermann Papsturkunden II n. 442.* – Reg.: *Böhmer/Zimmermann n. 1032.*

***8567** **(1008)**

(Iohannem XVIII) Bertlalis ancilla ancillarum s. Servatii Quedlinburgensis pro se et dominae Mechtildae (abbatissae) animae absolutione suorumque salute adit.

Laud. in: *Ann. Quedlinburgenses ad a. 1007 (MGH SS rer. Germ. 72, 525).* – Reg.: *Germ. Pont. V/2, 314 n. *5a.*

De tempore cf. Germ. Pont. V/2 314 n. *5a.

***8568** **(1009 ante iun.)**

Cum consensu Iohannis XVIII et in praesentia eius nuntii Azzonis episcopi (Ostiensis) Stephanus (I) rex Hungariae „electionem episcopatus, qui vocabitur Quinqueecclesiensis" statuit, „Boniperto ibi episcopo facto privilegiis terminisque" ordinat et confirmat.

L a u d . i n : *Stephani I regis charta (Györffy Dipl. Hung. I 54).* – R e g . : *Böhmer/Zimmermann n. 1034.*

De tempore cf. Böhmer/Zimmermann n. 1034.

8569 **(1003–1009)**

(Wulfstano II) archiepiscopo (Eboracensi) nuntiat, se ostensori kartulae nomine N. poenitentiam irrogasse; dat ei licentiam aliquid remedium in illo facere. – *Huius igitur ostensorem.*

E d . : *Zimmermann Papsturkunden II n. 408.* – R e g . : *Böhmer/Zimmermann n. 983a.*

8570 **(1003–1009)**

Episcopo cuidam in Anglia indicat poenitentiam cuiusdam viri iniunctam. – *Dignum duximus dilectioni.*

E d . : *Zimmermann Papsturkunden II n. 409.* – R e g . : *Böhmer/Zimmermann n. 983b.*

8571 **(1003–1009)**

Wulfstano (II) archiepiscopo (Eboracensi) nuntiat, se viro quodam pro fratricidio perpetrato et pro aliis criminibus poenitentiam iniunxisse; dat ei etiam licentiam aliquid remedium in illo facere. – *Iste vir pro.*

E d . : *Zimmermann Papsturkunden II n. 410.* – R e g . : *Böhmer/Zimmermann n. 983c.*

8572 **(1004–1009)**

Omnibus Romanis et episcopis Francigenis nuntiat, quae iudicaverit in dissensione inter monasterium Corbeiensem et Drogonem militem de possessione villae quae dicitur Salliacus (Iohannes presb. card. cogente pp. scripsit). – *Emunitates ecclesiarum clericorumque.*

E d . : *Ramackers PUU Frankreich NF IV 62 n. 3; Zimmermann Papsturkunden II n. 411.* – R e g . : *Böhmer/Zimmermann n. 984.*

***8573** **(1004–1009)**

Monasterio s. Petri Perusino privilegium concedit.

L a u d . i n : *Conradi II et Heinrici III (Leccisotti/Tabarelli Carte I 10 et 25) et Friderici I (MGH DD F I/2 n. 413) diplomata.* – R e g . : *Ital. Pont. IV 67 n. *5; Böhmer/Zimmermann n. 983.*

***8574** **(1004–1009)**

Monasterio Psalmodiensi privilegium concedit.

L a u d . i n : *Paschalis II privilegium (Wiederhold PUU Frankreich IV 68).* – R e g . : *Böhmer/Zimmermann n. 985.*

***8575** **(1004–1009)**

Monasterium s. Andreae Avenionensis tuendum suscipit et ei ecclesiam in monte Tozonis cum omnibus vectigaliis sub annua pensione unius librae cerae tribuit et episcopum Ingilramum monet, ut eam concessionem confirmet.

L a u d . i n : *Ingilrami ep. charta (Manteyer Chartes 128); Gelasii II (JL 6671) et Eugenii III (Wiederhold PUU Frankreich IV 93) et Alexandri III (Wiederhold PUU Frankreich IV 139) privilegia.* – R e g . : *Böhmer/Zimmermann n. 986.*

***8576** **(1004–1009)**

In diptychis reintegratur et scisma cum ecclesia orientali eo modo componitur.

L a u d . i n : *Petri III patriarchae Antiochiae epist. ad Michaelem Kerullarium patriarcham Constantinopolitanum a. 1054 directa (Will Acta et scripta 192).* – R e g . : *Böhmer/Zimmermann n. 982.*

8577 **(1005–1009)**

JL 3963 Monasterii s. Victoris Massiliensis privilegia, petente Gifredo abbate, confirmat (Petrus scrin. scripsit). – *Consuetudo fuit nostrorum.*

E d . : *Zimmermann Papsturkunden II n. <418.* – R e g . : *Santifaller Beschreibstoffe 34 n. 20a; Böhmer/Zimmermann n. 998.*

Olim ad a. 1004–1009. De tempore cf. Böhmer/Zimmermann n. 998. De fide cf. Zimmermann Papsturkunden II n. <418.

*** 8578** **(1009 mai.–iun.)** **(Roma)**

Iohanne (II Crescentio) patricio et Rainero (comite) petentibus Guidonem abbatem Farfensem a monachis monasterii Farfensis in successorem abbatis Hugonis electum gratuito consecrat.

L a u d . i n : *Hugonis Farfensis Exceptio relationum (FSI 33, 66); Hugonis Farfensis Querimonium (FSI 33, 75); Gregorii Catinensis Chron. Farfense (FSI 34, 83).* – R e g . : *Böhmer/Zimmermann n. 1033.*

*** 8579** **1009 (iun. ex.)** **(Roma), S. Paolo (fuori le Mura)**

JL I 503 In monasterio s. Pauli (Romano, foris muros) monachus moritur ibidemque sepelitur.

L a u d . i n : *Lib. pont. (Duchesne II 266); Ann. Augustani ad a. 1009 (MGH SS 3, 124); Ann. s. Blasii ad a. 1010 (MGH SS 17, 276 [ad Iohannem XVII]); Anonymi Zwettlensis Hist. Rom. pont. 146 (Migne PL 213, 1030 [ad Iohannem XVII]).* – R e g . : *Böhmer/Zimmermann n. 1035.*

Sergius IV (1009–1012)

***8580** **1009 (iul. 31)** **Roma**

JL I 504 Consecratur.

Laud. in: *Ann. Augustani ad a. 1009 (MGH SS 3, 124); Bernoldi Constantiensis Chron. ad a. 1009 (MGH SS 5, 424); Cron. min. Erphordensis (MGH SS rer. Germ. 42, 626).* – Reg.: *Böhmer/Zimmermann n. 1036.*

***8581** **1009**

JL *3983 Ecclesiae Merseburgensi scripta confirmationis tribuit.

Laud. in: *Chron. epp. Merseburgensium (MGH SS 10, 176); Thietmari Merseburgensis Chron. VI c. 100 (MGH SS rer. Germ. N. S. 9, 394); Ann. Saxo ad a. 1009 (MGH SS 37, 310).* – Reg.: *Böhmer/Zimmermann n. 1045.*

Olim ad a. 1009–1012. De tempore cf. Böhmer/Zimmermann n. 1045.

***8582** **(1009)**

Sergio (II) patriarchae Constantinopolitano formulam Christianam mittit, in quam verbum „filioque" insertum est. Patriarcha papam hortatur, ut in veterem fidem redeat et denique papam excommunicat.

Laud. in: *Nicetae de Nicaea Ποσάκις οἱ Ρωμαῖοι ἐσχίσθησαν (Michel Humbert und Kerullarios I 20 not. 5); tractatus Περὶ τῆς τῶν Λατίνων πάλιν αἰτίας c. 9 (Hergenröther Mon. 168); tractatus Ὅπως ἐγένετο καὶ πόθεν καὶ πότε ἡ τῶν Ἰταλῶν ἐκ τῶν ὀρθοδόξων διαίρεσις διάστασις c. 15 (Hergenröther Mon. 180); (Epiphanii Constantinopolitani) Πῶς καὶ κατὰ τίνα ἐχωρίσθησαν ἀφ ἡμῶν οἱ Λατῖνοι (Hergenröther Mon. 162).* – Reg.: *Böhmer/Zimmermann n. 1042.*

De tempore cf. Böhmer/Zimmermann n. 1042.

***8583** **(1009)** **Roma, (Laterano)**

Silvestro (II) praedecessori suo sepulcrum (in basilica Lateranensi) facit.

Laud. in: *Silvestri II epitaphium (Montini Tombe 168); Anonymi Zwettlensis Hist. Rom. pont. 147 (Migne PL 213, 1030).* – Reg.: *Böhmer/Zimmermann n. 1043.*

De tempore cf. Böhmer/Zimmermann n. 1043.

***8584** **(1009)**

Iussu Sergii IV Ludolfus abbas Fontis Avellanae episcopus Eugubinus electus electionem accipit.

Laud. in: *Ludovici Iacobilli Vite III 325.* – Reg.: *Böhmer/Zimmermann n. 1046.*

De tempore cf. Böhmer/Zimmermann n. 1046.

†8585 **(1009)**

JL 3978 Archiepiscopis, episcopis, ducibus, marchionibus, comitibus mandat, ut Amalricum archiepiscopum Aquensem aliosque ad reparanda damna, monasterio Montis Maioris illata, sub excommunicationis poena adhortentur. – *Status itaque ecclesiarum.*

Ed.: *Zimmermann Papsturkunden II n. †444.* – Reg.: *Böhmer/Zimmermann n. †1044.*

Olim ad a. 1009–1012. De tempore cf. Böhmer/Zimmermann n. †1044.

†8586 **1010 mart. 30** **Roma, Laterano**

JL 3967 Castrum Scuriense, „temporibus ... pape Siluestri ... regia munificentia ... beato Petro ... collatum", a Vedianoque castri domino „nunc per innovationem sub censu anno X solidorum Raimundensis monete oblatum", heredibus eiusdem Vediani in perpetuum concedit (Dat. Lat. p. m. Gregorii S.R.E. card. presb. III kal. apr., d. inc. a. 1018). – *Manifestum est castrum.*

E d . : *Zimmermann Papsturkunden II n. †447.* – R e g . : *Böhmer/Zimmermann n. †1051.*

Laud. et in Alexandri III (JL 10724) et in Innocenti III (Potthast 4622) privilegiis. Cf. J³ *†8505.

8587 **1010 mart.** **(Roma)**

JL 3966 Andreae episcopo Parentino possessionem parochiae Ruviniensis castellorumque duorum asserit (Scr. p. m. Benedicti Dei gratia not. reg. et scrin. S.R.E. in m. mart., ind. VIII). – *Congruum valde namque.*

E d . : *Zimmermann Papsturkunden II n. 446.* – R e g . : *Ital. Pont. VII/2, 232 n. 6; Böhmer/Zimmermann n. 1050.*

Cf. J³ *8468 et J³ *8472 et J³ *8483.

†8588 **1010 mai. 16** **Roma, Laterano**

JL †3968 et JL †3969 Amalrico (Aquensi) et Pontio (Arelatensi) archiepiscopis et Eldiberto (Avenionensi), Iocelino, Almerado (Regensi), Frodoni (Sistaricensi) episcopis nuntiat se Archinrico monasterii Montis Maioris abbati permisisse, ut ecclesia S. Maria a Stephano episcopo (Aptensi) consecraretur. Qui poenitentes consecrationi affuerint, iis tertiam poenitentiae susceptae partem remittit et alia quaedam concedit (Dat. Lat. p. m. Iohannis S.R.E. diac. card.). – *Quia apostolo Petro.*

E d . : *Zimmermann Papsturkunden II n. †448.* – R e g . : *Böhmer/Zimmermann n. †1052.*

Olim ad a. 1010 (mai.). De tempore cf. Böhmer/Zimmermann n. †1052.

***8589** **1010 dec. 2** **Roma**

Monasterium Sextense eximit (Dat. Rome a. D. MXII, IV non. dec., pont. a. II).

L a u d . i n : *Registrum chartarum monasterii Camaldulensis (Kehr PUU Toscana 145).* – R e g . : *Ital. Pont. III 459 n. *10; Zimmermann Papsturkunden II n. 449; Böhmer/Zimmermann n. 1053.*

***†8590** **(1009–1010)**

Eis, qui ecclesiam s. Mariae sub monte Carmelo in certis diebus festis visitant et eleemosynas donant aut domos destructos collegii reparant, indulgentiam septem annorum et totidem quadragesimarum concedit.

L a u d . i n : *Sixti IV privilegium (Acta pont. Danica IV 156).* – R e g . : *Böhmer/Zimmermann n. †1041a.*

Cf. et J³ *†5584, J³ *†6325, J³ *†7249, J *†7452, J³ *†7554, J³ *†7586, J³ *†8370. De tempore cf. Böhmer/Zimmermann n. †1041a.

***†8591** **(1010)**

Cuncti Italiae pariter seu Venetiae et cives Genuae promittunt Sergio IV in isto anno M instruere naves ad vindicandum Iesu Christi sepulcrum ab Agarenis destructum.

L a u d . i n : *J³ †8592; Platinae Lib. de vita (RIS ser. II 3/1, 179).* – R e g . : *Ital. Pont. VI/2, 322 n. *1; Ital. Pont. VII/2, 19 n. *27; Böhmer/Zimmermann n. †1048.*

De tempore cf. Böhmer/Zimmermann n. †1048.

†8592 **(1010)** **(Roma)**

JL †3972 Omnibus catholicis regibus, archiepiscopis, episcopis, abbatibus, presbyteris, diaconibus, subdiaconibus omnibusque „in cleros" consitutis, ducibus, marchionibus, comitibus, maioribus ac minoribus significat sibi per nuntios ex Oriente venientes de sepulcro Domini a paganis destructo nuntiatum esse. Quod ad restaurandum sese „cunctosque Italie pariter seu Venetie et cives Genuę cum ... mercede et adiutorio de omni populo in isto anno mille" velle instruere naves, „cum quibus" eant „in Syrie partibus." Hortatur, ut aut ipsi societatem belli ineant aut per manus Iohannis episcopi subsidiae transmittant. – *Cum nos precioso.*

E d . : *Zimmermann Papsturkunden II n. †445.* – R e g . : *Ital. Pont. VI/2, 322 n. *1; Böhmer/Zimmermann n. †1049.*

Olim ad a. 1011. De tempore cf. Böhmer/Zimmermann n. †1049. Cf. et J[3] *†8591.

***† 8593** **1010**

Emmonium episcopum Asculanum de comitatu Asculano investit.

L a u d . i n : *Marcucci Saggio delle cose Ascolane 217.* – R e g . : *Ital. Pont. IV 149 n. †*5; Böhmer/Zimmermann n. †1047.*

Emmonium a. 1010 investitum esse narrat Marcucci. De fide cf. Böhmer/Zimmermann n. †1047.

8594 **1011 ian. 21** **(Roma)**

JL *3970 Alphano archiepiscopo Beneventano pallium concedit ecclesiaeque eius iura metropolitana confirmat (Scr. p. m. Benedicti not. reg. et scrin. S.R.E. in m. ian., ind. IX. Dat. XII kal. febr. p. m. Benedicti ep. s. Portuensis eccl. et bibl. S.A.S. a. Deo prop. pont. d. n. Sergii ss. IV pp., ind. IX, m. ian. d. XXI). – *Cum summe apostolice.*

E d . : *Zimmermann Papsturkunden II n. 450.* – R e g . : *Ital. Pont. IX 56 n. 20; Böhmer/Zimmermann n. 1054.*

8595 **1011 mai. 27**

JL 3971 Rodulfo abbati Nonantulano concedit, ut constituat de decimis, quas coegit habitatores atque agricultores abbatiae ecclesiae parochiali dare, unam canonicam in honore s. Michaelis abbatiae subiectam infra fines designatos (Dat. p. m. Petri ep. S. Prenestinę ęccl. et bibl. sacri pal. a. D. 1011, IV kal. iun., ind. IX). – *Apostolatus nostri est.*

E d . : *Zimmermann Papsturkunden II n. 451.* – R e g . : *Ital. Pont. V 339 n. 17 et 359 n. 1; Böhmer/Zimmermann n. 1056.*

† 8596 **1011 mai.** **Ferentino**

Bernardo Oliverri rectori ecclesiarum b. Marie et s. Cucuphatis de Ivorris, dioecesis Urgellensis, miraculum quoddam probat, et novae fraternitati s. Mariae diversa privilegia concedit (Dat. Ferrentini p. m. Dalmacii S.R.E. script., d. et a. predictis, pont. vero d. Sergii IV pp. a. II). – *Cum nobis constet.*

E d . : *Zimmermann Papsturkunden II n. †452.* – R e g . : *Böhmer/Zimmermann n. †1057.*

Laud. et in Petri s. Stephani in Celio monte presbyteri cardinalis de Fuxo vulgariter nuncupati litteris (Villanueva Viage IX 214).

8597 **1011 iun. 16** **(Roma)**

JL 3988 Michaelis archiepiscopi Salernitani iura metropolitana confirmat (Scr. p. m. Iohannis scrin. S.R.E. in m. iun., ind. X. Dat. XV kal. iul. p. m. Gregorii ep. et bibl. S.S.A. a. Deo prop. d. Sergii IV pp. in ss. sede b. Petri apost. III, ind. X, m. iun. d. XVI). – *Quia vestri accepti.*

E d . : *Zimmermann Papsturkunden II n. 453.* – R e g . : *Ital. Pont. VIII 346 n. 13; Böhmer/Zimmermann n. 1073 et n. 1057a.*

Olim ad a. 1012 iun. 17. De tempore cf. Böhmer/Zimmermann n. 1073 et n. 1057a. Cf. et J[3] *8127.

8598 **1011 nov.** **(Roma)**

JL 3973 Monasterii ss. Michaelis et Germani Cuxanensis possessiones et privilegia corroborat petente Oliva abbate (Scr. p. m. Benedicti not., reg. et scrin. S.R.E. in m. nov., ind. X). – *Cum constet Dominum.*

Ed.: *Zimmermann Papsturkunden II n. 454; Junyent i Subirà Dipl. Oliba 63.* – Reg.: *Böhmer/Zimmermann n. 1058.*

8599 **1011 nov.** **(Roma)**

JL 3974 Monasterii s. Mariae Rivipullensis bona iuraque, rogatu Olivae abbatis, confirmat (Scr. p. m. Benedicti not. reg. et scrin. S.R.E. in m. nov., ind. X). – *Cum constet Dominum.*

Ed.: *Zimmermann Papsturkunden II n. 455; Junyent i Subirà Dipl. Oliba 57.* – Reg.: *Linage Conde Orígenes III 535 n. 96; Böhmer/Zimmermann n. 1059.*

8600 **1011 nov.** **(Roma)**

JL 3975 Monasterium s. Petri in comitatu Feniliotensi, petente fundatore Bernardo comite, tuendum suscipit bonaque eius confirmat (Scr. p. m. Benedicti not. reg. et scrin. S.R.E. in m. nov., ind. X). – *Si donum excellentissimae.*

Ed.: *Zimmermann Papsturkunden II n. 456.* – Reg.: *Böhmer/Zimmermann n. 1060.*

8601 **1011 nov.** **(Roma)**

JL 3976 Guifredo comiti ecclesiam s. Martini (Canigonensem) concedit, ubi monasterium constituatur, cuius bona iam confirmat (Scr. p. m. Benedicti not. reg. et scrin. S.R.E. in m. nov., ind. X). – *Quoniam divina annuente.*

Ed.: *Zimmermann Papsturkunden II n. 457.* – Reg.: *Santifaller Beschreibstoffe 34 n. 23; Rabikauskas Kuriale 229; Mundó Notes 115; Böhmer/Zimmermann n. 1061.*

Laud. et in Guifredi archiep. Narbonensis privilegio (Guérard Cartulaire de St-Victor II 532).

8602 **1011 (nov.)** **(Roma)**

JL 3977 Monasterium s. Mariae Arulense, rogatu Gauzberti abbatis, tuendum suscipit, et eius bona ac iura confirmat, monachisque annuum bizantiorum duorum tributum imponit (Scr. p. m. Benedicti not. reg. et scrin. S. n. R.E. in m. et ind. X). – *Cum summe apostolice.*

Ed.: *Zimmermann Papsturkunden II n. 458.* – Reg.: *Mundó Notes 116; Böhmer/Zimmermann n. 1062.*

Laud. et in Guillelmi II comitis Bisuldunensis charta (Monsalvatje Noticias XV 261). In clausula videtur „Novembri" excidisse.

8603 **(1011 ex.)** **(Roma)**

Subscriptione, bulla et excommunicatione Ermengaudi episcopi Urgellensis chartam pro capitulo cathedrali Urgellensi confectam confirmat.

Ed.: *Marca/Baluze Marca Hispanica 974.* – Reg.: *Zimmermann Papsturkunden II n. 459; Böhmer/Zimmermann n. 1063.*

De tempore cf. Böhmer/Zimmermann n. 1063.

*8604 **(1011 ex.)**

Rogatu Widonis (II vicecomitis) Thiernensis chartam confirmat, qua comes monasterium s. Symphoriani Thiernense a se restitutum monasterio Cluniacensi supponit eoque plura bona donat.

Reg.: *Böhmer/Zimmermann n. 1064.*

Widonis charta ed. ap. Bernard/Bruel Recueil III 710. De tempore cf. Böhmer/Zimmermann n. 1064.

†8605 **1012 ian. 21** **Perpignan**

„De licentia et de mandato Sergii ... IV" Bernardus episcopus Tholostensis, legatus in regno Aragoniae, Odoni episcopo Urgellensis et ecclesiae de Ivorris possessiones confirmat ecclesiaeque privilegia concedit (Dat. in villa Perpiniani XII kal. febr. a. ab circumcisione D. MXII, pont. ss. d. n. Sergii pp. a. XII).

Reg.: *Zimmermann Papsturkunden II n. †460; Böhmer/Zimmermann n. †1066.*

Editio deest.

8606 **1012 febr. 26** **(Roma)**

JL 3985 Monasterii s. Vincentii Vulturnensis possessiones et privilegia, petente Hilario abbate, confirmat (Scr. p. m. Benedicti not. reg. et scrin. S.R.E. in m. febr., ind. X. Dat. V kal. mart. p. m. Petri D. gratia ep. s. Prenestine eccl. et bibl. S.A.S. a. Deo prop. pont. d. n. Sergii sanctissimi IV pp. sedente a. III, ind. suprascr. X). – *Cum magna nobis.*

Ed.: *Zimmermann Papsturkunden II n. <461.* – Reg.: *Ital. Pont. VIII 250 n. 15; Böhmer/Zimmermann n. 1067.*

Laud. et in Chron. Vulturnensi I et V (FSI 58, 33 et 60, 4). Olim ad a. 1012 febr. 25. De tempore cf. Böhmer/Zimmermann n. 1067. De fide cf. Zimmermann Papsturkunden II n. <461.

*8607 **(1012 in.)**

Theodoricus episcopus Metensis per litteras apud (Sergium IV) papam de Heinrico (II) rege queritur.

Laud. in: *Thietmari Merseburgensis Chron. VI c. 60 (MGH SS rer. Germ. N. S. 4, 348).* – Reg.: *Böhmer/Graff n. 1757c; Böhmer/Zimmermann n. 1065.*

De tempore cf. Böhmer/Zimmermann n. 1065.

*8608 **(1012 apr. in.)**

JL *3980 Ecclesiae Bambergensi privilegia tribuit.

Laud. in: *J³ 8638; Gesta epp. Cameracensium III c. 2 (MGH SS 7, 466).* – Reg.: *Germ. Pont. III 249 n. *3; Böhmer/Graff n. 1757b; Böhmer/Zimmermann n. 1068.*

†8609 **1012 apr. 14** **Roma**

JL 3986 Monasterium Bellilocense ab Hugone archiepiscopo Turonensi sedi apostolicae restitutum Petro episcopo Vipernensi consecrandum committit (A. d. prop. pont. d. n. Sergii summi pont. et univ. IV pp. in ss. sede b. Petri apost. III, ind. X, m. apr. d. XIV). – *Quia mens humana.*

Ed.: *Zimmermann Papsturkunden II n. †462.* – Reg.: *Böhmer/Zimmermann n. †1070.*

Laud. et in Urban II privilegio (Ramackers PUU Frankreich NF V 87).

†8610 **(1012 apr. 14)** **(Roma)**

JL 3987 Monasterium (Bellilocense) a „suo suffragane(o) episcop(o)" (Petro Vipernensi) consecrandum, iniuriis affici sub excommunicationis anathematisque poena vetat. – *Notum esse volumus.*

Ed.: *Zimmermann Papsturkunden II n. †463.* – Reg.: *Böhmer/Zimmermann n. †1071.*

Olim ad a. 1012 apr.–iun. De tempore cf. Böhmer/Zimmermann n. †1071.

*†8611 **(1012 apr. med.)** **Roma**

JL *3984 Fulconi comiti Andegavensi (Hierosolymam eunti) litteras tradit imperatori Constantinopolitano directas.

Laud. in: *Chron. de gestis consulum Andegavorum (Halphen/Poupardin 50 et 145); Radulphi de Diceto Abbreviationes (SS rer. Brit. 68/1, 164).* – Reg.: *Böhmer/Zimmermann n. †1072.*

Olim ad a. 1009–1012. De tempore cf. Böhmer/Zimmermann n. †1072.

8612 **(1009–1012)**

JL 3979 Gratiano abbati et omnibus habitantibus in castello et civitate Gorgnito praecipit, ut ecclesias s. Peregrini et s. Michaelis Guidoni abbati Farfensi restituant. – *Nostra cura pastoralis.*

Ed.: *Zimmermann Papsturkunden II n. 443.* – Reg.: *Ital. Pont. II 62 n. 16 et 204 n. 1; Böhmer/Zimmermann n. 1037.*

*** 8613** **(1009–1012)**

Monasterio s. Petri prope Perusiam privilegium concedit.

Laud. in: *Conradi II diploma; Heinrici III diploma (Leccisotti/Tabarelli Carte I 10 et 25); Friderici I diploma (MGH DD F I/2 n. 413).* – Reg.: *Ital. Pont. IV 67 n. *6; Böhmer/Zimmermann n. 1040.*

*** 8614** **(1009–1012)**

JL *3981 Ad supplicationem Vitalis patriarchae Gradensis ius metropolitanum et ecclesiae suae suffraganeos Venetiae et Istriae per privilegium approbat.

Laud. in: *Iohannis XIX (JL 4063; Böhmer/Frech n. 57) et Benedicti IX (JL 4114; Böhmer/Frech n. 255) privilegia; Andreae Danduli Chron. IX c. 2 (RIS ser. II 12/1, 203).* – Reg.: *Ital. Pont. VII/2, 50 n. *69; Böhmer/Zimmermann n. 1038.*

*** 8615** **(1009–1012)**

JL *3982 Monasterii ss. Gervasii et Protasii Fossensis possessiones confirmat.

Laud. in: *Paschalis II (JL 6267); Innocenti II (JL 7423) privilegia.* – Reg.: *Böhmer/Zimmermann n. 1039.*

***† 8616** **(1009–1012)** **Roma**

Apud Sergium (IV) Theodelinus abbas Malleacensis Romae morans de monasterio condito nuntiat.

Laud. in: *Petri Malleacensis Lib. de antiquitate II c. 2 (Migne PL 146, 1264).* – Reg.: *Böhmer/Zimmermann n. †1041.*

*** 8617** **(1010 febr.–1012)** **Roma**

Ecclesiae Bremensi monasterium quod dicitur Ramsolan concedit.

Laud. in: *Adami Bremensis Gesta II c. 45 (MGH SS rer. Germ. 2, 105).* – Reg.: *Germ. Pont. VI 52 n. *64; Böhmer/Zimmermann n. 1055; Germ. Pont. V/1, 208 n. *12 et 246 n. *2.*

De tempore cf. Böhmer/Zimmermann n. 1055.

*** 8618** **1012 mai. 12** **Roma**

JL I 505 Moritur. In ecclesia s. Iohannis in Laterano sepelitur.

Laud. in: *Sergii IV epitaphium (MGH Poetae 5/2, 339; Montini Tombe 173); Ann. Augustani ad a. 1013 (MGH SS 3, 124); Ann. s. Blasii ad a. 1013 (MGH SS 17, 276); Ann. s. Trudperti ad a. 1013 (MGH SS 17, 289); Romualdi Salernitani Chron. (RIS ser. II 7/1, 173).* – Reg.: *Böhmer/Zimmermann n. 1074.*

Olim ad a. 1012 iun. De tempore cf. Böhmer/Zimmermann n. 1074.

***† 8619** **(1034)** **(Roma)**

Venantio, viro Italico, a canonicis in episcopum electo, de ecclesia Crusviciensi (al. Wladislaviensi) providet, qui et in Urbe consecratur.

Laud. in: *Iohannis Dlugossii Ann. seu Chron. Poloniae II ad a. 1033 (Dąbrowski I 309); eiusdem Cat. epp. Wladislawiensium (Opera I 522); eiusdem Cat. II epp. Wladislaviensium (MPH 4, 25).* – Reg.: *Böhmer/Frech n. †178; Pol. Pont. 191 n. *†39.*

Benedictus VIII (1012–1024)

cui accedit: Gregorius (VI) (1012)

*** 8620** **(1012 ante mai. 21)**

JL I 514 Gregorius (VI) eligitur.

L a u d . i n : *Thietmari Merseburgensis Chron. VI c. 101 (MGH SS rer. Germ. N. S. 9, 394).* – R e g . : *Böhmer/Zimmermann n. 1075.*

De tempore cf. Böhmer/Zimmermann n. 1075.

*** 8621** **1012 (mai. 21)** **(Roma)**

JL I 506 et Consecratur, superato Gregorio competitore.

JL I 514 L a u d . i n : *Thietmari Merseburgensis Chron. VI c. 101 (MGH SS rer. Germ. N. S. 9, 394); Ann. Augustani ad a. 1013 (MGH SS 3, 124); Hugonis Farfensis Exceptio relationum (FSI 33, 67); Gregorii Catinensis Chron. Farfense (FSI 34, 83); Chron. mon. Casinensis II c. 27 (MGH SS 34, 217); Ann. Saxo ad a. 1012 (MGH SS 37, 321); Romualdi Salernitani Chron. (RIS ser. II 7/1, 174); Cron. Tiburtina ad a. 1013 (MGH SS 31, 258); Cron. min. Erphordensis (MGH SS rer. Germ. 42, 626).* – R e g . : *Böhmer/Zimmermann n. 1075.*

Olim ad a. 1012 iun. 22. De tempore cf. Böhmer/Zimmermann n. 1075.

† 8622 **(1012 mai. ex.)**

JL 3773 V(itali) patriarchae Gradensi quaestionem de connubio respondet. – *Lex divinae constitutiones.*

E d . : *Zimmermann Papsturkunden II n. 464.* – R e g . : *Ital. Pont. VII/2, 51 n. 70; Holtzmann Ergänzungen zur Ital. Pont. 118 n. 145; Böhmer/Zimmermann n. †1076.*

Olim Benedicto VI (a. 972 – 974) adscripta. De tempore cf. Böhmer/Zimmermann n. 1076.

*** 8623** **(1012 mai.–iun.)** **Roma**

JL *3994 et Gauzlino archiepiscopo Bituricensi pallium tribuit. In ecclesia b. Petri Gauzfredum

I 507 vicecomitem Bituricensium, qui Gauzlino archiepiscopo aditum sedis Bituricensis denegaverat, anathematizat, „nisi satisfactione congrua absolvatur".

L a u d . i n : *Andreae Floriacensis Vita Gauzlini 18 (Bautier/Labory 58).* – R e g . : *Böhmer/Zimmermann n. 1116 et n. 1099a.*

Olim ad a. cr. 1013. De tempore cf. Böhmer/Zimmermann n. 1099a.

8624 **(1012 mai.–iun.)** **(Roma)**

JL 3995 Gosfrido vicecomiti Bituricensi scribit, nisi Gauzlinum archiepiscopum pulsum „usque ad proximum sancti Johannis festum" receperit, eum excommunicatum iri. – *Gauzlinvm archiepiscopum in.*

E d . : *Insertum in Andreae Floriacensis Vita Gauzlini c. 19 (Bautier/Labory 58; separatim ed. Zimmermann Papsturkunden II n. 471).* – R e g . : *Böhmer/Zimmermann n. 1117 et n. 1099a.*

Olim ad a. cr. 1013. De tempore cf. Böhmer/Zimmermann n. 1099a.

*** 8625** **(1012 iun.–iul.)**

Contra Iohannem et Crescentium comites bellum gerit.

Laud. in: *Hugonis Farfensis Exceptio relationum (FSI 33, 67); Gregorii Catinensis Chron. Farfense (FSI 34, 83).* – Reg.: *Böhmer/Zimmermann n. 1077.*

De tempore cf. Böhmer/Zimmermann n. 1077.

†8626 **1012 aug. 27** **(Roma)**

JL 3989 Waltherdo archiepiscopo Magdeburgensi pallium mittit, vexillique crucis praeferendi ius concedit. Permittit, ut in ecclesia eius XII presbyteri cardinales et VII diaconi cardinales constituantur, qui dalmaticis sandaliisque utantur. Eum in numerum cardinalium ecclesiae Romanae episcoporum asciscit, „et per omnia archiepiscopis Treuirensi, Coloniensi, Mogunziensi ęqualem esse" vult (Scr. p. m. Benedicti not. reg. et scrin. S.R.E. in m. aug., ind. X. Dat. VI kal. sept. p. m. Petri ep. s. Prenestinę eccl. et bibl. S.S.A. a. Benedicti VIII pp. I, m. et ind. suprascr. X). – *Si pastores ovium.*

Ed.: *Zimmermann Papsturkunden II n. <472.* – Reg.: *Germ. Pont. VII 52 n. †129; Germ. Pont. X 51 n. †83; Böhmer/Zimmermann n. †1100.*

Laud. et in Gestis archiepp. Magdeburgensium c. 16 (MGH SS 14, 396) et in Innocentii III privilegio (Potthast 3036, Reg. Innocenz' III. 10, 14). Olim ad a. 1012 aug. 18. De tempore cf. Böhmer/Zimmermann n. †1100. De fide cf. Zimmermann Papsturkunden II n. <472.

***8627** **1012 (aest.)**

JL I 506 et Gregorius (VI) expellitur a Benedicto (VIII) papa.

JL I 514 Laud. in: *Thietmari Merseburgensis Chron. VI c. 101 (MGH SS rer. Germ. N. S. 9, 394); Ann. Saxo ad a. 1012 (MGH SS 37, 321).* – Reg.: *Böhmer/Zimmermann n. 1078.*

8628 **1012 oct.** **(Roma)**

JL 3990 Geroni archiepiscopo Magdeburgensi pallii crucisque praeferendae ius attribuit (Scr. p. m. Benedicti reg. not. et scrin. S.R.E. in m. oct., ind. XI). – *Quoniam circa dominicarum.*

Ed.: *Zimmermann Papsturkunden II n. 473.* – Reg.: *Böhmer/Zimmermann n. 1101.*

Laud. et in Gestis archiepp. Magdeburgensium c. 17 (MGH SS 14, 397).

†8629 **1012 nov. 30**

JL 3991 Brunoni episcopo Lingonensi commendat monasterium S. Benigni (Divionense), cuius privilegia confirmat (Dat. II kal. dec. p. m. Petri S.A.S. bibl., ind. X). – *Monasterii martiris Benigni.*

Ed.: *Zimmermann Papsturkunden II n. †474.* – Reg.: *Böhmer/Zimmermann n. †1102 et n. †1103.*

†8630 **1012 dec. 1**

JL 3992 Monasterium (s. Benigni) Divionensis protectionem suscipit, iuraque confirmat petente Willelmo abbate (Dat. kal. dec. p. m. Petri S.A.S. bibl., ind. X). – *Ex iniuncto nobis.*

Ed.: *Zimmermann Papsturkunden II n. †475.* – Reg.: *Böhmer/Zimmermann n. †1104.*

Laud. et in Gregorii VII (JL 5079) et in Paschalis II (JL 6005) privilegiis.

***8631** **1012 dec. 25** **Pöhlde**

JL I 514 Gregorius (VI) „cum omni paratu apostolica" ad regem Heinricum (II) venit „expulsionem suam (a Benedicto VIII factam; cf. J[3] *8627) omnibus lamentando innotescens". Quem rex „in suam ... custodiam" suscipit „et a caeteris abstinere" praecipit. Rex Gregorio (VI) promittit, „cum ipse illuc (i. e. Romam) veniret, haec secundum morem Romanum diligenter finiri" (ad navitatem Dominicam ... in Palithi).

Laud. in: *Thietmari Merseburgensis Chron. VI c. 101 (MGH SS rer. Germ. N. S. 9, 394); Ann. Saxo ad a. 1012 (MGH SS 37, 321).* – Reg.: *Böhmer/Graff n. 1767a; Böhmer/Zimmermann n. 1108.*

*8632 **(1012)**

A Benedicto VIII Lodulfus episcopus Eugubinus non frustra petit, ut dignitatem episcopalem dimittere et in Fontem Avellanam redire sibi permissum sit.

Laud. in: *Ludovici Iacobilli Vite III 325.* – Reg.: *Böhmer/Zimmermann n. 1097.*

De tempore cf. Böhmer/Zimmermann n. 1097.

*8633 **(1012)** **Roma**

Petente Guarino abbate monasterium s. Salvatoris in Septimo sub tutela b. Petri suscipit statuitque, ut Septimensis ecclesia neque Florentinae neque ulli ecclesiae ulterius subiaceat, nisi Romanae, et concedit, ut in sollemnitatibus missarum abbas pastorali virga, sandaliis et mitra et guantis utatur.

Laud. in: *Vita Iohannis Gualberti c. 2 (MGH SS 30/2, 1105).* – Reg.: *Ital. Pont. III 53 n. *1; Böhmer/Zimmermann n. 1099.*

*8634 **(1012)**

Apud (Benedicto VIII) Boleslaus (I) dux Poloniae per epistolae portitorem queritur, ut non liceat „sibi propter latentes (Heinrici II) regis insidias promissum principi apostolorum Petro persolvere censum".

Laud. in: *Thietmari Merseburgensis Chron. VI c. 92 (MGH SS rer. Germ. N. S. 9, 384).* – Reg.: *Böhmer/Zimmermann n. 1098; Pol. Pont. 18 n. *11.*

De tempore cf. Böhmer/Zimmermann n. 1098 et Pol. Pont. 18 n. *11.

*8635 **1012 (ex.)**

Iohannem abbatem a monachis Sublacensibus electum consecrat.

Laud. in: *J³ 8686; Cherubini Mürtz Chron. c. 11 ad a. 1012 (Allodi 146).* – Reg.: *Böhmer/Zimmermann n. 1107.*

De tempore cf. Böhmer/Zimmermann n. 1107.

8636 **1012 dec.** **(Roma)**

JL 3993 Ecclesiae Urgellensis possessiones et privilegia, petente Ermengaudo episcopo, „ex presenti anno incarnationis domini nostri Jesu Christi millesimo XIII (lege: MXII), indictione undecima" confirmat (Scr. p. m. Benedicti reg. not. et scrin. S.R.E. in m. dec., ind. XI). – *Apostolatus nostri sollicitudo.*

Ed.: *Zimmermann Papsturkunden II n. 477.* – Reg.: *Santifaller Beschreibstoffe 90 n. 6; Rabikauskas Kuriale 229; Böhmer/Zimmermann n. 1106.*

†8637 **(1012 dec.)**

JL 4049 W(illelmo) abbati s. Benigni Divionensis praecipit, ne impediat Benignum quondam episcopum, nunc monachum, quominus monasterii adversarios anathemate afficiat. – *Audita vigilantia studii.*

Ed.: *Zimmermann Papsturkunden II n. †476.* – Reg.: *Böhmer/Zimmermann n. †1105.*

Olim ad a. 1012–1024. De tempore cf. Böhmer/Zimmermann n. †1105.

8638 **1013 ian. 21** **(Roma)**

JL 3996 Ecclesiae Bambergensis privilegia, petentibus Heinrico (II) rege et Eberhardo episcopo, confirmat (Scr. p. m. Berardi scrin. S.R.E. in m. iun., ind. XI. Dat. XII kal. febr. p. m. Benedicti Portuensis ep. et bibl. S.R.E. a. Deo prop. pont. d. n. Benedicti summi pont. et univ. VIII pp. I, in m. supradicto). – *Inter omnia que.*

Ed.: *Zimmermann Papsturkunden II n. 478; insertum in Adalberti Bambergensis Vita Heinrici c. [23] (MGH SS rer. Germ. 69, 289).* – Reg.: *Germ. Pont. III 249 n. 4; Böhmer/Graff n. 1769c; Böhmer/Zimmermann n. 1111.*

Laud. et in Clementis II privilegio (JL 4149, Böhmer/Frech n. 380). Cf. J³ *8608.

8639 **1013 apr. 24** **(Roma)**

JL 3997 Monasterio Farfensi ecclesiam s. Mariae Formellensem concedit, omniaque bona asserit a pontificibus Romanis concessa (Scr. p. m. Benedicti reg. not. et scrin. S.R.E. in m. apr., ind. suprascr. XI. Dat. VIII kal. mai. p. m. Benedicti D. gratia ep. s. Silvę Candidę ęccl. et bibl. S.A.S. a. Deo prop. pont. d. n. Benedicti s. VIII pp. sedentis I, in m. et ind. suprascr. XI). – *Cum magna nobis.*

Ed.: *Zimmermann Papsturkunden II n. 479; insertum in Gregorii Catinensis Chron. Farfensi (FSI 34, 93).* – Reg.: *Ital. Pont. II 62 n. 17; Böhmer/Zimmermann n. 1113.*

Laud. et in Henrici II diplomate (MGH DD H II n. 405).

8640 **(1013 mai. med.)** **Roma**

Guido abbas Farfensis Buccionem Gunzonis filium apud Benedictum VIII papam accusat.

Ed.: *Zimmermann Papsturkunden II n. 480.* – Reg.: *Ital. Pont. II 63 n. *18; Böhmer/Zimmermann n. 1114.*

Laud. et in placito 1013 mai. 23 dato (Giorgi/Balzani Regesto di Farfa IV 35) et in Gregorii Catinensis Chron. Farfensi (FSI 34, 95). De tempore cf. Böhmer/Zimmermann n. 1114.

8641 **1013 iun. 2** **(Roma)**

JL 3998 Monasterio Farfensi possessiones quasdam „ex propria ... substantia" donat (A. Deo prop. pont. d. Benedicti summi pont. et univ. VIII pp. in ss. sede b. Petri II, ind. XI, m. iun. d. II. – Ego Roccio scrin. S.R.E. qui supra scriptor huius cartę complevi et absolvi). – *Dum pro adipiscendis.*

Ed.: *Zimmermann Papsturkunden II n. 481.* – Reg.: *Ital. Pont. II 63 n. 19; Böhmer/Zimmermann n. 1115.*

Laud. et in Henrici II diplomate (MGH DD H II n. 405) et in Gregorii Catinensis Chron. Farfensi (FSI 34, 96).

8642 **1013 iul. 6** **(Roma)**

JL 3999 Widoni abbati monasterii s. Mariae Pomposiani et eius successoribus quasdam ecclesiae Romanae possessiones concedit, „ita sane, ut ... singulis quibusque annis pensionis nomine rationibus in sanctę (Romanę) ecclesię tres argentei solidi difficultate postposita persolvantur omnemque, quam indigent meliorationem seu deffensionem ... sine dubio procurante efficiatur" (Scr. p. m. Benedicti reg. not. et scrin. S.R.E. in m. iul., ind. XI. Dat. II non. iul. p. m. Dei gratia Benedicti ep. s. Silvę Candidę eccl. et bibl. S.A.S. a. Deo prop. pont. d. n. Benedicti s. VIII pp. a. II, ind. predicta XI, m. iul. d. VI). – *Cum magna nobis.*

Ed.: *Zimmermann Papsturkunden II n. 482.* – Reg.: *Ital. Pont. V 180 n. 1; Samaritani Reg. Pomposiae I 86 n. 85; Böhmer/Zimmermann n. 1118.*

***8643** **(1012–1013)**

JL *4031 Arialdo episcopo Clusino nuntios mittit cum litteris, ut ecclesias monasterii consecret, conquerente Winizone abbate.

Laud. in: *J³ 8692.* – Reg.: *Ital. Pont. III 240 n. *7; Böhmer/Zimmermann n. 1096.*

Olim ad a. (1012–1021). De tempore cf. Böhmer/Zimmermann n. 1096.

***8644** **(1012–1013)** **Roma**

Oddonem, qui Romam venit, priorem cellae Pollentiae abbatem consecrat Arduino (V) marchione (de Romagnano) petente.

Laud. in: *Chron. Novaliciense, App. 9 (Alessio 334).* – Reg.: *Böhmer/Zimmermann n. 1095.*

***†8645** **(1012–1013)**

Guillelmo abbati (Fructuariensi) corpus s. Tiburtii cum indulgentia VII annorum et totidem quadragenarum a vespera sabbati ante dominicam quartam quadragesimae usque ad sabbatum sequentem et in omnibus octavis festisque ipsius etc. (prout in bulla praefati Benedicti continetur) concedit.

L a u d . i n : *Chron. abbatiae Fructuariensis 65 (Calligaris 117).* – R e g . : *Ital. Pont. VI/2, 150 n. †*5; Böhmer/Zimmermann n. †1094.*

De tempore cf. Böhmer/Zimmermann n. †1094.

†8646 **1013** **Orvieto**

Urbi Veteri privilegium universitatis concedit et ecclesiam s. Andreae consecrat, dum in hac urbe versatur.

E d . : *Cipriani Manente Hist. di Orvieto 12 ad a. 1013.* – R e g . : *Böhmer/Zimmermann n. †1110.*

De tempore cf. Böhmer/Zimmermann n. †1110.

8647 **1013 dec.** **(Roma)**

JL 4000 Monasterio s. Sepulcri et ss. Quattuor Evangelistarum in castro Felicitatis in loco Noceati sito possessiones quasdam largitur, ea lege, ut abbates „singulis quibusque indictionibus pensionem actionarii sanctae ... Romanae ecclesiae duos aureos solidos difficultate postposita" persolvant (Scr. p. m. Georgii not. reg. et scrin. S.R.E. in m. et ind. suprascr. XII. In nomine D. dat. p. m. Azzoni ep. s. Ostiensis eccl. et bibl. S.A.S. a. Deo prop. pont. d. Benedicti summi pont. et univ. VIII pp. in ss. sede b. Petri apost. II, in m. dec., ind. suprascr. XII). – *Quoniam siquis ad.*

E d . : *Zimmermann Papsturkunden II n. 483.* – R e g . : *Ital. Pont. IV 109 n. 1; Santifaller Beschreibstoffe 90 n. 7; Rabikauskas Scriptumzeile 108; Böhmer/Zimmermann n. 1119.*

***†8648** **1014 ian. 9**

Monasterio Fructuariensi indulgentiam (prout in J³ *†8645 continetur) concedit eique corpora ss. Primi et Feliciani martyrum mittit (a. D. 1014, ... V id. ian.).

L a u d . i n : *Chron. abbatiae Fructuariensis 90 (Calligaris 119).* – R e g . : *Ital. Pont. VI/2, 150 n. †*5; Böhmer/Zimmermann n. †1122.*

De tempore cf. Böhmer/Zimmermann n. †1122.

***8649** **1014 (ian. med.)** **Ravenna**

JL I 507 Auctoritate (Benedicto VIII) papa Henricus (II) rex in synodo Arnaldum iterum archiepiscum Ravennensem facit.

L a u d . i n : *Ann. Quedlinburgenses ad a. 1014 (MGH SS rer. Germ. 72, 541); Ann. Saxo ad a. 1014 (MGH SS 37, 332).* – R e g . : *Böhmer/Graff n. 1794a; Böhmer/Zimmermann n. 1123.*

***8650** **(1014 ante febr.)**

(Heinrico II regi) aureum pomum fabricari atque circumdari per quadrum pretiosissimis quibusque gemmis ac desuper auream crucem inseri iubet.

L a u d . i n : *Rodulphi Glabri Hist. I c. 5 (France 38).* – R e g . : *Böhmer/Zimmermann n. 1121.*

***8651** **(1014 febr. in.)** **Roma**

Cum clero et populo Romano Heinrico (II) regi obviam it, qui Romam venit, ut coronetur, eum honorifice salutat et pomum aureum (cf. J³ *8650) tradit. Rex papae gratias agit et globum monasterio Cluniacensi donat.

L a u d . i n : *Rodulphi Glabri Hist. I c. 5 (France 38); Thietmari Merseburgensis Chron. VI c. 101 (MGH SS rer. Germ. N. S. 9, 394); Vita Meinwerci c. 23 (MGH SS rer. Germ. 59, 29).* – R e g . : *Böhmer/Graff n. 1800a; Böhmer/Zimmermann n. 1124.*

De tempore cf. Böhmer/Zimmermann n. 1124.

***8652** **1014 febr. 14** **Roma, S. Pietro**

JL I 507 Heinricum (II) imperatorem et Cunigundam imperatricem coronat. „Heinricus Dei gratia rex inclitus a senatoribus duodecim vallatus, quorum VI rasi barba, alii prolixa mistice incedebant cum baculis, cum dilecta suimet coniuge Cunigunda ad aecclesiam s. Petri papa exspectante venit. Et antequam introduceretur, ab eodem interrogatus, si fidelis vellet Romanae patronus esse et defensor aecclesiae, sibi autem suisque successoribus per omnia fidelis, devota professione respondet et tunc ab eodem unctionem et coronam cum contectali sua suscepit; priorem autem coronam super altare principis apostolorum suspendi precepit." (Thietmari Chron.) (II m. ac ebdomada III, a. autem regni eius XIII et d. dominica, XVI kal. mart.).

L a u d . i n : *Thietmari Merseburgensis Chron. VII c. 1 (MGH SS rer. Germ. N. S. 9, 396); Ann. Hildesheimenses ad a. 1014 (MGH SS rer. Germ. 8, 31); Rodulfi Glabri Hist. III c. 1 (France 94); Chron. Suevicum univ. ad a. 1014 (MGH SS 13, 70); Herimanni Augiensis Chron. ad a. 1014 (MGH SS 5, 119); Ann. Altahenses ad a. 1014 (MGH SS rer. Germ. 4, 17); Bernoldi Constantiensis Chron. ad a. 1014 (MGH SS 5, 424); Ann. Cavenses ad a. 1014 (MGH SS 3, 189); Ann. Augustani ad a. 1014 (MGH SS 3, 124); Bonizonis Sutrini Lib. ad amicum IV (MGH Ldl 1, 583); Cat. reg. Lang. et Italicorum Lombardus a. 1014 (MGH SS rer. Lang. 516); Chron. mon. Casinensis II c. 31 (MGH SS 34, 223); Hugonis Flaviniacensis Chron. II ad a. 1011 (MGH SS 8, 391); Frutolfi/Ekkehardi Chron. ad a. 1013 (Schmale 52); Ann. Wirziburgenses ad a. 1014 (MGH SS 2, 242); Chron. Wirziburgense (MGH SS 6, 29); Ann. Ottenburani ad a. 1014 (MGH SS 5, 5); Ann. Mellicenses ad a. 1014 (MGH SS 9, 497); Ann. Magdeburgenses ad a. 1014 (MGH SS 16, 165); Ann. Saxo ad a. 1014 (MGH SS 37, 332); Hugonis Floriacensis Lib. regum Francorum c. 9 (MGH SS 9, 386); Regensburger Kaiserchron. (MGH Dt. Chron. 1/1, 373); Ann. s. Blasii ad a. 1014 (MGH SS 17, 276); Vita Meinwerci c. 23 (MGH SS rer. Germ. 59, 29); Chron. regia Coloniensis ad a. 1013 (MGH SS rer. Germ. 18, 34); Lib. pont., Cat. Augustensis (Duchesne II 268); Ann. Admuntenses ad a. 1014 (MGH SS 9, 574); Theodori Ann. Palidenses (MGH SS 16, 66); Ann. Marbacenses ad a. 1014 (MGH SS rer. Germ. 9, 28); Ann. Casinenses ad a. 1014 (MGH SS 19, 305); Cron. Basileense ad a. 1014 (MGH SS 31, 289); Ann. Ceccanenses ad a. 1014 (MGH SS 19, 281); Romualdi Salernitani Chron. (RIS ser. II 7/1, 174); Sächs. Weltchron. 165 (MGH Dt. Chron. 2, 168); Ann. s. Rudberti Salisburgensis ad a. 1014 (MGH SS 9, 772); Ann. s. Trudperti ad a. 1014 (MGH SS 17, 289); Anonymi Zwettlensis Hist. Rom. Pont. 148 (Migne PL 213, 1030); Tholomei Lucensis Hist. eccl. XVIII c. 14 (MGH SS 39, 413).* – R e g . : *Böhmer/Graff n. 1800b; Böhmer/Zimmermann n. 1125.*

***8653 1014 febr. 14 Roma, Laterano**

JL I 507 Ad Lateranis imperatori (Heinrico II) et imperatrici (Cunigundae) „eodem die ... cenam ... copiosam" facit (eodem die).

L a u d . i n : *Thietmari Merseburgensis Chron. VII c. 1 (MGH SS rer. Germ. N. S. 9, 398); Ann. Saxo ad a. 1014 (MGH SS 37, 332); Ann. Magdeburgenses ad a. 1014 (MGH SS 16, 165).* – R e g . : *Böhmer/Zimmermann n. 1126.*

***8654 1014 febr. 14 Roma**

Rogatu Benedicti (VIII) Heinricus (II) imperator bonum suum in Italia cum tribus patrimoniis papae in Bavaria commutat et chartam scribi iubet (in ipsa ordinationis n. d.).

L a u d . i n : *J[3] 8655; Heinrici II diplomata (MGH DD H II n. 382, n. 383 et n. 384).* – R e g . : *Böhmer/Zimmermann n. 1127.*

8655 1014 febr. (14) (Roma)

JL 4001 Heinrico (II) imperatori tradit Hollembah (Hollenbach), Antesna, Wineringa, cortes tres in ducatu Bavariae sitas, pro quibus Colle Calvum regalem curtem in comitatu Spoletino sitam accipit (Scr. p. m. Benedicti not. reg. et scrin. S.R.E. in m. febr., ind. suprascr. XII). – *Quamquam rei commutatio.*

E d . : *Zimmermann Papsturkunden II n. 484.* – R e g . : *Germ. Pont. III 250 n. 5; Santifaller Beschreibstoffe 90 n. 8; Rabikauskas Scriptumzeile 108; Böhmer/Graff n. 1800c; Böhmer/Zimmermann n. 1128.*

Cf. J[3] *8654.

***8656 1014 (febr. med.)**

JL I 507 Concilium Benedicto VIII et Heinrico II imperatore praesidentibus celebratur, in quo duo a Leoni (olim archiepiscopo Ravennatensi) consecrati clerici a papa dimittuntur; Arnaldus archiepiscopus (Ravennatensis) a Heinrico ordinatus a papa confirmatur. Imperatore petente papa „omnium consensu" iubet „post evangelium" symbolum „ad publicam missam" decantetur.

Laud. in: *Thietmari Merseburgensis Chron. VII c. 2 (MGH SS rer. Germ. N. S. 9, 398); Ann. Saxo ad a. 1014 (MGH SS 37, 332); Bernonis Augiensis Libellus de quibusdam rebus ad missae officium pertinentibus 2 (Migne PL 142, 1060).* – Reg.: *Böhmer/Graff n. 1802a; Böhmer/Zimmermann n. 1129.*

***8657 1014 (febr. med.) (Roma)**

JL *4008 Arnaldo archiepiscopo Ravennati iura publica tam Ravennae quam in comitatibus Bononiensi, Corneliensi, Faventino, (Caeseuate) et Ficoelensi confirmat.

Laud. in: *Thietmari Merseburgensis Chron. VII c. 2 (MGH SS rer. Germ. N. S. 9, 398); Ann. Saxo ad a. 1014 (MGH SS 37, 332); charta de Arnaldi investitura a. 1017 (FSI 96, 584; Böhmer/Graff n. 1896e).* – Reg.: *Ital. Pont. V 53 n. *168; Böhmer/Graff n. 1802a; Böhmer/Zimmermann n. 1130.*

Olim ad a. 1012–1016. De tempore cf. Böhmer/Zimmermann n. 1130.

***8658 (1014 febr. 21) (Roma), S. Pietro**

Apud Benedictum (VIII) et Heinricum (II) imperatorem in ecclesia b. Petri Hugo abbas Farfensis Iohannem et Crescentium comites accusat.

Laud. in: *J³ 8676; Hugonis Farfensis Exceptio relationum (FSI 33, 68); Gregorii Catinensis Chron. Farfense (FSI 34, 84).* – Reg.: *Böhmer/Graff n. 1802a; Böhmer/Zimmermann n. 1131.*

De tempore cf. Böhmer/Zimmermann n. 1131.

***8659 (1014 febr.) Roma**

A Gotefredo abbate Bremetensi Romam veniente certior factus, dato anathemate Oddoni abbati de Pollentia iubet, ne abbas fiat, sed „in iussionem sui patronis" redeat. Addit licentiam, ut quicumque velit „adiuvare eum, ex suo deposito liberam ... facultatem et benedictionem" habeat.

Laud. in: *Chron. Novaliciense, App. 9 (Alessio 336).* – Reg.: *Böhmer/Zimmermann n. 1133.*

8660 1014 febr. (ex.) (Roma)

JL 4002 Monasterii b. Petri Bremetensis libertatem et possessiones confirmat petente Gotefredo abbate (Scr. p. m. Leonis not. reg. et scrin. S.R.E. in m. febr. et ind. XII. A Deo prop. pont. d. Benedicti summi pont. et univ. VIII pp. in ss. sede b. Petri apost. II, imp. d. Henrico a Deo cor. magno imp. a. I, in m. et ind. suprascr. XII). – *Si semper sunt.*

Ed.: *Zimmermann Papsturkunden II n. 485.* – Reg.: *Ital. Pont. VI/1, 234 n. 3; Böhmer/Zimmermann n. 1134.*

***8661 (1014 febr. ex.) Roma**

Benedicto VIII praesente Heinricus imperator Hugonem abbatem Farfensem conquerentem de Crescentio filio Benedicti comitis de castello quod dicitur Buckinianum reinvestit.

Laud. in: *J³ 8673; Hugonis Farfensis Exceptio relationum (FSI 33, 68); Hugonis Farfensis Querimonium (FSI 33, 76); Gregorii Catinensis Chron. Farfense (FSI 34, 85).* – Reg.: *Ital. Pont. II 63 n. *20; Böhmer/Graff n. 1802a; Böhmer/Zimmermann n. 1132.*

8662 1014 mart. 5 (Roma)

JL I 508 Gerardi et Sergii nobilium virorum chartae subscribit (A. Deo prop. pont. d. Benedicti summi pont. et univ. VIII pp. in sacratissima sede b. Petri apost. II, imp. d. piissimo perp. aug. Henrico a Deo cor. magno et pacifico imp. a. I, ind. XII, m. mart. d. V).

Ed.: *Mittarelli Ann. Camaldulenses I App. 214.* – Reg.: *Ital. Pont. I 106 n. 5; Zimmermann Papsturkunden II n. 488; Böhmer/Zimmermann n. 1142.*

8663 **1014 mart. (in.)** **(Roma)**

JL *4005 Alphano (II) archiepiscopo Beneventano pallium concedit ecclesiaeque eius iura metropolitana confirmat (Scr. p. m. Benedicti not. et scrin. S.R.E. in m. mart., ind. XII). – *Cum summe apostolice.*

Ed.: *Zimmermann Papsturkunden II n. 486.* – Reg.: *Ital. Pont. IX 57 n. 21; Böhmer/Zimmermann n. 1135.*

Olim ad a. 1014 mart. De tempore cf. Böhmer/Zimmermann n. 1135.

*8664 **(1014 mart. in.)** **(Roma)**

Dattum Apulum in turre de Gariliano recipit, quam ipse tunc retinet, una cum suis ad habitandum.

Laud. in: *Amati Casinensis Hist. I c. 26 (FSI 76, 35); Chron. mon. Casinensis II c. 37 (MGH SS 34, 238).* – Reg.: *Ital. Pont. VIII 205 n. *18; Böhmer/Zimmermann n. 1136.*

De tempore cf. Böhmer/Zimmermann n. 1136.

*8665 **(1014 mart. in.)** **Roma**

Meinwercum episcopum Paderbornensem Romae suscipit, eique, quae petiebat, tribuit, particula scilicet reliquiarum sanctorum Philippi, Iuvenalis, Felicis, Blasii, Miniati aliorumque plurimorum atque privilegia (J^3 8666).

Laud. in: *Vita Meinwerci c. 24 (MGH SS rer. Germ. 59, 29).* – Reg.: *Böhmer/Zimmermann n. 1137; Germ. Pont. V/1, 25 n. *17.*

De tempore cf. Böhmer/Zimmermann n. 1137.

8666 **1014 mart. (in.)** **(Roma)**

JL 4004 Ecclesia Paderbornensis possessiones, petente Meinwerco episcopo, confirmat (Scr. p. m. Benedicti not. et scrin. S.R.E. in m. mart., ind. XII). – *Desiderium quod ad.*

Ed.: *Insertum in Vita Meinwerci c. 25 (MGH SS rer. Germ. 59, 30); Zimmermann Papsturkunden II n. 487.* – Reg.: *Böhmer/Zimmermann n. 1138; Germ. Pont. V/1, 25 n. 18.*

Olim ad a. 1014 mart. De tempore cf. Böhmer/Zimmermann n. 1138.

*8667 **(1014 mart. in.)** **Roma**

Heinricum (II) imperatorem cum benedictione dimittit.

Laud. in: *Adalberti Bambergensis Vita Heinrici c. 13 [25] (MGH SS rer. Germ. 69, 294); Vita Meinwerci c. 26 (MGH SS rer. Germ. 59, 31).* – Reg.: *Böhmer/Zimmermann n. 1140.*

8668 **1014 mart. 13** **(Roma)**

JL 4003 Monasterii Casinensis possessiones ac privilegia confirmat petente Athenulpho abbate (Scr. p. m. Stephani not. reg. et scrin. Dat. III id. mart. p. m. Domini gratia Bosonis ep. et bibl. S.A.S. a. Deo prop. pont. d. Benedicti s. VIII pp. sedente a. II, ind. XII, m. mart. d. XII). – *Convenit apostolice moderamini.*

Ed.: *Zimmermann Papsturkunden II n. <489.* – Reg.: *Ital. Pont. VIII 132 n. 56; Böhmer/Zimmermann n. 1143.*

Laud. et in Chron. mon. Casinensis II c. 31 (MGH SS 34, 223). Olim ad a. 1014 mart. 13. De tempore cf. Böhmer/Zimmermann n. 1143. De fide cf. Zimmermann Papsturkunden II n. <489.

*8669 **1014 (mart. ex.)** **Ravenna**

Concilium Ravennatem Benedicto (VIII) papa et Heinrico imperatore praesidentibus celebratur.

L a u d . i n : *Thietmari Merseburgensis Chron. VII c. 2 (MGH SS rer. Germ. N. S. 9, 398); Ann. Saxo ad a. 1014 (MGH SS 37, 332).* – R e g . : *Böhmer/Zimmermann n. 1144.*

De concilio et tempore cf. Böhmer/Zimmermann n. 1144.

***† 8670** **1014 (ante apr.)**

Plato de Platis equiti pro se suisque filiis legitimis et descendentibus per lineam rectam masculinam usque in perpetuum ius patronatus ecclesiae s. Georgii in Borgotaro concedit.

L a u d . i n : *Plati de Platis charta spuria fundationis ecclesiae s. Georgii iuxta oppidum Borgotaro sitae a. 1014 (Campi Dell'istoria ecclesiastica di Piacenza I 308).* – R e g . : *Ital. Pont. V 530 n. †*1; Böhmer/Zimmermann n. †1145.*

De tempore cf. Böhmer/Zimmermann n. †1145.

*** 8671** **(1014 apr. ex.)** **Roma**

Crescentium inquirit, quatenus legem et iustitiam aut pactum de oppido quod dicitur Buckinianum cum monasterio Farfensi faciat.

L a u d . i n : *J³ 8676; Hugonis Farfensis Exceptio relationum (FSI 33, 69); Gregorii Catinensis Chron. Farfense (FSI 34, 85).* – R e g . : *Ital. Pont. II 63 n. *21; Böhmer/Zimmermann n. 1146.*

De tempore cf. Böhmer/Zimmermann n. 1146.

† 8672 **(1014) iun. 20** **(Roma)**

JL *4006α Hanso abbati monasterii b. Petri in Helmwardeshusen per interventum episcoporum Willigisi Maguntinensis, Lieuezonis Bremensis, Bernwardi Hildesheimensis, Gisberti Paderbornensis et Bernhardi ducis Saxoniae (cf. Germ. Pont. V/2 489 n. *†15) privilegium largitur (Scr. p. m. Ioannis not. et reg. S.R.E. in m. mai., ind. VII. Dat. XII kal. iul. p. m. Steffani scrin. S.S.A. a. Deo prop. pont. d. Benedicti summi pont. et univ. pp. in ss. sede b. Petri et Pauli III, ind. VII). – *Quotiens ea ab.*

E d . : *Kehr Urk. Helmarshausen 111; Zimmermann Papsturkunden II n. †490.* – R e g . : *Heinemeyer Urk. Helmarshausen 322 n. 7; Germ. Pont. IV 86 n. †101; Germ. Pont. VI 52 n. †66; Böhmer/Zimmermann n. †1148; Germ. Pont. V/1, 26 n. †19 et 168 n. †3.*

Laud. et in Eugenii III (Kehr Urk. Helmarshausen 113) et in Celestini III (JL 16905) privilegiis. Olim ad a. 1014–1015. De indictione cf. Böhmer/Zimmermann n. †1148. Cf. et J³ 8383.

8673 **1014 iul. 18** **(Roma)**

JL 4006 Monasterio s. Mariae Farfensi castelli Buckiniani nuper recuperati massam asserit (Scr. p. m. Petri scrin., not. atque reg. S.R.E. in m. aug., ind. XII. Dat. XV kal. aug. p. m. Domini gratia Bosonis ep. et bibl. S.A.S. a. Deo prop. pont. d. Benedicti summi pont. et univ. pp. VIII in ss. sede b. Petri apost. III, imp. d. Heinrico a Deo cor. magno et pacifico imp. a. eius I, in m. et ind. suprascr. XII). – *Convenit apostolico moderamine.*

E d . : *Zimmermann Papsturkunden II n. 491; insertum in Gregorii Catinensis Chron. Farfensi (FSI 34, 37).* – R e g . : *Ital. Pont. II 63 n. 22; Böhmer/Zimmermann n. 1149.*

Laud. et in Heinrici II (MGH DD H II n. 405), in Conradi II (MGH DD K II n. 72), in Heinrici III (MGH DD H III n. 255) diplomatibus, in Leonis IX privilegio (JL 4264, Böhmer/Frech n. 938), in Hugonis Farfensis Exceptione relationum (FSI 33, 68), atque in Gregorii Catinensis Chron. Farfensi (FSI 34, 42 et 85). Olim ad a. 1014 aug. 18. De tempore cf. Böhmer/Zimmermann n. 1149. Cf. et J³ *8661.

*** 8674** **(1014 iun. med.–iul. med.)** **Bocchignano**

JL I 508 Reverso in Germaniam Heinrico imperatore, Benedictus VIII „cum multitudine hominum supra illud" castellum, monasterii Farfensis heredium, a Crescentio, Benedicti comitis filio invasum, „abiit et eum possidere (obsidere) procuravit". Deinde vigesima dies constituitur, qua Crescentius in iudicium veniat „ante castellum, quod dicitur Tribucum in monte, ubi stare videtur arbor pirus".

L a u d . i n : *J³ 8676; Hugonis Farfensis Exceptio relationum (FSI 33, 69); Gregorii Catinensis Chron. Farfense (FSI 34, 85).* – R e g . : *Böhmer/Zimmermann n. 1147.*

Olim ad a. 1014 cr. iul. De tempore cf. Böhmer/Zimmermann n. 1147.

*** 8675** **(1014 iul. 31–aug. 1)** **Tribucum**

Ad castellum quod dicitur Tribucum venit, ut de controversia inter monasterium Farfensem et Crescentium comitem propter possessionem castelli Buckiniani orta iudicetur.

L a u d . i n : *J³ 8676; Hugonis Farfensis Exceptio relationum (FSI 33, 69); Gregorii Catinensis Chron. Farfense (FSI 34, 85).* – R e g . : *Böhmer/Zimmermann n. 1150.*

De tempore cf. Böhmer/Zimmermann n. 1150.

8676 **1014 aug. 2** **Tribucum**

JL I 508 „Ante castellum quod dicitur Tribucum in monte, ubi stare videtur arbor pirus", in iudicio residens, Hugoni abbati reddit in commendationem castellum quod dicitur Buckinianum eumque investit, Crescentio tertia vice contumace (A. D. prop. pont. d. n. Benedicti summi pont. et univ. VIII pp. in ss. sede b. Petri apost. III, imp. d. n. piissimo perp. aug. Heinrico a Deo cor. magno et pacifico imp. a. I, ind. XII, m. aug. d. II).

E d . : *FSI 96, 541; Zimmermann Papsturkunden II n. 492 (fragm.).* – R e g . : *Ital. Pont. II 64 n. 23; Zimmermann Papsturkunden II n. 492; Böhmer/Zimmermann n. 1151.*

Cf. J³ *8658, J³ *8671, J³ *8674, J³ *8675.

*** 8677** **(1014 aug. in.)**

JL I 508 Romam revertitur.

L a u d . i n : *Hugonis Farfensis Exceptio relationum (FSI 33, 69); Gregorii Catinensis Chron. Farfense (FSI 34, 85).* – R e g . : *Böhmer/Zimmermann n. 1152.*

Olim ad a. 1014 cr. iul. De tempore cf. Böhmer/Zimmermann n. 1152.

8678 **(1012–1014)**

JL 4052 Monasterii s. Savini possessiones, petentibus Sigefrido episcopo Placentino et Wimperto abbate, confirmat. – *Apostolice sedis munimen.*

E d . : *Zimmermann Papsturkunden II n. 470.* – R e g . : *Ital. Pont. V 501 n. 3; Böhmer/Zimmermann n. 1091.*

Olim ad a. 1012–1024. De tempore cf. Böhmer/Zimmermann n. 1091.

*** 8679** **(1012–1014)**

Stephano nobili viro, filio quondam Ildiberti, habitatori civitatis Tiburtinae, per praeceptum pontificale omnem portaraticum de omnibus casis civitatis Tiburtinae concedit tam de piscibus quam de omnibus rebus, unde portaraticum ad omnes portas civitatis Tiburtinae omnes homines dare soliti sunt.

L a u d . i n : *Stephani charta (Bruzza Reg. di Tivoli 57).* – R e g . : *Ital. Pont. II 79 n. *3; Böhmer/Zimmermann n. 1092.*

De tempore cf. Böhmer/Zimmermann n. 1092.

*** 8680** **(1012–1014)**

Monasterio Fructuariensi privilegium de libertate et stabilitate, de abbatis electione et consecratione concedit.

L a u d . i n : *Heinrici II diploma (MGH DD H II n. 494); Conradi II diplomata (MGH DD K II n. 70 et n. 88); Iohannis XIX privilegium (JL 4083α; Böhmer/Frech n. 91).* – R e g . : *Ital. Pont. VI/2, 150 n. *3; Böhmer/Zimmermann n. 1093.*

De tempore cf. Böhmer/Zimmermann n. 1093.

***† 8681** **1014** **(Roma)**

Ad instantiam Boleslai Poloniae regis (Pol. Pont. 188 n. *†25) Popponem, nobilem ex gente Italica ortum, in episcopum Cracoviensem ordinat.

Laud. in: *Iohannis Dlugossii Ann. ad a. 1014 (Dąbrowski 273).* – Reg.: *Böhmer/Zimmermann n. †1120; Pol. Pont. 188 n. *†26.*

8682 **1015 ian. 3** **Roma, Laterano**

JL 4007 Synodus episcoporum XLV, in qua privilegia monasterii Fructuariensis confirmantur (A. qui computatur inc. D. MXV, ind. XII, residente in sinodo d. et glorioso pp. Benedicto iuxta basilicam Lat. ... Huius testamenti notitiam precebit scribere mihi Benedicto sacri pallatii secretario d. pp. Benedictus II d. m. ian.). – *In nomine sancte.*

Ed.: *Zimmermann Papsturkunden II n. 495.* – Reg.: *Ital. Pont. VI/2, 150 n. 4; Santifaller Verbal-Invokation 93; Böhmer/Zimmermann n. 1157.*

Laud. et in Guillelmi Divionensis charta (Bulst Wilhelm von Dijon 224).

† 8683 **1015 mart. 27** **Roma**

Lambertum Pisanum episcopum atque s. Mariae canonicos in coenobio Pisensis ecclesiae adhortatur, ut Pisanis civibus arma contra barbaros suscipientibus sese consocient; eorum exercitui Rubeum ducem se praefecisse et s. sedis vexillum oratoribus Pisanorum propria manu se dedisse nuntiat (Dat. Rome VI kal. apr., dominicę nimirum inc. solemnitate festoque recurrentibus, pont. n. a. III). – *Universales christiane republice.*

Ed.: *Zimmermann Papsturkunden II n. †496.* – Reg.: *Ital. Pont. III 334 n. †13; Böhmer/Zimmermann n. †1158.*

***† 8684** **1015 apr. 22**

Iussu (Benedicti VIII), abbatis (Odilonis) Cluniacensis et episcopi Rainaldi Parisiensis et aliorum suffraganeorum Senonensium Rainardus (II) comes Senonensis urbem a se occupatam Roberto (II) regi Francorum tradit (a. ab inc. Chr. 1015, X kal. mai.).

Laud. in: *Clarii Senonensis Chron. (Bautier/Gilles 110); Gaufridi de Collone Chron. (Julliot 390).* – Reg.: *Böhmer/Zimmermann n. †1159.*

8685 **1015 aug. 3**

Chartam Willelmi (V) ducis Aquitanensium monasterio b. Hilarii (Pictaviensi) concessam confirmat (Hoc privilegium firmatum est III non. aug. peracti 1015 a. ab inc. D. n., reg. rege Roberto in Francia).

Ed.: *Anal. iur. pont. X 319.* – Reg.: *Böhmer/Zimmermann n. 1159a.*

8686 **1015 sept.** **(Roma)**

JL 4007α Iohanni abbati Sublacensi omnes res et possessiones (ut in J³ 8530) confirmat (Scr. p. m. Benedicti not. et scrin. S.R.E. in m. sept., ind. suprascr. XIV). – *Sancte sedis apostolice.*

Ed.: *Zimmermann Papsturkunden II n. 497.* – Reg.: *Ital. Pont. II 91 n. 25; Böhmer/Zimmermann n. 1160.*

Laud. et in Chron. Sublacensi (RIS ser. II 24/6, 33) et in Cherubini Mürtz Chron. (Allodi 145). Olim ad a. 1015. De tempore cf. Böhmer/Zimmermann n. 1160. Cf. et J³ *8635.

*** 8687** **(1015 aug. 2–ante dec. 4)** **Tribucum**

Castellum quod dicitur Tribucum occupat et fame ad deditionem cogit. Imperatore petente cum omnibus pertinentiis monasterio Farfensi restituitur.

Laud. in: *J³ 8688; Heinrici II diploma (MGH DD H II n. 405); Hugonis Farfensis Exceptio relationum (FSI 33, 69); Hugonis Farfensis Querimonium (FSI 33, 76); Gregorii Catinensis Chron. Farfense (FSI 34, 85).* – Reg.: *Böhmer/Zimmermann n. 1161.*

De tempore cf. Böhmer/Zimmermann n. 1161.

8688 **1015 dec. 4** **(Roma), Laterano**

JL I 508 Romanus consul, frater Benedicti VIII, auctore ipso pontifice monasterio Farfensi ereptas possessiones quasdam restituit (A. D. prop. pont. d. n. Benedicti summi pont. et univ. VIII pp. in ss. sede b. Petri apost. IV, imp. d. n. piissimi principis aug. et a Deo cor. magni et pacifici imp. a. II, ind. XIV, m. dec. d. IV ... in sacro Lat. pal.).

Ed.: *Giorgi/Balzani Reg. di Farfa III 210.* – Reg.: *Ital. Pont. I 186 n. 1; Ital. Pont. II 64 n. 24; Zimmermann Papsturkunden II n. 498; Böhmer/Zimmermann n. 1162.*

Cf. J³ *8687.

†8689 **(1015)**

Consensu et auctoritate (Benedicti VIII) Stephanus (I) rex Hungariae monasterio Peczwaradiensi a se condito possessiones, vectigalia, iura concedit.

Ed.: *Györffy Dipl. Hung. I 63.* – Reg.: *Böhmer/Zimmermann n. †1156.*

De tempore cf. Böhmer/Zimmermann n. †1156.

†8690 **1016 ian. 3** **(Roma)**

JL †4009 Omnibus fidelibus, qui parthenonem Neuburgensem certis quibusdam terminis visitaverint vel divinis inibi celebratis interfuerint aut bonis eum ditaverint, „quinquaginta karinas et tres annos criminalium et sex annos venialium peccatorum" de iniuncta poenitentia relaxat (Scr. p. m. Benedicti Portuensis ep. et bibl. S.R.E. Dat. III non. ian. a. d. Benedicti pp. VIII IV, ind. III). – *Quoniam sancta Romana.*

Ed.: *Zimmermann Papsturkunden II n. †499.* – Reg.: *Germ. Pont. II/1, 94 n. †1; Böhmer/Zimmermann n. †1165.*

***8691** **(1015–1016 in.)**

Petrum episcopum (Palestrinensem) mittit, cui licentiam dat ecclesias monasterii s. Salvatoris in Monte Amiata consecrandi.

Laud. in: *J³ 8692.* – Reg.: *Ital. Pont. III 240 n. *8; Kurze Cod. dipl. Amiatinus II 129; Böhmer/Zimmermann n. 1154.*

De tempore cf. Böhmer/Zimmermann n. 1154.

8692 **(1015–1016 in.)**

JL 4054 Nuntiat ecclesias monasterii s. Salvatoris in Monte Amiata sese iubente a Petro episcopo (Palestrinensi) consecratas esse, cum Arialdus episcopus Clusinus, in cuius parochia sitae essent, ordinare eas per III annos renuisset. Clericos ecclesiarum, a Petro episcopo benedictos, a quoquam excommunicari vetat. – *Apostolica precepta sicut.*

Ed.: *Zimmermann Papsturkunden II n. 494.* – Reg.: *Ital. Pont. III 240 n. 9; Böhmer/Zimmermann n. 1155.*

Olim ad a. 1015–1024. De tempore cf. Böhmer/Zimmermann n. 1155. Cf. et J³ *8643 et J³ *8691.

***†8693** **1016 (apr. in.)** **Roma**

Popponi archiepiscopo Treverensi nuper ordinato (1016 ian. 1) Romaeque magno cum honore suscipit et ei pallium dat (J³ 8694).

Laud. in: *Gesta Treverorum, cont. I c. 1 (MGH SS 8, 175).* – Reg.: *Germ. Pont. X 52 n. †*84; Böhmer/Zimmermann n. †1168.*

De tempore cf. Böhmer/Zimmermann n. †1168.

8694 **1016 apr. 8** **(Roma)**

JL 4010 Popponi archiepiscopo Treverensi pallium mittit crucisque praeferendae licentiam concedit (Dat. VI id. m. apr. p. m. Benedicti ep. A.S. legati a. Heinrici invictissimi regis Romanorum XIV, imp. vero eius III, ind. XIV). – *Apostolice sollicitudini convenit.*

Ed.: *Zimmermann Papsturkunden II n. <500; insertum in Gestis Treverorum cont. I c. 1 (MGH SS 8, 175).* – Reg.: *Mötsch Balduineen 97 n. 56; Germ. Pont. X 52 n. 85; Böhmer/Zimmermann n. 1169.*

De fide cf. Zimmermann Papsturkunden II n. <500.

8695 **1016 apr. 25** **(Roma)**

JL 4011 Benedictum electum archiepiscopum Salernitanum ecclesiaeque eius iura metropolitana confirmat. Pallii usum concedit (Scr. p. m. Benedicti not. reg. et scrin. S.R.E. in m. apr., ind. XIV. Dat. VII kal. mai. p. m. Petri ep. ęccl. Pęnestrinę et bibl. S.R.E. ind. XIV, a. Deo prop. pont. d. n. Benedicti summi pont. et univ. VIII pp. in ss. sede b. Petri apost. IV, imp. d. Heinrici imp. augusti a. III, ind. XIV, m. iam dicto apr. d. VII). – *Quia vestri accepti.*

Ed.: *Zimmermann Papsturkunden II n. <501.* – Reg.: *Ital. Pont. VIII 347 n. 14; Balducci Archivio Salerno I 199 n. 3; Böhmer/Zimmermann n. 1170.*

De fide cf. Zimmermann Papsturkunden II n. <501.

†8696 **1016 apr. 25** **(Roma)**

JL †4012 Benedicto archiepiscopo Salernitano alium privilegium (eiusdem argumenti ut J³ 8695), sed inter alia additi iuris „regendi et gubernandi omnes ęcclesias seu monasteria, quę intus eandem civitatem vel a foris constructę sunt", concedit (Scr. p. m. Benedicti reg. et scrin. S.R.E. in m. apr., ind. XIV. Dat. VII kal. mai. p. m. Petri ep. eccl. Penestrinę et bibl. S.R.E. a. pont. d. Benedicti summi pont. et univ. VIII pp. in ss. sede b. Petri apost. IV, imp. d. Henrico a Deo cor. magno et pacifico imp. a. III, ind. suprascr. XIV, m. apr. d. VII). – *Quia vestri accepti.*

Ed.: *Zimmermann Papsturkunden II n. <501.* – Reg.: *Ital. Pont. VIII 347 n. †15; Balducci Archivio Salerno I 198 n. 2; Böhmer/Zimmermann n. †1171.*

De fide cf. Zimmermann Papsturkunden II n. <501.

***8697** **(1013–1016 febr. ex.–apr.)**

Wardrado (Jarniacensi) peregrino iubet, ut monasterium in honorem s. Stephani protomartyris atque b. Petri apostoli condat (in d. s. quadragesimae).

Laud. in: *Wardradi epist. ad Bassacum directa (Denyse St-Étienne de Bassac 83).* – Reg.: *Böhmer/Zimmermann n. 1112.*

***8698** **1016 (vere)**

JL *4022 et I 509 Legatum episcopum Ostiensem ad civitatem Pisanam mittit, ut Mugettum de Sardinia expellant, „quam totam cum privilegio et vexillo s. Petri Pisanae civitati firmat".

Laud. in: *Thietmari Merseburgensis Chron. VII c. 45 (MGH SS rer. Germ. N. S. 9, 452); Breviarium Pisanae hist. (RIS 6, 167); Chron. Pisanum breve (Ughelli Italia sacra ²X/2, 117); Ranieri Sardo Hist. di Pisa (FSI 99, 14); Chron. Pisanum ano. (Baluze Miscellanea I App. 449).* – Reg.: *Ital. Pont. III 357 n. †*16; Ital. Pont. X 379 n. †*28; Böhmer/Zimmermann n. 1166.*

Olim ad a. 1017. De tempore cf. Böhmer/Zimmermann n. 1166.

8699 **1016 dec. 16** **(Roma)**

JL *4014 Monasterii s. Benedicti Baiensis possessiones confirmat petente Raimundo abbate (Scr. p. m. Petri diac. S.R.E. et canc. sacri pal. in m. dec. d. XVI, ind. XV). – *Convenit apostolico moderamini.*

Ed.: *Zimmermann Papsturkunden II n. 502.* – Reg.: *Böhmer/Zimmermann n. 1174.*

Laud. et in Celestini III privilegio (Kehr PUU Spanien I 570).

8700 **1016 dec. 16** **(Roma)**

JL †3775 Monasterium Portellense, rogatu Caesari abbatis, nulli nisi sedi Romanae subditum esse iubet eique annuam trium byzantinorum optimorum pensionem iniungit (Scr. p. m. Petri diac. S.R.E. et canc. sacri pal. in m. dec. d. XVI, ind. XV). – *Convenit apostolico moderamini.*

Ed.: *Zimmermann Papsturkunden II n. <503.* – Reg.: *Böhmer/Zimmermann n. 1175.*

Privilegium olim Benedicto VI (a. 972–974 dec. 16) attributum. De tempore cf. Böhmer/Zimmermann n. 1175. De fide cf. Zimmermann Papsturkunden II n. <503.

† 8701 1016 dec. 16 (Roma)

JL †3774 Monasterii s. Caeciliae Montisserrati privilegia possessionesque confirmat petente Caesario abbate (Scr. p. m. Petri diac. S.R.E. et canc. sacri pal. in m. dec. d. XVI, a. ab inc. Chr. 948, ind. XV). – *Quoniam concedenda sunt.*

Ed.: *Zimmermann Papsturkunden II n. †504.* – Reg.: *Linage Conde Orígenes III 526 n. 58; Böhmer/Zimmermann n. †1176.*

Privilegium olim Benedicto VI (a. 972–974 dec. 16) attributum. De tempore cf. Böhmer/Zimmermann n. †1176.

*** 8702 (1016 dec. ex.) (Roma)**

Privilegia monasterii Fiscanensi confirmat constituitque Fiscanensem ecclesiam soli Romanae ecclesiae subiacere.

Laud. in: *J^3 †8703; Lib. de mon. Fiscanensis revelatione c. 22 (Långfors 39).* – Reg.: *Böhmer/Zimmermann n. 1177.*

† 8703 1016 dec. 25 (Roma)

JL †4015 Richardo (II) comiti, quem nomine „duc(is) Normannorum“ ornat, scribit, non omnia, quae voluisset, sed quae valuisset, a sese expleta esse. Patrocinium eius suscipit statuitque, ne quis episcoporum excommunicationi eum subiciat (Dat. suprascr. privilegii VIII kal. ian., ind. XV). – *Gracias maximas beneficiis.*

Ed.: *Zimmermann Papsturkunden II n. †505.* – Reg.: *Böhmer/Zimmermann n. 1178.*

Cf. J^3 *8702.

8704 (1012–1016)

Chartam fundationis monasterii Tufiaci sua subscriptione confirmat.

Ed.: *Charles/d'Elbenne Cartulaire de l'abbaye de St-Vincent du Mans 116.* – Reg.: *Zimmermann Papsturkunden II n. 469; Böhmer/Zimmermann n. 1090.*

*** 8705 1016**

JL 4015α Petente Fulberto episcopo Carnotensi numerum canonicorum in ecclesia s. Mauritii servientum ad novem reducit.

Laud. in: *Inventarium monasterii b. Mariae virginis de Valle Josaphat Carnotensis 1751 ad a. 1016 (Ramackers PUU Frankreich NF VI 33 not. 7).* – Reg.: *Behrends Fulbert 278 n. 4; Böhmer/Zimmermann n. 1163.*

De tempore cf. Böhmer/Zimmermann n. 1163.

***† 8706 (1016)**

Episcopo Urbevetano episcopatum Clusinum concedit, conferens ei titulum archiepiscopi.

Laud. in: *Cipriani Manente Hist. di Orvieto 12.* – Reg.: *Ital. Pont. II 223 n. †*4; Böhmer/Zimmermann n. †1164.*

De tempore cf. Böhmer/Zimmermann n. †1164.

*** 8707 (1016 ex.) (Roma)**

(Ingilbergae) abbatissae et monachis monasterii s. Iohannis iuxta Rivipullum (vulgariter „de las Abadesas“ dicti) a Bernardo (Tallaferro) comite Bisuldunensi atque archidiacono, primicerio et custode ecclesiae Ausonensis vitae impudicae accusatis mandatum mittit, ut Romam ad iudicium veniant aut vicarios mittant.

Laud. in: *J³ 8713.* – Reg.: *Böhmer/Zimmermann n. 1173.*

De tempore cf. Böhmer/Zimmermann n. 1173.

8708 **1017 ian. 8** **(Roma)**

JL 4019 Monasterii s. Petri Campi Rotundi possessiones et iura corroborat rogatu Bonifilii abbatis (Scr. p. m. Benedicti reg. not. et scrin. S.R.E. in m. ian., ind. XV. Dat. VI id. ian. p. m. Bosoni D. gratia ep. et bibl. S.A.S. a. Deo prop. pont. d. n. Benedicti ss. VIII pp. a. V, imp. d. Heinrici imp. aug. a. III, ind. suprascr. XV, m. iam dicto ian. d. VIII). – *Cum constet Dominum.*

Ed.: *Zimmermann Papsturkunden II n. 507.* – Reg.: *Santifaller Beschreibstoffe 34 n. 24; Rabikauskas Kuriale 229; Mundó Notes 116; Linage Conde Orígenes III 535 n. 98; Böhmer/Zimmermann n. 1183.*

Olim ad a. 1017 ian. De tempore cf. Böhmer/Zimmermann n. 1183.

8709 **1017 ian. (8)** **(Roma)**

JL 4018 Monasterii s. Stephani Balneolensis bona privilegiaque confirmat petente Bonifilio abbate (Scr. p. m. Benedicti not. reg. et scrin. S.R.E. in m. ian., ind. XV). – *Cum constet Dominum.*

Ed.: *Zimmermann Papsturkunden II n. 508.* – Reg.: *Linage Conde Orígenes III 536 n. 99; Böhmer/Zimmermann n. 1184.*

Olim ad a. 1017 ian. 26. De tempore cf. Böhmer/Zimmermann n. 1184.

***8710** **(1017 ante ian. 26)** **Roma**

Benedictum VIII Bernardus comes Bisuldunensis et Guillelmus filius eius Romae morantes petunt, ut eis episcopatum constituere permittat.

Laud. in: *J³ 8711; J³ †8712; J³ 8713; J³ 8715; J³ †8725.* – Reg.: *Böhmer/Zimmermann n. 1182.*

De tempore cf. Böhmer/Zimmermann n. 1182.

8711 **1017 ian. 26** **(Roma)**

JL 4016 Bernardo comiti Bisuldunensi eiusque filio Guillelmo et fratri Guifredo concedit novi episcopatus constituendi potestatem. Condendae ecclesiae praesulem Guifredum consecrat, a cuius successoribus, per pontifices Romanos consecrandis, „non pro consecratione ..., sed pro debita obedientia ... post sacrationem ... unam libram auri" ecclesiae Romanae offeri iubet (Dat. VII kal. febr. p. m. Domini gratia Bosoni ep. et bibl. S.A.S.). – *Desiderium quod ad.*

Ed.: *Zimmermann Papsturkunden II n. 510.* – Reg.: *Böhmer/Zimmermann n. 1186.*

Cf. J³ *8172 et J³ *8710.

†8712 **1017 ian. 26** **(Roma)**

JL 4017 Ecclesiam s. Salvatoris et ss. Genesii et Michaelis Bisuldunensem, rogante Bernardo comite, tuendam sucipit eiusque bona confirmat et iura constituit, ea lege, ut bini solidi „omni anno ad altare sancti Petri pro pensione" persolvantur „et Mironi Gerundensi episcopo et omnibus eius successoribus hospitium annuatim de septem equitaturis et totidem sociis" (Dat. VII kal. febr. p. m. Domini gratia Bosoni ep. et bibl. S.A.S.). – *Desiderium quod ad.*

Ed.: *Zimmermann Papsturkunden II n. †511.* – Reg.: *Böhmer/Zimmermann n. †1187.*

Laud. et in Alexandri III privilegio (Kehr PUU Spanien I 434). Cf. J³ *8710.

8713 **1017 (ian. ex.)** **Roma**

JL *4120 In parthenone s. Iohannis („de las Abadesas" vulgariter dicto), iuxta Rivipullum, loco monialium male viventium canonicos regulares instituit (Dat. Romę p. m. Petri diac. et canc. ind. XV). – *Cuperemus quidem de.*

Ed.: *Zimmermann Papsturkunden II n. 512; Junyent i Subirà Dipl. Oliba 71.* – Reg.: *Böhmer/Zimmermann n. 1188.*

Laud. et in Innocentii II privilegio (Kehr PUU Spanien I 313). Olim Benedicto IX (a. 1033 – 1048) attributum. Cf. Böhmer/Zimmermann n. 1188. Cf. et J³ *8707 et J³ *8710.

8714 **(1017 in.)** **(Roma)**

JL 4050 Olibae abbati Rivipullensi permittit, ut in eius monasterio die festo Hypapanti (i. e. purificationis s. Mariae, febr. 2) cantetur „Alleluya" et „Gloria in excelsis Deo". – *Quoniam omnis universalis.*

Ed.: *Zimmermann Papsturkunden II n. 509; Junyent i Subirà Dipl. Oliba 70.* – Reg.: *Böhmer/Zimmermann n. 1185.*

Olim ad a. 1012–1024. De tempore cf. Böhmer/Zimmermann n. 1185.

8715 **1017 febr.** **(Roma)**

Chartam fundationis et dotationis episcopatus Bisuldunensis a comite Bernardo (Bisuldunensi) conscriptam confirmat (Fact. est hoc scriptum electionis atque donationis sub a. trabeationis D. 1017, aera 1055, ind. XV, in m. febr.).

Ed.: *Monsalvatje Noticias I 274.* – Reg.: *Zimmermann Papsturkunden II n. 513; Böhmer/Zimmermann n. 1189.*

De tempore cf. Böhmer/Zimmermann n. 1189. Cf. et J³ *8710.

8716 **(1017 post febr.)**

(Benedicto VIII) papae omnes episcopi et sacerdotes totius Britanniae insulae documenta afferentes nuntiant archiepiscopum semper ab archiepiscopo ordinari et pallium ei a domno apostolico mitti debere.

Ed.: *Whitelock/Brett/Brooke Councils and Synods I/1 441.* – Reg.: *Böhmer/Zimmermann n. 1190.*

De tempore cf. Böhmer/Zimmermann n. 1190.

*** 8717** **(1017 post febr.)** **Roma**

JL *4025α Canuto regi (Danorum et Anglorum) per Livingum archiepiscopum Cantuariensem Romam peregrinatum litteras mittit hortantes, ut „laudem Dei ubique praedicet, iniuram deleat et plenam pacem potestate a Deo collata instituat".

Laud. in: *Canuti regis edictum a. 1020 datum (Liebermann Gesetze I 273); Radulphi de Diceto Abbreviationes (SS rer. Brit. 68/1, 17); Radulphi de Diceto Indiculus (SS rer. Brit. 68/2, 209); Gervasii Cantuariensis Actus (SS rer. Brit. 73/2, 361).* – Reg.: *Böhmer/Zimmermann n. 1191.*

Olim ad a. cr. 1018–1019. De tempore cf. Böhmer/Zimmermann n. 1191.

8718 **1017 mart. 23** **(Roma)**

JL 4020 Ecclesiae s. Mariae Noviomensi privilegia confirmat (Scr. p. m. Petri scrin. X. kal. apr., ind. XV). – *Potissimus divine retributionis.*

Ed.: *Zimmermann Papsturkunden II n. <515.* – Reg.: *Böhmer/Zimmermann n. 1194.*

De fide cf. Zimmermann Papsturkunden II n. <515.

8719 **1017 apr. 26**

Petro presbytero, monacho atque abbati monasterium s. Mariae quod appellatur Hierusalem, positum territorio Tusculanensi in loco qui appellatur Hierusalem, donat (A. Deo prop. pont. d. n. Benedicti summi pont. et univ. VIII pp. in ss. sede b. Petri apost. V, imp. d. n. Heinrico a Deo cor. magno imp. a. IV, ind. XV, m. apr. d. XXVI). – *Quia inter omnia.*

E d . : *Zimmermann Papsturkunden II n. 516.* – R e g . : *Ital. Pont. II 40 n. 1; Santifaller Beschreibstoffe 90 n. 9; Böhmer/Zimmermann n. 1195.*

8720 **1017 mai. 24** **(Roma)**

JL 4021 Monasterio Farfensi possessionem monasterii s. Laurentii in Macri comitatu Campanino asserit (Scr. p. m. Petri not. reg. et scrin. S.R.E. in m. iun., ind. suprascr. XV. Dat. IX kal. ian. p. m. D. gratia Bosonis ep. et bibl. S.A.S.). – *Quotiens illa a.*

E d . : *Zimmermann Papsturkunden II n. 517.* – R e g . : *Ital. Pont. II 64 n. 25; Böhmer/Zimmermann n. 1197.*

Laud. et in Heinrici II diplomate (MGH DD H II n. 405). Olim ad 1017 iun. 23. De tempore cf. Böhmer/Zimmermann n. 1197.

8721 **(1017 vere)** **Roma**

Widone (II vicecomite) Thiernense petente chartam fundationis iam a Roberto (II) rege Francorum confirmatam monasterii s. Genesii Thiernensis sub poena excommunicationis confirmat.

E d . : *Chaix de Lavarène Monumenta 22.* – R e g . : *Böhmer/Zimmermann n. 1193.*

De tempore cf. Böhmer/Zimmermann n. 1193.

* 8722 **(1017 vere)** **Roma**

Rodulfum Normannum cum suis ad Beneventanos primates mittit, ut eum pacifice excipiant semperque in proelio (adversus Graecos) illius iussioni oboediant.

L a u d . i n : *Rodulfi Glabri Hist. III c. 1 (France 96); Ademari Cabannensis Chron. III c. 55 (Landes 173).* – R e g . : *Ital. Pont. IX 15 n. *33; Böhmer/Zimmermann n. 1196.*

De tempore cf. Böhmer/Zimmermann n. 1196.

8723 **1017 iun.** **(Roma)**

Iohanni ostiario s. Lateranensis palatii atque Romanae coniugi eius pro eorum fidelissimo servitio terram vacantem ad domum faciendam, posita iuxta basilicam b. Iohannis Bapt. in loco qui dicitur Constabblia domnica, sub pensione unius denarii concedit (Scr. p. m. Leoni not. reg. et scrin. S.S.A. in m. iun. et ind. suprascr. XV, a. Deo prop. pont. d. n. Benedicti summi pont. et univ. VIII pp. in ss. sede b. Petri apost. VI, imp. d. n. piisimi perp. aug. Heinrico a Deo cor. magno imp. a. IV, ind. suprascr.Boso Dei gratia ep. et bibl. S.A.S.). – *Quotiens illa a.*

E d . : *Zimmermann Papsturkunden II n. 518.* – R e g . : *Ital. Pont. I 20 n. 1; Santifaller Beschreibstoffe 90 n. 10; Rabikauskas Kuriale 230; Böhmer/Zimmermann n. 1198.*

* 8724 **(1017 ante sept.)**

Chartam fundationis monasterii s. Stephani Bassiacensis a Wardrado (de Jarniaco) conscriptam signo sigilloque suis confirmat.

L a u d . i n : *Wardradi charta fundationis monasterii Bassiacensis (Denyse St-Étienne de Bassac 83).* – R e g . : *Zimmermann Papsturkunden II n. 519; Böhmer/Zimmermann n. 1199.*

De tempore cf. Böhmer/Zimmermann n. 1199.

† 8725 **1017 (ante sept.)**

Aimerici archiepiscopi Narbonensis chartam, quae controversia de fundatione episcopatus Bisuldunensis componitur, subscriptione sua confirmat „et in aeternum valere" praecipit (sub a. trabeationis D. M[XVII], ind. XV, aere ML[V]).

E d . : *Marca/Baluze Marca Hispanica 1011.* – R e g . : *Zimmermann Papsturkunden II n. †520; Böhmer/Zimmermann n. †1200.*

De tempore cf. Böhmer/Zimmermann n. †1200. Cf. et J[3] *8710.

* 8726 **(1018 in.)**

Franconem (cancellarium Roberti regis Francorum) electum episcopum Parisiensem approbat.

L a u d . i n : *Fulberti Carnotensis epist. ad Azolinum directa (Behrends The Letters and Poems of Fulbert of Chartres 100).* – R e g . : *Böhmer/Zimmermann n. 1201.*

De tempore cf. Böhmer/Zimmermann n. 1201.

8727 **1018 apr. (13)** **(Roma)**

JL †4023 Monasterii s. Petri Luxoviensis privilegia, Heinrico imperatore Romanorum per litteras petente renovat (Scr. p. m. Benedicti not. reg. et scrin. S.R.E. in m. apr., ind. I. [Dat. Romae, id. m. apr., ind. I]). – *Quamquam prisce regule.*

E d . : *Zimmermann Papsturkunden II n. †521.* – R e g . : *Gall. Pont. I 181 n. †5; Böhmer/Zimmermann n. 1202.*

8728 **1018 aug. 1** **(Roma)**

JL 4024 Ecclesiae Portuensis privilegia possessionesque petente Benedicto episcopo confirmat (Scr. p. m. Georgii not. reg. atque scrin. S.A.S. in m. iul., ind. I. Dat. kal. aug. p. m. Domini gratia Bosonis ep. et bibl. S.A.S.). – *Quotiens illa a.*

E d . : *Zimmermann Papsturkunden II n. 522.* – R e g . : *Ital. Pont. II 20 n. 10; Santifaller Beschreibstoffe 34 n. 24 a; Böhmer/Zimmermann n. 1203.*

Laud. et in Gregorii IX privilegio (Auvray Reg. II 594 n. 3558).

† 8729 **(1012–1018)** **(Roma)**

JL 4051 Willelmo (IV) comiti (Provinciae) et eius matri Adalaidi invasores bonorum monasterii s. Aegidii excommunicatos nuntiat (Scr. p. m. Iohannis diac., S.R.E. scrin.). – *Inauditum facinus nefandaque.*

E d . : *Zimmermann Papsturkunden II n. †468.* – R e g . : *Böhmer/Zimmermann n. 1089.*

Olim ad a. 1012–1024. De tempore cf. Böhmer/Zimmermann n. 1089. De fide cf. Zimmermann Papsturkunden II n. †468.

* 8730 **(1017–1018)**

JL *4025 Ecclesiae Merseburgensi scripta confirmationis tribuit petente Thietmaro episcopo.

L a u d . i n : *Chron. epp. Merseburgensium (MGH SS 10, 176); Thietmari Merseburgensis Chron. VI c. 100 (MGH SS rer. Germ. N. S. 9, 394).* – R e g . : *Böhmer/Zimmermann n. 1192.*

Olim ad a. 1012–1019. De tempore cf. Böhmer/Zimmermann n. 1192.

8731 **1019 iun. 9** **(Roma)**

JL 4026 Monasterii s. Salvatoris et s. Benedicti Lenensis privilegia ac possessiones, petente Ottone abbate, confirmat (Scr. p. m. Stephani not. reg. et scrin. S.R.E. in m. iun. et ind. suprascr. II. Dat. V id. iun. p. m. Benedicti ep. Portuensis et bibl. S.A.S. temp. d. n. Benedicti summi pont. et univ. pp. in ss. sede b. Petri apost. a. VII, ind. II, in m. suprascr. iun. d. IX). – *Convenit apostolico moderamini.*

E d . : *Zimmermann Papsturkunden II n. 523.* – R e g . : *Ital. Pont. VI/1, 344 n. 2; Böhmer/Zimmermann n. 1204.*

Olim ad a. 1019 iun. 13. De tempore cf. Böhmer/Zimmermann n. 1204.

8732 **1019 dec. 26(–27)** **(Roma)**

JL 4027 Amatum electum archiepiscopum Salernitanum et ecclesiae eius iura metropolitana confirmat. Pallio eum ornat (Scr. p. m. Stephani not. et reg. et scrin. S.R.E. in m. dec., ind. III. Dat. VI kal. ian. p. m. Benedicti ep. Portuensis et bibl. S.A.S. a. Deo prop. pont. d. Benedicti ss. VIII pp. sedente a. VIII, imp. d. piissimo perp. aug. Henrigo a Deo cor. magno et pacifico imp. a. VI, ind. III, m. dec. d. XXVI). – *Convenit apostolico moderamini.*

E d . : *Zimmermann Papsturkunden II n. 525.* – R e g . : *Ital. Pont. VIII 348 n. 16; Balducci Archivio Salerno I 199 n. 4; Böhmer/Zimmermann n. 1207.*

Olim ad 1019 dec. 27. De tempore cf. Böhmer/Zimmermann n. 1207.

8733 **(1012–1019)**

Roberti comitis (Genevensis) chartam ecclesiae s. Mariae et ss. Verani et Andreae in Peloniaco concessam subscriptione sua confirmat.

E d . : *Gavard Peillonnex 13.* – R e g . : *Zimmermann Papsturkunden II n. 467; Böhmer/Zimmermann n. 1088.*

De tempore cf. Böhmer/Zimmermann n. 1088.

*8734 **(1014–1019)**

A Heinrico (II) imperatore iterum iterumque in Germaniam invitatur.

L a u d . i n : *J*[3] *8752; J*[3] *8808; Herimanni Augiensis Chron. ad a. 1020 (MGH SS 5, 119); Wiponis Gesta Chuonradi c. 1 (MGH SS rer. Germ. 61, 9); Ann. Altahenses ad a. 1020 (MGH SS rer. Germ. 4, 17); Bernoldi Constantiensis Chron. ad a. 1020 (MGH SS. 5, 424); Chron. mon. Casinensis II c. 46 (MGH SS 34, 254); Casuum s. Galli cont. II c. 18 (Meyer v. Knonau 30); Adalberti Bambergensis Vita Heinrici c. 12 [22] (MGH SS rer. Germ. 69, 284); Vita Meinwerci c. 24 (MGH SS rer. Germ. 59, 29); Vita Chunegundis c. 1 (MGH SS 4, 821); Regensburger Kaiserchron. (MGH Dt. Chron. 1/1, 373); Ruperti Tuitiensis Chron. s. Laurentii Leodiensis c. 19 (MGH SS 8, 268); Bernardi Norici Hist. Cremifanensis a. 1014 (MGH SS 25, 661).* – R e g . : *Böhmer/Zimmermann n. 1139.*

De tempore cf. Böhmer/Zimmermann n. 1139.

*8735 **(1019 ex.)**

A filiis Raineri (comitis Galeriae) cogitur pacem cum Iohanne et Crescentio comitibus Sabinae facere. Qui et Romano fratri Gregorioque nepoti iubet, ut eis (filiis Raineri) castella Buccinianum et Tribucum redderent.

L a u d . i n : *Hugonis Farfensis Exceptio relationum (FSI 33, 69); Hugonis Farfensis Querimonium (FSI 33, 76); Gregorii Catinensis Chron. Farfense (FSI 34, 85).* – R e g . : *Böhmer/Zimmermann n. 1205.*

De tempore cf. Böhmer/Zimmermann n. 1205.

8736 **(1019 dec.)** **(Roma)**

Ecclesiae collegiatae Gerundensis chartam dotationis subscriptione sua confirmat.

E d . : *Villanueva Viage XII 312.* – R e g . : *Zimmermann Papsturkunden II n. 524; Böhmer/Zimmermann n. 1206.*

De tempore cf. Böhmer/Zimmermann n. 1206.

*8737 **1020 (mart. ex.–apr. in.)**

JL I 510 Alamanniam „in ... Aprili" intrat „omnibusque civitatibus illius regionis" peragit.

L a u d . i n : *Adalberti Bambergensis Vita Heinrici c. 12 [22] (MGH SS rer. Germ. 69, 284).* – R e g . : *Böhmer/Zimmermann n. 1209.*

Olim ad a. 1020 apr. De tempore cf. Böhmer/Zimmermann n. 1209.

*8738 **(1020) apr. 14** **Bamberg**

JL I 510 Bambergam venit „V. feria maioris ebdomadę" et suscipitur gloriosissime ab imperatore.

L a u d . i n : *Bebonis diaconi Epist. (Jaffé Bibl. rer. Germ. 5, 492); Adalberti Bambergensis Vita Heinrici c. [22] (MGH SS rer. Germ. 69, 284).* – R e g . : *Böhmer/Graff n. 1962b; Böhmer/Zimmermann n. 1210.*

*8739 **(1020) apr. 15–16** **Bamberg**

JL I 510 Officia celebrat quinta et sexta feria.

L a u d . i n : *Bebonis diaconi Epist. (Jaffé Bibl. rer. Germ. 5, 494); Adalberti Bambergensis Vita Heinrici c. [22] (MGH SS rer. Germ. 69, 285).* – R e g . : *Böhmer/Zimmermann n. 1211.*

Olim ad a. 1020 apr. 15. De tempore cf. Böhmer/Zimmermann n. 1211.

*** 8740 (1020 apr. 17) Bamberg**

JL I 510 Bambergae pascham celebrat.

L a u d . i n : *Bebonis diaconi Epist. (Jaffé Bibl. rer. Germ. 5, 494); Adalberti Bambergensis Vita Heinrici c. [22] (MGH SS rer. Germ. 69, 286).* – R e g . : *Böhmer/Zimmermann n. 1212.*

*** 8741 (1020 apr. 23) Bamberg**

JL I 510 Apud Heinricum II imperatorem petit, ut ecclesiae Paderbornensi ob indefessum servitium Meinwerci episcopi curtis Hammonstedi et comitatus quidam Liudolfi comitis defuncti tradantur.

L a u d . i n : *Heinrici II diploma (MGH DD H II n. 422); Vita Meinwerci c. 168 (MGH SS rer. Germ. 59, 93).* – R e g . : *Böhmer/Graff n. 1963; Böhmer/Zimmermann n. 1216; Germ. Pont. V/1, 26 n. *20 et 47 n. *4.*

*** 8742 (1020 apr. 23) (Bamberg)**

A Heinrico (II) imperatore petit, ut Meinwerco episcopo Paderbornensi comitiam concedit.

L a u d . i n : *Vita Meinwerci c. 172 (MGH SS rer. Germ. 59, 95).* – R e g . : *Böhmer/Zimmermann n. 1217; Germ. Pont. V/1, 26 n. *20 et 47 n. *4.*

*** 8743 (1020 apr. 24) (Bamberg)**

A Heinrico II imperatore petit, ut Heriwardo Brixinensi episcopo necnon et ecclesiae in honore ss. mart. Cassiani et Ingenuini dedicatae abbatiam Tisentinensem (Disentis) in pago Curiensi et Udonis comitatu sitam cum omnibus ad eam iure pertinentibus ecclesiis aliisque possessionibus concedit.

L a u d . i n : *Heinrici II diploma (MGH DD H II n. 424).* – R e g . : *Germ. Pont. I 142 n. *10; Germ. Pont. II/2, 107 n. *1; Böhmer/Graff n. 1965; Böhmer/Zimmermann n. 1218.*

*** 8744 1020 apr. 24 Bamberg**

JL I 511 Ecclesiam s. Stephani Bambergensem consecrat (VIII kal. mai.).

L a u d . i n : *Bebonis diaconi Epist. (Jaffé Bibl. rer. Germ. 5, 494); Chron. Suevicum univ. ad a. 1020 (MGH SS 13, 70); Herimanni Augiensis Chron. ad a. 1020 (MGH SS 5, 119); Adalberti Bambergensis Vita Heinrici c. 12 [23] (MGH SS rer. Germ. 69, 287); Vita Meinwerci c. 165 (MGH SS rer. Germ. 59, 87); Vita Chunegundis c. 1 (MGH SS 4, 821).* – R e g . : *Böhmer/Graff n. 1964a; Böhmer/Zimmermann n. 1219.*

*** 8745 (1020 apr. 24) Bamberg**

Capellam in castello Bambergensi consecrat.

L a u d . i n : *Inscriptio dedicationis (Deinhardt Dedicationes 6 n. 4).* – R e g . : *Böhmer/Zimmermann n. 1220.*

*** 8746 (1020 apr. ex.) Bamberg**

JL I 510 Synodum celebrat, in qua „multa ... utilia, multa honesta decreta sunt".

L a u d . i n : *Ruperti Tuitiensis Chron. s. Laurentii Leodiensis c. 19 (MGH SS 8, 268).* – R e g . : *Böhmer/Graff n. 1292c; Böhmer/Zimmermann n. 1213.*

8747 (1020 apr. ex.) (Bamberg)

Benedicto VIII Heinricus II imperator pactum Ottonianum cum Sancta Romana Ecclesia renovando eiusque bona et iura confirmat, addit de tuitione Bambergensis episcopatus Romanae sedi oblata.

E d . : *MGH Const. 1, 65; MGH DD H II n. 427.* – R e g . : *Germ. Pont. III 250 n. 6; cf. Oediger Reg. Köln I 193 n. 655; Böhmer/Graff n. 1968; Germ. Pont. IV 86 n. 102 et 280 n. 7 et 377 n. 60; Germ. Pont. VII 52 n. 130; Germ. Pont. X 52 n. 86; Böhmer/Zimmermann n. 1221.*

8748 **1020 apr. (ex.)** **(Bamberg)**

JL 4028 Parthenonem s. Mariae et s. Andreae Gossensem Cunigundae abbatissae eiusque successoribus, rogatu Heinrici imperatoris, ea lege asserit, „ut singulis quibusque indictionibus pensionis nomine unus aureus solidus sanctę Romanę ecclesię persolvatur" (Scr. p. m. Stephani scrin. Romanę eccl. in m. apr., ind. III). – *Convenit apostolico moderamine.*

E d . : *Zimmermann Papsturkunden II n. 527.* – R e g . : *Germ. Pont. I 96 n. 1; Böhmer/Zimmermann n. 1222.*

†8749 **1020 apr. (ex.)** **(Bamberg)**

JL †4029 Monasterii Fuldensis privilegia et possessiones confirmat. Richardo abbati eiusque successoribus monasterium s. Andreae apostoli, situm Romae iuxta ecclesiam s. Mariae ad Praesepe, asserit (Scr. p. m. Stephani not. reg. et scrin. S.R.E. in m. apr., ind. III). – *Pontificii nostri cura.*

E d . : *Zimmermann Papsturkunden II n. †526; Meyer zu Ermgassen Codex Eberhardi I 37 (ad Silvestrem II).* – R e g . : *Germ. Pont. IV 376 n. 58; Böhmer/Zimmermann n. †1215.*

***†8750** **(1020 apr. ex.)** **(Bamberg)**

Benedicto (VIII) adiuvante controversia inter Heinricum imperatorem et Heinricum episcopum Herbipolensem de conditione episcopatus Bambergensis orta componitur; quo episcopo Herbipolensi reconciliationis causa ducatus Franconiae tribuitur.

L a u d . i n : *Regensburger Kaiserchron. (MGH Dt. Chron. 1/1, 374).* – R e g . : *Böhmer/Zimmermann n. †1214.*

***†8751** **(1020 apr. ex.)** **(Bamberg)**

Theodorico (I) duci Lotharingiae iubet, ut „pro captae genitricis (Beatricis) absolutione" monasterio s. Maximi Barrensi bona quaedam tradat.

L a u d . i n : *Fundatio eccl. s. Maximi Barrensis (MGH SS 15/2, 981).* – R e g . : *Böhmer/Zimmermann n. †1221a.*

8752 **1020 mai. 1** **(Fulda)**

JL 4030 Episcopatum Bambergensem, ecclesiae Romanae et sibi ipsi Bambergae moranti ab Heinrico imperatore oblatum, Eberhardo episcopo et eius successoribus ea lege concedit, „ut singulis quibusque indictionibus sub nomine pensionis equum unum album" persolvant „et sellam convenientem Romano pontifici" (Scr. p. m. Stephani not. reg. et scrin. S.R.E. in m. apr., ind. III. Dat. kal. mai. p. m. Benedicti ep. Portuensis et bibl. S.A.S. in m. et ind. suprascr.). – *Quandocumque nostrum apostolicum.*

E d . : *Zimmermann Papsturkunden II n. 528; insertum in Adalberti Bambergensis Vita Heinrici c. [24] (MGH SS rer. Germ. 69, 292).* – R e g . : *Germ. Pont. III 251 n. 7; Böhmer/Zimmermann n. 1224.*

Laud. et in Clementis II privilegio (JL 4149, Böhmer/Frech n. 380). Cf. J^3 5947 et J^3 *8734.

8753 **1020 mai. 1** **Fulda**

JL I 511 Benedicto (VIII) praesente et confirmante Heinricus (II) imperator monasterio puellarum s. Mariae et s. Andreae in Gossia (Styria) ab Aribone (archi)diacono Salisburgensi eo tradito privilegium concedit (Dat. kal. mai. ind. III, a. d. inc. 1020, a. d. Heinrici II reg. XIX, imp. vero VII, act. Wldae, venerabili pp. Benedicto presente et confirmante).

E d . : *MGH DD H II n. 428; Appelt Das Diplom Kaiser Heinrichs II für Göß vom 1. Mai 1020 30.* – R e g . : *Böhmer/Graff n. 1969; Böhmer/Zimmermann n. 1225.*

*** 8754 1020 mai. 1 Fulda**

JL I 511 Praesente Heinrico II imperatore missam ss. apostolorum Philippi et Iacobi super altare s. Bonifatii cantat (kal. mai.).

L a u d . i n : *Ann. necr. Fuldenses ad a. 1020 (MGH SS 13, 210); Mariani Scotti Chron. ad a. 1042 (MGH SS 5, 556).* – R e g . : *Böhmer/Graff n. 1967a; Germ. Pont. IV 377 n. *59; Böhmer/Zimmermann n. 1223.*

*** 8755 1020 (mai.–iun.)**

„Multiplici opum copia donatus" Romam revertitur.

L a u d . i n : *Ann. Quedlinburgenses ad a. 1020 (MGH SS rer. Germ. 72, 556); Ann. Saxo ad a. 1020 (MGH SS 37, 356); Ann. Magdeburgenses ad a. 1020 (MGH SS 16, 167).* – R e g . : *Böhmer/Zimmermann n. 1226.*

De tempore cf. Böhmer/Zimmermann n. 1226.

*** 8756 (1020)**

A Benedicto VIII Poppo patriarcha Aquileiensis, Gradensem ecclesiam sibi subicere anhelans, per nuntios de insula et ecclesia Gradensi iustitiam requirit.

L a u d . i n : *Iohannis XIX litterae (JL 4063; Böhmer/Frech n. 57); Andreae Danduli Chron. IX c. 2 (RIS ser. II 12/1, 205).* – R e g . : *Ital. Pont. VII/1, 28 n. *47; Ital. Pont. VII/2, 51 n. *73; Böhmer/Zimmermann n. 1208.*

De tempore cf. Böhmer/Zimmermann n. 1208.

***† 8757 (ante 1021)**

Harduinum episcopum (Noviomensem) pro eius multis criminibus anathematizat.

L a u d . i n : *Gesta epp. Cameracensium III c. 24 (MGH SS 7, 473).* – R e g . : *Böhmer/Zimmermann n. †1226a.*

De tempore cf. Böhmer/Zimmermann n. †1226a.

*** 8758 (1021 vere) (Roma)**

Quodam Iudaeo intimante multos Iudaeos „capitali sententia" damnat, „quia ... deludebat sinagoga Judeorum Crucifixi figuram".

L a u d . i n : *Ademari Cabanennsis Chron. III c. 52 (Landes 171).* – R e g . : *Blumenkranz Les auteurs chrétiens 251 n. 214; Böhmer/Zimmermann n. 1229.*

De tempore cf. Böhmer/Zimmermann n. 1229.

*** 8759 (1021 ante iul.) Roma**

Hugonem episcopum et Agennensem et Vasatensem suscipit.

L a u d . i n : *Hist. abbatiae Condomensis (Achery Spicilegium II 582); Hugonis ep. charta fundationis monasterii Condomensis (Gall. Christ. II Instr. 437); Gregorii VII privilegium (JL 4981).* – R e g . : *Böhmer/Zimmermann n. 1230.*

De tempore cf. Böhmer/Zimmermann n. 1230.

8760 (1021 ante nov.)

Chartam dotationis ecclesiae collegiatae Gerundensis subscribit.

E d . : *Villanueva Viage XII 317.* – R e g . : *Zimmermann Papsturkunden II n. 529; Böhmer/Zimmermann n. 1230a.*

De tempore cf. Böhmer/Zimmermann n. 1230a.

8761 1021 nov. 27 (Roma)

JL 4033 Monasterii b. Vedasti possessiones, petente Richardo abbate, confirmat, in his ea, quae Balduinus Flandrensium comes „pro remedio anime sue", et Lantuinus „vir illuster", „soluto cingulo militie secularis monachus effectus", b. Vedasto tradiderunt (Scr. p. m. Stephani not. et primi scrinii S.R.E. in m. nov. et ind. V. Dat. V kal. dec. p. m. Petri ep. Hostiensis et bibl. S.A.S. temp. d. Benedicti VIII pp. sedente a. X, imp. d. Henrico a. VIII et ind. stante V). – *Convenit apostolico moderamini.*

Ed.: *Zimmermann Papsturkunden II n. <532.* – Reg.: *Böhmer/Zimmermann n. 1234.*

De fide cf. Zimmermann Papsturkunden II n. <532.

*** 8762 (1021 nov.) (Roma)**

JL *4034 et JL *4035 Comitibus quibusdam sub excommunicationis poena praecipit, ut monasterio s. Petri Rodensi (dioec. Ausonensis) ablata restituant et „subditos cogant, ut nihil sibi de praedicto loco retineant".

Laud. in: *J^3 8763; J^3 8789; Memoriale sive inventarium instrumentorum et scripturarum monasterii s. Petri Rodensis fasc. 13 n. 33 (Kehr PUU Spanien I 115).* – Reg.: *Böhmer/Zimmermann n. 1231.*

Olim numeri duo ad a. 1021. De tempore cf. Böhmer/Zimmermann n. 1231.

8763 (1021 nov.) (Roma)

JL *4034 Hugoni comiti (Emporiarum) sub excommunicationis poena praecipit, ut monasterio s. Petri Rodensi (dioec. Ausonensis) ablata restituat. – *Si iram Dei.*

Ed.: *Zimmermann Papsturkunden II n. 531.* – Reg.: *Böhmer/Zimmermann n. 1232.*

Laud. et in J^3 8789. Cf. J^3 *8762.

*** 8764 (1021 nov. ex.) Roma**

Richardum abbatem (s. Vitonis Verdunensis) Romam peregrinantem suscipit amicumque familiarissimum sibi facit.

Laud. in: *Hugonis Flaviniacensis Chron. II ad a. 1011 (MGH SS 8, 380).* – Reg.: *Böhmer/Zimmermann n. 1233.*

De tempore cf. Böhmer/Zimmermann n. 1233.

***† 8765 (1021)**

Iaroslavo (I) duce Russiae petente Alexium Bulgarum primum episcopum dioecesis Kioviensis recenter conditae in Russiam mittit et ecclesiae cathedrali s. Sophiae Kioviensi privilegia concedit.

Laud. in: *Friesii De episcopatu Kioviensi 6 et 27.* – Reg.: *Böhmer/Zimmermann n. †1227.*

De tempore cf. Böhmer/Zimmermann n. †1227.

***† 8766 (1021) Roma**

Boleslai regis et ecclesiae Posnaniensis nuntiis Romam missis et litteris permotus (Pol. Pont. 189 n. *†29) mandat, ut Paulinus canonicus ecclesiae s. Petri de Urbe in episcopum Posnaniensem consecretur.

Laud. in: *Iohannis Dlugossii Ann. II (Annales I 284); eiusdem Cat. epp. Posnaniensium (Opera I 483).* – Reg.: *Böhmer/Zimmermann n. †1228; Pol. Pont. 189 n. *†30.*

De tempore cf. Böhmer/Zimmermann n. †1228.

*** 8767 1022 mart. 3 Benevento**

JL I 512 Beneventum venit cum Heinrico (II) imperatore „III die intrante m. mart." et descendit usque Troiam.

Laud. in: *Ann. Beneventani ad a. 1022 (Bertolini 132).* – Reg.: *Böhmer/Graff n. 2015a; Böhmer/Zimmermann n. 1235.*

8768 1022 mart. (Benevent)

JL 4037 Monasterii s. Sophiae Beneventani, e monasterii Casinensis potestate exempti solique sedi Romanae subiecti, possessiones et privilegia confirmat petente Gregorio abbate (Scr. p. m. Stephani not. reg. et scrin. S.R.E. in m. mart. et ind. V). – *Convenit apostolico moderamini.*

Ed.: *Zimmermann Papsturkunden II n.* <*533.* – Reg.: *Bartolini Additiones Kehrianae 31; Ital. Pont. IX 82 n. 2 et 82 n. †3; Böhmer/Zimmermann n. 1237.*

De fide cf. Zimmermann Papsturkunden II n. <533.

†8769 **1022 apr.** **(Troia)**

JL †4038 Unwanno archiepiscopo Hamburgensi pallium mittit, eique successoribusque eius „legationem ... et archiepiscopalem potestatem in omnia regna septentrionalia, Danorum scilicet, Suenorum, Noruenorum, Hislandicorum et omnium insularum his regnis adiacentium" in perpetuum concedit (Dat. p. m. Petri canc. S.R.E. in m. apr., ind. V). – *Si pastores ovium.*

Ed.: *Zimmermann Papsturkunden II n. †534.* – Reg.: *Dipl. Danicum I/1, 160 n. 409; Seegrün Ebt. Hamburg 11 et 106; Germ. Pont. VI 52 n. †67; Lübke Reg. Slaven IV 111 n. 558 a; Böhmer/Zimmermann n. †1240.*

Laud. et in Chron. brevi Bremensi (MGH SS 7, 392), in Adami Bremensis Gestis II c. 46 (MGH SS rer. Germ. 2, 107), in Alberti Ann. Stadensibus ad a. 1013 (MGH SS 16, 313).

***8770** **(1022 vere)**

Atenulfo archiepiscopo Capuano privilegium concedit.

Laud. in: *Atenulfi archiep. Capuani privilegium ecclesiae Suessanae a. 1047 concessum (Granata Storia sacra della chiesa metropolitana di Capua II 224).* – Reg.: *Ital. Pont. VIII 223 n. *35; Böhmer/Zimmermann n. 1236.*

Cf. et Ital. Pont. VIII 268.

***8771** **(1022 iun. ante 28)** **Montecassino**

JL I 512 Benedictus (VIII) et Heinricus (II) imperator in monasterium Casinense conveniunt et capitulo praesident, in quo Theobaldus praepositus s. Liberatoris ab imperatore propositus in abbatem Casinensem papa assentiente eligitur.

Laud. in: *Chron. mon. Casinensis II c. 42 (MGH SS 34, 246).* – Reg.: *Böhmer/Graff n. 2021b; Böhmer/Zimmermann n. 1241.*

Olim ad a. 1022 iun. 28. De tempore cf. Böhmer/Zimmermann n. 1241.

***†8772** **(1022 iun. ante 28)** **Montecassino**

Benedicto (VIII) Heinricus (II) imperator de sua mirifica sanitate a s. Benedicto restituta certiorem facit petitque ab eo, ut quae monasterio Casinensi dederit, privilegio eius confirmet.

Laud. in: *Chron. mon. Casinensis II c. 43 (MGH SS 34, 247); Adalberti Bambergensis Vita Heinrici c. 12 [22] (MGH SS rer. Germ. 69, 283); Vita Meinwerci c. 23 (MGH SS rer. Germ. 59, 29); Cron. min. Erphordensis (MGH SS rer. Germ. 42, 626).* – Reg.: *Böhmer/Graff n. 2021b; Böhmer/Zimmermann n. †1242.*

***†8773** **(1022 iun. ante 28)** **Montecassino**

Missam pro (Heinrico II) imperatore et pro tota christianitate celebrat, donationes imperatoris monasterio Casinensi auget privilegiumque (J³ 8774) tribuit.

Laud. in: *Chron. mon. Casinensis II c. 43 (MGH SS 34, 247); Adalberti Bambergensis Vita Heinrici c. 12 [22] (MGH SS rer. Germ. 69, 283); Vita Meinwerci c. 23 (MGH SS rer. Germ. 59, 29); Cron. min. Erphordensis (MGH SS rer. Germ. 42, 626).* – Reg.: *Böhmer/Graff n. 2021b; Böhmer/Zimmermann n. †1242.*

8774 **(1022 iun.) 28** **Montecassino**

JL †4040 Heinrico (II) imperatori sanitatem a s. Benedicto restitutam esse testatur, monasterioque Casinensi asserit dona ab imperatore delata (A. ab inc. D. 1023, pont. vero d. Benedicti VIII pp. sedente a. XII, imp. vero d. Henrici imp. Romanorum X, ind. VI, m. iul. d. XXVIII). – *Notum esse volumus.*

Ed.: *Zimmermann Papsturkunden II n. <535.* – Reg.: *Ital. Pont. VIII 132 n. †58; Germ. Pont. VII 52 n. †131; Böhmer/Zimmermann n. 1243.*

Laud. et in Chron. mon. Casinensis II c. 43 (MGH SS 34, 250). De fide et tempore cf. Böhmer/Zimmermann n. 1243 et Zimmermann Papsturkunden II n. <535.

* 8775 **(1022) iun. 29** **Montecassino**

JL I 512 Theobaldum abbatem Casinensem Heinrico (II) imperatore praesente consecrat „die ... natali apostolorum Petri et Pauli".

Laud. in: *Chron. mon. Casinensis II c. 42 (MGH SS 34, 247).* – Reg.: *Ital. Pont. VIII 132 n. *57; Böhmer/Zimmermann n. 1244.*

† 8776 **1022 (iun. 29)** **Montecassino**

Heinrici II imperatoris concessionem monasterio Casinensi factam laudat eiusque diploma subscribit (A. ab inc. d. 1022, ind. V, a. vero d. Hehinrici exellentissimi ac invictissimi Romanorum imp. aug. reg. XXII, imp. autem IX, act. in Monte Casino, feliciter amen).

Ed.: *MGH DD H II n. 530.* – Reg.: *Ital. Pont. VIII 133 n. †*60; Böhmer/Graff n. 2023; Zimmermann Papsturkunden II n. †536; Germ. Pont. VII 52 n. †131; Böhmer/Zimmermann n. †1245.*

Cf. Böhmer/Zimmermann n. †1245.

† 8777 **1022 (iun. 29)** **Montecassino**

Benedicto (VIII) eiusque successoribus Heinricus II imperator consecrationem abbatis Casinensis concedit et statuit de eiusdem loci redditibus in eundo et redeundo Beneventum, ut monachi unum prandium apostolicae sedis pontifici praeparent nullamque aliam potestatem vel dominium de Casinensi coenobio Romanus pontifex habeat et ut electus post confirmationem Romano pontifici absque omni venalitate consecrandus exhibeatur (A. ab inc. D. 1022, ind. V, a. vero d. Heinrici excellentissimi hac invictissimi Romanorum imp. aug. reg. XXII, imp. autem IX, act. in Monte Casino).

Ed.: *MGH DD H II n. 531.* – Reg.: *Ital. Pont. VIII 133 n. †61; Böhmer/Graff n. 2024; Böhmer/Zimmermann n. †1246.*

Laud. et in Chron. mon. Casinensis IV c. 123 (MGH SS 34, 597).

† 8778 **(1022) iun. 29** **(Montecassino)**

JL †4039 „Constitutum predecessoribus" (leg. successoribus) suis hoc facit, „ut nunquam de consecratione Casinensis abbatis, quam hodie a serenissimo filio nostro Heinrico imperatore suscepimus, pretium aut censum aut dationem requirant aut exigant." (Act. d. apost. Petri et Pauli). – *Constitutum predecessoribus meis.*

Ed.: *Zimmermann Papsturkunden II n. †537.* – Reg.: *Ital. Pont. VIII 133 n. †59; Germ. Pont. VII 52 n. †131; Böhmer/Zimmermann n. †1247.*

Laud. et in Chron. mon. Casinensis IV c. 123 (MGH SS 34, 597).

* 8779 **(1022 apr.–iun.)** **ante Troia**

JL I 512 Castellum Troianum Byzantinum a copiis Heinrici (II) imperatoris obsidetur, cuius in castris etiam Benedictus (VIII) versatur. Waimarius filius principis Waimarii IV Salernitani in custodiam traditur.

Laud. in: *Amati Casinensis Hist. I c. 25 (FSI 76, 34); Romualdi Salernitani Chron. (RIS ser. II 7/1, 175).* – Reg.: *Böhmer/Graff n. 2019a; Böhmer/Zimmermann n. 1238.*

*** 8780** **(1022 apr.–iun.)** **ante Troia**

(Benedicto VIII) „audiente" Hugo abbas Farfensis Heinrico (II) imperatori querenti de statu monasterii sui refert.

Laud. in: *Hugonis Farfensis Exceptio relationum (FSI 33, 70); Hugonis Farfensis Querimonium (FSI 33, 77); Gregorii Catinensis Chron. Farfense (FSI 34, 86).* – Reg.: *Böhmer/Graff n. 2022a; Böhmer/Zimmermann n. 1239.*

De tempore cf. Böhmer/Zimmermann n. 1239.

8781 **(1014 febr. cr. 14 aut 1022 iul. in.)**

JL 4036 Ecclesiae Hildesheimensis privilegia, petente Bernardo episcopo, confirmat et mandat „cum consensu atque consultu magnifici domni Heinrici imperatoris Romanique senatus ..., ut nullus terminos parroechie Hildeneshemensis ecclesiae ab antiqua dimensione per Astfalas disterminatos irritare presumat. Precipue ... novam sancti Michaelis archangeli ecclesiam extra murum" constructam infestari vetat. – *Cunctis catholice institutionis.*

Ed.: *Zimmermann Papsturkunden II n. 539.* – Reg.: *Beseler/Roggenkamp Michaelskirche in Hildesheim 169; Böhmer/Zimmermann n. 1250; Germ. Pont. V/2, 32 n. 37 et 83 n. 2 et 480 n. 16.*

Laud. et in Celestini III privilegio (Janicke UB Hildesheim I 468). Olim ad a. 1020–1022. De tempore cf. Germ. Pont. V/2 83 n. 2. Cf. et J³ *8461.

8782 **1022 iul.**

JL 4041 Petente Widone abbate monasterii s. Mariae Pomposiani constituit, „ut nunquam locus ipse aut res ad ipsum pertinentes preter Deo et regi alicui" submitti possint (Scr. p. m. Stephani primiscrinii S.A.S. in m. iul. et ind. V). – *Quoniam semper sunt.*

Ed.: *Zimmermann Papsturkunden II n. 538.* – Reg.: *Ital. Pont. V 181 n. 2; Samaritani Reg. Pomposiae I 94 n. 120; Böhmer/Zimmermann n. 1248.*

8783 **(1022) aug. 1** **Pavia**

JL I 512 Synodus praesente Heinrico (II) imperatore celebratur, in qua haec decreta faciunt: 1) nullus in clero uxorem aut concubinam admittat; 2) episcopus cum nulla femina penitus habitet; 3) filii et filiae omnium clericorum servi proprii sint ecclesiae; 4) quicumque filios clericorum liberos esse iudicaverit, anathema sit; 5) nulli servorum ecclesiae liceat comparare aut ullo modo acquirere per manus aut nomen alicuius liberi hominis; 6) ille liber, per cuius manus servus ecclesiae, quidquid fuerit, acquisivit, aut ecclesiae totam faciat securitatem, aut maledictus habeatur; 7) iudex aut tabellio, qui tam illicitas chartas scripserint, anathemate ferientur (Act. Papiae, kal. aug., imp. d. H. gloriosissimo aug., p. m. fratris Leonis Vercellensis ep.).

Ed.: *Mansi Conc. 19, 343; MGH Const. 1, 70 (fragm.).* – Reg.: *Böhmer/Graff n. 2027b; Böhmer/Zimmermann n. 1249.*

8784 **1022 sept. 27**

JL 4042 Vitali archiepiscopo Epitabritano (Ragusino) pallium tribuit (Scr. p. m. Gregorii ypocanc. d. Benedicti VIII pp. in m. sept. d. XXVII, ind. VI, a. pont. eius XI). – *Si pastores ovium.*

Ed.: *Zimmermann Papsturkunden II n. 541.* – Reg.: *Böhmer/Zimmermann n. 1252.*

Laud. et in Calixti II privilegio (JL 6862) et in Junii Restii Chron. Ragusina (Mon. hist. Slav. 25, 40).

*** 8785** **1022 oct. 7** **(Roma), S. Pietro**

Egelnodum episcopum Cantuarensem honorifice suscipit, eum in ecclesia s. Petri consecrat eique pallium tribuit. Leofwinum abbatem Eliensem paenitentem, qui una cum Egelnodo episcopo Romam adiit, restituit (non. oct.).

L a u d . i n : *Chron. Anglo-Saxonicum (Plummer I 154 et 155); Florentii Wigorniensis Chron. (Thorpe I 183); Simeonis Dunelmensis Hist. (SS rer. Brit. 75/2, 156); Henrici Huntingdonensis Hist. VI (SS rer. Brit. 74, 187); Radulphi de Diceto Abbreviationes (SS rer. Brit. 68/1, 17 et 172); Radulphi de Diceto Indiculus (SS rer. Brit. 68/2, 209); Gervasii Cantuariensis Actus (SS rer. Brit. 73/2, 361); Rogerii de Howden Chron. (SS rer. Brit. 51/1, 88); (Walterii de Coventria) Ann. Angliae (SS rer. Brit. 58/1, 47); Chron. Mailrosensis (Stevenson 45); Ann. Wawerleienses ad a. 1022 (SS rer. Brit. 36/2, 178).* – R e g . : *Böhmer/Zimmermann n. 1254.*

* 8786 **(1022 nov. 1)** **Hildesheim**

Praesente (Benedicti VIII) legato, uno videlicet cardinalium, Bernwardus episcopus Hildesheimensis monasterio s. Michaelis Hildesheimensi modo consecrato possessiones confirmat.

L a u d . i n : *Thangmari Hildesheimensis Vita Bernwardi c. 51 (MGH SS 4, 779).* – R e g . : *Böhmer/Zimmermann n. 1253.*

De tempore cf. Germ. Pont. V/2 84 n. †3.

*† 8787 **(1013 aut 1019 nov. 1–1022 nov. 20)** **(Hildesheim)**

(Benedicti VIII) legato quodam cardinali et undecim praesulibus astantibus Bernwardus praesul Hildesheimensis, qui et heres Bodonis praepositi principalis Hildesheimensis ecclesiae, donationem dimidiae ecclesiae cum praedio in villa q. d. Holthusen a Bodone ecclesiae s. Michaelis oblatam affirmat.

L a u d . i n : *Charta depravata saec. XII (Janicke UB Hildesheim I 59 n. 63).* – R e g . : *Germ. Pont. V/2, 32 n. †39 et 67 n. †2 et 84 n. †4.*

De tempore cf. Germ. Pont. V/2 84 n. †4.

* 8788 **(1012–1022)**

Per praeceptum Ugoni (I) comiti et Gerardo seu Guidoni atque Teudicio sive Rodulpho et Henrigo germanis filiis Theoderici comitis ecclesiam s. Iustiniani in Falesia, ut habeant et detineant (et monasterium ibi aedificent), concedit.

L a u d . i n : *Charta fundationis ecclesiae s. Iutiniani a. 1022 (Muratori Antiquitates III 1075).* – R e g . : *Ital. Pont. III 273 n. *1; Böhmer/Zimmermann n. 1087.*

De tempore cf. Böhmer/Zimmermann n. 1087.

8789 **(1022 ex.)**

Benedictum (VIII) Petrus abbas Rodensis admonet de iis, quae pro monasterio suo praeterito anno effecta sint.

E d . : *Junyent i Subirà Dipl. Oliba 112.* – R e g . : *Böhmer/Zimmermann n. 1257.*

De tempore cf. Böhmer/Zimmermann n. 1257. Cf. et J[3] *8762 et J[3] 8763.

8790 **1022 dec.** **(Roma)**

JL 3792 Monasterii s. Petri Perusini possessiones confirmat petente Petro abbate (Scr. p. m. Litulfi not. reg. et scrin. S.R.E. in m. dec. et ind. suprascr. V). – *Convenit apostolico moderamini.*

E d . : *Zimmermann Papsturkunden II n. 542.* – R e g . : *Ital. Pont. IV 67 n. 7; Santifaller Beschreibstoffe 90 n. 11; Rabikauskas Kuriale 230; Böhmer/Zimmermann n. 1256.*

Laud. et in Conradi II (MGH DD K II n. 85) et in Heinrici III (MGH DD H III n. 179) et in Friderici I (MGH DD F I/2 n. 413) diplomatibus. Olim Benedicto VII attributum (a. 977 dec.). De tempore cf. Böhmer/Zimmermann n. 1256.

8791 **1023 ian.** **(Roma)**

JL *4053 et JL 4043α Monasterii s. Cucuphatis Octavianensis possessiones confirmat (Scr. p. m. Stephani proto s. scrin. S.R.E. in m. ian. et ind. nominata VI). – *Quoniam concedenda sunt.*

E d . : *Zimmermann Papsturkunden II n. 544.* – R e g . : *Böhmer/Zimmermann n. 1262.*

Laud. et in Urbani II (Kehr PUU Spanien I 284) et in Calixti II (JL 6814) privilegiis. Olim numeri duo ad 1012–1024 et ad 1023 ian. Cf. Böhmer/Zimmermann n. 1262.

8792 **(1023 in.)**

JL 4048 Stephano episcopo Arvernensi monasterium Cluniacense commendat. Iubet Tetardum et Girbertum, filios Stephani, qui alodum b. Petri subtraxerint, excommunicari. – *Vobis bene notum.*

E d . : *Zimmermann Papsturkunden II n. 543.* – R e g . : *Böhmer/Zimmermann n. 1261.*

Olim ad a. 1012–1024. De tempore cf. Böhmer/Zimmermann n. 1261.

8793 **(1021–1023) apr. 1** **Roma**

JL 4013 Omnibus episcopis per Burgundiam, Aquitaniam et Provinciam constitutis, Burchardo Lugdunensi, Burchardo Viennensi, Walterio Bisuntino et Walterio Augustodunensi archiepiscopis, Stephano Arvernensi, Fredeloni Anicensi, Gaufredo Cabilonensi, Lamberto Lingonensi, Gauslino Matisconensi, Wigoni Velentinensi, Harmanno Vivariensi episcopis, Pontio Arelatensi archiepiscopo, Aribaldo Uceticensi, Odulrico Trecensi, Geraldo Vapincensi, Petro Vasionensi, Eldeberto Avenionensi, Stephano Carpentoracensi, Almerado Reiensi episcopis significat, de iniuriis monasterio Cluniacensi illatis sibi „in presentia Deo devoti domni Rodberti regis Francorum" nuntiatum esse. Hortatur, ut invasores bonorum monasterii, nisi ablata ante festum b. Michaelis (sept. 29) restituerint, excommunicent (Dat. kal. apr.). – *Liquidum est Cluniacense.*

E d . : *Zimmermann Papsturkunden II n. 530.* – R e g . : *Hallinger Gorze-Kluny 555; Swinarski Herrschen mit Heiligen 439 n. 173; Gall. Pont. I 44 n. 19 et 345 n. 7; Böhmer/Zimmermann n. 1167 et n. 1229a; Gall. Pont. III/1, 122 n. 142; cf. propediem Gall. Pont. III/2, Valence et Gall. Pont. III/3, Viviers.*

Olim ad a. 1016 sept. 1. De tempore cf. Böhmer/Zimmermann n. 1167 et n. 1229a.

***† 8794** **(1023 post mai. 5)**

Gomponem decanum Cracoviensem ad instantiam Boleslai (I) regis (Pol. Pont. 189 n. *†31) Poloniae ecclesiae Cracoviensis archiepiscopum ordinat.

L a u d . i n : *Iohannis Dlugossii Cat. epp. Cracoviensium ad a. 1022 (MPH. N. S. 10/2, 139); eiusdem Ann. II (Dąbrowski 287); Cat. epp. Cracoviensium rec. Vislicensis (MPH N.S. 10/2, 286).* – R e g . : *Böhmer/Zimmermann n. †1263; Pol. Pont. 189 n. *†32.*

De tempore cf. Böhmer/Zimmermann n. †1263 et Pol. Pont. 189 n. *†32.

*** 8795** **(1023 ante iun.)** **Roma**

Ecclesiae Casinensi „de arcivo Lateranensis palatii" duo armaria ex argento facta mittit, quae nonnullas reliquias et particulam crucis continent; iubet, ut nihil e monasterio auferatur.

L a u d . i n : *Chron. mon. Casinensis III c. 29 (MGH SS 34, 400).* – R e g . : *Frolow Relique de la vraie croix 263 n. 197; Böhmer/Zimmermann n. 1264.*

8796 **1023 iun. 29 aut iul. 1** **(Roma)**

JL 4045 Monasterii Casinensis privilegia confirmat petente Theobaldo abbate (Scr. p. m. Stephani protoscrin. S.S.A. m. iun., ind. VI. Dat. kal. iul. p. m. Bosonis ep. s. Tiburtine eccl. et bibl. S.A.S. a. ab inc. D. 1023, pont. vero d. Benedicti VIII sedente a. XII, imp. vero d. Heinrici imp. Romanorum X, ind. VI, m. iun. d. XXIX). – *Si petita apostolica.*

E d . : *Zimmermann Papsturkunden II n. <545.* – R e g . : *Ital. Pont. VIII 133 n. 62; Böhmer/Zimmermann n. 1265.*

Laud. et in Chron. mon. Casinensis II c. 53 (MGH SS 34, 265). Olim ad a. 1023 iun. 29. De tempore cf. Böhmer/Zimmermann n. 1265. De fide cf. Zimmermann Papsturkunden II n. <545.

8797 **(1022 sept.–1023 aug.)**

JL 4046 Dominico, Paulo, Iohanni ceteris „qui sunt in massa Fiscalia et plebe sancti Vitalis" asserit „a presenti sexta indictione" „omnem ... antiquam consuetudinem, id est omnem donationem seu functionem publicam", ea lege, „ut singulis quibusve indictionibus pensionis nomine" dent S.R.E. „boum par unum vel solidos denariorum numero viginti, quales ibidem currunt, et in nativitate Domini spatulas de porcis numero sexaginta". – *Quotiens illa a.*

E d . : *Insertum in Honorii III privilegio (Potthast 6330; separatim ed. Zimmermann Papsturkunden II n. 540).* – R e g . : *Ital. Pont. V 115 n. 1; Böhmer/Zimmermann n. 1251.*

Olim ad a. (1023 a. iun.–dec.). De tempore cf. Böhmer/Zimmermann n. 1251.

* 8798 **(1023 dec. 24–26)** **Roma**

JL I 513 Piligrimo archiepiscopo Coloniensi – testante et aegre ferente Aribone archiepiscopo Maguntino – donis muneribusque commutatis pallii honorem non solum meliorat, sed quodammodo deaurat, augetque dignitatem sive duplicat festivitatem.

L a u d . i n : *Aribonis archiep. Maguntini epist. ad Cunigundam imperatricem directa (Jaffé Bibl. rer. Germ. 3, 361).* – R e g . : *Germ. Pont. VII 53 n. *132; Wisplinghoff Rhein. UB II n. 230; Böhmer/Zimmermann n. 1267.*

Olim ad a. 1023 dec. 25. De tempore cf. Böhmer/Zimmermann n. 1267.

* 8799 **(1012–1023)**

JL *4043 Arnulfo episcopo Halberstadensi terminos episcopatus atque pagos „Hardengowe, Derlingowe, Northuringen, Belkishem, Sueviam et Hasigowe ... et omnia que Lodewicus (Pius) imperator Halberstadensi ecclesiae concessit, auctoritate apostolici privilegii" confirmat.

L a u d . i n : *Gesta epp. Halberstadensium (MGH SS 23, 91).* – R e g . : *Lübke Reg. Slaven IV 112 n. 560; Böhmer/Zimmermann n. 1255; Germ. Pont. V/2, 217 n. *24.*

Olim ad a. 1012–1023. De tempore cf. Germ. Pont. V/2 217 n. *24.

† 8800 **(1012–1023)**

Gebhardo episcopo Ratisbonensi praedium eius Prüel ab abbate s. Emmerami acquisitum, quod in honore divi Benedicti aedificare desiderat, b. Petri patrocinio communit et possessiones confirmat. – *Devotionem tuam spectamus.*

E d . : *Zimmermann Papsturkunden II n. †466.* – R e g . : *Germ. Pont. I 300 n. †1; Böhmer/Zimmermann n. †1086.*

De tempore cf. Böhmer/Zimmermann n. †1086.

† 8801 **(1015–1023)**

Chartam monasterio s. Mariae Ebronensi concessam signo suo confirmat.

E d . : *Angot Le restaurateur 467; Zimmermann Papsturkunden II n. †493 (fragm.).* – R e g . : *Zimmermann Papsturkunden II n. †493; Böhmer/Zimmermann n. †1153.*

De tempore cf. Böhmer/Zimmermann n. †1153.

***† 8802** **(1023)**

Ariberto archiepiscopo Mediolanensi monasterium s. Vincentii, ut ex eius sanguine monasterium s. Dionysii construat, concedit eique reliquia Quirini, Nicomedis, Abundii martyrum donat.

L a u d . i n : *Galvanei della Fiamma Manipulus florum 137 (RIS 11, 614).* – R e g . : *Ital. Pont. VI/1, 45 n. †*86 et 100 n. †*1; Böhmer/Zimmermann n. †1260.*

De tempore cf. Böhmer/Zimmermann n. †1260.

* 8803 **(1023 iul.–dec.)**

Ariboni metropolitano Maguntino „ornatus primos dignitatis" (i. e. honorem pallii) interdicit „ex delatione anathematizatae Immae“ (de Hammerstein).

L a u d . i n : *J³ 8829; Aribonis epist. ad Cunigundam reginam (Jaffé Bibl. rer. Germ. 3, 360) et ad Meginhardum ep. Herbipolensem (Jaffé Bibl. rer. Germ. 3, 358; Stimming Mainzer UB I 169) directae.* – R e g . : *Germ. Pont. IV 87 n. *103; Böhmer/Zimmermann n. 1266.*

De tempore cf. Böhmer/Zimmermann n. 1266.

***† 8804** **(1023 dec. ex.)** **(Roma)**

JL *4044 Fratribus s. Maximini Treverensis privilegium dat, quo eis sedem apostolicam appellandi liberam facultatem tribuit.

L a u d . i n : *Heinrici II diplomata (MGH DD H II n. 500 et n. 502).* – R e g . : *Böhmer/Graff n. 2051 et n. 2053; Germ. Pont. X 204 n. †*10; Böhmer/Zimmermann n. †1268.*

Olim ad a. 1023. De tempore cf. Böhmer/Zimmermann n. †1268.

8805 **1024 febr. 8**

JL 4057 Richardo abbati Fuldensi et eius successoribus monasterium s. Andreae (Romanum), „situm ... iuxta ecclesiam sanctae ... Marie ... a presepe“, donat (Dat. VI id. febr. p. m. Pilgrimi Coloniensis archiep. et bibl. S.S.A., qui vicem Benedicto commisit ep., a. Deo prop. pont. d. Benedicti summi pont. et univ. VIII pp. XII, imp. vero d. Heinrici II imp. aug. X, ind. VII). – *Convenit apostolico moderamini.*

E d . : *Zimmermann Papsturkunden II n. 546; Meyer zu Ermgassen Codex Eberhardi I 52.* – R e g . : *Germ. Pont. IV 377 n. 61; Böhmer/Zimmermann n. 1270.*

*** 8806** **(1024 in.)**

A (Benedicto VIII) Arnulfus archiepiscopus Turonensis frustra pallium petit.

L a u d . i n : *Fulberti Carnotensis epist. ad Arnulfum archiep. directa (Behrends The Letters and Poems of Fulbert of Chartres 160).* – R e g . : *Böhmer/Zimmermann n. 1269.*

De tempore cf. Böhmer/Zimmermann n. 1269.

8807 **1024 mart. 7** **(Roma)**

JL 4058 Humfrido archiepiscopo Magdeburgensi pallii usum dat et ecclesiae eius privilegia corroborat (Dat. non. mart. p. m. Benedicti ep. Portuensis vice Peregrini archiep. Coloniensis et bibl. S.A.S. a. Deo prop. pont. d. Benedicti ss. VIII pp. sedente XII, imp. d. Heinrico, in m. mart. et ind. VII). – *Ad apostolatum nostrum.*

E d . : *Zimmermann Papsturkunden II n. 547.* – R e g . : *Germ. Pont. VII 54 n. 134; Böhmer/Zimmermann n. 1271.*

8808 **1024 mart. (7)** **(Roma)**

JL 4059 Monasterii s. Mariae Nienburgensis possessiones et privilegia confirmat (Scr. p. m. Stephani scrin. not. S.R.E. in m. mart., ind. VIII, a. XXII d. Heinrici imp.). – *Credite speculationis impellimur.*

E d . : *Zimmermann Papsturkunden II n. 548.* – R e g . : *Lübke Reg. Slaven IV 118 n. 567 a; Böhmer/Zimmermann n. 1272.*

Cf. J³ *8734.

† 8809 **(1024) mart. 16–21** **Roma**

JL 4056 Monasterii b. Vedasti possessiones, petente Leduino abbate, confirmat, in his locum Hasprensem, ab abbate Theoderico et fratribus Gemeticensibus cum consensu Richardi Normanorum comitis, Roberti archiepiscopi Rotomagensis et Balduini Flandrorum marchionis, pro villa Angilcurt commutatum (Scr. p. m. Stephani not. et primi scrin. S.R.E. in m. mart. et in d. eius m. XVI. Dat. XII kal. apr. p. m. Petri Hostiensis ep. et bibl. A.S. temp. d. Benedicti pp., imp. d. Heinrico imp. a. XII, currente IV ind.). – *Debita exigit ratio.*

E d . : *Zimmermann Papsturkunden II n. †549.* – R e g . : *Böhmer/Zimmermann n. †1273.*

Olim ad a. 1022–1024 mart. 22. De tempore cf. Böhmer/Zimmermann n. †1273.

***8810** **(1012–1024)**

Duas petias vinearum iuxta vineas monasterii Cryptoferratensis positas confert.

L a u d . i n : *Paschalis II privilegium spurium (Ital. Pont. II 43 n. †7).* – R e g . : *Ital. Pont. II 42 n. *1; Böhmer/Zimmermann n. 1079.*

De fide cf. Böhmer/Zimmermann n. 1079 et Ital. Pont. II 42 n. *1.

***8811** **(1012–1024)**

Patrimonia b. Petri in comitatu Lucano, Cornino, Rosellano et Pisano locat.

L a u d . i n : *Lib. censuum LXXI c. 10 (Fabre/Duchesne I 347).* – C a n . : *Deusdedit Coll. can. III c. 192.* – R e g . : *Böhmer/Zimmermann n. 1080; Ital. Pont. III 262 n. *2 et 276 n. *1 et 485 n. *1; cf. Ital. Pont. III 367.*

***8812** **(1012–1024)**

Possessiones monasterii s. Petri in Massa montis Neronis confirmat.

L a u d . i n : *Innocentii II privilegium (Ital. Pont. IV 225 n. 4); Clementis III privilegium (JL 16366; Böhmer/Schmidt n. 510).* – R e g . : *Ital. Pont. IV 225 n. *1; Böhmer/Zimmermann n. 1081.*

***8813** **(1012–1024)**

Monasterio s. Basoli (apud Verzy) privilegium concedit.

L a u d . i n : *Urbani II privilegium (JL 5672).* – R e g . : *Böhmer/Zimmermann n. 1083.*

†8814 **(1012–1024)**

Monasterium s. Medardi (Suessionensem) tuendum suscipit eiusque privilegia confirmat. – *Tibi autem et.*

E d . : *Lohrmann PUU Frankreich NF VII 237 n. 7 (fragm.).* – R e g . : *Zimmermann Papsturkunden II n. †465; Böhmer/Zimmermann n. †1084.*

Laud. et in Alexandri III privilegio (Ramackers PUU Frankreich NF IV 309 n. 167).

***†8815** **(1012–1024)**

Regionis „ultra Salam, Albiam et Oderam" episcopos, inter quos et illos de Gnezen, Poztnin, Craco, Vuartizlau, in Masouia (i. e. Plocensem), Cruciwiz et Lodilaensem, in Lubus, Stetin et de Pomerana, Magdeburgensi ecclesiae iure metropolitano subiacere confirmat.

L a u d . i n : *Innocentii II privilegium (JL 7629).* – R e g . : *Pol. Pont. 49 n. *†6 et 70 n. *†5 et 87 n. *†6 et 110 n. *†4 et 130 n. *†2 et 141 n. *†2 et 154 n. *†2 et 167 n. *†4.*

***8816** **(1013–1024)**

Unwano archiepiscopo Hamburgensi privilegium largitur (eodem tenore ac J^3 8183).

L a u d . i n : *Clementis II privilegium (JL 4146; Böhmer/Frech n. 370).* – R e g . : *Germ. Pont. VI 53 n. *69; Germ. Pont. V/2, 32 n. *40 et 217 n. *25.*

***8817** **(1013–1024)** **Roma**

Rogatu Theodelini abbatis Burguliensis et Malleacensis ambobus monasteriis privilegia confirmat.

L a u d . i n : *Chartularium Burguliense saec. XVIII (Ramackers PUU Frankreich NF V 368 not. 3).* – R e g . : *Böhmer/Zimmermann n. 1109.*

***8818** **(1014–1024)**

Amicitia inter Benedictum (VIII) papam et Odilonem abbatem Cluniacensem confirmatur.

L a u d . i n : *Iotsaldi Cluniacensis Vita Odilonis I c. 6 et II c. 14 (MGH SS 15/2, 813 et 817); Petri Damiani Vita Odilonis (Migne PL 144, 937).* – R e g . : *Böhmer/Zimmermann n. 1141.*

* 8819 **(1016–1024)**

Monasterio s. Benedicti Salernitano privilegium apostolicae protectionis concedit.

L a u d . i n : *Innocentii II privilegium (Ital. Pont. VIII 366 n. 7).* – R e g . : *Ital. Pont. VIII 365 n. *3; Böhmer/Zimmermann n. 1172.*

De tempore cf. Böhmer/Zimmermann n. 1172.

* 8820 **(1017–1024)** **Roma**

Simeonem eremitam Padilironensem 'sanctificat'.

L a u d . i n : *J³ 8821; Sicardi Cremonensis Chron. ad a. 1001 (MGH SS 31, 160); Alberti Milioli Lib. de temp. 139 (MGH SS 31, 424 [Benedicto VI adscriptum]).* – R e g . : *Böhmer/Zimmermann n. 1179.*

8821 **(1017–1024)** **(Roma)**

JL 4055 Bonifatio marchioni (Canusino) concedit, ut „in honore Symeonis (monachi Padilironensis) nuper sanctificati" ecclesiam condat. – *Requisitis iuditium nostrum.*

E d . : *Zimmermann Papsturkunden II n. 506; Cod. dipl. Polironiano 110 n. 19.* – R e g . : *Ital. Pont. V 387 n. 2; Ital. Pont. VII/1, 328 n. 1; Böhmer/Zimmermann n. 1180.*

Cf. J³ *8820.

* 8822 **(1017–1024)**

Bonifatio marchioni Canusino possessiones, quae iam avo et patri traditae sint, confirmat.

L a u d . i n : *Paulini Minoritae Speculum 218 (Muratori Antiquitates IV 955).* – R e g . : *Böhmer/Zimmermann n. 1181.*

De tempore cf. Böhmer/Zimmermann n. 1181.

*† 8823 **(1018–1024)**

Rogatu Stephani (I) regis Hungariae capitulo Albae Regiae privilegia concedit; constituit ei, qui rationali vestimento capitulo a rege donato indutus sit, reges Hungaricos ungere, coronare et gladio cingere licet.

L a u d . i n : *Chron. Hungarici compositio 66 (SS rer. Hung. 1, 316); Heinrici de Mügeln Chron. 19 (SS rer. Hung. 2, 150).* – R e g . : *Györffy Dipl. Hung. I 93 n. 15; Böhmer/Zimmermann n. †1085 et n. †1200a.*

De tempore cf. Böhmer/Zimmermann n. 1200a.

* 8824 **(1023–1024)** **Roma, S. Pietro**

Monasterium s. Pardulfi in Arnaco a Guidone (de Turribus) restitutum et monasterio s. Martialis Lemovicensi donatum confirmat.

L a u d . i n : *Guidonis de Turribus charta (Sohn Abbatiat Ademars 327); Gaufridi de Bruil Chron. c. 4 (Labbe Nova bibl. II 281).* – R e g . : *Becquet Bullaire du Limousin 118 n. 10; Böhmer/Zimmermann n. 1258.*

De tempore cf. Böhmer/Zimmermann n. 1258.

* 8825 **(1023–1024)**

Chartam Guillelmi ducis Asteriacensis signo suo confirmat, in qua Pessano monasterio eiusque abbati Fortoni ecclesia Simoritana traditur.

L a u d . i n : *Guillelmi comitis charta (Gall. Christ. I Instr. 167).* – R e g . : *Böhmer/Zimmermann n. 1259.*

*8826 **(ante 1024 vel 1024 vere)**

Monasterium s. Mariae et s. Martini in insula Gallinaria tuendum suscipit et ab aliena iurisdictione eximit.

Laud. in: *Benedicti IX privilegium (JL -; Böhmer/Frech n. 256).* – Reg.: *Böhmer/Zimmermann n. 1082 et n. 1275a.*

Fieri potest ut Benedictus VIII moriebatur antequam hoc privilegium datum esse poterat, cf. Böhmer/Zimmermann n. 1082 et n. 1275a.

†8827 **(1024 vere)**

Benedicto (VIII) Iordanus episcopus Lemovicensis nuntiat de legenda confessoris Martialis et de decretis, quae in synodo quadam Aquitaniae celebrata contra apostolatum Martialis editae sunt.

Ed.: *Font-Réaulx Cartulaire 89.* – Reg.: *Pontal Conciles 110; Böhmer/Zimmermann n. †1274.*

*8828 **1024 (apr. 9)** **Roma**

JL I 514 Romae moritur et in ecclesia b. Petri sepeliri videtur.

Laud. in: *Ann. necr. Fuldenses ad a. 1024 (MGH SS 13, 211); Ann. Sangallenses maiores ad a. 1024 (Henking 308); Ann. Wirziburgenses ad a. 1024 (MGH SS 2, 243); Ann. Augustani ad a. 1024 (MGH SS 3, 125); Ann. Altahenses ad a. 1024 (MGH SS rer. Germ. 4, 18); Ann. Corbeienses ad a. 1024 (Prinz 124); Ann. s. Blasii ad a. 1024 (MGH SS 17, 276); Ann. s. Trudperti ad a. 1024 (MGH SS 17, 289); Ann. Uticenses ad a. 1024 (MGH SS 26, 498); Ann. Rotomagenses ad a. 1024 (MGH SS 26, 498); Ann. Gemmeticenses ad a. 1024 (Laporte 55); Ann. Posonienses ad a. 1024 (SS Rer. Hung. 1, 125); Chron. Suevicum univ. ad a. 1024 (MGH SS 13, 70); Ademari Cabannensis Chron. III c. 62 (Landes 182); Mariani Scotti Chron. ad a. 1046 (MGH SS 5, 556); Benonis Scripta II c. 5 (MGH Ldl 2, 377); Chron. regia Coloniensis ad a. 1024 (MGH SS rer. Germ. 18, 34).* – Reg.: *Böhmer/Zimmermann n. 1276.*

Olim ad a. 1024 iun. (11). De tempore cf. Böhmer/Zimmermann n. 1276.

8829 **(1024 in. aut post mai. 13)**

Benedicto VIII apostolicae sedis capiti Burchardus Wormatiensis, Udalricus Curiensis, Werinharius Argentinensis, Eberhardus Bambergensis, Walterus Spirensis, Wiggerus Verdensis, Meginhardus Herbipolensis (Wirzeburgensis), Heimo Constantiensis, Godehardus Hildesheimensis, Heribertus Eichstettensis, Brantho Halberstadensis et Hizzo Pragensis episcopi suffraganei metropolis Maguntinae discere cupiunt, utrum Aribo metropolitanus propter anathematizatam (Irmingardam de Hammerstein) dignitatis aliquantulum perdiderit an non; rogant, ut Ariboni denuo dilectionis suae munus impendat.

Ed.: *Jaffé Bibl. rer. Germ. 3, 362; Friedrich Cod. dipl. Bohemiae I 49.* – Reg.: *Germ. Pont. II/1, 4 n. 4; Germ. Pont. II/2, 125 n. 7; Germ. Pont. III 10 n. 13 et 93 n. 7 et 147 n. 5 et 178 n. 8 et 251 n. 8; Germ. Pont. IV 87 n. 104; Böhmer/Zimmermann n. 1275; Germ. Pont. V/1, 208 n. 13; Germ. Pont. V/2, 217 n. 26; Boh. Pont. 76 n. 15.*

Cf. J^3 *8803.

*†8830 **1036** **(Roma)**

Leonardum, natione Italum, decanum Smogorzoviensem (al. Wratislaviensem) et ecclesiae eiusdem electum episcopum confirmat.

Laud. in: *Iohannis Dlugossii Ann. seu Chron. Poloniae II ad a. 1036 (Dąbrowski I 316); eiusdem Cat. epp. Wratislaviensium (Opera I 446).* – Reg.: *Böhmer/Frech n. †188; Pol. Pont. 191 n. *†40.*

De tempore cf. Böhmer/Frech n. †188 et Pol. Pont. 191 n. *†40.

*†8831 **(1037)** **(Roma)**

Petitionibus Poloniae senatus (Pol. Pont. 191 n. *†41) commotus Benedictum

Neapolitanum de ecclesia Posnaniensi iam biennium vacante providet.

L a u d . i n : *Iohannis Dlugossii Ann. seu Chron. Poloniae II ad a. 1035 (Dąbrowski I 313); eiusdem Cat. epp. Posnaniensium (Opera I 484).* – R e g . : *Böhmer/Frech n. †198; Pol. Pont. 192 n. *†42.*

De tempore cf. Böhmer/Frech n. †198 et Pol. Pont. 192 n. *†42.

*† 8832 **(1041) (Roma)**

Leonardo episcopo Smogorzoviensi (al. Wratislaviensi) sedem episcopalem in oppidum Ryczinense transferri permittit.

L a u d . i n : *Iohannis Dlugossii Ann. lib. III (Dąbrowski II 65); Cat. epp. Wratislaviensium (Opera I 446).* – R e g . : *Böhmer/Frech n. †236; Pol. Pont. 192 n. *†44.*

De tempore cf. Böhmer/Frech n. †236 et Pol. Pont. 192 n. *†44.

*† 8833 **(1042) (Roma)**

Kasimiro rege instante (Pol. Pont. 192 n. *†45) Paschali, nobili genere, natione Italo Tusco (alias Hetrusco), canonico Plocensi, per electionem canonicam in episcopum electo de episcopatu Plocensi providet.

L a u d . i n : *Iohannis Dlugossii Ann. seu Chron. Poloniae III ad a. 1041 (Annales II 39); eiusdem Vitae epp. Plocensium abbrev. (MPH 6, 600).* – R e g . : *Böhmer/Frech n. †235; Pol. Pont. 192 n. *†46.*

De tempore cf. Böhmer/Frech n. †235 et Pol. Pont. 192 n. *†46.

INDEX INITIORUM

CONCORDANTIA SIGLORUM EDITIONUM SECUNDAE ET TERTIAE

JE 2586–3386 et JL *3387–4059 (addito JE †2122α; *2137α; 2535; JL 4104; 4120; †4916a)

JE †2122α	J^3 5556
JE *2137α	J^3 *†5328
JE 2535	J^3 5561
JE 2586	J^3 5285
JE †2587	J^3 †5292
JE †2588	J^3 †5304
JE *2589	J^3 *5300
JE *2590	J^3 *5301
JE *2591	J^3 *5303
JE 2592	J^3 5317
JE *2593	J^3 *5314
	et J^3 *5316
JE *2593α	J^3 *†5329
JE †2594	J^3 5323
JE †2595	J^3 †5327
JE *2596	J^3 *5357
JE †2597	J^3 †5396
JE *2598	J^3 *5363
JE 2599	J^3 5388
JE 2600	J^3 5423
JE *2601	J^3 *5549
JE 2602	J^3 5403
JE 2603	J^3 5417
JE *2603α	J^3 *5407
	et J^3 5408
JE 2604	J^3 5550
JE 2605	J^3 5542
JE 2606	J^3 5413
JE 2607	J^3 ?5435
JE 2608	J^3 ?5436
JE 2609	J^3 5424
JE 2610	J^3 5469
JE 2611	J^3 5552
JE 2612	J^3 5553
JE 2613	J^3 5426
JE 2614	J^3 5509
JE 2615	J^3 ?5434
JE 2616	J^3 5437
JE *2617	J^3 *5495
JE 2618	J^3 †5587
JE 2619	J^3 5586
JE 2620	J^3 5508
JE 2621	J^3 5594
JE 2622	J^3 5559
JE 2623	J^3 5589
JE 2624	J^3 5560
JE 2625	J^3 5557
JE 2626	J^3 5470
JE 2627	J^3 5471
JE 2628	J^3 5472
JE 2629	J^3 5537
JE 2630	J^3 5591
JE 2631	J^3 5483
JE 2632	J^3 5487
JE 2633	J^3 5475
JE 2634	Leoni III
	attribuendum
JE 2635	J^3 5481
JE 2636	J^3 5502
JE 2637	J^3 5547
JE 2638	J^3 5473
	et J^3 5474
JE 2639	J^3 5511
JE 2640	J^3 5536
JE 2641	J^3 5558
JE 2642	J^3 5464
JE 2643	J^3 5595
JE 2644	J^3 5507
JE 2645	J^3 †5514
JE 2646	J^3 ?5592
JE 2647	J^3 5505
JE 2648	J^3 5554
JE 2649	J^3 5555
JE 2650	J^3 5556
JE 2651	J^3 5590
JE 2652	J^3 5482
JE 2653	J^3 5516
JE *2654	J^3 *5538
JE 2655	J^3 5468
JE *2656	J^3 *5512
JE 2657	J^3 †5577
JE 2658	J^3 5872
JE 2659	J^3 †5579
JE *2659α	J^3 *5569
JE †2660	J^3 †5576
JE *2661	J^3 *5538
JE *2662	J^3 *5612
JE 2663	J^3 5630
JE 2664	J^3 5631
JE †2665	J^3 †5644
JE 2666	J^3 5647
JE *2667	J^3 *5690
JE 2668	J^3 5650
JE 2669	J^3 5653
JE 2670	J^3 †5667
JE *2671	J^3 *5689
JE 2671α	J^3 5660
JE 2671β	J^3 5659
JE 2671γ	J^3 *5691
JE 2672	J^3 5658
JE *2673	J^3 *5655
JE 2674	J^3 5701
JE *2675	J^3 †6124
JE 2676	J^3 5705
JE †2677	J^3 †6066
JE †2678	J^3 †6108
JE *2679	J^3 *5713
JE *2680	J^3 *5718
JE 2681	J^3 5723
JE 2682	J^3 5729
JE 2683	J^3 5730
JE 2684	J^3 5731
JE 2685	J^3 5732
JE †2686	J^3 †5744
JE *2687	J^3 *5736
JE 2688	J^3 5763
JE *2689	J^3 *5739
JE 2690	J^3 5771
JE 2691	J^3 5769
JE 2692	J^3 5768
JE 2693	J^3 †5764
JE *2694	J^3 *5746
JE *2695	J^3 *5740
JE *2696	J^3 *5756
JE 2697	J^3 5767
JE 2698	J^3 5790
JE 2699	J^3 5789
JE *2700	J^3 *5783
JE 2701	J^3 5787

JE 2702	J^{3} 5788
JE 2703	J^{3} 5791
JE 2704	J^{3} 5792
JE 2705	J^{3} 5795
JE 2706	J^{3} 5836
JE *2707	J^{3} ?5812
JE 2708	J^{3} 6043
JE †2709	J^{3} 5850
JE †2710	J^{3} 5848
JE †2711	J^{3} 5849
JE 2712	J^{3} 5806
JE 2713	J^{3} 5807
JE †2714	J^{3} †5810
JE 2715	vacat in
	ed. secunda
JE 2716	J^{3} 5820
JE 2717	J^{3} 5821
JE 2718	J^{3} 5822
JE 2719	J^{3} †5832
JE 2720	J^{3} 5823
JE 2721	J^{3} 5826
JE 2722	J^{3} 5824
JE 2723	J^{3} 5825
JE 2724	vacat in
	ed. secunda
JE 2725	J^{3} 5837
JE 2726	J^{3} 5838
JE 2727	J^{3} 5827
JE 2728	J^{3} 5828
JE 2729	J^{3} 5841
JE 2730	J^{3} 5830
JE 2731	J^{3} 5831
JE 2732	J^{3} 5829
JE 2733	J^{3} †5933
JE *2734	J^{3} *5845
JE 2735	J^{3} ?5932
JE 2736	J^{3} 6031
JE 2737	J^{3} 5877
JE 2738	J^{3} 5878
JE 2739	J^{3} 5879
JE *2740	J^{3} 5875
JE *2741	J^{3} *5864
JE 2742	J^{3} 5858
JE 2743	J^{3} 5860
JE 2744	J^{3} 5861
JE 2745	J^{3} 5862
JE 2746	J^{3} 5863
JE 2747	J^{3} 5857
JE 2748	J^{3} 5868
JE 2749	J^{3} 5869
JE 2750	J^{3} 5870
JE 2751	J^{3} 5871
JE 2752	J^{3} 5882
JE 2753	J^{3} 5883
JE *2754	J^{3} *5925
JE 2755	J^{3} 5890
JE 2756	J^{3} 5901
JE 2757	J^{3} 5898
JE 2758	J^{3} 5904
JE 2759	J^{3} 5902
JE †2760	J^{3} †5903
JE 2761	J^{3} 5907
JE *2762	J^{3} *6006
JE 2763	J^{3} 5912
JE 2764	J^{3} 5922
JE 2765	J^{3} 5923
JE 2766	J^{3} 5896
JE 2767	J^{3} 5920
JE 2768	J^{3} 5935
JE *2769	J^{3} *5936
JE *2770	J^{3} *5936
JE *2771	J^{3} *5934
JE 2772	J^{3} 5927
JE 2773	J^{3} 5947
JE 2774	J^{3} 5949
JE *2775	J^{3} *5953
	et J^{3} *5954
JE 2776	J^{3} 5950
JE 2777	J^{3} 5951
JE 2778	J^{3} 5952
JE *2779	J^{3} 5947
JE 2780	J^{3} 5968
JE 2781	J^{3} 5939
JE 2782	J^{3} 5942
JE 2783	J^{3} 5958
JE 2784	J^{3} 5959
JE 2785	J^{3} 5960
JE 2786	J^{3} 5961
JE 2787	J^{3} 5962
JE 2788	J^{3} 5964
JE 2789	J^{3} 5967
JE 2790	J^{3} 5969
JE 2791	J^{3} 5957
	et J^{3} 5973
JE 2792	vacat in
	ed. secunda
JE *2793	J^{3} *5955
JE *2794	J^{3} *5956
JE *2795	J^{3} *5974
JE 2796	J^{3} 5980
JE 2797	J^{3} 5987
JE 2798	J^{3} 5989
JE 2799	J^{3} 5970
JE 2800	J^{3} 5988
JE 2801	vacat in
	ed. secunda
JE 2802	J^{3} 5995
JE 2803	J^{3} 5996
JE 2804	J^{3} 5997
JE *2805	J^{3} *5998
JE 2805α	J^{3} 5999
JE 2806	J^{3} 6002
JE 2807	J^{3} 5993
JE 2808	J^{3} 6004
JE 2809	J^{3} 6035
JE 2810	J^{3} 6036
JE 2811	J^{3} 6011
JE 2812	J^{3} 6021
JE 2813	J^{3} 6022
JE 2814	J^{3} 6024
JE 2815	J^{3} 6025
JE 2816	J^{3} 6026
JE 2817	J^{3} 6027
JE 2818	J^{3} 6028
JE 2819	J^{3} 6023
JE 2820	J^{3} 6029
JE 2821	J^{3} 6030
JE 2822	J^{3} 6040
JE 2823	J^{3} 6041
JE 2824	J^{3} 6039
JE 2825	J^{3} 6042
JE 2826	J^{3} 6053
JE 2827	J^{3} 6046
JE *2828	J^{3} *6045
JE †*2829	J^{3} *6058
JE *2830	J^{3} *5844
JE 2831	J^{3} 5843
JE 2832	J^{3} 6083
JE 2833	J^{3} 5881
JE 2834	J^{3} 6090
JE 2835	J^{3} 6086
JE 2836	J^{3} 6126
JE 2837	J^{3} 6093
JE 2838	J^{3} 5876
JE 2839	J^{3} 6092
JE 2840	J^{3} 6091
JE 2841	J^{3} 6084
JE 2842	J^{3} 5714
JE 2843	J^{3} 6085
JE 2844	J^{3} 6117
JE 2845	cf. J^{3} 6117
JE 2846	J^{3} 5908
JE 2847	J^{3} 5909
JE 2848	J^{3} 5809
JE 2849	J^{3} 6088
JE 2850	J^{3} 6089
JE 2851	J^{3} 6094
JE 2852	J^{3} 6095
JE 2853	J^{3} 6096
JE 2854	J^{3} 6087
JE 2855	J^{3} 5905
JE *2856	J^{3} *5977
JE *2856α	J^{3} *6103
JE 2856β	J^{3} †6124
JE 2856γ	J^{3} 7255
JE 2856δ	J^{3} ?6109
JE †2857	J^{3} ?6111
JE †2858	J^{3} †5895
JE 2859	J^{3} †6107
JE 2860	cf. J^{3} †6107
JE †2861	J^{3} †6113
JE †2862	J^{3} †6112
JE †2863	J^{3} ?6110
JE 2864	J^{3} 6118
JE 2865	J^{3} 6121
JE 2866	J^{3} 6119
JE 2867	J^{3} 5735

JE 2868	J^3 6123
JE †2869	J^3 ?6127
JE 2870	J^3 6054
JE 2871	J^3 6056
JE 2872	J^3 6057
JE 2873	J^3 6055
JE 2874	J^3 6059
JE *2875	J^3 *6047
JE 2876	J^3 6062
JE †2877	J^3 6062
JE 2878	J^3 6072
JE 2879	J^3 6073
JE *2880	J^3 *6077
JE *2881	J^3 *6075
JE 2882	J^3 6076
JE 2883	J^3 6078
JE 2884	J^3 6079
JE 2885	J^3 6080
JE 2886	J^3 6081
JE *2887	J^3 *6136
JE *2888	J^3 *6137
JE *2889	J^3 *6173
JE *2890	J^3 *6174
JE 2891	cf. J^3 *6174
JE 2892	J^3 6186
JE 2893	J^3 6171
JE 2894	J^3 6158
JE 2895	J^3 6160
JE *2896	J^3 *6162
JE 2897	J^3 6159
JE 2898	J^3 6161
JE *2899	J^3 *6163
JE *2900	J^3 *6164
JE *2901	J^3 *6165
JE 2902	J^3 6168
JE 2903	J^3 6169
JE 2904	J^3 6170
JE 2905	J^3 6178
JE 2906	J^3 6179
JE 2907	J^3 6184
JE 2908	J^3 6188
JE 2909	J^3 6189
JE 2910	J^3 6214
JE 2911	J^3 6215
JE 2912	J^3 6190
JE 2913	J^3 6196
JE 2914	J^3 6197
JE *2915	J^3 *6199
JE *2916	J^3 *6210
	et J^3 *6211
	et J^3 *6212
	et J^3 *6213
JE 2917	J^3 6222
JE 2918	J^3 6223
JE 2919	J^3 6226
JE *2920	J^3 *6225
JE 2921	J^3 6227
JE *2922	J^3 *6233
JE *2923	J^3 *6234
JE 2924	J^3 ?6232
JE *2925	J^3 *6219
JE 2926	J^3 6247
JE 2927	J^3 6248
JE 2928	J^3 6249
JE 2929	J^3 6250
JE 2930	J^3 6251
JE 2931	J^3 6252
JE 2932	J^3 6253
JE *2933	J^3 *6267
JE *2934	J^3 *6274
JE 2935	J^3 6272
JE 2936	J^3 6275
JE *2937	J^3 *6277
JE 2938	J^3 6276
JE *2939	J^3 *6288
JE 2940	J^3 6281
JE 2941	J^3 6282
JE 2942	J^3 6283
JE 2943	J^3 6294
JE 2944	J^3 6330
JE 2945	J^3 6296
JE 2946	J^3 6297
JE 2946α	cf. J^3 6297
JE †2947	J^3 6315
JE 2948	Hadriano IV attribuendum
JE 2949	J^3 †4618 (vol. 2)
JE †2950	J^3 †6301
JE 2951	J^3 6313
JE 2952	J^3 6317
JE †2953	J^3 †6295
JE 2954	J^3 6343
JE 2955	J^3 6401
JE *2956	J^3 *7038
JE *2957	J^3 *7036
JE 2958	J^3 7019
JE 2959	J^3 6376
JE 2960	J^3 6386
JE 2961	J^3 6367
JE 2962	J^3 6369
JE 2963	J^3 6368
JE 2964	J^3 6370
JE 2965	J^3 6405
JE 2966	J^3 6375
JE 2967	J^3 6450
JE 2968	J^3 7023
JE 2969	J^3 6351
JE 2970	J^3 6346
JE 2971	J^3 6347
JE 2972	J^3 6352
JE 2973	J^3 6354
JE 2974	J^3 6353
JE 2975	J^3 6348
JE 2976	J^3 6345
JE 2977	J^3 6349
JE *2978	J^3 *6355
JE 2979	J^3 6350
JE 2980	J^3 6359
JE 2981	J^3 6374
JE 2982	J^3 6360
JE 2983	J^3 7022
JE 2984	J^3 7020
JE 2985	J^3 7025
JE 2986	J^3 6365
JE 2987	J^3 †6336
JE 2988	J^3 6385
JE 2989	J^3 6378
JE 2990	J^3 6457
JE 2991	J^3 6381
JE 2992	J^3 7021
JE 2993	J^3 6377
JE 2994	J^3 6402
JE 2995	J^3 6394
JE 2996	J^3 6422
JE 2997	J^3 6423
JE 2998	J^3 6424
JE 2999	J^3 6425
JE 3000	J^3 6406
JE 3001	J^3 6740
JE 3002	J^3 6741
JE 3003	J^3 †7046
JE 3004	J^3 7051
JE 3005	J^3 6403
JE 3006	J^3 6382
JE 3007	J^3 6380
JE 3008	J^3 6391
JE 3009	J^3 6421
JE 3010	J^3 7024
JE 3011	J^3 6404
JE 3012	J^3 6389
JE 3013	J^3 6388
JE 3014	J^3 6397
JE 3015	J^3 6407
JE 3016	J^3 6399
JE 3017	J^3 6409
JE *3018	J^3 *6411
JE 3019	J^3 6410
JE 3020	J^3 6412
JE 3021	J^3 6414
	et J^3 *6415
JE 3022	J^3 6417
JE 3023	J^3 7018
JE 3024	J^3 ?7047
JE 3025	J^3 ?7044
JE 3026	J^3 ?7045
JE 3027	J^3 7027
JE 3028	J^3 6420
JE 3029	J^3 6452
JE 3030	J^3 7016
JE 3031	J^3 7017
JE 3032	J^3 6428
JE 3033	J^3 6429
JE 3034	J^3 6431
JE 3035	J^3 †6998
JE 3036	J^3 †7015
JE 3037	J^3 6433

JE 3038	J^{3} 6434
JE 3039	J^{3} 6435
JE 3040	J^{3} 6436
JE 3041	J^{3} 6448
JE *3042	J^{3} *6449
JE 3043	J^{3} 6459
JE 3044	J^{3} 6458
JE 3045	J^{3} 6463
JE 3046	J^{3} 6460
JE 3047	J^{3} 6461
JE 3048	J^{3} 6464
JE 3049	J^{3} 6476
JE 3050	J^{3} 6469
JE 3051	J^{3} 6468
JE 3052	J^{3} 6466
JE 3053	J^{3} ?6467
JE 3054	J^{3} 6471
JE 3055	J^{3} 6470
JE 3056	J^{3} 6478
JE 3057	J^{3} 6479
JE 3058	J^{3} 6480
JE 3059	J^{3} 6500
JE 3060	J^{3} 6481
JE 3061	J^{3} 6482
JE 3062	J^{3} 6483
JE 3063	J^{3} 6485
JE 3064	J^{3} 6486
JE 3065	J^{3} 6487
JE 3066	J^{3} 6489
JE 3067	J^{3} 6490
JE 3068	J^{3} 6495
JE 3069	J^{3} 6493
JE 3070	J^{3} 6494
JE 3071	J^{3} 6492
JE 3072	J^{3} 6496
JE 3073	J^{3} 6497
JE 3074	J^{3} 6498
JE 3075	J^{3} 6499
JE 3076	J^{3} 6502
JE 3077	J^{3} 6503
JE 3078	J^{3} 6504
JE 3079	J^{3} 6505
JE 3080	J^{3} 6507
JE 3081	J^{3} 6488
JE 3082	J^{3} 6512
JE 3083	J^{3} 6477
JE 3084	J^{3} 6513
JE 3085	J^{3} 6514
JE 3086	J^{3} 6515
JE 3087	J^{3} 6520
JE 3088	J^{3} 6521
JE 3089	J^{3} 6522
JE 3090	J^{3} 6523
JE 3091	J^{3} 6525
JE 3092	J^{3} 6524
JE 3093	J^{3} 6536
JE 3094	J^{3} 6534
JE 3095	J^{3} 6530
JE 3096	J^{3} 6531
JE 3097	J^{3} 6532
JE 3098	J^{3} 6535
JE 3098a	J^{3} 6537
JE 3099	J^{3} 6543
JE 3100	J^{3} 6539
JE 3101	J^{3} 6540
JE 3102	J^{3} 6544
JE 3103	J^{3} 6538
JE 3104	J^{3} 6541
JE 3105	J^{3} 6542
JE 3106	J^{3} 6547
JE 3107	J^{3} 6545
JE 3108	J^{3} 6549
JE 3109	J^{3} 6550
JE 3110	J^{3} 6551
JE 3111	J^{3} 6557
JE 3112	J^{3} 6566
JE 3113	J^{3} 6567
JE 3114	J^{3} 6569
JE 3115	J^{3} 6570
JE 3116	J^{3} 6575
JE 3117	J^{3} 6576
JE 3118	J^{3} 6600
JE 3119	J^{3} 6574
JE 3120	J^{3} 6586
JE 3121	J^{3} 6580
JE 3122	J^{3} 6592
	et J^{3} *6593
	et J^{3} *6594
	et J^{3} *6595
JE 3123	J^{3} 6609
JE 3124	J^{3} 6591
JE 3125	J^{3} 6579
JE 3126	J^{3} 6582
JE 3127	J^{3} 6583
JE 3128	J^{3} 6584
JE 3129	J^{3} 6581
JE 3130	J^{3} 6596
JE 3131	J^{3} 6597
JE 3132	J^{3} 6598
JE 3133	J^{3} 6606
JE 3134	J^{3} 6599
JE 3135	J^{3} 6607
JE †3136	J^{3} †6601
JE 3137	J^{3} 6605
JE 3138	J^{3} 6615
JE 3139	J^{3} 6616
JE 3140	J^{3} 6618
JE 3141	J^{3} 6617
JE 3142	J^{3} 6628
JE 3143	J^{3} 6628
JE 3144	J^{3} 6694
JE 3145	J^{3} 6695
JE 3146	J^{3} 6626
JE 3147	J^{3} 6621
JE 3148	J^{3} 6622
JE 3149	J^{3} 6623
JE 3150	J^{3} 6632
JE 3151	J^{3} 6653
JE 3152	J^{3} 6656
JE 3153	J^{3} 6689
JE 3154	J^{3} 6633
JE 3155	J^{3} 6638
	et J^{3} *6639
	et J^{3} *6640
	et J^{3} *6641
	et J^{3} *6642
	et J^{3} *6643
	et J^{3} *6644
JE 3156	J^{3} 6634
	et J^{3} *6635
	et J^{3} *6636
	et J^{3} *6637
JE 3157	J^{3} 6647
	et J^{3} *6648
	et J^{3} *6649
	et J^{3} *6650
	et J^{3} *6651
JE 3158	J^{3} 6666
JE 3159	J^{3} 6667
JE 3160	J^{3} 6713
JE 3161	J^{3} 6745
JE 3162	J^{3} 6665
JE 3163	J^{3} 6744
JE 3164	J^{3} 6748
JE 3165	J^{3} 6627
JE 3166	J^{3} 6668
JE 3167	J^{3} 6687
JE 3168	J^{3} 6686
JE 3169	J^{3} 6631
JE 3170	J^{3} 6669
JE 3171	J^{3} 6670
JE 3172	J^{3} 6671
JE 3173	J^{3} 6672
JE 3174	J^{3} 6682
	et J^{3} *6683
	et J^{3} *6684
	et J^{3} *6685
JE 3175	J^{3} 6661
JE 3176	J^{3} 6662
JE 3177	J^{3} 6703
JE 3178	J^{3} 6675
JE 3179	J^{3} 6678
JE 3180	J^{3} 6677
JE 3181	J^{3} 6688
JE 3182	J^{3} 6690
JE 3183	J^{3} 6691
JE 3184	J^{3} 6698
JE 3185	J^{3} 6704
JE 3186	J^{3} 6705
JE 3187	J^{3} 6709
JE 3188	J^{3} 6710
JE 3189	J^{3} 6706
JE 3190	J^{3} 6716
JE 3191	J^{3} 6699
JE 3192	J^{3} 6750
JE 3193	J^{3} 6751
JE 3194	J^{3} 6743

JE 3195	J^3 6742
JE 3196	J^3 6711
JE 3197	J^3 6723
JE 3198	J^3 6663
JE 3199	J^3 6646
JE 3200	J^3 6721
JE 3201	J^3 6717
JE 3202	J^3 6728
JE 3203	J^3 6731
JE 3204	J^3 6729
JE 3205	J^3 6749
JE 3206	J^3 6730
JE 3207	J^3 6733
JE 3208	J^3 6737
JE 3209	J^3 6735
JE 3210	J^3 6738
JE 3211	J^3 6681
JE 3212	J^3 6747
JE 3213	J^3 6746
JE 3214	J^3 6714
JE 3215	J^3 6724
JE 3216	J^3 6664
JE 3217	J^3 6712
JE 3218	J^3 6722
JE 3219	J^3 6752
JE 3220	J^3 6725
JE 3221	J^3 6715
JE 3222	J^3 6757
JE 3223	J^3 6763
JE 3224	J^3 6775
JE 3225	J^3 6766
JE 3226	J^3 6768
JE 3227	J^3 6767
JE 3228	J^3 6764
JE 3229	J^3 6778
JE 3230	J^3 6758
JE 3231	J^3 6773
JE 3232	J^3 6765
JE 3233	J^3 6890
JE 3234	J^3 6770
JE 3235	J^3 6841
JE 3236	J^3 6897
JE 3237	J^3 6776
JE 3238	J^3 6777
JE 3239	J^3 6779
JE 3240	J^3 6781
JE 3241	J^3 6700
JE 3242	J^3 6782
JE 3243	J^3 6793
JE 3244	J^3 6795
JE 3245	J^3 6791
JE 3246	J^3 6785
JE 3247	J^3 6786
JE 3248	J^3 6787
JE 3249	J^3 6783
JE 3250	J^3 6810
JE 3251	J^3 6769
JE 3252	J^3 6784
JE 3253	J^3 6789
JE 3254	J^3 6814
JE 3255	J^3 6799
JE 3256	J^3 6794
JE 3257	J^3 6792
JE 3258	J^3 6796
JE 3259	J^3 6797
JE 3260	J^3 6798
JE 3261	J^3 6800
JE 3262	J^3 6801
JE 3263	J^3 6802
JE 3264	J^3 6803
	et J^3 *6804
	et J^3 *6805
JE 3265	J^3 6816
JE 3266	J^3 6812
JE 3267	J^3 6817
JE 3268	J^3 6818
JE 3269	J^3 6815
JE 3270	J^3 6821
JE 3271	J^3 6826
JE 3272	J^3 6827
JE 3273	J^3 6828
JE 3274	J^3 6822
JE 3275	J^3 6829
JE 3276	J^3 6830
JE 3277	J^3 6849
JE 3278	J^3 6850
JE 3279	J^3 6852
	et J^3 *6853
	et J^3 *6854
JE 3280	J^3 6851
JE 3281	J^3 6855
JE 3282	J^3 6894
JE 3283	J^3 6891
JE 3284	J^3 6895
JE 3285	J^3 6892
JE 3286	J^3 6823
JE 3287	J^3 6824
JE 3288	J^3 6903
JE 3289	J^3 6905
JE 3290	J^3 6819
JE 3291	J^3 6877
JE 3292	J^3 6840
JE 3293	J^3 6870
JE 3294	J^3 6879
JE 3295	J^3 6886
JE 3296	J^3 6860
JE 3297	J^3 6873
JE 3298	J^3 6871
JE 3299	J^3 6872
JE 3300	J^3 6874
JE 3301	J^3 6875
JE 3302	J^3 6867
JE 3303	J^3 6896
JE 3304	J^3 6868
JE 3305	J^3 6882
JE 3306	J^3 6881
JE 3307	J^3 6859
JE 3308	J^3 6898
JE 3309	J^3 6844
	et J^3 *6845
	et J^3 *6846
	et J^3 *6847
	et J^3 *6848
JE 3310	J^3 6884
JE 3311	J^3 6883
JE 3312	J^3 6885
JE 3313	J^3 6887
JE 3314	J^3 6888
JE 3315	J^3 6910
JE 3316	J^3 6911
JE 3317	J^3 6912
JE 3318	J^3 6914
JE 3319	J^3 6920
JE 3320	J^3 6923
JE 3321	J^3 6925
JE 3322	J^3 6926
JE 3323	J^3 6927
JE 3324	J^3 6928
JE 3325	J^3 6931
JE 3326	J^3 6932
JE 3327	J^3 6933
JE 3328	J^3 6936
JE 3329	J^3 6938
JE 3330	J^3 6939
JE 3331	J^3 6937
JE †*3332	J^3 *†6949
JE 3333	J^3 6941
JE 3334	J^3 6945
JE 3335	J^3 6946
JE 3336	J^3 6947
JE *3337	J^3 *6944
JE 3338	J^3 6951
JE 3339	J^3 6952
JE 3340	J^3 6956
JE 3341	J^3 6955
JE 3342	J^3 6950
JE 3343	J^3 6957
JE 3344	J^3 6958
JE 3345	J^3 6959
JE 3346	J^3 6961
	et J^3 *6962
	et J^3 *6963
	et J^3 *6964
	et J^3 *6965
	et J^3 *6966
	et J^3 *6967
JE 3347	J^3 6970
JE 3348	J^3 6971
JE 3349	J^3 6975
JE 3350	J^3 6972
JE 3351	J^3 6973
JE 3352	J^3 6974
	et J^3 6976
JE 3353	J^3 6984
JE 3354	J^3 6979
JE 3355	J^3 6980
JE 3356	J^3 6981

JE 3357	J^3 6988
JE 3358	J^3 7055
JE 3359	J^3 7056
JE 3360	J^3 7057
JE 3361	J^3 6999
JE 3362	J^3 6985
JE 3363	J^3 †7043
JE 3363α	J^3 †7043
JE 3363β	J^3 *†7050
JE 3364	cf. J^3 †7043
JE *3365	J^3 *7032
JE 3366	J^3 †7048
JE 3367	J^3 6552
JE 3368	J^3 5980
JE 3369	J^3 †7052
JE 3370	J^3 6989
JE 3371	J^3 7058 et J^3 *7059 et J^3 *7060
JE 3372	J^3 7008
JE 3373	J^3 7009
JE 3374	J^3 6995
JE 3375	J^3 7003
JE 3376	J^3 7004
JE 3377	J^3 6992
JE 3378	J^3 7005
JE 3379	J^3 7061
JE 3380	J^3 6993
JE 3381	J^3 6994
JE 3382	J^3 7010
JE 3383	J^3 7011
JE 3384	J^3 7006
JE 3385	J^3 7007
JE 3386	J^3 7012
JL *3387	J^3 *7067
JL 3388	J^3 ?7065
JL 3389	J^3 7070
JL †3390	J^3 7071
JL 3391	J^3 7080
JL *3392	J^3 *7074
JL *3393	J^3 *7082
JL *3394	J^3 *7085
JL *3395	J^3 *7086
JL *3396	J^3 *7090
JL 3397	J^3 7102
JL 3398	J^3 †4618 (vol. 2)
JL *3399	J^3 *7108
JL *3400	J^3 *7106
JL 3401	J^3 7098
JL 3402	J^3 7099
JL 3403	J^3 7126
JL *3404	J^3 *7117
JL 3405	J^3 7120
JL †3406	J^3 †7119
JL 3407	J^3 7124
JL 3408	J^3 7125
JL 3409	J^3 7162
JL 3410	J^3 7164
JL 3411	J^3 7165
JL 3412	J^3 7132
JL 3413	J^3 7134
JL 3414	J^3 7168
JL 3415	J^3 7163
JL 3416	J^3 7173
JL 3417	J^3 7167
JL 3418	J^3 7166
JL 3419	J^3 7172
JL *3420	J^3 *7169
JL †3421	J^3 7133
JL *3422	J^3 *7177
JL *3423	J^3 *7178
JL *3424	J^3 *7179
JL *3425	J^3 *7186
JL *3426	J^3 *7187
JL 3427	J^3 7174
JL 3428	J^3 7175
JL 3429	J^3 7176
JL *3430	J^3 *7182
JL *3431	J^3 *7183
JL *3432	J^3 *7185
JL 3433	J^3 7198
JL 3434	J^3 7193
JL 3435	J^3 7188
JL 3436	J^3 7196
JL 3437	J^3 7197
JL 3438	J^3 7190
JL 3439	J^3 7199
JL 3440	J^3 7194
JL 3441	J^3 7195
JL 3442	J^3 7192
JL 3443	J^3 7200
JL 3444	J^3 7203
JL 3445	J^3 7201
JL 3446	J^3 7204
JL 3447	J^3 7202
JL 3448	J^3 7207
JL 3449	J^3 7205
JL 3450	J^3 7206
JL *3451	J^3 *7209
JL 3452	J^3 7208
JL 3453	J^3 7212
JL *3454	J^3 *7214
JL 3455	J^3 7216
JL 3456	J^3 7221
JL 3457	J^3 7217
JL 3458	J^3 7220
JL 3459	J^3 7242
JL 3460	J^3 7244
JL †3461	J^3 †7234
JL †3462	J^3 †7248
JL †3463	J^3 †7247
JL 3464	J^3 7229
JL 3465	J^3 7230
JL 3466	J^3 7233
JL 3467	J^3 7240
JL 3468	J^3 7239
JL 3469	J^3 7235
JL 3470	J^3 7254
JL *3471	J^3 *7253
JL 3472	J^3 7238
JL 3473	J^3 7262
JL 3474	J^3 7264
JL *3475	J^3 *7265
JL *3476	J^3 *7271
JL 3477	J^3 7267
JL 3478	J^3 7270
JL *3479	J^3 *7272
JL *3480	J^3 *7274
JL *3481	J^3 *7275
JL *3482	J^3 *7276
JL 3483	J^3 7281
JL 3484	J^3 7283
JL *3485	J^3 *7277
JL *3486	J^3 *7295
JL 3487	J^3 7298
JL 3488	J^3 7300
JL *3489	J^3 *7299
JL *3490	J^3 *7286
JL *3491	J^3 *7288
JL *3492	J^3 *7289
JL *3493	J^3 *7290
JL *3494	J^3 *7291
JL *3495	J^3 *7292
JL 3496	J^3 7282
JL 3497	J^3 †7294
JL *3498	J^3 *7303
JL 3499	J^3 7302
JL *3500	J^3 *7307
JL *3501	J^3 *7309
JL *3502	J^3 *7322
JL *3503	J^3 *†7328
JL *3504	J^3 *7320
JL *3505	J^3 *7319
JL 3506	J^3 7318
JL *3506α	J^3 *†7329
JL *3507	J^3 *7330
JL *3508	J^3 *7331
JL *3509	J^3 *7334
JL *3510	J^3 *7339
JL 3511	J^3 7341
JL *3512	J^3 *7340
JL *3513	J^3 *7347
JL 3514	J^3 7343
JL 3515	J^3 7351
JL 3516	J^3 7352
JL *3517	J^3 *7353
JL *3518	J^3 *7358
JL *3519	J^3 7369
JL 3520	J^3 7370
JL 3521	J^3 7371
JL 3522	J^3 7368
JL 3523	Iohanni XIX attribuendum
JL †3524	J^3 ?7367
JL †3525	J^3 ?7367
JL *3526	J^3 *7380

	et J^3 *7381
JL 3527	J^3 7383
JL 3528	J^3 7384
JL 3529	J^3 7390
JL 3530	J^3 7393
JL *3531	J^3 *8124
JL *3531α	J^3 *7395
JL 3532	J^3 7402
JL 3533	J^3 7406
JL 3534	J^3 7408
JL 3535	J^3 7409
JL †3536	J^3 †7413
JL †3537	J^3 †7426
JL 3538	J^3 †7419
JL 3539	J^3 7421
JL *3540	J^3 *7423
JL *3541	J^3 *7424
JL 3542	J^3 7427
JL †3543	J^3 †7430
JL 3544	J^3 †7428
JL 3545	J^3 7432
JL 3546	J^3 7434
JL *3547	J^3 7437
JL 3548	J^3 7438
JL *3548α	J^3 *7441
JL †3549	J^3 †7435
JL 3550	J^3 7452
JL †3551	J^3 †7454
JL 3552	J^3 *7459
JL 3553	J^3 7514
JL 3554	J^3 7472
JL *3555	J^3 *7484
	et J^3 *7485
JL 3556	J^3 7481
JL 3557	J^3 7480
JL 3558	J^3 7486
	et J^3 †7487
JL 3559	J^3 †7492
JL 3560	J^3 7512
JL 3561	J^3 7496
JL †3562	J^3 †7498
JL 3563	J^3 †7509
JL 3564	J^3 7506
JL 3565	J^3 7507
JL 3566	J^3 *7511
JL *3567	J^3 *7521
JL 3568	J^3 7522
JL 3569	J^3 7532
JL 3570	J^3 *7537
JL 3571	J^3 7524
JL 3572	J^3 7525
JL 3573	J^3 7527
JL 3574	J^3 7491
JL *3575	J^3 *7549
JL *3576	J^3 *7550
JL 3577	J^3 7546
JL 3578	J^3 7543
JL 3579	J^3 7562
JL †3580	J^3 †7565
JL 3581	J^3 †7566
JL 3582	J^3 7346
JL *3583	J^3 *7567
JL 3584	J^3 7570
JL 3585	J^3 7571
JL *3586	J^3 *7572
JL *3587	J^3 *7573
JL 3587α	J^3 *7577
JL 3588	J^3 7575
JL 3589	J^3 7580
JL 3590	J^3 7582
JL *3591	J^3 *7578
JL 3592	J^3 †7585
JL 3593	J^3 †7576
JL 3594	J^3 7536
JL *3595	J^3 7959
JL 3596	J^3 7592
JL 3597	J^3 7595
JL 3598	J^3 7597
JL 3599	J^3 7598
JL 3600	J^3 7599
JL 3601	J^3 7601
JL †3602	J^3 †7613
JL 3603	J^3 7609
JL 3604	J^3 7607
JL 3605	J^3 7608
JL 3606	J^3 7605
JL 3607	J^3 †7606
JL 3608	J^3 7610
JL 3609	J^3 7611
JL 3610	J^3 †7618
JL 3611	J^3 †7619
JL 3612	J^3 †7621
JL 3613	J^3 7604
JL †3614	J^3 †7612
JL 3615	J^3 7615
JL 3615α	J^3 7616
JL 3616	J^3 7630
JL 3617	J^3 †7633
JL *3618	J^3 *7634
JL *3619	J^3 *7636
JL *3620	J^3 *7636
JL 3621	J^3 7644
JL 3622	J^3 7645
JL 3623	J^3 7647
JL 3624	J^3 7648
JL 3625	J^3 †7649
JL 3626	J^3 7651
JL †3627	J^3 7652
JL 3628	J^3 7654
JL *3629	J^3 *7661
JL †3630	J^3 †7656
JL *3631	J^3 *7660
JL *3632	J^3 *7678
JL 3633	J^3 †7679
JL 3634	J^3 †7670
JL 3635	J^3 7708
JL 3636	J^3 7676
JL *3637	J^3 *7680
JL *3638	J^3 *7677
JL *3639	J^3 *7677
JL *3640	J^3 *7681
JL 3641	J^3 7684
JL 3642	J^3 7685
JL 3643	J^3 7683
JL †3644	J^3 †7686
JL *3645	J^3 *7688
JL *3646	J^3 *7688
JL 3647	J^3 †7695
JL 3648	J^3 7720
JL 3649	J^3 †7699
JL †3650	J^3 †7700
JL 3651	J^3 7706
JL *3652	J^3 *7703
JL *3653	J^3 *7705
JL 3654	J^3 7713
JL 3655	J^3 7715
JL 3656	J^3 7712
JL 3657	J^3 7693
JL *3658	J^3 *7727
JL †3659	J^3 †7722
JL *3660	J^3 *7729
JL *3661	J^3 *7726
JL 3662	J^3 7716
JL *3663	J^3 *7739
JL 3664	J^3 †7696
JL *3665	J^3 7691
JL *3666	J^3 *7732
JL 3667	cf. J^3 *7732
JL 3668	J^3 7723
JL 3669	J^3 7725
JL 3670	J^3 7730
JL 3671	J^3 7728
JL 3672	J^3 7724
JL *3673	J^3 *7727
JL 3674	J^3 7745
JL 3675	J^3 7747
JL 3676	J^3 7748
JL †3677	J^3 †7750
JL †3678	J^3 †7752
JL †3679	J^3 †7753
JL 3680	J^3 7755
JL †*3681	J^3 *†7754
JL 3682	J^3 7759
JL †3683	J^3 8538
JL 3684	J^3 7764
JL 3685	cf. J^3 7764
JL *3686	J^3 *7768
JL 3687	J^3 7767
JL 3688	J^3 7772
JL 3689	J^3 7782
JL 3690	J^3 7788
JL 3691	J^3 7789
JL 3692	J^3 7791
JL *3693	J^3 *7785
JL 3694	J^3 7798
JL *3695	J^3 *7800
JL †3696	J^3 †7793

JL 3697	J^3 7812
JL *3698	J^3 *7774
JL *3699	J^3 *7848
JL 3700	J^3 †7825
JL 3701	J^3 7826
JL 3702	J^3 7829
JL †3703	J^3 †7854
JL †3704	J^3 †7863
JL †3705	J^3 †7864
JL †3706	J^3 †7845
JL †3707	J^3 †7868
JL †3708	J^3 †7869
JL *3709	J^3 *7830
JL 3710	J^3 7896
JL †3711	J^3 †7907
JL 3712	J^3 †7908
JL 3713	J^3 7920
JL 3714	J^3 7912
JL 3715	J^3 7917
JL 3716	J^3 7918
JL 3717	J^3 7919
JL 3718	J^3 7914
JL *3719	J^3 *7921
JL †3720	J^3 ?8004
JL 3721	J^3 7932
JL 3722	J^3 7933
JL 3723	J^3 7934
JL 3724	J^3 †7935
JL 3725	J^3 7936
JL *3726	J^3 *7937
JL *3727	J^3 *7940
JL 3728	J^3 7945
JL †3729	J^3 †7948
JL †3730	J^3 †7948
JL 3731	J^3 7947
JL *3732	J^3 *7949
JL *3733	J^3 7927
JL 3734	J^3 7952
JL 3735	J^3 7953
JL 3736	J^3 7954
JL 3737	J^3 7885
JL 3738	J^3 7955
JL 3739	J^3 7958
JL *3740	J^3 *7915
JL 3741	J^3 7963
JL 3742	J^3 7964
JL †3743	J^3 †7967
JL 3744	J^3 7951
JL †3745	J^3 †7960
JL 3746	J^3 7974
JL 3747	J^3 7975
JL 3748	J^3 7976
JL 3749	J^3 7977
JL 3750	J^3 7978
JL 3751	J^3 †7985
JL 3752	J^3 8137
JL 3753	J^3 7982
JL 3754	J^3 7981
JL 3755	J^3 †8000
JL 3756	J^3 7965
JL 3757	J^3 †7888
JL *3758	J^3 *8008
JL *3759	J^3 7956
JL 3760	J^3 7990
JL 3761	J^3 7991
JL 3762	J^3 7992
JL 3763	J^3 7993
JL 3764	J^3 7994
JL 3765	J^3 7995
JL *3766	J^3 *†8001
JL †3767	J^3 †8026
JL 3768	J^3 8017
JL 3769	J^3 8020
JL 3770	J^3 8021
JL †3771	J^3 †8027
JL 3772	J^3 8028
JL 3773	J^3 †8622
JL †3774	J^3 †8701
JL †3775	J^3 8700
JL 3776	J^3 8023
JL 3777	J^3 8024
JL †*3778	J^3 8033
JL 3779	J^3 †8044
JL 3780	J^3 8040
JL 3781	J^3 8040
JL 3782	J^3 8041
JL 3783	J^3 8042
JL 3784	J^3 8047
JL †3785	J^3 †8019
JL 3786	J^3 8049
JL 3787	J^3 8051
JL 3788	J^3 8054
JL 3789	J^3 †8055
JL *3790	J^3 8068
JL 3791	J^3 8058
JL 3792	J^3 8790
JL †3793	J^3 †8022
JL 3794	J^3 8063
JL 3795	J^3 8064
JL 3796	J^3 †8066
JL 3797	J^3 8092
JL 3798	J^3 8070
JL 3799	J^3 8069
JL 3800	J^3 8072
JL 3801	J^3 †8088
JL 3802	J^3 †8075
JL 3803	J^3 †8078
JL 3804	J^3 8087
JL 3805	J^3 †8090
JL 3806	J^3 8091
JL *3807	J^3 *8094
JL 3808	J^3 8099
JL 3809	J^3 †8101
JL 3810	J^3 8103
JL 3810a	J^3 8104
JL 3811	J^3 8105
JL 3812	J^3 8073
JL *3813	J^3 *8126
JL *3814	J^3 †8055
JL 3815	J^3 8123
JL †3816	J^3 †8067
JL 3817	J^3 8110
JL 3818	J^3 8113
JL 3819	J^3 †8114
JL 3820	J^3 †8115
JL †*3821	J^3 8023
JL 3822	J^3 8135
JL †3823	J^3 †8517
JL 3824	J^3 8147
JL *3825	J^3 *8149
JL 3826	J^3 †8155
JL 3827	J^3 8160
JL 3828	J^3 †8161
JL 3829	J^3 8170
JL *3830	J^3 *8191
JL 3831	J^3 8176
JL 3832	J^3 8178
JL 3833	J^3 8180
JL 3834	J^3 8182
JL 3835	J^3 8183
JL 3836	J^3 8184
JL 3837	J^3 8186
JL 3838	J^3 8190
JL *3839	J^3 *8158
JL 3840	J^3 †8202
JL *3841	J^3 *8204
JL 3842	J^3 8209
JL 3843	J^3 8210
JL 3844	J^3 †8214
JL 3845	J^3 *8212
JL †3846	J^3 †8215
JL 3847	J^3 8218
JL 3848	J^3 8223
JL 3849	J^3 †8227
JL 3850	J^3 8228
JL 3851	J^3 8230
JL 3852	J^3 8232
JL 3853	J^3 8235
JL †3854	J^3 †8179
JL *3855	J^3 *8240
JL 3856	J^3 †8242
JL 3857	J^3 8243
JL 3858	J^3 8245
JL *3859	J^3 *8253
JL *3860	J^3 8209
JL 3861	J^3 †8166
JL 3862	J^3 †8167
JL 3863	J^3 8268
JL 3864	J^3 8270
JL *3865	J^3 *8274
JL 3866	J^3 8272
JL 3867	J^3 8275
JL †3868	J^3 †8276
JL *3869	J^3 8284
JL 3870	J^3 †8286
JL 3871	J^3 †8287
JL *3872	J^3 †8290

JL 3873	J^3 8298
JL 3874	J^3 8300
JL 3875	J^3 8301
JL 3876	J^3 8304
JL 3877	J^3 8314
JL 3878	J^3 8315
JL 3879	J^3 8312
JL *3880	J^3 *8339
JL *3881	J^3 *8339
JL 3882	J^3 8342
JL 3883	J^3 8343
JL 3884	J^3 8336
JL 3885	J^3 8347
JL 3886	J^3 8345
JL 3887	J^3 8337
JL 3888	J^3 8349
JL †3889	J^3 †8350
JL 3890	J^3 †8355
JL *3891	J^3 *8364
JL *3892	J^3 *8374
JL *3893	J^3 *8299
JL 3894	J^3 8360
JL 3895	J^3 8327
JL 3896	J^3 8340
JL 3897	J^3 8267
JL 3898	J^3 8363
JL 3899	vacat in ed. secunda
JL 3900	J^3 8382
JL 3901	J^3 8384
JL 3902	J^3 8390
JL 3903	J^3 8398
JL 3904	J^3 8400
JL 3905	J^3 8407
JL 3906	J^3 8411
JL 3907	J^3 †8418
JL 3908	J^3 8385
JL †3909	J^3 †8467
JL 3910	J^3 8428
JL 3911	J^3 8447
JL 3912	J^3 8443
JL 3913	J^3 8432
JL 3914	J^3 8453
JL *3915	J^3 *8448
JL *3916	J^3 *8469
JL *3917	J^3 *8469
JL 3918	J^3 8470
JL *3919	J^3 *8475
JL 3920	J^3 8482
JL *3921	J^3 *8461
JL 3922	J^3 8430
JL *3923	J^3 *8483
JL 3924	J^3 8383
JL 3925	J^3 8492
JL 3926	J^3 8495
JL 3927	J^3 8496
JL 3928	J^3 8484
JL 3929	J^3 8494
JL 3930	J^3 8399
JL 3931	J^3 8415
JL 3932	J^3 8500
JL *3933	J^3 *8434
JL *3934	J^3 *8429
JL *3935	J^3 *8499
JL *3936	J^3 *8388
JL *3937	J^3 *8501
JL *3937α	J^3 *8410
JL 3938	cf. J^3 *8410
JL †3939	J^3 †8455
JL 3940	J^3 8498
JL 3941	J^3 8521
JL 3942	J^3 8525
JL *3943	J^3 *8519
JL 3944	J^3 8529
JL *3945	J^3 8530
JL 3946	J^3 8531
JL 3947	J^3 8536
JL 3948	J^3 8539
JL 3949	J^3 8542
JL 3950	J^3 8540
JL 3951	J^3 8546
JL 3952	J^3 †8543
JL 3953	J^3 8550
JL 3954	J^3 8554
JL 3955	J^3 8551
JL 3956	J^3 8556
JL 3957	J^3 8566
JL 3958	J^3 8560
JL 3959	J^3 8561
JL 3960	J^3 8562
JL 3961	J^3 8563
JL 3962	J^3 †8549
JL 3963	J^3 8577
JL *3964	J^3 *8547
JL *3965	J^3 *8532
JL 3966	J^3 8587
JL 3967	J^3 †8586
JL †3968	J^3 †8588
JL †3969	J^3 †8588
JL *3970	J^3 8594
JL 3971	J^3 8595
JL †3972	J^3 †8592
JL 3973	J^3 8598
JL 3974	J^3 8599
JL 3975	J^3 8600
JL 3976	J^3 8601
JL 3977	J^3 8602
JL 3978	J^3 †8585
JL 3979	J^3 8612
JL *3980	J^3 *8608
JL *3981	J^3 *8614
JL *3982	J^3 *8615
JL *3983	J^3 *8581
JL *3984	J^3 *†8611
JL 3985	J^3 8606
JL 3986	J^3 †8609
JL 3987	J^3 †8610
JL 3988	J^3 8597
JL 3989	J^3 †8626
JL 3990	J^3 8628
JL 3991	J^3 †8629
JL 3992	J^3 †8630
JL 3993	J^3 8636
JL *3994	J^3 *8623
JL 3995	J^3 8624
JL 3996	J^3 8638
JL 3997	J^3 8639
JL 3998	J^3 8641
JL 3999	J^3 8642
JL 4000	J^3 8647
JL 4001	J^3 8655
JL 4002	J^3 8660
JL 4003	J^3 8668
JL 4004	J^3 8666
JL *4005	J^3 8663
JL 4006	J^3 8673
JL *4006α	J^3 †8672
JL 4007	J^3 8682
JL 4007α	J^3 8686
JL *4008	J^3 *8657
JL †4009	J^3 †8690
JL 4010	J^3 8694
JL 4011	J^3 8695
JL †4012	J^3 †8696
JL 4013	J^3 8793
JL *4014	J^3 8699
JL †4015	J^3 †8703
JL 4015α	J^3 *8705
JL 4016	J^3 8711
JL 4017	J^3 †8712
JL 4018	J^3 8709
JL 4019	J^3 8708
JL 4020	J^3 8718
JL 4021	J^3 8720
JL *4022	J^3 *8698
JL †4023	J^3 8727
JL 4024	J^3 8728
JL *4025	J^3 *8730
JL *4025α	J^3 *8717
JL 4026	J^3 8731
JL 4027	J^3 8732
JL 4028	J^3 8748
JL †4029	J^3 †8749
JL 4030	J^3 8752
JL *4031	J^3 *8643
JL 4032	Benedicto IX attribuendum
JL 4033	J^3 8761
JL *4034	J^3 *8762 et J^3 8763
JL *4035	J^3 *8762
JL 4036	J^3 8781
JL 4037	J^3 8768
JL †4038	J^3 †8769
JL †4039	J^3 †8778
JL †4040	J^3 8774
JL 4041	J^3 8782

JL 4042	J^{3} 8784
JL *4043	J^{3} *8799
JL 4043α	J^{3} 8791
JL *4044	J^{3} *†8804
JL 4045	J^{3} 8796
JL 4046	J^{3} 8797
JL 4047	J^{3} 8073
JL 4048	J^{3} 8792
JL 4049	J^{3} †8637
JL 4050	J^{3} 8714
JL 4051	J^{3} †8729
JL 4052	J^{3} 8678
JL *4053	J^{3} 8791
JL 4054	J^{3} 8692
JL 4055	J^{3} 8821
JL 4056	J^{3} †8809
JL 4057	J^{3} 8805
JL 4058	J^{3} 8807
JL 4059	J^{3} 8808
JL 4069	J^{3} 8157
JL 4100	J^{3} 8249
JL *4104	J^{3} 8538
JL *4120	J^{3} 8713
JL †4916a	J^{3} 6899

CONCORDANTIA SIGLORUM
EDITIONIS TERTIAE ET VOLUMINUM SERIERUM ‚PONTIFICIA'

Boh. Pont. 10 n. *†?2	J^{3} *?5803
Boh. Pont. 11 n. 3	J^{3} 5904
Boh. Pont. 11 n. *4	J^{3} *6137
Boh. Pont. 12 n. *5	J^{3} *6152
Boh. Pont. 12 n. *6	J^{3} *6192
Boh. Pont. 13 n. *7	J^{3} *6200
Boh. Pont. 13 n. †?8	J^{3} ?6232
Boh. Pont. 14 n. *9	J^{3} *6241
Boh. Pont. 14 n. *10	J^{3} *6246
Boh. Pont. 15 n. *11	J^{3} *6138
Boh. Pont. 15 n. *12	J^{3} *6331
Boh. Pont. 15 n. 13	J^{3} 6346
Boh. Pont. 16 n. 14	J^{3} 6347
Boh. Pont. 16 n. 15	J^{3} 6352
Boh. Pont. 16 n. 16	J^{3} 6354
Boh. Pont. 17 n. 17	J^{3} 6353
Boh. Pont. 18 n. 18	J^{3} 6348
Boh. Pont. 18 n. 19	J^{3} 6345
Boh. Pont. 18 n. 20	J^{3} 6349
Boh. Pont. 19 n. *21	J^{3} *6355
Boh. Pont. 19 n. *22	J^{3} *6332
Boh. Pont. 20 n. 23	J^{3} 6350
Boh. Pont. 21 n. 25	J^{3} 6817
Boh. Pont. 21 n. 26	J^{3} 6818
Boh. Pont. 22 n. *27	J^{3} *6917
Boh. Pont. 22 n. *28	J^{3} *6918
Boh. Pont. 23 n. *29	J^{3} *6919
Boh. Pont. 23 n. 30	J^{3} 6920
Boh. Pont. 24 n. *†31	J^{3} *†6949
Boh. Pont. 25 n. 33	J^{3} 6958
Boh. Pont. 25 n. *34	J^{3} *7123
Boh. Pont. 26 n. 35	J^{3} 7124
Boh. Pont. 26 n. 36	J^{3} 7125
Boh. Pont. 27 n. *37	J^{3} *7215
Boh. Pont. 27 n. *38	J^{3} *7372
Boh. Pont. 27 n. *39	J^{3} *7377
Boh. Pont. 28 n. †?40	J^{3} ?7374
Boh. Pont. 28 n. †?41	J^{3} ?7382
Boh. Pont. 29 n. †42	J^{3} †7686
Boh. Pont. 29 n. †43	J^{3} †8025
Boh. Pont. 29 n. †44	J^{3} †8027
Boh. Pont. 39 n. *?1	J^{3} *?8003
Boh. Pont. 39 n. †?2	J^{3} ?8004
Boh. Pont. 40 n. *†3	J^{3} †8005
Boh. Pont. 40 n. *4	J^{3} *8109

Boh. Pont. 40 n. *5	J^{3} *8219
Boh. Pont. 40 n. *6	J^{3} *8220
Boh. Pont. 40 n. *7	J^{3} *8225
Boh. Pont. 40 n. †8	J^{3} †8227
Boh. Pont. 71 n. †?1	J^{3} ?8004
Boh. Pont. 73 n. *†2	J^{3} †8005
Boh. Pont. 73 n. *3	J^{3} *8052
Boh. Pont. 73 n. *4	J^{3} 8033
Boh. Pont. 74 n. *5	J^{3} *8109
Boh. Pont. 74 n. *6	J^{3} *8175
Boh. Pont. 75 n. *7	J^{3} *8219
Boh. Pont. 75 n. *8	J^{3} *8220
Boh. Pont. 75 n. *9	J^{3} *8225
Boh. Pont. 75 n. *?10	J^{3} *?8226
Boh. Pont. 75 n. †11	J^{3} †8227
Boh. Pont. 76 n. *12	J^{3} *8269
Boh. Pont. 76 n. *13	J^{3} *8277
Boh. Pont. 76 n. *14	J^{3} *8278
Boh. Pont. 76 n. 15	J^{3} 8829
Boh. Pont. 109 n. †?1	J^{3} ?8004
Boh. Pont. 109 n. *†2	J^{3} †8005
Boh. Pont. 115 n. *?1	J^{3} *?8003
Boh. Pont. 115 n. †?2	J^{3} ?8004
Boh. Pont. 138 n. *1	J^{3} *8220
Boh. Pont. 138 n. *2	J^{3} *8225
Boh. Pont. 139 n. *?3	J^{3} *?8226
Boh. Pont. 139 n. †4	J^{3} †8227
Boh. Pont. 175 n. †1	J^{3} †8025
Boh. Pont. 176 n. †2	J^{3} †8027
Boh. Pont. 176 n. *3	J^{3} *8052
Boh. Pont. 176 n. *4	J^{3} 8033
Boh. Pont. 177 n. *5	J^{3} *8109
Gall. Pont. I 40 n. 7	J^{3} 5962
Gall. Pont. I 40 n. 8	J^{3} 6631
Gall. Pont. I 41 n. 11	J^{3} 6714
Gall. Pont. I 42 n. 12	J^{3} 6715
Gall. Pont. I 42 n. 13	J^{3} 6890
Gall. Pont. I 42 n. *14	J^{3} *6909
Gall. Pont. I 42 n. 15	J^{3} 6912
Gall. Pont. I 43 n. 16	J^{3} 6910
Gall. Pont. I 43 n. *17	J^{3} *7468
Gall. Pont. I 43 n. 18	J^{3} 7951
Gall. Pont. I 44 n. 19	J^{3} 8793
Gall. Pont. I 181 n. 4	J^{3} 5653

Gall. Pont. I 181 n. †5	J^{3} 8727
Gall. Pont. I 344 n. 2	J^{3} 6714
Gall. Pont. I 344 n. 3	J^{3} 6715
Gall. Pont. I 344 n. *4	J^{3} *6909
Gall. Pont. I 344 n. 5	J^{3} 6912
Gall. Pont. I 344 n. 6	J^{3} 6910
Gall. Pont. I 345 n. 7	J^{3} 8793
Gall. Pont. III/1, 99 n. †84b	J^{3} †5764
Gall. Pont. III/1, 100 n. 87	J^{3} 5767
Gall. Pont. III/1, 101 n. 88	J^{3} 5870
Gall. Pont. III/1, 102 n. 90	J^{3} 5890
Gall. Pont. III/1, 103 n. 92	J^{3} 5937
Gall. Pont. III/1, 104 n. 93	J^{3} 5890
Gall. Pont. III/1, 104 n. 95	J^{3} 5927
Gall. Pont. III/1, 105 n. 97	J^{3} 5969
Gall. Pont. III/1, 107 n. 101	J^{3} 5997
Gall. Pont. III/1, 108 n. *102	J^{3} *6050
Gall. Pont. III/1, 109 n. 104	J^{3} 6062
Gall. Pont. III/1, 110 n. †105	J^{3} 6062
Gall. Pont. III/1, 110 n. 106	J^{3} 6126
Gall. Pont. III/1, 112 n. 109	J^{3} 6171
Gall. Pont. III/1, 113 n. *110	J^{3} *6183
Gall. Pont. III/1, 113 n. 111	J^{3} 6184
Gall. Pont. III/1, 113 n. *112	J^{3} *6228
Gall. Pont. III/1, 113 n. 113	J^{3} *6233
Gall. Pont. III/1, 114 n. *115	J^{3} *6235
Gall. Pont. III/1, 114 n. *116	J^{3} *6236
Gall. Pont. III/1, 114 n. *117	J^{3} *6418
Gall. Pont. III/1, 114 n. *118	J^{3} 6455
Gall. Pont. III/1, 115 n. *119	J^{3} *6612
	et J^{3} *6613
Gall. Pont. III/1, 115 n. 120	J^{3} 6638
Gall. Pont. III/1, 115 n. *122	J^{3} 6673
Gall. Pont. III/1, 116 n. 123	J^{3} 6890
Gall. Pont. III/1, 116 n. 124	J^{3} 6989
Gall. Pont. III/1, 117 n. *125	J^{3} *6987
Gall. Pont. III/1, 117 n. 126	J^{3} 6995
Gall. Pont. III/1, 117 n. *127	J^{3} *6996
Gall. Pont. III/1, 117 n. 128	J^{3} 7003
Gall. Pont. III/1, 118 n. *129	J^{3} *7222
Gall. Pont. III/1, 118 n. *130	J^{3} *7223
Gall. Pont. III/1, 118 n. *131	J^{3} *7224
Gall. Pont. III/1, 118 n. *132	J^{3} *7263
Gall. Pont. III/1, 118 n. *133	J^{3} *7265
Gall. Pont. III/1, 119 n. *134	J^{3} *7272
Gall. Pont. III/1, 119 n. *135	J^{3} *7256
Gall. Pont. III/1, 119 n. *136	J^{3} *7257
Gall. Pont. III/1, 120 n. †*137	J^{3} *†7373
Gall. Pont. III/1, 120 n. †138	J^{3} †7428
Gall. Pont. III/1, 121 n. 140	J^{3} 7951
Gall. Pont. III/1, 121 n. †141	J^{3} †7967
Gall. Pont. III/1, 122 n. 142	J^{3} 8793
Gall. Pont. III/1, 240 n. *1	J^{3} *7263
Gall. Pont. III/1, 240 n. 2	J^{3} 7264
Gall. Pont. III/1, 338 n. *2	J^{3} *6234
Gall. Pont. III/1, 359 n. 10	J^{3} 5653
Gall. Pont. III/1, 359 n. *12	J^{3} *6228
Gall. Pont. III/1, 360 n. *13	J^{3} *6233
Gall. Pont. III/1, 361 n. *15	J^{3} *6235
Gall. Pont. III/1, 361 n. *16	J^{3} *6236
Gall. Pont. III/1, 361 n. 17	J^{3} 6459
Gall. Pont. III/1, 362 n. 18	J^{3} 6464
Gall. Pont. III/1, 362 n. *19	J^{3} *6620
Gall. Pont. III/1, 362 n. *20	J^{3} *6625
Gall. Pont. III/1, 363 n. ?*22	J^{3} 6673
Gall. Pont. III/1, 363 n. *23	J^{3} *6726
Gall. Pont. III/1, 364 n. *25	J^{3} *6718
Gall. Pont. III/1, 364 n. *26	J^{3} *6718
	et J^{3} *6732
Gall. Pont. III/1, 364 n. 28	J^{3} 6770
Gall. Pont. III/1, 365 n. 29	J^{3} 6892
Gall. Pont. III/1, 365 n. 30	J^{3} 6989
Gall. Pont. III/1, 366 n. *31	J^{3} *7222
Gall. Pont. III/1, 366 n. *32	J^{3} *7223
Gall. Pont. III/1, 366 n. *33	J^{3} *7224
Gall. Pont. III/1, 367 n. *34	J^{3} *7265
Gall. Pont. III/1, 367 n. *35	J^{3} *7272
Gall. Pont. III/1, 367 n. *36	J^{3} *7257
Gall. Pont. III/1, 367 n. *37	J^{3} *7386
Germ. Pont. I 10 n. †15	J^{3} †5543
Germ. Pont. I 10 n. *16	J^{3} *5428
Germ. Pont. I 11 n. 17	J^{3} 5723
Germ. Pont. I 11 n. 18	J^{3} 5908
Germ. Pont. I 11 n. 19	J^{3} 5909
Germ. Pont. I 12 n. 20	J^{3} 6117
Germ. Pont. I 12 n. 22	J^{3} 6348
Germ. Pont. I 12 n. 23	J^{3} 6345
Germ. Pont. I 12 n. 24	J^{3} 6570
Germ. Pont. I 13 n. 25	J^{3} 6860
Germ. Pont. I 13 n. 26	J^{3} ?7382
Germ. Pont. I 13 n. †28	J^{3} †7686
Germ. Pont. I 13 n. *29	J^{3} *7719
Germ. Pont. I 14 n. *30	J^{3} *7762
Germ. Pont. I 14 n. 31	J^{3} 7782
Germ. Pont. I 15 n. †32	J^{3} †7825
Germ. Pont. I 15 n. 33	J^{3} 7919
Germ. Pont. I 15 n. †34	J^{3} †8027
Germ. Pont. I 16 n. †35	J^{3} †8026
Germ. Pont. I 16 n. 36	J^{3} 8230
Germ. Pont. I 73 n. 1	J^{3} 8382
Germ. Pont. I 96 n. 1	J^{3} 8748
Germ. Pont. I 141 n. 5	J^{3} 5904
Germ. Pont. I 141 n. 6	J^{3} 5909
Germ. Pont. I 142 n. 7	J^{3} ?7382
Germ. Pont. I 142 n. *9	J^{3} 8406
Germ. Pont. I 142 n. *10	J^{3} *8743
Germ. Pont. I 162 n. 11	J^{3} 5904
Germ. Pont. I 162 n. 12	J^{3} 6345
Germ. Pont. I 163 n. 13	J^{3} 6349
Germ. Pont. I 163 n. 14	J^{3} ?7382
Germ. Pont. I 164 n. †15	J^{3} †7613
Germ. Pont. I 164 n. †16	J^{3} †7612
Germ. Pont. I 165 n. †17	J^{3} †7686
Germ. Pont. I 165 n. 18	J^{3} †8025
Germ. Pont. I 166 n. †19	J^{3} †8027
Germ. Pont. I 263 n. 4	J^{3} 6087

Germ. Pont. I 269 n. 3	J^3 5904
Germ. Pont. I 269 n. 4	J^3 ?7382
Germ. Pont. I 300 n. †1	J^3 †8800
Germ. Pont. I 332 n. 5	J^3 6350
Germ. Pont. I 332 n. 6	J^3 6359
Germ. Pont. I 332 n. 7	J^3 ?7382
Germ. Pont. I 391 n. *18	J^3 *5963
Germ. Pont. I 391 n. 19	J^3 6570
Germ. Pont. I 391 n. 20	J^3 ?7382
Germ. Pont. I 392 n. *27	J^3 *8468
Germ. Pont. I 401 n. 2	J^3 6951
Germ. Pont. I 402 n. 3	J^3 6952

Germ. Pont. II/1, 4 n. 2	J^3 ?7382
Germ. Pont. II/1, 4 n. †*3	J^3 *†7624
Germ. Pont. II/1, 4 n. 4	J^3 8829
Germ. Pont. II/1, 23 n. 1	J^3 †8242
Germ. Pont. II/1, 30 n. 3	J^3 5735
Germ. Pont. II/1, 30 n. *4	J^3 *6140
Germ. Pont. II/1, 30 n. *5	J^3 *6684
Germ. Pont. II/1, 30 n. 6	J^3 8223
Germ. Pont. II/1, 94 n. †1	J^3 †8690
Germ. Pont. II/1, 109 n. 1	J^3 8069
Germ. Pont. II/1, 123 n. 1	J^3 5659
Germ. Pont. II/1, 124 n. †2	J^3 5850
Germ. Pont. II/1, 124 n. 3	J^3 6088
Germ. Pont. II/1, 125 n. *6	J^3 *8177
Germ. Pont. II/1, 145 n. 1	J^3 8176
Germ. Pont. II/1, 146 n. *2	J^3 *8177
Germ. Pont. II/1, 146 n. 3	J^3 8267
Germ. Pont. II/1, 151 n. *6	J^3 *7032
Germ. Pont. II/1, 151 n. *7	J^3 *7314
Germ. Pont. II/1, 151 n. *8	J^3 *7335
Germ. Pont. II/1, 151 n. *9	J^3 *7870
Germ. Pont. II/1, 151 n. *10	J^3 *8194
Germ. Pont. II/1, 151 n. *11	J^3 *8194
Germ. Pont. II/1, 152 n. 12	J^3 *8339

Germ. Pont. II/2, 38 n. *1	J^3 *†5926
Germ. Pont. II/2, 39 n. 2	J^3 7406
Germ. Pont. II/2, 39 n. †3	J^3 †7492
Germ. Pont. II/2, 40 n. 4	J^3 7927
Germ. Pont. II/2, 70 n. †1	J^3 †7869
Germ. Pont. II/2, 107 n. *1	J^3 *8743
Germ. Pont. II/2, 125 n. 7	J^3 8829
Germ. Pont. II/2, 141 n. †4	J^3 †5576
Germ. Pont. II/2, 141 n. 5	J^3 5653
Germ. Pont. II/2, 141 n. *6	J^3 *5798
Germ. Pont. II/2, 142 n. 7	J^3 5841
Germ. Pont. II/2, 152 n. 3	J^3 6988
Germ. Pont. II/2, 152 n. 4	J^3 6995
Germ. Pont. II/2, 152 n. 5	J^3 7003
Germ. Pont. II/2, 153 n. 6	J^3 7951
Germ. Pont. II/2, 169 n. 1	J^3 6631
Germ. Pont. II/2, 169 n. 2	J^3 6910
Germ. Pont. II/2, 170 n. 3	J^3 6911
Germ. Pont. II/2, 170 n. 4	J^3 6912
Germ. Pont. II/2, 170 n. 5	J^3 7951
Germ. Pont. II/2, 188 n. 1	J^3 8327
Germ. Pont. II/2, 188 n. 2	J^3 8340
Germ. Pont. II/2, 193 n. 2	J^3 7570
Germ. Pont. II/2, 193 n. 3	J^3 8327

Germ. Pont. III 8 n. 6	J^3 5660
Germ. Pont. III 8 n. 7	J^3 5897
Germ. Pont. III 8 n. *†8	J^3 *†7376
Germ. Pont. III 9 n. *9	J^3 *7485
Germ. Pont. III 9 n. 10	J^3 8006
Germ. Pont. III 9 n. *11	J^3 *8364
Germ. Pont. III 9 n. 12	J^3 8400
Germ. Pont. III 10 n. 13	J^3 8829
Germ. Pont. III 31 n. *1	J^3 *5407
Germ. Pont. III 31 n. 2	J^3 5408
Germ. Pont. III 41 n. *1	J^3 *6944
Germ. Pont. III 41 n. *2	J^3 *8364
Germ. Pont. III 42 n. 3	J^3 8400
Germ. Pont. III 46 n. *†1	J^3 *†7376
Germ. Pont. III 72 n. 1	J^3 8243
Germ. Pont. III 81 n. *†1	J^3 †7865
Germ. Pont. III 81 n. †2	J^3 †7868
Germ. Pont. III 92 n. †4	J^3 5850
Germ. Pont. III 93 n. *5	J^3 *8052
Germ. Pont. III 93 n. 7	J^3 8829
Germ. Pont. III 109 n. *1	J^3 *7949
Germ. Pont. III 147 n. †3	J^3 5850
Germ. Pont. III 147 n. *4	J^3 *8052
Germ. Pont. III 147 n. 5	J^3 8829
Germ. Pont. III 178 n. *7	J^3 *8118
Germ. Pont. III 178 n. 8	J^3 8829
Germ. Pont. III 240 n. *1	J^3 *8052
Germ. Pont. III 249 n. *2	J^3 *8552 et J^3 *8553
Germ. Pont. III 249 n. *3	J^3 *8608
Germ. Pont. III 249 n. 4	J^3 8638
Germ. Pont. III 250 n. 5	J^3 8655
Germ. Pont. III 250 n. 6	J^3 8747
Germ. Pont. III 251 n. 7	J^3 8752
Germ. Pont. III 251 n. 8	J^3 8829
Germ. Pont. III 258 n. 1	J^3 8554
Germ. Pont. III 300 n. *7a	J^3 *8552 et J^3 *8553

Germ. Pont. IV 62 n. *26	J^3 5539
Germ. Pont. IV 62 n. †28	J^3 5849
Germ. Pont. IV 62 n. *28a	J^3 *5833
Germ. Pont. IV 63 n. 29	J^3 5848
Germ. Pont. IV 63 n. 30	J^3 5850
Germ. Pont. IV 64 n. 31	J^3 *6006
Germ. Pont. IV 65 n. 34	J^3 6078
Germ. Pont. IV 65 n. 35	J^3 ?6127
Germ. Pont. IV 66 n. 36	J^3 6244
Germ. Pont. IV 66 n. 37	J^3 6253
Germ. Pont. IV 66 n. 38	J^3 6261
Germ. Pont. IV 67 n. 39	J^3 6278
Germ. Pont. IV 67 n. 40	J^3 6351
Germ. Pont. IV 67 n. 41	J^3 6682
Germ. Pont. IV 68 n. 42	J^3 6687
Germ. Pont. IV 68 n. 43	J^3 7200

Germ. Pont. IV 69 n. *45	J^3 *7253
Germ. Pont. IV 69 n. 46	J^3 7254
Germ. Pont. IV 70 n. *47	J^3 *7261
Germ. Pont. IV 70 n. 48	J^3 7267
Germ. Pont. IV 70 n. *49	J^3 *7280
	et J^3 7281
Germ. Pont. IV 70 n. *50	J^3 *7284
Germ. Pont. IV 71 n. *52	J^3 *7305
Germ. Pont. IV 71 n. *53	J^3 *7315
Germ. Pont. IV 71 n. 54	J^3 ?7374
Germ. Pont. IV 72 n. 55	J^3 †7426
Germ. Pont. IV 72 n. *56	J^3 *7485
Germ. Pont. IV 73 n. 58	J^3 7604
Germ. Pont. IV 73 n. *59	J^3 *7660
Germ. Pont. IV 74 n. 60	J^3 *7688
	et J^3 7689
Germ. Pont. IV 74 n. †62	J^3 †7717
Germ. Pont. IV 75 n. 63	J^3 *7701
Germ. Pont. IV 75 n. 65	J^3 7723
Germ. Pont. IV 75 n. 66	J^3 7731
Germ. Pont. IV 76 n. 67	J^3 7745
Germ. Pont. IV 76 n. 68	J^3 7788
Germ. Pont. IV 77 n. 71	J^3 *7916
Germ. Pont. IV 77 n. *72	J^3 *7929
	et J^3 *7930
Germ. Pont. IV 78 n. *73	J^3 *†7942
	et J^3 *7944
Germ. Pont. IV 78 n. 74	J^3 7945
Germ. Pont. IV 78 n. 75	J^3 †7948
Germ. Pont. IV 78 ad n. 75	J^3 †8517
Germ. Pont. IV 79 n. †76	J^3 †8027
Germ. Pont. IV 79 n. 77	J^3 8047
Germ. Pont. IV 79 n. *78	J^3 8033
Germ. Pont. IV 80 n. 79	J^3 *8052
Germ. Pont. IV 80 n. 80	J^3 8093
Germ. Pont. IV 80 n. 81	J^3 8098
	et J^3 8099
Germ. Pont. IV 81 n. *82	J^3 *8219
Germ. Pont. IV 81 n. *83	J^3 *8262
Germ. Pont. IV 81 n. 84	J^3 8268
Germ. Pont. IV 81 ad n. 84	J^3 8267
Germ. Pont. IV 81 n. *85	J^3 *8269
Germ. Pont. IV 82 n. *86	J^3 *8277
	et J^3 *8278
Germ. Pont. IV 82 n. 87	J^3 8304
Germ. Pont. IV 82 ad n. 87	J^3 *8307
Germ. Pont. IV 82 n. †88	J^3 †8350
Germ. Pont. IV 83 n. 89	J^3 8407
Germ. Pont. IV 83 n. *92	J^3 *8452
Germ. Pont. IV 84 n. *93	J^3 *8452
Germ. Pont. IV 84 n. *94	J^3 *8469
Germ. Pont. IV 84 n. *95	J^3 *8469
Germ. Pont. IV 85 n. *96	J^3 *8469
Germ. Pont. IV 85 n. *97	J^3 *8469
Germ. Pont. IV 86 n. 99	J^3 8554
Germ. Pont. IV 86 n. 100	J^3 8554
Germ. Pont. IV 86 n. †101	J^3 †8672
Germ. Pont. IV 86 n. 102	J^3 8747
Germ. Pont. IV 87 n. *103	J^3 *8803
Germ. Pont. IV 87 n. 104	J^3 8829
Germ. Pont. IV 218 n. *1	J^3 *8052
Germ. Pont. IV 228 n. 1	J^3 8105
Germ. Pont. IV 229 n. 2	J^3 8182
Germ. Pont. IV 229 n. 3	J^3 8337
Germ. Pont. IV 229 n. 4	J^3 8407
Germ. Pont. IV 229 ad n. 4	J^3 *8386
Germ. Pont. IV 279 n. 4	J^3 7790
Germ. Pont. IV 279 n. *5	J^3 *7931
Germ. Pont. IV 279 n. 6	J^3 7934
Germ. Pont. IV 280 n. 7	J^3 8747
Germ. Pont. IV 321 n. 1	J^3 8093
Germ. Pont. IV 324 n. 1	J^3 7798
Germ. Pont. IV 360 n. *†13	J^3 *†5467
Germ. Pont. IV 360 n. *14	J^3 5539
Germ. Pont. IV 360 n. *15	J^3 5540
Germ. Pont. IV 361 n. *16	J^3 *5541
Germ. Pont. IV 361 n. 17	J^3 5542
Germ. Pont. IV 361 n. †17a	J^3 †6060
Germ. Pont. IV 362 n. *18	J^3 5649
Germ. Pont. IV 362 n. 19	J^3 5650
Germ. Pont. IV 362 n. *20	J^3 *5704
Germ. Pont. IV 362 n. 21	J^3 5705
Germ. Pont. IV 363 n. *22	J^3 *5704
Germ. Pont. IV 363 n. *23	J^3 *5713
Germ. Pont. IV 363 n. *24	J^3 *5946
Germ. Pont. IV 364 n. *25	J^3 *6105
Germ. Pont. IV 364 n. *25a	J^3 *6105
Germ. Pont. IV 364 n. 26	J^3 6412
Germ. Pont. IV 364 n. *27	J^3 *7074
Germ. Pont. IV 365 n. 28	J^3 7233
Germ. Pont. IV 365 n. †29	J^3 †7236
Germ. Pont. IV 365 n. 30	J^3 7390
Germ. Pont. IV 366 n. 31	J^3 7486
Germ. Pont. IV 366 n. †32	J^3 †7487
Germ. Pont. IV 366 n. 33	J^3 7592
Germ. Pont. IV 367 n. 35	J^3 7645
Germ. Pont. IV 368 n. †36	J^3 †7679
Germ. Pont. IV 368 n. *37	J^3 *7682
Germ. Pont. IV 368 n. 38	J^3 7683
Germ. Pont. IV 369 n. 39	J^3 7684
Germ. Pont. IV 369 n. 40	J^3 7685
Germ. Pont. IV 369 n. †42	J^3 †7700
Germ. Pont. IV 370 n. *47	J^3 7771
Germ. Pont. IV 370 n. 48	J^3 7772
Germ. Pont. IV 371 n. 49	J^3 7790
Germ. Pont. IV 371 n. 50	J^3 7958
Germ. Pont. IV 372 n. †51	J^3 †7960
Germ. Pont. IV 372 n. *52	J^3 8046
Germ. Pont. IV 373 n. *53	J^3 *8234
Germ. Pont. IV 373 n. 54	J^3 8235
Germ. Pont. IV 373 n. 55	J^3 8300
Germ. Pont. IV 374 n. 56	J^3 †8418
Germ. Pont. IV 376 n. †57	J^3 †8417
Germ. Pont. IV 376 n. 58	J^3 †8749
Germ. Pont. IV 377 n. *59	J^3 *8754
Germ. Pont. IV 377 n. 60	J^3 8747
Germ. Pont. IV 377 n. 61	J^3 8805

Germ. Pont. V/1, 21 n. 9	J^3 7239
Germ. Pont. V/1, 22 n. *10	J^3 *7425
Germ. Pont. V/1, 22 n. *12	J^3 *7663
Germ. Pont. V/1, 23 n. 13	J^3 *7688 et J^3 7689
Germ. Pont. V/1, 23 n. 14	J^3 8183
Germ. Pont. V/1, 23 n. *15	J^3 *8448
Germ. Pont. V/1, 24 n. *15a	J^3 *8469
Germ. Pont. V/1, 24 n. 16	J^3 8536
Germ. Pont. V/1, 25 n. *17	J^3 *8665
Germ. Pont. V/1, 25 n. 18	J^3 8666
Germ. Pont. V/1, 26 n. †19	J^3 †8672
Germ. Pont. V/1, 26 n. *20	J^3 *8741 et J^3 *8742
Germ. Pont. V/1, 47 n. *?2	J^3 *8448
Germ. Pont. V/1, 47 n. 3	J^3 8536
Germ. Pont. V/1, 47 n. *4	J^3 *8741 et J^3 *8742
Germ. Pont. V/1, 81 n. 6	J^3 5850
Germ. Pont. V/1, 81 n. 7	J^3 5902
Germ. Pont. V/1, 81 n. 8	J^3 6315
Germ. Pont. V/1, 82 n. 9	J^3 7176
Germ. Pont. V/1, 84 n. 11	J^3 7225
Germ. Pont. V/1, 85 n. *12	J^3 *7226
Germ. Pont. V/1, 85 n. *12a	J^3 *7228
Germ. Pont. V/1, 85 n. 13	J^3 7229
Germ. Pont. V/1, 86 n. *†14	J^3 *†7989
Germ. Pont. V/1, 86 n. 15	J^3 8091
Germ. Pont. V/1, 87 n. 16	J^3 8178
Germ. Pont. V/1, 89 n. 17	J^3 8383
Germ. Pont. V/1, 147 n. †1	J^3 †6316
Germ. Pont. V/1, 148 n. 3	J^3 7225
Germ. Pont. V/1, 148 n. 4	J^3 7229
Germ. Pont. V/1, 149 n. *†5	J^3 *†7989
Germ. Pont. V/1, 149 n. 6	J^3 8178
Germ. Pont. V/1, 155 n. 1	J^3 7239
Germ. Pont. V/1, 159 n. *1	J^3 *7663
Germ. Pont. V/1, 166 n. *†1	J^3 *†8389
Germ. Pont. V/1, 166 n. 2	J^3 8383
Germ. Pont. V/1, 168 n. †3	J^3 †8672
Germ. Pont. V/1, 205 n. 3	J^3 5902
Germ. Pont. V/1, 206 n. †4	J^3 †5903
Germ. Pont. V/1, 206 n. *5	J^3 *7237
Germ. Pont. V/1, 206 n. 6	J^3 7238
Germ. Pont. V/1, 207 n. *7	J^3 *7425
Germ. Pont. V/1, 207 n. 9	J^3 7684
Germ. Pont. V/1, 207 n. 10	J^3 8407
Germ. Pont. V/1, 208 n. *11a	J^3 *8469
Germ. Pont. V/1, 208 n. *12	J^3 *8617
Germ. Pont. V/1, 208 n. 13	J^3 8829
Germ. Pont. V/1, 245 n. †1	J^3 †5903
Germ. Pont. V/1, 246 n. *2	J^3 *8617
Germ. Pont. V/2, 20 n. 4	J^3 5850
Germ. Pont. V/2, 20 n. *5	J^3 *6256
Germ. Pont. V/2, 20 n. *6	J^3 *6243
Germ. Pont. V/2, 21 n. 7	J^3 6244
Germ. Pont. V/2, 21 n. 8	J^3 7176
Germ. Pont. V/2, 22 n. *†9	J^3 *†7366
Germ. Pont. V/2, 22 n. *10	J^3 *7425
Germ. Pont. V/2, 22 n. †11	J^3 †7426
Germ. Pont. V/2, 23 n. 12	J^3 *7484
Germ. Pont. V/2, 23 n. 13	J^3 7684
Germ. Pont. V/2, 23 n. 14	J^3 *7688 et J^3 7689
Germ. Pont. V/2, 24 n. 15	J^3 7790
Germ. Pont. V/2, 24 n. †16	J^3 †7868
Germ. Pont. V/2, 24 n. †17	J^3 †7869
Germ. Pont. V/2, 24 n. 18	J^3 8183
Germ. Pont. V/2, 25 n. *19	J^3 *8217
Germ. Pont. V/2, 26 n. *21	J^3 *8438
Germ. Pont. V/2, 26 n. *22	J^3 *8449
Germ. Pont. V/2, 27 n. *24	J^3 *8452
Germ. Pont. V/2, 27 n. *25	J^3 *8456
Germ. Pont. V/2, 28 n. *26	J^3 *8469
Germ. Pont. V/2, 28 n. *27	J^3 *8461
Germ. Pont. V/2, 29 n. †27a	J^3 †8465
Germ. Pont. V/2, 29 n. *28	J^3 *8469
Germ. Pont. V/2, 30 n. *30	J^3 *8475
Germ. Pont. V/2, 30 n. *31	J^3 *8476
Germ. Pont. V/2, 30 n. *32	J^3 *8478
Germ. Pont. V/2, 30 n. *33	J^3 *8481
Germ. Pont. V/2, 32 n. 37	J^3 8781
Germ. Pont. V/2, 32 n. †39	J^3 *†8787
Germ. Pont. V/2, 32 n. *40	J^3 *8816
Germ. Pont. V/2, 67 n. *1	J^3 *8481
Germ. Pont. V/2, 67 n. †2	J^3 *†8787
Germ. Pont. V/2, 83 n. †1	J^3 †8465
Germ. Pont. V/2, 83 n. 2	J^3 8781
Germ. Pont. V/2, 84 n. †4	J^3 *†8787
Germ. Pont. V/2, 110 n. *1	J^3 *5326
Germ. Pont. V/2, 119 n. *2	J^3 *5322
Germ. Pont. V/2, 120 n. 3	J^3 5323
Germ. Pont. V/2, 121 n. *?4	J^3 *5466
Germ. Pont. V/2, 122 n. 6	J^3 7685
Germ. Pont. V/2, 124 n. 7	J^3 7932
Germ. Pont. V/2, 125 n. *10	J^3 *8452
Germ. Pont. V/2, 126 n. *11	J^3 *8456
Germ. Pont. V/2, 126 n. *11a	J^3 *8469
Germ. Pont. V/2, 126 n. *12	J^3 *8469
Germ. Pont. V/2, 126 n. *14	J^3 *8475
Germ. Pont. V/2, 126 n. *15	J^3 *8478
Germ. Pont. V/2, 127 n. *16	J^3 *8481
Germ. Pont. V/2, 207 n. 3	J^3 5850
Germ. Pont. V/2, 208 n. *4	J^3 *7425
Germ. Pont. V/2, 208 n. †5	J^3 †7426
Germ. Pont. V/2, 208 n. 6	J^3 *7484
Germ. Pont. V/2, 209 n. 7	J^3 7684
Germ. Pont. V/2, 209 n. 8	J^3 *7688 et J^3 7689
Germ. Pont. V/2, 209 n. *9	J^3 *7726
Germ. Pont. V/2, 210 n. 10	J^3 7731
Germ. Pont. V/2, 210 n. 11	J^3 *7916
Germ. Pont. V/2, 211 n. *†11a	J^3 *†7942
Germ. Pont. V/2, 212 n. *?12	J^3 *7916 et J^3 *?7943
Germ. Pont. V/2, 212 n. *13	J^3 *7944
Germ. Pont. V/2, 212 n. 14	J^3 7945

Germ. Pont. V/2, 213 n. *15	J^{3} *7946
Germ. Pont. V/2, 213 n. *16	J^{3} *7950
Germ. Pont. V/2, 213 n. 18	J^{3} *8097
Germ. Pont. V/2, 214 n. 19	J^{3} 8099
Germ. Pont. V/2, 215 n. 20	J^{3} 8183
Germ. Pont. V/2, 215 n. *21	J^{3} *8469
Germ. Pont. V/2, 215 n. †22	J^{3} †8517
Germ. Pont. V/2, 217 n. *24	J^{3} *8799
Germ. Pont. V/2, 217 n. *25	J^{3} *8816
Germ. Pont. V/2, 217 n. 26	J^{3} 8829
Germ. Pont. V/2, 310 n. *2	J^{3} *7593
Germ. Pont. V/2, 310 n. *3	J^{3} *7681
Germ. Pont. V/2, 311 n. 4	J^{3} 7918
Germ. Pont. V/2, 312 n. 5	J^{3} 8390
Germ. Pont. V/2, 314 n. *5a	J^{3} *8567
Germ. Pont. V/2, 323 n. 1	J^{3} 8390
Germ. Pont. V/2, 332 n. *1	J^{3} *7773
Germ. Pont. V/2, 333 n. 2	J^{3} 7805
Germ. Pont. V/2, 334 n. *3	J^{3} *7804
Germ. Pont. V/2, 340 n. 2	J^{3} 7981
Germ. Pont. V/2, 343 n. 2	J^{3} †8114
Germ. Pont. V/2, 346 n. 2	J^{3} 8117
Germ. Pont. V/2, 445 n. *†1	J^{3} *†7637
Germ. Pont. V/2, 445 n. *†2	J^{3} *†7665
Germ. Pont. V/2, 480 n. 16	J^{3} 8781
Germ. Pont. V/2, 486 n. *†6	J^{3} *5322
Germ. Pont. V/2, 486 n. 8	J^{3} *7484
Germ. Pont. V/2, 487 n. *9	J^{3} *7697
Germ. Pont. V/2, 487 n. 10	J^{3} 7788
Germ. Pont. V/2, 487 n. 11	J^{3} 7805
Germ. Pont. V/2, 488 n. *12	J^{3} *7804
Germ. Pont. V/2, 488 n. *13	J^{3} *7950
Germ. Pont. V/2, 488 n. *13a	J^{3} *8452
Germ. Pont. V/2, 488 n. *14	J^{3} *8469
Germ. Pont. VI 28 n. †15	J^{3} †5304
Germ. Pont. VI 29 n. †16	J^{3} †5396
Germ. Pont. VI 29 n. *†17	J^{3} *†5668
Germ. Pont. VI 30 n. *†18	J^{3} *†5734
Germ. Pont. VI 30 n. *19	J^{3} *5899
Germ. Pont. VI 30 n. 20	J^{3} 5904
Germ. Pont. VI 31 n. 21	J^{3} 5902
Germ. Pont. VI 32 n. †22	J^{3} 5902
Germ. Pont. VI 33 n. †23	J^{3} †5903
Germ. Pont. VI 35 n. *†25	J^{3} *†5978
Germ. Pont. VI 35 n. 26	J^{3} 5989
Germ. Pont. VI 35 n. †27	J^{3} †6295
Germ. Pont. VI 36 n. †28	J^{3} †7119
Germ. Pont. VI 36 n. 29 *(b)	J^{3} *7219
Germ. Pont. VI 37 n. 29 (c)	J^{3} 7220
Germ. Pont. VI 37 n. *30	J^{3} *7231
Germ. Pont. VI 37 n. †31	J^{3} †7234
Germ. Pont. VI 38 n. *32	J^{3} *7251
Germ. Pont. VI 38 n. *33	J^{3} *7251
Germ. Pont. VI 38 n. 34	J^{3} 7254
Germ. Pont. VI 39 n. 35	J^{3} 7281
Germ. Pont. VI 40 n. 36	J^{3} 7298
Germ. Pont. VI 40 n. *37	J^{3} *7305
Germ. Pont. VI 41 n. 39 †(a)	J^{3} †7426
Germ. Pont. VI 42 n. 39 *(b)	J^{3} *7425
Germ. Pont. VI 42 n. ?*40	J^{3} *?7429
Germ. Pont. VI 42 n. †41	J^{3} †7435
Germ. Pont. VI 43 n. 42	J^{3} 7436
Germ. Pont. VI 43 n. †43	J^{3} †7454
Germ. Pont. VI 44 n. †45	J^{3} †7498
Germ. Pont. VI 45 n. 46	J^{3} †7621
Germ. Pont. VI 45 n. †47	J^{3} †7656
Germ. Pont. VI 45 n. 48	J^{3} 7684
Germ. Pont. VI 47 n. *49	J^{3} *7688
	et J^{3} 7689
Germ. Pont. VI 47 n. 50	J^{3} *7688
Germ. Pont. VI 47 n. 51	J^{3} 7788
Germ. Pont. VI 48 n. *†54	J^{3} *†7856
Germ. Pont. VI 48 n. *55	J^{3} *7873
Germ. Pont. VI 49 n. *56	J^{3} *7876
Germ. Pont. VI 49 n. *57	J^{3} *7878
Germ. Pont. VI 49 n. †58	J^{3} †8027
Germ. Pont. VI 49 n. 59a	J^{3} 8098
Germ. Pont. VI 50 n. 59b	J^{3} 8099
Germ. Pont. VI 50 n. 61	J^{3} 8183
Germ. Pont. VI 51 n. †62	J^{3} †8179
Germ. Pont. VI 52 n. *64	J^{3} *8617
Germ. Pont. VI 52 n. †66	J^{3} †8672
Germ. Pont. VI 52 n. †67	J^{3} †8769
Germ. Pont. VI 53 n. *69	J^{3} *8816
Germ. Pont. VII 20 n. *20	J^{3} *5719
Germ. Pont. VII 21 n. *21	J^{3} *5738
Germ. Pont. VII 21 n. 22	J^{3} 5743
Germ. Pont. VII 21 n. *23	J^{3} *5847
Germ. Pont. VII 22 n. 24	J^{3} 5867
Germ. Pont. VII 22 n. 25	J^{3} 5868
Germ. Pont. VII 22 n. 26	J^{3} 5882
	et J^{3} 5883
Germ. Pont. VII 23 n. 28	J^{3} 5888
Germ. Pont. VII 24 n. 29	J^{3} 5896
Germ. Pont. VII 24 n. 30	J^{3} 5901
Germ. Pont. VII 24 n. 31	J^{3} 5904
Germ. Pont. VII 24 n. 32	J^{3} 5902
Germ. Pont. VII 24 n. *33	J^{3} *5924
Germ. Pont. VII 25 n. 34	J^{3} 5906
Germ. Pont. VII 25 n. 35	J^{3} 5884
Germ. Pont. VII 25 n. 36	J^{3} 5920
Germ. Pont. VII 25 n. 37	J^{3} 5935
Germ. Pont. VII 26 n. 39	J^{3} 5945
Germ. Pont. VII 27 n. 41	J^{3} 5964
Germ. Pont. VII 27 n. 42	J^{3} 5969
Germ. Pont. VII 27 n. *43	J^{3} *5971
Germ. Pont. VII 27 n. 44	J^{3} 6072
Germ. Pont. VII 28 n. 46	J^{3} 6079
Germ. Pont. VII 28 n. 47	J^{3} 6080
Germ. Pont. VII 28 n. 48	J^{3} 6081
Germ. Pont. VII 29 n. *49	J^{3} *6155
Germ. Pont. VII 29 n. 50	J^{3} 6206
Germ. Pont. VII 29 n. 51	J^{3} *6204
	et J^{3} *6205
Germ. Pont. VII 30 n. 53	J^{3} 6244
Germ. Pont. VII 30 n. 54	J^{3} 6245

Germ. Pont. VII 31 n. *55	J^{3} *6257
Germ. Pont. VII 31 n. 56	J^{3} 6251
Germ. Pont. VII 31 n. 57	J^{3} 6253
Germ. Pont. VII 31 n. 58	J^{3} 6258
Germ. Pont. VII 32 n. 59	J^{3} 6259
Germ. Pont. VII 32 n. 60	J^{3} 6260
Germ. Pont. VII 32 n. 61	J^{3} 6314
Germ. Pont. VII 33 n. 62	J^{3} 6261
Germ. Pont. VII 33 n. 63	J^{3} 6304
Germ. Pont. VII 34 n. *65	J^{3} *6364
Germ. Pont. VII 34 n. 66	J^{3} 6365
Germ. Pont. VII 34 n. 67	J^{3} 6385
Germ. Pont. VII 35 n. *68	J^{3} 6455
Germ. Pont. VII 35 n. *69	J^{3} *6683
Germ. Pont. VII 35 n. 71	J^{3} 7055
Germ. Pont. VII 36 n. 72	J^{3} 7217
Germ. Pont. VII 36 n. *74	J^{3} *7218
Germ. Pont. VII 37 n. 76	J^{3} 7220
Germ. Pont. VII 37 n. 77	J^{3} 7235
Germ. Pont. VII 38 n. *78	J^{3} *7251
	et J^{3} *7252
Germ. Pont. VII 38 n. *79	J^{3} *7253
Germ. Pont. VII 38 n. 80	J^{3} 7254
Germ. Pont. VII 39 n. *81	J^{3} *7268
	7269
Germ. Pont. VII 39 n. 83	J^{3} 7281
Germ. Pont. VII 40 n. *84	J^{3} *7284
Germ. Pont. VII 40 n. 85	J^{3} 7282
Germ. Pont. VII 40 n. *87	J^{3} *7299
Germ. Pont. VII 41 n. 88	J^{3} 7300
Germ. Pont. VII 41 n. 89	J^{3} 7298
Germ. Pont. VII 42 n. *90	J^{3} *7305
Germ. Pont. VII 42 n. 91	J^{3} †7426
Germ. Pont. VII 42 n. †92	J^{3} †7454
Germ. Pont. VII 43 n. 94	J^{3} 7480
Germ. Pont. VII 43 n. 96	J^{3} 7481
Germ. Pont. VII 44 n. *98	J^{3} *7499
Germ. Pont. VII 44 n. *99	J^{3} *7500
Germ. Pont. VII 44 n. 100	J^{3} 7506
Germ. Pont. VII 45 n. 101	J^{3} 7507
Germ. Pont. VII 46 n. 103	J^{3} 7522
Germ. Pont. VII 46 n. 104	J^{3} 7536
Germ. Pont. VII 46 n. 105	J^{3} 7684
Germ. Pont. VII 46 n. 106	J^{3} *7688
	et J^{3} 7689
Germ. Pont. VII 47 n. *108	J^{3} *7727
Germ. Pont. VII 47 n. 109	J^{3} 7731
Germ. Pont. VII 47 n. 110	J^{3} 7788
Germ. Pont. VII 48 n. †111	J^{3} *†7853
Germ. Pont. VII 48 n. †113	J^{3} *†7867
Germ. Pont. VII 48 n. 114	J^{3} †7948
Germ. Pont. VII 49 n. 115	J^{3} 7981
Germ. Pont. VII 49 n. †116	J^{3} †8027
Germ. Pont. VII 49 n. *117	J^{3} *8053
Germ. Pont. VII 49 n. 118	J^{3} 8054
Germ. Pont. VII 50 n. 119	J^{3} 8098
Germ. Pont. VII 50 n. 120	J^{3} 8099
Germ. Pont. VII 50 n. ?*121	J^{3} *†8164
Germ. Pont. VII 50 n. 122	J^{3} 8183
Germ. Pont. VII 51 n. 123	J^{3} 8301
Germ. Pont. VII 51 n. *124	J^{3} *8402
Germ. Pont. VII 51 n. 125	J^{3} 8406
Germ. Pont. VII 51 n. *126	J^{3} *8408
Germ. Pont. VII 51 n. *127	J^{3} *8481
Germ. Pont. VII 52 n. †129	J^{3} †8626
Germ. Pont. VII 52 n. 130	J^{3} 8747
Germ. Pont. VII 52 n. †131	J^{3} 8774
	et J^{3} †8776
	et J^{3} †8778
Germ. Pont. VII 53 n. *132	J^{3} *8798
Germ. Pont. VII 54 n. 134	J^{3} 8807
Germ. Pont. VII 61 n. 1	J^{3} 7536
Germ. Pont. VII 135 n. 2	J^{3} 6244
Germ. Pont. VII 136 n. 3	J^{3} 6259
Germ. Pont. VII 176 n. 2	J^{3} 8054
Germ. Pont. VII 218 n. 2	J^{3} 7240
Germ. Pont. VII 227 n. *1	J^{3} *5325
Germ. Pont. VII 227 n. *2	J^{3} *5873
Germ. Pont. VII 227 n. *3	J^{3} *6256
Germ. Pont. VII 228 n. 4	J^{3} 7708
Germ. Pont. VII 233 n. *1	J^{3} *8053
Germ. Pont. VII 237 n. 1	J^{3} 8268
Germ. Pont. IX 13 n. 8	J^{3} 6244
Germ. Pont. IX 14 n. *10	J^{3} *7218
Germ. Pont. IX 14 n. 12	J^{3} 7220
Germ. Pont. IX 14 n. 13	J^{3} 7298
Germ. Pont. IX 14 n. *14	J^{3} 7480
Germ. Pont. IX 15 n. 15	J^{3} *7688
	et J^{3} 7689
Germ. Pont. IX 15 n. 16	J^{3} 8554
Germ. Pont. IX 51 n. *1	J^{3} *7966
Germ. Pont. IX 52 n. *2	J^{3} *8394
Germ. Pont. IX 69 n. *2	J^{3} *6049
Germ. Pont. IX 69 n. 3	J^{3} 6244
Germ. Pont. IX 70 n. *5	J^{3} *7218
Germ. Pont. IX 70 n. 7	J^{3} 7220
Germ. Pont. IX 70 n. 8	J^{3} 7298
Germ. Pont. IX 70 n. 9	J^{3} *7688
	et J^{3} 7689
Germ. Pont. IX 71 n. *10	J^{3} *8246
Germ. Pont. IX 71 n. 11	J^{3} 8554
Germ. Pont. IX 113 n. 7	J^{3} 5850
Germ. Pont. IX 113 n. 8	J^{3} 6244
Germ. Pont. IX 113 n. *10	J^{3} *7218
Germ. Pont. IX 114 n. 12	J^{3} 7220
Germ. Pont. IX 114 n. 13	J^{3} 7225
Germ. Pont. IX 115 n. *13a	J^{3} *7226
Germ. Pont. IX 115 n. 14	J^{3} 7229
Germ. Pont. IX 116 n. *14a	J^{3} *7228
Germ. Pont. IX 116 n. 15	J^{3} 7298
Germ. Pont. IX 117 n. ?*16	J^{3} *7425
Germ. Pont. IX 117 n. 17	J^{3} *7688
	et J^{3} 7689
Germ. Pont. IX 117 n. 18	J^{3} 7790
Germ. Pont. IX 117 n. †*19	J^{3} 7934
	et J^{3} †7935
	et J^{3} *†7989

Germ. Pont. IX 118 n. 20	J^3 8554
Germ. Pont. IX 132 n. 1	J^3 7225
Germ. Pont. IX 136 n. 1	J^3 5429
Germ. Pont. IX 137 n. *2	J^3 *5431
Germ. Pont. IX 137 n. 3	J^3 7238
Germ. Pont. IX 151 n. 3	J^3 5850
Germ. Pont. IX 151 n. 4	J^3 6244
Germ. Pont. IX 152 n. *6	J^3 *7218
Germ. Pont. IX 152 n. 8	J^3 7220
Germ. Pont. IX 152 n. 9	J^3 7298
Germ. Pont. IX 152 n. ?*10	J^3 *7425
Germ. Pont. IX 153 n. 11	J^3 *7688
	et J^3 7689
Germ. Pont. IX 153 n. *12	J^3 *7769
Germ. Pont. IX 153 n. 13	J^3 7790
Germ. Pont. IX 153 n. *14	J^3 *7802
Germ. Pont. IX 153 n.*15	J^3 7810
Germ. Pont. IX 154 n. †16	J^3 †7868
Germ. Pont. IX 154 n. †17	J^3 †7869
Germ. Pont. IX 154 n. 18	J^3 7913
Germ. Pont. IX 154 n. 19	J^3 7918
	et J^3 7919
Germ. Pont. IX 154 n. 20	J^3 7933
Germ. Pont. IX 155 n. 21	J^3 8183
Germ. Pont. IX 155 n. 22	J^3 8554
Germ. Pont. X 28 n. †*19	J^3 *†5425
Germ. Pont. X 28 n. *20	J^3 *5738
Germ. Pont. X 29 n. 21	J^3 5742
Germ. Pont. X 29 n. 22	J^3 5743
Germ. Pont. X 29 n. *23	J^3 *5847
Germ. Pont. X 30 n. 24	J^3 5867
Germ. Pont. X 30 n. 25	J^3 5868
Germ. Pont. X 31 n. 26	J^3 5882
	et J^3 5883
Germ. Pont. X 31 n. 28	J^3 5888
Germ. Pont. X 32 n. 29	J^3 5896
Germ. Pont. X 32 n. 30	J^3 5904
Germ. Pont. X 32 n. *31	J^3 *5924
Germ. Pont. X 33 n. 32	J^3 5906
Germ. Pont. X 33 n. 33	J^3 5884
Germ. Pont. X 33 n. 34	J^3 5920
Germ. Pont. X 33 n. 35	J^3 5935
Germ. Pont. X 34 n. 37	J^3 5945
Germ. Pont. X 34 n. 38	J^3 5969
Germ. Pont. X 34 n. *39	J^3 *5971
Germ. Pont. X 34 n. 40	J^3 6072
Germ. Pont. X 35 n. 42	J^3 6079
Germ. Pont. X 35 n. 43	J^3 6080
Germ. Pont. X 35 n. 44	J^3 6081
Germ. Pont. X 36 n. *45	J^3 *6150
	et J^3 *6155
	et J^3 *6156
Germ. Pont. X 36 n. 46	J^3 6289
Germ. Pont. X 37 n. *48	J^3 *6358
Germ. Pont. X 37 n. 49	J^3 6360
Germ. Pont. X 37 n. *50	J^3 *6362
Germ. Pont. X 37 n. *51	J^3 *6363
Germ. Pont. X 38 n. *52	J^3 *6685

Germ. Pont. X 38 n. *53	J^3 *6924
Germ. Pont. X 39 n. †54	J^3 †7565
Germ. Pont. X 39 n. *55	J^3 *7678
Germ. Pont. X 40 n. *56	J^3 *7678
Germ. Pont. X 40 n. *57	J^3 *7687
Germ. Pont. X 40 n. 58	J^3 *7688
	et J^3 7689
Germ. Pont. X 41 n. *59	J^3 *7688
	et J^3 *7692
Germ. Pont. X 42 n. †*60	J^3 *†7698
Germ. Pont. X 42 n. 61	J^3 7731
Germ. Pont. X 42 n. 62	J^3 7759
Germ. Pont. X 43 n. 63	J^3 7789
Germ. Pont. X 43 n. 64	J^3 7788
Germ. Pont. X 43 n. 65	J^3 *7813
Germ. Pont. X 44 n. 66	J^3 *7822
Germ. Pont. X 44 n. †67	J^3 †7948
Germ. Pont. X 45 n. 68	J^3 7885
Germ. Pont. X 45 n. 69	J^3 7954
Germ. Pont. X 47 n. 71	J^3 8017
Germ. Pont. X 47 n. †72	J^3 †8027
Germ. Pont. X 48 n. 73	J^3 8042
Germ. Pont. X 48 n. †74	J^3 †8044
Germ. Pont. X 49 n. *75	J^3 *†8074
Germ. Pont. X 49 n. *76	J^3 *8082
Germ. Pont. X 50 n. 77	J^3 8098
Germ. Pont. X 50 n. 78	J^3 8099
Germ. Pont. X 51 n. †83	J^3 †8626
Germ. Pont. X 52 n. †*84	J^3 *†8693
Germ. Pont. X 52 n. 85	J^3 8694
Germ. Pont. X 52 n. 86	J^3 8747
Germ. Pont. X 160 n. 2	J^3 8042
Germ. Pont. X 200 n. †3	J^3 †7620
Germ. Pont. X 201 n. †*4	J^3 *†7698
Germ. Pont. X 201 n. †5	J^3 †7699
Germ. Pont. X 202 n. †*6	J^3 *†7787
Germ. Pont. X 202 n. 7	J^3 7933
Germ. Pont. X 203 n. 8	J^3 8160
Germ. Pont. X 203 n. *9	J^3 8362
Germ. Pont. X 204 n. †*10	J^3 *†8804
Germ. Pont. X 222 n. *1	J^3 *†8074
Germ. Pont. X 229 n. †1	J^3 †7617
Germ. Pont. X 230 n. †*2	J^3 *†8045
Germ. Pont. X 230 n. 3	J^3 8040
Germ. Pont. X 241 n. 1	J^3 8041
Germ. Pont. X 251 n. *1	J^3 *7448
	et J^3 *7455
Germ. Pont. X 252 n. *2	J^3 *7455
Germ. Pont. X 252 n. *3	J^3 *7640
Germ. Pont. X 265 n. *3	J^3 *8043
Germ. Pont. X 265 n. 4	J^3 8140
Germ. Pont. X 281 n. *3	J^3 *5278
Germ. Pont. X 281 n. *4	J^3 *5279
Germ. Pont. X 282 n. *6	J^3 *7499
Germ. Pont. X 282 n. *7	J^3 *7500
Germ. Pont. X 282 n. 8	J^3 7506
Germ. Pont. X 282 n. 9	J^3 7507
Germ. Pont. X 283 n. *10	J^3 *7510
Germ. Pont. X 283 n. *11	J^3 *7511

Iber. Pont. II 9 n. †2	J^3 †6334
Iber. Pont. IV 80 n. *†1	J^3 †6334
Iber. Pont. IV 141 n. *†1	J^3 †6334

Ital. Pont. I 6 n. 6	J^3 5475
Ital. Pont. I 6 n. 7	J^3 5942
Ital. Pont. I 6 n. 8	J^3 †7048
Ital. Pont. I 12 n. 18	J^3 5475
Ital. Pont. I 13 n. *19	J^3 *5346
Ital. Pont. I 18 n. 2	J^3 7494
Ital. Pont. I 19 n. *3	J^3 *5662
Ital. Pont. I 20 n. 1	J^3 8723
Ital. Pont. I 25 n. *5 [10]	J^3 7365
Ital. Pont. I 32 n. †*1	J^3 *†5580
Ital. Pont. I 36 n. *2	J^3 *8060
Ital. Pont. I 39 n. 1	J^3 7603
Ital. Pont. I 41 n. *2	J^3 *5381
Ital. Pont. I 43 n. *2	J^3 *5411
Ital. Pont. I 46 n. *3	J^3 *5296
Ital. Pont. I 46 n. 4	J^3 *5311
Ital. Pont. I 46 n. *5	J^3 *5312
Ital. Pont. I 46 n. *6	J^3 *5566
Ital. Pont. I 66 n. *1	J^3 *8007
Ital. Pont. I 74 n. *2	J^3 *5414
Ital. Pont. I 74 n. 3	J^3 5416
Ital. Pont. I 74 n. *4	J^3 *5479
Ital. Pont. I 74 n. 5	J^3 5481
Ital. Pont. I 74 n. 6	J^3 5502
Ital. Pont. I 75 n. 7	J^3 5503
Ital. Pont. I 75 n. *8	J^3 *5628
Ital. Pont. I 75 n. 9	J^3 6190
Ital. Pont. I 79 n. *1	J^3 *8100
Ital. Pont. I 82 n. 4	J^3 †5292
Ital. Pont. I 82 n. *5	J^3 *7583
Ital. Pont. I 83 n. 6	J^3 7725
Ital. Pont. I 83 n. 7	J^3 7791
Ital. Pont. I 87 n. 1	J^3 7603
Ital. Pont. I 91 n. 1	J^3 8538
Ital. Pont. I 97 n. 3	J^3 *8335
Ital. Pont. I 106 n. 5	J^3 8662
Ital. Pont. I 116 n. *1	J^3 *8060
Ital. Pont. I 116 n. *2	J^3 *8274
Ital. Pont. I 116 n. 3	J^3 8487
Ital. Pont. I 121 n. *2	J^3 *5370
Ital. Pont. I 121 n. 3	J^3 †7413
Ital. Pont. I 122 n. *1	J^3 *8059
Ital. Pont. I 125 n. *3	J^3 *8253
Ital. Pont. I 130 n. *1	J^3 *8375
Ital. Pont. I 130 n. 2	J^3 *8413
Ital. Pont. I 130 n. 3	J^3 8529
Ital. Pont. I 138 n. *14	J^3 *5324
Ital. Pont. I 138 n. *15	J^3 *5562
Ital. Pont. I 138 n. *16	J^3 *7138
Ital. Pont. I 139 n. *17	J^3 *7140
Ital. Pont. I 145 n. 1	J^3 5516
Ital. Pont. I 145 n. *2	J^3 *7549
Ital. Pont. I 147 n. *3	J^3 *5563
Ital. Pont. I 147 n. *4	J^3 *7550
Ital. Pont. I 151 n. *1	J^3 *7090
Ital. Pont. I 152 n. *1	J^3 *5564
Ital. Pont. I 155 n. 1	J^3 8430
Ital. Pont. I 161 n. *3	J^3 *5375
Ital. Pont. I 161 n. *5	J^3 *5364
Ital. Pont. I 161 n. *6	J^3 *8059
Ital. Pont. I 163 n. *3	J^3 *5918
Ital. Pont. I 167 n. 7	J^3 5561
Ital. Pont. I 167 n. *8	J^3 *5341
Ital. Pont. I 167 n. *9	J^3 *7659
Ital. Pont. I 168 n. *10	J^3 *7704
Ital. Pont. I 168 n. *11	J^3 *8388
Ital. Pont. I 183 n. *1	J^3 *5363
Ital. Pont. I 183 n. *2	J^3 *5461
Ital. Pont. I 185 n. 1	J^3 7964
Ital. Pont. I 186 n. 1	J^3 8688
Ital. Pont. I 186 n. *2	J^3 *7923

Ital. Pont. II 10 n. *4	J^3 *8365
Ital. Pont. II 18 n. *2	J^3 *5925
Ital. Pont. II 18 n. *3	J^3 *5979
Ital. Pont. II 19 n. *4	J^3 6447
Ital. Pont. II 19 n. 5	J^3 ?6454
Ital. Pont. II 19 n. 6	J^3 6673 et J^3 6676
Ital. Pont. II 19 n. *7	J^3 *7089
Ital. Pont. II 19 n. 8	J^3 8210
Ital. Pont. II 20 n. 9	J^3 8531
Ital. Pont. II 20 n. 10	J^3 8728
Ital. Pont. II 21 n. *1	J^3 *5495
Ital. Pont. II 23 n. *1	J^3 *5565
Ital. Pont. II 23 n. *2	J^3 *7345
Ital. Pont. II 25 n. 1	J^3 7409
Ital. Pont. II 29 n. *1	J^3 *8149
Ital. Pont. II 40 n. 1	J^3 8719
Ital. Pont. II 42 n. *1	J^3 *8810
Ital. Pont. II 45 n. 1	J^3 8147
Ital. Pont. II 49 n. 2	J^3 7964
Ital. Pont. II 54 n. 3	J^3 7651
Ital. Pont. II 61 n. 11	J^3 *8335
Ital. Pont. II 62 n. *12	J^3 *8338
Ital. Pont. II 62 n. *13	J^3 *8375
Ital. Pont. II 62 n. 14	J^3 *8413
Ital. Pont. II 62 n. *15	J^3 *8405
Ital. Pont. II 62 n. 16	J^3 8612
Ital. Pont. II 62 n. 17	J^3 8639
Ital. Pont. II 63 n. *18	J^3 8640
Ital. Pont. II 63 n. 19	J^3 8641
Ital. Pont. II 63 n. *20	J^3 *8661
Ital. Pont. II 63 n. *21	J^3 *8671
Ital. Pont. II 63 n. 22	J^3 8673
Ital. Pont. II 64 n. 23	J^3 8676
Ital. Pont. II 64 n. 24	J^3 8688
Ital. Pont. II 64 n. 25	J^3 8720
Ital. Pont. II 71 n. 1	J^3 6812
Ital. Pont. II 73 n. *1	J^3 *7465
Ital. Pont. II 76 n. *2	J^3 *6100
Ital. Pont. II 76 n. *3	J^3 *7028
Ital. Pont. II 76 n. *4	J^3 *7623

Ital. Pont. II 76 n. *5	J^3 *7657
Ital. Pont. II 76 n. *6	J^3 7718
Ital. Pont. II 77 n. 7	J^3 †8022
Ital. Pont. II 77 n. 8	J^3 †8224
Ital. Pont. II 79 n. *3	J^3 *8679
Ital. Pont. II 83 n. 1	J^3 7979
Ital. Pont. II 83 n. 2	J^3 8116
Ital. Pont. II 86 n. *3	J^3 *5512
Ital. Pont. II 86 n. †4	J^3 †6066
Ital. Pont. II 86 n. †5	J^3 †6108
Ital. Pont. II 87 n. †6	J^3 †7043
Ital. Pont. II 87 n. 7	J^3 6899
Ital. Pont. II 87 n. *8	J^3 *7103
Ital. Pont. II 87 n. 9	J^3 7532
Ital. Pont. II 88 n. *1	J^3 *8372
Ital. Pont. II 88 n. 10	J^3 7595
Ital. Pont. II 88 n. 11	J^3 7601
Ital. Pont. II 88 n. 12	J^3 7610
Ital. Pont. II 89 n. 13	J^3 7615
Ital. Pont. II 89 n. 14	J^3 7616
Ital. Pont. II 89 n. *15	J^3 *7622
Ital. Pont. II 89 n. *16	J^3 7718
Ital. Pont. II 89 n. 17	J^3 7763
Ital. Pont. II 89 n. 18	J^3 7764
Ital. Pont. II 90 n. 19	J^3 7979
Ital. Pont. II 90 n. 20	J^3 8020
Ital. Pont. II 90 n. *21	J^3 *8080
Ital. Pont. II 90 n. 22	J^3 8116
Ital. Pont. II 91 n. 23	J^3 8314
Ital. Pont. II 91 n. 24	J^3 8530
Ital. Pont. II 91 n. 25	J^3 8686
Ital. Pont. II 120 n. *1	J^3 *7924
Ital. Pont. II 121 n. 1	J^3 8443
Ital. Pont. II 153 n. *1	J^3 *8532
Ital. Pont. II 178 n. *1	J^3 *8279
Ital. Pont. II 178 n. *2	J^3 *8283
Ital. Pont. II 178 n. 3	J^3 8284
Ital. Pont. II 197 n. 1	J^3 5468
Ital. Pont. II 202 n. *2	J^3 *5517
	et J^3 *5518
Ital. Pont. II 204 n. 1	J^3 8612
Ital. Pont. II 223 n. †*4	J^3 *†8706
Ital. Pont. III 3 n. *5	J^3 *6608
Ital. Pont. III 3 n. 6	J^3 6673
	et J^3 6674
Ital. Pont. III 3 n. 7	J^3 6937
Ital. Pont. III 7 n. 2	J^3 6421
Ital. Pont. III 53 n. *1	J^3 *8633
Ital. Pont. III 62 n. †*2	J^3 *†6323
Ital. Pont. III 62 n. †*3	J^3 *†7049
Ital. Pont. III 62 n. †*4	J^3 *†7328
Ital. Pont. III 148 n. *9	J^3 †5406
Ital. Pont. III 148 n. *10	J^3 *†5410
Ital. Pont. III 148 n. 11	J^3 6317
Ital. Pont. III 149 n. *12	J^3 *6318
Ital. Pont. III 149 n. 13	J^3 6551
Ital. Pont. III 149 n. *14	J^3 7388
Ital. Pont. III 157 n. *1	J^3 *8244
Ital. Pont. III 164 n. 1	J^3 8428
Ital. Pont. III 200 n. *9	J^3 †5406
Ital. Pont. III 200 n. *10	J^3 *†5410
Ital. Pont. III 223 n. 1	J^3 8539
Ital. Pont. III 239 n. *2	J^3 *6319
Ital. Pont. III 239 n. *3	J^3 *7029
Ital. Pont. III 239 n. *4	J^3 *7319
Ital. Pont. III 239 n. 5	J^3 8270
Ital. Pont. III 239 n. 6	J^3 8492
Ital. Pont. III 240 n. *7	J^3 *8643
Ital. Pont. III 240 n. *8	J^3 *8691
Ital. Pont. III 240 n. 9	J^3 8692
Ital. Pont. III 248 n. *1	J^3 *7104
Ital. Pont. III 248 n. *2	J^3 *7439
Ital. Pont. III 248 n. *3	J^3 *7567
Ital. Pont. III 248 n. *4	J^3 *8008
Ital. Pont. III 248 n. *5	J^3 *8124
Ital. Pont. III 248 n. 6	J^3 8209
Ital. Pont. III 255 n. *2	J^3 *8029
Ital. Pont. III 259 n. *2	J^3 *8502
Ital. Pont. III 262 n. *1	J^3 *8029
Ital. Pont. III 262 n. *2	J^3 *8811
Ital. Pont. III 269 n. *2	J^3 *8502
Ital. Pont. III 273 n. *1	J^3 *8788
Ital. Pont. III 276 n. *1	J^3 *8811
Ital. Pont. III 282 n. *8	J^3 *7161
Ital. Pont. III 282 n. 9	J^3 7162
Ital. Pont. III 282 n. 10	J^3 8555
Ital. Pont. III 333 n. †10	J^3 †7389
Ital. Pont. III 333 n. †11	J^3 †8427
Ital. Pont. III 333 n. 12	J^3 8550
Ital. Pont. III 334 n. †13	J^3 †8683
Ital. Pont. III 356 n. †3	J^3 †5339
Ital. Pont. III 356 n. †4	J^3 †7650
Ital. Pont. III 356 n. †5	J^3 7690
Ital. Pont. III 356 n. †6	J^3 †7760
Ital. Pont. III 356 n. †7	J^3 †8065
Ital. Pont. III 356 n. †8	J^3 †8111
Ital. Pont. III 357 n. †9	J^3 †8162
Ital. Pont. III 357 n. †10	J^3 †8308
Ital. Pont. III 357 n. †11	J^3 †8341
Ital. Pont. III 357 n. †12	J^3 †8356
Ital. Pont. III 357 n. †13	J^3 †8361
Ital. Pont. III 357 n. †14	J^3 †8426
Ital. Pont. III 357 n. †15	J^3 †8520
Ital. Pont. III 357 n. †*16	J^3 *8698
Ital. Pont. III 388 n. 1	J^3 7387
Ital. Pont. III 449 n. 1	J^3 7387
Ital. Pont. III 459 n. *†7	J^3 †5299
Ital. Pont. III 459 n. †*8	J^3 †5390
Ital. Pont. III 459 n. †*9	J^3 *†6237
Ital. Pont. III 459 n. *10	J^3 *8589
Ital. Pont. III 485 n. *1	J^3 *8811
Ital. Pont. IV 2 n. 3	J^3 ?5434
Ital. Pont. IV 2 n. 4	J^3 5511
Ital. Pont. IV 2 n. 5	J^3 6497
Ital. Pont. IV 2 n. 6	J^3 6566
Ital. Pont. IV 3 n. 7	J^3 6574
Ital. Pont. IV 3 n. 8	J^3 6586

Ital. Pont. IV 3 n. *9	J^3 *6590
Ital. Pont. IV 3 n. 10	J^3 6580
Ital. Pont. IV 4 n. *11	J^3 *6608
Ital. Pont. IV 4 n. 12	J^3 6673
	et J^3 6674
Ital. Pont. IV 4 n. 13	J^3 6932
Ital. Pont. IV 4 n. 14	J^3 7163
Ital. Pont. IV 4 n. 15	J^3 7204
Ital. Pont. IV 8 n. 12	J^3 5547
Ital. Pont. IV 20 n. †1	J^3 †5644
Ital. Pont. IV 22 n. 1	J^3 5426
Ital. Pont. IV 22 n. 2	J^3 ?5434
Ital. Pont. IV 23 n. 3	J^3 7204
Ital. Pont. IV 25 n. 1	J^3 6812
Ital. Pont. IV 33 n. *1	J^3 *7732
Ital. Pont. IV 34 n. *2	J^3 *7848
Ital. Pont. IV 50 n. †1	J^3 †8292
Ital. Pont. IV 50 n. †2	J^3 †8294
Ital. Pont. IV 50 n. †3	J^3 †8295
Ital. Pont. IV 50 n. †4	J^3 *†8401
Ital. Pont. IV 62 n. 3	J^3 8493
Ital. Pont. IV 67 n. *1	J^3 *8254
Ital. Pont. IV 67 n. *2	J^3 *8374
Ital. Pont. IV 67 n. 4	J^3 8493
Ital. Pont. IV 67 n. *5	J^3 *8573
Ital. Pont. IV 67 n. *6	J^3 *8613
Ital. Pont. IV 67 n. 7	J^3 8790
Ital. Pont. IV 76 n. 1	J^3 7959
Ital. Pont. IV 94 n. *1	J^3 8444
Ital. Pont. IV 99 n. *1	J^3 *6393
Ital. Pont. IV 99 n. 2	J^3 6407
Ital. Pont. IV 106 n. †*2	J^3 *†7552
Ital. Pont. IV 107 n. *3	J^3 *†8513
Ital. Pont. IV 109 n. 1	J^3 8647
Ital. Pont. IV 117 n. *7	J^3 *5756
Ital. Pont. IV 117 n. 8	J^3 6932
Ital. Pont. IV 136 n. 8	J^3 6884
Ital. Pont. IV 144 n. †1	J^3 †7866
Ital. Pont. IV 148 n. 1	J^3 5426
Ital. Pont. IV 149 n. *2	J^3 *6842
Ital. Pont. IV 149 n. 3	J^3 6885
Ital. Pont. IV 149 n. †*4	J^3 *†7872
Ital. Pont. IV 149 n. †*5	J^3 *†8593
Ital. Pont. IV 162 n. 18	J^3 6496
Ital. Pont. IV 188 n. †3	J^3 ?6373
Ital. Pont. IV 190 n. *1	J^3 8463
Ital. Pont. IV 220 n. *1	J^3 *6337
Ital. Pont. IV 221 n. 2	J^3 6405
Ital. Pont. IV 223 n. *1	J^3 *6337
Ital. Pont. IV 224 n. 2	J^3 6405
Ital. Pont. IV 225 n. *1	J^3 *8812
Ital. Pont. IV 235 n. †*1	J^3 *†7754
Ital. Pont. IV 253 n. 2	J^3 6463
Ital. Pont. IV 268 n. 1	J^3 6884
Ital. Pont. IV 284 n. *1	J^3 *6843
Ital. Pont. IV 284 n. 2	J^3 6883
Ital. Pont. IV 284 n. 3	J^3 6884
Ital. Pont. IV 311 n. *4	J^3 *6869
Ital. Pont. IV 312 n. 5	J^3 6884
Ital. Pont. V 8 n. *34	J^3 *5756
Ital. Pont. V 8 n. 35	J^3 5761
Ital. Pont. V 9 n. 36	J^3 5762
Ital. Pont. V 9 n. 37	J^3 6544
Ital. Pont. V 9 n. 38	J^3 6547
Ital. Pont. V 9 n. *39	J^3 6552
Ital. Pont. V 9 n. 40	J^3 6750
Ital. Pont. V 9 n. 41	J^3 6757
Ital. Pont. V 10 n. 42	J^3 6840
Ital. Pont. V 10 n. 43	J^3 6974
Ital. Pont. V 10 n. 44	J^3 6976
Ital. Pont. V 39 n. *97	J^3 *5332
Ital. Pont. V 39 n. *98	J^3 *5418
Ital. Pont. V 39 n. 99	J^3 5413
Ital. Pont. V 39 n. 100	J^3 5472
Ital. Pont. V 39 n. *101	J^3 *5736
Ital. Pont. V 40 n. *102	J^3 *5739
Ital. Pont. V 40 n. 103	J^3 5741
Ital. Pont. V 40 n. *104	J^3 *5746
Ital. Pont. V 40 n *105	J^3 *5756
Ital. Pont. V 40 n. *106	J^3 *5758
Ital. Pont. V 40 n. *107	J^3 *5759
	et J^3 *5760
Ital. Pont. V 41 n. 108	J^3 5761
Ital. Pont. V 41 n. 109	J^3 6123
Ital. Pont. V 41 n. 110	J^3 6084
Ital. Pont. V 42 n. 111	J^3 5714
Ital. Pont. V 42 n. 112	J^3 6085
Ital. Pont. V 42 n. *113	J^3 *6122
Ital. Pont. V 42 n. 114	J^3 6368
Ital. Pont. V 42 n. 115	J^3 6378
Ital. Pont. V 42 n. 116	J^3 6420
Ital. Pont. V 43 n. 117	J^3 6534
Ital. Pont. V 43 n. 118	J^3 6544
Ital. Pont. V 43 n. 119	J^3 6547
Ital. Pont. V 43 n. 120	J^3 6592
Ital. Pont. V 43 n. 121	J^3 6626
Ital. Pont. V 44 n. 122	J^3 6750
Ital. Pont. V 44 n. 123	J^3 6746
Ital. Pont. V 44 n. 124	J^3 6747
Ital. Pont. V 44 n. 125	J^3 6757
Ital. Pont. V 44 n. 126	J^3 *6755
Ital. Pont. V 44 n. 127	J^3 6763
Ital. Pont. V 45 n. *128	J^3 *6808
Ital. Pont. V 45 n. 129	J^3 6819
Ital. Pont. V 45 n. 130	J^3 6840
Ital. Pont. V 45 n. 131	J^3 6931
Ital. Pont. V 45 n. 132	J^3 6936
Ital. Pont. V 45 n. *133	J^3 *6969
Ital. Pont. V 46 n. 134	J^3 6970
Ital. Pont. V 46 n. 135	J^3 6971
Ital. Pont. V 46 n. 136	J^3 6975
Ital. Pont. V 46 n. 137	J^3 6974
Ital. Pont. V 46 n. 138	J^3 6976
Ital. Pont. V 47 n. *139	J^3 *6978
Ital. Pont. V 47 n. 140	J^3 6979
Ital. Pont. V 47 n. 141	J^3 6999
Ital. Pont. V 47 n. *142	J^3 *7000
Ital. Pont. V 47 n. *143	J^3 *7001

Ital. Pont. V 48 n. 144	J^3 7011
Ital. Pont. V 48 n. 145	J^3 7188
Ital. Pont. V 48 n. 146	J^3 7205
Ital. Pont. V 48 n. 147	J^3 7206
Ital. Pont. V 48 n. *148	J^3 7210
Ital. Pont. V 48 n. 149	J^3 7216
Ital. Pont. V 49 n. 150	J^3 7221
Ital. Pont. V 49 n. *151	J^3 *7423
Ital. Pont. V 49 n. *152	J^3 *7424
Ital. Pont. V 49 n. 153	J^3 7434
Ital. Pont. V 49 n. 154	J^3 †7509
Ital. Pont. V 50 n. *155	J^3 *7661
Ital. Pont. V 50 n. *157	J^3 *7774
Ital. Pont. V 50 n. *158	J^3 *7830
Ital. Pont. V 50 n. *159	J^3 *7905
Ital. Pont. V 50 n. 160	J^3 7913
Ital. Pont. V 50 n. 161	J^3 7920
Ital. Pont. V 51 n. *162	J^3 *7915
Ital. Pont. V 51 n. *163	J^3 8086
Ital. Pont. V 51 n. 164	J^3 8298
Ital. Pont. V 52 n. 165	J^3 8315
Ital. Pont. V 52 n. 166	J^3 8343
Ital. Pont. V 52 n. 167	J^3 8464
Ital. Pont. V 53 n. *168	J^3 *8657
Ital. Pont. V 77 n. 17	J^3 6746
Ital. Pont. V 77 n. 18	J^3 6936
Ital. Pont. V 80 n. *1	J^3 8119
Ital. Pont. V 90 n. 21	J^3 5471
Ital. Pont. V 90 n. *22	J^3 *5736
Ital. Pont. V 90 n. 23	J^3 *5756
Ital. Pont. V 90 n. 24	J^3 6420
Ital. Pont. V 90 n. 25	J^3 6748
Ital. Pont. V 91 n. 26	J^3 6747
Ital. Pont. V 91 n. 27	J^3 6931
Ital. Pont. V 91 n. *28	J^3 *6935
Ital. Pont. V 91 n. 29	J^3 6936
Ital. Pont. V 91 n. 30	J^3 6970
Ital. Pont. V 91 n. 31	J^3 6971
Ital. Pont. V 91 n. 32	J^3 6979
Ital. Pont. V 92 n. *33	J^3 *7002
Ital. Pont. V 92 n. 34	J^3 7006
Ital. Pont. V 92 n. 35	J^3 7007
Ital. Pont. V 92 n. 36	J^3 7012
Ital. Pont. V 93 n. 38	J^3 7913
Ital. Pont. V 103 n. *6	J^3 7999
Ital. Pont. V 107 n. †*1	J^3 *†7456
Ital. Pont. V 107 n. †*2	J^3 *†7833
Ital. Pont. V 107 n. †3	J^3 *†8122
Ital. Pont. V 114 n. 5	J^3 6972
Ital. Pont. V 115 n. 1	J^3 8797
Ital. Pont. V 117 n. 1	J^3 *6755
Ital. Pont. V 118 n. 2	J^3 6763
Ital. Pont. V 124 n. 1	J^3 6317
Ital. Pont. V 133 n. †1	J^3 †8075
Ital. Pont. V 148 n. 1	J^3 6970
Ital. Pont. V 148 n. 2	J^3 6973
Ital. Pont. V 148 n. 3	J^3 6972
Ital. Pont. V 155 n. 1	J^3 6973
Ital. Pont. V 163 n. 2	J^3 5762
Ital. Pont. V 163 n. 3	J^3 7205
Ital. Pont. V 163 n. 4	J^3 7206
Ital. Pont. V 175 n. *1	J^3 *6762
Ital. Pont. V 175 n. 2	J^3 6776
Ital. Pont. V 176 n. †1	J^3 †7854
Ital. Pont. V 180 n. 1	J^3 8642
Ital. Pont. V 181 n. 2	J^3 8782
Ital. Pont. V 187 n. *1	J^3 *7105
Ital. Pont. V 187 n. *2	J^3 *7121
Ital. Pont. V 187 n. 3	J^3 7164
Ital. Pont. V 187 n. 4	J^3 7165
Ital. Pont. V 189 n. 1	J^3 5809
Ital. Pont. V 190 n. 2	J^3 7496
Ital. Pont. V 190 n. †3	J^3 7652
Ital. Pont. V 195 n. *1	J^3 *8429
Ital. Pont. V 197 n. 1	J^3 6123
Ital. Pont. V 208 n. 4	J^3 6951
Ital. Pont. V 208 n. 5	J^3 7914
Ital. Pont. V 208 n. 6	J^3 8092
Ital. Pont. V 209 n. 7	J^3 8086
Ital. Pont. V 232 n. †1	J^3 †7907
Ital. Pont. V 241 n. 1	J^3 6273
Ital. Pont. V 246 n. 4	J^3 6931
Ital. Pont. V 246 n. 5	J^3 6951
Ital. Pont. V 247 n. *6	J^3 *7002
Ital. Pont. V 247 n. *7	J^3 *7000
Ital. Pont. V 247 n. 8	J^3 7006
Ital. Pont. V 247 n. 9	J^3 7007
Ital. Pont. V 247 n. 10	J^3 7012
Ital. Pont. V 247 n. *11	J^3 *7320
Ital. Pont. V 256 n. *1	J^3 *7395
Ital. Pont. V 256 n. 2	J^3 7912
Ital. Pont. V 301 n. 2	J^3 5762
Ital. Pont. V 301 n. 3	J^3 6728
Ital. Pont. V 336 n. *5	J^3 *6238
Ital. Pont. V 336 n. *6	J^3 *6517
Ital. Pont. V 336 n. *7	J^3 *6526
Ital. Pont. V 336 n. *8	J^3 *6527
Ital. Pont. V 337 n. 9	J^3 6536
Ital. Pont. V 337 n. 10	J^3 6535
Ital. Pont. V 337 n. 11	J^3 6534
Ital. Pont. V 337 n. 12	J^3 7071
Ital. Pont. V 338 n. 13	J^3 7133
Ital. Pont. V 338 n. *14	J^3 *7321
Ital. Pont. V 338 n. 15	J^3 ?7367
Ital. Pont. V 339 n. 16	J^3 7421
Ital. Pont. V 339 n. 17	J^3 8595
Ital. Pont. V 359 n. 1	J^3 8595
Ital. Pont. V 366 n. 1	J^3 6728
Ital. Pont. V 366 n. 2	J^3 6870
Ital. Pont. V 367 n. 3	J^3 ?7044
Ital. Pont. V 367 n. *4	J^3 8381
Ital. Pont. V 375 n. 1	J^3 *8297
Ital. Pont. V 383 n. 1	J^3 ?7044
Ital. Pont. V 387 n. *1	J^3 *8557
Ital. Pont. V 387 n. 2	J^3 8821
Ital. Pont. V 393 n. 1	J^3 8051
Ital. Pont. V 403 n. 2	J^3 6870
Ital. Pont. V 404 n. 3	J^3 6886

Ital. Pont. V 404 n. †4	J^3 †8237
Ital. Pont. V 408 n. *1	J^3 *8299
Ital. Pont. V 415 n. 1	J^3 6487
Ital. Pont. V 415 n. 2	J^3 6515
Ital. Pont. V 415 n. 3	J^3 6627
Ital. Pont. V 415 n. 4	J^3 6668
Ital. Pont. V 416 n. 5	J^3 6728
Ital. Pont. V 416 n. 6	J^3 6791
Ital. Pont. V 416 n. 7	J^3 6810
Ital. Pont. V 416 n. 8	J^3 6925
Ital. Pont. V 417 n. *9	J^3 *7189
Ital. Pont. V 417 n. 10	J^3 7190
Ital. Pont. V 434 n. *1	J^3 *7394
Ital. Pont. V 443 n. 1	J^3 5973
Ital. Pont. V 443 n. *2	J^3 *5981
Ital. Pont. V 443 n. *3	J^3 *5982
Ital. Pont. V 444 n. 4	J^3 6397
Ital. Pont. V 444 n. 5	J^3 6728
Ital. Pont. V 444 n. 6	J^3 6975
Ital. Pont. V 444 n. *7	J^3 *7030
Ital. Pont. V 444 n. *8	J^3 *7067
Ital. Pont. V 444 n. *9	J^3 *7069
Ital. Pont. V 444 n. 10	J^3 7166
Ital. Pont. V 444 n. *11	J^3 *7189
Ital. Pont. V 445 n. 12	J^3 7190
Ital. Pont. V 445 n. 13	J^3 7216
Ital. Pont. V 445 n. 14	J^3 7221
Ital. Pont. V 445 n. 15	J^3 7230
Ital. Pont. V 445 n. 16	J^3 7262
Ital. Pont. V 446 n. *17	J^3 *7488
Ital. Pont. V 446 n. 18	J^3 7490
Ital. Pont. V 446 n. *19	J^3 *8173
Ital. Pont. V 489 n. *1	J^3 *6320
Ital. Pont. V 489 n. *2	J^3 *6516
Ital. Pont. V 489 n. 3	J^3 6550
Ital. Pont. V 490 n. 4	J^3 6758
Ital. Pont. V 490 n. 5	J^3 6841
Ital. Pont. V 490 n. 6	J^3 6791
Ital. Pont. V 491 n. 7	J^3 *6831
Ital. Pont. V 491 n. 8	J^3 6871
Ital. Pont. V 491 n. 9	J^3 6872
Ital. Pont. V 491 n. 10	J^3 6873
Ital. Pont. V 492 n. 11	J^3 6874
Ital. Pont. V 492 n. 12	J^3 6875
Ital. Pont. V 492 n. 13	J^3 6867
Ital. Pont. V 492 n. *14	J^3 *7081
Ital. Pont. V 492 n. 15	J^3 7098
Ital. Pont. V 493 n. *16	J^3 7313
Ital. Pont. V 500 n. 1	J^3 8326
Ital. Pont. V 501 n. †*2	J^3 *†8503
Ital. Pont. V 501 n. 3	J^3 8678
Ital. Pont. V 510 n. 1	J^3 7221
Ital. Pont. V 529 n. 1	J^3 7630
Ital. Pont. V 530 n. †*1	J^3 *†8670
Ital. Pont. VI/1, 4 n. 4	J^3 6401
Ital. Pont. VI/1, 4 n. *5	J^3 *6384
Ital. Pont. VI/1, 4 n. 6	J^3 6388
Ital. Pont. VI/1, 4 n. 7	J^3 6581
Ital. Pont. VI/1, 4 n. 8	J^3 6618
Ital. Pont. VI/1, 4 n. 9	J^3 6668
Ital. Pont. VI/1, 5 n. 10	J^3 6750
Ital. Pont. VI/1, 5 n. 11	J^3 6717
Ital. Pont. VI/1, 5 n. 12	J^3 6729
Ital. Pont. VI/1, 5 n. 13	J^3 6730
Ital. Pont. VI/1, 5 n. *14	J^3 *6734
Ital. Pont. VI/1, 5 n. 15	J^3 6735
Ital. Pont. VI/1, 5 n. 16	J^3 6775
Ital. Pont. VI/1, 6 n. 17	J^3 6841
Ital. Pont. VI/1, 6 n. 18	J^3 6784
Ital. Pont. VI/1, 6 n. 19	J^3 6789
Ital. Pont. VI/1, 6 n. 20	J^3 6879
Ital. Pont. VI/1, 6 n. 21	J^3 6872
Ital. Pont. VI/1, 6 n. 22	J^3 6874
Ital. Pont. VI/1, 39 n. 52	J^3 6118
Ital. Pont. VI/1, 39 n. *53	J^3 *6120
Ital. Pont. VI/1, 39 n. 54	J^3 6121
Ital. Pont. VI/1, 39 n. 55	J^3 6119
Ital. Pont. VI/1, 39 n. 56	J^3 5735
Ital. Pont. VI/1, 40 n. 57	J^3 6397
Ital. Pont. VI/1, 40 n. 58	J^3 6507
Ital. Pont. VI/1, 40 n. 59	J^3 6534
Ital. Pont. VI/1, 40 n. 60	J^3 6537
Ital. Pont. VI/1, 40 n. *61	J^3 *6593
Ital. Pont. VI/1, 40 n. 62	J^3 6618
Ital. Pont. VI/1, 41 n. 63	J^3 6668
Ital. Pont. VI/1, 41 n. 64	J^3 6750
Ital. Pont. VI/1, 41 n. 65	J^3 6717
Ital. Pont. VI/1, 41 n. 66	J^3 6729
Ital. Pont. VI/1, 41 n. *67	J^3 *6734
Ital. Pont. VI/1, 41 n. 68	J^3 6735
Ital. Pont. VI/1, 41 n. 69	J^3 6775
Ital. Pont. VI/1, 42 n. 70	J^3 6781
Ital. Pont. VI/1, 42 n. 71	J^3 6784
Ital. Pont. VI/1, 42 n. 72	J^3 6789
Ital. Pont. VI/1, 42 n. 73	J^3 6815
Ital. Pont. VI/1, 43 n. 74	J^3 6821
Ital. Pont. VI/1, 43 n. *75	J^3 *6864
Ital. Pont. VI/1, 43 n. 76	J^3 6879
Ital. Pont. VI/1, 44 n. 77	J^3 6882
Ital. Pont. VI/1, 44 n. 78	J^3 6887
Ital. Pont. VI/1, 44 n. 79	J^3 6938
Ital. Pont. VI/1, 44 n. 80	J^3 6945
Ital. Pont. VI/1, 44 n. 81	J^3 6946
Ital. Pont. VI/1, 45 n. 82	J^3 6947
Ital. Pont. VI/1, 45 n. 83	J^3 7010
Ital. Pont. VI/1, 45 n. *84	J^3 *7572 et J^3 *7573
Ital. Pont. VI/1, 45 n. 85	J^3 7956
Ital. Pont. VI/1, 45 n. †*86	J^3 *†8802
Ital. Pont. VI/1, 68 n. 1	J^3 6946
Ital. Pont. VI/1, 68 n. †2	J^3 †7600
Ital. Pont. VI/1, 87 n. 1	J^3 6668
Ital. Pont. VI/1, 87 n. 2	J^3 6717
Ital. Pont. VI/1, 89 n. 1	J^3 8342
Ital. Pont. VI/1, 96 n. 1	J^3 6950
Ital. Pont. VI/1, 100 n. †*1	J^3 *†8802
Ital. Pont. VI/1, 110 n. 6	J^3 6879

Ital. Pont. VI/1, 110 n. 7	J^3 6946
Ital. Pont. VI/1, 110 n. 8	J^3 6947
Ital. Pont. VI/1, 117 n. 17	J^3 7995
Ital. Pont. VI/1, 168 n. *1	J^3 *5286
Ital. Pont. VI/1, 174 n. 4	J^3 6397
Ital. Pont. VI/1, 174 n. 5	J^3 6557
Ital. Pont. VI/1, 175 n. *6	J^3 *6594
Ital. Pont. VI/1, 175 n. 7	J^3 6750
Ital. Pont. VI/1, 175 n. 8	J^3 6751
Ital. Pont. VI/1, 176 n. 9	J^3 6731
Ital. Pont. VI/1, 176 n. 10	J^3 6752
Ital. Pont. VI/1, 176 n. *11	J^3 *6876
Ital. Pont. VI/1, 176 n. 12	J^3 6877
Ital. Pont. VI/1, 176 n. 13	J^3 6886
Ital. Pont. VI/1, 177 n. *14	J^3 *7121
Ital. Pont. VI/1, 177 n. *15	J^3 *†7451
Ital. Pont. VI/1, 177 n. 18	J^3 †8161
Ital. Pont. VI/1, 177 n. †19	J^3 †8455
Ital. Pont. VI/1, 186 n. 1	J^3 †8161
Ital. Pont. VI/1, 193 n. †2	J^3 †8155
Ital. Pont. VI/1, 194 n. 3	J^3 †8161
Ital. Pont. VI/1, 194 n. 4	J^3 †8287
Ital. Pont. VI/1, 204 n. 1	J^3 7994
Ital. Pont. VI/1, 204 n. 2	J^3 7995
Ital. Pont. VI/1, 205 n. *3	J^3 *8120
Ital. Pont. VI/1, 217 n. †1	J^3 †8455
Ital. Pont. VI/1, 221 n. 1	J^3 7990
Ital. Pont. VI/1, 222 n. 1	J^3 6751
Ital. Pont. VI/1, 222 n. 2	J^3 6939
Ital. Pont. VI/1, 234 n. 1	J^3 7987
Ital. Pont. VI/1, 234 n. 2	J^3 7991
Ital. Pont. VI/1, 234 n. 3	J^3 8660
Ital. Pont. VI/1, 239 n. 1	J^3 7070
Ital. Pont. VI/1, 240 n. 2	J^3 7172
Ital. Pont. VI/1, 310 n. 2	J^3 6537
Ital. Pont. VI/1, 310 n. 3	J^3 6873
Ital. Pont. VI/1, 322 n. 2	J^3 6513
Ital. Pont. VI/1, 329 n. †1	J^3 †7635
Ital. Pont. VI/1, 329 n. *2	J^3 †7635
Ital. Pont. VI/1, 334 n. †*2	J^3 †7462
Ital. Pont. VI/1, 343 n. 1	J^3 8384
Ital. Pont. VI/1, 344 n. 2	J^3 8731
Ital. Pont. VI/1, 399 n. 2	J^3 6871
Ital. Pont. VI/1, 399 n. *3	J^3 *7191
Ital. Pont. VI/1, 400 n. 4	J^3 7192
Ital. Pont. VI/2, 9 n. 6	J^3 6792
Ital. Pont. VI/2, 10 n. 7	J^3 6793
Ital. Pont. VI/2, 10 n. 8	J^3 6882
Ital. Pont. VI/2, 10 n. 9	J^3 6881
Ital. Pont. VI/2, 11 n. 10	J^3 6887
Ital. Pont. VI/2, 11 n. 11	J^3 6911
Ital. Pont. VI/2, 11 n. 12	J^3 6981
Ital. Pont. VI/2, 11 n. 13	J^3 6993
Ital. Pont. VI/2, 11 n. 14	J^3 7134
Ital. Pont. VI/2, 11 n. 15	J^3 7452
Ital. Pont. VI/2, 12 n. †16	J^3 †7600
Ital. Pont. VI/2, 12 n. *18	J^3 8397
Ital. Pont. VI/2, 12 n. 19	J^3 8398
Ital. Pont. VI/2, 28 n. 1	J^3 6881
Ital. Pont. VI/2, 37 n. *1	J^3 *5567
Ital. Pont. VI/2, 59 n. 1	J^3 6867
Ital. Pont. VI/2, 82 n. 3	J^3 *?7418
Ital. Pont. VI/2, 87 n. 3	J^3 6730
Ital. Pont. VI/2, 87 n. 4	J^3 6872
Ital. Pont. VI/2, 87 n. 5	J^3 7987
Ital. Pont. VI/2, 122 n. *1	J^3 *8392
Ital. Pont. VI/2, 143 n. 1	J^3 8357
Ital. Pont. VI/2, 144 n. 2	J^3 8360
Ital. Pont. VI/2, 146 n. 1	J^3 8357
Ital. Pont. VI/2, 146 n. 2	J^3 8360
Ital. Pont. VI/2, 146 n. 3	J^3 *8386
Ital. Pont. VI/2, 149 n. 1	J^3 8540
Ital. Pont. VI/2, 150 n. 2	J^3 8541
Ital. Pont. VI/2, 150 n. *3	J^3 *8680
Ital. Pont. VI/2, 150 n. 4	J^3 8682
Ital. Pont. VI/2, 150 n. †*5	J^3 *†8645 et J^3 *†8648
Ital. Pont. VI/2, 172 n. 1	J^3 6945
Ital. Pont. VI/2, 172 n. 2	J^3 7956
Ital. Pont. VI/2, 172 n. 3	J^3 8104
Ital. Pont. VI/2, 173 n. *4	J^3 *8440
Ital. Pont. VI/2, 173 n. 5	J^3 8447
Ital. Pont. VI/2, 176 n. 1	J^3 †7419
Ital. Pont. VI/2, 185 n. 1	J^3 7956
Ital. Pont. VI/2, 185 n. 2	J^3 8104
Ital. Pont. VI/2, 241 n. 1	J^3 7070
Ital. Pont. VI/2, 251 n. *9	J^3 *†5328
Ital. Pont. VI/2, 251 n. *12	J^3 *†7050
Ital. Pont. VI/2, 251 n. *13	J^3 *6954
Ital. Pont. VI/2, 251 n. *14	J^3 *†7329
Ital. Pont. VI/2, 252 n. 16	J^3 7490
Ital. Pont. VI/2, 252 n. *17	J^3 *†7398
Ital. Pont. VI/2, 252 n. 18	J^3 8138
Ital. Pont. VI/2, 252 n. 19	J^3 8139
Ital. Pont. VI/2, 252 n. *20	J^3 *8409
Ital. Pont. VI/2, 252 n. *21	J^3 *8410
Ital. Pont. VI/2, 322 n. *1	J^3 *†8591 et J^3 †8592
Ital. Pont. VI/2, 369 n. *2	J^3 *8009
Ital. Pont. VI/2, 369 n. *3	J^3 *8121
Ital. Pont. VI/2, 377 n. 11	J^3 6401
Ital. Pont. VI/2, 377 n. *12	J^3 *6954
Ital. Pont. VII/1, 26 n. 36	J^3 5317
Ital. Pont. VII/1, 26 n. †*37	J^3 *†5420
Ital. Pont. VII/1, 26 n. 38	J^3 6534
Ital. Pont. VII/1, 26 n. 39	J^3 6538
Ital. Pont. VII/1, 26 n. *40	J^3 *6595
Ital. Pont. VII/1, 27 n. *41	J^3 *7191
Ital. Pont. VII/1, 27 n. 42	J^3 7192
Ital. Pont. VII/1, 27 n. *43	J^3 *7433
Ital. Pont. VII/1, 27 n. 45	J^3 7826
Ital. Pont. VII/1, 28 n. *46	J^3 *8472
Ital. Pont. VII/1, 28 n. *47	J^3 *8756
Ital. Pont. VII/1, 69 n. 1	J^3 6609
Ital. Pont. VII/1, 70 n. 2	J^3 6733
Ital. Pont. VII/1, 70 n. *3	J^3 *6736

Ital. Pont. VII/1, 70 n. 4	J^3 6738
Ital. Pont. VII/1, 70 n. *5	J^3 *6762
Ital. Pont. VII/1, 70 n. 6	J^3 6776
Ital. Pont. VII/1, 71 n. 7	J^3 6873
Ital. Pont. VII/1, 127 n. 1	J^3 6951
Ital. Pont. VII/1, 219 n. *1	J^3 *6440
Ital. Pont. VII/1, 219 n. 2	J^3 6481
Ital. Pont. VII/1, 219 n. *3	J^3 *6526
Ital. Pont. VII/1, 219 n. *4	J^3 *6527
Ital. Pont. VII/1, 219 n. 5	J^3 6536
Ital. Pont. VII/1, 219 n. 6	J^3 6535
Ital. Pont. VII/1, 219 n. 7	J^3 6534
Ital. Pont. VII/1, 220 n. *8	J^3 *6948
Ital. Pont. VII/1, 220 n. 9	J^3 6952
Ital. Pont. VII/1, 220 n. 10	J^3 6951
Ital. Pont. VII/1, 221 n. *11	J^3 *7572
	et J^3 *7573
Ital. Pont. VII/1, 221 n. *12	J^3 *7705
Ital. Pont. VII/1, 221 n. 13	J^3 7711
Ital. Pont. VII/1, 221 n. *14	J^3 *7785
Ital. Pont. VII/1, 222 n. 15	J^3 7879
Ital. Pont. VII/1, 222 n. 16	J^3 *7937
Ital. Pont. VII/1, 222 n. 17	J^3 8028
Ital. Pont. VII/1, 232 n. *2	J^3 *7937
Ital. Pont. VII/1, 232 n. 3	J^3 8028
Ital. Pont. VII/1, 246 n. 1	J^3 6535
Ital. Pont. VII/1, 308 n. 1	J^3 6951
Ital. Pont. VII/1, 328 n. 1	J^3 8821
Ital. Pont. VII/2, 15 n. *16	J^3 *6438
Ital. Pont. VII/2, 15 n. 17	J^3 6490
Ital. Pont. VII/2, 16 n. 18	J^3 6493
Ital. Pont. VII/2, 16 n. 19	J^3 6496
Ital. Pont. VII/2, 17 n. 20	J^3 6539
Ital. Pont. VII/2, 17 n. 21	J^3 6549
Ital. Pont. VII/2, 18 n. *23	J^3 *7105
Ital. Pont. VII/2, 18 n. 24	J^3 7164
Ital. Pont. VII/2, 18 n. 26	J^3 8441
Ital. Pont. VII/2, 19 n. *27	J^3 *†8591
Ital. Pont. VII/2, 42 n. *34	J^3 *5314
	et J^3 *5316
Ital. Pont. VII/2, 42 n. 35	J^3 5317
Ital. Pont. VII/2, 43 n. †*36	J^3 *†5420
Ital. Pont. VII/2, 43 n. 37	J^3 5437
Ital. Pont. VII/2, 43 n. 38	J^3 5658
Ital. Pont. VII/2, 43 n. 39	J^3 5857
Ital. Pont. VII/2, 44 n. *40	J^3 *6439
Ital. Pont. VII/2, 44 n. *41	J^3 *6472
Ital. Pont. VII/2, 44 n. *43	J^3 *6438
Ital. Pont. VII/2, 45 n. *44	J^3 *6473
	et J^3 *6474
Ital. Pont. VII/2, 45 n. 45	J^3 6490
Ital. Pont. VII/2, 45 n. 46	J^3 6493
Ital. Pont. VII/2, 45 n. 47	J^3 6492
Ital. Pont. VII/2, 46 n. 48	J^3 6494
Ital. Pont. VII/2, 46 n. 49	J^3 6495
Ital. Pont. VII/2, 46 n. 50	J^3 6496
Ital. Pont. VII/2, 47 n. 51	J^3 6539
Ital. Pont. VII/2, 47 n. 52	J^3 6540
Ital. Pont. VII/2, 47 n. 53	J^3 6549
Ital. Pont. VII/2, 48 n. *54	J^3 *6555
Ital. Pont. VII/2, 48 n. *55	J^3 *7106
Ital. Pont. VII/2, 48 n. *56	J^3 *7334
Ital. Pont. VII/2, 48 n. *57	J^3 *7353
Ital. Pont. VII/2, 48 n. *58	J^3 *7358
Ital. Pont. VII/2, 49 n. *59	J^3 *7459
Ital. Pont. VII/2, 49 n. *60	J^3 *7556
Ital. Pont. VII/2, 49 n. †61	J^3 †7751
Ital. Pont. VII/2, 49 n. *62	J^3 *7756
Ital. Pont. VII/2, 49 n. *63	J^3 *7796
Ital. Pont. VII/2, 50 n. *64	J^3 *7931
Ital. Pont. VII/2, 50 n. *65	J^3 *7818
Ital. Pont. VII/2, 50 n. *66	J^3 *8434
Ital. Pont. VII/2, 50 n. 67	J^3 8442
Ital. Pont. VII/2, 50 n. 68	J^3 8441
Ital. Pont. VII/2, 50 n. *69	J^3 *8614
Ital. Pont. VII/2, 51 n. 70	J^3 †8622
Ital. Pont. VII/2, 51 n. *73	J^3 *8756
Ital. Pont. VII/2, 75 n. 2	J^3 6495
Ital. Pont. VII/2, 75 n. 3	J^3 6540
Ital. Pont. VII/2, 75 n. *4	J^3 *6548
Ital. Pont. VII/2, 75 n. *5	J^3 *6555
Ital. Pont. VII/2, 81 n. *1	J^3 *6473
	et J^3 *6474
Ital. Pont. VII/2, 81 n. 2	J^3 6494
Ital. Pont. VII/2, 82 n. 3	J^3 6540
Ital. Pont. VII/2, 82 n. *4	J^3 *6548
Ital. Pont. VII/2, 82 n. *5	J^3 *6555
Ital. Pont. VII/2, 89 n. *5	J^3 *6472
Ital. Pont. VII/2, 90 n. 7	J^3 6492
Ital. Pont. VII/2, 103 n. †1	J^3 †7751
Ital. Pont. VII/2, 117 n. *2	J^3 *6473
	et J^3 *6474
Ital. Pont. VII/2, 117 n. 3	J^3 6494
Ital. Pont. VII/2, 130 n. 3	J^3 6495
Ital. Pont. VII/2, 177 n. †*8	J^3 *†5621
Ital. Pont. VII/2, 177 n. †*9	J^3 *†7445
Ital. Pont. VII/2, 177 n. †*10	J^3 *†7889
Ital. Pont. VII/2, 177 n. †*11	J^3 *†8368
Ital. Pont. VII/2, 177 n. †*12	J^3 *†8504
Ital. Pont. VII/2, 204 n. *15	J^3 *7424
Ital. Pont. VII/2, 205 n. 16	J^3 7434
Ital. Pont. VII/2, 232 n. *3	J^3 *8472
Ital. Pont. VII/2, 232 n. *4	J^3 *8468
Ital. Pont. VII/2, 232 n. *5	J^3 *8483
Ital. Pont. VII/2, 232 n. 6	J^3 8587
Ital. Pont. VII/2, 233 n. †1	J^3 †7750
Ital. Pont. VII/2, 238 n. 3	J^3 7434
Ital. Pont. VIII 68 n. 31	J^3 6399
Ital. Pont. VIII 68 n. 32	J^3 *6844
	et J^3 *6845
	et J^3 *6846
	et J^3 *6847
	et J^3 *6848
Ital. Pont. VIII 68 n. 33	J^3 6961
	et J^3 *6962
	et J^3 *6963

	et J^3 *6964
	et J^3 *6965
	et J^3 *6966
	et J^3 *6967
Ital. Pont. VIII 82 n. *3	J^3 *5391
Ital. Pont. VIII 82 n. 4	J^3 6376
Ital. Pont. VIII 82 n. 5	J^3 ?6997
Ital. Pont. VIII 83 n. *7	J^3 *6510
Ital. Pont. VIII 83 n. 8	J^3 6520
Ital. Pont. VIII 83 n. 9	J^3 6844
	et J^3 *6845
	et J^3 *6846
	et J^3 *6847
	et J^3 *6848
Ital. Pont. VIII 83 n. *10	J^3 *6908
Ital. Pont. VIII 83 n. *11	J^3 *6982
Ital. Pont. VIII 83 n. *12	J^3 *7180
Ital. Pont. VIII 83 n. 13	J^3 7474
Ital. Pont. VIII 86 n. 4	J^3 6844
	et J^3 *6845
	et J^3 *6846
	et J^3 *6847
	et J^3 *6848
Ital. Pont. VIII 86 n. 5	J^3 6961
	et J^3 *6962
	et J^3 *6963
	et J^3 *6964
	et J^3 *6965
	et J^3 *6966
	et J^3 *6967
Ital. Pont. VIII 93 n. 1	J^3 ?6997
Ital. Pont. VIII 93 n. 2	J^3 6391
Ital. Pont. VIII 96 n. *1	J^3 *5456
Ital. Pont. VIII 98 n. 4	J^3 ?6997
Ital. Pont. VIII 125 n. 33	J^3 †5703
Ital. Pont. VIII 125 n. †34	J^3 †5895
Ital. Pont. VIII 125 n. 35	J^3 6343
Ital. Pont. VIII 126 n. *36	J^3 *6356
Ital. Pont. VIII 126 n. 37	J^3 6994
Ital. Pont. VIII 126 n. *38	J^3 *7181
Ital. Pont. VIII 127 n. *39	J^3 *7182
Ital. Pont. VIII 127 n. *40	J^3 *7183
Ital. Pont. VIII 127 n. 41	J^3 7369
Ital. Pont. VIII 127 n. 42	J^3 7437
Ital. Pont. VIII 127 n. *43	J^3 *7469
Ital. Pont. VIII 128 n. 44	J^3 7648
Ital. Pont. VIII 128 n. 45	J^3 7654
Ital. Pont. VIII 128 n. †46	J^3 †7670
Ital. Pont. VIII 129 n. †47	J^3 †7696
Ital. Pont. VIII 129 n. 48	J^3 7728
Ital. Pont. VIII 130 n. 49	J^3 7794
Ital. Pont. VIII 130 n. 50	J^3 8068
Ital. Pont. VIII 130 n. 51	J^3 8058
Ital. Pont. VIII 130 n. 52	J^3 8153
Ital. Pont. VIII 131 n. 53	J^3 8184
Ital. Pont. VIII 131 n. 54	J^3 8231
Ital. Pont. VIII 132 n. †55	J^3 †8258
Ital. Pont. VIII 132 n. 56	J^3 8668
Ital. Pont. VIII 132 n. *57	J^3 *8775
Ital. Pont. VIII 132 n. †58	J^3 8774
Ital. Pont. VIII 133 n. †59	J^3 †8778
Ital. Pont. VIII 133 n. †*60	J^3 †8776
Ital. Pont. VIII 133 n. †61	J^3 †8777
Ital. Pont. VIII 133 n. 62	J^3 8796
Ital. Pont. VIII 202 n. *3	J^3 *6771
Ital. Pont. VIII 202 n. 4	J^3 6777
Ital. Pont. VIII 202 n. *5	J^3 *6837
Ital. Pont. VIII 202 n. 6	J^3 6823
Ital. Pont. VIII 202 n. 7	J^3 6824
Ital. Pont. VIII 203 n. 8	J^3 6849
Ital. Pont. VIII 203 n. 9	J^3 6850
Ital. Pont. VIII 203 n. *10	J^3 *6846
Ital. Pont. VIII 203 n. *11	J^3 *6833
Ital. Pont. VIII 204 n. *12	J^3 *6862
Ital. Pont. VIII 204 n. *13	J^3 *6908
Ital. Pont. VIII 204 n. 14	J^3 7058
	et J^3 *7059
	et J^3 *7060
Ital. Pont. VIII 204 n. *15	J^3 *7180
Ital. Pont. VIII 204 n. *16	J^3 *7183
Ital. Pont. VIII 204 n. †17	J^3 †7696
Ital. Pont. VIII 205 n. *18	J^3 *8664
Ital. Pont. VIII 217 n. *12	J^3 *5853
Ital. Pont. VIII 217 n. *13	J^3 *6395
Ital. Pont. VIII 217 n. 14	J^3 6399
Ital. Pont. VIII 218 n. 15	J^3 6468
Ital. Pont. VIII 218 n. 16	J^3 6499
Ital. Pont. VIII 218 n. 17	J^3 6512
Ital. Pont. VIII 219 n. 18	J^3 6530
Ital. Pont. VIII 219 n. 19	J^3 6582
Ital. Pont. VIII 219 n. *20	J^3 *6837
Ital. Pont. VIII 219 n. 21	J^3 6823
Ital. Pont. VIII 220 n. 22	J^3 6851
Ital. Pont. VIII 220 n. 23	J^3 6849
Ital. Pont. VIII 220 n. 24	J^3 6850
Ital. Pont. VIII 220 n. 25	J^3 6852
Ital. Pont. VIII 221 n. *25a	J^3 *6853
Ital. Pont. VIII 221 n. *25b	J^3 *6854
Ital. Pont. VIII 221 n. *26	J^3 *6856
Ital. Pont. VIII 221 n. *27	J^3 *6861
Ital. Pont. VIII 221 n. *28	J^3 *6922
Ital. Pont. VIII 222 n. 29	J^3 6923
Ital. Pont. VIII 222 n. 30	J^3 6957
Ital. Pont. VIII 222 n. 31	J^3 6961
	et J^3 *6962
	et J^3 *6963
	et J^3 *6964
	et J^3 *6965
	et J^3 *6966
	et J^3 *6967
Ital. Pont. VIII 222 n. 32	J^3 7058
	et J^3 *7059
	et J^3 *7060
Ital. Pont. VIII 222 n. 33	J^3 7654
Ital. Pont. VIII 223 n. *34	J^3 *7892
Ital. Pont. VIII 223 n. *35	J^3 *8770
Ital. Pont. VIII 229 n. *1	J^3 *7181
Ital. Pont. VIII 229 n. *2	J^3 *7183

Ital. Pont. VIII 229 n. 3	J^3 7654
Ital. Pont. VIII 230 n. †4	J^3 †7696
Ital. Pont. VIII 232 n. †*2	J^3 *†5581
Ital. Pont. VIII 234 n. 1	J^3 7654
Ital. Pont. VIII 244 n. 1	J^3 8525
Ital. Pont. VIII 248 n. *8	J^3 *7031
Ital. Pont. VIII 249 n. *9	J^3 *7375
Ital. Pont. VIII 249 n. †10	J^3 †7566
Ital. Pont. VIII 249 n. 11	J^3 †7649
Ital. Pont. VIII 249 n. †12	J^3 †7793
Ital. Pont. VIII 250 n. 13	J^3 8103
Ital. Pont. VIII 250 n. *14	J^3 *8373
Ital. Pont. VIII 250 n. 15	J^3 8606
Ital. Pont. VIII 256 n. 3	J^3 6852
	et J^3 *6854
Ital. Pont. VIII 256 n. 4	J^3 7058
	et J^3 *7059
	et J^3 *7060
Ital. Pont. VIII 256 n. 5	J^3 7193
Ital. Pont. VIII 256 n. *6	J^3 *8547
Ital. Pont. VIII 300 n. *13	J^3 *7631
Ital. Pont. VIII 334 n. 3	J^3 6389
Ital. Pont. VIII 334 n. *4	J^3 *6426
Ital. Pont. VIII 334 n. 5	J^3 6469
Ital. Pont. VIII 335 n. 7	J^3 6498
Ital. Pont. VIII 335 n. 9	J^3 6532
Ital. Pont. VIII 335 n. 10	J^3 6583
Ital. Pont. VIII 335 n. 11	J^3 6823
Ital. Pont. VIII 336 n. 13	J^3 6850
Ital. Pont. VIII 336 n. 14	J^3 7194
Ital. Pont. VIII 336 n. *15	J^3 *7766
Ital. Pont. VIII 344 n. *5	J^3 *5465
Ital. Pont. VIII 345 n. 6	J^3 6961
	et J^3 *6962
	et J^3 *6963
	et J^3 *6964
	et J^3 *6965
	et J^3 *6966
	et J^3 *6967
Ital. Pont. VIII 345 n. 7	J^3 7167
Ital. Pont. VIII 345 n. *8	J^3 *7184
Ital. Pont. VIII 345 n. 9	J^3 7195
Ital. Pont. VIII 345 n. *10	J^3 *8127
Ital. Pont. VIII 346 n. 11	J^3 8180
Ital. Pont. VIII 346 n. 12	J^3 8232
Ital. Pont. VIII 346 n. 13	J^3 8597
Ital. Pont. VIII 347 n. 14	J^3 8695
Ital. Pont. VIII 347 n. †15	J^3 †8696
Ital. Pont. VIII 348 n. 16	J^3 8732
Ital. Pont. VIII 362 n. 1	J^3 7021
Ital. Pont. VIII 365 n. *1	J^3 *7733
Ital. Pont. VIII 365 n. *2	J^3 *8181
Ital. Pont. VIII 365 n. *3	J^3 *8819
Ital. Pont. VIII 368 n. *1	J^3 7925
Ital. Pont. VIII 383 n. 4	J^3 6386
Ital. Pont. VIII 383 n. 5	J^3 6521
Ital. Pont. VIII 383 n. 6	J^3 6531
Ital. Pont. VIII 383 n. *7	J^3 *6572
Ital. Pont. VIII 384 n. 8	J^3 6583
Ital. Pont. VIII 384 n. 9	J^3 6855
Ital. Pont. VIII 384 n. 10	J^3 6844
	et J^3 *6845
	et J^3 *6846
	et J^3 *6847
	et J^3 *6848
Ital. Pont. VIII 384 n. 11	J^3 6868
Ital. Pont. VIII 385 n. *12	J^3 *6857
Ital. Pont. VIII 385 n. 13	J^3 6898
Ital. Pont. VIII 388 n. 2	J^3 6844
	et J^3 *6845
	et J^3 *6846
	et J^3 *6847
	et J^3 *6848
Ital. Pont. VIII 388 n. 3	J^3 6868
Ital. Pont. VIII 388 n. 4	J^3 6898
Ital. Pont. VIII 389 n. 5	J^3 6961
	et J^3 *6962
	et J^3 *6963
	et J^3 *6964
	et J^3 *6965
	et J^3 *6966
	et J^3 *6967
Ital. Pont. VIII 389 n. *6	J^3 *8163
Ital. Pont. VIII 394 n. *1	J^3 *8163
Ital. Pont. VIII 398 n. *1	J^3 *8163
Ital. Pont. VIII 400 n. *1	J^3 *8163
Ital. Pont. VIII 409 n. 9	J^3 6498
Ital. Pont. VIII 421 n. *15	J^3 *5391
Ital. Pont. VIII 421 n. *16	J^3 *5394
Ital. Pont. VIII 422 n. *17	J^3 *6274
Ital. Pont. VIII 422 n. *18	J^3 *6284
Ital. Pont. VIII 422 n. *19	J^3 *6303
Ital. Pont. VIII 422 n. *20	J^3 *6312
Ital. Pont. VIII 422 n. *21	J^3 *6456
Ital. Pont. VIII 422 n. 22	J^3 6389
Ital. Pont. VIII 422 n. 23	J^3 6460
Ital. Pont. VIII 423 n. 24	J^3 6512
Ital. Pont. VIII 423 n. 25	J^3 6522
Ital. Pont. VIII 423 n. 26	J^3 6523
Ital. Pont. VIII 424 n. 27	J^3 6575
Ital. Pont. VIII 424 n. 28	J^3 6576
Ital. Pont. VIII 424 n. 29	J^3 6582
Ital. Pont. VIII 425 n. 30	J^3 6764
Ital. Pont. VIII 425 n. 31	J^3 6765
Ital. Pont. VIII 425 n. 32	J^3 6778
Ital. Pont. VIII 425 n. 33	J^3 6844
	et J^3 *6845
	et J^3 *6846
	et J^3 *6847
	et J^3 *6848
Ital. Pont. VIII 426 n. 34	J^3 6859
Ital. Pont. VIII 426 n. 35	J^3 6957
Ital. Pont. VIII 426 n. 36	J^3 6961
	et J^3 *6962
	et J^3 *6963
	et J^3 *6964
	et J^3 *6965
	et J^3 *6966

	et J^{3} *6967
Ital. Pont. VIII 426 n. 37	J^{3} 7005
Ital. Pont. VIII 427 n. 38	J^{3} 7168
Ital. Pont. VIII 444 n. *58	J^{3} *5360
Ital. Pont. VIII 445 n. *59	J^{3} *5740
Ital. Pont. VIII 445 n. *60	J^{3} *6274
Ital. Pont. VIII 445 n. *61	J^{3} *6284
Ital. Pont. VIII 445 n. *62	J^{3} *6303
Ital. Pont. VIII 446 n. *63	J^{3} *6312
Ital. Pont. VIII 446 n. *64	J^{3} *6445
Ital. Pont. VIII 446 n. 65	J^{3} 6460
Ital. Pont. VIII 446 n. 66	J^{3} 6523
Ital. Pont. VIII 447 n. 67	J^{3} 6575
Ital. Pont. VIII 447 n. 68	J^{3} 6582
Ital. Pont. VIII 447 n. 69	J^{3} 6764
Ital. Pont. VIII 447 n. 70	J^{3} 6765
Ital. Pont. VIII 447 n. 71	J^{3} 6778
Ital. Pont. VIII 447 n. 72	J^{3} 6844
	et J^{3} *6845
	et J^{3} *6846
	et J^{3} *6847
	et J^{3} *6848
Ital. Pont. VIII 447 n. 73	J^{3} 6859
Ital. Pont. VIII 448 n. 74	J^{3} 6957
Ital. Pont. VIII 448 n. 75	J^{3} 6961
	et J^{3} *6962
	et J^{3} *6963
	et J^{3} *6964
	et J^{3} *6965
	et J^{3} *6966
	et J^{3} *6967
Ital. Pont. VIII 448 n. 76	J^{3} 7005
Ital. Pont. VIII 448 n. 77	J^{3} 7168
Ital. Pont. VIII 448 n. *78	J^{3} *7385
Ital. Pont. VIII 448 n. *79	J^{3} *8303
Ital. Pont. VIII 452 n. *6	J^{3} *6274
	et J^{3} *6284
Ital. Pont. IX 13 n. *24	J^{3} *5284
Ital. Pont. IX 13 n. *25	J^{3} *6312
Ital. Pont. IX 13 n. 27	J^{3} 6498
Ital. Pont. IX 14 n. 28	J^{3} 6525
Ital. Pont. IX 14 n. 30	J^{3} 6766
Ital. Pont. IX 14 n. 31	J^{3} 6767
Ital. Pont. IX 15 n. †32	J^{3} †7670
Ital. Pont. IX 15 n. *33	J^{3} *8722
Ital. Pont. IX 52 n. 6	J^{3} 6502
Ital. Pont. IX 52 n. 7	J^{3} 6525
Ital. Pont. IX 52 n. 8	J^{3} 6768
Ital. Pont. IX 53 n. 9	J^{3} 6961
	et J^{3} *6962
	et J^{3} *6963
	et J^{3} *6964
	et J^{3} *6965
	et J^{3} *6966
	et J^{3} *6967
Ital. Pont. IX 53 n. *10	J^{3} *7287
Ital. Pont. IX 53 n. 11	J^{3} 7647
Ital. Pont. IX 54 n. 12	J^{3} 7676
Ital. Pont. IX 54 n. 13	J^{3} 7755
Ital. Pont. IX 54 n. *14	J^{3} *7926
Ital. Pont. IX 54 n. 15	J^{3} 7955
Ital. Pont. IX 55 n. *16	J^{3} *8134
Ital. Pont. IX 56 n. 17	J^{3} 8135
Ital. Pont. IX 56 n. *18	J^{3} *8154
Ital. Pont. IX 56 n. 19	J^{3} 8336
Ital. Pont. IX 56 n. 20	J^{3} 8594
Ital. Pont. IX 57 n. 21	J^{3} 8663
Ital. Pont. IX 81 n. †1	J^{3} †7670
Ital. Pont. IX 82 n. 2	J^{3} 8768
Ital. Pont. IX 82 n. †3	J^{3} 8768
Ital. Pont. IX 188 n. *1	J^{3} *7674
Ital. Pont. IX 188 n. *2	J^{3} *7675
Ital. Pont. IX 188 n. 3	J^{3} 7676
Ital. Pont. IX 189 n. 1	J^{3} 7676
Ital. Pont. IX 195 n. *1	J^{3} *7674
Ital. Pont. IX 195 n. *2	J^{3} *7675
Ital. Pont. IX 195 n. 3	J^{3} 7676
Ital. Pont. IX 196 n. 1	J^{3} 7676
Ital. Pont. IX 273 n. 3	J^{3} 6399
Ital. Pont. IX 290 n. *1	J^{3} *8102
Ital. Pont. IX 386 n. *4	J^{3} *7108
Ital. Pont. IX 386 n. 5	J^{3} 7120
Ital. Pont. IX 437 n. 5	J^{3} 7196
Ital. Pont. IX 437 n. 6	J^{3} 7197
Ital. Pont. X 13 n. 19	J^{3} 5729
Ital. Pont. X 186 n. †72	J^{3} †7064
Ital. Pont. X 214 n. 80	J^{3} 5729
Ital. Pont. X 270 n. †5	J^{3} †7064
Ital. Pont. X 316 n. *64	J^{3} *5535
Ital. Pont. X 316 n. *65	J^{3} *5690
Ital. Pont. X 316 n. 66	J^{3} 5729
Ital. Pont. X 317 n. *67	J^{3} 5839
Ital. Pont. X 317 n. †69	J^{3} †7064
Ital. Pont. X 354 n. *17	J^{3} *5535
Ital. Pont. X 354 n. *18	J^{3} *5721
Ital. Pont. X 378 n. *21	J^{3} *5551
Ital. Pont. X 378 n. 22	J^{3} 5552
Ital. Pont. X 378 n. 23	J^{3} 5553
Ital. Pont. X 378 n. 24	J^{3} 5554
Ital. Pont. X 379 n. *25	J^{3} *5934
Ital. Pont. X 379 n. 26	J^{3} 7022
Ital. Pont. X 379 n. †*28	J^{3} *8698
Ital. Pont. X 405 n. 38	J^{3} 5555
Ital. Pont. X 406 n. 40	J^{3} 5556
Ital. Pont. X 467 n. *13	J^{3} *5306
Ital. Pont. X 468 n. *14	J^{3} *5495
Ital. Pont. X 468 n. 15	J^{3} 7198
Ital. Pont. X 468 n. †*16	J^{3} *†8416
Pol. Pont. 12 n. *?1	J^{3} *?8032
Pol. Pont. 13 n. *†?2	J^{3} *?7880
Pol. Pont. 13 n. *3	J^{3} 8208
Pol. Pont. 14 n. *4	J^{3} *8376
Pol. Pont. 15 n. *5	J^{3} *8412
Pol. Pont. 15 n. *6	J^{3} *8421
Pol. Pont. 16 n. *†?7	J^{3} *?8422

Pol. Pont. 17 n. *?8	J^3 *?8436
Pol. Pont. 17 *†?9	J^3 †8467
Pol. Pont. 18 n. *10	J^3 *8507
Pol. Pont. 18 n. *11	J^3 *8634
Pol. Pont. 47 n. *1	J^3 *8376
Pol. Pont. 47 n. *2	J^3 *8412
Pol. Pont. 48 n. *3	J^3 *8421
Pol. Pont. 49 n. *?4	J^3 *?8436
Pol. Pont. 49 n. *†5	J^3 †8517
Pol. Pont. 49 n. *†6	J^3 *†8815
Pol. Pont. 68 n. *1	J^3 *8424
Pol. Pont. 69 n. *2	J^3 *8421
Pol. Pont. 69 n. *3	J^3 *8518
Pol. Pont. 69 n. †4	J^3 †8517
Pol. Pont. 70 n. *†5	J^3 *†8815
Pol. Pont. 77 n. *1	J^3 *8489
Pol. Pont. 77 n. *2	J^3 *8490
Pol. Pont. 78 n. *3	J^3 *8506
	et J^3 *8512
Pol. Pont. 78 n. *5	J^3 *8507
Pol. Pont. 78 n. *6	J^3 *8518
Pol. Pont. 79 n. *7	J^3 *8524
Pol. Pont. 86 n. *†?1	J^3 *?7880
Pol. Pont. 86 n. *2	J^3 *8421
Pol. Pont. 86 n. *†?3	J^3 *?8422
Pol. Pont. 86 n. *?4	J^3 *?8436
Pol. Pont. 87 n. *†5	J^3 †8517
Pol. Pont. 87 n. *†6	J^3 *†8815
Pol. Pont. 109 n. *1	J^3 *8421
Pol. Pont. 110 n. *?2	J^3 *?8436
Pol. Pont. 110 n. *†3	J^3 †8517
Pol. Pont. 110 n. *†4	J^3 *†8815
Pol. Pont. 129 n. *†1	J^3 †8517
Pol. Pont. 130 n. *†2	J^3 *†8815
Pol. Pont. 141 n. *†1	J^3 †8517
Pol. Pont. 141 n. *†2	J^3 *†8815

Pol. Pont. 153 n. *†1	J^3 †8517
Pol. Pont. 154 n. *†2	J^3 *†8815
Pol. Pont. 166 n. *1	J^3 *8421
Pol. Pont. 166 n. *?2	J^3 *?8436
Pol. Pont. 166 n. *†3	J^3 †8517
Pol. Pont. 167 n. *†4	J^3 *†8815
Pol. Pont. 182 n. *†1	J^3 *†7897
Pol. Pont. 182 n. *†2	J^3 *†7898
Pol. Pont. 183 n. *†3	J^3 *†7899
Pol. Pont. 183 n. *†4	J^3 *†7900
Pol. Pont. 183 n. *†5	J^3 *†7901
Pol. Pont. 184 n. *†7	J^3 *†7902
Pol. Pont. 185 n. *†9	J^3 *†7903
Pol. Pont. 185 n. *†11	J^3 *†7904
Pol. Pont. 185 n. *†12	J^3 *†7968
Pol. Pont. 186 n. *†14	J^3 *†7590
Pol. Pont. 186 n. *†16	J^3 *†7819
Pol. Pont. 186 n. *†17	J^3 *†8510
Pol. Pont. 187 n. *†18	J^3 *†8260
Pol. Pont. 187 n. *†19	J^3 *8376
Pol. Pont. 187 n. *†20	J^3 *†8130
Pol. Pont. 187 n. *†22	J^3 *†8131
Pol. Pont. 187 n. *†24	J^3 *†8132
Pol. Pont. 188 n. *†26	J^3 *†8681
Pol. Pont. 189 n. *†28	J^3 *†8013
Pol. Pont. 189 n. *†30	J^3 *†8766
Pol. Pont. 189 n. *†32	J^3 *†8794
Pol. Pont. 190 n. *†37	J^3 *†8509
Pol. Pont. 191 n. *†39	J^3 *†8619
Pol. Pont. 191 n. *†40	J^3 *†8830
Pol. Pont. 192 n. *†42	J^3 *†8831
Pol. Pont. 192 n. *†43	J^3 *†7881
Pol. Pont. 192 n. *†44	J^3 *†8832
Pol. Pont. 192 n. *†46	J^3 *†8833
Pol. Pont. 193 n. *†50	J^3 *†7882
Pol. Pont. 194 n. *†52	J^3 *†7883

CONCORDANTIA SIGLORUM EDITIONIS TERTIAE ET VOLUMINUM SERIERUM ‚REGESTA IMPERII'

Böhmer/Fees n. 523	J^{3} *5300
Böhmer/Fees n. 550	J^{3} *5334
Böhmer/Frech n. †178	J^{3} *†8619
Böhmer/Frech n. †188	J^{3} *†8830
Böhmer/Frech n. †198	J^{3} *†8831
Böhmer/Frech n. †205	J^{3} *†7881
Böhmer/Frech n. †235	J^{3} *†8833
Böhmer/Frech n. †236	J^{3} *†8832
Böhmer/Frech n. 459	J^{3} *5567
Böhmer/Graff n. 1292c	J^{3} *8746
Böhmer/Graff n. 1483aa	J^{3} *8460
Böhmer/Graff n. 1483x	J^{3} *8451
Böhmer/Graff n. 1641c	J^{3} *8552
	et J^{3} *8553
Böhmer/Graff n. 1757b	J^{3} *8608
Böhmer/Graff n. 1757c	J^{3} *8607
Böhmer/Graff n. 1767a	J^{3} *8631
Böhmer/Graff n. 1769c	J^{3} 8638
Böhmer/Graff n. 1794a	J^{3} *8649
Böhmer/Graff n. 1800a	J^{3} *8651
Böhmer/Graff n. 1800b	J^{3} *8652
Böhmer/Graff n. 1800c	J^{3} 8655
Böhmer/Graff n. 1802a	J^{3} *8656
	et J^{3} *8657
	et J^{3} *8658
	et J^{3} *8661
Böhmer/Graff n. 1962b	J^{3} *8738
Böhmer/Graff n. 1963	J^{3} *8741
Böhmer/Graff n. 1964a	J^{3} *8744
Böhmer/Graff n. 1965	J^{3} *8743
Böhmer/Graff n. 1967a	J^{3} *8754
Böhmer/Graff n. 1968	J^{3} 8747
Böhmer/Graff n. 1969	J^{3} 8753
Böhmer/Graff n. 2015a	J^{3} *8767
Böhmer/Graff n. 2019a	J^{3} *8779
Böhmer/Graff n. 2021b	J^{3} *8771
	et J^{3} *†8772
	et J^{3} *†8773
Böhmer/Graff n. 2022a	J^{3} *8780
Böhmer/Graff n. 2023	J^{3} †8776
Böhmer/Graff n. 2024	J^{3} †8777
Böhmer/Graff n. 2027b	J^{3} 8783
Böhmer/Graff n. 2051	J^{3} *†8804
Böhmer/Graff n. 2053	J^{3} *†8804
Böhmer/Herbers n. 1	J^{3} *5272
Böhmer/Herbers n. 2	J^{3} *5273
Böhmer/Herbers n. 3	J^{3} *5274
Böhmer/Herbers n. 4	J^{3} *5275
Böhmer/Herbers n. 5	J^{3} *5276
Böhmer/Herbers n. †6	J^{3} *†5330
Böhmer/Herbers n. 7	J^{3} *5324
Böhmer/Herbers n. †8	J^{3} *†5328
Böhmer/Herbers n. †9	J^{3} †5327
Böhmer/Herbers n. 10	J^{3} *5325
Böhmer/Herbers n. 11	J^{3} *5326
Böhmer/Herbers n. †12	J^{3} *†5329
Böhmer/Herbers n. †(?)13	J^{3} *?5331
Böhmer/Herbers n. 14	J^{3} *5319
Böhmer/Herbers n. 15	J^{3} *5314
Böhmer/Herbers n. 16	J^{3} *5315
Böhmer/Herbers n. 17	J^{3} *5316
Böhmer/Herbers n. 18	J^{3} 5317
Böhmer/Herbers n. 19	J^{3} *5291
Böhmer/Herbers n. †20	J^{3} †5292
Böhmer/Herbers n. 21	J^{3} *5288
Böhmer/Herbers n. 22	J^{3} *5289
Böhmer/Herbers n. 23	J^{3} *5290
Böhmer/Herbers n. 24	J^{3} *5277
Böhmer/Herbers n. 25	J^{3} *5318
Böhmer/Herbers n. †26	J^{3} †5299
Böhmer/Herbers n. 27	J^{3} *5278
Böhmer/Herbers n. 28	J^{3} *5279
Böhmer/Herbers n. 29	J^{3} *5286
Böhmer/Herbers n. 30	J^{3} *5280
Böhmer/Herbers n. 31	J^{3} *5281
Böhmer/Herbers n. 32	J^{3} *5282
Böhmer/Herbers n. 33	J^{3} *5283
Böhmer/Herbers n. 34	J^{3} *5284
Böhmer/Herbers n. 35	J^{3} 5285
Böhmer/Herbers n. 36	J^{3} *5287
Böhmer/Herbers n. 37	J^{3} *5294
Böhmer/Herbers n. 38	J^{3} *5295
Böhmer/Herbers n. 39	J^{3} *5296

Böhmer/Herbers n. 40	J^{3} *5322
Böhmer/Herbers n. †41	J^{3} 5323
Böhmer/Herbers n. 42	J^{3} *5321
Böhmer/Herbers n. 43	J^{3} *5307
Böhmer/Herbers n. 44	J^{3} *5308
Böhmer/Herbers n. 45	J^{3} *5309
Böhmer/Herbers n. 46	J^{3} *5310
Böhmer/Herbers n. 47	J^{3} *5311
Böhmer/Herbers n. 48	J^{3} *5312
Böhmer/Herbers n. 49	J^{3} *5293
Böhmer/Herbers n. 50	J^{3} *5332
Böhmer/Herbers n. 51	J^{3} *5297
Böhmer/Herbers n. 52	J^{3} *5298
Böhmer/Herbers n. †53	J^{3} †5304
Böhmer/Herbers n. 54	J^{3} *5300
Böhmer/Herbers n. 55	J^{3} *5301
Böhmer/Herbers n. 56	J^{3} *5302
Böhmer/Herbers n. 57	J^{3} *5303
Böhmer/Herbers n. 58	J^{3} *5305
Böhmer/Herbers n. 59	J^{3} *5306
Böhmer/Herbers n. 60	J^{3} *5313
Böhmer/Herbers n. 61	J^{3} *5333
Böhmer/Herbers n. 62	J^{3} *5334
Böhmer/Herbers n. 63	J^{3} *5335
Böhmer/Herbers n. 64	J^{3} *5336
Böhmer/Herbers n. 65	J^{3} *5337
Böhmer/Herbers n. 66	J^{3} *5338
Böhmer/Herbers n. †67	J^{3} †5339
Böhmer/Herbers n. 68	J^{3} *5340
Böhmer/Herbers n. †69	J^{3} †5578
Böhmer/Herbers n. †70	J^{3} †5579
Böhmer/Herbers n. †71	J^{3} *†5583
Böhmer/Herbers n. †72	J^{3} *†5584
Böhmer/Herbers n. 73	J^{3} *5574
Böhmer/Herbers n. 74	J^{3} *5571
Böhmer/Herbers n. 75	J^{3} *5572
Böhmer/Herbers n. 76	J^{3} 5559
Böhmer/Herbers n. †77	J^{3} *†5585
Böhmer/Herbers n. †78	J^{3} *†5580
Böhmer/Herbers n. 79	J^{3} *5566
Böhmer/Herbers n. 80	J^{3} *5573
Böhmer/Herbers n. 81	J^{3} *5562
Böhmer/Herbers n. 82	J^{3} *5563
Böhmer/Herbers n. 83	J^{3} *5564
Böhmer/Herbers n. 84	J^{3} 5561
Böhmer/Herbers n. 85	J^{3} *5546
Böhmer/Herbers n. 86	J^{3} *5565
Böhmer/Herbers n. 87	J^{3} 5547
Böhmer/Herbers n. 88	J^{3} *5548
Böhmer/Herbers n. 89	J^{3} *5549
Böhmer/Herbers n. 90	J^{3} 5550
Böhmer/Herbers n. †91	Leoni IX attribuendum
Böhmer/Herbers n. 92	J^{3} *5567
Böhmer/Herbers n. †93	J^{3} *†5581
Böhmer/Herbers n. 94	J^{3} *5551
Böhmer/Herbers n. 95	J^{3} 5552
Böhmer/Herbers n. 96	J^{3} 5553
Böhmer/Herbers n. 97	J^{3} 5554
Böhmer/Herbers n. 98	J^{3} 5555
Böhmer/Herbers n. 99	J^{3} 5556
Böhmer/Herbers n. †100	J^{3} †5576
Böhmer/Herbers n. 101	J^{3} *5575
Böhmer/Herbers n. 102	J^{3} 5557
Böhmer/Herbers n. 103	J^{3} *5570
Böhmer/Herbers n. †104	J^{3} †5577
Böhmer/Herbers n. 105	J^{3} *5569
Böhmer/Herbers n. 106	J^{3} 5560
Böhmer/Herbers n. 107	J^{3} 5558
Böhmer/Herbers n. †108	J^{3} *†5582
Böhmer/Herbers n. 109	J^{3} *5568
Böhmer/Herbers n. 110	J^{3} *5521
Böhmer/Herbers n. 111	J^{3} 5464
Böhmer/Herbers n. 112	J^{3} *5506
Böhmer/Herbers n. 113	J^{3} 5505
Böhmer/Herbers n. †114	J^{3} *†5425
Böhmer/Herbers n. 115	J^{3} *5418
Böhmer/Herbers n. 116	J^{3} 5417
Böhmer/Herbers n. 117	J^{3} *5419
Böhmer/Herbers n. 118	J^{3} *5411
Böhmer/Herbers n. 119	J^{3} *5399
Böhmer/Herbers n. 120	J^{3} *5385
Böhmer/Herbers n. 121	J^{3} *5347
Böhmer/Herbers n. 122	J^{3} *5348
Böhmer/Herbers n. 123	J^{3} *5349
Böhmer/Herbers n. 124	J^{3} *5350
Böhmer/Herbers n. 125	J^{3} *5346
Böhmer/Herbers n. 126	J^{3} *5353
Böhmer/Herbers n. 127	J^{3} *5351
Böhmer/Herbers n. †128	J^{3} *†5355
Böhmer/Herbers n. 129	J^{3} *5354
Böhmer/Herbers n. 130	J^{3} *5352
Böhmer/Herbers n. 131	J^{3} *5344
Böhmer/Herbers n. 132	J^{3} *5345
Böhmer/Herbers n. 133	J^{3} *5341
Böhmer/Herbers n. †134	J^{3} †5587
Böhmer/Herbers n. 135	J^{3} 5586
Böhmer/Herbers n. 136	J^{3} *5358
Böhmer/Herbers n. 137	J^{3} 5356
Böhmer/Herbers n. 138	J^{3} *5357
Böhmer/Herbers n. 139	J^{3} *5342
Böhmer/Herbers n. 140	J^{3} *5343
Böhmer/Herbers n. 141	J^{3} *5361
Böhmer/Herbers n. 142	J^{3} *5366
Böhmer/Herbers n. 143	J^{3} *5367
Böhmer/Herbers n. 144	J^{3} *5368
Böhmer/Herbers n. 145	J^{3} *5369
Böhmer/Herbers n. 146	J^{3} *5370
Böhmer/Herbers n. 147	J^{3} *5371
Böhmer/Herbers n. 148	J^{3} *5372
Böhmer/Herbers n. 149	J^{3} *5373
Böhmer/Herbers n. 150	J^{3} *5374
Böhmer/Herbers n. 151	J^{3} *5375
Böhmer/Herbers n. 152	J^{3} *5376
Böhmer/Herbers n. 153	J^{3} *5377
Böhmer/Herbers n. 154	J^{3} *5378
Böhmer/Herbers n. 155	J^{3} *5588
Böhmer/Herbers n. 156	J^{3} *5534

Böhmer/Herbers n. 157	J^3 *5463
Böhmer/Herbers n. 158	J^3 *5359
Böhmer/Herbers n. 159	J^3 5589
Böhmer/Herbers n. †160	J^3 *†5420
Böhmer/Herbers n. 161	J^3 *5362
Böhmer/Herbers n. 162	J^3 *5363
Böhmer/Herbers n. 163	J^3 *5360
Böhmer/Herbers n. 164	J^3 *5397
Böhmer/Herbers n. 165	J^3 *5438
Böhmer/Herbers n. 166	J^3 *5386
Böhmer/Herbers n. 167	J^3 *5379
Böhmer/Herbers n. 168	J^3 *5380
Böhmer/Herbers n. 169	J^3 *5381
Böhmer/Herbers n. 170	J^3 *5382
Böhmer/Herbers n. 171	J^3 *5383
Böhmer/Herbers n. 172	J^3 *5384
Böhmer/Herbers n. 173	J^3 *5364
Böhmer/Herbers n. 174	J^3 *5365
Böhmer/Herbers n. 175	J^3 *5439
Böhmer/Herbers n. 176	J^3 *5440
Böhmer/Herbers n. 177	J^3 *5441
Böhmer/Herbers n. 178	J^3 *5442
Böhmer/Herbers n. 179	J^3 *5443
Böhmer/Herbers n. 180	J^3 *5444
Böhmer/Herbers n. 181	J^3 *5445
Böhmer/Herbers n. 182	J^3 *5446
Böhmer/Herbers n. 183	J^3 *5447
Böhmer/Herbers n. 184	J^3 *5448
Böhmer/Herbers n. 185	J^3 *5449
Böhmer/Herbers n. 186	J^3 *5450
Böhmer/Herbers n. 187	J^3 *5451
Böhmer/Herbers n. 188	J^3 *5452
Böhmer/Herbers n. 189	J^3 *5453
Böhmer/Herbers n. 190	J^3 *5454
Böhmer/Herbers n. 191	J^3 *5455
Böhmer/Herbers n. 192	J^3 *5456
Böhmer/Herbers n. 193	J^3 *5457
Böhmer/Herbers n. 194	J^3 *5458
Böhmer/Herbers n. 195	J^3 *5459
Böhmer/Herbers n. 196	J^3 *5460
Böhmer/Herbers n. 197	J^3 *5391
Böhmer/Herbers n. 198	J^3 *5392
Böhmer/Herbers n. 199	J^3 *5393
Böhmer/Herbers n. 200	J^3 *5394
Böhmer/Herbers n. 201	J^3 *5395
Böhmer/Herbers n. 202	J^3 *5387
Böhmer/Herbers n. 203	J^3 5388
Böhmer/Herbers n. 204	J^3 *5389
Böhmer/Herbers n. 205	J^3 *5400
Böhmer/Herbers n. †206	J^3 †5390
Böhmer/Herbers n. †207	J^3 †5396
Böhmer/Herbers n. 208	J^3 *5409
Böhmer/Herbers n. 209	J^3 *5398
Böhmer/Herbers n. 210	J^3 *5407
Böhmer/Herbers n. 211	J^3 *5401
Böhmer/Herbers n. 212	J^3 5590
Böhmer/Herbers n. 213	J^3 *5430
Böhmer/Herbers n. 214	J^3 5429
Böhmer/Herbers n. 215	J^3 *5431
Böhmer/Herbers n. 216	J^3 *5432
Böhmer/Herbers n. 217	J^3 *5433
Böhmer/Herbers n. 218	J^3 *5402
Böhmer/Herbers n. 219	J^3 5403
Böhmer/Herbers n. 220	J^3 *5404
Böhmer/Herbers n. †?221	J^3 ?5592
Böhmer/Herbers n. 222	J^3 5591
Böhmer/Herbers n. 223	J^3 5426
Böhmer/Herbers n. 224	J^3 *5414
Böhmer/Herbers n. 225	J^3 *5415
Böhmer/Herbers n. 226	J^3 *5405
Böhmer/Herbers n. †227	J^3 †5406
Böhmer/Herbers n. 228	J^3 5408
Böhmer/Herbers n. †229	J^3 *†5410
Böhmer/Herbers n. †?230	J^3 ?5434
Böhmer/Herbers n. 231	J^3 *5412
Böhmer/Herbers n. 232	J^3 5413
Böhmer/Herbers n. 233	J^3 *5593
Böhmer/Herbers n. 234	J^3 *5421
Böhmer/Herbers n. 235	J^3 5423
Böhmer/Herbers n. 236	J^3 *5422
Böhmer/Herbers n. 237	J^3 5416
Böhmer/Herbers n. 238	J^3 5507
Böhmer/Herbers n. †(?)239	J^3 ?5435
Böhmer/Herbers n. †(?)240	J^3 ?5436
Böhmer/Herbers n. 241	J^3 5424
Böhmer/Herbers n. 242	J^3 5594
Böhmer/Herbers n. 243	J^3 *5427
Böhmer/Herbers n. 244	J^3 *5428
Böhmer/Herbers n. 245	J^3 5508
Böhmer/Herbers n. 246	J^3 5509
Böhmer/Herbers n. 247	J^3 *5510
Böhmer/Herbers n. 248	J^3 5473
Böhmer/Herbers n. 249	J^3 *5465
Böhmer/Herbers n. †250	J^3 *†5467
Böhmer/Herbers n. 251	J^3 5468
Böhmer/Herbers n. 252	J^3 5470
Böhmer/Herbers n. 253	J^3 5437
Böhmer/Herbers n. 254	J^3 *5461
Böhmer/Herbers n. 255	J^3 *5462
Böhmer/Herbers n. 256	J^3 *5488
Böhmer/Herbers n. 257	J^3 *5489
Böhmer/Herbers n. 258	J^3 *5490
Böhmer/Herbers n. 259	J^3 *5491
Böhmer/Herbers n. 260	J^3 *5492
Böhmer/Herbers n. 261	J^3 *5493
Böhmer/Herbers n. 262	J^3 *5494
Böhmer/Herbers n. 263	J^3 *5495
Böhmer/Herbers n. 264	J^3 *5496
Böhmer/Herbers n. 265	J^3 *5497
Böhmer/Herbers n. 266	J^3 *5498
Böhmer/Herbers n. 267	J^3 *5499
Böhmer/Herbers n. 268	J^3 *5500
Böhmer/Herbers n. 269	J^3 *5501
Böhmer/Herbers n. 270	J^3 5595
Böhmer/Herbers n. 271	J^3 *5535
Böhmer/Herbers n. †(?)272	J^3 *?5513
Böhmer/Herbers n. †273	J^3 †5514
Böhmer/Herbers n. †274	J^3 *†5515

Böhmer/Herbers n. 275	J^3 *5512
Böhmer/Herbers n. 276	J^3 5511
Böhmer/Herbers n. 277	J^3 5469
Böhmer/Herbers n. 278	J^3 5471
Böhmer/Herbers n. 279	J^3 5472
Böhmer/Herbers n. 280	J^3 5474
Böhmer/Herbers n. 281	J^3 5475
Böhmer/Herbers n. 282	J^3 *5476
Böhmer/Herbers n. 283	J^3 *5477
Böhmer/Herbers n. 284	J^3 5483
Böhmer/Herbers n. 285	J^3 *5484
Böhmer/Herbers n. 286	J^3 *5485
Böhmer/Herbers n. 287	J^3 *5478
Böhmer/Herbers n. 288	J^3 *5479
Böhmer/Herbers n. 289	J^3 *5486
Böhmer/Herbers n. 290	J^3 5487
Böhmer/Herbers n. 291	J^3 *5480
Böhmer/Herbers n. 292	J^3 5481
Böhmer/Herbers n. 293	J^3 5482
Böhmer/Herbers n. 294	J^3 5502
Böhmer/Herbers n. 295	J^3 *5522
Böhmer/Herbers n. 296	J^3 *5523
Böhmer/Herbers n. 297	J^3 *5524
Böhmer/Herbers n. 298	J^3 *5525
Böhmer/Herbers n. 299	J^3 *5526
Böhmer/Herbers n. 300	J^3 *5527
Böhmer/Herbers n. 301	J^3 *5528
Böhmer/Herbers n. 302	J^3 *5529
Böhmer/Herbers n. 303	J^3 *5530
Böhmer/Herbers n. 304	J^3 *5531
Böhmer/Herbers n. 305	J^3 *5532
Böhmer/Herbers n. 306	J^3 *5517
Böhmer/Herbers n. 307	J^3 5503
Böhmer/Herbers n. 308	J^3 *5504
Böhmer/Herbers n. 309	J^3 5537
Böhmer/Herbers n. 310	J^3 *5538
Böhmer/Herbers n. 311	J^3 5536
Böhmer/Herbers n. 312	J^3 5516
Böhmer/Herbers n. 313	J^3 *5518
Böhmer/Herbers n. 314	J^3 *5519
Böhmer/Herbers n. 315	J^3 *5533
Böhmer/Herbers n. 316	J^3 *5520
Böhmer/Herbers n. 317	J^3 *5596
Böhmer/Herbers n. 318	J^3 *5597
Böhmer/Herbers n. 319	J^3 *5598
Böhmer/Herbers n. 320	J^3 *5599
Böhmer/Herbers n. 321	J^3 *5600
Böhmer/Herbers n. †322	J^3 *†5602
Böhmer/Herbers n. 323	J^3 *5601
Böhmer/Herbers n. 324	J^3 5539
Böhmer/Herbers n. 325	J^3 5540
Böhmer/Herbers n. 326	J^3 *5541
Böhmer/Herbers n. †327	J^3 †5543
Böhmer/Herbers n. 328	J^3 5542
Böhmer/Herbers n. 329	J^3 *5544
Böhmer/Herbers n. 330	J^3 *5545
Böhmer/Herbers n. 331	J^3 *5605
Böhmer/Herbers n. 332	J^3 5603
Böhmer/Herbers n. 333	J^3 *5604
Böhmer/Herbers n. 334	J^3 *5606
Böhmer/Herbers n. †335	J^3 *†5607
Böhmer/Herbers n. 336	J^3 *5608
Böhmer/Herbers n. 337	J^3 *5609
Böhmer/Herbers n. 338	J^3 *5610
Böhmer/Herbers n. 339	J^3 *5611
Böhmer/Herbers n. †340	J^3 *†5620
Böhmer/Herbers n. †341	J^3 *†5621
Böhmer/Herbers n. 342	J^3 *5612
Böhmer/Herbers n. 343	J^3 *5613
Böhmer/Herbers n. 344	J^3 *5614
Böhmer/Herbers n. 345	J^3 *5615
Böhmer/Herbers n. 346	J^3 *5616
Böhmer/Herbers n. 347	J^3 *5617 et J^3 *5618
Böhmer/Herbers n. 348	J^3 *5619
Böhmer/Herbers n. 349	J^3 *5622
Böhmer/Herbers n. 350	J^3 *5623
Böhmer/Herbers n. 351	J^3 *5624
Böhmer/Herbers n. 352	J^3 *5625
Böhmer/Herbers n. 353	J^3 *5626
Böhmer/Herbers n. 354	J^3 *5627
Böhmer/Herbers n. 355	J^3 *5628
Böhmer/Herbers n. 356	J^3 *5665
Böhmer/Herbers n. 357	J^3 *5666
Böhmer/Herbers n. 358	J^3 *5662
Böhmer/Herbers n. 359	J^3 5659
Böhmer/Herbers n. 360	J^3 5660
Böhmer/Herbers n. †361	J^3 *†5668
Böhmer/Herbers n. 362	J^3 *5664
Böhmer/Herbers n. 363	J^3 5661
Böhmer/Herbers n. 364	J^3 *5663
Böhmer/Herbers n. †365	J^3 †5667
Böhmer/Herbers n. 366	J^3 *5637
Böhmer/Herbers n. 367	J^3 *5638
Böhmer/Herbers n. 368	J^3 *5639
Böhmer/Herbers n. 369	J^3 *5640
Böhmer/Herbers n. 370	J^3 *5641
Böhmer/Herbers n. 371	J^3 *5642
Böhmer/Herbers n. 372	J^3 *5643
Böhmer/Herbers n. 373	J^3 *5629
Böhmer/Herbers n. 374	J^3 5630
Böhmer/Herbers n. 375	J^3 *5669
Böhmer/Herbers n. 376	J^3 5631
Böhmer/Herbers n. 377	J^3 *5632
Böhmer/Herbers n. 378	J^3 *5633
Böhmer/Herbers n. 379	J^3 *5634
Böhmer/Herbers n. 380	J^3 *5635
Böhmer/Herbers n. 381	J^3 *5691
Böhmer/Herbers n. †382	J^3 *†5636
Böhmer/Herbers n. 383	J^3 *5670
Böhmer/Herbers n. 384	J^3 *5671
Böhmer/Herbers n. 385	J^3 *5672
Böhmer/Herbers n. 386	J^3 *5673
Böhmer/Herbers n. 387	J^3 *5674
Böhmer/Herbers n. 388	J^3 *5675
Böhmer/Herbers n. 389	J^3 *5676
Böhmer/Herbers n. 390	J^3 *5677
Böhmer/Herbers n. 391	J^3 *5678

Böhmer/Herbers n. 392	J^3 *5679
Böhmer/Herbers n. 393	J^3 *5680
Böhmer/Herbers n. 394	J^3 *5681
Böhmer/Herbers n. 395	J^3 *5682
Böhmer/Herbers n. 396	J^3 *5683
Böhmer/Herbers n. 397	J^3 *5684
Böhmer/Herbers n. 398	J^3 *5685
Böhmer/Herbers n. 399	J^3 *5686
Böhmer/Herbers n. 400	J^3 *5687
Böhmer/Herbers n. 401	J^3 *5688
Böhmer/Herbers n. 402	J^3 *5651
Böhmer/Herbers n. 403	J^3 *5652
Böhmer/Herbers n. †404	J^3 †5644
Böhmer/Herbers n. 405	J^3 *5645
Böhmer/Herbers n. 406	J^3 *5646
Böhmer/Herbers n. 407	J^3 *5655
Böhmer/Herbers n. 408	J^3 5653
Böhmer/Herbers n. 409	J^3 *5654
Böhmer/Herbers n. 410	J^3 5647
Böhmer/Herbers n. 411	J^3 *5648
Böhmer/Herbers n. 412	J^3 5649
Böhmer/Herbers n. 413	J^3 5650
Böhmer/Herbers n. 414	J^3 *5656
Böhmer/Herbers n. 415	J^3 *5657
Böhmer/Herbers n. 416	J^3 *5689
Böhmer/Herbers n. 417	J^3 *5691
Böhmer/Herbers n. 418	J^3 *5690
Böhmer/Herbers n. 419	J^3 5658
Böhmer/Herbers n. 420	J^3 *5692
Böhmer/Herbers n. 421	J^3 *5693
Böhmer/Herbers n. 422	J^3 *5694
Böhmer/Herbers n. 423	J^3 *5695
Böhmer/Herbers n. 424	J^3 *5696
Böhmer/Herbers n. 425	J^3 *5697
Böhmer/Herbers n. 426	J^3 *5698
Böhmer/Herbers n. 427	J^3 *5699
Böhmer/Herbers n. 428	J^3 6098
Böhmer/Herbers n. 429	J^3 6097
Böhmer/Herbers n. †(?)430	J^3 ?6109
Böhmer/Herbers n. †(?)431	J^3 ?6110
Böhmer/Herbers n. †432	J^3 †6112
Böhmer/Herbers n. †(?)433	J^3 ?6111
Böhmer/Herbers n. †434	J^3 †6113
Böhmer/Herbers n. 435	J^3 6083
Böhmer/Herbers n. †436	J^3 †6107
Böhmer/Herbers n. 437	J^3 6099
Böhmer/Herbers n. 438	J^3 6095
Böhmer/Herbers n. 439	J^3 6096
Böhmer/Herbers n. 440	J^3 *6100
Böhmer/Herbers n. 441	J^3 *6106
Böhmer/Herbers n. †442	J^3 †6108
Böhmer/Herbers n. 443	J^3 6084
Böhmer/Herbers n. 444	J^3 6085
Böhmer/Herbers n. 445	J^3 *6101
Böhmer/Herbers n. 446	J^3 6086
Böhmer/Herbers n. 447	J^3 6087
Böhmer/Herbers n. 448	J^3 6088
Böhmer/Herbers n. †449	J^3 *†6115
Böhmer/Herbers n. †450	J^3 *†6114
Böhmer/Herbers n. 451	J^3 6089
Böhmer/Herbers n. 452	J^3 *6105
Böhmer/Herbers n. †453	J^3 *†6116
Böhmer/Herbers n. 454	J^3 6090
Böhmer/Herbers n. 455	J^3 *6102
Böhmer/Herbers n. 456	J^3 6093
Böhmer/Herbers n. 457	J^3 *6103
Böhmer/Herbers n. 458	J^3 6092
Böhmer/Herbers n. 459	J^3 6091
Böhmer/Herbers n. 460	J^3 *6104
Böhmer/Herbers n. 461	J^3 6094
Böhmer/Herbers n. 462	J^3 *6037
Böhmer/Herbers n. 463	J^3 *6019
Böhmer/Herbers n. 464	J^3 *5921
Böhmer/Herbers n. 465	J^3 *5886
Böhmer/Herbers n. 466	J^3 5968
Böhmer/Herbers n. 467	J^3 5905
Böhmer/Herbers n. 468	J^3 *5873
Böhmer/Herbers n. 469	J^3 5848
Böhmer/Herbers n. 470	J^3 5849
Böhmer/Herbers n. 471	J^3 *5833
Böhmer/Herbers n. 472	J^3 5797
Böhmer/Herbers n. †473	J^3 *†5800
Böhmer/Herbers n. 474	J^3 *5799
Böhmer/Herbers n. 475	J^3 *5798
Böhmer/Herbers n. 476	J^3 5735
Böhmer/Herbers n. 477	J^3 *5719
Böhmer/Herbers n. 478	J^3 *5715
Böhmer/Herbers n. 479	J^3 *5716
Böhmer/Herbers n. 480	J^3 5714
Böhmer/Herbers n. 481	J^3 5702
Böhmer/Herbers n. 482	J^3 *5706
Böhmer/Herbers n. 483	J^3 *5707
Böhmer/Herbers n. 484	J^3 *5708
Böhmer/Herbers n. 485	J^3 *5709
Böhmer/Herbers n. 486	J^3 *5710
Böhmer/Herbers n. 487	J^3 *5711
Böhmer/Herbers n. 488	J^3 *5712
Böhmer/Herbers n. 489	J^3 5700
Böhmer/Herbers n. †490	J^3 †6060
Böhmer/Herbers n. 491	J^3 5701
Böhmer/Herbers n. †492	J^3 *†6065
Böhmer/Herbers n. †493	J^3 †6066
Böhmer/Herbers n. 494	J^3 *5931
Böhmer/Herbers n. 495	J^3 *5930
Böhmer/Herbers n. 496	J^3 *5717
Böhmer/Herbers n. †497	J^3 †5703
Böhmer/Herbers n. 498	J^3 *5704
Böhmer/Herbers n. 499	J^3 *5713
Böhmer/Herbers n. 500	J^3 5705
Böhmer/Herbers n. 501	J^3 *5726
Böhmer/Herbers n. 502	J^3 *5727
Böhmer/Herbers n. 503	J^3 6117
Böhmer/Herbers n. 504	J^3 *5718
Böhmer/Herbers n. 505	J^3 5881
Böhmer/Herbers n. 506	J^3 5763
Böhmer/Herbers n. 507	J^3 *5736
Böhmer/Herbers n. 508	J^3 *5725
Böhmer/Herbers n. 509	J^3 *5721

Böhmer/Herbers n. 510	J^{3} *5722
Böhmer/Herbers n. 511	J^{3} 5720
Böhmer/Herbers n. 512	J^{3} 5723
Böhmer/Herbers n. 513	J^{3} *5724
Böhmer/Herbers n. 514	J^{3} *6140
Böhmer/Herbers n. 515	J^{3} 5850
Böhmer/Herbers n. 516	J^{3} *5728
Böhmer/Herbers n. 517	J^{3} 5731
Böhmer/Herbers n. 518	J^{3} 5732
Böhmer/Herbers n. 519	J^{3} *5747
Böhmer/Herbers n. 520	J^{3} *5748
Böhmer/Herbers n. 521	J^{3} *5749
Böhmer/Herbers n. 522	J^{3} *5750
Böhmer/Herbers n. 523	J^{3} *5751
Böhmer/Herbers n. 524	J^{3} *5752
Böhmer/Herbers n. 525	J^{3} 5729
Böhmer/Herbers n. 526	J^{3} 5730
Böhmer/Herbers n. 527	J^{3} *5733
Böhmer/Herbers n. 528	J^{3} 6118
Böhmer/Herbers n. 529	J^{3} *6120
Böhmer/Herbers n. 530	J^{3} 6119
Böhmer/Herbers n. †531	J^{3} *†5734
Böhmer/Herbers n. 532	J^{3} 6121
Böhmer/Herbers n. 533	J^{3} 5742
Böhmer/Herbers n. 534	J^{3} 5743
Böhmer/Herbers n. 535	J^{3} *5739
Böhmer/Herbers n. 536	J^{3} *5740
Böhmer/Herbers n. 537	J^{3} *5737
Böhmer/Herbers n. 538	J^{3} *5738
Böhmer/Herbers n. 539	J^{3} *6139
Böhmer/Herbers n. 540	J^{3} 5741
Böhmer/Herbers n. †541	J^{3} †5764
Böhmer/Herbers n. 542	J^{3} *5745
Böhmer/Herbers n. 543	J^{3} *5746
Böhmer/Herbers n. †544	J^{3} †5744
Böhmer/Herbers n. 545	J^{3} 5754
Böhmer/Herbers n. 546	J^{3} *5755
Böhmer/Herbers n. 547	J^{3} *5753
Böhmer/Herbers n. 548	J^{3} *5775
Böhmer/Herbers n. 549	J^{3} *5776
Böhmer/Herbers n. 550	J^{3} *5777
Böhmer/Herbers n. 551	J^{3} *5778
Böhmer/Herbers n. 552	J^{3} *5779
Böhmer/Herbers n. 553	J^{3} *5780
Böhmer/Herbers n. 554	J^{3} *5756
Böhmer/Herbers n. 555	J^{3} *5757
Böhmer/Herbers n. 556	J^{3} *5758
Böhmer/Herbers n. 557	J^{3} *5759
Böhmer/Herbers n. 558	J^{3} *5760
Böhmer/Herbers n. 559	J^{3} 5761
Böhmer/Herbers n. 560	J^{3} 5762
Böhmer/Herbers n. 561	J^{3} *6122
Böhmer/Herbers n. 562	J^{3} 5767
Böhmer/Herbers n. 563	J^{3} *5765
Böhmer/Herbers n. 564	J^{3} *5766
Böhmer/Herbers n. 565	J^{3} 6123
Böhmer/Herbers n. 566	J^{3} 6043
Böhmer/Herbers n. 567	J^{3} *5801
Böhmer/Herbers n. 568	J^{3} *5992
Böhmer/Herbers n. 569	J^{3} 5768
Böhmer/Herbers n. 570	J^{3} 5769
Böhmer/Herbers n. 571	J^{3} *5770
Böhmer/Herbers n. 572	J^{3} 5771
Böhmer/Herbers n. 573	J^{3} *5772
Böhmer/Herbers n. 574	J^{3} *5773
Böhmer/Herbers n. 575	J^{3} *5774
Böhmer/Herbers n. 576	J^{3} *6125
Böhmer/Herbers n. 577	J^{3} *5805
Böhmer/Herbers n. 578	J^{3} 5781
Böhmer/Herbers n. 579	J^{3} *5782
Böhmer/Herbers n. 580	J^{3} 5793
Böhmer/Herbers n. †581	J^{3} †6124
Böhmer/Herbers n. 582	J^{3} *5853
Böhmer/Herbers n. 583	J^{3} *5854
Böhmer/Herbers n. 584	J^{3} *5811
Böhmer/Herbers n. 585	J^{3} *5786
Böhmer/Herbers n. 586	J^{3} *5783
Böhmer/Herbers n. 587	J^{3} *5784
Böhmer/Herbers n. 588	J^{3} *5785
Böhmer/Herbers n. 589	J^{3} 5804
Böhmer/Herbers n. 590	J^{3} *5802
Böhmer/Herbers n. 591	J^{3} *5794
Böhmer/Herbers n. 592	J^{3} 5795
Böhmer/Herbers n. 593	J^{3} *5835
Böhmer/Herbers n. 594	J^{3} 5787
Böhmer/Herbers n. 595	J^{3} 5788
Böhmer/Herbers n. 596	J^{3} 5789
Böhmer/Herbers n. 597	J^{3} 5790
Böhmer/Herbers n. 598	J^{3} 5791
Böhmer/Herbers n. 599	J^{3} 5792
Böhmer/Herbers n. 600	J^{3} *5796
Böhmer/Herbers n. 601	J^{3} 5836
Böhmer/Herbers n. 602	J^{3} *5834
Böhmer/Herbers n. †(?)603	J^{3} ?5812
Böhmer/Herbers n. 604	J^{3} 5837
Böhmer/Herbers n. 605	J^{3} 5838
Böhmer/Herbers n. 606	J^{3} *5808
Böhmer/Herbers n. 607	J^{3} 5806
Böhmer/Herbers n. 608	J^{3} 5807
Böhmer/Herbers n. 609	J^{3} 5813
Böhmer/Herbers n. 610	J^{3} *5814
Böhmer/Herbers n. 611	J^{3} *5815
Böhmer/Herbers n. 612	J^{3} *5817
Böhmer/Herbers n. 613	J^{3} *5818
Böhmer/Herbers n. 614	J^{3} 5816
Böhmer/Herbers n. 615	J^{3} *5840
Böhmer/Herbers n. 616	J^{3} 5839
Böhmer/Herbers n. 617	J^{3} 5809
Böhmer/Herbers n. †618	J^{3} †5810
Böhmer/Herbers n. †619	J^{3} †5895
Böhmer/Herbers n. 620	J^{3} *5819
Böhmer/Herbers n. 621	J^{3} 5841
Böhmer/Herbers n. 622	J^{3} 5820
Böhmer/Herbers n. 623	J^{3} 5821
Böhmer/Herbers n. 624	J^{3} 5822
Böhmer/Herbers n. †625	J^{3} †5832
Böhmer/Herbers n. 626	J^{3} 5823
Böhmer/Herbers n. 627	J^{3} 5824

Böhmer/Herbers n. 628	J^3 5825
Böhmer/Herbers n. 629	J^3 5826
Böhmer/Herbers n. 630	J^3 5827
Böhmer/Herbers n. 631	J^3 5828
Böhmer/Herbers n. 632	J^3 5829
Böhmer/Herbers n. 633	J^3 5830
Böhmer/Herbers n. 634	J^3 5831
Böhmer/Herbers n. 635	J^3 *5842
Böhmer/Herbers n. 636	J^3 *5846
Böhmer/Herbers n. 637	J^3 *5845
Böhmer/Herbers n. 638	J^3 *5844
Böhmer/Herbers n. 639	J^3 5843
Böhmer/Herbers n. 640	J^3 *5852
Böhmer/Herbers n. 641	J^3 *5851
Böhmer/Herbers n. 642	J^3 *5847
Böhmer/Herbers n. 643	J^3 5855
Böhmer/Herbers n. 644	J^3 *5856
Böhmer/Herbers n. 645	J^3 *5913
Böhmer/Herbers n. 646	J^3 5912
Böhmer/Herbers n. 647	J^3 *5914
Böhmer/Herbers n. 648	J^3 *5915
Böhmer/Herbers n. 649	J^3 *5916
Böhmer/Herbers n. 650	J^3 *5917
Böhmer/Herbers n. 651	J^3 *5918
Böhmer/Herbers n. 652	J^3 *5919
Böhmer/Herbers n. 653	J^3 *5874
Böhmer/Herbers n. 654	J^3 5858
Böhmer/Herbers n. 655	J^3 5862
Böhmer/Herbers n. 656	J^3 *5859
Böhmer/Herbers n. 657	J^3 5863
Böhmer/Herbers n. 658	J^3 5861
Böhmer/Herbers n. 659	J^3 5860
Böhmer/Herbers n. 660	J^3 5857
Böhmer/Herbers n. 661	J^3 *5864
Böhmer/Herbers n. 662	J^3 5875
Böhmer/Herbers n. 663	J^3 5878
Böhmer/Herbers n. 664	J^3 5879
Böhmer/Herbers n. 665	J^3 5877
Böhmer/Herbers n. 666	J^3 5876
Böhmer/Herbers n. †(?)667	J^3 *?5865
Böhmer/Herbers n. 668	J^3 *5880
Böhmer/Herbers n. 669	J^3 *5866
Böhmer/Herbers n. 670	J^3 5867
Böhmer/Herbers n. 671	J^3 5870
Böhmer/Herbers n. 672	J^3 5868
Böhmer/Herbers n. 673	J^3 5869
Böhmer/Herbers n. 674	J^3 5871
Böhmer/Herbers n. 675	J^3 6126
Böhmer/Herbers n. 676	J^3 5896
Böhmer/Herbers n. 677	J^3 5882
Böhmer/Herbers n. 678	J^3 5883
Böhmer/Herbers n. 679	J^3 5884
Böhmer/Herbers n. 680	J^3 5885
Böhmer/Herbers n. †681	J^3 *†5985
Böhmer/Herbers n. †(?)682	J^3 ?5932
Böhmer/Herbers n. †683	J^3 †5933
Böhmer/Herbers n. 684	J^3 5888
Böhmer/Herbers n. 685	J^3 *5925
Böhmer/Herbers n. †(?)686	J^3 ?6127
Böhmer/Herbers n. 687	J^3 *6128
Böhmer/Herbers n. 688	J^3 *5891
Böhmer/Herbers n. 689	J^3 *5892
Böhmer/Herbers n. 690	J^3 *5893
Böhmer/Herbers n. 691	J^3 *5894
Böhmer/Herbers n. 692	J^3 5887
Böhmer/Herbers n. 693	J^3 *5946
Böhmer/Herbers n. 694	J^3 5897
Böhmer/Herbers n. 695	J^3 *5889
Böhmer/Herbers n. 696	J^3 5890
Böhmer/Herbers n. 697	J^3 5906
Böhmer/Herbers n. 698	J^3 *5899
Böhmer/Herbers n. 699	J^3 5907
Böhmer/Herbers n. 700	J^3 *5900
Böhmer/Herbers n. 701	J^3 5901
Böhmer/Herbers n. 702	J^3 5898
Böhmer/Herbers n. 703	J^3 5908
Böhmer/Herbers n. 704	J^3 5909
Böhmer/Herbers n. 705	J^3 5904
Böhmer/Herbers n. 706	J^3 5902
Böhmer/Herbers n. †707	J^3 †5903
Böhmer/Herbers n. 708	J^3 *6006
Böhmer/Herbers n. 709	J^3 *5924
Böhmer/Herbers n. 710	J^3 5922
Böhmer/Herbers n. 711	J^3 5923
Böhmer/Herbers n. 712	J^3 *5911
Böhmer/Herbers n. 713	J^3 *5910
Böhmer/Herbers n. 714	J^3 *5975
Böhmer/Herbers n. 715	J^3 *5976
Böhmer/Herbers n. 716	J^3 *5934
Böhmer/Herbers n. †717	J^3 *†5926
Böhmer/Herbers n. 718	J^3 5920
Böhmer/Herbers n. 719	J^3 *5979
Böhmer/Herbers n. 720	J^3 5970
Böhmer/Herbers n. 721	J^3 5935
Böhmer/Herbers n. 722	J^3 *5938
Böhmer/Herbers n. 723	J^3 *5936
Böhmer/Herbers n. 724	J^3 5937
Böhmer/Herbers n. 725	J^3 *6032
Böhmer/Herbers n. 726	J^3 5927
Böhmer/Herbers n. 727	J^3 5928
Böhmer/Herbers n. 728	J^3 *5929
Böhmer/Herbers n. 729	J^3 *6044
Böhmer/Herbers n. 730	J^3 *6045
Böhmer/Herbers n. 731	J^3 6046
Böhmer/Herbers n. 732	J^3 5973
Böhmer/Herbers n. 733	J^3 *5965
Böhmer/Herbers n. 734	J^3 5957
Böhmer/Herbers n. 735	J^3 *5948
Böhmer/Herbers n. 736	J^3 *5953
Böhmer/Herbers n. 737	J^3 5947
Böhmer/Herbers n. 738	J^3 5951
Böhmer/Herbers n. 739	J^3 5952
Böhmer/Herbers n. 740	J^3 5949
Böhmer/Herbers n. 741	J^3 *5954
Böhmer/Herbers n. 742	J^3 5950
Böhmer/Herbers n. 743	J^3 *5955
Böhmer/Herbers n. 744	J^3 *5956
Böhmer/Herbers n. 745	J^3 5939

Böhmer/Herbers n. 746	J^3 5940
Böhmer/Herbers n. 747	J^3 *5941
Böhmer/Herbers n. 748	J^3 5942
Böhmer/Herbers n. 749	J^3 *5943
Böhmer/Herbers n. 750	J^3 *5944
Böhmer/Herbers n. 751	J^3 *5971
Böhmer/Herbers n. 752	J^3 5945
Böhmer/Herbers n. 753	J^3 5958
Böhmer/Herbers n. 754	J^3 5959
Böhmer/Herbers n. 755	J^3 5960
Böhmer/Herbers n. 756	J^3 5961
Böhmer/Herbers n. 757	J^3 5966
Böhmer/Herbers n. 758	J^3 5962
Böhmer/Herbers n. 759	J^3 *5963
Böhmer/Herbers n. 760	J^3 *5981
Böhmer/Herbers n. 761	J^3 *5977
Böhmer/Herbers n. 762	J^3 *5972
Böhmer/Herbers n. 763	J^3 5964
Böhmer/Herbers n. 764	J^3 5967
Böhmer/Herbers n. 765	J^3 *6034
Böhmer/Herbers n. 766	J^3 6035
Böhmer/Herbers n. 767	J^3 6036
Böhmer/Herbers n. 768	J^3 5969
Böhmer/Herbers n. 769	J^3 *5991
Böhmer/Herbers n. 770	J^3 5993
Böhmer/Herbers n. 771	J^3 *5982
Böhmer/Herbers n. 772	J^3 5986
Böhmer/Herbers n. 773	J^3 *5974
Böhmer/Herbers n. 774	J^3 *6012
Böhmer/Herbers n. 775	J^3 *6013
Böhmer/Herbers n. †776	J^3 *†5978
Böhmer/Herbers n. 777	J^3 5980
Böhmer/Herbers n. 778	J^3 6020
Böhmer/Herbers n. 779	J^3 5987
Böhmer/Herbers n. 780	J^3 5983
Böhmer/Herbers n. 781	J^3 5984
Böhmer/Herbers n. 782	J^3 *6058
Böhmer/Herbers n. 783	J^3 *6014
Böhmer/Herbers n. 784	J^3 5988
Böhmer/Herbers n. 785	J^3 5989
Böhmer/Herbers n. 786	J^3 6070
Böhmer/Herbers n. 787	J^3 *6000
Böhmer/Herbers n. 788	J^3 *5990
Böhmer/Herbers n. 789	J^3 *5994
Böhmer/Herbers n. 790	J^3 *5998
Böhmer/Herbers n. 791	J^3 5995
Böhmer/Herbers n. 792	J^3 5996
Böhmer/Herbers n. 793	J^3 5997
Böhmer/Herbers n. 794	J^3 5999
Böhmer/Herbers n. 795	J^3 *6003
Böhmer/Herbers n. 796	J^3 *6005
Böhmer/Herbers n. 797	J^3 *6001
Böhmer/Herbers n. 798	J^3 6002
Böhmer/Herbers n. 799	J^3 *6015
Böhmer/Herbers n. 800	J^3 6004
Böhmer/Herbers n. 801	J^3 6007
Böhmer/Herbers n. 802	J^3 *6033
Böhmer/Herbers n. 803	J^3 *6047
Böhmer/Herbers n. 804	J^3 *6016
Böhmer/Herbers n. 805	J^3 *6048
Böhmer/Herbers n. 806	J^3 *6008
Böhmer/Herbers n. 807	J^3 6009
Böhmer/Herbers n. 808	J^3 6010
Böhmer/Herbers n. 809	J^3 *6129
Böhmer/Herbers n. 810	J^3 *6130
Böhmer/Herbers n. 811	J^3 6018
Böhmer/Herbers n. 812	J^3 6011
Böhmer/Herbers n. 813	J^3 *6131
Böhmer/Herbers n. 814	J^3 *6132
Böhmer/Herbers n. 815	J^3 *6133
Böhmer/Herbers n. 816	J^3 *6134
Böhmer/Herbers n. 817	J^3 *6135
Böhmer/Herbers n. 818	J^3 *6050
Böhmer/Herbers n. 819	J^3 *6049
Böhmer/Herbers n. 820	J^3 6017
Böhmer/Herbers n. 821	J^3 *6038
Böhmer/Herbers n. 822	J^3 6021
Böhmer/Herbers n. 823	J^3 6022
Böhmer/Herbers n. 824	J^3 6023
Böhmer/Herbers n. 825	J^3 6024
Böhmer/Herbers n. 826	J^3 6025
Böhmer/Herbers n. 827	J^3 6026
Böhmer/Herbers n. 828	J^3 6027
Böhmer/Herbers n. 829	J^3 6028
Böhmer/Herbers n. 830	J^3 6029
Böhmer/Herbers n. 831	J^3 6030
Böhmer/Herbers n. 832	J^3 6031
Böhmer/Herbers n. 833	J^3 *6051
Böhmer/Herbers n. 834	J^3 *6052
Böhmer/Herbers n. 835	J^3 6053
Böhmer/Herbers n. 836	J^3 6039
Böhmer/Herbers n. 837	J^3 6040
Böhmer/Herbers n. 838	J^3 6041
Böhmer/Herbers n. 839	J^3 6042
Böhmer/Herbers n. 840	J^3 6055
Böhmer/Herbers n. 841	J^3 6054
Böhmer/Herbers n. 842	J^3 6056
Böhmer/Herbers n. 843	J^3 6057
Böhmer/Herbers n. 844	J^3 *6061
Böhmer/Herbers n. 845	J^3 6059
Böhmer/Herbers n. 846	J^3 6062
Böhmer/Herbers n. 847	J^3 *6071
Böhmer/Herbers n. 848	J^3 6064
Böhmer/Herbers n. 849	J^3 6063
Böhmer/Herbers n. 850	J^3 *6136
Böhmer/Herbers n. 851	J^3 *6068
Böhmer/Herbers n. 852	J^3 *6069
Böhmer/Herbers n. 853	J^3 6067
Böhmer/Herbers n. 854	J^3 6074
Böhmer/Herbers n. 855	J^3 6072
Böhmer/Herbers n. 856	J^3 *6075
Böhmer/Herbers n. 857	J^3 6073
Böhmer/Herbers n. 858	J^3 6076
Böhmer/Herbers n. 859	J^3 *6077
Böhmer/Herbers n. 860	J^3 6078
Böhmer/Herbers n. 861	J^3 6079
Böhmer/Herbers n. 862	J^3 6080
Böhmer/Herbers n. 863	J^3 6081

Böhmer/Herbers n. 864	J^3 *6137
Böhmer/Herbers n. 865	J^3 6082
Böhmer/Herbers n. 866	J^3 6142
Böhmer/Herbers n. 867	J^3 *6141
Böhmer/Herbers n. 868	J^3 *6143
Böhmer/Herbers n. 869	J^3 6144
Böhmer/Herbers n. 870	J^3 *6145
Böhmer/Mikoletzky n. 578a	J^3 7790
Böhmer/Mikoletzky n. 589a	J^3 *7921
Böhmer/Mikoletzky n. 592f	J^3 *7929
Böhmer/Mikoletzky n. 592g	J^3 *7930
Böhmer/Mikoletzky n. 592i	J^3 7934
Böhmer/Mikoletzky n. 597a	J^3 *7973
Böhmer/Mikoletzky n. 597e	J^3 *7988
Böhmer/Mikoletzky n. 599	J^3 *7997
Böhmer/Mikoletzky n. 600	J^3 *7997
Böhmer/Mikoletzky n. 600a	J^3 7999
Böhmer/Mikoletzky n. 667a	J^3 *8034
	et J^3 *8035
	et J^3 *8036
	et J^3 *8037
Böhmer/Mikoletzky n. 671b	J^3 *8038
Böhmer/Mikoletzky n. 841b	J^3 8085
	et J^3 8086
Böhmer/Mikoletzky n. 841c	J^3 8087
Böhmer/Mikoletzky n. 856b	J^3 *8097
Böhmer/Mikoletzky n. 890a	J^3 8105
Böhmer/Mikoletzky n. 890b	J^3 8116
Böhmer/Mikoletzky n. 890f	J^3 8113
Böhmer/Mikoletzky n. 890g	J^3 †8114
Böhmer/Mikoletzky n. 914e	J^3 *8128
	et J^3 *8133
Böhmer/Mikoletzky n. 919e	J^3 *8136
Böhmer/Mikoletzky n. 993	J^3 †8055
Böhmer/Mühlbacher^2 n. 1113a	J^3 *5278
Böhmer/Mühlbacher^2 n. 1115a	J^3 *5280
	et J^3 *5282
	et J^3 *5284
Böhmer/Mühlbacher^2 n. 1124a	J^3 *5297
Böhmer/Mühlbacher^2 n. 1128	J^3 *5345
Böhmer/Mühlbacher^2 n. 1130a	J^3 *5337
	et J^3 *5340
Böhmer/Mühlbacher^2 n. 1142a	J^3 *5404
Böhmer/Mühlbacher^2 n. 1149	J^3 5356
	et J^3 5509
	et J^3 5586
	et J^3 †5587
Böhmer/Mühlbacher^2 n. 1172a	J^3 5603
	et J^3 *5606
Böhmer/Mühlbacher^2 n. 1179a	J^3 *5404
	et J^3 †5406
	et J^3 *†5410
Böhmer/Mühlbacher^2 n. 1191b	J^3 *5478
Böhmer/Mühlbacher^2 n. 1202a	J^3 *5544
Böhmer/Mühlbacher^2 n. 1202b	J^3 *5545
Böhmer/Mühlbacher^2 n. 1203a	J^3 *5608
	et J^3 *5610
	et J^3 *5611
	et J^3 *5626
Böhmer/Mühlbacher^2 n. 1216b	J^3 *5693
Böhmer/Mühlbacher^2 n. 1216c	J^3 *5696
Böhmer/Mühlbacher^2 n. 1216d	J^3 *5698
Böhmer/Mühlbacher^2 n. 1216f	J^3 *5699
Böhmer/Mühlbacher^2 n. 1222a	J^3 5761
Böhmer/Mühlbacher^2 n. 1222g	J^3 *5891
Böhmer/Mühlbacher^2 n. 1222h	J^3 *5892
Böhmer/Mühlbacher^2 n. 1222i	J^3 *5889
Böhmer/Mühlbacher^2 n. 1227a	J^3 *5938
Böhmer/Mühlbacher^2 n. 1235g	J^3 *6048
Böhmer/Mühlbacher^2 n. 1239g	J^3 *6141
	et J^3 *6146
	et J^3 *6174
	et J^3 *6175
Böhmer/Mühlbacher^2 n. 1239h	J^3 *6163
	et J^3 *6164
Böhmer/Mühlbacher^2 n. 1239i	J^3 *6180
	et J^3 *6182
Böhmer/Mühlbacher^2 n. 1241b	J^3 *6202
	et J^3 *6204
Böhmer/Mühlbacher^2 n. 1242b	J^3 *6231
Böhmer/Mühlbacher^2 n. 1242c	J^3 *6233
Böhmer/Mühlbacher^2 n. 1245a	J^3 *6264
Böhmer/Mühlbacher^2 n. †1251	J^3 *†6279
Böhmer/Mühlbacher^2 n. 1251d	J^3 *6292
Böhmer/Mühlbacher^2 n. 1253a	J^3 *6302
Böhmer/Mühlbacher^2 n. 1253d	J^3 *6308
	et J^3 *6309
	et J^3 *6310
Böhmer/Mühlbacher^2 n. 1254b	J^3 *6312
Böhmer/Mühlbacher^2 n. 1256a	J^3 *6333
Böhmer/Mühlbacher^2 n. 1261a	J^3 *6361
Böhmer/Mühlbacher^2 n. 1261d	J^3 6378
Böhmer/Mühlbacher^2 n. 1263b	J^3 *6383
Böhmer/Mühlbacher^2 n. 1291a	J^3 *5725
Böhmer/Mühlbacher^2 n. 1292a	J^3 5743
Böhmer/Mühlbacher^2 n. 1293	J^3 5742
Böhmer/Mühlbacher^2 n. 1296a	J^3 *5773
Böhmer/Mühlbacher^2 n. 1297	J^3 5781
Böhmer/Mühlbacher^2 n. 1302a	J^3 *5847
Böhmer/Mühlbacher^2 n. 1304	J^3 5906
Böhmer/Mühlbacher^2 n. 1313	J^3 6070
Böhmer/Mühlbacher^2 n. 1313b	J^3 *6050
Böhmer/Mühlbacher^2 n. 1313c	J^3 *6033
Böhmer/Mühlbacher^2 n. 1315a	J^3 *6045
	et J^3 6046
Böhmer/Mühlbacher^2 n. 1316	J^3 6063
Böhmer/Mühlbacher^2 n. 1316a	J^3 6079
	et J^3 6080
	et J^3 6081
Böhmer/Mühlbacher^2 n. 1316b	J^3 *6155
	et J^3 6186
	et J^3 6206
Böhmer/Mühlbacher^2 n. 1317	J^3 6157
	et J^3 *6165
Böhmer/Mühlbacher^2 n. 1317a	J^3 *6163
	et J^3 *6164

Böhmer/Mühlbacher^2 n. 1324b	J^3 *6202
Böhmer/Mühlbacher^2 n. 1324c	J^3 *6204
Böhmer/Mühlbacher^2 n. 1324d	J^3 *6207
Böhmer/Mühlbacher^2 n. 1324e	J^3 *6207
Böhmer/Mühlbacher^2 n. 1324f	J^3 *6208
Böhmer/Mühlbacher^2 n. 1324g	J^3 *6209
	et J^3 *6210
	et J^3 *6211
	et J^3 *6212
	et J^3 *6213
Böhmer/Mühlbacher^2 n. 1407b	J^3 5702
Böhmer/Mühlbacher^2 n. 1439d	J^3 *5704
Böhmer/Mühlbacher^2 n. 1441b	J^3 *5704
	et J^3 *5713
Böhmer/Mühlbacher^2 n. 1454a	J^3 5904
Böhmer/Mühlbacher^2 n. 1460c	J^3 5983
Böhmer/Mühlbacher^2 n. 1472a	J^3 *5608
Böhmer/Mühlbacher^2 n. 1474	J^3 6245
Böhmer/Mühlbacher^2 n. 1480b	J^3 *6264
Böhmer/Mühlbacher^2 n. 1481	J^3 6260
Böhmer/Mühlbacher^2 n. 1488e	J^3 6291
Böhmer/Mühlbacher^2 n. 1504b	J^3 *6383
Böhmer/Mühlbacher^2 n. 1532a	J^3 *6587
Böhmer/Mühlbacher^2 n. 1563	J^3 *6900
Böhmer/Mühlbacher^2 n. 1564	J^3 *6900
Böhmer/Mühlbacher^2 n. 1591a	J^3 *6900
Böhmer/Mühlbacher^2 n. 1604d	J^3 6925
Böhmer/Mühlbacher^2 n. 1609a	J^3 *6943
Böhmer/Mühlbacher^2 n. 1627b	J^3 *6986
Böhmer/Mühlbacher^2 n. 1664	J^3 *7067
	et J^3 *7069
Böhmer/Mühlbacher^2 n. 1716a	J^3 *7118
	et J^3 *7122
Böhmer/Mühlbacher^2 n. 1717b	J^3 7126
	et J^3 7132
	et J^3 7134
	et J^3 *7135
Böhmer/Mühlbacher^2 n. 1761a	J^3 *7113
Böhmer/Mühlbacher^2 n. 1844b	J^3 *7215
Böhmer/Mühlbacher^2 n. 1892a	J^3 *7295
Böhmer/Mühlbacher^2 n. 1911a	J^3 *7309
Böhmer/Mühlbacher^2 n. 1913h	J^3 *7311
	et J^3 *7312
Böhmer/Mühlbacher^2 n. 1916	J^3 7313
Böhmer/Mühlbacher^2 n. 1917	J^3 *†7316
Böhmer/Mühlbacher^2 n. 1983d	J^3 ?7374
Böhmer/Mühlbacher^2 Verlorene Urk. n. 234	J^3 6925
Böhmer/Mühlbacher^2 Verlorene Urk. n. 443	J^3 *†6114
Böhmer/Mühlbacher^2 Verlorene Urk. n. 487	J^3 5603
Böhmer/Ottenthal n. 1a	J^3 *7511
Böhmer/Ottenthal n. 39	J^3 *†7574
Böhmer/Ottenthal n. 76g	J^3 †7612
Böhmer/Ottenthal n. 110a	J^3 *7634
	et J^3 *7636
Böhmer/Ottenthal n. 153	J^3 †8014
Böhmer/Ottenthal n. 154a	J^3 *7678

Böhmer/Ottenthal n. 166a	J^3 *†7672
	et J^3 *†7673
	et J^3 *7680
	et J^3 *7682
	et J^3 *7688
	et J^3 7689
Böhmer/Ottenthal n. 169a	J^3 *7692
Böhmer/Ottenthal p. 209	J^3 7933
Böhmer/Ottenthal n. 240	J^3 *7727
	et J^3 7731
Böhmer/Ottenthal n. 240n	J^3 7745
Böhmer/Ottenthal n. 289b	J^3 *7768
	et J^3 *7769
Böhmer/Ottenthal n. 309a	J^3 7771
Böhmer/Ottenthal n. 309c	J^3 *7779
	et J^3 *7780
	et J^3 *7781
	et J^3 *7783
Böhmer/Ottenthal n. 310	J^3 *7784
	et J^3 7788
Böhmer/Ottenthal n. 311	J^3 7790
Böhmer/Ottenthal n. 312	J^3 *†7787
Böhmer/Ottenthal n. 332	J^3 *†7741
Böhmer/Ottenthal n. 336	J^3 *†7742
Böhmer/Ottenthal n. 340a	J^3 *7797
Böhmer/Ottenthal n. 348b	J^3 *7799
	et J^3 *7800
	et J^3 *7801
	et J^3 *7802
	et J^3 *7803
Böhmer/Ottenthal n. 348c	J^3 *7806
	et J^3 *7807
Böhmer/Ottenthal n. 348d	J^3 *7808
Böhmer/Ottenthal n. 348e	J^3 *7809
Böhmer/Ottenthal n. 349	J^3 7810
Böhmer/Ottenthal n. 349a	J^3 7812
Böhmer/Ottenthal n. 350	J^3 *7813
	et J^3 *7814
Böhmer/Ottenthal n. 350a	J^3 *7820
	et J^3 *7822
	et J^3 *7823
	et J^3 *7824
	et J^3 *7827
Böhmer/Ottenthal n. 351b	J^3 *7828
Böhmer/Ottenthal n. 351c	J^3 *7834
	et J^3 *7835
	et J^3 *7836
Böhmer/Ottenthal n. 354b	J^3 *7837
	et J^3 *7838
	et J^3 *7839
	et J^3 7840
	et J^3 7841
	et J^3 7842
	et J^3 *7843
	et J^3 *7844
	et J^3 *7846
Böhmer/Ottenthal n. 355a	J^3 *7851
Böhmer/Ottenthal n. 355b	J^3 *7850
	et J^3 *7852

Böhmer/Ottenthal n. 355c	J^3 *7861
Böhmer/Ottenthal n. 355d	J^3 *7858
	et J^3 *7859
	et J^3 *7860
Böhmer/Ottenthal n. 355e	J^3 †7845
	et J^3 *7862
	et J^3 †7863
	et J^3 †7864
Böhmer/Ottenthal n. 364	J^3 *†7867
Böhmer/Ottenthal n. 380a	J^3 *7876
Böhmer/Ottenthal n. 390c	J^3 *7778
Böhmer/Ottenthal n. 409a	J^3 *7875
	et J^3 *7884
Böhmer/Ottenthal n. 429a	J^3 *7890
	et J^3 *7891
Böhmer/Ottenthal n. 439a	J^3 *7892
	et J^3 *7893
	et J^3 *7895
	et J^3 *7909
Böhmer/Ottenthal n. 439b	J^3 *7905
Böhmer/Ottenthal n. 443a	J^3 *7910
Böhmer/Ottenthal n. 443b	J^3 *7831
	et J^3 *7916
Böhmer/Ottenthal n. 444	J^3 7914
Böhmer/Ottenthal n. 445	J^3 7913
Böhmer/Ottenthal n. 447	J^3 7917
Böhmer/Ottenthal n. 449	J^3 7919
Böhmer/Ottenthal n. 450a	J^3 *7921
	et J^3 *7922
Böhmer/Ottenthal n. 458a	J^3 7945
Böhmer/Ottenthal n. 463a	J^3 *7929
Böhmer/Ottenthal n. 463b	J^3 *7930
Böhmer/Ottenthal n. 463c	J^3 *7931
	et J^3 *7957
Böhmer/Ottenthal n. 464	J^3 7934
	et J^3 †7935
Böhmer/Ottenthal n. 480	J^3 †7462
Böhmer/Ottenthal n. 481	J^3 †7463
Böhmer/Ottenthal n. 485	J^3 *7949
Böhmer/Ottenthal n. 485a	J^3 *7946
	et J^3 †7948
Böhmer/Ottenthal n. 485b	J^3 *7940
	et J^3 *7941
Böhmer/Ottenthal n. 495	J^3 7955
Böhmer/Ottenthal n. 506	J^3 7994
Böhmer/Ottenthal n. 527b	J^3 *7971
	et J^3 *7973
Böhmer/Ottenthal n. 536a	J^3 *†7989
Böhmer/Ottenthal n. 536b	J^3 *7988
Böhmer/Ottenthal n. 538	J^3 7987
	et J^3 7991
Böhmer/Ottenthal n. 539	J^3 †7786
Böhmer/Ottenthal n. 540	J^3 7999
Böhmer/Ottenthal n. 562d	J^3 *8011
Böhmer/Uhlirz n. 956q	J^3 8139
Böhmer/Uhlirz n. 956s	J^3 8138
Böhmer/Uhlirz n. 957b	J^3 *8142
	et J^3 *8145
Böhmer/Uhlirz n. 975a	J^3 *8151
Böhmer/Uhlirz n. 977a	J^3 *8152
Böhmer/Uhlirz n. 1008a	J^3 *8173
Böhmer/Uhlirz n. 1013a	J^3 8176
	et J^3 *8177
Böhmer/Uhlirz n. 1013d	J^3 8178
Böhmer/Uhlirz n. 1017f	J^3 8182
Böhmer/Uhlirz n. 1019b	J^3 8186
Böhmer/Uhlirz n. 1024b	J^3 8195
	et J^3 8196
	et J^3 *8197
Böhmer/Uhlirz n. 1026d	J^3 8208
Böhmer/Uhlirz n. 1039b	J^3 †8227
Böhmer/Uhlirz n. 1045a	J^3 *8204
Böhmer/Uhlirz n. 1064b	J^3 *8212
Böhmer/Uhlirz n. 1068a	J^3 8221
Böhmer/Uhlirz n. 1074b	J^3 *8219
	et J^3 *8220
Böhmer/Uhlirz n. 1108a	J^3 8230
Böhmer/Uhlirz n. 1118a	J^3 *8234
Böhmer/Uhlirz n. 1121a	J^3 8235
Böhmer/Uhlirz n. 1133a	J^3 *8240
Böhmer/Uhlirz n. 1135a	J^3 8243
Böhmer/Uhlirz n. 1157a	J^3 *8247
Böhmer/Uhlirz n. 1162d	J^3 *†8260
Böhmer/Uhlirz n. 1166b	J^3 *8257
Böhmer/Uhlirz n. 1168b	J^3 *8261
Böhmer/Uhlirz n. 1170a	J^3 *8262
Böhmer/Uhlirz n. 1171b	J^3 *8264
Böhmer/Uhlirz n. 1172	J^3 8265
Böhmer/Uhlirz n. 1174a	J^3 *8219
	et J^3 *8220
	et J^3 *8269
Böhmer/Uhlirz n. 1174b	J^3 8268
Böhmer/Uhlirz n. 1174c	J^3 8267
Böhmer/Uhlirz n. 1182a	J^3 8270
Böhmer/Uhlirz n. 1183	J^3 8271
Böhmer/Uhlirz n. 1189a	J^3 8275
	et J^3 †8276
Böhmer/Uhlirz n. 1192	J^3 8280
Böhmer/Uhlirz n. 1195	J^3 8281
Böhmer/Uhlirz n. 1210b	J^3 *8288
Böhmer/Uhlirz n. 1210c	J^3 †8287
Böhmer/Uhlirz n. 1210d	J^3 *8289
Böhmer/Uhlirz n. 1210g	J^3 *8291
Böhmer/Uhlirz n. 1217i	J^3 *8297
	et J^3 *8299
	et J^3 *8303
	et J^3 8304
Böhmer/Uhlirz n. 1217k	J^3 8300
Böhmer/Uhlirz n. 1218a	J^3 8301
Böhmer/Uhlirz n. 1218b	J^3 *8302
Böhmer/Uhlirz n. 1223	J^3 8485
Böhmer/Uhlirz n. 1226b	J^3 *8313
Böhmer/Uhlirz n. 1229b	J^3 *8339
Böhmer/Uhlirz n. 1232	J^3 8315
Böhmer/Uhlirz n. 1246c	J^3 *8319
Böhmer/Uhlirz n. 1247a	J^3 *8325
Böhmer/Uhlirz n. 1255d	J^3 8326

Böhmer/Uhlirz n. 1259b	J^3 *8329
Böhmer/Uhlirz n. 1259c	J^3 *8328
	et J^3 *8329
	et J^3 *8330
Böhmer/Uhlirz n. 1259d	J^3 *8331
Böhmer/Uhlirz n. 1260	J^3 *8324
Böhmer/Uhlirz n. 1261c	J^3 *8332
Böhmer/Uhlirz n. 1262a	J^3 *8333
	et J^3 *8348
Böhmer/Uhlirz n. 1262b	J^3 *8335
Böhmer/Uhlirz n. 1262c	J^3 8337
Böhmer/Uhlirz n. 1262d	J^3 8336
Böhmer/Uhlirz n. 1263b	J^3 *8334
Böhmer/Uhlirz n. 1263e	J^3 *8339
Böhmer/Uhlirz n. 1272a	J^3 *8344
Böhmer/Uhlirz n. 1273a	J^3 8343
Böhmer/Uhlirz n. 1273b	J^3 8342
Böhmer/Uhlirz n. 1279a	J^3 *8353
	et J^3 *8354
Böhmer/Uhlirz n. 1279b	J^3 *8348
Böhmer/Uhlirz n. 1279c	J^3 8349
Böhmer/Uhlirz n. 1299c	J^3 8359
Böhmer/Uhlirz n. 1299d	J^3 *8364
Böhmer/Uhlirz n. 1299e	J^3 8267
Böhmer/Uhlirz n. 1302e	J^3 *8375
Böhmer/Uhlirz n. 1304a	J^3 *8377
Böhmer/Uhlirz n. 1305b	J^3 *8380
Böhmer/Uhlirz n. 1305c	J^3 *8386
Böhmer/Uhlirz n. 1306	J^3 8485
Böhmer/Uhlirz n. 1307a	J^3 8383
Böhmer/Uhlirz n. 1311a	J^3 8385
Böhmer/Uhlirz n. 1313	J^3 8381
Böhmer/Uhlirz n. 1316a	J^3 8382
Böhmer/Uhlirz n. 1316b	J^3 8484
Böhmer/Uhlirz n. 1317a	J^3 8384
Böhmer/Uhlirz n. 1319a	J^3 8390
Böhmer/Uhlirz n. 1319b	J^3 8400
Böhmer/Uhlirz n. 1321	J^3 8397
Böhmer/Uhlirz n. 1321a	J^3 8398
Böhmer/Uhlirz n. 1323d	J^3 *8402
Böhmer/Uhlirz n. 1325b	J^3 *8403
Böhmer/Uhlirz n. 1325c	J^3 *8404
Böhmer/Uhlirz n. 1327a	J^3 *8404
Böhmer/Uhlirz n. 1329c	J^3 8407
Böhmer/Uhlirz n. 1331	J^3 8406
Böhmer/Uhlirz n. 1332	J^3 *8409
Böhmer/Uhlirz n. 1336	J^3 *8412
	et J^3 *8413
	et J^3 *8421
Böhmer/Uhlirz n. 1338d	J^3 †8418
Böhmer/Uhlirz n. 1349b	J^3 *8421
Böhmer/Uhlirz n. 1349d	J^3 *8412
Böhmer/Uhlirz n. 1349e	J^3 *8412
Böhmer/Uhlirz n. 1350/I	J^3 *?8436
Böhmer/Uhlirz n. 1376d	J^3 *8431
	et J^3 8432
Böhmer/Uhlirz n. 1390c	J^3 *8433
Böhmer/Uhlirz n. 1390d	J^3 *8437
	et J^3 8441
	et J^3 8442
Böhmer/Uhlirz n. 1394b	J^3 8453
Böhmer/Uhlirz n. 1394e	J^3 8443
Böhmer/Uhlirz n. 1396a	J^3 *8448
Böhmer/Uhlirz n. 1396d	J^3 *8450
	et J^3 *8451
Böhmer/Uhlirz n. 1396e	J^3 *8452
Böhmer/Uhlirz n. 1397a	J^3 *8457
Böhmer/Uhlirz n. 1397b	J^3 *8457
	et J^3 *8458
Böhmer/Uhlirz n. 1398d	J^3 *8449
Böhmer/Uhlirz n. 1399	J^3 8459
Böhmer/Uhlirz n. 1402b	J^3 *8460
Böhmer/Uhlirz n. 1402d	J^3 *8462
Böhmer/Uhlirz n. 1403	J^3 8463
Böhmer/Uhlirz n. 1407	J^3 8464
Böhmer/Uhlirz n. 1407c	J^3 *8466
	et J^3 *8474
Böhmer/Uhlirz n. 1422b	J^3 *8473
Böhmer/Uhlirz n. 1422d	J^3 *8475
Böhmer/Uhlirz n. 1426h	J^3 *8477
Böhmer/Uhlirz n. 1434b	J^3 *8479
Böhmer/Uhlirz n. 1435b	J^3 *8480
Böhmer/Uhlirz n. 1435c	J^3 *8481
	et J^3 *8490
Böhmer/Uhlirz n. 1453	J^3 †8273
Böhmer/Uhlirz n. 1471	J^3 †8258
Böhmer/Uhlirz n. 1482	J^3 †8259
Böhmer/Unger n. 1	J^3 *6335
Böhmer/Unger n. 2	J^3 *7037
Böhmer/Unger n. 3	J^3 7026
Böhmer/Unger n. †?4	J^3 ?7047
Böhmer/Unger n. 5	J^3 7027
Böhmer/Unger n. 6	J^3 *7038
Böhmer/Unger n. 7	J^3 *7036
Böhmer/Unger n. †8	J^3 †7041
Böhmer/Unger n. †9	J^3 †7042
Böhmer/Unger n. 10	J^3 7016
Böhmer/Unger n. 11	J^3 7017
Böhmer/Unger n. 12	J^3 7018
Böhmer/Unger n. 13	J^3 7025
Böhmer/Unger n. †14	J^3 †7048
Böhmer/Unger n. 15	J^3 *7039
Böhmer/Unger n. 16	J^3 *7028
Böhmer/Unger n. †17	J^3 †7043
Böhmer/Unger n. †18	J^3 *†7049
Böhmer/Unger n. 19	J^3 *7029
Böhmer/Unger n. 20	J^3 7019
Böhmer/Unger n. 21	J^3 7020
Böhmer/Unger n. †?22	J^3 ?7044
Böhmer/Unger n. 23	J^3 *7030
Böhmer/Unger n. †24	J^3 *†7050
Böhmer/Unger n. 25	J^3 *7031
Böhmer/Unger n. 26	J^3 7021
Böhmer/Unger n. 27	J^3 7022
Böhmer/Unger n. 28	J^3 *7032
Böhmer/Unger n. 29	J^3 *7040
Böhmer/Unger n. 30	J^3 *7033

Böhmer/Unger n. 31	J^3 *7034
Böhmer/Unger n. 32	J^3 7023
Böhmer/Unger n. 33	J^3 *7035
Böhmer/Unger n. †?34	J^3 ?7045
Böhmer/Unger n. †35	J^3 †7046
Böhmer/Unger n. 36	J^3 7024
Böhmer/Unger n. 37	J^3 *6902
Böhmer/Unger n. 38	J^3 *6869
Böhmer/Unger n. 39	J^3 *6739
Böhmer/Unger n. 40	J^3 *6516
Böhmer/Unger n. 41	J^3 *6517
Böhmer/Unger n. 42	J^3 *6456
Böhmer/Unger n. 43	J^3 *6418
Böhmer/Unger n. 44	J^3 6402
Böhmer/Unger n. 45	J^3 6403
Böhmer/Unger n. 46	J^3 6404
Böhmer/Unger n. 47	J^3 6401
Böhmer/Unger n. 48	J^3 6368
Böhmer/Unger n. 49	J^3 6367
Böhmer/Unger n. 50	J^3 6369
Böhmer/Unger n. 51	J^3 6370
Böhmer/Unger n. 52	J^3 *6364
Böhmer/Unger n. 53	J^3 *6356
Böhmer/Unger n. 54	J^3 *6342
Böhmer/Unger n. 55	J^3 *6341
Böhmer/Unger n. 56	J^3 *6337
Böhmer/Unger n. 57	J^3 *6366
Böhmer/Unger n. 58	J^3 7051
Böhmer/Unger n. 59	J^3 *6419
Böhmer/Unger n. 60	J^3 *6371
Böhmer/Unger n. †?61	J^3 ?6373
Böhmer/Unger n. 62	J^3 6372
Böhmer/Unger n. 63	J^3 *6357
Böhmer/Unger n. 64	J^3 *6358
Böhmer/Unger n. 65	J^3 *6339
Böhmer/Unger n. 66	J^3 6343
Böhmer/Unger n. 67	J^3 6346
Böhmer/Unger n. 68	J^3 6347
Böhmer/Unger n. 69	J^3 6348
Böhmer/Unger n. 70	J^3 6349
Böhmer/Unger n. 71	J^3 6350
Böhmer/Unger n. 72	J^3 6351
Böhmer/Unger n. 73	J^3 *6355
Böhmer/Unger n. 74	J^3 6352
Böhmer/Unger n. 75	J^3 6353
Böhmer/Unger n. 76	J^3 6354
Böhmer/Unger n. 77	J^3 6345
Böhmer/Unger n. 78	J^3 *6344
Böhmer/Unger n. 79	J^3 *6340
Böhmer/Unger n. 80	J^3 *6338
Böhmer/Unger n. 81	J^3 6420
Böhmer/Unger n. 82	J^3 6405
Böhmer/Unger n. 83	J^3 6374
Böhmer/Unger n. 84	J^3 6375
Böhmer/Unger n. 85	J^3 6376
Böhmer/Unger n. 86	J^3 6377
Böhmer/Unger n. 87	J^3 6360
Böhmer/Unger n. 88	J^3 6359
Böhmer/Unger n. †?89	J^3 ?6997
Böhmer/Unger n. †90	J^3 †6998
Böhmer/Unger n. 91	J^3 *6361
Böhmer/Unger n. 92	J^3 *6362
Böhmer/Unger n. 93	J^3 *6363
Böhmer/Unger n. †94	J^3 †7013
Böhmer/Unger n. †95	J^3 *†7014
Böhmer/Unger n. 96	J^3 6365
Böhmer/Unger n. †97	J^3 †7015
Böhmer/Unger n. 98	J^3 6741
Böhmer/Unger n. 99	J^3 6740
Böhmer/Unger n. 100	J^3 6457
Böhmer/Unger n. 101	J^3 6421
Böhmer/Unger n. 102	J^3 6425
Böhmer/Unger n. 103	J^3 6422
Böhmer/Unger n. 104	J^3 6423
Böhmer/Unger n. 105	J^3 6424
Böhmer/Unger n. 106	J^3 6406
Böhmer/Unger n. 107	J^3 6389
Böhmer/Unger n. 108	J^3 *6390
Böhmer/Unger n. 109	J^3 6378
Böhmer/Unger n. 110	J^3 *6396
Böhmer/Unger n. 111	J^3 6380
Böhmer/Unger n. 112	J^3 6381
Böhmer/Unger n. 113	J^3 *6379
Böhmer/Unger n. 114	J^3 6382
Böhmer/Unger n. 115	J^3 *6383
Böhmer/Unger n. 116	J^3 *6384
Böhmer/Unger n. 117	J^3 *6426
Böhmer/Unger n. 118	J^3 *6387
Böhmer/Unger n. 119	J^3 6386
Böhmer/Unger n. 120	J^3 6385
Böhmer/Unger n. 121	J^3 *6904
Böhmer/Unger n. 122	J^3 6388
Böhmer/Unger n. 123	J^3 *6392
Böhmer/Unger n. 124	J^3 6391
Böhmer/Unger n. 125	J^3 6394
Böhmer/Unger n. 126	J^3 *6679
Böhmer/Unger n. 127	J^3 *6654
Böhmer/Unger n. 128	J^3 *6655
Böhmer/Unger n. 129	J^3 6397
Böhmer/Unger n. 130	J^3 *6395
Böhmer/Unger n. 131	J^3 *6393
Böhmer/Unger n. 132	J^3 *6398
Böhmer/Unger n. 133	J^3 6407
Böhmer/Unger n. 134	J^3 6399
Böhmer/Unger n. 135	J^3 *6400
Böhmer/Unger n. 136	J^3 *6408
Böhmer/Unger n. 137	J^3 6409
Böhmer/Unger n. 138	J^3 6410
Böhmer/Unger n. 139	J^3 *6411
Böhmer/Unger n. 140	J^3 6414
Böhmer/Unger n. 141	J^3 *6415
Böhmer/Unger n. 142	J^3 6412
Böhmer/Unger n. 143	J^3 *6427
Böhmer/Unger n. 144	J^3 *6413
Böhmer/Unger n. 145	J^3 *6416
Böhmer/Unger n. 146	J^3 *6465
Böhmer/Unger n. †?147	J^3 *?6564
Böhmer/Unger n. 148	J^3 *6430

Böhmer/Unger n. 149	J^3 6417
Böhmer/Unger n. 150	J^3 6500
Böhmer/Unger n. 151	J^3 *6472
Böhmer/Unger n. 152	J^3 *6473
Böhmer/Unger n. 153	J^3 *6474
Böhmer/Unger n. 154	J^3 *6442
Böhmer/Unger n. 155	J^3 *6438
Böhmer/Unger n. 156	J^3 *6439
Böhmer/Unger n. 157	J^3 6428
Böhmer/Unger n. 158	J^3 6429
Böhmer/Unger n. 159	J^3 6431
Böhmer/Unger n. 160	J^3 *6491
Böhmer/Unger n. 161	J^3 *6440
Böhmer/Unger n. 162	J^3 *6441
Böhmer/Unger n. 163	J^3 6452
Böhmer/Unger n. 164	J^3 6435
Böhmer/Unger n. 165	J^3 6436
Böhmer/Unger n. 166	J^3 6433
Böhmer/Unger n. 167	J^3 6434
Böhmer/Unger n. 168	J^3 *6437
Böhmer/Unger n. 169	J^3 *6432
Böhmer/Unger n. 170	J^3 *6948
Böhmer/Unger n. 171	J^3 *6443
Böhmer/Unger n. 172	J^3 *6444
Böhmer/Unger n. 173	J^3 *6445
Böhmer/Unger n. 174	J^3 *6446
Böhmer/Unger n. 175	J^3 6447
Böhmer/Unger n. 176	J^3 6450
Böhmer/Unger n. 177	J^3 *6449
Böhmer/Unger n. 178	J^3 6448
Böhmer/Unger n. 179	J^3 *6453
Böhmer/Unger n. 180	J^3 *6451
Böhmer/Unger n. 181	J^3 *6568
Böhmer/Unger n. 182	J^3 6455
Böhmer/Unger n. †?183	J^3 ?6454
Böhmer/Unger n. 184	J^3 *6462
Böhmer/Unger n. 185	J^3 *6475
Böhmer/Unger n. 186	J^3 6463
Böhmer/Unger n. 187	J^3 6458
Böhmer/Unger n. 188	J^3 6459
Böhmer/Unger n. 189	J^3 6460
Böhmer/Unger n. 190	J^3 *6508
Böhmer/Unger n. 191	J^3 6461
Böhmer/Unger n. 192	J^3 6464
Böhmer/Unger n. 193	J^3 *6484
Böhmer/Unger n. 194	J^3 6468
Böhmer/Unger n. 195	J^3 6469
Böhmer/Unger n. 196	J^3 6466
Böhmer/Unger n. †?197	J^3 ?6467
Böhmer/Unger n. 198	J^3 6470
Böhmer/Unger n. 199	J^3 6471
Böhmer/Unger n. 200	J^3 6478
Böhmer/Unger n. 201	J^3 6479
Böhmer/Unger n. 202	J^3 6480
Böhmer/Unger n. 203	J^3 6476
Böhmer/Unger n. 204	J^3 6477
Böhmer/Unger n. 205	J^3 6481
Böhmer/Unger n. 206	J^3 *6526
Böhmer/Unger n. 207	J^3 *6527
Böhmer/Unger n. 208	J^3 6487
Böhmer/Unger n. 209	J^3 6488
Böhmer/Unger n. 210	J^3 6489
Böhmer/Unger n. 211	J^3 6482
Böhmer/Unger n. 212	J^3 6483
Böhmer/Unger n. 213	J^3 6485
Böhmer/Unger n. 214	J^3 6486
Böhmer/Unger n. 215	J^3 6490
Böhmer/Unger n. 216	J^3 6492
Böhmer/Unger n. 217	J^3 6493
Böhmer/Unger n. 218	J^3 6494
Böhmer/Unger n. 219	J^3 6495
Böhmer/Unger n. 220	J^3 6496
Böhmer/Unger n. 221	J^3 6497
Böhmer/Unger n. 222	J^3 6498
Böhmer/Unger n. 223	J^3 6499
Böhmer/Unger n. 224	J^3 *6506
Böhmer/Unger n. 225	J^3 *6501
Böhmer/Unger n. 226	J^3 6502
Böhmer/Unger n. 227	J^3 6503
Böhmer/Unger n. 228	J^3 6504
Böhmer/Unger n. 229	J^3 6505
Böhmer/Unger n. 230	J^3 6507
Böhmer/Unger n. 231	J^3 *6509
Böhmer/Unger n. 232	J^3 *6510
Böhmer/Unger n. 233	J^3 *6511
Böhmer/Unger n. 234	J^3 6512
Böhmer/Unger n. 235	J^3 6514
Böhmer/Unger n. 236	J^3 6513
Böhmer/Unger n. 237	J^3 6515
Böhmer/Unger n. 238	J^3 *6518
Böhmer/Unger n. 239	J^3 *6519
Böhmer/Unger n. 240	J^3 6536
Böhmer/Unger n. 241	J^3 6520
Böhmer/Unger n. 242	J^3 6521
Böhmer/Unger n. 243	J^3 6522
Böhmer/Unger n. 244	J^3 6523
Böhmer/Unger n. 245	J^3 *6533
Böhmer/Unger n. 246	J^3 *6528
Böhmer/Unger n. 247	J^3 *6529
Böhmer/Unger n. 248	J^3 6524
Böhmer/Unger n. 249	J^3 6525
Böhmer/Unger n. 250	J^3 6530
Böhmer/Unger n. 251	J^3 6532
Böhmer/Unger n. 252	J^3 6531
Böhmer/Unger n. 253	J^3 6534
Böhmer/Unger n. 254	J^3 6535
Böhmer/Unger n. 255	J^3 6537
Böhmer/Unger n. 256	J^3 6538
Böhmer/Unger n. 257	J^3 6539
Böhmer/Unger n. 258	J^3 6540
Böhmer/Unger n. 259	J^3 6541
Böhmer/Unger n. 260	J^3 6542
Böhmer/Unger n. 261	J^3 6543
Böhmer/Unger n. 262	J^3 6544
Böhmer/Unger n. 263	J^3 *6577
Böhmer/Unger n. 264	J^3 *6573
Böhmer/Unger n. 265	J^3 *6572
Böhmer/Unger n. 266	J^3 *6546

Böhmer/Unger n. 267	J^{3} 6545
Böhmer/Unger n. 268	J^{3} 6547
Böhmer/Unger n. 269	J^{3} *6548
Böhmer/Unger n. 270	J^{3} 6549
Böhmer/Unger n. 271	J^{3} 6550
Böhmer/Unger n. 272	J^{3} 6552
Böhmer/Unger n. 273	J^{3} 6553
Böhmer/Unger n. 274	J^{3} 6554
Böhmer/Unger n. 275	J^{3} 6551
Böhmer/Unger n. 276	J^{3} *6555
Böhmer/Unger n. 277	J^{3} *6556
Böhmer/Unger n. 278	J^{3} 6557
Böhmer/Unger n. 279	J^{3} *6558
Böhmer/Unger n. 280	J^{3} *6559
Böhmer/Unger n. 281	J^{3} *6560
Böhmer/Unger n. 282	J^{3} *6561
Böhmer/Unger n. 283	J^{3} *6562
Böhmer/Unger n. 284	J^{3} *6563
Böhmer/Unger n. 285	J^{3} *6565
Böhmer/Unger n. 286	J^{3} 6566
Böhmer/Unger n. 287	J^{3} 6567
Böhmer/Unger n. 288	J^{3} *6588
Böhmer/Unger n. 289	J^{3} 6569
Böhmer/Unger n. 290	J^{3} 6570
Böhmer/Unger n. 291	J^{3} *6571
Böhmer/Unger n. 292	J^{3} *6578
Böhmer/Unger n. 293	J^{3} 6579
Böhmer/Unger n. 294	J^{3} *6774
Böhmer/Unger n. 295	J^{3} *6889
Böhmer/Unger n. 296	J^{3} 6742
Böhmer/Unger n. 297	J^{3} 6745
Böhmer/Unger n. 298	J^{3} 6744
Böhmer/Unger n. 299	J^{3} 6743
Böhmer/Unger n. 300	J^{3} 6580
Böhmer/Unger n. 301	J^{3} 6581
Böhmer/Unger n. 302	J^{3} 6582
Böhmer/Unger n. 303	J^{3} 6583
Böhmer/Unger n. 304	J^{3} 6584
Böhmer/Unger n. 305	J^{3} *6585
Böhmer/Unger n. 306	J^{3} 6574
Böhmer/Unger n. 307	J^{3} 6575
Böhmer/Unger n. 308	J^{3} 6576
Böhmer/Unger n. 309	J^{3} 6586
Böhmer/Unger n. 310	J^{3} *6587
Böhmer/Unger n. 311	J^{3} *6589
Böhmer/Unger n. 312	J^{3} *6590
Böhmer/Unger n. 313	J^{3} 6711
Böhmer/Unger n. 314	J^{3} *6602
Böhmer/Unger n. 315	J^{3} *6603
Böhmer/Unger n. 316	J^{3} *6604
Böhmer/Unger n. 317	J^{3} 6605
Böhmer/Unger n. 318	J^{3} 6607
Böhmer/Unger n. 319	J^{3} 6606
Böhmer/Unger n. 320	J^{3} 6591
Böhmer/Unger n. 321	J^{3} 6592
Böhmer/Unger n. 322	J^{3} *6593
Böhmer/Unger n. 323	J^{3} *6594
Böhmer/Unger n. 324	J^{3} *6595
Böhmer/Unger n. 325	J^{3} *6608
Böhmer/Unger n. 326	J^{3} 6599
Böhmer/Unger n. 327	J^{3} 6596
Böhmer/Unger n. 328	J^{3} 6598
Böhmer/Unger n. 329	J^{3} 6597
Böhmer/Unger n. 330	J^{3} 6600
Böhmer/Unger n. 331	J^{3} *6610
Böhmer/Unger n. †332	J^{3} †6601
Böhmer/Unger n. 333	J^{3} 6609
Böhmer/Unger n. 334	J^{3} *6614
Böhmer/Unger n. 335	J^{3} *6611
Böhmer/Unger n. 336	J^{3} *6612
Böhmer/Unger n. 337	J^{3} *6613
Böhmer/Unger n. 338	J^{3} 6722
Böhmer/Unger n. 339	J^{3} 6723
Böhmer/Unger n. 340	J^{3} 6663
Böhmer/Unger n. 341	J^{3} 6664
Böhmer/Unger n. 342	J^{3} 6627
Böhmer/Unger n. 343	J^{3} 6621
Böhmer/Unger n. 344	J^{3} 6615
Böhmer/Unger n. 345	J^{3} 6616
Böhmer/Unger n. 346	J^{3} 6618
Böhmer/Unger n. 347	J^{3} 6617
Böhmer/Unger n. 348	J^{3} *6619
Böhmer/Unger n. 349	J^{3} *6620
Böhmer/Unger n. 350	J^{3} 6628
Böhmer/Unger n. 351	J^{3} *6625
Böhmer/Unger n. 352	J^{3} 6626
Böhmer/Unger n. 353	J^{3} 6622
Böhmer/Unger n. 354	J^{3} 6623
Böhmer/Unger n. 355	J^{3} *6624
Böhmer/Unger n. 356	J^{3} *6629
Böhmer/Unger n. 357	J^{3} *6630
Böhmer/Unger n. 358	J^{3} 6631
Böhmer/Unger n. 359	J^{3} 6632
Böhmer/Unger n. 360	J^{3} 6633
Böhmer/Unger n. 361	J^{3} 6634
Böhmer/Unger n. 362	J^{3} *6635
Böhmer/Unger n. 363	J^{3} *6636
Böhmer/Unger n. 364	J^{3} *6637
Böhmer/Unger n. 365	J^{3} *6726
Böhmer/Unger n. 366	J^{3} 6724
Böhmer/Unger n. 367	J^{3} 6725
Böhmer/Unger n. 368	J^{3} *6645
Böhmer/Unger n. 369	J^{3} 6656
Böhmer/Unger n. 370	J^{3} *6652
Böhmer/Unger n. 371	J^{3} 6638
Böhmer/Unger n. 372	J^{3} *6639
Böhmer/Unger n. 373	J^{3} *6640
Böhmer/Unger n. 374	J^{3} *6641
Böhmer/Unger n. 375	J^{3} *6642
Böhmer/Unger n. 376	J^{3} *6643
Böhmer/Unger n. 377	J^{3} *6644
Böhmer/Unger n. 378	J^{3} 6646
Böhmer/Unger n. 379	J^{3} 6647
Böhmer/Unger n. 380	J^{3} *6648
Böhmer/Unger n. 381	J^{3} *6649
Böhmer/Unger n. 382	J^{3} *6650
Böhmer/Unger n. 383	J^{3} *6651
Böhmer/Unger n. 384	J^{3} 6671

Böhmer/Unger n. 385	J^3 6672
Böhmer/Unger n. 386	J^3 6653
Böhmer/Unger n. 387	J^3 6689
Böhmer/Unger n. 388	J^3 6665
Böhmer/Unger n. 389	J^3 *6657
Böhmer/Unger n. 390	J^3 *6658
Böhmer/Unger n. 391	J^3 *6659
Böhmer/Unger n. 392	J^3 6712
Böhmer/Unger n. 393	J^3 *6707
Böhmer/Unger n. 394	J^3 *6660
Böhmer/Unger n. 395	J^3 6667
Böhmer/Unger n. 396	J^3 6666
Böhmer/Unger n. 397	J^3 6668
Böhmer/Unger n. 398	J^3 6669
Böhmer/Unger n. 399	J^3 6670
Böhmer/Unger n. 400	J^3 6661
Böhmer/Unger n. 401	J^3 6662
Böhmer/Unger n. 402	J^3 6713
Böhmer/Unger n. 403	J^3 6708
Böhmer/Unger n. 404	J^3 *6693
Böhmer/Unger n. 405	J^3 6673
Böhmer/Unger n. 406	J^3 6700
Böhmer/Unger n. 407	J^3 6675
Böhmer/Unger n. 408	J^3 6674
Böhmer/Unger n. 409	J^3 6695
Böhmer/Unger n. 410	J^3 6694
Böhmer/Unger n. 411	J^3 *6680
Böhmer/Unger n. 412	J^3 6681
Böhmer/Unger n. 413	J^3 6686
Böhmer/Unger n. 414	J^3 6687
Böhmer/Unger n. 415	J^3 6682
Böhmer/Unger n. 416	J^3 *6683
Böhmer/Unger n. 417	J^3 *6684
Böhmer/Unger n. 418	J^3 *6685
Böhmer/Unger n. 419	J^3 *6701
Böhmer/Unger n. 420	J^3 6676
Böhmer/Unger n. 421	J^3 6677
Böhmer/Unger n. 422	J^3 6678
Böhmer/Unger n. 423	J^3 6702
Böhmer/Unger n. 424	J^3 6688
Böhmer/Unger n. 425	J^3 6703
Böhmer/Unger n. 426	J^3 6690
Böhmer/Unger n. 427	J^3 6691
Böhmer/Unger n. 428	J^3 *6692
Böhmer/Unger n. 429	J^3 *6696
Böhmer/Unger n. 430	J^3 *6697
Böhmer/Unger n. 431	J^3 6698
Böhmer/Unger n. 432	J^3 6699
Böhmer/Unger n. 433	J^3 *6811
Böhmer/Unger n. 434	J^3 6714
Böhmer/Unger n. 435	J^3 6715
Böhmer/Unger n. 436	J^3 6716
Böhmer/Unger n. 437	J^3 6704
Böhmer/Unger n. 438	J^3 6705
Böhmer/Unger n. 439	J^3 6706
Böhmer/Unger n. 440	J^3 6709
Böhmer/Unger n. 441	J^3 6710
Böhmer/Unger n. 442	J^3 6717
Böhmer/Unger n. 443	J^3 *6718
Böhmer/Unger n. †?444	J^3 *?6719
Böhmer/Unger n. 445	J^3 *6720
Böhmer/Unger n. 446	J^3 6721
Böhmer/Unger n. 447	J^3 6746
Böhmer/Unger n. 448	J^3 6747
Böhmer/Unger n. 449	J^3 6748
Böhmer/Unger n. 450	J^3 6749
Böhmer/Unger n. 451	J^3 *6727
Böhmer/Unger n. 452	J^3 6733
Böhmer/Unger n. 453	J^3 6728
Böhmer/Unger n. 454	J^3 6729
Böhmer/Unger n. 455	J^3 6730
Böhmer/Unger n. 456	J^3 6731
Böhmer/Unger n. 457	J^3 *6732
Böhmer/Unger n. 458	J^3 *6734
Böhmer/Unger n. 459	J^3 *6753
Böhmer/Unger n. 460	J^3 6737
Böhmer/Unger n. 461	J^3 6735
Böhmer/Unger n. 462	J^3 *6736
Böhmer/Unger n. 463	J^3 6750
Böhmer/Unger n. 464	J^3 6738
Böhmer/Unger n. 465	J^3 6751
Böhmer/Unger n. 466	J^3 6752
Böhmer/Unger n. †467	J^3 †7052
Böhmer/Unger n. 468	J^3 6897
Böhmer/Unger n. 469	J^3 6890
Böhmer/Unger n. 470	J^3 6891
Böhmer/Unger n. 471	J^3 6892
Böhmer/Unger n. 472	J^3 *6893
Böhmer/Unger n. 473	J^3 6894
Böhmer/Unger n. 474	J^3 6895
Böhmer/Unger n. 475	J^3 6896
Böhmer/Unger n. 476	J^3 6841
Böhmer/Unger n. 477	J^3 *6759
Böhmer/Unger n. 478	J^3 *6760
Böhmer/Unger n. 479	J^3 *6761
Böhmer/Unger n. 480	J^3 *6754
Böhmer/Unger n. 481	J^3 *6755
Böhmer/Unger n. 482	J^3 *6756
Böhmer/Unger n. 483	J^3 *6762
Böhmer/Unger n. 484	J^3 6763
Böhmer/Unger n. 485	J^3 *6771
Böhmer/Unger n. 486	J^3 6764
Böhmer/Unger n. 487	J^3 6765
Böhmer/Unger n. 488	J^3 6766
Böhmer/Unger n. 489	J^3 6767
Böhmer/Unger n. 490	J^3 6768
Böhmer/Unger n. 491	J^3 6769
Böhmer/Unger n. 492	J^3 6770
Böhmer/Unger n. 493	J^3 *6772
Böhmer/Unger n. 494	J^3 6757
Böhmer/Unger n. 495	J^3 6775
Böhmer/Unger n. 496	J^3 6758
Böhmer/Unger n. 497	J^3 6776
Böhmer/Unger n. 498	J^3 6777
Böhmer/Unger n. 499	J^3 6778
Böhmer/Unger n. 500	J^3 6779
Böhmer/Unger n. 501	J^3 6773
Böhmer/Unger n. 502	J^3 6812

Böhmer/Unger n. 503	J^3 6785
Böhmer/Unger n. 504	J^3 6786
Böhmer/Unger n. 505	J^3 6787
Böhmer/Unger n. 506	J^3 *6780
Böhmer/Unger n. 507	J^3 6781
Böhmer/Unger n. 508	J^3 6782
Böhmer/Unger n. 509	J^3 6783
Böhmer/Unger n. 510	J^3 *6842
Böhmer/Unger n. 511	J^3 *6843
Böhmer/Unger n. 512	J^3 *6788
Böhmer/Unger n. 513	J^3 6784
Böhmer/Unger n. 514	J^3 6789
Böhmer/Unger n. 515	J^3 *6790
Böhmer/Unger n. 516	J^3 *6924
Böhmer/Unger n. 517	J^3 6814
Böhmer/Unger n. 518	J^3 *6813
Böhmer/Unger n. 519	J^3 *6808
Böhmer/Unger n. 520	J^3 6791
Böhmer/Unger n. 521	J^3 6792
Böhmer/Unger n. 522	J^3 6793
Böhmer/Unger n. 523	J^3 6794
Böhmer/Unger n. 524	J^3 6795
Böhmer/Unger n. 525	J^3 6796
Böhmer/Unger n. 526	J^3 6797
Böhmer/Unger n. 527	J^3 6798
Böhmer/Unger n. 528	J^3 6799
Böhmer/Unger n. 529	J^3 6800
Böhmer/Unger n. 530	J^3 6801
Böhmer/Unger n. 531	J^3 6802
Böhmer/Unger n. 532	J^3 6803
Böhmer/Unger n. 533	J^3 *6804
Böhmer/Unger n. 534	J^3 *6805
Böhmer/Unger n. 535	J^3 *6806
Böhmer/Unger n. 536	J^3 *6807
Böhmer/Unger n. 537	J^3 6815
Böhmer/Unger n. 538	J^3 6816
Böhmer/Unger n. 539	J^3 6817
Böhmer/Unger n. 540	J^3 6818
Böhmer/Unger n. 541	J^3 *6809
Böhmer/Unger n. 542	J^3 6819
Böhmer/Unger n. 543	J^3 *6820
Böhmer/Unger n. 544	J^3 6810
Böhmer/Unger n. 545	J^3 *6831
Böhmer/Unger n. 546	J^3 *6832
Böhmer/Unger n. 547	J^3 6823
Böhmer/Unger n. 548	J^3 6824
Böhmer/Unger n. 549	J^3 *6833
Böhmer/Unger n. 550	J^3 *6825
Böhmer/Unger n. 551	J^3 6826
Böhmer/Unger n. 552	J^3 6827
Böhmer/Unger n. 553	J^3 6828
Böhmer/Unger n. 554	J^3 6829
Böhmer/Unger n. 555	J^3 6830
Böhmer/Unger n. 556	J^3 *6834
Böhmer/Unger n. 557	J^3 *6835
Böhmer/Unger n. 558	J^3 6821
Böhmer/Unger n. 559	J^3 6822
Böhmer/Unger n. 560	J^3 *6836
Böhmer/Unger n. 561	J^3 *6837
Böhmer/Unger n. 562	J^3 *6838
Böhmer/Unger n. 563	J^3 *6839
Böhmer/Unger n. 564	J^3 6844
Böhmer/Unger n. 565	J^3 *6845
Böhmer/Unger n. 566	J^3 *6846
Böhmer/Unger n. 567	J^3 *6847
Böhmer/Unger n. 568	J^3 *6848
Böhmer/Unger n. 569	J^3 6849
Böhmer/Unger n. 570	J^3 6850
Böhmer/Unger n. 571	J^3 6851
Böhmer/Unger n. 572	J^3 6852
Böhmer/Unger n. 573	J^3 *6853
Böhmer/Unger n. 574	J^3 *6854
Böhmer/Unger n. 575	J^3 6855
Böhmer/Unger n. 576	J^3 6840
Böhmer/Unger n. 577	J^3 *6856
Böhmer/Unger n. 578	J^3 *6861
Böhmer/Unger n. 579	J^3 *6862
Böhmer/Unger n. 580	J^3 *6858
Böhmer/Unger n. 581	J^3 *6857
Böhmer/Unger n. 582	J^3 6859
Böhmer/Unger n. 583	J^3 6860
Böhmer/Unger n. 584	J^3 6870
Böhmer/Unger n. 585	J^3 6871
Böhmer/Unger n. 586	J^3 6872
Böhmer/Unger n. 587	J^3 6873
Böhmer/Unger n. 588	J^3 6874
Böhmer/Unger n. 589	J^3 6875
Böhmer/Unger n. 590	J^3 *6876
Böhmer/Unger n. 591	J^3 6877
Böhmer/Unger n. 592	J^3 *6863
Böhmer/Unger n. 593	J^3 *6866
Böhmer/Unger n. 594	J^3 *6864
Böhmer/Unger n. 595	J^3 *6865
Böhmer/Unger n. 596	J^3 *6880
Böhmer/Unger n. 597	J^3 *6878
Böhmer/Unger n. 598	J^3 6879
Böhmer/Unger n. 599	J^3 6881
Böhmer/Unger n. 600	J^3 6867
Böhmer/Unger n. 601	J^3 6868
Böhmer/Unger n. 602	J^3 6882
Böhmer/Unger n. 603	J^3 6898
Böhmer/Unger n. 604	J^3 6886
Böhmer/Unger n. 605	J^3 6887
Böhmer/Unger n. 606	J^3 6888
Böhmer/Unger n. 607	J^3 6883
Böhmer/Unger n. 608	J^3 6884
Böhmer/Unger n. 609	J^3 6885
Böhmer/Unger n. 610	J^3 *7053
Böhmer/Unger n. 611	J^3 *7054
Böhmer/Unger n. †?612	J^3 *?6940
Böhmer/Unger n. 613	J^3 *6900
Böhmer/Unger n. 614	J^3 *6901
Böhmer/Unger n. 615	J^3 6899
Böhmer/Unger n. 616	J^3 *6934
Böhmer/Unger n. 617	J^3 *6907
Böhmer/Unger n. 618	J^3 *6908
Böhmer/Unger n. 619	J^3 6903
Böhmer/Unger n. 620	J^3 *6916

Böhmer/Unger n. 621	J^3 *6915
Böhmer/Unger n. 622	J^3 6905
Böhmer/Unger n. 623	J^3 *6906
Böhmer/Unger n. 624	J^3 *6917
Böhmer/Unger n. 625	J^3 *6919
Böhmer/Unger n. 626	J^3 *6918
Böhmer/Unger n. 627	J^3 *6909
Böhmer/Unger n. †628	J^3 *†6949
Böhmer/Unger n. 629	J^3 *6921
Böhmer/Unger n. 630	J^3 6920
Böhmer/Unger n. 631	J^3 6910
Böhmer/Unger n. 632	J^3 6912
Böhmer/Unger n. 633	J^3 6911
Böhmer/Unger n. 634	J^3 *6913
Böhmer/Unger n. 635	J^3 6914
Böhmer/Unger n. 636	J^3 6925
Böhmer/Unger n. 637	J^3 *6922
Böhmer/Unger n. 638	J^3 6923
Böhmer/Unger n. 639	J^3 *6929
Böhmer/Unger n. 640	J^3 *6930
Böhmer/Unger n. 641	J^3 6927
Böhmer/Unger n. 642	J^3 6926
Böhmer/Unger n. 643	J^3 6928
Böhmer/Unger n. 644	J^3 6931
Böhmer/Unger n. 645	J^3 6932
Böhmer/Unger n. 646	J^3 6933
Böhmer/Unger n. 647	J^3 6937
Böhmer/Unger n. 648	J^3 6938
Böhmer/Unger n. 649	J^3 6939
Böhmer/Unger n. 650	J^3 *6935
Böhmer/Unger n. 651	J^3 6936
Böhmer/Unger n. 652	J^3 7055
Böhmer/Unger n. 653	J^3 7056
Böhmer/Unger n. 654	J^3 7057
Böhmer/Unger n. 655	J^3 *6982
Böhmer/Unger n. †656	J^3 *†6983
Böhmer/Unger n. 657	J^3 *6942
Böhmer/Unger n. 658	J^3 6941
Böhmer/Unger n. 659	J^3 6950
Böhmer/Unger n. 660	J^3 *6943
Böhmer/Unger n. 661	J^3 *6944
Böhmer/Unger n. 662	J^3 *6953
Böhmer/Unger n. 663	J^3 6945
Böhmer/Unger n. 664	J^3 6946
Böhmer/Unger n. 665	J^3 6947
Böhmer/Unger n. 666	J^3 6984
Böhmer/Unger n. 667	J^3 *6954
Böhmer/Unger n. 668	J^3 6951
Böhmer/Unger n. 669	J^3 6952
Böhmer/Unger n. 670	J^3 6955
Böhmer/Unger n. 671	J^3 6956
Böhmer/Unger n. 672	J^3 6957
Böhmer/Unger n. 673	J^3 6958
Böhmer/Unger n. 674	J^3 6959
Böhmer/Unger n. 675	J^3 *6968
Böhmer/Unger n. 676	J^3 *6969
Böhmer/Unger n. 677	J^3 6970
Böhmer/Unger n. 678	J^3 6960
Böhmer/Unger n. 679	J^3 6961
Böhmer/Unger n. 680	J^3 *6962
Böhmer/Unger n. 681	J^3 *6963
Böhmer/Unger n. 682	J^3 *6964
Böhmer/Unger n. 683	J^3 *6965
Böhmer/Unger n. 684	J^3 *6966
Böhmer/Unger n. 685	J^3 *6967
Böhmer/Unger n. 686	J^3 6975
Böhmer/Unger n. 687	J^3 6971
Böhmer/Unger n. 688	J^3 6972
Böhmer/Unger n. 689	J^3 6973
Böhmer/Unger n. 690	J^3 6974
Böhmer/Unger n. 691	J^3 6976
Böhmer/Unger n. 692	J^3 *6977
Böhmer/Unger n. 693	J^3 *6978
Böhmer/Unger n. 694	J^3 6979
Böhmer/Unger n. 695	J^3 6980
Böhmer/Unger n. 696	J^3 6981
Böhmer/Unger n. 697	J^3 7058
Böhmer/Unger n. 698	J^3 *7059
Böhmer/Unger n. 699	J^3 *7060
Böhmer/Unger n. 700	J^3 7061
Böhmer/Unger n. 701	J^3 7008
Böhmer/Unger n. 702	J^3 7009
Böhmer/Unger n. 703	J^3 6999
Böhmer/Unger n. 704	J^3 *7000
Böhmer/Unger n. 705	J^3 *7001
Böhmer/Unger n. 706	J^3 *7002
Böhmer/Unger n. 707	J^3 *6990
Böhmer/Unger n. 708	J^3 6985
Böhmer/Unger n. 709	J^3 *6986
Böhmer/Unger n. 710	J^3 *6987
Böhmer/Unger n. 711	J^3 6988
Böhmer/Unger n. 712	J^3 6989
Böhmer/Unger n. 713	J^3 *6991
Böhmer/Unger n. 714	J^3 6992
Böhmer/Unger n. 715	J^3 6993
Böhmer/Unger n. 716	J^3 6995
Böhmer/Unger n. 717	J^3 *6996
Böhmer/Unger n. 718	J^3 6994
Böhmer/Unger n. 719	J^3 7005
Böhmer/Unger n. 720	J^3 7003
Böhmer/Unger n. 721	J^3 7004
Böhmer/Unger n. 722	J^3 7010
Böhmer/Unger n. 723	J^3 7006
Böhmer/Unger n. 724	J^3 7007
Böhmer/Unger n. 725	J^3 7011
Böhmer/Unger n. 726	J^3 7012
Böhmer/Unger n. 727	J^3 *7062
Böhmer/Zielinski n. 24	J^3 *5280
Böhmer/Zielinski n. 25	J^3 *5281
Böhmer/Zielinski n. 26	J^3 *5282 et J^3 5285
Böhmer/Zielinski n. 27	J^3 *5283
Böhmer/Zielinski n. 28	J^3 *5284
Böhmer/Zielinski n. 42	J^3 *5337
Böhmer/Zielinski n. 46	J^3 *5344 et J^3 *5345
Böhmer/Zielinski n. 63	J^3 5403

Böhmer/Zielinski n. 67	J^3 *5404
Böhmer/Zielinski n. †68	J^3 †5406
Böhmer/Zielinski n. 69	J^3 5482
Böhmer/Zielinski n. 74	J^3 5426
Böhmer/Zielinski n. 91	J^3 5508
Böhmer/Zielinski n. 102	J^3 5470
Böhmer/Zielinski n. 106	J^3 *5478
Böhmer/Zielinski n. 114	J^3 5503
Böhmer/Zielinski n. 118	J^3 5591
Böhmer/Zielinski n. 119	J^3 ?5592
Böhmer/Zielinski n. 119A	J^3 *5495
Böhmer/Zielinski n. 131	J^3 *5544
Böhmer/Zielinski n. 132	J^3 *5545
Böhmer/Zielinski n. 136	J^3 *5610
Böhmer/Zielinski n. 140	J^3 *5626
Böhmer/Zielinski n. 154	J^3 *5646
Böhmer/Zielinski n. 172	J^3 *5693
	et J^3 *5696
Böhmer/Zielinski n. 173	J^3 *5698
Böhmer/Zielinski n. 174	J^3 *5699
Böhmer/Zielinski n. 178	J^3 *5704
Böhmer/Zielinski n. 201	J^3 5741
	et J^3 *5745
	et J^3 *5757
	et J^3 5761
Böhmer/Zielinski n. 206	J^3 5787
Böhmer/Zielinski n. 215	J^3 *5889
	et J^3 *5891
	et J^3 *5892
	et J^3 *5893
	et J^3 *5894
Böhmer/Zielinski n. 218	J^3 *5889
Böhmer/Zielinski n. 227	J^3 *5938
Böhmer/Zielinski n. 236	J^3 *5944
Böhmer/Zielinski n. 242	J^3 5957
Böhmer/Zielinski n. 243	J^3 5957
	et J^3 5973
Böhmer/Zielinski n. 267	J^3 6021
	et J^3 *6048
Böhmer/Zielinski n. 280	J^3 6059
Böhmer/Zielinski n. 281	J^3 6083
Böhmer/Zielinski n. 281A	J^3 *5854
Böhmer/Zielinski n. 282	J^3 *6146
Böhmer/Zielinski n. 284	J^3 *6175
Böhmer/Zielinski n. 285	J^3 *6174
Böhmer/Zielinski n. 286	J^3 6159
Böhmer/Zielinski n. 287	J^3 *6180
	et J^3 *6182
Böhmer/Zielinski n. 295	J^3 *6202
Böhmer/Zielinski n. 299	J^3 *6231
Böhmer/Zielinski n. 300	J^3 *6230
Böhmer/Zielinski n. 311	J^3 *6264
Böhmer/Zielinski n. 322	J^3 *6284
Böhmer/Zielinski n. †323	J^3 *†6279
Böhmer/Zielinski n. 332	J^3 *6292
Böhmer/Zielinski n. 349	J^3 *6308
	et J^3 *6309
	et J^3 *6310
Böhmer/Zielinski n. 353	J^3 *6312
Böhmer/Zielinski n. 359	J^3 6313
Böhmer/Zielinski n. 361	J^3 *6333
	et J^3 *6335
Böhmer/Zielinski n. 367	J^3 6375
Böhmer/Zielinski n. 372	J^3 6374
Böhmer/Zielinski n. 375	J^3 *6361
Böhmer/Zielinski n. 386	J^3 6378
Böhmer/Zielinski n. 391	J^3 *6383
Böhmer/Zielinski n. 407	J^3 6403
Böhmer/Zielinski n. 408	J^3 *6396
Böhmer/Zielinski n. 409	J^3 6382
Böhmer/Zielinski n. 414	J^3 6380
Böhmer/Zielinski n. 416	J^3 6407
Böhmer/Zielinski n. 419	J^3 6391
Böhmer/Zielinski n. 420	J^3 6404
Böhmer/Zielinski n. 421	J^3 6397
Böhmer/Zielinski n. 422	J^3 6402
Böhmer/Zielinski n. 477	J^3 *6411
Böhmer/Zielinski n. 484	J^3 6414
	et J^3 *6415
Böhmer/Zielinski n. 485	J^3 *6413
Böhmer/Zielinski n. 486	J^3 *6416
Böhmer/Zielinski n. 490	J^3 *6427
Böhmer/Zielinski n. 492	J^3 *6430
Böhmer/Zielinski n. 493	J^3 6431
Böhmer/Zielinski n. 504	J^3 6459
Böhmer/Zielinski n. 505	J^3 6464
Böhmer/Zielinski n. 507	J^3 6469
Böhmer/Zielinski n. 508	J^3 6468
Böhmer/Zielinski n. 509	J^3 6483
Böhmer/Zielinski n. 510	J^3 6487
Böhmer/Zielinski n. 511	J^3 6503
	et J^3 6505
Böhmer/Zielinski n. 512	J^3 6513
Böhmer/Zielinski n. 514	J^3 6536
Böhmer/Zielinski n. 515	J^3 6543
Böhmer/Zielinski n. 516	J^3 6552
Böhmer/Zielinski n. 518	J^3 *6556
Böhmer/Zielinski n. 519	J^3 *6558
Böhmer/Zielinski n. 522	J^3 *6559
Böhmer/Zielinski n. 523	J^3 *6561
	et J^3 *6562
Böhmer/Zielinski n. †526	J^3 *?6564
Böhmer/Zielinski n. 537	J^3 *6565
	et J^3 6570
Böhmer/Zielinski n. 543	J^3 6569
Böhmer/Zielinski n. 545	J^3 *6587
Böhmer/Zielinski n. 550	J^3 *6585
Böhmer/Zielinski n. 551	J^3 6616
Böhmer/Zielinski n. 552	J^3 6628
Böhmer/Zielinski n. 553	J^3 6666
Böhmer/Zielinski n. 558	J^3 6775
Böhmer/Zielinski n. 559	J^3 6773
Böhmer/Zielinski n. 562	J^3 6783
Böhmer/Zielinski n. 567	J^3 6794
Böhmer/Zielinski n. 568	J^3 6792
	et J^3 6793
Böhmer/Zielinski n. 569	J^3 6795
Böhmer/Zielinski n. 575	J^3 *6835

Böhmer/Zielinski n. 576	J^3 *6834
Böhmer/Zielinski n. 577	J^3 *6831
Böhmer/Zielinski n. 590	J^3 6882
Böhmer/Zielinski n. 597	J^3 6887
Böhmer/Zielinski n. 598	J^3 6888
Böhmer/Zielinski n. 601	J^3 *6900
Böhmer/Zielinski n. 610	J^3 6903
Böhmer/Zielinski n. 618	J^3 6905
Böhmer/Zielinski n. 619	J^3 *6906
Böhmer/Zielinski n. 624	J^3 6910
Böhmer/Zielinski n. 625	J^3 6914
Böhmer/Zielinski n. 626	J^3 6925
Böhmer/Zielinski n. 629	J^3 6928
Böhmer/Zielinski n. 631	J^3 6932
	et J^3 6933
Böhmer/Zielinski n. 644	J^3 6941
Böhmer/Zielinski n. 646	J^3 *6943
	et J^3 *6944
Böhmer/Zielinski n. 652	J^3 *6948
Böhmer/Zielinski n. 655	J^3 *6954
Böhmer/Zielinski n. 658	J^3 6959
Böhmer/Zielinski n. 671	J^3 6980
Böhmer/Zielinski n. 675	J^3 6984
Böhmer/Zielinski n. 678	J^3 6985
Böhmer/Zielinski n. 680 (I)	J^3 *6986
Böhmer/Zielinski n. 680 (III)	J^3 *6987
Böhmer/Zielinski n. 690	J^3 6992
Böhmer/Zielinski n. 693	J^3 6993
Böhmer/Zielinski n. 699	J^3 *7063
Böhmer/Zielinski n. 710	J^3 *7066
Böhmer/Zielinski n. 711	J^3 *7069
Böhmer/Zielinski n. 753	J^3 *7135
Böhmer/Zielinski n. 763	J^3 7175
Böhmer/Zielinski n. 805	J^3 6483
Böhmer/Zielinski n. 806	J^3 6497
Böhmer/Zielinski n. 812	J^3 6609
Böhmer/Zielinski n. 816	J^3 6733
Böhmer/Zielinski n. 817	J^3 6738
Böhmer/Zielinski n. 820	J^3 6776
Böhmer/Zielinski n. 821	J^3 6873
Böhmer/Zielinski n. 829	J^3 6980
Böhmer/Zielinski n. 832	J^3 6992
Böhmer/Zielinski n. 852	J^3 *7137
Böhmer/Zielinski n. 885	J^3 *7215
Böhmer/Zielinski n. 899	J^3 *7227
Böhmer/Zielinski n. 914	J^3 *7259
Böhmer/Zielinski n. 925	J^3 *7278
Böhmer/Zielinski n. 932	J^3 *7279
Böhmer/Zielinski n. 942	J^3 *7295
Böhmer/Zielinski n. 988	J^3 *7307
Böhmer/Zielinski n. 990	J^3 *7309
Böhmer/Zielinski n. 1003	J^3 *7311
	et J^3 *7312
Böhmer/Zielinski n. 1008	J^3 7313
Böhmer/Zielinski n. †1010	J^3 *†7316
Böhmer/Zielinski n. 1013A	J^3 *7332
Böhmer/Zielinski n. 1026	J^3 *7337
Böhmer/Zielinski n. 1039	J^3 *7344
Böhmer/Zielinski n. 1045	J^3 *7350

Böhmer/Zielinski n. 1048A	J^3 *7356
Böhmer/Zielinski n. 1054	J^3 *7363
Böhmer/Zielinski n. 1057	J^3 7365
Böhmer/Zielinski n. 1098	J^3 *7379
Böhmer/Zielinski n. 1125	J^3 *7386
Böhmer/Zielinski n. 1126	J^3 7387
Böhmer/Zielinski n. 1127	J^3 7388
Böhmer/Zielinski n. 1162A	J^3 *7397
Böhmer/Zielinski n. 1164A	J^3 *7401
Böhmer/Zielinski n. 1169	J^3 *7405
Böhmer/Zielinski n. 1238	J^3 7434
Böhmer/Zielinski n. 1245A	J^3 *7450
Böhmer/Zielinski n. 1249	J^3 *†7451
Böhmer/Zielinski n. 1278A	J^3 *7464
Böhmer/Zielinski n. 1283	J^3 *7467
Böhmer/Zielinski n. 1293	J^3 *7475
Böhmer/Zielinski n. 1298	J^3 *7477
Böhmer/Zielinski n. 1313	J^3 *7478
	et J^3 *7479
Böhmer/Zielinski n. 1366	J^3 *7499
	7500
Böhmer/Zielinski n. 1367	J^3 *7501
Böhmer/Zielinski n. 1484	J^3 *7533
Böhmer/Zielinski n. 1489	J^3 *7535
Böhmer/Zielinski n. 1534	J^3 *7540
	et J^3 *7545
Böhmer/Zielinski n. 1545	J^3 *7548
	et J^3 *7560
Böhmer/Zielinski n. 1559	J^3 *7563
	et J^3 *7564
Böhmer/Zielinski n. 1607	J^3 *7568
	et J^3 *7569
Böhmer/Zielinski n. 1635	J^3 *7573
Böhmer/Zielinski n. 1656	J^3 7575
Böhmer/Zielinski n. 1663	J^3 *7577
Böhmer/Zielinski n. 1664	J^3 *7579
Böhmer/Zielinski n. 1731	J^3 *7589
	et J^3 *7591
Böhmer/Zielinski n. 1761	J^3 *7594
Böhmer/Zielinski n. 1765	J^3 †7600
Böhmer/Zielinski n. 1786	J^3 7604
Böhmer/Zielinski n. 1791	J^3 7608
Böhmer/Zielinski n. 1794	J^3 *7614
Böhmer/Zielinski n. 1823	J^3 †7621
Böhmer/Zielinski n. 1826	J^3 *7627
	et J^3 *7628
Böhmer/Zielinski n. 1837	J^3 *7629
Böhmer/Zielinski n. 1880	J^3 *7632
Böhmer/Zielinski n. 1922	J^3 *7634
	et J^3 *7636
Böhmer/Zielinski n. 1927	J^3 *7641
	et J^3 *7642
Böhmer/Zielinski n. 1933	J^3 *7643
Böhmer/Zielinski n. †2004	J^3 †7655
Böhmer/Zielinski n. †2009	J^3 †7656
Böhmer/Zielinski n. 2025	J^3 *7660
Böhmer/Zielinski n. 2026	J^3 *7663
Böhmer/Zielinski n. 2027	J^3 *7662
Böhmer/Zielinski n. 2028	J^3 *7640

Böhmer/Zielinski n. †2029	J^3 *†7666
Böhmer/Zielinski n. 2031	J^3 *7667
	et J^3 *7668
Böhmer/Zielinski n. 2083	J^3 *7681
Böhmer/Zielinski n. 2084	J^3 *7682
Böhmer/Zielinski n. 2099	J^3 *7688
	et J^3 7689
Böhmer/Zielinski n. 2139	J^3 *7697
Böhmer/Zielinski n. 2161	J^3 *7701
Böhmer/Zielinski n. 2162	J^3 *7705
Böhmer/Zielinski n. 2310	J^3 *7729
Böhmer/Zielinski n. 2319	J^3 7731
Böhmer/Zielinski n. 2323	J^3 *7740
	et J^3 *7744
Böhmer/Zielinski n. 2347A	J^3 7759
Böhmer/Zielinski n. 2380	J^3 *7762
Böhmer/Zielinski n. 2433	J^3 *7768
Böhmer/Zielinski n. 2489	J^3 7771
Böhmer/Zielinski n. 2491	J^3 *7778
	et J^3 *7779
Böhmer/Zielinski n. 2497	J^3 *5646
Böhmer/Zielinski n. 2502	J^3 5653
Böhmer/Zielinski n. 2538	J^3 5767
Böhmer/Zielinski n. 2560	J^3 5843
Böhmer/Zielinski n. 2563	J^3 5870
Böhmer/Zielinski n. 2564	J^3 5896
Böhmer/Zielinski n. 2565	J^3 5890
Böhmer/Zielinski n. 2565A	J^3 5898
Böhmer/Zielinski n. 2568	J^3 5937
Böhmer/Zielinski n. 2569	J^3 5927
Böhmer/Zielinski n. 2573	J^3 5969
Böhmer/Zielinski n. 2576	J^3 *5963
Böhmer/Zielinski n. 2580	J^3 5997
Böhmer/Zielinski n. 2585	J^3 6062
Böhmer/Zielinski n. †2586	J^3 6062
Böhmer/Zielinski n. 2588	J^3 6126
Böhmer/Zielinski n. 2591	J^3 6171
Böhmer/Zielinski n. 2593	J^3 6184
Böhmer/Zielinski n. 2607	J^3 *6228
Böhmer/Zielinski n. 2612	J^3 *6230
Böhmer/Zielinski n. 2613	J^3 6227
Böhmer/Zielinski n. 2614	J^3 *6233
Böhmer/Zielinski n. 2615	J^3 *6234
Böhmer/Zielinski n. 2616	J^3 *6235
Böhmer/Zielinski n. 2617	J^3 *6236
Böhmer/Zielinski n. 2628	J^3 *6264
Böhmer/Zielinski n. 2651A	J^3 7023
Böhmer/Zielinski n. 2652	J^3 6741
Böhmer/Zielinski n. 2662	J^3 *6418
Böhmer/Zielinski n. 2663	J^3 6428
Böhmer/Zielinski n. 2672	J^3 6455
Böhmer/Zielinski n. 2674	J^3 6459
Böhmer/Zielinski n. 2675	J^3 6464
Böhmer/Zielinski n. 2688	J^3 *6558
Böhmer/Zielinski n. 2699	J^3 6584
Böhmer/Zielinski n. 2700	J^3 *6612
Böhmer/Zielinski n. 2701	J^3 *6625
Böhmer/Zielinski n. 2703	J^3 6626
Böhmer/Zielinski n. 2704	J^3 6622
Böhmer/Zielinski n. 2705	J^3 6623
Böhmer/Zielinski n. 2706	J^3 6632
Böhmer/Zielinski n. 2707	J^3 6631
Böhmer/Zielinski n. 2708	J^3 6633
	et J^3 6638
Böhmer/Zielinski n. 2709	J^3 6656
Böhmer/Zielinski n. 2710	J^3 *6624
Böhmer/Zielinski n. 2711	J^3 *6629
Böhmer/Zielinski n. 2713	J^3 6661
Böhmer/Zielinski n. 2714	J^3 6673
Böhmer/Zielinski n. 2718	J^3 *6726
Böhmer/Zielinski n. 2720	J^3 6710
Böhmer/Zielinski n. 2721	J^3 6716
Böhmer/Zielinski n. 2721A	J^3 6711
Böhmer/Zielinski n. 2723	J^3 *6718
Böhmer/Zielinski n. 2725	J^3 *6732
Böhmer/Zielinski n. 2726	J^3 6737
Böhmer/Zielinski n. 2732	J^3 6769
Böhmer/Zielinski n. 2737	J^3 6890
Böhmer/Zielinski n. 2738	J^3 6770
Böhmer/Zielinski n. 2739A	J^3 6803
Böhmer/Zielinski n. 2745	J^3 6892
Böhmer/Zielinski n. 2764	J^3 *6909
Böhmer/Zielinski n. 2766	J^3 6910
Böhmer/Zielinski n. 2767	J^3 6911
Böhmer/Zielinski n. 2768	J^3 6912
Böhmer/Zielinski n. 2770	J^3 6925
Böhmer/Zielinski n. 2782	J^3 6956
Böhmer/Zielinski n. 2788	J^3 6988
Böhmer/Zielinski n. 2789	J^3 6989
Böhmer/Zielinski n. 2797	J^3 6995
Böhmer/Zielinski n. 2798	J^3 *6996
Böhmer/Zielinski n. 2799	J^3 7003
Böhmer/Zielinski n. 2800	J^3 7004
Böhmer/Zielinski n. 2839	J^3 *7186
Böhmer/Zielinski n. 2840	J^3 *7187
Böhmer/Zielinski n. 2858	J^3 *7222
Böhmer/Zielinski n. 2859	J^3 *7223
Böhmer/Zielinski n. 2861	J^3 *7224
Böhmer/Zielinski n. 2862	J^3 *7224
Böhmer/Zielinski n. 2871A	J^3 7242
Böhmer/Zielinski n. 2873	J^3 *7263
Böhmer/Zielinski n. 2874	J^3 *7265
Böhmer/Zielinski n. 2875	J^3 7264
Böhmer/Zielinski n. 2880	J^3 *7272
Böhmer/Zielinski n. 2904	J^3 *†7373
Böhmer/Zielinski n. 2925	J^3 7408
Böhmer/Zielinski n. †2934	J^3 †7428
Böhmer/Zielinski n. 2937	J^3 7432
Böhmer/Zielinski n. 2990	J^3 7543
Böhmer/Zimmermann n. 1	J^3 *7450
Böhmer/Zimmermann n. 1a	J^3 *7455
Böhmer/Zimmermann n. †2	J^3 *†7456
Böhmer/Zimmermann n. †3	J^3 *†7457
Böhmer/Zimmermann n. †3a	J^3 *†7458
Böhmer/Zimmermann n. †4	J^3 *†7451
Böhmer/Zimmermann n. 5	J^3 *7459
Böhmer/Zimmermann n. †6	J^3 †7454

Böhmer/Zimmermann n. 7	J^3 7452
Böhmer/Zimmermann n. 8	J^3 7453
Böhmer/Zimmermann n. 9	cf. J^3 7453
Böhmer/Zimmermann n. 10	J^3 7460
Böhmer/Zimmermann n. 11	J^3 *7461
Böhmer/Zimmermann n. 12	J^3 *7464
Böhmer/Zimmermann n. 13	J^3 *7465
Böhmer/Zimmermann n. 14	J^3 *7466
Böhmer/Zimmermann n. 15	J^3 *7467
Böhmer/Zimmermann n. 16	J^3 *7549
Böhmer/Zimmermann n. †16a	J^3 *†7553
Böhmer/Zimmermann n. †16b	J^3 *†7554
Böhmer/Zimmermann n. 17	J^3 *7550
Böhmer/Zimmermann n. †18	J^3 *†7552
Böhmer/Zimmermann n. 19	J^3 *7551
Böhmer/Zimmermann n. 20	J^3 *7513
Böhmer/Zimmermann n. 21	J^3 7514
Böhmer/Zimmermann n. 22	J^3 *7515
Böhmer/Zimmermann n. †23	J^3 *†7504
	et J^3 *†7505
Böhmer/Zimmermann n. 24	J^3 7491
Böhmer/Zimmermann n. †25	J^3 *†7489
Böhmer/Zimmermann n. 26	J^3 *7488
Böhmer/Zimmermann n. 27	J^3 7490
Böhmer/Zimmermann n. 28	J^3 7480
Böhmer/Zimmermann n. 29	J^3 *7470
Böhmer/Zimmermann n. 30	J^3 *7468
	et J^3 *7471
Böhmer/Zimmermann n. 31	J^3 7472
Böhmer/Zimmermann n. 32	J^3 *7469
Böhmer/Zimmermann n. 33	J^3 *7473
Böhmer/Zimmermann n. 34	J^3 7474
Böhmer/Zimmermann n. 35	J^3 *7475
Böhmer/Zimmermann n. 36	J^3 *7476
Böhmer/Zimmermann n. 37	J^3 7481
Böhmer/Zimmermann n. 38	J^3 *7477
Böhmer/Zimmermann n. 39	J^3 *7478
Böhmer/Zimmermann n. 40	J^3 *7479
Böhmer/Zimmermann n. 41	J^3 *7555
Böhmer/Zimmermann n. 42	J^3 *7495
Böhmer/Zimmermann n. 43	J^3 *7484
	et J^3 *7485
Böhmer/Zimmermann n. 44	J^3 7486
Böhmer/Zimmermann n. †45	J^3 †7487
Böhmer/Zimmermann n. †46	J^3 †7492
Böhmer/Zimmermann n. †47	J^3 *†7493
Böhmer/Zimmermann n. 48	J^3 7494
Böhmer/Zimmermann n. 49	J^3 7496
Böhmer/Zimmermann n. 50	J^3 7497
Böhmer/Zimmermann n. 51	J^3 7502
Böhmer/Zimmermann n. 52	J^3 *7503
Böhmer/Zimmermann n. 53	J^3 *7499
	et J^3 *7500
Böhmer/Zimmermann n. 54	J^3 *7501
Böhmer/Zimmermann n. †55	J^3 †7498
Böhmer/Zimmermann n. 56	J^3 7506
Böhmer/Zimmermann n. 57	J^3 7507
Böhmer/Zimmermann n. 58	J^3 *7508
Böhmer/Zimmermann n. †59	J^3 †7509
Böhmer/Zimmermann n. 60	J^3 7512
Böhmer/Zimmermann n. 61	J^3 *7511
Böhmer/Zimmermann n. 62	J^3 7522
Böhmer/Zimmermann n. 63	J^3 7516
Böhmer/Zimmermann n. 64	J^3 *7521
Böhmer/Zimmermann n. 65	J^3 *7517
Böhmer/Zimmermann n. 66	J^3 *7518
	et J^3 *7519
	et J^3 *7520
Böhmer/Zimmermann n. †67	J^3 *†7528
	et J^3 *†7529
	et J^3 *†7530
	et J^3 *†7531
Böhmer/Zimmermann n. 68	J^3 *7556
Böhmer/Zimmermann n. 69	J^3 7536
Böhmer/Zimmermann n. 70	J^3 *7523
Böhmer/Zimmermann n. 71	J^3 7524
Böhmer/Zimmermann n. 72	J^3 7525
Böhmer/Zimmermann n. 73	J^3 *7526
Böhmer/Zimmermann n. 74	J^3 7527
Böhmer/Zimmermann n. 75	J^3 *7537
Böhmer/Zimmermann n. 76	J^3 *7538
Böhmer/Zimmermann n. 77	J^3 7532
Böhmer/Zimmermann n. 78	J^3 *7533
	et J^3 *7534
Böhmer/Zimmermann n. 79	J^3 *7535
Böhmer/Zimmermann n. 80	J^3 *7544
Böhmer/Zimmermann n. 81	J^3 *7539
Böhmer/Zimmermann n. 82	J^3 *7540
Böhmer/Zimmermann n. 82a	J^3 7543
Böhmer/Zimmermann n. 83	J^3 *7541
	et J^3 *7542
Böhmer/Zimmermann n. 84	J^3 *7545
Böhmer/Zimmermann n. 85	J^3 7546
Böhmer/Zimmermann n. †86	J^3 *†7557
Böhmer/Zimmermann n. 87	J^3 7543
Böhmer/Zimmermann n. 88	J^3 *7547
Böhmer/Zimmermann n. 89	J^3 *7548
Böhmer/Zimmermann n. 90	J^3 *7560
Böhmer/Zimmermann n. 91	J^3 *7558
Böhmer/Zimmermann n. 92	J^3 *7561
Böhmer/Zimmermann n. 93	J^3 7562
Böhmer/Zimmermann n. 94	J^3 *7563
Böhmer/Zimmermann n. 95	J^3 *7564
Böhmer/Zimmermann n. 96	J^3 *7567
Böhmer/Zimmermann n. †97	J^3 †7565
Böhmer/Zimmermann n. 98	J^3 *7559
Böhmer/Zimmermann n. †99	J^3 †7566
Böhmer/Zimmermann n. 100	J^3 *7568
Böhmer/Zimmermann n. 101	J^3 *7569
Böhmer/Zimmermann n. †102	J^3 †7585
Böhmer/Zimmermann n. †102a	J^3 *†7586
Böhmer/Zimmermann n. 103	J^3 *7583
Böhmer/Zimmermann n. 104	J^3 *7584
Böhmer/Zimmermann n. 105	J^3 7570
Böhmer/Zimmermann n. 106	J^3 7571
Böhmer/Zimmermann n. 107	J^3 *7572
	et J^3 *7573
Böhmer/Zimmermann n. †108	J^3 †7576

Böhmer/Zimmermann n. †109	J^3 *†7574
Böhmer/Zimmermann n. 110	J^3 7575
Böhmer/Zimmermann n. 111	J^3 *7577
Böhmer/Zimmermann n. 112	J^3 *7578
Böhmer/Zimmermann n. 113	J^3 *7579
Böhmer/Zimmermann n. 114	J^3 *7588
Böhmer/Zimmermann n. 114a	J^3 7587
Böhmer/Zimmermann n. 115	J^3 7580
Böhmer/Zimmermann n. 116	J^3 7581
Böhmer/Zimmermann n. 117	J^3 7582
Böhmer/Zimmermann n. 118	J^3 *7589
Böhmer/Zimmermann n. 119	J^3 *7591
Böhmer/Zimmermann n. †120	J^3 †7613
Böhmer/Zimmermann n. †121	J^3 *†7624
Böhmer/Zimmermann n. 122	J^3 *7622
Böhmer/Zimmermann n. 123	J^3 *7623
Böhmer/Zimmermann n. †124	J^3 *†7625
	et J^3 *†7626
Böhmer/Zimmermann n. 125	J^3 *7596
Böhmer/Zimmermann n. 126	J^3 *7594
Böhmer/Zimmermann n. 127	J^3 7592
Böhmer/Zimmermann n. 127a	J^3 *7594
Böhmer/Zimmermann n. 128	J^3 7595
Böhmer/Zimmermann n. 129	J^3 7597
Böhmer/Zimmermann n. 130	J^3 7598
Böhmer/Zimmermann n. 131	J^3 7599
Böhmer/Zimmermann n. †132	J^3 †7600
Böhmer/Zimmermann n. †133	J^3 †7621
Böhmer/Zimmermann n. 134	J^3 7601
Böhmer/Zimmermann n. 135	J^3 *7602
Böhmer/Zimmermann n. 136	J^3 7603
Böhmer/Zimmermann n. 137	J^3 7604
Böhmer/Zimmermann n. 138	J^3 7607
Böhmer/Zimmermann n. †139	J^3 †7617
Böhmer/Zimmermann n. 140	J^3 7608
Böhmer/Zimmermann n. 141	J^3 7609
Böhmer/Zimmermann n. 141a	J^3 *5569
Böhmer/Zimmermann n. 142	J^3 7605
Böhmer/Zimmermann n. †143	J^3 †7606
Böhmer/Zimmermann n. 144	J^3 7610
Böhmer/Zimmermann n. 145	J^3 7611
Böhmer/Zimmermann n. †146	J^3 †7612
Böhmer/Zimmermann n. †147	J^3 †7618
Böhmer/Zimmermann n. †148	J^3 †7619
Böhmer/Zimmermann n. †149	J^3 †7620
Böhmer/Zimmermann n. †149a	J^3 †7617
Böhmer/Zimmermann n. 150	J^3 *7614
Böhmer/Zimmermann n. 151	J^3 7615
Böhmer/Zimmermann n. 152	J^3 7616
Böhmer/Zimmermann n. 153	J^3 *7627
Böhmer/Zimmermann n. 154	J^3 *7628
Böhmer/Zimmermann n. 155	J^3 *7632
Böhmer/Zimmermann n. 155a	J^3 *7629
Böhmer/Zimmermann n. 156	J^3 7630
Böhmer/Zimmermann n. 157	J^3 7638
Böhmer/Zimmermann n. †158	J^3 †7635
Böhmer/Zimmermann n. 159	J^3 *7631
Böhmer/Zimmermann n. †160	J^3 †7633
Böhmer/Zimmermann n. 161	J^3 *7634
Böhmer/Zimmermann n. 162	J^3 *7636
Böhmer/Zimmermann n. †163	J^3 *†7639
Böhmer/Zimmermann n. 164	J^3 *7641
Böhmer/Zimmermann n. 165	J^3 *7642
Böhmer/Zimmermann n. 166	J^3 *7661
Böhmer/Zimmermann n. 167	J^3 *7662
Böhmer/Zimmermann n. 168	J^3 *7663
Böhmer/Zimmermann n. 168a	J^3 *7640
Böhmer/Zimmermann n. †168b	J^3 *†7664
Böhmer/Zimmermann n. 169	J^3 *7643
Böhmer/Zimmermann n. 170	J^3 7644
Böhmer/Zimmermann n. 171	J^3 7645
Böhmer/Zimmermann n. †172	J^3 *†7646
Böhmer/Zimmermann n. 173	J^3 *7653
Böhmer/Zimmermann n. 174	J^3 7654
Böhmer/Zimmermann n. †175	J^3 †7656
Böhmer/Zimmermann n. 176	J^3 7647
Böhmer/Zimmermann n. 177	J^3 7648
Böhmer/Zimmermann n. †178	J^3 †7649
Böhmer/Zimmermann n. †179	J^3 †7650
Böhmer/Zimmermann n. 180	J^3 7651
Böhmer/Zimmermann n. 181	J^3 7652
Böhmer/Zimmermann n. 182	J^3 *7657
Böhmer/Zimmermann n. †183	J^3 *†7666
Böhmer/Zimmermann n. †183a	J^3 †7655
Böhmer/Zimmermann n. 184	J^3 *7658
Böhmer/Zimmermann n. 185	J^3 *7659
Böhmer/Zimmermann n. 186	J^3 *7660
Böhmer/Zimmermann n. 187	J^3 *7667
Böhmer/Zimmermann n. 188	J^3 *7668
Böhmer/Zimmermann n. 189	J^3 *7729
Böhmer/Zimmermann n. 190	J^3 *7726
Böhmer/Zimmermann n. 191	J^3 *7732
Böhmer/Zimmermann n. 192	J^3 *7733
Böhmer/Zimmermann n. 193	J^3 *7735
Böhmer/Zimmermann n. †194	J^3 *†7736
Böhmer/Zimmermann n. 195	J^3 *7734
Böhmer/Zimmermann n. 196	J^3 *7719
Böhmer/Zimmermann n. 197	J^3 *7710
Böhmer/Zimmermann n. 198	J^3 *7702
Böhmer/Zimmermann n. †199	J^3 †7696
Böhmer/Zimmermann n. 200	J^3 *7674
Böhmer/Zimmermann n. 201	J^3 *7675
Böhmer/Zimmermann n. †202	J^3 *†7669
Böhmer/Zimmermann n. †203	J^3 †7670
Böhmer/Zimmermann n. †204	J^3 *†7671
Böhmer/Zimmermann n. †205	J^3 †7679
Böhmer/Zimmermann n. 206	J^3 *7681
Böhmer/Zimmermann n. †207	J^3 *†7672
	et J^3 *†7673
Böhmer/Zimmermann n. 208	J^3 *7678
Böhmer/Zimmermann n. 209	J^3 *7677
Böhmer/Zimmermann n. 210	J^3 7676
Böhmer/Zimmermann n. †211	J^3 †8014
Böhmer/Zimmermann n. 212	J^3 *7680
Böhmer/Zimmermann n. †212a	J^3 †7679
Böhmer/Zimmermann n. 213	J^3 *7682
Böhmer/Zimmermann n. 214	J^3 7683
Böhmer/Zimmermann n. 215	J^3 7684

Böhmer/Zimmermann n. 216	J^{3} 7685
Böhmer/Zimmermann n. †217	J^{3} †7686
Böhmer/Zimmermann n. 218	J^{3} *7688
Böhmer/Zimmermann n. †219	J^{3} 7690
Böhmer/Zimmermann n. 220	J^{3} 7691
Böhmer/Zimmermann n. 220a	J^{3} 7693
Böhmer/Zimmermann n. †221	J^{3} †7695
Böhmer/Zimmermann n. 222	J^{3} *7694
Böhmer/Zimmermann n. †222a	J^{3} †7695
Böhmer/Zimmermann n. 222b	J^{3} *7697
Böhmer/Zimmermann n. 223	J^{3} *7703
Böhmer/Zimmermann n. 224	J^{3} *7704
Böhmer/Zimmermann n. 225	J^{3} *7705
Böhmer/Zimmermann n. †226	J^{3} †7699
Böhmer/Zimmermann n. 226a	J^{3} *7701
Böhmer/Zimmermann n. †227	J^{3} †7700
Böhmer/Zimmermann n. 228	J^{3} 7706
Böhmer/Zimmermann n. 229	J^{3} 7708
Böhmer/Zimmermann n. †230	J^{3} *†7709
Böhmer/Zimmermann n. 231	J^{3} *7707
Böhmer/Zimmermann n. †232	J^{3} *†7743
Böhmer/Zimmermann n. †233	J^{3} *†7737
Böhmer/Zimmermann n. 234	J^{3} 7713
Böhmer/Zimmermann n. 234a	J^{3} 7714
Böhmer/Zimmermann n. 235	J^{3} 7715
Böhmer/Zimmermann n. 236	J^{3} 7712
Böhmer/Zimmermann n. 237	J^{3} 7711
Böhmer/Zimmermann n. 238	J^{3} 7716
Böhmer/Zimmermann n. 239	J^{3} 7693
Böhmer/Zimmermann n. †239a	J^{3} †7717
Böhmer/Zimmermann n. 240	J^{3} 7718
Böhmer/Zimmermann n. 241	J^{3} 7720
Böhmer/Zimmermann n. 242	J^{3} *7721
Böhmer/Zimmermann n. †243	J^{3} †7722
Böhmer/Zimmermann n. 244	J^{3} *7738
Böhmer/Zimmermann n. 245	J^{3} 7724
Böhmer/Zimmermann n. 246	J^{3} 7723
Böhmer/Zimmermann n. 247	J^{3} 7725
Böhmer/Zimmermann n. 248	J^{3} *7727
Böhmer/Zimmermann n. 248a	J^{3} *7726
Böhmer/Zimmermann n. 249	J^{3} 7731
Böhmer/Zimmermann n. 250	J^{3} 7730
Böhmer/Zimmermann n. 251	J^{3} 7728
Böhmer/Zimmermann n. 252	J^{3} *7739
Böhmer/Zimmermann n. 253	J^{3} *7740
Böhmer/Zimmermann n. 254	J^{3} *7744
Böhmer/Zimmermann n. †254a	J^{3} *†7849
Böhmer/Zimmermann n. 255	J^{3} *7848
Böhmer/Zimmermann n. 256	J^{3} *7774
Böhmer/Zimmermann n. 257	J^{3} *7775
Böhmer/Zimmermann n. 258	J^{3} 7745
Böhmer/Zimmermann n. 259	J^{3} *7746
Böhmer/Zimmermann n. †260	J^{3} *†7776
Böhmer/Zimmermann n. 261	J^{3} *7756
Böhmer/Zimmermann n. 262	J^{3} *7757
Böhmer/Zimmermann n. †263	J^{3} *†7758
Böhmer/Zimmermann n. 264	J^{3} 7747
Böhmer/Zimmermann n. 265	J^{3} 7748
Böhmer/Zimmermann n. †266	J^{3} *†7749
Böhmer/Zimmermann n. †267	J^{3} †7750
Böhmer/Zimmermann n. †268	J^{3} †7751
Böhmer/Zimmermann n. †269	J^{3} †7752
Böhmer/Zimmermann n. †270	J^{3} †7753
Böhmer/Zimmermann n. †271	J^{3} *†7754
Böhmer/Zimmermann n. 272	J^{3} 7755
Böhmer/Zimmermann n. 273	J^{3} *7816
Böhmer/Zimmermann n. 274	J^{3} *7761
Böhmer/Zimmermann n. 275	J^{3} 7759
Böhmer/Zimmermann n. †276	J^{3} †7760
Böhmer/Zimmermann n. 277	J^{3} *7762
Böhmer/Zimmermann n. 278	J^{3} 7763
Böhmer/Zimmermann n. 279	J^{3} 7764
Böhmer/Zimmermann n. 280	J^{3} *7765
Böhmer/Zimmermann n. 281	J^{3} *7766
Böhmer/Zimmermann n. 282	J^{3} *7770
Böhmer/Zimmermann n. 283	J^{3} *7768
Böhmer/Zimmermann n. 284	J^{3} 7767
Böhmer/Zimmermann n. 285	J^{3} *7817
Böhmer/Zimmermann n. 286	J^{3} *7796
Böhmer/Zimmermann n. 287	J^{3} 7771
Böhmer/Zimmermann n. 288	J^{3} 7772
Böhmer/Zimmermann n. 289	J^{3} *7773
	et J^{3} 7805
Böhmer/Zimmermann n. 290	J^{3} *7818
Böhmer/Zimmermann n. 291	J^{3} 7794
Böhmer/Zimmermann n. †292	J^{3} *†7777
Böhmer/Zimmermann n. 293	J^{3} *7778
Böhmer/Zimmermann n. 294	J^{3} *7779
Böhmer/Zimmermann n. 295	J^{3} *7780
Böhmer/Zimmermann n. 296	J^{3} *7781
Böhmer/Zimmermann n. 297	J^{3} *7783
Böhmer/Zimmermann n. 298	J^{3} *7784
Böhmer/Zimmermann n. 299	J^{3} *7785
Böhmer/Zimmermann n. †300	J^{3} †7786
Böhmer/Zimmermann n. †301	J^{3} *†7787
Böhmer/Zimmermann n. 302	J^{3} 7782
Böhmer/Zimmermann n. 303	J^{3} 7789
Böhmer/Zimmermann n. 304	J^{3} 7788
Böhmer/Zimmermann n. 305	J^{3} 7790
Böhmer/Zimmermann n. 306	J^{3} 7791
Böhmer/Zimmermann n. 307	J^{3} *7792
Böhmer/Zimmermann n. †308	J^{3} †7793
Böhmer/Zimmermann n. †309	J^{3} *†7741
Böhmer/Zimmermann n. †310	J^{3} *†7742
Böhmer/Zimmermann n. 311	J^{3} *7795
Böhmer/Zimmermann n. †311a	J^{3} *†7821
Böhmer/Zimmermann n. 312	J^{3} *7797
Böhmer/Zimmermann n. 314	J^{3} 7798
Böhmer/Zimmermann n. 315	J^{3} *7799
	et J^{3} *7800
Böhmer/Zimmermann n. 316	J^{3} *7801
	et J^{3} *7802
Böhmer/Zimmermann n. 317	J^{3} *7803
Böhmer/Zimmermann n. 318	J^{3} *7806
Böhmer/Zimmermann n. 319	J^{3} *7807
Böhmer/Zimmermann n. 320	J^{3} *7808
Böhmer/Zimmermann n. 321	J^{3} *7809
Böhmer/Zimmermann n. 322	J^{3} 7810

Böhmer/Zimmermann n. 323	J^3 *7811
Böhmer/Zimmermann n. 324	J^3 7812
Böhmer/Zimmermann n. 325	J^3 *7813
Böhmer/Zimmermann n. 326	J^3 *7814
Böhmer/Zimmermann n. 327	J^3 *7815
Böhmer/Zimmermann n. 328	J^3 *7820
Böhmer/Zimmermann n. 329	J^3 *7822
Böhmer/Zimmermann n. 330	J^3 *7823
Böhmer/Zimmermann n. 331	J^3 *7824
Böhmer/Zimmermann n. 332	J^3 *7832
Böhmer/Zimmermann n. 333	J^3 *7831
Böhmer/Zimmermann n. 334	J^3 7829
Böhmer/Zimmermann n. 335	J^3 *7830
Böhmer/Zimmermann n. †336	J^3 *†7833
Böhmer/Zimmermann n. †337	J^3 †7825
Böhmer/Zimmermann n. 338	J^3 7826
Böhmer/Zimmermann n. 339	J^3 *7827
Böhmer/Zimmermann n. 340	J^3 *7828
Böhmer/Zimmermann n. 341	J^3 *7834
Böhmer/Zimmermann n. 342	J^3 *7835
Böhmer/Zimmermann n. 343	J^3 *7836
Böhmer/Zimmermann n. 344	J^3 *7837
Böhmer/Zimmermann n. 345	J^3 *7838
Böhmer/Zimmermann n. 346	J^3 *7839
Böhmer/Zimmermann n. 347	J^3 7840
Böhmer/Zimmermann n. 348	J^3 7841
Böhmer/Zimmermann n. 349	J^3 7842
Böhmer/Zimmermann n. 350	J^3 *7843
Böhmer/Zimmermann n. 351	J^3 *7844
Böhmer/Zimmermann n. †352	J^3 †7845
Böhmer/Zimmermann n. 353	J^3 *7846
Böhmer/Zimmermann n. 354	J^3 *7847
Böhmer/Zimmermann n. 355	J^3 *7850
Böhmer/Zimmermann n. 356	J^3 *7851
Böhmer/Zimmermann n. 357	J^3 *7852
Böhmer/Zimmermann n. †358	J^3 *†7853
Böhmer/Zimmermann n. †359	J^3 *†7855
Böhmer/Zimmermann n. †360	J^3 *†7856
Böhmer/Zimmermann n. †361	J^3 *†7857
Böhmer/Zimmermann n. †362	J^3 †7854
Böhmer/Zimmermann n. 363	J^3 *7858
Böhmer/Zimmermann n. 364	J^3 *7859
Böhmer/Zimmermann n. 365	J^3 *7860
Böhmer/Zimmermann n. 366	J^3 *7861
Böhmer/Zimmermann n. †367	J^3 †7863
Böhmer/Zimmermann n. †368	J^3 †7864
Böhmer/Zimmermann n. 369	J^3 *7862
Böhmer/Zimmermann n. 370	J^3 *7873
Böhmer/Zimmermann n. †371	J^3 *†7874
Böhmer/Zimmermann n. †372	J^3 †7865
Böhmer/Zimmermann n. †373	J^3 †7866
Böhmer/Zimmermann n. †374	J^3 *†7867
Böhmer/Zimmermann n. †375	J^3 †7868
Böhmer/Zimmermann n. †376	J^3 †7869
Böhmer/Zimmermann n. 377	J^3 *7870
Böhmer/Zimmermann n. 378	J^3 *7871
Böhmer/Zimmermann n. †379	J^3 *†7872
Böhmer/Zimmermann n. 380	J^3 *7875
Böhmer/Zimmermann n. 381	J^3 *7876
Böhmer/Zimmermann n. 382	J^3 *7877
Böhmer/Zimmermann n. 384	J^3 *7878
Böhmer/Zimmermann n. 385	J^3 7879
Böhmer/Zimmermann n. 386	J^3 *7884
Böhmer/Zimmermann n. 387	J^3 *7886
Böhmer/Zimmermann n. 388	J^3 *7887
Böhmer/Zimmermann n. †389	J^3 †7888
Böhmer/Zimmermann n. †390	J^3 *†7889
Böhmer/Zimmermann n. 390a	J^3 7885
Böhmer/Zimmermann n. 391	J^3 *7890
Böhmer/Zimmermann n. 392	J^3 *7891
Böhmer/Zimmermann n. 393	J^3 *7892
Böhmer/Zimmermann n. 394	J^3 *7893
Böhmer/Zimmermann n. 395	J^3 *7894
Böhmer/Zimmermann n. 396	J^3 *7895
Böhmer/Zimmermann n. 397	J^3 7896
Böhmer/Zimmermann n. †398	J^3 *†7899
	et J^3 *†7900
	et J^3 *†7901
	et J^3 *†7902
	et J^3 *†7903
Böhmer/Zimmermann n. †398 adn.	J^3 *?7880
Böhmer/Zimmermann n. 399	J^3 *8008
Böhmer/Zimmermann n. 400	J^3 *8007
Böhmer/Zimmermann n. 401	J^3 *8009
Böhmer/Zimmermann n. 402	J^3 8006
Böhmer/Zimmermann n. †403	J^3 *†8010
Böhmer/Zimmermann n. 404	J^3 7965
Böhmer/Zimmermann n. 405	J^3 *7905
Böhmer/Zimmermann n. †407	J^3 *†7906
Böhmer/Zimmermann n. †408	J^3 †7907
Böhmer/Zimmermann n. †409	J^3 †7908
Böhmer/Zimmermann n. 410	J^3 *7909
Böhmer/Zimmermann n. 411	J^3 *7910
Böhmer/Zimmermann n. 412	J^3 *7911
Böhmer/Zimmermann n. 413	J^3 *7916
Böhmer/Zimmermann n. 414	J^3 7912
Böhmer/Zimmermann n. 415	J^3 7914
Böhmer/Zimmermann n. 416	J^3 7913
Böhmer/Zimmermann n. 417	J^3 *7915
Böhmer/Zimmermann n. 418	J^3 7917
Böhmer/Zimmermann n. 419	J^3 7918
Böhmer/Zimmermann n. 420	J^3 7919
Böhmer/Zimmermann n. 421	J^3 7920
Böhmer/Zimmermann n. 422	J^3 *7921
Böhmer/Zimmermann n. 423	J^3 *7922
Böhmer/Zimmermann n. 424	J^3 *7923
Böhmer/Zimmermann n. 425	J^3 *7924
Böhmer/Zimmermann n. 426	J^3 *?8003
Böhmer/Zimmermann n. †427	J^3 ?8004
Böhmer/Zimmermann n. 428	J^3 7925
Böhmer/Zimmermann n. 429	J^3 *7926
Böhmer/Zimmermann n. 430	J^3 *7928
Böhmer/Zimmermann n. 431	J^3 7927
Böhmer/Zimmermann n. 431a	J^3 *7817
Böhmer/Zimmermann n. 432	J^3 *7929
Böhmer/Zimmermann n. 433	J^3 *7930
Böhmer/Zimmermann n. 434	J^3 *7931
Böhmer/Zimmermann n. 435	J^3 7932

Böhmer/Zimmermann n. 436	J^{3} 7933
Böhmer/Zimmermann n. 437	J^{3} 7934
Böhmer/Zimmermann n. †438	J^{3} †7935
Böhmer/Zimmermann n. 439	J^{3} *7937
Böhmer/Zimmermann n. 440	J^{3} 7936
Böhmer/Zimmermann n. 441	J^{3} 7951
Böhmer/Zimmermann n. 442	J^{3} *7939
Böhmer/Zimmermann n. †443	J^{3} *†7938
Böhmer/Zimmermann n. 444	J^{3} *7940
Böhmer/Zimmermann n. 445	J^{3} *7941
Böhmer/Zimmermann n. †446	J^{3} *†7942
Böhmer/Zimmermann n. †447	J^{3} †7462
Böhmer/Zimmermann n. †448	J^{3} †7463
Böhmer/Zimmermann n. 449	J^{3} *7946
Böhmer/Zimmermann n. 450	J^{3} 7945
Böhmer/Zimmermann n. †451	J^{3} †7948
Böhmer/Zimmermann n. 452	J^{3} 7947
Böhmer/Zimmermann n. 453	J^{3} *7949
Böhmer/Zimmermann n. 454	J^{3} 7952
Böhmer/Zimmermann n. 455	J^{3} 7953
Böhmer/Zimmermann n. 456	J^{3} 7954
Böhmer/Zimmermann n. 457	J^{3} 7885
Böhmer/Zimmermann n. 458	J^{3} 7955
	et J^{3} 7956
Böhmer/Zimmermann n. 459	J^{3} 7955
Böhmer/Zimmermann n. 460	J^{3} 7956
Böhmer/Zimmermann n. 461	J^{3} *7957
Böhmer/Zimmermann n. 462	J^{3} 7958
Böhmer/Zimmermann n. 463	J^{3} 7959
Böhmer/Zimmermann n. †464	J^{3} †7960
Böhmer/Zimmermann n. 464a	J^{3} 7965
Böhmer/Zimmermann n. †465	J^{3} †7967
Böhmer/Zimmermann n. †466	J^{3} *†7968
Böhmer/Zimmermann n. 467	J^{3} *7961
Böhmer/Zimmermann n. 467a	J^{3} *7966
Böhmer/Zimmermann n. 468	J^{3} *7962
Böhmer/Zimmermann n. 469	J^{3} 7963
Böhmer/Zimmermann n. 470	J^{3} 7969
Böhmer/Zimmermann n. 471	J^{3} 7964
Böhmer/Zimmermann n. 472	J^{3} *7971
Böhmer/Zimmermann n. 473	J^{3} *7970
Böhmer/Zimmermann n. 474	J^{3} *7972
Böhmer/Zimmermann n. 475	J^{3} *7973
Böhmer/Zimmermann n. 476	J^{3} 7974
Böhmer/Zimmermann n. 477	J^{3} 7975
Böhmer/Zimmermann n. 478	J^{3} 7976
Böhmer/Zimmermann n. 479	J^{3} 7977
Böhmer/Zimmermann n. 480	J^{3} 7978
Böhmer/Zimmermann n. †481	J^{3} *†7984
Böhmer/Zimmermann n. †482	J^{3} †7985
Böhmer/Zimmermann n. 483	J^{3} 7982
Böhmer/Zimmermann n. 484	J^{3} *7983
Böhmer/Zimmermann n. 485	J^{3} 7979
Böhmer/Zimmermann n. 486	J^{3} 8157
Böhmer/Zimmermann n. 487	J^{3} *7980
Böhmer/Zimmermann n. 488	J^{3} *7986
Böhmer/Zimmermann n. 489	J^{3} 7981
Böhmer/Zimmermann n. 490	J^{3} 7987
Böhmer/Zimmermann n. †491	J^{3} †8000
Böhmer/Zimmermann n. 492	J^{3} *7988
Böhmer/Zimmermann n. 493	J^{3} *†7989
Böhmer/Zimmermann n. 494	J^{3} 7990
Böhmer/Zimmermann n. 495	J^{3} 7991
Böhmer/Zimmermann n. 496	J^{3} *7996
Böhmer/Zimmermann n. 497	J^{3} 7992
Böhmer/Zimmermann n. 498	J^{3} 7993
Böhmer/Zimmermann n. 499	J^{3} 7994
Böhmer/Zimmermann n. 500	J^{3} 7995
Böhmer/Zimmermann n. 501	J^{3} *7997
Böhmer/Zimmermann n. 502	J^{3} *7998
Böhmer/Zimmermann n. †503	J^{3} *†8001
Böhmer/Zimmermann n. 504	J^{3} 7999
Böhmer/Zimmermann n. †504a	J^{3} ?8004
Böhmer/Zimmermann n. 505	J^{3} *8002
Böhmer/Zimmermann n. 506	J^{3} *8011
Böhmer/Zimmermann n. 507	J^{3} *8015
	et J^{3} *8016
Böhmer/Zimmermann n. 508	J^{3} *8029
Böhmer/Zimmermann n. 508a	J^{3} *8031
Böhmer/Zimmermann n. 509	J^{3} 8028
Böhmer/Zimmermann n. 510	J^{3} *8030
Böhmer/Zimmermann n. 511	J^{3} 8017
Böhmer/Zimmermann n. 512	J^{3} 8033
Böhmer/Zimmermann n. †513	J^{3} †8025
Böhmer/Zimmermann n. †514	J^{3} †8027
Böhmer/Zimmermann n. †515	J^{3} †8026
Böhmer/Zimmermann n. 516	J^{3} *8018
Böhmer/Zimmermann n. †517	J^{3} †8019
Böhmer/Zimmermann n. 518	J^{3} 8020
Böhmer/Zimmermann n. 519	J^{3} 8021
Böhmer/Zimmermann n. †520	J^{3} †8022
Böhmer/Zimmermann n. 521	J^{3} 8023
Böhmer/Zimmermann n. 522	J^{3} 8024
Böhmer/Zimmermann n. 523	J^{3} *8034
Böhmer/Zimmermann n. 524	J^{3} *8035
Böhmer/Zimmermann n. 525	J^{3} *8036
Böhmer/Zimmermann n. 526	J^{3} *8037
Böhmer/Zimmermann n. 527	J^{3} *8038
Böhmer/Zimmermann n. 528	J^{3} *8039
Böhmer/Zimmermann n. 529	J^{3} 8119
Böhmer/Zimmermann n. 530	J^{3} *8120
Böhmer/Zimmermann n. 531	J^{3} *8121
Böhmer/Zimmermann n. †532	J^{3} *†8122
Böhmer/Zimmermann n. 533	J^{3} *8081
Böhmer/Zimmermann n. 534	J^{3} *8053
Böhmer/Zimmermann n. †535	J^{3} †8044
Böhmer/Zimmermann n. 536	J^{3} 8040
Böhmer/Zimmermann n. 537	J^{3} 8041
Böhmer/Zimmermann n. 538	J^{3} 8042
Böhmer/Zimmermann n. †539	J^{3} *†8045
Böhmer/Zimmermann n. 540	J^{3} *8043
Böhmer/Zimmermann n. 541	J^{3} 8046
Böhmer/Zimmermann n. 542	J^{3} 8047
Böhmer/Zimmermann n. 543	J^{3} *8048
Böhmer/Zimmermann n. 544	J^{3} 8123
Böhmer/Zimmermann n. 545	J^{3} 8049
Böhmer/Zimmermann n. 546	J^{3} *8050
Böhmer/Zimmermann n. 547	J^{3} 8051

Böhmer/Zimmermann n. 548	J^3 *8052
Böhmer/Zimmermann n. 549	J^3 8054
Böhmer/Zimmermann n. †550	J^3 *†8056
Böhmer/Zimmermann n. †551	J^3 †8055
Böhmer/Zimmermann n. 552	J^3 *8124
Böhmer/Zimmermann n. 553	J^3 *8061
Böhmer/Zimmermann n. †554	J^3 *†8062
Böhmer/Zimmermann n. 555	J^3 8068
Böhmer/Zimmermann n. 557	J^3 8057
Böhmer/Zimmermann n. 558	J^3 8058
Böhmer/Zimmermann n. 559	J^3 *8059
Böhmer/Zimmermann n. 560	J^3 *8060
Böhmer/Zimmermann n. 561	J^3 *8082
Böhmer/Zimmermann n. 562	J^3 8064
Böhmer/Zimmermann n. 563	J^3 8063
Böhmer/Zimmermann n. †564	J^3 †8065
Böhmer/Zimmermann n. †565	J^3 †8066
Böhmer/Zimmermann n. †566	J^3 †8067
Böhmer/Zimmermann n. 566a	J^3 8068
Böhmer/Zimmermann n. 567	J^3 8069
Böhmer/Zimmermann n. 568	J^3 8070
Böhmer/Zimmermann n. 569	J^3 *8071
Böhmer/Zimmermann n. 570	J^3 8072
Böhmer/Zimmermann n. 571	J^3 8073
Böhmer/Zimmermann n. †572	J^3 8117
Böhmer/Zimmermann n. †573	J^3 *†8207
Böhmer/Zimmermann n. †574	J^3 *†8012
Böhmer/Zimmermann n. †574a	J^3 *†8074
Böhmer/Zimmermann n. 575	J^3 *8076
Böhmer/Zimmermann n. †576	J^3 †8075
Böhmer/Zimmermann n. 577	J^3 *8077
Böhmer/Zimmermann n. †578	J^3 †8078
Böhmer/Zimmermann n. †579	J^3 †8079
Böhmer/Zimmermann n. 580	J^3 *8080
Böhmer/Zimmermann n. †581	J^3 †8101
Böhmer/Zimmermann n. 582	J^3 *8083
Böhmer/Zimmermann n. †583	J^3 *†8084
Böhmer/Zimmermann n. 583a	J^3 8085
Böhmer/Zimmermann n. 584	J^3 8086
Böhmer/Zimmermann n. 585	J^3 8087
Böhmer/Zimmermann n. †586	J^3 *†8089
Böhmer/Zimmermann n. †587	J^3 †8088
Böhmer/Zimmermann n. 588	J^3 †8090
Böhmer/Zimmermann n. 589	J^3 8091
Böhmer/Zimmermann n. 590	J^3 8093
Böhmer/Zimmermann n. 591	J^3 8092
Böhmer/Zimmermann n. 592	J^3 *8094
Böhmer/Zimmermann n. 593	J^3 8095
Böhmer/Zimmermann n. 594	J^3 *8102
Böhmer/Zimmermann n. 595	J^3 *8106
Böhmer/Zimmermann n. †596	J^3 *†8107
Böhmer/Zimmermann n. 597	J^3 *8096
Böhmer/Zimmermann n. 598	J^3 *8097
Böhmer/Zimmermann n. 599	J^3 8098
Böhmer/Zimmermann n. 600	J^3 8099
Böhmer/Zimmermann n. 601	J^3 *8100
Böhmer/Zimmermann n. 602	J^3 8125
Böhmer/Zimmermann n. 603	J^3 *8126
Böhmer/Zimmermann n. †603a	J^3 †8101
Böhmer/Zimmermann n. †604	J^3 *†7590
Böhmer/Zimmermann n. 605	J^3 8103
Böhmer/Zimmermann n. 606	J^3 8104
Böhmer/Zimmermann n. 607	J^3 8105
Böhmer/Zimmermann n. 608	J^3 *8108
Böhmer/Zimmermann n. 609	J^3 *8109
Böhmer/Zimmermann n. 610	J^3 8110
Böhmer/Zimmermann n. 611	J^3 8116
Böhmer/Zimmermann n. †612	J^3 †8111
Böhmer/Zimmermann n. †613	J^3 †8112
Böhmer/Zimmermann n. 614	J^3 8113
Böhmer/Zimmermann n. 615	J^3 †8114
Böhmer/Zimmermann n. †616	J^3 †8115
Böhmer/Zimmermann n. 617	J^3 *8118
Böhmer/Zimmermann n. 618	J^3 *8127
Böhmer/Zimmermann n. †619	J^3 *†8129
Böhmer/Zimmermann n. 620	J^3 *8128
Böhmer/Zimmermann n. 621	J^3 *8133
Böhmer/Zimmermann n. 622	J^3 8140
Böhmer/Zimmermann n. 623	J^3 8137
Böhmer/Zimmermann n. †624	J^3 *†7819
Böhmer/Zimmermann n. 625	J^3 *8134
Böhmer/Zimmermann n. 626	J^3 8135
Böhmer/Zimmermann n. 627	J^3 *8136
Böhmer/Zimmermann n. 628	J^3 8138
Böhmer/Zimmermann n. 629	J^3 8139
Böhmer/Zimmermann n. 630	J^3 *8141
Böhmer/Zimmermann n. 631	J^3 *8142
Böhmer/Zimmermann n. 632	J^3 *8143
Böhmer/Zimmermann n. 633	J^3 *8144
Böhmer/Zimmermann n. 634	J^3 *8145
Böhmer/Zimmermann n. 635	J^3 *8146
Böhmer/Zimmermann n. 636	J^3 *8149
Böhmer/Zimmermann n. †637	J^3 *†8150
Böhmer/Zimmermann n. 638	J^3 8147
Böhmer/Zimmermann n. 639	J^3 *8148
Böhmer/Zimmermann n. 640	J^3 *8151
Böhmer/Zimmermann n. 641	J^3 *8152
Böhmer/Zimmermann n. 642	J^3 *8252
Böhmer/Zimmermann n. 643	J^3 *8253
Böhmer/Zimmermann n. 644	J^3 *8254
Böhmer/Zimmermann n. 645	J^3 *8201
Böhmer/Zimmermann n. 646	J^3 *8200
Böhmer/Zimmermann n. †647	J^3 *†8165
Böhmer/Zimmermann n. †648	J^3 †8166
Böhmer/Zimmermann n. †649	J^3 †8167
Böhmer/Zimmermann n. 650	J^3 *8154
Böhmer/Zimmermann n. 651	J^3 8153
Böhmer/Zimmermann n. 652	J^3 8156
Böhmer/Zimmermann n. †653	J^3 *†8164
Böhmer/Zimmermann n. 654	J^3 *8158
Böhmer/Zimmermann n. †655	J^3 *†8510
Böhmer/Zimmermann n. †656	J^3 *†8159
Böhmer/Zimmermann n. †657	J^3 †8155
Böhmer/Zimmermann n. 657a	J^3 8157
Böhmer/Zimmermann n. 658	J^3 8160
Böhmer/Zimmermann n. †659	J^3 †8161
Böhmer/Zimmermann n. †660	J^3 †8162
Böhmer/Zimmermann n. 661	J^3 *8163

Böhmer/Zimmermann n. †661a	J^3 †8168
Böhmer/Zimmermann n. 662	J^3 *8169
Böhmer/Zimmermann n. 663	J^3 *8171
Böhmer/Zimmermann n. 664	J^3 8170
Böhmer/Zimmermann n. 665	J^3 *8172
Böhmer/Zimmermann n. 666	J^3 *8173
Böhmer/Zimmermann n. 667	J^3 *8174
Böhmer/Zimmermann n. 668	J^3 *8175
Böhmer/Zimmermann n. 669	J^3 *8185
Böhmer/Zimmermann n. 670	J^3 8176
Böhmer/Zimmermann n. 671	J^3 *8177
Böhmer/Zimmermann n. †672	J^3 †8179
Böhmer/Zimmermann n. 673	J^3 8178
Böhmer/Zimmermann n. 674	J^3 8180
Böhmer/Zimmermann n. 675	J^3 *8181
Böhmer/Zimmermann n. 676	J^3 8182
Böhmer/Zimmermann n. 677	J^3 8183
Böhmer/Zimmermann n. 678	J^3 8184
Böhmer/Zimmermann n. †679	J^3 †8255
Böhmer/Zimmermann n. 680	J^3 *8205
Böhmer/Zimmermann n. †681	J^3 *†8198
Böhmer/Zimmermann n. 682	J^3 *8187
Böhmer/Zimmermann n. 683	J^3 8186
Böhmer/Zimmermann n. 684	J^3 *8191
Böhmer/Zimmermann n. 685	J^3 *8188
	et J^3 *8189
Böhmer/Zimmermann n. 686	J^3 8190
Böhmer/Zimmermann n. 687	J^3 *8193
Böhmer/Zimmermann n. 688	J^3 *8192
Böhmer/Zimmermann n. 689	J^3 *8194
Böhmer/Zimmermann n. 690	J^3 *8203
Böhmer/Zimmermann n. 691	J^3 8195
Böhmer/Zimmermann n. 692	J^3 8196
Böhmer/Zimmermann n. 693	J^3 *8197
Böhmer/Zimmermann n. 694	J^3 *8199
Böhmer/Zimmermann n. †695	J^3 †8202
Böhmer/Zimmermann n. 696	J^3 *8204
Böhmer/Zimmermann n. †697	J^3 †8259
Böhmer/Zimmermann n. 698	J^3 8213
Böhmer/Zimmermann n. †699	J^3 †8214
Böhmer/Zimmermann n. 700	J^3 8231
Böhmer/Zimmermann n. 701	J^3 *8206
Böhmer/Zimmermann n. 702	J^3 *8211
Böhmer/Zimmermann n. 702a	J^3 *†8207
Böhmer/Zimmermann n. 703	J^3 8208
Böhmer/Zimmermann n. 703 adn.	J^3 *?8032
Böhmer/Zimmermann n. 704	J^3 8209
Böhmer/Zimmermann n. 705	J^3 8210
Böhmer/Zimmermann n. 706	J^3 *8212
Böhmer/Zimmermann n. 707	J^3 *8219
	et J^3 *8220
Böhmer/Zimmermann n. 708	J^3 *8216
Böhmer/Zimmermann n. †709	J^3 †8215
Böhmer/Zimmermann n. 710	J^3 8221
Böhmer/Zimmermann n. 711	J^3 8218
Böhmer/Zimmermann n. 711a	J^3 8249
Böhmer/Zimmermann n. 712	J^3 *8225
	et J^3 *?8226
Böhmer/Zimmermann n. 713	J^3 *8222
Böhmer/Zimmermann n. 714	J^3 8223
Böhmer/Zimmermann n. †715	J^3 †8224
Böhmer/Zimmermann n. 716	J^3 †8227
Böhmer/Zimmermann n. 717	J^3 8228
Böhmer/Zimmermann n. 718	J^3 *8229
Böhmer/Zimmermann n. 719	J^3 8230
Böhmer/Zimmermann n. 720	J^3 8232
Böhmer/Zimmermann n. 721	J^3 *8233
Böhmer/Zimmermann n. 722	J^3 *8234
Böhmer/Zimmermann n. 723	J^3 8235
Böhmer/Zimmermann n. 724	J^3 *8236
Böhmer/Zimmermann n. †725	J^3 *†8260
Böhmer/Zimmermann n. 726	J^3 *8238
Böhmer/Zimmermann n. 726a	J^3 *8239
Böhmer/Zimmermann n. 727	J^3 *8240
Böhmer/Zimmermann n. †728	J^3 †8237
Böhmer/Zimmermann n. 729	J^3 *8241
Böhmer/Zimmermann n. †730	J^3 †8242
Böhmer/Zimmermann n. 731	J^3 *8244
Böhmer/Zimmermann n. 732	J^3 8243
Böhmer/Zimmermann n. 733	J^3 8245
Böhmer/Zimmermann n. 734	J^3 *8247
Böhmer/Zimmermann n. †735	J^3 *†8248
Böhmer/Zimmermann n. 736	J^3 *8250
Böhmer/Zimmermann n. 737	J^3 *8251
Böhmer/Zimmermann n. †738	J^3 †8517
Böhmer/Zimmermann n. 739	J^3 8256
Böhmer/Zimmermann n. 740	J^3 *8257
Böhmer/Zimmermann n. 741	J^3 *8261
Böhmer/Zimmermann n. 742	J^3 *8262
Böhmer/Zimmermann n. †743	J^3 *†8367
Böhmer/Zimmermann n. 744	J^3 *8365
Böhmer/Zimmermann n. †745	J^3 *†8368
Böhmer/Zimmermann n. †745a	J^3 *†8369
Böhmer/Zimmermann n. †745b	J^3 *†8370
Böhmer/Zimmermann n. 746	J^3 *8366
Böhmer/Zimmermann n. 747	J^3 *8321
Böhmer/Zimmermann n. 748	J^3 *8293
Böhmer/Zimmermann n. †749	J^3 *†8263
Böhmer/Zimmermann n. 750	J^3 *8264
Böhmer/Zimmermann n. †751	J^3 †8273
Böhmer/Zimmermann n. 752	J^3 *8266
Böhmer/Zimmermann n. 753	J^3 8265
Böhmer/Zimmermann n. 754	J^3 8268
Böhmer/Zimmermann n. 755	J^3 8267
Böhmer/Zimmermann n. 756	J^3 *8269
Böhmer/Zimmermann n. 757	J^3 8272
Böhmer/Zimmermann n. 758	J^3 8270
Böhmer/Zimmermann n. 759	J^3 8271
Böhmer/Zimmermann n. 760	J^3 *8274
Böhmer/Zimmermann n. 761	J^3 *8279
Böhmer/Zimmermann n. 762	J^3 *8277
	et J^3 *8278
Böhmer/Zimmermann n. 763	J^3 8275
Böhmer/Zimmermann n. †764	J^3 †8276
Böhmer/Zimmermann n. 765	J^3 8280
Böhmer/Zimmermann n. 766	J^3 8281
Böhmer/Zimmermann n. 767	J^3 *8282
Böhmer/Zimmermann n. 768	J^3 *8283

Böhmer/Zimmermann n. 769	J^3 8284
Böhmer/Zimmermann n. †770	J^3 *†8285
Böhmer/Zimmermann n. †771	J^3 †8286
Böhmer/Zimmermann n. 772	J^3 *8288
Böhmer/Zimmermann n. †773	J^3 †8287
Böhmer/Zimmermann n. 774	J^3 *8289
Böhmer/Zimmermann n. †775	J^3 †8292
Böhmer/Zimmermann n. 776	J^3 *8291
Böhmer/Zimmermann n. 777	J^3 †8290
Böhmer/Zimmermann n. †778	J^3 †8294
Böhmer/Zimmermann n. †779	J^3 †8295
Böhmer/Zimmermann n. 780	J^3 *8296
Böhmer/Zimmermann n. 781	J^3 *8297
Böhmer/Zimmermann n. 782	J^3 *8299
Böhmer/Zimmermann n. 783	J^3 8298
Böhmer/Zimmermann n. 784	J^3 *8302
Böhmer/Zimmermann n. 785	J^3 *8322
Böhmer/Zimmermann n. 786	J^3 *8303
Böhmer/Zimmermann n. 787	J^3 8300
Böhmer/Zimmermann n. 788	J^3 8301
Böhmer/Zimmermann n. 789	J^3 8304
Böhmer/Zimmermann n. †790	J^3 *†8306
Böhmer/Zimmermann n. 791	J^3 *8305
Böhmer/Zimmermann n. †792	J^3 †8258
Böhmer/Zimmermann n. 793	J^3 *8307
Böhmer/Zimmermann n. †794	J^3 †8308
Böhmer/Zimmermann n. 795	J^3 *8313
Böhmer/Zimmermann n. 796	J^3 8309
Böhmer/Zimmermann n. 797	J^3 8310
Böhmer/Zimmermann n. 798	J^3 8311
Böhmer/Zimmermann n. 799	J^3 8312
Böhmer/Zimmermann n. 799a	J^3 8371
Böhmer/Zimmermann n. 800	J^3 8314
Böhmer/Zimmermann n. 801	J^3 *8316
Böhmer/Zimmermann n. 802	J^3 8315
Böhmer/Zimmermann n. 803	J^3 *8317
Böhmer/Zimmermann n. 804	J^3 *8318
Böhmer/Zimmermann n. 805	J^3 *8319
Böhmer/Zimmermann n. 806	J^3 *8320
Böhmer/Zimmermann n. †807	J^3 †8355
Böhmer/Zimmermann n. 808	J^3 8323
Böhmer/Zimmermann n. 809	J^3 *8324
Böhmer/Zimmermann n. 810	J^3 *8325
Böhmer/Zimmermann n. 811	J^3 *8372
Böhmer/Zimmermann n. 812	J^3 8326
Böhmer/Zimmermann n. 813	J^3 8327
Böhmer/Zimmermann n. 814	J^3 *8328
Böhmer/Zimmermann n. 815	J^3 *8329
Böhmer/Zimmermann n. 816	J^3 *8330
Böhmer/Zimmermann n. 817	J^3 *8331
Böhmer/Zimmermann n. 818	J^3 *8332
Böhmer/Zimmermann n. 819	J^3 *8333
Böhmer/Zimmermann n. 820	J^3 *8334
Böhmer/Zimmermann n. 821	J^3 *8335
Böhmer/Zimmermann n. 822	J^3 8336
Böhmer/Zimmermann n. 823	J^3 8337
Böhmer/Zimmermann n. 824	J^3 *8338
Böhmer/Zimmermann n. 825	J^3 *8339
Böhmer/Zimmermann n. 826	J^3 8340
Böhmer/Zimmermann n. †827	J^3 †8341
Böhmer/Zimmermann n. 828	J^3 *8344
Böhmer/Zimmermann n. 829	J^3 8342
Böhmer/Zimmermann n. 830	J^3 8343
Böhmer/Zimmermann n. 831	J^3 *8346
Böhmer/Zimmermann n. 832	J^3 8347
Böhmer/Zimmermann n. 833	J^3 8345
Böhmer/Zimmermann n. 834	J^3 *8348
Böhmer/Zimmermann n. 835	J^3 8349
Böhmer/Zimmermann n. 836	J^3 *8348
Böhmer/Zimmermann n. †837	J^3 †8350
Böhmer/Zimmermann n. †838	J^3 *†8352
Böhmer/Zimmermann n. †839	J^3 *†8351
Böhmer/Zimmermann n. 840	J^3 *8353
Böhmer/Zimmermann n. 841	J^3 *8354
Böhmer/Zimmermann n. 842	J^3 *8373
Böhmer/Zimmermann n. 842a	J^3 †8355
Böhmer/Zimmermann n. †843	J^3 †8356
Böhmer/Zimmermann n. 844	J^3 8357
Böhmer/Zimmermann n. 845	J^3 *8358
Böhmer/Zimmermann n. 846	J^3 8359
Böhmer/Zimmermann n. 847	J^3 8360
Böhmer/Zimmermann n. 848	J^3 *8374
Böhmer/Zimmermann n. 849	J^3 *8364
Böhmer/Zimmermann n. 850	J^3 8363
Böhmer/Zimmermann n. 851	J^3 8362
Böhmer/Zimmermann n. †852	J^3 †8361
Böhmer/Zimmermann n. 853	J^3 *8375
Böhmer/Zimmermann n. 854	J^3 *8377
Böhmer/Zimmermann n. 855	J^3 *8380
Böhmer/Zimmermann n. †856	J^3 *†8503
Böhmer/Zimmermann n. †857	J^3 *†8504
Böhmer/Zimmermann n. 858	J^3 *8501
Böhmer/Zimmermann n. 859	J^3 *8502
Böhmer/Zimmermann n. †859a	J^3 *†8416
Böhmer/Zimmermann n. 860	J^3 *8393
Böhmer/Zimmermann n. 861	J^3 8485
Böhmer/Zimmermann n. 862	J^3 *8386
Böhmer/Zimmermann n. †863	J^3 *†8391
Böhmer/Zimmermann n. 864	J^3 *8392
Böhmer/Zimmermann n. 865	J^3 *8387
Böhmer/Zimmermann n. 866	J^3 *8388
Böhmer/Zimmermann n. 867	J^3 8385
Böhmer/Zimmermann n. 868	J^3 8500
Böhmer/Zimmermann n. 869	J^3 8381
Böhmer/Zimmermann n. 870	J^3 8382
Böhmer/Zimmermann n. 870 adn.	J^3 *8394
Böhmer/Zimmermann n. †871	J^3 *†8389
Böhmer/Zimmermann n. 872	J^3 8383
Böhmer/Zimmermann n. 873	J^3 8384
Böhmer/Zimmermann n. 874	J^3 8390
Böhmer/Zimmermann n. 875	J^3 8395
Böhmer/Zimmermann n. †876	J^3 *†8396
Böhmer/Zimmermann n. 877	J^3 8399
Böhmer/Zimmermann n. 878	J^3 8400
Böhmer/Zimmermann n. †879	J^3 *†8401
Böhmer/Zimmermann n. 880	J^3 8397
Böhmer/Zimmermann n. 881	J^3 8398
Böhmer/Zimmermann n. 882	J^3 *8402

Böhmer/Zimmermann n. 883	J^3 *8403
Böhmer/Zimmermann n. 884	J^3 *8404
Böhmer/Zimmermann n. 885	J^3 *8405
Böhmer/Zimmermann n. 886	J^3 8407
Böhmer/Zimmermann n. 887	J^3 8406
Böhmer/Zimmermann n. 888	J^3 *8408
Böhmer/Zimmermann n. 889	J^3 *8409
Böhmer/Zimmermann n. 890	J^3 *8410
Böhmer/Zimmermann n. 891	J^3 8411
Böhmer/Zimmermann n. 892	J^3 *8414
Böhmer/Zimmermann n. 893	J^3 8415
Böhmer/Zimmermann n. 894	J^3 *8413
Böhmer/Zimmermann n. †895	J^3 †8417
Böhmer/Zimmermann n. †896	J^3 †8418
Böhmer/Zimmermann n. 897	J^3 8444
Böhmer/Zimmermann n. 898	J^3 *8445
Böhmer/Zimmermann n. 899	J^3 *8446
Böhmer/Zimmermann n. 900	J^3 *8419
Böhmer/Zimmermann n. 901	J^3 8420
Böhmer/Zimmermann n. 902	J^3 *8412 et J^3 *8421
Böhmer/Zimmermann n. 903	J^3 *8423
Böhmer/Zimmermann n. †903a	J^3 †8467
Böhmer/Zimmermann n. 904	J^3 *8425
Böhmer/Zimmermann n. †905	J^3 †8426
Böhmer/Zimmermann n. †906	J^3 †8427
Böhmer/Zimmermann n. 907	J^3 8428
Böhmer/Zimmermann n. 908	J^3 *8429
Böhmer/Zimmermann n. 909	J^3 8430
Böhmer/Zimmermann n. 910	J^3 *8431
Böhmer/Zimmermann n. 911	J^3 8432
Böhmer/Zimmermann n. 912	J^3 *8433
Böhmer/Zimmermann n. 913	J^3 *?8436
Böhmer/Zimmermann n. 914	J^3 *8437
Böhmer/Zimmermann n. 915	J^3 *8434
Böhmer/Zimmermann n. 916	J^3 *8435
Böhmer/Zimmermann n. 917	J^3 8482
Böhmer/Zimmermann n. 918	J^3 *8472
Böhmer/Zimmermann n. 919	J^3 *8440
Böhmer/Zimmermann n. †920	J^3 †8439
Böhmer/Zimmermann n. 921	J^3 8441
Böhmer/Zimmermann n. 922	J^3 8442
Böhmer/Zimmermann n. 923	J^3 8447
Böhmer/Zimmermann n. 924	J^3 8443
Böhmer/Zimmermann n. 925	J^3 *8448
Böhmer/Zimmermann n. 926	J^3 *8449
Böhmer/Zimmermann n. 927	J^3 *8450
Böhmer/Zimmermann n. 928	J^3 *8451
Böhmer/Zimmermann n. 929	J^3 *8452
Böhmer/Zimmermann n. 930	J^3 8453
Böhmer/Zimmermann n. 931	J^3 8454
Böhmer/Zimmermann n. †932	J^3 †8455
Böhmer/Zimmermann n. 933	J^3 *8457
Böhmer/Zimmermann n. 934	J^3 *8458
Böhmer/Zimmermann n. 935	J^3 *8461
Böhmer/Zimmermann n. †936	J^3 †8465
Böhmer/Zimmermann n. 937	J^3 8459
Böhmer/Zimmermann n. 938	J^3 *8460
Böhmer/Zimmermann n. 939	J^3 *8462
Böhmer/Zimmermann n. 940	J^3 8463
Böhmer/Zimmermann n. 941	J^3 8464
Böhmer/Zimmermann n. 942	J^3 *8466
Böhmer/Zimmermann n. 942 adn.	J^3 *?7880
Böhmer/Zimmermann n. †943	J^3 †8467
Böhmer/Zimmermann n. 944	J^3 *8468
Böhmer/Zimmermann n. 945	J^3 *8469
Böhmer/Zimmermann n. 946	J^3 8470
Böhmer/Zimmermann n. 947	J^3 *8471
Böhmer/Zimmermann n. 948	J^3 *8473
Böhmer/Zimmermann n. 949	J^3 *8474
Böhmer/Zimmermann n. †950	J^3 *†8378
Böhmer/Zimmermann n. 951	J^3 *8475
Böhmer/Zimmermann n. 952	J^3 *8379
Böhmer/Zimmermann n. 953	J^3 *8483
Böhmer/Zimmermann n. 954	J^3 *8477
Böhmer/Zimmermann n. 955	J^3 *8479
Böhmer/Zimmermann n. 956	J^3 *8480
Böhmer/Zimmermann n. 957	J^3 *8481
Böhmer/Zimmermann n. 958	J^3 8484
Böhmer/Zimmermann n. †959	J^3 *†8505
Böhmer/Zimmermann n. 960	J^3 8494
Böhmer/Zimmermann n. †961	J^3 *†8130
Böhmer/Zimmermann n. 962	J^3 *8486
Böhmer/Zimmermann n. 963	J^3 8487
Böhmer/Zimmermann n. †964	J^3 *†8488
Böhmer/Zimmermann n. 965	J^3 *8491
Böhmer/Zimmermann n. 966	J^3 *8490
Böhmer/Zimmermann n. 967	J^3 8492
Böhmer/Zimmermann n. 968	J^3 8495
Böhmer/Zimmermann n. 969	J^3 8496
Böhmer/Zimmermann n. 970	J^3 8493
Böhmer/Zimmermann n. 971	J^3 *8499
Böhmer/Zimmermann n. 972	J^3 8498
Böhmer/Zimmermann n. †973	J^3 *†8497
Böhmer/Zimmermann n. 974	J^3 *8508
Böhmer/Zimmermann n. 975	J^3 *8511
Böhmer/Zimmermann n. †976	J^3 *†8513
Böhmer/Zimmermann n. †977	J^3 *†8514
Böhmer/Zimmermann n. 978	J^3 *8512
Böhmer/Zimmermann n. 979	J^3 *8515
Böhmer/Zimmermann n. 980	J^3 *8516
Böhmer/Zimmermann n. 981	J^3 *8527
Böhmer/Zimmermann n. †981a	J^3 †8517
Böhmer/Zimmermann n. 982	J^3 *8576
Böhmer/Zimmermann n. 983	J^3 *8573
Böhmer/Zimmermann n. 983a	J^3 8569
Böhmer/Zimmermann n. 983b	J^3 8570
Böhmer/Zimmermann n. 983c	J^3 8571
Böhmer/Zimmermann n. 984	J^3 8572
Böhmer/Zimmermann n. 985	J^3 *8574
Böhmer/Zimmermann n. 986	J^3 *8575
Böhmer/Zimmermann n. †987	Iohanni XIX attribuendum
Böhmer/Zimmermann n. 988	J^3 *8557
Böhmer/Zimmermann n. †989	J^3 *†8526
Böhmer/Zimmermann n. 990	J^3 *8519
Böhmer/Zimmermann n. 991	J^3 8521
Böhmer/Zimmermann n. 992	J^3 8522

Böhmer/Zimmermann n. †993	J^3 †8520
Böhmer/Zimmermann n. 994	J^3 *8523
Böhmer/Zimmermann n. 995	J^3 *8524
Böhmer/Zimmermann n. 996	J^3 8525
Böhmer/Zimmermann n. 997	J^3 8533
Böhmer/Zimmermann n. 998	J^3 8577
Böhmer/Zimmermann n. †998a	J^3 *†8534
Böhmer/Zimmermann n. †999	J^3 *†8131
Böhmer/Zimmermann n. 1000	J^3 *8528
Böhmer/Zimmermann n. 1001	J^3 8529
Böhmer/Zimmermann n. 1002	J^3 8531
Böhmer/Zimmermann n. 1003	J^3 8530
Böhmer/Zimmermann n. 1004	J^3 *8532
Böhmer/Zimmermann n. 1005	J^3 8536
Böhmer/Zimmermann n. 1006	J^3 *8535
Böhmer/Zimmermann n. 1007	J^3 *8547
Böhmer/Zimmermann n. 1007a	J^3 8564
Böhmer/Zimmermann n. 1008	J^3 8539
Böhmer/Zimmermann n. 1009	J^3 *8537
Böhmer/Zimmermann n. 1010	J^3 8538
Böhmer/Zimmermann n. 1011	J^3 8542
Böhmer/Zimmermann n. †1012	J^3 †8543
Böhmer/Zimmermann n. †1012a	J^3 †8544
Böhmer/Zimmermann n. †1013	J^3 †8545
Böhmer/Zimmermann n. 1014	J^3 8540
Böhmer/Zimmermann n. 1015	J^3 8541
Böhmer/Zimmermann n. 1016	J^3 8546
Böhmer/Zimmermann n. 1017	J^3 *8558
Böhmer/Zimmermann n. 1018	J^3 *8548
Böhmer/Zimmermann n. †1019	J^3 †8549
Böhmer/Zimmermann n. 1020	J^3 8550
Böhmer/Zimmermann n. 1021	J^3 8551
Böhmer/Zimmermann n. 1022	J^3 *8552
	et J^3 *8553
Böhmer/Zimmermann n. 1023	J^3 8554
Böhmer/Zimmermann n. 1024	J^3 8555
Böhmer/Zimmermann n. 1025	J^3 8556
Böhmer/Zimmermann n. 1026	J^3 *8559
Böhmer/Zimmermann n. 1027	J^3 8560
Böhmer/Zimmermann n. 1028	J^3 8561
Böhmer/Zimmermann n. 1029	J^3 8562
Böhmer/Zimmermann n. 1030	J^3 8563
Böhmer/Zimmermann n. 1031	J^3 *8565
Böhmer/Zimmermann n. 1032	J^3 8566
Böhmer/Zimmermann n. 1033	J^3 *8578
Böhmer/Zimmermann n. 1034	J^3 *8568
Böhmer/Zimmermann n. 1035	J^3 *8579
Böhmer/Zimmermann n. 1036	J^3 *8580
Böhmer/Zimmermann n. 1037	J^3 8612
Böhmer/Zimmermann n. 1038	J^3 *8614
Böhmer/Zimmermann n. 1039	J^3 *8615
Böhmer/Zimmermann n. 1040	J^3 *8613
Böhmer/Zimmermann n. †1041	J^3 *†8616
Böhmer/Zimmermann n. †1041a	J^3 *†8590
Böhmer/Zimmermann n. 1042	J^3 *8582
Böhmer/Zimmermann n. 1043	J^3 *8583
Böhmer/Zimmermann n. †1044	J^3 †8585
Böhmer/Zimmermann n. 1045	J^3 *8581
Böhmer/Zimmermann n. 1046	J^3 *8584

Böhmer/Zimmermann n. †1047	J^3 *†8593
Böhmer/Zimmermann n. †1048	J^3 *†8591
Böhmer/Zimmermann n. †1049	J^3 †8592
Böhmer/Zimmermann n. 1050	J^3 8587
Böhmer/Zimmermann n. †1051	J^3 †8586
Böhmer/Zimmermann n. †1052	J^3 †8588
Böhmer/Zimmermann n. 1053	J^3 *8589
Böhmer/Zimmermann n. 1054	J^3 8594
Böhmer/Zimmermann n. 1055	J^3 *8617
Böhmer/Zimmermann n. 1056	J^3 8595
Böhmer/Zimmermann n. †1057	J^3 †8596
Böhmer/Zimmermann n. 1057a	J^3 8597
Böhmer/Zimmermann n. 1058	J^3 8598
Böhmer/Zimmermann n. 1059	J^3 8599
Böhmer/Zimmermann n. 1060	J^3 8600
Böhmer/Zimmermann n. 1061	J^3 8601
Böhmer/Zimmermann n. 1062	J^3 8602
Böhmer/Zimmermann n. 1063	J^3 8603
Böhmer/Zimmermann n. 1064	J^3 *8604
Böhmer/Zimmermann n. 1065	J^3 *8607
Böhmer/Zimmermann n. †1066	J^3 †8605
Böhmer/Zimmermann n. 1067	J^3 8606
Böhmer/Zimmermann n. 1068	J^3 *8608
Böhmer/Zimmermann n. †1070	J^3 †8609
Böhmer/Zimmermann n. †1071	J^3 †8610
Böhmer/Zimmermann n. †1072	J^3 *†8611
Böhmer/Zimmermann n. 1073	J^3 8597
Böhmer/Zimmermann n. 1074	J^3 *8618
Böhmer/Zimmermann n. 1075	J^3 *8620
	et J^3 *8621
Böhmer/Zimmermann n. †1076	J^3 †8622
Böhmer/Zimmermann n. 1077	J^3 *8625
Böhmer/Zimmermann n. 1078	J^3 *8627
Böhmer/Zimmermann n. 1079	J^3 *8810
Böhmer/Zimmermann n. 1080	J^3 *8811
Böhmer/Zimmermann n. 1081	J^3 *8812
Böhmer/Zimmermann n. 1082	J^3 *8826
Böhmer/Zimmermann n. 1083	J^3 *8813
Böhmer/Zimmermann n. †1084	J^3 †8814
Böhmer/Zimmermann n. †1085	J^3 *†8823
Böhmer/Zimmermann n. †1086	J^3 †8800
Böhmer/Zimmermann n. 1087	J^3 *8788
Böhmer/Zimmermann n. 1088	J^3 8733
Böhmer/Zimmermann n. 1089	J^3 †8729
Böhmer/Zimmermann n. 1090	J^3 8704
Böhmer/Zimmermann n. 1091	J^3 8678
Böhmer/Zimmermann n. 1092	J^3 *8679
Böhmer/Zimmermann n. 1093	J^3 *8680
Böhmer/Zimmermann n. †1094	J^3 *†8645
Böhmer/Zimmermann n. 1095	J^3 *8644
Böhmer/Zimmermann n. 1096	J^3 *8643
Böhmer/Zimmermann n. 1097	J^3 *8632
Böhmer/Zimmermann n. 1098	J^3 *8634
Böhmer/Zimmermann n. 1099	J^3 *8633
Böhmer/Zimmermann n. 1099a	J^3 *8623
	et J^3 8624
Böhmer/Zimmermann n. †1100	J^3 †8626
Böhmer/Zimmermann n. 1101	J^3 8628
Böhmer/Zimmermann n. †1102	J^3 †8629

Böhmer/Zimmermann n. †1103	J^3 †8629
Böhmer/Zimmermann n. †1104	J^3 †8630
Böhmer/Zimmermann n. †1105	J^3 †8637
Böhmer/Zimmermann n. 1106	J^3 8636
Böhmer/Zimmermann n. 1107	J^3 *8635
Böhmer/Zimmermann n. 1108	J^3 *8631
Böhmer/Zimmermann n. 1109	J^3 *8817
Böhmer/Zimmermann n. †1110	J^3 †8646
Böhmer/Zimmermann n. 1111	J^3 8638
Böhmer/Zimmermann n. 1112	J^3 *8697
Böhmer/Zimmermann n. 1113	J^3 8639
Böhmer/Zimmermann n. 1114	J^3 8640
Böhmer/Zimmermann n. 1115	J^3 8641
Böhmer/Zimmermann n. 1116	J^3 *8623
Böhmer/Zimmermann n. 1117	J^3 8624
Böhmer/Zimmermann n. 1118	J^3 8642
Böhmer/Zimmermann n. 1119	J^3 8647
Böhmer/Zimmermann n. †1120	J^3 *†8013 et J^3 *†8681
Böhmer/Zimmermann n. 1121	J^3 *8650
Böhmer/Zimmermann n. †1122	J^3 *†8648
Böhmer/Zimmermann n. 1123	J^3 *8649
Böhmer/Zimmermann n. 1124	J^3 *8651
Böhmer/Zimmermann n. 1125	J^3 *8652
Böhmer/Zimmermann n. 1126	J^3 *8653
Böhmer/Zimmermann n. 1127	J^3 *8654
Böhmer/Zimmermann n. 1128	J^3 8655
Böhmer/Zimmermann n. 1129	J^3 *8656
Böhmer/Zimmermann n. 1130	J^3 *8657
Böhmer/Zimmermann n. 1131	J^3 *8658
Böhmer/Zimmermann n. 1132	J^3 *8661
Böhmer/Zimmermann n. 1133	J^3 *8659
Böhmer/Zimmermann n. 1134	J^3 8660
Böhmer/Zimmermann n. 1135	J^3 8663
Böhmer/Zimmermann n. 1136	J^3 *8664
Böhmer/Zimmermann n. 1137	J^3 *8665
Böhmer/Zimmermann n. 1138	J^3 8666
Böhmer/Zimmermann n. 1139	J^3 *8734
Böhmer/Zimmermann n. 1140	J^3 *8667
Böhmer/Zimmermann n. 1141	J^3 *8818
Böhmer/Zimmermann n. 1142	J^3 8662
Böhmer/Zimmermann n. 1143	J^3 8668
Böhmer/Zimmermann n. 1144	J^3 *8669
Böhmer/Zimmermann n. †1145	J^3 *†8670
Böhmer/Zimmermann n. 1146	J^3 *8671
Böhmer/Zimmermann n. 1147	J^3 *8674
Böhmer/Zimmermann n. †1148	J^3 †8672
Böhmer/Zimmermann n. 1149	J^3 8673
Böhmer/Zimmermann n. 1150	J^3 *8675
Böhmer/Zimmermann n. 1151	J^3 8676
Böhmer/Zimmermann n. 1152	J^3 *8677
Böhmer/Zimmermann n. †1153	J^3 †8801
Böhmer/Zimmermann n. 1154	J^3 *8691
Böhmer/Zimmermann n. 1155	J^3 8692
Böhmer/Zimmermann n. †1156	J^3 †8689
Böhmer/Zimmermann n. 1157	J^3 8682
Böhmer/Zimmermann n. †1158	J^3 †8683
Böhmer/Zimmermann n. †1159	J^3 *†8684
Böhmer/Zimmermann n. 1159a	J^3 8685
Böhmer/Zimmermann n. 1160	J^3 8686
Böhmer/Zimmermann n. 1161	J^3 *8687
Böhmer/Zimmermann n. 1162	J^3 8688
Böhmer/Zimmermann n. 1163	J^3 *8705
Böhmer/Zimmermann n. †1164	J^3 *†8706
Böhmer/Zimmermann n. †1165	J^3 †8690
Böhmer/Zimmermann n. 1166	J^3 *8698
Böhmer/Zimmermann n. 1167	J^3 8793
Böhmer/Zimmermann n. †1168	J^3 *†8693
Böhmer/Zimmermann n. 1169	J^3 8694
Böhmer/Zimmermann n. 1170	J^3 8695
Böhmer/Zimmermann n. †1171	J^3 †8696
Böhmer/Zimmermann n. 1172	J^3 *8819
Böhmer/Zimmermann n. 1173	J^3 *8707
Böhmer/Zimmermann n. 1174	J^3 8699
Böhmer/Zimmermann n. 1175	J^3 8700
Böhmer/Zimmermann n. †1176	J^3 †8701
Böhmer/Zimmermann n. 1177	J^3 *8702
Böhmer/Zimmermann n. 1178	J^3 †8703
Böhmer/Zimmermann n. 1179	J^3 *8820
Böhmer/Zimmermann n. 1180	J^3 8821
Böhmer/Zimmermann n. 1181	J^3 *8822
Böhmer/Zimmermann n. 1182	J^3 *8710
Böhmer/Zimmermann n. 1183	J^3 8708
Böhmer/Zimmermann n. 1184	J^3 8709
Böhmer/Zimmermann n. 1185	J^3 8714
Böhmer/Zimmermann n. 1186	J^3 8711
Böhmer/Zimmermann n. †1187	J^3 †8712
Böhmer/Zimmermann n. 1188	J^3 8713
Böhmer/Zimmermann n. 1189	J^3 8715
Böhmer/Zimmermann n. 1190	J^3 8716
Böhmer/Zimmermann n. 1191	J^3 *8717
Böhmer/Zimmermann n. 1192	J^3 *8730
Böhmer/Zimmermann n. 1193	J^3 8721
Böhmer/Zimmermann n. 1194	J^3 8718
Böhmer/Zimmermann n. 1195	J^3 8719
Böhmer/Zimmermann n. 1196	J^3 *8722
Böhmer/Zimmermann n. 1197	J^3 8720
Böhmer/Zimmermann n. 1198	J^3 8723
Böhmer/Zimmermann n. 1199	J^3 *8724
Böhmer/Zimmermann n. †1200	J^3 †8725
Böhmer/Zimmermann n. †1200a	J^3 *†8823
Böhmer/Zimmermann n. 1201	J^3 *8726
Böhmer/Zimmermann n. 1202	J^3 8727
Böhmer/Zimmermann n. 1203	J^3 8728
Böhmer/Zimmermann n. 1204	J^3 8731
Böhmer/Zimmermann n. 1205	J^3 *8735
Böhmer/Zimmermann n. 1206	J^3 8736
Böhmer/Zimmermann n. 1207	J^3 8732
Böhmer/Zimmermann n. 1208	J^3 *8756
Böhmer/Zimmermann n. 1209	J^3 *8737
Böhmer/Zimmermann n. 1210	J^3 *8738
Böhmer/Zimmermann n. 1211	J^3 *8739
Böhmer/Zimmermann n. 1212	J^3 *8740
Böhmer/Zimmermann n. 1213	J^3 *8746
Böhmer/Zimmermann n. †1214	J^3 *†8750
Böhmer/Zimmermann n. †1215	J^3 †8749
Böhmer/Zimmermann n. 1216	J^3 *8741
Böhmer/Zimmermann n. 1217	J^3 *8742

Böhmer/Zimmermann n. 1218	J³ *8743
Böhmer/Zimmermann n. 1219	J³ *8744
Böhmer/Zimmermann n. 1220	J³ *8745
Böhmer/Zimmermann n. 1221	J³ 8747
Böhmer/Zimmermann n. †1221a	J³ *†8751
Böhmer/Zimmermann n. 1222	J³ 8748
Böhmer/Zimmermann n. 1223	J³ *8754
Böhmer/Zimmermann n. 1224	J³ 8752
Böhmer/Zimmermann n. 1225	J³ 8753
Böhmer/Zimmermann n. 1226	J³ *8755
Böhmer/Zimmermann n. †1226a	J³ *†8757
Böhmer/Zimmermann n. †1227	J³ *†8765
Böhmer/Zimmermann n. †1228	J³ *†8766
Böhmer/Zimmermann n. 1229	J³ *8758
Böhmer/Zimmermann n. 1229a	J³ 8793
Böhmer/Zimmermann n. 1230	J³ *8759
Böhmer/Zimmermann n. 1230a	J³ 8760
Böhmer/Zimmermann n. 1231	J³ *8762
Böhmer/Zimmermann n. 1232	J³ 8763
Böhmer/Zimmermann n. 1233	J³ *8764
Böhmer/Zimmermann n. 1234	J³ 8761
Böhmer/Zimmermann n. 1235	J³ *8767
Böhmer/Zimmermann n. 1236	J³ *8770
Böhmer/Zimmermann n. 1237	J³ 8768
Böhmer/Zimmermann n. 1238	J³ *8779
Böhmer/Zimmermann n. 1239	J³ *8780
Böhmer/Zimmermann n. †1240	J³ †8769
Böhmer/Zimmermann n. 1241	J³ *8771
Böhmer/Zimmermann n. †1242	J³ *†8772 et J³ *†8773
Böhmer/Zimmermann n. 1243	J³ 8774
Böhmer/Zimmermann n. 1244	J³ *8775
Böhmer/Zimmermann n. †1245	J³ †8776
Böhmer/Zimmermann n. †1246	J³ †8777
Böhmer/Zimmermann n. †1247	J³ †8778
Böhmer/Zimmermann n. 1248	J³ 8782
Böhmer/Zimmermann n. 1249	J³ 8783
Böhmer/Zimmermann n. 1250	J³ 8781
Böhmer/Zimmermann n. 1251	J³ 8797
Böhmer/Zimmermann n. 1252	J³ 8784
Böhmer/Zimmermann n. 1253	J³ *8786
Böhmer/Zimmermann n. 1254	J³ *8785
Böhmer/Zimmermann n. 1255	J³ *8799
Böhmer/Zimmermann n. 1256	J³ 8790
Böhmer/Zimmermann n. 1257	J³ 8789
Böhmer/Zimmermann n. 1258	J³ *8824
Böhmer/Zimmermann n. 1259	J³ *8825
Böhmer/Zimmermann n. †1260	J³ *†8802
Böhmer/Zimmermann n. 1261	J³ 8792
Böhmer/Zimmermann n. 1262	J³ 8791
Böhmer/Zimmermann n. †1263	J³ *†8794
Böhmer/Zimmermann n. 1264	J³ *8795
Böhmer/Zimmermann n. 1265	J³ 8796
Böhmer/Zimmermann n. 1266	J³ *8803
Böhmer/Zimmermann n. 1267	J³ *8798
Böhmer/Zimmermann n. †1268	J³ *†8804
Böhmer/Zimmermann n. 1269	J³ *8806
Böhmer/Zimmermann n. 1270	J³ 8805
Böhmer/Zimmermann n. 1271	J³ 8807
Böhmer/Zimmermann n. 1272	J³ 8808
Böhmer/Zimmermann n. †1273	J³ †8809
Böhmer/Zimmermann n. †1274	J³ †8827
Böhmer/Zimmermann n. 1275	J³ 8829
Böhmer/Zimmermann n. 1275a	J³ *8826
Böhmer/Zimmermann n. 1276	J³ *8828

INDEX OPERUM ADHIBITORUM

Acquacotta, Camillo: Memorie di Matelica raccolte ed ordinate, 2 vol., Ancona 1838.

Acta elevationis ss. Agricolae et aliorum ss. Lupi, Silvestri ac Desiderati, in: AASS mart. 2, edd. Joannes Bollandus/Gotefridus Henschenius/Daniel Papebrochius, Antwerpen 1668, p. 515–516.

Acta Pontificum Danica. Pavelige Aktstykker vedrørende Danmark 1316–1536, vol. 4: 1471–1492, edd. Alfred Krarup/Johannes Lindbæk, København 1910.

Actus Pontificum Cenomannis in urbe degentium, edd. Gustave Busson/Ambroise Ledru (Archive Historique du Maine 2), 2 vol., Le Mans 1901.

Adalbertus Bambergensis: Vita s. Heinrici regis et confessoris, ed. Marcus Stumpf (MGH SS rer. Germ. 69), Hannover 1999.

Adam Bremensis: Gesta Hammaburgensis ecclesiae pontificum, ed. Bernhard Schmeidler: Adam von Bremen, Hamburgische Kirchengeschichte (MGH SS rer. Germ. 2), Hannover/Leipzig, 3. ed. 1917 (reimpr. 1993).

Adelardus Genavensis: Epistola ad Elfegum archiepiscopum de Vita Sancti Dunstani, in: Memorials of Saint Dustan, Archbishop of Canterbury, ed. William Stubbs (SS rer. Brit. 63), London 1874, p. 53–68.

Ademarus Cabannensis: Chronicon, ed. Richard Landes (CCCM 129), Turnhout 1999.

Ademarus Cabannensis: Sermo, in: Gottesfriede und Treuga Dei, ed. Hartmut Hoffmann (MGH Schriften 20), Stuttgart 1964, p. 257–259.

Ado Viennensis: Chronicon, in: [Scriptores rerum Sangallensium. Annales, chronica et historiae aevi Carolini], ed. Georg Heinrich Pertz (MGH SS 2), Hannover 1829, p. 315–323 (reimpr. Stuttgart 1976).

Ado Viennensis: Martyrologium. Le martyrologe d'Adon: Ses deux familles, ses trois recensions. Texte et commentaire, edd. Jacques Dubois/Geneviève Renaud (Sources d'histoire médiévale 14), Paris 1984.

Adventus archiepiscopi nostri Sigerici ad Romam, ed. William Stubbs (SS rer. Brit. 63), London 1874, p. 391–395.

Adventus et elevatio s. Landoaldi sociorumque eius, ed. Oswald Holder-Egger, in: [Supplementa tomorum I-XII, pars III. Supplementum tomi XIII], edd. Georg Waitz/Wilhelm Wattenbach (MGH SS 15/2), Hannover 1888, p. 607–611 (reimpr. Stuttgart 1991).

Agius Corbeiensis: Vita Hathumodae, in: [Annales, chronica et historiae aevi Carolini et Saxonici], ed. Georg Heinrich Pertz (MGH SS 4), Hannover 1841, p. 166–175 (reimpr. Berlin 1982).

Aimoinus Floriacensis: Historiae Francorum Libri IV, in: Concilia antiqua Galliae, vol. 3: 840–987, ed. Jacques Sirmond, Paris 1629, p. 486 (reimpr. Aalen 1970).

Aimoinus Floriacensis: Vita s. Abbonis abbatis, edd. Robert-Henri Bautier/Gillette Labory, in: L'abbaye de Fleury en l'an mil (Sources d'Histoire Médiévale 32), Paris 2004, p. 9–143.

Albericus monachus Trium Fontium: Chronica, ed. Paul Scheffer-Boichorst, in: [Chronica aevi Suevici], ed. Georg Heinrich Pertz (MGH SS 23), Hannover 1874, p. 631–950 (reimpr. 1986).

Albertus Milioli: Liber de temporibus, in: [Annales et chronica Italica aevi Suevici], ed. Oswald Holder-Egger (MGH SS 31), Hannover 1903, p. 353–572 (reimpr. Hannover 1980).

Albertus: Annales Stadenses, ed. Johann Martin Lappenberg, in: [Annales aevi Suevici], ed. Georg Heinrich Pertz (MGH SS 16), Hannover 1859, p. 271–379 (reimpr. Stuttgart 1994).

Albinus: Digesta *cf. Cencius Liber Censuum*

Allodi, Leone/Levi, Guido (edd.): Il regesto Sublacense del secolo XI (Biblioteca della Società Romana di Storia Patria 1), Roma 1885.

Alpertus Metensis: De episcopis Mettensibus libellus, in: [Annales, chronica et historiae aevi Carolini et Saxonici], ed. Georg Heinrich Pertz (MGH SS 4), Hannover 1841, p. 697–700 (reimpr. Berlin 1982).

Amalricus Augerius de Biterris: Actus Romanorum Pontificum, in: Vitae Summorum Pontificum Romanorum, ed. Ludovico Antonio Muratori (RIS 3/2), Milano 1734, p. 7–1252.

Amante, Bruto/Bianchi, Romolo: Memorie storiche e statuarie di Fondi in Campania, Roma 1903.

Amatus Casinensis: Historia. Storia de' Normanni di Amato di Montecassino volgarizzata in antico francese (sec. XI), ed. Vincenzo de Bartholomaeis (FSI 76), Roma 1935.

Amiet, Robert: Une 'Admonitio Synodalis' de l'époque carolingienne. Etude critique et édition, in: Medieval Studies 26 (1964), p. 12–82.

Analecta iuris pontificii. Dissertations sur différents sujets de droit canonique, liturgie et théologie, vol. 10, Paris 1869.

Anastasii abbatis sanctae Romanae ecclesiae presbyteri et bibliothecarii Opera omnia, tomus tertius, ed. Jacques Paul Migne (Patrologiae cursus completus, series latina, vol. 129), Paris 1879.

Andrea Bergomatis: Historia, in: Scriptores rerum Langobardicarum et Italicarum, saec. VI–IX, vol. 1, ed. Georg Waitz (MGH SS rer. Lang.), Hannover 1878, p. 220–230 (reimpr. Hannover 1988).

Andrea Dandulus: Chronica per extensum descripta: aa. 46–1280 d. C., ed. Ester Pastorello (RIS NS 12/1), Bologna 1938–1958.

Andreantonelli, Sebastiano: Historiae Asculanae, Padova 1673.

Andreas Floriacensis: Vita Gauzlini, edd. Robert-Henri Bautier/Gillette Labory (Sources d'histoire médiévale 2), Paris 1969.

Angeloni, Francesco: Historia di Terni, Roma 1646.

Angot, Alphonse: Le restaurateur de l'abbaye d'Évron, in: Bulletin de la Commission historique et archéologique de la Mayenne, Serie 2, vol. 29 (1913), p. 443–493.

Annales Admuntenses, ed. Wilhelm Wattenbach, in: [Chronica et annales aevi Salici], ed. Georg Heinrich Pertz (MGH SS 9), Hannover 1851, p. 569–579 (reimpr. Stuttgart 1983).

Annales Alamannici, ed. Carl Henking (Die annalistischen Aufzeichnungen des Klosters St. Gallen 19), St. Gallen 1884, p. 224–265.

Annales Alamannici. Continuatio Sangallensis altera, in: [Annales et chronica aevi Carolini], ed. Georg Heinrich Pertz (MGH SS 1), Hannover 1826, p. 50–51 (reimpr. Stuttgart 1976).

Annales Althaneses maiores, ed. Edmund von Oefele (MGH SS rer. Germ. 4), Hannover 1891 (reimpr. 1997).

Annales Anglosaxonici (cum versione Latina), ed. Reinhold Pauli, in: [Supplementa tomorum I–XII, pars I], ed. Georg Waitz (MGH SS 13), Hannover 1881, p. 103–120 (reimpr. Stuttgart 1985).

Annales Augienses, ed. Philipp Jaffé (Bibliotheca rerum Germanicarum 3), Berlin 1866, p. 702–706.

Annales Augustani, in: [Annales, chronica et historiae aevi Saxonici], ed. Georg Heinrich Pertz (MGH SS 3), Hannover 1839, p. 123–136 (reimpr. Stuttgart 1986).

Annales Beneventani, in: [Annales, chronica et historiae aevi Saxonici], ed. Georg Heinrich Pertz (MGH SS 3), Hannover 1839, p. 173–185 (reimpr. Stuttgart 1986).

Annales Bertiniani. Les Annales des Saint-Bertin, edd. Félix Grat/Jeanne Vielliard/Suzanne Clémencet (Société de l'Histoire de France, Publications 95), Paris 1964.

Annales Besuenses, in: [Scriptores rerum Sangallensium. Annales, chronica et historiae aevi Carolini], ed. Georg Heinrich Pertz (MGH SS 2), Hannover 1829, p. 247–250 (reimpr. Stuttgart 1976).

Annales Blandinienses, in: Les annales de Saint-Pierre, vol. 5, ed. Philip Grierson, Bruxelles 1937, p. 1–73.

Annales Bremenses, ed. Philipp Jaffé, in: [Annales aevi Suevici], ed. Georg Heinrich Pertz (MGH SS 17), Hannover 1861, p. 854–858 (reimpr. Stuttgart 1990).

Annales Cambriae, ed. John Williams (SS rer. Brit. 20), London 1860.

Annales Casinenses, in: [Annales aevi Suevici], ed. Georg Heinrich Pertz (MGH SS 19), Hannover 1866, p. 303–320 (reimpr. Stuttgart 1989).

Annales Cavenses, in: [Annales, chronica et historiae aevi Saxonici], ed. Georg Heinrich Pertz (MGH SS 3), Hannover 1839, p. 185–197 (reimpr. Stuttgart 1986).

Annales Ceccanenses, in: [Annales aevi Suevici], ed. Georg Heinrich Pertz (MGH SS 19), Hannover 1866, p. 275–302 (reimpr. Stuttgart 1989).

Annales Colonienses, in: [Annales et chronica aevi Carolini], ed. Georg Heinrich Pertz (MGH SS 1), Hannover 1826, p. 97–99 (reimpr. Stuttgart 1976).

Annales Colonienses, in: Ecclesiae metropolitanae Coloniensis Codices manuscripti, edd. Philipp Jaffé/Wilhelm Wattenbach, Berlin 1874, p. 127–131.

Annales Corbeienses. Corveyer Annalen, ed. Josef Prinz (Veröffentlichungen der historischen Kommission für Westfalen, 10. Abh. zur Corveyer Geschichtsschreibung 7), Münster 1982.

Annales Domitiani Latini. An Edition, ed. Francis Peabody Magoun, in: Mediaeval Studies 9 (1947), p. 235–295.

Annales Einsidlenses, in: [Annales, chronica et historiae aevi Saxonici], ed. Georg Heinrich Pertz (MGH SS 3), Hannover 1839, p. 137–149 (reimpr. Stuttgart 1986).

Annales Elmarenses, in: Les annales de Saint-Pierre de Gand et de Saint-Amand, ed. Philip Grierson, Bruxelles 1937, p. 74–115.

Annales Elnonenses, in: Les annales de Saint-Pierre de Gand et de Saint-Amand, ed. Philip Grierson, Bruxelles 1937, p. 132–175.

Annales Elwangenses, ed. Otto Abel, in: [Annales et chronica aevi Salici. Vitae aevi Carolini et Saxonici], ed. Georg Heinrich Pertz (MGH SS 10), Hannover 1852, p. 15–19 (reimpr. Stuttgart 1987).

Annales ex annalibus Iuvavensibus antiquis excerpti, ed. Harry Bresslau, in: [Supplementa tomorum I-XV], ed. Adolf Hofmeister (MGH SS 30/2), Leipzig 1934, p. 727–744 (reimpr. Stuttgart 1976).

Annales Floreffienses, ed. Ludwig Konrad Bethmann, in: [Annales aevi Suevici], ed. Georg Heinrich Pertz (MGH SS 16), Hannover 1859, p. 618–631 (reimpr. Stuttgart 1994).

Annales Floriacenses, in: [Scriptores rerum Sangallensium. Annales, chronica et historiae aevi Carolini], ed. Georg Heinrich Pertz (MGH SS 2), Hannover 1829, p. 254–255 (reimpr. Stuttgart 1976).

Annales Formoselenses, in: Les annales de Saint-Pierre de Gand et de Saint-Amand, ed. Philip Grierson, Bruxelles 1937, p. 116–131.

Annales Francorum Mettenses, in: Recueil des historiens des Gaules et de la France. Nouvelle édition, vol. 7: Contenant les gestes des fils et des petits-fils de Louis le Debonnaire, depuis l'an 840 jusqu'à l'an 877, avec les capitulaires de Charle le Chauve, et autres monuments historiques: les diplômes étantrejettés dans le volume suivant, ed. Martin Bouquet, Paris 1870, p. 184–203.

Annales Francorum Mettenses, in: Recueil des historiens des Gaules et de la France. Nouvelle édition, vol. 8: Contenant ce qui s'est passé depuis le commencement du règne de Louis le Bèque, fils de Charles le Chauve, jusqu'à la fin du règne de Louis V, dernier roi de la seconde race: c'est-a-dire, depuis l'an 877 jusqu'à l'an 987, avec les diplômes des fils et des petitsfils de Louis le Débonnaire, qui n'ont pu entrer dans le volume précédent, ed. Martin Bouquet, Paris 1871, p. 61–78.

Annales Fuldenses, ed. Friedrich Kurze (MGH SS rer. Germ. 7), Hannover 1891 (reimpr. Hannover 1993).

Annales Gemmeticenses, ed. Jean Laporte: Les annales de l'Abbaye Saint-Pierre de Jumièges: chronique universelle des origines au XIIIe siècle), Paris 1954.

Annales Hamburgenses, in: Scriptores minores rerum Slesvico-Holstatensium, ed. Friedrich Reuter (Quellensammlung der Gesellschaft für Schleswig-Holsteinisch-Lauenburgische Geschichte 4), Kiel 1875, p. 405–430.

Annales Hamburgenses brevissimi, in: Scriptores minores rerum Slesvico-Holstatensium, ed. Friedrich Reuter (Quellensammlung der Gesellschaft für

Schleswig-Holsteinisch-Lauenburgische Geschichte 4), Kiel 1875, p. 430–434.

Annales Hildesheimenses, ed. Georg Waitz (MGH SS rer. Germ. 8), Hannover 1878 (reimpr. Hannover 1990).

Annales Kamenecenses. Rocznik Kamienicki, in: Monumenta Poloniae historica, vol. 2, ed. August Bielowski, Lwów 1872, p. 776–778 (reimpr. Warszawa 1960).

Annales Laubacenses, pars tertia, in: [Annales et chronica aevi Carolini], ed. Georg Heinrich Pertz (MGH SS 1), Hannover 1826, p. 52–55 (reimpr. Stuttgart 1976).

Annales Laubienses, in: [Annales, chronica et historiae aevi Carolini et Saxonici], ed. Georg Heinrich Pertz (MGH SS 4), Hannover 1841, p. 9–28 (reimpr. Berlin 1982).

Annales Leodienses, in: [Annales, chronica et historiae aevi Carolini et Saxonici], ed. Georg Heinrich Pertz (MGH SS 4), Hannover 1841, p. 9–30 (reimpr. Berlin 1982).

Annales Lobienses, in: [Supplementa tomorum I–XII, pars I], ed. Georg Waitz (MGH SS 13), Hannover 1881, p. 224–235 (reimpr. Stuttgart 1985).

Annales Magdeburgenses, in: [Annales aevi Suevici], ed. Georg Heinrich Pertz (MGH SS 16), Hannover 1859, p. 105–196 (reimpr. Stuttgart 1994).

Annales mansionarum Cracoviensium olim dicti s. Crucis. Rocznik Świętokrzyski, in: Monumenta Poloniae historica, vol. 3, ed. August Bielowski, Lwów 1878, p. 53–87 (reimpr. Warszawa 1964).

Annales Marbacenses, qui dicuntur Cronica Hohenburgensis, ed. Hermann Bloch (MGH SS rer. Germ. 9), Hannover/Leipzig 1907 (reimpr. 2001).

Annales Marchianenses, ed. Ludwig Konrad Bethmann, in: [Annales aevi Suevici], ed. Georg Heinrich Pertz (MGH SS 16), Hannover 1859, p. 609–617 (reimpr. Stuttgart 1994).

Annales Mellicenses, ed. Wilhelm Wattenbach, in: [Chronica et annales aevi Salici], ed. Georg Heinrich Pertz (MGH SS 9), Hannover 1851, p. 480–501 (reimpr. Stuttgart 1983).

Annales Montis s. Michaelis, in: Chronique de Robert de Torigni, abbé du Mont-Saint-Michel, suivi de divers opuscules historiques, vol. 2, ed. Léopold Delisle, Rouen 1873, p. 207–236.

Annales necrologi Fuldenses, in: [Supplementa tomorum I–XII, pars I], ed. Georg Waitz (MGH SS 13), Hannover 1881, p. 161–218 (reimpr. Stuttgart 1985).

Annales Nestvedienses, in: Annales Danici medii aevi, ed. Ellen Jørgensen, København 1920, p. 71–128.

Annales ordinis s. Benedicti occidentalium monachorum patriarchae, ed. Jean Mabillon, 6 vol., Lucca 1703–1739.

Annales Osterhovenses, ed. Wilhelm Wattenbach, in: [Annales aevi Suevici], ed. Georg Heinrich Pertz (MGH SS 17), Hannover 1861, p. 537–558 (reimpr. Stuttgart 1990).

Annales Ottenburani, in: [Annales et chronica aevi Salici], ed. Georg Heinrich Pertz (MGH SS 5), Hannover 1844, p. 1–9 (reimpr. Stuttgart 1985).

Annales Parchenses, in: [Annales aevi Suevici], ed. Georg Heinrich Pertz (MGH SS 16), Hannover 1859, p. 598–608 (reimpr. Stuttgart 1994).

Annales Posonienses, ed. Emericus Madszar, in: Scriptores rerum Hungaricarum tempore ducum regumque stirpis Arpadianae gestarum, vol. 1, ed. Imre Szentpétery, Budapest 1937, p. 119–128.

Annales Prumienses, ed. Oswald Holder-Egger, in: [Supplementa tomorum I-XII, pars III. Supplementum tomi XIII], edd. Georg Waitz/Wilhelm Wattenbach (MGH SS 15/2), Hannover 1888, p. 1289–1292 (reimpr. Stuttgart 1991).

Annales Quedlinburgenses, ed. Martina Giese (MGH SS rer. Germ. 72), Hannover 2004.

Annales qui dicuntur Xantenses, in: Annales Xantenses et Annales Vedastini, ed. Bernhard von Simson (MGH SS rer. Germ. 12), Hannover/Leipzig 1909, p. 1–33 (reimpr. 2003).

Annales Remenses, in: [Supplementa tomorum I–XII, pars I], ed. Georg Waitz (MGH SS 13), Hannover 1881, p. 81–84 (reimpr. Stuttgart 1985).

Annales Rotomagenses, ed. Oswald Holder-Egger, in: [Ex rerum Francogallicarum scriptoribus. Ex historiis auctorum Flandrensium Francogallica lingua scriptis. Supplementum tomi XXIV], ed. Georg

Waitz (MGH SS 26), Hannover 1882, p. 490–500 (reimpr. 1975).

Annales s. Albini Moguntini, in: [Scriptores rerum Sangallensium. Annales, chronica et historiae aevi Carolini], ed. Georg Heinrich Pertz (MGH SS 2), Hannover 1829, p. 239–247 (reimpr. Stuttgart 1976).

Annales s. Benigni Divionensis, in: [Annales et chronica aevi Salici], ed. Georg Heinrich Pertz (MGH SS 5), Hannover 1844, p. 37–50 (reimpr. Stuttgart 1985).

Annales s. Blasii, in: [Annales aevi Suevici], ed. Georg Heinrich Pertz (MGH SS 17), Hannover 1861, p. 276–278 (reimpr. Stuttgart 1990).

Annales s. Crucis, ed. Anna Rutkowska-Płachcińska (Monumenta Poloniae historica. Series nova 12), Kraków 1996.

Annales s. Florentii Salmurensis, in: Recueil d'annales Angevines et Vendômoises (Collection des textes pour servir à l'étude et à l'enseignement de l'histoire 37), ed. Louis Halphen, Paris 1903, p. 111–126.

Annales s. Germani minores, in: [Annales, chronica et historiae aevi Carolini et Saxonici], ed. Georg Heinrich Pertz (MGH SS 4), Hannover 1841, p. 3 (reimpr. Berlin 1982).

Annales s. Iacobi Leodiensis, in: [Annales aevi Suevici], ed. Georg Heinrich Pertz (MGH SS 16), Hannover 1859, p. 635–645 (reimpr. Stuttgart 1994).

Annales s. Rudberti Salisburgenses, ed. Wilhelm Wattenbach, in: [Chronica et annales aevi Salici], ed. Georg Heinrich Pertz (MGH SS 9), Hannover 1851, p. 758–810 (reimpr. Stuttgart 1983).

Annales s. Trudperti, in: [Annales aevi Suevici], ed. Georg Heinrich Pertz (MGH SS 17), Hannover 1861, p. 285–294 (reimpr. Stuttgart 1990).

Annales s. Vincentii Metensis, in: [Annales, chronica et historiae aevi Saxonici], ed. Georg Heinrich Pertz (MGH SS 3), Hannover 1839, p. 155–160 (reimpr. Stuttgart 1986).

Annales Sandivogii. Rocznik Sędziwoja, in: Monumenta Poloniae historica, vol. 2, ed. August Bielowski, Lwów 1872, p. 871–880 (reimpr. Warszawa 1960).

Annales Sangallenses maiores, in: Die Annalistischen Aufzeichnungen des Klosters St. Gallen 691–1262, ed. Carl Henking (Mitteilungen zur vaterländischen Geschichte St. Gallen 19), St. Gallen 1884, p. 265–323.

Annales Stabulenses, in: [Supplementa tomorum I–XII, pars I], ed. Georg Waitz (MGH SS 13), Hannover 1881, p. 39–43 (reimpr. Stuttgart 1985).

Annales Uticenses, ed. Oswald Holder-Egger, in: [Ex rerum Francogallicarum scriptoribus. Ex historiis auctorum Flandrensium Francogallica lingua scriptis. Supplementum tomi XXIV], ed. Georg Waitz (MGH SS 26), Hannover 1882, p. 490–500 (reimpr. 1975).

Annales Vedastini, in: Annales Xantenses et Annales Vedastini, ed. Bernhard von Simson (MGH SS rer. Germ. 12), Hannover/Leipzig 1909, p. 40–82 (reimpr. 2003).

Annales Vindocinenses, in: Recueil d'annales Angevines et Vendômoises (Collection de textes pour servir à l'étude et à l'enseignement de l'histoire 37), ed. Louis Halphen, Paris 1903, p. 50–79.

Annales Vizeliacenses, in: Monumenta Vizeliacensia. Textes relatifs à l'histoire de l'abbaye de Vézelay, vol. 1, ed. Robert Burchard Constantijn Huygens, Turnhout 1976–1980, p. 195–233.

Annales Wawerleiensis monasterii, in: Annales Monastici. Annales monasterii de Wintonia, vol. 2, ed. Henry Richard Luard (SS rer. Brit. 36/2), London 1865, p. 129–411.

Annales Weingartenses, in: [Annales et chronica aevi Carolini], ed. Georg Heinrich Pertz (MGH SS 1), Hannover 1826, p. 64–67 (reimpr. Stuttgart 1976).

Annales Weissenburgenses, in: Lamperti monachi Hersfeldensis Opera, ed. Oswald Holder-Egger (MGH SS rer. Germ. 38), Hannover/Leipzig 1894, p. 9–57 (reimpr. 1984).

Annales Wintonienses (AD 519–1277), in: Annales Monastici, ed. Henry Richards Luard (SS rer. Brit. 36/2), London 1865, p. 3–128.

Annales Wirziburgenses, in: [Scriptores rerum Sangallensium. Annales, chronica et historiae aevi Carolini], ed. Georg Heinrich Pertz (MGH SS 2), Hannover 1829, p. 238–247 (reimpr. Stuttgart 1976).

Annalista Saxo, ed. Klaus Naß: Die Reichschronik des Annalista Saxo (MGH SS 37), Hannover 2006.

Annalium Ratisponensium supplementum, ed. Friedrich Baethgen, in: [Supplementa tomorum I-XV], ed. Adolf Hofmeister (MGH SS 30/2), Leipzig 1934, p. 745–747 (reimpr. Stuttgart 1976).

Anonymus Haserensis: De episcopis Eichstetensibus, ed. Stefan Weinfurter: Die Geschichte der Eichstätter Bischöfe des Anonymus Haserenis (Eichstätter Studien NF 24), Regensburg 1987.

Anonymus Zwettlensis: Historia Romanorum Pontificum, in: Sicardi Cremonensis episcopi Mitrale, sive De officiis ecclesiasticis summa, accedunt ejusdem Sicardi Chronicon, Petri Sarnensis Historia Albigensium, Anonymi saeculi XII., ed. Jacques Paul Migne (Patrologiae cursus completus, series latina, vol. 213), Paris 1855, col. 987–1040.

Anselmus Leodiensis: Gesta episcoporum Tungrensium Traiectensium et Leodiensium, ed. Rudolf Köpke, in: [Chronica et gesta aevi Salici], ed. Georg Heinrich Pertz (MGH SS 7), Hannover 1846, p. 189–234 (reimpr. Stuttgart 1995).

Anselmus Lucensis: Collectio canonum. Una cum Collectione minore, 2 vol., ed. Friedrich Thaner, Regensburg 1906–1915 (reimpr. Aalen 1965).

Antonio Belloni: Liber de Vitis et Gestis Patriarcharum Aquileiensium, ed. Ludovico Antonio Muratori (RIS 16), Milano 1730, p. 20–108.

Antonio Confalonieri: Chronica de regiminibus pontificum tam Romane quam Ambrosiane ecclesie et de dominiis temporalibus tam imperatorum quam etiam totius Lombardie regnum, in: Cataloghi e biografie dei vescovi di Milano dalle origini al secolo XVI, ed. Enrico Cattaneo, Milano 1982, p. 73–136.

Appelt, Heinrich: Das Diplom Kaiser Heinrichs II. für Göß vom 1. Mai 1020. Eine diplomatisch-verfassungsgeschichtliche Untersuchung, Graz 1953.

Arbellot, François: Bulle du pape Marin Ier en faveur du monastère de Solignac, in: Bulletin de la Société Archéologique et Historique du Limousin 25 (1877), p. 27–33.

Archivi dell' Umbria (Publicazioni degli Archivi di Stato 30), Roma 1957.

Arnulfus Mediolanensis: Liber gestorum recentium, ed. Claudia Zey (MGH SS rer. Germ. 67), Hannover 1994.

Asserius: De rebus gestis Aelfredi, edd. Dorothy Whitelock/William Henry Stevenson, Oxford, 2. ed. 1959.

Atsma, Hartmut/Vezin, Jean: Le dossier suspect des possessions de Saint-Denis en Angleterre revisité (VIIIe–IXe siècle), in: Fälschungen im Mittelalter. Internationaler Kongreß der Monumenta Germaniae Historica, München, 16.–19. September 1986, vol. 4 (MGH Schriften 33), Hannover 1988, p. 211–236.

Atsma, Hartmut/Vezin, Jean: Les faux sur papyrus de l'abbaye de Saint-Denis, in: Kerhervé, Jean/Rigaudière, Albert (edd.): Finances, pouvoirs et mémoire. Mélanges offerts à Jean Favier, Paris 1999, p. 674–699.

Aubert, Édouard: Trésor de l'Abbaye de Saint-Maurice d'Agaune, 2 vol., Paris 1872.

Auctarium Altahense, in: Ottonis episcopi Frisingensis Chronica sive Historia de duabus civitatibus, ed. Adolf Hofmeister (MGH SS rer. Germ. 45), Hannover/Leipzig 1912, p. 479–485 (reimpr. 1984).

Auctarium Bellovacense, ed. Ludwig Konrad Bethmann, in: [Chronica et annales aevi Salici], ed. Georg Heinrich Pertz (MGH SS 6), Hannover 1844, p. 461–463 (reimpr. 1980).

Auctarium Cremifanense, ed. Wilhelm Wattenbach, in: [Chronica et annales aevi Salici], ed. Georg Heinrich Pertz (MGH SS 9), Hannover 1851, p. 550–554 (reimpr. Stuttgart 1983).

Auctarium Ekkehardi Altahense, ed. Philipp Jaffé, in: [Annales aevi Suevici], ed. Georg Heinrich Pertz (MGH SS 17), Hannover 1861, p. 360–365 (reimpr. Stuttgart 1990).

Auctarium Erphesfurtense a. 705–1088, in: Monumenta Erphesfurtensia saec. XII. XIII. XIV., ed. Oswald Holder-Egger (MGH SS rer. Germ. 42), Hannover/Leipzig 1899, p. 25–34 (reimpr. 2003).

Auctarium Garstense, ed. Wilhelm Wattenbach, in: [Chronica et annales aevi Salici], ed. Georg Heinrich Pertz (MGH SS 9), Hannover 1851, p. 561–569 (reimpr. Stuttgart 1983).

Audradus Modicus: Liber revelationum, in: O Roma nobilis. Philologische Untersuchungen aus dem Mittelalter, ed. Ludwig Traube (Abhandlungen der Bayerischen Akademie der Wissenschaften, Philosophisch-Philologische und Historische Klasse 19/2), München 1891, p. 378–389.

Augustinus: Tarraconensium archiepiscoporum nomina post Arabum vastationem, ob quam Tarraco Antistite annos quadrigentos caruit, in: España Sagrada, vol. 25: Contiene las memorias antiguas eclesiásticas de la Santa Iglesia de Tarragona, ed. Enrique Flórez, Madrid 1770, p. 239-240.

Auvray, Lucien: Les registres de Grégoire IX. Recueil des bulles de ce pape publiées ou analysées d'après les manuscrits originaux du Vatican, 4 vol., Paris 1896–1955.

Auxilius Neapolitanus: De ordinationibus a Formoso papa factis, in: Anastasii abbatis sanctae Romanae ecclesiae presbyteri et bibliothecarii Opera omnia, tomus tertius, ed. Jacques Paul Migne (Patrologiae cursus completus, series latina, vol. 129), Paris 1879, col. 1059–1074.

Auxilius Neapolitanus: In defensionem sacrae ordinationis papae Formosi libri duo, in: Auxilius und Vulgarius. Quellen und Forschungen zur Geschichte des Papstthums im Anfange des 10. Jahrhunderts, ed. Ernst Dümmler, Leipzig 1866.

Auxilius Neapolitanus: Tractatus qui infensor et defensor dicitur, in: Anastasii abbatis sanctae Romanae ecclesiae presbyteri et bibliothecarii Opera omnia, tomus tertius, ed. Jacques Paul Migne (Patrologiae cursus completus, series latina, vol. 129), Paris 1879, col. 1073–1102.

Avesani, Rino: Per la lettera di Giovanni VIII a Bertario di Montecassino. Frammento conservato de Leodrisio Crivelli, in: Rivista di storia della chiesa in Italia 28 (1974), p. 525–533.

Balboni, Dante: Pievi e masse ferraresi nei secoli X–XII, contributo alle ricerche sulla storia della diocesi di Ferrara, in: Ravennatensia 3. Atti dei Convegni di Piacenza e Modena (1969–1970), Cesena 1972, p. 425–462.

Balducci, Antonio: L'archivio diocesano di Salerno, cenni sull'archivio del capitolo metropolitano (Collana storico-economica del Salernitano, Fonti 4), 2 vol., Salerno 1959–1960.

Baraut, Cebrià: Els documents conservats a l'arxiu Capitular de la Seu d'Urgell, in: Urgellia 2–3 (1979–1980), p. 7–145 et 7–166.

Baraut, Cebrià: Els documents dels anys 1036–1050 de l'arxiu Capitular de la Seu d'Urgell, in: Urgellia 5 (1982), p. 7–158.

Barbier, Joseph: Documents concernants les monastères de Waulsort et d'Hastière, in: Analectes pour servir à l'histoire ecclésiastique de la Belgique 16 (1879), p. 5–80 et 120–190.

Barker, Eric Ernest B.: Sussex Anglo-Saxon Charters, in: Sussex archaeological collections relating to the history and antiquities of the county 87 (1948), p. 112–163.

Baronius, Caesar: Annales ecclesiastici a Christo nato ad annum 1198, 37 vol., Bar-le-Duc/Paris, 5. ed. 1876–1883.

Bartolini, Antonio: I vescovi del Montefeltro. Cronotassi (826–1976), Sogliano al Rubicone 1976.

Bartolini, Franco: Additiones Kehrianae, in: Quellen und Forschungen aus Italienischen Archiven und Bibliotheken 34 (1954), p. 31–64.

Bautier, Robert-Henri: Les origines de l'abbaye de Bouxières-aux-Dames au diocèse de Toul. Reconstruction du chartrier et édition critique des chartes antérieurs à 1200, 27 vol., Nancy 1987.

Bayer, Clemens M. M./Kerner, Max/Müller, Harald: Schriftquellen zur Geschichte der Marienkirche bis ca. 1000. Text - Übersetzung - Kommentar, in: Bayer, Clemens M. M./Kerner, Max/Müller, Harald (edd.): Die Aachener Marienkirche. Aspekte ihrer Archäologie und frühen Geschichte (Der Aachener Dom in seiner Geschichte. Quellen und Forschungen 1), Regensburg 2014, p. 113–189.

Becquet, Jean (ed.): Le bullaire du Limousin, in: Bulletin de la Société Archéologique et Historique du Limousin 100 (1973), p. 111–149.

Behrends, Frederick (ed.): The letters and poems of Fulbert of Chartres (Oxford medieval texts), Oxford 1976.

Belgrano, Luigi Tommaso (ed.): Cartario Genovese ed illustrazione del registro arcivescovile, vol. 1 (Atti della società Ligure di storia patria 2,1), Genova 1870.

Bellieni, Camillo: L'attività diplomatica del giudice di Sardegna intorno della metà de secolo IX d. C., in: Studi storici e giuridici in onore di Antonio Era, Padova 1963, p. 41–72.

Bellini, Luigi: Due diplomi imperiali inediti e la serie vescovile di Comacchio, in: Rivista di storia della chiesa in Italia 8 (1954), p. 233–259.

Bellocchi, Ugo: Rapporti fra il Papato e la Gens Canusina prima dello storico incontro del 1077, in: Boccolari, Giorgio/Golinelli, Paolo (edd.): Canossa prima di Matilde. Atti del Convegno Internazionale di Studi Canossa prima de Matilde. Origine della potenza dei da Canossa, svoltosi a Reggio Emilia di 19–20 giugno 1987, Milano 1990, p. 177–197.

Beltrani, Giovanni Battista: Documenti Longobardi e Greci per la storia dell'Italia meridionale nel medio evo, Roma 1877.

Benassi, Umberto (ed.): Codice diplomatico Parmense. Secolo IX., vol. 1, Parma 1910.

Benedictus s. Andreae: Chronicon, in: Il Chronicon di Benedetto monaco di S. Andrea del Soratte e il Libellus de imperatoria potestate in urbe Roma (sec. X), ed. Giuseppe Zucchetti (FSI 55), Roma 1920, p. 1–187 (reimpr. Torino 1966).

Benonis aliorumque cardinalium schismaticorum contra Gregorium VII. et Urbanum II. scripta, in: Libelli de lite imperatorum et pontificum saeculis XI. et XII. conscripti, vol. 2, ed. Kuno Francke (MGH Ldl 2), Hannover 1892, p. 366–422.

Benvenuto di San Giorgio: Historia Montisferrati ab origine marchionum illius tractus usque ad annum MCCCCXC, ed. Ludovico Antonio Muratori (RIS 23), Milano 1733, p. 305–762.

Berger, Élie: Les Registres d'Innocent IV. Recueil des bulles de ce pape, 4 vol., Paris 1881–1921.

Bernard, Auguste/Bruel, Alexandre (edd.): Recueil des chartes de l'abbaye de Cluny (Collection de documents inédits sur l'histoire de France. Série 1: Histoire politique), 6 vol., Paris 1876–1904.

Bernardus Iterius armarius monasterii s. Martialis: Chronicon, ed. Henri Duples-Agier (Société de l'histoire de France. Publications 167), Paris 1874, p. 28–129.

Bernardus Noricus: Historiae, in: [Gesta saec. XIII.], ed. Georg Waitz (MGH SS 25), Hannover 1880, p. 651–678 (reimpr. 1974).

Berno Augiensis: Libellus de quibusdam rebus ad missae officium pertinentibus, in: S. Brunonis Herbipolensis episcopi, s. Odilonis abbatis Cluniacensis, Bernonis Augiensis abbatis Opera omnia, ed. Jacques Paul Migne (Patrologiae cursus completus, series latina, vol. 142), Paris 1880, col. 1055–1080.

Bernoldus Constantiensis: Chronicon, in: [Annales et chronica aevi Salici], ed. Georg Heinrich Pertz (MGH SS 5), Hannover 1844, p. 400–467 (reimpr. Stuttgart 1985).

Bernoldus presbyter monachus: Libellus II De damnatione scismaticorum, in: Libelli de lite imperatorum et pontificum saeculis XI. et XII. conscripti, vol. 2, ed. Friedrich Thaner (MGH Ldl 2), Hannover 1892, p. 26–58.

Berschin, Walter/Häse, Angelika (edd.): Gerhard von Augsburg *cf. Gerhardus Augustensis: Vita Sancti Uodalrici*

Bertha Vilicensis: Vita Adelheidis abbatissae Vilicensis, ed. Oswald Holder-Egger, in: [Supplementa tomorum I–XII, pars III. Supplementum tomi XIII], edd. Georg Waitz/Wilhelm Wattenbach (MGH SS 15/2), Hannover 1888, p. 754–763 (reimpr. Stuttgart 1991).

Beseler, Hartwig/Roggenkamp, Hans: Die Michaeliskirche in Hildesheim, Berlin 1954 (reimpr. 1979).

Beyer, Heinrich/Eltester, Leopold von (edd.): Urkundenbuch zur Geschichte der jetzt die Preussischen Regierungsbezirke Coblenz und Trier bildenden mittelrheinischen Territorien, vol. 1: Von den ältesten Zeiten bis zum Jahre 1169, Koblenz 1860 (reimpr. Hildesheim 1974).

Birch de Gray, Walter (ed.): Cartularium Saxonicum. A Collection of Charters Relating to Anglo-Saxon History (A. D. 430–839), 3 vol., London 1885–1893 (reimpr. New York 1964).

Bitschnau, Martin/Obermair, Hannes (edd.): Tiroler Urkundenbuch, Abteilung II: Die Urkunden zur Geschichte des Inn-, Eisack- und Pustertals, vol. 1: bis zum Jahr 1140, Innsbruck 2009.

Bloch, Herbert: Monte Cassino in the Middle Ages, 3 vol., Roma 1986.

Blumenkranz, Bernhard: Les auteurs chrétiens latins du Moyen Âge sur les Juifs et le Judaisme, Paris 1963 (reimpr. 2007).

Boczek, Antonius et al. (edd.): Codex diplomaticus et epistolaris Moraviae, 15 vol., Olmütz 1836–1903.

Bodemann, Eduard: Die Handschriften der königlichen öffentlichen Bibliothek zu Hannover, Hannover 1867.

Bohemia-Moravia Pontificia vel etiam Germania Pontificia V/3. Provincia Maguntinensis VII: Dioeceses Pragensis et Olomucensis, ed. Waldemar Könighaus (Regesta Pontificum Romanorum), Göttingen 2011.

Böhmer, Johann Friedrich/Appelt, Heinrich/Bischoff, Norbert von: Regesta Imperii III. Salisches Haus 1024–1125, 1. Teil: 1024–1056, 1. Abt.: Die Regesten des Kaiserreiches unter Konrad II. 1024–1039, Wien 1951.

Böhmer, Johann Friedrich/Baaken, Katrin/Schmidt, Ulrich: Regesta Imperii IV. Lothar III. und ältere Staufer, 4. Abt.: Papstregesten 1124–1198, Teil 4: 1181–1198, Lieferung 1: 1181–1184, Köln/Weimar/Wien 2003.

Böhmer, Johann Friedrich/Baaken, Katrin/Schmidt, Ulrich: Regesta Imperii IV. Lothar III. und ältere Staufer, 4. Abt.: Papstregesten 1124–1198, Teil 4: 1181–1198, Lieferung 2: 1184–1185, Köln/Weimar/Wien 2006.

Böhmer, Johann Friedrich/Fees, Irmgard: Regesta Imperii I. Die Regesten des Kaiserreiches unter den Karolingern 751–918 (987), vol. 2: Die Regesten des Westfrankenreiches und Aquitaniens, Teil 1: Die Regesten Karls des Kahlen 840 (823)–877, Lieferung 1: 840 (823)–848, Wien/Weimar/Köln 2007.

Böhmer, Johann Friedrich/Frech, Karl Augustin: Regesta Imperii III. Salisches Haus 1024–1125, 5. Abt.: Papstregesten 1024–1058, 1. Lieferung: 1024–1046, Köln/Weimar/Wien 2006.

Böhmer, Johann Friedrich/Frech, Karl Augustin: Regesta Imperii III. Salisches Haus 1024–1125, 5. Abt.: Papstregesten 1024–1058, 2. Lieferung: 1046–1058, Köln/Weimar/Wien 2011.

Böhmer, Johann Friedrich/Graff, Theodor: Regesta Imperii II. Sächsisches Haus: 919–1024, 4. Abt.: Die Regesten des Kaiserreiches unter Heinrich II. 1002–1024, Wien/Köln/Graz 1971.

Böhmer, Johann Friedrich/Herbers, Klaus: Regesta Imperii I. Die Regesten des Kaiserreiches unter den Karolingern 751–918 (926/962), vol. 4: Papstregesten 800–911, Teil 2: 844–872, Lieferung 1: 844–858, Köln/Weimar/Wien 1999.

Böhmer, Johann Friedrich/Herbers, Klaus: Regesta Imperii I. Die Regesten des Kaiserreiches unter den Karolingern 751–918 (987), vol. 4: Papstregesten 800–911, Teil 2: 844–872, Lieferung 2: 858–867 (Nikolaus I.), Wien/Köln/Weimar 2012.

Böhmer, Johann Friedrich/Herbers, Klaus: Regesta Imperii I. Die Regesten des Kaiserreiches unter den Karolingern 751–918 (987), vol. 4: Papstregesten 800–911, Teil 2: 844–872, Lieferung 3: 867–872 (Hadrian II.) (adhuc praeparatur).

Böhmer, Johann Friedrich/Mikoletzky, Hanns Leo: Regesta Imperii II. Sächsisches Haus: 919–1024, 2. Abt.: Die Regesten des Kaiserreiches unter Otto II. 955 (973)–983, Graz 1950.

Böhmer, Johann Friedrich/Mühlbacher, Engelbert/Lechner, Johann: Regesta Imperii I. Die Regesten des Kaiserreiches unter den Karolingern 751–918, vol. 1, Innsbruck, 2. ed. 1908.

Böhmer, Johann Friedrich/Ottenthal, Emil von: Regesta Imperii II. Die Regesten des Kaiserreichs unter den Herrschern aus dem Sächsischen Hause 919–924, 1. Lieferung, Innsbruck 1893 (reimpr. Hildesheim 1967).

Böhmer, Johann Friedrich/Schmidt, Ulrich: Regesta Imperii IV. Lothar III. und ältere Staufer, 4. Abt.: Papstregesten 1124–1198, Teil 4: 1181–1198, Lieferung 3: 1185–1187 (Urban III. und Gregor VIII.), Köln/Weimar/Wien 2012.

Böhmer, Johann Friedrich/Schmidt, Ulrich: Regesta Imperii IV. Lothar III. und ältere Staufer, 4. Abt.: Papstregesten 1124–1198, Teil 4: 1181–1198, Lieferung 4: 1187–1191 (Clemens III.), Köln/Weimar/Wien 2014.

Böhmer, Johann Friedrich/Uhlirz, Mathilde: Regesta Imperii II. Sächsisches Haus: 919–1024, 3. Abt.: Die Regesten des Kaiserreiches unter Otto III. 980 (983)–1002, Graz/Köln 1956.

Böhmer, Johann Friedrich/Unger, Veronika: Regesta Imperii I. Die Regesten des Kaiserreiches unter den Karolingern 715–918 (987), vol. 4: Papstregesten 800–911, Teil 3: 872–882, Wien/Köln/Weimar 2013.

Böhmer, Johann Friedrich/Zielinski, Herbert: Regesta Imperii I. Die Regesten des Kaiserreichs unter den Karolingern 751–918 (926/962), vol. 3: Die Regesten des Regnum Italiae und der burgundischen Regna, Teil 1: Die Karolinger im Regnum Italiae 840–887 (888), Köln/Wien 1991.

Böhmer, Johann Friedrich/Zielinski, Herbert: Regesta Imperii I. Die Regesten des Kaiserreichs unter den Karolingern 751–918 (926/962), vol. 3: Die Regesten des Regnum Italiae und der burgundischen Regna, Teil 2: Das Regnum Italiae in der Zeit der Thronkämpfe und Reichsteilungen 888 (850)–926, Köln/Weimar/Wien 1998.

Böhmer, Johann Friedrich/Zielinski, Herbert: Regesta Imperii I. Die Regesten des Kaiserreichs unter den Karolingern 751–918 (926/962), vol. 3: Die Regesten des Regnum Italiae und der burgundischen Regna, Teil 3: Das Regnum Italiae vom Regierungsantritt Hugos von Vienne bis zur Kaiserkrönung Ottos des Großen (926–962), Köln/Weimar/Wien 2006.

Böhmer, Johann Friedrich/Zimmermann, Harald: Regesta Imperii II. Sächsische Zeit, 5. Abt. Papstregesten 911–1024, Wien/Köln/Weimar, 2. ed. 1998.

Bollea, Luigi Cesare (ed.): Cartario dell'abazia di Breme (929–1543) (Biblioteca della Società Storica Subalpina 127), Torino 1933.

Bonizo Sutrinus: Liber ad amicum, in: Libelli de lite imperatorum et pontificum saeculis XI. et XII. conscripti, vol. 1, ed. Ernst Dümmler (MGH Ldl 1), Hannover 1891, p. 568–620.

Bonizo Sutrinus: Liber de vita christiana, ed. Ernst Perels (Texte zur Geschichte des römischen und kanonischen Rechts im Mittelalter 1), Berlin 1930 (reimpr. Hildesheim 1998).

Boojamra, John L.: The Photian Synod of 879–880 and the Papal Commonitorium (879), in: Byzantine Studies 9 (1982), p. 1–23.

Borgolte, Michael: Petrusnachfolge und Kaiserimitation. Die Grablegen der Päpste, ihre Genese und Traditionsbildung (Veröffentlichungen des Max-Planck-Instituts für Geschichte 95), Göttingen 1989.

Boshof, Egon: Die Regesten der Bischöfe von Passau, vol. 1: 731–1206 (Regesten zur bayerischen Geschichte 1), München 1992.

Boshof, Egon: Traditio Romana und Papstschutz im 9. Jahrhundert. Untersuchungen zur vorcluniazensischen libertas, in: Boshof, Egon/Wolter, Heinz (edd.): Rechtsgeschichtlich-diplomatische Studien zu frühmittelalterlichen Papsturkunden (Studien und Vorarbeiten zur Germania Pontificia 6), Köln/Wien 1976, p. 1–100.

Bouchard, Constance Brittain (ed.): The Cartulary of Flavigny 717–1113 (Medieval Academy Books 99), Cambridge, Massachusetts 1991.

Bouchard, Constance Brittain (ed.): The Cartulary of St-Marcel-lès-Chalon 779–1126 (Medieval Academy Books 102), Cambridge, Massachusetts 1998.

Bougard, François: La justice dans le royaume d'Italie de la fin du VIIIe siècle au début du XIe siècle (Bibliothèque des Écoles Françaises d'Athènes et de Rome 291), Roma 1995.

Bouquet, Martin (ed.): Recueil des historiens des Gaules et de la France. Rerum Gallicarum et Francicarum scriptores. Nouvelle édition, 24 vol., Paris 1869–1904.

Bourel de La Roncière, Charles (ed.): Odo Fossatensis. Vie de Bouchard le Vénérable. Comte de Vendôme, de Corbeil, de Melun et de Paris (X^e^ et XIe siècles) (Collection de textes pour servir à l'étude et à l'enseignement de l'histoire 13), Paris 1892.

Boussard, Jacques: Actes royaux et pontificaux des Xe et XIe siècles du chartrier de Saint-Maur des Fossé, in: Journal des Savants (1972), p. 81–109.

Bozzoni, Dominico: Il silentio di San Zaccaria snodato, Venezia 1678.

Brandi, Karl: Die Reichenauer Urkundenfälschungen (Quellen und Forschungen zur Geschichte der Abtei Reichenau 1), Heidelberg 1890.

Branimirova godina. Od Rima do Nina, fotomonografija, Zadar 1980.

Breviarium Pisanae Historiae, in: Chronica varia Pisana, ed. Ludovico Antonio Muratori (RIS 6), Milano 1725, p. 163–198.

Die Briefe der deutschen Kaiserzeit, vol. 1: Die Briefe des Bischofs Rather von Verona, ed. Friedrich Baethgen (MGH Briefe d. dt. Kaiserzeit 1), Weimar 1949.

Die Briefe der deutschen Kaiserzeit, vol. 2: Die Briefsammlung Gerberts von Reims, ed. Fritz Weigle (MGH Briefe d. dt. Kaiserzeit 2), Weimar 1966.

Brosius, Dieter (ed.): Urkundenbuch des Stifts Ramelsloh. Lüneburger Urkundenbuch, 12. Abteilung (Veröffentlichungen der historischen Kommission für Niedersachsen und Bremen: Quellen und Untersuchungen zur Geschichte Niedersachsens im Mittelalter 37/2), Hildesheim 1981.

Brunel, Clovis: Bulle sur papyrus de Benoît III pour l'abbaye de Corbie (855) (Soc. des antiquaires de Picardie. Fondation H. Debray. Documents inédits sur l'abbaye, le comté et la ville de Corbie), Paris 1912.

Bruno Querfurtensis: S. Adalberti Pragensis episcopi et martyris vita altera, ed. Jadwiga Karwasińska (Monumenta Poloniae historica. Series nova 4/2), Warszawa 1969.

Bruno Querfurtensis: Vita quinque fratrum eremitarum seu vita vel passio Benedicti et Iohannis sociorumque suorum. Epistula Brunonis ad Henricum regem, ed. Jadwiga Karwasińska (Monumenta Poloniae historica. Series nova 4/3), Warszawa 1973.

Bruzza, Luigi (ed.): Regesto della chiesa di Tivoli (Studi e Documenti di Storia e Diritto), Roma 1880.

Bubnov, Nikolaj Michajlovic (ed.): Gerbertus Aureliacensis, Silvester II. Opera mathematica. Accedunt aliorum opera ad Gerberti libellos aestimandos intelligendosque necessaria per septem appendices distributa, Berkeley 1899 (reimpr. Hildesheim 1963).

Buijtenen, Marie Petrus van: De grondslag van de Friese vrijheid, Assen 1953.

Bullarium Poloniae, vol. 1: 1000–1342, edd. Irena Sulowska-Kuraś/Stanislaw Kuraś, Roma 1982.

Bulst, Neidhart: Untersuchungen zu den Klosterreformen Wilhelms von Dijon (962–1031) (Pariser historische Studien 11), Bonn 1973.

Burchardus Wormatiensis: Decretorum libri XX. Ergänzter Neudruck der Editio princeps Köln 1548, edd. Gérard Fransen/Theo Kölzer, Aalen 1992.

Buzzi, Giulio/Cipolla, Carlo (edd.): Codice diplomatico del monastero di S. Colombano di Bobbio fino all anno 1208, 3 vol. (FSI 52–54), Roma 1918.

Campi, Pietro Maria: Dell'historia ecclesiastica di Piacenza, 3 vol., Piacenza 1651–1662.

Capitularia regum Francorum, vol. 2, edd. Alfred Boretius/Victor Krause (MGH Capit. 2), Hannover 1897 (reimpr. 2001).

Cappelletti, Giuseppe: Le Chiese d'Italia dalla loro origine sino ai nostri giorni, 21 vol., Venezia 1844–1870.

Carbonetti Vendittelli, Cristina: Le più antiche carte del convento di San Sisto in Roma (905–1300) (Codice diplomatico di Roma e della Regione romana 4), Roma 1987.

Carile, Antonio (ed.): Storia di Ravenna. Dall'età bizantina all'età ottoniana, 2 vol., Venezia 1991–1992.

Carmen de inventione s. Chrysanti et s. Dariae, in: Poetae Latini aevi Carolini, vol. 4, fasc. 1, ed. Paul von Winterfeld (MGH Poetae 4/1), Berlin 1899, p. 404–405 (reimpr. 2000).

Carré de Busserolle, Jacques-Xavier: Dictionnaire géographique, historique et biographique d'Indre-et-Loire et de l'ancienne province de Touraine (Mémoires de la Société archéologique de Touraine. Série in 8° 27–32), 6 vol., Tours 1878–1884.

Caspar, Erich: Petrus Diaconus und die Monte Cassineser Fälschungen. Ein Beitrag zur Geschichte des Italienischen Geisteslebens im Mittelalter, Berlin 1909.

Casus monasterii Petrihusenis. Die Chronik des Klosters Petershausen, ed. Otto Feger (Schwäbische Chroniken der Stauferzeit 3), Lindau/Konstanz 1956.

Casus monasterii Petrihusensis, edd. Otto Abel/Ludwig Weiland, in: [Supplementa tomorum I, V, VI, XII. Chronica aevi Suevici], ed. Georg Heinrich Pertz (MGH SS 20), Hannover 1868, p. 621–683 (reimpr. 1989).

Casus s. Galli, continuatio altera 972–1203, ed. Gerold Meyer von Knonau (St. Gallische Geschichtsquellen Abt. 4), St. Gallen 1879.

Catalogi abbatum Nonantulanorum, in: Scriptores rerum Langobardicarum et Italicarum, saec. VI–IX, vol. 1, ed. Georg Waitz (MGH SS rer. Lang.), Hannover 1878, p. 570–573 (reimpr. Hannover 1988).

Catalogi archiepiscoporum Coloniensium, ed. Hermann Cardauns, in: [Annales aevi Suevici (Supplementa tomorum XVI et XVII). Gesta saec. XII. XIII. (Supplementa tomorum XX–XXIII)], ed. Georg Waitz (MGH SS 24), Hannover 1879, p. 332–367 (reimpr. Stuttgart 1975).

Catalogus archiepiscoporum Gneznensium II, ed. Xawery Liske, in: Monumenta Poloniae historica, vol. 3, ed. August Bielowski, Lwów 1878, p. 400–410 (reimpr. Warszawa 1964).

Catalogus archiepiscoporum Salisburgensium, ed. Oswald Holder-Egger, in: [Supplementa tomorum I–XII, pars I], ed. Georg Waitz (MGH SS 13), Hannover 1881, p. 350–356 (reimpr. Stuttgart 1985).

Catalogus comitum Capuae, in: Scriptores rerum Langobardicarum et Italicarum, saec. VI–IX, vol. 1, ed. Georg Waitz (MGH SS rer. Lang.), Hannover 1878, p. 498–501 (reimpr. Hannover 1988).

Catalogus episcoporum Augustensium et abbatum s. Afrae, in: [Supplementa tomorum I–XII, pars I], ed. Georg Waitz (MGH SS 13), Hannover 1881, p. 278–280 (reimpr. Stuttgart 1985).

Catalogus episcoporum Cracoviensium recensio V, in: Catalogi episcoporum Cracoviensium, ed. Józef Szymański (Monumenta Poloniae historica. Series nova 10/2), Warszawa 1974, p. 75–106.

Catalogus pontificum Casinensis, ed. Oswald Holder-Egger, in: Neues Archiv der Gesellschaft für ältere deutsche Geschichtskunde 26 (1901), p. 547–555.

Catalogus pontificum et imperatorum Romanorum, ex Casinensi, ut videtur, sumptus, a pluribus continuatus, ed. Georg Waitz, in: [Historici Germaniae saec. XII.], ed. Georg Heinrich Pertz (MGH SS 22), Hannover 1872, p. 359–367 (reimpr. 1976).

Catalogus praesulum Eboracensium in Anglia, in: Novae bibliothecae manuscriptorum librorum, vol. 1, ed. Philippe Labbé, Paris 1657, p. 322–323.

Catalogus regum Langobardorum et ducum Beneventanorum, in: Scriptores rerum Langobardicarum et Italicarum, saec. VI–IX, vol. 1, ed. Georg Waitz (MGH SS rer. Lang.), Hannover 1878, p. 490–497 (reimpr. Hannover 1988).

Catalogus regum Langobardorum et Italicorum Lombardus, in: Scriptores rerum Langobardicarum et Italicarum, saec. VI–IX, vol. 1, ed. Georg Waitz (MGH SS rer. Lang.), Hannover 1878, p. 504–517 (reimpr. Hannover 1988).

Catalogus tabularii monasterii Nonantulani, in: Antiquitates Italicae medii aevi, vol. 5, ed. Ludovico Antonio Muratori, Milano 1741, col. 667–686.

Catel, Guillaume: Histoire des comtes de Tolose, Toulouse 1623.

Catel, Guillaume: Mémoires de l'histoire de Languedoc, Toulouse 1633.

Cencius: Liber censuum *cf. Fabre/Duchesne*

Cessi, Roberto: Documenti relativi alla storia di Venezia anteriori al mille, vol. 2: Secoli IX–X (Testi e documenti di storia e di litteratura latina medioevale 3), Padova 1942 (reimpr. Carlo F. Polizzi, Venezia 1991).

Chaix de Lavarène, Louis Antoine Clément (ed.): Monumenta pontificia Arverniae decurrentibus IX°, X°, XI°, XII° saeculis, Clermont-Ferrand 1878.

Charles, Robert/d'Elbenne, Menjot (edd.): Cartulaire de l'abbaye de Saint-Vincent du Mans (ordre de Saint Benoît), vol. 1: Premier cartulaire: 572–1188, Le Mans 1886–1913.

Chartularium Glastoniense. The Great Chartulary of Glastonbury, ed. Aelred Watkin (Somerset Record Society 59), Frome 1947.

Chartularium Helense, in: Die westfränkischen Synoden von 888–987 und ihre Überlieferung, ed. Isolde Schröder (MGH Hilfsmittel 3), München 1980, p. 379–380.

Cherubin Mürtz: Chronicon Sublacense ex vetere renovatum, emendatum et auctum, ed. Leone Allodi, Roma 1885.

Chronica abbatiae Rameseiensis, ed. William Dunn Macray (SS rer. Brit 83), London 1886.

Chronica de gestis consulum Andegavorum, in: Chroniques des comtes d'Anjou et des seigneurs d'Amboise, edd. Louis Halphen/René Poupardin (Collection des textes pour servir à l'étude et à l'enseignement de l'histoire 48), Paris 1913, p. 23–73 et 135–171.

Chronica Hungaro-Polonicum. 1. rész, ed. Béla Karácsonyi, in: Acta Historica Universitatis Szegediensis 26 (1969), p. 3–75.

Chronica monasterii Casinensis, ed. Hartmut Hoffmann: Die Chronik von Montecassino (MGH SS 34), Hannover 1980.

Chronica monasterii s. Michaelis Clusini, edd. Gerhard Schwartz/Elisabeth Abegg, in: [Supplementa tomorum I-XV], ed. Adolf Hofmeister (MGH SS 30/2), Hannover 1934, p. 959–970 (reimpr. Stuttgart 1976).

Chronica pontificum ecclesiae Eboracensis, ed. James Raine, in: The Historians of the Church of York and its Archbishops (SS rer. Brit. 71/2), London 1886, p. 312–445.

Chronica principum Poloniae. Kronika Xiazat Polskich, ed. Zygmunt Węclewski, in: Monumenta Poloniae historica, vol. 3, ed. August Bielowski, Lwów 1878 (reimpr. Warszawa 1964).

Chronica regia Coloniensis (Annales Maximi Colonienses), ed. Georg Waitz (MGH SS rer. Germ. 18), Hannover 1880 (reimpr. 2003).

Chronica s. Benedicti Casinensis, in: Scriptores rerum Langobardicarum et Italicarum, saec. VI–IX, vol. 1, ed. Georg Waitz (MGH SS rer. Lang.), Hannover 1878, p. 467–488 (reimpr. Hannover 1988).

Chronica universalis Mettensis, in: [Annales aevi Suevici (Supplementa tomorum XVI et XVII). Gesta saec. XII. XIII. (Supplementa tomorum XX–XXIII)], ed. Georg Waitz (MGH SS 24), Hannover 1879, p. 502–526 (reimpr. Stuttgart 1975).

Chronici Hungarici, compositio saeculi XIV, ed. Alexander Domanovsky, in: Scriptores rerum Hungaricarum tempore ducum regumque stirpis Arpadianae gestarum, vol. 1, ed. Imre Szentpétery, Budapest 1937, p. 219–505.

Chronicon abbatiae Fructuariensis, ed. Giuseppe Calligaris: Un' antica cronaca Piemontese inedita: la cronaca di Fruttuaria, Torino 1888.

Chronicon abbatiae Ramesiensis (Ramsey Abbey), a saec. X. usque ad an. circiter 1200: in quatuor partibus, ed. William Dunn MacRay (SS rer. Brit. 83), London 1886.

Chronicon Æthelweardi. The Chronicle of Æthelweard, ed. Alistair Campbell (Medieval texts), London 1962.

Chronicon Anglo-Saxonicum, ed. Charles Plummer: Two of the Saxon Chronicles Parallel with Supplementary Extracts from the Other, vol. 1, Oxford 1892.

Chronicon Anglo-Saxonicum. The Anglo-Saxon Chronicle. A Collaborative Edition, vol. 3: MS. A, ed. Janet Bately, Cambridge 1986.

Chronicon Anglo-Saxonicum. The Anglo-Saxon Chronicle. A Collaborative Edition, vol. 5: MS. C, ed. Katherine O'Brien O'Keeffe, Cambridge 2001.

Chronicon archiepiscoporum Amalfitanorum, in: Raccolta di varie chroniche, diari, ed altri opuscoli così Italiani, come Latini appartenenti alla storia del regno di Napoli, vol. 5/2, ed. Alessio Aurelio Pelliccia, Napoli 1782, p. 163–181.

Chronicon breve Atinensis Ecclesiae, auctoris anonymis duobus Atinatensibus, in: Chronicon Romualdi II archiepiscopi Salernitani, ed. Ludovico Antonio Muratori (RIS 7), Milano 1725, p. 899–912.

Chronicon breve Auriliacensis abbatiae, in: Vetera Analecta sive collectio veterum, ed. Jean Mabillon, Paris 1723, p. 349–350.

Chronicon breve Bremense usque ad a. 1072, ed. Johann Martin Lappenberg, in: [Chronica et gesta aevi Salici], ed. Georg Heinrich Pertz (MGH SS 7), Hannover 1846, p. 389–392 (reimpr. Stuttgart 1995).

Chronicon breve episcoporum Augustensium et abbatum s. Afrae, in: [Supplementa tomorum I-XII, pars II. Supplementum tomi XIII], ed. Georg Waitz (MGH SS 14), Hannover 1883, p. 556–559 (reimpr. Stuttgart 1988).

Chronicon Briocensis, ed. Hyacinte Morice (Mémoires pour servir de preuves à l'histoire écclesiastique et civile de Bretagne 1), Paris 1742 (reimpr. 1968).

Chronicon Britannicum, in: Recueil des historiens des Gaules et de la France. Nouvelle édition, vol. 7, ed. Martin Bouquet, Paris 1870, p. 221–222.

Chronicon Ebersheimense, ed. Ludwig Weiland, in: [Chronica aevi Suevici], ed. Georg Heinrich Pertz (MGH SS 23), Hannover 1874, p. 427–453 (reimpr. 1986).

Chronicon episcoporum ecclesiae Merseburgensis, ed. Roger Wilmans, in: [Annales et chronica aevi Salici. Vitae aevi Carolini et Saxonici], ed. Georg Heinrich Pertz (MGH SS 10), Hannover 1852, p. 157–212 (reimpr. Stuttgart 1987).

Chronicon episcoporum Hildesheimensium, in: [Chronica et gesta aevi Salici], ed. Georg Heinrich Pertz (MGH SS 7), Hannover 1846, p. 845–873 (reimpr. Stuttgart 1995).

Chronicon Hebraicum anonymum, in: Sefer Gêzerôt Ashkenaz ve-Tsarefat, ed. Abraham Meir Habermann, Yerushalayim 1945, p. 20–21.

Chronicon Hungarico-Polonicum, ed. Josef Deér, in: Scriptores rerum Hungaricarum tempore ducum regumque stirpis Arpadianae gestarum, vol. 2, ed. Imre Szentpétery, Budapest 1938, p. 289–320.

Chronicon Hungarico-Polonicum. Uhorsko-pol'ská kronika. Nedocenený prameň k dejinám strednej Európy, ed. Martin Homza (Libri Historiae Slovaciae Fontes 1), Bratislava 2009.

Chronicon Iriense, ed. Manuel Rubén Álvarez García, in: Memorial histórico español 50 (1963), p. 105–121.

Chronicon Laureshamense, in: Codex Laureshamensis, ed. Karl Glöckner (Arbeiten der historischen Kommission für den Volksstaat Hessen 1), Darmstadt 1929, p. 265–452.

Chronicon Mailrosensis, ed. Joseph Stevenson (The Bannatyne Club 49), Edinburgh 1835.

Chronicon monasterii Agaunensis, in: Origines de l'abbaye de St-Maurice d'Agaune, ed. Jean Grémaud, in: Mémorial de Fribourg 4 (1857), p. 321–359.

Chronicon Namnetense. La chronique de Nantes 570 environ – 1049, ed. René Merlet (Collection de textes pour servir à l'étude et à l'enseignement de l'histoire 19), Paris 1896.

Chronicon Nemausense breve, in: Histoire générale de Languedoc, vol. 5, edd. Joseph Vaissète/Claude De Vic, Toulouse, 3. ed. 1875, col. 27–31.

Chronicon Nestoris. Povest' vremennych let, ed. Evfimij Fedorovič Karskij (Полное собрание русских летописей [Polnoe Sobranie Russkikh Letopisey], vol. 1), Moskwa/Sankt-Peterburg 1926.

Chronicon Novaliciense, ed. Gian Carlo Alessio (Archivio della Latinità Italiana del Medioevo 11), Torino 1982.

Chronicon Pedonense, in: Il Piemonte cispadano antico, ed. Jacopo Durandi, Torino 1774, p. 153 adn. a.

Chronicon Pisanum anonymi, in: Miscellanea novo ordine digesta et non paucis ineditis monumentis opportunisque animadversionibus aucta, vol. 1, edd. Étienne Baluze/Joannes Dominicus Mansi, Paris 1761, p. 448–456.

Chronicon Pisanum breve, in: Italia Sacra, vol. 10, ed. Ferdinando Ughelli, Venezia, 2. ed. 1722, p. 117–120.

Chronicon pontificum et imperatorum ex cod. Veneto, ed. Ludwig Konrad Bethmann, in: [Annales aevi Suevici (Supplementa tomorum XVI et XVII). Gesta saec. XII. XIII. (Supplementa tomorum XX–XXIII)], ed. Georg Waitz (MGH SS 24), Hannover 1879, p. 107–115 (reimpr. Stuttgart 1975).

Chronicon s. Andreae castri Cameracesii a. 1001–1133, ed. Ludwig Konrad Bethmann, in: [Chronica et gesta aevi Salici], ed. Georg Heinrich Pertz (MGH SS 7), Hannover 1846, p. 526–550 (reimpr. Stuttgart 1995).

Chronicon s. Bavonis Gandensis, in: Corpus Chronicorum Flandriae, ed. Joseph Jean de Smet (Collection de chroniques belges inédits 3/1), Bruxelles 1837, p. 455–588.

Chronicon s. Benigni Divionensis. Chronique de l'abbaye de saint-Benigne de Dijon, suivie de la chronique de saint-Pierre de Bèze (authore Joanne monacho), edd. Emile Bougaud/Joseph Garnier (Analecta Divionensia 9), Dijon 1875.

Chronicon s. Clementis Mettense, in: [Annales aevi Suevici (Supplementa tomorum XVI et XVII). Gesta saec. XII. XIII. (Supplementa tomorum XX–XXIII)], ed. Georg Waitz (MGH SS 24), Hannover 1879, p. 492–502 (reimpr. Stuttgart 1975).

Chronicon s. Martini Turonensis, in: Veterum scriptorum et monumentorum amplissima collectio, vol. 5, edd. Edmond Martène/Ursin Durand, Paris 1729, p. 917–1072.

Chronicon s. Martini Turonensis breve, in: Recueil des Historiens des Gaules et de la France. Nouvelle édition, vol. 9, ed. Martin Bouquet, Paris 1874, p. 45–55.

Chronicon Salernitanum. A Critical Edition With Studies On Literary And Historical Sources And On

Language, ed. Ulla Westerbergh (Acta Universitatis Stockholmiensis, Studia latina 3), Stockholm 1956.

Chronicon Sublacense: aa. 593–1369, ed. Raffaello Morghen (RIS NS 24/6), Bologna 1927 (reimpr. 1966).

Chronicon Suevicum universale, ed. Harry Bresslau, in: [Supplementa tomorum I–XII, pars I], ed. Georg Waitz (MGH SS 13), Hannover 1881, p. 61–72 (reimpr. Stuttgart 1985).

Chronicon Vedastinum, in: [Supplementa tomorum I–XII, pars I], ed. Georg Waitz (MGH SS 13), Hannover 1881, p. 674–709 (reimpr. Stuttgart 1985).

Chronicon Vulturnense, ed. Vincenzo Federici: "Chronicon Vulturnense" del monaco Giovanni (sec. XII–XIII), 3 vol. (FSI 58–60), Roma 1925–1940.

Chronicon Wirziburgense, ed. Georg Waitz, in: [Chronica et annales aevi Salici], ed. Georg Heinrich Pertz (MGH SS 6), Hannover 1844, p. 17–32 (reimpr. 1980).

Chronicon-Chartularium monasterii s. Theofredi Calmiliensis (Chronicon Calmiliensis), in: Cartulaire de l'abbaye de Saint-Chaffre du Monastier, ed. Cyr Ulysse Joseph Chevalier, Paris 1884, p. 1–150.

Chroniques de France/St-Denis, in: Recueil des Historiens des Gaules et de la France. Nouvelle édition, vol. 7–8, ed. Martin Bouquet, Paris 1870 et 1874, p. 126–151 et 325–354.

Clarius Senonensis: Chronicon s. Petri vivi Senonensis, ed. Robert-Henri Bautier/Monique Gilles (Sources d'histoire médiévale 12), Paris 1979.

Classen, Peter: Politische Verträge des frühen Mittelalters (Historische Texte Mittelalter 3), Germering 1966.

Codex Dimetian, in: Ancient laws and institutes of Wales, vol. 1, ed. Aneurin Owen, London 1841, p. 337–617.

Codex diplomaticus Anhaltinus, ed. Otto von Heinemann, 6 vol., Dessau 1867–1883 (reimpr. Osnabrück 1986).

Codex diplomaticus Caietanus, edd. monachi S. Benedicti archicoenobii Montis Casini (Tabularium Casinense 1), Montecassino 1887.

Codex diplomaticus et epistolaris regni Bohemiae inde ab a. DCCCV usque ad a. MCCLXXVIII, edd. Gustav Friedrich/Jindrich Sebánek/Sáša Dušková, 6 vol., Praha 1904–1974 (reimpr. Glashütten/Taunus 1974).

Codex diplomaticus nec non epistolaris Silesiae. Kodeks dyplomatyczny Slaska: Zbiór dokumentów i listów dotyczacych Slaska, vol. 1: Annos 971–1204 comprehendens. Obejmujacy lata 971–1204, ed. Karol Maleczyński, Wrocław 1956.

Codex Emilianensis, in: España Sagrada, vol. 3: Contiene la predicacion de los apostoles en España, ed. Enrique Flórez, Madrid 1754, p. 390–391.

Codex Venedotian, in: Ancient laws and institutes of Wales, vol. 1, ed. Aneurin Owen, London 1841, p. 1–335.

Codice diplomatico Brindisino, vol. 1: 492–1299, ed. Gennaro Maria Monti (Società di storia patria per la Puglia. Sezione di Brindisi 1), Trani 1940.

Codice diplomatico Poliron iano, vol. 1: 961–1125, edd. Rossella Rinaldi/Carla Villani/Paolo Golinelli (Il mondo medievale. Storia di San Benedetto Polirone 2/1), Bologna 1994.

Collectio 233 capitulorum (Wolfenbüttel 454 Helmst.) *cf. Pflugk-Harttung Acta pontificum Romanorum inedita III*

Collectio Britannica. Die Papstbriefe der Brittischen Sammlung, ed. Paul Ewald, in: Neues Archiv 5 (1880), p. 275–414 et 505–596.

Collectio Taurinensis *cf. Pflugk-Harttung Acta pontificum Romanorum inedita II*

Concilia aevi Karolini DCCCXLIII – DCCCLIX. Die Konzilien der karolingischen Teilreiche 843–859, ed. Wilfried Hartmann (MGH Conc. 3), Hannover 1984.

Concilia aevi Karolini DCCCLX – DCCCLXXIV. Die Konzilien der karolingischen Teilreiche 860–874, ed. Wilfried Hartmann (MGH Conc. 4), Hannover 1998.

Concilia aevi Karolini DCCCLXXV – DCCCCXI. Die Konzilien der karolingischen Teilreiche 875–911, edd. Wilfried Hartmann/Isolde Schröder/Gerhard Schmitz (MGH Conc. 5), Hannover 2012.

Concilia aevi Saxonici DCCCCXVI – MI, pars I DCCCCXVI – DCCCCLX. Die Konzilien Deutschlands und Reichsitaliens 916–1001, Teil 1 916–960, ed. Ernst-Dieter Hehl (MGH Conc. 6/1), Hannover 1987.

Concilia aevi Saxonici DCCCCXVI – MI, pars II DCCCCLX – MI. Die Konzilien Deutschlands und Reichsitaliens 916–1001, Teil 2 962–1001, ed. Ernst-Dieter Hehl (MGH Conc. 6/2), Hannover 2007.

Confraternitatum Sangallensium syngraphae, in: Libri Confraternitatum Sancti Galli Augiensis Fabariensis, ed. Paul Piper (MGH Necr. Supplement), Berlin 1884, p. 136–143 (reimpr. 2001).

Constantinus Metensis: Vita Adalberonis II. Mettensis episcopi, in: [Annales, chronica et historiae aevi Carolini et Saxonici], ed. Georg Heinrich Pertz (MGH SS 4), Hannover 1841, p. 658–672 (reimpr. Berlin 1982).

Constantinus VII Porphyrogenitus: De Administrando imperio, ed. Gyula Moravcsik (Corpus Fontium Historiae Byzantinae 1), Washington DC, 2. ed. 1985.

Constantinus VII Porphyrogenitus: De Thematibus. Introduzione – Testo critico – Commento, ed. Agostino Petrusi (Studi et Testi 160), Città del Vaticano 1952.

Constitutiones et acta publica imperatorum et regum, vol. I inde ab a. DCCCCXI usque ad a. MCXCVII, ed. Ludwig Weiland (MGH Const. 1), Hannover 1893 (reimpr. 2003).

Contatore, Dominico Antonio: De historia Terracinensi libri quinque, Roma 1706.

Conte, Pietro: Chiesa e primato nelle lettere dei papi del secolo VII. Con appendice critica (Pubblicazioni della Università Cattolica del Sacro Cuore. Saggi e ricerche. Scienze storiche 4), Milano 1971.

Conte, Pietro: Regesto delle lettere dei papi del secolo VIII, Milano 1984.

Controversia inter monachos s. Remigii et s. Nicasii, in: Libelli de discordia inter monachos S. Remigii et S. Nicasii Remenses agitata tempore Paschalis II. papae, ed. Hermann Meinert, in: Santifaller, Leo (ed.): Festschrift Albert Brackmann, Weimar 1931, p. 259–292.

Conversio Bagoariorum et Carantanorum, ed. Fritz Lošek: Die Conversio Bagoariorum et Carantanorum und der Brief des Erzbischofs Theotmar von Salzburg (MGH Studien und Texte 15), Hannover 1997.

Corpus chronicorum Bononiensium, ed. Albano Sorbelli (RIS NS 18/1), Città di Castello 1905.

Cosmas Pragensis: Chronica Boemorum, ed. Bertold Bretholz: Die Chronik der Böhmen des Cosmas von Prag (MGH SS rer. Germ. N. S. 2), Berlin 1923 (reimpr. 1995).

Courson, Aurélien de (ed.): Cartulaire de l'abbaye de Redon en Bretagne, Paris 1863.

Cousin, Patrice: Abbon de Fleury-sur-Loire. Un savant, un pasteur, un martyr à la fin du 10e siècle, Paris 1954.

Cronica apostolicorum et imperatorum Basileensia, in: [Annales et chronica Italica aevi Suevici], ed. Oswald Holder-Egger (MGH SS 31), Hannover 1903, p. 266–300 (reimpr. Hannover 1980).

Cronica minor minoritae Erphordensis, in: Monumenta Erphesfurtensia saec. XII. XIII. XIV., ed. Oswald Holder-Egger (MGH SS rer. Germ. 42), Hannover 1899, p. 486–671 (reimpr. 2003).

Cronica pontificum et imperatorum s. Bartholomaei in insula Romani, in: [Annales et chronica Italica aevi Suevici], ed. Oswald Holder-Egger (MGH SS 31), Hannover 1903, p. 189–222 (reimpr. 1980).

Cronica pontificum et imperatorum Tiburtina, in: [Annales et chronica Italica aevi Suevici], ed. Oswald Holder-Egger (MGH SS 31), Hannover 1903, p. 226–265 (reimpr. 1980).

Curradi, Currado: Fonti per la storia di Ravenna (secoli XI–XV), in: Vasina, Augusto (ed.): Storia di Ravenna III: dal Mille alla fine della signoria polentana, Ravenna 1993, p. 753–839.

Curradi, Currado: Regesti di documenti per la storia di Sarsina (secc. VII–XIV), in: Mengozzi, Marino (ed.): Ecclesia s. Vicinii. Per una storia della diocesi di Sarsina (Studia Ravennatensia 4), Ceneda 1991, p. 279–307.

Curschmann, Fritz: Die älteren Papsturkunden des Erzbistums Hamburg. Eine diplomatische Untersuchung, Hamburg/Leipzig 1909.

Darrouzès, Jean (ed.): Epistoliers byzantins du Xe siècle, Paris 1960.

De abbatibus Montis s. Michaelis in periculo maris, in: Petri Cellensis primum deinde s. Remigii apud Remos abbatis demum Carnotensis episcopi Opera omnia, ed. Jacques Paul Migne (Patrologiae cursus completus, series latina, vol. 202), Paris 1855, col. 1325–1328.

De calamitate abbatiae s. Martini Treverensis, ed. Georg Waitz, in: [Supplementa tomorum I-XII, pars III. Supplementum tomi XIII], edd. Georg Waitz/Wilhelm Wattenbach (MGH SS 15/2), Hannover 1888, p. 739–741 (reimpr. Stuttgart 1991).

De consuetudinibus et observantiis ecclesie romane in precipuis sollempnitatibus, in: Die Zeremonienbücher der römischen Kurie im Mittelalter, ed. Bernhard Schimmelpfennig (Bibliothek des Deutschen Historischen Instituts in Rom 40), Tübingen 1973, p. 371–376.

De dignitate Dolensis ecclesiae, in: La métropole de Bretagne. Chronique de Dol composée au XIe siècle et catalogues des dignitaires jusqu'à la Révolution, ed. François Marie Duine (Bretagne et pays celtiques 12), Paris 1916, p. 38–54 (reimpr. in: Annales de Bretagne 32 [1917], p. 24–40).

De imperatoria potestate in urbe Roma libellus, in: Il Chronicon di Benedetto monaco di S. Andrea del Soratte e il Libellus de imperatoria potestate in urbe Roma (sec. X), ed. Giuseppe Zucchetti (FSI 55), Roma 1920, p. 188–210.

De investitura regali, in: Libelli de lite imperatorum et pontificum saeculis XI. et XII. conscripti, vol. 3, ed. Heinrich Böhmer (MGH Ldl 3), Hannover 1897, p. 610–614.

De transmigratione. Le manuscrit tomus XVIIIus de la Vallicelliana et le libelle 'De episcoporum transmigratione et quod non temere iudicentur regulae quadraginta quattuor', ed. Gian Pietro Pozzi, in: Apollinaris 31 (1958), p. 313–350.

Dedicatio ecclesiae Stabulensis, ed. Wilhelm Wattenbach, in: [Historiae aevi Salici], ed. Georg Heinrich Pertz (MGH SS 11), Hannover 1854, p. 307–309 (reimpr. Stuttgart 1994).

Deinhardt, Wilhelm: Dedicationes Bambergenses. Weihenotizen und -urkunden aus dem mittelalterlichen Bistum Bamberg, Freiberg 1936.

Delbene, Alphonsus: De regno Burgundiae, Transiurane et Arelatis libri tres, Lyon 1602.

Déléage, André: Recueil des actes du prieuré de Saint-Symphorien d'Autun de 696 à 1300, Autun 1936.

Denotatio reliquiarum, quas primus Otto imperator augustus de Italia Magdeborch transmisit et convexit, ed. Harry Bresslau, in: [Supplementa tomorum I-XV], ed. Adolf Hofmeister (MGH SS 30/2), Leipzig 1934, p. 956–957 (reimpr. Stuttgart 1976).

Denyse, Jean: L'abbaye royale de St-Étienne de Bassac de l'ordre de St-Benoît et la congrégation de St-Maur, in: Bulletin de la Société Archéologique et Historique de la Charente 5/3 (1880), p. 3–97.

Desiderius Casinensis: Dialogi de miraculis sancti Benedicti, edd. Gerhard Schwartz/Adolf Hofmeister, in: [Supplementa tomorum I-XV], ed. Adolf Hofmeister (MGH SS 30/2), Leipzig 1934, p. 1111–1151 (reimpr. Stuttgart 1976).

Despy, Georges: Les chartes de l'abbaye de Waulsort. Étude diplomatique et édition critique, vol. 1: 945–1199, Bruxelles 1957.

Deswarte, Thomas: ¿Una nueva metrópoli en Oviedo? Dos falsas bulas del obispo Pelayo (1098/1101–1130), in: Aurell, Martín/la García Borbolla García de Paredes, Ángeles de (edd.): La imagen del obispo hispano en la Edad Media. Actes de la table ronde de Pampelune du 7–8 mai 2000, Pamplona 2004, p. 153–166.

Deusdedit: Collectio canonum. Die Kanonessammlung des Kardinals Deusdedit, ed. Victor Wolf von Glanvell, Paderborn 1905 (reimpr. Aalen 1967).

Deusdedit: Libellus contra invasores et symoniacos et reliquos scismaticos, in: Libelli de lite imperatorum et pontificum saeculis XI. et XII. conscripti, vol. 2, ed. Ernst Sackur (MGH Ldl 2), Hannover 1892, p. 292–365.

D'Herbomez, Armand (ed.): Cartulaire de l'abbaye de Gorze. Ms. 826 de la Bibliothèque de Metz, Paris 1898.

Dicta cuiusdam de discordia papae et regis, ed. Kuno Francke, in: Libelli de lite imperatorum et pontificum saeculis XI. et XII. conscripti, vol. 1 (MGH Ldl 1), Hannover 1891, p. 454–460.

Diekamp, Wilhelm: Westfälisches Urkundenbuch. Supplement, Münster 1885.

Diestelkamp, Bernhard/Rotter, Ekkehart: Urkundenregesten zur Tätigkeit des deutschen Königs- und Hofgerichts bis 1451, vol. 1: Die Zeit von Konrad I. bis Heinrich VI. 911–1197 (Quellen und Forschungen zur höchsten Gerichtsbarkeit im Alten Reich. Sonderreihe 1/1), Köln/Wien 1988.

Diplomata Karolinorum, vol. 2: Ludovici Pii diplomata. Die Urkunden der Karolinger, vol. 2: Die Urkunden Ludwigs des Frommen, ed. Theo Kölzer (MGH DD L I), Wiesbaden 2016.

Diplomatum Karolinorum, vol. 3: Lotharii I. et Lotharii II. diplomata. Die Urkunden der Karolinger, vol. 3: Die Urkunden Lothars I. und Lothars II., ed. Theodor Schiefer (MGH DD Lo I / DD Lo II), Berlin/Zürich 1966 (reimpr. 1995).

Diplomata Karolinorum, vol. 4: Ludovici II. diplomata. Die Urkunden der Karolinger, vol. 4: Die Urkunden Ludwigs II., ed. Konrad Wanner (MGH DD L II), München 1994.

Diplomatum regum et imperatorum Germaniae, vol. 1: Conradi I. Heinrici I. et Ottonis I. diplomata. Die Urkunden der deutschen Könige und Kaiser, vol. 1: Die Urkunden Konrad I. Heinrich I. und Otto I., ed. Theodor Sickel (MGH DD K I / DD H I / DD O I), Hannover 1879–1884 (reimpr. 1997).

Diplomatum regum et imperatorum Germaniae, vol. 2,1: Ottonis II. diplomata. Die Urkunden der deutschen Könige und Kaiser, vol. 2,2: Die Urkunden Ottos II., ed. Theodor Sickel (MGH DD O II), Hannover 1888 (reimpr. 1999).

Diplomatum regum et imperatorum Germaniae, vol. 2,2: Ottonis III. diplomata. Die Urkunden der deutschen Könige und Kaiser, vol. 2,2: Die Urkunden Ottos III., ed. Theodor Sickel (MGH DD O III), Hannover 1893 (reimpr. 1997).

Diplomatum regum et imperatorum Germaniae, vol. 3: Heinrici et Arduini diplomata. Die Urkunden der deutschen Könige und Kaiser, vol. 3: Die Urkunden Heinrichs II. und Arduins, edd. Harry Bresslau/Hermann Bloch (MGH DD H II), Hannover 1900–1903 (reimpr. 2001).

Diplomatum regum et imperatorum Germaniae, vol. 4: Conradi II. diplomata. Die Urkunden der deutschen Könige und Kaiser, vol. 4: Die Urkunden Konrads II., ed. Harry Bresslau (MGH DD K II), Hannover/Leipzig 1909 (reimpr. 2001).

Diplomatum regum et imperatorum Germaniae, vol. 5: Heinrici III. diplomata. Die Urkunden der deutschen Könige und Kaiser, vol. 5: Die Urkunden Heinrichs III., edd. Harry Bresslau/Paul Kehr (MGH DD H III), Berlin 1931 (reimpr. 1993).

Diplomata regum et imperatorum Germaniae, vol. 6: Heinrici IV. diplomata. Die Urkunden der deutschen Könige und Kaiser, vol. 6: Die Urkunden Heinrichs IV., edd. Dietrich von Gladiss/Alfred Gawlik (MGH DD H IV), Berlin/Weimar/Hannover 1941–1978.

Diplomatum regum et imperatorum Germaniae, vol. 9: Conradi III. et filii eius Heinrici diplomata. Die Urkunden der deutschen Könige und Kaiser, vol. 9: Die Urkunden Konrads III. und seines Sohnes Heinrich, ed. Friedrich Hausmann (MGH DD K III), Wien/Köln/Graz 1969 (reimpr. 1987).

Diplomata regum et imperatorum Germaniae, vol. 10, pars 2: Friderici I. diplomata inde ab a. MCLVIII. usque ad a. MCLXVII. Die Urkunden der deutschen Könige und Kaiser, vol. 10, pars 2: Die Urkunden Friedrichs I. 1158–1167, ed. Heinrich Appelt (MGH DD F I/2), Hannover 1979.

Diplomata regum Germaniae ex stirpe Karolinorum, vol. 1: Ludowici Germanici, Karlomanni, Ludowici iunioris diplomata. Die Urkunden der deutschen Karolinger, vol. 1: Die Urkunden Ludwigs des Deutschen, Karlmanns und Ludwigs des Jüngeren, ed. Paul Kehr (MGH DD LD / DD Kn / DD LJ), Berlin 1934 (reimpr. 1980).

Diplomata regum Germaniae ex stirpe Karolinorum, vol. 2: Karoli III. diplomata. Die Urkunden der deutschen Karolinger, vol. 2: Die Urkunden Karls III., ed. Paul Kehr (MGH DD Karl), Berlin 1937 (reimpr. 1984).

Diplomata regum Germaniae ex stirpe Karolinorum, vol. 3: Arnolfi diplomata. Die Urkunden der deutschen Karolinger, vol. 3: Die Urkunden Arnolfs, ed. Paul Kehr (MGH DD Arn), Berlin 1940 (reimpr. 1988).

Diplomata regum Germaniae ex stirpe Karolinorum, vol. 4: Zwentiboldi et Ludowici Infantis diplomata. Die Urkunden der deutschen Karolinger, vol. 4: Die Urkunden Zwentibolds und Ludwigs des Kindes, ed. Theodor Schieffer (MGH DD Zw / DD LK), Berlin 1960 (reimpr. 2002).

Diplomatarium Danicum, vol. 1/1: Regester (789–1052), ed. Carl Andreas Christensen, København 1975.

Dölger, Franz/Müller, Andreas E.: Regesten der Kaiserurkunden des Oströmischen Reiches von 565–1453, vol. 1/1: Regesten von 565–867 (Corpus der griechischen Urkunden des Mittelalters und der neueren Zeit, Reihe A 1/1/1), München, 2. ed. 2009.

Dölger, Franz/Müller, Andreas E.: Regesten der Kaiserurkunden des Oströmischen Reiches von 565–1453, vol. 1/2: Regesten von 867–1025 (Corpus der griechischen Urkunden des Mittelalters und der neueren Zeit. Reihe A 1/1/2), München, 2 ed. 2003.

Donizo Canusinus: Vita Mathildis. Donizone Vita di Matilde di Canossa, ed. Paolo Golinelli, Milano 2008.

Drival, Eugène van (ed.): Cartulaire de l'Abbaye de Saint-Vaast d'Arras rédigé au XIIe siècle par Guimann (Pièces inédites concernant l'histoire d'Artois 6), Arras 1875.

Du Roure, Auguste/Chantelou, Claude: Histoire de Montmajour, Aix-en-Provence 1890–1891.

Duffy, John/Parker, John (edd.): The Synodicon Vetus. Text, Translation and Notes (Corpus Fontium Historiae Byzantinae 15), Washington 1979.

Duhr, Joseph: Le concile de Ravenne en 898. La réhabilitation du pape Formose, in: Recherches de science religieuse 22 (1932), p. 541–579.

Dujčev, Ivan: Costantino filosofo nella storia della letteratura Bizantina, in: Dujčev, Ivan (ed.): Medioevo Bizantino-Slavo, vol. 2: Saggi di storia letteraria (Storia e letteratura 113), Roma 1968, p. 91–111.

Dujčev, Ivan (ed.): Innocentii papae III. epistolae ad Bulgariae historiam spectantes, in: Godisnik na Sofijskija Universitet/Annuaire de l'Université de Sofia. Fakultet po Zapadni Filologii/Faculté des Lettres 37/3 (1942), p. 23–24 et 44.

Dümmler, Ernst (ed.): Auxilius und Vulgarius. Quellen und Forschungen zur Geschichte des Papstthums im Anfange des 10. Jahrhunderts, Leipzig 1866.

Dümmler, Ernst (ed.): Gesta Berengarii imperatoris. Beiträge zur Geschichte Italiens im Anfange des zehnten Jahrhunderts. Halle a. d. Saale 1871.

Dupont, Michel: Monographie du cartulaire de Bourgueil. Des origines à la fin du moyen âge (Mémoires de la Société archéologique de Touraine. Série in 8° 56), Tours 1962.

Durandi, Jacopo: Il Piemonte cispadano antico, Torino 1774.

Duvivier, Charles: Recherches sur le Hainaut ancien (pagus Hainoensis) du VIIe au XIIe siècle, Bruxelles 1865.

Eadmerus Cantuariensis: Historia Novorum in Anglia, in: Eadmeri Historia Novorum in Anglia, et Opuscula duo de Vita Sancti Anselmi et quibus Miraculis ejus, ed. Martin Rule (SS rer. Brit. 81), London 1884, p. 1–302.

Eadmerus Cantuariensis: Vita s. Dunstani, in: Memorials of Saint Dunstan, Archbishop of Canterbury, ed. William Stubbs (SS rer. Brit. 63), London 1874, p. 162–249 et 412–425.

Eadmerus Cantuariensis: Vita s. Oswaldi, in: The Historians of the Church of York and its Archbishops, ed. James Raine (SS. rer. Brit. 71/2), London 1886, p. 1–59.

Eberhardus: Reimchronik von Gandersheim, in: Deutsche Chroniken und andere Geschichtsbücher des Mittelalters, vol. 2, ed. Ludwig Weiland (MGH Dt. Chron. 2), Hannover 1877, p. 385–429 (reimpr. 2001).

Eberwinus: Vita Magnerici, ed. Georg Waitz, in: [Chronica et gesta aevi Salici], ed. Georg Heinrich Pertz (MGH SS 8), Hannover 1848, p. 208–209 (reimpr. 1992).

Ekkehardus Sangallensis IV: Casus s. Galli, ed. Hans Frieder Haefele (Ausgewählte Quellen zur Deutschen Geschichte des Mittelalters. Freiherr vom Stein-Gedächtnisausgabe 10), Darmstadt 1980.

Ekkehardus Sangallensis IV: Casus s. Galli, continuatio altera 972–1203, ed. Meyer von Knonau, Gerold (St. Gallische Geschichtsquellen Abt. 4), St. Gallen 1879.

Ekkehardus Sangallensis IV: Casuum s. Galli Continuatio II, in: [Scriptores rerum Sangallensium. Annales, chronica et historiae aevi Carolini], ed.

Georg Heinrich Pertz (MGH SS 2), Hannover 1829, p. 74–147 (reimpr. Stuttgart 1976).

Epistolae Karolini aevi, vol. 3, edd. Ernst Dümmler/Karl Hampe (MGH Epp. 5), Berlin 1899 (reimpr. 1995).

Epistolae Karolini aevi, vol. 4, edd. Ernst Dümmler/Ernst Perels (MGH Epp. 6), Berlin 1925 (reimpr. 1995).

Epistolae Karolini aevi, vol. 5, edd. Erich Caspar/Gerhard Laehr (MGH Epp. 7), Berlin 1928 (reimpr. 1993).

Epistolae Karolini aevi, vol. 6: Hincmari archiepiscopi Remensis epistolae (Die Briefe des Erzbischofs Hinkmar von Reims), pars 1, ed. Ernst Perels (MGH Epp. 8/1), Hannover 1939 (reimpr. 1985).

Epistolae Merowingici et Karolini aevi, vol. 1, edd. Wilhelm Gundlach/Ernst Dümmler (MGH Epp. 3), Berlin 1892 (reimpr. 1994).

Erath, Anton Ulrich: Codex diplomaticus Quedlinburgensis, Frankfurt a. M. 1764.

Erchempertus: Breviarium regum Francorum monachi Augiensis continuatio a. 840–881, in: [Scriptores rerum Sangallensium. Annales, chronica et historiae aevi Carolini], ed. Georg Heinrich Pertz (MGH SS 2), Hannover 1829, p. 328–329 (reimpr. Stuttgart 1976).

Erchempertus: Historia Langobardorum Beneventanorum, in: Scriptores rerum Langobardicarum et Italicarum, saec. VI–IX, vol. 1, ed. Georg Waitz (MGH SS rer. Lang.), Hannover 1878, p. 231–262 (reimpr. Hannover 1988).

Erkens, Franz-Reiner: Die Fälschungen Pilgrims von Passau. Historisch-kritische Untersuchungen und Edition nach dem Codex Gottwicensis 53a (rot), 56 (schwarz) (Quellen und Erörterungen zur bayerischen Geschichte, Neue Folge 46), München 2011.

Eugenius Vulgarius: De causa et negotio Formosi papae, in: Anastasii abbatis sanctae Romanae ecclesiae presbyteri et bibliothecarii Opera omnia, tomus tertius, ed. Jacques Paul Migne (Patrologiae cursus completus, series latina, vol. 129), Paris 1879, col. 1101–1112.

Eugenius Vulgarius: De causa Formosiana libellus, in: Auxilius und Vulgarius. Quellen und Forschungen zur Geschichte des Papstthums im Anfang des 10. Jahrhunderts, ed. Ernst Dümmler, Leipzig 1866, p. 117–139.

Evergates, Theodore/Constable, Giles: The Cartulary and Charters of Notre-Dame of Homblières, on the basis of material prepared by William Mendel Newman (Medieval Academy Books 97), Cambridge, Massachusetts 1990.

Ewald, Paul: Die Papstbriefe der Brittischen Sammlung, in: Neues Archiv der Gesellschaft für ältere deutsche Geschichtskunde 5 (1880), p. 274–414 et 505–596.

Excerpta ex Widonis Osnabrugensis Libro de controversia inter Hildebrandum et Heinricum imperatorem, in: Libelli de lite imperatorum et pontificum saeculis XI. et XII. conscripti, vol. 1, ed. Lothar von Heinemann (MGH Ldl 1), Hannover 1891, p. 461–470.

Excerptum de Karentanis, in: Die Conversio Bagoariorum et Carantanorum und der Brief des Erzbischofs Theotmar von Salzburg, ed. Fritz Lošek (Studien und Texte 15), München 1997, p.136–137.

Fabre, Paul/Duchesne, Louis (edd.): Le Liber Censuum de l'église romaine publié avec une introduction et un commentaire, 3 vol., Paris 1910–1952.

Falco Tournouensis: Chronicon Trenorchiense, in: Monuments de l'histoire des abbayes de Saint-Philibert, Noirmoutier, Grandlieu, Tournus, ed. René Poupardin, Paris 1905, p. 51–106.

Falconi, Ettore (ed.): Le carte cremonesi dei secoli VIII–XII, vol. 1: Documenti dei fondi cremonesi 759–1069 (Fonti e sussidi 1/2), Cremona 1979.

Falkenhausen, Vera von: Untersuchungen über die byzantinische Herrschaft in Süditalien vom 9. bis ins 11. Jahrhundert (Schriften zur Geistesgeschichte des östlichen Europa 1), Wiesbaden 1967.

Die falschen Investiturprivilegien, ed. Claudia Märtl (MGH Fontes iuris 13), Hannover 1986.

Fanti, Mario/Paolini, Lorenzo (edd.): Codice diplomatico della chiesa Bolognese. Documenti autentici e spuri (secoli IV–XII) (Fonti per la storia dell'Italia medievale. Regesta Chartarum 54), Roma 2004.

Fantuzzi, Marco (ed.): Monumenti Ravennati de' secoli di mezzo per la maggior parte inediti, 6 vol., Venezia 1801–1804.

Fauroux, Marie (ed.): Recueil des actes de ducs de Normandie de 911 à 1066 (Mémoires de la Société des Antiquaires de Normandie 36 = Série 4/6), Caen 1961.

Fedele, Pietro: Ricerche per la storia di Roma e del papato nel secolo X, in: Archivio della Società Romana di storia patria 33 (1910), p. 177–247.

Fedele, Pietro: Teodora nella liturgia, in: Scritti vari di erudizione e di critica in onore di Rodulfo Renier, Turin 1912, p. 1057–1069.

Federici, Vincenzo: I monasteri di Subiaco, vol. 2: La biblioteca e l'archivio, Roma 1904.

Fernández Conde, Francisco Javier: El "Libro de los testamentos" de la Catedral de Oviedo (Publicaciones del Instituto Español de Estudios Eclesiásticos. Monografías 17), Roma 1971.

Ferrari, Guy: Early Roman Monasteries. Notes for the History of Monasteries and Convents at Rome from the V through the X Century (Studi di Antichità Cristiana 23), Città del Vaticano 1957.

Ficker, Julius: Forschungen zur Reichs- und Rechtsgeschichte Italiens, 4 vol., Innsbruck 1868–1874.

Finberg, Herbert Patrick Reginald: The early charters of Devon and Cornwall (Department of English local history. Occasional papers 2), Leicester 1954.

Finke, Heinrich: Die Papsturkunden Westfalens bis zum Jahre 1378. Erster Theil: Die Papsturkunden bis zum Jahre 1304 (Westfälisches Urkundenbuch 5/1), Münster 1888.

Fita, Fidel/López Ferreiro, Antonio (edd.): Monumentos antiguos de la Iglesia Compostelana, Madrid 1882.

Flandria generosa, ed. Ludwig Konrad Bethmann, in: [Chronica et annales aevi Salici], ed. Georg Heinrich Pertz (MGH SS 9), Hannover 1851, p. 313–325 (reimpr. Stuttgart 1983).

Flodoardus Remensis: Annales, in: Les Annales de Flodoard, ed. Philippe Lauer (Collection de textes pour servir à l'étude et à l'enseignement de l'histoire 39), Paris 1905, p. 1–164.

Flodoardus Remensis: De Christi triumphis apud Italiam, in: Flodoardi canonici Remensis Opera omnia, ed. Jacques Paul Migne (Patrologiae cursus completus, series latina, vol. 135), Paris 1879, col. 595–886.

Flodoardus Remensis: De Christi triumphis apud Italiam, in: Les Annales de Flodoard, ed. Philippe Lauer (Collection de textes pour servir à l'étude et à l'enseignement de l'histoire 39), Paris 1905, p. 176–180.

Flodoardus Remensis: Historia Remensis ecclesiae. Flodoard von Reims, Die Geschichte der Reimser Kirche, ed. Martina Stratmann (MGH SS 36), Hannover 1998.

Florentius Wigorniensis: Chronicon ex chronicis, ed. Benjamin Thorpe, 2 vol., London 1848–1849.

Flores historiarum, ed. Henry Richards Luard: Matthew of Westminster, Flores Historiarum, part 1 (SS rer. Brit. 95/1), London 1890.

Flores temporum auctore fratre ord. Minorum, ed. Oswald Holder-Egger, in: [Annales aevi Suevici (Supplementa tomorum XVI et XVII). Gesta saec. XII. XIII. (Supplementa tomorum XX–XXIII)], ed. Georg Waitz (MGH SS 24), Hannover 1879, p. 226–250 (reimpr. Stuttgart 1975).

Floriano, Antonio C.: En torno a las Bulas del Papa Juan VIII en la Catedral de Oviedo, in: Archivum 12 (1962), p. 117–136.

Floß, Heinrich Joseph: Die Papstwahl unter den Ottonen nebst ungedruckten Papst- und Kaiserurkunden des 9. und 10. Jahrhunderts, darunter das Privilegium Leos VIII. für Otto I. aus einer Trierer Handschrift, Freiburg im Breisgau 1858.

Foerster, Hans: Abriß der lateinischen Paläographie, Stuttgart 1963.

Folcuinus: Gesta abbatum Lobiensium, in: [Annales, chronica et historiae aevi Carolini et Saxonici], ed. Georg Heinrich Pertz (MGH SS 4), Hannover 1841, p. 52–74 (reimpr. Berlin 1982).

Folcuinus: Gesta abbatum s. Bertini Sithiensium, ed. Oswald Holder-Egger, in: [Supplementa tomorum I–XII, pars I], ed. Georg Waitz (MGH SS 13), Hannover 1881, p. 607–635 (reimpr. Stuttgart 1985).

Font-Réaulx, Jacques de (ed.): Cartulaire de l'évêché de Saint-Paul-Trois-Châteaux. Analyses et extraits

(Collection de cartulaires dauphinois 11), Valence 1946.

Font-Réaulx, Jacques de: Lettres pontificales antérieures à 1198 concernant les provinces ecclésiastiques du sud-est, in: Bulletin philologique et historique (1973), p. 61–76.

Fontes Latini Historiae Bulgaricae, vol. 3, edd. Ivan Dujčev/Strasimir Lišev (Izvori za blgarskata istorija. Fontes historiae Bulgaricae 7), Sofija 1960.

Forcella, Vincenzo: Iscrizioni delle chiese e d'altri edificii di Roma dal secolo XV ai giorni nostri, 14 vol., Roma 1869–1884.

Formulae Merowingici et Karolini aevi, ed. Karl Zeumer (MGH Formulae), Hannover 1886 (reimpr. 2001).

Fragmentum historiae Franciae, in: Recueil des Historiens des Gaules et de la France. Nouvelle édition, vol. 8, ed. Martin Bouquet, Paris 1871, p. 300–307.

Fragmentum Islandicum vetus historicogeographicum de rebus Dano-Norvegicis auctore anonymo, ed. Jakob Langebek (Scriptores rerum Danicarum medii aevi, vol. 2), København 1773, p. 25–37.

Fragmentum veterum Historiae s. Florentii, in: Chronique des églises d'Anjou, edd. Émile Mabille/Paul Marchegay, Paris 1869, p. 207–328.

Freculphi, Frotharii Aurelianensis, Lexoviensis et Tullensis episcoporum Opera omnia, ed. Jacques Paul Migne (Patrologiae cursus completus, series latina, vol. 106), Paris 1864.

Friedrich, Gustav: Codex diplomaticus et epistolaris regni Bohemiae, vol. 1: 805–1197, Praha 1907.

von Friese, Christian Gottlieb: De episcopatu Kioviensi, Warszawa 1763.

Frolow, Anatole: La relique de la vraie croix. Recherches sur le développement d'un culte (Archives de l'orient chrétien 7), Paris 1961.

Frutolfus/Ekkehardus: Chronicon imperatorum ab origine ad a. 1114, ed. Georg Waitz, in: [Chronica et annales aevi Salici], ed. Georg Heinrich Pertz (MGH SS 6), Hannover 1844, p. 115–248 (reimpr. 1980).

Fundatio Brunwilarensis monasterii, in: [Supplementa tomorum I-XII, pars II. Supplementum tomi XIII], ed. Georg Waitz (MGH SS 14), Hannover 1883, p. 121–141 (reimpr. Stuttgart 1988).

Fundatio ecclesiae s. Maximi Barrensis, ed. Oswald Holder-Egger, in: [Supplementa tomorum I–XII, pars III. Supplementum tomi XIII], edd. Georg Waitz/Wilhelm Wattenbach (MGH SS 15/2), Hannover 1888, p. 980–981 (reimpr. Stuttgart 1991).

Fundatio monasterii Schildecensis, ed. Oswald Holder-Egger, in: [Supplementa tomorum I–XII, pars III. Supplementum tomi XIII], edd. Georg Waitz/Wilhelm Wattenbach (MGH SS 15/2), Hannover 1888, p. 1045–1052 (reimpr. Stuttgart 1991).

Gallia christiana in provincias ecclesiasticas distributa, 16 vol., Paris 1715–1865.

Gallia christiana novissima. Histoire des archevêchés, évêchés et abbayes de France, accompagnée des documents authentiques, recueillis dans les registres du Vatican et les archives locales, ed. Ulysse Chevalier, 7 vol., Montbéliard 1899–1920.

Gallia Pontificia I/1. Province ecclésiastique de Besançon, edd. Bernard de Vregille/René Locatelli/Gérard Moyse (Regesta Pontificum Romanorum), Göttingen 1998.

Gallia Pontificia III/1. Province ecclésiastique de Vienne. Diocèse de Vienne, ed. Beate Schilling (Regesta Pontificum Romanorum), Göttingen 2006.

Gallia Pontificia III/2. Province ecclésiastique de Vienne. Diocèses de Grenoble et de Valence (Regesta Pontificum Romanorum), Göttingen 2017.

Gallia Pontificia III/3. Province ecclésiastique de Vienne. Diocèses de Die et de Viviers (Regesta Pontificum Romanorum), Göttingen 2017.

Gallus Anonymus: Chronicae et gesta ducum sive principum Polonorum. Kronika i czyny książąt czyli władców polskich, ed. Karol Maleczyński (Monumenta Poloniae historica. Series nova, vol. 2), Kraków 1952.

Galvaneus della Fiamma: Manipulus Florum, sive Historia Mediolanensis ab origine Urbis ad annum circiter MCCCXXXVI, ab alio continuatore producta ad annum usque MCCCLXXI, ed. Ludovico Antonio Muratori (RIS 11), Milano 1727, p. 531–740.

García Larragueta, Santos: Colección de documentos de la catedral de Oviedo (Años 803 a 1200), Oviedo 1962.

Gasparolo, Francesco (ed.): Cartario Alessandrino fino al 1300 (Biblioteca della Societa Storica Subalpina 117), 3 vol., Torino 1928–1930.

Gattula, Erasmus: Historia abbatiae Cassinensis per saeculorum seriem distributa, 2 vol., Venezia 1733–1734.

Gaudenzi, Augusto: Il monastero di Nonantola, il ducato di Persiceta e la chiesa di Bologna, in: Bullettino dell'Istituto Storico Italiano 36–37 (1916), p. 7–312 et 313–570.

Gaufridus de Bruil: Chronicon Lemovicense, in: Nova bibliotheca manuscriptorum librorum, vol. 2, ed. Philippe Labbe, Paris 1657, p. 279–342.

Gaufridus de Collone: Chronicon super nominibus, actibus et sepulturis Senonensium archiepiscoporum, ed. Gustave Juillot: Chronique de l'abbaye de Saint-Pierre-le-Vif de Sens, Sens 1876.

Genealogiae Karolorum, in: [Supplementa tomorum I–XII, pars I], ed. Georg Waitz (MGH SS 13), Hannover 1881, p. 242–248 (reimpr. Stuttgart 1985).

Gerhardus Augustensis: Vita Sancti Uodalrici. Die älteste Lebensbeschreibung des heiligen Ulrich, lateinisch-deutsch, mit der Kanonisationsurkunde von 993, edd. Walter Berschin/Angelika Häse (Editiones Heidelbergenses 24), Heidelberg 1993.

Germania Pontificia I. Provincia Salisburgensis et episcopatus Tridentinus, ed. Albert Brackmann (Regesta Pontificum Romanorum), Berlin 1911.

Germania Pontificia II/1. Provincia Maguntinensis I: Dioeceses Eichstetensis, Augustensis, Constantiensis, ed. Albert Brackmann (Regesta Pontificum Romanorum), Berlin 1923.

Germania Pontificia II/2. Provincia Maguntinensis II: Helvetia Pontificia. Dioeceses Constantiensis II et Curiensis et episcopatus Sedunensis, Genevensis, Lausannensis, Basiliensis, ed. Albert Brackmann (Regesta Pontificum Romanorum), Berlin 1927.

Germania Pontificia III. Provincia Maguntinensis III: Dioeceses Strassburgensis, Spirensis, Wormatiensis, Wirciburgensis, Bambergensis, ed. Albert Brackmann (Regesta Pontificum Romanorum), Berlin 1935.

Germania Pontificia IV. Provincia Maguntinensis IV: S. Bonifatius, Archidioecesis Maguntinensis, Abbatia Fuldensis, ed. Hermann Jakobs (Regesta Pontificum Romanorum), Göttingen 1978.

Germania Pontificia V/1. Provincia Maguntinensis V: Dioeceses Patherbrunnensis et Verdensis, ed. Hermann Jakobs (Regesta Pontificum Romanorum), Göttingen 2003.

Germania Pontificia V/2. Provincia Maguntinensis VI: Dioeceses Hildesheimensis et Halberstadensis, Appendix Saxonia, ed. Hermann Jakobs (Regesta Pontificum Romanorum), Göttingen 2005.

Germania Pontificia VI. Provincia Hamburgo-Bremensis, edd. Theodor Schieffer/Wolfgang Seegrün (Regesta Pontificum Romanorum), Berlin 1981.

Germania Pontificia VII. Provincia Coloniensis I: Archidioecesis Coloniensis (Regesta Pontificum Romanorum), Göttingen 1986.

Germania Pontificia IX. Provincia Coloniensis III: Dioeceses Traiecetensis, Monasteriensis, Osnabrugensis, Mindensis, ed. Theodor Schieffer (Regesta Pontificum Romanorum), Göttingen 2003.

Germania Pontificia X. Provincia Treverensis I: Archidioecesis Treverensis, ed. Egon Boshof (Regesta Pontificum Romanorum), Göttingen 1992.

Gervasius Cantuariensis: Actus pontificum, in: The historical works of Gervase of Canterbury, vol. 2: The minor works comprising the Gesta regum with its continuation, the Actus pontificum, and the mappa mundi, ed. William Stubbs (SS rer. Brit. 73/2), London 1880, p. 325–414.

Gesta abbatum Lobbiensium, ed. Wilhelm Arndt, in: [Historici Germaniae saec. XII.], ed. Georg Heinrich Pertz (MGH SS 21), Hannover 1869, p. 307–333 (reimpr. 1988).

Gesta abbatum Trudonensium, ed. Rudolf Köpke, in: [Annales et chronica aevi Salici. Vitae aevi Carolini et Saxonici], ed. Georg Heinrich Pertz (MGH SS 10), Hannover 1852, p. 213–448 (reimpr. Stuttgart 1987).

Gesta archiepiscoporum Magdeburgensium, ed. Wilhelm Schum, in: [Supplementa tomorum I-XII, pars II. Supplementum tomi XIII], ed. Georg Waitz (MGH SS 14), Hannover 1883, p. 361–486 (reimpr. Stuttgart 1988).

Gesta archiepiscoporum Salisburgensium, ed. Wilhelm Wattenbach, in: [Historiae aevi Salici], ed. Georg Heinrich Pertz (MGH SS 11), Hannover 1854, p. 1–103 (reimpr. Stuttgart 1994).

Gesta Berengarii imperatoris, in: Poetae Latini aevi Carolini, vol. 4, fasc. 1, ed. Paul von Winterfeld (MGH Poetae 4/1), Berlin 1899, p. 354–403 (reimpr. 2000).

Gesta Boemundi archiepiscopi Treverensis, in: [Annales aevi Suevici (Supplementa tomorum XVI et XVII). Gesta saec. XII. XIII. (Supplementa tomorum XX–XXIII)], ed. Georg Waitz (MGH SS 24), Hannover 1879, p. 463–488 (reimpr. Stuttgart 1975).

Gesta Conwoionis, in: The monks of Redon. Gesta Sanctorum Rotonensium and Vita Conuuoionis, ed. Caroline Brett (Studies in Celtic history 10), Woodbridge 1989, p. 103–219.

Gesta episcoporum Cameracensium, ed. Ludwig Konrad Bethmann, in: [Chronica et gesta aevi Salici], ed. Georg Heinrich Pertz (MGH SS 7), Hannover 1846, p. 393–525 (reimpr. Stuttgart 1995).

Gesta episcoporum Halberstadensium, ed. Ludwig Weiland, in: [Chronica aevi Suevici], ed. Georg Heinrich Pertz (MGH SS 23), Hannover 1874, p. 73–123 (reimpr. 1986).

Gesta episcoporum Mettensium, ed. Georg Waitz, in: [Annales et chronica aevi Salici. Vitae aevi Carolini et Saxonici], ed. Georg Heinrich Pertz (MGH SS 10), Hannover 1852, p. 531–551 (reimpr. Stuttgart 1987).

Gesta episcoporum Neapolitanorum, in: Scriptores rerum Langobardicarum et Italicarum, saec. VI–IX, vol. 1, ed. Georg Waitz (MGH SS rer. Lang.), Hannover 1878, p. 398–436 (reimpr. Hannover 1988).

Gesta Treverorum, ed. Georg Waitz, in: [Chronica et gesta aevi Salici], ed. Georg Heinrich Pertz (MGH SS 8), p. 111–260 (reimpr. 1992).

Giorgi, Ignazio/Balzani, Ugo (edd.): Il regesto di Farfa compilata da Gregorio di Catino, 5 vol., Roma 1879–1914.

Giovanelli, Germano: S. Bartolomeo Juniore confondatore di Grottaferrata, Grottaferrata 1962.

Gipperius: Notitia, in: Chronique de Saint-Claude (XIIe siècle), ed. Ulysse Robert (Bibliothèque de l'École des chartes 41), Paris 1881, p. 565–569.

Goetting, Hans: Die gefälschten Gründungsurkunden für Gandersheim, in: Fuhrmann, Horst (ed.): Fälschungen im Mittelalter. Internationaler Kongreß der Monumenta Germaniae Historica, München, 16.–19. September 1986, vol. 3 (MGH Schriften 33/3), Hannover 1988, p. 327–371.

Goiffon, Etienne: Bullaire de l'abbaye de Saint-Gilles, Nimes 1882.

Golinelli, Paolo/Rinaldi, Rossella: Codice diplomatico polironiano: 1126–1200 (Storia di San Benedetto Polirone. Sez. 2.: Documenti 2), Bologna 2011.

Gotifredus Viterbiensis: Pantheon, ed. Georg Waitz, in: [Historici Germaniae saec. XII.], ed. Georg Heinrich Pertz (MGH SS 22), Hannover 1872, p. 107–307 (reimpr. 1976).

Gousset, Thomas M. J.: Les actes de la Province ecclésiastique de Reims ou canons et decrets des conciles, constitutions, statuts, et lettres des évêques, Reims 1842–1844.

Granata, Francesco: Storia sacra della chiesa metropolitana di Capua, vol. 1, Napoli 1766 (reimpr. Sala Bolognese 1988).

Grandmaison, Charles de: Fragments de chartes du Xe siècle provenant de Saint-Julien de Tours. Recueillis sur les registres d'état civile d'Indre-et-Loire, in: Bibliothèque de l'École des chartes 46 (1885), p. 373–429.

Granum catalogi praesulum Moraviae. Nach der Handschrift des Olmützer Domkapitels, ed. Johann Loserth, in: Archiv für österreichische Geschichte 78 (1892), p. 41–98.

Grat, Félix/Font-Réaulx, Jacques de/Tessier, Georges/Bautier, Robert-Henri (edd.): Recueil des actes de Louis II le Bègue, Louis III et Carloman II, rois de France 877–884 (Chartes et diplômes relatifs à l'histoire de France 12), Paris 1978.

Gratianus: Decretum sive Concordia discordantium canonum, ed. Emil Friedberg: Corpus Iuris Canonici, vol. 1, Leipzig, 2. ed. 1879 (reimpr. Graz 1959).

Gregorius Catinensis: Chronicon Farfense, ed. Ugo Balzani: Il "Chronicon Farfense" di Gregorio di

Catino, precedono la "Constructio Farfensis" e gli scritti di Ugo di Farfa (sec. IX–XII), 2 vol. (FSI 33–34), Roma 1903.

Gremaud, Jean: Origines de l'abbaye de St-Maurice d'Agaune, in: Mémorial de Fribourg 4 (1857), p. 321–361.

Gremaud, Jean: Origines de l'abbaye de St-Maurice d'Agaune. Des origines à la réforme canoniale, 515–830, Fribourg 1858.

Grivec, Franc/Tomšic, Franciscus (edd.): Constantinus et Methodius Thessalonicenses, Fontes (Radovi Staroslavenskog Instituta 4), Zagreb 1960.

Große, Rolf (ed.): Papsturkunden in Frankreich, Neue Folge, vol. 9: Diözese Paris II: Abtei Saint-Denis (Abhandlungen der Akademie der Wissenschaften zu Göttingen, Philologisch-Historische Klasse, Dritte Folge 225), Göttingen 1998.

Grossi Gondi, Felice: Excursus sulla paleografia medievale epigrafica del sec. IX, in: Dissertazioni della Pontificia Accademia Romana di Archeologia 2/13 (1918), p. 149–179.

Grotz, Hans: Erbe wider Willen. Hadrian II. (867–872) und seine Zeit, Wien/Köln/Graz 1970.

Grumel, Venance: La lettre du pape Étienne V à l'empereur Basile Ier, in: Revue des études byzantines 11 (1953), p. 129–155.

Grumel, Venance/Darrouzès, Jean: Les regestes des actes du patriarcat de Constantinople, vol. 1: Les actes des patriarches, Fasc. 1: Les regestes de 381 à 715 (Le Patriarcat byzantin 1), Chalcedon 1936 (reimpr. Paris 1972).

Grumel, Venance/Darrouzès, Jean: Les regestes des actes du Patriarcat de Constantinople, vol. 1: Les actes des Patriarches, Fasc. 2: Regestes de 715 à 1043 (Le Patriarcat byzantin 1), Paris, 2. ed. 1989.

Guérard, Benjamin (ed.): Cartulaire de l'abbaye de Saint-Victor de Marseille, 2 vol. (Collection de documents inédits sur l'histoire de France. Série 1: Histoire politique 8–9), Paris 1857.

Guérard, Benjamin (ed.): Cartulaire de l'église de Notre-Dame de Paris (Collection des cartulaires de France 4–7), 4 vol., Paris 1850.

Guillelmus Clusinus: Vita Benedicti abbatis Clusensis, ed. Ludwig Konrad Bethmann, in: [Historiae aevi Salici], ed. Georg Heinrich Pertz (MGH SS 12), Hannover 1856, p. 196–208 (reimpr. Stuttgart 1995).

Guillelmus Malmesburiensis: De antiquitate Glastonie ecclesie, in: The Early History of Glastonbury. An Edition, Translation and Study of William of Malmesbury's De Antiquitate Glastonie Ecclesie, ed. John Scott, Bury St Edmunds 1981, p. 40–167.

Guillelmus Malmesburiensis: Gesta pontificum Anglorum. The History of the English Bishops, edd. Michael Winterbottom/Rodney Malcolm Thomson (Oxford medieval texts), Oxford 2007.

Guillelmus Malmesburiensis: Gesta regum Anglorum. The History of the English Kings, edd. Roger Aubrey Baskerville Mynors/Rodney Malcolm Thomson/Michael Winterbottom, 2 vol. (Oxford medieval texts), Oxford 1998–1999.

Guillelmus Malmesburiensis: Vita Dunstani, in: Memorials of Saint Dunstan, Archbishop of Canterbury, ed. William Stubbs (SS rer. Brit. 63), London 1874, p. 251–324.

Guillot, Olivier (ed.): Le comte d'Anjou et son entourage au 11e siècle, 2 vol., Paris 1972.

Gunnes, Erik: Regesta Norvegica, vol. 1: 822–1263, Oslo 1989.

Guyotjeannin, Olivier/Poulle, Emmanuel: Autour de Gerbert d'Aurillac, le pape de l'an mil. Album de documents commentés (Matériaux pour l'histoire 1), Paris 1996.

Györffy, György: Diplomata Hungariae antiquissima. Accedunt epistolae et acta ad historiam Hungariae pertinentia, vol. 1: Ab anno 1000 usque ad annum 1131, Budapest 1992.

Habermann, Abraham Meir (ed.): Sefer Gezêrot ashkenaz we-tsarfat, Jerusalem 1945.

Hack, Achim Thomas: Das Empfangszeremoniell bei mittelalterlichen Papst-Kaiser-Treffen (Forschungen zur Kaiser- und Papstgeschichte des Mittelalters. Beihefte zu J. F. Böhmer, Regesta Imperii 18), Köln/Weimar/Wien 1999.

Hacke, Curt-Bogislav: Die Palliumverleihungen bis 1143. Eine diplomatisch-historische Untersuchung, Marburg 1898.

Hageneder, Othmar/Haidacher, Anton/Strnad, Alfred A. (edd.): Die Register Innocenz' III., vol. 1:

1. Pontifikatsjahr, 1198/99 (Publikationen des Historischen Instituts beim Österreichischen Kulturforum in Rom, 2. Abt. Quellen, 1. Reihe), Graz et al. 1964–1968.

Hageneder, Othmar/Maleczek, Werner/Strnad, Alfred A./Rudolf, Karl (edd.): Die Register Innocenz' III., vol. 2: 2. Pontifikatsjahr, 1199/1200 (Publikationen des Historischen Instituts beim Österreichischen Kulturforum in Rom, 2. Abt. Quellen, 1. Reihe), Roma/Wien 1979–1983.

Hageneder, Othmar (ed.): Die Register Innocenz' III., vol. 5: 5. Pontifikatsjahr, 1202/1203 (Publikationen des Historischen Instituts beim Österreichischen Kulturforum in Rom, 2. Abt. Quellen, 1. Reihe), Wien 1993.

Hageneder, Othmar/Sommerlechner, Andrea (edd.): Die Register Innocenz' III., vol. 8: 8. Pontifikatsjahr, 1205/1206 (Publikationen des Historischen Instituts beim Österreichischen Kulturforum in Rom, 2. Abt. Quellen, 1. Reihe), Wien 2001.

Hageneder, Othmar/Sommerlechner, Andrea (edd.): Die Register Innocenz' III., vol. 10: 10. Pontifikatsjahr, 1207/1208 (Publikationen des Historischen Instituts beim Österreichischen Kulturforum in Rom, 2. Abt. Quellen, 1. Reihe), Wien 2007.

Hainzmann, Manfred: Untersuchungen zur Geschichte und Verwaltung der stadtrömischen Wasserleitungen (Dissertationen der Universität Graz 32), Wien 1975.

Hallinger, Kassius: Gorze-Kluny. Studien zu den monastischen Lebensformen und Gegensätzen im Hochmittelalter, 2 vol. (Studia Anselmiana 22 et 25), Roma 1950–1951.

Halphen, Louis/Lot, Ferdinand: Recueil des actes de Lothaire et de Louis V, rois de France (954–987) (Chartes et diplômes relatifs à l'histoire de France 2), Paris 1908.

Hampe, Karl: Reise nach England vom Juli 1895 bis Februar 1896, in: Neues Archiv der Gesellschaft für ältere deutsche Geschichtskunde 22 (1897), p. 223–286, 335–415, 607–699.

Hampe, Karl: Reise nach Frankreich und Belgien im Frühjahr 1897, Teil 2, in: Neues Archiv der Gesellschaft für ältere deutsche Geschichtskunde 23 (1898), p. 603–665.

Hariulfus: Chronicon abbatiae s. Richarii (Chronicon Centulense). Chronique de l'abbaye de Saint-Riquier (Ve siècle–1104), ed. Ferdinand Lot (Collection de textes pour servir à l'étude et à l'enseignement de l'histoire 17), Paris 1894.

Hartmann, Ludo Moritz (ed.): Ecclesiae s. Mariae in Via lata Tabularium, vol. 1, Wien 1895.

Hartmann, Ludo Moritz: Geschichte Italiens im Mittelalter (Allgemeine Staatengeschichte 1: Geschichte der europäischen Staaten 32/1–4), 4 vol., Gotha 1900–1915.

Hartwicus: Vita s. Stephani, ed. Emma Bartoniek, in: Scriptores rerum Hungaricum tempore ducum regumque stirpis Arpadianae gestarum, vol. 2, ed. Imre Szentpétery, Budapest 1938, p. 401–440.

Haug, Andreas: Noch einmal: Roms Gesang und die Gemeinschaften im Norden, in: Hentschel, Frank/Winkelmüller, Marie (edd.): "Nationes", "Gentes" und die Musik im Mittelalter, Berlin et al. 2014, p. 103-145.

Hauthaler, Willibald/Martin, Franz (edd.): Salzburger Urkundenbuch, vol. 2: Urkunden von 790 bis 1199, Salzburg 1916 (reimpr. Aalen 1987).

Havet, Julien (ed.): Lettres de Gerbert (983–997) (Collection de textes pour servir à l'étude et à l'enseignement de l'histoire 6), Paris 1889.

Havlík, Lubomír E.: Svatopluk Veliký, král Moravanu a Slovanu, Brno 1994.

Heinemeyer, Walter: Ältere Urkunden und ältere Geschichte der Abtei Helmarshausen, in: Archiv für Diplomatik. Schriftgeschichte, Siegel- und Wappenkunde 9–10 (1963–1964), p. 299–368.

Heinricus de Mügeln: Cronica Ungarorum, ed. Eugenius Travnik, in: Scriptores rerum Hungaricarum tempore ducum regumque stirpis Arpadianae gestarum, vol. 2, ed. Imre Szentpétery, Budapest 1938, p. 87–223.

Heinricus Wolters: Chronicon Bremense, in: Rerum Germanicarum tomi III, vol. 2, ed. Heinrich Meibom, Helmstedt 1688, p. 17–82.

Henking, Karl: Die annalistischen Aufzeichnungen des Klosters St. Gallen, in: Mitteilungen zur vaterländischen Geschichte St. Gallen 19 (1884), p. 195–368, reimpr. in: Heinemeyer, Walter/Lachmann, Hans-Peter (edd.): „Aus Liebe, zur Sicherheit und zur Ehre des Klosters": Urkundenfälschungen und frühe Geschichte hessischer und thüringischer Klöster (Veröffentlichungen der Historischen Kommission für Hessen 77), Marburg 2012, p. 223–288.

Henricus Basse: Panegyricus. Genealogiarum illustrium principum dominorum in Anhalt, in: Accessiones Historiae Anhaltinae, ed. Johann Christoph Beckmann, Zerbst 1716, p. 4–26.

Henricus Huntingdoniensis: Historia Anglorum, ed. Thomas Arnold: The History of the English, by Henry, Archdeacon of Huntingdon, from A.D. 55 to A.D. 1154, in eight Books (SS rer. Brit. 74), London 1878.

Herbers, Klaus: Agir et écrire: les actes des papes du IXe siècle et le Liber Pontificalis, in: Bougard, François/Sot, Michel (edd.): Liber, Gesta, Histoire. Écrire l'histoire des évêques et des papes, de l'Antiquité au XXIe siècle. Actes du colloque international organisé au Centre d'Études Médiévales d'Auxerre les 25, 26 et 27 juin 2007, Turnhout 2009, p. 109–126.

Herbers, Klaus: Leo IV. und das Papsttum in der Mitte des 9. Jahrhunderts. Möglichkeiten und Grenzen päpstlicher Herrschaft in der späten Karolingerzeit (Päpste und Papsttum 27), Stuttgart 1996.

Herbers, Klaus: Mobilität und Kommunikation in der Karolingerzeit – die Reliquienreisen der heiligen Chrysanthus und Daria, in: Miedema, Nine Robijntje/Suntrup, Rudolf (edd.): Literatur – Geschichte – Literaturgeschichte. Festschrift für Volker Honemann zum 60. Geburtstag, Frankfurt a. M. 2003, p. 647–660.

Herbers, Klaus: Rom im Frankenreich. Rombeziehungen durch Heilige in der Mitte des 9. Jahrhunderts, in: Bauer, Dieter R./Hiestand, Rudolf/Kasten, Brigitte/Lorenz, Sönke (edd.): Mönchtum – Kirche – Herrschaft (750–1000). Josef Semmler zum 65. Geburtstag, Sigmaringen 1998, p. 133–169 (reimpr. in: Blennemann, Gordon/Deimann, Wiebke/Maser, Matthias/Zwanzig, Christofer [edd.]: Pilger, Päpste, Heilige. Ausgewählte Aufsätze zur europäischen Geschichte des Mittelalters, Tübingen 2011, p. 111–147).

Herbers, Klaus: Vorstellung, Nutzung und Symbolik des Wassers im Mittelalter, in: Neuhaus, Helmut (ed.): Wasser. Fünf Vorträge (Erlanger Forschungen, Reihe A, Geisteswissenschaften 119), Erlangen 2009, p. 59–101.

Hergenröther, Josef: Monumenta graeca ad Photium ejusque historiam pertinentia, New York 1869.

Hericus Autissiodorensis: Miracula s. Germani episcopi Autissiodorensis, in: Bibliothèque historique de l'Yonne, vol. 2, ed. Louis Maximilien Duru, Auxerre/Paris 1863, p. 114–183.

Herimannus Augiensis: Chronicon, in: [Annales et chronica aevi Salici], ed. Georg Heinrich Pertz (MGH SS 5), Hannover 1844, p. 67–133 (reimpr. Stuttgart 1985).

Hernández, Francisco J.: Los cartularios de Toledo. Catálogo documental (Monumenta ecclesiae Toletanae historica. Series 1: Regesta et inventaria historica 1), Madrid 1985.

Hettinger, Anette: Die Beziehungen des Papsttums zu Afrika von der Mitte des 11. bis zum Ende des 12. Jahrhunderts (Beihefte zum Archiv für Kulturgeschichte 36), Köln/Weimar/Wien 1993.

Hieronymus de Blancas: Aragonensium rerum commentarii, in: Hispaniae illustratae seu urbium rerumque hispanicarum, academiarum, bibliothecarum, clarorum denique in omni disciplinarum genere scriptorum auctores varii chronologi, historici, vol. 3, ed. Andreas Schott, Frankfurt a. M. 1606, p. 566–840.

Hieronymus Monetarius: Itinerarum Hispanicum (1494–1495), ed. Ludwig Pfandl, in: Revue hispanique 48 (1920), p. 1–179.

Hiestand, Rudolf: Papsturkunden für Templer und Johanniter. Vorarbeiten zum Oriens Pontificius II (Abhandlungen der Akademie der Wissenschaften zu Göttingen. Philologisch-historische Klasse III 135), Göttingen 1984.

Hilarius Litomericensis s. ecclesiae Pragensis decanus: Disputatio cum Ioanne Rokyczana, edd. Benedictus Wenceslaus Strahl/Josephus Paulus Seddeler, Praha 1775.

Hincmarus Laudunensis: Pittaciolus, in: Die Streitschriften Hinkmars von Reims und Hinkmars von Laon 869–871, ed. Rudolf Schieffer (MGH Conc. 4, Suppl. 2), Hannover 2003, p. 65–97.

Hincmarus Laudunensis: Rotula prolixa, in: Die Streitschriften Hinkmars von Reims und Hinkmars von Laon 869–871, ed. Rudolf Schieffer (MGH Conc. 4, Suppl. 2), Hannover 2003, p. 366–408.

Hincmarus Remensis: De officiis episcoporum, in: Hincmari Rhemensis archiepiscopi Opera omnia, tomus prior, ed. Jacques Paul Migne (Patrologiae cursus completus, series latina, vol. 125), Paris 1852, col. 1087–1094.

Hincmarus Remensis: De praedestinatione Dei et libero Arbitrio dissertatio posterior, in: Hincmari Rhemensis archiepiscopi Opera omnia, tomus prior, ed. Jacques Paul Migne (Patrologiae cursus completus, series latina, vol. 125), Paris 1852, col. 65–472.

Hincmarus Remensis: Epistola XXX ad episcopos de iure metropolitanorum, cum de Ansegisi primata angeretur, in: Hincmari Rhemensis archiepiscopi Opera omnia, tomus posterior, ed. Jacques Paul Migne (Patrologiae cursus completus, series latina, vol. 126), Paris 1852, col. 189–210.

Hincmarus Remensis: Libellus de synodo Suessionensi, in: Hincmari archiepiscopi Remensis epistolae (Die Briefe des Erzbischofs Hinkmar von Reims), pars 1, ed. Ernst Perels (MGH Epp. 8/1), Hannover 1939 (reimpr. 1985), p. 173–187.

Hincmarus Remensis: Libellus expostulationis, in: Concilia aevi Karolini DCCCLX - DCCCLXXIV. Die Konzilien der karolingischen Teilreiche 860–874, ed. Wilfried Hartmann (MGH Conc. 4), Hannover 1998, p. 420–487.

Hincmari Rhemensis archiepiscopi opera omnia, tomus posterior, ed. Jacques Paul Migne (Patrologiae cursus completus, series latina, vol. 126), Paris 1852.

Hincmarus Remensis: Opusculum LV capitulorum, in: Die Streitschriften Hinkmars von Reims und Hinkmars von Laon 869–871, ed. Rudolf Schieffer (MGH Conc. 4, Suppl. 2), Hannover 2003, p. 130–361.

Hinschius, Paul: Das Kirchenrecht der Katholiken und Protestanten in Deutschland, vol. 1: System des katholischen Kirchenrechts mit besonderer Rücksicht auf Deutschland, Berlin 1869 (reimpr. Graz 1959).

Historia abbatiae Condomensis, in: Spicilegium sive collectio veterum aliquot scriptorum qui in Galliae Bibliothecis delituerant, vol. 2, edd. Lucas d'Achéry/Louis-François-Joseph de la Barre, Paris 1723, p. 580–602.

Historia archiepiscoporum Bremensium, in: Geschichtsquellen des Erzstiftes und der Stadt Bremen, ed. Johann Martin Lappenberg, Bremen 1841, p. 7–54 (reimpr. Aalen 1967).

Historia brevis s. Juliani Turonensis, in: Recueil de chroniques de Touraine, ed. André Salmon, Tours 1854, p. 220–234.

Historia custodum Aretinorum, in: [Supplementa tomorum I-XV], ed. Adolf Hofmeister (MGH SS 30/2), Leipzig 1934, p. 1468–1482 (reimpr. Stuttgart 1976).

Historia episcoporum Autissiodorensium, ed. Maximilien Quantin, in: Bibliothèque historique de l'Yonne, vol. 1, ed. Louis Maximilien Duru, Auxerre/Paris 1850, p. 309–357.

Historia fundationis monasterii s. Viti martyris in Gladbach, in: Quellen und Beiträge zur Geschichte der Benediktiner-Abtei des hl. Vitus in M. Gladbach, ed. Peter-Joseph Ropertz, Bonn 1877, p. 1–10.

Historia monasterii Mosomensis, ed. Wilhelm Wattenbach, in: [Supplementa tomorum I-XII, pars II. Supplementum tomi XIII], ed. Georg Waitz (MGH SS 14), Hannover 1883, p. 600–618 (reimpr. Stuttgart 1988).

Historia monasterii s. Florentii Salmuriensis, in: Recueil des Historiens des Gaules et de la France. Nouvelle édition, vol. 10, Paris 1874, p. 264–267.

Historia Olavi Tryggonis filii maxima, ed. Finnur Jónsson, in: [Ex rerum Danicarum scriptoribus saec. XII. et XIII. Ex historiis Islandicis. Ex rerum Polonicarum scriptoribus saec. XII. et XIII. Ex rerum Ungaricarum scriptoribus saec. XIII], edd. Georg Waitz/Finnur Jónsson/Max Perlbach/Lothar von Heinemann (MGH SS 29), Hannover 1892, p. 381–394 (reimpr. 1975).

Historia pontificum et comitum Engolismensium, ed. Jacques Boussard (Bibliothèque elzévirienne, NS Études et documents), Paris 1957.

Historia regum Francorum, in: Recueil des Historiens des Gaules et de la France. Nouvelle édition, vol. 9, ed. Martin Bouquet, Paris 1870, p. 41–45.

Historia regum Francorum monasterii sancti Dionysii, ed. Georg Waitz, in: [Chronica et annales aevi Salici], ed. Georg Heinrich Pertz (MGH SS 9), Hannover 1851, p. 395–406 (reimpr. Stuttgart 1983).

Historia Salonitana maior, ed. Nada Klaić (Académie serbe des sciences et des artes Monographies 399 / Classe des sciences sociales 55), Beograd 1967.

Historia Walciodorensis monasterii, in: [Supplementa tomorum I-XII, pars II. Supplementum tomi XIII], ed. Georg Waitz (MGH SS 14), Hannover 1883, p. 503–542 (reimpr. Stuttgart 1988).

Hoffmann, Hartmut: Gottesfriede und Treuga Dei (MGH Schriften 20), Stuttgart 1964.

Honselmann, Klemens: Das Rationale der Bischöfe, Paderborn 1975.

Hrabanus Maurus: Carmina, in: Poetae Latini aevi Carolini, vol. 2, ed. Ernst Dümmler (MGH Poetae 2), Berlin 1884, p. 154–258 (reimpr. 1999).

Hrabanus Maurus: Epitaphium Irmengardis, in: Poetae Latini aevi Carolini, vol. 2, ed. Ernst Dümmler (MGH Poetae 2), Berlin 1884, p. 239–240 (reimpr. 1999).

Hrabanus Maurus: In honorem s. Crucis, ed. Michel Jean-Louis Perrin (CCCM 100), Turnhout 1997.

Hrothsvitha Gandersheimensis: Carmen de gestis Ottonis imperatoris, ed. Maria Pasqualina Pillolla (Per Verba. Testa mediolatini con traduzione 20), Firenze 2003.

Hrothsvitha Gandersheimensis: Carmen de gestis Ottonis imperatoris, ed. Walter Berschin, in: Hrotsvit. Opera omnia (Bibliotheca scriptorum Graecorum et Romanorum Teubneriana), München/Leipzig 2001, p. 276–305.

Hrothsvitha Gandersheimensis: Primordia coenobii Gandeshemensis, ed. Walter Berschin, in: Hrotsvit. Opera omnia (Bibliotheca scriptorum Graecorum et Romanorum Teubneriana), München/Leipzig 2001, p. 306–329.

Hugo, Carolus Ludovicus: Sacri et canonici ordinis Praemonstratensis Annales in duas partes divisi, 2 vol., Nancy 1734–1736 (reimpr. Averbode 1999).

Hugo de s. Victore: Chronica, in: [Annales aevi Suevici (Supplementa tomorum XVI et XVII). Gesta saec. XII. XIII. (Supplementa tomorum XX–XXIII)], ed. Georg Waitz (MGH SS 24), Hannover 1879, p. 88–97 (reimpr. Stuttgart 1975).

Hugo Farfensis: Destructio monasterii Farfensis, in: Il "Chronicon Farfense" di Gregorio di Catino, precedono la "Constructio Farfensis" e gli scritti di Ugo di Farfa (sec. IX–XII), vol. 1, ed. Ugo Balzani (FSI 33), Roma 1903, p. 25–51.

Hugo Farfensis: Exceptio relationum de monasterii Farfensis diminutione, in: Il "Chronicon Farfense" di Gregorio di Catino, precedono la "Constructio Farfensis" e gli scritti di Ugo di Farfa (sec. IX–XII), vol. 1, ed. Ugo Balzani (FSI 33), Roma 1903, p. 59–70.

Hugo Farfensis: Querimonium ad imperatorem de castro Tribuco et Bucciniano, in: Il "Chronicon Farfense" di Gregorio di Catino, precedono la "Constructio Farfensis" e gli scritti di Ugo di Farfa (sec. IX–XII), vol. 1, ed. Ugo Balzani (FSI 33), Roma 1903, p. 71–77.

Hugo Farfensis: Relatio constitutionis, in: Il "Chronicon Farfense" di Gregorio di Catino, precedono la "Constructio Farfensis" e gli scritti di Ugo di Farfa (sec. IX–XII), vol. 1, ed. Ugo Balzani (FSI 33), Roma 1903, p. 51–58.

Hugo Flaviniacensis: Chronicon, in: [Chronica et gesta aevi Salici], ed. Georg Heinrich Pertz (MGH SS 8), Hannover 1848, p. 288–502 (reimpr. 1992).

Hugo Flaviniacensis: Series abbatum Flaviniacensium, in: [Chronica et gesta aevi Salici], ed. Georg Heinrich Pertz (MGH SS 8), Hannover 1848, p. 502–503 (reimpr. 1992).

Hugo Floriacensis: Historia Francorum Senonensis, ed. Georg Waitz, in: [Chronica et annales aevi Salici], ed. Georg Heinrich Pertz (MGH SS 9), Hannover 1851, p. 364–369 (reimpr. Stuttgart 1983).

Hugo Floriacensis: Liber qui modernorum regum Francorum continet actus, ed. Georg Waitz, in: [Chronica et annales aevi Salici], ed. Georg Heinrich Pertz (MGH SS 9), Hannover 1851, p. 376–395 (reimpr. Stuttgart 1983).

Hugo Floriacensis: Tractatus de regia potestate et sacerdotali dignitate, in: Libelli de lite imperatorum et pontificum saeculis XI. et XII. conscripti, vol. 2, ed. Ernst Sackur (MGH Ldl 2), Hannover 1892, p. 465–494.

Hugo Floriacensis: Vita Sacerdotis episcopi Lemovicensis, in: Paschalis II, Gelasii II, Calixti II Romanorum pontificum epistolae et privilegia, ed. Jacques Paul Migne (Patrologiae cursus completus, series latina, vol. 163), Paris 1893, col. 975–1005.

Hugo Pictaviensis: Chronicon Vizeliacense, in: Monumenta Vizeliacensia. Textes relatifs à l'histoire de l'abbaye de Vézelay, vol. 1, ed. Robert Burchard Constantijn Huygens (CCCM 42/1), Turnhout 1976, p. 395–607.

Hunt, William: Two Chartularies of the Priory of St. Peter at Bath (Somerset Record Society 7), London 1893.

Huygens, Robert Burchard Constantijn: Monumenta Vizeliacensia. Textes relatifs à l'histoire de l'abbaye de Vézelay, 2 vol. (CCCM 42/1–2), Turnhout 1976–1980.

Iacobus Gori: Istoria della città di Chiusi in Toscana dall'anno DCCCCXXXVI. al MDXCV., ed. Ludovico Antonio Muratori (RIS 1), Firenze 1748, p. 875–1124.

Iberia Pontificia II. Dioeceses exemptae: Dioecesis Burgensis, edd. Santiago Domínguez Sánchez/Daniel Berger (Regesta Pontificum Romanorum), Göttingen 2012.

Iberia Pontificia IV. Provincia Compostellana, pars I: Dioeceses Abulensis, Salmanticensis, Cauriensis, Civitatensis, Placentina, edd. Frank Engel/José Luis Martín Martín (Regesta Pontificum Romanorum), Göttingen 2016.

Iglesias Ortego, Arturo/Sandoval Verea, Francisco M./Seijas Montero, María: Guía del archivo de la catedral de Santiago (Instrumentos de descripción 1), Santiago de Compostela 2007.

Indiculus episcoporum et archiepiscoporum Amalfitanorum, in: Italia Sacra, vol. 7, ed. Ferdinando Ughelli, 2. ed. Venezia 1721, p. 183–192.

Innocentius Keferloher: Vita s. Rassonis comitis Andecavensis, in: AASS iun. 3, edd. Godefridus Henschenius/Daniel Papebrochius/Franciscus Baertius/Conradus Janningus, Antwerpen 1701, p. 894–896.

Invectiva in Romam pro Formoso papa, in: Gesta Berengarii imperatoris. Beiträge zur Geschichte Italiens im Anfange des zehnten Jahrhunderts, ed. Ernst Dümmler, Halle a. d. Saale 1871, p. 137–154.

Inventio s. Maximi, in: AASS oct. 8, edd. Josephus van Hecke/Benjaminus Bossue/Victor de Buck/Antonius Tinnebroek, Brüssel 1853, p. 407–417.

Inventio ss. Diodori Mariani et aliorum, in: AASS oct. 11, edd. Josephus van Hecke/Benjaminus Bossue/Eduardus Carpentier/Victor de Buck/Remigius de Buck, Brüssel 1864, p. 446–447.

Iohannes: Vita et obitus b. Dominici confessoris de Sora, in: Analecta Bollandiana 1 (1882), p. 282–298.

Iohannes Beccos: De pace, in: Dossier grec de l'Union de Lyon (1273–1277), edd. Vitalien Laurent/Jean Darrouzès (Archives de l'Orient chrétien 16), Paris 1976, p. 424–557.

Iohannes Berardi: Chronicon Casauriense, sive Historia Monasterii Casauriensis, ed. Ludovico Antonio Muratori (RIS 2/2), Milano 1726, p. 767–1020.

Iohannes Cluniacensis: Vita Odonis abbatis Cluniacensis, ed. Lothar von Heinemann, in: [Supplementa tomorum I-XII, pars III. Supplementum tomi XIII], edd. Georg Waitz/Wilhelm Wattenbach (MGH SS 15/2), Hannover 1888, p. 586–588 (reimpr. Stuttgart 1991).

Iohannes de Deo: Cronica, in: [Annales et chronica Italica aevi Suevici], ed. Oswald Holder-Egger (MGH SS 31), Hannover 1903, p. 301–324 (reimpr. Hannover 1980).

Iohannes Diaconus: Istoria Veneticorum, ed. Luigi Andrea Berto (Fonti per la storia dell'Italia Medievale. Storici italiani dal cinquecento al millecinquecento ad uso delle scuole 2), Bologna, 5. ed. 1999 (reimpr. 2003).

Iohannes Dlugossius: Annales seu Chronicae incliti regni Poloniae, ed. Danuta Turkowska, 2 vol., Warszawa 1974.

Iohannes Dlugossius: Catalogus archiepiscoporum Gneznensium, in: Jan Długosz, Opera omnia, vol. 1, edd. Ignatius Polkowski/Zegota Pauli, Kraków 1887, p. 337–378.

Iohannes Dlugossius: Catalogus episcoporum Cracoviensium. Katalog biskupów Krakowskich, in: Catalogi episcoporum Cracoviensium, ed. Józef Szymański (Monumenta Poloniae historica. Series nova, vol. 10/2), Kraków 1974, p. 125–281.

Iohannes Dlugossius: Catalogus episcoporum Posnaniensium, in: Jan Długosz, Opera omnia, vol. 1, edd. Ignatius Polkowski/Zegota Pauli, Kraków 1887, p. 479–513.

Iohannes Dlugossius: Catalogus episcoporum Wladislawiensium, in: Jan Długosz, Opera omnia, vol. 1, edd. Ignatius Polkowski/Zegota Pauli, Kraków 1887, p. 515–544.

Iohannes Dlugossius: Catalogus episcoporum Wladislaviensium II, ed. Wojciech Kętrzyński, in: Monumenta Poloniae historica, vol. 4, ed. August Bielowski, Lwów 1884, p. 16–30 (reimpr. Warszawa 1964).

Iohannes Dlugossius: Catalogus episcoporum Wratislaviensium, in: Jan Długosz, Opera omnia, vol. 1, edd. Ignatius Polkowski/Zegota Pauli, Kraków 1887, p. 439–477.

Iohannes Dlugossius: Vitae episcoporum Plocensium abbreviatae cum continuatione Laurentii de Wszerecz, in: Monumenta Poloniae historica, vol. 6, ed. August Bielowski, Kraków 1893, p. 592–619 (reimpr. Warszawa 1964).

Iohannes Gorziensis: Ex Miraculis s. Glodesindis, in: [Annales, chronica et historiae aevi Carolini et Saxonici], ed. Georg Heinrich Pertz (MGH SS 4), Hannover 1841, p. 236–238 (reimpr. Berlin 1982).

Iohannes Hymmonides: Sancti Gregorii Magni vita, in: Sancti Gregorii Papae I, cognomento Magni, Opera omnia (Patrologiae cursus completus, series latina, vol. 75), ed. Jacques Paul Migne, Paris 1862, col. 60–462.

Iohannes Hymmonides: Versiculi de Cena Cypriani, in: Poetae Latini aevi Carolini, vol. 4, fasc. 2: Rhythmi aevi Merovingici et Carolini, ed. Karl Strecker (MGH Poetae 4/2), Berlin 1914, p. 857–900 (reimpr. 2000).

Iohannes Hymmonides/Gaudericus Velitranus: Vita s. Clementis, in: Excerpta ex Clementinis Recognitionibus a tyranno Rufino translatis, in: Testi e documenti per lo studio dell'antichità XXIV, ed. Giovanni Orlando, Milano/Varese 1968, p. 1–164.

Iohannes Mettensis: Translatio s. Glodesindis, in: [Annales aevi Suevici (Supplementa tomorum XVI et XVII). Gesta saec. XII. XIII. (Supplementa tomorum XX–XXIII)], ed. Georg Waitz (MGH SS 24), Hannover 1879, p. 506–507 (reimpr. Stuttgart 1975).

Iohannes Mettensis: Vita Iohannis abbatis Gorziensis, in: [Annales, chronica et historiae aevi Carolini et Saxonici], ed. Georg Heinrich Pertz (MGH SS 4), p. 335–377 (reimpr. Berlin 1982).

Iohannes Romanus: Descriptio Lateranensis ecclesiae, in: Codice topografico della città di Roma, vol. 3: sec. XII–XIV, edd. Roberto Valentini/Giuseppe Zucchetti (FSI 90), Roma 1946, p. 319–373.

Iohannes Vulturnensis: Chronicon Vulturnense, ed. Vincenzo Federici: "Chronicon Vulturnense" del monaco Giovanni (sec. XII–XIII), 3 vol. (FSI 58–60), Roma 1925–1938.

Iotsaldus Cluniacensis: Vita Odilonis, ed. Georg Waitz, in: [Supplementa tomorum I-XII, pars III. Supplementum tomi XIII], edd. Georg Waitz/Wilhelm Wattenbach (MGH SS 15/2), Hannover 1888, p. 812–820 (reimpr. Stuttgart 1991).

Italia Pontificia I. Roma, ed. Paul Fridolin Kehr (Regesta Pontificum Romanorum), Berlin 1906 (reimpr. 1961).

Italia Pontificia II. Latium, ed. Paul Fridolin Kehr (Regesta Pontificum Romanorum), Berlin 1907 (reimpr. 1961).

Italia Pontificia III. Etruria, ed. Paul Fridolin Kehr (Regesta Pontificum Romanorum), Berlin 1908 (reimpr. 1961).

Italia Pontificia IV. Umbria, Picenum, Marsia, ed. Paul Fridolin Kehr (Regesta Pontificum Romanorum), Berlin 1909 (reimpr. 1961).

Italia Pontificia V. Aemilia sive provincia Ravennas, ed. Paul Fridolin Kehr (Regesta Pontificum Romanorum), Berlin 1911 (reimpr. 1961).

Italia Pontificia VI. Liguria sive provincia Mediolanensis, pars 1: Lombardia, ed. Paul Fridolin Kehr (Regesta Pontificum Romanorum), Berlin 1913 (reimpr. 1961).

Italia Pontificia VI. Liguria sive provincia Mediolanensis, pars 2: Pedemontium – Liguria maritima, ed. Paul Fridolin Kehr (Regesta Pontificum Romanorum), Berlin 1913 (reimpr. 1961).

Italia Pontificia VII. Venetiae et Histria, pars 1: Provincia Aquileiensis, ed. Paul Fridolin Kehr (Regesta Pontificum Romanorum), Berlin 1923 (reimpr. 1961).

Italia Pontificia VII. Venetiae et Histria, pars 2: Respublica Venetiarum, provincia Gradensis, Histria, ed. Paul Fridolin Kehr (Regesta Pontificum Romanorum), Berlin 1925 (reimpr. 1961).

Italia Pontificia VIII. Regnum Normannorum, Campania, ed. Paul Fridolin Kehr (Regesta Pontificum Romanorum), Berlin 1935 (reimpr. 1986).

Italia Pontificia IX. Samnium, Apulia, Lucania, ed. Walther Holtzmann (Regesta Pontificum Romanorum), Berlin 1962 (reimpr. Hildesheim 1986).

Italia Pontificia X. Calabria, Insulae, ed. Dieter Girgensohn (Regesta Pontificum Romanorum), Zürich 1975.

Itinerarium Bernardi monachi Franci. Das „Itinerarium Bernardi Monachi". Edition, Übersetzung, Kommentar, ed. Josef Ackermann (MGH Studien und Texte 50), Hannover 2010.

Ivo Carnotensis (?): Collectio tripartita, ed. Karl-Georg Schon, http://www.pseudoisidor.mgh.de/.

Ivo Carnotensis: Decretum, in: Sancti Ivonis Carnotensis episcopi Opera omnia, tomus primus, ed. Jacques Paul Migne (Patrologiae cursus completus, series latina, vol. 161), Paris 1855, col. 47–1036.

Ivo Carnotensis: Epistolae ad litem investiturarum spectantes, ed. Ernst Sackur, in: Libelli de lite imperatorum et pontificum saeculis XI. et XII. conscripti, vol. 2, ed. Ernst Bernheim (MGH Ldl 2), Hannover 1892, p. 640–647.

Ivo Carnotensis (?): Panormia (Ivoni perperam adscripta), in: Sancti Ivonis Carnotensis episcopi Opera omnia, tomus primus, ed. Jacques Paul Migne (Patrologiae cursus completus, series latina, vol. 161), Paris 1855, col. 1041–1344.

Jacobilli, Lodovico: Vita de santi e beati dell'Umbria, 3 vol., Foligno 1647–1661.

Jacobs, Eduard (ed.): Urkundenbuch des in der Grafschaft Wernigerode gelegenen Klosters Ilsenburg, vol. 1: Die Urkunden vom Jahre 1003–1460 (Geschichtsquellen der Provinz Sachsen und angrenzender Gebiete 6), Halle a. d. Saale 1875.

Jaffé, Philipp (ed.): Bibliotheca rerum Germanicarum, 6 vol., Berlin 1864–1873 (reimpr. Aalen 1965).

Jaffé, Philipp (ed.): Regesta Pontificum Romanorum ab condita ecclesia ad annum post Christum natum 1198. Editionem secundam, edd. Samuel Löwenfeld/Ferdinand Kaltenbrunner/Paul Ewald, 2. vol., Leipzig, 2. ed. 1885–1888 (reimpr. Graz 1956).

Jaffé, Philipp (ed.): Regesta Pontificum Romanorum ab condita ecclesia ad annum post Christum natum MCXCVIII. Editionis tertiae emendatae et auctae tomum primum iubente Academia Gottingensi sub auspiciis Nicolai Herbers curavit Marcus Schütz cooperantibus Victoria Trenkle, Iudith Werner, itemque Catharina Gowers, Waldemaro Könighaus, Cornelia Scherer, Thorstano Schlauwitz (a S. Petro usque ad a. DCIV), Göttingen 2016.

Jaffé, Philipp (ed.): Regesta Pontificum Romanorum ab condita ecclesia ad annum post Christum natum MCXCVIII. Editionis tertiae emendatae et auctae tomum secundum iubente Academia Gottingensi sub auspiciis Nicolai Herbers curaverunt Waldemarus Könighaus, Thorstanus Schlauwitz cooperantibus Cornelia Scherer, Marco Schütz (ab a. DCIV usque ad a. DCCCXLIV), Göttingen 2017.

Jakobs, Hermann: Spätottonische Klosterfreiheit. Die Privilegien "Creditae speculationis" Johannes' XIII. und Benedikts VII. für Thankmarsfelde/Nienburg, Alsleben und Arneburg, in: Petke, Wolfgang/Jakobs, Hermann (edd.): Papsturkundenforschung und Historie. Aus der Germania Pontificia Halberstadt und Lüttich, Köln et al. 2008, p. 1–128.

Janicke, Karl (ed.): Urkundenbuch des Hochstifts Hildesheim und seiner Bischöfe, Leipzig 1896.

Jasinski, Wojciech: Die Bulle Johannes' XIII. für das Bistum Meißen vom 2. Januar 968: echt oder gefälscht? Ein Beitrag zu den Anfängen der Kirchen von Meißen und Posen, in: Archiv für Diplomatik 60 (2014), p. 87–116.

JE *cf. Jaffé Regesta*

Jenkins, Romilly James Heald/Westerink, Leendert Gerrick (edd.): Nicolai I Constantinopolitani patriarchae epistolae. Nicholas I patriarch of Constantinople letters (Corpus Fontium Historiae Byzantinae 6 = Dumbarton Oaks texts 2), Washington 1973.

JK *cf. Jaffé Regesta*

JL *cf. Jaffé Regesta*

Joannis Scoti opera quae supersunt omnia, ed. Joseph Heinrich Floss (Patrologiae cursus completus, series latina, vol. 122), Paris 1865.

Jordan, Edouard (ed.): Les registres de Clément IV. Recueil des bulles de ce pape, publiées et analysées d'après les manuscrits originaux des Archives du Vatican (Bibliothèque des Écoles Françaises d'Athènes et de Rome 2), 2 vol., Paris 1893–1945.

Junius Restius: Chronica Ragusina, ed. Natko Nodilo (Monumenta spectantia historiam Slavorum 25), Zagreb 1893.

Junyent i Subirà, Eduard (ed.): Diplomatari de la catedral de Vic. Segles IX–X (Publicacions del Patronat d'Estudis Osonencs. Série documents 1), Vic 1980–1996.

Junyent i Subirà, Eduard (ed.): Diplomatari i escrits literaris de l'abat i bisbe Oliba (Institut d'Estudis Catalans. Secció Històrico-Arqueològica. Memòries de la Secció Històrico-Arqueològica 44), Barcelona 1992.

Kadlec, Jaroslav: Auf dem Wege zum Prager Bistum (Zur Vorgeschichte seiner Gründung), in: Zagiba, Franz (ed.): Geschichte der Ost- und Westkirche in ihren wechselseitigen Beziehungen. Acta congressus historiae Slavicae Salisburgensis in memoriam SS. Cyrilli et Methodii anno 1963 celebrati (Annales Instituti Slavici 3), Wiesbaden 1967, p. 29–45.

Kaiser, Vlado A.: Die Gründung des Bistums Prag, in: Archiv für Kirchengeschichte von Böhmen-Mähren-Schlesien 3 (1973), p. 9–23.

Kaiserchronik eines Regensburger Geistlichen, in: Deutsche Chroniken und andere Geschichtsbücher des Mittelalters, vol. 1, pars 1: Deutsche Kaiserchronik, ed. Edward Schröder (MGH Dt. Chron. 1/1), Hannover 1895 (reimpr. 2002).

Kehr, Paul Fridolin: Die älteren Urkunden für Helmarshausen und das Helmarshäuser Kopialbuch, in: Neues Archiv der Gesellschaft für ältere deutsche Geschichtskunde 49 (1932), p. 86–114 (reimpr. Hiestand, Rudolf [ed.]: Paul Fridolin Kehr. Ausgewählte Schriften, vol. 2 [Abhandlungen der Akademie der Wissenschaften zu Göttingen, Philologisch-Historische Klasse, Dritte Folge 250], Göttingen 2005, p. 1167-1195).

Kehr, Paul Fridolin: Die ältesten Papsturkunden Spaniens erläutert und reproduziert (Abhandlung der Preußischen Akademie der Wissenschaften. Philologisch-Historische Klasse 1926/2), Berlin 1926 (reimpr. Hiestand, Rudolf [ed.]: Paul Fridolin Kehr. Ausgewählte Schriften, vol. 2 [Abhandlungen der Akademie der Wissenschaften zu Göttingen, Philologisch-Historische Klasse, Dritte Folge 250], Göttingen 2005, p. 943-1002).

Kehr, Paul Fridolin: Le bolle pontificie anteriori al 1198 che si conservano nell'Archivio di Montecassino, in: Miscellanea Cassinese 2 (1899), p. 1-90 (reimpr. Kehr, Paul Fridolin [ed.]: Papsturkunden in Italien. Reiseberichte zur Italia Pontificia, vol. 2 [Acta Romanorum Pontificium 2], Città del Vaticano 1977, p. 131–217).

Kehr, Paul Fridolin: Das Papsttum und der katalanische Prinzipat bis zur Vereinigung mit Aragon (Abhandlungen der Preußischen Akademie der Wissenschaften. Philologisch-Historische Klasse 1926/1), Berlin 1926 (reimpr. Hiestand, Rudolf [ed.]: Paul Fridolin Kehr. Ausgewählte Schriften, vol. 2 [Abhandlungen der Akademie der Wissenschaften zu Göttingen, Philologisch-Historische Klasse, Dritte Folge 250], Göttingen 2005, p. 853-942).

Kehr, Paul Fridolin (ed.): Papsturkunden in Mailand, in: Nachrichten von der Gesellschaft der Wissenschaften zu Göttingen. Philologisch-Historische Klasse (1902), p. 67–129 (reimpr. Kehr, Paul Fridolin: Papsturkunden in Italien. Reiseberichte zur Italia Pontificia, vol. 3, ed. Raffaello Volpini [Acta Romanorum Pontificum 3], Città del Vaticano 1977, p. 241-303).

Kehr, Paul Fridolin (ed.): Papsturkunden in Pisa, Lucca und Ravenna, in: Nachrichten der Königlichen Gesellschaft der Wissenschaften zu Göttingen. Philologisch–Historische Klasse (1897), p. 175-216 (reimpr. Kehr, Paul Fridolin: Papsturkunden in Italien. Reiseberichte zur Italia Pontificia, vol. 1, ed. Raffaello Volpini [Acta Romanorum Pontificum 1], Città del Vaticano 1977, p. 33-74.

Kehr, Paul Fridolin (ed.): Papsturkunden in Spanien, vol. 1: Vorarbeiten zur Hispania pontificia I: Katalanien (Abhandlungen der Akademie der Wissenschaften zu Göttingen. Philologisch-Historische Klasse Neue Folge 18/2), Göttingen 1926 (reimpr. 1970).

Kehr, Paul Fridolin (ed.): Papsturkunden im östlichen Toscana, in: Nachrichten von der Gesellschaft der Wissenschaften zu Göttingen. Philologisch-Historische Klasse (1904), p. 139–203 (reimpr. Papsturkunden in Italien, vol. 4 [Acta Romanorum Pontificum 4], Città del Vaticano 1977, p. 319–384).

Kerner, Max/Herbers, Klaus: Die Päpstin Johanna. Biographie einer Legende, Köln et al. 2010.

Klinkenborg, Melle (ed.): Papsturkunden in Nonantola, Modena und Verona, in: Nachrichten der

Königlichen Gesellschaft der Wissenschaften zu Göttingen. Philologisch–Historische Klasse (1897), p. 234–262 (reimpr. Kehr, Paul Fridolin: Papsturkunden in Italien. Reiseberichte zur Italia Pontificia, vol. 1, ed. Raffaello Volpini [Acta Romanorum Pontificum 1], Città del Vaticano 1977, p. 87–115).

Knaut, Christian: Antiquitates Comitatus Ballenstadiensis et Ascaniensis oder Gründliche und ausführliche Beschreibung der beyden Uhralten Nord-Thuringischen Graffschafften Ballenstädt und Aschersleben, Köthen 1698.

Koch, Anton Carl Frederik (ed.): Oorkondenboek van Holland en Zeeland (tot 1299), vol. 1: Eind van de 7e eeuw tot 1222, 's Gravenhage 1970.

Kostrenčić, Marko/Smičiklas, Tadija (edd.): Codex Diplomaticus Regni Croatiae, Dalmatiae et Slavoniae, vol. 1: Diplomata Annorum 743–1100, Zagreb 1967.

Kürbis, Brygida: Epitafium Bolesława Chrobrego. Analiza literacka i historyczna, in: Roczniki Historyczne 55–56 (1989–1990), p. 95–132.

Kürbisowna, Brygida: Dagome iudex - studium krytyczne, in: Początki Pánstwa Polskiego, vol. 1, ed. Kazimierz Tymieniecki, Warszawa 1962, p. 363-–423.

Kurze, Wilhelm (ed.): Codex diplomaticus Amiatinus. Urkundenbuch der Abtei S. Salvatore am Montamiata. Von den Anfängen bis zum Regierungsantritte Papst Innocenz III. (736–1198), 4 vol., Tübingen 1974–1982.

Lacko, Michael: The Popes and Great Moravia in the Light of Roman Documents, Cleveland/Roma 1972.

Lair, Jules: Encyclique de Sergius IV, relative à un projet de croisade (vers 1010), in: Bibliothèque de l'École des chartes 18 (1857), p. 246–253.

Lambertus Leodiensis: Annales, in: [Annales aevi Suevici], ed. Georg Heinrich Pertz (MGH SS 16), Hannover 1859, p. 645–650 (reimpr. Stuttgart 1994).

Lambertus s. Audomari: Genealogia comitum Flandriae, ed. Ludwig Konrad Bethmann, in: [Chronica et annales aevi Salici], ed. Georg Heinrich Pertz (MGH SS 9), Hannover 1851, p. 308–312 (reimpr. Stuttgart 1983).

Lampertus Hersfeldensis: Annales, in: Lamperti monachi Hersfeldensis Opera, ed. Oswald Holder-Egger (MGH SS rer. Germ. 38), Hannover/Leipzig 1894, p. 1–304 (reimpr. 1984).

Landulphus Mediolanensis: Historiae libri quatuor, ed. Alessandro Cutolo (RIS NS 4/2), Bologna 1942.

Lantbertus Tuitensis: Vita s. Heriberti, in: Lambert von Deutz. Vita Heriberti, Miracula Heriberti, Gedichte, Liturgische Texte, ed. Bernhard Vogel (MGH SS rer. Germ. 73), Hannover 2001, p. 135–201.

Laourdas, Basilius/Westerink, Leendert Gerrick (edd.): Photii patriarchae Constantinopolitani Epistulae et Amphilochia, 6 vol. (Bibliotheca Scriptorum Graecorum et Romanorum Teubneriana), Leipzig 1983–1987.

Lappenberg, Johann Martin (ed.): Hamburgisches Urkundenbuch, vol. 1: 786–1300, Hamburg 1842.

Larragueta, Santos Garcia: Catálogo de los pergaminos de la catedral de Oviedo, Oviedo 1957.

Lasteyrie, Robert de: Cartulaire générale de Paris ou Recueil de documents relatifs à l'histoire et à la topographie de Paris, vol. 1: 528–1180 (Histoire générale de Paris), Paris 1887.

Lauer, Philippe (ed.): Recueil des actes de Charles III le Simple, roi de France (893–923) (Chartes et diplômes relatifs à l'histoire de France 10), 2 vol., Paris 1940–1949.

Lauer, Philippe (ed.): Recueil des actes de Louis IV, roi de France (936–954) (Chartes et diplômes relatifs à l'histoire de France 5), 2 vol., Paris 1914.

Laurent, Vitalien/Darrouzès, Jean: Dossier grec de l'Union de Lyon. 1273 – 1277 (Archives de l'orient chrétien 16), Paris 1976.

Laurentius Leodiensis: Gesta episcoporum Virdunensium et abbatum s. Vitoni, ed. Georg Waitz, in: [Annales et chronica aevi Salici. Vitae aevi Carolini et Saxonici], ed. Georg Heinrich Pertz (MGH SS 10), Hannover 1852, p. 486–530 (reimpr. Stuttgart 1987).

Le sale della mostra e il museo delle tavolette dipinte. Archivio di Stato di Siena: catalogo (Pubblicazioni degli archivi di stato 23), Roma 1956.

Leccisotti, Tommaso: Abbazia di Montecassino. I regesti dell'archivio, vol. 1, Roma 1964.

Leccisotti, Tommaso/Tabarelli, Costanzo: Le Carte dell'archivio di S. Pietro di Perugia (Comitato per lo studio e la pubblicazione dei documenti dell'Archivio della abazia di S. Pietro di Perugia presso la fondazione per l'istruzione agraria di Perugia 1), 2 vol., Milano 1956.

Leclercq, Jean: Gratien, Pierre de Troyes et la seconde croisade, in: Studia Gratiana 2 (1954), p. 585–593.

Lectionarium Dominicanum, in: Dominican Lectionaries and Leo of Ostia's Translatio S. Clementis, ed. Leonard E. Boyle, in: Archivum Fratrum Praedicatorum 28 (1958), p. 362–394.

Legenda minor s. Stephani, ed. Emma Bartoniek, in: Scriptores rerum Hungaricum tempore ducum regumque stirpis Arpadianae gestarum, vol. 2, ed. Imre Szentpétery, Budapest 1938, p. 393–400.

Legenda Moravica Cyrilli et Methodii. Proložnoje žitije Konstantina i Mefodija, in: Magnae Moraviae Fontes Historici, vol. 2: Textus biographici, hagiographici, liturgici, edd. Dagmar Bartoňková/Lubomír Havlík/Jaroslav Ludvíkovský/Zdeněk Marsařík/Radoslav Večerka (Opera universitatis Purkynianae Brunensis, Facultas Philosophica 118), Brno 1967, p. 164–166.

Leibniz, Gottfried Wilhelm/Pertz, Georg Heinrich: Annales imperii Occidentis, 3 vol., Hannover 1843–1846.

Leicht, Pier Silverio: Leggi e capitolari in una querimonia Amiatina dell'anno 1005–6, in: Bollettino senese di storia patria 14 (1907), p. 536–557.

Leo Marsicanus: Relatio de causa s. Sophiae in Benevento, in: Historia abbatiae Cassinensis, vol. 1, ed. Erasmo Gattula, Venezia 1733.

Leo Marsicanus: Translatio s. Clementis, in: Autour de Léon d'Ostie et de sa Translatio S. Clementis (legende italique des ss. Cyrille et Methode), edd. Paul Meyvaert/Paul Devos, in: Analecta Bollandiana 74 (1956), p. 189–241.

Letaldus Miciacensis: Liber miraculorum s. Maximi abbatis Miciacensis, in: Hrotsuithae virginis et monialis Gandersheimensis in Germania, ordinis s. Benedicti, Opera omnia, ed. Jacques Paul Migne (Patrologiae cursus completus, series latina, vol. 137), Paris 1879, col. 796–824.

Levillain, Léon: Examen critique des chartes mérovingiennes et carolingiennes de l'abbaye de Corbie (Mémoires et Documents publiés par la Société de l'École des Chartes 5), Paris 1902.

Libelli de lite imperatorum et pontificum saeculis XI. et XII. conscripti, vol. 3 (MGH Ldl 3), edd. Ernst Dümmler/Ernst Sackur, Hannover 1897.

Libellus de rebus Treverensibus saec. VIII–X, in: [Supplementa tomorum I-XII, pars II. Supplementum tomi XIII], ed. Georg Waitz (MGH SS 14), Hannover 1883, p. 98–106 (reimpr. Stuttgart 1988).

Libellus Ignatii, in: Sacrorum conciliorum nova et amplissima collectio, vol. 16, ed. Giovanni Domenico Mansi, Venezia 1771, col. 295–302 (reimpr. Graz 1960).

Liber canonum diversorum sanctorum patrum sive Collectio in CLXXXIII titulos digesta, ed. Joseph Motta (Monumenta Iuris Canonici, Series B: Corpus Collectionum 7), Città del Vaticano 1988.

Liber censuum *cf. Fabre/Duchesne*

Liber de revelatione et authoritate Fiscanensis monasterii, in: Histoire de l'abbaye de Fécamp. En vers français du XIIIe siècle, ed. Arthur Långfors (Annales Academiae Scientiarum Fennicae. Series B 22/1), Helsinki 1928, p. 12–40.

Liber pontificalis Eichstetensis, Ottonis et aliorum continuationes saec. XII–XVI, ed. Ludwig Konrad Bethmann, in: [Chronica et gesta aevi Salici], ed. Georg Heinrich Pertz (MGH SS 7), Hannover 1846, p. 250–253 (reimpr. Stuttgart 1995).

Liber pontificalis nella recensione di Pietro Guglielmo OSB e del card. Pandolfo, glossato da Pietro Bohier, 3 vol., ed. Ulderico Přerovský (Studia Gratiana 21–23), Roma 1978.

Liber pontificalis. Texte, introduction et commentaire avec additions et corrections, 3 vol., edd. Louis Duchesne/Cyrille Vogel (Bibliothèque des Écoles Françaises d'Athènes et de Rome 1), Paris, 2. ed. 1886–1957.

Liebermann, Felix (ed.): Die Gesetze der Angelsachsen, 3 vol., Halle 1903–1916.

Lilii, Camillo: Dell'historia di Camerino, vol. 1, Macerata 1656.

Linage Conde, Antonio: Los orígines del monacato benedictino en la Península Iberica, vol. 3: Monasticon Hispanum 398–1109 (Fuentes y Estudios de Historia Leonesa 11), León 1973.

Liudprandus Cremonensis: Antapodosis, in: Die Werke Liudprands von Cremona, ed. Joseph Becker (MGH SS rer. Germ. 41), Hannover/Leipzig, 3. ed. 1915, p. 1–158 (reimpr. 1993).

Liutprandus Cremonensis: Antapodosis, ed. Paolo Chiesa (Scrittori Greci e Latini), Milano 2015.

Liudprandus Cremonensis: Historia Ottonis, in: Die Werke Liudprands von Cremona, ed. Joseph Becker (MGH SS rer. Germ. 41), Hannover/Leipzig, 3. ed. 1915, p. 159–175 (reimpr. 1993).

Liudprandus Cremonensis: Legatio, in: Die Werke Liudprands von Cremona, ed. Joseph Becker (MGH SS rer. Germ. 41), Hannover/Leipzig, 3. ed. 1915, p. 175–212 (reimpr. 1993).

Locatelli, René/Moyse, Gérard: Une pierre d'attente du volume de Gallia Pontifica en chantier pour le diocèse de Lyon: L'abbaye de Saint-Claude, in: Revue Mabillon (2007), p. 253–273.

Lohrmann, Dietrich (ed.): Papsturkunden in Frankreich, Neue Folge, vol. 7: Nördliche Ile-de-France und Vermandois (Abhandlungen der Akademie der Wissenschaften zu Göttingen, Philologisch-Historische Klasse, Dritte Folge 95), Göttingen 1976.

Lošek, Fritz (ed.): Die Conversio Bagoariorum et Carantanorum und der Brief des Erzbischofs Theotmar von Salzburg (Studien und Texte 15), München 1997.

Lot, Ferdinand: Etudes sur le règne de Hugues Capet et la fin du Xe siècle (Bibliothèque de l'École des Hautes Etudes 4. Section Sciences Historiques et Philologiques 147), Paris 1903 (reimpr. Genève 1975).

Lot, Ferdinand/Giry, Arthur/Prou, Maurice/Tessier, Georges (edd.): Recueil des actes de Charles II le Chauve, roi de France, 3 vol. (Chartes et diplômes relatifs à l'histoire de France), Paris 1943–1955.

Lot, Ferdinand/Lauer, Philippe: Diplomata Karolinorum. Recueil de Reproductions en Fac-Similé des Actes originaux des souverains Carolingiens conservés dans les Archives et Bibliothèques de France, vol. 2/1: Louis le Pieux. Actes conservés à Paris, vol. 2/2: Louis le Pieux. Actes conservés en Province, Paris 1946.

Lot, Ferdinand/Lauer, Philippe/Tessier, Georges: Diplomata Karolinorum. Recueil de Reproductions en Fac-Similé des Actes originaux des souverains Carolingiens conservés dans les Archives et Bibliothèques de France, vol. 5: Charles le Chauve, Louis le Bègue et Carloman (870–884), Paris 1938.

Löwenfeld, Samuel: Acht Briefe aus der Zeit König Berengars, in: Neues Archiv der Gesellschaft für ältere deutsche Geschichtskunde 9 (1884), p. 513–539.

Löwenfeld, Samuel: Elf Papstbullen, in: Neues Archiv der Gesellschaft für ältere deutsche Geschichtskunde 11 (1885), p. 369–388.

Löwenfeld, Samuel (ed.): Epistolae pontificum Romanorum ineditae, Leipzig 1885 (reimpr. Graz 1959).

Löwenfeld, Samuel: Papsturkunden in Paris, in: Neues Archiv der Gesellschaft für ältere deutsche Geschichtskunde 7 (1881), p. 143–167.

Lucas Tudensis: Chronicon Mundi, ed. Emma Falque Rey (CCCM 74), Turnhout 2003.

Lübke, Christian: Regesten zur Geschichte der Slaven an Elbe und Oder (vom Jahr 900 an), 5 vol. (Giessener Abhandlungen zur Agrar- und Wirtschaftsforschung des europäischen Ostens 131, 133, 134, 152), Berlin 1984–1988.

Mabillon, Jean (ed.): Annales ordinis s. Benedicti occidentalium monachorum patriarchae, 6 vol., Paris 1703–1739.

Magnae Moraviae Fontes Historici, vol. 3: Diplomata, epistolae, textus historici varii, edd. Dagmar Bartoňková/Lubomír Havlík/Jaroslav Ludvíkovský/Radoslav Večerka (Opera universitatis Purkynianae Brunensis, Facultas Philosophica 134), Brno 1969.

Magnou-Nortier, Elisabeth/Magnou Anne-Marie (edd.): Recueil des chartes de l'abbaye de la Grasse, vol. 1: 779–1119 (Collection de documents inédits sur l'histoire de France – Serie in 8° 24), Paris 1996.

Magnus Reicherspergensis: Annales Reicherspergenses, ed. Wilhelm Wattenbach, in: [Annales aevi Suevici], ed. Georg Heinrich Pertz (MGH SS 17), Hannover 1861, p. 443–476 (reimpr. Stuttgart 1990).

Magnus Reicherspergensis: Chronica, ed. Wilhelm Wattenbach, in: [Annales aevi Suevici], ed. Georg Heinrich Pertz (MGH SS 17), Hannover 1861, p. 476–523 (reimpr. Stuttgart 1990).

Manaresi, Cesare (ed.): I placiti del Regnum Italiae, 2 vol. (FSI 92 et 96), Roma 1955–1958.

Manente, Ciprian: Historia da Orvieto, 2 vol., Venezia 1561–1567.

Mansi, Giovanni Domenico: Sacrorum conciliorum nova et amplissima collectio, 19 vol., Firenze/Venezia 1759–1774 (reimpr. Graz 1960–1961).

Mansilla, Demetrio: La supuesta metrópoli de Oviedo, in: Hispania Sacra 8 (1955), p. 259–274.

Manteyer, Georges de: Les chartes du pays d'Avignon (439–1040) (Mémoires de l'Académie de Vaucluse 2), Mâcon 1914.

Marazzi, Federico: Le 'città nuove' pontificie e l'insediamento laziale nel IX secolo, in: Francovich, Riccardo/Noyé, Ghislaine (edd.): La storia dell'alto medioevo italiano (VI–X secolo) alla luce dell'archeologia. Convegno internazionale (Siena, 2–6 dicembre 1992) (Archeologia medievale. Biblioteca 11), Firenze 1994, p. 251–277.

Marca, Pierre de/Baluze, Étienne (edd.): Marca Hispanica sive Limes Hispanicus, hoc est geographia et historica descriptio Cataloniae, Ruscionis et circumiacentium populorum, Paris 1688.

Marcucci, Francesco Antonio: Saggio delle cose ascolane e de'vescovi di Ascoli nel Piceno, Teramo 1766 (reimpr. Sala Bolognese 1984).

Marianus Scottus: Chronicon a. 1–1082, ed. Georg Waitz, in: [Annales et chronica aevi Salici], ed. Georg Heinrich Pertz (MGH SS 5), Hannover 1844, p. 481–568 (reimpr. Stuttgart 1985).

Marshall, Peter K.: The 'Epistulae' of Servatus Lupus, Abbot of Ferrières. Some Textual Notes, in: Revue bénédictine 89 (1979), p. 183–187.

Marsina, Richard: Codex diplomaticus et epistolaris Slovaciae, vol. 1: 805–1235, Bratislava 1971.

Marsina, Richard: Vel'komoravksé deperditá. Deperditá diplomatických písomností k dejinám Vel'kej Moravy [Großmährische Deperdita. Deperdita diplomatischen Schrifttums zur Geschichte Großmährens], in: Slovenská archivistika 6 (1971), p. 18–43.

Martène, Edmond/Durand, Ursinus (edd.): Veterum scriptorum et monumentorum historicorum, dogmaticorum et moralium amplissima collectio, 9 vol., Paris 1724–1733 (reimpr. New York 1968).

Martène, Edmond/Durand, Ursinus: Voyage littéraire, 2 vol., Paris 1717.

Martí Bonet, José María: Regesta Pontificum Romanorum de la Marca hispánica Siglo X, in: Revista catalana de teologia 4 (1979), p. 355–406.

Martin, Jean-Marie/Cuozzo, Errico: Documents inédits ou peu connus des archives du Mont-Cassin (VIIIe–Xe siècle), in: Mélanges de l'École française de Rome. Moyen age 103 (1991), p. 115–210.

Martin, Jean-Marie/Cuozzo, Errico/Gasparri, Stefano/Villani, Matteo: Regesti dei documenti dell'Italia meridionale 570–899 (Sources et documents d'histoire du Moyen Âge 5), Roma 2002.

Martínez Díez, Gonzalo: Legislación conciliar del reino Astur (718–910) y del reino de Léon (910–1230) (Fuentes y Estudios de Historia Leonesa 126), León 2009.

Martinus Oppaviensis: Chronicon pontificum et imperatorum, ed. Ludwig Weiland, in: [Historici Germaniae saec. XII.], ed. Georg Heinrich Pertz (MGH SS 22), Hannover 1872, p. 377–475 (reimpr. 1976).

Matijević-Sokol, Mirjana: Branimirova Hrvatska u pismima pape Ivana VIII (drugo izdanje). Branimir's Kroatien in den Briefen des Papstes Johannes VIII. (Knjiga Mediterana 2), Split 1990.

Matteo Boiardo: Chronicon Romanorum imperatorum: a Carolo M. usque ad Ottonem IV, ed. Ludovico Antonio Muratori (RIS 9), Milano 1726, p. 279–422.

Matthaeus Parisiensis: Chronica majora, part I, ed. Henry Richards Luard (SS rer. Brit. 57/1), London 1872.

Mayer, Hans Eberhard: Idee und Wirklichkeit der Kreuzzüge (Historische Texte. Mittelalter 2), Germering bei München 1965.

McKeon, Peter R.: Hincmar of Laon and Carolingian Politics, Urbana/Chicago/London 1978.

McKeon, Peter R.: Toward a Reestablishment of the Correspondence of Pope Hadrian II. The Letters Exchanged Between Rome and the Kingdom of Charles the Bald Regarding Hincmar of Laon, in: Revue bénédictine 81 (1971), p. 169–185.

Meijer, Johan: A Successful Council of Union. A Theological Analysis of the Photian Synode of 879–880 (Analecta Vlatadon 23), Thessaloniki 1975.

Meinert, Hermann (ed.): Papsturkunden in Frankreich, Neue Folge, vol. 1: Champagne und Lothringen, 2 vol. (Abhandlungen der Gesellschaft der Wissenschaften zu Göttingen, Philologisch-Historische Klasse, Dritte Folge 3–4), Berlin 1932–1933.

Meisterlied von den "zwölf alten Meistern zu Pavia vom Kaiser und Papst bestätigt", in: Johann Christoph Wagenseil, Buch von der Meister-Singer holdseliger Kunst, Altdorf 1697, ed. et reimpr. Horst Brunner (Litterae. Göppinger Beiträge zur Textgeschichte 38), Göppingen 1975, p. 504–508.

Memoriale de donatione, in: Histoire générale de Languedoc, edd. Claude De Vic/Joseph Vaissète, vol. 5, Toulouse, 3. ed. 1875, col. 268–269.

Memoriale electionis, in: Gerbert (Silvestre II) y la cultura catalana del segle X, ed. Nicolau d'Olwer, in: Estudis Universitaris Catalans 4 (1910), p. 332–358.

Meyer zu Ermgassen, Heinrich (ed.): Der Codex Eberhardi des Klosters Fulda, 3 vol. (Veröffentlichungen der Historischen Kommision für Hessen 58/1–3), Marburg 1995–2007.

Meyer-Marthaler, Elisabeth/Perret, Franz (edd.): Bündner Urkundenbuch, vol. 1: 390–1199, Chur 1956.

MGH DD *cf. Diplomata Karolinorum/Diplomatum regum et imperatorum Germaniae*

MGH DD Burg. *cf. Regum Burgundiae e stirpe Rudolfina diplomata et acta*

MGH Epp. *cf. Epistolae Karolini aevi*

MGH Conc. *cf. Concilia aevi Karolini/Saxonici*

Millenum: historia y arte de la iglesia catalana: Edificio de la Pia Almoina, Salón del Tinell, Capilla de Santa Àgata, Barcelona, del 3 de mayo al 28 de julio de 1989 (Catalunya 1000 anys), Barcelona, 2. ed. 1989.

Mindermann, Arend: Urkundenbuch der Bischöfe und des Domkapitels von Verden, vol. 1: Von den Anfängen bis 1300 (Schriftenreihe des Landschaftsverbandes der ehemaligen Herzogtümer Bremen und Verden 13), Stade 2001.

Miracula s. Columbani abbatis Bobiensis, in: AASS ord. s. Ben. 2, ed. Jean Mabillon, Paris 1669, p. 40–55.

Miracula s. Liutwini, ed. Heinrich Volbert Sauerland, in: [Supplementa tomorum I-XII, pars III. Supplementum tomi XIII], edd. Georg Waitz/Wilhelm Wattenbach (MGH SS 15/2), Hannover 1888, p. 1261–1268 (reimpr. Stuttgart 1991).

Miraculum immaculatae semper virginis Mariae factum Otthoni imperatori I, in: Della chiesa di Parenzo, ed. Gasparo Negri, in: Atti e memorie della società istriana di archaelogia e storia patria 8 (1892), p. 185–223.

Mirbt, Carl/Aland, Kurt (edd.): Quellen zur Geschichte des Papsttums und des römischen Katholizismus, 2 vol., Tübingen, 6. ed. 1967–1972.

Misonne, Daniel: Eilbert de Florennes. Histoire et légende. La geste de Raoul de Cambrai (Recueil de travaux d'histoire et de philologie 4/35), Louvain 1967.

Mittarelli, Giovanni Benedetto/Costadoni, Anselmo: Annales Camaldulenses ordinis s. Benedicti, 9 vol., Venezia 1755–1773.

Möhlmann, Günther: Ostfriesisches Urkundenbuch, vol. 3: Ergänzende Regesten und Urkunden zu Band 1 und 2 (854–1500) (Quellen zur Geschichte Ostfrieslands 10), Aurich 1975.

Monachus Sazaviensis: Continuatio Cosmae, in: Fontes rerum Bohemicarum, vol. 2, ed. Josef Emler, Praha 1874, p. 238–269.

Monaci, Alfredo: Regesto dell'abbazia di Sant'Alessio all'Aventino, in: Archivio della Società Romana di storia patria 28 (1905), p. 151–200 et 395–449.

Monsabert, Pierre de: Chartes et documents pour servir à l'histoire de l'abbaye de Charroux (Archives historiques du Poitou 39), Poitiers 1910.

Monsalvatje y Fossas, Francisco: Noticias historicas, 21 vol., Olot 1869–1911.

Montclos, Christine de: Le Vatican et l'éclatement de la Yougoslavie, Paris 1999.

Montenovesi, Ottorino: Archivio di Stato di Roma. La raccolta delle pergamene, in: Notizie degli Archivi di Stato 3 (1943), p. 32–34.

Monti, Gennaro Maria: Codice diplomatico Brindisino, vol. 1: 492–1299 (Società di storia patria per la Puglia. Sezione di Brindisi 1), Trani 1940 (reimpr. Bari 1977).

Montini, Renzo U.: Le tombe dei papi, Roma 1957.

Monumentum translationis corporum SS. MM. Chrysanti, Dariae, Diodori et Mariniarii ab Urbe Roma in Ecclesiam Uritanam cura Theodosii Episcopi Uritani sive Brundusini, in: Codice diplomatico Brindisino, vol. 1: 492–1299, ed. Gennaro Maria Monti (Società di storia patria per la Puglia. Sezione di Brindisi 1), Trani 1940, p. 219 (reimpr. Bari 1977).

Morel, Émile-Epiphanius (ed.): Cartulaire de l'abbaye de Saint-Corneille de Compiègne, vol. 1: 877–1216, Montdidier 1904.

Morice, Hyacinte: Mémoires pour servir de preuves à l'histoire écclésiastique et civile de Bretagne, vol. 1, Paris 1742.

Mostert, Marco: Die Urkundenfälschungen Abbos von Fleury, in: Fuhrmann, Horst (ed.): Fälschungen im Mittelalter. Internationaler Kongreß der Monumenta Germaniae Historica, München, 16.–19. September 1986, vol. 4 (MGH Schriften 33/4), Hannover 1988, p. 287–318.

Mötsch, Johannes (ed.): Die Balduineen. Aufbau, Entstehung und Inhalt der Urkundensammlung des Erzbischofs Balduin von Trier (Veröffentlichungen der Landesarchivverwaltung Rheinland-Pfalz. Große Reihe 33), Koblenz 1980.

Mundó, Anscari Manuel: Notes entorn de las buttles papals catalans més antigues, in: Consejo superior de investigaciones científicas (Espagne)/Görresgesellschaft (Bonn) (edd.): Homenaje a Johannes Vincke para el 11 de mayo, 1962. Festschrift für Johannes Vincke, Madrid 1962, p. 113–120.

Muratori, Ludovico Antonio: Antiquitates Italicae medii aevi, 6 vol., Milano 1738–1742.

Μνήμη Δουναλαΐ, ed. Fidel Fita: San Dúnala, prócer y mártir mozárabe del siglo X, in: Boletin de la real academia de la historia 55 (1909), p. 433–442.

Nalgodus Cluniacensis: Sancti Odonis vita altera, in: Sancti Odonis abbatis Cluniacensis secundi Opera omnia, ed. Jacques Paul Migne (Patrologiae cursus completus, series latina, vol. 133), Paris 1881, col. 86–104.

Napier, Arthur Sampson/Stevenson, William Henry (edd.): The Crawford Collection of Early Charters and Documents now in the Bodleian Library, Oxford 1895.

Narratio de prima origine et inventione huius Sacratissimae Imaginis ex vetustissimo codice manuscripto Monasterii Sanctae Caeciliae Transtiberim fideliter repraesentata, in: Imago b. Mariae virginis quae apud venerandas SS. Sixti, & Dominici Moniales a mille fere annis maximo cultu asservatur, ed. Floravante Martinello, Roma 1635, p. I–X.

Narratio erectionis ecclesiae Magdeburgensis, in: Concilia aevi Saxonici DCCCCXVI – MI, pars II DCCCCLX – MI. Die Konzilien Deutschlands und Reichsitaliens 916–1001, Teil 2 962–1001, ed. Ernst-Dieter Hehl (MGH Conc. 6/2), Hannover 2007, p. 299–304.

Necrologia s. Rudberti Salisburgensis, in: Necrologia Germaniae, vol. 2: Dioecesis Salisburgensis, ed. Sigmund Herzberg-Fränkel (MGH Necr. 2), Berlin 1904, p. 91–198.

Necrologium Augiae divitis, in: Necrologia Germaniae, vol. 1: Dioeceses Augustensis, Constantiensis, Curiensis, ed. Franz Ludwig Baumann (MGH Necr. 1), Berlin 1888, p. 271–282.

Necrologium Laureshamense, in: Fontes rerum Germanicarum, vol. 3, ed. Johann Friedrich Böhmer, Stuttgart 1853, p. 144–152.

Niceta de Nicaea: Ποσάκις οἱ Ρωμαῖοι ἐσχίσθησαν, in: Humbert und Kerullarios. Quellen und Studien zum Schisma des 11. Jahrhunderts, vol. 1, ed. Anton Michel (Quellen und Forschungen aus dem Gebiet der Geschichte 21), Paderborn 1925, p. 20.

Nicolai I pontificis Romani epistolae et decreta, ed. Jacques Paul Migne (Patrologiae cursus completus, series latina, vol. 119), Paris 1852.

Nicolaus Fransozyer: Relatio, in: Rat und Domkapitel von Hamburg um die Mitte des 14. Jahrhunderts, vol. 2, ed. Jürgen Reetz (Veröffentlichungen aus dem Staatsarchiv der Freien und Hansestadt Hamburg 9/2), Hamburg 1975, p. 331–341.

Nicon: Chronicon patriarcharum, ed. Sergei Fedorovitch Platonov (Полное собрание русских летописей [Polnoe Sobranie Russkikh Letopisey] 9), Sankt-Peterburg 1862.

Notae s. Emmerami, ed. Oswald Holder-Egger, in: [Supplementa tomorum I-XII, pars III. Supplementum tomi XIII], edd. Georg Waitz/Wilhelm Wattenbach (MGH SS 15/2), Hannover 1888, p. 1093–1099 (reimpr. Stuttgart 1991).

Notae s. Emmerami, ed. Philipp Jaffé, in: [Annales aevi Suevici], ed. Georg Heinrich Pertz (MGH SS 17), Hannover 1861, p. 572–576 (reimpr. Stuttgart 1990).

Notkerus: Martyrologium, in: Remigii monachi s. Germani Antissiodorensis, beati Notkeri Balbuli s. Galli monachi Opera omnia, ed. Jacques Paul Migne (Patrologiae cursus completus, series latina, vol. 131), Paris 1884, col. 1026–1163.

Nowak, Przemysław: Dagome iudex w Zbiorze kanonów kardynała Deusdedita [The Dagome iudex in the Collectio canonum of Cardinal Deusdedit], in: Studia źródłoznawcze 51 (2013), p. 75-94.

Obituarium ecclesiae Parisiensis, in: Cartulaire de l'église de Notre-Dame de Paris, vol. 4, ed. Benjamin Guérard (Collection des cartulaires de France 7), Paris 1850.

Odo Cluniacensis: Vita s. Geraldi Auriliacensis, ed. Anne-Marie Bultot-Verleysen (Subsidia hagiographica 89), Bruxelles 2009.

Odo Fossatensis: Vie de Bouchard le Vénérable. Comte de Vendôme, de Corbeil, de Melun et de Paris (X^e et XIe siècles), ed. Charles de La Bourel Roncière (Collection de textes pour servir à l'étude et à l'enseignement de l'histoire 13), Paris 1892.

Odorannus Senonensis: Chronicon, in: Opera omnia, edd. Robert-Henri Bautier/Monique Gilles (Sources d'histoire médiévale 4), Paris 1972, p. 84–113.

Oediger, Friedrich Wilhelm: Die Regesten der Erzbischöfe von Köln im Mittelalter, vol. 1: 313–1099 (Publikationen der Gesellschaft für Rheinische Geschichtskunde 21), Bonn 1961.

Olleris, Alexandre (ed.): Œuvres de Gerbert, pape sous le nom de Sylvestre II collationnées sur les manuscrits, précédées de sa biographie, suivies de notes critiques & historiques, Clermont-Ferrand 1867.

Olwer, Lluis Nicolao d': Gerbert (Silvestre II) i la cultura Catalana del segle X, in: Estudis universitaris catalans 4 (1910), p. 332–358.

Ordericus Vitalis: Historia Ecclesiastica, ed. Marjorie M. Chibnall, 6 vol., Oxford 1969–1980.

Ortmanns, Kurt: Das Bistum Minden in seinen Beziehungen zu König, Papst und Herzog bis zum Ende des 12. Jahrhunderts. Ein Beitrag zur Germania Pontificia, Bensberg 1972.

Osbernus Cantuariensis: Vita s. Dunstani, in: Vita s. Dunstani et Liber miraculorum s. Dunstani. Memorials of S. Dunstan archbishop of Canterbury, ed. William Stubbs (SS rer. Brit. 63), London 1874, p. 69–161.

Otto Frisingensis: Chronica sive Historia de duabus civitatibus, ed. Adolf Hofmeister (MGH SS rer. Germ. 45), Hannover/Leipzig 1912.

Parisse, Michel: Bullaire de la Lorraine (jusqu'en 1198), in: Annuaire de la Societé d'Histoire et d'Archéologie de la Lorraine 79 (1969), p. 1–98.

Pasqui, Ubaldo (ed.): Documenti per la storia della città di Arezzo nel medio evo, 3 vol. (Documenti di storia italiana 1/11–13), Firenze 1899–1937.

Passio Adalberti episcopi Pragensis, ed. Georg Waitz, in: [Supplementa tomorum I-XII, pars III. Supplementum tomi XIII], edd. Georg Waitz/Wilhelm Wattenbach (MGH SS 15/2), Hannover 1888, p. 705–708 (reimpr. Stuttgart 1991).

Patrologiae cursus completus, series graeca, 167 vol., ed. Jacques Paul Migne, Paris 1857–1876.

Patrologiae cursus completus, series latina, 221 vol., ed. Jacques Paul Migne, Paris 1844–1865.

Paulinus Minorita: Speculum sive Satyrica rerum gestarum mundi historia, in: Antiquitates Italicae medii aevi, vol. 4, ed. Ludovicus Antonius Muratori, Milano 1723, p. 951–1034.

Paxton, Frederick: A Canonical Dossier on Monastic Rights in Leipzig Universitätsbibliothek, in: Bulletin of Medieval Canon Law 15 (1985), p. 1–18.

Peitz, Wilhelm Maria: Untersuchungen zu Urkundenfälschungen des Mittelalters, vol. 1: Die Hamburger Fälschungen (Ergänzungshefte zu den Stimmen der Zeit, Zweite Reihe: Forschungen 3), Freiburg im Breisgau 1919.

Petrus Bibliothecarius: Historia Francorum abbreviata, in: [Annales et chronica aevi Carolini], ed. Georg Heinrich Pertz (MGH SS 1), Hannover 1826, p. 416–418 (reimpr. Stuttgart 1976).

Petrus Comestor: Responsio ad patriarcham Ierosolimitanum, in: Gratien, Pierre de Troyes et la seconde croisade, ed. Henri Leclercq, in: Studia Gratiana 2 (1953), p. 585–593.

Petrus Damiani: Epistolae. Die Briefe des Petrus Damiani, ed. Kurt Reindel, 4 vol. (MGH Briefe der dt. Kaiserzeit 4), München 1983–1993.

Petrus Damiani: Translatio ss. Lucillae, Florae, Eugenii et aliorum, in: Acta alia auctore s. Petro Damiani, edd. Joannes Baptistus Sollerius/Joannes Pinius/Guilielmus Cuperus/Petrus Boschius, Antwerpen 1731, p. 25–27.

Petrus Damiani: Vita b. Romualdi, ed. Giovanni Tabacco (FSI 94), Roma 1957.

Petrus Damiani: Vita s. Mauri episcopi Caesenatis in Italia, in: S. Petri Damiani S.R.E. cardinalis, episcopi Ostiensis, ordinis s. Benedicti, e congregationis Fontis-Avellanae Opera omnia, tomus prior, ed. Jacques Paul Migne (Patrologiae cursus completus, series latina, vol. 144), Paris 1887, col. 946–952.

Petrus Damiani: Vita s. Odilonis, in: S. Petri Damiani S.R.E. cardinalis, episcopi Ostiensis, ordinis s. Benedicti, e congregationis Fontis-Avellanae Opera omnia, tomus prior, ed. Jacques Paul Migne (Patrologiae cursus completus, series latina, vol. 144), Paris 1887, col. 925–944.

Petrus Malleacensis: Libri II de antiquitate et commutatione in melius Malleacensis insulae, in: Othloni monachi s. Emmerami Opera omnia, accedunt Adami canonici Bremensis, Gundechari Eischtettensis episcopi, Lamberti Hersfeldensis, Petri Malleacensis Annales et Chronica, ed. Jacques Paul Migne (Patrologiae cursus completus, series latina, vol. 146), Paris 1884, col. 1247–1272.

Petrus Mallius: Descriptio basilicae Vaticanae aucta atque emendata a Romano presbitero, in: Codice topografico della città di Roma, vol. 3: sec. XII–XIV, edd. Roberto Valentini/Giuseppe Zucchetti (FSI 90), Roma 1946, p. 375–442.

Pfaff, Volkert: Die päpstlichen Klosterexemtionen in Italien bis zum Ende des zwölften Jahrhunderts. Versuch einer Bestandsaufnahme, in: Zeitschrift der Savigny-Stiftung für Rechtsgeschichte. Kanonistische Abteilung 72 (1986), p. 76–114.

Pflugk-Harttung, Julius von (ed.): Acta pontificum Romanorum inedita, 3 vol., Tübingen 1881–1886 (reimpr. Graz 1958).

Pflugk-Harttung, Julius von: Iter Italicum, 2 vol., Stuttgart 1883–1884.

Photios: Mystagogia, in: Photii Constantinopolitani patriarchae Opera omnia, tomus secundus, ed. Jacques Paul Migne (Patrologiae cursus completus, series graeca, vol. 102), Paris 1900, col. 263–400.

Piendl, Max: Quellen und Forschungen zur Geschichte des ehemaligen Reichsstiftes St. Emmeram in Regensburg (Thurn und Taxis-Studien 1), Kallmünz 1961.

Pierucci, Celestino: A proposito di un eremo mai esistito e di una pretesa dipendanza di Fonte Avellana da S. Lorenzo in Campo, in: Benedictina 17 (1970), p. 341–345.

Pirenne, Henri: La bulle fausse de Nicolas Ier pour le monastère de Saint-Pierre à Gand, in: Bulletin de la Commission Royale 71 (1902), p. 156–172.

Placitum Rodoaldi, in: Ratherii Veronensis episcopi Opera omnia, ed. Jacques Paul Migne (Patrologiae cursus completus, series latina, vol. 136), Paris 1881, col. 764.

Platina: Liber de vita Christi ac omnium pontificum (aa. 1–1474), ed. Giacinto Gaida (RIS NS 3/1), Città di Castello 1932.

Poetae Latini aevi Carolini, vol. 2, ed. Ernst Dümmler (MGH Poetae 2), Berlin 1884 (reimpr. 1999).

Poetarum latinorum medii aevi tomus V/fasc. II. Die lateinischen Dichter des deutschen Mittelalters, vol. 5: Die Ottonenzeit, pars 2, ed. Karl Strecker (MGH Poetae 5/2), Leipzig 1937 (reimpr. 1978).

Pokorny, Rudolf: JE 2856γ – Ein Papstbrief? Zur Exkommunikation Bischof Antonius' I. von Brescia, in: Deutsches Archiv für Erforschung des Mittelalters 68 (2012), p. 479–503.

Polonia Pontificia. Provincia Gnesnensis, Pomerania, ed. Waldemar Könighaus (Regesta Pontificum Romanorum), Göttingen 2014.

Polonio, Ualeria: Il monastero di San Colombano di Bobbio della fondazione all'epoca carolingia, Genna 1962.

Polycarpus, edd. Horst Fuhrmann/Uwe Horst/Carl Erdmann, http://www.mgh.de/datenbanken/kanonessammlung-polycarp/.

Pommeraye, Jean-François: Histoire de l'abbaye de Saint-Ouen de Rouen. Divisée en cinq livres. Par un religieux bénédictin de la congrégation de Saint Maur, Rouen 1662.

Pontal, Odette: Les conciles de la France capétienne jusqu'en 1215, Paris 1995.

Popielas-Szultka, Barbara (ed.): Źródła do historii Słupska do połowy XIV w., Slupsk 2000.

Popp, Christian: Der Schatz der Kanonissen. Heilige und Reliquien im Frauenstift Gandersheim (Studien zum Frauenstift Gandersheim und seinen Eigenklöstern 3), Regensburg 2010.

Potthast, August (ed.): Regesta pontificum Romanorum inde ab anno 1198 ad annum 1304, 2 vol., Berlin 1874–1875 (reimpr. 1957).

Poupardin, René: Le royaume de Provence sous les Carolingiens (855–933?) (Bibliothèque de l'École des Hautes Études. Science philologiques et historiques 131), Paris 1901 (reimpr. 1974).

Poupardin, René/Prou, Maurice (edd.): Recueil des actes des rois de Provence (855–928) (Chartes et diplômes relatifs à l'histoire de France), Paris 1920.

Prandi, Adriano: Un'iscrizione frammentaria di Leone IV recentemente scoperta, in: Archivio della Società Romana di storia patria 74 (1951), p. 149–159.

Prandi, Adriano: I restauri delle mura leoniane e del "passato" di Borgo, in: Palatino 5 (1961), p. 166–173.

Prelini, Cesare: San Siro. Primo vescovo e patrono della città e diocesi di Pavia. Studio storico-critico, 2 vol., Pavia 1880–1890.

Pressutti, Petrus (ed.): Regesta Honorii papae III, 2 vol., Roma 1888–1895 (reimpr. Hildesheim/New York 1978).

Prologo, Arcangelo: Le carte che si conservano nello Archivio del Capitolo Metropolitano della Città di Trani, Barletta 1877.

Prou, Maurice (ed.): Recueil des actes de Philippe Ier, roi de France 1059–1108 (Chartes et diplômes relatifs à l'histoire de France 1), Paris 1908.

Prudentius: De praedestinatione contra Ioannem Scotum cognomento Erigenam, in: Leonis IV, Benedicti III pontificum Romanorum, SS. Eulogii, Prudentii, Toletani et Trecensis Antistitum Angelomi Luxoviensis Opera omnia, ed. Jacques Paul Migne (Patrologiae cursus completus, series latina, vol. 115), Paris 1881, col. 1010–1366.

Pseudo-Liudprandus: Liber de pontificum Romanorum vitis, in: Anastasii abbatis sanctae Romanae ecclesiae presbyteri et bibliothecarii Opera omnia, tomus tertius, ed. Jacques Paul Migne (Patrologiae cursus completus, series latina, vol. 129), Paris 1879, col. 1150–1256.

(Pseudo)-Symeon Magister ac Logotheta: Annales a Leone Armenio ad Nicephorum Phocam, in: Theophanes Continuatus, Ioannes Cameniata, Symeon Magister, Georgius Monachus, ed. Immanuel Bekker (Corpus scriptorum historiae Byzantinae 31), Bonn 1838, p. 603–760.

Pulkava: Cronica Boemorum, in: Fontes rerum Bohemicarum, vol. 5, ed. Josef Emler, Praha 1893, p. 3–326.

Purchardus Augiensis: Gesta Witigowonis, in: Die lateinischen Dichter des deutschen Mittelalters, vol. 5: Die Ottonenzeit, pars 1, ed. Karl Strecker (MGH Poetae 5/1), Leipzig 1937, p. 260–279 (reimpr. 1978).

Quiter, Eduard: Untersuchungen zur Entstehungsgeschichte der Kirchenprovinz Magdeburg. Ein Beitrag zur Geschichte des kirchlichen Verfassungsrechtes im 10. Jahrhundert, Paderborn 1969.

Rabikauskas, Paul: Zur fehlenden und unvollständigen Scriptumzeile in den Papstprivilegien des 10. und 11. Jahrhunderts, in: Pontificia Università Gregoriana (Roma), Facoltà storia ecclesiastica (ed.): Saggi storici intorno al papato: dei professori della Facoltà di storia ecclesiastica (Miscellanea Historiae Pontificiae 21), Roma 1959, p. 91–116.

Rabikauskas, Paul: Die römische Kuriale in der päpstlichen Kanzlei (Miscellanea Historiae Pontificiae 20), Roma 1958.

Radulphus de Diceto: Abbreviationes chronicorum, in: Radulfi de Diceto Decani Lundoniensis Opera Historica. The Historical Works of Master Ralph de Diceto, Dean of London, ed. William Stubbs (SS rer. Brit. 68/1), London 1876, p. 3–263.

Radulphus de Diceto: Indiculus, in: Radulfi de Diceto Decani Lundoniensis Opera Historica. The Historical Works of Master Ralph de Diceto, Dean of London, vol. 2, ed. William Stubbs (SS rer. Brit. 68/2), London 1876, p. 208–209.

Radulphus Niger: Chronica, ed. Hanna Krause (Europäische Hochschulschriften Reihe 3: Geschichte und ihre Hilfswissenschaften 265), Frankfurt a. M./Bern/New York 1985.

Ramackers, Johannes (ed.): Papsturkunden in Frankreich, Neue Folge, vol. 4: Picardie (Abhandlungen der Akademie der Wissenschaften zu Göttingen, Philologisch-Historische Klasse, Dritte Folge 27), Göttingen 1942.

Ramackers, Johannes (ed.): Papsturkunden in Frankreich, Neue Folge, vol. 5: Touraine, Anjou, Maine und Bretagne (Abhandlungen der Akademie der Wissenschaften zu Göttingen, Philologisch-Historische Klasse, Dritte Folge 35), Göttingen 1956.

Ramackers, Johannes (ed.): Papsturkunden in Frankreich, Neue Folge, vol. 6: Orléanais (Abhandlungen der Akademie der Wissenschaften zu Göttingen, Philologisch-Historische Klasse, Dritte Folge 41), Göttingen 1958.

Ranierus Sardo: Cronaca di Pisa, ed. Ottavio Banti (FSI 99), Roma 1963.

Ranulphus Higden: Polychronicon, pars VI, edd. Churchill Babingdon/Joseph Rawson Lumby (SS rer. Brit. 41/6), London 1861.

Ratherius Veronensis: Epistolae. Die Briefe des Bischofs Rather von Verona, ed. Friedrich Baethgen (MGH Briefe d. dt. Kaiserzeit 1), Weimar 1949 (reimpr. 2003).

Rationes pro privilegiis, ed. Heinrich Finke, in: Westfälisches Urkunden-Buch, vol. 4, edd. Roger Wilmans/Heinrich Finke, Münster 1877–1894, p. 460–465.

Ratkoš, Peter: Kompletnost' vel'komoravských deperdít [Die Vervollständigung der großmährischen Deperdita], in: Slovenská archivistika 8 (1973), p. 106–110.

Ratkoš, Peter: Pramene k dejinám Velkej Moravy. [Quellen zur Geschichte Großmährens], Bratislava 1964–1968.

Reg. Innocenz' III. *cf. Hageneder et al.*

Regesta Chartarum Pistoriensium. Alto Medioevo 493–1000, edd. Natale Rauty/Renzo Nelli/Vanna Torelli Vignali (Fonti storiche pistoiesi 2), Pistoia 1973.

Regeste dauphinois ou répertoire chronologique et analytique des documents imprimés et manuscrits relatifs à l'histoire du Dauphiné, des origines à l'anné 1349, ed. Ulysse Chevalier, 6 vol., Valence 1913–1926.

Regestum Tiburtinum *cf. Bruzza Regesto della chiesa di Tivoli*

Regino Prumiensis: Chronicon cum continuatione Treverensi, ed. Friedrich Kurze (MGH SS rer. Germ. 50), Hannover 1890 (reimpr. 1989).

Regino Prumiensis: Libri duo de synodalibus causis et disciplinis ecclesiasticis, ed. Friedrich Wilhelm Wasserschleben, Leipzig 1840 (reimpr. Graz 1964).

Regum Burgundiae e stirpe Rudolfina diplomata et acta. Die Urkunden der burgundischen Rudolfinger, ed. Theodor Schieffer (MGH DD Burg.), München 1977 (reimpr. Hannover 1983).

Ricardus de Circencestria: Speculum Historiale de Gestis Regum Angliae, pars II, ed. John E. B. Mayer (SS rer. Brit. 30/2), London 1869.

Riché, Pierre/Callu, Jean-Pierre (edd.): Gerbert d'Aurillac, Correspondance. Lettres 1 à 220 (Les classiques de l'histoire de France au Moyen Âge 45), Paris, 2. ed. 2008.

Richerus Remensis: Historiarum libri IIII, ed. Hartmut Hoffmann (MGH SS 38), Hannover 2000.

Rimbertus: Vita Anskarii, ed. Georg Waitz (MGH SS rer. Germ. 55), Hannover 1884 (reimpr. 1988).

Robert, Ulysse (ed.): Bullaire du Pape Calixte II, 2 vol., Paris 1891 (reimpr. Hildesheim/New York 1979).

Robertus Walciodorensis: Vita s. Forannani, in: AASS apr. 3, edd. Godefridus Henschenius/Daniel Papebrochius, Antwerpen 1675, p. 808–814.

Röckelein, Hedwig: Über Hagio-Geo-Graphien. Mirakel in Translationsberichten des 8. und 9. Jahrhunderts, in: Heinzelmann, Martin/Herbers, Klaus/Bauer, Dieter R. (edd.): Mirakel im Mittelalter. Konzeptionen, Erscheinungsformen, Deutungen, Stuttgart 2002, p. 166–179.

Rodericus Jiménez de Rada: De rebus Hispaniae historia sive Historia gothica, ed. Juan Fernández Valverde (CCCM 72), Turnhout 1987.

Rodulfus Glaber: Historiarum libri quinque, ed. John France, in: Rodulfi Glabri Historiarum libri quinque. Eiusdem auctoris Vita domni Willelmi abbatis, edd. John France/Neithard Bulst/Paul Reynolds (Oxford Medieval Texts), Oxford 1989, p. 1–253.

Rogerius de Howden: Chronica, pars I, ed. William Stubbs (SS rer. Brit. 51/1), London 1868.

Rogerus de Wendover: Chronica, sive Flores Historiarum, ed. Henry O. Coxe, 4 vol., London 1841–1842.

Romualdus Salernitanus: Chronicon: 1130–1178, ed. Carlo Alberto Garufi (RIS NS 7/1), Città di Castello 1935.

Ruotgerus: Vita Brunonis archiepiscopi Coloniensis. Ruotgers Lebensbeschreibung des Erzbischofs Bruno von Köln, ed. Irene Ott (MGH SS rer. Germ. N. S. 10), Weimar 1951.

Rupertus Tuitiensis: Chronica s. Laurentii Leodiensis, ed. Wilhelm Wattenbach, in: [Chronica et gesta aevi Salici], ed. Georg Heinrich Pertz (MGH SS 8), Hannover 1848, p. 261–279.

Rupertus Tuitensis: Vita Heriberti archiepiscopi Coloniensis, in: [Annales, chronica et historiae aevi Carolini et Saxonici], ed. Georg Heinrich Pertz (MGH SS 4), Hannover 1841, p. 739–753 (reimpr. Berlin 1982).

Russo, Francesco: Regesto vaticano per la Calabria, vol. 1: 401–1362, Roma 1974.

Rüthning, Gustav (ed.): Oldenburgisches Urkundenbuch, vol. 5: Urkundenbuch von Süd-Oldenburg, Oldenburg 1930.

Sächsische Weltchronik, in: Deutsche Chroniken und andere Geschichtsbücher des Mittelalters, vol. 2, ed. Ludwig Weiland (MGH Dt. Chron. 2), Hannover 1877, p. 1–384 (reimpr. 2001).

Samaritani, Antonio: Regesta Pomposiae, vol. 1: a. 874–1199 (Deputazione provinciale ferrarese di storia patria. Monumenti 5), Rovigo 1963.

Sampirus: Chronica, in: Sampiro, su crónica y la monarquia leonesa en el siglo X, ed. Justo Pérez de Urbel (Consejo de Superior de Investigaciones Científicas, Escuela de Estudios Medievales, Estudios 26), Madrid 1952, p. 273–434.

Santifaller, Leo: Beiträge zur Geschichte der Beschreibstoffe im Mittelalter mit besonderer Berücksichtigung der päpstlichen Kanzlei, vol. 1: Untersuchungen (MIÖG Ergänzungsband 16), Graz/Köln 1953.

Santifaller, Leo: Chronologisches Verzeichnis der Urkunden Papst Johanns XIX. 1024 Juni bis 1032 August, in: Römische historische Mitteilungen 1 (1958), p. 35–76.

Santifaller, Leo: Zur Geschichte des ottonisch-salischen Reichskirchensystems (SB der Österreichischen Akademie der Wissenschaften, philosophisch-historische Klasse 229), Wien, 2. ed. 1964.

Santifaller, Leo: Quellen und Forschungen zum Urkunden- und Kanzleiwesen Papst Gregors VII., vol. 1: Quellen, Urkunden, Regesten, Facsimilia (Studi e Testi 190), Roma 1957.

Santifaller, Leo (ed.): Die Urkunden der Brixner Hochstiftsarchive 845–1295 (Schlern-Schriften 15), Innsbruck 1929.

Santifaller, Leo: Über die Verbal-Invokation in den älteren Papsturkunden, in: Römische historische Mitteilungen 3 (1960), p. 18–113.

Sawyer, Peter: Anglo-Saxon Charters. An Annotated List and Bibliography (Royal Historical Society Guides and Handbooks 8), London 1968.

Saxo Grammaticus: Gesta Danorum. Danmarkshistorien, ed. Karsten Friis-Jensen/Peter Zeeberg, 2 vol., København 2005.

Scheffer-Boichorst, Paul: Zur Geschichte der Reichsabtei Erstein, in: Zeitschrift für die Geschichte des Oberrheins Neue Folge 4 (1889), p. 283–299 (etiam in: Zur Geschichte des XII. und XIII. Jahrhunderts, Berlin 1897, p. 354–370 [reimpr. Vaduz 1965]).

Schepss, Georg: Geschichtliches aus Boethiushandschriften, in: Neues Archiv der Gesellschaft für ältere deutsche Geschichtskunde 11 (1886), p. 123–140.

Schiaparelli, Luigi (ed.): Le carte antiche dell'archivio capitolare di S. Pietro in Vaticano, in: Archivio della Società Romana di storia patria 25 (1902), p. 273–354.

Schiaparelli, Luigi (ed.): I diplomi di Berengario I (sec. IX–X) (FSI 35), Roma 1903.

Schiaparelli, Luigi (ed.): I diplomi italiani di Lodovico III e di Rodolfo II (sec. IX–X) (FSI 37), Roma 1910.

Schiaparelli, Luigi (ed.): I diplomi di Ugo e di Lotario, di Berengario II e di Adalberto (sec. X) (FSI 38), Roma 1924.

Schieckel, Harald (ed.): Regesten der Urkunden des Sächsischen Landeshauptarchivs Dresden, vol. 1: 948–1300 (Schriftenreihe des Sächsischen Landeshauptarchivs Dresden 6), Berlin 1960.

Schilling, Beate: Guido von Vienne – Papst Calixt II. (MGH Schriften 45), Hannover 1998.

Schneider, Gerhard: Erzbischof Fulco von Reims (883–900) und das Frankenreich (Münchner Beiträge zur Mediävistik und Renaissance-Forschung 14), München 1973.

Schramm, Percy Ernst: Kaiser, Roma und Renovatio. Studien zur Geschichte des römischen Erneuerungsgedankens vom Ende des karolingischen Reiches bis zum Investiturstreit, Leipzig 1929 (reimpr. Darmstadt 1975).

Schreiner, Peter: Diplomatische Geschenke zwischen Byzanz und dem Westen ca. 800–1200. Eine Analyse der Texte mit Quellenanhang, in: Dumbarton Oaks Papers 58 (2004), p. 251–282.

Schröder, Isolde: Die westfränkischen Synoden von 888–987 und ihre Überlieferung (MGH Hilfsmittel 3), München 1980.

Sedulius Scottus: Carmina, in: Poetae Latini aevi Carolini, vol. 3, ed. Ludwig Traube (MGH Poetae 3), Berlin 1896, p. 151–240 (reimpr. 2000).

Sedulius Scottus: Carmina, ed. Jean Meyers (CCCM 117), Turnhout 1991.

Seegrün, Wolfgang: Das Erzbistum Hamburg in seinen älteren Papsturkunden (Studien und Vorarbeiten zur Germania Pontificia 5), Köln/Wien 1976.

Senatus Wigorniensis: Vita s. Oswaldi, in: The Historians of the Church of York and its Archbishops, ed. James Raine (SS. rer. Brit. 71/2), London 1886, p. 60–97.

Series episcoporum Viennensium, in: [Annales aevi Suevici (Supplementa tomorum XVI et XVII). Gesta saec. XII. XIII. (Supplementa tomorum XX–XXIII)], ed. Georg Waitz (MGH SS 24), Hannover 1879, p. 811–816 (reimpr. Stuttgart 1975).

Sermo panegyrico ss. Kyrilli et Methodii. Pochvalnoje slovo Kirillu i Mefodiju, in: Magnae Moraviae Fontes Historici, vol. 2: Textus biographici, hagiographici, liturgici, edd. Dagmar Bartoňková/Lubomír Havlík/Jaroslav Ludvíkovský/Zdeněk Marsařík/Radoslav Večerka (Opera universitatis Purkynianae Brunensis, Facultas Philosophica 118), Brno 1967, p. 167–176.

Sicardus episcopus Cremonensis: Cronica, in: [Annales et chronica Italica aevi Suevici], ed. Oswald Holder-Egger (MGH SS 31), Hannover 1903, p. 22–181 (reimpr. Hannover 1980).

Siegwart, Josef: Die Chorherren- und Chorfrauengemeinschaften in der deutschsprachigen Schweiz vom 6. Jahrhundert bis 1160 (Studia Friburgensia, Neue Folge 30), Fribourg 1962.

Sigebertus Gemblacensis: Chronica, ed. Ludwig Konrad Bethmann, in: [Chronica et annales aevi Salici], ed. Georg Heinrich Pertz (MGH SS 6), Hannover 1844, p. 300–374 (reimpr. 1980).

Sigebertus Gemblacensis: Gesta abbatum Gemblacensium, in: [Chronica et gesta aevi Salici], ed. Georg Heinrich Pertz (MGH SS 8), Hannover 1848, p. 523–542 (reimpr. 1992).

Sigebertus Gemblacensis: Tractatus de investitura episcoporum, ed. Jutta Krimm-Beumann, in: Deutsches Archiv für Erforschung des Mittelalters 33 (1977), p. 37–83.

Sigebertus Gemblacensis: Vita Deoderici episcopi Mettensis, in: [Annales, chronica et historiae aevi Carolini et Saxonici], ed. Georg Heinrich Pertz (MGH

SS 4), Hannover 1841, p. 461–483 (reimpr. Berlin 1982).

Sigebertus Gemblacensis: Vita Wicberti, in: [Chronica et gesta aevi Salici], ed. Georg Heinrich Pertz (MGH SS 8), Hannover 1848, p. 507–516 (reimpr. 1992).

Sigonio, Carlo: Historiarum de regno Italiae libri viginti, ed. Ludovico Antonio Muratori: Caroli Sigonii Mutinensis Opera omnia, vol. 2, Milano 1732.

Silvestri II pontificis Romani, Aimoni Floriacensis monachi, s. Abbonis abbatis Floriacensis, Thietmari Merseburgensis episcopi opera omnia, ed. Jacques Paul Migne (Patrologiae cursus completus, series latina, vol. 139), Paris 1853.

Simeon Dunelmensis: Historia regum Anglorum, in: Simeon von Durham Opera Omnia, vol. 2, ed. Thomas Arnold (SS rer. Brit. 75/2), London 1885, p. 2–183.

Simonsohn, Shlomo: The Apostolic See and the Jews, vol. 1: Documents (492–1404) (Studies and Texts 94), Toronto 1988.

Sirmond, Jacques (ed.): Concilia antiqua Galliae, vol. 3, Paris 1629.

Sohn, Andreas: Der Abbatiat Ademars von Saint-Martial de Limoges (1063–1114). Ein Beitrag zur Geschichte des cluniazensischen Klosterverbandes (Beiträge zur Geschichte des alten Mönchtums und des Benediktinertums 37), Münster 1989.

Somerville, Robert: Pope Nicholas I and John Scottus Eriugena: JE 2833, in: Zeitschrift der Savigny-Stiftung für Rechtsgeschichte, Kanonistische Abteilung 83 (1997), p. 67–85.

Sot, Michel: Un historien et son église au Xe siècle: Flodoard de Reims, Paris 1993.

Sperandio, Francesco Paolo: Sabina sagra e profana, antica e moderna. Ossia racolta di notizie del paese Sabino divisa in dieci capitoli con carte corografiche appendice et indice delle materie, Roma 1790.

SS. Eulogii, Prudentii, Toletani et Tracensis antistitum, Angelomi Luxoviensis Opera omnia, ed. Jacques Paul Migne (Patrologiae cursus completus, series latina, vol. 115), Paris 1852.

Statuti di Veroli, in: I Comuni della Campagna e della Marittima, ed. Giorgio Falco, in: Archivio della Regia Società Romana di Storia Patria 42 (1919), p. 537–605.

Stimming, Manfred (ed.): Mainzer Urkundenbuch, vol. 1: Die Urkunden bis zum Tode Erzbischof Adalberts I. (1137), Darmstadt 1932.

Storia di Milano, vol. 2: Dall'invasione dei barbari all'apogeo del governo vescovile (493–1002), ed. Fondazione Treccani degli Alfieri per la Storia di Milano, Milano 1954.

Die Streitschriften Hinkmars von Reims und Hinkmars von Laon 869–871, ed. Rudolf Schieffer (MGH Conc. 4, Suppl. 2), Hannover 2003.

Subias Galter, Joan: El monestir de Sant Pere de Roda, Barcelona 1948.

Swinarski, Ursula: Herrschen mit den Heiligen. Kirchenbesuche, Pilgerfahrten und Heiligenverehrung früh- und hochmittelalterlicher Herrscher (ca. 500–1200) (Geist und Werk der Zeiten 78), Bern et al. 1991.

Synodicon vetus, edd. John M. Duffy/John Parker (Corpus fontium historiae Byzantinae 15), Washington 1979.

Tassin, René Prosper/Toustain, Charles-François (edd.): Nouveau traité de diplomatique, 6 vol., Paris 1750–1762.

Tăutu, Aloysius Ludovicus (ed.): Acta Romanorum Pontificum a S. Clemente I (an. c. 90) ad Coelestinum III († 1198) (Pontificia commissio ad redigendum codicem iuris canonici orientalis. Fontes Series 3), 2 vol., Città del Vaticano 1943.

Tessier, Georges/Bautier, Robert-Henri (edd.): Recueil des actes d'Eudes, roi de France 888–898 (Chartes et diplômes relatifs à l'histoire de France 11), Paris 1967.

Testamentum s. Geraldi, in: Histoire de l'abbaye d'Aurillac précédée de la vie de Saint Géraud son fondateur (894–1789), vol. 1, ed. Guillaume Marie Frédéric Bouange, Paris 1899, p. 500–502.

Thangmarus Hildesheimensis: Vita Bernwardi episcopi Hildesheimensis, in: [Annales, chronica et historiae aevi Carolini et Saxonici], ed. Georg Heinrich Pertz (MGH SS 4), Hannover 1841, p. 754–782 (reimpr. Berlin 1982).

Theodericus Treverensis: Historia inventionis s. Celsi, in: AASS febr. 3, edd. Ioannes Bollandus/Godefridus Henschenius, Antwerpen 1658, p. 396–404.

Theodorus monachus: Annales Palidenses, in: [Annales aevi Suevici], ed. Georg Heinrich Pertz (MGH SS 16), Hannover 1859, p. 48–98 (reimpr. Stuttgart 1994).

Theophanes Continuatus, in: Theophanes Continuatus, Ioannes Cameniata, Symeon Magister, Georgius Monachus, ed. Immanuel Bekker (Corpus scriptorum historiae Byzantinae 31), Bonn 1838, p. 3–481.

Thiel, Matthias (ed.): Urkundenbuch des Stifts St. Peter und Alexander zu Aschaffenburg, vol. 1: 861–1325 (Veröffentlichungen des Geschichts- und Kunstvereins Aschaffenburg 26), Aschaffenburg 1986.

Thietmarus Merseburgensis: Chronicon. Die Chronik des Bischofs Thietmar von Merseburg und ihre Korveier Überarbeitung, ed. Robert Holtzmann (MGH SS rer. Germ. N. S. 9), Berlin 1935 (reimpr. 1996).

Tholomeus Lucensis: Historia ecclesiastica nova, ed. Ottavio Clavuot (MGH SS 39), Hannover 2009.

Thomas Tuscus: Gesta imperatorum et pontificum, ed. Ernst Ehrenfeuchter, in: [Historici Germaniae saec. XII.], ed. Georg Heinrich Pertz (MGH SS 22), Hannover 1872, p. 483–528 (reimpr. 1976).

Tjäder, Jan-Olof: Die nichtliterarischen Papyri Italiens aus der Zeit 445–700 (Acta Instituti Romani regni Sueciae. Serie in 4° 19/1–3), Lund/Stockholm 1955–1982.

Tomaini, Placido (ed.): Brugnato, città abbaziale e vescovile, Città di Castello 1957.

Tomassetti, Aloysius (ed.): Bullarium Romanum a Leo I. usque ad praesens. Bullarum, diplomatum et privilegiorum sanctorum Romanorum pontificum Taurinensis editio, 27 vol., Torino 1857–1885.

Torelli, Pietro (ed.): Le carte degli archivi Reggiani (Biblioteca della Romagna. Sezione Modena 2), 2 vol., Reggio nell'Emilia 1921.

Townsend, David R./Carley, James Patrik (edd.): Johannes Glastoniensis The Chronicle of Glastonbury Abbey. An edition, translation and study of John of Glastonbury's Cronica sive Antiquitates Glastoniensis Ecclesie, Woodbridge 1985.

Tractatus anonymus de origine ac translacione e statu Romani imperii, in: Determinatio compendiosa de iurisdictione imperii auctore anonymo ut videtur Tholomeo Lucensi O. P., ed. Marius Krammer (MGH Fontes iuris 1), Hannover/Leipzig 1909, p. 66–75.

Tractatus de rebus antiquis et situ Urbis Romae, in: Codice topografico della città di Roma, vol. 4: sec. XIV–XV, edd. Roberto Valentini/Giuseppe Zucchetti (FSI 91), Roma 1953, p. 101–150.

Tractatus Ὅπως ἐγένετο καὶ πόθεν καὶ πότε ἡ τῶν Ἰταλῶν ἐκ τῶν ὀρθοδόξων διαίρεσις διάστασις, in: Monumenta graeca ad Photium ejusque historiam pertinentia, ed. Josef Hergenröther, Regensburg 1869, p. 171–181.

Tractatus Περὶ τῆς τῶν Λατίνων πάλιν αἰτίας, in: Monumenta graeca ad Photium ejusque historiam pertinentia, ed. Josef Hergenröther, Regensburg 1869, p. 163–171.

Traditio Hattonis abbatis ad portam monasterii Fuldensis, in: Traditiones et antiquitates Fuldenses, ed. Ernst Friedrich Johann Dronke, Fulda 1844, p. 67–68.

Translatio s. Alexandri, in: Die Übertragung des hl. Alexander nach Wildeshausen durch den Enkel Widukinds 851, ed. Bruno Krusch, in: Nachrichten von der Gesellschaft der Wissenschaften zu Göttingen. Philologisch-Historische Klasse 2 (1933), p. 405–436.

Translatio s. Calixti Cisonium, ed. Oswald Holder-Egger, in: [Supplementa tomorum I-XII, pars III. Supplementum tomi XIII], edd. Georg Waitz/Wilhelm Wattenbach (MGH SS 15/1), Hannover 1887, p. 418–422 (reimpr. Stuttgart 1992).

Translatio ss. Chrysanti et Dariae, ed. Oswald Holder-Egger, in: [Supplementa tomorum I-XII, pars III. Supplementum tomi XIII], edd. Georg Waitz/Wilhelm Wattenbach (MGH SS 15/1), Hannover 1887, p. 374–376 (reimpr. Stuttgart 1992).

Translatio Cyriaci, in: AASS aug. 2, edd. Joannes Baptistus Sollerius/Joannes Pinius/Guilielmus Cuperus/Petrus Boschius, Antwerpen 1785, p. 338–340.

Translatio s. Epiphanii, in: [Annales, chronica et historiae aevi Carolini et Saxonici], ed. Georg Heinrich Pertz (MGH SS 4), Hannover 1841, p. 248–251 (reimpr. Berlin 1982).

Translatio ss. Eusebii et Pontiani in Galliam, edd. Carolus de Smedt/ Gulielmus van Hooff/Josephus de Backer, in: Analecta Bollandiana 2 (1883), p. 368–378.

Translatio s. Gorgonii, in: AASS mart. 2, edd. Joannes Bollandus/Godefridus Henschenius/Daniel Papebrochius, Antwerpen 1668, p. 56–59.

Translatio s. Hermetis, ed. Georg Waitz, in: [Supplementa tomorum I-XII, pars III. Supplementum tomi XIII], edd. Georg Waitz/Wilhelm Wattenbach (MGH SS 15/1), Hannover 1887, p. 410 (reimpr. Stuttgart 1992).

Translatio Justinae, virginis et martyris a Roma in Placentia, in: AASS sept. 7, edd. Joannes Stiltingus/Constantinus Suyskenus/Joannes Perierus/Joannes Cleus, Antwerpen 1760, p. 258–262.

Translatio s. Mariae Magdalenae Vizeliacum, in: Le dossier Vézelien de Marie Madeleine. Invention et translation des reliques en 1265–1267. Contribution à l'histoire du culte de la sainte à Vézelay à l'apogée du Moyen Âge, ed. Victor Saxer (Subsidia hagiographica 57), Bruxelles 1975, p. 236–241.

Translatio s. Modoaldi, ed. Philipp Jaffé, in: [Historiae aevi Salici], ed. Georg Heinrich Pertz (MGH SS 12), Hannover 1856, p. 289–310 (reimpr. Stuttgart 1995).

Treštík, Dušan: Slawische Liturgie und Schrifttum in Böhmen des 10. Jahrhunderts. Vorstellungen und Wirklichkeit, in: Sommer, Petr (ed.): Der heilige Prokop, Böhmen und Mitteleuropa. Internationales Symposium Benešov – Sázava 24.–26. September 2003 (Colloquia mediaevalia Pragensia 4), Praha 2005, p. 205–236.

Udalricus Bambergensis: Codex Udalrici, in: Bibliotheca rerum Germanicarum, vol. 5, ed. Philipp Jaffé, Berlin 1869, p. 1–469 (reimpr. Aalen 1965).

Ughelli, Fernando: Italia sacra sive de episcopis Italiae, et insularum adiacentium, rebusque ab iis praeclare gestis, deducta serie ad nostram usque aetatem, 10 vol., Venezia, 2. ed. 1717–1722 (reimpr. Nendeln, Liechtenstein 1970).

Ursus: Chronicon archiepiscoporum Amalfitanorum, in: Italia Sacra, vol. 7, ed. Ferdinando Ughelli, 2. ed. Venezia 1721, col. 192–256.

Usuardi Martyrologium et s. Adonis opera, ed. Jacques Paul Migne (Patrologiae cursus completus, series latina, vol. 124), Paris 1852.

Versus de passione s. Adalberti, in: Das Lobgedicht auf den heiligen Adalbert, ed. Augustin Kolberg, in: Zeitschrift für die Geschichte und Altertumskunde Ermlands 7 (1881), p. 408–495.

Versus de passione s. Adalberti, in: Die älteste Lebensbeschreibung des heiligen Adalbert (Forschungen und Vorarbeiten zu den Jahrbüchern und Regesten Kaiser Ottos III. 3. Teil), ed. Mathilde Uhlirz (Schriftenreihe der historischen Kommission bei der Bayerischen Akademie der Wissenschaften 1), Göttingen 1957, p. 13–66.

Verzellino, Giovanni Vincenzo: Delle memorie di Savona, ed. Andrea Astengo: Delle memorie particolari e specialmente degli uomini illustri della città di Savona, vol. 1, Savona 1885.

Vesi, Antonio (ed.): Documenti editi e inediti che servono ad illustrare la storia di Romagna, vol. 1, Bologna 1845.

Villanueva, Jaime: Viage literario a las iglesias de España, 22 vol., Madrid 1806–1902.

Vincentius Pisanus: Narratio de fundatione monasterii Sancti Germani de Cuxa, in: Histoire générale de Languedoc, vol. 5, edd. Joseph Vaissète/Claude De Vic, Toulouse, 3. ed. 1875, col. 60–64.

Violini, Cesare: Arduino d'Ivrea, re d'Italia e il dramma del suo secolo, Torino 1942.

Visio Caroli Magni, in: Bibliotheca rerum Germanicarum, vol. 4, ed. Philipp Jaffé, Berlin 1867, p. 701–704 (reimpr. Aalen 1965).

Vit, Vincenzo de: Il lago maggiore, Stresa e le Isole Borromee, vol. 2/1, Prato 1876 (reimpr. Bologna 1967).

Vita Adalberti. Früheste Textüberlieferungen der Lebensgeschichte Adalberts von Prag, ed. Jürgen Hoffmann (Europäische Schriften der Adalbert-Stiftung Krefeld 2), Essen 2005.

Vita s. Adalberti episcopi Pragensis, ed. Max Perlbach, in: [Supplementa tomorum I-XII, pars III. Supplementum tomi XIII], edd. Georg Waitz/Wilhelm Wattenbach (MGH SS 15/2), Hannover 1888, p. 1177–1184 (reimpr. Stuttgart 1991).

Vita Adriani papae, in: Il monastero di Nonantola, il ducato di Persiceta e la chiesa di Bologna, ed. Augusto Gaudenzi, in: Bulletino storico Italiano 36 (1916), p. 280–312.

Vita Athanasii episcopi Neapolitani, in: Scriptores rerum Langobardicarum et Italicarum, saec. VI–IX, vol. 1, ed. Georg Waitz (MGH SS rer. Lang.), Hannover 1878, p. 439–449 (reimpr. Hannover 1988).

Vita et translatio s. Athanasii Neapolitani episcopi. Introduzione, edizione critica e commento, ed. Antonio Vuolo (Fonti per la storia dell'Italia medievale. Antiquitates 16 = Fonti Agiografiche), Roma 2001.

Vita et passio s. Brunonis episcopi et martyris Querfordensis, ed. Heinrich Kauffmann, in: [Supplementa tomorum I-XV], ed. Adolf Hofmeister (MGH SS 30/2), Leipzig 1934, p. 1350–1367 (reimpr. Stuttgart 1976).

Vita Brunonis altera, in: [Annales, chronica et historiae aevi Carolini et Saxonici], ed. Georg Heinrich Pertz (MGH SS 4), Hannover 1841, p. 275–279 (reimpr. Berlin 1982).

Vita s. Burkardi episcopi Wirziburgensis, ed. Franz Joseph Bendel, in: Würzburger Diözesangeschichtsblätter 48 (1986), p. 19–89.

Vita s. Chunegundis, in: [Annales, chronica et historiae aevi Carolini et Saxonici], ed. Georg Heinrich Pertz (MGH SS 4), Hannover 1841, p. 821–828 (reimpr. Berlin 1982).

Vita Comitissae Mathildis oratione soluta (Epitome Polironensis), in: Vita Mathildis celeberrimae principis Italiae: carmine scripta a Donizone presbytero qui in Arce Canusina vixit, ed. Luigi Simeoni (RIS NS 5/2), Bologna 1931–1940, p. 112–127.

Vita Constantini. Žitije Konstantina Filosofa, in: Magnae Moraviae Fontes Historici, vol. 2: Textus biographici, hagiographici, liturgici, edd. Dagmar Bartoňková/Lubomír Havlík/Jaroslav Ludvíkovský/Zdeněk Marsařík/Radoslav Večerka (Opera universitatis Purkynianae Brunensis, Facultas Philosophica 118), Brno 1967, p. 57–115.

Vita Constantini-Cyrilli cum translatione s. Clementis, in: Magnae Moraviae Fontes Historici, vol. 2: Textus biographici, hagiographici, liturgici, edd. Dagmar Bartoňková/Lubomír Havlík/Jaroslav Ludvíkovský/Zdeněk Marsařík/Radoslav Večerka (Opera universitatis Purkynianae Brunensis, Facultas Philosophica 118), Brno 1967, p. 120–133.

Vita Conwoionis, in: The monks of Redon. Gesta Sanctorum Rotonensium and Vita Conuuoionis, ed. Caroline Brett (Studies in Celtic history 10), Woodbridge 1989, p. 223–245.

Vita s. Dunstani, auctore B, in: Memorials of Saint Dunstan, Archbishop of Canterbury, ed. William Stubbs (SS rer. Brit. 63), London 1874, p. 3–52.

Vita Euthymii patriarchae CP. Text, Translation, Introduction and Commentary, ed. Patricia Karlin-Hayter (Bibliothèque de Byzantion 3), Bruxelles 1970.

Vita Gebehardi episcopi Constantiensis, ed. Wilhelm Wattenbach, in: [Annales et chronica aevi Salici. Vitae aevi Carolini et Saxonici], ed. Georg Heinrich Pertz (MGH SS 10), Hannover 1852, p. 582–594 (reimpr. Stuttgart 1987).

Vita Gerardi abbatis Broniensis, ed. Lothar von Heinemann, in: [Supplementa tomorum I-XII, pars III. Supplementum tomi XIII], edd. Georg Waitz/Wilhelm Wattenbach (MGH SS 15/2), Hannover 1888, p. 654–673 (reimpr. Stuttgart 1991).

Vita Ignatii, ed. Giovanni Domenico Mansi (Sacrorum conciliorum nova et amplissima collectio, vol. 16), Venezia 1771, col. 210-302.

Vita Ignatii, in: Nicetae Paphlagonis, qui et David, Nicetae Byzantini Opera quae reperiri potuerunt omnia, ed. Jacques Paul Migne (Patrologiae cursus completus, series graeca, vol. 105), Paris 1862, col. 488–573.

Vita s. Iohannis Gualberti, ed. Friedrich Baethgen, in: [Supplementa tomorum I-XV], ed. Adolf Hofmeister (MGH SS 30/2), Leipzig 1934, p. 1076–1110 (reimpr. Stuttgart 1976).

Vita Mathildis reginae antiquior, in: Die Lebensbeschreibungen der Königin Mathilde, ed. Bernd Schütte (MGH SS rer. Germ. 66), Hannover 1994, p. 107–142.

Vita Mathildis reginae posterior, in: Die Lebensbeschreibungen der Königin Mathilde, ed. Bernd Schütte (MGH SS rer. Germ. 66), Hannover 1994, p. 143–202.

Vita Meinwerci episcopi Patherbrunnensis. Das Leben des Bischofs Meinwerk von Paderborn, ed. Franz Tenckhoff (MGH SS rer. Germ. 59), Hannover 1921.

Vita Methodii. Žitije Mefodija, archijepiskopa Moravska, in: Magnae Moraviae Fontes Historici, vol. 2: Textus biographici, hagiographici, liturgici, edd. Dagmar Bartoňková/Lubomír Havlík/Jaroslav Ludvíkovský/Zdeněk Marsařík/Radoslav Večerka (Opera universitatis Purkynianae Brunensis, Facultas Philosophica 118), Brno 1967, p. 134–163.

Vita Nili. Βίος καὶ πολιτεία τοῦ ὁσίου πατρὸς ἡμῶν Νείου τοῦ Νέου, ed. Germano Giovanelli, Badia di Grottaferrata 1972.

Vita Notkeri Balbuli, in: AASS apr. 1, edd. Godefridus Henschenius/Daniel Papebrochius, Antwerpen 1675, p. 579–596.

Vita Oswaldi archiepiscopi Eboracensis, in: The Historians of the Church of York and its Archbishops, ed. James Raine (SS. rer. Brit. 71/1), London 1886, p. 399–476.

Vita et miracula s. Simeonis, monachi s. Benedicti de Padolirono. La „Vita" di Simeone monaco, ed. Paolo Golinelli, in: Studi Mediaevali 3 (1979), p. 709–788.

Vita s. Stanislai Cracoviensis episcopi, ed. Wojciech Kętrzyński, in: Monumenta Poloniae historica, vol. 4, ed. August Bielowski, Lwów 1884, p. 238–285 (reimpr. Warszawa 1964).

Vita s. Theodoardi archiepiscopi Narbonnensis, in: AASS mai. 1, edd. Godefridus Henschenius/Daniel Papebrochius, Antwerpen 1680, p. 142–156.

Voigt, Heinrich Gisbert: Adalbert von Prag. Ein Beitrag zur Geschichte der Kirche und des Mönchtums im zehnten Jahrhundert, Berlin 1898.

Volkert, Wilhelm/Fried, Pankraz/Zoepfl, Friedrich: Regesten der Bischöfe und des Domkapitels von Augsburg, vol. 1: Von den Anfängen bis 1152 (Veröffentlichungen der Schwäbischen Forschungsgemeinschaft bei der Kommission für Bayerische Landesgeschichte Reihe 2b), Augsburg 1985.

Vones, Ludwig: Liturgische Sonderwege? Der sogenannte Mozarabische Ritus in der hispanischen Gesellschaft im Mittelalter, in: Maser, Matthias/Herbers, Klaus (edd.): Von Mozarabern zu Mozarabismen: zur Vielfalt kultureller Ordnungen auf der mittelalterlichen Iberischen Halbinsel, Münster 2014, p. 75–104.

Wagner, Hans (ed.): Urkundenbuch des Burgenlandes und der angrenzenden Gebiete der Komitate Wieselburg, Ödenburg und Eisenburg, vol. 1: Die Urkunden von 808–1270, Köln 1955.

Walterius de Coventria: Annales Angliae, in: Memoriale fratris Walteri de Coventria. The historical Collections of Walter of Coventry, ed. William Stubbs (SS rer. Brit. 58/1), London 1872, p. 27–464.

Walterus Map: Liber de nugis curialium, ed. Reinhold Pauli, in: [Ex rerum Anglicarum scriptoribus saec. XII. et XIII.], edd. Reinhold Pauli/Felix Liebermann (MGH SS 27), Hannover 1885, p. 61–74 (reimpr. 1975).

Ward-Perkins, John Bryan: From Classical Antiquity to the Middle Age. Urban Public Building in Northern and Central Italy (AD 300–850), Oxford 1984.

Weiers, Hans-Josef: Studien zur Geschichte des Bistums Münster im Mittelalter (Kölner Schriften zu Geschichte und Kultur 8), Köln 1984.

Weigand, Rudolf: Unbekannte (Überlieferungen von) Dekretalen zum Kardinalskollegium, in: Castillo Lara, Rosalius Iosephus (ed.): Studia in honorem eminentissimi cardinalis Alphonsi M. Stickler (Studia et textus historiae iuris canonici 7), Roma 1992, p. 599–616.

Weiland, Ludwig: Zur Papstgeschichte des zehnten Jahrhunderts, in: Nachrichten von der Gesellschaft der Wissenschaften zu Göttingen. Philologisch-Historische Klasse (1885), p. 69–72.

Weise, Erich: Urkundenwesen und Geschichtsschreibung des Klosters St. Pantaleon zu Köln im 12. Jahrhundert, in: Jahrbuch des kölnischen Geschichtsvereins 11 (1929), p. 1–105.

Weiß, Ferdinand Maria/Heider, Josef (edd.): Die Urkunden des Benediktinerinnenklosters Bergen, Münchener Bestand. Urkunden des Klosters Bergen, Neuburger Bestand, in: Neuburger Kollektaneenblatt 17 (1964), p. 27–128, 129–132, 133–182.

Whitelock, Dorothy (ed.): Chronicon Saxonicum (The Anglo-Saxon Chronicle. A Revised Translation), London 1961.

Whitelock, Dorothy/Brett, Martin/Brooke, Christopher Nugent Lawrence (edd.): Councils and Synods with Other Documents Relating to the English Church, vol. 1: a. D. 871–1024, pars 1: 871–1066, Oxford 1981.

Wido episcopus Ferrariensis: De scismate Hildebrandi, in: Libelli de lite imperatorum et pontificum saeculis XI. et XII. conscripti, vol. 1, ed. Roger Wilmans (MGH Ldl 1), Hannover 1891, p. 529–567.

Wiederhold, Wilhelm (ed.): Papsturkunden in Frankreich, vol. 4: Provence mit Venaissin, Uzegeois, Alais, Nemosez und Nizza, in: Nachrichten von der Gesellschaft der Wissenschaften zu Göttingen. Philologisch-Historische Klasse (1907), p. 38–172 (reimpr. Louis Duval-Arnould [Acta Romanorum Pontificum 7–8], Città del Vaticano 1985).

Wiederhold, Wilhelm (ed.): Papsturkunden in Frankreich, vol. 5: Berry, Bourbonnais, Nivernais und Auxerrois, in: Nachrichten von der Gesellschaft der Wissenschaften zu Göttingen. Philologisch-Historische Klasse (1910), p. 1–179 (reimpr. Louis Duval-Arnould [Acta Romanorum Pontificum 7–8], Città del Vaticano 1985).

Wiederhold, Wilhelm (ed.): Papsturkunden in Frankreich, vol. 6: Auvergne, Poitou, Périgord, Angoumois, Saintonge, Marche und Limousin, in: Nachrichten von der Gesellschaft der Wissenschaften zu Göttingen. Philologisch-Historische Klasse (1911), p. 1–112 (reimpr. Louis Duval-Arnould [Acta Romanorum Pontificum 7–8], Città del Vaticano 1985).

Wiederhold, Wilhelm (ed.): Papsturkunden in Frankreich, vol. 7: Gascogne, Guienne und Languedoc, in: Nachrichten von der Gesellschaft der Wissenschaften zu Göttingen. Philologisch-Historische Klasse (1913), p. 1–202 (reimpr. Louis Duval-Arnould [Acta Romanorum Pontificum 7–8], Città del Vaticano 1985).

Will, Cornelius J. C.: Acta et scripta quae de controversis ecclesiae graecae et latinae saeculo undecima composita extant, Leipzig/Marburg 1861.

Willelmus Godellus: Chronicon, ed. Oswald Holder-Egger, in: [Ex rerum Francogallicarum scriptoribus. Ex historiis auctorum Flandrensium Francogallica lingua scriptis. Supplementum tomi XXIV], ed. Georg Waitz (MGH SS 26), Hannover 1882, p. 195–198 (reimpr. 1975).

Willelmus Nangius: Chronicon, in: Recueil des historiens des Gaules et de la France. Nouvelle édition, vol. 9, ed. Martin Bouquet, Paris 1870, p. 81.

Wilmans, Roger: Ergänzungen zu den Regesta Pontificum Romanorum des Jaffé und Potthast, vornehmlich aus den Quellen des Königlich Preußischen Staatsarchivs zu Münster in Westfalen, in: Archivalische Zeitschrift 3–4 (1878–1879), p. 31–60 et 46–50.

Wipo: Gesta Chuonradi imperatoris, in: Die Werke Wipos, ed. Harry Bresslau (MGH SS rer. Germ. 61), Hannover/Leipzig, 3. ed. 1915, p. 1–62 (reimpr. 1993).

Wisplinghoff, Erich: Rheinisches Urkundenbuch. Ältere Urkunden bis 1100, vol. 2: Elten – Köln, S. Ursula (Publikationen der Gesellschaft für Rheinische Geschichtskunde 57), Düsseldorf 1994.

Wolfherius Hildesheimensis: Vita Godehardi episcopi prior, in: [Historiae aevi Salici], ed. Georg Heinrich Pertz (MGH SS 11), Hannover 1854, p. 167–196 (reimpr. Stuttgart 1994).

Wyttenbach, Johannes Hugo/Müller, Michael Franz Joseph (edd.): Gesta Trevirorum integra lectionis varietate et animadversionibus illustrata ac indice duplici instructa, 3 vol., Trier 1836–1839.

Zagni, Luisa: Gli atti arcivescovili milanesi dei secoli VIII–IX, in: Studi di storia medievale e diplomatica 2 (1977), p. 5–45.

Zennari, Jacopo: L'agro adriese – Adria – Rovigo nel medioevo. Dal sec. VI al sec. XV, Padova 1967.

Ziegelbauer, Magnoaldus: Epitome historica regii, liberi, exempti, in regno Bohemiae antiquissimi, celeberrimi, ac amplissimi monasterii Brevnoviensis vulgo s. Margarethae ordinis s. Benedicti prope Pragam, Köln 1740.

Ziezulewicz, William: A Monastic Forgery in an Age of Reform. A Bull of Pope John XVIII for Saint-Florent-de-Saumur (April 1004), in: Archivum Historiae Pontificiae 23 (1985), p. 7–42.

Zimmermann, Harald (ed.): Papsturkunden 896–1046 (Österreichische Akademie der Wissenschaften, philosophisch-historische Klasse, Denkschriften 174 et 177 / Veröffentlichungen der historischen Kommission 3–4), 2 vol., Wien, 2. corr. et auct. ed. 1984–1985.

Zuccarello, Giovanni: Elenco dei vescovi di Savona, in: Giovanni Vincenzo Verzellino: Delle memorie particolari e specialmente degli uomini illustri della città di Savona, ed. Andrea Astengo, vol. 2, Savona 1891, p. 706–735.

VORWORT

Zielsetzung, Auswahlkriterien bei der Regestierung und Vorgehensweise
Für die Zielsetzung, die Auswahlkriterien bei der Regestierung sowie die Anordnung und Gestalt der Regesten sei auf die Einleitung im ersten Band verwiesen.

Besonderheiten des dritten Bandes
Bei der Erstellung der Regesten wurde wie bei den ersten Bänden vorgegangen. Zudem boten für einen großen Teil des im dritten Band bearbeiteten Zeitraums die Papstregesten der Reihe *Regesta Imperii* eine erste Orientierung. Die von Klaus Herbers, Veronika Unger, Harald Zimmermann und Karl Augustin Frech bearbeiteten Bände ermöglichen einen vertieften Zugriff auf die jeweiligen Papstkontakte, weshalb im vorliegenden Band, der eine chronologische Zusammenschau aller Päpste von 844–1024 bietet, auch immer wieder auf diese Werke für genauere Informationen wie z.B. Echtheit, Datierung oder detaillierteren Sachverhalten verwiesen wird.

Wie die beiden Vorgängerbände gibt der dritte Band die aktuellsten sowie weitere maßgebliche kritische Editionen an, sofern die Schreiben in ihrem Textbestand überliefert sind. Für Deperdita und erwähnte Gesta des Papsttums wurden bei den Quellen, wenn mehrere chronikalische Notizen von demselben Kontakt berichten, nur diejenigen berücksichtigt, die bis ca. 200 Jahre nach dem Ereignis niedergeschrieben wurden. Ausnahmen bilden selbstverständlich diejenigen Kontakte, für die ausschließlich spätere Zeugnisse überliefert sind.

Die Angabe der Regestenwerke schließt neben den Papstregesten der *Regesta Imperii* und den *Pontificia*-Bänden des Göttinger Papsturkundenwerkes auch diejenigen Veröffentlichungen mit ein, die nach 1950 erschienen sind. Die Vorarbeiten der *Regesta Imperii* für die Jahre 882–911 waren zudem eine wertvolle Hilfe bei der Erstellung des vorliegenden Bandes.

Wie auch in den Vorgängerbänden wurde die jeweilige Datierung, sofern nicht anders angegeben, aus dem aktuellsten zitierten Regestenwerk bzw. der Edition entnommen. Für Regesten, deren Quellengrundlage der *Liber pontificalis* bildet, orientiert sich die chronologische Präzisierung, sofern keine anderen Informationen zur Verfügung stehen, an der Ordnung nach Indiktionen ebendort. So ergibt sich für diese Regesten oftmals eine Datierung von September bis August des Folgejahres.

Danksagung

Während sich die erste Auflage der *Regesta Pontificum Romanorum* Philipp Jaffés noch in einem Band zusammenfassen ließ und die Neubearbeitung Ferdinand Kaltenbrunners, Paul Ewalds und Samuel Löwenfelds sich auf zwei Volumen erstreckte, ist für die aktuelle Neubearbeitung eine kleinteiligere Untergliederung geplant.

So gilt es, nicht nur die Leistungen der Begründer der Papstregesten zu würdigen, sondern auch den anderen Mitarbeitern und Mitarbeiterinnen zu danken, die für die Erstellung der beiden vorausgehenden Bände der Neuauflage verantwortlich waren, sowie natürlich deren Begründer und Herausgeber Klaus Herbers. Durch fruchtbaren Austausch und enge Zusammenarbeit konnten die drei ersten Bände der Neubearbeitung in so kurzer Abfolge erscheinen. Vor allem Markus Schütz, aber auch Cornelia Scherer, Thorsten Schlauwitz und Katrin Gowers legten die ersten Grundsteine für das Projekt, auf denen die nachfolgenden BearbeiterInnen aufbauen konnten. Waldemar Könighaus, der das Manuskript mehrfach Korrektur las, sind zudem einige Ergänzungen und die lateinische Gestalt vieler der hier aufgenommenen Regesten zu verdanken.

Einen wertvollen Beitrag zur Überprüfung der Latinität leisteten zudem Jennifer Horn, Jasmin Sailer und Matthias Haas. Großer Dank gebührt ebenso den vielen anderen Hilfskräften, die an dem Band mitwirkten, auch wenn sie hier nicht alle namentlich aufgeführt werden können. Für alle technischen Fragen hinsichtlich der Drucklegung war zudem der kompetente Rat von Thorsten Schlauwitz und Harald Böhm unverzichtbar. Projektübergreifend war der Austausch mit Veronika Unger und Klaus Herbers (*Regesta Imperii*) zu den Regesten Hadrians II. eine große Hilfe.

Von unschätzbarem Wert bei der Fertigstellung waren die fachkundigen Anmerkungen von Ernst-Dieter Hehl, der das Manuskript kritisch durchsah und zahlreiche wertvolle Hinweise gab. Schließlich sei meiner Kollegin Viktoria Trenkle für die produktive Zusammenarbeit in allen Bereichen des Projekts gedankt. Dank ihrer Arbeit ist auch das Erscheinen der nächsten Bände gesichert.

Erlangen Judith Werner